普通高等教育“十一五”国家级规划教材
全国高等医药院校规划教材

人体形态科学

第2版

主　　编　吕永利
编　　者（以姓氏笔画为序）
王　玉　王　军　王占友　王振宇
王　竞　吕永利　刘元健　刘　欣
孙桂媛　佟晓杰　张　伟　金大成
凌光烈　赖　红　翟效月
秘　　书　赵海花

科学出版社
北　京

内容简介

本教材是中国医科大学进行课程体系和教学内容改革的结晶,是该校系统解剖学、组织胚胎学、局部解剖学和影像学教研室多位专家、教授总结本校教改经验联合编写的面向21世纪教学改革的新教材。全书共10章,约80万字,700余幅插图。在第1章人体形态科学导论和简要介绍人体9大系统概况的基础上,第2~10章按背、头、颈、胸、腹、盆、上肢、下肢和脑阐述人体各部器官的形态,位置,毗邻关系,血管、神经、淋巴分布,组织学结构及正常影像学所见,并在胸、腹、盆、背和脑部各章选用一些重要断面解剖学知识,使全书融人体解剖学、组织学、影像学于一体,并紧密联系临床实际,在许多内容描述后直接附有该形态的"临床应用",在各章最后均附有可供PBL教学的"复习思考题及病例"。具有体系新、构思新、整合精神强等特点,是一本目前教学改革不可多得的教改教材。

本书可供各高等医学院校各专业使用。

图书在版编目(CIP)数据

人体形态科学 / 吕永利主编 .—2版 .—北京:科学出版社,2010
(普通高等教育"十一五"国家级规划教材·全国高等医药院校规划教材)

ISBN 978-7-03-026888-4

Ⅰ. 人… Ⅱ. 吕… Ⅲ. 人体形态学-医学院校-教材 Ⅳ. R32

中国版本图书馆CIP数据核字(2010)第034984号

策划编辑:周万灏 李国红 / 责任编辑:周万灏 李国红 / 责任校对:邹慧卿
责任印制:赵 博 / 封面设计:黄 超

科学出版社 出版
北京东黄城根北街16号
邮政编码:100717
http://www.sciencep.com
北京凌奇印刷有限责任公司印刷
科学出版社发行 各地新华书店经销
*
2003年8月第 一 版 开本:850×1168 1/16
2010年3月第 二 版 印张:29 1/4 插页:1
2026年1月第十一次印刷 字数:887 000

定价:128.00元
(如有印装质量问题,我社负责调换)

第 2 版前言

《人体形态科学》(第 2 版)已被教育部审定为"普通高等教育'十一五'国家级规划教材",该教材是中国医科大学进行课程体系和教学内容改革的成果,是该校系统解剖学、组织胚胎学、局部解剖学和影像学教研室多位专家、教授总结本校教改经验联合编写的面向 21 世纪教学改革的新教材。自第 1 版 2003 年问世以来,已被中国医科大学等许多医学院校作为教改教材广泛使用,收到了良好效果,得到了师生们的普遍赞誉。本书总结传统形态学教学中存在的课程门数多、教学时间多、课程内容多、重复内容多等弊端,将原来的"系统解剖学"、"局部解剖学"、"组织胚胎学"中的组织学内容、"断面解剖学"和"影像诊断学"中的正常影像学内容等属于正常人体形态科学的内容进行整合。它符合教育部关于进行课程体系和教学内容改革的精神,具有课程体系新、整合精神强等特点,是目前教学改革中一本不可多得的教改教材,可供进行这类改革的医学院校各专业使用。

本教材共分 10 章,第 1 章为导论,主要阐述形态科学中各学科的概述内容及人体各系统的概述,为学习以后各章打下必要的基础,第 2~10 章按背、头、颈、胸、腹、盆、上肢、下肢和脑分别阐述人体各部的组成及层次结构,所含各器官的位置、毗邻关系、大体形态、血管、神经、淋巴分布,该器官的微细结构以及正常影像学所见等。并在个别章节增加了断面解剖学知识。融人体解剖学、组织学、影像学于一体,密切联系临床实际。全书共 80 余万字,700 余幅插图,可供 220~240 学时教学使用。

随着教学改革的深入发展,在总结第 1 版教材基础上,本教材的第 2 版比起第 1 版进行了如下的主要改动:**更加体现了课程内容的整合**:使系统解剖学、局部解剖学、组织学和影像解剖学内容尽量做到完美整合,增加了各学科间的知识联系。**教材内容上作了适当增减**:系统解剖学和组织学内容都做了适当精简,增加了某些断面解剖学内容和影像学内容,由原来九章改为十章,将脑和脑神经从头部中分离出来单列为第十章。**增设了临床应用专栏**:为使形态学密切联系临床实际,在叙述形态学内容的同时,增设了与此内容相关的"临床应用"专栏,有利于学生对此内容的理解和记忆,也便于开展 PBL 教学。**更新了部分教材插图**:在一版基础上,有的插图进行了更新,有的做了必要的增减。插图数量有所减少。**开辟了临床病例讨论**:为了适应开展以问题为中心,以病例为中心的 PBL 教学法,有利于学生自主学习和对学习结果的检验,在各章后面附有复习思考题的基础上,增加了典型临床病例讨论,可供教学中使用。

参加本教材编写的编委都是长期在人体形态科学教学第一线的专家、教授,不但具有坚实的专业知识,而且都具有参与整合教学改革的丰富经验。编写中参考了国内外多种教材和专著,并引用了其中部分插图,1 版插图主要由徐国成主任为首的中国医科大学医学美术室教师绘制,2 版时由刘元健教授在 1 版基础上做了统一修改和更新。赵海花秘书协助主编做了大量工作。由于这是一部在改革中编写的新教材,加之编者水平有限,不当之处在所难免,恳请同道和同学们不吝指正并提出宝贵意见,使教材在改革中不断完善,成为精品教材。

主编吕永利

2009 年 6 月于沈阳

第1版前言

随着医学教育改革的发展，医学教学必须面向现代化、面向世界、面向未来，加强素质教育和创新教育，努力提高教学质量。根据教育部“面向21世纪课程体系和教学内容的改革”的总要求，国内不少医学院校正在学习国外经验，进行以课程体系和教学内容为重点的改革，构筑以学科模块方式开展教学。我校新设置的“人体形态科学”课程模块，就是总结传统形态学教学中存在的课程门数多、教学时间多、课程内容多、重复内容多等弊端，将原来的“系统解剖学”、“局部解剖学”、“组织胚胎学”中的组织学内容以及“断面解剖学”和“影像诊断学”中的正常影像学等属于正常人体形态科学的内容整合为一门课程。本书就是为适应这项改革编写的，可供进行此类教学改革的医学院校使用。

本书共分9章，第1章为导论，主要阐述形态科学中各学科的概述内容及人体各系统的概况，为学习以后各章打下必要的基础；第2~9章按头部、颈部、胸部、腹部、盆部、背部、上肢和下肢分别阐述人体各部的组成及层次结构，各器官的位置、毗邻关系、大体形态和血管、神经、淋巴分布，以及该器官的微细结构、正常影像学所见等，并在个别章节增加了断面解剖学知识，融人体解剖学、组织学、影像学于一体，密切联系临床实际。全书共90余万字，700余幅插图，可供220~260学时教学使用。

本书力争体现整合精神，反映教育改革成果，总结和吸收了国内人体解剖学和组织学的教学经验，适度增加了中国人的体质调查数据和近年来人体形态科学的新理论和新知识。为了提高学生的医学英语水平，适度增加了专业英文词汇。为了便于学生自学和开展“以问题为中心、以病例为中心”的教学，各章后面均附有复习思考题。本书的解剖学、组织学名词均以全国自然科学名词审定委员会公布的《人体解剖学名词》和《组织学名词》为准。

本书已被教育部审定为“十五”国家级规划教材。编写中得到了中国医科大学领导及解剖学教研室、组织胚胎学教研室、局部解剖学教研室和第二临床学院影像学教研室同行们的热情支持，插图大部分由中国医科大学医学美术室绘制，并且，编写中参考了国内外多种教材和专著，引用了其中部分插图，在此一并表示感谢。由于这是一部在教学改革中编写的新教材，加之编者水平有限，不当之处在所难免，恳请同道和读者不吝指正和提出宝贵意见，使本书在教学中不断提高，并日臻完善。

吕永利

2002年12月于沈阳

目　录

第 1 章 人体形态科学导论

第1节 绪 论

一、人体形态科学的定义和地位

人体形态科学是研究正常人体形态结构的科学，属于生物学中的形态学范畴。其任务是阐明人体各器官的形态、结构、位置、毗邻关系及其发生、发展的规律。通过人体形态科学的学习，认识、掌握和理解人体各系统各部位器官的形态结构特点及其相互间的关系。

人体形态科学与其他医学学科有密切的联系，只有在正确认识人体器官形态结构的基础上，才能判断和辨认正常与异常，区别生理与病理过程，才能在临床上进行正确的诊断和治疗。据统计，医学中应用的名词约有1/3来源于人体形态科学。因此，人体形态科学是医学课程中的重要组成部分，它不仅是医学基础课的基础，而且还是医学临床课的基础。它随着医学的发展而成长，同时也促进了医学的发展。在医学基础课一开始就首先学习人体形态科学，其目的就在于为学习其他基础医学和临床医学课程打下必要的理论基础。

二、人体形态科学的分科

人体形态科学由于研究的方法和目的不同，可分为**解剖学**、**组织学**和**影像解剖学**等分科。

解剖学主要用肉眼观察以描述人体的形态结构，又称巨视解剖学。由于研究角度、方法和目的的不同又分成若干门类。如按人体器官功能系统(如运动系统、消化系统、呼吸系统、神经系统等)阐述人体器官的形态构造的解剖学称**系统解剖学**；按人体的某一局部由浅入深研究其组成器官的形态以及相互位置关系的解剖学称为**局部解剖学**；从外科应用角度、研究人体形态结构的**外科解剖学**或**应用解剖学**；研究人体各局部或器官的断面形态结构的**断面解剖学**；分析研究人体运动器官的形态结构，提高体育运动效率的**运动解剖学**；研究个体生长发育、年龄变化的**生长解剖学**等。

组织学是主要以显微镜为观察手段研究人体器官、组织的微细构造的科学，又可称为微视解剖学。

影像解剖学是医学影像学的基础，通过各种成像技术使人体内部结构和器官形成各种影像，从而了解人体解剖与生理功能状况及病理变化，属于活体器官的视诊范围。

本教材是在系统解剖学概述的基础上，按背、头、颈、胸、腹、盆、四肢和脑等部位，来阐明每一个局部有关诸器官的位置、形态、毗邻、层次关系、组织学结构和影像所见等，是在医学教学改革中出现的将系统解剖学、局部解剖学、断面解剖学、组织学和影像解剖学内容整合为一体的新的整合教材。

三、学习人体形态科学的观点

学习人体形态科学必须运用形态与功能统一的观点、局部与整体统一的观点、进化发展的观点和理论密切联系实际的观点来观察和研究人体的形态结构，必须运用科学的逻辑思维，在分析的基础上，进行归纳综合，以期达到整体地、全面地掌握和认识人体各部的形态结构和特征。

(一) 形态与功能统一的观点

人体的各个器官都有固有的功能活动特点，如眼司视，耳司听等。形态结构是一个器官功能活动的物质基础；反之，功能的变化又能影响该器官形态结构的发展。因此，形态与功能是相互依存又互相影响的。一个器官的成型，除在胚胎发生过程中有其内在的因素外，还受出生后周围环境和功能条件的影响。认识和理解形态与功能相互制约的规律，人们可以在生理限度范围内，有意识地改变功能条件或增强功能活动(例如，加强锻炼，可使肌肉发达等)，从而促进组织和器官的发展，达到增强体质、促进健康的目的。

(二) 局部与整体统一的观点

人体是一个完整的机体。虽然人体由许多各自执行不同功能的器官系统所构成，并可分为若干个局部，但是任何器官系统都是有机体不可

分割的组成部分，不可能离开整体而独立生存。局部可以影响整体，整体也可以影响局部。学习虽按系统或局部循序渐进地安排，但在学习任何器官系统的时候，都应该经常运用归纳综合的方法，注意局部与整体的联系，注意各器官系统或局部在整体中的地位，注意他们与其他部位的联系和相互影响，即注意从整体的角度来理解局部，借以更好地认识局部。反对局部与整体分离，只看局部不顾整体，只顾整体忽略局部的观点。

（三）进化发展的观点

人类是由灵长类中古猿，在大约50万~100万年前进化发展而来的。作为社会性的人，拥有劳动、语言、思维、阶级属性等，这是人类区别于其他动物的最根本特征。但是，作为自然界的人，人体的形态结构仍保留着与脊椎动物相类似的基本特点。从肉眼所见的器官、组织直到微观的细胞乃至分子水平，都反映了种系发生的一些类同关系。这些都说明人体经历了由低级到高级，由简单到复杂的演化过程。而且，有些类同关系在个体发生中也有所反映。在人体形态上有时出现一些变异或畸形，若从种系发生和个体发生过程加以探讨，常可发现这些形态异常或畸形只不过是返祖现象或胚胎发育不全。因此，学习人体形态科学应该运用发生、发展的观点，适当联系种系发生和个体发生知识，这样既学习了人体个体的由来、发展规律以及器官异常和畸形的理解，又使分散的、孤立的器官形态描述成为有规律性的、更加接近事物内在本质的科学知识，不断促进医学科学的充实和发展。

（四）理论密切联系实际的观点

理论联系实际的原则，是进行科学实验的一项重要原则，学习人体形态科学更应遵循这个原则。人体形态科学是一门形态学。人体结构复杂，名词繁多，需要记忆的内容也比较多。所以在学习中要把理论和实际结合起来，把课堂讲授知识和书本知识与尸体标本和活体观察以及必要的临床应用联系起来；还要密切结合标本、模型和各种教具进行学习，以帮助记忆和加深立体印象。这样在学习中既有理论知识指导实践，又能在实践中验证理论，才能获得更完整的人体形态科学知识。

四、组织、器官、系统与人体的分部

人体是由无数微小的细胞有机组合构成的。因此，细胞是构成人体形态结构和执行各种功能的基本单位，是一切生物进行新陈代谢、生长发育和繁殖分化的形态基础。形态相似和功能相关的细胞借助细胞间质结合起来构成的结构，称为**组织**。构成人体的组织有四种：**上皮组织**、**结缔组织**、**肌组织**和**神经组织**。几种组织结合起来，共同执行某一特定功能，并具有一定的形态特点，即构成**器官**，如心、肺、肝、肾等。若干个功能相关的器官联合起来，共同完成某一特定的连续性生理功能，即形成系统。如口腔、咽、食管、胃、小肠、大肠和消化腺等构成消化系统。食物经口裂进入人体，最终经肛门排除粪便；食物经受了物理性和化学性的消化过程，消化后的营养物质被吸收，食物残渣被排除，这就是消化系统所执行的功能。人体共由九大系统所组成，即**运动系统**、**消化系统**、**呼吸系统**、**泌尿系统**、**生殖系统**、**内分泌系统**、**脉管系统**、**神经系统**和**感觉器**。

虽然人体是由许多器官系统构成的，然而他们却共同组成一个完整统一的整体。各系统之间相互联系、相互影响、相互制约和相互依存，彼此协调，而不是彼此孤立的。这些器官系统在神经体液调节下既有分工、又有合作，共同完成统一的生命活动。

人体按部位可分为**头部**（又分为颅、面部）、**颈部**、**背部**、**胸部**、**腹部**、**盆会阴部**（后四部分称为**躯干部**）、**上肢**和**下肢**。上肢和下肢合称为**四肢**。

五、解剖学的基本术语

由于人体器官系统的结构复杂，要准确地描述人体方位、各部及各器官的形态、结构、位置和相互的毗邻关系，必须采用一种众所公认的解剖学姿势和术语，才能统一认识，避免混乱。学习形态科学时必须明确并牢记这些概念和术语。所谓**解剖学姿势**，即人体直立，面向前，两眼平视前方，两上肢下垂于躯干两侧，手掌向前，两足并立，足尖向前所成的姿势。

人体的结构基本上是两侧对称的。脊柱作为人体的中轴，居人体背侧正中线上。凡属于对称的器官结构均有左、右之分，如左、右上肢，左、右大脑半球，左、右肾，左、右迷走神经等。

（一）人体的常用轴

按照解剖学方位，人体可有三种相互垂直的轴，即垂直轴、矢状轴和冠（额）状轴。这在描述某些结构的形态，特别是关节的运动方面是非常重要的（图1-1）。

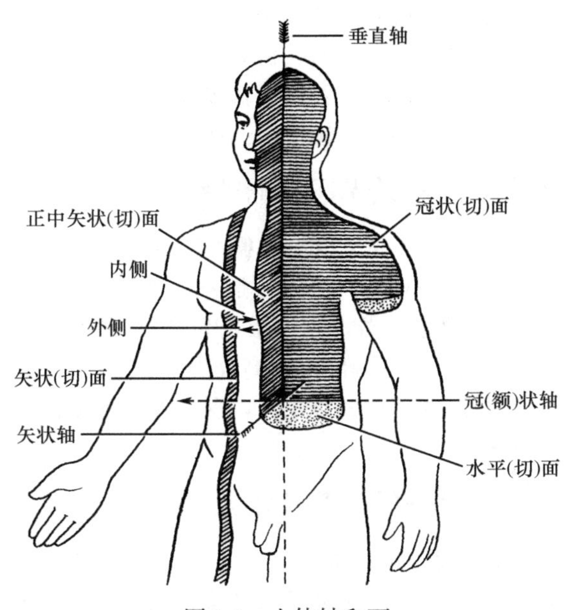

图 1-1　人体轴和面

1. 垂直轴　即自上而下与地平面垂直，并与身体立姿势时的身体长轴平行的轴。

2. 矢状轴　即自前(腹侧)向后(背侧)，与水平面平行，并与人体长轴相垂直的轴。

3. 冠(额)状轴　自右向左即通过身体两侧同高点的连线，与地平面平行，并与上述二轴相垂直的轴。

(二) 关系平面

在描述和观察人体器官的形态结构时，常需将其切成不同平面。按照上述三种轴，人体可以有三种相互垂直的(切)面，即矢状(切)面、冠状(切)面和水平(切)面(图 1-1)。

1. 矢状(切)面(sagittal plane)**或纵切面**　是在前后方向上，按矢状轴，并与冠状面和水平面相垂直将人体或器官纵断为左、右二部的切面。若矢状面居于正中，将身体分为左、右面相等的两半，则称此面为**正中矢状(切)面**(median sagittal plane)。

2. 冠状(切)面(coronal plane)**或额状(切)面**　是在左、右方向上，按冠状轴，并与矢状面和水平面相垂直将人体或器官纵断前、后二部的切面。

3. 水平(切)面(horizonatl plane)**或横切面**　是与水平面平行，并与上述二平面相垂直将人体或器官横断为上、下二部的切面。

在描述个别器官的切面时，可以其自身的长轴为准，与其长轴为平行的切面称为纵切面，与长轴垂直的切面称为横切面。

(三) 方位术语

按照解剖学姿势，人们又规定了一些相对的方位名词，这些名词都是相应成对的，应用它们可以正确地描述各结构的相互位置关系。

凡距身体腹侧面近者为**前**(anterior)或**腹侧**(ventral)，距背侧面近者则为**后**(posterior)或称**背侧**(dorsal)。叙述身体各部的高低时，应用**上**(superior, upper)和**下**(inferior, lower)，或称**颅侧**(cranial)和**尾侧**(caudal)。靠近正中平面者为**内侧**(medial)，远离正中平面者则为**外侧**(lateral)。**内**(internal)和**外**(external)是描述空腔器官相互位置关系的术语，近内腔者为内，远离内腔者为外。内、外与内侧和外侧是有显著区别的。浅(superficial)与深(profound)系指体内某点与体表间的距离关系而言，离体表皮肤近者为**浅**，远者为**深**，如浅静脉、深静脉。在叙述肢体的上、下端时，常采用**近侧**(proximal)和**远侧**(distal)等术语，凡靠近肢体附着端者为**近侧**，远离肢体附着端者则为**远侧**。前臂常用**桡侧**(radial)和**尺侧**(ulnar)来代替外侧和内侧，这与桡骨和尺骨的位置相当；小腿常用**腓侧**(fibular)和**胫侧**(tibial)来代替外侧和内侧，这与腓骨和胫骨的位置相当。

六、组织学的研究方法和技术

(一) 光学显微镜技术

1. 普通光学显微镜技术　应用普通光学显微镜观察机体组织切片的微细结构是组织学研究的最基本技术。通常用的光学显微镜可放大1500倍左右，分辨率为 0.2μm。组织切片以石蜡切片最为常用。其制备的基本程序为：

(1) **取材与固定**：取人体或动物新鲜组织块，应力求小而薄(组织块厚度以不超过 0.5cm 为宜)，立即投入甲醛等固定剂中进行固定，使组织中蛋白质迅速凝固，以保持生活状态下的组织结构。

(2) **脱水、透明与包埋**：把固定好的组织块经酒精脱水；经二甲苯透明后，再入已溶化的石蜡中浸透、包埋；制成有一定硬度的组织蜡块。在制作较大组织块(如眼球、睾丸等)的切片时，常用火棉胶包埋法。另外，为了较好地保存细胞内的酶活性，可快速使组织块冷冻变硬，用恒冷箱切片机制成冰冻切片后进行染色。

(3) **切片与染色**：用切片机将蜡块切成 5～

10μm 厚的组织切片,贴于载玻片上,此切片为石蜡切片。切片脱蜡后进行染色。

(4) **封固**:切片经脱水、透明,滴加中性树胶并覆以盖玻片封固,即可在光镜下观察,并长期保存。

组织学中最常用的染色方法是**苏木精-伊红染色法**,简称 **HE 染色法**。苏木精(hematoxylin)染液呈碱性,可使细胞核内的染色质及细胞质内的核糖体等结构染成蓝紫色,称嗜碱性;伊红(eosin)染液呈酸性,可使多数细胞的细胞质染成粉红色,称嗜酸性。

除 HE 染色外,还有多种染色方法。常用的碱性染料还有甲苯胺蓝、碱性品红等;酸性染料还有橘黄 G、亮绿等。肥大细胞的胞质颗粒经甲苯胺蓝碱性染料染色后,不是呈现蓝色,而是呈紫红色,这种染色特性称为异染性。醛复红或地依红染液使组织内的弹性纤维染成紫色或棕褐色。有的组织成分经硝酸银处理时,可使硝酸银还原,形成银微粒附着在组织中呈棕黑色,该特性称为亲银性;有的组织结构成分,需加还原剂方能使硝酸银还原,形成棕褐色银微粒附着在组织结构上,这种性质称为嗜银性。

涂片、铺片、磨片标本的制备:涂片法是常用的一种方法,如常将血液、体液、培养细胞等直接涂于载玻片上制成涂片标本,干燥后进行固定、染色及封固。铺片法用于疏松结缔组织或肠系膜等,将其撕成薄片,铺于载玻片上,制成铺片标本。磨片法是用于坚硬组织的标本制作,如将骨和牙等坚硬组织,磨成薄的磨片标本进行观察。

2. 特殊显微镜术

(1) **相差显微镜**(phase contrast microscope):是用于观察生活细胞的形态结构及生长变化情况。活细胞常是无色透明的,细胞内各种结构间的反差很小,在普通光学显微镜下难以分辨其微细结构。相差显微镜的基本原理是把透过标本的可见光的相位差变成振幅差,从而使活细胞的不同结构出现显著的明暗反差,并具有立体感。若观察生长在培养瓶中的生活细胞,则需应用倒置相差显微镜。

(2) **荧光显微镜**(fluorescence microscope):是用以观察细胞、组织内荧光物质的分布。它是以产生紫外线的光源,激发标本中荧光物质呈现出不同颜色的荧光,这是自发荧光,如维生素 A 呈绿色荧光。也可用荧光素或荧光染色法标记细胞内结构,通过观察荧光分布与强度来检测组织、细胞的结构成分的变化,探讨细胞的功能状态。

此外,还有**暗视野显微镜**用于观察反差太小或分辨力弱的微小颗粒,例如细胞内线粒体及标本中细菌等微粒的运动等;**偏光显微镜**可用于肌纤维、胶原纤维和纺锤体等的研究。

(二) 共焦激光扫描显微镜

共焦激光扫描显微镜(confocal laser scanning microscope,CLSM)是一种被称为"显微 CT"的生物学仪器。它以激光为光源,借助共聚焦系统,获得样品高反差、高分辨率、高灵敏度的三维图像,并通过三维重建以揭示亚细胞结构的空间关系。

(三) 电子显微镜技术

电子显微镜技术(electron microscope,EM)是研究机体超微结构的重要手段。与光镜不同的是,电镜用电子束代替光束,用电磁透镜代替了玻璃透镜,并在荧光屏上成像,能获得极高的分辨率。常用的有**透射电镜**和**扫描电镜**。

1. 透射电镜术(transmission electron microscope,TEM) 透射电镜是以电子束穿透标本经过聚焦与放大后成像,投射到荧光屏上进行观察。透射电镜的分辨率为 0.1~0.2nm,放大倍数从几千倍~几十万倍。由于电子束穿透力弱,标本需制备成超薄切片(通常厚为 50~80nm)。新鲜组织块要小($1mm^3$ 以内),常用戊二醛和锇酸进行双重固定、树脂包埋,再用超薄切片机切片,最后经醋酸铀和枸橼酸铅等进行染色,电镜下观察。

电子束投射到密度大的样品时,电子被散射的多,则投射到荧光屏上的电子少而呈暗像,称电子密度高;反之,则称为电子密度低。此外,如果观察 0.5~6μm 厚的切片,要用超高压电镜(high electron microscope,HVEM)可用于观察细胞骨架、线状溶酶体等立体超微结构。

2. 扫描电镜术(scanning electron microscope,SEM) 扫描电镜是用极细的电子束在样品表面扫描,将产生的二次电子用探测器收集,经放大在荧光屏上显示样品(细胞、组织和器官)表面的立体构象。

冷冻蚀刻术(freeze etching) 突出的优点是能将生物膜从内部劈开,显示膜蛋微粒等内部特征。该技术是研究细胞膜相结构与功能的关系的重要手段。

冷冻割断术(freeze cracking) 在扫描电镜下观察组织结构断面的立体图像,用于研究组织内部微细结构的相互关系。

(四) 组织化学和细胞化学技术

组织化学(histochemistry)和**细胞化学**(cytochemistry)技术的基本原理是在组织切片上或被检材料上,加一定试剂,使它与组织或细胞中待检物质发生化学反应成为有色沉淀物,用于光镜观察;若为重金属沉淀,可以用电镜观察,称**电镜组织化学**。

1. 糖类 用于显示细胞、组织内的多糖和蛋白多糖的方法是**过碘酸-雪夫反应**(periodic acid Schiff reaction,PAS 反应)。基本原理是:糖被强氧化剂过碘酸(HIO_4)氧化后,形成二醛基;后者与 Schiff 试剂中的无色亚硫酸品红结合,形成紫红色反应产物。PAS 反应阳性部位即表示多糖和蛋白多糖的存在。

2. 酶类 细胞内含有多种酶,每一种酶可催化一定的化学反应。酶的显示法将具有酶活性的组织放入含有一定底物的溶液中孵育,底物经酶的作用形成初级反应产物,它再与某种捕捉剂反应,形成显微镜下可视性沉淀,即最终反应产物。反应产物越多,颜色越深,酶活性越强。

3. 脂类显示 脂类物质包括脂肪与类脂。标本可用甲醛固定、冷冻切片,用油红、苏丹Ⅲ、苏丹Ⅳ、苏丹黑 B、尼罗蓝等脂溶性染料染色;亦可用锇酸固定兼染色,脂类呈黑色。

4. 核酸显示法 显示 DNA 的传统方法为 Feulgen 反应。切片先经稀盐酸处理后,使细胞内 DNA 水解,打开 DNA 分子中脱氧核糖核酸和嘌呤碱之间的连接键,使其释放出醛基,再用 Schiff 试剂处理,形成紫红色反应产物。

如用甲基绿-派若宁反应,可同时显示细胞内的 DNA 和 RNA,甲基绿与细胞核中的 DNA 结合呈蓝绿色,派若宁与核仁及胞质内的 RNA 结合呈红色。

(五) 免疫细胞化学技术

免疫细胞化学(immunocytochemistry)是根据抗原与抗体特异性结合的特点,用标记的抗体(或抗原)对细胞或组织内的相应抗原(或抗体)进行定位、定性、定量检测技术。如可检测细胞内某种多肽、蛋白质及膜表面抗原和受体等大分子物质的存在与分布。程序是用标记抗体与组织切片标本孵育,抗体则与细胞中相应抗原发生特异性结合,结合部位被标记物显示,则在显微镜下观察到该肽或蛋白质的分布。用荧光素(常用异硫氰酸,FITC)标记抗体,并于荧光显微镜下观察,称免疫荧光术。如抗体与辣根过氧化物酶(horseradish peroxidase,HRP)等结合,进行酶显示后,可在光镜或电镜观察,用于电镜者则称为**免疫电镜术**(immunoelectron microscopy)。此外,以铁蛋白标记抗体,称铁蛋白标记法,也能用于电镜下观察。

免疫细胞化学技术有**直接法**和**间接法**(图 1-2)。直接法是直接标记抗原的特异性抗体(又称第一抗体),将其孵育标本。间接法中,第一抗体不标记,标记的是第二抗体(抗第一抗体的抗体)。间接法敏感性较高。

近年来,免疫细胞化学各种新方法相继建立。单克隆抗体制备技术极大地提高了抗体的特异性与免疫染色的精确性。继 PAP 法之后所建立的卵白素-生物素-过氧化物酶复合物法(avidin-biotin-peroxidase complex method,ABC 法),至今仍然是广泛应用的一种方法。

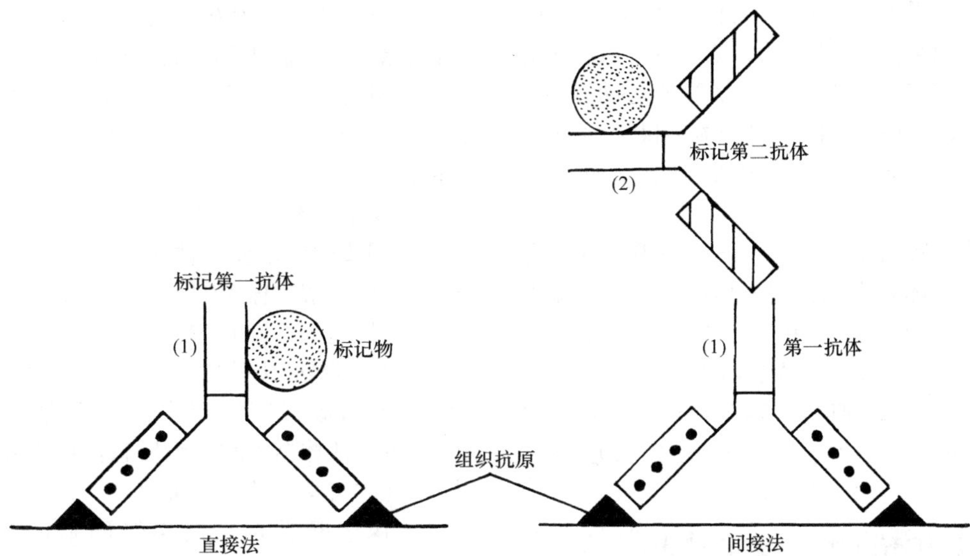

图 1-2 免疫细胞化学基本原理示意图
(1)、(2) 示反应顺序

（六）放射自显影术

放射自显影术（autoradiography）旨在追踪某些物质在体内、组织或细胞中的分布与代谢径路。首先，将放射性核素标记的物质注入动物体内或加入培养基中，间隔一定时间后取材，制成标本（如切片），在暗室于标本的上面涂核乳胶，置暗处曝光；数日后，再经显影和定影处理，或经染色后光镜观察，在放射性核素标记物存在的部位，溴化银被还原成黑色的微细银颗粒，也可在电镜下观察，则称之为**电镜放射自显影术**。由此，可获知被检物质在机体、组织与细胞内的分布、数量及代谢径路。

（七）原位杂交术

原位杂交（in situ hybridization，ISH）是用标记的DNA或RNA片段作为探针，在原位检测组织细胞内特定的DNA或RNA序列。根据所用探针的种类和靶核酸的不同，可分为DNA-DNA、RNA-DNA、RNA-RNA杂交。在光镜或电镜下观察靶核酸的存在与定位。标记物有两种：一种是放射性核素，如^{3}H、^{14}C、^{32}P、^{35}S、^{125}I，经放射自显影术处理后观察，另一种为非放射性物质，如地高辛等。原位杂交是目前研究不同细胞群中DNA和RNA细胞定位的唯一方法。

（八）组织培养术和组织工程

组织培养（tissue culture）把生物体内取得的组织或细胞置于体外的模拟体内生理环境，在一定的培养条件下使之生存、生长、增殖或传代的技术，别称为组织培养、细胞培养。培养条件包括适宜的培养基、O_2、CO_2、生长因子、血清、pH、渗透压与温度，还需严格的无菌条件。可在倒置相差显微镜下直接观察生活细胞的运动、增殖、分化、吞噬等动态变化，并可用显微摄像、显微摄影或显微录像等真实记录生活细胞连续变化的过程。

组织工程（tissue engineering）是利用组织细胞培养术在体外模拟构建机体组织或器官的技术，旨在用于组织修复和器官移植。目前，组织工程技术已开展了许多人造组织和器官的研制，如皮肤、软骨、骨、肌腱、角膜、神经、血管、气管等，其中组织工程化皮肤和软骨已成功地应用于临床。

（九）组织和细胞化学定量术

1. 显微分光光度术　是应用显微分光光度计（microspectrophotometer）对组织和细胞内化学成分进行定量分析的技术。其基本原理是细胞内某种物质的含量不同，其染色反应的深浅不一，对一定波长的光吸收也不同，可通过测定其光密度值（OD值）进行定量分析比较。

2. 形态计量术　形态计量术（morphometry）是运用数学和统计学原理对组织和细胞内各种成分的数量、体积、表面积等的相对值与绝对值的测量，其中以研究组织和细胞内某种结构的三维立体结构的研究称体视学 sterology。应用图像分析仪（image analyzer）可进行组织、细胞三维结构及定量分析的研究；组织化学和免疫细胞化学染色、荧光素染色、放射自显影以及原位杂交等标本，均可用其来测定其光密度值进行定量分析。

3. 流式细胞术　流式细胞术（flow cytometry，FCM）是应用流式细胞仪进行细胞定量分析研究和细胞分类研究的新技术。将细胞悬液应用荧光素染色后，使其通过流式细胞仪，该仪器能精确地计数荧光强度不同的细胞，并能使荧光强度不同的细胞向不同方向偏离，分别收集，以达到收集不同类别细胞的目的。流式细胞术用以研究细胞周期中各时相细胞的比例、细胞凋亡、细胞内DNA、RNA含量分析；广泛应用于细胞动力学、免疫学、血液学和肿瘤学等方面的研究。

七、影像学导论

影像诊断学是医学的重要课程之一，而影像解剖学是影像诊断学的重要组成部分，是利用各种成像手段显示人体解剖结构，为疾病时的异常影像变化提供影像基础。现代医学的临床诊断工作，除了询问病史和以视、触、叩、听为基础的体检之外，还要采用其他检查方法，如实验室检查、影像检查和病理组织检查等，以便尽早做出正确诊断。

影像学检查是一种特殊的检查方法，它是借助于不同成像手段使人体内部器官和结构显出影像，从而了解人体解剖与生理功能状况以及病理变化，以达到诊断目的。它是一种特殊的“视诊”，可以“看到”人体内部解剖结构。如“脑、脊髓、心肺、胃肠道”等，以及部分生理功能的变化，是观察活体器官和组织形态及功能最好的方法，因此它有特殊的诊断价值。

影像诊断学是一门年轻的临床学科，自1895年伦琴（Röentgen）发现X线不久就被用于人体检查，进行疾病诊断，从而形成放射诊断学新学科,并奠定了影像医学的基础。20 世纪 50 年代到 60 年代开始应用超声与核素扫描进行人体检查,出现了超声成像(ultrasonography)和闪烁成像(γ- scintigraphy);70 年代以后又相继出现了计算机体层成像(X-ray computed tomography,X-ray CT 或 CT)、磁共振成像(magnetic resonance imaging,MRI)和发射体层成像(emission computed tomography,ECT),70 年代后在影像诊断基础上,在影像工具的监视下,从病变区采集标本对某些疾病进行治疗迅速兴起,形成了介入放射学。本世纪初出现的影像融合技术如集形态与功能成像于一体的 PETCT 等,形成了包括放射诊断在内的影像诊断学。分子影像学(molecular imaging)也在研究中,影像诊断学的发展还有很大潜力。

所有影像诊断工作的进行都以影像解剖学为基础,所以了解各种影像成像方法、熟悉各种影像特点,可以更好地掌握人体形态学知识,为疾病的诊断和治疗提供更多信息。

(一) X 线成像

1. X 线的发现和特性 X 线是德国物理学家伦琴(Wilheim Conrad Röentgen)在 1895 年 11 月 8 日发现的。当时,他在暗室内用高电压电流通过低压气体的可克鲁克斯管(Crookes' tube)作阴极射线研究时,偶然发现克鲁克斯管附近一块表面涂有铂氰化钡结晶的纸板上发生荧光。后来研究发现,这种荧光是由高电压电流通过克鲁克斯管时产生的一种看不见的新射线所引起。这种射线能穿透普通光线所不能穿透的纸板,并能作用于荧光屏产生荧光。当伦琴将手放在管和荧光屏之间时,在荧光屏上看到肌肉透亮,而骨骼则为黑影;他还发现这种新射线具有摄影作用,可把手放在照相板上摄成照片。由于不明了这种射线的性质,所以伦琴把这种射线称为 X 线,科学界又称之为伦琴线。

X 线是波长很短的电磁波,以光的速度沿直线前进,波长范围为 0.0006~50nm,是由高速运行的电子群撞击物质突然被阻时产生的,X 线产生必须具备三个条件:①自由活动的电子群。②电子群以高速运行。③电子群在高速运行时突然受阻。X 线诊断用的 X 线波长范围为 0.008~0.031nm,在电磁辐射谱中,居 γ 射线与紫外线之间,X 线具有以下几方面与 X 线成像相关的特性:

(1) **穿透性**:X 线波长很短,具有很强的穿透力,并在穿透过程中受到一定程度的吸收。X 线穿透力与 X 线管电压密切相关,电压愈高,产生的 X 线波长愈短,穿透力愈强,另外与被照体的密度和厚度相关。X 线穿透性是 X 线成像的基础。

(2) **荧光效应**:能激发荧光物质(如硫化锌镉及钨酸钙等),使其产生肉眼可见的荧光,是进行透视检查的基础。

(3) **摄影效应**:X 线可以使涂有溴化银的胶片感光,产生潜影,经显、定影处理,感光的溴化银离子被还原成金属银,并沉淀于胶片的胶膜内,在胶片上呈黑色,未被感光的银离子被冲洗掉而显出胶片的透明本色,不同程度的感光从而产生不等的黑白影像。摄影效应是 X 线摄影的基础。

(4) **电离效应**:当 X 线穿透任何物质而被吸收时,都将产生电离作用,是放射治疗和放射防护的基础。

2. X 线影像形成原理和密度

(1) **X 线影像形成原理**:X 线影像形成需要具备三个基本条件:① X 线具有一定穿透力。② 被摄物体存在密度和厚度差异。③ 具备显像过程(荧光透视、照片等)。

(2) **物质密度和影像密度**:在成像过程中,物质密度影响组织密度,决定影像特征,组织密度越高,X 线吸收率越多,影像在照片上呈白色(高密度);组织密度低,X 线吸收率低,照片上越呈黑色(低密度)。

(3) **对比**:根据组织密度的差别,人体可概括分为骨骼、软组织(包括液体)、脂肪和体内的气体四类。这种由人体不同组织间天然存在的密度差异所产生的对比叫**天然对比**(图 1-3 A),胸部是人体天然对比最好的部位;当人体内组织器官之间缺乏天然对比,人为地将对比剂导入体内,增大密度差别,这种方法叫**人工对比或造影**(图 1-3 B),消化道造影(钡餐透视、钡灌肠等)检查是人工对比应用最广泛的部位。

3. X 线检查方法

(1) **普通检查**:①透视:运动状态(呼吸、心跳、胃肠蠕动等)的观察、介入等影像监视用。②摄影:二维成像,重叠的影像,但信息量大。

(2) **特殊检查**:①体层摄影。②荧光摄影。③放大摄影。④高仟伏摄影。⑤软 X 线摄影。⑥立体摄影。⑦其他:记波、硒静电 X 线摄影。

(3) **造影检查**:①直接导入法:向自然腔隙内导入对比剂的方法,如:胃肠钡餐透视、血管造影等。②生理积聚:依靠对比剂的生理吸收与排泄,如:静脉肾盂造影、口服胆囊造影等。临床常用的X线对比剂分两种：**阴性造影剂**即低于周围组织密度的造影剂，如CO_2、空气等；**阳性造影剂**即高密度对比剂，临床常用的包括：钡剂-纯硫酸钡、碘剂（油脂类、水制剂）碘对比剂包括离子型和非离子型。

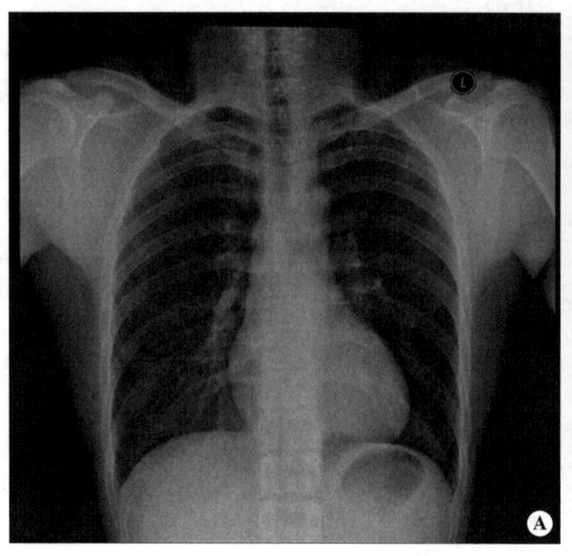

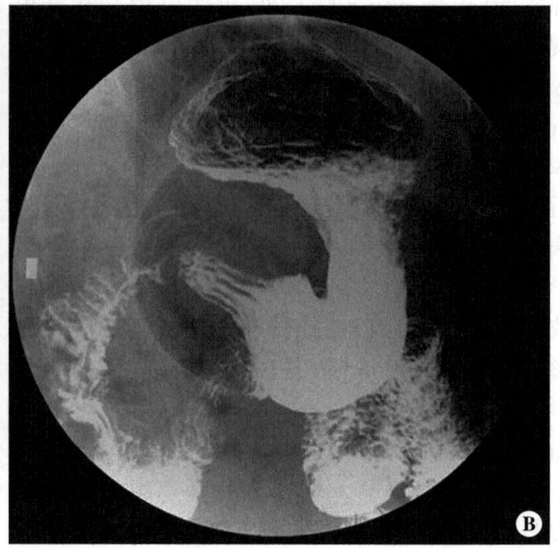

图1-3 自然对比与人工对比

A. 自然对比（胸部正位像）；B. 人工对比（胃肠透视）

4. X线检查中的防护

（1）**保护自己**：避免直接暴露在射线下；进入有放射线的环境内，必须有防护措施；尽量远离放射源（放射线与距离成3次方衰减）；避免一切不必要的曝线。

（2）**保护患者**：避免不必要的检查；小儿、妇女注意性腺的防护；怀孕妇女尽量避免X线检查。

（二）计算机体层成像

计算机体层成像（computed tomography，CT）是1969年Hounsfield设计成功的，于1972年公之于世。CT不同于X线成像，它是X线束对人体进行层面扫描，取得信息后，经计算机处理而获得的重建图像，所显示的是断面解剖图像，其密度分辨率明显优于X线图像。

1. CT成像基本原理 CT是用X线束对人体某部分一定厚度的层面进行扫描，由探测器接收透过该层面的X线，转变为可见光后，由光电转换器转变为电信号，再经模拟/数字转换器转为数字，输入计算机处理。图像形成的处理有如对选定层面分成若干个体积相同的长方体，称为**体素**，扫描所得信息经计算而获得每个体素的X线衰减系数或吸收系数，再排列成矩阵，即数字矩阵。经数字/模拟转换器把数字矩阵中的每个数字转为由黑到白不等灰度的小方块，即**像素**，并按矩阵排列，即构成CT图像。所以，CT图像是由一定数目像素组成的灰阶图像，是数字图像，是重建的断层图像。每个体素X线吸收系数可通过不同的数学方法算出，不在此赘述。CT设备包括普通CT、螺旋CT及电子束CT。

2. 图像特点 CT图像是由一定数目从黑到白不同灰度的像素按矩阵排列所构成的灰阶图像。这些像素反映的是相应体素的X线吸收系数。不同CT装置所得图像的像素大小及数目不同。大小可以是1.0mm×1.0mm，0.5mm×0.5mm不等；数目可以是512×512或1024×1024不等。像素越小，数目越多，构成的图像越细致，即空间分辨力越高。CT图像与X线图像所示的黑白影像一样，黑影表示低吸收区，即低密度区，如肺部；白影表示高吸收区，即高密度区，如骨骼。但是CT与X线图像相比，CT的密度分辨率高，因此，人体软组织的密度差别虽小，也能形成对比而成像。所以，CT可以更好地显示由软组织构成的器官，如脑、脊髓、纵隔、肺、肝、胆、胰以及盆部器官等，并在良好的解剖图像背景上显示出病变的影像。与X线图像不同的是，不仅以不同灰度显示其密度的高低，还可用组织对X线的吸收系数说明其密度高低的程度，具有一个量的标准。实际工作中，不用吸收系数，而换算成CT值，用CT值说明密度，单位为HU（hounsfield unit）。水的CT值为0HU，人体中密度最高的骨皮质吸收系数最高,CT 值为+1000HU,而空气密度最低,为-1000HU。人体中密度不同的各种组织 CT 值则居于-1000 到+1000HU 的 2000 个分度之间。CT 图像是断层图像,常用的是横断面或称轴面。为了显示整个器官,需要多帧连续的断层图像。通过 CT 设备上图像各种重建软件的使用,可重组冠状面和矢状面断层图像以及三维图像。

3. 检查技术

(1) **普通 CT 平扫**:包括平扫、对比增强扫描。**平扫**是指不用对比增强或造影的普通扫描。**对比增强扫描**是经静脉注入水溶性有机碘对比剂后再行扫描的方法,较常应用。血管内注入碘对比剂后,器官与病变由于血供不同而产生密度差,能使病变显影更为清楚。

(2) **高分辨力 CT 扫描**:高分辨力 CT(high resolution CT,HRCT)是指在较短的时间内,取得良好的空间分辨力 CT 图像的扫描技术,是常规扫描技术的补充。不是所有的 CT 机都能作 HRCT。要求机器固有空间分辨力小于 0.5mm;图像重建用高空间分辨力算法;层厚为 1~1.5mm;矩阵用 512×512。它的优点是可以清楚显示微小组织结构,如肺间质,小的器官,如内耳与听小骨和肾上腺等。对显示小病灶轻微变化优于普通 CT 扫描。

(3) **CT 新技术**:随着 CT 扫描时间与成像时间的缩短,扫描范围加长并可获得连续数据,加上计算机后处理功能的提高,开发出许多新技术。开拓了新的临床应用领域。如多平面重建(multiplanar reconstruction,MPR)(图 1-4),再现技术(rendering technic),包括表面再现(surface rendering)、最大密度投影(maximum intensity projection,MIP)和容积再现(volume rendering,VR)。仿真内镜显示技术等。

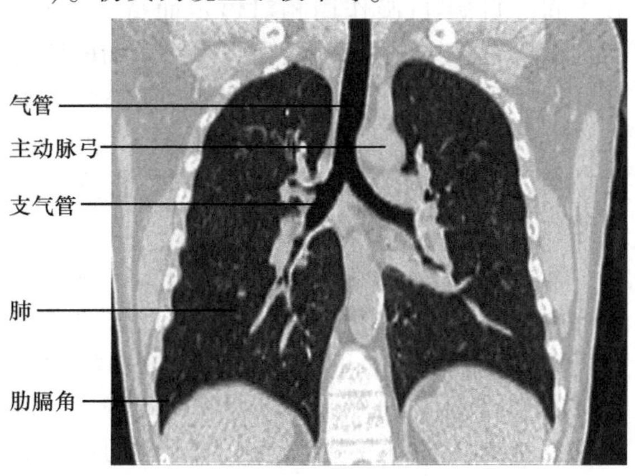

图 1-4 胸部 CT 多平面重建

4. 临床适应证 由于 CT 的特殊诊断价值,已广泛应用于临床。但也应在了解其优势的基础上,合理地选择应用。CT 可应用于下述各系统疾病的诊断:

(1) 中枢神经系统疾病的 CT 诊断价值较高,应用普遍。对颅内肿瘤、脓肿与肉芽肿、寄生虫病、外伤性血肿与脑损伤、缺血性脑梗死与脑出血以及椎管内肿瘤与椎间盘突出等病诊断效果好,诊断较为可靠。CT 血管造影,即 CTA 可获得比较精细和清晰的血管重组图像,而且能做到三维实时显示,对于颅内血管病变等诊断应用日趋广泛。

(2) 头颈部 CT 检查也很有价值。如对眶内占位病变、早期鼻窦癌、中耳小胆脂瘤、听骨破坏与脱位、内耳骨迷路的轻微破坏、耳先天发育异常以及鼻咽癌的早期发现等。当病变明显,X 线平片虽可确诊,但 CT 检查可观察病变细节。至于听骨与内耳骨迷路则需要用 CT 观察。

(3) 胸部 CT 已日益显示出它的优越性。对肺癌和纵隔肿瘤等的诊断很有帮助。低剂量扫描可用于肺癌普查。肺间质和实质性病变也可以得到较好的显示。CT 对平片较难显示的病变,例如同心、大血管重叠病变的显示更具有优越性。对胸膜、膈、胸壁病变也可清楚显示。心及大血管 CT 诊断价值的大小取决于 CT 装置。对于冠状动脉和心瓣膜以及大血管壁的钙化来说,CT 可以很好地显示,多层螺旋 CT 图像重组可显示冠状动脉的软斑块。心腔及大血管的显示,常需要注入对比剂,心血管造影 CT 对先心病,如心内、外分流和大血管狭窄以及瓣膜疾病的诊断非常有价值。CT 灌注成像还可对急性心肌缺血进行观察。

(4) 腹部及盆部疾病的 CT 检查,应用也日益广泛,主要用于肝、胆、胰、脾,腹膜腔及腹膜后间隙以及肾上腺及泌尿生殖系统疾病的诊断,尤其是肿瘤性、炎症性和外伤性病变等。对于胃肠病变向腔外侵犯以及邻近和远处转移等,CT 检查也有价值。当然,胃肠管腔内病变情况主要仍依赖于钡剂造影和内镜检查及病理活检。

(5) 骨骼肌肉系统疾病,多可通过简便、经济的 X 线检查确诊,使用 CT 检查较少。但 CT 对显示骨变化如骨破坏与增生的细节较 X 线成像为优。

(三) 磁共振成像

磁共振成像(magnetic resonance imaging,MRI)是利用原子核在磁场内所产生的信号经重建成像的一种影像技术。早在1946年,Block和Purcell就发现了物质的核磁共振现象并应用于化学分析上,从而形成了核磁共振波谱学。1973年,Lauterbur发表了MRI成像技术,使核磁共振应用于临床医学领域。为了准确反映其成像基础,避免与核素成像混淆,现已将核磁共振成像改称为磁共振成像。参与MRI的成像因素较多,决定MRI信号强度的参数至少有10个以上,只要有1个参数发生变化,就可在MRI信号上得到反映。因此,MRI具有极大的临床应用潜力。

1. MRI成像原理 所有含奇数质子的原子核均在其自旋过程中产生自旋磁动量,也称核磁矩,它具有方向性和力的效应,故以矢量来描述。核磁矩的大小是原子核的固有特性,它决定MRI信号的敏感性。氢的原子核最简单,只有单一的质子,故具有最强的磁矩,最易受外来磁场的影响,并且氢质子在人体内分布最广,含量最高,因此医用MRI均选用H为靶原子核。人体内的每一个氢质子均可被视作为一个小磁体,正常情况下,这些小磁体自旋轴的分布和排列是杂乱无章的,若此时将人体置于一个强大磁场中,这些小磁体的自旋轴必须按磁场磁力线的方向重新排列。此时的磁矩有两种取向:大部分顺磁力线排列,它们的位能低,状态稳;小部分逆磁力线排列,其位能高。两者的差称为剩余自旋,由剩余自旋产生的磁化矢量称为净磁化矢量,亦称为平衡态宏观磁场化矢量M0。在绝对温度不变的情况下,两种方向质子的比例取决于外加磁场强度。

在MR的坐标系中,顺主磁场方向为Z轴或称纵轴,垂直于主磁场方向的平面为XY平面或称水平面,平衡态宏观磁化矢量M。此时绕Z轴以Larmor频率自旋,如果额外再对M0施加一个也以Larmor频率的射频脉冲,使之产生共振,此时M0就会偏离Z轴向XY平面进动,从而形成横向磁化矢量,其偏离Z轴的角度称为翻转角。翻转角的大小由射频脉冲的大小来决定,能使M翻转90°XY平面的脉冲称之为90°脉冲。在外来射频脉冲的作用下M0除产生横向磁化矢量外,这些质子同向进动,相位趋向一致。

当外来射频脉冲停止后,由M0产生的横向磁化矢量在晶格磁场(环境磁场)作用下,将由XY平面逐渐回复到Z轴,同时以射频信号的形式放出能量,其质子自旋的相位一致性亦逐渐消失,并恢复到原来的状态。这些被释放出的,并进行了三维空间编码的射频信号被体外线圈接收,经计算机处理后重建成图像。

笔记栏

在MRI的应用中常涉及**弛豫**这个概念:弛豫是指磁化矢量恢复到平衡态的过程,磁化矢量越大,MRI探测到的信号就越强。

(1) **纵向弛豫**:又称**自旋一晶格弛豫**(spin-lattice relaxation)或T_1弛豫,是指90°射频脉冲停止后纵向磁化逐渐恢复至平衡的过程,亦就是M0由XY平面回复到Z轴的过程。其快慢用时间常数T_2来表示,可定义为纵向磁化矢量从最小值恢复至平衡态的63%所经历的弛豫时间。不同的组织T_1时间不同,其纵向弛豫率的快慢亦不同,故产生了MR信号强度上的差别,它们在图像上则表现为灰阶的差别。由于纵向弛豫是高能原子核释放能量恢复至低能态的过程,所以它必须通过有效途径将能量传递至周围环境(晶格)中去,晶格是影响其弛豫的决定因素。大分子物质(蛋白质)热运动频率太慢,而小分子物质(水)热运动太快,两者都不利于自旋能量的有效传递,故其T_1值长(MR信号强度低),只有中等大小的分子(脂肪)其热运动频率接近Larmor频率,故能有效快速传递能量,所以T_1值短(MR信号强度高)。通过采集部分饱和的纵向磁化产生的MR信号,具有T_1依赖性,其重建的图像即为T_1加权图像。

(2) **横向弛豫**:又称为自旋-自旋弛豫(spin-spin relaxation)或T_2弛豫。横向弛豫的实质是在射频脉冲停止后,质子又恢复到原来各自相位上的过程,这种横向磁化逐渐衰减的过程称为T_2弛豫。T_2为横向弛豫时间常数,它等于横向磁化由最大值衰减至37%时所经历的时间,它是衡量组织横向磁化衰减快慢的一个尺度。T_2值也是一个具有组织特异性的时间常数,不同组织以及正常组织和病理组织之间有不同的T_2值。大分子(蛋白质)和固体的分子晶格固定,分子间的自旋-自旋作用相对恒定而持久,故它们的横向弛豫衰减过程快,所以T_2短(MR信号强度低),而小分子及液体分子因具有快速平动性,使横向弛豫衰减过程变慢,故T_2值长(MR信号强度高)。MR信号主要依赖T_2而重建的图像称为T_2加权图像。

2. 影像特点 人体不同器官的正常组织与病理组织的T_1值是相对固定的,而且它们之间有一定的差别,T_2值也是如此。这种组织间弛豫时间上的差别,是磁共振成像诊断的基础。值得注意的是,MRI的影像虽然也以不同的灰度显示,但其反映的是MRI信号强度的不同或弛豫时间T_1与T_2的长短,而不像CT图像,灰度反映的是组织密度。一般而言，组织信号强，图像所对应的部分就亮，组织信号弱，图像所对应的部分就暗，由组织反映出的不同的信号强度变化，就构成组织器官之间、正常组织和病理组织之间图像明暗的对比。

MRI 的图像若主要反映组织间 T_1 特征参数时，为 T_1 加权像（T_1 weighted imaging，T_1WI），它反映的是组织间 T_1 的差别，T_1WI 有利于观察解剖结构。若主要反映组织间 T_2 特征参数时，则为 T_2 加权像（T_2 weighted imaging，T_2WI），T_2WI 对显示病变组织较好。还有一种称为质子密度加权像（Proton density weighted imaging，PdWI）的图像，其图像的对比主要依赖于组织的质子密度，又简称质子加权像。

MRI 是多参数成像，因此，在 MRI 成像技术中，采用不同的扫描序列和成像参数，可获得 T_1 加权像、T_2 加权像和质子加权像。在经典的自旋回波（spin echo，SE）序列中，通过调整重复时间（repetition time，TR）和回波时间（echo time，TE），就可得到上述三种图像。一般短 TR、短 TE 可获得 T_1 加权像；长 TR、长 TE 可获得 T_2 加权像，长 TR、短 TE 可获得质子加权像（图 1-5）。

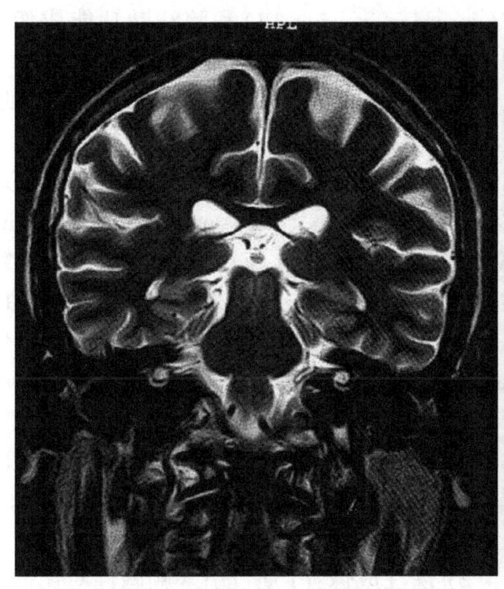
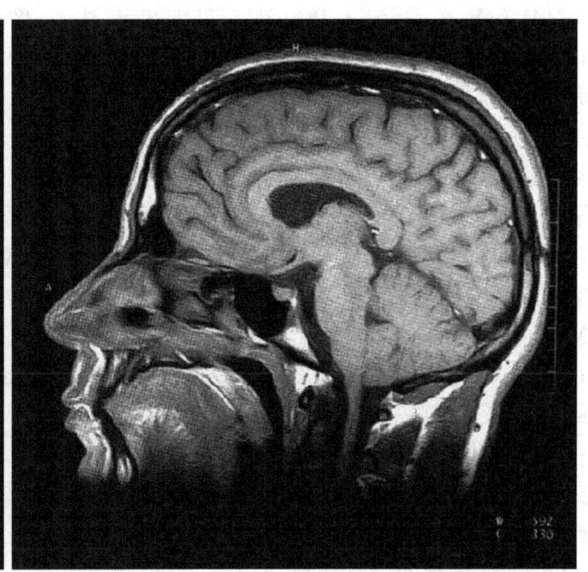

图 1-5　MRI 图像

3. MRI 检查方法　MRI 成像技术有别于 CT 扫描，它不仅可行横断面，还可行冠状面、矢状面以及任意斜面的直接成像，同时还可获得多种类型的图像，如 T_1WI、T_2WI 等。若要获取这些图像必须选择适当的脉冲序列和成像参数。

（1）**序列技术**：MRI 成像的高敏感性基于正常组织与病理组织弛豫时间 T_1 及 T_2 的不同，并受质子密度、脉冲序列的影响，常用的脉冲序列有：自旋回波（SE）序列、反转恢复（inversion recovery，IR）序列、快速自旋回波（turbo SE，TSE；fast SE，FSE）序列、梯度回波（gradient echo，GRE）序列、快速梯度自旋回波（TGSE）序列、单次激发半傅里叶采集快速自旋回波（half-fourier acquisition single-shot-turbo-SE，HASTE）序列以及平面回波成像（echo planar imaging，EPI）等。

（2）**MR 对比增强检查**：MRI 影像具有良好的组织对比，但正常与异常组织的弛豫时间有较大的重叠，其特异性仍较差。为提高 MRI 影像对比度，一方面着眼于选择适当的脉冲序列和成像参数，以更好地反映病变组织的实际大小、程度及病变特征；另一方面则致力于人为地改变组织的 MRI 特征性参数，即缩短 T_1 和 T_2 弛豫时间。MRI 对比剂可克服普通成像序列的限制，它能改变组织和病变的弛豫时间，从而提高组织与病变间的对比。MRI 对比剂按增强类型可分为阳性对比剂（如钆-二乙三胺五乙酸，即 Gd-DTPA）和阴性对比剂（如超顺磁氧化铁即，SPIO）。按对比剂在体内分布分为细胞外间隙对比剂（如 Gd-DTPA）、细胞内分布或与细胞结合对比剂，如肝细胞靶向性对比剂钆卞氧丙基四乙酸盐（Gd—EOB-DTPA），网状内皮细胞向性对比剂（如 SPIO）和胃肠道磁共振对比剂。

目前，临床上最常用的 MRI 对比剂为 Gd-DTPA。其用药剂量为 0.1mmol/kg，采用静脉内快速团注，对于垂体、肝脏及心脏、大血管等检查还可采用压力注射器行双期或动态扫描。常规

选用 T_1WI 序列，结合脂肪抑制或磁化传递等技术可增加对比效果。

（3）**MR 血管造影技术**：磁共振血管造影（magnetic resonance angiography，MRA）是对血管和血流信号特征显示的一种技术。MRA 作为一种无创伤性的检查，与 CT 及常规放射学相比具有特殊的优势，它不需使用对比剂，流体的流动即是 MRI 成像固有的生理对比剂。流体在 MRI 影像上的表现取决于其组织特征、流动速度、流动方向、流动方式及所使用的序列参数。常用的 MRA 方法有时间飞越（time of flight，TOF）法和相位对比（phase contrast，PC）法。三维 TOF 法的主要优点是信号丢失少，空间分辨力高，采集时间短，它善于查出有信号丢失的病变如动脉瘤、血管狭窄等；二维 TOF 法可用于大容积筛选成像，检查非复杂性慢流血管；三维 PC 法可用于分析可疑病变区的细节，检查流量与方向；二维 PC 法可用于显示需极短时间成像的病变，如单视角观察心动周期。近年来，发展起来一种新的 MRA 方法，称对比增强 MRA（contrast enhancement MRA，CE-MRA），其适用范围广，实用性强，方法是静脉内团注 2~3 倍于常规剂量的 Gd-DTPA 对比剂，采用超短 TR、TE 快速梯度回波技术，三维采集，该方法对胸腹部及四肢血管的显示极其优越。

（4）**MR 电影成像技术**：磁共振电影（magnetic resonance ciue，MRC）成像技术是利用 MRI 快速成像序列对运动脏器实施快速成像，产生一系列运动过程的不同时段（时相）的“静态”图像。将这些“静态”图像对应于脏器的运动过程依次连续显示，即产生了运动脏器的电影图像。MRC 成像不仅具有很好的空间分辨力，更重要的是它具有优良的时间分辨力，对运动脏器的运动功能评价有重要价值。对于无固定周期运动的脏器，如膝关节、颞颌关节等，MRC 的方法是将其运动的范围分成若干相等的空间等分，在每一个等分点采集一幅图像，然后将每个空间位置的图像放在一个序列内连续显示，即成为关节运动功能的电影图像。

（5）**MR 水成像技术**：磁共振水成像（MR hydrography）技术主要是利用静态液体具有长 T_2 弛豫时间的特点。在使用重 T_2 加权成像技术时，稀胆汁、胰液、尿液、脑脊液、内耳淋巴液、唾液、泪液等流动缓慢或相对静止的液体均呈高信号，而 T_2 较短的实质器官及流动血液则表现为低信号，从而使含液体的器官显影。作为一种安全、无需对比剂、无创伤性的影像学检查手段，MR 水成像技术已经提供了有价值的诊断信息，在某种程度上可代替诊断性 ERCP、PTC、IVP、X 线椎管造影、X 线涎管造影及泪道造影等传统检查。MR 水成像技术包括 MR 胰胆管成像（MRCP）、MR 泌尿系成像（MRU）、MR 椎管成像（MRM）、MR 内耳成像、MR 涎腺管成像、MR 泪道成像及 MR 脑室系统成像等。

（6）**脑功能成像**：脑功能性磁共振成像（functional MRI，fMRI）可提供人脑部的功能信息，为 MRI 技术又开启了一个全新的研究领域，它包括扩散成像（diffusion imaging，DI）、灌注成像（perfusion imaging，PI）和脑活动功能成像，三种不同功能成像的生理基础不同。

1）**扩散成像**：当前 DI 主要用于脑缺血的检查，是由于脑细胞及不同神经束的缺血改变，导致水分子的扩散运动受限，这种扩散受限可以通过扩散加权成像（diffusion weighted imaging，DWI）显示出来。DWI 在对早期脑梗死的检查中具有重要临床价值。脑组织在急性或超急性梗死期，首先出现细胞毒性水肿，使局部梗死区组织的自由水减少，表观扩散系数（ADC 值）显著下降，因而在 DWI 上表现为高信号区，但这在常规 T_1、T_2 加权成像上的变化不明显。DWI 技术可由快速梯度回波序列完成，但在 EPI 技术中表现得更为完善。

2）**灌注成像**：PI 通过引入顺磁性对比剂，使成像组织的 T_1、T_2 值缩短，同时利用超快速成像方法获得成像的时间分辨力。通过静脉团注顺磁性对比剂后周围组织微循环的 T_1、T_2 值的变化率，计算组织血流灌注功能；或者以血液为内源性示踪剂（通过利用动脉血液的自旋反转或饱和方法），显示脑组织局部信号的微小变化，而计算局部组织的血流灌注功能。PI 还可用于肝脏病变的早期诊断、肾功能灌注以及心脏的灌注分析等。

3）**脑活动功能成像**：是利用脑活动区域局部血液中氧合血红蛋白与去氧血红蛋白比例的变化，所引起局部组织 T_2 的改变，从而在 T_2 加权像上可以反映出脑组织局部活动功能的成像技术，这一技术又称之为血氧水平依赖性 MR 成像（BOLD MRI）。它是通过刺激周围神经，激活相应皮层中枢，使中枢区域的血流量增加，进而引起血氧浓度及磁化率的改变而获得的。

（7）**MR 波谱技术**：磁共振波谱（magnetic resonance spectroscopy，MRS）技术是利用 MR 中的化学位移现象来测定分子组成及空间分布的一种检测方法。随着临床 MRI 成像技术的发

笔记栏

展，MRS 与 MRI 相互渗透，产生了活体磁共振波谱分析技术及波谱成像技术，从而对一些由于体内代谢物含量改变所致的疾病有一定的诊断价值。在均匀磁场中，同种元素的同一种原子由于其化学结构的差异，其共振频率也不相同，这种频率差异称化学位移。MRS 实际上就是某种原子的化学位移分布图。其横轴表示化学位移，纵轴表示各种具有不同化学位移原子的相对含量。目前，常用的局部 1H 波谱技术，是由一个层面选择激励脉冲紧跟两个层面选择重聚脉冲，三者相互垂直，完成“定域”共振，使兴趣区的 1H 原子产生共振，其余区域则不产生信号。定域序列的一个主要特点是能在定域区产生局部匀场。脉冲间隔时间决定回波时间。在 1H 波谱中，回波时间通常为 20~30ms，此时质子波谱具有最确定的相位，从而产生最佳分辨的质子共振波谱。

4. MRI 诊断的临床应用 由于 MRI 磁场对电子器件及铁磁性物质的作用，有些患者不宜行此项检查，如置有心脏起搏器的患者；颅脑手术后动脉夹存留的患者；铁磁性植入物者（如枪炮伤后弹片存留及眼内金属异物等）；心脏手术后，换有人工金属瓣膜患者；金属假肢、关节患者；体内有胰岛素泵、神经刺激器患者，以及妊娠三个月以内的早孕患者等均应视为 MRI 检查的禁忌证。

MRI 的多方位、多参数、多轴倾斜切层对中枢神经系统病变的定位定性诊断极其优越。在对中枢神经系统疾病的诊断中，除对颅骨骨折及颅内急性出血不敏感外，其他如对脑部肿瘤、颅内感染、脑血管病变、脑白质病变、脑发育畸形、脑退行性病变、脑室及蛛网膜下腔病变、脑挫伤、颅内亚急性血肿以及脊髓的肿瘤、感染、血管性病变及外伤的诊断中，均具有较大的优势。MRI 可诊断超急性期脑梗死。

MRI 不产生骨伪影，对后颅凹及颅颈交界区病变的诊断优于 CT。MRI 具有软组织高分辨特点及血管流空效应，可清晰显示咽、喉、甲状腺、颈部淋巴结、血管及颈部肌肉。

由于纵隔内血管的流空效应及纵隔内脂肪的高信号特点，形成了纵隔 MRI 图像的优良对比。MRI 对纵隔及肺门淋巴结肿大和占位性病变的诊断具有较高的价值，但对肺内钙化及小病灶的检出不敏感。运用心电门控触发技术，可对心肌、心包病变、某些先天性心脏病做出准确诊断。MRI 可显示心脏大血管内腔，故对心脏大血管的形态学与动力学的研究可在无创的检查中完成。特别是 MR 电影、MRA 的应用，使得 MRI 检查在对心血管疾病的诊断方面具有良好的应用前景。

多参数技术在肝脏病变的鉴别诊断中具有重要价值。有时不需对比剂即可通过 T_1 加权像和 T_2 加权像直接鉴别肝脏囊肿、海绵状血管瘤、肝癌及转移癌。MRCP 对胰胆管病变的显示具有独特的优势。胰腺周围有脂肪衬托，采用抑脂技术可使胰腺得以充分显示。肾与其周围脂肪囊在 MRI 图像上形成鲜明的对比，肾实质与肾盂内尿液也可形成良好对比。MRI 对肾脏疾的诊断具有重要价值。MR 泌尿系成像（MRU）可直接显示尿路，对输尿管狭窄、梗阻具有重要诊断价值。

MRI 多方位、大视野成像可清晰显示盆腔的解剖结构，尤其对女性盆腔疾病的诊断具有价值，对盆腔内血管及淋巴结的鉴别较容易，是盆腔肿瘤、炎症、子宫内膜异位症、转移癌等病变的最佳影像学检查手段。MRI 也是诊断前列腺癌，尤其是早期者的有效方法。

MRI 对四肢骨骨髓炎、四肢软组织内肿瘤及血管畸形有较好的显示效果，可清晰显示软骨、关节囊、关节液及关节韧带，对关节软骨损伤、韧带损伤、关节积液等病变的诊断具有其他影像学检查所无法比拟的价值，在关节软骨的变性与坏死诊断中，早于其他影像学方法。

非急症的神经系统检查首选；肝脏疾病检查；盆腔疾病的检查；胆道、胰管、泌尿道检查；血管疾病的检查等。

（四）分析与诊断

明确每一种检查方法的目的，图像特点，对每一幅图像进行详细观察，具体分析，并结合临床病史和实验室资料，做出诊断。影像诊断主要是通过对图像的观察、分析、归纳与综合而做出的。因此，需要掌握图像的观察与分析方法，并能辨别正常表现与异常表现以及了解异常表现的病理基础及其在诊断中的意义。

不同成像技术在诊断中都有各自的优势与不足。对某一疾病的诊断，可能用一种检查就可明确诊断，例如外伤性骨折，X 线检查就多可做出诊断；也可能是一种检查不能发现病变，而另一种检查则可确诊，例如肺的小结节性病变，胸部 X 线片未发现，而 CT 则能检出并诊断为肺癌；也可能是综合几种成像手段与检查方法才能明确诊断。因此，就需要了解不同的成像手段在不同疾病诊断中的作用与限度，以便能恰当的选择一种或综合应用几种成像手段和检查方法，来进行诊断。

影像学检查在临床医学诊断中的价值是肯定的,但应指出其诊断的确立是根据影像表现而推论出来的,并未直接看到病变。因此,影像诊断有时可能与病理诊断不一致,这是影像诊断的限度。在进行诊断时,还必须结合临床材料,包括病史、体检和实验室检查结果等,互相印证,以期做出正确的诊断。

介入放射学与影像诊断学不同,有其自身的特点,诸如治疗机制、技术操作与临床应用原则等。因此,需要了解其基本技术与理论依据,价值与限度和不同治疗技术的适应证、禁忌证与疗效,以便能针对不同疾病合理选用相应的介入治疗技术。

第2节　基本组织

一、上皮组织

上皮组织(epithelial tissue)简称**上皮**(epithelium),是由排列紧密、形态规则的上皮细胞和极少量的细胞间质组成。大部分上皮被覆于机体的表面以及衬于体内各种管、腔及囊的内表面,称被覆上皮。上皮还构成各种腺,组成腺的上皮称腺上皮。上皮细胞在形态结构或功能上都具有明显的极性,上皮细胞朝向空间的一侧称游离面;游离面的对侧称基底面。细胞的基底面常借助于基膜与结缔组织相连。细胞的游离面常分化出一些特殊的结构,与其功能相适应。上皮组织内没有血管,其营养靠结缔组织中的血管,通过基膜渗透供应。上皮含有丰富的神经末梢。上皮组织可分为被覆上皮、腺上皮、感觉上皮等。它们分别有保护、吸收、分泌、感觉等功能。

(一) 被覆上皮

1. 被覆上皮的类型和结构　按照上皮细胞的排列层次,可将**被覆上皮**分为**单层上皮**和**复层上皮**。根据单层上皮细胞或复层上皮浅层细胞的形状不同,又有扁平、立方和柱状类型之分(图1-6)。

- 单层上皮
  - 单层扁平上皮
    - 内皮:心、血管及淋巴管的腔面
    - 间皮:胸膜、心包膜及腹膜的表面
    - 其他:肺泡上皮、肾小囊壁层等上皮
  - 单层立方上皮:甲状腺滤泡及肾小管等
  - 单层柱状上皮:胃、肠和子宫等腔面
  - 假复层纤毛柱状上皮:呼吸道等的腔面
- 复层上皮
  - 复层扁平上皮
    - 角化的:皮肤的表皮
    - 未角化的:口腔、食管和阴道等的腔面
  - 复层柱状上皮:睑结膜、男性尿道等的腔面
  - 变移上皮:肾盏、肾盂、输尿管及膀胱等的腔面

(1) **单层扁平上皮**(simple squamous epithelium):是由一层很薄的扁平细胞构成。从表面观,细胞呈不规则形或多边形,细胞边缘呈锯齿状,互相嵌合。垂直切面观,细胞核呈椭圆形,细胞质极薄(图1-6)。衬于心、血管或淋巴管内表面的单层扁平上皮称**内皮**(endothelium);而衬于胸膜、心包膜和腹膜腔面的为**间皮**(mesothelium)。内皮细胞很薄,且游离面光滑,有利于物质交换和液体流动。间皮细胞游离面湿润,便于内脏器官活动。

(2) **单层立方上皮**(simple cuboidal epithelium):是由一层立方形细胞组成。表面观细胞呈多边形,垂直切面观,为立方形细胞,核圆,位于细胞中央。此种上皮存在于肾、甲状腺等处,它有分泌和吸收的功能。

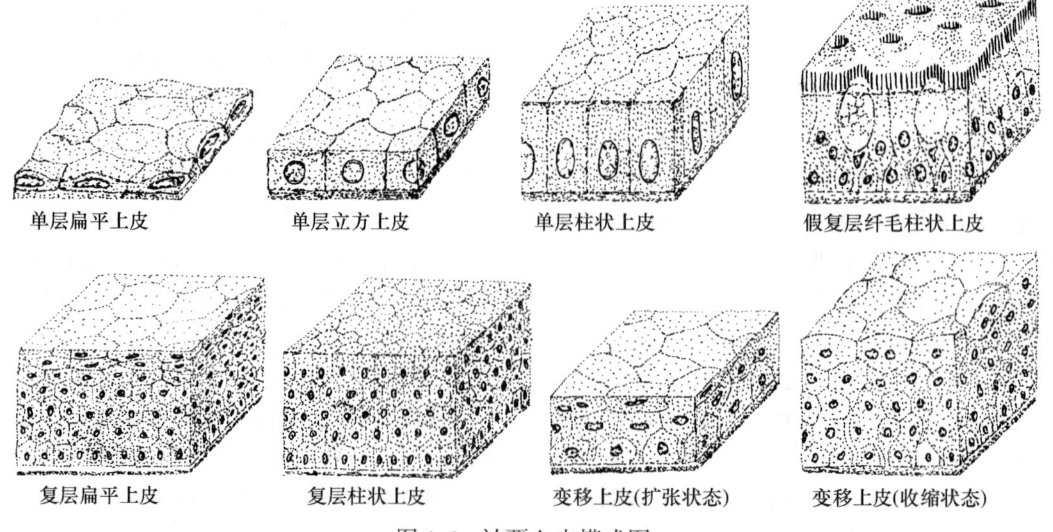

图1-6　被覆上皮模式图

笔记栏

(3) **单层柱状上皮**(simple columnar epithelium):由一层棱柱状细胞组成,表面观亦为多边形;垂直切面观,细胞呈柱状,核椭圆,靠近细胞基底部(图1-6)。典型的单层柱状上皮,如小肠吸收细胞和子宫及输卵管的纤毛细胞。此种上皮多有吸收或分泌功能。在肠上皮细胞之间有许多散在分布的**杯状细胞**(goblet cell),此种细胞形似高脚酒杯,上宽下窄,细胞核呈三角形,染色深,近细胞基底部。细胞质内充满黏原颗粒,分泌的黏液对上皮表面有保护作用。

(4) **假复层纤毛柱状上皮**(pseudostratified columnar ciliated epithelium):由柱状细胞、梭形细胞和锥体细胞组成。上皮中常有杯状细胞分布。柱状细胞游离面具有纤毛,细胞顶端达到游离面,其他细胞则不达到表面,但所有细胞基底面都与基膜相接触。由于这几种细胞高矮不等,细胞核的位置也高低不齐地排列在不同水平面上,垂直切面观,上皮像复层,其实是单层。此种上皮多分布于呼吸道的腔面上。

(5) **复层扁平(鳞状)上皮**(stratified squamous epithelium):由多层细胞组成。紧靠基膜的基底层细胞为一层立方或矮柱状细胞;中间层细胞为多边形;近浅层的上皮细胞才是扁平的。基底层细胞具有较强的分裂增殖能力,新生的细胞渐向浅层推移,以补充表层衰老脱落的细胞。复层扁平上皮基底面与深层结缔组织的联接处凹凸不平,相互嵌合,以利于扩大两者的接触面积。

此种上皮较厚,具有很强的机械性保护作用。如分布在皮肤表面的复层扁平上皮,浅层细胞形成角质层,称**角化的复层扁平上皮**,而分布于口腔、食管和阴道腔面上皮,称**未角化的复层扁平上皮**。

(6) **复层柱状上皮**(stratified columnar epithelium):表层细胞为柱状,排列整齐,中间层亦为多边形,深层是低柱状细胞。见于眼睑结膜和男性尿道等处。

(7) **变移(移行)上皮**(transitional epithelium):位于排尿管道的腔面。上皮细胞的形状和层数可随器官的舒缩而发生改变。如膀胱处于充盈状态时,上皮层数减少,细胞扁平;反之,膀胱上皮变厚,细胞变高。表层细胞呈大立方形,常有双核,称盖细胞;其游离面胞质浓缩,嗜酸性较强,形成一深染的壳层,可以防止尿液的侵袭。有人观察到所有上皮细胞均向深处伸出长的突起与基膜相连,故认为此种上皮是假复层上皮。

2. 上皮细胞的特殊结构 上皮细胞的游离面、侧面和基底面常分化出一些特殊的结构,与其功能相适应。

(1) **上皮细胞的游离面**

1) **微绒毛**(microvillus):是上皮细胞游离面的细胞膜和细胞质共同伸出的细小指状突起,在电镜下才能辨认。微绒毛直径约0.1μm,长度因细胞种类或细胞生理状态的不同而有很大差别。有些细胞的微绒毛较少,长短不等。光镜下小肠吸收细胞的**纹状缘**及肾小管上的**刷状缘**均为密集排列的微绒毛。微绒毛表面为细胞膜,内为细胞质,含许多纵行的**微丝**,微丝上端可达微绒毛的顶端,微丝下端与细胞质顶部的终末网相连。终末网的细丝与细胞游离面相平行,并固着于细胞侧面的中间连接上。微丝可使微绒毛伸长或缩短。微绒毛显著地扩大了细胞游离面的吸收表面积(图1-7)。

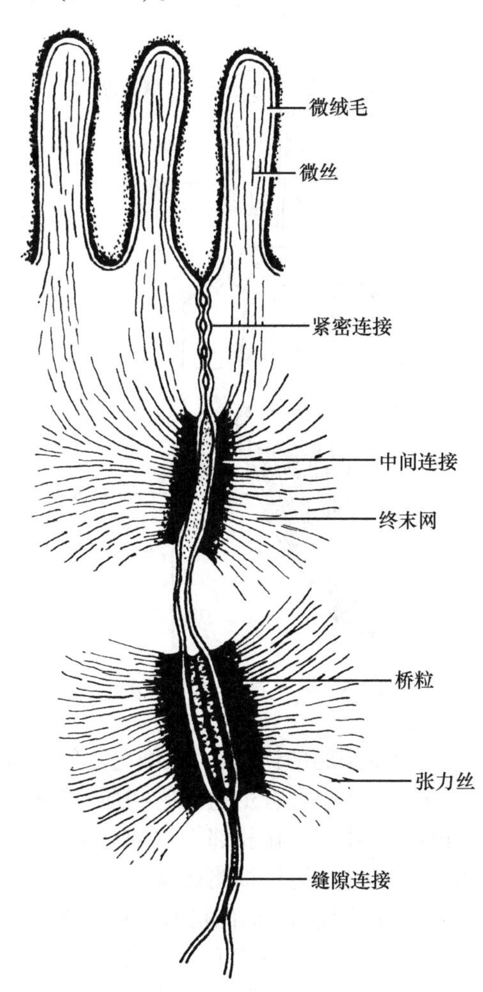

图1-7 上皮细胞特殊结构模式图

2) **纤毛**(cilium):也是细胞顶端伸向腔面的突起,比微绒毛粗且长,能摆动,光镜下能看见。纤毛长约5~10μm,直径约0.3~0.5μm。

电镜下观察横断的纤毛，表面有细胞膜，内为细胞质，中央有一对微管，周围有9组成对的双联微管(图1-8)。纤毛根部有一个致密颗粒，称基体，周边微管起始于此，止于纤毛顶端。纤毛可摆动，其动力始于基体周边微管相互滑动，并传向微管顶端。许多纤毛协调摆动，形成如麦浪样起伏，从而把黏着在上皮表面的尘埃颗粒或细菌推向一定方向。如呼吸道上皮借助其纤毛摆动，将黏液及附着的尘埃或微生物向前推移和排出。

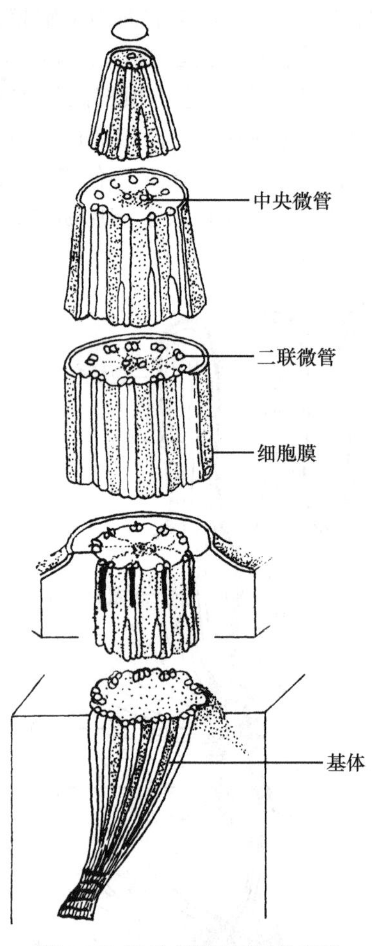

图1-8 纤毛超微结构模式图

(2) **上皮细胞的侧面**：上皮细胞之间排列紧密，间隙很小，其中含有少量细胞间质，以利于细胞之间的黏着作用。在相邻上皮细胞的侧面上，分化出一些特殊结构称**细胞连接**(cell junction)，其主要功能是增强细胞间的机械连接。除上皮细胞外，细胞连接也存在于其他细胞之间。

1) **紧密连接**：又称**闭锁小带**，位于单层柱状细胞之间，呈箍状环绕细胞的顶端。电镜技术及冰冻蚀刻法研究证明，相邻细胞膜外层，呈网格状融合，细胞间隙消失。而未融合处，有10～15nm宽的间隙。闭锁小带除有机械性连接作用外，还有效地封闭了相邻细胞顶部，防止细胞间隙中的物质溢出，也阻止大分子物质进入组织内(图1-7)。

2) **中间连接**：又称**黏着小带**，直接位于紧密连接下方，呈带状环绕细胞顶端，相邻细胞膜间宽约15～20nm，其中充以丝状物。在中间连接胞膜的胞质侧可见电子致密层，有很多来自于终末网的细丝附着于此处(图1-7)。中间连接能使终末网绷紧，保持细胞形状，与细胞收缩与松弛密切相关。

3) **桥粒**：又称**黏着斑**，呈圆盘状，位于细胞之间，连接处的细胞间隙约20～30nm，其中充满丝状物，并在中间密集交叉组成致密的中间线。细胞膜的胞质面有电子致密物质形成的附着板，胞质内的**张力丝**直径约10nm，伸入附着板，复而折回细胞质。桥粒是上皮细胞间较为牢固的连接，故多见于易受机械刺激或摩擦部位的复层扁平上皮(图1-7、图1-9)。

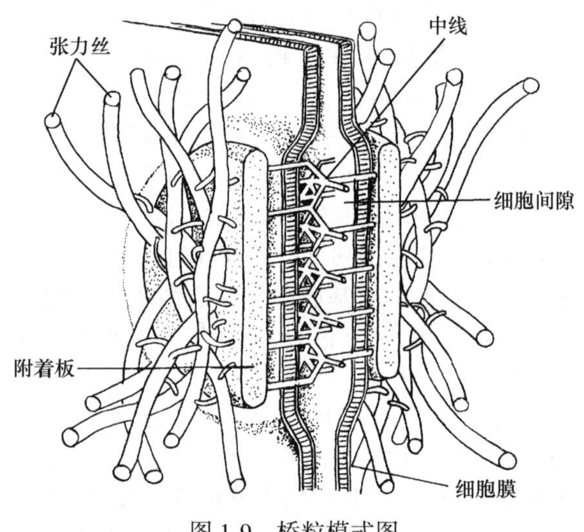

图1-9 桥粒模式图

4) **缝隙连接**：呈斑状，分布于上皮细胞、肌细胞、神经细胞及骨细胞之间。连接处的相邻细胞膜紧密相贴，仅留有2～3nm的间隙。冷冻蚀刻法证明，相邻两个细胞膜间有许多对应等距离的连接点，连接点是由细胞膜内6个亚单位蛋白颗粒围成直径1.5nm的小管，两侧小管互相接通，成为细胞间的交通管道(图1-7、图1-10)。缝隙连接可供细胞相互交换某些小分子物质和离子，以传递化学信息。连接处电阻也低，在肌细胞间和神经细胞之间，便于传递电冲动，因此缝隙连接又称通讯连接。

上述四种细胞连接中，如果有两种或两种以上同时存在，则称为**连接复合体**(junction complex)。在光镜下观察单层柱状上皮游离端的**闭**

锁堤，就是连接复合体的所在处。

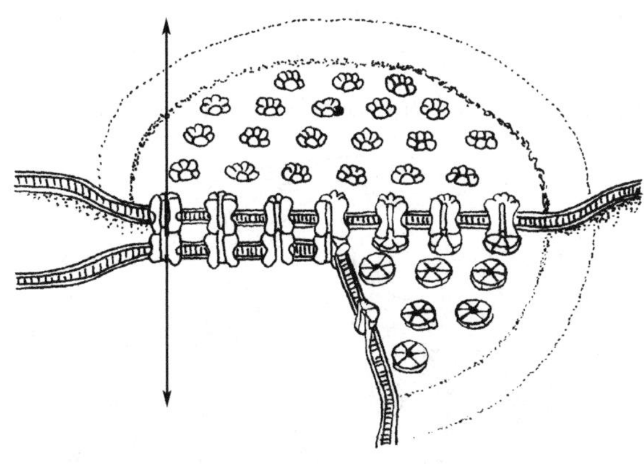

图 1-10　缝隙连接模式图

（3）**上皮细胞的基底面**

1）**基膜**（basement membrane）：是上皮细胞基底面与深层结缔组织之间一层均质状薄膜。在 HE 染色切片上呈粉红色。不同部位的基膜厚薄不等，假复层纤毛柱状上皮的基膜较厚，用 PAS 法及镀银法可以显示。电镜下可将基膜分三层：靠近上皮细胞基底面为**透明板**，厚约 10～50nm；透明板下面为**致密板**，又称基板，厚约20～30nm，由上皮细胞分泌而成；第三层靠近结缔组织，为**网织板**，又称网板，位于致密板之下，由网状纤维和基质构成，由结缔组织的成纤维细胞所形成（图 1-11、图 1-12）。透明板与致密板的主要成分为蛋白多糖，Ⅳ型胶原蛋白、层黏连蛋白及纤维黏连蛋白。基膜除有支持、连接和固定细胞的作用外，还是个半透膜，具有选择性的通透性。基膜还能引导上皮细胞移动并影响细胞分化。

2）**质膜内褶**（plasma membrane infolding）：上皮细胞基底面的细胞膜向内折入而成。内褶周围有较多线粒体，供物质转运时所需能量。质膜内褶的主要作用是扩大细胞基底面的表面积，以利于水和电解质的迅速转运（图 1-11）。

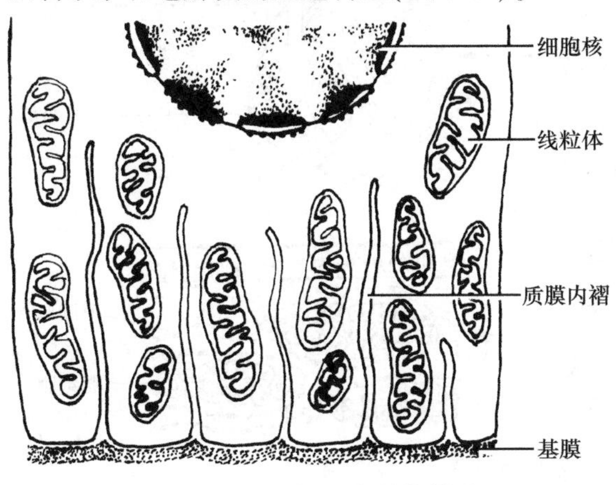

图 1-11　质膜内褶超微结构模式图

3）**半桥粒**（hemidesmosome）：半桥粒存在于某些上皮细胞与基膜之间，为上皮基底面上形成的半个桥粒结构，主要作用是将上皮细胞固着在基膜上。

（二）腺上皮和腺

以分泌为主要功能的上皮称**腺上皮**（glandular epithelium）。以腺上皮为主要成分所构成的器官称为**腺**（gland）。腺细胞的分泌物中含有酶、糖蛋白或激素等。

1. 腺细胞的类型

（1）**蛋白质分泌细胞**：即**浆液细胞**，细胞呈锥体形，核圆形，位于中央或近细胞基底部，基部细胞质呈嗜碱性，细胞顶部充满嗜酸性酶原颗粒。电镜下，细胞基底部有排列紧密的粗面内质网，核上方分布有发达的高尔基复合体和高电子密度的分泌颗粒。具有这些结构特点的蛋白质分泌细胞，其分泌过程是有规律的（图 1-12）。浆液细胞的分泌物为稀薄的液体，其内含有不同的消化酶。

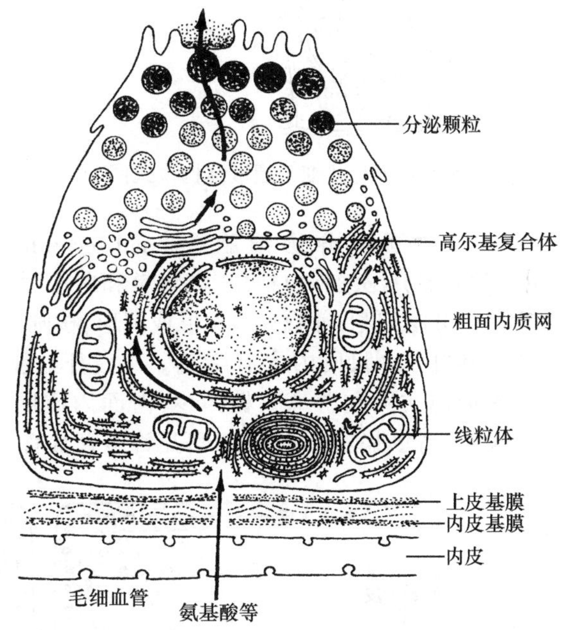

图 1-12　蛋白质分泌细胞超微结构和分泌过程示意图

（2）**糖蛋白分泌细胞**（glycoprotein-scecreting cell）：即**黏液细胞**：糖蛋白分泌细胞分泌糖蛋白（黏蛋白）。分泌物与水结合成黏液，铺在上皮的游离面，起滑润和保护作用。杯状细胞是典型的分泌黏液细胞（图 1-13）。糖蛋白分泌细胞呈锥体形或柱状，核扁色深，位于细胞基底部，胞质内充满较大的黏原颗粒。HE 染色切片中，颗粒不易保存，故呈泡沫状。电镜下细胞基底部有较丰富的粗面内质网和游离核糖体。高尔基复合体很发达,位于核上方。顶部胞质中含有膜包颗粒。此细胞分泌过程是在高尔基复合体内合成糖蛋白,形成分泌颗粒,聚集在细胞顶端,通过胞吐方式释放到细胞外。

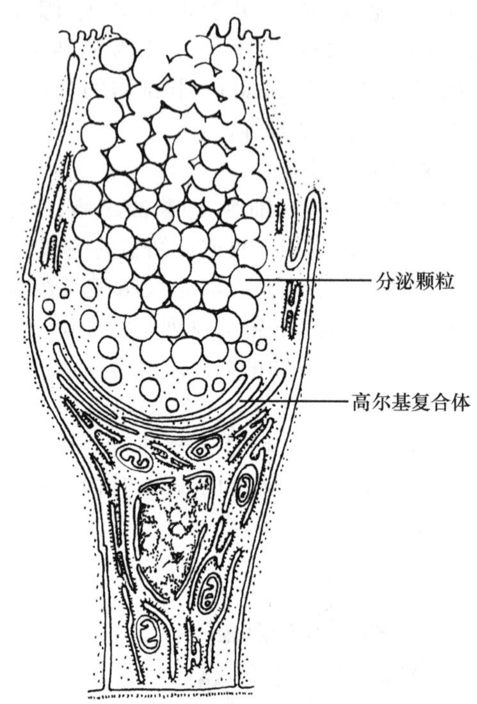

图 1-13 杯状细胞超微结构模式图

(3) **类固醇分泌细胞**(steroid-secreting cell):类固醇分泌细胞包括睾丸、卵巢和肾上腺皮质的内分泌细胞,细胞为多边形或圆形,核圆,位于细胞中央,胞质内含有脂滴。电镜下,胞质中粗面内质网和游离核糖体少,滑面内质网极为丰富,高尔基复合体发达,可见许多管状嵴的线粒体。除此还可见许多脂类小泡,但无分泌颗粒(图 1-14)。类固醇激素的合成是在滑面内质网与线粒体共同参与下完成的,积蓄于滑面内质网腔内,不断地以出胞方式释放到细胞外,进入血循环。

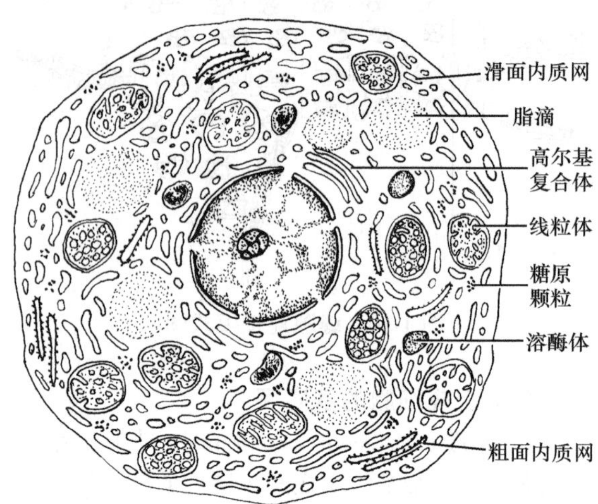

图 1-14 类固醇分泌细胞超微结构模式图

2. 外分泌腺与内分泌腺 在胚胎时期,多数腺上皮是从原始上皮层向结缔组织内生长分化增殖,形成细胞索。细胞索逐渐分化为中空的管状,发育成导管;其末端具有分泌功能。腺细胞的分泌物经导管被输送到体表或器官的腔内,称**外分泌腺**或称**有管腺**,如汗腺、乳腺和唾液腺等。在发生过程中,若细胞索消失,则腺体无导管,其分泌物质(激素)直接进入血循环,称此种腺为**内分泌腺**或**无管腺**(图 1-15)。

3. 外分泌腺的结构与分类 按组成外分泌腺的细胞数目,可分为单细胞腺(杯状细胞)和多细胞腺。多细胞腺一般都由分泌部和导管两部分组成(图 1-16)。

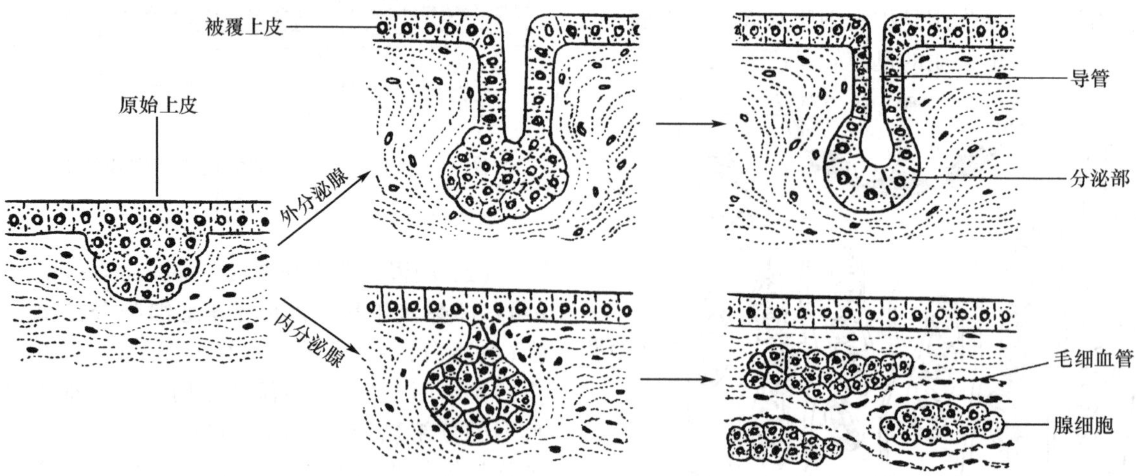

图 1-15 内、外分泌腺发生模式图

（1）**分泌部**：分泌部又称**腺泡**，多由一层腺细胞围成，中央有腺腔。腺细胞的形态结构因种类、分泌物的性质和功能状态不同而有明显差异。在汗腺、乳腺及唾液腺分泌部与基膜之间分布有**肌上皮细胞**，它呈星形，有突起，胞质内含微丝，肌上皮细胞的收缩可挤压分泌部，促使分泌物排入导管（图 1-16）。

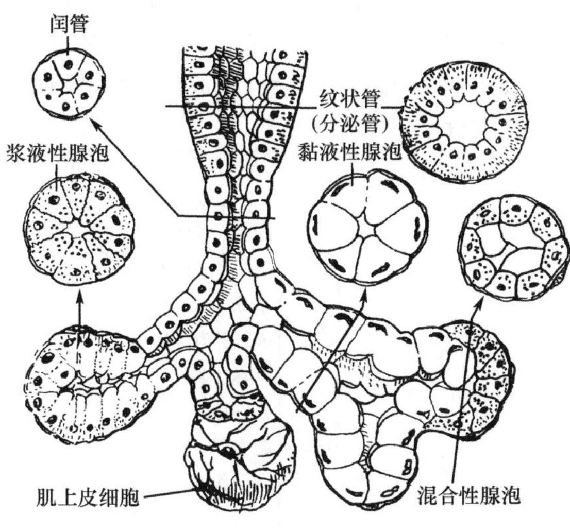

图 1-16　各种腺泡及导管模式图

根据分泌部的形状，可分为管状腺、泡状腺和管泡状腺（图 1-16）。通常把分泌部的形状和导管分支两个因素结合在一起，将腺分为单管状腺、单泡状腺，分支管状腺、分支泡状腺、复管状腺及复管泡状腺（图 1-17）。

根据腺细胞分泌物的性质，一般可分为浆液性、黏液性和混合性腺泡三种类型（图 1-16）。于是将某些外分泌腺分为浆液性腺、黏液性腺及混合性腺。

浆液性腺泡由浆液性腺细胞组成，具有蛋白质分泌细胞特点。

黏液性腺泡由黏液性腺细胞组成，具有糖蛋白分泌细胞特点。

混合性腺泡由两种腺细胞共同组成。常见的形式是黏液腺泡末端由几个浆液腺细胞，切面上呈半月状排列，故称**半月**。

分泌部完全由浆液性腺泡构成的腺称为浆液性腺，如腮腺；完全由黏液性腺泡构成的腺称为黏液性腺，如十二指肠腺；由三种腺泡共同构成的腺称为混合性腺，如下颌下腺、舌下腺。

根据腺细胞释放分泌物的方式，可将外分泌腺分为局浆分泌腺、顶浆分泌腺和全浆分泌腺。

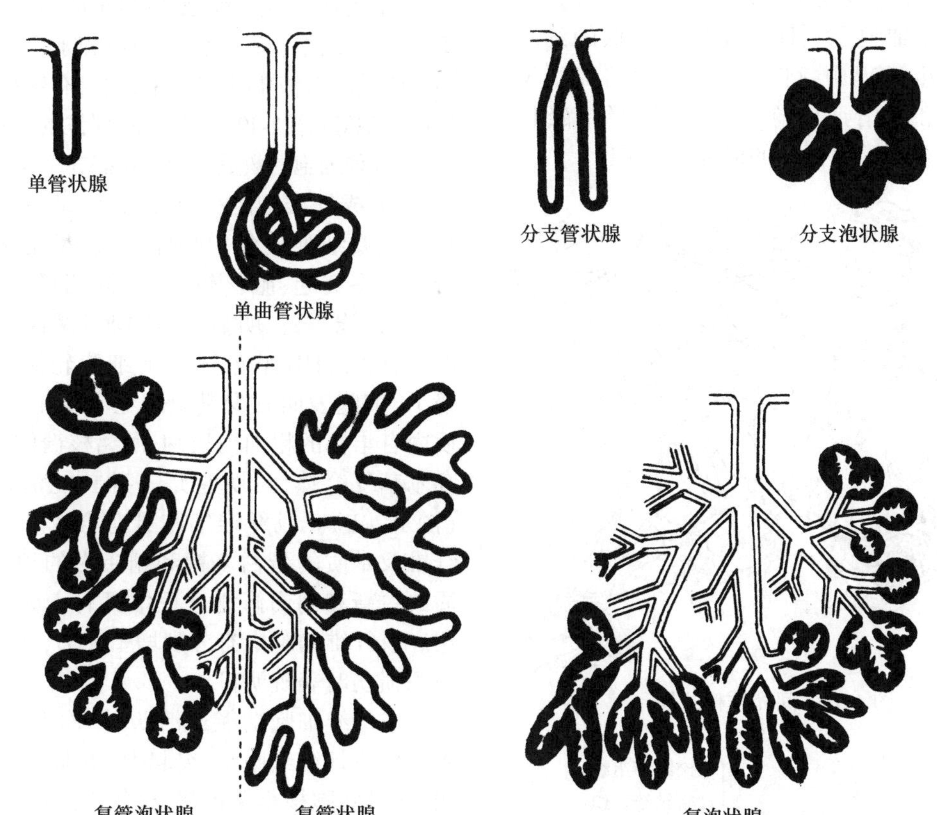

图 1-17　外分泌腺形态分类模式图

（2）**导管**：是分泌部直接通连的上皮性管道，由单层或复层上皮围成；主要功能是排出分泌物，有的导管上皮细胞还可分泌或吸收水和电解质。

二、结缔组织

结缔组织（connective tissue）是由细胞和细胞外基质（细胞间质）组成。细胞外基质包括丝状的纤维、无定形的基质和不断循环更新的组织液。与上皮组织相比，结缔组织细胞成分少、细胞外基质多；而且细胞没有极性，分散存在于细胞外基质中。结缔组织是四大基本组织中结构和机能最为多样的组织。广义的结缔组织包括液态流动的血液，松软的固有结缔组织，较坚硬的软骨和骨。一般所谓的结缔组织是指固有结缔组织而言。结缔组织广泛分布于机体各器官中，具有支持、连接、充填、营养、保护、修复和防御等功能。结缔组织均起源于胚胎时期的**间充质**（mesenchyme，图 1-18）。间充质是由间充质细胞和基质组成。间充质细胞是多突起的星形或梭形细胞，其突起互相连接成网；核较大，核仁明显；胞质弱嗜碱性。间充质细胞是一种分化程度很低的细胞，在胚胎发生过程中，可分化为各种结缔组织、血管内皮和平滑肌细胞等。生后的结缔组织内尚保留有少量未分化的间充质细胞。

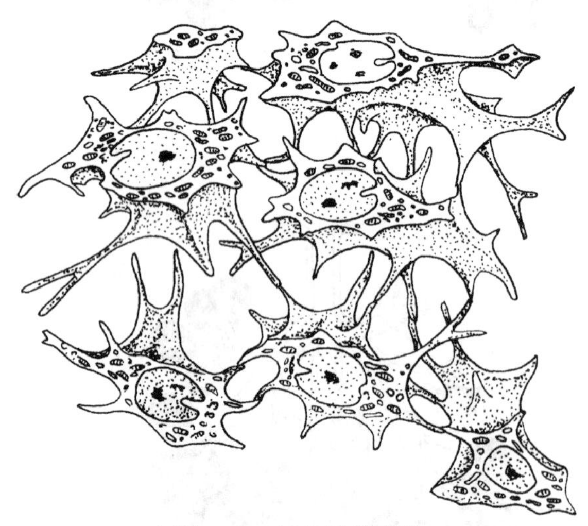

图 1-18　间充质模式图

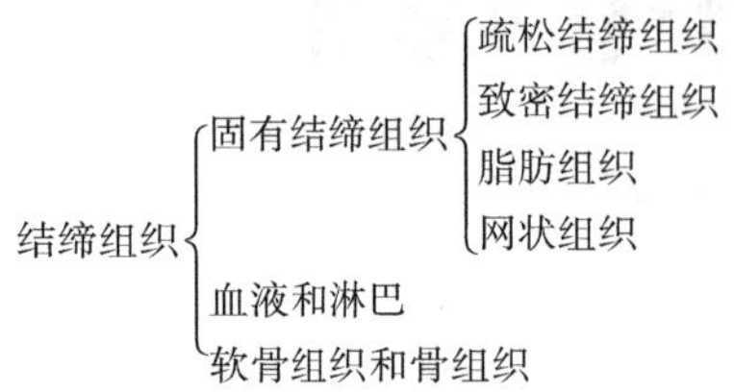

（一）固有结缔组织

固有结缔组织（connective tissue proper）在人体内分布极为广泛，多伴随着血管、淋巴管和神经分布到各组织和器官内。

1. 疏松结缔组织（loose connective tissue）广泛分布在机体各种器官、组织以及细胞之间，起着连接、支持、营养、防御保护和创伤修复等作用。其特点是细胞种类较多；基质含量多，纤维含量少且排列疏松，呈蜂窝状，故又称**蜂窝组织**，其组成如下：

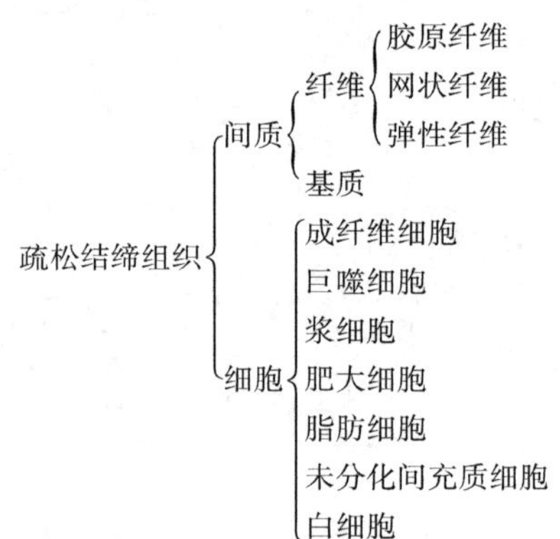

（1）**细胞**：疏松结缔组织中的细胞成分种类较多，其中包括成纤维细胞、巨噬细胞、浆细胞、肥大细胞、脂肪细胞、未分化的间充质细胞和白细胞等。白细胞是从血液中迁移而来，主要有嗜酸粒细胞、淋巴细胞等（图 1-19）。在不同部位的疏松结缔组织中，各种细胞的数量和分布状态亦不相同。

1）**成纤维细胞**（fibroblast）：是疏松结缔组织的主要细胞成分。胞体较大，呈扁平梭形并带有许多突起；胞核较大，扁椭圆形、异染色质少，着色浅，核仁明显；胞质弱嗜碱性（图 1-19、图 1-20A）；HE 染色标本上细胞轮廓不清。电镜下，细胞表面有少量微绒毛和短粗的突起，胞质内有丰富的粗面内质网、游离核糖体和发达的高尔基复合体，说明它是一种功能活跃的细胞（图 1-20B）。成纤维细胞具有合成和分泌三种纤维及基质的蛋白多糖和糖蛋白的功能。在间质的更新和创伤修复过程中具有十分重要的作用。成纤维细胞尚有分裂增殖能力，尤其当结缔组织损伤时表现明显。

成纤维细胞功能不活跃时，称为纤维细胞。胞体较成纤维细胞小，突起少，呈细长梭形；胞质弱嗜酸性；胞核小着色深，核仁不清楚。电镜下，粗面内质网少、高尔基复合体不发达（图 1-20）。在一定条件下，如机体创伤修复时，纤维细胞可再转化为成纤维细胞，恢复其合成和分泌功能。

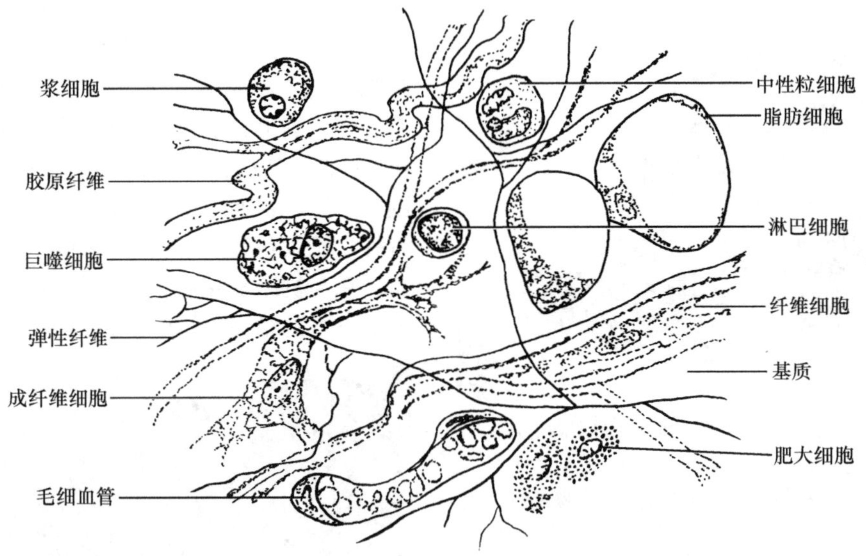

图 1-19 疏松结缔组织模式图

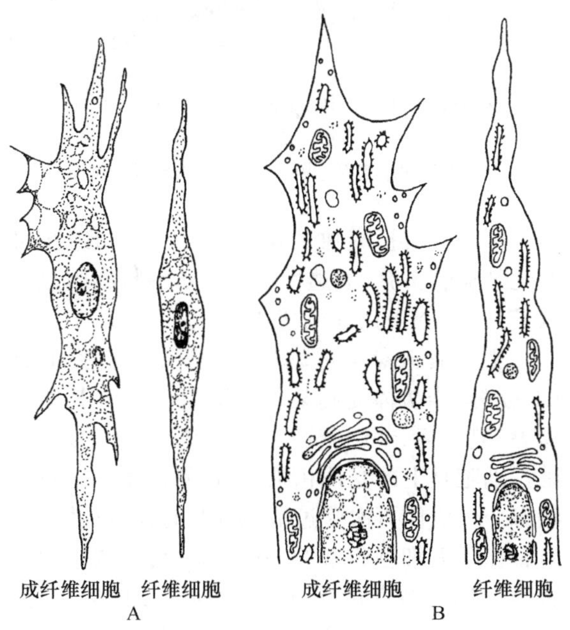

图 1-20 成纤维细胞和纤维细胞模式图

A. 光镜结构;B. 超微结构

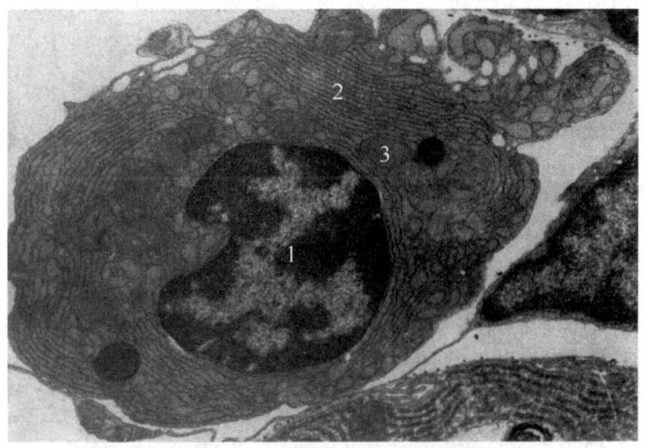

图 1-21 浆细胞超微结构(TEM×12 000)

1. 细胞核;2. 粗面内质网;3. 线粒体

(吉林大学白求恩医学部 尹昕、朱秀雄教授供图)

2) **浆细胞**(plasma cell):浆细胞多呈圆形或卵圆形,核圆较小,常偏于细胞的一侧,染色质呈块状附于核膜上,呈辐射状分布。胞质嗜碱性,核旁可见一淡染区(图 1-19)。电镜下,胞质内可见大量平行排列的粗面内质网和游离核糖体,核旁淡染区内含有中心体和高尔基复合体(图 1-21)。浆细胞具有合成和分泌**免疫球蛋白**,即**抗体**(antibody)的功能,参与体液免疫。

浆细胞来源于 B 淋巴细胞,在抗原的反复刺激下,B 淋巴细胞增殖、分化成为浆细胞。浆细胞在一般结缔组织中少见。在病原微生物和异性蛋白质易侵入的部位较多,如消化道、呼吸道的黏膜固有层内及慢性炎症部位。

3) **巨噬细胞**(macrophage):疏松结缔组织内巨噬细胞数量多而且分布广。随着功能状态不同,在形态上有很大差异。有些巨噬细胞分散地铺附在胶原纤维束的周围,呈扁平梭形或多角形,核较小而深染,称这种固定的巨噬细胞为**组织细胞**。游走的巨噬细胞常呈圆形,或因伸出伪足而呈不规则形;胞核较小,圆形或肾形,着色深;胞质嗜酸性(图 1-19)。电镜下,巨噬细胞表面布满许多不规则的微绒毛和皱褶,还有一些较大的钝性突起(伪足);胞质内含大量初级溶酶体、次级溶酶体、吞饮小泡、吞噬体和残余体,还有微丝和微管多分布于细胞膜附近,参与细胞的变形运动(图 1-22)。

巨噬细胞来源于血液中的单核细胞,当它穿出血管壁进入结缔组织后,增殖、分化为巨噬细胞。巨噬细胞的主要功能有:

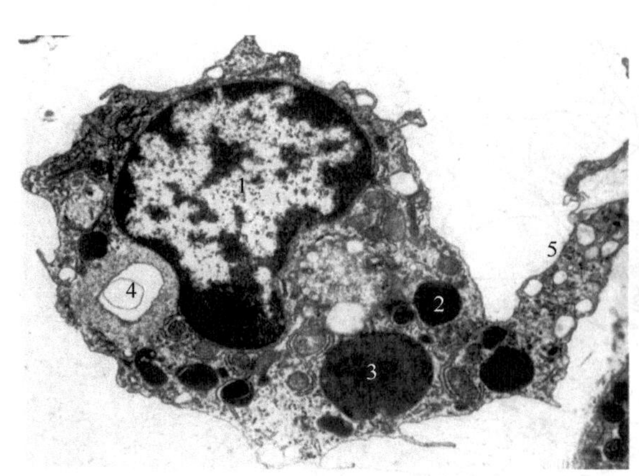

图 1-22　巨噬细胞超微结构(TEM×8000)
1. 细胞核;2. 溶酶体;3. 吞噬体;4. 空泡;5. 伪足
(吉林大学白求恩医学部　尹昕、朱秀雄教授供图)

A. **趋化性和变形运动**:当巨噬细胞受到趋化因子(如细菌的代谢产物、炎症部位细胞分解的碎片、淋巴细胞分泌的巨噬细胞活化因子等)的刺激时,便立即以活跃的变形运动向着产生趋化因子的部位定向移动,称此特性为趋化性。并在淋巴细胞释放的巨噬细胞运动抑制因子的影响下,停留并聚集在其周围,吞噬感染源。

B. **吞噬作用**:巨噬细胞能识别异物、细菌、衰老变性、死亡的细胞及肿瘤细胞等,并将它们黏附在细胞表面,随即通过吞噬作用将其吞入细胞内,形成吞噬体或吞饮泡,与初级溶酶体融合后,成为次级溶酶体,溶酶体的酶类分解消化这些异物。不能被消化的则形成残余体(如尘埃颗粒)。巨噬细胞通过识别因子(抗体、补体等)识别、黏附而吞噬被吞噬物的过程,称特异性吞噬;不需识别因子而直接黏附并吞噬被吞噬物(如碳粒、粉尘等)的过程,称非特异性吞噬。

C. **参与和调节免疫应答**:巨噬细胞具有捕捉、加工处理和呈递抗原的功能:巨噬细胞将捕捉的抗原加工处理后,呈递给淋巴细胞,启动淋巴细胞的免疫应答;巨噬细胞本身也是免疫应答中的效应细胞,受抗原刺激而活化的巨噬细胞,其吞噬作用更强,能有效地杀伤细胞内的病原体和肿瘤细胞。巨噬细胞能合成和分泌多种活性因子,如白细胞介素 1、干扰素及肿瘤坏死因子等,也参与调节免疫应答。

D. **分泌功能**:巨噬细胞能分泌多种生物活性物质,包括酶类(如胶原酶、**溶菌酶**)、补体及参与防御和创伤修复功能多种细胞因子等。

4) **肥大细胞**(mast cell):肥大细胞体积较大,呈圆形或卵圆形,胞核小而圆,位于中央。胞质内充满粗大、均等的嗜碱性颗粒(图 1-19),呈异染性,常被甲苯胺蓝染成紫红色。颗粒易溶于水,故在 HE 染色标本上不易看到。颗粒中含有**肝素**、**组胺**以及**嗜酸粒细胞趋化因子**等。同时,肥大细胞胞质内还合成白三烯。电镜下,肥大细胞表面有许多微绒毛,胞质内充满大小不等的膜包颗粒(图 1-23),其内部结构因动物的种属不同而异。胞质内还有粗面内质网、高尔基复合体、微丝和微管等。肥大细胞常沿小血管和小淋巴管成群分布。在与抗原易接触的地方,如消化道和呼吸道上皮下方的结缔组织中,肥大细胞亦多。

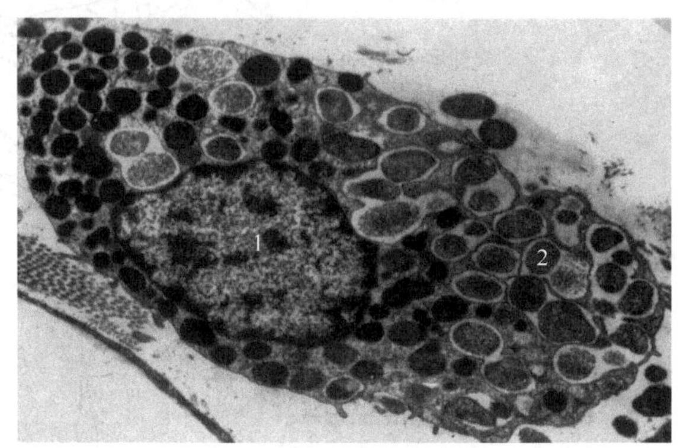

图 1-23　肥大细胞超微结构(TEM×9000)
1. 细胞核;2. 分泌颗粒
(吉林大学白求恩医学部　尹昕、朱秀雄教授供图)

肝素具有抗凝血的作用。白三烯和组胺可使毛细血管扩张、通透性增加。嗜酸粒细胞趋化因子具有一定的抗过敏反应。

肥大细胞参与过敏反应:肥大细胞膜上有 IgE 受体,当机体受到某种过敏原(花粉、某些药物等)刺激后,浆细胞产生亲细胞性抗体 IgE,与肥大细胞膜上的受体相结合后,使机体处于致敏状态。当机体再次受过敏原刺激时,该过敏原与附着在肥大细胞膜上的 IgE 相结合,导致肥大细胞膜发生构型变化,形成一系列酶促反应,激活肥大细胞脱颗粒并释放白三烯,引起过敏反应-组胺和白三烯可使毛细血管的通透性增强、造成局部水肿,表现为皮肤和黏膜的荨麻疹;并可使小支气管平滑肌痉挛,黏膜水肿,导致过敏性哮喘。嗜酸粒细胞趋化因子能吸引嗜酸粒细胞向过敏反应的局部移动,以减轻过敏反应。

近年研究发现,某些肥大细胞内含有类胰蛋白酶、胃促胰酶和糜蛋白酶,可促进基质的代谢和更新。

5) **脂肪细胞**(fat cell):细胞较大,呈圆球形,胞质含大小不等的脂滴,最终融合成一个大的脂肪滴,居于细胞的中央,将胞质和核挤到一侧。在 HE 染色标本上,脂肪滴被溶解,细胞呈空泡状(图 1-19、图 1-26)。脂肪细胞具有合成、储存脂肪和参与脂质代谢的功能。

6）**未分化的间充质细胞**（undifferentiated mesenchymal cell）：成体结缔组织内保留着少量未分化的间充质细胞，多沿毛细血管走行分布，其形态结构与成纤维细胞相似，但较小，在切片标本上不易区分。在一定条件下可增殖分化为成纤维细胞、脂肪细胞、血管内皮和平滑肌细胞等。

7）**白细胞**：正常情况下，在疏松结缔组织中可见一些白细胞，以中性粒细胞、嗜酸粒细胞和淋巴细胞为多见，它们以变形运动穿出小血管壁，游走到疏松结缔组织内，行使其防御功能。

（2）**纤维**：疏松结缔组织中含有三种纤维，即胶原纤维、弹性纤维和网状纤维。

1）**胶原纤维**（collagenous fiber）：是疏松结缔组织中的主要纤维成分，新鲜时呈白色，故又称白纤维。纤维常集合成粗细不等的束，直径约为1～20μm，HE染色标本上呈粉红色，波浪状走行，常有分支（图1-19）。胶原纤维是由更细的**胶原原纤维**（collagenous fibril）集合而成。电镜下，胶原原纤维的直径为20～200nm，每根原纤维上具有64nm明暗相间的周期性横纹。它的化学成分是Ⅰ型和Ⅲ型胶原蛋白，胶原蛋白由成纤维细胞分泌，在细胞外聚合为胶原原纤维，再经少量黏合质黏结成胶原纤维。胶原纤维具有很强的韧性和抗拉力性，而弹性较差。

2）**弹性纤维**（elastic fiber）：数量比胶原纤维少，新鲜时呈黄色，又称黄纤维。纤维较细，直径约0.2～1.0μm，直行、有分支并互相交织成网；断端常卷曲（图1-19）。HE染色标本上不易着色，折光性强，常呈较亮的淡粉色。可用特殊的弹性染色法显示（如被醛复红染成蓝紫色或被地伊红染成棕褐色）。电镜下，弹性纤维是由**微原纤维**（microfibril）和均质的弹性蛋白构成。弹性蛋白构成纤维的核心区，电子密度低，核心外是由微原纤维包绕着。弹性纤维富于弹性而韧性差，与胶原纤维交织在一起，使疏松结缔组织即有韧性又有弹性，以保持其连接的组织和器官的形态、位置的相对恒定并有一定的可变性。随着年龄的增长，弹性可逐渐减弱乃至消失。

3）**网状纤维**（reticular fiber）：很细、分支多互相连结成网。HE染色标本上不着色，镀银染色时显黑褐色，故又称**嗜银纤维**（argyrophil fiber）。由于纤维表面包有较多的蛋白多糖和糖蛋白，使其具有嗜银性，并呈PAS阳性反应。网状纤维主要由Ⅲ型胶原蛋白构成；电镜下，也有64nm明暗交替的周期性横纹。网状纤维主要分布在结缔组织与其他组织的交界处，如基膜的网板、毛细血管、平滑肌细胞的周围。在造血器官、肝和内分泌腺中含有较多的网状纤维，构成了微细的细胞外支架。

（3）**基质**（ground substance）：是一种均质状的胶态物质，没有一定的形态结构。纤维和细胞成分埋藏于基质中。基质的主要化学成分是**蛋白多糖**（proteoglycan），还有一些**糖蛋白**。

蛋白多糖是蛋白质和多糖结合成的大分子复合物，其中多糖分子远超过蛋白分子。多糖成分总称**糖胺多糖**（glycosaminoglycan，GAG），包括**透明质酸**（hyaluronic acid），**硫酸软骨素**A、C，**硫酸角质素**，**硫酸皮肤素**，**硫酸肝素**等。其中以透明质酸含量最多，它是一长链的大分子，呈曲折盘绕状态（拉直可达2.5μm），以其为骨架结合着许多蛋白质分子。而蛋白质又作为轴心，共价地结合上许多多糖侧链（如硫酸软骨素、硫酸角质素等），而共同构成一个蛋白多糖亚单位，它需经连接蛋白结合在透明质酸长链分子上（图1-24）。这样就形成了带有许多微孔隙的立体构型的蛋白多糖聚合体，称**分子筛**，分子筛只允许小于其孔径的物质通过，如水、氧、二氧化碳、无机盐和某些营养物质等；而大于其孔径的物质（如细菌、异物等）不能通过，起到局部屏障作用。有些细菌，如溶血性链球菌或癌细胞能分泌透明质酸酶，使屏障解体，致使感染蔓延，形成蜂窝织炎，或致使肿瘤浸润扩散。

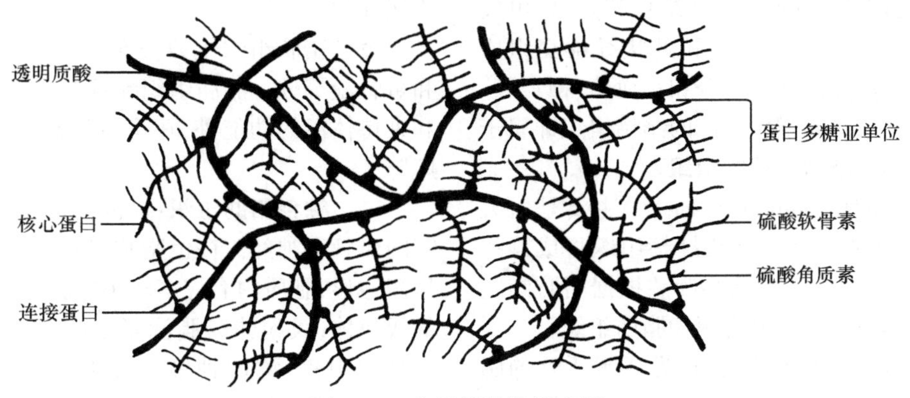

图1-24　分子筛结构模式图

糖蛋白是基质中一些十分重要的生物大分子。目前已公认的有：纤维黏连蛋白(fibronectin,FN)、层黏连蛋白(laminin,LN)、软骨黏连蛋白(chondronectin)、细胞外黏连蛋白(vitronectin)等。这些生物大分子除参与构成基质分子筛外，同时还有连接和介导作用，如FN即介导成纤维细胞附着于胶原蛋白(主要是Ⅰ型和Ⅲ型)上，人们还认为它影响细胞的附着、运动、生长与分化。

在结缔组织的基质中，除了无定形的物质外还有少量的液体，称为**组织液**。它是从毛细血管动脉端渗入到基质中的不含大分子物质的血浆成分。细胞通过组织液获得营养和氧气，并向其中排出代谢产物和二氧化碳。组织液又从静脉端或毛细淋巴管返回到血液中，所以它是细胞赖以生存的内环境。正常状态下组织液不断更新并保持恒量。当某些疾病时，如水盐代谢失调，心、肺功能不全，蛋白质代谢障碍等，可发生水分的丧失或潴留，称为脱水或水肿。

2. 致密结缔组织(dense connective tissue)

组成与疏松结缔组织基本相同，两者的主要区别是致密结缔组织中的纤维成分特别多，而且排列紧密，细胞和基质成分很少。除弹性组织外，绝大多数的致密结缔组织中以粗大的胶原纤维束为主要成分，其中含少量纤维细胞、小血管和淋巴管。按纤维的性质和排列方式不同可将致密结缔组织分为以下几种类型：

(1) **不规则致密结缔组织**：分布于真皮的网状层、巩膜、大多数器官的被膜等处。以胶原纤维为主，粗大的胶原纤维束互相交织成致密的网或层。纤维的走行方向与承受机械力学作用的方向相适应。纤维束间有少量基质和成纤维细胞、纤维细胞、小血管及神经束等。

(2) **规则致密结缔组织**：肌腱为其典型代表。胶原纤维束平行而紧密地排列，束间有沿其长轴成行排列的细胞，称腱细胞，它是一种变形的成纤维细胞，胞体伸出许多翼状突起，插入纤维束间并将其包裹。细胞的横切面呈星形，核位于细胞的中央(图1-25)。

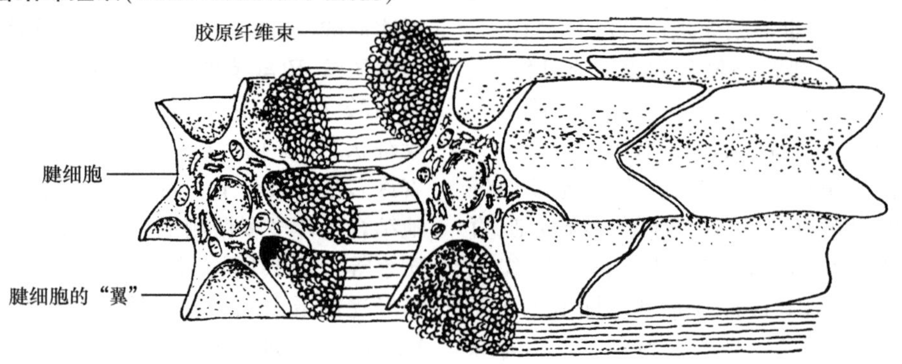

图1-25　肌腱的结构模式图

(3) **弹性组织**(elastic tissue)：是富于弹性纤维的致密结缔组织，如项韧带、黄韧带、声带等。由粗大的弹性纤维平行排列成束，并以细小的分支连接成网，其间有胶原纤维和成纤维细胞。

体内有很多部位的结缔组织是疏松与致密结缔组织之间的过渡形态，其结构特点是：由较细密的胶原纤维、弹性纤维和网状纤维交织成网，其中含有较多的细胞成分和小血管、神经等。如消化道、呼吸道黏膜固有层的结缔组织即属于此种，常称其为**细密的结缔组织**。

3. 脂肪组织(adipose tissue)　主要是由大量脂肪细胞集聚而成。疏松结缔组织将成群的脂肪细胞分隔成许多脂肪小叶。根据脂肪细胞的结构和功能不同，可分为两种脂肪组织：

(1) **白(黄)色脂肪组织**：为通常所称的脂肪组织。在人呈黄色，在某些哺乳动物呈白色。脂肪细胞的结构特点是：胞质内含有一个大的脂肪滴，位于细胞的中央，在HE染色标本上因脂肪滴被溶解而成大空泡状；很少的胞质及扁椭圆形的胞核被挤在细胞周边，此种细胞称为单泡脂肪细胞(图1-26A)。成人大多数的脂肪细胞均属此类。

黄色脂肪组织主要分布于皮下、系膜、网膜和黄骨髓等处。脂肪组织除具有支持、缓冲保护和维持体温的功能外，还是机体储存脂肪的“脂库”。

(2) **棕色脂肪组织**：棕色脂肪组织中含有丰富的血管和神经。棕色脂肪细胞的特点是：细胞呈多边形，胞质内有许多较小的脂滴和大而密集的线粒体，线粒体与脂滴紧密相贴；胞核圆，位于细胞中央，称此种细胞为多泡脂肪细胞(图1-26B)。棕色脂肪在新生儿含量较多，成人含量很少。在冬眠动物的体内也较多。在寒冷的环境下,棕色脂肪细胞内的脂类迅速氧化,产生大量热能,有利于新生儿的抗寒和维持冬眠动物的体温。

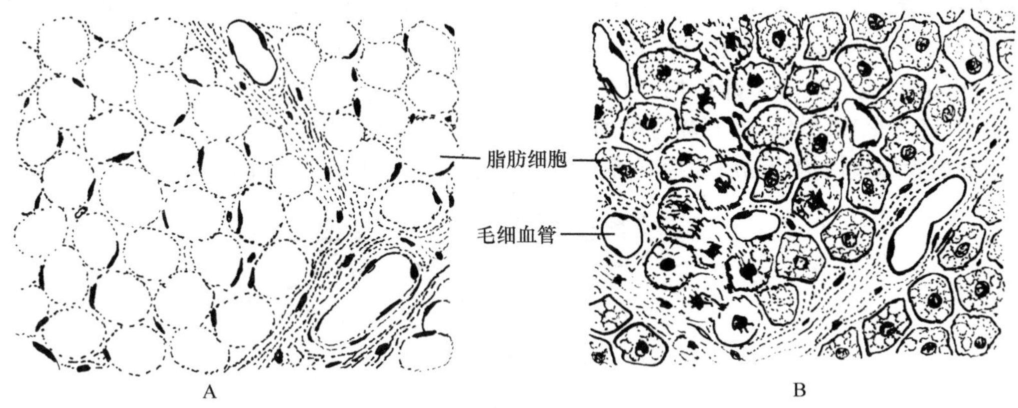

图 1-26　脂肪组织

A. 白色脂肪;B. 棕色脂肪

4. 网状组织(reticular tissue)　是由网状细胞、网状纤维和基质组成(图 1-27)。

(1) **网状细胞**:为星形多突起细胞,其突起彼此连接成网。胞质弱嗜碱性。胞核较大、椭圆形、着色浅、核仁清楚。

(2) **网状纤维**:网状纤维细而分支多,沿着网状细胞的胞体和突起分布(即网状细胞附于其上)。网状纤维分支互相连接成的网,网孔内充满基质。

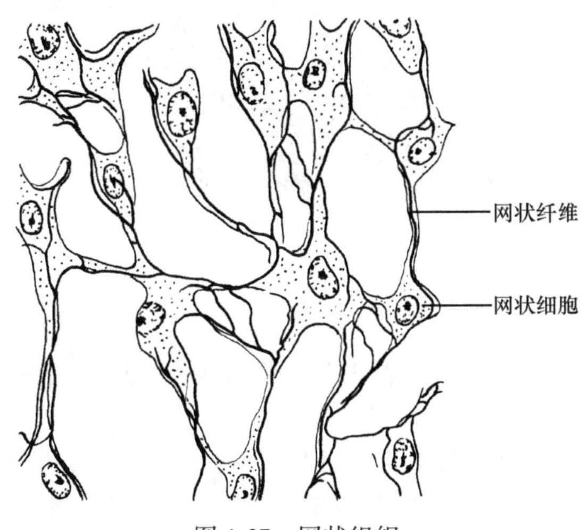

图 1-27　网状组织

体内没有单独存在的网状组织,它是构成淋巴组织、淋巴器官和造血器官的基本组成成分。在这些器官中,网状组织成为支架,网孔中充满淋巴细胞和巨噬细胞,或者是发育不同阶段的各种血细胞。网状细胞则成为 T、B 淋巴细胞和血细胞发育微环境的细胞成分之一。

(二)软骨

软骨(cartilage)由软骨组织及其周围的软骨膜构成。软骨组织由软骨细胞和细胞外基质构成。软骨组织的细胞外基质又称软骨基质。软骨在胚胎发生时期,成为身体的支架。随着胎儿发育,软骨逐渐被骨所代替。在成人体内仍保留一些软骨,具有支持和保护功能。

成人软骨,根据软骨组织内所含纤维的成分不同,可分为三种类型,即透明软骨、弹性软骨和纤维软骨(图 1-28)。

1. 透明软骨(hyaline cartilage)　分布最广,如鼻、喉、气管和支气管的软骨、肋软骨及关节软骨等。其结构特点是:新鲜时为淡蓝色半透明,基质内的胶原原纤维交织排列,并与基质的折光率一致,HE 染色标本上不易分辨。透明软骨质脆而弹性差、易折。

(1) **软骨组织**:包括软骨细胞和软骨基质。

1) **软骨细胞**:软骨细胞因在软骨组织中的存在部位不同,其形态亦异。近软骨表面是一些幼稚的细胞,体小呈扁椭圆形,细胞长轴与软骨表面平行,多为单个存在。越向深层,软骨细胞逐渐长大,变成圆形或椭圆形,胞质弱嗜碱性,核圆,有 1~2 个核仁。在软骨的中央,软骨细胞成群分布,每群为 2~8 个细胞,它们都是由一个软骨细胞分裂而来,故称**同源细胞群**(isogenous group)。电镜下,软骨细胞表面有许多小突起,胞质内有较多的粗面内质网和发达的高尔基复合体,还有一些糖原和脂滴。软骨细胞具有合成和分泌基质及纤维的功能。

软骨细胞埋藏在软骨基质内,它所存在的部位为一小腔,称为**软骨陷窝**(cartilage lacuna)。在 HE 染色标本上,陷窝周围的软骨基质呈强嗜碱性,染色很深,称**软骨囊**(cartilage capsule)。

同源细胞群中的每个软骨细胞分别围以软骨囊（图 1-28A）。

2）**软骨基质**：由无定形基质和其中的纤维构成。无定形基质的化学组成和立体构型与疏松结缔组织相似，也形成分子筛结构，但硫酸软骨素含量高，镜下呈嗜碱性。透明软骨中的纤维成分是由Ⅱ型胶原蛋白构成的胶原原纤维，直径细小（10～20nm）呈交织状分布，并与基质的折光率一致，HE 染色标本上不易分辨。蛋白多糖分子的侧链以短突与胶原原纤维相接触，构成较大间隙的网架，以承受压力并结合着大量的水分子，使基质呈半透明坚固的凝胶状。虽然软骨组织内没有血管，由于基质富含水分，易于物质渗透，使深层的软骨细胞也能获得营养物质。

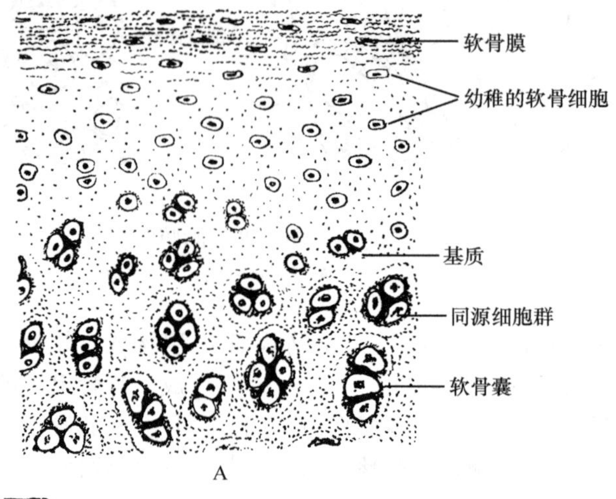

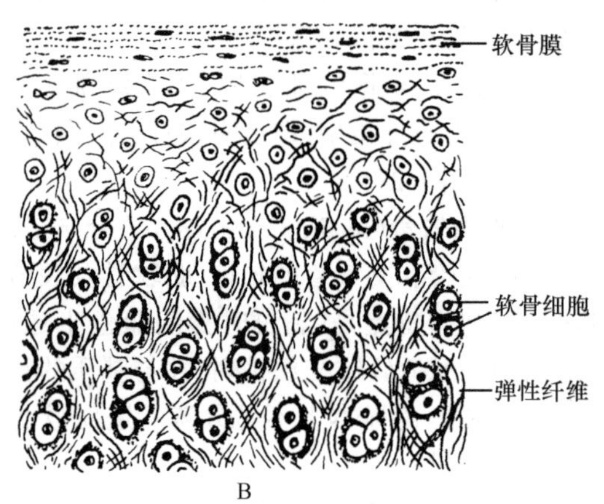

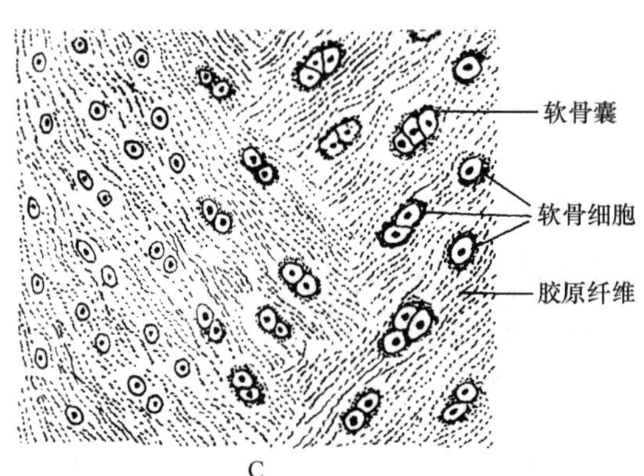

图 1-28　软骨

A. 透明软骨；B. 弹性软骨；C. 纤维软骨

（2）**软骨膜**：组织外面包有一层致密结缔组织（关节软骨表面没有），称为软骨膜。在软骨发育时期，它可明显地分为内、外两层。外层致密，含胶原纤维多，细胞和血管均少，主要起保护作用；内层疏松，纤维较少，血管和细胞成分多，其中含有一种干细胞称骨祖细胞，可分化为成软骨细胞进而形成软骨细胞。软骨膜内层的血管供给营养，软骨细胞通过基质与血管进行物质交换并运走代谢产物。

（3）**软骨的生长**：软骨的发育和生长同时并存着两种方式。

1）**附加生长**：又称软骨膜下生长。软骨膜内层的骨祖细胞不断增殖分化为成软骨细胞，附加在软骨组织表面，并分泌基质和纤维，将自身埋于其中，以后成熟为软骨细胞。借此方式，软骨从外周逐层增长。

2）**间质生长**：又称软骨内生长。软骨内部的细胞仍可不断分裂增殖，产生新的软骨细胞，由新的软骨细胞又产生新的基质和纤维，使软骨从内向外生长扩大。

2. 弹性软骨（elastic cartilage）　分布于耳郭、会厌等处。其构造与透明软骨相似，只是间质内含有大量的弹性纤维，互相交织成网，使其具有很大的弹性（图 1-28B）。弹性软骨新鲜时呈黄色。

3. 纤维软骨（fibrous cartilage）　存在于椎间盘、耻骨联合、关节盘等处。其特点是基质很少，其中含有大量的胶原纤维束，平行或交叉排列。软骨细胞单个、成对或成单行排列，分布于纤维束间(图 1-28C)。

(三) 骨

骨是由骨组织、骨膜、骨髓等构成。骨组织构成骨的主要成分，是人体内最坚硬的组织。体内 99%的钙储存于骨内，因而骨成为体内最大的钙库，与磷、钙代谢有着密切关系。骨内含有骨髓，执行造血功能。

1. 骨组织 骨组织(osseous tissue)由数种细胞成分和大量钙化的细胞外基质组成。

(1) **骨基质**：骨的钙化的细胞外基质又称**骨基质**(bone matrix)，由有机成分和无机成分构成。

1) **有机成分**：包括胶原纤维和无定形基质，约占骨干重的 35%，是由骨细胞分泌形成的。有机成分的 95%是胶原纤维(骨胶纤维)，主要由Ⅰ型胶原蛋白构成。无定形基质的含量只占 5%，呈凝胶状，化学成分为糖胺多糖和蛋白质的复合物。糖胺多糖包括硫酸软骨素、硫酸角质素和透明质酸等。而蛋白质成分中有些具有特殊作用，如骨黏连蛋白可将骨的无机成分与骨胶原蛋白结合起来；而骨钙蛋白，其作用与骨的钙化及钙的运输有关。有机成分使骨具有韧性。

2) **无机成分**：主要为钙盐，又称**骨盐**，约占骨干重的 65%。主要成分是**羟基磷灰石结晶**，电镜下，结晶体细针状，长约 10～20nm，它们紧密而有规律地沿着胶原纤维的长轴排列。骨盐一旦与有机成分结合后，骨基质则十分坚硬，以适应其支持功能。

骨组织的骨基质均以骨板的形式存在，即胶原纤维平行排列成层并借无定形基质黏合在一起，其上有骨盐沉积，形成薄板状结构，称为**骨板**(bone lamella)。同一层骨板内的胶原纤维平行排列，相邻两层骨板内的纤维方向互相垂直，如同多层木质胶合板一样，这种结构形式，能承受多方压力，增强了骨的支持力。

由骨板逐层排列而成的骨组织称为板层骨(图 1-30A)。成人的骨组织几乎都是板层骨。按照骨板的排列形式和空间结构不同而分为骨松质和骨密质。骨松质构成扁骨的板障和长骨骨骺的大部分；骨密质构成扁骨的皮质、长骨骨干的大部分和骨骺的表层。

(2) **骨组织的细胞**：骨组织的细胞成分包括骨祖细胞、成骨细胞、骨细胞和破骨细胞。只有骨细胞存在于骨组织内，其他三种细胞均位于骨组织的边缘(图 1-29)。

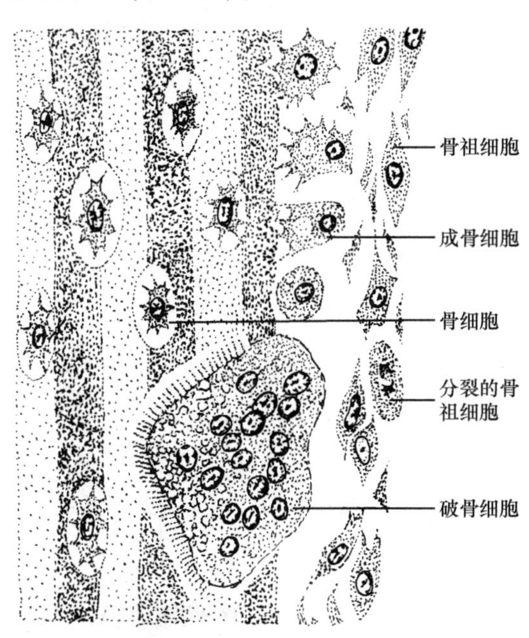

图 1-29 骨组织的各种细胞

1) **骨祖细胞**(osteogenic cell)：骨祖细胞又称骨原细胞，是骨组织中的干细胞。细胞小，呈梭形；核卵圆形；胞质少呈弱嗜碱性(图 1-29)。在骨的生长发育时期，骨的改建或骨组织修复过程中，骨祖细胞分裂增殖并分化为成骨细胞。

2) **成骨细胞**(osteoblast)：成骨细胞由骨祖细胞分化而来，呈矮柱状或立方形，并带有小突起。核大而圆、核仁清楚(图 1-29)。胞质嗜碱性，含有丰富的碱性磷酸酶。电镜下，胞质内有大量的粗面内质网、游离核糖体和发达的高尔基复合体，线粒体亦较多。当骨生长和再生时，成骨细胞于骨组织表面排列成规则的一层，并向周围分泌基质和骨胶纤维，将自身包埋于其中，形成**类骨质**(osteoid)，有骨盐沉积后则变为骨组织，成骨细胞则成熟为骨细胞(图 1-31)。成骨细胞向类骨质内释放有膜包裹的小泡，称为**基质小泡**(matrix vesicle)，其直径约 0.1μm。小泡膜上有大量的碱性磷酸酶、ATP 酶和钙结合蛋白；泡内含有磷脂和小的钙盐结晶。通常认为：基质小泡是类骨质钙化的重要结构。

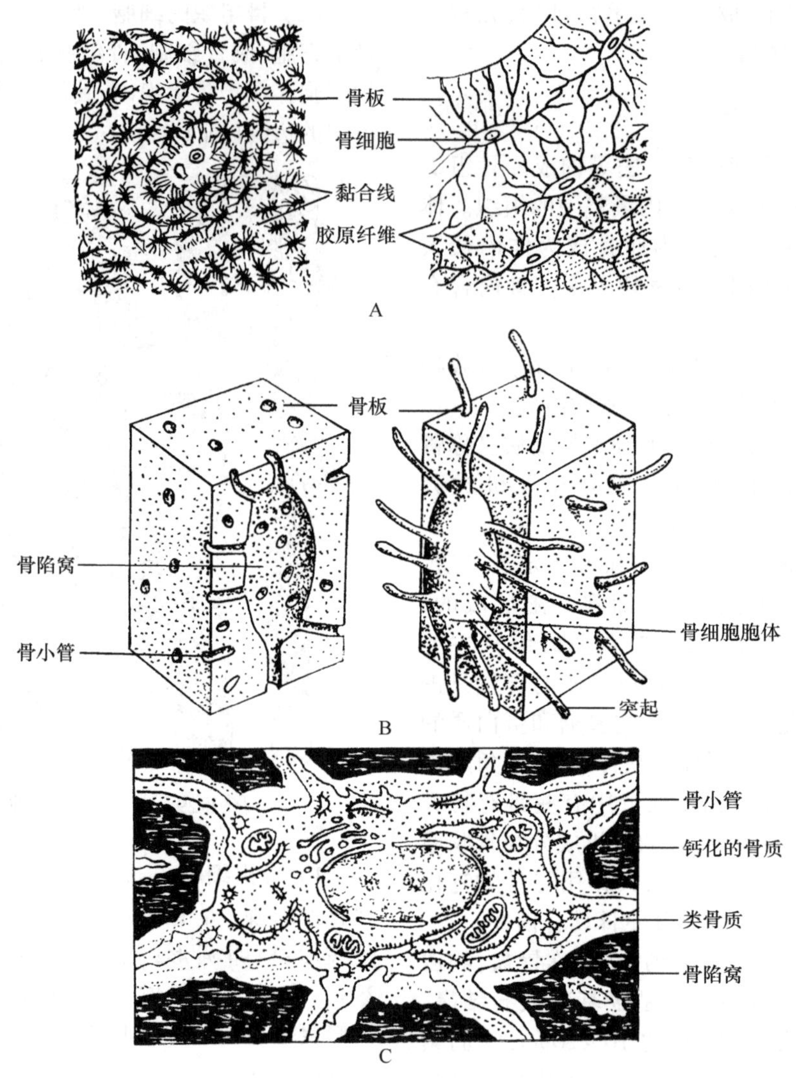

图 1-30 骨组织

A. 骨组织;B. 骨细胞;C. 骨细胞超微结构

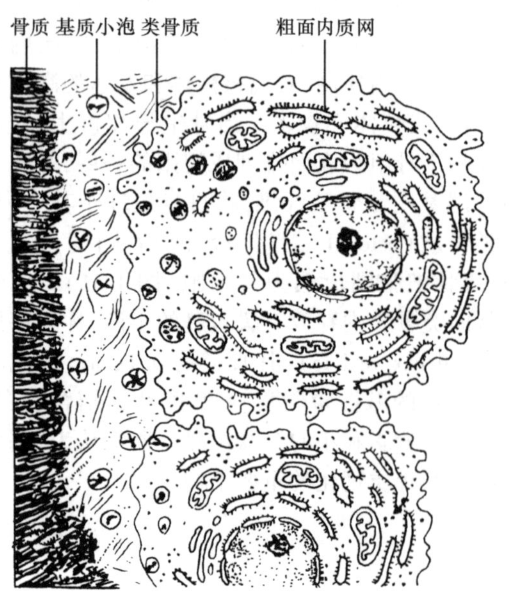

图 1-31 成骨细胞超微结构模式图

3）**骨细胞**(osteocyte)：骨细胞为扁椭圆形多突起的细胞,核扁圆、染色深;胞质弱嗜碱性(图 1-29)。电镜下,细胞器较少。骨细胞夹在相邻两层骨板间或分散排列于骨板内。相邻骨细胞的突起之间有缝隙连接。在骨基质中,骨细胞的胞体位于**骨陷窝**(bone lacuna)内,突起位于**骨小管**(bone canaliculus)内(图 1-30B、C)。相邻的骨陷窝借骨小管彼此通连。骨陷窝和骨小管内均含有组织液,骨细胞从中得到营养并向其中排出代谢产物。

4）**破骨细胞**(osteoclast)：破骨细胞是一种多核的大细胞,直径可达 100μm,可有 2～50 个或更多的细胞核,胞质嗜酸性强。其数量远比成骨细胞少。多位于骨组织被吸收部位所形成的陷窝内(图 1-29)。电镜下,破骨细胞靠近骨组织一面有许多高而密集的微绒毛,形成**皱褶缘**(ruffled border,图 1-32),其基部的胞质内含有大

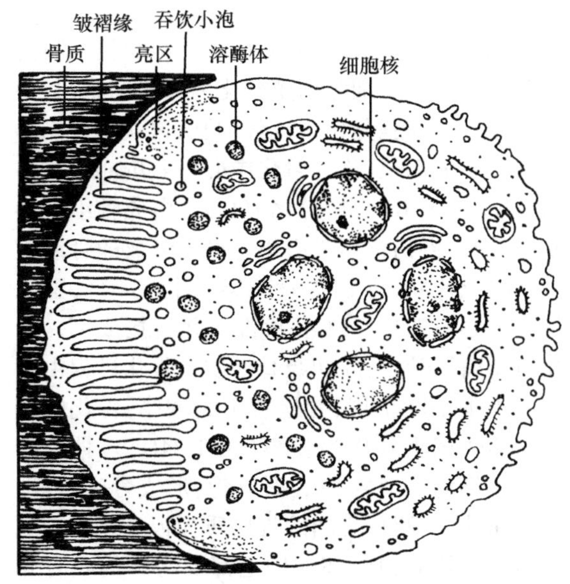

图 1-32　破骨细胞超微结构模式图

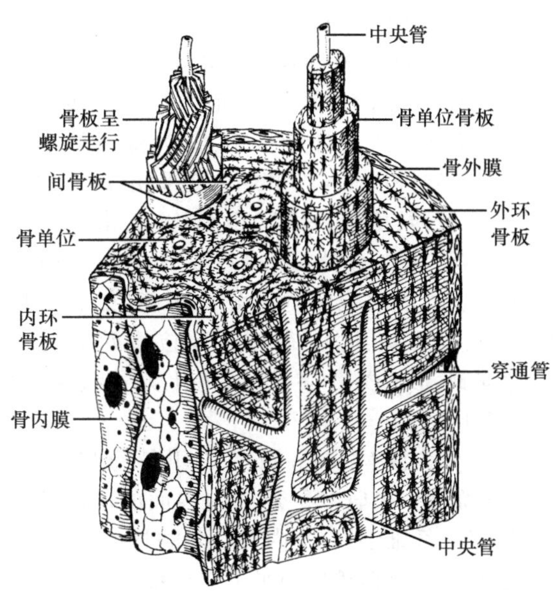

图 1-33　长骨骨干结构模式图

量的溶酶体和吞饮小泡，泡内含有小的钙盐结晶及溶解的有机成分。皱褶缘周围有一环形的胞质区，其中只含微丝，其他细胞器很少，称为亮区。亮区的细胞膜平整，紧贴于骨组织表面，恰似一道围墙在皱褶缘周围，使其封闭的皱褶缘处形成一个微环境。破骨细胞可向其中释放多种蛋白酶，碳酸酐酶和乳酸等，溶解骨组织。目前认为：破骨细胞是由多个单核细胞融合而成的。

2. 长骨的结构　长骨由骨密质、骨松质、骨膜、关节软骨、骨髓及血管、神经等构成。

（1）**骨密质**（compact bone）：位于骨干和骨骺的外侧。骨密质的骨板排列十分致密而规则。在骨干，根据骨板的排列方式不同可分为：环骨板、骨单位和间骨板。

1）**环骨板**（circumferential lamella）：位于骨干的外周和近骨髓腔的内侧面，是与骨干周缘成平行排列的环行骨板，分别称为外环骨板和内环骨板。

A. **外环骨板**：较厚，由数层至十几层，环绕骨干外表面平行排列，最外层与骨外膜相贴。儿童时期，层数较少，伴随生长而逐渐添加。

B. **内环骨板**：较薄，仅有数层沿骨髓腔内面平行排列。由于骨干的腔面凹凸不平，常有骨小梁伸出，故内环骨板不甚规则且厚薄不均，其内表面衬有骨内膜。内、外环骨板内均有垂直或斜穿骨板的管道，称**穿通管**，又称**福尔克曼管**（Volkmann's canal），与纵向排列的骨单位的中央管相通连。管内有来自骨内、外膜的结缔组织、小血管和神经等（图 1-33）。

2）**骨单位**（osteon）：又称**哈弗斯系统**（Haversian system），位于内、外环骨板之间，数量很多，是构成长骨干的主要结构单位。骨单位顺着长骨的纵轴平行排列，呈筒状，其中央有一条纵行小管，称**中央管**（central canal）或**哈弗斯管**（Haversian canal）。中央管外方有 4～20 层同心圆排列的骨板，称**骨单位骨板**（osteon lamella）或**哈弗斯骨板**（Harersian lamella）。这些骨板间或骨内有骨陷窝和骨小管，其中容有骨细胞的胞体和突起。最内层骨板内的骨小管与中央管相通，故每个骨单位内的骨细胞均能通过互相通连的骨小管获得营养和排出代谢产物。每一骨单位的表面都有一层较厚的黏合质，在骨的切片标本上着色深或折光性强，称为**骨黏合线**。骨单位最外层的骨小管却在黏合线处返折，不与相邻的骨单位内的骨小管相通连（图 1-30A）。

3）**间骨板**（interstitial lamella）：是填充于骨单位之间的一些不规则的平行骨板。它是长骨发生过程中，骨改建时未被吸收的原有骨单位或内、外环骨板的残留部分。

（2）**骨松质**（spongy bone）：长骨骨松质主要位于骨骺内和骨干的内侧面，是由大量针状或片状的骨小梁连接而成的多孔网架，形似海绵状。骨小梁之间有肉眼可见的腔隙，其中充满骨髓。骨小梁也是板层骨，由数层平行排列的骨板和骨细胞构成。骨小梁按承受力的作用方向有规律地排列。

（3）**骨膜**：除关节软骨外，在骨的内、外表面均覆盖一层结缔组织，分别称为骨内膜和骨外膜（图 1-33）。

1）**骨外膜**（periosteum）：覆于骨的外表面，较厚，可分为内、外两层：外层较厚，由致密结缔组织构成，胶原纤维束粗而密集。有些胶原纤维束横向穿入外环骨板中，称为**穿通纤维**或称**沙比纤维**（Sharpey's fiber），起固定骨膜的作用；内层较薄，由疏松结缔组织构成，富含小血管和神经，并含有骨祖细胞，成骨细胞和破骨细胞等。骨祖细胞保持着分化潜能，如有骨折发生时，即可被激活，在骨折部位增殖分化为成骨细胞、形成类骨质，进而钙化为骨组织，使骨重新接合。

2）**骨内膜**（endosteum）：衬于骨髓腔面、骨小梁表面及中央管和穿通管内表面的薄层疏松结缔组织，纤维细而少，内含较多的骨祖细胞，常排列成一层，颇似单层扁平上皮。细胞间有缝隙连接，与相邻的骨细胞突起也有缝隙连接。

3. 骨的发生 骨的发生也称**骨化**或**成骨**。骨的发生方式有两种：①膜内成骨；②软骨内成骨。虽然骨发生的方式不同，但骨组织形成（即成骨）的过程基本上是相同的，都表现为骨组织的形成和骨组织的溶解吸收两个方面，通过两者相辅相成密不可分的活动，才能完成骨的成型与改建。

（1）**膜内成骨**：膜内成骨是直接由胚胎时期的结缔组织膜内产生骨化中心，最后形成骨。体内只有少数骨如顶骨、额骨、锁骨以及上、下颌骨等是以这种方式发生的。其具体过程是：胚胎发生早期，在即将形成骨的部位，间充质细胞增殖密集，形成富于血管的胚胎性结缔组织膜。膜内的某一处间充质细胞增殖分化为骨原细胞，其中的部分骨原细胞分化为成骨细胞，这就是首先形成骨组织的部位，称为**骨化中心**（ossification center，图1-34A、B）。在骨化中心内，由成骨细胞形成类骨质、再钙化为骨组织。最初形成的骨组织呈针状或片状，即初级骨小梁（图1-34C），围绕骨化中心向四周呈放射状排列并连接成网。网孔内充满红骨髓，即初级骨松质。骨化过程由中心向周围不断扩展，骨松质不断增厚，骨化中心外周的间充质分化为骨膜（图1-34D）。骨膜内的成骨细胞在骨松质表面成骨，形成骨密质，即内板和外板，两板之间的骨松质为板障。新形成的颅骨在外形和内部结构上都要与脑的发育相适应而进行改建，一般颅骨曲侧的颅腔面，骨组织不断被吸收，而在其相对的外侧面，新的骨组织又不断形成，使颅腔不断扩大并逐渐形成颅骨的外形。出生前这种外形已经建立，生后仍不断地生长和改建，直至成年才告完善。

（2）**软骨内成骨**：人体内的大多数骨骼，如四肢骨、躯干骨及颅底骨等，都主要是以这种方式发生的。在即将形成骨的部位，首先由间充质形成透明软骨，形态近似未来骨的外形，称为**软骨雏形**（cartilagenous model）。在此基础上，经过软骨的生长退化，同时在软骨内、外有骨组织的发生和改建等复杂过程，最终形成骨。

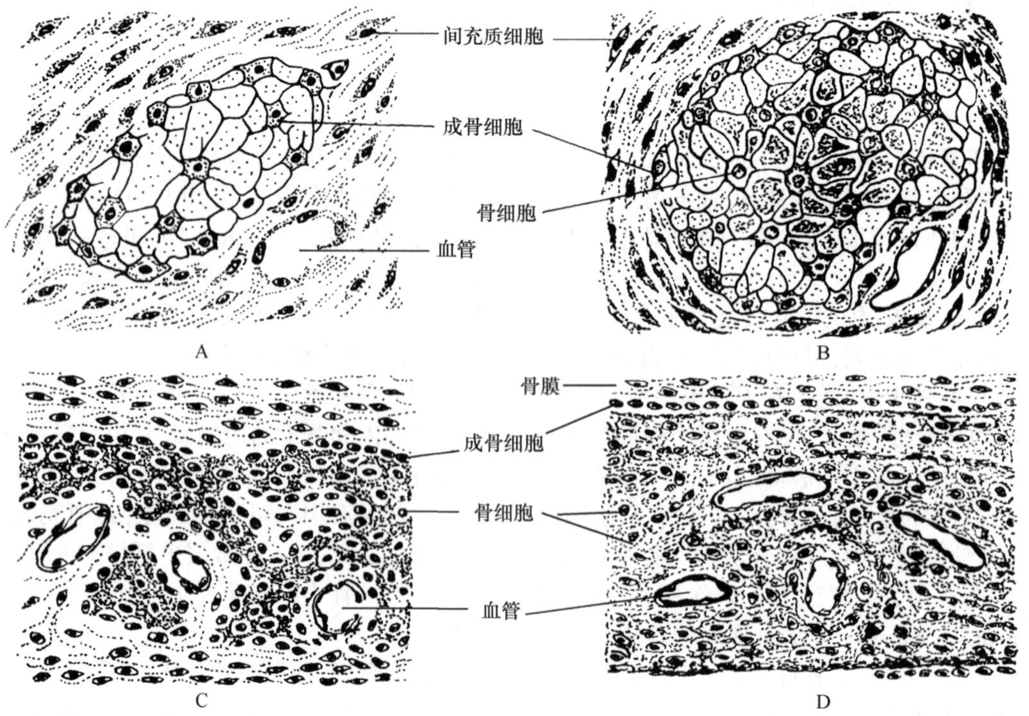

图1-34 膜内成骨

软骨内成骨实际上是软骨周骨化和软骨内骨化两种方式同步进行，前者主要形成骨干的骨密质并使骨不断加粗；后者主要形成干骺端并使骨不断加长，两种方式的协调统一，使骨得以正常生长发育，下面以长骨为例说明具体过程：

1）**软骨雏形的建立**：在将形成骨的部位，间充质细胞密集并分化出许多骨祖细胞。部分骨祖细胞分化为软骨细胞，软骨细胞向周围分泌基质并将其包埋其中，成为透明软骨组织，周围的间充质分化为软骨膜，这样便形成了初具长骨外形的软骨雏形。

2）**软骨周骨化**：软骨周骨化与膜内成骨的过程基本相同。在软骨雏形的中段，软骨膜内层的骨祖细胞增殖分化为成骨细胞，贴在软骨组织表面形成类骨质，继而钙化为骨组织，这样在软骨组织表面形成了一薄层骨组织环绕软骨，形如领圈，称为**骨领**（bone collar，图 1-35A）。骨领出现后，软骨膜改称为骨膜。骨膜内层的骨祖细胞不断分化为成骨细胞，在骨领表面及两端添加新的骨组织，使骨领逐渐增厚和加长，成为骨干的原始骨组织，代替软骨起支持作用。以后不断改建成为骨干的骨密质。

3）**软骨内骨化**：软骨内骨化与软骨周骨化同时进行，在软骨干的内部出现下述一系列变化：

A. **初级骨化中心的出现**：在骨领形成的同时，被骨领包围的软骨干中央，软骨细胞变大并分泌碱性磷酸酶，使其周围的软骨基质迅速钙化。随后肥大的软骨细胞退化、死亡、软骨陷窝变成较大的腔隙，这预示着骨化中心的出现（图 1-35A）。骨膜的血管主干连同间充质细胞、骨祖细胞、破骨细胞等，穿通骨领进入退化的软骨区。破骨细胞溶解吸收钙化的软骨基质，形成许多隧道样的小腔，称初级骨髓腔（图 1-35B）。侵入的血管主干向两端分支，分布于初级骨髓腔内，其中的间充质细胞分化为造血组织。随之成骨细胞整齐地排列在残存的软骨基质表面，形成骨组织并将软骨基质包围，构成过渡型的骨小梁，这是在骨干内首先出现的骨化区域，称为**初级骨化中心**（primary ossification center，图 1-35C）。

B. **骨髓腔形成**：初级骨化中心形成后，便开始了从骨干中央向两端由骨组织替换软骨组织的过程。最初形成的骨小梁不断被破骨细胞溶解吸收，又有新的骨小梁形成，初级骨髓腔不断扩大而融合为一个大腔，称为骨髓腔。其中充满造血组织，即红骨髓（图 1-35D）。同时骨领也不断从外面加厚，从腔内面吸收，骨髓腔的横径也逐渐加宽。

随着发育，软骨两端的软骨组织继续生长，临近骨髓腔的软骨组织不断退化和新的骨组织生成。骨化过程则不断从中央向两端推移，骨髓腔也随之向两端伸延。因此，在胎儿长骨的纵切面上，自骺端到骨髓腔之间，出现了连续变化的过程，依次分为如下四个区：

软骨储备区：在胚胎发生早期，此区为软骨两端，范围较大。软骨基质内含有许多幼稚的软骨细胞，胞体较小呈圆形。细胞处于静止状态。

软骨增生区：在储备区的骨干侧，软骨细胞连续分裂变大，成为许多扁平的细胞，沿着长轴排列形成软骨细胞柱。

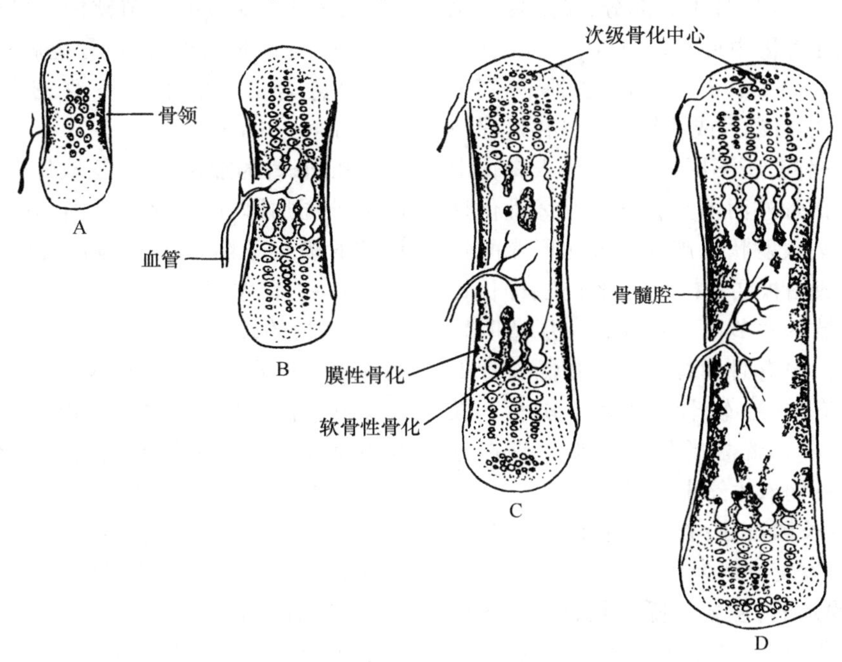

图 1-35　软骨内成骨

软骨钙化区：软骨细胞停止分裂，体积迅速增大后退化，胞质空泡状，核固缩，继而细胞死亡，留下大的软骨陷窝，周围软骨基质有钙盐沉积，呈强嗜碱性。破骨细胞从陷窝处吸收钙化的软骨基质，形成新的初级骨髓腔。

成骨区：成骨细胞整齐地排列在残存的软骨基质表面，产生类骨质、继而钙化为骨组织，形成骨小梁。在此区，最初形成的骨小梁中央残留有软骨基质（过渡型）。由于破骨细胞的多次吸收和成骨细胞的不断成骨，最终全部替换为骨组织（图1-36）。

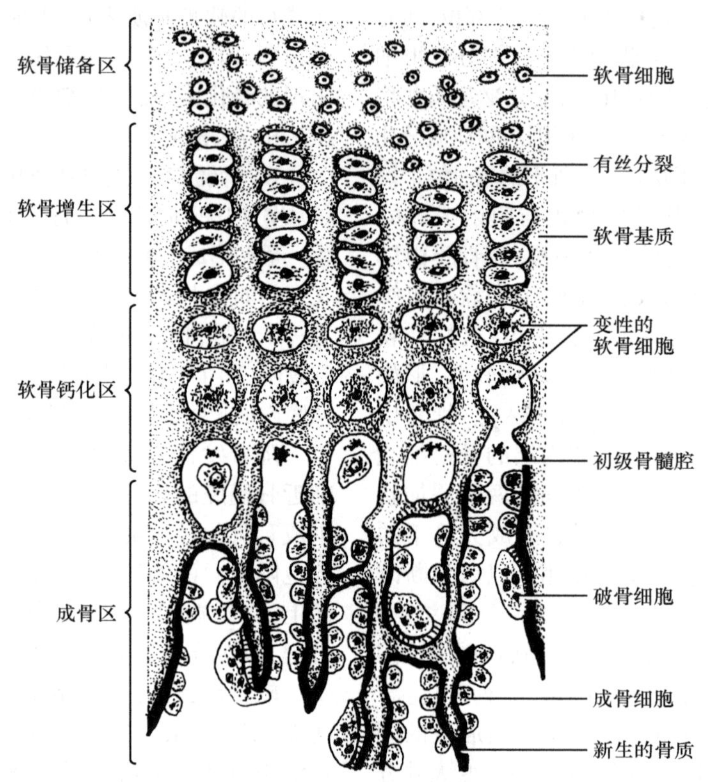

图1-36　软骨内成骨（示成骨的4个分区）

4）**次级骨化中心的出现和骺板形成**：在出生前后，长骨两端的软骨中央部分，又出现骨化中心，称为**次级骨化中心**（secondary ossification center，图1-35C、D）。其出现时间，各骨不同，早自出生前，晚至生后数月或数年。其骨化过程与初级骨化中心相同，所不同的是：①侵入骨化中心的血管来自软骨外而不是骨外膜。②骨化是自中心向四周呈放射状扩展的。最初形成的骨松质逐渐改建成由板层骨构成的骨小梁，即长骨骨骺。在两骺端的关节面永远保留一层透明软骨，称关节软骨，没有骨膜覆盖。在骨骺与骨干之间暂时留有一层软骨，称**骺（软骨）板**（epiphyseal plate）。骺板的软骨细胞一直在分裂、增殖，到青春期末才停止。

5）**骨的生长和改建**：长骨生长的持续时间很长，直到个体发育成熟为止。

A. **长骨的加长**：主要靠骺板软骨不断向两端生长和骨化来完成。在正常生长发育时期，骺板软骨的增殖速度与软骨内骨化及吸收速度相平衡。因此，骺板一直保持恒定厚度。到青春期末（17~20岁），骺板的增殖减慢，最后全部骨化消失，骨干与骨骺相愈合，长骨也就停止生长。在干、骺愈合处，可见一条致密的线，称**骺线**（epiphyseal line）。

B. **长骨的加粗**：主要靠软骨周骨化，使骨不断从外周加厚，同时又从腔内不断溶解吸收，骨髓腔的横径不断扩大，骨则增粗。大约持续到25~30岁，骨才停止增粗。

C. **骨的改建**：在骨发生过程中，最初形成的骨小梁，细胞成分多、纤维成分少且排列不规则，小梁间的网孔也大于初级骨松质。以后，随着小梁的加厚和网孔变小，成为初级骨密质。此时并无骨单位及内、外环骨板。骨单位产生于1岁左右。此时，骨领的内、外表面有许多纵沟，沟内有小血管、骨原细胞、成骨细胞和破骨细胞等。首先，成骨细胞贴在沟壁上成骨并将沟封闭成管，再贴附于管壁上成骨，从最外层向内一层层地形成同心圆状的骨板，即骨单位骨板，血管及间充质被围在中央，形成中央管，内衬一层近似扁平的骨原细胞，这就是第一代骨单位。以后由破骨细胞溶解吸收第一代骨单位的骨板，形成锥形隧道，在其最宽处，破骨细胞消失，骨原细胞分化为成骨细胞，开始形成第二代骨单位，它又被吸收，出现第三代骨单位。这样重复数代，最后才形成具有适宜的外形和内部结构的骨密质。骨干也伴随着骨的改建逐渐加粗。少年时期的骨干几乎无内、外环骨板或层数极少，成年后骨干不再增长，内、外环骨板才出现。骨的加粗停止于30岁左右，而骨的改建却持续终生，只是速度减慢。

4. 影响骨生长的因素 影响骨生长的因素很多，有遗传因素、激素、维生素、各种局部生长因子、营养及运动等。如甲状旁腺素可促进破骨细胞的生成和骨质的吸收，使血钙浓度升高；降钙素可抑制骨盐溶解，促进成骨细胞生成和骨质钙化，使血钙浓度下降。生长激素和甲状腺素均有促进骺板软骨增生的作用，在发育时期，如两者分泌不足，骨的生长受阻，均可造成个体矮小；如生长激素分泌过多，骺板生长加速，导致巨人症。雌激素可与成骨细胞膜上的雌激素受体相结合，促进其成骨活动，产生骨钙蛋白也多，有利于骨的钙化；如雌激素分泌不足时，成骨细胞处于不活跃状态，骨基质形成过少，而破骨细胞的活性相对增强，骨盐分解吸收过多而导致骨质疏松。经绝期妇女易患骨质疏松症，雌激素不足是其重要因素之一。因此，也常用雌激素类药物进行预防和治疗。肾上腺糖皮质激素的过多和过少均可导致骨质形成障碍。

维生素D的缺乏，可影响钙的吸收及在骨内的沉积，使类骨质不能及时钙化，儿童可患佝偻病，成人则患骨软化症。近年的研究还发现，成骨细胞表面有维生素D_3(1,25-二羟维生素D_3)受体。维生素D_3可刺激成骨细胞分泌较多的骨钙蛋白，并提高碱性磷酸酶的活性，二者均可促进骨的钙化。维生素A严重缺乏时，骨的生长缓慢，改建失调；过量时则破骨细胞功能活跃，骨质吸收加速易造成骨折。维生素C缺乏时，骨的基质和纤维生成受阻，骨中碱性磷酸酶活性降低，骨的钙化受阻，致使骨质疏松或生长停止。

近年的许多研究发现了许多与骨生长发育有关的生物活性物质。它们都是一系列的骨生长因子，而且均是在局部起作用，一般认为是由成骨细胞分泌的。这些生物活性物质，或是对成骨细胞或对破骨细胞起刺激或抑制作用。这种局部作用表现为对其附近的细胞起作用，或对分泌此物质的细胞本身起作用，因此，人们提出了骨的旁分泌和自分泌作用的概念。这些生物活性物质包括：转化生长因子-β(TGF-β)，表皮生长因子，前列腺素E_1、E_1a、和E_2，巨噬细胞释放的肽刺激因子、白细胞介素-1和白细胞介素-6等。

(四) 血液与淋巴

1. 血液(blood) 是流动在心血管系统内的液态组织，约占体重的7%，成人循环血容量约5L。血液是由**血细胞**(有形成分)和**血浆**(plasma)组成。从血管中取少量血液，加入抗凝剂(如肝素或枸橼酸钠)，经离心或自然沉降后可分出三层：上层淡黄色是血浆，下层为红细胞，中间乳白色的薄层是白细胞和血小板(图1-37)。血浆相当细胞间质，约占血液容积的55%，其中90%是水，其余为血浆蛋白(白蛋白、球蛋白、补体蛋白和纤维蛋白原)，脂蛋白，无机盐，酶，激素，维生素和各种代谢产物。血液流出血管后，溶解状态的纤维蛋白原转变为细丝状的纤维蛋白并网罗血细胞凝固成血块；周围析出淡黄色透明的液体，称**血清**(serum)。血细胞约占血液容积的45%，包括红细胞、白细胞和血小板。

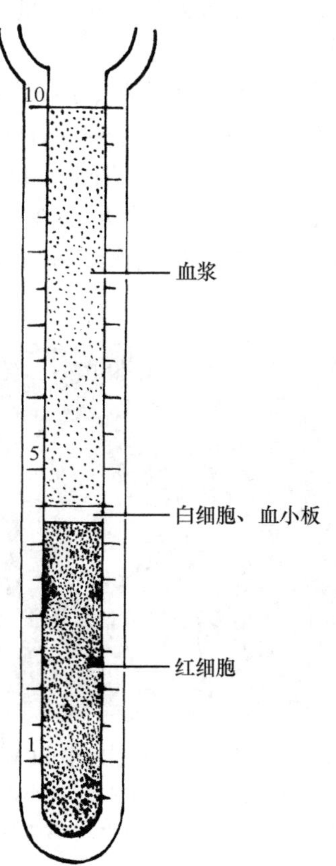

图1-37 血细胞比容

光镜检查通常用血涂片标本观察血细胞的形态结构。血细胞分类和计数的正常值如下：

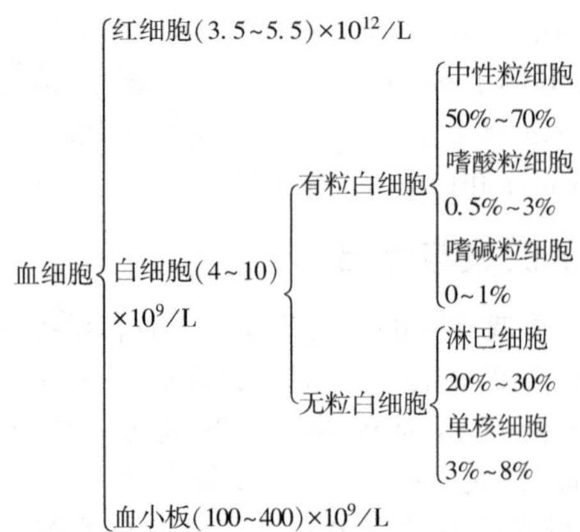

血细胞的形态、数量、比例和血红蛋白含量的测定称为血象。检查血象对了解机体的状况和诊断疾病都是十分重要的。

(1) **红细胞**(erythrocyte, red blood cell):平均直径为 7.5μm,呈双凹圆盘状,中央较薄(1.0μm),周缘较厚(2.0μm)。故在血涂片标本和扫描电镜下,可清楚地显示红细胞这种形态特点(彩图 1,图 1-38)。红细胞的这种形态使它具有较大的表面积(约 140μm^2),同时使细胞内的每一点都不致于离细胞表面太远,有利于气体交换。新鲜单个红细胞为黄绿色,大量红细胞呈猩红色,多个红细胞常叠连一起呈串钱状,称红细胞缗钱。成熟的红细胞无核、无细胞器,胞质内充满大量的血红蛋白(hemoglobin, Hb)。血红蛋白是含铁的蛋白质,约占红细胞重量的 33%,具有结合和运输 O_2 和 CO_2 的功能,在组织器官内,根据气体的分压高低决定血红蛋白与其结合还是释放。

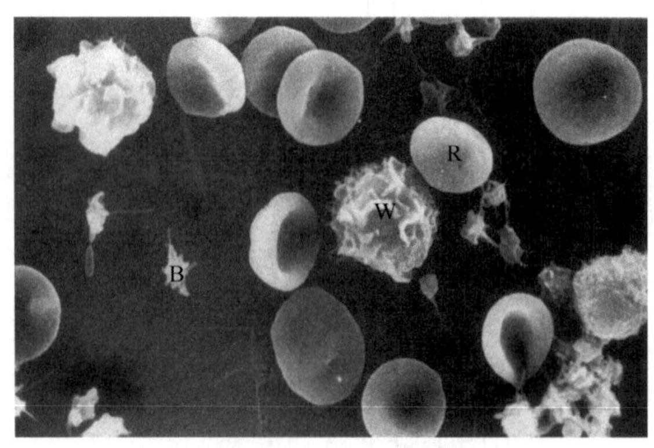

图 1-38 人血细胞扫描电镜图(SEM×3750)

R. 红细胞;W. 白细胞;B. 血小板

(吉林大学白求恩医学部 尹昕、朱秀雄教授供图)

红细胞具有一定的弹性和形态可变性。红细胞膜内侧主要由血影蛋白和多种膜骨架蛋白连接形成红细胞膜骨架,维持红细胞的正常形态。由于红细胞具有这种网架结构,形态才能不断变化,使之适应在血液中的流动。

红细胞的渗透压与血浆相同,使出入细胞的水分保持恒定。当血浆渗透压降低时,过量水分进入细胞,细胞肿胀、破裂,血红蛋白逸出,称为溶血(hemolysis),残留的红细胞膜称为血影(ghost);反之,若血浆的渗透压升高,可使红细胞内的水分析出过多,致使红细胞皱缩。脂溶剂、蛇毒、溶血性细菌等均能引起溶血。

正常成人每升血液中红细胞数的平均值:男性约(4.0~5.5)×10^{12}/L,女性约(3.5~5.0)×10^{12}/L。每升血液中血红蛋白含量,男性约 120~150g,女性约 105~135g。红细胞的数目及血红蛋白的含量可有生理性变化,如婴儿高于成人,运动时多于安静状态,高原地区居民高于平原地区居民。

刚从骨髓进入血液的新生红细胞内常有少量的残留核糖体,易被煌焦油蓝染成蓝色小粒或细网状,这种细胞称为网织红细胞(reticulocyte),在成人约为红细胞总数的 0.5%~1.5%,新生儿较多,可达 3%~6%。网织红细胞尚有合成血红蛋白的能力,一般经 1~3 天后充分成熟为红细胞。网织红细胞的计数,对血液病的诊断和预后的判定,具有一定的临床意义。

红细胞的寿命为 120 天。衰老的红细胞多在脾、骨髓和肝等处被巨噬细胞吞噬。血红蛋白中的铁质可被造血器官重新用来造血。

(2) **白细胞**(leukocyte, white blood cell):为无色有核的球形细胞,一般较红细胞体积大,能做变形运动穿过毛细血管进入周围组织,发挥其防御和免疫功能。成人白细胞的正常值为(4~10)×10^9/L,男女无明显差异,婴幼儿稍高于成人。血液中白细胞的数值可受各种生理因素的影响,如劳动、运动、饮食及妇女月经期,均略有增多。在疾病状态下,白细胞总数和各种白细胞的百分比值可发生改变。

光镜下,根据白细胞胞质内有无特殊颗粒,可将其分为有粒白细胞(granulocyte)和无粒白细胞(agranulocyte)两类。有粒白细胞又可根据颗粒的嗜色性,分为中性粒细胞、嗜酸粒细胞和嗜碱粒细胞。无粒白细胞有单核细胞和淋巴细胞两种(彩图 1)。

1) **中性粒细胞**(neutrophilic granulocyte, neutrophil):占白细胞总数的 50%~70%,是白细胞中数量最多的一种。在疏松结缔组织中,有许多白细胞都是由毛细血管游走出去的。

中性粒细胞的平均直径为 10~12μm,核染色质呈块状,着色较深。核的形态呈腊肠状的,称杆状核;呈分叶状的,称分叶核,其间有染色质丝相连,一般分 2~5 个叶,正常人以 2~3 叶者居多(彩图1)。在某些疾病情况下,杆状核的细胞百分率增多,称为核左移;4~5叶分叶核细胞增多,称为核右移。一般说来,核分叶越多,表明细胞越近衰老。正常情况下,杆状核细胞约占粒细胞总数的5%~10%。

中性粒细胞的胞质染成粉红色,含有许多细小的淡紫色颗粒,可分为两种:①嗜天青颗粒,占颗粒总数的20%,是一种溶酶体;电镜下为圆形或椭圆形的膜被颗粒,直径0.6~0.7μm,电子密度高,含有酸性磷酸酶、过氧化物酶等,能消化分解吞噬的异物。②特殊颗粒,占颗粒总数的80%,细小而分布均匀,直径约0.3~0.4μm,呈哑铃形或椭圆形,内含乳铁蛋白、碱性磷酸酶、吞噬素、溶菌酶等(图1-39A、图1-48),能杀死细菌,溶解细菌表面的糖蛋白。

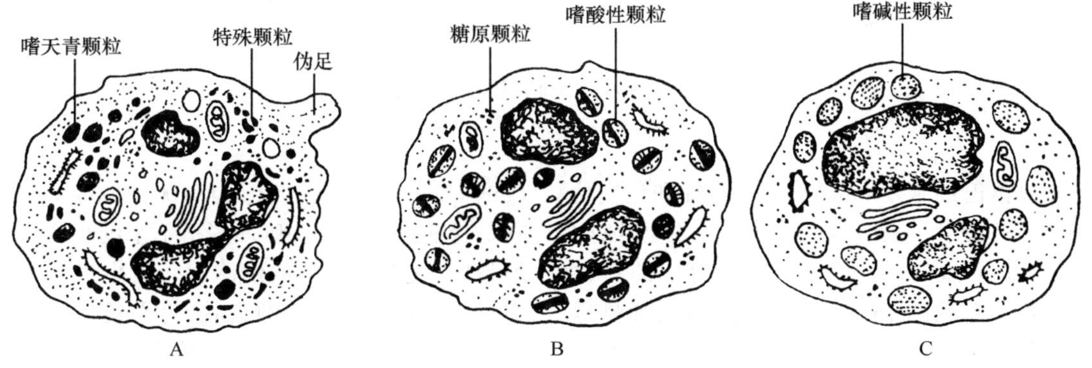

图1-39 三种粒细胞超微结构模式图
A. 中性粒细胞;B. 嗜酸粒细胞;C. 嗜碱粒细胞

中性粒细胞具有活跃的变形运动和吞噬功能,在机体内起着重要的防御功能。中性粒细胞主要对细菌产物及受感染的组织释放的某些化学物质具有趋化性,以变形运动穿出毛细血管,吞噬、消化细菌,清除坏死组织碎片,自身也可坏死,成为脓细胞。中性粒细胞在血液中停留6~7小时,在组织中存活1~3天。

2)**嗜酸粒细胞**(eosinophilic granulocyte,eosinophil):占白细胞总数的0.5%~3%。直径为10~15μm,核常为2叶,胞质内充满粗大均匀、橘红色、有折光性的嗜酸性颗粒(彩图1)。电镜下颗粒直径为0.5~1.0μm,呈椭圆形,有膜包被,内含颗粒状基质和电子密度高的方形或长方形结晶体(图1-39B);颗粒内含有酸性磷酸酶、芳基硫酸酯酶、过氧化物酶和组胺酶等,因此这种颗粒也是溶酶体。

嗜酸粒细胞对抗-原抗体复合物、嗜酸粒细胞趋化因子和组胺有趋化性,并能吞噬抗原-抗体复合物,灭活组胺,分解白三烯,从而减轻过敏反应。嗜酸粒细胞还能借助抗体或补体与某些寄生虫接触,释放颗粒内物质,杀灭寄生虫。所以当患过敏性疾病或寄生虫疾病时,血液中嗜酸粒细胞数量增加。在血液中,嗜酸粒细胞仅停留数小时,在组织中可存活8~12天。

3)**嗜碱粒细胞**(basophilic granulocyte,basophil):数量最少,占白细胞总数的0%~1%。细胞呈球形,直径10~12μm。胞核不规则,分叶或呈S形,着色较浅,常被胞质内的嗜碱性颗粒所掩盖。颗粒大小不等,分布不均,被染成蓝紫色(彩图1)。电镜下,颗粒电子密度高、呈圆形或椭圆形,周围有膜包绕(图1-39C),内含肝素、组胺和嗜酸粒细胞趋化因子;胞质内含有白三烯。故嗜碱粒细胞具有参与过敏反应和抗凝血的作用。在组织中,它可存活12~15天。

4)**淋巴细胞**(lymphocyte):占白细胞总数的20%~30%,仅次于中性粒细胞,形态和功能复杂多样,是体内重要的免疫细胞。在血涂片上,一般为圆形或椭圆形,大小不等。直径6~8μm的为小淋巴细胞;9~12μm的为中淋巴细胞;13~20μm左右的为大淋巴细胞。外周血中以小淋巴细胞数量最多。细胞核圆形,一侧常有小凹陷,核占细胞的大部分,染色质致密呈块状,着色深;胞质很少,呈嗜碱性,染成蔚蓝色,含少量嗜天青颗粒(彩图1、图1-40A)。

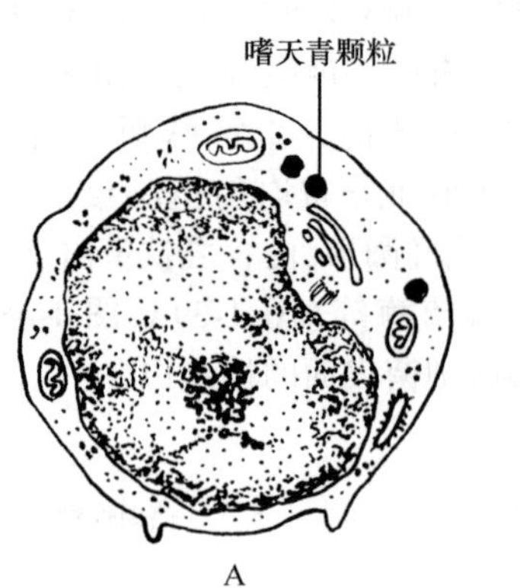

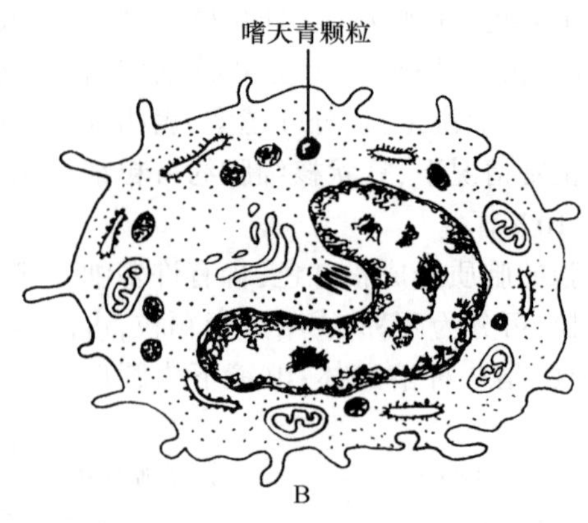

图 1-40 无粒白细胞超微结构模式图

A. 淋巴细胞;B. 单核细胞

根据淋巴细胞发生部位,表面特征和免疫功能不同,可分为三类:①胸腺依赖淋巴细胞(thymus dependent lymphocyte,T 细胞),约占血液淋巴细胞总数的 75%,参与细胞免疫,如排斥异体移植物、抗肿瘤等,并且有免疫调节的功能。②骨髓依赖淋巴细胞(bone marrow dependent lymphocyte,B 细胞),约占 10%~15%,受抗原刺激后增殖分化为浆细胞,产生抗体,参与体液免疫。③自然杀伤细胞(nature killer cell,NK 细胞),约占 10%,能非特异杀伤某些肿瘤细胞和病毒感染细胞。

5)**单核细胞**(monocyte):占白细胞总数的 3%~8%,它是白细胞中体积最大的细胞,直径 14~20μm,呈圆形或椭圆形;胞核形态多样,呈卵圆形、肾形、马蹄形或不规则形,染色质细而松散,故着色浅。胞质较丰富、弱嗜碱性,呈灰蓝色;含有许多细小的嗜天青颗粒,为溶酶体(彩图 1)。颗粒内含有过氧化物酶、酸性磷酸酶、非特异性酯酶和溶菌酶。电镜下,细胞表面有皱褶和微绒毛,胞质内有许多吞噬泡、线粒体和粗面内质网,颗粒具有溶酶体样结构(图 1-40B)。单核细胞具有活跃的变形运动和明显的趋化性。单核细胞穿越血管壁进入组织器官内分化成不同种类的巨噬细胞,进入骨组织分化为破骨细胞,进入神经组织分化为小胶质细胞,进入肝则成为 Kupffer 细胞等。血液与骨髓中的单核细胞和器官组织内的巨噬细胞共同构成了单核-吞噬细胞系统(mononulear phagocytic system,MPS)。单核细胞能吞噬入侵机体的病原微生物、消除体内衰老病变的细胞、参与免疫应答,还能分泌多种生物活性物质参与机体造血调控等。

(3)**血小板**(blood platelete):或称**血栓细胞**(thrombocyte),正常数值为(100~400)×10^9/L。它是骨髓中巨核细胞胞质脱落下来的小块,故无细胞核,表面有完整的细胞膜。血小板体积小,直径 2~4μm,呈双凸圆盘状,易受机械、化学刺激,此时便伸出突起,呈不规则形。在血涂片中,血小板常聚集成群。血小板周围呈透明的浅蓝色,称**透明区**;中央部分有紫蓝色颗粒,称**颗粒区**(彩图 1、图 1-41)。电镜下,血小板的膜表面有糖衣,血小板膜内陷形成许多弯曲的管道,扩大其表面积。透明区有环形排列的微管和微丝,维持血小板的形态和参与血小板的活动。颗粒区含有血小板颗粒、小管系、线粒体、糖原等。

血小板颗粒主要有两种:①特殊颗粒,又称 a 颗粒,体积较大,密度中等,含有血小板因子 4(PF_4)、血小板因子 5(PF_5)、纤维蛋白原、凝血酶敏感蛋白等。②致密颗粒,体积小、电子密度高,含有 ATP、ADP、5-羟色胺、钙离子、肾上腺素、抗凝血纤维蛋白酶等。

小管系也有两种:①开放小管,开口于血小板表面,借此摄取血浆物质和释放颗粒内容物。②致密小管,是封闭小管,多分布在血小板周边,能收集钙离子和合成前列腺素(图 1-41)。

血小板在止血和凝血过程中起重要作用。当血管受损害或破裂时,血小板受刺激,由静止相变为功能相(图 1-41),很快发生变形,表面黏度增大,凝聚成团;同时,血小板释放颗粒内含物,血浆内的凝血酶原变为凝血酶,后者又催化纤维蛋白原变成丝状的纤维蛋白,与血细胞共同形成凝血块止血。血小板还有保护血管内皮、参与内皮修复、防止动脉粥样硬化的作用。血小板寿命约 7~14 天。

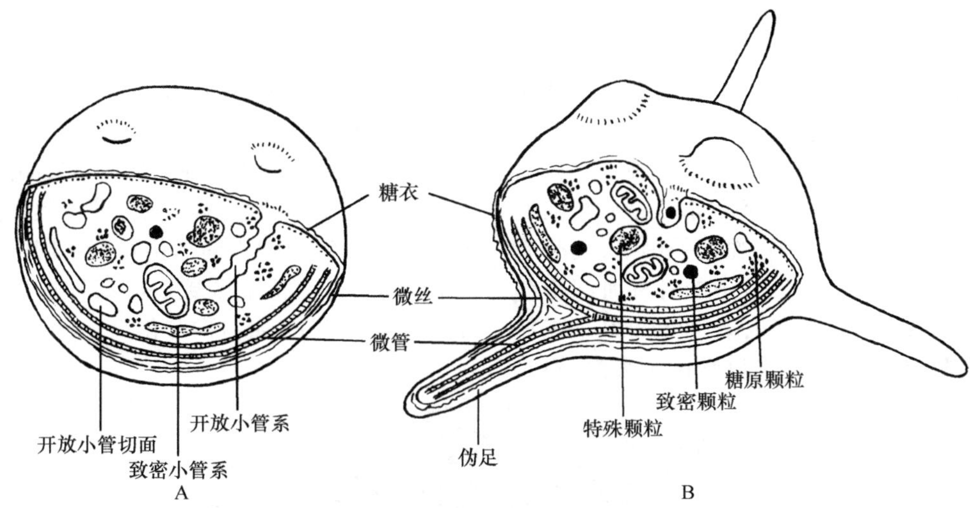

图 1-41　血小板超微结构模式图

A. 静止相；B. 功能相

2. 骨髓和血细胞的发生　各种血细胞都有一定寿命，红细胞平均寿命是 120 天，白细胞寿命为数天，数周或数年。血细胞不断地衰老和死亡，新生的血细胞不断补充，使外周血循环中血细胞数量和质量始终保持动态平衡。

人的血细胞最早是在胚胎卵黄囊壁的血岛生成的。随着胚胎血循环的建立，第六周，血岛内的造血干细胞随血循环从卵黄囊迁入肝脏并在此造血，第 4 个月迁至脾内造血。胚胎后期至生后终生，骨髓成为主要的造血器官。

（1）**骨髓的结构**：骨髓位于骨髓腔内，约占人体重量的 4%～6%，是人体最大的造血器官。骨髓分为**红骨髓**和**黄骨髓**。胎儿和婴幼儿期的骨髓都是红骨髓，大约从 5 岁开始，长骨的髓腔内出现脂肪组织，随年龄的增长而增多即为黄骨髓。红骨髓有造血功能，黄骨髓内仅有少量造血干细胞仍保持造血潜能，当机体需要时可转变为红骨髓，进行造血。红骨髓主要由造血组织和血窦组成（图 1-42）。

1）**造血组织**：主要由网状结缔组织和造血细胞组成。网状细胞和网状纤维构成支架，网眼内充满不同发育阶段的各种血细胞及少量造血干细胞和基质细胞。基质细胞包括巨噬细胞、成纤维细胞、脂肪细胞和间充质细胞（图 1-42）。

2）**血窦**：由动脉性毛细血管分支而成。血窦形状不规则，腔大而迂曲，窦壁衬贴有孔内皮，内皮基膜不完整。发育成熟的血细胞经血窦进入血循环。窦壁周围和血窦腔内的单核细胞和巨噬细胞有吞噬清除血流中的异物、细菌和衰老、死亡血细胞的功能。

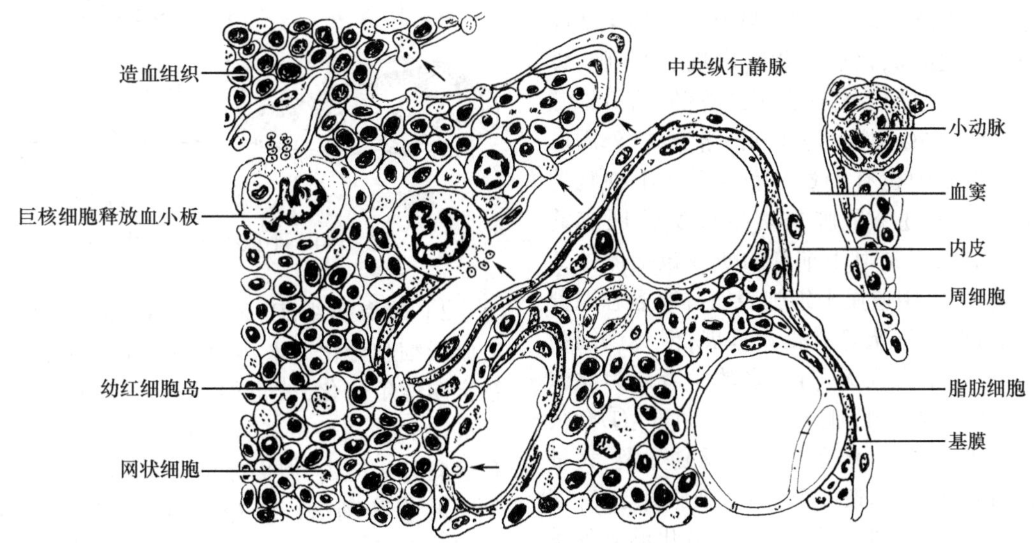

图 1-42　红骨髓结构模式图

↑示巨核细胞生成血小板与成熟的血细胞进入血窦

造血诱导微环境是造血细胞赖以生存、增殖与分化的内环境,包括骨髓的神经成分、微血管系统、纤维、细胞外基质与骨髓基质细胞。骨髓基质细胞是造血诱导微环境的核心成分,主要由网状细胞、成纤维细胞、血窦内皮细胞、巨噬细胞、脂肪细胞等构成。它们不仅形成造血细胞生长的支架,并且分泌多种造血调控因子,调节造血细胞的增殖与分化。发育中的各种血细胞在造血组织中的分布有一定规律,如幼稚红细胞常位于血窦附近,成群嵌附在巨噬细胞表面,构成**幼红细胞岛**(图 1-42、图 1-43);随着细胞的发育成熟而贴近并穿过血窦内皮,脱去胞核成为网织红细胞。幼稚粒细胞多远离血窦,当发育至晚幼粒细胞具有运动能力时,则借其变形运动接近并穿入血窦。巨核细胞常靠近血窦内皮间隙,将胞质突起深入窦腔,脱落形成血小板。这种分布状况表明造血组织的不同部位具有不同的造血诱导微环境,每一特定区域适应某种造血细胞生成,并诱导其向特定方向分化。

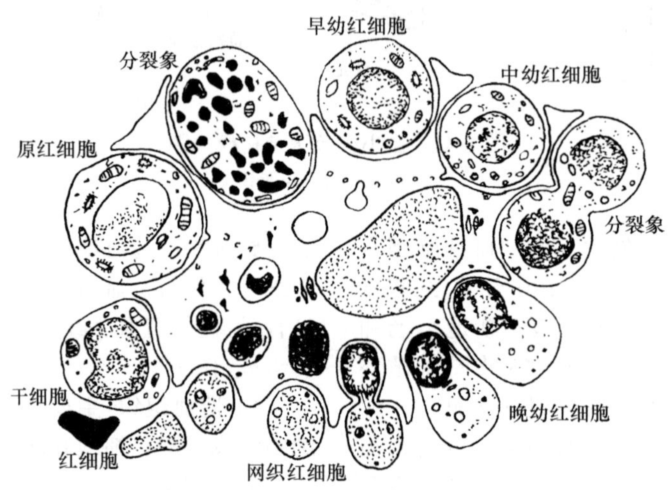

图 1-43 骨髓幼红细胞岛超微结构模式图

(2) **血细胞发生**:在造血诱导微环境的作用和多种因素的调节下,造血干细胞增殖、分化为各类造血祖细胞,祖细胞再定向增殖分化成为各种成熟血细胞,称血细胞发生(彩图 2)。

1) **造血干细胞**(hemopoietic stem cell):是生成各种血细胞的原始细胞,又称**多能干细胞**(multipotential stem cell)。

造血干细胞起源于人胚早期(受精后第 2 周末)的卵黄囊血岛,以后又相继出现在肝、脾、骨髓等器官。出生后主要存在于红骨髓,约占骨髓有核细胞的 0.5%,其次是脾、肝、淋巴结、外周血和胎儿脐带血中也有少量分布。造血干细胞的发现最初是通过小鼠脾集落生成实验证实的(图 1-44)。关于造血干细胞的研究包括体外细胞集落培养、应用造血干细胞表面抗原标志来分离、检测造血干细胞等有很大进展,但对该细胞的形态结构,至今尚无定论,多数学者认为类似小淋巴细胞。造血干细胞的基本特性是:①有很强的增殖潜能,在一定条件下能反复分裂、大量增殖;但在一般生理条件下,多数细胞处于 G_0 期静止状态。②有多向分化能力,能分化形成各系的造血祖细胞。③有自我复制能力,故造血干细胞可终身保持恒定数量。

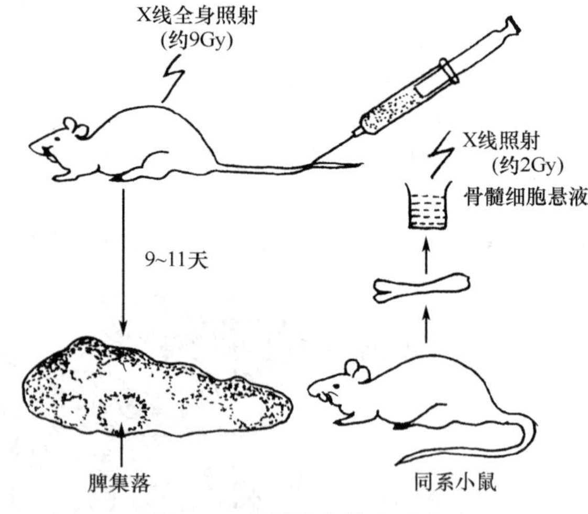

图 1-44 小鼠脾集落生成实验

2) **造血祖细胞**(hemopoietic progenitor):由造血干细胞分化而来,只能向一个或几个血细胞系定向增殖分化,故也称**定向干细胞**(committed stem cell)。造血祖细胞已失去了自我复制能力和多向分化能力,但仍保持高度的增殖能力。在不同的集落刺激因子(colony stimulating factor, CSF)作用下,分别分化为形态可辨认的各种血细胞。造血祖细胞分别为:①红细胞系造血祖细胞,在红细胞生成素(erythropoietin)作用下,生成红细胞。②粒细胞-单核细胞系造血祖细胞,在粒细胞-单核细胞集落刺激因子(granulocyte/monocyte colony stimulating factor,GM-CSF)、白细胞介素-3的作用下,形成中性粒细胞和单核细胞。③巨核细胞系造血祖细胞,在血小板生成素(thrombopoietin)作用下形成巨核细胞集落,最终产生血小板。嗜酸粒细胞、嗜碱粒细胞也都有各自的祖细胞和集落刺激因子。

(3)**血细胞发生过程的形态演变**:血细胞发生是一个连续发展的有规律的动态变化过程。造血干细胞首先形成造血祖细胞,造血祖细胞之后各种血细胞的发育大致可分为三个阶段:原始阶段、幼稚阶段(又分早、中、晚三期)和成熟阶段(彩图2)。光镜观察骨髓涂片标本,可分辨红细胞、粒细胞、单核细胞和巨核细胞的发育过程。

血细胞发生过程中形态变化的一般规律是:①胞体由大变小,但巨核细胞由小变大。②胞核由大变小,红细胞核最后消失;粒细胞核由圆形逐渐变成杆状乃至分叶;巨核细胞的核由小变大且成分叶状。③胞质的量由少逐渐增多,胞质嗜碱性逐渐变弱,但单核细胞,淋巴细胞仍保持嗜碱性;胞质内的特殊结构如红细胞中的血红蛋白、粒细胞中的特殊颗粒,均由无到有,并逐渐增多。④细胞的分裂能力从有到无。但淋巴细胞保持潜在的分化能力。

1)**红细胞的发生**:红细胞的发生历经**原红细胞**(proerythroblast)、**早幼红细胞**(或称**嗜碱性成红细胞** basophil erythroblast)、**中幼红细胞**(或称**多染性成红细胞** polychromatophil erythroblast)、**晚幼红细胞**(或称**正成红细胞** normoblast),后者脱去胞核成为**网织红细胞**,最终成为完全成熟的**红细胞**。各阶段的形态特点见彩图2。

巨噬细胞为红细胞的发育提供铁质等营养物,并吞噬晚幼红细胞脱出的胞核和其他代谢产物。

2)**粒细胞发生**:三种粒细胞发生均历经**原粒细胞**(myeloblast)、**早幼粒细胞**(又称**前髓细胞** promyelocyte)、**中幼粒细胞**(又称**髓细胞** myelocyte)、**晚幼粒细胞**(又称**后髓细胞** metamyelocyte),进而分化为成熟的**杆状核**和**分叶核粒细胞**。各阶段细胞的形态特点见彩图1。

3)**单核细胞发生**:单核细胞发生经过**原单核细胞**(monoblast)和**幼单核细胞**(promonocyte),变为**单核细胞**(彩图2)。幼单核细胞的增殖能力很强,约38%的幼单核细胞处于增殖状态。正常人的骨髓涂片中很难辨认原单核细胞。幼单核细胞直径15~25μm,卵圆形或不规则,有突起,核卵圆形或者扭曲,染色质呈细网状,核仁不明显。胞质丰富、嗜碱性,嗜天青颗粒逐渐增多。

4)**血小板的发生**:血小板的发生始于巨核细胞系祖细胞,经**原巨核细胞**(megakaryoblast)、**幼巨核细胞**(promegakaryocyte)发育成为巨核细胞,巨核细胞胞质脱落成为**血小板**(彩图2)。巨核细胞形态不规则,胞体大,直径达40~70μm左右,细胞核分叶状。胞质内有许多血小板颗粒,还有许多滑面内质网形成的网状小管,将胞质分割成许多小区,每个小区即是一个未来的血小板。巨核细胞的胞质突起伸入到血窦腔内,其胞质末端脱落即成为血小板。

5)**淋巴细胞的发生**:淋巴细胞起源于**淋巴细胞系造血祖细胞**,又称淋巴干细胞,一部分经血流迁入胸腺,分化发育为**T淋巴细胞**;另一部分在骨髓内发育为**B淋巴细胞**。淋巴细胞有多种亚群,其发育主要表现为细胞膜蛋白和功能状态的变化。它们既有发生发育过程,又可因抗原刺激出现小淋巴细胞母细胞化和单株增殖过程。淋巴细胞发生和发育过程复杂,而且还缺乏常规光镜下可见的分化标志,故很难从形态上严格划分淋巴细胞的发生和分化阶段。

三、肌 组 织

肌组织(muscle tissue)的基本成分是肌细胞。肌细胞间有少量结缔组织、血管、淋巴管及神经等。肌细胞呈细长纤维形,故又称**肌纤维**(muscle fiber)。一般将肌细胞膜称为肌膜(sarcolemma),细胞质称为**肌质**(sarcoplasma),其中的滑面内质网称为**肌质网**(sarcoplasmic reticulum)。

肌纤维的结构特点是在肌质内含有大量与肌纤维长轴平行排列的**肌丝**(myofilament),因而使肌纤维具有收缩和舒张的功能。

肌组织可分为骨骼肌、心肌和平滑肌三种类型。前两种的肌纤维上都有明暗相间的横纹,故又称**横纹肌**;平滑肌因无横纹而得名。骨骼肌的收缩受人的意志支配,又称**随意肌**。心肌与平滑肌的收缩不受人的意志支配,又称**不随意肌**,它们的收缩缓慢而持久,不易疲劳。

(一)骨骼肌

骨骼肌(skeletal muscle)一般借肌腱附着在骨骼上。包裹在整块肌肉外面的一层致密结缔组织称为**肌外膜**(epimysium),含有血管、神经,解剖学上称深筋膜。肌外膜的结缔组织伸入肌肉内，将肌肉分割成大小不等的肌束，形成**肌束膜**（perimysium）。在肌束内，包绕在每条肌纤维周围的结缔组织称**肌内膜**（endomysium），内含有丰富的毛细血管。

1. 骨骼肌纤维的光镜结构 骨骼肌纤维一般呈细长圆柱形，直径为 10～100μm，长度不等，一般为 1～40mm，长者可达 10cm，两端钝圆，与肌腱纤维相连接，有的肌纤维末端可分支（表情肌和舌肌）。

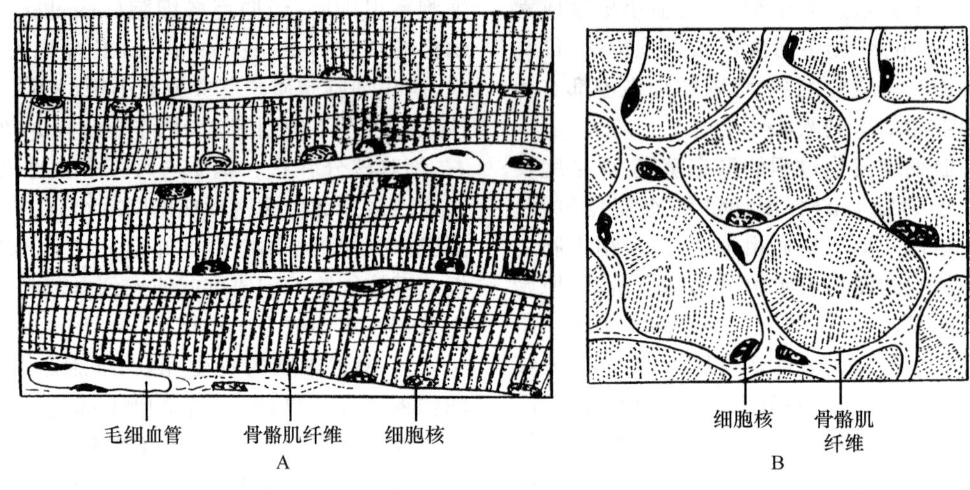

图 1-45 骨骼肌

A. 纵切面；B. 横切面

骨骼肌纤维是一种多核细胞，核的数量随肌纤维的长短而异，短者核少；长者细胞核数量可达 100～200 个，位于肌膜下方。核呈卵圆形，染色较淡，核仁清楚（图 1-45）。在骨骼肌纤维的肌质内有大量与其长径平行排列的**肌原纤维**（myofibril）。肌原纤维呈细丝状，直径约 1～2μm。光镜下，每条肌原纤维是由许多明暗相间的带所组成，所有肌原纤维上的明带和暗带都相应整齐地排列在同一平面上，故使纵切的肌纤维呈现明、暗相间的横纹；而在横切面上的肌原纤维呈点状。**明带**（light band）在偏光显微镜下呈单折光，为各向同性（isotropic），故又称 **I 带**。在明带中央可见一条暗线，实际是一薄膜，称 **Z 线**或 **Z 膜**（Z line 或 Z membrane，Z 是德文 zwischem 的字头，“间”的意思，故也称**间线**）。**暗带**（dark band）在偏光显微镜下呈双折光，为各向异性，故又称 **A 带**。暗带中央有一较明的窄带，称 **H 带**（德文 Hall，“明”的意思）。H 带的中央仍有一条深色的暗线，实际仍是一薄膜，称 **M 线**或 **M 膜**（德文 Mittle，“中”的意思，故也称**中线**）。相邻两个 Z 膜之间的一段肌原纤维称为**肌节**（sarcomere），所以每个肌节包括有 1/2 明带+暗带+1/2 明带。静止时，肌节的长度约 2.1～2.5μm。一个肌原纤维可由几百个肌节所组成，肌节是肌纤维结构和功能的基本单位（图 1-46）。肌节的长度，随肌纤维的收缩或舒张而改变。

骨骼肌纤维的肌质丰富，其中除含有大量肌原纤维外，还含有**肌红蛋白**（myoglobin）、丰富的线粒体、糖原颗粒和少量脂滴。肌红蛋白的分子结构近似血红蛋白，能与氧结合，起到储存氧的作用。肌红蛋白与线粒体、糖原颗粒和脂滴共同构成肌纤维收缩的供能系统。每条肌纤维的外面包有基膜。在肌膜与基膜之间可见到一种多突起的细胞，核呈扁圆形、着色浅、核仁清楚，称此种细胞为**肌卫星细胞**。在生长的肌组织中数量较多，成年时减少，一般认为骨骼肌损伤时，肌卫星细胞分裂繁殖，参与骨骼肌的再生。

2. 骨骼肌纤维的超微结构

（1）**肌原纤维**：电镜下可见肌原纤维是由粗、细两种肌丝构成，两种肌丝沿肌纤维的长轴并按规则的空间布局互相穿插平行排列。粗肌丝位于肌节的中部，贯穿 A 带全长，中间有 M 膜起固定作用，两端游离；细肌丝的一端附着在 Z 膜上，另一端伸到粗肌丝之间，达 H 带之外缘。所以明带只含细肌丝，H 带只含粗肌丝，H 带以外的暗带部分是由粗、细两种肌丝组成的；其横断面上可见一根粗肌丝的周围排列有 6 根细肌丝，1 根细肌丝则位于 3 根粗肌丝的中央（图 1-46、图 1-47）。

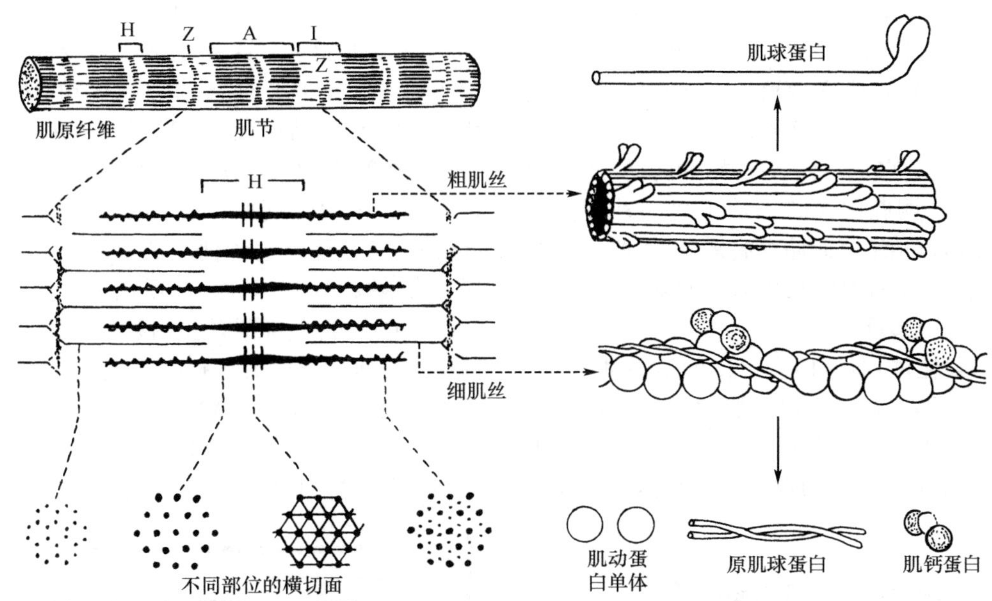

图 1-46　骨骼肌肌原纤维的超微结构和分子结构模式图

图 1-47　骨骼肌纤维超微结构(TEM×14500；右上框内为粗肌丝与细胞丝,190 000)

1. Z 膜；2. M 膜；3. 线粒体；4. 三联体；5. 肌质网

1）**粗肌丝**(thick myofilament)：直径约15nm,长 1.5μm,是由**肌球蛋白**(myosin)分子集合而成。肌球蛋白分子形似豆芽状,由头和杆两部分组成,头部如同豆芽的两个豆瓣。许多肌球蛋白分子平行排列,集合成束组成一条粗肌丝。肌球蛋白分子的杆都是向着 M 膜,并以一定距离相错开,而头都朝向粗肌丝的两端露于表面,称**横桥**(cross bridge,图 1-46)。因在粗肌丝的中段没有肌球蛋白分子头,故表面光滑。肌球蛋白分子头具有 ATP 酶活性,它能结合 ATP。当头部与细肌丝肌动蛋白接触时,ATP 酶被激活,分解 ATP 并释放能量,使横桥屈动。

2）**细肌丝**(thin myofilament)：直径约 5nm,长 1μm,是由三种蛋白组成：即**肌动蛋白**(actin)、**原肌球蛋白**(tropomyosin)和**肌钙蛋白**(troponin)。

肌动蛋白分子比肌球蛋白分子小,由两列球形肌动蛋白单体互相连接,形成有极性的肌动蛋白链。两条肌动蛋白链成螺旋状相互绞合在一起,形成纤维型肌动蛋白(图 1-46),构成细丝的主要部分。在每一球形肌动蛋白单体上,都有一个能与肌球蛋白头部相结合的位点。

原肌球蛋白分子细长呈丝状,是由两个多肽链相互缠扭而形成的双股螺旋状分子。长约 40nm,也有极性。原肌球蛋白首尾相连形成长丝状,位于肌动蛋白的两股螺旋链所形成的浅沟内(图 1-46)。

肌钙蛋白是由三个球状亚单位构成,一个原肌球蛋白分子丝上附有一个肌钙蛋白分子。它的三个亚单位是：①肌钙蛋白 C 亚单位(TnC),是 Ca^{2+} 受体蛋白,能与 Ca^{2+} 相结合。②肌钙蛋白 T 亚单位(TnT),是与原肌球蛋白相结合的亚单位。③肌钙蛋白 I 亚单位(TnI),是能抑制肌动蛋白与肌球蛋白相结合的亚单位。

(2) **横小管**(transverse tubule)：肌膜以垂直于肌纤维长轴的方向陷入细胞内,形成小管,并环绕在每条肌原纤维的表面,称为**横小管**,简称 **T 小管**(图 1-48)。人与哺乳动物的横小管位于明带与暗带交界处,故一个肌节中有两个横小管。每条肌纤维内,同一平面上的横小管互相通连,并在肌膜表面有许多开口。来自神经末梢运动终板的神经冲动,通过横小管传入肌纤维内。

(3) **肌质网**：肌质网是肌纤维内的滑面内质网。在相邻两个横小管之间形成互相通连的小管网,包绕在每条肌原纤维的周围,大部分走行方向与肌纤维的长轴一致,故称**纵小管**,简称 **L**

小管。纵小管末端膨大并互相通连，形成与横小管平行并紧密相贴的盲管，称为**终池**。横小管和两侧的终池，共同形成**骨骼肌三联体**（图 1-47、图 1-48）。肌质网膜上的镶嵌蛋白质中，有 80% 为**钙泵**，实质上它是一种 ATP 酶，可将肌质内的 Ca^{2+} 泵入肌质网腔中，Ca^{2+} 与膜上另一种蛋白颗粒——**收钙素**相结合而储存起来，所以肌质网的生理功能是调节控制肌质内 Ca^{2+} 的浓度，在肌纤维收缩过程中起重要作用。

（4）**线粒体**：肌质内有丰富的线粒体，分布于肌膜下和细胞核附近以及肌原纤维之间。线粒体产生 ATP 为肌肉提供能量（图 1-60、图 1-61）。肌质内线粒体的数量和大小体现肌纤维氧化代谢率的高低。

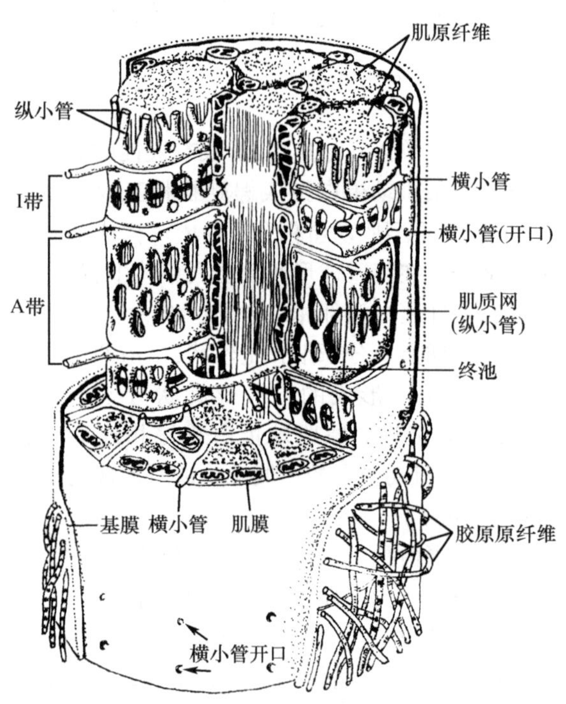

图 1-48　骨骼肌纤维超微结构立体模式图

3. 骨骼肌的收缩机制　骨骼肌收缩的机制，目前公认的是肌丝滑动学说。这一学说认为肌纤维是由于细肌丝向粗肌丝的 M 膜方向滑动，明带变窄，暗带长度不变，H 带变窄乃至消失，肌节变短，整个肌纤维变短（图 1-49）。收缩过程可概括为：①当神经冲动在运动终板传至肌膜时，肌膜去极化，冲动沿横小管传到肌原纤维表面。②在三联体处，横小管的冲动传到终池，使肌质网内的 Ca^{2+} 释放到肌质内。③Ca^{2+} 与 TnC 结合，引起肌钙蛋白和原肌球蛋白的构型及位置发生变化，原肌球蛋白也随之移位，使球型肌动蛋白单体上的位点暴露出来。④肌球蛋白头上的位点与肌动蛋白上的位点接触。⑤在接触的瞬间，肌球蛋白分子头上的 ATP 酶被激活，分解 ATP，并放出能量。这种化学能转变成机械能，使肌球蛋白分子头向 M 膜方向移动，随之将细肌丝拉向 M 膜，肌节缩短，肌纤维收缩。以上这种从肌膜兴奋到肌纤维收缩之间的一系列变化，称为兴奋—收缩偶联（excitation-contraction coupling）。三联体是这种偶联的重要结构；收缩完毕 Ca^{2+} 被泵回肌质网内，肌质内 Ca^{2+} 浓度降低，TnC 与 Ca^{2+} 分离，原肌球蛋白复位又掩盖肌动蛋白位点。肌球蛋白头与肌动蛋白脱离接触，肌纤维恢复松弛状态。若 ATP 不足时，肌球蛋白分子头上无 ATP 结合，则粗肌丝与细肌丝不能分离，肌原纤维一直处于收缩状态，称肌强直。

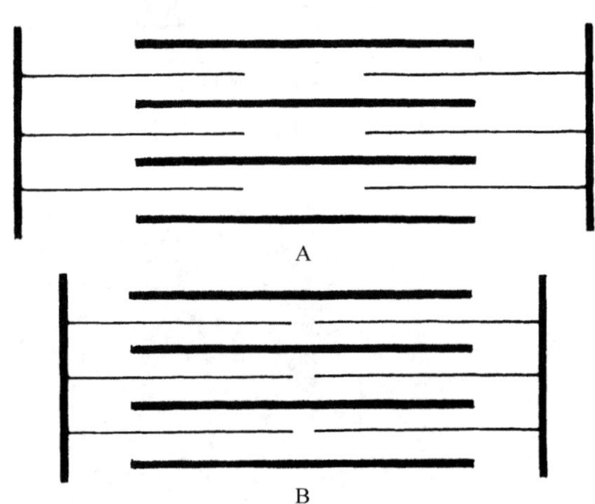

图 1-49　骨骼肌纤维收缩时肌节结构变化图解
A. 肌纤维舒张；B. 肌纤维收缩

4. 骨骼肌纤维的分型　按形态和功能的不同，骨骼肌纤维分为三型：

（1）**红肌纤维**：这类肌纤维内富有肌红蛋白和线粒体，故呈暗红色，其能量来源主要靠有氧氧化。红肌纤维收缩缓慢而持久，又称慢缩纤维。

（2）**白肌纤维**：这类肌纤维内肌红蛋白和线粒体较少，肌原纤维较多，呈淡红色，其能量来源主要靠无氧酵解。白肌纤维收缩快，但持续时间短，故称快缩纤维。

（3）**中间型肌纤维**：结构与功能介于前两者之间。人的骨骼肌多数由三种肌纤维混合组成，于一般染色标本，大体可以分出三型。用酶组织化学方法更可显示出三种肌纤维及病理的改变。

（二）心肌

1. 心肌纤维的光镜结构　心肌纤维呈短圆柱状，直径 10～20μm，长为 80～150μm，有分支并互相连接成网。两条心肌纤维相连处称为**闰盘**（intercalated disk），在 HE 染色切片标本上呈深染的阶梯状线条。细胞核多为一个,有的细胞含有双核,椭圆形,位于肌纤维的中央。心肌纤维纵切面上也有明、暗相间的横纹,但横纹没有骨骼肌明显。肌原纤维较骨骼肌少,多分布在肌纤维的周边。肌质丰富,内含线粒体、糖原、少量脂滴和脂褐素。脂褐素随年龄增长而增多,在核的两端因肌质较多,故着色浅。心肌纤维外方也有基膜和网状纤维包裹;心肌纤维之间有丰富的毛细血管(图 1-50)。

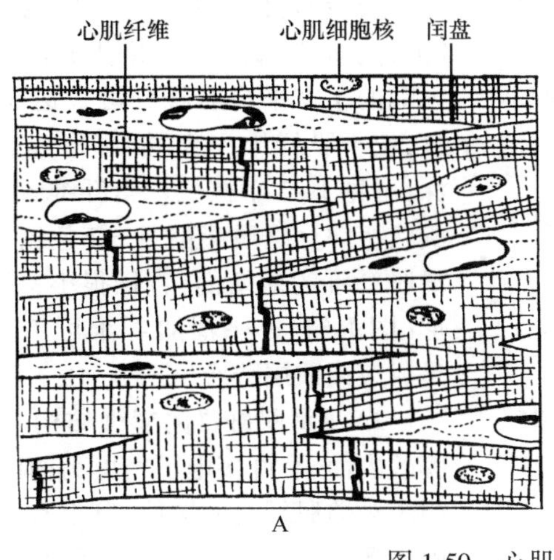

图 1-50　心肌

A. 纵切面;B. 横切面

2. 心肌纤维的超微结构　心肌纤维超微结构与骨骼肌相似,也有粗肌丝和细肌丝,有明带和暗带、肌节,也有横小管和肌质网等。不同点如下:

(1) 心肌纤维内的**肌丝**也呈规则排列,但不像在骨骼肌纤维内形成界限明显的肌原纤维,而是由大量的线粒体以及横小管、肌质网等将肌丝分隔成大小不等、界限清楚的束(图 1-51)。

图 1-51　心肌纤维超微结构(TEM×14 000)

ID. 闰盘;sr. 肌质网;Z. Z 线;M. M 膜;A. 暗带;I. 明带;mit. 线粒体

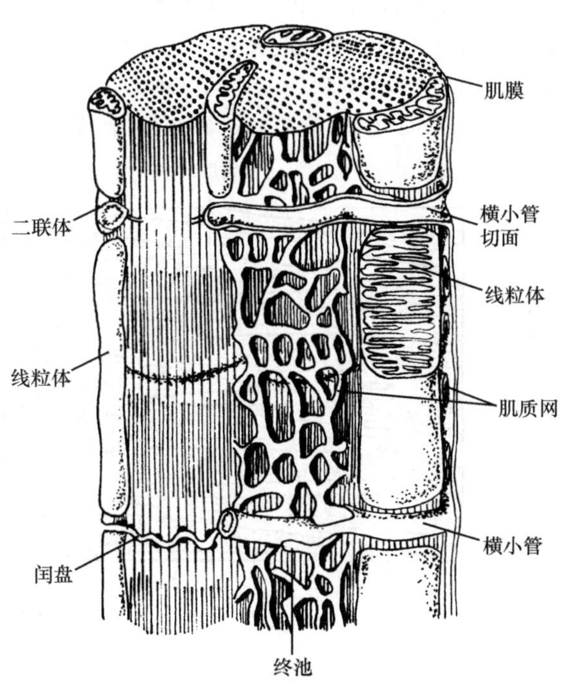

图 1-52　心肌纤维超微结构立体模式图

(2) 心肌的**横小管**口径较粗,位于 Z 线水平;纵小管不发达,终池少而小,常是一侧的终池与横小管相贴形成**二联体**(图 1-52),极少有三联体。

(3) **闰盘**:是心肌纤维间的连接结构,位于 Z 线水平;横位部分的连接方式是中间连接和桥粒,起牢固的结合作用;纵位部分是缝隙连接,便于心肌细胞间交换化学信息,并传递神经冲动,使整个心肌成为功能上的统一体(图 1-53)。

(4) 心肌纤维内**线粒体**长而粗,主要分布在肌丝束之间,纵行排列,线粒体的嵴非常密集。在心肌纤维内还含有丰富的糖原颗粒。

在心肌纤维之间的间质成分的分布和排列上,是一个多层次、多方位的网络结构,因此称为**心肌间质网络**。这个网络结构,主要是由心肌纤维间隙中的成纤维细胞产生和分泌的Ⅰ型和Ⅲ型胶原蛋白形成的纤维所组成。

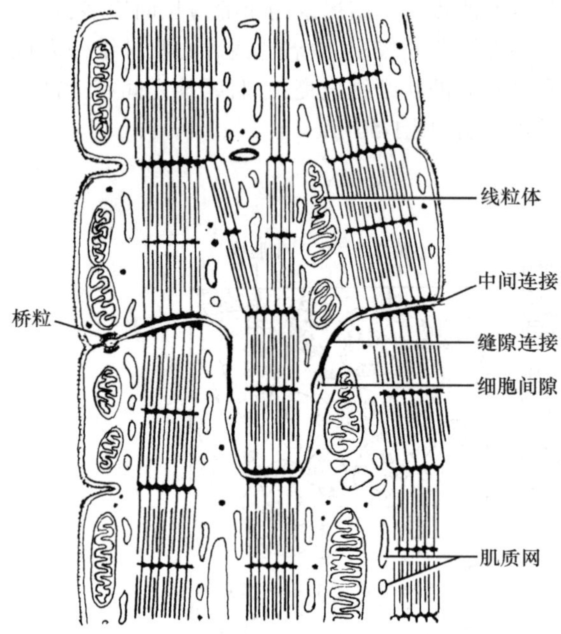

图 1-53 心肌闰盘超微结构模式图

研究证明,心肌间质网络结构对维持固定各部心肌纤维定向排列、防止心肌纤维横向或侧向滑脱、保持心肌纤维舒缩伸展长度一致性和协调性起重要作用。许多心肌疾病,多发生心肌间质网络的变形和改建,而影响了心肌的舒缩功能和血循环。

(三) 平滑肌

平滑肌(smooth muscle)平滑肌广泛分布于血管、许多内脏器官以及某些器官的被膜内。

1. 平滑肌纤维的光镜结构 平滑肌纤维一般呈长梭形,长短不一,平均长度为200μm,直径8μm;小动脉壁上的平滑肌纤维约长20μm,妊娠末期的子宫平滑肌纤维可长达500μm。有一个核,位于肌纤维中央,椭圆形或长杆状,着色较深,可见1~2个核仁。当纤维收缩时,核常呈螺旋状扭曲。胞质嗜酸性,染色较深,无横纹。平滑肌纤维的横切面,直径很小,呈圆形或不规则形(图 1-54)。平滑肌纤维可单独存在,一般都是成束或成层分布。

2. 平滑肌纤维的超微结构 在平滑肌纤维膜的内面,有许多电子密度高的区域,称**密斑**,相当于骨骼肌纤维的Z膜,其上有肌丝附着。在细胞内还有电子密度高的不规则小体,称**密体**。从密斑到密体之间有中间丝附着,它是细胞内骨架。在密斑之间可见有肌膜内陷形成的**小凹**,与细胞外相通,并沿细胞的长轴排列成带状,相当于骨骼肌的横小管,可传递冲动。肌质网不发达,呈泡状或管状,靠近小凹(图 1-55)。

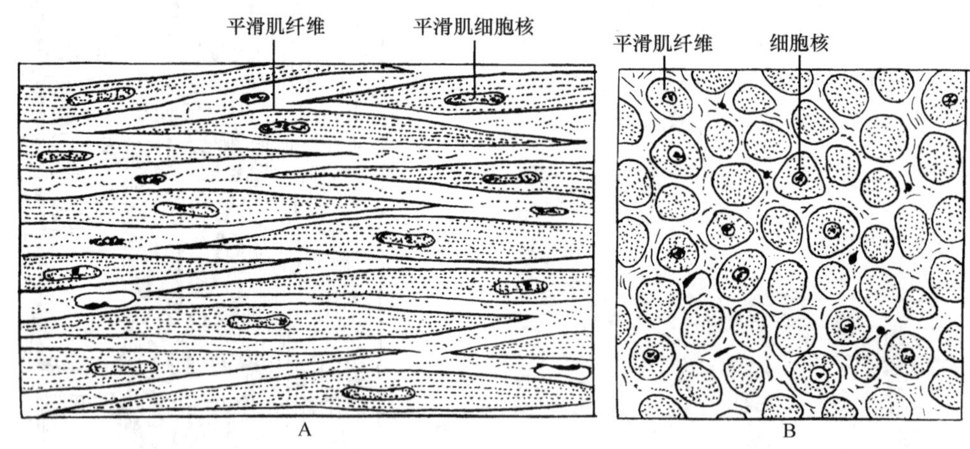

图 1-54 平滑肌
A. 纵切面;B. 横切面

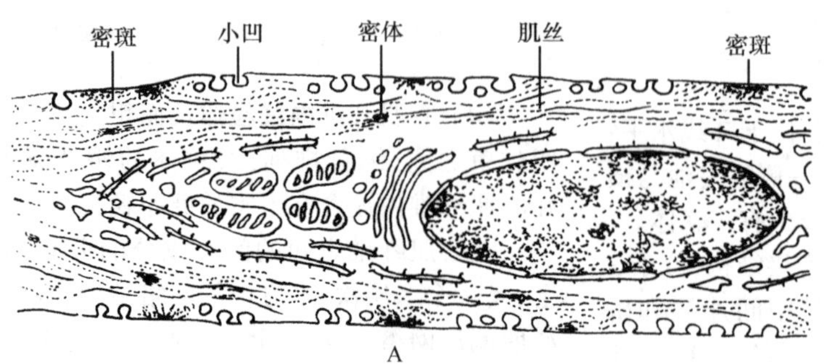

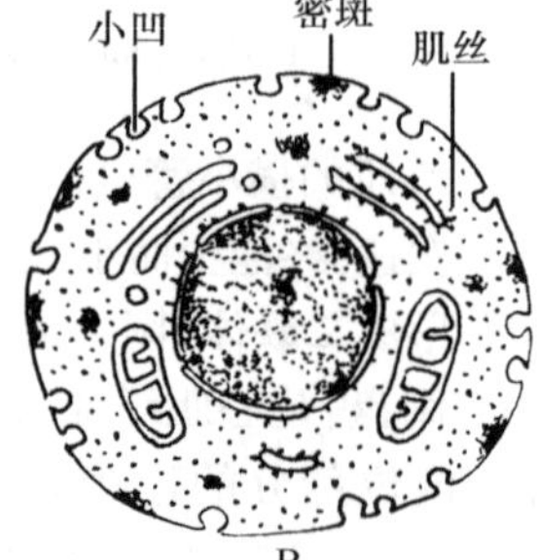

图 1-55 平滑肌纤维超微结构模式图
A. 纵切面;B. 横切面

平滑肌纤维内也有许多**肌丝**，但不形成肌原纤维，也没有横纹。肌丝有三种：①粗肌丝，直径为15nm，长2μm，由肌球蛋白构成，只有在一定浓度的ATP、Mg^{2+}、Ca^{2+}存在下，肌球蛋白才聚合成粗肌丝。②细肌丝，直径5nm，主要由肌动蛋白组成。粗、细肌丝数量之比为1∶15。细肌丝在粗丝周围，与肌纤维长轴呈平行排列，一端连在密斑或密体上，另一端游离。③中间丝，直径10nm，排列不规则，其两端连于密斑或密体上，在平滑肌纤维内形成斜形的网络，构成细胞骨架，起支持作用（图1-56）。

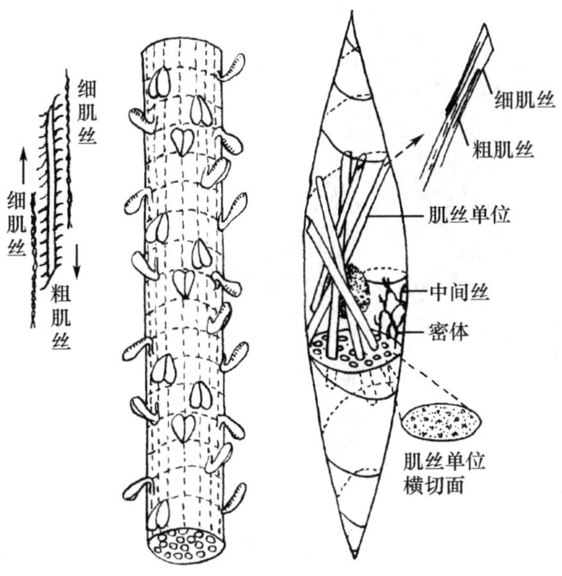

图1-56 平滑肌纤维肌丝结构模式图

注：粗肌丝表面横桥排列成行，相邻两行横桥划动方向相反

平滑肌纤维没有肌节，若干条粗肌丝和细肌丝聚集形成肌丝单位，又称肌收缩单位。细胞收缩时也需从细胞外摄取Ca^{2+}。一般认为其机制与骨骼肌相似，也是通过肌丝滑动来实现的。平滑肌收缩时，肌纤维呈螺旋形扭曲，而变短和增粗。平滑肌纤维间主要以缝隙连接相结合，可使细胞间互通化学信息，神经冲动也能迅速扩散，使许多平滑肌纤维同时收缩构成功能上的整体。

四、神经组织

神经组织（nerve tissue）神经组织主要由神经细胞和神经胶质细胞所组成。神经细胞是神经系统的结构和功能单位，故又称为**神经元**（neuron），其主要功能是接受刺激、整合信息和传导神经冲动。神经元通过突触彼此相互联系，形成复杂的神经网络，完成神经系统的各种功能性活动。**神经胶质细胞** 遍布于神经元之间，其数量为神经细胞的10～50倍左右，对神经元起支持、营养、绝缘、保护和修复等功能。

（一）神经元

神经元（neuron）是高度分化的细胞，其形态多种多样，均由胞体和突起两部分组成，突起又分轴突和树突两种（图1-57）。

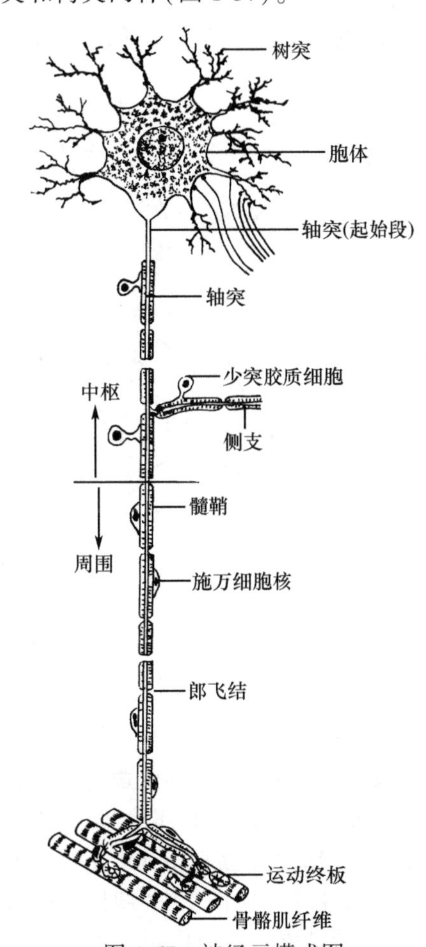

图1-57 神经元模式图

1. 神经元的结构

（1）**胞体**：神经元的**胞体**（soma）主要存在于脑和脊髓的灰质及神经节内，其形态各异，常见的形态为星形、锥体形、球形、梨形等。胞体大小不一，直径在5～150μm之间。胞体是神经元的代谢和营养中心（图1-58）。胞体的结构包括细胞膜、细胞质和细胞核三部分。

1）**细胞膜**：细胞膜是敏感而易兴奋的膜。在膜上有各种受体和离子通道（如Na^+通道、K^+通道和Ca^{2+}通道等），二者各为不同的膜蛋白所构成。膜上受体可与相应的化学物质-神经递质相结合，使膜的离子通透性及膜内外电位差发生改变，可使某种离子通道开放，胞膜产生相应的生理活动，呈现兴奋或抑制性的变化。

2）**细胞核**：大多数神经元只有一个细胞核，多位于胞体中央；大而圆，异染色质少，常染色质多，故着色浅，呈空泡状；核仁大而明显，通常为1个（图1-57、图1-58）。

3）**细胞质**：细胞质又称**核周质**（perikaryon），具有一般细胞的高尔基复合体、线粒体、滑面内质网与溶酶体等细胞器外，还有丰富的尼氏体及神经原纤维两个特征性结构。

A. **尼氏体**（Nissl body）：又称**嗜染质**（chromophil substance），是胞质内的一种嗜碱性物质，多呈斑块状或颗粒状。它分布在核周质和树突内，而轴突起始段的轴丘和轴突内均无。依神经元的类型和不同生理状态，尼氏体的数量、形状和分布也有所差别。典型的如脊髓前角运动神经元，尼氏体数量最多，呈斑块状，如虎皮样花斑，故又称**虎斑小体**（tigriod body，图1-58A）。而在脊神经节神经元的胞质内，尼氏体呈颗粒状，散在分布。

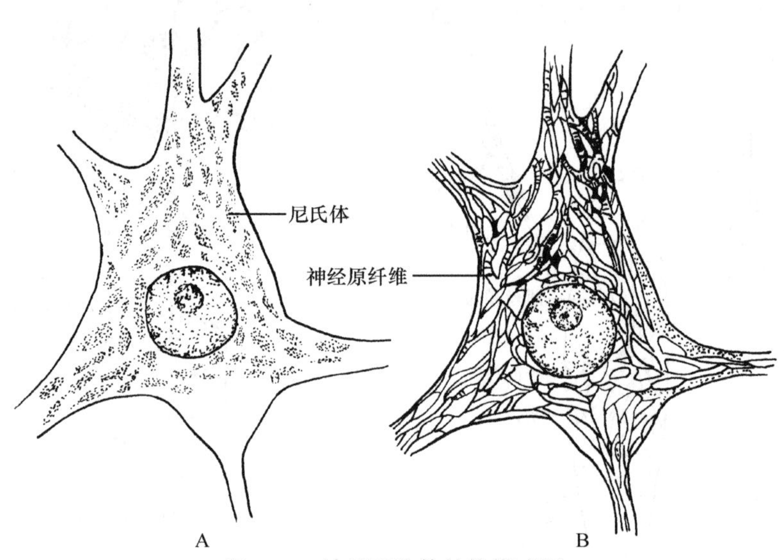

图1-58　神经元胞体结构模式图

A. 尼氏体；B. 神经原纤维

电镜下尼氏体是由许多发达的平行排列的粗面内质网及其间的游离核糖体组成（图1-59）。尼氏体是神经元合成蛋白质的部位，合成的蛋白质包括复制细胞器所需的蛋白质和产生神经递质有关的酶等。当神经元损伤或中毒时，均能引起尼氏体减少，乃至消失。若损伤恢复除去有害因素后，尼氏体又可恢复。因此，尼氏体的形态和数量可作为判定神经元功能状态的一种标志。

B. **神经原纤维**（neurofibril）：在银染的切片标本中，胞质内可清晰地显示出呈棕黑色的丝状结构，此即为神经原纤维，在核周体内交织成网（图1-58B），并向树突和轴突延伸，可达到突起的末梢部位。在电镜下观察，神经原纤维是由神经丝和神经微管集聚成束所构成。神经丝（neurofilament）或称神经细丝，在胞质中非常丰富，直径约为10nm，是中间丝的一种，是由三种不同的多肽亚基组成的。神经微管（neurotubule）直径约25nm。神经丝、神经微管和微丝构成神经元的细胞骨架，参与细胞内的物质运输。

C. **脂褐素**（lipofuscin）呈棕黄色颗粒状，随年龄增长而增多，为次级溶酶体形成的**残余体**（residual body），其内容物为溶酶体消化时残留的物质，多为异物、脂滴或退变的细胞器（图1-59）。

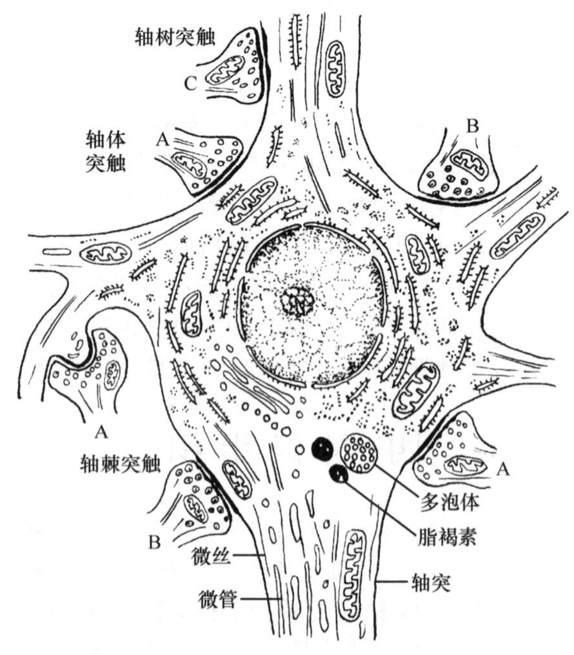

图1-59　多极神经元及各型突触超微结构模式图

A. 球形小泡内含乙酰胆碱；B. 颗粒小泡内含单胺类；C. 扁平小泡内含γ-氨基丁酸等

（2）**突起**：自神经元的胞体伸出的部分，由于形态结构和功能的不同，可分为树突和轴突。

1）**树突**（dendrite）：是从胞体发出的一至多个突起，呈放射状，胞体起始部分较粗，经反复分支而变细，形如树枝状（图 1-57）。树突的结构与核周质内基本相似，在特殊银染标本上，树突表面可见许多棘状突起，称**树突棘**，是形成突触的部位。电镜下，树突棘内含有 2～3 层滑面内质网及其间少量致密物质，称**棘器**（spine apparatus）。树突的分支和树突棘可扩大神经元接受刺激的表面积。树突具有接受刺激并将冲动传入细胞体的功能（图 1-59）。

2）**轴突**（axon）：每个神经元只有一根轴突；通常较树突细，粗细均一，表面光滑，分支较少，侧支多呈直角分出；末端多呈纤细分支称**轴突终末**，与其他神经元或效应细胞接触（图 1-57）。胞体发出轴突的细胞质部位多呈圆锥形，称**轴丘**（axon hillock），其中没有尼氏体，光镜下染色淡（图 1-58 A）。轴突表面的细胞膜，称**轴膜**，其内的胞质称**轴质**。轴质内有许多与轴突长轴平行排列的微管和神经丝，并含有微丝、线粒体、滑面内质网，但无尼氏体和高尔基复合体（图 1-59），因此轴突内不能合成蛋白质。轴突成分更新及突触小泡内神经递质合成所需的蛋白质和酶，均在胞体内合成，通过轴突内微管、神经丝流向轴突末端。

轴突末端还有突触小泡（图 1-59）。轴突的主要功能是将神经冲动由胞体传至其他神经元或效应细胞。轴突传导神经冲动的起始部位，是在轴突的起始段沿轴膜进行传导。

神经元的胞体和轴突在结构和功能上都是一个整体。轴突内的轴质是经常流动的，轴质的流动具有物质运输的作用，故称**轴突运输**（axonal transport）。神经元物质代谢是由轴突运输实现的。研究证明：轴突运输是双向的，即轴质自胞体向轴突远端方向的**顺向运输**和自末梢向胞体方向的**逆向运输**。根据轴突运输的速度，顺向运输又可分为快速轴突运输和慢速轴突运输两种。**快速轴突运输**运输速度为 100～400 mm/d，主要运输神经元胞体合成各类突触小泡、线粒体、分泌颗粒和有关的酶类等，待神经冲动时释放。**慢速轴突运输**运输速度为 0.1～3mm/d，主要是将神经元胞体合成的蛋白质不断地向轴突末端流动，以更新轴质的基质。**逆向运输**是轴突末端代谢产物和轴突末端通过入胞作用摄取的蛋白质、神经营养因子外，还有一些外源性物质，如辣根过氧化物酶等示踪剂、狂犬病病毒、破伤风毒素等，这些物质都可逆向转运到胞体，对神经元的活动和存活产生影响。逆向运输速度为 200～300mm/d。轴突运输是微管与轴质中的动力蛋白或驱动蛋白相互作用而实现的。微丝也与轴突运输作用有关。不论是顺向或逆向运输，均由线粒体提供 ATP 供能所实现。

轴突的主要功能是将神经冲动由胞体传至其他神经元或效应细胞。轴突传导神经冲动的起始部位是在轴突的起始段，沿轴膜进行传导。

2. 神经元的分类 神经元的分类有多种方法，常以神经的突起数目、功能以及所释放的递质进行分类。

（1）根据神经元突起的数目，可将其分为三类：

1）**假单极神经元**（pseudounipolar neuron）：从胞体发出一个突起，在离胞体不远处呈“T”字型分为两支，因此，称假单极神经元。其中一支突起细长，结构与轴突相同，伸向周围，称**周围突**，其功能相当于树突，能感受刺激并将冲动传向胞体；另一分支伸向中枢，称**中枢突**，将冲动传给另一个神经元，相当于轴突，如脊神经节内的感觉神经元等（图 1-60）。

2）**双极神经元**（bipolar neuron）：从胞体两端各发出一个突起，一个是树突，另一个是轴突，如耳蜗神经节和视网膜的双极神经元。

3）**多极神经元**（multipolar neuron）：有一个轴突和多个树突，是人体中数量最多的一种神经元，如脊髓前角运动神经元（图 1-60）和大脑皮质的锥体细胞等。多极神经元又可依轴突的长短和分支情况分为两型：①高尔基Ⅰ型神经元，其胞体大，轴突长，在行径途中发出侧支，如脊髓前角运动神经元。②高尔基Ⅱ型神经元，其胞体小，轴突短，在胞体附近发出侧支，如脊髓后角的小神经元以及大、小脑内的联合神经元。

（2）根据神经元的功能，可将其分为三种（图 1-60）：

1）**感觉神经元**（sensory neuron）：也称**传入神经元**，是传导感觉冲动的，胞体在脑、脊神经节内，多为假单极神经元。其突起构成周围神经的传入神经纤维。神经纤维终末在皮肤和肌肉等部位形成感受器。

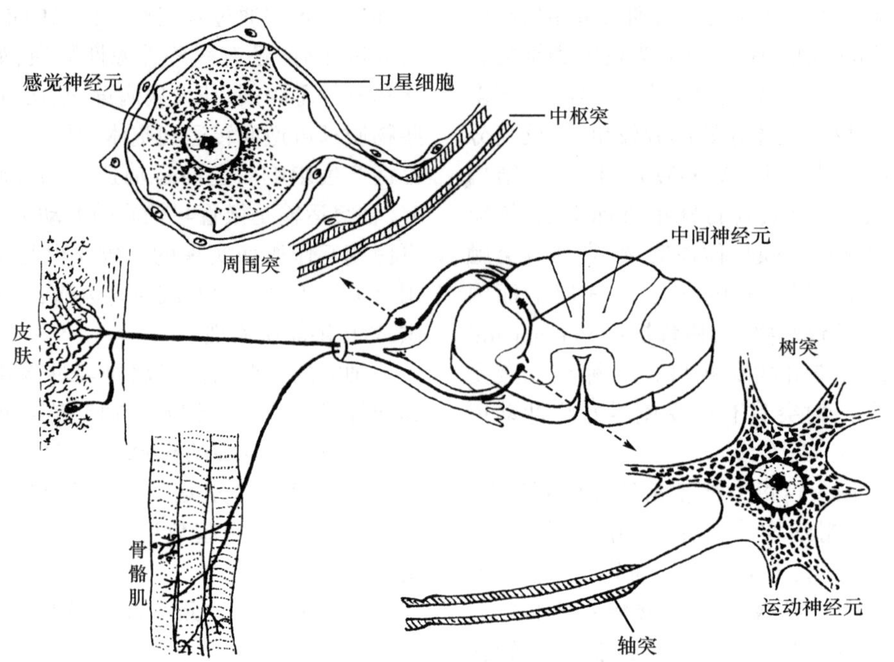

图 1-60　脊髓及脊神经，示三种神经元的关系

2）**运动神经元**（motor neuron）：也称**传出神经元**，是传导运动冲动的神经元，一般为多极神经元。胞体位于中枢神经系统的灰质和植物神经节内，其突起构成传出神经纤维。神经纤维终末，分布在肌组织和腺体，形成效应器。

3）**中间神经元**（interneuron）：也称**联合神经元**（association neuron），是在神经元之间起联络作用的神经元，是多极神经元，是人类神经系统中最多的神经元，构成中枢神经系统内的复杂网络。胞体位于中枢神经系统的灰质内，其突起一般也位于灰质。

（3）根据神经元的神经末梢所释放的神经递质不同，又可分为以下四类：

1）**胆碱能神经元**：能释放乙酰胆碱，如脊髓前角运动神经元等。

2）**胺能神经元**：能释放单胺类神经递质：肾上腺素、去甲肾上腺素、多巴胺、5-羟色胺、组胺等。如能释放肾上腺素的称为肾上腺素能神经元，如交感神经节内的神经元等。

3）**氨基酸能神经元**：能释放谷氨酸，γ-氨基丁酸等。

4）**肽能神经元**：能释放脑啡肽、P 物质等肽类物质，如下丘脑和肌间神经丛内的一些神经元等。这类神经元所释放的物质总称为**神经肽**（neuropeptide），它们可能起神经递质、神经调质或是激素样作用。

（二）突触

神经元与神经元之间，或神经元与非神经细胞（肌细胞、腺细胞等）之间的一种特化的细胞连接，称为**突触**（synapse）。它是神经元之间的联系和进行生理活动的关键性结构。突触可分两类，即**化学性突触**（chemical synapse）和**电突触**（electrical synapse），前者的信息传递媒介物是神经递质，而后者的信息传递媒介物则为局部电流。通常所说的突触是指化学性突触而言。

1. 化学性突触　在神经元之间的化学突触中，最常见的是一个神经元的轴突终末与另一个神经元的树突、树突棘或胞体连接，分别形成轴-树突触、轴-棘突触和轴-体突触。此外，还有轴-轴和树-树突触等（图 1-59）。光镜下，多数突触的形态是轴突终末呈球状或环状膨大，附在另一个神经元的胞体或树突表面，其膨大部分称为**突触小体**（synaptic corpuscle）或**突触扣结**（synaptic button，图 1-61、图 1-62）。

电镜下，突触由三部分组成：突触前成分、突触间隙和突触后成分。突触前成分和突触后成分相对应的细胞膜较其余部位略增厚，分别称为突触前膜和突触后膜，两膜之间的狭窄间隙称为突触间隙，三者形成突触基本结构（图 1-61）。

笔记栏

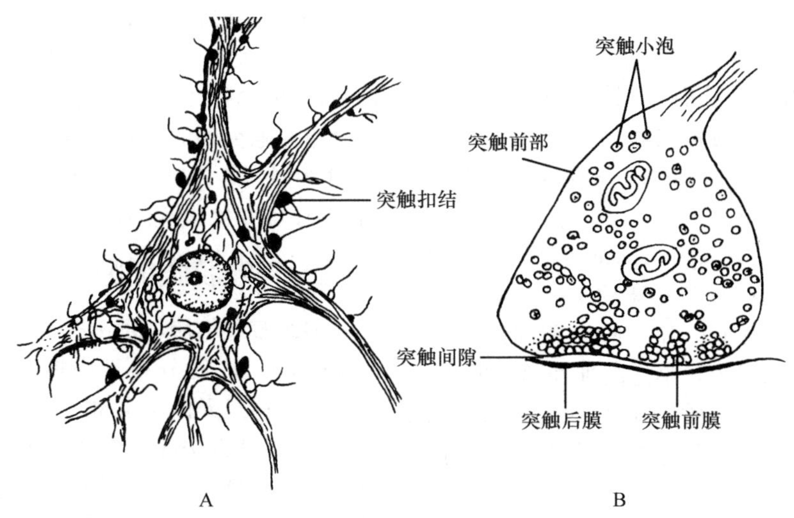

图 1-61　突触结构模式图

A. 光镜结构；B. 电镜结构

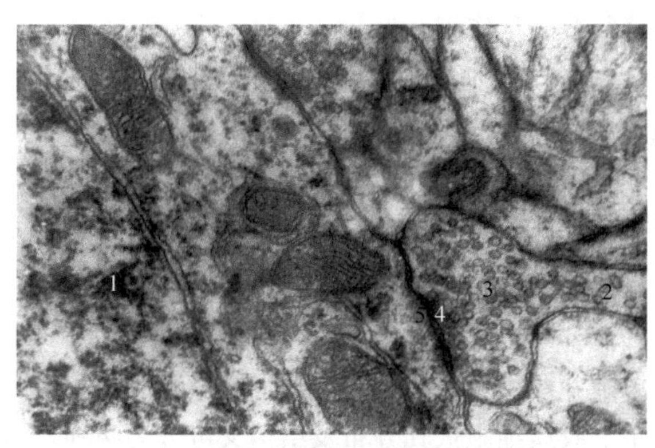

图 1-62　轴体突触超微结构(TEM×75 200)

1. 神经元细胞核；2. 轴突终末；3. 突触小泡；4. 突触前膜；5. 突触后膜

(1) **突触前成分**(presynaptic element)：神经元轴突终末呈球状膨大，轴膜增厚形成**突触前膜**(presynaptic membrane)，厚约6~7nm。在突触前膜还有锥形致密突起突入胞质内，突起间容纳突触小泡。在突触前膜部位的胞浆内，含有许多**突触小泡**(**突触囊泡**，synaptic vesicle)以及一些微丝和微管、线粒体和滑面内质网等。突触小泡是突触前部的特征性结构，小泡内储存的化学物质，称为**神经递质**(neurotransmitter)。各种突触内的突触小泡形状和大小颇不一致，内含神经递质也不同(图 1-59)。常见突触小泡类型有：

1) **球形小泡**：直径约 20~60nm，小泡清亮，其中含有兴奋性神经递质，如乙酰胆碱。

2) **颗粒小泡**：小泡内含有电子密度高的致密颗粒，按其颗粒大小又可分为两种：小颗粒小泡直径约 30~60nm，通常含胺类神经递质，如肾上腺素、去甲肾上腺素等；大颗粒小泡直径可达80~200nm，所含的神经递质为 5-羟色胺或脑啡肽等肽类。

3) **扁平小泡**：小泡长径约 50nm，呈扁平圆形，其中含有抑制性神经递质，如 γ-氨基丁酸等。

突触小泡表面附有突触素Ⅰ和Ⅱ(synapsin Ⅰ,Ⅱ)、突触体素(synaptophsin)以及小泡相关膜蛋白(vesicle associated membrane protein, VAMP)等联合蛋白，将突触小泡连在细胞骨架上。当神经冲动传至轴突终末时，它们可使小泡离开骨架，移向突触前膜并与之融合。各种神经递质在神经元胞体内合成，形成小泡，通过轴突的快速顺向运输到轴突末端。

研究发现在中枢和周围神经系统中，有两种或两种以上神经递质(包括神经调质)共存于同一神经元内，这种现象称为**神经递质共存**。在突触小体内可有两种或两种以上不同形态的突触小泡。神经递质共存的生理功能是协调完成神经生理活动作用，使神经调节更加精确和协调。目前，许多事实表明，递质共存不是个别现象，而是一个普遍性规律，有许多新的共存递质和新的共存部位已被证实。其中多为非肽类递质(胆碱类、单胺类和氨基酸类)和肽类递质共存。

(2) **突触后成分**(postsynaptic element)：多为突触后神经元的胞体膜或树突膜，与突触前膜相对应部分增厚，形成**突触后膜**(postsynaptic membrane)。厚为 20~50nm，比突触前膜厚，在后膜具有特异性受体和化学门控通道。根据突触前膜和后膜的胞质面致密物质厚度不同，可将突触分为Ⅰ和Ⅱ两型：

1) **Ⅰ型突触**：突触后膜胞质面致密物质比突触前膜厚，因而膜的厚度不对称，故又称为**不**

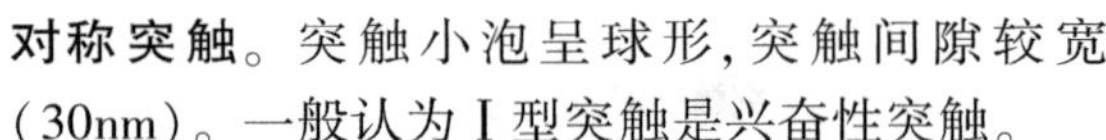

对称突触。突触小泡呈球形，突触间隙较宽（30nm）。一般认为Ⅰ型突触是兴奋性突触。

2）**Ⅱ型突触**：突触前、后膜的致密物质较少，厚度近似，故称为**对称突触**，突触小泡呈扁平形，突触间隙也较窄（20nm）。一般认为Ⅱ型突触是一种抑制性突触。

（3）**突触间隙**（synaptic space）：是位于突触前、后膜之间的细胞外间隙，宽约15~30nm。间隙内含有唾液酸、糖蛋白和一些横跨间隙的细丝，并含有消化、水解突触小泡内神经递质的酶。这些化学成分与神经递质结合，可以促进递质由前膜移向后膜，使其不向外扩散或消除多余的递质。

突触的传递过程：当神经冲动沿轴膜传至突触前膜时，触发前膜上的电位门控钙通道开放，细胞外的Ca^{2+}进入突触前成分，在ATP参与下，使突触素Ⅰ磷酸化。磷酸化的突触素Ⅰ与突触小泡的亲和力降低，突触小泡因此与细胞骨架分离而移向突触前膜，通过出胞作用将神经递质释放到突触间隙内。其中部分神经递质与突触后膜上的相应受体结合，引起与受体偶联的化学门控通道开放，使相应的离子经通道进入突触后部，使后膜内外两侧的离子分布状况发生改变，呈现兴奋性或抑制性变化，从而影响突触后神经元（或效应细胞）的活动。使突触后膜发生兴奋的突触，称**兴奋性突触**（exitatory synapse），而使后膜发生抑制的称**抑制性突触**（inhibitory synapse）。突触的兴奋或抑制决定于神经递质及其受体的种类。一个神经元通常有许多突触，其中有些是兴奋性的，有些是抑制性的。如果兴奋性突触活动总和超过抑制性突触活动总和，并达到能使该神经元的轴突起始段发生动作电位，出现神经冲动时，则该神经元呈现兴奋；反之，则表现为抑制。

突触对内、外环境变化很敏感，如缺氧、酸中毒、疲劳和麻醉等，可使兴奋性降低。茶碱、碱中毒等则可使兴奋性增高。

2. 电突触 电突触是神经元间传递信息的最简单形式。在两个神经元间的接触部位，存在缝隙连接，连接处两侧的膜各为突触前膜与后膜，突触间隙极窄。轴突终末无突触小泡，传导不需要神经递质，是以电流传递信息。神经细胞间电阻小，通透性好，局部电流极易通过。电突触功能有双向快速传递的特点，传递空间减少，传递更有效。

现在已证明，哺乳动物大脑皮质的星形细胞，小脑皮质的篮状细胞、星形细胞、视网膜内水平细胞、双极细胞以及某些神经核，如动眼神经运动核，前庭神经核，三叉神经脊束核，均有电突触分布。电突触的形式多样，可见有树-树突触、体-体突触、轴-体突触、轴-树突触等。电突触对内、外环境变化很敏感。

（三）神经胶质细胞

神经胶质细胞（neuroglia cell）简称**神经胶质**（neuroglia），广泛分布于中枢和周围神经系统，其数量为神经元的10~50倍。普通染色只能显示胞核，银染方法或免疫细胞化学方法能显示神经胶质细胞整体形态。神经胶质细胞一般较神经元小，也具有突起，但不分树突和轴突，也无传导神经冲动的功能。神经胶质细胞具有支持、营养、保护、髓鞘形成及绝缘，并有分裂增殖与再生修复等多种作用。

1. 中枢神经系统的神经胶质细胞

（1）**星形胶质细胞**（astrocyte）：是胶质细胞中数量最多、体积最大的一种，胞体呈星形，核大呈圆形或椭圆形，染色较浅。胞质内有交织走行的**神经胶质丝**。由胞体伸出许多呈放射状走行的突起，部分突起末端膨大形成**脚板**，附着在毛细血管基膜上，或伸到脑和脊髓的表面形成**胶质界膜**。星形胶质细胞约占全部胶质细胞的20%。星形胶质细胞依其分布及结构又可分为两种。

1）**原浆性星形胶质细胞**（protoplasmic astrocyte）：分布于中枢神经系统的灰质内，位于神经细胞体及其突起的周围。原浆性星形胶质细胞的突起较短粗，分支较多，表面不光滑。胞质内的神经胶质丝少（图1-63A、E）。

2）**纤维性星形胶质细胞**（fibrous astrocyte）：分布于白质内，位于神经纤维之间。其突起呈放射状，细长而直，分支较少，表面光滑。胞质内含有大量神经胶质丝（图1-63B、E），组成胶质丝的蛋白质称**胶质原纤维酸性蛋白**（glial fibrillary acidic protein，GFAP），用免疫细胞化学染色技术能特异性显示出这类细胞。

星形胶质细胞含有高浓度的K^+，并能摄取某些神经递质（如γ-氨基丁酸）。它通过调节细胞间隙的K^+和神经递质浓度，来影响神经元的功能活动。因此，星形胶质细胞对维持神经细胞微环境的稳定和调节代谢过程起重要作用。当中枢神经系统损伤时，星形胶质细胞迅速分裂增殖，以形成胶质瘢痕形式进行修复。

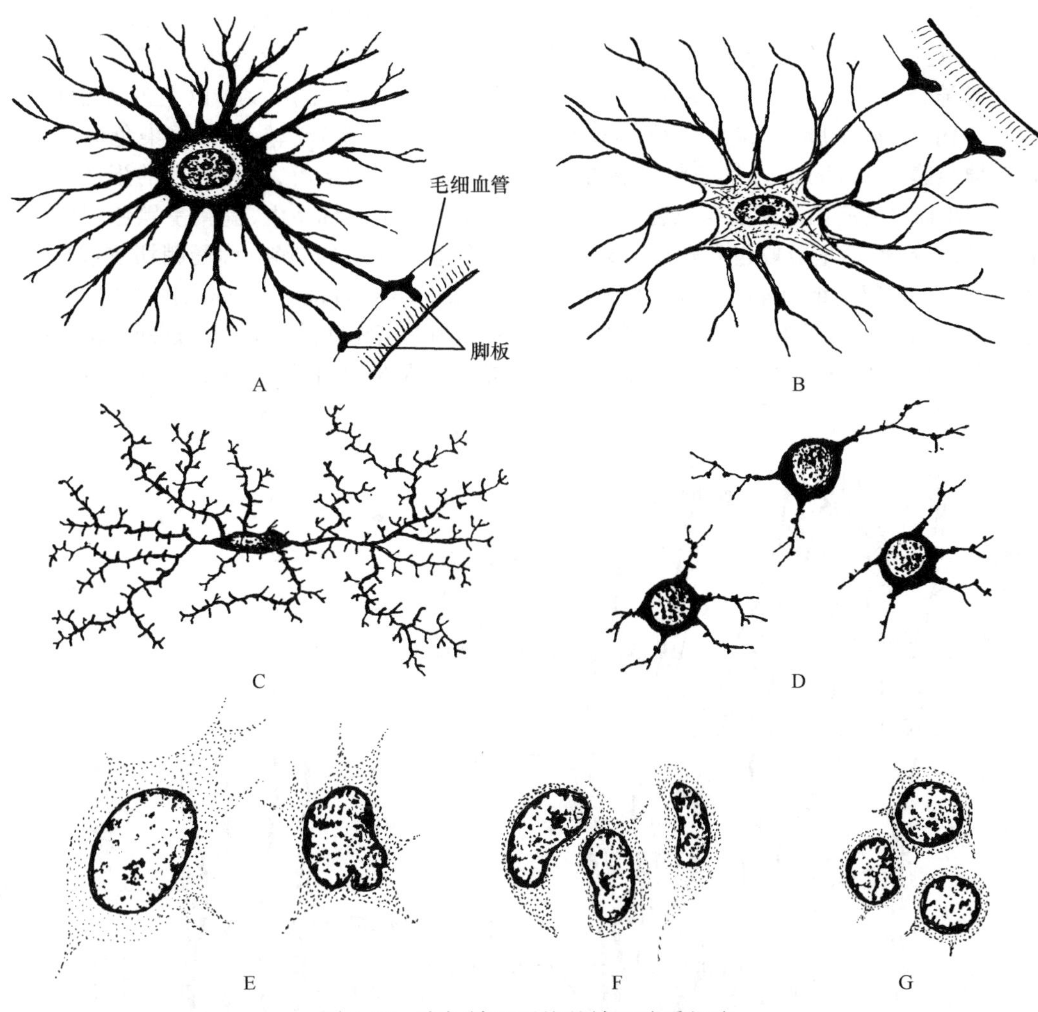

图 1-63 中枢神经系统的神经胶质细胞

A. 原浆性星形胶质细胞;B. 纤维性星形胶质细胞;C. 小胶质细胞;D. 少突胶质细胞;E. 星形胶质细胞;F. 小胶质细胞;G. 少突胶质细胞

(A~D. 镀银标本;E~G. HE 标本)

(2) **少突胶质细胞**(oligodendrocyte):又称**少突胶质**,分布于灰质及白质内,位于神经元胞体及神经纤维的周围。胞体较小,呈圆形或椭圆形;突起少,常呈串珠状;核呈圆形或椭圆形,染色稍深(图 1-63D、G)。电镜下可见少突胶质细胞的每一个突起包绕神经元的轴突形成髓鞘。因此,它是中枢神经系统的髓鞘形成细胞。应用标记物(如半乳糖脑苷脂、碳酸酐酶Ⅱ等)的免疫组织化学方法可显示少突胶质细胞。

(3) **小胶质细胞**(microglia):又称**小胶质**,分布于灰质及白质内,约占胶质细胞的 5%。胞体较小,呈长椭圆形,常以胞体长轴的两端伸出两个较长突起,反复分支,其表面有小棘。胞核小,呈椭圆或三角形,染色较深(图 1-63C、F)。通常认为小胶质细胞具有变形运动和吞噬功能,属于单核-吞噬细胞系统的细胞。

(4) **室管膜细胞**(ependymal cell):为覆盖在脑室和脊髓中央管壁的一层立方或柱状细胞。细胞表面有微绒毛或纤毛。细胞基部发出细长突起伸向脑及脊髓深层,它具有保护和支持作用。

2. 周围神经系统的神经胶质细胞

(1) **施万细胞**(Schwann cell):又称**神经膜细胞**(neurolemmal cell),它包卷在神经纤维轴突的周围,形成髓鞘和神经膜。它是周围神经系统的髓鞘形成细胞。此外,施万细胞能产生一些神经营养因子,在神经纤维的再生中起诱导作用(图 1-57)。

(2) **卫星细胞**(satellite cell):又称**被囊细胞**(capsular cell),是包绕在神经节细胞周围的一层扁平或立方形细胞,核圆或卵圆形,染色较深(图 1-60)。它具有营养和保护神经节细胞的功能。

(四) 神经纤维

神经纤维(nerve fiber)是以轴突(包括长树突)为中轴,外包神经胶质细胞(施万细胞或少突胶质细胞)所构成。根据神经纤维有无髓鞘包裹,分为有髓和无髓神经纤维两种(图 1-64)。

1. 有髓神经纤维(myelinated nerve fiber)由**轴突**、**髓鞘**和**神经膜**构成。**髓鞘**(myelin sheath)及**神经膜**(neurolemma)呈鞘状包裹在轴突的周围。在轴突的起始部无髓鞘包裹,起始段远侧的轴突部分,髓鞘呈节段包卷轴突,形似藕节,其间断部位,称**郎飞结**(Ranvier node)。此处轴膜裸露,可发生膜电位变化。相邻两个郎飞结之间的一段神经纤维,称**结间体**(internode),长约 0.5~1mm,它是由一个施万细胞所形成的髓鞘及其周围的神经膜构成。施万细胞核呈长椭圆形,位于髓鞘边缘的少量胞质内(图 1-57、图 1-64)。髓鞘是由 80%以上的类脂和蛋白质所组成,称为髓磷脂。在常规染色标本上,因髓鞘中的类脂被溶解,仅见残存的蛋白质呈网状。在锇酸浸染的标本上,髓鞘呈黑色,其中还可见数个呈漏斗形的斜裂,称**髓鞘切迹**或**施-兰切迹**(Schmidt-Lanterman incisure,图 1-64)。电镜下,髓鞘为明暗相间的同心圆板层所组成(图1-65)。髓鞘有保护和绝缘作用,可防止神经冲动的扩散。

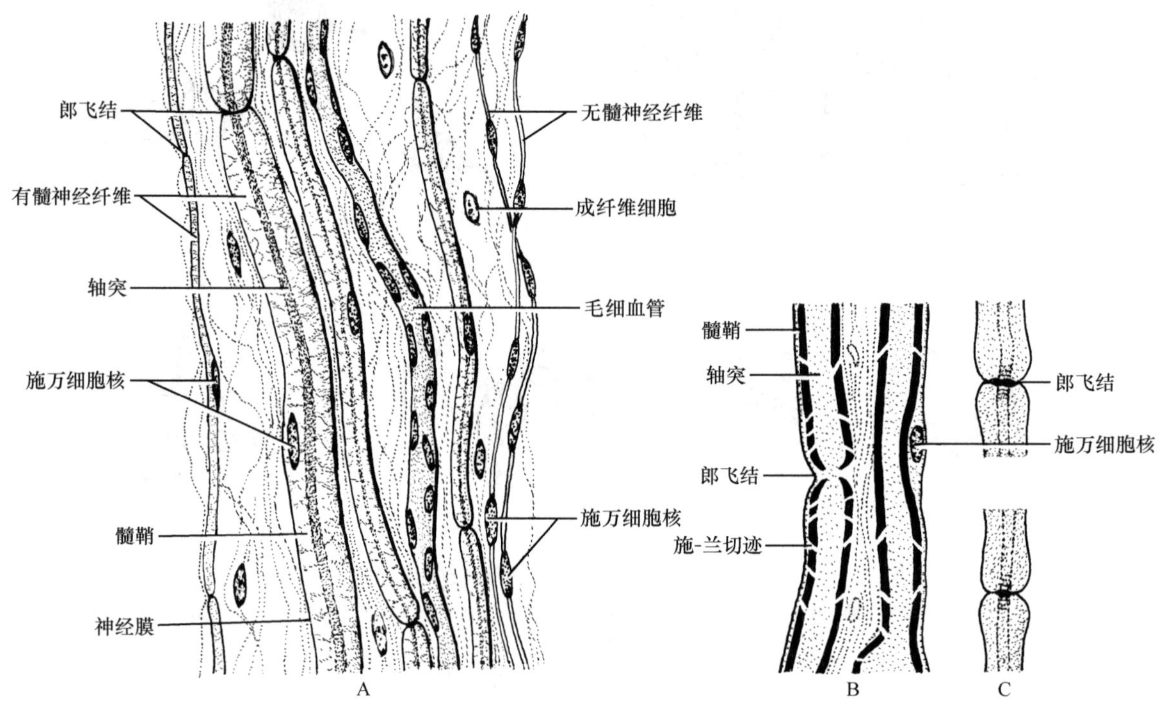

图 1-64 周围神经纤维

A. 神经铺片示有髓和无髓神经纤维;B. 锇酸固定染色示髓鞘与施兰切迹;C. 银染法示郎飞结

有髓神经纤维的神经冲动传导,是从一个郎飞结跳到相邻郎飞结的跳跃式传导,长的神经纤维,轴突就粗,髓鞘亦厚,结间体也长,传导速度快;反之,传导速度慢。大部分脑、脊神经属于有髓神经纤维。

髓鞘的形成始于胚胎时期,随着神经纤维的发生,位于轴突周围的施万细胞,细胞表面逐渐凹陷成一纵沟,将轴突包进纵沟内,沟缘两侧的施万细胞膜相贴形成**轴突系膜**(mesaxon)。系膜不断伸长并反复包卷轴突,逐渐形成具有明暗相间的同心圆板层排列的髓鞘。在形成轴突系膜过程中,有些部位的两侧细胞膜并未完全相贴,两侧膜之间尚残留少量细胞质,当包卷形成髓鞘时,它就成为细胞质通道的髓鞘切迹。最外层含核的薄层细胞质部分即为神经膜(图 1-65)。

中枢神经系统有髓神经纤维的髓鞘由少突胶质细胞形成。一个少突胶质细胞的几个突起,可分别包卷几条轴突形成髓鞘,其郎飞结较宽,无髓鞘切迹,其胞体位于神经纤维之间。

2. 无髓神经纤维(nonmyelinated nerve fiber)由较细的轴突及施万细胞构成,无髓鞘、无郎飞结。电镜下可见一个施万细胞深浅不同的包裹 5~15 条粗细不等的轴突(图 1-66)。

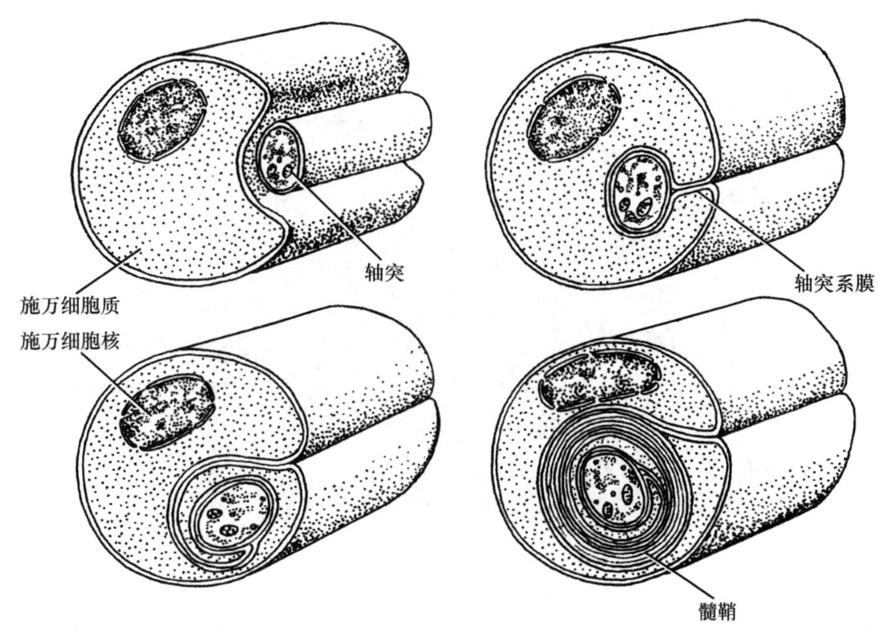

图 1-65　周围神经系统有髓神经纤维髓鞘形成示意图

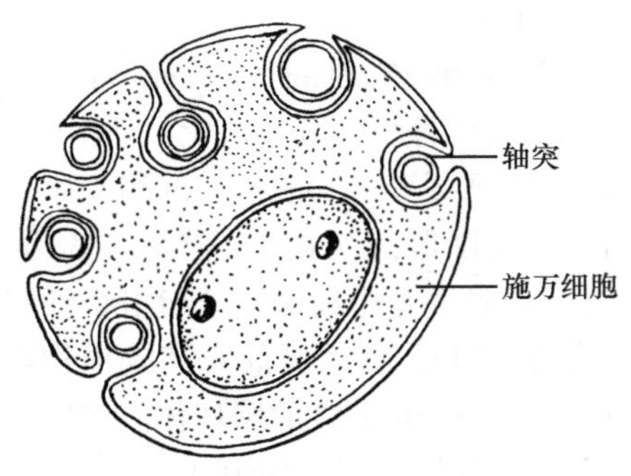

图 1-66　周围神经系统无髓神经纤维超微结构模式图

中枢神经系统的无髓神经纤维轴突外面无任何鞘膜包裹，完全裸露地走行于有髓神经纤维或神经胶质细胞之间。在一些脑区，它们可被星形胶质细胞的突起分隔成束。无髓神经纤维的神经冲动传导是沿着轴突进行连续性传导，其传导速度比有髓神经纤维慢得多。

（五）周围神经

周围神经（peripheral nerve）外面包有一层致密结缔组织膜即**神经外膜**（epineurium），膜中含有血管、淋巴管和脂肪细胞等。外膜的结缔组织伸入神经内，分隔和包裹许多粗细不等的神经纤维束，包裹在每一神经纤维束的结缔组织称**神经束膜**（perineurium）。束膜的外层为结缔组织，内层为几层扁平细胞组成的神经束膜上皮。束膜上皮之间有紧密连接，上皮细胞基底面有基膜，因此，束膜上皮对物质进出有屏障作用。神经束内的每条神经纤维又有薄层疏松结缔组织包绕称**神经内膜**（endoneurium）。一条神经内有的只含运动（传出）神经纤维或感觉（传入）神经纤维，但周围神经多为混合神经，包括运动神经纤维、感觉神经纤维以及自主神经纤维，这些神经纤维的粗细不等，髓鞘或有或无（图 1-67）。

（六）神经末梢

周围神经的纤维终末部分终止于其他组织中所形成的特有结构称为**神经末梢**（nerve ending）。按其功能，神经末梢可分为两类：即感觉神经末梢和运动神经末梢。

1. 感觉神经末梢　感觉（传入）神经元周围突的终末部分与其他组织结构共同形成的特定结构，称为**感受器**（receptor）。它能感受人体内外的各种刺激，并转化为神经冲动，传向中枢。感觉神经末梢按其结构又可分为游离神经末梢和有被囊感觉神经末梢。

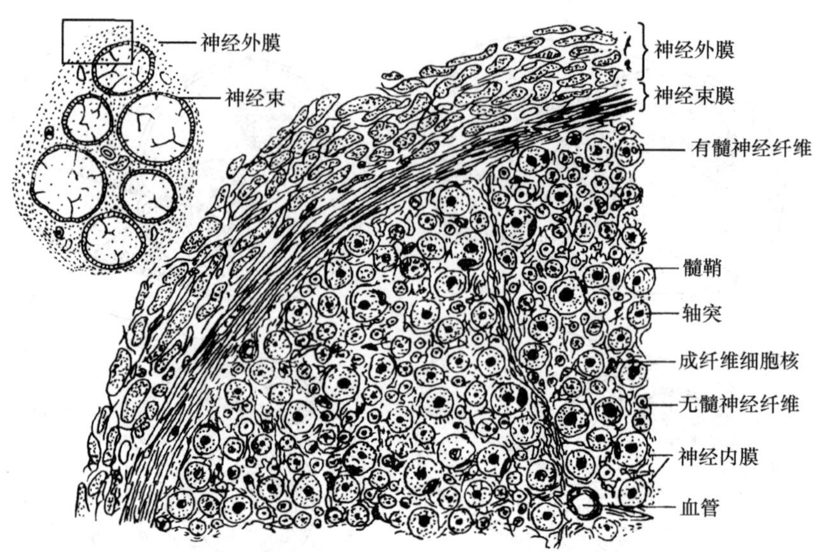

图 1-67 周围神经(横切面)

(1) **游离神经末梢**(free nerve ending):此种末梢广泛分布于表皮、角膜、浆膜、肌肉和结缔组织中,结构较简单。周围突在接近终末端处髓鞘消失,其裸露细支又反复分支,游离分散在上皮细胞或结缔组织中,能感受疼痛和冷热的刺激(图 1-68A)。

(2) **有被囊感觉神经末梢**(encapsulatenerve ending):此种感觉神经末梢形式繁多,大小不一,但在神经末梢外面均包有结缔组织被囊,常见的有:

1) **触觉小体**(tactile corpuscle):又称 Meissner 小体,分布在皮肤的真皮乳头内,以手指掌面和足趾底面最多。小体呈椭圆形,直径约 30~100μm,周围有结缔组织形成的被囊,内有许多横列的扁平细胞。有髓神经纤维在被囊处失去髓鞘穿入被囊内,分支盘绕。主要功能是感受触觉(图 1-68B)。

2) **环层小体**(lamellar corpusle):又称 Pacinian 小体,此种小体分布广泛,多见于真皮深层、皮下组织、肠系膜和胰腺的结缔组织中。小体多呈圆形或椭圆形,大小不一,其直径约为 0.5~3mm。小体的被囊是由扁平的结缔组织细胞和纤维形成的同心圆板层,板层间充满胶样物质。被囊所围的中轴为一均质性的圆柱体。神经纤维失去髓鞘后进入圆柱体(图 1-68C),主要是感受压力,振动觉和张力觉等。

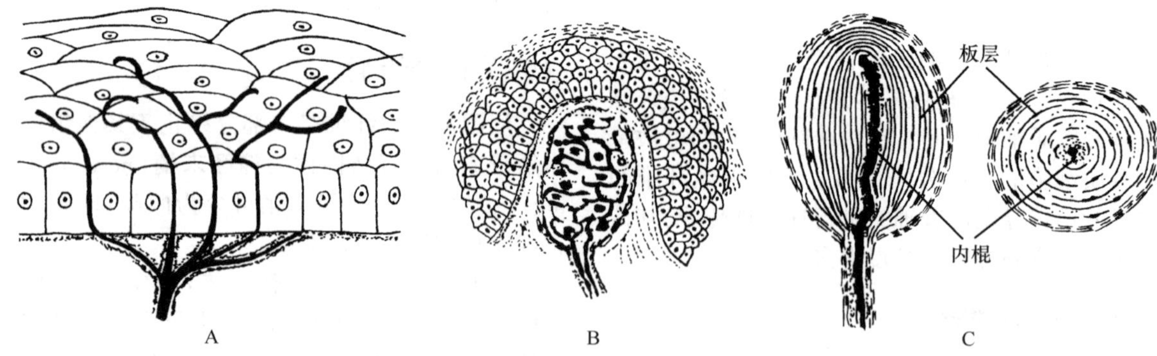

图 1-68 几种感觉神经末梢模式图
A. 上皮内游离神经末梢;B. 触觉小体;C. 环层小体

3) **肌梭**(muscle spindle):广泛分布于全身骨骼肌中的细长梭形小体,表面有结缔组织被囊,内含若干条较细的骨骼肌纤维称**梭内肌纤维**,其胞核集中于肌纤维中段。感觉神经纤维进入肌梭前失去髓鞘,在肌梭中段进入肌梭内,反复分支,呈环状或螺旋状包绕在梭内肌中段含核部分;或呈花枝状,分布在上述神经末梢的两端。此外,肌梭内还有一种细的运动神经纤维,它来自脊髓前角的小型神经元(γ神经元),其末端形成运动终板,分布于梭内肌纤维的两端(图 1-69)。肌梭位于肌纤维束之间,当肌肉收缩或伸张时,梭内肌纤维被牵强,从而刺激神经末梢,

笔记栏

产生神经冲动，传向中枢而产生感觉，故肌梭是感觉肌肉的运动和肢体位置变化的本体感受器。

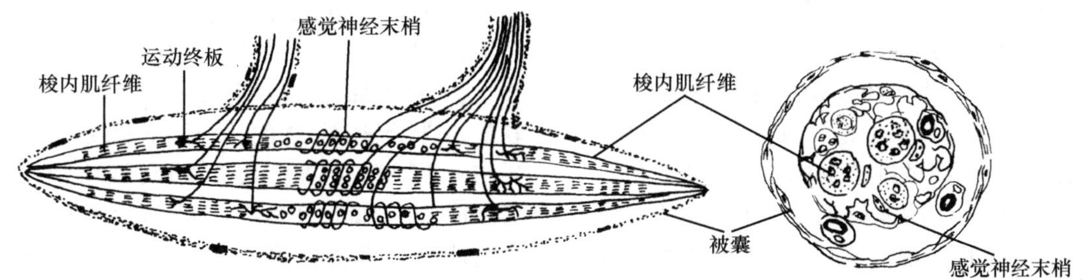

图 1-69　肌梭纵横切面模式图

2. 运动神经末梢（motornerve ending）　是运动神经元传出神经纤维的终末，终止于骨骼肌、心肌、平滑肌及腺体等效应器上的神经末梢，支配肌肉收缩或腺体分泌。运动神经末梢分为躯体运动神经末梢和内脏运动神经末梢两类。传出神经纤维有两种：一种是躯体性传出神经纤维，有髓鞘，是周围神经的组成部分，其终末在骨骼肌纤维形成运动终板；另一种为内脏性传出神经纤维，无髓鞘，由自主神经节发出，终止于心肌、平滑肌和腺上皮，神经末梢终端为膨大的小结。

（1）**躯体运动神经末梢**（somatic motor nerve ending）：是分布于骨骼肌内的运动神经末梢。来自脊髓灰质前角或脑干的运动神经元的轴突末梢，当到达所支配的骨骼肌纤维的肌膜处失去髓鞘，再分成爪状细支，其终末膨大，在骨骼肌纤维的表面形成椭圆形的板状隆起，称**运动终板**（motor end plate），或称**神经-肌连接**（neuromuscular junction，图 1-70A）。

电镜下，运动终板处的肌膜向内凹陷成浅槽，轴突终末嵌入浅槽内，此处的轴膜为突触前膜；槽底的肌膜即突触后膜，它再向肌质内凹陷形成许多深沟和皱褶，使突触后膜的表面积增大；突触后膜上有乙酰胆碱 N 受体。突触前膜和突触后膜之间的间隙为突触间隙（图 1-70B）。

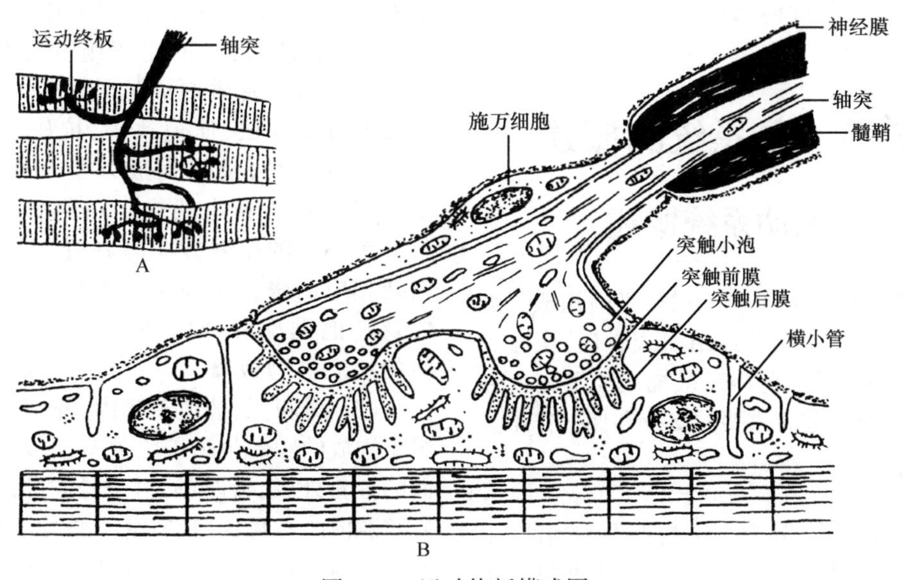

图 1-70　运动终板模式图

A. 光镜结构；B. 超微结构

轴突末端内有线粒体和大量球形的突触小泡，其内含有乙酰胆碱。当神经冲动到达运动终板时，突触小泡移附突触前膜。突触小泡释放的乙酰胆碱作用于突触后膜的 N 受体，致使肌膜兴奋，经横小管系统传导至整个肌纤维，引起肌纤维收缩。每一个前角运动神经元轴突的分支可支配 1000～2000 条骨骼肌纤维。

一个运动神经元的轴突及其分支所支配的全部肌纤维称为一个运动单位（motor unit）。运动单位的大小，就是运动神经元支配肌纤维数量的多少。运动单位越小（如在手指和面部），产生的运动越精细。当前角运动神经元病变或周围神经损伤时则发生肌萎缩,将涉及各型肌纤维的数量和各运动单位的改变。

(2) **内脏运动神经末梢**(visceral motor nerve ending):内脏运动神经末梢终止于内脏、心肌、平滑肌和腺上皮。从中枢到效应器,通常要经过两个神经元,中间经过自主神经节。第一个神经元称节前神经元,胞体位于脊髓灰质侧角或脑干核内,其轴突称节前纤维;第二个神经元称节后神经元,胞体位于自主神经节或神经丛内,其轴突称节后纤维。这些节后神经纤维分布在内脏及血管的平滑肌、心肌和腺细胞上,形成内脏运动神经末梢。这些内脏传出纤维多为无髓神经纤维,轴突很细。轴突终末结构简单,经反复分支,终末支呈串珠状膨大,附于平滑肌细胞或腺细胞上。终末支呈串珠样膨大的部分,称为**膨体**(varicosity),膨体是与效应细胞建立突触的部位。此种结构形式增加了神经元释放神经递质的部位或表面积。在电镜下,可见膨体内含有许多突触小泡和线粒体。膨体的轴膜是突触前膜;与其相对应的效应细胞膜是突触后膜,膜上有神经递质的受体;两膜之间为突触间细隙。突触小泡内的递质主要有乙酰胆碱、去甲肾上腺素和肽类,当神经冲动沿内脏传出神经纤维至膨体时,神经递质释放作用受体,引起平滑肌和心肌收缩以及腺体的分泌。

第3节　各系统的概述

一、运动系统概述

人体的运动系统由骨、关节、肌肉构成。全身共有206块骨,借关节连结而成骨骼,全身骨骼肌约500~600块,在神经系统支配下完成各种运动,并对身体起着重要的支持和保护作用。

(一) 骨

骨是一个器官,具有一定的形态和功能,坚韧而有弹性,有丰富的神经和血管,不断进行着新陈代谢和生长发育,并具有改建、修复和再生的能力。

1. 骨的分类　骨按所在的部位,可分为颅骨、躯干骨和四肢骨(图1-71),前二者统称中轴骨。按骨的形态,可分为四类:

(1) **长骨**(long bones):呈长管状,分为一体两端。**体**又名**骨干**,为长骨的中间较细部分,骨质致密,内有空腔,称**髓腔**,含有骨髓。骨的两端膨大,又称为**骺**,其光滑面称为关节面,覆有**关节软骨**。骨干与骺相邻的部分为**干骺端**。幼年时,骺与骨干之间借透明软骨相连,该软骨称**骺软骨**。成年后,骺软骨骨化,骨干与骺融为一体,融合后遗留下的痕迹,称**骺线**。长骨分布于四肢,在运动中起杠杆作用。

(2) **短骨**(short bones):一般呈立方形,多成群地分布于某些部位,如腕和足的后部。短骨能承受较大压力,连结牢固,起支持作用。短骨常具有多个关节面,所表现的运动较为复杂,且幅度较小。

(3) **扁骨**(flat bones):呈宽扁板状,分布于头、胸等处。常围成腔,支持、保护重要器官,如颅盖诸骨保护脑,胸骨和肋参与构成胸廓保护心、肺、脾、肝等。扁骨亦为骨骼肌提供了广阔的附着面,如肩胛骨等。

(4) **不规则骨**(irregular bones):形状不规则,功能多样,如椎骨和髋骨等。有些不规则骨内具有含气的腔,称这些骨为含气骨,如上颌骨。

2. 骨的构造　骨由骨质、骨膜和骨髓构成,此外尚含有血管和神经等(图1-72)。

(1) **骨质**:是骨的主要组成部分,可分为密质和松质。密质构成长骨骨干和骺以及其他类型骨的外层,质地致密,抗压。抗扭曲力强。在颅盖骨,密质构成外板和内板。松质由许多片状的骨小梁交织排列而成,呈海绵状。骨小梁的排列方向与各骨所承受的压力以及相应的张力方向是一致的。松质分布于骺及其他类型骨的内部。颅盖各骨内、外板间的松质称为**板障**。

(2) **骨膜**:是被覆于骨内、外面由纤维结缔组织构成的膜。包裹于除关节面以外整个骨外面的称**骨外膜**,较厚;而衬于骨髓腔内面和骨松质腔隙内的称**骨内膜**,较薄。骨外膜可分内、外两层。内层和骨内膜分化出的细胞有产生新骨和破坏骨质的功能,称**成骨细胞**和**破骨细胞**,在骨的发生、生长、改造和修复时,其功能最为活跃。骨膜富有血管、神经和淋巴管,对骨的再生有重要意义,故在骨手术中应尽量保留骨膜,以免发生骨的坏死和延迟骨的愈合。

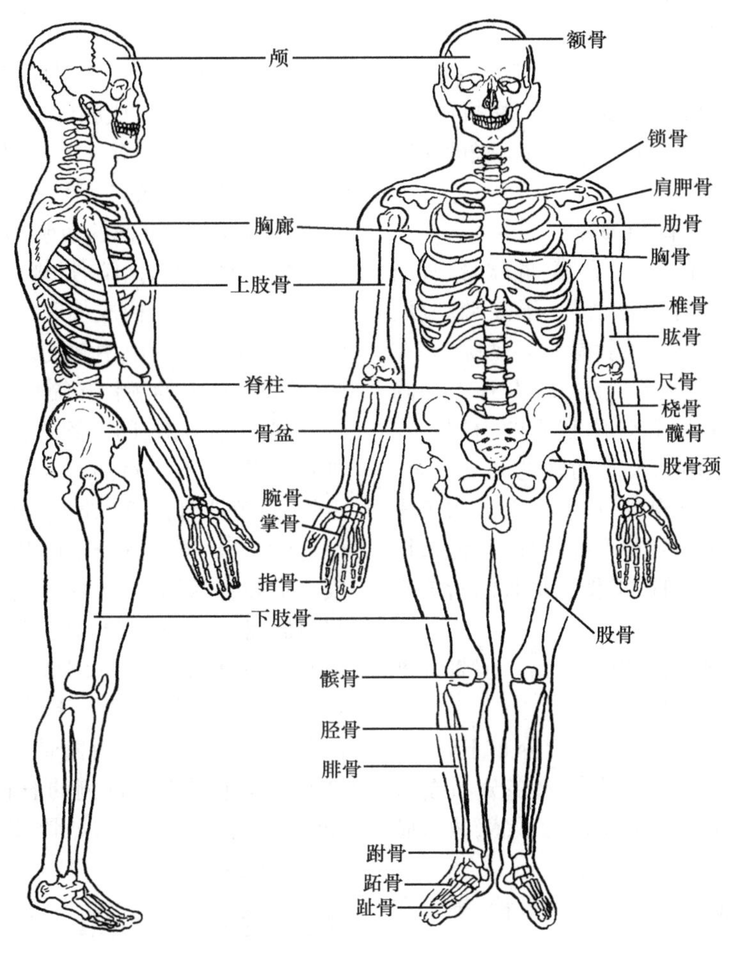

图 1-71　人体全身骨骼系统

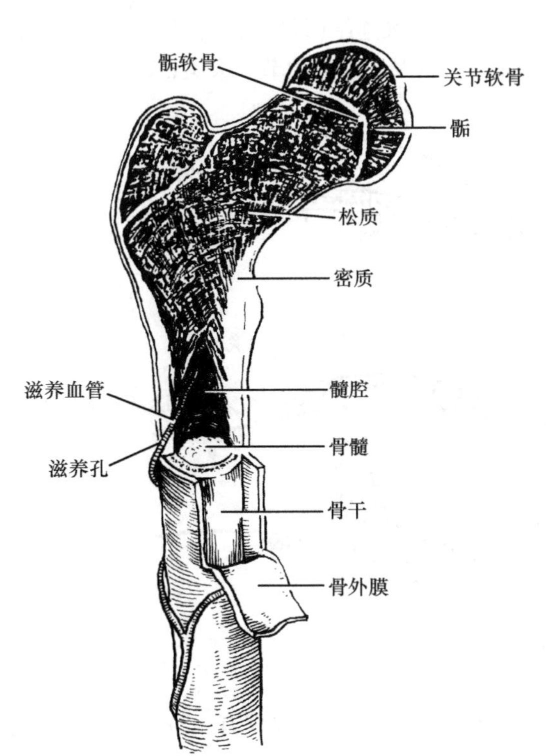

图 1-72　长骨的构造

(3) **骨髓**(bone marrow):存在于长骨的髓腔和骨松质的腔隙内,分为**红骨髓**和**黄骨髓**。红骨髓有造血功能,含有大量不同发育阶段的红细胞和其他幼稚型的血细胞;黄骨髓含大量脂肪组织。胎儿及幼儿的骨内全是红骨髓。6 岁前后,长骨内的红骨髓逐渐转化为黄骨髓,红骨髓仅保留于椎骨、肋骨、胸骨、髂骨及肱骨和股骨近侧端的松质内,继续造血。因此,临床上常在髂嵴等处作骨髓穿刺,检查骨髓象以诊断某些血液系统的疾病。患某种贫血症时,黄骨髓有可能重新转化为具有造血功能的红骨髓。

3. 骨的化学成分和物理性质　骨含有有机物和无机物两种化学成分,有机物使骨具有韧性和弹性,无机物则使骨增加硬度。骨的化学成分直接决定骨的物理性质。骨的物理性质在人的一生中随年龄而发生变化。有机物主要包含胶原纤维和黏多糖蛋白,这些有机物约占骨重的 1/3。骨重的另 2/3 是以碱性磷酸钙为主的无机盐类。实验证实,脱钙骨(去掉无机物)虽仍具有原骨形态，但柔软而有弹性；煅烧骨（去掉有机物）虽有原骨的形态和一定硬度，但脆而易碎。幼儿的骨有机物相对多些，较柔韧，易变形；老年人的骨，无机物相对较多，较脆，易折碎；中年人的骨两种物质的比例适当，因而既坚硬又富于弹性和韧性。

4. 骨的血管、淋巴管和神经

（1）**血管**：骨的血管营养骨膜、骺软骨、骨质和骨髓。长骨的动脉有滋养动脉、干骺端动脉、骺动脉和骨膜动脉。滋养动脉是主要动脉，多在骨干中段斜穿滋养孔进入髓腔，分为升支和降支，分布于骨髓、干骺端和骨体密质的内层。在成人，分别与干骺端动脉及骺动脉的分支吻合。干骺端动脉和骺动脉起自邻近动脉，并分布于骨的相应部位。上述各动脉均有静脉伴行，汇入该骨附近的静脉。不规则骨、扁骨和短骨的营养来自骨膜动脉或滋养动脉。

（2）**淋巴管**：骨膜的淋巴管丰富。但骨的淋巴管是否存在，尚有争议。

（3）**神经**：骨的神经伴行血管分布于骨，其中以内脏传出纤维较多，躯体传入多分布于骨膜。骨膜对张力或撕扯的刺激甚为敏感，故骨脓肿和骨折常引起剧痛。

5. 骨的分布概况　骨分为躯干骨、颅骨和四肢骨。

（1）躯干骨包括椎骨、肋骨和胸骨，共 51 块。椎骨在幼年时共有 32～33 块，即颈椎 7 块，胸椎 12 块，腰椎 5 块，骶椎 5 块，尾椎 3～4 块，随着年龄的增长，5 块骶椎融合成 1 块骶骨，3～4 块尾椎融合成 1 块尾骨，故成人共有 24 块独立的椎骨，1 块骶骨和 1 块尾骨，它们借骨连结形成脊柱。12 块胸椎、12 对肋、1 块胸骨和它们之间的骨连结共同形成胸廓。

（2）颅骨位于脊柱上方，由 23 块扁骨和不规则骨组成（中耳内的 3 对听小骨未计入）。分为后上部的脑颅和前下部的面颅，脑颅由 8 块组成，其中不成对的有额骨、筛骨、蝶骨和枕骨，成对的有顶骨和颞骨，它们构成颅腔，颅腔的顶由额骨、顶骨和枕骨构成，底由中部的蝶骨、后方的枕骨，两侧的颞骨，前方的额骨和筛骨构成。面颅有 15 块骨，成对的有 6 对，即上颌骨、腭骨、颧骨、鼻骨、泪骨及下鼻甲，不成对的有 3 块，即犁骨、下颌骨和舌骨，面颅骨围成骨性眶腔、鼻腔和口腔。

（3）上、下肢骨分别由肢带骨和自由肢骨组成。上肢骨两侧共 64 块，包括上肢带骨的锁骨和肩胛骨；自由肢骨包括上肢近侧部的肱骨，中间部的桡骨和尺骨，远侧部的手骨，即腕骨 8 块，掌骨 5 块，指骨 14 块。下肢骨两侧共 62 块，包括下肢带骨的髋骨（由髂骨、耻骨和坐骨合成）；自由肢骨包括下肢近侧的股骨，中间部的髌骨、胫骨和腓骨，远侧部的足骨，即跗骨 7 块，跖骨 5 块、趾骨 14 块。

（二）关节

骨与骨之间借纤维组织、软骨或骨相连，称为**关节或骨连结**（joint、articulation）。按骨连结的方式，可分为纤维连结（纤维关节）、软骨和骨性连结（软骨关节）以及滑膜关节三大类（图 1-73）。

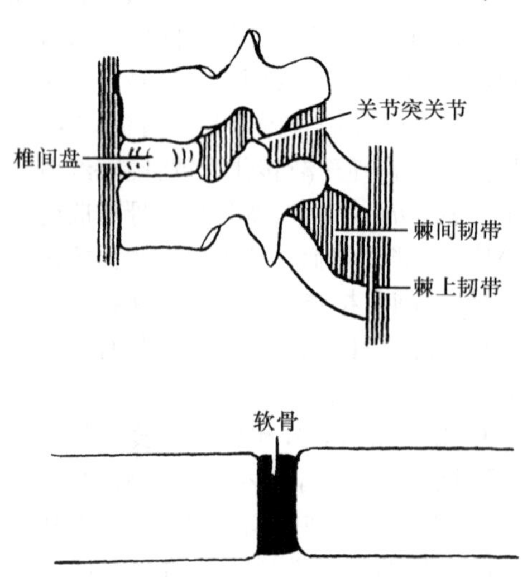

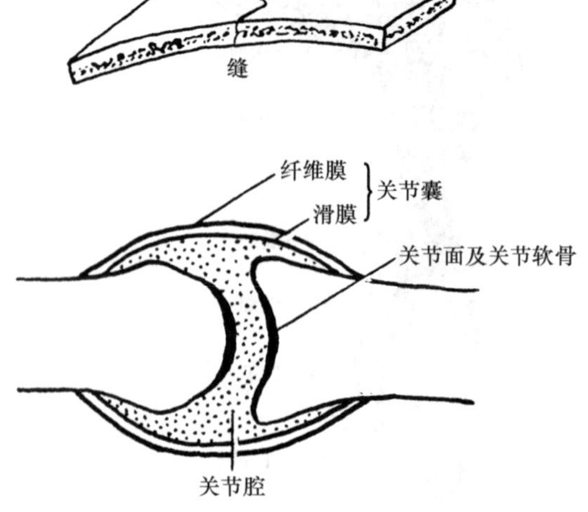

图 1-73　关节分类

1. 纤维连结　骨与骨之间借纤维组织相连，形成**纤维连结**（fibrous joints）。其间无间隙，连结比较牢固，不活动或仅有少许活动。这种连结可有两种形式：

（1）**韧带连结**：连结两骨的纤维组织比较长，富于弹性，称为**韧带**（ligament），如椎骨棘突之间的棘间韧带、胫腓骨下端的胫腓骨间韧带等。若两骨之间的结缔组织呈膜状，则称为**骨间膜**，如**前臂骨间膜**等。

（2）**缝**：相邻颅骨之边缘借薄层纤维结缔组织相连，称之为**缝**（suture），骨缘可呈锯齿状、鱼鳞状或平直状，有矢状缝和冠状缝等。随着年龄增长，缝可骨化，成为骨性结合。

2. 软骨和骨性连结　骨与骨之间借软骨相连，形成**软骨连结**（cartilaginous joints）。兼有弹性和韧性，可缓冲震荡，其强度不如纤维连结，这种连结可有三种形式：

（1）**透明软骨结合**：两骨间借透明软骨连结，形成**透明软骨结合**（synchondrosis）。如幼儿的蝶骨和枕骨之间的蝶枕结合，此种软骨发育到一定年龄即骨化，使软骨结合成为骨性结合。

（2）**纤维软骨结合**：两骨间借多量纤维软骨连结，形成**纤维软骨结合**（symphysis）。多位于人体中线，坚固性大而弹性低，如相邻两椎骨之间的椎间盘以及两耻骨间的耻骨联合等，此纤维软骨一般终生不骨化。

（3）**骨性结合**：两骨之间借骨组织连结，形成**骨性结合**（synostosis）。此骨组织一般由纤维结缔组织或透明软骨骨化而成，如各骶椎之间的骨性结合以及髂、耻、坐骨之间的髋臼处的骨性结合等。

3. 滑膜关节　**滑膜关节**（synovial joints）常简称**关节**（articulation），是骨连结的最高分化形式，以相对骨面间有滑膜腔隙，充以滑液，因而一般具有较大活动性为其特点，骨面间互相分离，仅借其周围的结缔组织相连结。

（1）**滑膜关节的基本构造**：滑膜关节具有关节面、关节囊和关节腔（图1-74）。这些结构为每个滑膜关节所必有的基本结构。

1）**关节面**（articular surface）：是构成关节的各相关骨的接触面，每一关节至少包括两个关节面，一般为一凸一凹，凸者称为**关节头**，凹者称为**关节窝**。关节面表面均覆盖软骨，称**关节软骨**（articular cartilage），多数由透明软骨构成，表面光滑，深部则与关节面紧密相连。关节软骨厚度约为2~7mm，其厚薄因不同的关节和不同的年龄而异，而且即使在同一关节中，不同部位的厚薄亦不相同，使之与对应关节面更相适应。关节软骨具有弹性，能承受负荷和吸收震荡，减轻运动时的震荡和冲击。关节软骨不含血管、淋巴管和神经，其营养由表面覆盖的滑液和关节滑膜层血管渗透获得。软骨间的摩擦系数通常小于0.002，比两个冰面之间的摩擦系数还要小3倍，故利于活动。

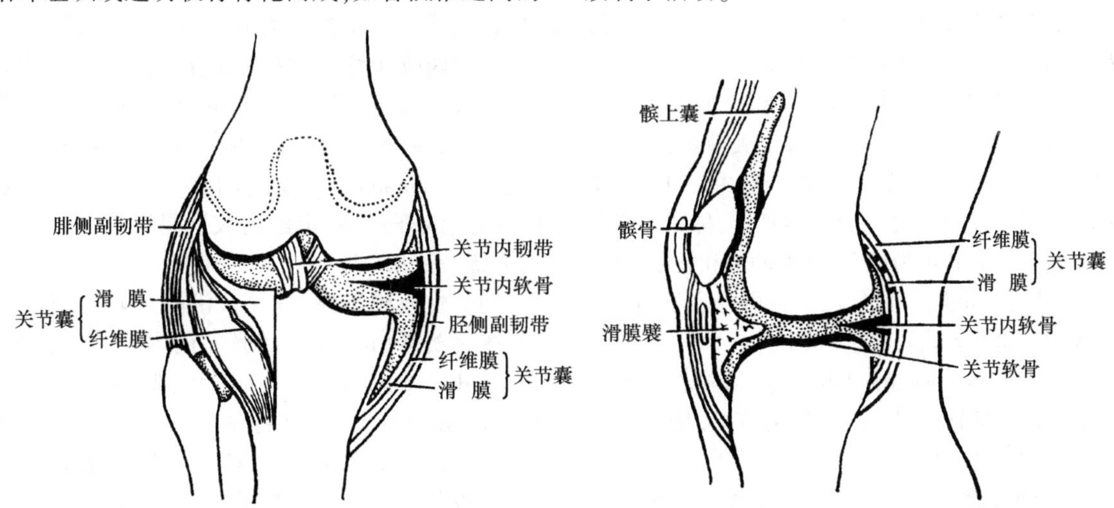

图1-74　滑膜关节构造

2）**关节囊**（articular capsule）：为纤维结缔组织膜构成的囊，附着于关节面周缘及其附近的骨面上，并与骨膜融合，密闭关节腔，可分为内、外两层。

A. **纤维膜**（fibrous membrane）：为外层，由致密纤维结缔组织构成，富有血管、淋巴管和神经。纤维膜的某些部分增厚成为韧带，可增强骨与骨之间的连结，并限制关节的过度运动。纤维膜的厚薄和韧带的强弱与关节的运动和负重大小有关，如下肢各关节的负重较大，其关节囊的纤维膜坚厚而紧张，而上肢各关节运动灵活，则纤维膜薄而松弛。

B. **滑膜**（synovial membrane）：为内层，由平滑光亮、薄而柔润的疏松结缔组织膜构成，衬贴于纤维膜内面，其边缘附着于关节软骨的周缘，包被着关节内除关节软骨、关节唇和关节盘以外的所有结构。滑膜层内富有血管、淋巴管和神经，可产生滑液。**滑液**(synovial fluid)为透明蛋白样黏液，量少呈弱碱性，正常情况下只有0.13~2ml，由于含有较多的透明质酸，故黏稠度较高，滑液不但为关节提供了液态环境，而且保持了一定酸碱度，保证了关节软骨的新陈代谢，并增加滑润，减少摩擦，降低软骨的蚀损，促进关节的运动效能。

3) **关节腔**(articular cavity)：为关节软骨和关节囊滑膜层共同围成的密闭腔隙，腔内含少量滑液，可减少关节活动时关节面之间的摩擦。关节腔内为负压，对维持关节的稳定起一定作用。

(2) **滑膜关节的辅助结构**：关节除具备上述基本结构外，某些关节为适应其特殊功能还形成一些特殊结构(图1-74)，以增加关节的灵活性或稳固性。这些结构是：

1) **韧带**(ligaments)：连于相邻两骨之间的致密纤维结缔组织束称为**韧带**，可加强关节的稳固性。位于关节囊外的称**囊外韧带**，有的与囊相贴，为囊的局部增厚，如髋关节的髂股韧带；有的与囊不相贴，分离存在，如膝关节的腓侧副韧带等。位于关节囊内的称**囊内韧带**，被滑膜包裹，如膝关节内的交叉韧带等。韧带和关节囊分布有丰富的感觉神经，损伤后极为疼痛。

2) **关节内软骨**：为存在于关节腔内的纤维软骨，有关节盘、关节唇两种形态。

A. **关节盘**(articular disc)：是位于两关节面之间的纤维软骨板，其周缘附着于关节囊内面，将关节腔分为两部。关节盘多呈圆形，中央稍薄，周缘略厚，膝关节中的关节盘呈半月形，称关节半月板，可使两关节面更为适合，减少冲击和震荡，并可增加关节的稳固性。此外，两个腔可产生不同的运动，从而增加了运动的形式和范围。

B. **关节唇**(articular labrum)：是附着于关节窝周缘的纤维软骨环，它加深关节窝，增大关节面，可增加关节的稳固性，如髋臼唇等。

3) **滑膜襞和滑膜囊**：有些关节的滑膜表面积大于纤维层，以致滑膜重叠卷褶，并突向关节腔而形成**滑膜襞**，其内含脂肪和血管，即成为滑膜脂垫，在关节运动时，关节腔的形状、容积、压力发生改变，滑膜脂垫可起调节或充填作用，同时也扩大了滑膜的面积，有利于滑液的分泌和吸收。在某些部位，滑膜从纤维膜缺如处或薄弱处作囊状膨出，充填于肌腱与骨面之间，则形成**滑膜囊**，可减少肌肉活动时与骨面之间的摩擦。

笔记栏

关节的形态结构与其生理机能相适应，关节的功能表现为运动的灵活性与稳定性的对立统一，灵活与稳定的程度则因身体各部的机能不同而异。因此，与其相适应的各关节的形态结构也不相同。如上肢是劳动和工作的器官，其关节纤细灵巧，下肢是负重和移位的器官，其关节硕大稳固。决定关节的灵活性与稳固性的因素主要有关节面的形状、关节面的面差、关节囊的厚薄和松紧、囊内、外韧带的强弱、有无关节盘的介入以及关节周围肌肉的强弱和收缩幅度等。例如，肩关节头大，盂浅，面差大，关节囊薄弱松弛，运动灵活，但关节周围肌肉的静力收缩又保持关节面相贴而防止脱位；相反，髋关节头大，臼深，面差小，韧带多，关节囊厚而紧张，关节周围虽有强大肌肉收缩，但运动幅度小，关节稳固。

(3) **滑膜关节的运动**：滑膜关节的关节面的形态，运动轴的多少与方向，决定着关节的运动形式和范围，其运动形式基本上沿三个互相垂直的轴作三组拮抗性的运动。

1) **屈和伸**：是关节沿冠状轴进行的运动。运动时，两骨之间的角度发生变化，角度变小称为**屈**(flexion)；相反，角度增大称为**伸**(extension)。一般来说，关节的屈指的是向腹侧面成角，而膝关节则相反，小腿向后贴近大腿的运动叫做膝关节的屈，反之则称为伸。在足部，足上抬，足背向小腿前面靠拢为踝关节的伸，亦称**背屈**；足尖下垂为踝关节的屈，亦称**跖屈**。

2) **内收和外展**：是关节沿矢状轴进行的运动。运动时，骨向正中矢状面靠拢，称**收**或**内收**(adduction)；反之，远离身体正中矢状面，称**展**或**外展**(abduction)。但手指的收展是以中指为准的靠拢、散开运动，足趾的收展是以第二趾为准的靠拢、散开运动。

3) **旋内和旋外**：是关节沿垂直轴进行的运动，统称**旋转**(rotation)。骨向前内侧旋转，称**旋内**(medial rotation)；反之，向后外侧旋转，称**旋外**(lateral rotation)。在前臂，桡骨是围绕通过桡骨头和尺骨头的轴线旋转，将手背转向前方的运动，称**旋前**(pronation)，将手掌恢复到向前面，手背转向后方的运动，称**旋后**(supination)。

此外，有些关节还可进行**环转运动**(circumduction)，即关节头在原位转动，骨(肢体)的远侧端做圆周运动，运动时全骨(肢体)描绘出一圆锥形的轨迹。能沿二轴以上运动的关节均可做环转运动，实际为屈、外展、伸和内收的依次连续运动，如肩、髋、桡、腕关节等。

(4) **滑膜关节的分类**：滑膜关节可按构成关节的骨数、关节面的形态、运动轴的数目以及运动方式分类如下(图 1-75)。

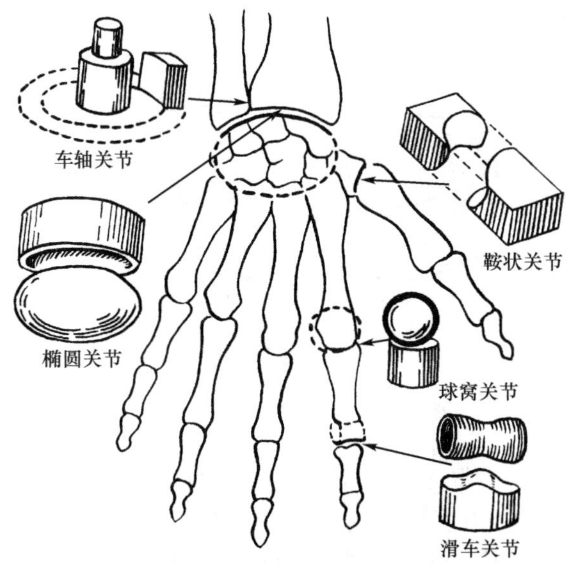

图 1-75 滑膜关节的类型

1) **单轴关节**:具有一个运动轴,关节仅能沿此轴作一组运动,包括两种形式。

A. **屈戌关节**:又名滑车关节。关节头呈滑车状,另一骨有与其相适应的关节窝。通常是只能在冠状轴上作屈伸运动,如手指间关节。

B. **车轴关节**:关节头的关节面呈圆柱状,关节窝常由骨和韧带连成的环构成,可沿垂直轴作旋转运动,如桡尺近、远侧关节和寰枢正中关节等。

2) **双轴关节**:有两个相互垂直的运动轴,关节可沿此二轴作两组运动,也可进行环转运动。包括两种形式。

A. **椭圆关节**:关节头呈椭圆形凸面,关节窝呈相应凹面,可沿冠状轴作屈、伸运动,沿矢状轴作收、展运动,并可作环转运动,如桡腕关节。

B. **鞍状关节**:相对两关节面都呈鞍状,互为头和窝,可沿两轴作屈、伸、收、展和环转运动,如**拇指腕掌关节**。

3) **多轴关节**:具有三个相互垂直的运动轴,可作各种方向的运动,也包括两种形式。

A. **球窝关节**:关节头呈球形、较大,关节窝浅小,其面积不及关节头的 1/3,如肩关节。可作屈伸、收展、旋转和环转运动。有的关节窝特深,包绕关节头 1/2 以上,称杵臼关节,亦属球窝关节,如髋关节,但运动幅度受到一定限制。掌指关节亦属球窝关节,但因其侧副韧带较强,旋转运动受限。

B. **平面关节**:关节窝接近平面,但仍具有一定弧度,也可列入多轴关节,可作多轴性滑动,如肩锁关节和腕骨间关节等。

(5) **滑膜关节的血管、淋巴管及神经**

1) **关节的血管**:关节的动脉主要来自附近动脉的分支,在关节周围形成动脉网,其细支直接进入关节囊,分布至纤维层和滑膜层,并与邻近骨膜的动脉吻合。在滑膜层附着缘形成关节血管环,分支供应滑膜。关节软骨无血管。

2) **关节的淋巴管**:关节囊各层都有淋巴管网,由小淋巴管与骨膜的淋巴管吻合。关节囊的淋巴经输出管汇入附近的局部淋巴结。关节软骨无淋巴管。

3) **关节的神经**:来自运动该关节的骨骼肌的神经分支,称为关节支,分布于关节囊和韧带。不同来源的关节支,在支配区域有所重叠。

(三) 肌肉

运动系统中叙述的**肌**(muscle)均属**横纹肌**,一般附于骨,在神经系统的支配和调节下,可随人的意志而收缩,所以又称为**骨骼肌**或**随意肌**。人体的骨骼肌有 600 余块,分布于身体各部,约占体重的 40%。每一块肌都具有一定的形态、结构,位置和辅助装置,并有丰富的血管、淋巴管和神经分布。所以,每块肌都可看做是一个器官。

1. 肌的形态和构造 每块骨骼肌都由中间的肌性部分和两端的腱性部分构成。肌性部分主要由肌纤维组成,色红、柔软,具有一定的收缩和舒张功能。整个肌的外面包有结缔组织的**肌外膜**。由肌外膜发出若干纤维隔进入肌内将其分割为较小的肌束,包被肌束的结缔组织称为**肌束膜**。肌束内每条肌纤维还包有一层薄的结缔组织膜,为**肌内膜**。供应肌的血管、神经和淋巴管等沿着这些结缔组织深入肌内。腱性部分主要由平行致密的胶原纤维束构成,色白、强韧而无收缩功能,位于肌性部分的两端,肌借腱附着于骨骼。长肌的肌性部分呈梭形,称**肌腹**(muscle belly);腱性部分呈圆索状,称**腱**(tendon)。阔肌的肌性和腱性部分均呈薄片状,它的腱性部分称**腱膜**(aponeurosis)。

肌的形态多种多样,按其外形大致可分为**长肌、短肌、阔肌**和**轮匝肌**四种(图 1-76)。长肌的肌束通常与肌的长轴平行,收缩时肌显著缩短,可引起大幅度的运动,多见于四肢。有些长肌的起端有两个以上的头,以后聚成一个肌腹,可被称为二头肌、三头肌或四头肌;有的肌腹分出若干长腱,止于不同的骨面;还有些长肌肌腹被中间腱划分成两个肌腹,称二腹肌;有的有多个肌腹融合而成,中间隔以腱划,如腹直肌。短肌小而短,具有明显的节段性,收缩幅度较小,多见于躯干深层。阔肌宽扁呈薄片状,多见于胸腹壁,除运动功能外还兼有保护内脏的作用。轮匝肌主要由环形的肌纤维构成,位于孔裂的周围,收缩时可以关闭孔裂。

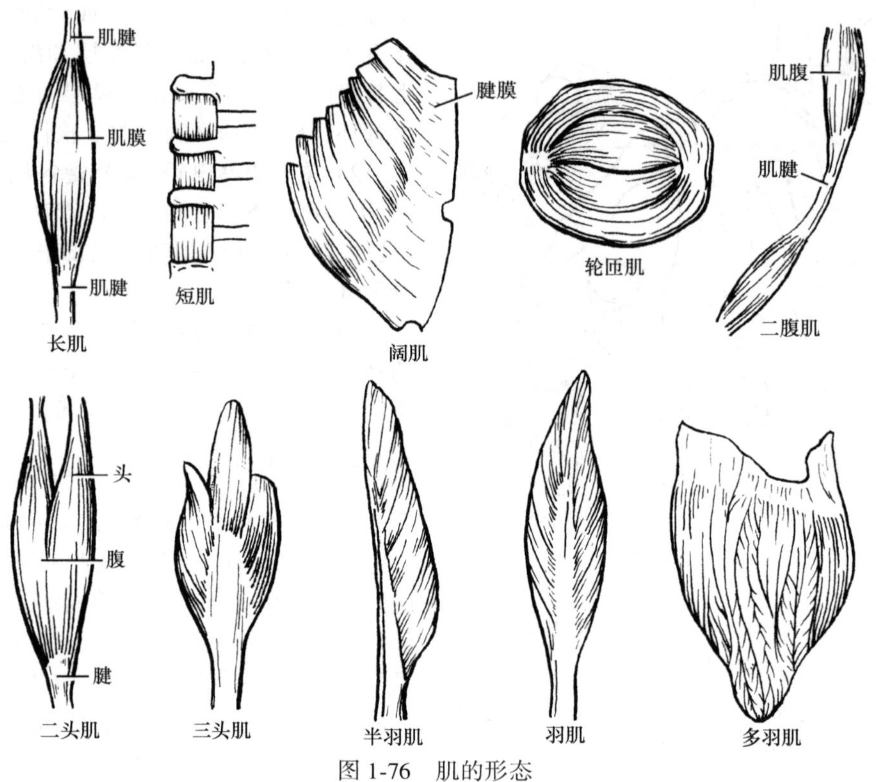

图 1-76　肌的形态

2. 肌的起止、配布和作用　骨骼肌通常以两端附着于两块或两块以上的骨,中间跨过一个或多个关节,肌收缩时,使两骨彼此接近,而使关节产生运动。一般来说,运动时两骨中间总有一个骨的位置相对固定,另一骨相对地移动。肌在固定骨上的附着点称为**定点**,也称**起点**,而在移动骨上的附着点称为**动点**,也称**止点**。在大多数情况下,肢体的远侧部分较肢体的近侧部分更为活动,所以在描写各肌的起止点时,常把接近身体正中线的附着点看做是定点,另一点则看成是动点。肌的定点和动点在一定条件下是可以相互置换的,如果移动骨被固定,在肌的牵引下,固定骨即可以变为移动骨。例如,胸大肌起于胸廓,止于肱骨,通常的动作是牵引上肢向胸廓靠近,而当作引体向上的动作时,则胸大肌的定、动点自然易位,牵引胸廓向上肢靠近。因此,肌肉的定点、动点一般是相对的。

骨骼肌大多越过一个或多个关节,配布在骨骼系统周围,其配布的方式与关节运动轴有关,即有一个运动轴的相对侧配布有两组作用相反的肌,这两组作用相反的肌互称为**拮抗肌**。各肌在神经系统的支配调节下,彼此协调,相辅相成完成各种动作。

笔记栏

肌收缩时,肌腹缩短变粗。除少数肌因止于皮肤、黏膜、关节囊或筋膜,收缩时牵动这些结构外,大多数肌则通过骨骼系统的杠杆作用来表现其所有的运动。

3. 肌的辅助装置　在肌的周围有辅助装置协助肌的活动,具有保持肌的位置,减少运动时的摩擦和保护等功能,它们包括筋膜、滑膜囊和腱鞘。

(1) **筋膜**(fascia):遍布全身,分浅筋膜和深筋膜两种。

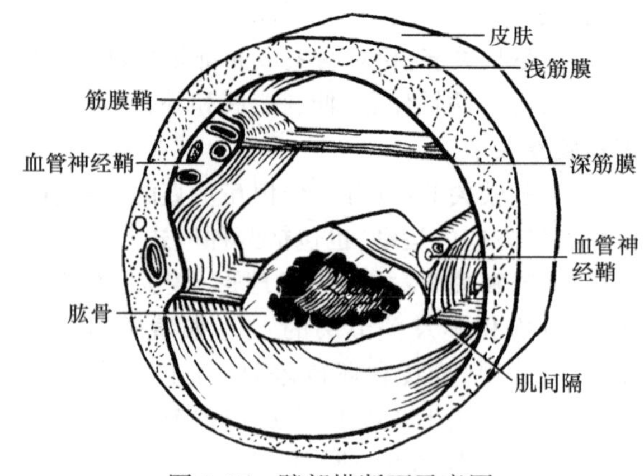

图 1-77　臂部横断面示意图

1) **浅筋膜**(superficial fascia):又称**皮下筋膜**,位于真皮之下,包被全身各部,由疏松结缔组织构成。浅筋膜对位于它深部的肌、血管和神经有一定的保护作用,如手掌和足底的浅筋膜均较发达，能对加压起缓冲作用(图1-77)。

2）**深筋膜**(deep fascia)：又称**固有筋膜**，由致密结缔组织构成，位于浅筋膜的深面，它包被体壁、四肢的肌和血管神经等。深筋膜与肌的关系非常密切，随肌的分层而分层。在四肢，深筋膜插入肌群之间，并附着于骨，构成**肌间隔**；包绕肌群的深筋膜构成**筋膜鞘**；深筋膜还包绕血管、神经形成血管神经鞘；在肌数目众多而骨面不够广阔的部位，它可供肌的附着或作为肌的起点。筋膜的厚薄与肌的强弱有关，如大腿肌较发达，大腿的深筋膜就显得特别强厚、坚韧。深筋膜除能保护肌免受摩擦外，还可以约束肌的活动，分隔肌群或肌群中的各个肌，以保证肌群或各肌能单独进行活动。它还能形成一些结构，如在腕部和踝部，深筋膜增厚形成支持带，对经过其深部的肌腱有支持和约束作用，并能改变肌的牵引方向，以调节肌的作用。由于血管和神经都沿着肌间或肌群之间的筋膜间隙行走，所以掌握筋膜的知识有助于寻找血管、神经。在病理的情况下，筋膜可潴留脓液、限制炎症的扩散。根据筋膜的间隙通向又可推测积液的漫延方向。

（2）**滑膜囊**(synovial bursa)：为封闭的结缔组织小囊，壁薄，内有滑液，多位于腱与骨面相接触处，以减少两者之间的摩擦。有的滑膜囊在关节附近和关节腔相通。滑膜囊炎症可影响肢体局部的运动功能，并引起疼痛。

（3）**腱鞘**(tendinous sheath)：是包围在肌腱外面的鞘管，存在于活动性较大的部位，如腕、踝、手指和足趾等处，它使腱固定于一定的位置，并减少腱与骨面的摩擦。腱鞘可分纤维层和滑膜层两部分。腱鞘的**纤维层**(fibrous layer)又称**腱纤维鞘**(fibrous sheath of tendon)，它位于外层，为深筋膜增厚所形成的骨性纤维性管道，对肌腱起滑车和约束作用。腱鞘的**滑膜层**(synovial layer)又称**腱滑膜鞘**(synovial sheath of tendon)，位于腱纤维鞘内，由滑膜构成，为双层圆筒形的鞘。鞘的内层包在肌腱的表面，称为**脏层**；外层贴在腱纤维层的内面和骨面，称为**壁层**。脏、壁两层之间含少量滑液，所以肌腱能在这个鞘内自由滑动。若手指不恰当地作长期、过度而快速的活动，可导致腱鞘损伤，产生疼痛并影响肌腱的滑动，临床上称为腱鞘炎，为常见多发病之一。腱滑膜鞘在骨面移行到肌腱的两层滑膜部分，称为**腱系膜**(mesotendon)，其中有供应肌腱的血管通过(图1-78)。由于肌腱经常运动，腱系膜大部分消失，仅在血管神经出入处保留下来，称为**腱纽**(vincula tendinum)。

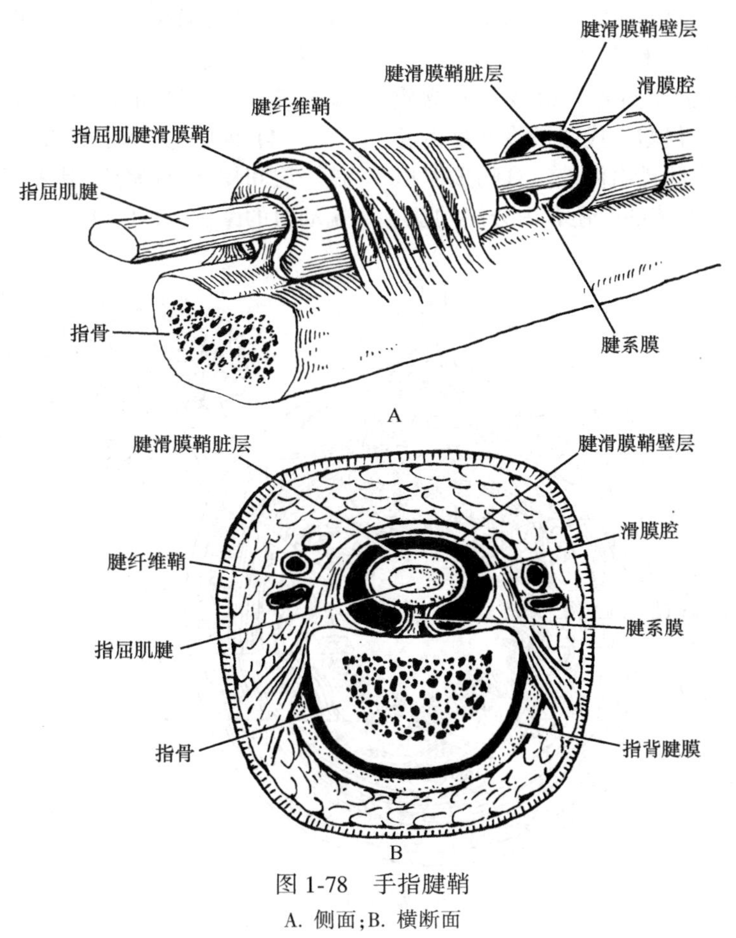

图1-78 手指腱鞘

A. 侧面；B. 横断面

4. 肌的分布概况 全身肌肉按位置可分为头肌、躯干肌和上、下肢肌。

(1) 头肌可分为面肌和咀嚼肌两部分,在头部一章叙述。

(2) 躯干肌包括背肌、颈肌、胸肌、腹肌、膈肌和会阴肌。它们大部分为阔肌,分别在背部、颈部、胸部、腹部和盆部各章叙述。

(3) 上肢肌可按不同部位分为上肢带肌、臂肌、前臂肌和手肌,下肢肌按不同部位可分为髋肌、大腿肌、小腿肌和足肌、四肢肌肉数量众多,大多为长肌,分别在上、下肢章节中叙述。

二、内脏学概述

(一) 内脏的组成和功能

内脏(viscera)包括消化、呼吸、泌尿和生殖四个系统。它们主要位于胸、腹腔和盆腔内,消化、呼吸两系统的部分器官则位于头、颈部,泌尿、生殖和消化系统的部分器官位于会阴部。在胚胎发生中,呼吸与消化二系统关系密切,呼吸系统是在消化系统基础上发生的,喉、气管、支气管和肺是由咽腹侧内胚层向外突出而成的,故咽为二系统所共有。泌尿与生殖系统在形态和发生上,关系更为密切,此二系统常合称泌尿生殖系统。

消化和呼吸系统分别自外界摄取营养物质和氧,供细胞进行物质代谢。代谢最终产物由泌尿系统、呼吸系统和皮肤排出体外。食物残渣以粪便形式排出。消化系统的胰还有内分泌功能。生殖系统的睾丸和卵巢产生生殖细胞,并能产生性激素,故内脏的功能是进行物质代谢与繁衍后代。由于内脏自外界摄取物质或将某些物质排出体外,因此各系统都有孔道与外界相通。在形态与发生上,胸膜、腹膜和会阴与内脏器官关系密切,所以均属内脏学的范畴。

(二) 内脏的一般结构

内脏各器官的形态虽不尽相同,按其构造可分为中空性器官和实质性器官两大类。

1. 中空性器官 这类器官呈管状或囊状,内部均有空腔,如消化道、呼吸道、泌尿道和生殖道。其管壁通常分为 4 层或 3 层。以消化道为例,由内向外依次为:黏膜、黏膜下层、肌层和外膜。

(1) **黏膜**:是进行消化和吸收的重要部分。黏膜向管腔内突出,形成环行或纵行的皱襞。黏膜内有腺体,分泌消化液和黏液,帮助消化食物、湿润和保护管壁。

(2) **黏膜下层**:为疏松结缔组织组成,可使黏膜有一定移动性。其内容有丰富的血管、淋巴管、淋巴组织、神经和黏膜下层腺体。

(3) **肌层**:消化道的食管上部以上和肛门周围为横纹肌,消化道的其余部分均为平滑肌。肌层排列成两层,内层为环行,外层为纵行。肌层收缩与舒张,产生消化道的蠕动。

(4) **外膜**:为薄层结缔组织,若外膜表面覆盖一层间皮,则称浆膜,其表面光滑,可减少消化蠕动时的摩擦(图 1-79)。

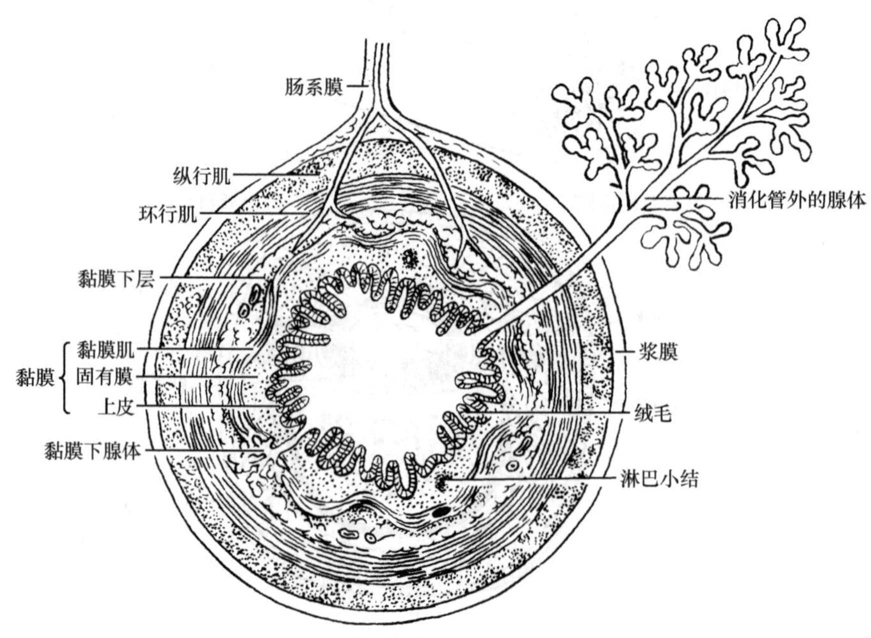

图 1-79 肠壁构造示意图

2. 实质性器官 实质性器官多属腺组织，表面包以结缔组织的被膜或浆膜，如肝、胰、肾及生殖腺等。结缔组织被膜伸入器官实质内，将器官的实质分隔成若干个小单位，称小叶，如肝小叶。每个器官的血管、淋巴管、神经和导管出入之处常为一凹陷，称为门(hilum 或 porta)，如肺门和肝门。

(三) 胸、腹部的标志线和腹部分区

内脏大部分器官在胸、腹和盆腔内都占据相对固定的位置，但在正常情况下，因体型、性别、体位变化、功能状态不同等原因，器官位置有一定的变化幅度；一些病理因素也可使器官的位置、大小、形状等发生改变。为了描述各器官的位置、毗邻和表面解剖，通常在胸、腹部体表画出一些标志线和划分一些区域(图 1-80)。

1. 胸部的标志线

(1) **前正中线**：沿身体前面正中所做的垂线。

(2) **胸骨线**：沿胸骨最宽处的外侧缘所做的垂线。

(3) **锁骨中线**：经锁骨中点向下所做的垂线，此线大致通过乳头。

(4) **胸骨旁线**：在胸骨线与锁骨中线之间的中点所作的垂直线。

(5) **腋前线**：沿腋前襞向下所作的垂直线。

(6) **腋后线**：沿腋后襞向下所作的垂直线。

(7) **腋中线**：位于腋前线与腋后线中间的垂直线。

(8) **肩胛线**：通过肩胛骨下角的垂直线。

(9) **后正中线**：沿身体后面正中线所作的垂直线。

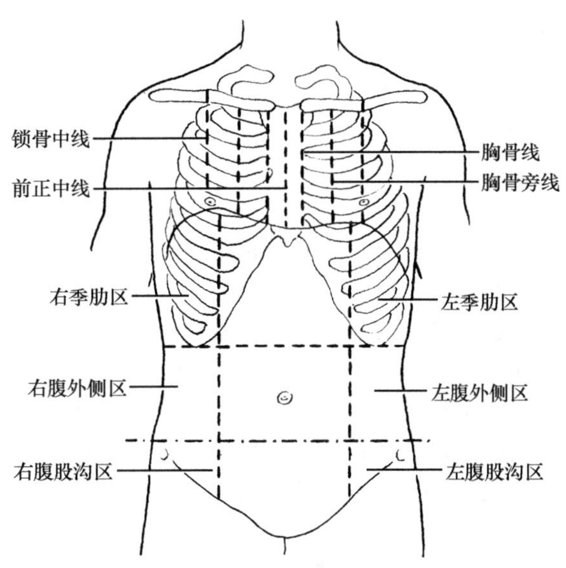

图 1-80 胸腹部标志线及分区

2. 腹部分区 为便于描述腹腔脏器所在位置，可将腹部划分为 9 个区或 4 个区。

在腹部前面，用两条横线和两条纵线将腹部分为 9 区。上横线一般采用肋下平面，即左、右侧第 10 肋最低点的连线。下横线多采用结节区平面，即左、右侧髂结节的连线。两条纵线为通过腹股沟韧带中点与上述两条横线垂直相交的线。上述 4 条线将腹部分成 9 区：左、右两侧自上而下为**左、右季肋区，左、右腹外侧区(侧腹)，左、右腹股沟区(髂区)**，中间自上而下为**腹上区，脐区，耻区(腹下区)**(图 1-80)。

在临床上，有时可通过脐作横线与垂直线，将腹部分为**左、右上腹**和**左、右下腹**四个区(表 1-1)。

表 1-1 腹、盆部各器官在腹部各区内的位置

右季肋区	腹上区	左季肋区
右半肝大部分、胆囊一部分、结肠右曲、右肾一部分	右半肝小部分、左半肝大部分、胆囊一部分、胃贲门部、胃幽门部、胃体一部分、胆总管、肝动脉、肝门静脉、十二指肠一部分、胰大部分、两肾各一部分、肾上腺、腹主动脉上段、下腔静脉上段	左半肝小部分、胃底、胃体一部分、脾、胰尾、结肠左曲、左肾一部分
右腰区	**脐区**	**左腰区**
升结肠、回肠一部分、右肾一部分	胃大弯(胃充盈时)、横结肠、大网膜、两侧输尿管各一部分、十二指肠一部分、空回肠各一部分、腹主动脉下段、下腔静脉下段	降结肠、空肠一部分、左肾一部分
右髂区	**腹下区**	**左髂区**
盲肠、阑尾、回肠末段	回肠一部分、膀胱(充盈时)、子宫(妊娠期)、乙状结肠一部分、两侧输尿管各一部分、髂总动脉和静脉	乙状结肠一部分、回肠一部分

（四）内脏各系统的组成

1. 消化系统 由消化管和消化腺组成，其功能是消化食物，吸收营养，排出消化吸收后的食物残渣。

消化管又称**消化道**，是一条从口腔到肛门，粗细不等的管道。自上而下，依次为**口腔**、**咽**、**食管**、**胃**、**小肠**（又分为**十二指肠**、**空肠**、**回肠**）及**大肠**（又分为**盲肠**、**阑尾**、**结肠**、**直肠**、**肛管**）。其口腔和咽位于头部、食管主要位于颈、胸部，胃以下器官位于腹、盆部，将分别在有关章节叙述。临床上通常把从口腔到十二指肠的这一段称为**上消化道**，空肠以下的部分称**下消化道**（图1-81）。

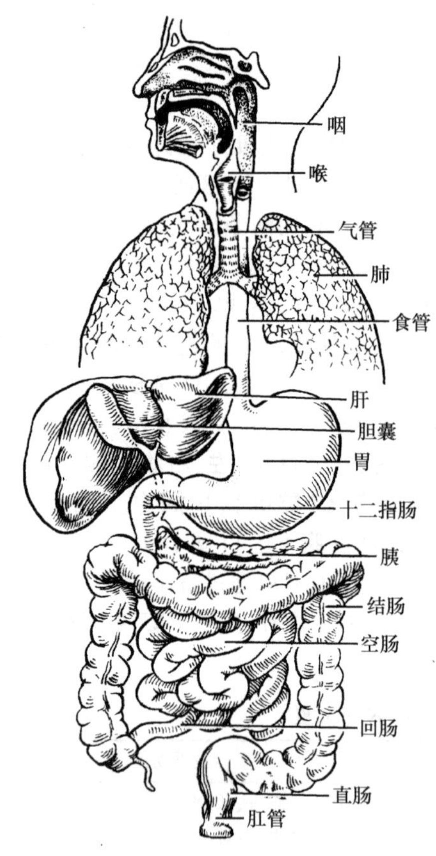

图1-81　消化系统

消化腺分泌消化液，消化液中含有分解食物的各种酶。按消化腺体积大小和位置的不同，可分为大消化腺和小消化腺。大消化腺位于消化管壁外，是一个独立的消化器官，所分泌的消化液经导管流入消化管壁内，包括**肝**、**胰**和**大唾液腺**，大唾液腺在头部，肝和胰均在腹部叙述。小消化腺分布于消化管壁内，位于黏膜层和黏膜下层，如胃腺、肠腺等，将分别在腹部中叙述。

2. 呼吸系统 由呼吸道和肺两大部分组成。呼吸道包括**鼻**、**咽**、**喉**、**气管**和各级**支气管**，临床应用中常把鼻、咽和喉称**上呼吸道**，把气管和各级支气管称**下呼吸道**。**肺**由肺实质（支气管树和肺泡）以及肺间质（结缔组织、淋巴管、淋巴结和神经）组成，表面包有脏胸膜（图1-82）。其上呼吸道主要在头、颈部叙述，而下呼吸道在胸部叙述。

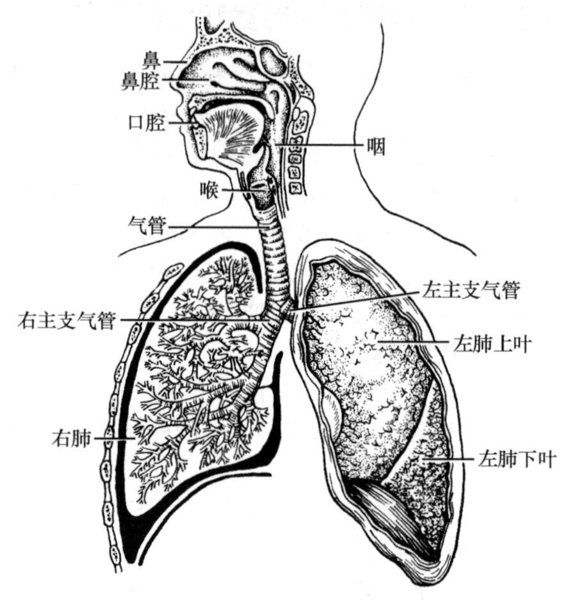

图1-82　呼吸系统

3. 泌尿系统 由**肾**、**输尿管**、**膀胱**及**尿道**四部分组成（图1-83）。它的主要功能是排出机体内溶于水的代谢产物。机体在新陈代谢中所产生的废物如尿素、尿酸和多余的水分等，由循环系统送至肾，在肾内形成尿液，再经排尿管道排出体外。尿的质和量经常随机体内环境的改变而发生一定的变化，对保持内环境的相对稳定和电解质的平衡起着重要的作用。如肾功能发生障碍，代谢产物蓄积于体内，改变了内环境的理化性质，则产生相应的病变，严重时可出现尿毒症，甚至危及生命。肾位于腹后壁，输尿管主要位于腹、盆部，它们将在腹部一章叙述，而膀胱和尿道在盆部和会阴一章叙述。

4. 生殖系统 分男性生殖器和女性生殖器，其功能是繁衍后代和分泌性激素。它们又各分为**内生殖器**和**外生殖器**。

（1）**男性生殖器**：内生殖器由生殖腺（**睾丸**）、输送管道（**附睾**、**输精管**、**射精管**）和附属腺体（**精囊**、**前列腺**、**尿道球腺**）组成。男性尿道为排尿和排精的管道（图1-84）。睾丸是产生精子和分泌男性激素的器官。睾丸产生的精子、先储存于附睾内，当射精时经输精管、射精管和尿道排出体外。精囊腺、前列腺和尿道球腺的分泌液

笔记栏

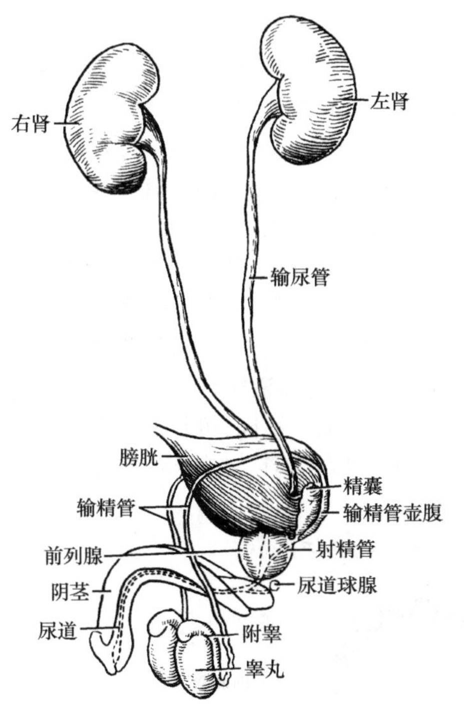

图 1-83 男性泌尿生殖系统

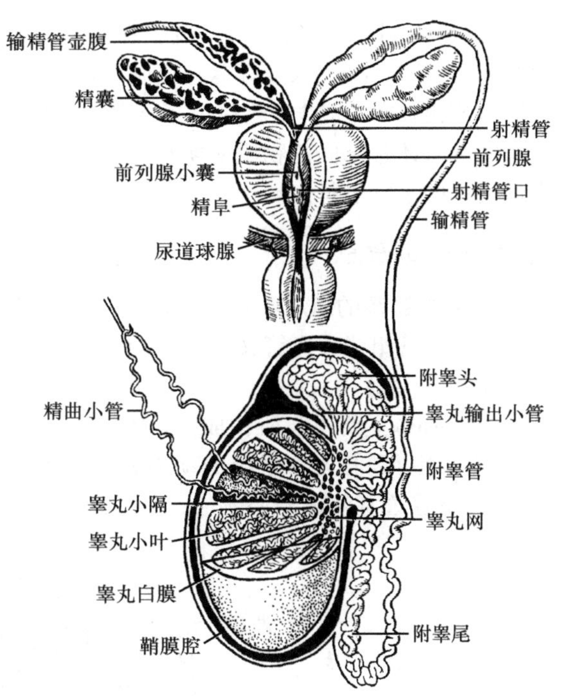

图 1-84 睾丸、附睾及排精径路

参与组成精液，供给精子营养并有利于精子的活动。外生殖器包括**阴囊**和**阴茎**，后者是男性的交接器官。它们均将在盆部及会阴一章中叙述。

（2）**女性生殖器**：内生殖器由生殖腺（**卵巢**）和输送管道（**输卵管**、**子宫**和**阴道**）组成（图 1-85）。卵巢是产生卵子和分泌女性激素的器官。成熟的卵突破卵巢表面的生殖上皮排至腹膜腔，再经输卵管腹腔口进入输卵管，在管内受精后移至子宫，植入子宫内膜，发育成为胎儿。成熟的胎儿在分娩时，出子宫口经阴道娩出。外生殖器即**女外阴**。女性生殖器也将在盆部及会阴一章中叙述。

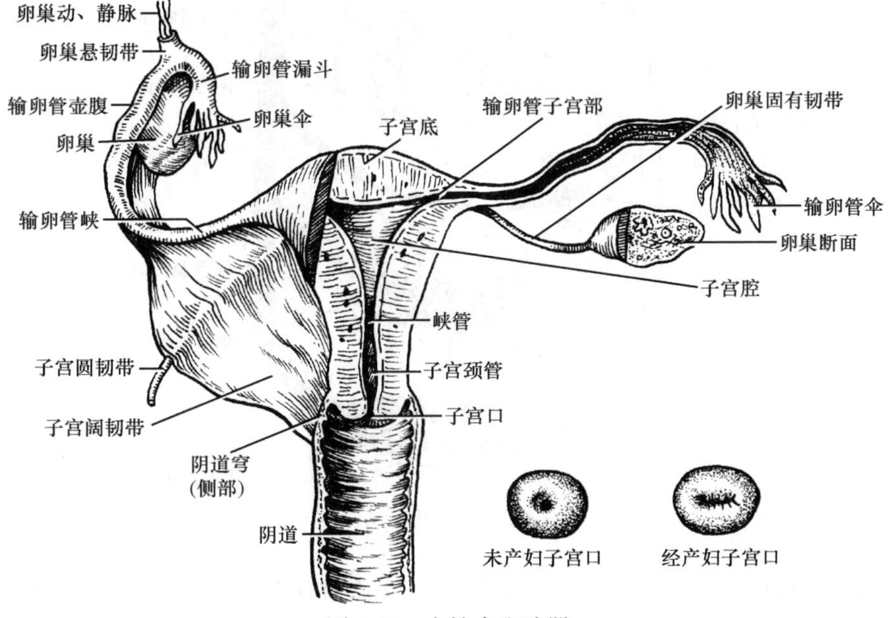

图 1-85 女性内生殖器

三、脉管系统概述

脉管系统包括心血管系统和淋巴系统，是人体内一套封闭的管道系统。血液和淋巴在管道内循环流动，不断地把消化器官吸收的营养物质、肺吸收的氧和内分泌腺（或组织）分泌的激素等输送到身体各器官、组织和细胞，供他们进行新陈代谢;同时又将各器官、组织和细胞的代谢产物,如二氧化碳、尿素等运送至肺、肾和皮肤等器官排出体外。这样,就保证了人体内、外界环境间和身体各部间的物质交换和运输,以维持生理活动的正常进行。

(一)心血管系

1. 心血管系的组成和血液循环 心血管系统由心和血管组成。血管又区分为动脉、静脉和毛细血管。

心(heart)主要由心肌构成,分为左、右心房和左、右心室,是心血管系统的动力器官。**动脉**(artery)是运送血液离开心到心、肺和身体各部去的血管,从心室发出后,反复分支,越分越细,管壁逐渐变薄,最后移行于毛细血管。**毛细血管**(capillary)是连于动、静脉末梢之间的细小血管,形成毛细血管网。**静脉**(vein)是运送血液流回心的血管,起自毛细血管,逐渐汇合形成小、中、大静脉,最后注入心房。

心有节律的舒缩,将血液射入动脉,最后经毛细血管分布至全身各部组织,在此与细胞和组织进行气体和物质交换后,再经静脉返回心。如此循环不止,称为**血液循环**。根据血液在心血管系统内循环途径的不同,可将血液循环分为体循环(大循环)和肺循环(小循环)两种(图 1-86)。

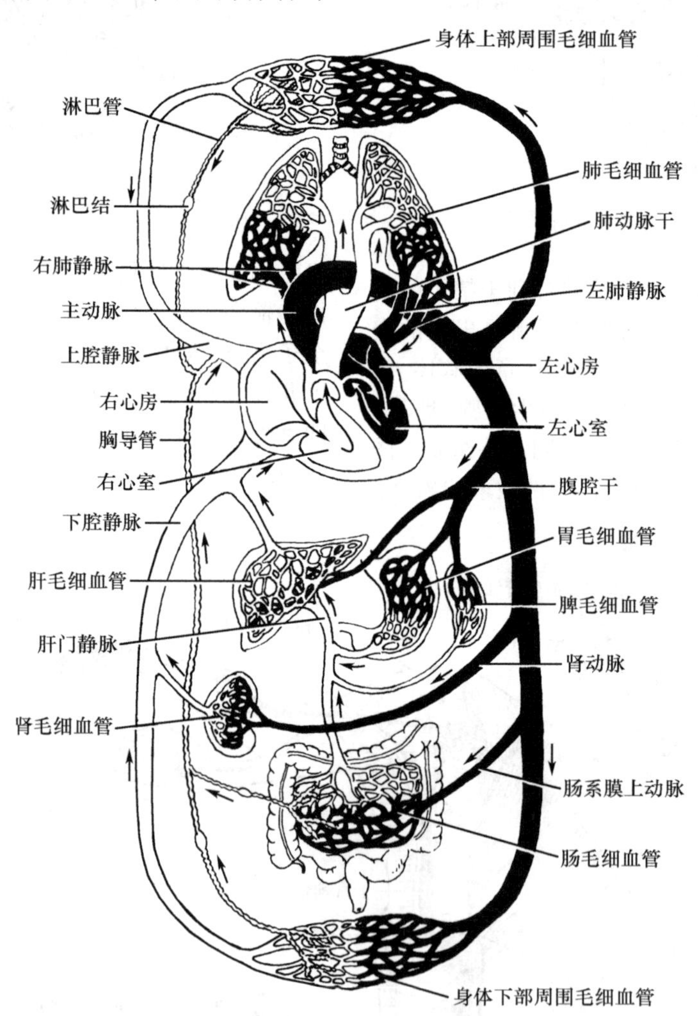

图 1-86 血液循环示意图

(1) **体循环**:当心室收缩时,含氧和营养物质的鲜红色的动脉血,自左心室流入主动脉,再经各级动脉分支到达全身各部的毛细血管。在此进行组织内物质交换和气体交换后,血液变成含有组织代谢产物及较多二氧化碳的暗红色的静脉血,再经各级静脉,最后经上、下腔静脉和冠状窦流回右心房。血液沿上述途径的循环称为**体循环**或**大循环**。

(2) **肺循环**:经体循环返回心的静脉血,从右心房流入右心室。当心室收缩时,血液从右心室流入肺动脉干,经其各级分支最后至肺泡壁的毛细血管网。血液在此进行气体交换,排出二氧

化碳，吸进氧气后，使静脉血变成动脉血，再经肺静脉返回左心房。血液沿上述途径的循环称为**肺循环**或**小循环**。

由于心被中隔分为左、右两半，所以动、静脉血完全分流不相混合。左心房和左心室因含动脉血，称**动脉心**（左半心）；右心房和右心室因含静脉血，称**静脉心**（右半心）。体循环起于左半心止于右半心，而肺循环则起于右半心止于左半心。两循环通过左、右房室口相连续成为完整的血液循环。

2. 血管吻合及其功能意义 人体的血管除经动脉—毛细血管—静脉相通连外，动脉与动脉之间，静脉与静脉之间，甚至动脉与静脉之间，可借血管支（吻合支或交通支）彼此连接，形成**血管吻合**（vascular anastomosis）。

（1）**动脉间吻合**：体内许多部位或器官的两动脉干之间可借交通支相连（如脑底动脉之间），在经常活动或易受压部位，其邻近的多条动脉分支常互相吻合成动脉网（如关节网），在时常改变形态的器官，两动脉末端或其分支可直接吻合形成动脉弓（如掌深弓、掌浅弓、胃小弯动脉弓等）。这些吻合都有缩短循环时间和调节血流量的作用。

（2）**静脉间吻合**：静脉吻合远比动脉丰富，除具有和动脉相似的吻合形式外，常在脏器周围或脏器壁内形成静脉丛，以保证在脏器扩大或腔壁受压时血流通畅。在肝内可见静脉性怪网，其连接形式是小静脉、静脉性毛细血管、小静脉。

（3）**动静脉吻合**：在体内的许多部位，如指尖、趾端、唇、鼻、外耳皮肤、生殖器勃起组织等处，小动脉和小静脉之间可借血管支直接相连，形成**小动静脉吻合**。这种吻合具有缩短循环途径，调节局部血流量和体温的作用。

（4）**侧支吻合**：有的血管主干在行程中发出与其平行的**侧副管**。发自主干不同高度的侧副管彼此吻合，称侧支吻合。正常状态下侧副管比较细小，但当主干阻塞时，侧副管逐渐增粗，血流可经扩大的侧支吻合到达阻塞以下的血管主干，使血管受阻区的血液循环得到不同程度的代偿恢复。这种通过侧支建立的循环称**侧支循环**（colleteral circulation）或**侧副循环**。侧支循环的建立显示了血管的适应能力的可塑性，对于保证器官在病理状态下的血液供应有重要意义。

3. 动脉 动脉是从心运送血液到全身各器官的血管。由左心室发出的主动脉及其各级分支运送动脉血，而自右心室发出的肺动脉干及其分支则输送静脉血。动脉分支离开主干进入器官前，称为器官外动脉，进入器官内的分支，称为器官内动脉。

（1）**肺循环的动脉**：肺循环的动脉起自**肺动脉干**，肺动脉干短而粗，起自右心室的肺动脉口，经主动脉起始部的前方向左上后方斜行，至主动脉弓的下方，分为**左、右肺动脉**。**左肺动脉**（left pulmonary artery）较短，横行向左，经左主支气管前方达左肺门，分2支入左肺的上、下叶。**右肺动脉**（right pulmonary artery）较长，横行向右，经升主动脉和上腔静脉的后方至右肺门，分为3支，入右肺的上、中、下叶。左右肺动脉的分支在肺内伴随支气管反复分支，最后形成包围肺泡的毛细血管网。

在肺动脉干分为左、右肺动脉的分叉部偏左侧，发出一条短的纤维结缔组织索，向上连于主动脉弓的下缘。称**动脉韧带**（arterial ligament，**动脉导索**）。它是胚胎时期**动脉导管**闭锁后的残存物。在胚胎时期，动脉导管是肺动脉干的血液流向主动脉的通道。出生后，因呼吸而肺循环开始，动脉导管随之闭锁，形成动脉韧带。如此管长期不闭锁，即为动脉导管未闭，是一种先天性心脏病。

（2）**体循环的动脉**：体循环的动脉起自**主动脉**，依据它的行程可分为**升主动脉**、**主动脉弓**和**降主动脉**（图1-87）。各动脉发出的主要动脉及其分布如表1-2，将分别在各有关章节叙述。

（3）动脉的组织结构

1）大动脉的组织结构：主动脉属**大动脉**（large artery）。除主动脉外，如肺动脉、颈总动脉、无名动脉、锁骨下动脉等，从心脏直接发出或离心较近的动脉，均为大动脉。一般管腔较大，管壁较厚；管壁内有大量的弹性纤维成分，平滑肌较少，因此，又称**弹性动脉**。大动脉的管壁可分为内膜、中膜和外膜三层（图1-88）。

A. **内膜**（tunica intima）：位于管壁的内表层，由内皮、内皮下层和内弹性膜组成。内皮为衬贴于内膜腔面的一层单层扁平上皮，与心内膜的内皮相连续。内皮下层为内皮下的薄层结缔组织，比较细密，常含散在的纵行平滑肌束。内弹性膜为内皮下层外侧的数层弹性膜。但因与中膜的弹性膜相移行，故不易分清。

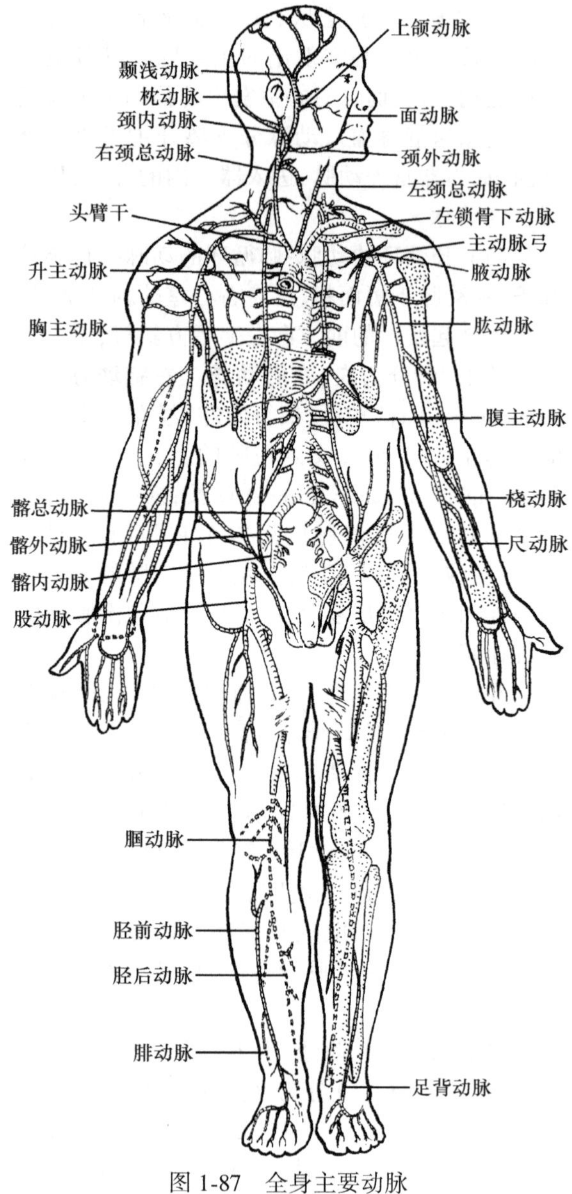

图 1-87　全身主要动脉

表 1-2　主动脉的各级分支

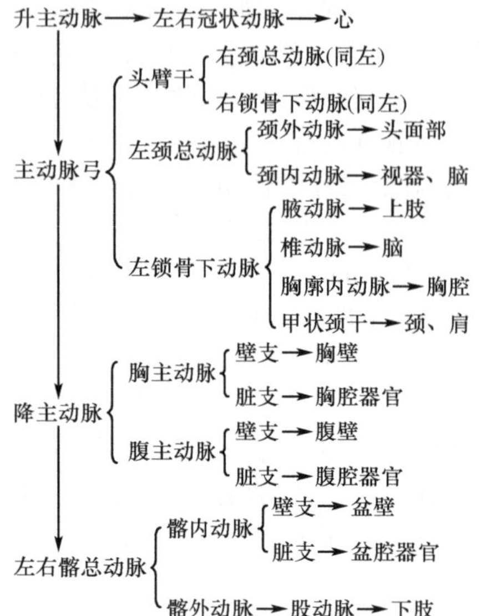
升主动脉 → 左右冠状动脉 → 心

主动脉弓
- 头臂干
  - 右颈总动脉(同左)
  - 右锁骨下动脉(同左)
- 左颈总动脉
  - 颈外动脉 → 头面部
  - 颈内动脉 → 视器、脑
- 左锁骨下动脉
  - 腋动脉 → 上肢
  - 椎动脉 → 脑
  - 胸廓内动脉 → 胸腔
  - 甲状颈干 → 颈、肩

降主动脉
- 胸主动脉
  - 壁支 → 胸壁
  - 脏支 → 胸腔器官
- 腹主动脉
  - 壁支 → 腹壁
  - 脏支 → 腹腔器官

左右髂总动脉
- 髂内动脉
  - 壁支 → 盆壁
  - 脏支 → 盆腔器官
- 髂外动脉 → 股动脉 → 下肢

B. **中膜**(tunica media)：很厚，主要由 40～70 层环行的有孔弹性膜组成。各层弹性膜间有少量弹性纤维和平滑肌纤维分布。这些成分间有丰富的基质，呈嗜碱性，内含较多的硫酸软骨素。

C. **外膜**(tunica adventitia)：较薄，由结缔组织组成，其纤维排列较密且大多纵行。外弹性膜不易分清。外膜与周围结缔组织无明显分界。外膜内含有小的营养血管、神经束及脂肪细胞等。

大动脉的结构有较明显的年龄性变化。随年龄的老化，出现管壁的弹性纤维减少，平滑肌成分增加，内膜增厚等退行性变化。

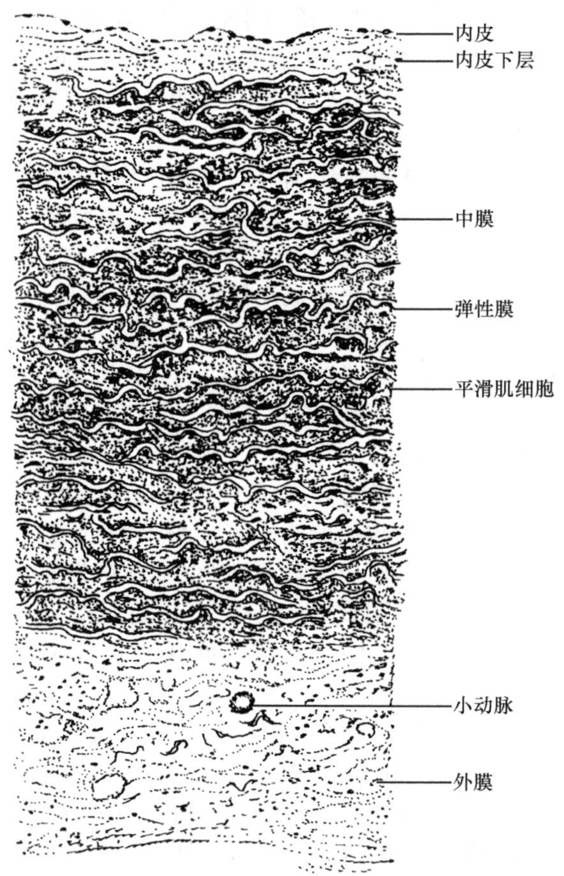

图 1-88　大动脉横切面(低倍)

2）**中动脉的组织结构**：**中动脉**(medium-sized artery)为除主动脉、肺动脉等大动脉外，其管径在 1mm 以上，在解剖学上有名称的动脉，均属于中动脉。中动脉管壁的环形平滑肌非常发达，故又称**肌性动脉**。中动脉的管壁由内膜、中膜和外膜三层结构组成(图 1-89)。

A. **内膜**(tunica intima)：衬于管腔面，较薄，可分为三层。内皮为单层扁平上皮，薄而光滑，对血流的阻力很小。内皮下层是薄层结缔组织，所含的弹性纤维和胶原纤维很细，常有少量平滑肌细胞存在。内弹性膜，位于内膜的最深层，由弹性纤维构成的一层有孔膜构成。在血管横切面上，因管壁收缩而呈波浪状走行。折光性很强。中动脉的内弹性膜非常清晰,是中动脉的主要特征之一。

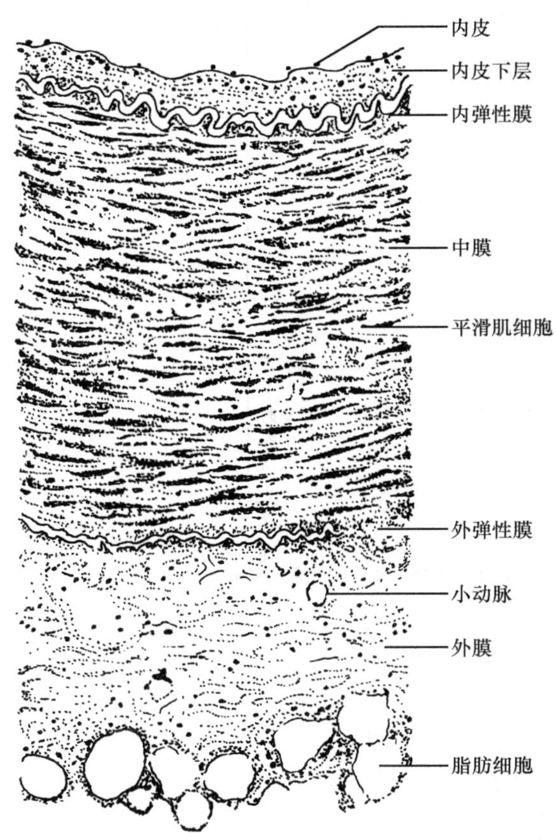

图 1-89 中动脉横切面(低倍)

B. **中膜**(tunica media):由 10~40 层环形平滑肌组成。平滑肌纤维之间有少量胶原纤维、弹性纤维和基质。但无成纤维细胞。目前认为中膜的平滑肌细胞分化程度较低,可产生胶原纤维、弹性纤维以及基质。

C. **外膜**(tunica adventitia):此层位于最外侧,由疏松结缔组织构成,其所含纤维多分散纵行。外膜与中膜的交界处,有数层密集的弹性纤维构成的外弹性膜,在横断面上呈波浪状或断续状走行。外膜结缔组织含有营养血管及神经束等。外膜的结缔组织与周边的结缔组织相移行,故外膜外侧无明显界限。

中动脉中膜的环行平滑肌的收缩或舒张,可改变其管径大小,调节其血液流量,故中动脉又称分配动脉。

3) **小动脉的组织结构:小动脉**(small artery)是指管径 1mm 以下至 0.3mm 的动脉,亦属于**肌性动脉**。其管壁的结构类似于中动脉,也分内膜、中膜和外膜三层。但较细的小动脉,无内皮下层,内皮和内弹性膜直接相贴。内弹性膜很薄,中膜平滑肌仅数层。外膜为薄层结缔组织,一般无外弹性膜。小动脉的中膜平滑肌的收缩,使管径变小,增加血流的阻力,有调节血流量和血压的作用。小动脉是外周阻力血管的重要组成部分。

4. 静脉 **静脉**始于毛细血管,引导血液流回心腔。静脉与动脉在形态结构上有许多相似之处,但由于二者的功能不同,静脉也具有若干特点。

动脉离开心后,其分支越分越细;而静脉在向心汇集的过程中,不断接受属支,逐渐变粗。动脉管内压力较高,血流较快,因而动脉管径较细,管壁较厚而富有弹性;静脉起于毛细血管,血流缓慢,压力较低,因而管腔较粗,管壁较薄,收缩力微弱,加上属支庞杂。数目又比动脉多,因此静脉的总容积超过动脉的一倍以上,借此来维持血流量的动态平衡。静脉在结构上的另一特点是管腔内有由静脉内膜折叠形成的**静脉瓣**(venous valve),呈半月形,通常成对排列,具有防止血液逆流或改变血流方向的作用。人体凡受重力影响较大,血液回流比较困难的部位,静脉瓣就较多;反之,则完全无瓣或数目较少,例如,四肢的静脉瓣最多,而下肢又多于上肢;头、颈部和胸部的静脉大多数无静脉瓣。

体循环的静脉可分为浅静脉和深静脉。**浅静脉**(superficial vein)行于皮下组织内,又称皮下静脉,数目较多,不与动脉伴行;由于位置表浅,为进行注射、输液和采血的适宜部位。**深静脉**(deep vein)行于深筋膜的深面或体腔内,大多数与同名动脉伴行;并且在某些部位,一条动脉常有两条静脉伴行,如上肢的桡、尺动脉和下肢的胫前、后动脉。少数大的静脉干(如头臂静脉和上、下腔静脉等)以及颅内和脊髓的静脉等,都不与动脉相伴行。浅静脉与深静脉之间有丰富的吻合,而且浅静脉最后都汇入深静脉。当深静脉发生阻塞时,该部位的浅静脉便成为侧副循环的重要途径。

(1) **肺循环的静脉**:肺静脉无静脉瓣,左、右各有 2 支,分别称为**左、右肺上静脉**和**左、右肺下静脉**,起自肺门,分别注入左心房后部的两侧。肺静脉输送动脉血,这有别于体循环的静脉。

(2) **体循环的静脉**:体循环的静脉包括上腔静脉系、下腔静脉系(含肝门静脉系)和心静脉系(在心一节叙述)。

1) **上腔静脉系**:由上腔静脉及其属支组成,收集头颈部、上肢和胸部(心除外)的静脉,最后通过上腔静脉注入右心房。其各部静脉注流上腔静脉的情况见简表和图 1-90。

2) **下腔静脉系**:由下腔静脉及其各级属支组成,收集膈以下下半身的静脉血,最后注入右心房。其各部静脉注流下腔静脉的情况见简表 1-3 和图 1-90。

表 1-3　上腔静脉系静脉注流简表

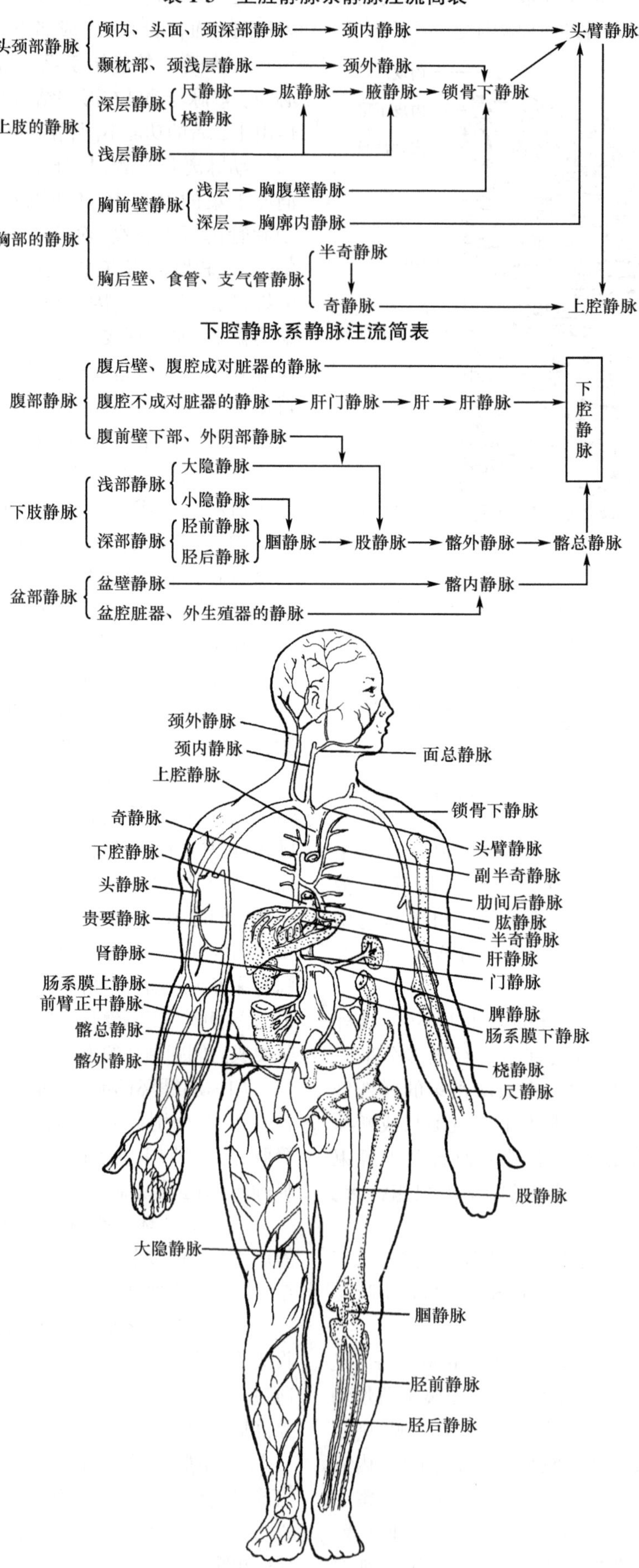

图 1-90　全身主要静脉

(3) **静脉的组织结构**:静脉也分大、中、小三种类型,中、小静脉一般都与动脉伴行。但静脉管腔粗,管壁薄,数量多,故静脉的血容量大于动脉。静脉的管壁结构也是由内膜、中膜和外膜三层结构组成,但因静脉的所在部位不同,结构上的差异也较大。一般的结构特点是:管腔大、管壁薄,柔软,弹性小。故切面上常呈不规则型;管壁结缔组织较多,平滑肌少,排列疏松;内、外弹性膜不如动脉发达等。

1) **静脉管壁的一般结构**

A. **内膜**:微静脉和小静脉的内膜很薄,几乎只由一层内皮构成。中静脉及大静脉,其内膜略厚,结缔组织的胶原纤维和弹性纤维较多,常含有分散的纵行平滑肌纤维。内弹性不发达或不明显。

B. **中膜**:一般静脉的中膜较薄。中、小静脉的中膜仅为一薄层疏散的环行平滑肌构成。有些大静脉甚至无环行平滑肌。

C. **外膜**:此层较厚,由纤维性结缔组织组成。一般无外弹性膜。中静脉的外膜可有少量纵行平滑肌束。大静脉的外膜最厚,其中含有较多的纵行平滑肌束。外膜还有小的血管和神经束。

2) **静脉瓣**:管径 2mm 以上的静脉常有瓣膜,称**静脉瓣**(valve vein),是位于管腔面的两个半月状薄片,彼此相对,根部与内膜相连,其游离缘朝向血流方向。四肢的静脉瓣膜较多,胸腹部的静脉多数没有瓣膜。

静脉瓣是内膜突向腔内折叠而成。表面衬以内皮,中间为富含弹性纤维的结缔组织。大静脉瓣的结缔组织内常有平滑肌纤维。

5. 毛细血管　毛细血管(capillary)是位于动脉和静脉之间的管径最细小的血管。平均管径约 7~9μm,仅能通过 1~2 个红细胞。毛细血管广泛分布于各组织和细胞间,它们反复分支并互相吻合成网。不同器官和组织的毛细血管网的密度和类型各不相同,代谢旺盛的组织和器官如骨骼肌、心肌、肺、肾和腺体等密度较大,代谢较低的组织和器官如骨、韧带和肌腱等密度很低。

(1) **毛细血管的结构**:毛细血管的结构很简单,其管壁主要由一层内皮细胞和基膜组成。在内皮细胞和基膜之间有散在的扁而有突起的细胞,称**周细胞**(pericyte)。细的毛细血管仅由 1~2 个内皮细胞围成,较大的毛细血管也只有 3~4 个内皮细胞围成。内皮细胞为扁平梭形或多边形,其长径沿血管纵轴排列,核圆形或椭圆形位于细胞中央。内皮外可有一层很薄的基膜和周细胞。周细胞可认为是一种近似于间充质细胞的细胞,可分化为内皮细胞、平滑肌细胞和某些结缔组织细胞。

(2) **毛细血管的类型**:毛细血管根据其电镜下的结构特点可分为三种类型(图 1-91、图 1-92)。

1) **连续毛细血管**(continuous capillary):其内皮细胞相互连续,细胞间有紧密连接等连接结构。内皮外方有完整的基膜。内皮细胞除含核部分很薄,厚约 0.1~0.2μm,胞质中有许多吞饮小泡。这些小泡起着向毛细血管内外运送物质的作用。连续毛细血管分布于结缔组织、肌组织、肺和中枢神经系统等处。

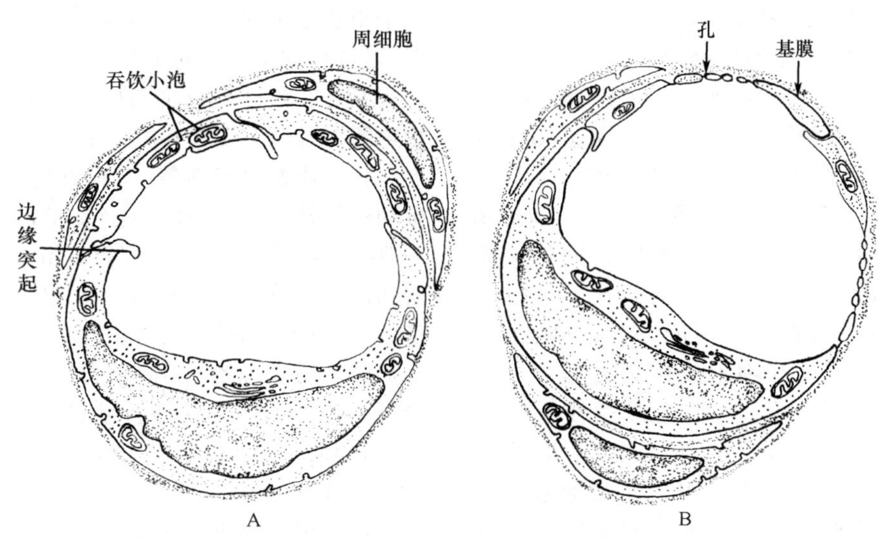

图 1-91　两种毛细血管超微结构模式图

A. 连续毛细血管;B. 有孔毛细血管

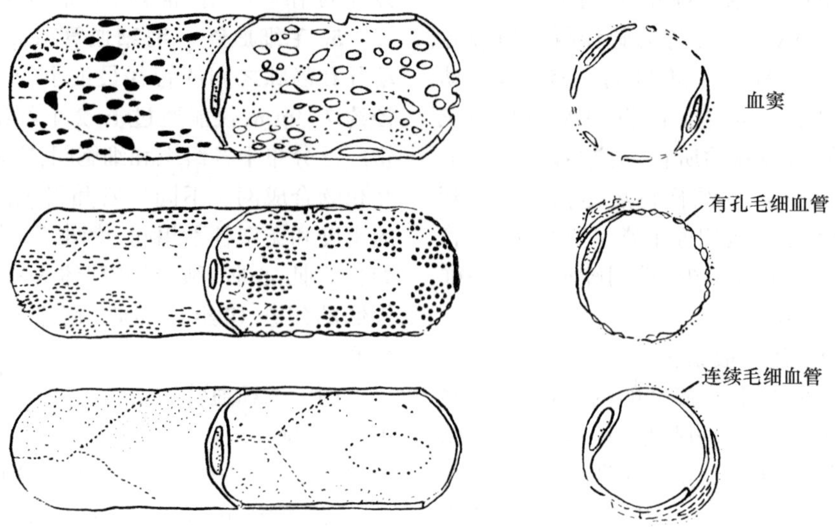

图 1-92　毛细血管类型模式图

2）**有孔毛细血管**（fenestrated capillary）：也具有连续的内皮和基膜。但其内皮细胞的不含核部分很薄，并有许多贯穿细胞的小孔，孔径约60～80μm。许多器官的此型毛细血管小孔上有隔膜封闭，隔膜厚约4～6nm，比一般细胞膜还薄。有孔毛细血管主要分布于胃肠黏膜，某些内分泌腺和肾血管球等处。肾血管球的内皮细胞小孔上无隔膜。

3）**血窦**（sinusoid）：又称窦状毛细血管。此类毛细血管，管腔大，粗细不等，形状不规则，主要分布于肝、脾、骨髓及一些内分泌腺中。内皮细胞不连续，相邻细胞间常有较大的间隙，基膜有的连续，有的不完整或无。不同器官的血窦结构有差异。有些内分泌器官的血窦内皮上有孔。脾血窦内皮常呈长杆状等。

（3）**毛细血管与物质交换**：毛细血管是血液与周围的组织进行物质交换的主要场所。人体毛细血管总面积非常大，一个体重60kg的成人，其毛细血管的总面积可达6000 m^2，且管壁很薄，通透性较强。这些特点有利于进行物质交换。毛细血管的结构与物质交换的关系主要在于通透性上。内皮细胞的孔能透过液体和大分子物质，吞饮小泡能输送液体，细胞间隙则因间隙宽度和细胞连接紧密程度的差别，通透性有所不同。基膜能透过较小的分子，但能阻挡一些大分子物质。另一些物质如O_2、CO_2和脂溶性物质等。可以直接通过内皮细胞的胞质和胞膜。毛细血管的通透性可受某些因素的影响而改变。在某些生理和病理条件下，如组胺、5-羟色胺、缓激肽等因素可使毛细血管通透性增强。

6. 微循环　微动脉和微静脉之间的血液循环称**微循环**（microcirculation）。它是血液循环的基本功能单位。人体各器官和组织的微循环的结构有所不同，但一般都有如下几部分组成。

（1）**微动脉**：口径30～300μm之间的小动脉称**微动脉**。管壁只有内皮和1～2层平滑肌构成。此平滑肌的收缩可调节进入微循环中的血量，起到“总闸门”的作用。

（2）**毛细血管前微动脉和中间微动脉**：微动脉的分支称**毛细血管前微动脉**。再分支则称**中间微动脉**，其管壁平滑肌稀疏分散，不能形成完整的一层。

（3）**真毛细血管**：是毛细血管前微动脉的直接分支或中间微动脉的分支。它们迂回曲折分布于组织细胞间，形成毛细血管网。其内血流缓慢，是进行物质交换的主要部位。在真毛细血管的起始处有少许环行平滑肌组成的**毛细血管前括约肌**。是调节微循环的分闸门。

（4）**通血毛细血管**：又称**直捷通路**，是中间微动脉的延伸部分，直接通连微静脉。其构造与一般毛细血管相同，只是管径略粗。它是经常开放的血流通路。此通路直而短，血流速度快，流量大，与组织间的物质交换较少，是非营养血管。

（5）**动静脉吻合**：是微动脉分出的侧支直接与微静脉相连。此处管壁较厚，内皮与平滑肌接触，肌层较厚，有丰富的血管运动神经末稍。动静脉吻合主要分布在指、趾、唇和鼻等处的皮肤内及某些器官内。平时不常开放，在特殊状态下开放，使部分血液不经真毛细血管，直接汇入静脉。它也是调节局部组织血流量的重要结构。

（6）**微静脉**：常与微动脉伴行。从毛细血管过渡到微静脉是逐渐改变的。其中较细的一段称毛细血管后微静脉，此处的通透性较强，能通过一些大分子物质。在改变交换中起着重要作用。

（二）淋巴系

淋巴系统由淋巴管道、淋巴器官和淋巴组织组成（图 1-93）。血液经动脉运行到毛细血管动脉端时，其中一部分液体经毛细血管壁滤出，进入组织间隙形成组织液。组织液与组织进行物质交换后，大部分在毛细血管静脉端和毛细血管后静脉处被吸收入静脉，小部分（主要是水和从血管逸出的大分子物质，如蛋白质等）则进入毛细淋巴管成为淋巴。淋巴沿淋巴管道向心流动，最后归入静脉（图 1-93）。故淋巴管道是协助体液回流的途径，可视为静脉的辅助管道。淋巴管在行程中，与结节状膨大的淋巴结连通。淋巴结不仅有滤过淋巴的功能，而且还与脾和胸腺等淋巴器官一起产生淋巴细胞，参与身体的免疫功能，构成身体重要的防御装置。

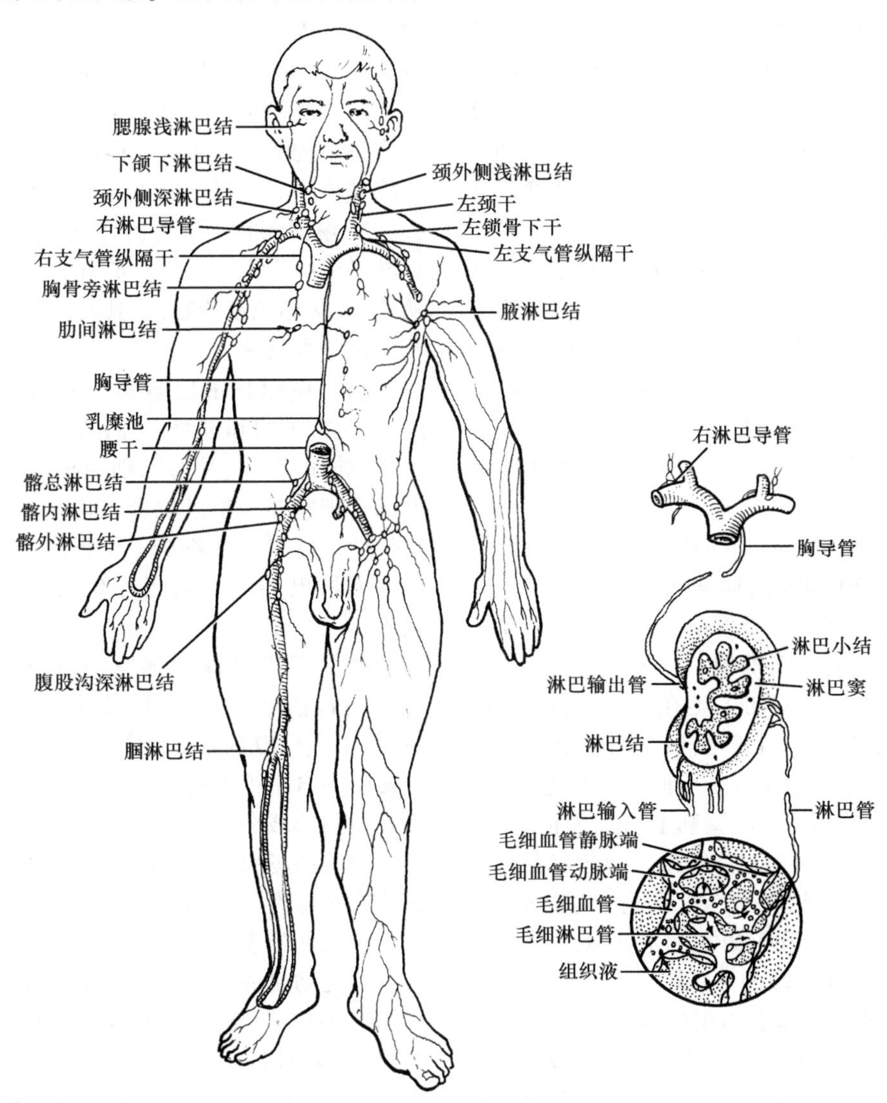

图 1-93　淋巴系全貌

1. 淋巴管道　淋巴管道可根据结构和功能的不同，分为**毛细淋巴管**、**淋巴管**、**淋巴干**和**淋巴导管**。

（1）**毛细淋巴管**（lymphatic capillary）：由稍膨大的盲端起于组织间隙，并彼此吻合成网。毛细淋巴管除在无血管结构（上皮、角膜、晶状体和软骨等）及脑、脊髓、骨髓等处缺如以外，遍布全身各处。毛细淋巴管的管径粗细不匀，一般较毛细血管略粗。毛细淋巴管壁由单层内皮细胞构成，内皮细胞之间的间隙可达 0.5μm 以上。被重叠的内皮细胞边缘游离内垂，形成瓣状结构允许液体移向管内，但不允许向外反流。由于毛

细淋巴管壁结构上的这一特点,使它具有比毛细血管更大的通透性;一些不易透过毛细血管壁的大分子物质(蛋白质、细菌、异物和癌细胞等),可进入毛细淋巴管内。

(2)**淋巴管**(lymphatic vessel):由毛细淋巴管汇合而成,其形态结构与静脉相似,但淋巴管的管径较细,管的数量较多;管壁较薄,瓣膜很多;并在向心行程中,与一个或多个淋巴结连通。

(3)**淋巴干**(lymphatic trunk):全身各部的浅、深淋巴管经过相应的淋巴结,最后汇合成较大的淋巴干。全身的淋巴干共有9条:头、颈部的淋巴管汇合成**左、右颈干**;上肢及部分胸壁的淋巴管汇合成**左、右锁骨下干**;胸腔脏器及部分胸、腹壁的淋巴管汇合成**左、右支气管纵隔干**;腹腔不成对器官的淋巴管汇合成一条**肠干**;下肢、盆部及腹腔成对器官及部分腹壁的淋巴管汇合成**左、右腰干**。

(4)**淋巴导管**(lymphatic ducts):9条淋巴干汇合成两条淋巴导管,即右淋巴导管和胸导管。

1)**右淋巴导管**(right lymphatic duct):为一短干,长约1.5cm,由右颈干、右锁骨下干和右支气管纵隔干汇合而成,注入右静脉角(图1-93)。右淋巴导管收集右侧上半身,即全身右上1/4部位的淋巴。

2)**胸导管**(thoracic duct):是全身最粗大的淋巴管,长约30~40cm,通常在第1腰椎体前面由左、右腰干和肠干汇合面成。其起始部多呈梭形的囊状膨大,称为**乳糜池**。胸导管起始后向上经膈的主动脉裂孔入胸腔,走在胸主动脉与奇静脉之间,食管的后方,上升至第5胸椎附近转向左行,斜经主动脉弓和食管后面到脊柱左前方,继续沿食管左侧上升,经胸廓上口达颈根部后,呈弓状弯曲向左,注入左静脉角。胸导管在注入左静脉角之前,接纳左支气管纵隔干、左锁骨下干和左颈干。胸导管收集左侧上半身及整个下半身,即全身3/4区域的淋巴。

2. 淋巴组织　淋巴组织(lymphoid tissue)又称免疫组织,是以网状细胞和网状纤维为支架,网眼中充满大量淋巴细胞、巨噬细胞、浆细胞和肥大细胞等。淋巴组织有两种存在形式:

(1)**弥散淋巴组织**:弥散淋巴组织内常含毛细血管后微静脉,其特征是内皮为单层立方或矮柱状,是淋巴细胞从血液进入淋巴组织的通道。在抗原刺激下弥散淋巴组织可出现淋巴小结。

(2)**淋巴小结**:又称**淋巴滤泡**,是由密集的B细胞为主构成的淋巴组织。一般淋巴小结呈圆形,边界清晰,大小直径约0.2~1.0mm。淋巴小结内还含有少量T细胞和巨噬细胞等。免疫应答时小结的中央着色浅,出现许多细胞分裂缘,此处称生发中心。有生发中心的淋巴小结称次级淋巴小结。次级淋巴小结可分成暗区、明区和小结帽三个部分。暗区主要由幼稚的大淋巴细胞组成,胞质嗜碱性强而着色深;明区内含有较多的网状细胞、滤泡树突细胞及中等大淋巴细胞组成,分布松散,故着色浅。小结帽为密集的小淋巴细胞组成,着色较深。无生发中心的淋巴小结称初级淋巴小结,一般较小。淋巴小结的形态和结构不是固定不变的,初级淋巴小结受抗原刺激转化为次级淋巴小结。次级淋巴小结的形成必须有Th细胞的参与,否则不能形成次级淋巴小结。淋巴小结是体液免疫应答的主要标志,其形态结构随机体免疫功能状态而有显著变化,抗原被清除后淋巴小结可逐渐消失。

3. 淋巴器官　淋巴器官(lymphoid organ)是以淋巴组织为主要成分的器官,在体内实现免疫功能,故又称**免疫器官**,按其发生、结构及功能的不同可分为两种:

(1)**中枢性淋巴器官**(central lymphoid organ):包括胸腺和骨髓,它们的发生较早,其发育不受抗原的影响,是淋巴细胞早期分化的场所。淋巴干细胞在中枢淋巴器官内增殖分化成具有特异性抗原受体的细胞。中枢淋巴器官不断地向周围淋巴器官和淋巴组织输送处女型淋巴细胞。

(2)**周围性淋巴器官**(peripheral lymphoid organ):包括淋巴结、脾和扁桃体。它们的发生较晚,出生后数月才发育完善。周围淋巴器官不断接受来自中枢淋巴器官处女型淋巴细胞,逐渐发育成熟形成各种淋巴细胞。周围淋巴器官是免疫应答的场所。在抗原刺激下,周围淋巴器官迅速发育增大,结构趋于完善。抗原被清除后又恢复原来的状态。

淋巴结(lymph nodes)为大小不一的圆形或椭圆形小体,新鲜时呈灰红色。淋巴结一侧隆凸,另一侧凹陷,凹陷处有淋巴结的神经和血管出入。与淋巴结凸侧相连的淋巴管称输入管,与凹侧相连的是输出管,输出管的数目少于输入管。一个淋巴结的输出管可成为另一个淋巴结的输入管。淋巴结数目较多,有浅、深之分,多沿血管周围配布,常成群集聚于身体凹窝或较为隐蔽之处,如腋窝、腘窝、腹股沟部及胸、腹、盆腔器官的附近。

人体各器官或各部位的淋巴管都汇至一定的淋巴结,称此为该器官或部位的局部淋巴结。

当身体某器官或局部发生感染时，细菌和病毒等可沿淋巴管侵至相应的局部淋巴结。该局部淋巴结能阻截和清除这些细菌和病毒，成为阻止病变扩散的直接屏障。此时，淋巴结内细胞迅速增殖，功能旺盛，体积增大，故局部淋巴结肿大常反映其收纳淋巴的部位有病变。如该局部淋巴结不能阻塞或清除这些细菌或病毒时，病变可沿该结的淋巴流向继续漫延。由此可见，了解局部淋巴结的位置、收纳淋巴的范围及其淋巴流向，具有重要的临床意义。淋巴结的分布详见各章节。

淋巴结的组织结构：淋巴结的表面覆一薄层结缔组织被膜。有数条输入淋巴管穿过被膜进入被膜下窦。被膜的结缔组织伸入实质内形成许多小梁，并且互相连结成支架。淋巴结的门处结缔组织较厚，其中有1~2条输出淋巴管、血管和神经出入。被膜下方为淋巴结的实质，可分为皮质和髓质两部分。

1）**皮质**（cortex）：位于被膜的下方，由浅层皮质、副皮质区和皮质淋巴窦构成。

A. **浅层皮质**：为皮质的表层部分，由许多淋巴小结和小结间的薄层弥散淋巴组织组成。淋巴小结一般为初级淋巴小结；受到抗原刺激后，淋巴小结增多增大，发育成次级淋巴小结，有时嵌入到皮质深层的副皮质区内。发育良好的次级淋巴小结，均有较大的生发中心，可分为暗区、明区和小结帽三部分。暗区的淋巴细胞，主要为转化的较幼稚的大B淋巴细胞。胞质较丰富，嗜碱性强，着色深。明区的淋巴细胞中等大小，分布松散，着色浅，并含较多的网状细胞，滤泡树突细胞及巨噬细胞等。小结帽位于生发中心的顶部及其周围，由很薄一层密集的小淋巴细胞组成。此处的淋巴细胞大多数为记忆性B淋巴细胞和浆细胞的前身。皮质的淋巴小结是淋巴结首先接受抗原刺激的部位，B淋巴细胞在此增殖分化成熟。小结间皮质与深部皮质相连，为T淋巴细胞的分化区（图1-94）。

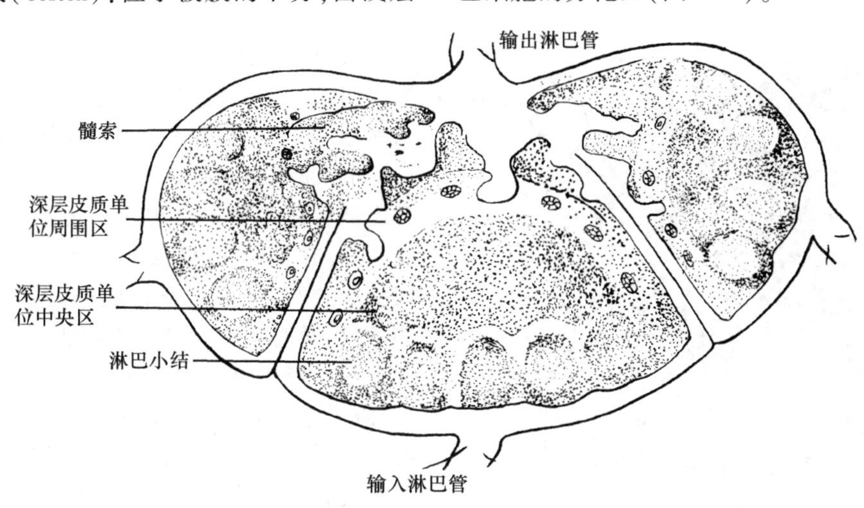

图1-94　淋巴结模式图

B. **副皮质区**：位于皮质深层，由弥散淋巴组织构成，其中主要为由T淋巴细胞聚集形成的半球形结构，称**深层皮质单位**。深层皮质单位的球面朝向髓质，平坦面朝向浅层皮质。其中央区含大量的T淋巴细胞和一些交错突细胞。每个皮质单位均有一条输入淋巴管相连，同时还同10个左右的皮质淋巴小结相对应。皮质单位为重要的胸腺依赖区，它周围的薄层稀疏的弥散淋巴组织内主要含T淋巴细胞和一些B淋巴细胞，并含较多的高内皮微静脉，是血液中的淋巴细胞进入淋巴组织的通道。血液流经此段血管时，约有10%的淋巴细胞穿越血管壁进入皮质深层单位的周围，再迁至其他部位。

C. **皮质淋巴窦**：它包括被膜下淋巴窦和小梁周窦。被膜下窦是包绕整个实质的大扁形囊，有数条输入淋巴管通入其内。被膜下窦通过小梁周窦及深层皮质间的狭窄通道与髓窦相通。淋巴窦为由薄内皮衬里，外有很薄的基膜和少量网状纤维及扁平网状细胞。淋巴窦内常有些星形内皮细胞支撑窦腔。腔内附有较多的巨噬细胞。淋巴窦的这些结构特点使窦内的淋巴液流动缓慢，有利于巨噬细胞充分吞噬异物和处理抗原（图1-95）。

2）**髓质**（medulla）：由髓索和髓窦组成（图1-96）。

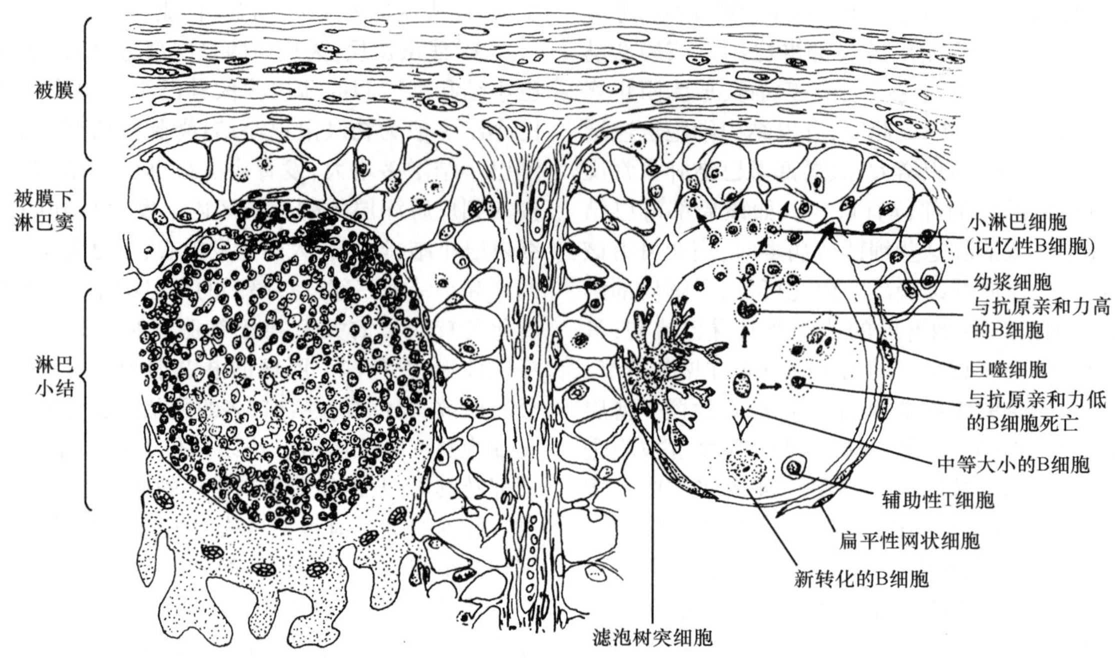

图 1-95 淋巴小结的结构及其细胞转化分布示意图

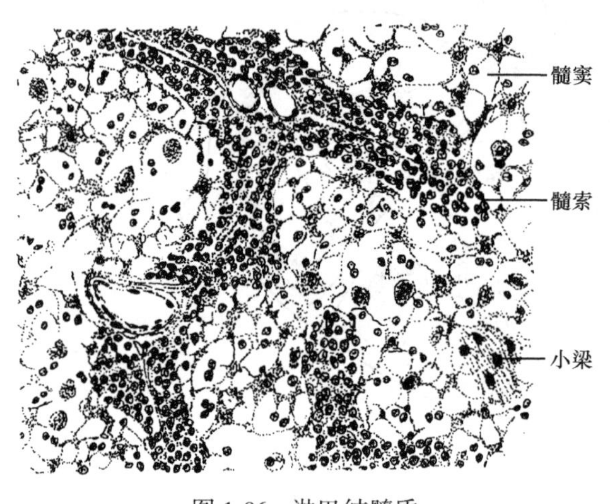

图 1-96 淋巴结髓质

A. **髓索**:为相互连续的索条状淋巴组织。索内含有大量的 B 淋巴细胞和少量 T 淋巴细胞,浆细胞及巨噬细胞等。

B. **髓窦**:为髓质中的淋巴窦,其结构与皮质淋巴窦相同,位于髓索之间,窦腔较宽大。腔内巨噬细胞较多。因而其滤过作用也强。

淋巴液由输入淋巴管首先进入被膜下窦,再经小梁周窦及深层皮质间的狭窄通道流入髓窦,最后汇成 1~2 条输出淋巴管流出淋巴结。淋巴液在淋巴结内流动缓慢,一般需要数小时才能流经一个淋巴结,流出的淋巴液中一些抗原、异物、细菌等均被清除。但淋巴细胞和抗体则显著增加。

淋巴细胞经输出淋巴管离开淋巴结后,进入血液循环,当流经淋巴结内的高内皮微静脉时,一部分淋巴细胞穿越内皮,再次进入淋巴结内的淋巴组织中,并经输出淋巴管再次离开淋巴结进入血液中。如此循环往复,称**淋巴细胞再循环**(reculation of lymphocyte)。除淋巴结外,其他的淋巴器官或弥散淋巴组织中也存在高内皮微静脉,也存在类似的淋巴细胞再循环现象。通过淋巴细胞再循环,在全身范围内监视识别抗原,传递信息,及时产生免疫应答功能。

除了产生淋巴细胞和浆细胞,引起免疫应答外,淋巴结还有滤过淋巴液的功能。淋巴液流经淋巴结时,其中的异物、细菌等抗原物质,均被巨噬细胞吞噬消除,其清除率可达到 99%,但对病毒及肿瘤细胞等滤过效果较差。

四、神经系统概述

神经系统由脑、脊髓以及与它们相连并遍布全身各处的周围神经所组成,在人体各器官、系统中占有特殊重要的地位。人体各系统的不同细胞、组织和器官都在进行着不同的机能活动,但是这些活动又不是孤立不相关的,而是在时间和空间上严密组合在一起、互相配合的,这样人体才能完成统一的生理功能。人体中把不同细胞、组织和器官的活动统一协调起来的一整套调节机构,就是神经系统。正是靠这种协调,人体才能适应或驾驭不断变化着的内环境和外环境,维持自身和种系的生存和发展。因此,可以说,神经系统是人体内起主导作用的系统。

(一)神经系统的区分

神经系统分为中枢部和周围部(图 1-97)。中枢部即**中枢神经系统**(central nervous system),包括脑和脊髓,分别位于颅腔和椎管内;周围部即**周围神经系统**(peripheral nervous system),其一端与中枢神经系统的脑或脊髓相连,另一端通过各种末稍装置与身体其他各器官、系统相联系。根据与中枢联系的部位不同,我们可以把周围神经系统中凡是与脑相连的部分称为**脑神经**(cranial nerves),共 12 对;而把凡是与脊髓相连的周围神经叫**脊神经**(spinal nerves),共 31 对。如果从周围神经系统在各器官、系统中的不同分布对象考虑,我们又可把周围神经分为躯体神经和内脏神经。**躯体神经**(somatic nerves)分布于体表、骨、关节和骨骼肌;**内脏神经**(visceral nerves)则支配内脏、心血管、平滑肌和腺体。由于躯体神经和内脏神经都需经脑神经、脊神经与中枢部相连,因此,脑、脊神经内均含有躯体神经和内脏神经的成分。为叙述简便起见,一般可把周围神经系统分为三部分即脑神经、脊神经和内脏神经。

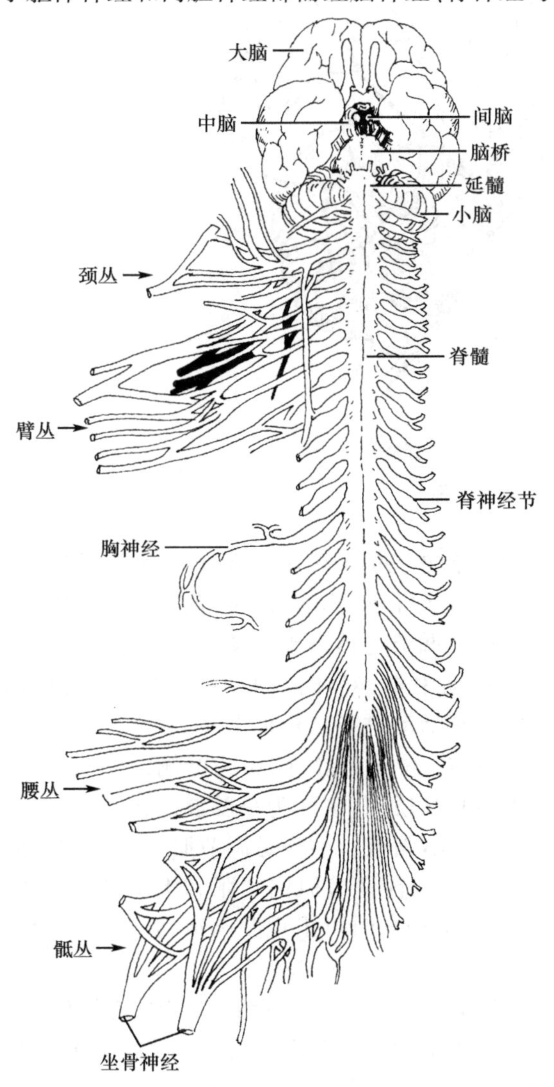

图 1-97　神经系统的区分

脑、脊神经和内脏神经中各自都有感觉和运动成分。在周围神经中,感觉神经是将神经冲动自感受器传向中枢部,故又称**传入神经**(afferent nerves);运动神经则是将神经冲动自中枢部传向周围的效应器,故又称**传出神经**(efferent nerves)。内脏神经中的传出部分专门支配似乎不受人的主观意志所控制的平滑肌、心肌和腺体的运动,故又称为**自主神经系统**或**植物神经系统**,它们又分为**交感神经**和**副交感神经**(图 1-97)。

(二)神经系统的组成

神经系统主要由神经组织组成,神经组织包括神经元和神经胶质,在基本组织一节叙述。

(三)神经系统的常用术语

由于组成神经系统的基本结构单位是神经元,而神经元又有胞体和轴突的区分,这样,分别位于神经系统不同部位的胞体和轴突的群体就因组合和编排方式不同而具有不同的术语。

在中枢部,**灰质**(gray matter)可泛指神经元胞体包括大部分树突的聚集部位,此部因富含血管而在新鲜标本中呈粉红色。在大脑半球和小脑,由大量神经元胞体及树突形成的灰质集中于表层,特称为**皮质**(cortex)。在中枢神经系的其他地方,形态功能相近的神经元胞体聚集在一起形成一定形状的灰质团体,称为**神经核**(nucleus)。神经元的另一重要部分即神经纤维在中枢内聚集成为**白质**(white metter)。这是由于神经纤维表面的髓鞘含有类脂质,在标本上呈亮白色而得名。大脑半球和小脑部位的白质因被皮质所包绕而位于深方,特称为**髓质**(medulla)。在白质中凡起止、行程和功能基本相同的神经纤维集合在一起称为**纤维束**(fasciculus)。

在周围部,神经元胞体聚集于**神经节**(ganglion)。其中由假单级或双极神经元等感觉神经元胞体聚成的神经节为**感觉神经节**,而由一些传出神经元胞体聚集的神经节常与支配内脏活动有关,称**内脏运动神经节**。神经纤维在周围部聚集在一起就形成各种粗细的**神经** nerves。每条神经中,神经纤维实际上也是先组成若干神经束,由结缔组织包裹。这些束再反复编织成神经,而束与束之间则有大量结缔组织充填。因此,搞清重要神经在不同部位的神经束具体排列关系在周围神经的显微外科中是有重要意义的。

(四) 中枢神经系概况

中枢神经系包括脊髓和脑。**脊髓**(spinal cord)位于椎管内,呈圆柱状,外包被膜并与脊柱的弯曲相一致,上端在枕骨大孔处与延髓相连,下端约平第一腰椎下缘。其两侧自上而下有31对脊神经相连,并因此而分为31个**脊髓节段**(8个颈节、12胸节、5个腰节、5个骶节和1个尾节)。在脊髓横切面上可见灰质位于内部,呈"H"型,并可分为前角、侧角和后角,由神经核组成,白质位于周围,分成前索、侧索和后索,由纤维束组成,通过这些神经核和纤维束,脊髓与周围神经及脑相连。关于脊髓的详细描述见背部一章。

脑(brain,图1-98)位于颅腔内,可分为**端脑**、**间脑**、**中脑**、**脑桥**、**延髓**和**小脑**等六个部分,通常将中脑、脑桥和延髓三部分合称为脑干。脑的表面也包有3层被膜,其内部也主要由灰质和白质构成,灰质中有的分布在大、小脑表面称成皮质,另有一部分在脑的各部分的内部形成神经核,这些神经核与脑神经或与某些上、下行纤维束相关,将脑各部分与脊髓及周围神经相连。

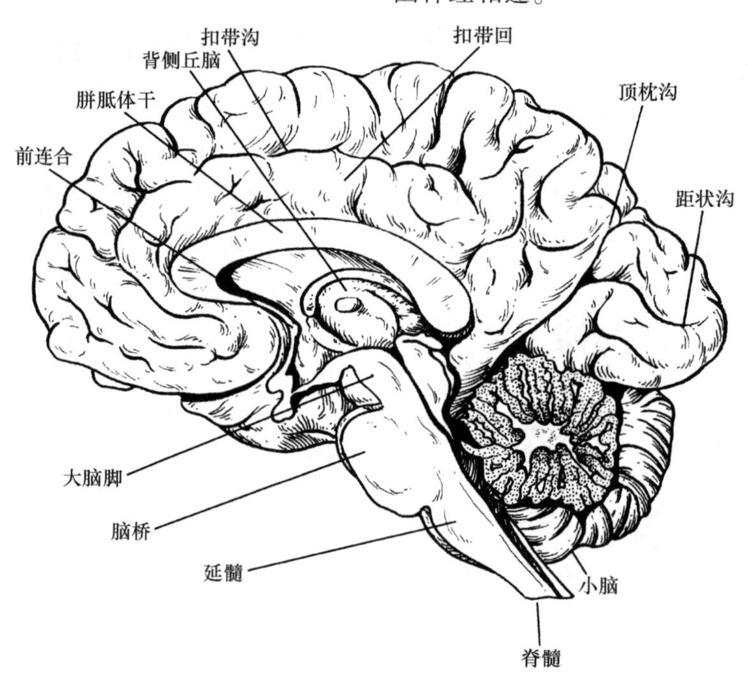

图1-98 脑的正中矢状切面

脑干 包括下方的延髓、中间的脑桥和上方的中脑三部分。其内部包括**灰质**、**白质**和**网状结构**组成,灰质主要位于脑干的背侧,形成与脑神经相关的脑神经核和与神经传导路相关的中继核,**脑神经核**与第Ⅲ~Ⅻ对脑神经相关,共有16个脑神经核;**中继核**与上、下行传导路相关。白质主要位于脑干的腹侧,由若干上、下行纤维束组成,**网状结构**位于灰、白质相交处,形成了呼吸、心跳、血压等维持生命的重要中枢。

间脑 位于中脑上方,被大脑半球所覆盖,主要包括**丘脑**和**丘脑下部**两部分,**丘脑**为卵圆形灰质块,其内有若干神经核,为体内多种感觉传导通路的重要中继站,所以也称为大脑的皮质下感觉中枢,丘脑又可分为背侧丘脑、上丘脑、底丘脑和后丘脑;**丘脑下部**位于丘脑的前下方,其前下方有视交叉和脑垂体等,其内也有若干神经核,是神经内分泌的中心,它将神经调节与体液调节融为一体,是皮质下内脏活动中枢,对体温、摄食、生殖、水盐代谢和内分泌活动进行广泛调节。

小脑 位于延髓、脑桥的背侧,其表面的灰质为**小脑皮质**,其深面为**小脑髓质**,髓质内有灰质核团称**小脑核**。小脑是调节肌肉运动的皮质下中枢之一,能调节肌肉紧张和维持身体平衡。因此,小脑损伤时可出现肌肉运动不协调,肌肉张力降低及平衡失调等症状。

端脑 由左、右两半球组成。半球之间有横行纤维称**胼胝体**,半球表面的灰质称**大脑皮质**,形成许多沟和回,是许多机能的高级中枢。皮质深部有出入皮质的神经纤维称髓质,髓质内藏有灰质核团称**基底核**，半球内有狭窄腔隙称**侧脑室**。大脑是人类各种神经、精神活动的高级中枢，通过多条上、下行传导路管理人体的各种机能活动。

关于脑的详细描述见第10章（脑）。

（五）周围神经系概况

1. 脊神经 与脊髓相连的神经称脊神经，共31对，其中颈神经（C）8对，胸神经（T）12对，腰神经（L）5对，骶神经（S）5对，尾神经（Co）1对。脊神经由前根和后根组成，出椎间孔后即分为前支、后支、脊膜支和交通支。**后支**较小，为混合性，分布于枕、项、背、腰、骶部的皮肤和肌肉；**前支**特别粗大，为混合性，分布于躯干前外侧和四肢的肌肉和皮肤。除胸神经前支保持明显的节段性，分布于相应的肋间隙之外，其余脊神经的前支分别交织成丛，由丛再发出分支分布于相应的区域，脊神经前支形成的丛有颈丛、臂丛、腰丛和骶丛。**颈丛**由 C_1-C_4 构成，主要分布于头颈部，**臂丛**由 C_5-T_1 构成，主要分布于上肢，**腰丛**由 T_{12}-L_4 构成，主要分布于腹部和股部，**骶丛**由 L_4 以下脊神经构成，主要分布于下肢。其详细分支和分布见有关各章。

脊神经是混合性神经，其感觉纤维始于脊神经节的假单极神经元。假单级神经元的中枢突组成后根入脊髓；周围突加入脊神经，分布于皮肤、肌、关节以及内脏的感受器等，将躯体与内脏的感觉冲动传向中枢。运动纤维由脊髓灰质的前角、胸腰部侧角和骶副交感核运动神经元的轴突组成，分布于横纹肌、平滑肌和腺体。因此，根据脊神经的分布和功能，可将其组成的纤维成分分为四类（图1-99）：

- 感觉神经纤维
  - 躯体感觉纤维——分布于皮肤、骨骼肌、腱和关节。将皮肤的浅部感觉（痛、温度等）和肌、腱、关节的深部感觉冲动传入中枢
  - 内脏感觉纤维——分布于内脏、心血管和腺体，传导来自这些结构的感觉冲动
- 运动神经纤维
  - 躯体运动纤维——分布于骨骼肌、支配其运动
  - 内脏运动纤维——分布于内脏、心血管和腺体。支配平滑肌和心肌的运动，控制腺体的分泌

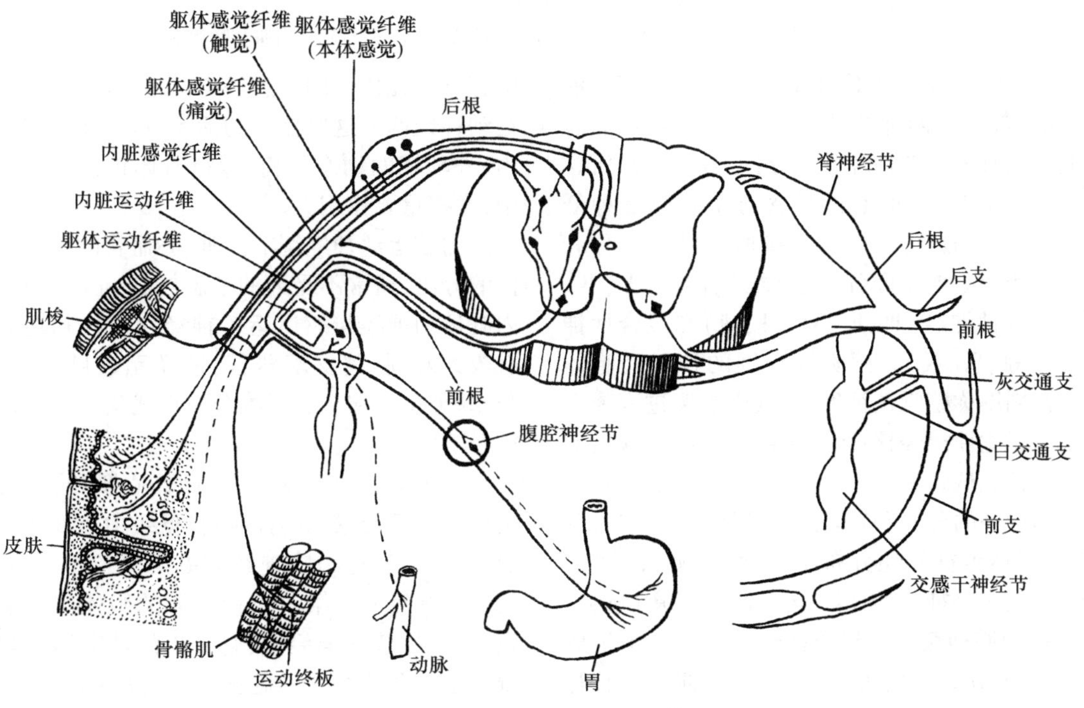

图1-99 脊神经的组成和分布模式图

2. 脑神经 与脑相连的神经称脑神经，共12对，除嗅神经和视神经分别连与端脑和间脑外，其余脑神经均与脑干相连。它们分别经颅腔的各孔、裂等进出颅腔，各脑神经的名称、性质、连接脑的部位和进出颅腔的部位如表1-4。

表 1-4 各脑神经的性质、连接脑的部位和进出颅腔的部位

顺序及名称	性质	连接脑的部位	进出颅腔的部位
Ⅰ 嗅神经	感觉性	端脑	筛孔
Ⅱ 视神经	感觉性	间脑	视神经管
Ⅲ 动眼神经	运动性	中脑	眶上裂
Ⅳ 滑车神经	运动性	中脑	眶上裂
Ⅴ 三叉神经	混合性	脑桥	第Ⅰ支眼神经为眶上裂 第Ⅱ支上颌神经为圆孔 第Ⅲ支下颌神经为卵圆孔
Ⅵ 展神经	运动性	脑桥	眶上裂
Ⅶ 面神经	混合性	脑桥	内耳门→茎乳孔
Ⅷ 前庭蜗神经	感觉性	脑桥	内耳门
Ⅸ 舌咽神经	混合性	延髓	颈静脉孔
Ⅹ 迷走神经	混合性	延髓	颈静脉孔
Ⅺ 副神经	运动性	延髓	颈静脉孔
Ⅻ 舌下神经	运动性	延髓	舌下神经管

脑神经的纤维成分较脊神经复杂，含有七种纤维成分：

感觉纤维
- 一般躯体感觉纤维：分布于皮肤、肌、肌腱和大部分口、鼻腔黏膜
- 特殊躯体感觉纤维：分布于由外胚层分化形成的位听器和视器等特殊感觉器官
- 一般内脏感觉纤维：分布于头、颈、胸、腹的脏器
- 特殊内脏感觉纤维：分布于味蕾和嗅器

运动纤维
- 一般躯体运动纤维：支配肌节衍化的骨骼肌，如眼球外肌，舌肌
- 一般内脏运动纤维：支配平滑肌、心肌和腺体
- 特殊内脏运动纤维：支配由鳃弓衍化的骨骼肌，如咀嚼肌、面肌和咽喉肌等

脑神经与脊神经不同，每一对脊神经都是混合性的，都含有四种纤维成分，而脑神经虽然总体上包括有上述 7 种纤维成分，但各脑神经所含的纤维成分却不同，有的只含有 1 种或 2 种纤维，有的可含有 3、4 种，如果按所含纤维成分和功能分类，脑神经可分为感觉性神经（Ⅰ、Ⅱ、Ⅷ），运动性神经（Ⅲ、Ⅳ、Ⅵ、Ⅺ、Ⅻ）和混合性神经（Ⅴ、Ⅶ、Ⅸ、Ⅹ）。感觉性纤维的神经元胞体位于在周围称感觉性神经节，其中枢突进入脑内终止于感觉性神经核；运动性纤维起始于脑内的运动性神经核。

脑神经的分布很广泛，大部分分布于头、颈部，只有迷走神经还分布于胸、腹腔脏器（图 1-100）。关于脑神经的详细描述见第 10 章（脑）。

3. 内脏神经 是整个神经系统的一个组成部分，主要分布于内脏、心血管和腺体。内脏神经和躯体神经一样，也含有感觉和运动两种纤维成分。

内脏感觉神经如同躯体感觉神经，其初级感觉神经元也位于脑神经和脊神经节内，周围支则分布于内脏和心血管等处的内感觉器，把感受到的刺激传递到各级中枢，也可到达大脑皮质，内脏感觉神经传来的信息经中枢整合后，通过内脏运动神经调节这些器官的活动，从而在维持机体内、外环境的动态平衡，保持机体正常生命活动中，发挥重要作用。

内脏运动神经调节内脏、心血管的运动和腺体的分泌，通常不受人的意志控制，是不随意的，内脏运动神经与躯体运动神经在结构和功能上有较大差别，其支配器官、神经元数目、纤维成分、纤维粗细和节后纤维分布形式均与躯体运动神经不同。

内脏运动神经支配平滑肌、心肌和腺体，一定程度上不受意志的控制；自低级中枢到达支配器官，必须经过植物神经节更换神经元，即需经过两个神经元。第一个神经元的胞体位于脑或脊髓内，称**节前神经元**，它发出的轴突称**节前纤维**。第二个神经元的胞体位于周围部的植物神经节内，称**节后神经元**，它发出的轴突到达脏器，称**节后纤维**；内脏运动神经则有交感和副交感两种纤维成分，二者对脏器的作用是相辅相成的。例如，交感神经可使心跳加快、加强，而副交感神经则使心跳减慢、减弱。二者在高级中枢的协调下，维持器官的正常活动。

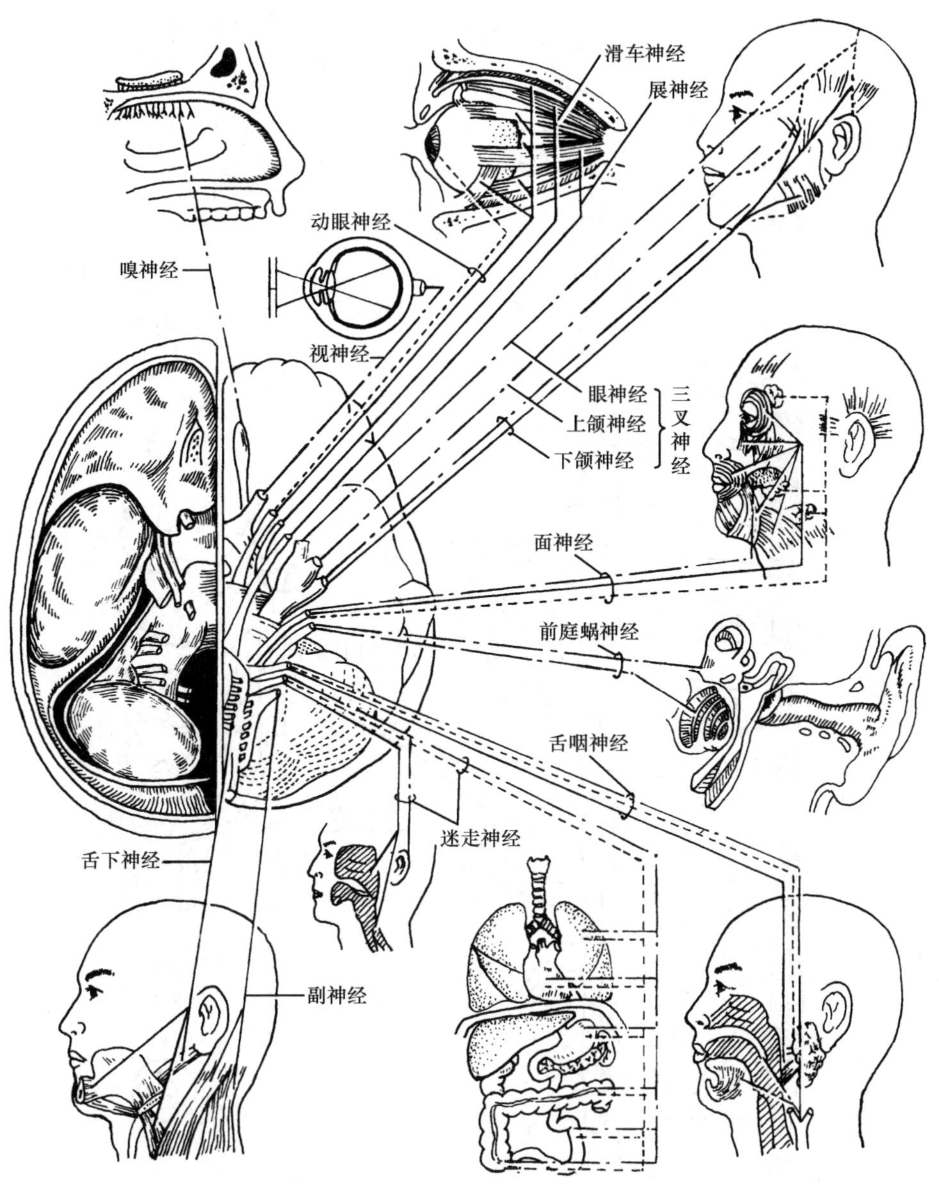

图 1-100 脑神经概况

——运动纤维；- - -副交感纤维；— - —感觉纤维

交感神经的节前神经元即低位中枢位于脊髓 T_1-L_3节段侧角的中间外侧核。节后神经元即交感神经节位于椎骨两旁的**椎旁神经节**和椎骨前方的**椎前神经节**，节后纤维支配平滑肌、心肌和腺体（图 1-101）；**副交感神经**的节前神经元即低级中枢位于脑干的副交感神经核和脊髓骶部第 2～4 节段灰质的骶副交感核，节后神经元即副交感神经节为**器官旁节**和**器官内节**，节后纤维支配平滑肌、心肌和腺体（图 1-101）。关于内脏神经的详细描述见第 10 章（脑）。

五、内分泌系统概述

内分泌系统（endocrine system）是机体的重要调节系统，其机能是以分泌各种激素对机体的新陈代谢、生长发育和生殖活动等进行体液调节。内分泌系统与神经系统功能活动相辅相成，共同调节和维持机体内环境的稳定性。内分泌系统是由内分泌腺（如垂体、甲状腺、甲状旁腺、肾上腺等）和分布到其他器官的内分泌细胞（如胰岛、睾丸间质细胞、卵巢内的黄体等）组成。

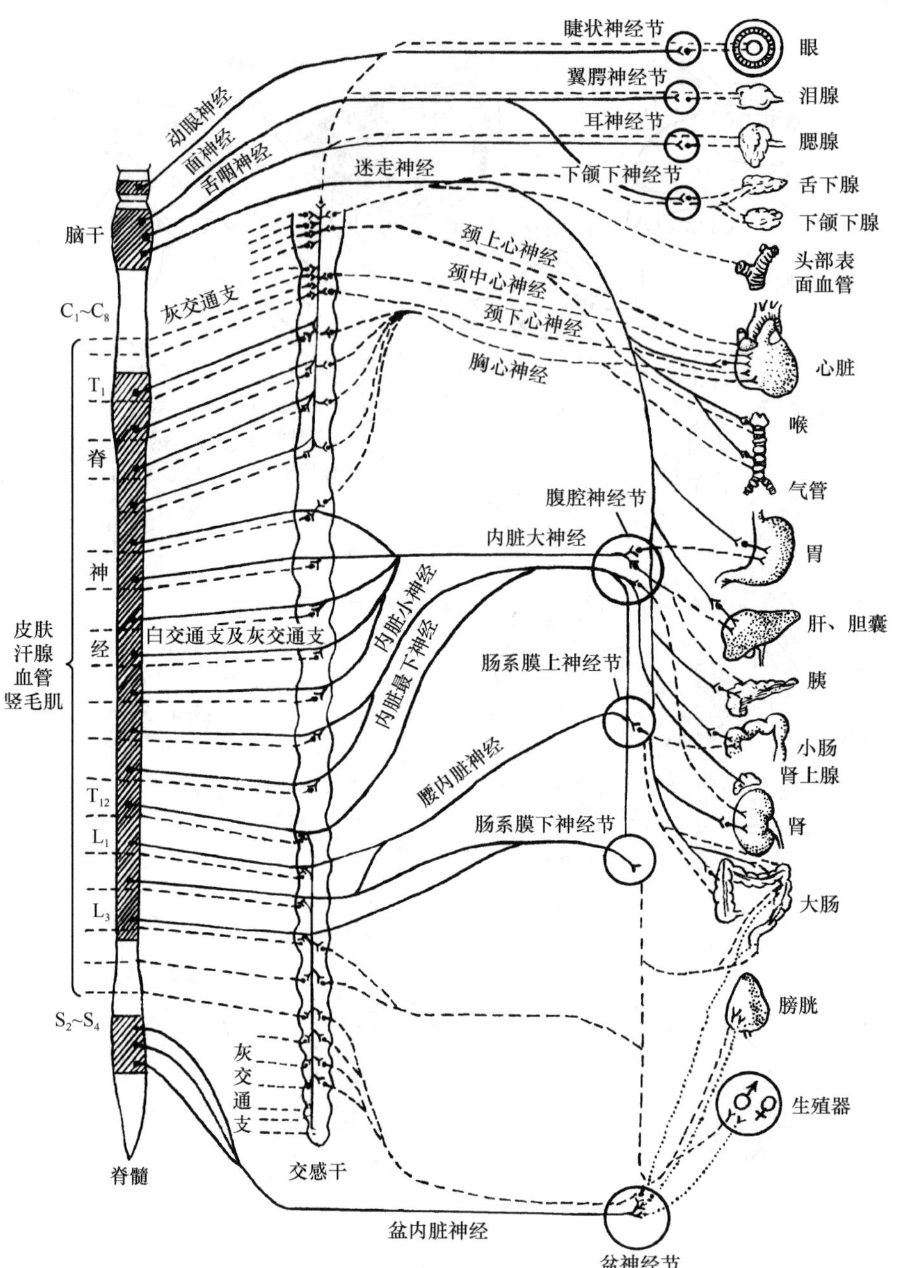

图 1-101　内脏运动神经概况

——节前纤维；- - - -节后纤维

内分泌腺的结构特点是：腺细胞排列成索状、团状或围成滤泡状，没有导管，毛细血管丰富。腺细胞分泌的物质称激素，大多数内分泌细胞分泌的激素直接透入血液，随血液循环到达远处特定的细胞发挥作用；少部分内分泌细胞的分泌物可直接作用邻近的细胞，称为旁分泌或邻分泌。激素所作用的器官和细胞，称为该激素的靶器官或靶细胞。

根据化学性质，可将激素分为含氮激素（包括氨基酸衍生物、胺类、肽类和蛋白质类激素）和类固醇激素两大类。分泌含氮激素细胞的超微结构特点与蛋白质分泌细胞相似：胞质内含有粗面内质网、高尔基复合体和膜被的分泌颗粒等。分泌类固醇激素细胞的超微结构特点是：胞质内含有丰富的滑面内质网、管泡状嵴的线粒体和较多的脂滴。

内分泌系统与神经系统关系密切。神经系统的某些部分（如下丘脑）即同时具有内分泌功能。而内分泌系统的功能紊乱，可导致神经系统功能的失调，例如影响机体的行为、情绪、记忆和睡眠等。但是内分泌系统的活动仍然是在中枢神经系统的调控之下进行的，这就是所谓的神经体液调节。

人体的内分泌腺和内分泌组织有甲状腺、甲

笔记栏

状旁腺、肾上腺、垂体、松果体、胸腺及胰岛和生殖腺内的分泌组织(图 1-102),将分别在各章叙述。这里仅就垂体作一介绍。

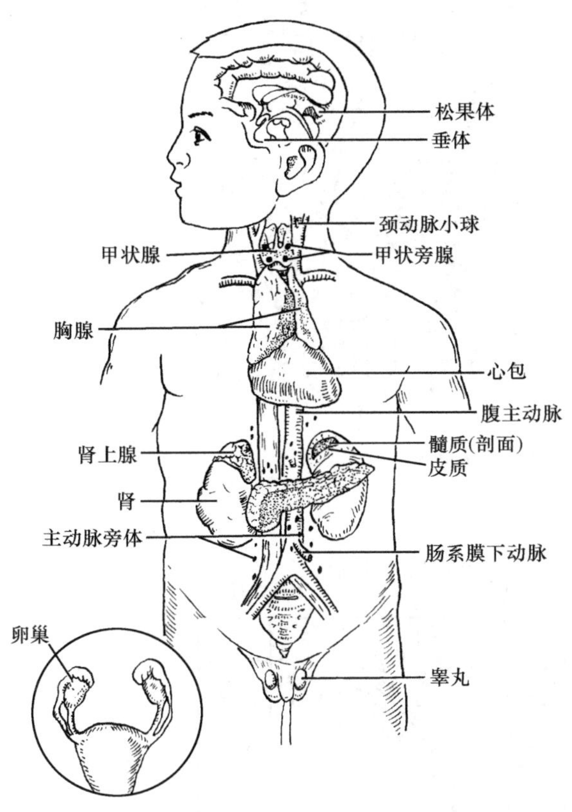

图 1-102　内分泌腺概况

垂　　体

垂体(hypophysis)位于颅底蝶鞍垂体窝内,是有柄的椭圆形小体,长约 1cm,宽约 1~1.5cm,高约 0.5cm,重约 0.5g。垂体由腺垂体和神经垂体两部分组成,腺垂体来自胚胎口凹的外胚层上皮,神经垂体来自间脑底部神经外胚层,垂体以柄与下丘脑相连。腺垂体又分为远侧部、中间部和结节部。神经垂体由神经部和漏斗组成。漏斗上半部以正中隆起与下丘脑相连,下半部以漏斗柄与神经部相联系。腺垂体结节部呈薄层围绕着漏斗(图 1-103)。中间部位于远侧部和神经部之间。远侧部又称前叶,神经部和中间部合称后叶。

脑垂体表面包着结缔组织被膜。脑垂体是很重要的内分泌腺,对很多内分泌腺有调控作用,其本身内分泌活动又直接接受下丘脑的控制,故它在神经系统和内分泌系统的相互作用中居枢纽地位。

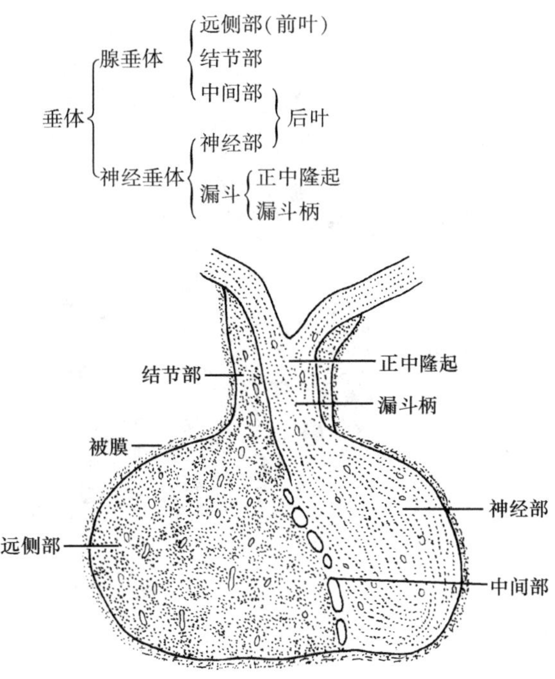

图 1-103　垂体(矢状切面)

(一) 腺垂体

1. 远侧部(pars distalis)　此部最大,腺细胞排列成团或索,少数围成小滤泡,其间有少量网状纤维和丰富的窦状毛细血管。在 HE 染色标本中,根据腺细胞的染色性状分为嗜色细胞和嫌色细胞两大类。嗜色细胞又分为嗜酸性细胞和嗜碱性细胞两种(图 1-104)。腺细胞均具有分泌含氮激素细胞的超微结构特点。应用电镜免疫细胞化学技术可观察到分泌各种激素的腺细胞结构特点,可根据分泌颗粒的形态结构、大小、数量和分布等特点识别各种腺细胞,并以其所分泌的激素来命名。

(1) **嗜酸性细胞**(acidophilic cell):数量较多,为圆形或椭圆形,胞质内含有许多粗大的嗜酸性颗粒(图 1-104A)。嗜酸性细胞根据所分泌的激素又分为两种:

1) **生长激素细胞**(somatotroph,STH cell):数量较多,电镜下,胞质内充满电子密度高的圆形分泌颗粒(图 1-105)。该细胞分泌的**生长激素**(growth hormone,GH)能促进全身代谢生长,特别是刺激骺板软骨增殖使骨骼增长。如分泌过盛,在幼年引起巨人症,成人发生肢端肥大症;如幼年时期生长激素分泌不足,可致垂体侏儒症。

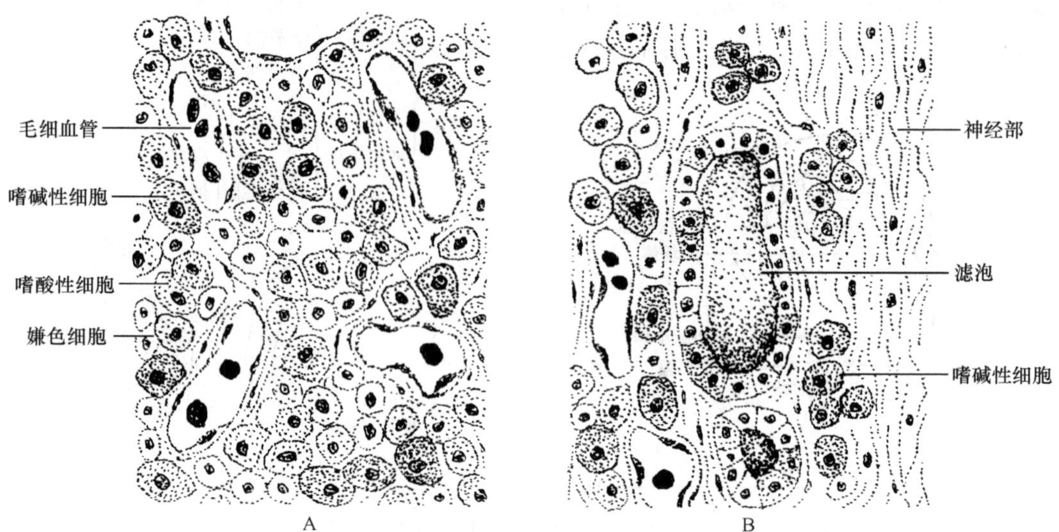

图 1-104 腺垂体远侧部及中间部

A. 远侧部;B. 中间部

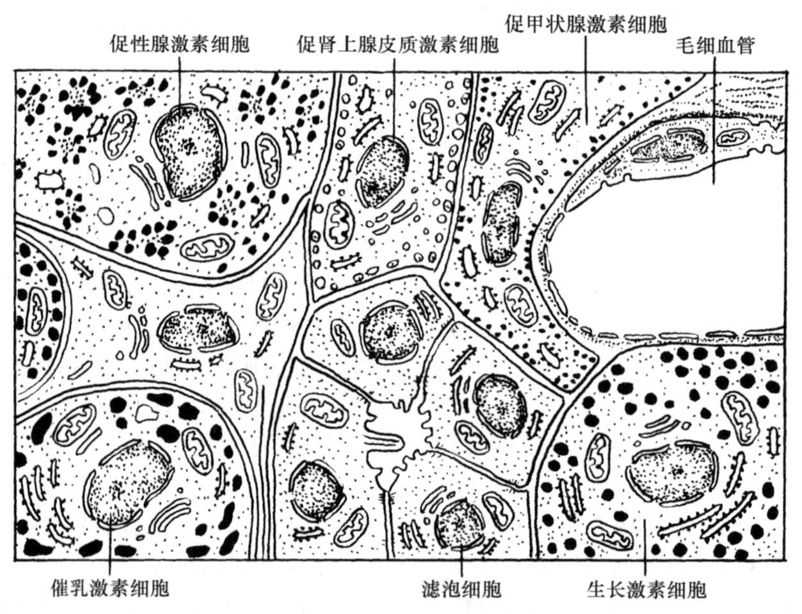

图 1-105 腺垂体远侧部腺细胞超微结构模式图

2）**催乳激素细胞**(lactotroph,LTH cell):男女两性均有此种细胞,数量较少,胞质内的分泌颗粒直径较小;妊娠和哺乳期细胞数量较多,分泌颗粒直径较大。此细胞分泌的**催乳激素**(prolactin,PRL)能促进乳腺发育和乳汁分泌(图 1-105)。

(2) **嗜碱性细胞**(basophilic cell):数量较嗜酸性细胞少,细胞为椭圆形或多边形,大小不等,胞质内含有嗜碱性颗粒(图 1-104)。嗜碱性细胞分泌的激素为糖蛋白,故 PAS 反应一般呈阳性。嗜碱性细胞又可分为三种:

1）**促甲状腺激素细胞**(thyrotroph,TSH cell):数量少,常呈多角形,胞质边缘可见少数小圆形颗粒(图 1-105)。该细胞分泌的**促甲状腺激素**(thyroid stimulating hormone,thyrotropin,TSH)促进甲状腺的发育及甲状腺激素的合成和释放。

2）**促性腺激素细胞**(gonadotroph,FSH/LH cell):细胞较大,多为圆形。胞质内可见大小不等的圆形颗粒(图 1-105)。此细胞分泌**卵泡刺激素**(follicle stimulating hormone,follitropin,FSH)和**黄体生成素**(luteinizing hormone,lutropin,LH)两种激素。电镜免疫细胞化学研究证明,两种激素同时存在于同一细胞的分泌颗粒内。卵泡刺激素在女性可促进卵泡的发育,在男性则刺激曲

精小管支持细胞的雄激素结合蛋白的合成，以促进精子发生。黄体生成素在女性可促进卵巢排卵和黄体形成，在男性则刺激睾丸间质细胞分泌雄激素，故又称间质细胞刺激素（interstitial cell stimulating hormone，ICSH）。

3）**促肾上腺皮质激素细胞**（corticotroph，ACTH cell）：细胞呈不规则形，胞质边缘部含有少数圆形分泌颗粒，电子密度高低不等（图1-105）。该细胞分泌**促肾上腺皮质激素**（adrenocorticotrophic hormone，corticotropin，ACTH）和**促脂素**（lipotrophic hormone，lipotropin，LPH），前者促进肾上腺皮质束状带分泌糖皮质激素，后者作用于脂肪细胞，促进脂肪分解，游离出脂肪酸。

（3）**嫌色细胞**（chromophobe cell）：数量多，细胞较小，胞质不含颗粒，着色浅，细胞轮廓不清（图1-104）。电镜下嫌色细胞含有少量分泌颗粒。现认为光镜下所见的嫌色细胞多数是脱颗粒的嗜酸性或嗜碱性细胞，或是这两种细胞的初期阶段。

2. 中间部（pars intermedia） 位于远侧部与神经部之间的狭窄部分，在人只占垂体的2%左右。中间部可见由较小细胞围成的大小不等的滤泡，腔内含有胶质。在滤泡周围还散在一些嫌色细胞和嗜碱性细胞（图1-104），其功能不十分清楚。在低等脊椎动物的中间部能分泌**黑素细胞刺激素**（melanocyte stimulating hormone，melanotropin，MSH），作用于皮肤的黑素细胞，促进黑素颗粒的形成和扩散，导致皮肤和毛发颜色加深。

3. 结节部（pars tuberalis） 它呈套状包围着神经垂体的漏斗，在漏斗的前方较厚，后方较薄或缺如。结节部有丰富的纵行毛细血管，腺细胞沿血管呈索状排列，细胞较小，主要是嫌色细胞以及少数嗜酸性细胞和嗜碱性细胞。

（二）神经垂体

神经垂体与下丘脑直接相连，两者在结构上和功能上有关密切的联系。神经垂体主要由无髓神经纤维和散在的神经胶质细胞组成。含有较丰富的窦状毛细血管。

下丘脑的视上核和室旁核等处有许多大型的神经内分泌细胞，胞质内具有发达的细胞器，其特点是含有许多圆形的分泌颗粒（图1-107）。这些细胞的轴突，经漏斗（下丘脑-垂体束）进入神经垂体的神经部，即构成该部的**无髓神经纤维**。神经细胞体所形成的分泌颗粒则沿轴突运输至神经部，在沿途和终末，分泌颗粒常局部聚集，呈串珠状膨大，在光镜下呈现为大小不等的嗜酸性团块，称**赫令体**（Herring body）。电镜下可见神经纤维内充满分泌颗粒（图1-106）。

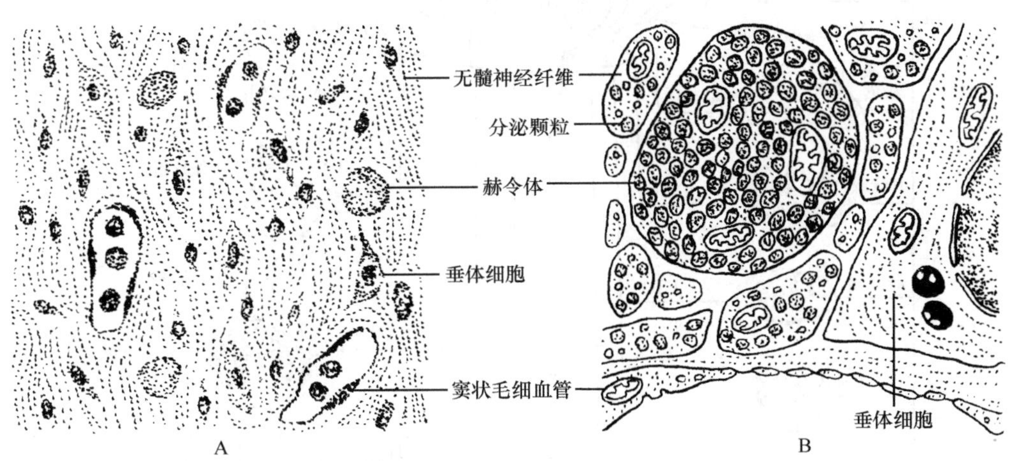

图1-106 垂体神经部

A. 光镜结构；B. 超微结构

神经部无髓神经纤维之间的神经胶质细胞称**垂体细胞**（pituicyte），其形态多样，胞体内常含有黄褐色的色素颗粒。电镜下可见垂体细胞包绕着含有分泌颗粒的无髓神经纤维，其突起常达毛细血管壁（图1-106），因此认为这种细胞对神经纤维有支持营养作用，并可能对激素的释放有调节作用。神经部毛细血管主要为**窦状毛细血管**，血管周有明显的间隙。轴突终末释放的激素以分子扩散方式通过血管内皮入血。

视上核的神经内分泌细胞主要合成**抗利尿激素**（antidiuretic hormone，ADH），可促进肾远曲小管和集合小管对水的重吸收，使尿量减少。当超过一定量时，ADH可使小血管平滑肌收缩，血压升高，故又称**升压素**（vassopressin，VP）。室旁核的神经内分泌细胞主要合成**缩宫素**(oxytocin, OT),也称**催产素**,可引起妊娠子宫平滑肌收缩,并促进乳腺分泌。

(三)垂体的血管分布

腺垂体主要由大脑动脉环发出的垂体上动脉支配。**垂体上动脉**从结节部上端进入神经垂体的漏斗,在该部形成袢状的窦状毛细血管网,称**第一次毛细血管网**。该网进入结节部汇集形成数条**垂体门微静脉**,下行至远侧部再度形成窦状毛细血管网,称**第二次毛细血管网**,这样就构成了**垂体门脉系统**(hypophyseal portal system)。远侧部的毛细血管最后汇集成垂体静脉(图1-107)。

神经垂体的血管主要来自左、右颈内动脉发出的垂体下动脉,进入神经部后分支形成窦状毛细血管网,最后汇合成垂体静脉(图1-107)。

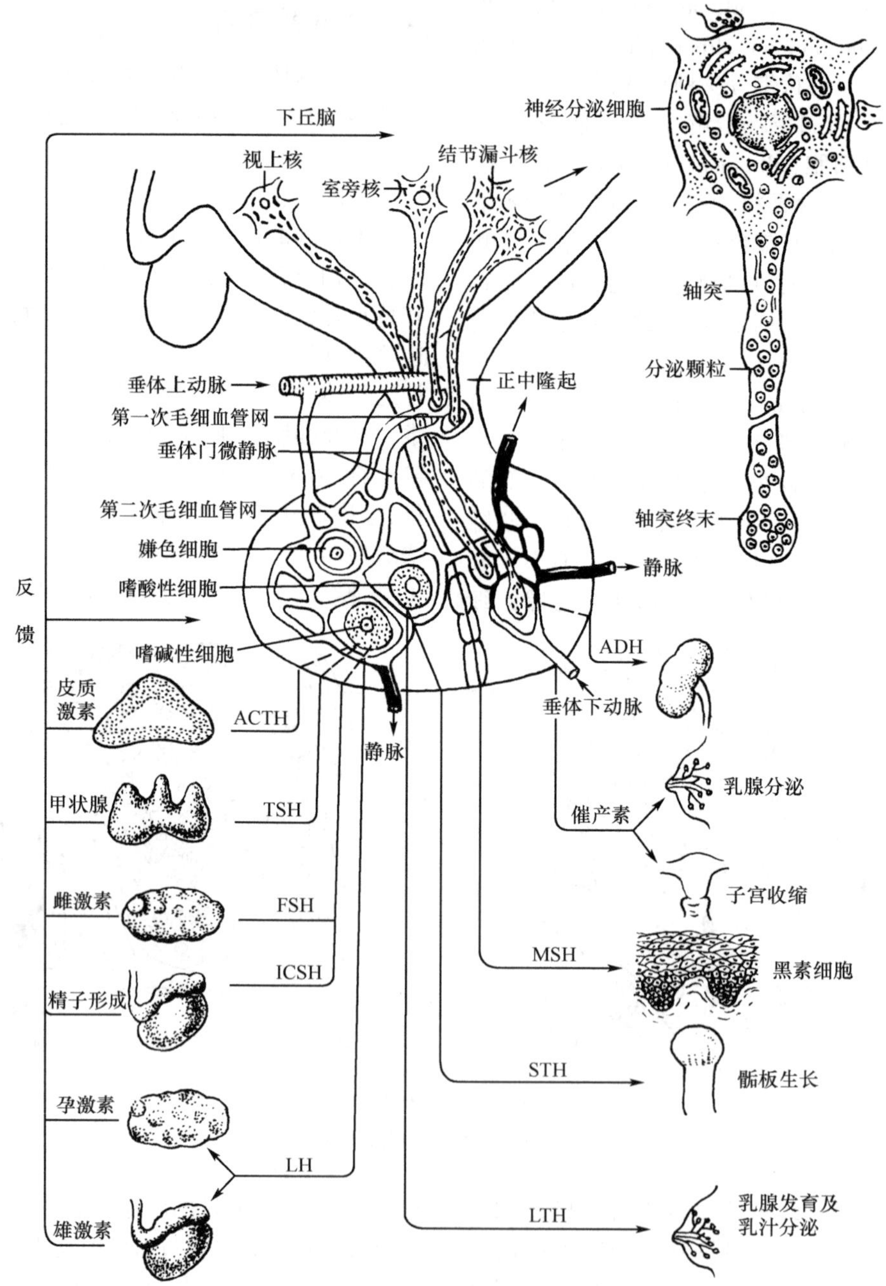

图1-107　下丘脑-垂体-靶器官的相互关系

(四) 下丘脑-垂体-靶器官的相互关系

1. 下丘脑与腺垂体的关系 在下丘脑的结节漏斗核等处还有许多神经内分泌细胞,能产生多种肽类激素,其中对腺细胞分泌起促进作用的激素称为**释放激素**(releasing hormone, RH);反之,对腺细胞分泌起抑制作用的激素称为**抑制激素**(release inhibiting hormone, RIH)。释放激素主要有生长激素释放素、催乳激素释放素、促甲状腺激素释放素、促性腺激素释放素、促肾上腺皮质激素释放素和促黑激素释放素等。抑制激素主要有生长激素抑制素(生长抑素)、催乳激素抑制素和促黑激素抑制素等。含有上述各种激素的分泌颗粒沿神经内分泌细胞的轴突运输到漏斗处而终止,将颗粒中的激素释放进入该处的第一次毛细血管网,再经垂体门微静脉到远侧部的第二次毛细血管网,以其中的各种激素分别调节相应腺细胞的分泌活动(图 1-107)。由此可见,下丘脑由其所产生的释放激素和抑制激素,经垂体门脉系统调节腺垂体各种腺细胞的分泌活动,组成下丘脑腺垂体系。

2. 下丘脑与神经垂体的关系 下丘脑的视上核和室旁核的神经内分泌细胞合成和分泌抗利尿激素和缩宫素。这两种激素的分泌颗粒沿轴突所组成的下丘脑-垂体束运输至垂体神经部,在此储存,机体需要时由此释放入血,再随血液循环作用于相应的靶器官和靶细胞(图 1-107)。由此可见,神经垂体的神经部只是储存和释放下丘脑所形成的激素的部位。因而,下丘脑与神经垂体在结构和功能上都是一个整体。

六、感觉器概述

感觉器(sense organ)是感受器及其辅助装置的总称。感受器是机体接受内、外界环境各种刺激的结构。不同类型的刺激,首先要经由相应的感受器来接受,并通过感受器的换能作用,把刺激能量变为神经冲动,经感觉神经和中枢神经系统内的传导路,把冲动传导到中枢神经系统的大脑皮质,产生各种感觉,从而建立机体与内、外界环境间的联系。感受器的种类很多,结构简繁不一。有的感受器结构很简单,如位于皮肤内接受痛觉刺激的游离神经末梢以及接受触压觉刺激的环层小体等;有的感受器在长期进化过程中,对某种刺激具有高度的敏感性,形态结构变得比较复杂,具有各种对感受器起保护作用和使感受器的功能能充分发挥作用的辅助装置,如视器和前庭蜗器等。

感受器是人类认识世界的前哨结构,其分类方法很多,现仅根据其所在部位和所接受刺激的来源,将其分为 3 类。

1. 内感受器 分布在内脏(包括嗅黏膜和味蕾)和心血管等处,接受来自内脏和心血管的刺激,如压力、化学、温度和渗透压等刺激。

2. 本体感受器 分布在肌肉、肌腱、关节、韧带和内耳平衡(位觉)器等处,接受机体在运动过程中和在空间内的平衡刺激。

3. 外感受器 分布在皮肤、鼻腔和口腔黏膜、视器和听器等处,接受来自外界环境的刺激,如触、压、痛、温度、光和声等物理和化学刺激。

人体的主要感觉器官是眼(视器)、耳(位听器)、鼻(嗅器)、舌(味觉器)及皮肤、这里仅就皮肤作一介绍,其他感觉器将在头部一章叙述。

皮　　肤

皮肤(skin)是一个面积广大的器官,其面积为 1.2~2m^2,约占人体重的 16%。皮肤由表皮和真皮组成,借皮下组织与深部组织相连(图 1-108)。皮肤还包括由表皮衍生而来的附属器,如毛、指(趾)甲,皮脂腺和汗腺等。皮肤与外界直接接触,对人体有重要的屏障保护作用,阻挡病菌和异物入侵,且能防止体内组织液丢失。皮肤内含有丰富的感觉神经末梢,能感受外界的多种刺激。此外,皮肤还有调节体温,排出代谢产物的功能。

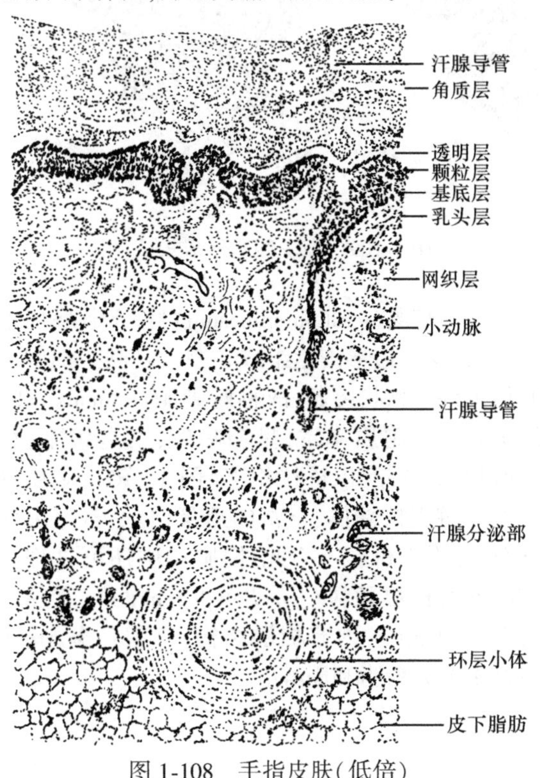

图 1-108　手指皮肤(低倍)

(一) 表皮

表皮(epidermis)为皮肤浅层,由角化的复层扁平上皮构成。一般厚为0.07~0.12mm。手掌和足跖最厚,约0.8~1.5mm。表皮细胞分两大类:一类是**角质形成细胞**(keratinocyte),占表皮细胞的绝大多数,另一类是**非角质形成细胞**,数少,散在于角质形成细胞之间,包括黑素细胞、朗格汉斯细胞和梅克尔细胞,它们各有特殊功能。

1. 表皮的分层和角化 手掌和足跖厚表皮结构典型,从基底到表面可分出基底层、棘层、颗粒层、透明层和角质层五层结构(图1-108、图1-109)。

(1) **基底层**(stratum basale):此层附于基膜上,是一层矮柱状或立方形细胞,称为基底细胞(图1-109)。核大,圆形或椭圆形,着色淡,胞质呈强嗜碱性,有分散和成束的**角蛋白丝**,也称**张力丝**。在有色皮肤内还可见黄褐色的黑素颗粒。相邻的基底细胞之间以桥粒相连,细胞基底面以半桥粒与基膜相连(图1-110)。基底细胞是表皮的干细胞,有活跃的分裂能力。新生的细胞向浅层移动,分化为其他各层细胞。

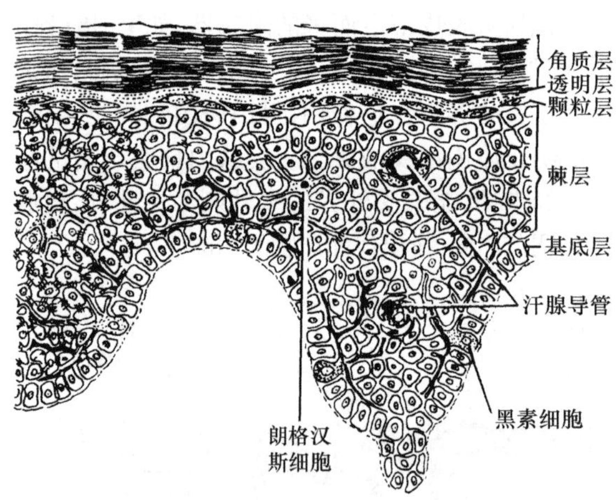

图1-109 表皮细胞组成模式图

(2) **棘层**(stratum spinosum):位于基底层上方,由数层多边形细胞组成。核大且圆。细胞表面伸出许多棘状突起,故称**棘细胞**(spinons cell,图1-109)。胞质丰富,呈弱嗜碱性;电镜下,相邻的棘细胞突起以桥粒相连(图1-110);胞质内含许多游离核糖体、丰富的角蛋白丝,常呈束状分布,并附于桥粒上。此外,胞质中还可见许多卵圆形的**板层颗粒**(lamellated granule),直径约为0.1~0.5μm,内有板层结构;有膜包裹,其内容物主要为糖脂和固醇。

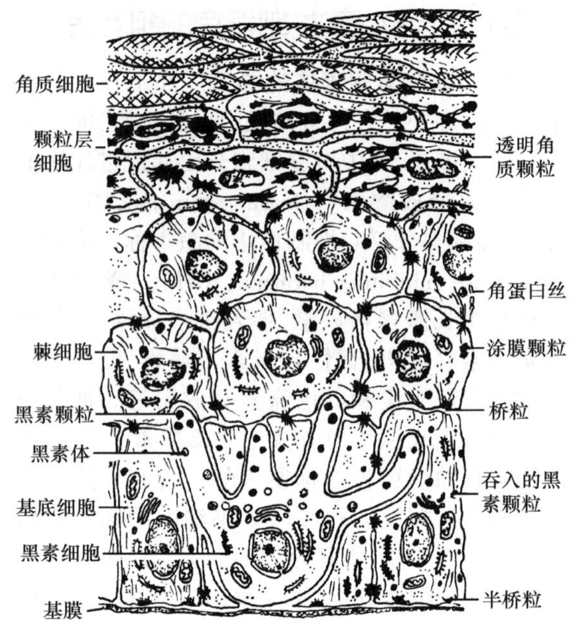

图1-110 角质形成细胞和黑素细胞超微结构模式图

(3) **颗粒层**(stratum granulosum):位于棘层上方,由3~5层的扁平梭形细胞组成(图1-109)。此层胞核已退化回缩。细胞主要的特征是胞质内含有许多形状不规则、大小不等、强嗜碱性的**透明角质颗粒**(keratohylin granule)。电镜下,颗粒无膜包裹,呈致密均质状,角蛋白丝常伸入其中(图1-110),此种颗粒内含有组氨酸的蛋白质。胞质内板层颗粒增多,且逐渐与细胞膜融合,将颗粒内容物排放到细胞间,形成膜状结构,构成防止物质透过表皮的重要屏障。

(4) **透明层**(stratum lucidum):只在厚的表皮存在,由2~3层扁平细胞组成,细胞核和细胞器均消失。在HE染色切片,胞质呈透明均质状,细胞界限不清,嗜酸性,折光性强(图1-108、图1-109)。细胞的超微结构与角质层相似。

(5) **角质层**(stratum corneum):最表层,由多层扁平无核的**角质细胞**(horny cell)组成。细胞角化死亡,胞质完全为角蛋所充满,呈均质状,嗜酸性(图1-109)。细胞轮廓不清。电镜下,胞质内充满角蛋白丝和均质状物质(为透明角质颗粒所含的富有组氨酸的蛋白质)。细胞膜内面附有一层不溶性的蛋白质,使胞膜增厚而坚固(图1-110)。细胞间隙充满由板层颗粒所释放的脂类物质。表层细胞间的桥粒消失,细胞连接松散,脱落后即成为皮屑。角质层具有阻止外界物质的侵害和防止体内水分丢失等保护作用。

角化过程为复层扁平上皮细胞随着角蛋白的逐渐合成,细胞渐向表面移动,最终角化死亡并脱落成皮屑。开始为表皮细胞内角蛋白丝、板层颗粒及透明角质颗粒的形成,继而角蛋白丝与透明角质颗粒结合形成角蛋白,沉积于细胞内,板层颗粒向细胞内释放内容物,形成多层膜状结构,细胞器及细胞核逐渐退化消失,最后形成角质层。

人体大部分皮肤的表皮较薄,与厚表皮分层有差异。棘层、颗粒层的层数均少,没有透明层,角质层亦薄。从表皮的基底层到角质层是角质形成细胞增殖、分化、移动、死亡和脱落的动态变化过程。人表皮的更新周期为3~4周。

2. 非角质形成细胞

(1) **黑素细胞**(melanocyte):由胚胎早期神经嵴发生的,而后迁移到皮肤内。真皮内少,胞体多数散在表皮基底细胞之间(图1-109)。其细长的突起伸入基底细胞与棘细胞之间,HE染色片,不易与基细胞辨认区别。电镜下胞质内有丰富的核糖体和粗面内质网,发达的高尔基体。胞质内主要结构特点为具有多个长圆形,称为**黑素体**(melanosome)的小体。此小体由高尔基复合体生成,有界膜包被,内含酪氨酸酶,能将酪氨酸转化为**黑色素**(melanin)。黑素体充满色素后成为**黑素颗粒**(melanin granule,图1-110),光镜下呈黄褐色。此颗粒由胞体入突起末端,后被运输到邻近基底细胞和棘细胞的胞质内,因而这两种细胞内常含许多黑素颗粒。而黑素细胞本身却含黑素颗粒少。

黑素细胞在身体各部皮肤的分布有显著差异。例如,在额、颊、乳晕、外阴、会阴等处表皮内较多。由于细胞内黑素颗粒的大小和含量的差别以及黑素细胞合成色素的速度不同,决定了不同种族和个体不同部位皮肤颜色的差异。所以皮肤的黑与白与黑素细胞的数量无明显差别。黑色素能吸收和散射紫外线,可防止深部组织遭受辐射损伤。

(2) **朗格汉斯细胞**(Langerhans cell):散在表皮的棘细胞之间(图1-109)。在HE染色切片不易辨认。用氯化金或ATP酶法可显示它为一个有树状突起的细胞。电镜下:①胞核弯曲形或分叶状;②胞质密度低,无角蛋白丝和桥粒;③胞质内有特殊形状的伯贝克颗粒(Birbeck granule),颗粒切面为杆状或网球拍形(图1-111)。朗格汉斯是皮肤的抗原呈递细胞,能捕获和处理侵入皮肤的抗原,并将其呈递给淋巴细胞,参与免疫反应。在对抗皮肤的病毒感染、监视表皮癌变细胞及排斥异体移植物方面起重要作用。

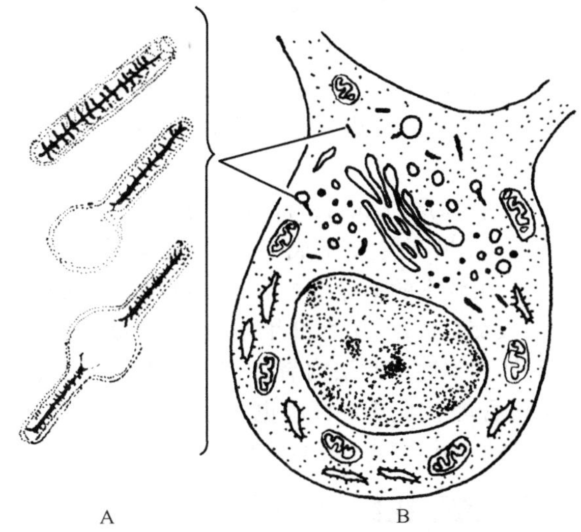

图1-111 朗格汉斯细胞超微结构模式图
A. 伯贝克颗粒;B. 朗格汉斯细胞

(3) **梅克尔细胞**(Merkel cell):位于表皮基底细胞之间,呈扁平形,有短指状突起。HE染色片,不易辨认。电镜下,胞核呈不规则形;胞质内有许多有膜的含致密核心的小泡,多聚集在细胞基底部,形成类似于突触的结构(图1-112)梅克尔细胞数量很少,但指尖较多,故认为该细胞是感觉细胞,能感受触觉刺激或其他机械刺激。

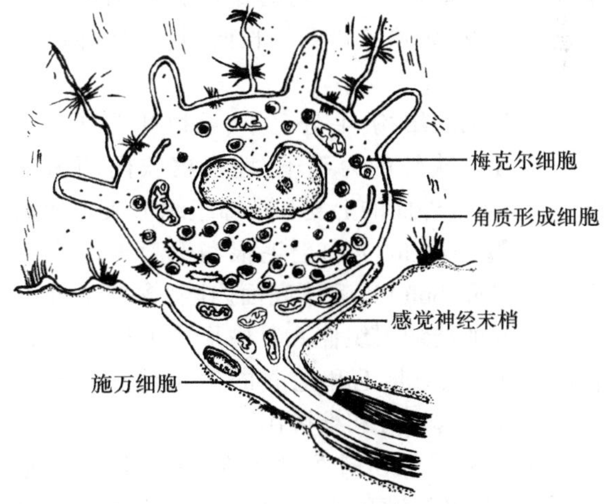

图1-112 梅克尔细胞超微结构模式图

(二) 真皮

真皮(dermis)位于表皮下,由密结缔组织组成,真皮深部与皮下组织相连,但两者之间没有明显的界限。身体各部真皮的厚度不等,一般约为1~2mm。真皮可分乳头层和网织层(图1-108)。

笔记栏

1. 乳头层(papillary layer) 为紧靠表皮的薄层结缔组织,向表皮基底部突出形成真皮乳头,使表皮与真皮的连接面扩大,有利于两者牢固连接,且有利于表皮从真皮的组织液中获得营养。乳头内含有丰富的毛细血管,此种乳头为血管乳头;有些乳头内含有触觉小体等神经末梢,为神经乳头。

2. 网织层(reticular layer) 在乳头层下方,较厚,是真皮的主要组成部分,与乳头层无明显分界。由致密的结缔组织构成,内有粗大的胶原纤维束交织成网,弹性纤维丰富,使皮肤有较大的韧性和弹性。此层内有许多的血管、淋巴管、神经、毛囊,皮脂腺和汗腺也多存于此层内,深部常有环层小体存在(图 1-108)。

(三) 皮下组织

皮下组织(hypodermis)由疏松结缔组织和脂肪组织构成(图 1-108)。解剖学上,称此为浅筋膜。皮肤借皮下组织与深部组织相连,使皮肤有一定的活动性。皮下组织的厚度因个体、年龄、性别和部位的不同有较大的差别。皮下组织,尤其是脂肪组织,具有缓冲、保温、储存、营养等作用。

(四) 皮肤的附属器

1. 毛 人体皮肤除手掌及足底等处外,均有毛分布(图 1-113)。毛的长短和粗细依部位而异。头发、胡须和睫毛等长而粗,其他部位则细而短。

(1) **毛的结构**:毛分毛干、毛根和毛球三部分。露在皮肤外的为**毛干**,埋在皮肤内的为**毛根**,包在毛根外面的上皮和结缔组织形成管状鞘称为**毛囊**(hair follicle)。毛根和毛囊末端膨大为**毛球**(hair bult)。毛球底面内陷,含有毛细血管和神经的结缔组织伸入其中形成**毛乳头**(hair papillae)。毛球是毛和毛囊的生长点。毛乳头对毛的生长起诱导和维持作用。

毛干和毛根由排列规则的角化上皮细胞组成,细胞内充满角质蛋白并含黑色素。毛囊分两层,内层为**上皮根鞘**,包裹毛根,与表皮相连续,其结构也与表皮相似;外层为**结缔组织鞘**,由致密结缔组织构成。毛根和上皮根鞘与毛球的细胞相连。毛球的上皮细胞为幼稚细胞,称为毛母质(hair matrix),这些细胞不断分裂,向上移动,逐渐形成毛根和上皮根鞘的细胞。毛母质内有散在的黑素细胞,可将形成的黑素颗粒沿突起转送到毛根上皮细胞中。毛与皮肤表面呈一定角度斜向生成,在毛根与皮肤表面呈钝角的一侧,有一束斜行的平滑肌,连接毛囊和真皮,称此肌为**竖毛肌**(图 1-113、图 1-114),受交感神经支配。遇冷或受惊或感情冲动时,竖毛肌收缩,使毛竖起。

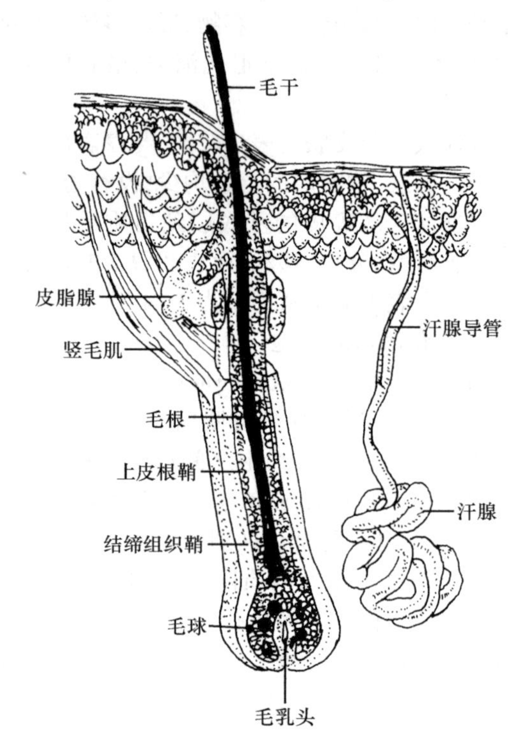

图 1-113 皮肤附属器模式图

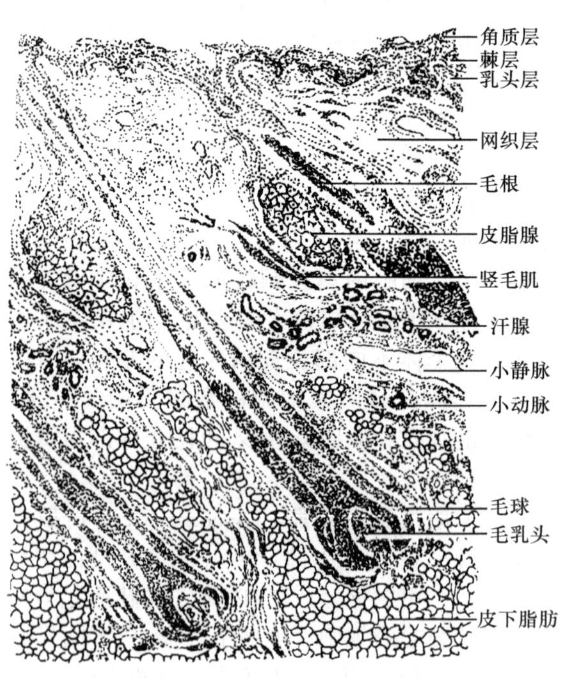

图 1-114 人头皮垂直切面

(2) **毛的生长和更新**:毛的生长周期随身体部位不同而异。头发的生长周期常为 3~5 年,其他部位生长周期只有几个月。生长期的毛每日约生长0.2mm，此时，毛球增大，毛乳头充血，毛母质细胞分裂增殖。生长期转入静止期时，换毛开始，此时毛球和毛乳头萎缩变小，毛母质细胞停止增殖，毛根角化萎缩，向表皮推移，随后与毛乳头分离，在旧毛脱落前，于毛囊基部形成新的毛母质细胞和毛球，继而形成新毛。

2. 皮脂腺　皮脂腺(sebaceous gland)大多位于毛囊与竖毛肌之间。导管较短为复层扁平上皮，其分泌部呈泡状，由多层细胞组成的腺泡。其周围为一层较小的幼稚细胞，分裂活跃，且逐渐变大，并向腺泡中心移动，细胞呈多边形，胞质内充满脂滴，核固缩溶解。最后，整个腺细胞解体，与脂滴一起以全浆分泌方式排出，是为皮脂。它对皮肤与毛有润滑作用。性激素对皮脂腺分泌有调节作用，能促进皮脂腺的生长和分泌。青春期腺分泌活跃。

3. 汗腺　汗腺(sweat gland)为单曲管状腺，可分外泌汗腺和顶泌腺两种。

(1) **外泌汗腺**：又称局泌汗腺，即通常称为**汗腺**。遍及全身大部分皮肤内，以手掌、足底和腋窝最多。分泌部位于真皮深层和皮下组织中，盘曲成团，腺腔小；由单层锥体形或矮柱状细胞组成。腺细胞与基膜之间有长梭形，有突起的肌上皮细胞，核呈长形，胞质易被伊红着色。它们收缩时能帮助排出分泌物。导管细胞小，胞质嗜碱性，着色深，由两层立方形细胞组成。导管由真皮进入表皮后呈螺旋状走行，开口于皮肤表面的汗孔；其壁由环行排列的表皮细胞围成。腺细胞分泌汗液，大部分为水，其次为钠、钾、氯、乳酸盐及尿素等。导管可能有吸收水分、钠和氯的功能。汗腺分泌对调节体温、湿润皮肤和排泄含氮废物等均有重要功能。汗腺分泌主要由胆碱能神经支配(图1-115)。

(2) **顶泌腺**：又称**大汗腺**，主要分布于腋窝、乳晕、外阴部和肛门周围等处的皮肤内。分泌部较粗，管腔大，盘曲成团。腺细胞为立方形或短柱形，胞质嗜酸性，核圆形。导管部细而直，由两层上皮细胞围成。开口于毛囊上段，分泌物较浓稠，无特殊气味，但被细菌分解后产生臭味。分泌过盛而致气味过浓时，则发生狐臭。此腺的分泌受性激素影响，在青春期分泌较为旺盛。

4. 指(趾)甲　指(趾)甲(nail)由多层排列紧密的角化细胞构成，露于外面的为甲体，埋于皮肤内的为甲根，甲体下面的皮肤为甲床，甲体周缘的皮肤为甲襞，甲体与甲襞之间的沟为甲沟，甲根附着处的甲床上皮为甲母质(nail matrix)，是甲的生长区。甲母质细胞分裂增殖，不断向指(趾)端方向移动，角化成甲(图1-116)。

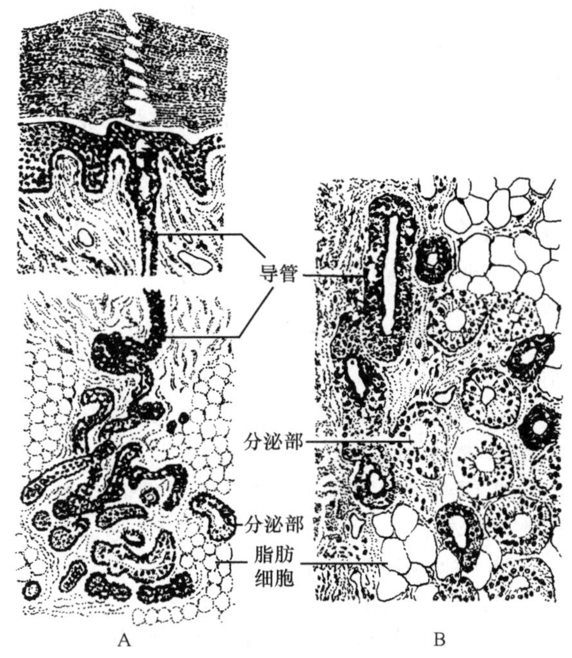

图1-115　汗腺

A. 汗腺(低倍)；B. 分泌部(高倍)

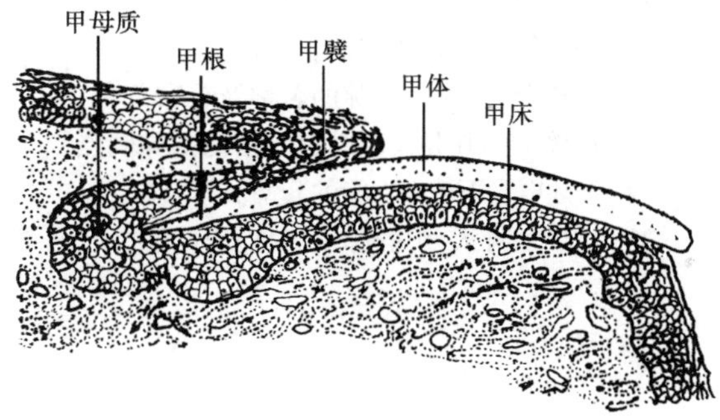

图1-116　指甲纵切面模式图

复习思考题

1. 请总结一下观察人体形态结构可以有哪些方法？

2. 简述被复上皮的类型及其分布。

3. 概述上皮细胞游离面、侧面和基底面常分化的特殊结构及功能。

4. 叙述外分泌腺的结构与分类。

5. 简述疏松结缔组织的组成。

6. 简述浆细胞、成纤维细胞、巨噬细胞和肥大细胞的光、电镜结构及功能。

7. 何谓分子筛？有何功能意义？

8. 试述骨密质的结构。

9. 骨发生分哪两种方式？请概述长骨是如何不断增长、增粗的？

10. 简述红细胞的光镜结构特点及功能。

11. 在光学显微镜下，如何区分常规染色血涂片

中各种白细胞和血小板?

12. 叙述骨骼肌纤维的光电镜结构?

13. 简述心肌纤维的光、电镜结构及功能。

14. 请解释下列名词:肌节、肌原纤维、横小管、闰盘、二联体、三联体。

15. 试述神经元的光、电镜结构特点及功能。

16. 何谓轴突运输?有何意义?

17. 何谓突触?简述化学性突触的光、电镜结构特点及功能。

18. 简述中枢神经系统与周围神经系统胶质细胞的分类和功能。

19. 简述周围神经系统有髓神经纤维的光、电镜结构。

20. 简述感觉神经末梢的分类、分布及其功能。

21. 概述运动终板的光电镜结构。

22. 解释下列名词:尼氏体、神经原纤维、突触、结间体、郎飞结。

23. 骨的结构如何?

24. 骨是如何生长发育的?

25. 关节的基本结构和辅助结构有哪些?

26. 试述全身各骨和关节的名称。

27. 肌的辅助装置有哪些?

28. 内脏包括哪些系统和器官?

29. 心血管系包括哪些器官?

30. 试述全身大、中动脉的名称及分布范围。

31. 比较中动脉和大动脉组织结构的异同点。

32. 简述电镜下毛细血管的分型及其分布。

33. 试述全身大、中静脉的名称及注入关系。

34. 试述淋巴系的组成。

35. 何谓淋巴组织?有哪两种存在方式?

36. 试述淋巴结的组织结构及功能。

37. 何谓淋巴结的皮质深层单位?

38. 试述淋巴细胞再循环的途径及其意义。

39. 何谓灰质、白质、皮质、髓质、神经核、神经节、纤维束、神经?

40. 脑包括哪些部分?它们的位置关系如何?

41. 脊神经含有哪些纤维成分?各分布于何处?

42. 十二对脑神经中每对神经的性质是什么?

43. 何谓节前神经元、节后神经元、节前纤维、节后纤维?

44. 交感神经的低位中枢位于何处?其交感神经节位于何处?

45. 副交感神经的低位中枢位于何处?副交感神经节位于何处?

46. 分泌含氮激素细胞与分泌类固醇激素细胞的超微结构特点有哪些?

47. 腺垂体中含有哪些腺细胞?它们分泌何种激素?

48. 简述垂体门脉系统的组成。

49. 概述下丘脑与腺垂体、神经垂体的关系。

50. 简述皮肤的组织结构及附属器的组成。

51. X线成像必须具备哪些基本条件?

52. CT图像特点和扫描方法有哪些?

(吕永利　孙桂媛　张　伟)

第 2 章 背　部

背部是指脊柱及其后方和两侧软组织所配布的区域。其范围是上界自枕外隆凸和上项线，下至尾骨尖，两侧界为上自斜方肌前缘、三角肌后缘上份、腋后襞与胸壁交界处、腋后线、髂嵴后份、髂后上棘至尾骨尖的连线。背部又可分为项区、胸背区、腰区和骶尾区。

第 1 节　脊　柱

脊柱(vertebral column)是由 24 块椎骨、1 块骶骨和 1 块尾骨借骨连结形成，构成人体的中轴。椎骨可分为颈椎 7 块、胸椎 12 块、腰椎 5 块；1 块骶骨是由幼年时的 5 块骶椎长合而成，1 块尾骨是由幼年时的 3~4 块尾椎长合而成。

一、椎　骨

(一) 椎骨的一般形态

椎骨(vertebrae，图 2-1)由前方短圆柱形的椎体和后方板状的椎弓组成。**椎体** vertebral body 是椎骨负重的主要部分，内部充满松质，表面的密质较薄，上、下面皆粗糙，借椎间纤维软骨与邻近椎骨相接。椎体后面微凹陷，与椎弓共同围成**椎孔**(vertebral foramen)。各椎孔相通，构成容纳脊髓的**椎管**(vertebral canal)。**椎弓**(vertebral arch)是弓形骨板，紧连椎体的缩窄部分，称**椎弓根**(pedicle of vertebral arch)。根的上、下缘各有一切迹。相邻椎骨的上、下切迹共同围成**椎间孔**(intervertebral foramina)，有脊神经和血管通过。两侧椎弓根向后内扩展变宽形成**椎弓板**(lamina of vertebral arch)并在中线会合。由椎弓发出 7 个突起：①**棘突**(spinous process)1 个，伸向后方或后下方，尖端可在体表摸到。②**横突**(transverse process)1 对，伸向两侧。棘突和横突都是肌和韧带的附着处。③**关节突**(articular process) 2 对。在椎弓根与椎弓板结合处分别向上、下方突起，即**上关节突**和**下关节突**，相邻上、下关节突构成关节突关节。

(二) 各部椎骨的主要特征

1. 胸椎(thoracic vertebrae)　椎体从上向下逐渐增大，横断面呈心形。横突末端前面，有**横突肋凹**与肋结节相关节。第 1 胸椎与第 9 以下各胸椎的肋凹不典型。关节突的关节面几乎呈冠状位，上关节突关节面朝向后，下关节突的则朝向前。棘突较长，向后下方倾斜，呈叠瓦状排列(图 2-1)。

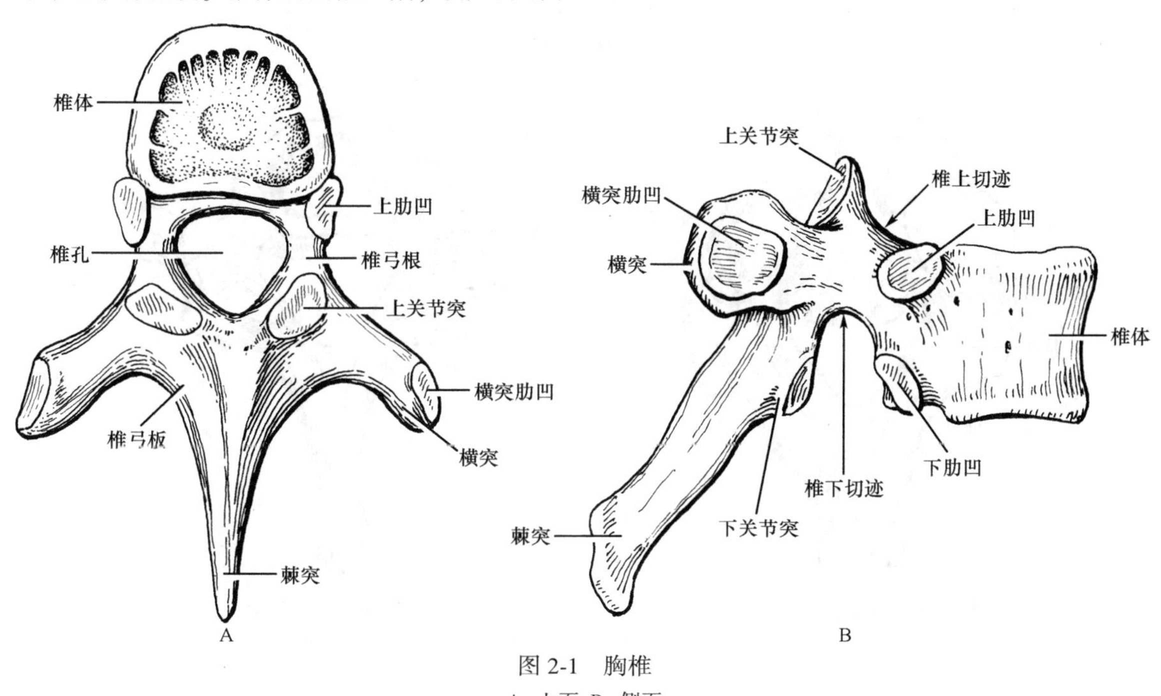

图 2-1　胸椎

A. 上面；B. 侧面

笔记栏

2. 颈椎(cervical vertebrae)　椎体较小,横断面呈椭圆形,上、下关节突的关节面几乎呈水平面。第3~7颈椎体上面侧缘向上突起称**椎体钩**。椎体钩若与上位椎体的两侧唇缘相接,则形成**钩椎关节**,又称Luschka关节。该关节如过度增生,可使椎间孔狭窄,压迫脊神经,产生颈椎病的症状,椎孔较大,呈三角形,横突有孔,称**横突孔**(transverse foramen),有椎动脉和椎静脉通过。第6颈椎横突末端前方的结节特别隆起,称**颈动脉结节**,有颈总动脉经其前方通过。当头部出血时,可用手指将颈总动脉压于此结节,进行一时性止血。第2~6颈椎的棘突较短,末端分叉(图2-2)。

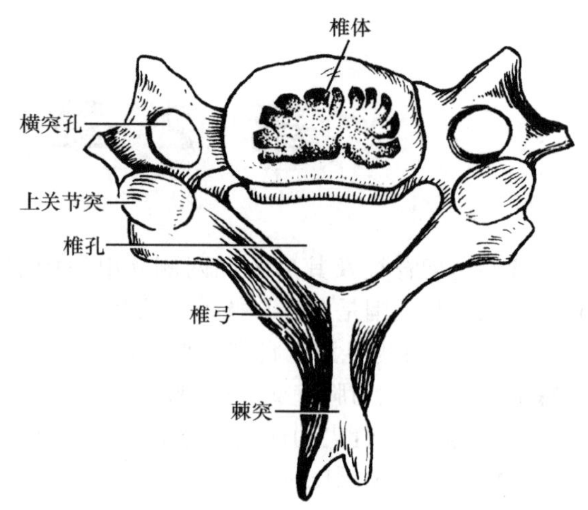

图2-2　颈椎(上面)

第1颈椎又名**寰椎**(atlas),呈环状,无椎体、棘突和关节突,由前弓、后弓及侧块组成。前弓较短,后面正中有**齿突凹**,与枢椎的齿突相关节。侧块连接前后两弓,上面各有一椭圆形关节面,与枕髁相关节;下面有圆形关节面与枢椎上关节面相关节。后弓较长,上面有横行的**椎动脉沟**,有同名动脉通过(图2-3)。

第2颈椎又名**枢椎**(axis),特点是椎体向上伸出齿突,与寰椎齿突凹相关节,齿突原为寰椎椎体,发育过程中脱离寰椎而与枢椎椎体融合(图2-4)。

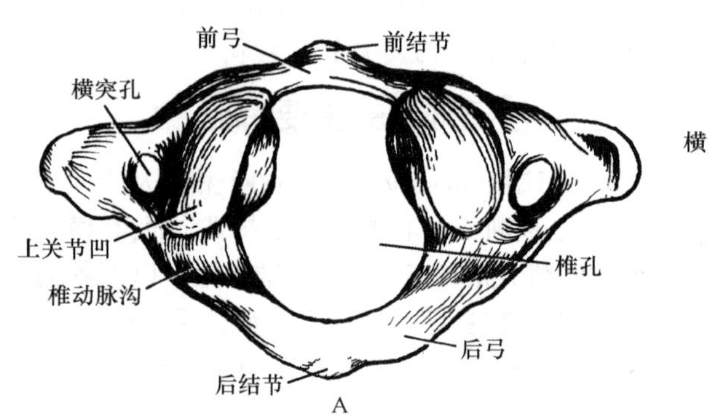

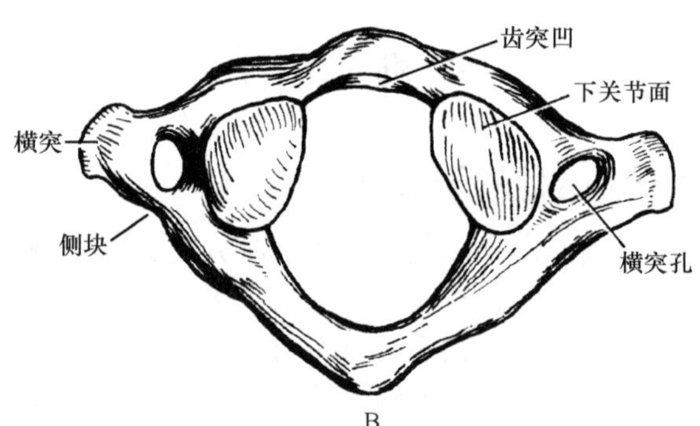

图2-3　寰椎

A. 上面;B. 下面

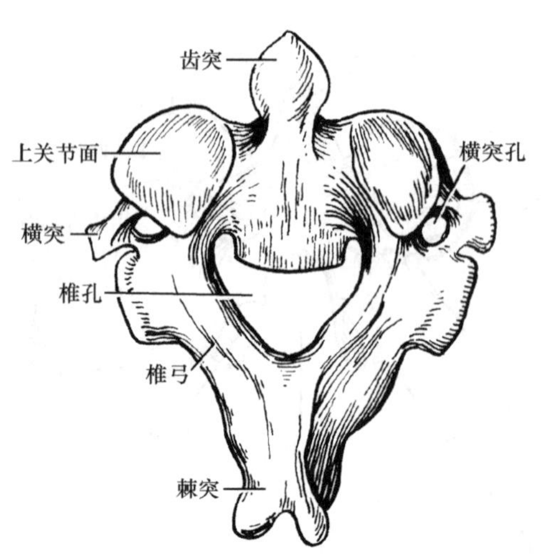

图2-4　枢椎(上面)

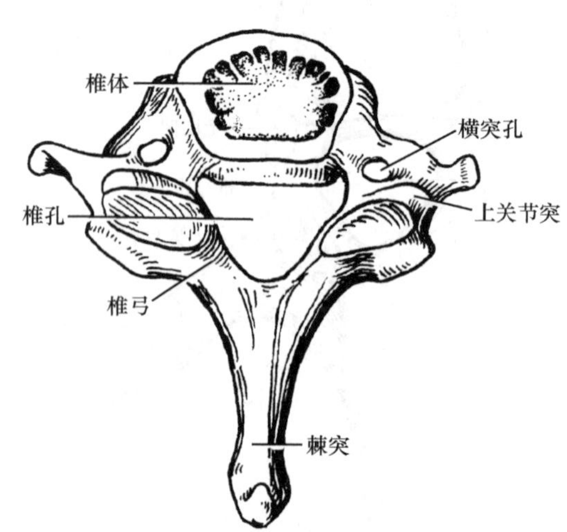

图2-5　隆椎(上面)

第 7 颈椎又名**隆椎**，棘突特长，末端不分叉，活体易于触及，常作为计数椎骨序数的标志（图 2-5）。

3. 腰椎（lumbar vertebrae）　椎体粗壮，横断面呈肾形。椎孔呈三角形。上、下关节突粗大，关节面几呈矢状位，棘突宽而短，呈板状，水平伸向后方。各棘突的间隙较宽，临床上可在此作腰椎穿刺术（图 2-6）。

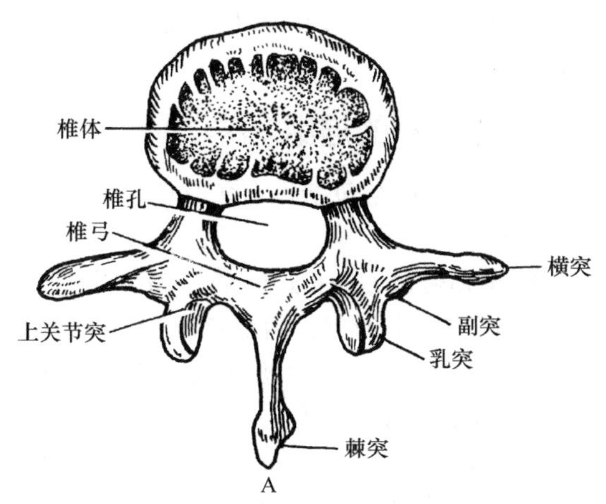

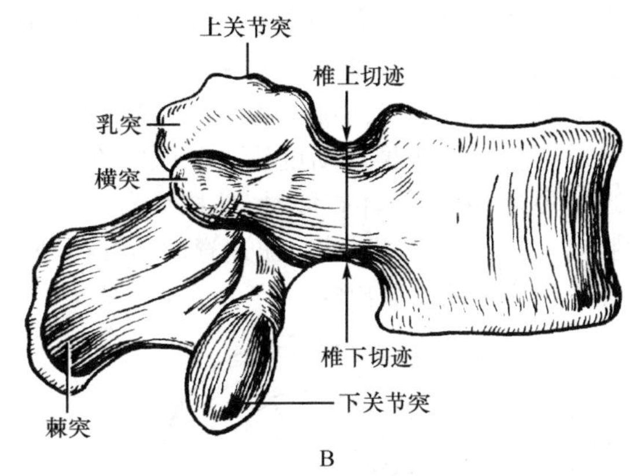

图 2-6　腰椎

A. 上面；B. 侧面

4. 骶骨（sacrum bone，sacral）　由 5 块骶椎长合而成，呈三角形，底向上，尖向下。盆面向内凹陷，上缘中份向前隆凸，称**岬**（promontory）。中部有四条横线，是椎体融合的痕迹。横线两端有 4 对**骶前孔**。背面粗糙隆凸，正中线上有骶正中嵴，嵴外侧有 4 对**骶后孔**。骶前、后孔均与骶管相通，有骶神经前后支通过。骶管上通连椎管，下端的裂孔称**骶管裂孔**（sacral hiatus），裂孔两侧有向下突出的**骶角**（sacral cornu），骶管麻醉常以骶角作为标志。骶骨外侧部上宽下窄，上份有**耳状面**与髋骨的耳状面构成骶髂关节，耳状面后方骨面凹凸不平，称**骶粗隆**（图 2-7、图 2-8）。

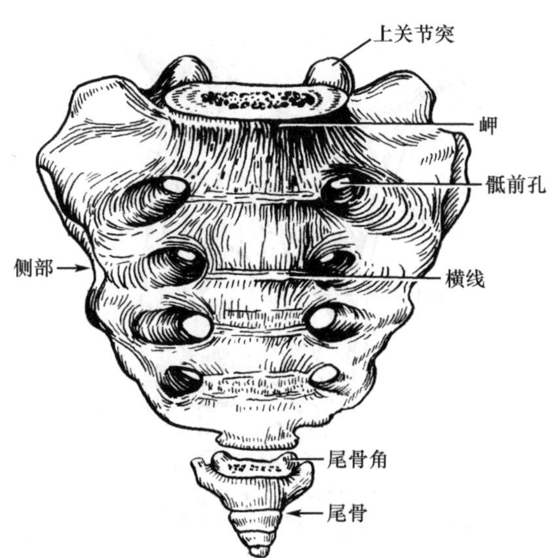

图 2-7　骶骨和尾骨（前面）

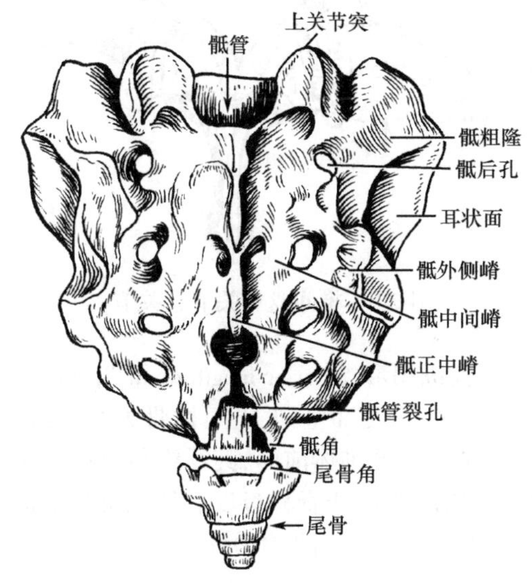

图 2-8　骶骨和尾骨（后面）

5. 尾骨　由 3～4 块退化的尾椎长合而成。上接骶骨，下端游离为尾骨尖（图 2-7、图 2-8）。

二、椎骨的连结

（一）椎体间的连结

相邻各椎体之间借椎间盘、前纵韧带和后纵韧带相连。

1. 椎间盘（intervertebral discs）　是连接相邻两个椎体的纤维软骨盘（图 2-9），由两部分构成，中央部为**髓核**（nucleus pulposus），是柔软而富有弹性的胶状物质。周围部为**纤维环**（anulus fibrosus),由多层纤维软骨环按同心圆排列组成,富于坚韧性,牢固连结各椎体上、下面,保护髓核并限制髓核向周围膨出。椎间盘既坚韧,又富弹性,承受压力时被压缩,除去压力后又复原,具有"弹性垫"样缓冲作用,并允许脊柱做各个方向的运动。当脊柱前屈时,椎间盘的前份被挤压变薄,后份增厚;脊柱伸直时又恢复原状。23个椎间盘的厚薄不同,中胸部最薄,颈部较厚,腰部最厚,所以颈、腰椎活动度较大。颈腰部的纤维环前厚后薄,纤维环破裂时,髓核容易向后外侧脱出,突入椎管或椎间孔,压迫脊髓和脊神经,临床上称为**椎间盘脱出症**。

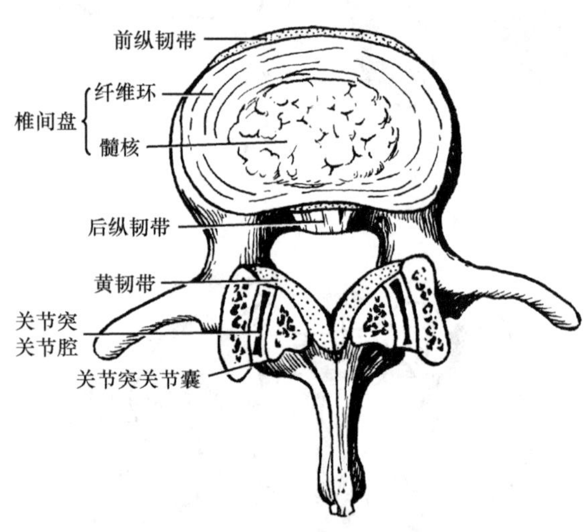

图 2-9　椎间盘和关节突关节

2. 前纵韧带(anterior longitudinal ligament)位于椎体前面,宽而坚韧,上至枕骨大孔前缘,下达第 1 或第 2 骶椎体前面,其纤维与椎体及椎间盘牢固连结,有防止脊柱过度后伸和椎间盘向前脱出的作用(图 2-9、图 2-10)。

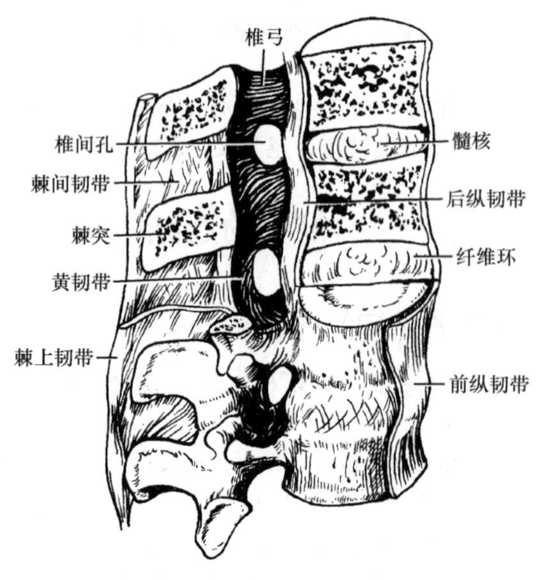

图 2-10　椎骨间的连结

3. 后纵韧带(posterior longitudinal ligament)位于椎体后面,窄而坚韧,起自枢椎并与覆盖枢椎椎体的覆膜相续,向下达骶管,与椎间盘纤维环及椎体上下缘紧密连结,而与椎体结合较为疏松,有限制脊柱过度前屈的作用(图2-9、图 2-10)。

(二)椎弓间的连结

椎弓间的连结包括椎弓板之间和各突起之间的连结。

1. 黄韧带(ligamenta flava)　黄韧带是连结相邻两椎弓板间的韧带,由黄色的弹力纤维构成(图 2-10)。将上、下椎弓板连为一体,协助围成椎管,并有限制脊柱过度前屈的作用。

2. 棘间韧带(interspinal ligaments)　棘间韧带位于相邻各棘突之间,前接黄韧带,后方移行于棘上韧带和项韧带(图 2-10)。

3. 棘上韧带(supraspinal ligaments)　棘上韧带是连结胸、腰、骶椎各棘突尖之间的纵形韧带,其前方和棘间韧带融合,与棘间韧带都有限制脊柱前屈的作用。在颈部,从颈椎棘突尖向后扩展成三角形板状的弹性膜,称**项韧带**(ligamentum nuchae,图 2-11),起肌间隔作用,供肌肉附着,向上附着于枕外隆凸及枕外嵴,向下达第 7 颈椎棘突并续于棘上韧带。

4. 横突间韧带(intertrasverse ligaments)　横突间韧带是连接相邻椎骨的横突之间的韧带。

5. 关节突关节(zygapophysial joints)　关节突关节是由相邻椎骨的上、下关节突的关节面构成,属平面关节,只能作轻微滑动,但各椎骨之间的运动总和却很大(图 2-11)。

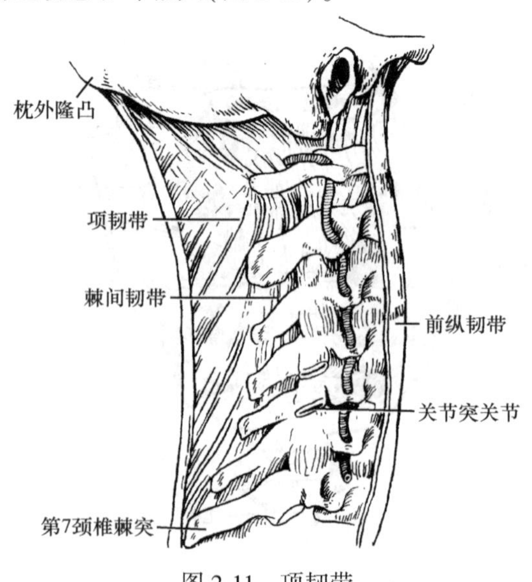

图 2-11　项韧带

(三) 寰椎与枕骨及枢椎的关节

1. 寰枕关节(atlantooccipital joint)　寰枕关节为两侧枕髁与寰椎侧块的上关节凹构成的联合关节,属二轴性椭圆关节。两侧关节同时活动,可使头作俯仰和侧屈运动。关节囊松弛,周围被下列韧带增强:**寰枕前膜**是前纵韧带的最上部分,连接枕骨大孔前缘与寰椎前弓上缘之间,**寰枕后膜**位于枕骨大孔后缘与寰椎后弓上缘之间(图 2-12)。

2. 寰枢关节(atlantoaxial joint)　寰枢关节包括三个关节:

(1) **寰枢外侧关节**:1 对,由寰椎侧块的下关节面与枢椎上关节面构成,关节囊的后部及内侧部均有韧带加强。

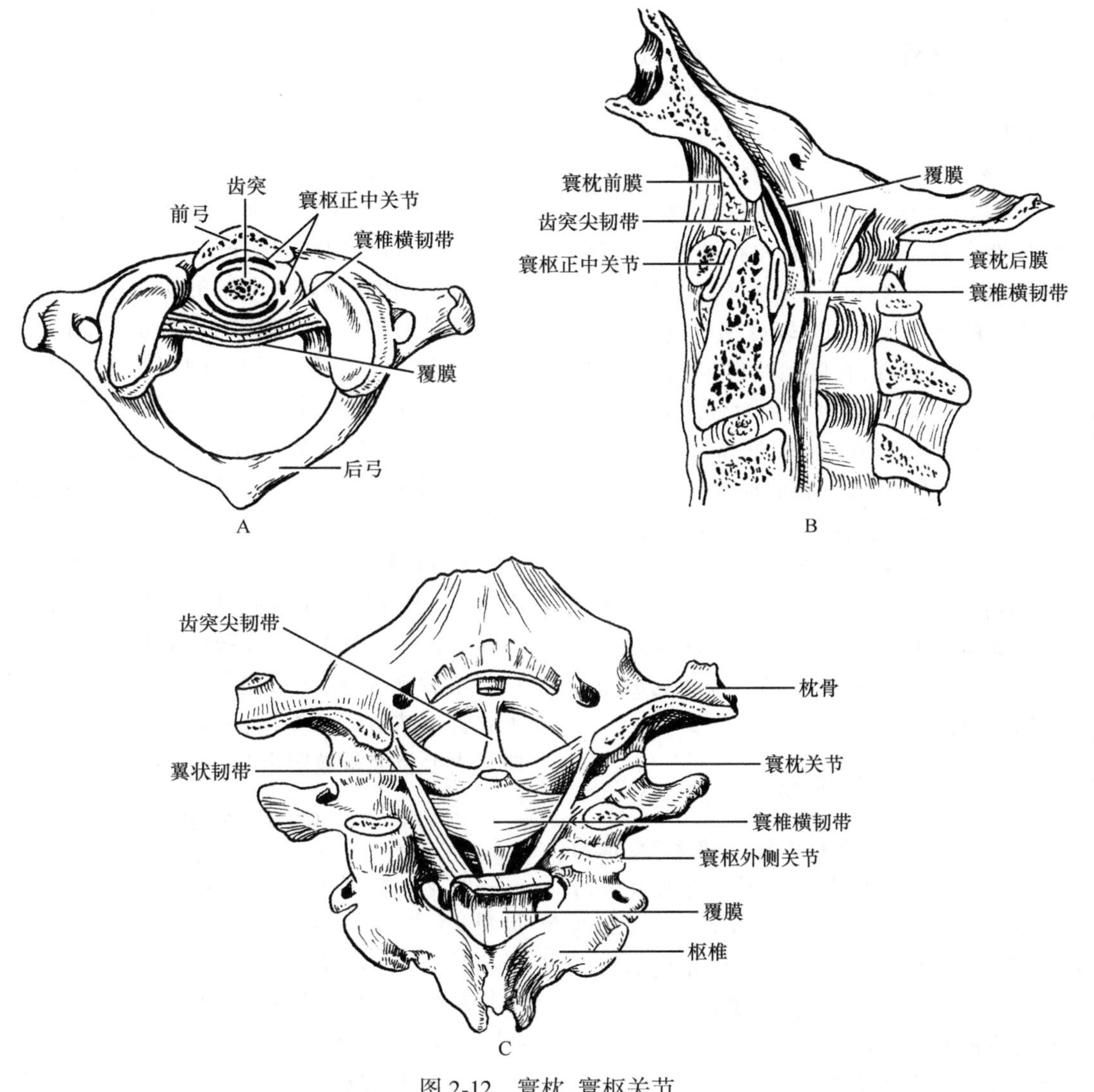

图 2-12　寰枕、寰枢关节

A. 上面;B. 侧面;C. 后面

(2) **寰枢正中关节**:由齿突与寰椎前弓后面的关节面和寰椎横韧带构成。寰枢关节沿齿突垂直轴运动,使头连同寰椎进行旋转运动,因此寰枕、寰枢关节的联合活动能使头作俯仰、侧屈和旋转运动。

寰枢关节被下列韧带增强:①**齿突尖韧带**,由齿突尖延至枕骨大孔前缘。②**翼状韧带**,由齿突尖向外上方延至枕髁内侧。③**寰椎横韧带**,连结寰椎左、右侧块,防止齿突后移,从韧带中部向上有纤维束附于枕骨大孔前缘,向下有纤维束连结枢椎体后面,寰椎横韧带与其上、下两纵纤维束,共同构成**寰椎十字韧带**。④**覆膜**,是坚韧的薄膜,从枕骨斜坡下降,覆盖于上述韧带的后面,向下移行于后纵韧带。

(四) 脊柱的整体观

脊柱是由 24 块椎骨、1 块骶骨和 1 块尾骨借骨连结形成,成年男性长约 70cm,女性略短,约60cm。椎间盘的总厚度约为脊柱全长的1/4，老年可因椎间盘胶原成分改变而变薄，骨质疏松而致椎体加宽而高度减小。

1. 脊柱前面观 自第2颈椎到第3骶椎的椎体宽度，自上而下随着负重的增加而逐渐变宽，到第2骶椎为最宽。由骶骨耳状面以下，由于重力经髂骨传到下肢骨，椎体已经无承重意义，体积也逐渐缩小。从前面观察脊柱，正常人的脊柱有轻度侧屈。

2. 脊柱后面观 可见所有椎骨棘突连贯形成纵嵴，位于背部正中线上。颈椎棘突短且分叉，近水平位；胸椎棘突细长，斜向后下方，呈叠瓦状排列；腰椎棘突呈板状，水平伸向后方。

3. 脊柱侧面观 可见脊柱有颈、胸、腰、骶四个生理性弯曲。其中，**颈曲**和**腰曲**凸向前，**胸曲**和**骶曲**凸向后。这些弯曲增大了脊柱的弹性，对维持人体的重心稳定和减轻震荡有重要意义。胸曲和骶曲凹向前方，在胚胎时已形成，婴儿出生后开始抬头、坐起及站立行走对颈曲和腰曲的改变产生明显影响。每一个弯曲，都有它的功能意义，颈曲支持头的抬起，腰曲使身体重心垂线后移，以维持身体的前后平衡，而胸曲和骶曲在一定意义上扩大了胸腔和盆腔的容积。

4. 脊柱的运动 脊柱的运动在相邻两椎骨之间是有限的，但整个脊柱的活动范围较大，可作屈、伸、侧屈、旋转和环转运动。颈腰部运动灵活，故损伤也较多见。

临床应用

脊柱可作屈伸、侧屈和旋转三组运动，椎间盘作为连结椎骨的重要结构，纤维环的后部及后纵韧带较薄弱，外伤及退行性病变时，纤维环易破裂，使髓核向后外侧脱出，造成椎管或椎间孔狭窄，压迫脊髓或脊神经。患者出现腰腿痛，临床上称为椎间盘突出症。

椎间盘突出多发于腰部(常见于第4、5腰椎或第5腰椎与骶骨之间)，也可发生于颈下部(第5、6颈椎和第6、7颈椎之间)，胸部少见。颈椎间盘退变突出或颈椎椎骨赘生物的形成，可突向椎管、椎间孔和横突孔，压迫脊髓、脊神经和椎动脉，引起血管、神经等一系列症状，临床上称为"颈椎病"。寰枢关节周围有许多韧带加强，在外伤时，枢椎齿突骨折，若寰椎横韧带保持完整，齿突可保持原位，不会引起严重症状，如寰椎横韧带松弛或断裂，寰椎向前脱位，齿突后移，从而导致椎管狭窄、脊髓受压，严重时可危及生命。

第2节 背部肌肉、血管和神经

一、背部肌肉

背部肌肉数目众多，分层排列，可分为浅、深两群(图2-13)。

(一)背浅肌

1. 斜方肌(trapezius) 位于项部和背上部的浅层，为三角形的阔肌，左右两侧合在一起呈斜方形，起自上项线、枕外隆凸、项韧带、第7颈椎和全部胸椎的棘突，上部的肌束斜向外下方，中部的平行向外，下部的斜向外上方，止于锁骨的外侧1/3部分、肩峰和肩胛冈。作用：使肩胛骨向脊柱靠拢，上部肌束可上提肩胛骨，下部肌束使肩胛骨下降。如果肩胛骨固定，一侧肌收缩使颈向同侧屈，脸转向对侧，两侧同时收缩可使头后仰。

2. 背阔肌(latissimus dorsi) 为全身最大的扁肌，位于背的下半及胸的后外侧，以腱膜起自下6个胸椎的棘突、全部腰椎的棘突、骶正中嵴及髂嵴后部等处，肌束向外上方集中，以扁腱止于肱骨小结节嵴。作用：使肱骨内收、旋内和后伸。当上肢上举被固定时，可引体向上。

临床应用

斜方肌和背阔肌位置表浅，面积大，临床常用部分(上部或下部)斜方肌皮瓣修复头颈部组织缺损。背阔肌是临床应用最多的肌皮瓣，除用于修复大面积组织缺损外，亦可用于肌肉功能重建、心肌成形术等。

3. 肩胛提肌(levator scapulae) 位于项部两侧，斜方肌的深面，起自上4个颈椎的横突，止于肩胛骨的上角。起到上提肩胛骨的作用，如肩胛骨固定，可使颈向同侧屈曲。

4. 菱形肌(rhomboideus) 位于背上部斜方肌的深面，为菱形的扁肌，起自第6、7颈椎和第1~4胸椎的棘突，止于肩胛骨的内侧缘。使肩胛骨向脊柱靠拢并略向上。

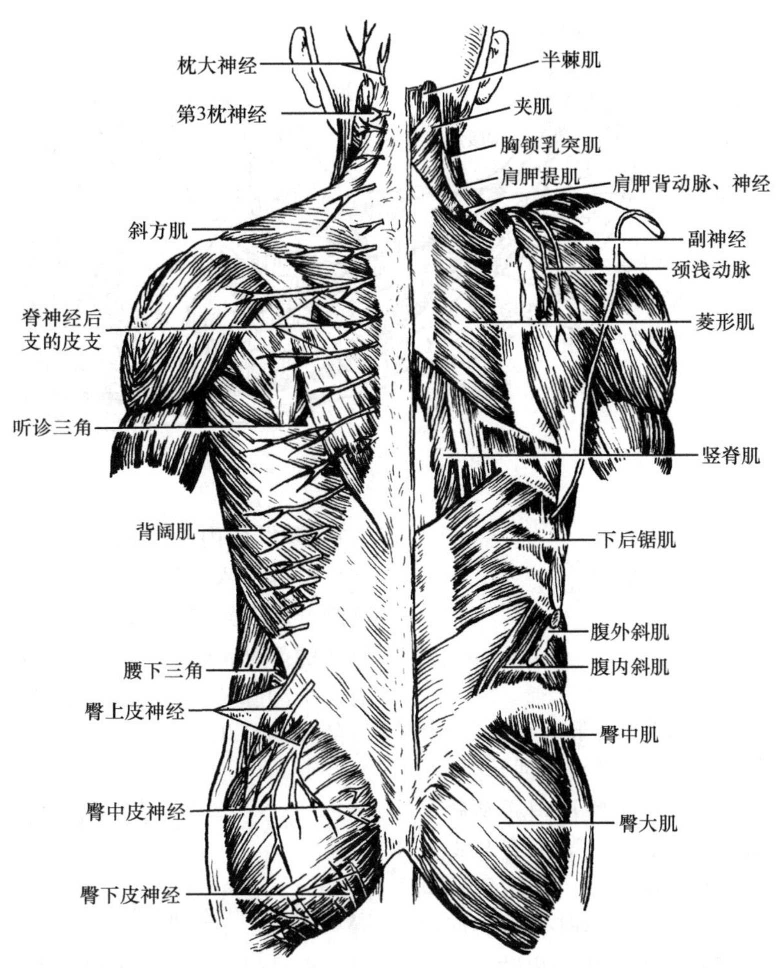

图 2-13　背肌及皮神经

（二）背深肌

1. 夹肌（splenius）　位于背部深层，斜方肌和菱形肌的深面。起自项韧带下部，第 7 颈椎棘突和上部胸椎，向上外止于颞骨乳突和第 1～3 颈椎横突。单侧收缩使头转向同侧，两侧收缩使头后仰。

2. 竖脊肌（erector spinae，骶棘肌）　为背肌中最长、最大的肌，纵列于躯干的背面，脊柱两侧的沟内，居上述 5 块肌的深部。起自骶骨背面和髂嵴的后部，向上分出三群肌束，沿途止于椎骨和肋骨，并到达颞骨乳突。使脊柱后伸和仰头。

（三）背部筋膜

背部筋膜分为浅筋膜和深筋膜。浅筋膜致密而厚，含有较多脂肪，有许多结缔组织纤维束与深筋膜相连。深筋膜被覆于斜方肌和背阔肌表面的较薄弱，但在竖脊肌周围的筋膜特别发达称**胸腰筋膜**（thoracolumbar fascia，图 2-14），包裹在竖脊肌和腰方肌的周围，在腰部筋膜明显增厚，可分为浅、中和深层。浅层位于竖脊肌的浅面（背面观），向内附于棘上韧带，外侧附于肋角，向下附于髂嵴。也是背阔肌的起始腱膜；中层分隔竖脊肌和腰方肌，中层和浅层在竖脊肌外侧缘会合，构成竖脊肌鞘；深层覆盖腰方肌的前面。三层筋膜在腰方肌外侧缘会合而成为腹内斜肌和腹横肌的起始部。

临 床 应 用

腰部的损伤常常是由于腰部活动度大或腰部用力不协调所致。在剧烈运动中，胸腰筋膜常可扭伤，也可形成胸腰筋膜炎和小关节紊乱等，是常见腰背劳损疾病之一。

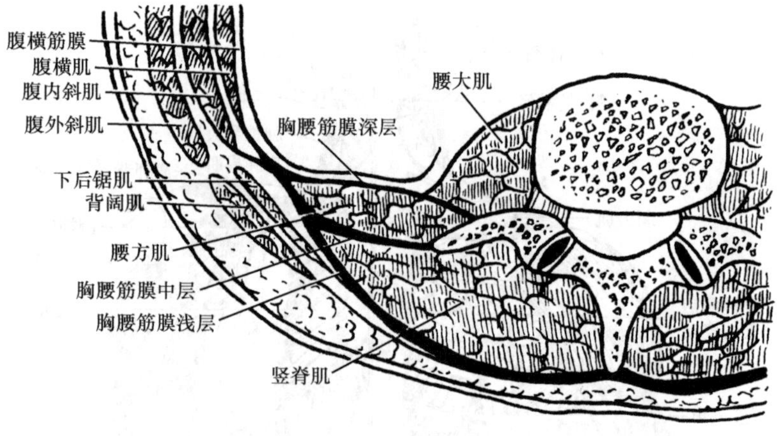

图 2-14 胸腰筋膜

二、背部血管

(一) 动脉

背部的项区主要由枕动脉、颈浅动脉、肩胛背动脉和椎动脉等供血。胸背区由肋间后动脉、胸背动脉和肩胛背动脉供血。腰区由腰动脉和肋下动脉供血。骶尾区由臀上、下动脉等供血。

1. 枕动脉(occipital artery) 起自颈外动脉,向后上经颞骨乳突内面进入项区,在夹肌深面,半棘肌外侧缘处越过枕下三角分出数支。本干继续向上至上项线高度穿斜方肌浅出,与枕大神经伴行分布至枕部。分支中有一较大的降支,向下分布至项区诸肌,并与椎动脉、肩胛背动脉等分支吻合,形成动脉网。

2. 肩胛背动脉(dorsal scapular artery) 起自锁骨下动脉,向外侧穿过或越过臂丛,经中斜角肌前方至肩胛提肌深面,与同名神经伴行转向内下,在菱形肌深面下行(图 2-13),分布至背肌和肩带肌,并参与形成肩胛动脉网。有时肩胛背动脉与颈浅动脉共干起自甲状颈干,称**颈横动脉**,穿臂丛达肩胛上角。

3. 椎动脉(vertebral artery) 起自锁骨下动脉,沿前斜角肌内侧上行,穿 6~1 颈椎横突孔,继经枕骨大孔入颅。当颈椎骨质增生而致横突孔变小时,椎动脉可受压迫而致颅内供血不足,即所谓的椎动脉型颈椎病。椎动脉周围有静脉丛,向下汇成椎静脉。

背部其他动脉(颈浅动脉,肋间后动脉,胸背动脉,肋下动脉,臀上、下动脉等)在其他各章介绍。

(二) 静脉

背部的静脉多与动脉伴行。项区的静脉汇入椎静脉、颈内静脉或锁骨下静脉。胸背区经肋间后静脉汇入奇静脉,部分汇入锁骨下静脉或腋静脉。腰区经腰静脉汇入下腔静脉。骶尾区经臀区的静脉汇入髂内静脉。脊柱区的深静脉可通过椎静脉丛广泛地与椎管内、颅内以及盆部等处的深静脉相交通。

三、背部神经

(一) 脊神经后支

脊神经后支自椎间孔处由脊神经分出后,绕上关节突外侧向后行,至相邻横突间分为内侧支(后内侧支)和外侧支(后外侧支)。脊神经后支呈明显的节段性分布。颈神经后支分布至项区皮肤和深层肌;胸神经后支分布至胸背区皮肤和深层肌;腰神经后支分布至腰区、臀区皮肤和深层肌;骶、尾神经后支分布至骶骨背面和臀区皮肤。其中较粗大的皮支有:

1. 枕大神经 第 2 颈神经后支的分支,在斜方肌起点上项线下方浅出,分布至枕部皮肤。

2. 第 3 枕神经 该神经是第 3 颈神经后支的分支,穿斜方肌浅出,分布至项区上部皮肤。

3. 臀上皮神经 该神经由第 1~3 腰神经后支的外侧支组成,行经腰区,穿胸腰筋膜浅出,越髂嵴分布至臀区上部,该神经在髂嵴上方浅出处比较集中,当腰部急剧扭转时,易被拉伤,是导致腰腿痛的常见原因之一。

4. 臀中皮神经 该神经由第 1~3 骶神经后支组成,分布于臀中区皮肤(图 2-13)。

(二) 脊神经前支

脊神经前支形成的臂丛发出胸背神经和肩胛背神经支配背部。

1. 胸背神经(thoracodorsal nerve) 起自臂丛后束,与同名动脉伴行,沿肩胛骨外侧缘下行,支配背阔肌。

2. 肩胛背神经(dorsal scapular nerve) 起自臂丛锁骨上部,穿中斜角肌斜向外下至肩胛提肌深面,继沿肩胛骨内侧缘下行,与肩胛背动脉伴行,支配肩胛提肌和菱形肌(图 2-13)。

(三)副神经

副神经(accessory nerve)由延髓橄榄后沟发出,从颈静脉孔出颅后,自胸锁乳突肌后缘中、上 1/3 交点处斜向外下,经枕三角至斜方肌前缘中、下 1/3 交点处深面进入该肌,支配胸锁乳突肌、斜方肌(图 2-13)。

第 3 节 脊髓及其被膜、血管和脊神经根

一、脊 髓

(一)脊髓的外形

脊髓(spinal cord)是中枢神经的重要组成部分,位于椎管内,其表面有 3 层被膜及脑脊液包围。脊髓呈前后稍扁的圆柱形,长度 42~45cm,最宽处的直径仅为 1 cm,重量约 35g。脊髓上端在平枕骨大孔处与延髓相连,末端变细称为**脊髓圆锥**(conus medullaris,图 2-15)。于第 1 腰椎体下缘处续为无神经组织的**终丝**(filum terminale),并在第 2 骶椎水平为硬脊膜包裹,止于尾骨的背面。脊髓表面借前后两条位于正中的纵沟分为左右对称的两半。前面的裂隙明显,称**前正中裂**(anterior median fissure),后面的称**后正中沟**(posterior median sulcus),不甚明显。此外还有两对外侧沟,即**前外侧沟**和**后外侧沟**。前外侧沟是前根从脊髓发出的位置,沟的形状不明显,后外侧沟易于分辨,是后根进入脊髓的地方。脊髓外形上没有明显的节段性。脊髓表面附有 31 对脊神经,每对脊神经借根丝附于一段脊髓,该段脊髓称为一个**脊髓节段**(segments of spinal cord)。因此,脊髓可分为 31 个节段:8 个颈节(C)、12 个胸节(T)、5 个腰节(L)、5 个骶节(S)和 1 个尾节(C_0)。脊髓全长粗细不等,有两个膨大部:**颈膨大**(cervical enlargement)自 C_4 至 T_1,**腰骶膨大**(lumbosacral enlargement)自 L_2 至 S_3。这两个膨大的形成是由于此处的脊髓节段的神经元数量相对较多,是分别发出支配上肢和下肢各对脊神经的部位。

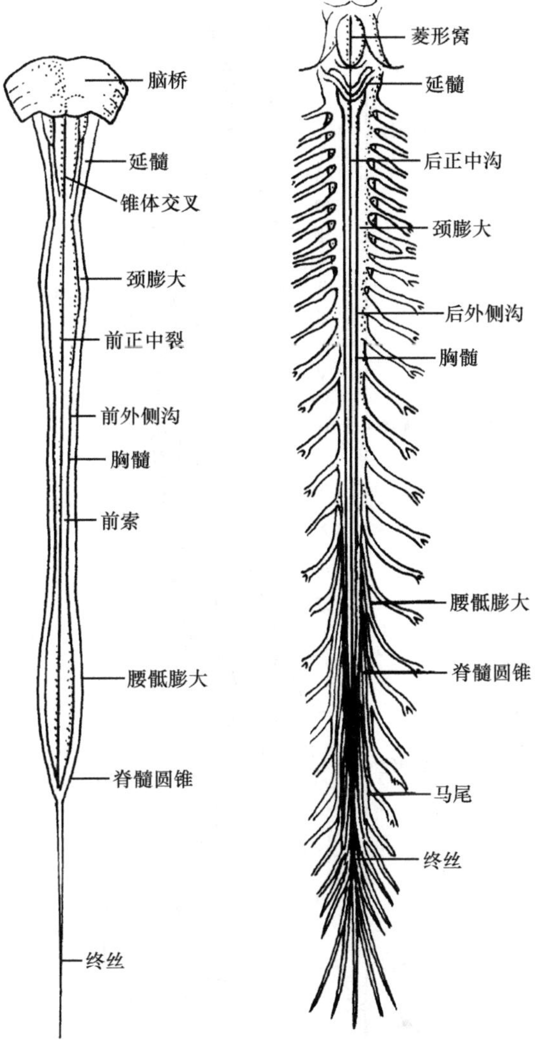

图 2-15 脊髓的外形

由于在胚胎 4 个月后,人体脊柱的生长速度比脊髓要快,所以在成人脊髓与脊柱的长度不完全对应。因此,了解脊髓节段与椎骨的对应关系,对病变和麻醉的定位具有重要意义。如在创伤中,可凭借受伤的椎骨位置来推测脊髓可能受损的节段。在成人,一般粗略的推算方法是:上颈髓(C_{1-4})大致与同序数椎骨相对应,下颈髓(C_{5-8})和上胸髓(T_{1-4})与同序数椎骨的上一节椎体平对;中胸髓(T_{5-8})约与同序数椎骨上方第 2 节椎体平对;下胸髓(T_{9-12})约与同序数上方第 3 节椎体平对;腰髓约平对第 10~12 胸椎;骶髓和尾髓约平对第 1 腰椎(图 2-16)。因此,腰、骶、尾部的脊神经前后根在通过相应的椎间孔离开脊柱以前,要在椎管内向下行走一段较长距离,就形成了**马尾**(cauda equina)。成人椎管内在相当第 1 腰椎以下已无脊髓而只有马尾。

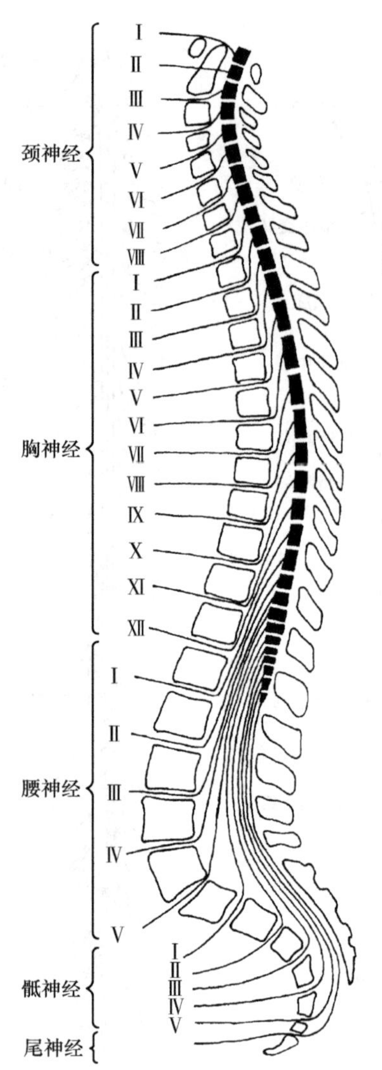

图 2-16　脊髓节段与椎骨序数的关系模式图

临床应用

成人脊髓下端在相当第1腰椎以下椎管内,婴幼儿相当于第2~3腰椎以下。由于第3、4或4、5腰椎下方椎管内只有马尾,而无脊髓(图2-17),马尾犹如漂在水中的线,因此,临床上常在此进行穿刺(腰椎穿刺),将针头刺入蛛网膜下隙以抽取脑脊液或注入药物,而不会伤及脊神经及脊髓。

(二)脊髓的内部结构

从横切面观察脊髓(图2-18),可见正中央有**中央管**(central canal),管腔不通畅,管腔内面衬着一层室管膜细胞。围绕中央管可见H形或蝶形的灰质。每一侧灰质可见分别向前后方向伸出的**前角**(anterior horn)和**后角**(posterior horn),胸髓和上部腰髓(L_{1-3})还向外伸出细小的**侧角**(lateral horn)。前、后角之间的宽阔区域为**中间带**(intermediate zone)。中央管前、后的灰质分别称**灰质前连合**和**灰质后连合**。白质籍脊髓的纵沟分为三个索。前正中裂与前外侧沟之间为**前索**(anterior funiculus),前、后外侧沟之间为**外侧索**(lateral funiculus),后外侧沟与后正中沟之间为**后索**(posterior funiculus)。在中央管前方,左右前索间有纤维横越,称**白质前连合**。在灰质后角基部外侧与外侧索白质之间,灰、白质混合交织,称为**网状结构**。

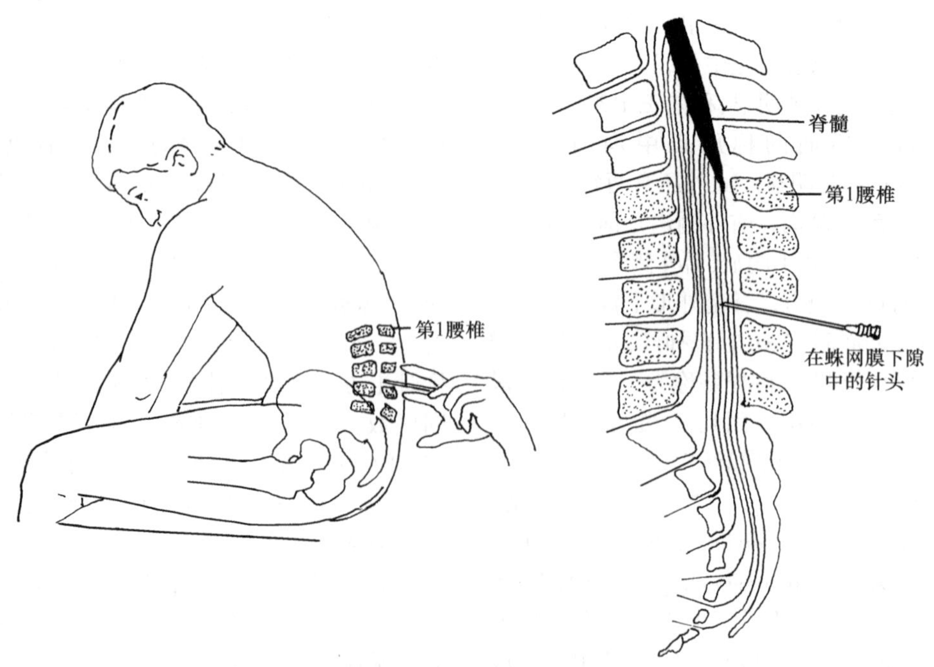

图 2-17　脊髓、马尾与腰椎穿刺的相互关系

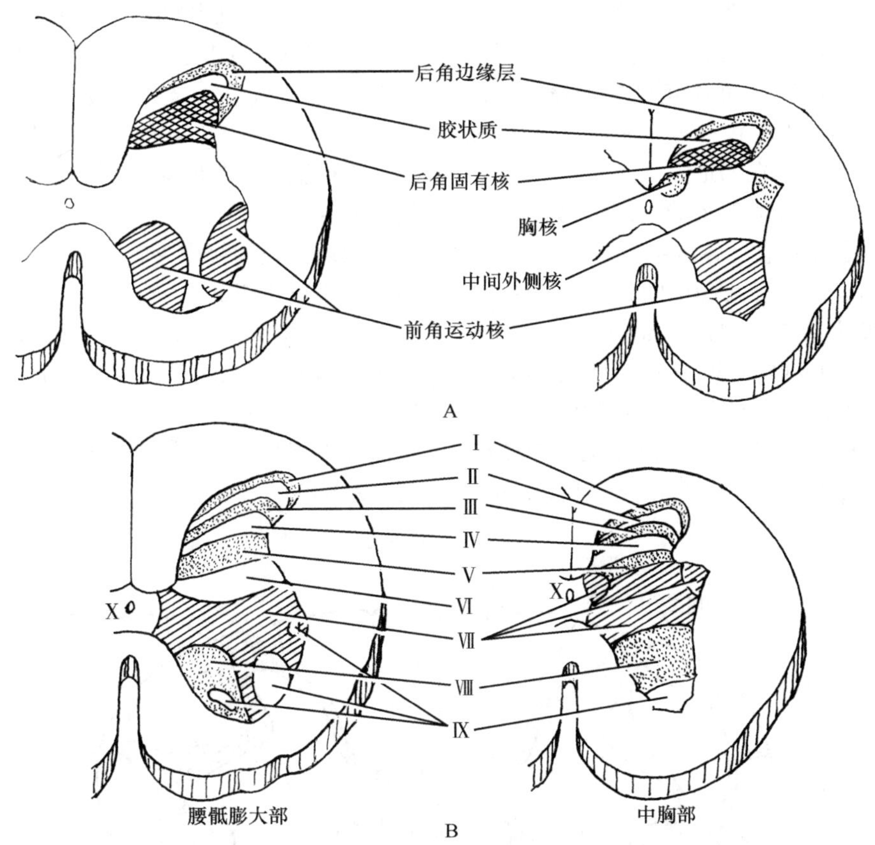

图 2-18　脊髓灰质主要核团及 Rexed 分层模式图

A. 灰质核团；B. 灰质各层

1. 灰质(gray matter)　脊髓灰质由大量大小形态不同的神经元所组成。从横切面看，各种相同类型的神经元往往聚集成簇或成层。这些细胞群在有些地方则形成界线较分明的神经核。往往还沿脊髓的纵轴排列，因此从立体角度看，它们多是占据不同节段、长度不一的神经核柱。

根据 20 世纪 50 年代 Rexed 的研究，全部脊髓灰质从后向前可以分成 10 个板层，分别用罗马数字 I ~ X 命名(图 2-18)。Rexed 分层模式已被广泛用作对脊髓灰质细胞构筑的描述。

I ~ Ⅵ层组成脊髓后角。**板层 I** 很薄，罩在后角的背侧缘，接受后根的传入纤维，层内含有**后角边缘核**(posteromarginal nucleus)。**板层 Ⅱ** 即传统描写的**胶状质**(substantia gelatinosa)，此核贯穿脊髓全长，由大量密集的小型细胞组成。此核接受直径较细、髓鞘较薄的后根传入纤维侧支及其他从脑干下行的纤维，其轴突在周围白质中上、下行若干节段，与邻近节段的 I ~ Ⅵ层神经元构成突触。Ⅱ层灰质对分析加工传入脊髓的感觉信息特别是痛觉起重要作用。**板层Ⅲ**与 I 、Ⅱ层平行，所含的细胞比Ⅱ层的略大，细胞密度与Ⅱ层相似。**板层Ⅳ**较厚，细胞大小不一，其中稍大的细胞群又称为**后角固有核**(nucleus proprius)。Ⅲ层和Ⅳ层都接受大量的后根传入纤维。I ~ Ⅳ层相当于后角头，向上与脑干的三叉神经脊束核的尾端相延续。是皮肤外感受性(痛、温、触、压觉)的初级传入纤维的主要接受区，属于外感受区。

板层Ⅴ主要位于后角颈部，分为内、外两部分。外侧部细胞较大，并与纤维交错排列而导致此层外侧与白质的边界不甚明显，形成网状结构，这在颈部更为明显。内侧部占 2/3，与后索分界明显。**板层Ⅵ**占据后角的基底部，在颈、腰膨大部最发达。Ⅴ ~ Ⅵ层接受后根本体感觉传入纤维，与调节运动有关。

板层Ⅶ面积最大，占据灰质中间带大部。在膨大部诸节段，Ⅶ层的范围还伸入前角。此层内有一些易于分辨的核团：**胸核**(nucleus thoracicus)也称背核或 Clarke 柱，仅见于 C_8 至 L_3 节段。此核境界明显，靠近后角基部内侧，发出脊髓小脑后束纤维在同侧侧索上行止于小脑；**中间内侧核**(intermediolateral nucleus)在Ⅶ层最内侧，紧靠 X 层的外侧。此核占脊髓全长，接受来自后根传入的内脏感觉纤维；**中间外侧核**(intermediolateral nucleus)占有 T_1 至 L_2(或 L_3)节段的侧角，是交感神经的节前神经元胞体所在的部位。此核团中的神经元发出纤维经前根进入脊神经，再经白交通支入交感干。此外，在 S_2 至 S_4 节段Ⅶ层的外侧部，还可见**骶副交感核**（sacral parasympathetic mucleus），是至盆腔脏器的副交感节前神经元胞体所在的地方。

板层Ⅷ位于前角底部，在颈、腰膨大处位于前角内侧部，接受大量来自各级脑部的下行纤维。**板层Ⅸ**由前角运动神经元和中间神经元组成，位于前角的最腹端。在颈、腰膨大部，前角运动神经元可分内、外侧两大群，内侧群位于前角腹内侧部，支配躯干部的固有肌；外侧群支配四肢肌。前角运动神经元有两种，其中大型细胞为 **α-运动神经元**，数量多，胞体大，为胆碱能神经元，直径在 25μm 以上，轴突粗，其纤维支配跨关节的肌梭外骨骼肌，直接引起关节运动；小型细胞为 **γ-运动神经元**，直径为 15~25μm，数量少，支配肌梭内的骨骼肌，其作用与肌张力调节有关。如前角运动神经元损伤会造成其所支配的骨骼肌瘫痪并发生萎缩，肌张力和腱反射也会减退或消失。

板层Ⅹ是围绕中央管的一个区域，某些后根传入纤维也止于此。

2. 白质（white matter）　脊髓的白质主要由三个索组成，每个索都由不同的上行或下行的纤维束所构成。实际上，有一些纤维束的精确界线目前并不清楚，而且许多纤维束之间是相互重叠的（图 2-19）。

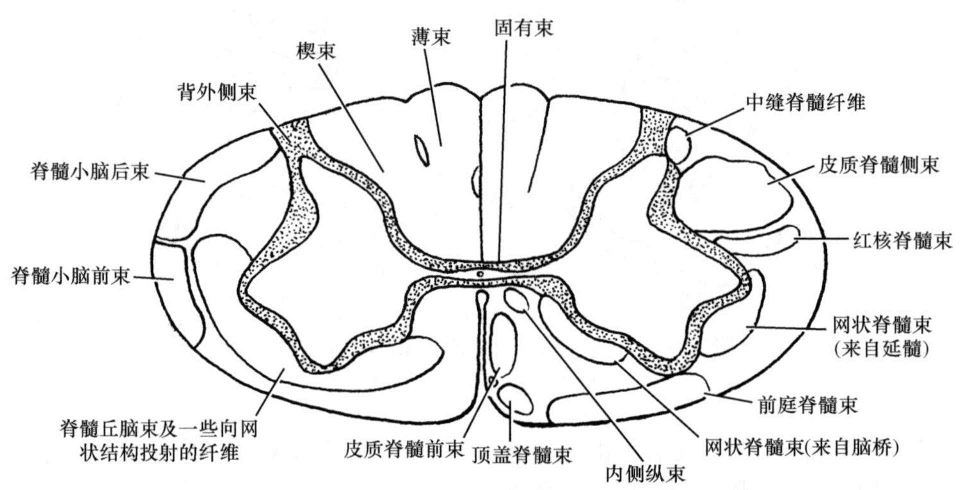

图 2-19　颈髓白质上、下行纤维束分布模式图

注：左侧示上行纤维束，右侧示下行纤维束

在脊髓白质中上、下行的纤维数量很多，大致可分为三类：①长的上行纤维束，它们分别投射到丘脑、小脑和脑干的许多核团。②长的下行纤维束，从大脑皮质或脑干内的有关核团投射到脊髓。③短的固有束（fasciculus proprius），起止都在脊髓，向上、下走行，紧靠脊髓灰质分布，参与脊髓节段内和节段间反射活动。

每个后根都分成 6~8 个根丝进入脊髓。后根内侧部纤维较粗，沿后角内侧部进入脊髓后索，主要组成薄束和楔束，传导本体感觉和精细触觉；后根外侧部主要由细的无髓和薄髓纤维组成。这些纤维进入脊髓后上升或下降 1~2 节段，在胶状质背外侧组成**背外侧束**（或称 **Lissauer 束**），从此束发出侧支或终枝进入后角。后根外侧部细纤维主要传导痛觉、温度觉和内脏感觉信息。

（1）上行纤维束

1）**薄束**（fasciculus gracilis）和**楔束**（fasciculus cuneatus）：占据白质后索，是同侧后根内侧部纤维的直接延续。薄束成自同侧 T_5 以下脊神经节细胞的中枢突，楔束成自同侧 T_4 以上的脊神经节细胞的中枢突。因此，在 T_5 以下，后索全由薄束所占据。薄束止于延髓的薄束核，楔束止于延髓的楔束核。薄束和楔束分别向脑部传导来自下肢和上肢的本体感觉（肌肉、肌腱、骨骼、关节的位置觉、运动觉和震动觉）以及精细或辨别性触觉（如辨别两点距离和物体纹理的粗细）。

临床应用

脊髓后索病变时，本体感觉和辨别性触觉的信息就不能经薄束和楔束向上传入大脑皮质。这样，在患者不能借助视觉（如闭眼或黑夜）时，就难以确定自身关节的位置和运动状况，如平卧在床上却感觉自己的腿在天棚上，站立式发生站立不稳、行动不协调以及不能辨别所触摸物体的性状等症状。

2）**脊髓小脑后束**（posterior spinocerebellar tract）：位于 L_2 以上节段白质外侧索后部表层，

由同侧背核发出，上行经小脑下脚止于小脑皮质。主要接受来自同侧躯干下部和下肢本体感受器(肌梭和腱器官)的冲动。脊髓小脑后束的功能是在小脑参与控制下肢随意运动(特别是控制肌张力和肌肉间的共济协调)过程中，向小脑提供与外环境变化有关的反馈信息。

3) **脊髓小脑前束**(anterior spinocerebellar tract):位于白质外侧索前部的表浅层，脊髓小脑后束的前方。起于腰骶膨大节段Ⅴ~Ⅶ层的外侧部，大部分交叉至对侧上行，小部分在同侧上行。此束主要经小脑上脚进入小脑皮质。脊髓小脑前束的起始细胞接受多方面的信息来源，特别是来自中枢内的节段性或下行纤维的传入。因此，脊髓小脑前束可能是向小脑反馈下肢在运动过程中某些相关的中枢结构运转状况的信息。

4) **脊髓丘脑束**(spinothalamic tract):包括脊髓丘脑侧束和脊髓丘脑前束。脊髓丘脑侧束位于外侧索的前半部，并与邻近的纤维束有重叠，传导后根中细纤维的痛、温觉信息。脊髓丘脑前束位于前索，前根纤维的内侧，传递后根中粗纤维传入的粗触觉和压觉。脊髓丘脑束主要起自脊髓灰质Ⅰ和Ⅳ~Ⅶ层，其起始细胞位于对侧脊髓全长，但以颈、腰膨大部最集中。纤维经白质前连合越边后在同节或上1~2节对侧的前索和外侧索上行。脊髓丘脑侧束和脊髓丘脑前束上升途经脑干下部时，两束合二为一，改名为脊髓丘系，止于背侧丘脑。

临床应用

脊髓丘脑侧束纤维在脊髓内有一定排列次序:自外向内、由浅入深，依次排列着来自骶、腰、胸、颈部的纤维。因此，当脊髓内肿瘤压迫一侧脊髓丘脑束时，痛、温觉障碍首先出现在身体对侧上半部，逐渐波及下半部。若受到脊髓外肿瘤压迫，则发生感觉障碍的次序相反。脊髓丘脑前束传导较粗浅的触压觉，与体表触点的定位有关。而精细的触压觉纤维(两点辨别觉，实体感觉)，则沿后索上升至延髓。故脊髓丘脑前束损伤时，只是触点定位不准确，实体感觉完好。

由于脊髓丘脑束起自对侧脊髓Ⅰ、Ⅳ~Ⅶ层，当一侧脊髓丘脑束损伤时，病变水平1至2节段以下的对侧区域会出现痛、温觉的减弱或消失。

(2) **下行纤维束**:又称运动传导束，起自脑的不同部位，直接或间接止于脊髓前角和侧角。管理骨骼肌的下行纤维束分为锥体束和锥体外束。前者包括皮质脊髓束和皮质核束，后者包括红核脊髓束和前庭脊髓束等。

1) **皮质脊髓束**(corticospinal tract):脊髓内最大的下行纤维束。起源于大脑皮质，在延髓下部的锥体大部分纤维(约85%)交叉越边到对侧脊髓侧索后部(相当于脊髓小脑后束深方、脊髓后角的外侧)下行，称为**皮质脊髓侧束**(lateral corticospinal tract)，下行可达骶髓。少数未交叉的纤维(约15%)行于脊髓前索，居前正中裂两岸，称**皮质脊髓前束**(anterior corticospinal tract)。

皮质脊髓侧束在脊髓外侧索后部下行，沿途不断发出纤维止于同侧脊髓灰质Ⅵ~Ⅸ板层，直达骶髓。此束中的纤维也是按躯体定位方式排列的，由外向内依次为到骶、腰、胸、颈纤维。

皮质脊髓前束行于前索，居正中裂两岸。大多数纤维经白质前连合终于对侧前角细胞，少数纤维始终不交叉而终止于同侧前角细胞。此束仅存在于中胸部以上(主要是支配躯干肌的运动神经元)。

2) **红核脊髓束**(rubrospinal tract):行于皮质脊髓侧束腹侧且与其无明显界线。此束在低等动物比较显著，在人类则不甚发达。红核脊髓束起于中脑红核，交叉后在脊髓侧索下行，止于灰质Ⅴ~Ⅶ层(大部分皮质脊髓侧束也止于此)。此束对支配屈肌的运动神经元有较强的兴奋作用，它与皮质脊髓束一起对肢体远端肌肉的运动发挥重要影响。

3) **前庭脊髓束**(vestibulospinal tract):起于同侧延髓前庭外侧核，下行于脊髓前索外侧部，止于灰质Ⅷ层和一部分Ⅶ层。此束主要兴奋躯干肌及肢体的伸肌，在调节身体平衡的过程中起重要作用。

4) **网状脊髓束**(reticulospinal tract):来自脑桥和延髓的网状结构，大部分以同侧为主。此束较弥散，行于白质前索和侧索前内部，纤维止于灰质Ⅶ和Ⅷ层。此束主要参与对躯干和肢体近端肌肉运动的控制。

5) **内侧纵束**(medial longitudinal fasciculus):位于前索，大部分来自同侧，少部分来自对侧前庭神经核。终于灰质板层的Ⅶ和Ⅷ，经中继后再达前角运动神经元。其主要作用是协调眼球的运动和头、颈部的运动。

6) **顶盖脊髓束**(tectospinal tract):起自中脑上丘，向腹侧行于中脑水管周围灰质腹侧经被盖背侧交叉越边，在前索内下行，终止于上段颈髓板层Ⅵ、Ⅷ，兴奋对侧颈肌，抑制同侧颈肌活动。

(三) 脊髓的功能

脊髓除具有上述传导功能外，还具有重要反射功能，是诸多反射的中枢。脊髓参与的反射有躯体反射和内脏反射,躯体反射指骨骼肌反射,包括牵张反射、屈曲反射等。内脏反射指一些躯体—内脏反射、内脏—内脏反射和内脏—躯体反射,如竖毛反射、排尿反射、排便反射等。

牵张反射属于单突触反射,感受器位于骨骼肌内(如肌梭),经脊神经后根进入脊髓,兴奋 α 神经元,反射性的引起被牵拉肌肉的收缩,有两个神经元参与。临床上常检查的深反射有膝反射、跟腱反射、肱二头肌腱反射等。

屈曲反射是一种保护性反射,属于多突触反射,即由于皮肤受到伤害性刺激而能迅速缩回肢体的反射。至少有三个神经元参与,即皮肤的信息经后根传入脊髓后角,再经中间神经元传给前角 α 神经元,α 神经元兴奋引起骨骼肌收缩。

临床应用

脊髓损伤依据损伤部位的不同,而出现不同的临床表现,典型损伤如下:

(1) 脊髓全横断:脊髓损伤平面以下全部感觉和随意运动丧失,脊髓横断早期(数日或数周),各种脊髓反射均消失,称为脊髓休克。数周或数月后,各种脊髓反射可逐渐恢复,但由于传导束很难再生,损伤平面以下的感觉和骨骼肌运动不能恢复。可表现有肌张力增高,腱发射亢进,不能随意控制排便、排尿反射等。

(2) 脊髓半横断:脊髓损伤平面以下同侧位置觉、震动觉、精细触觉(深感觉)消失及同侧肢体硬瘫;损伤平面以下对侧痛、温觉(浅感觉)消失。这些症状称之为布朗-色夸综合征 Brown-Sequard syndrome。

(3) 脊髓空洞症:脊髓中央管扩大使脊髓中央形如空洞。若病变伤及白质前连合,可造成传导痛、温觉的脊髓丘脑束纤维在此受损,导致损伤平面以下双侧节段性痛、温觉消失。但深部感觉正常,这种现象称为感觉分离。

(4) 脊髓灰质炎:脊髓灰质炎是由病毒感染所致的脊髓前角病变。表现为其所支配区域骨骼肌(如一侧下肢)软瘫、肌张力低下、腱反射消失、肌萎缩,但感觉正常。

二、脊髓的被膜

脊髓的表面有 3 层被膜包裹,由外向内依次为硬脊膜、蛛网膜和软脊膜。脊髓借这些被膜受到支持和保护,并通过被膜的血管得到营养。

(一) 硬脊膜

硬脊膜(spinal dura mater)由致密结缔组织构成,厚而坚韧,呈囊状包裹脊髓。上端附于枕骨大孔边缘,与硬脑膜相延续。下部在第 2 骶椎水平逐渐变细,包裹终丝,末端附于尾骨。硬脊膜与椎管内面的骨膜之间为**硬膜外隙**(epidural space),内含疏松结缔组织、脂肪、淋巴管和椎内静脉丛。由于硬脊膜在枕骨大孔边缘与骨膜紧密愈着,故硬膜外隙不与颅内相通。此隙略呈负压,内有脊神经根通过。临床上进行硬膜外麻醉,即将药物注入此隙,以阻滞脊神经根内的神经传导。在硬脊膜与脊髓蛛网膜之间为潜在的**硬膜下隙**。硬脊膜在椎间孔处与脊神经的被膜相连续(图 2-20)。

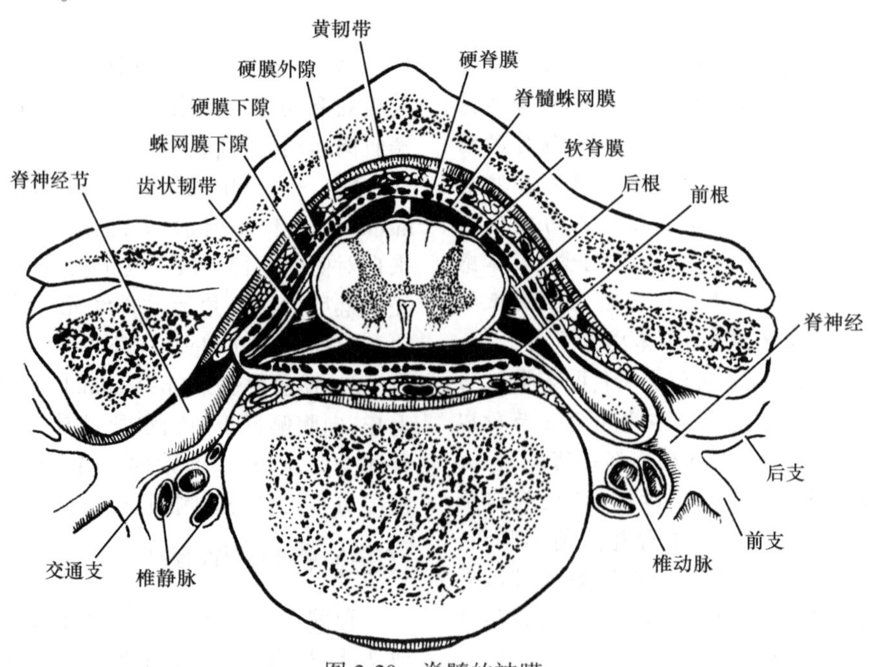

图 2-20 脊髓的被膜

（二）脊髓蛛网膜

脊髓蛛网膜（spinal arachnoid mater）为半透明的薄膜，位于硬脊膜与软脊膜之间，与脑蛛网膜直接延续。它与软脊膜之间有宽阔的**蛛网膜下隙**（subarachnoid space），两层间有许多结缔组织小梁相连，隙内充满脑脊液。此隙下部，自脊髓下端至第2骶椎水平扩大为**终池**（terminal cistern）。脊髓蛛网膜下隙向上与脑蛛网膜下隙相通。由于第3、4或4、5腰椎下方只有马尾，而无脊髓，故临床上常在此进行穿刺（腰椎穿刺）。

（三）软脊膜

软脊膜（spinal pia mater）薄而富有血管，紧贴脊髓表面，并深入脊髓的沟裂中，至脊髓下端形成终丝。软脊膜在脊髓两侧脊神经前、后根之间形成**齿状韧带**，后者呈齿形，尖端附于硬脊膜上。脊髓借齿状韧带和神经根固定于椎管内并浸泡于脑脊液中，再加上硬膜外隙内的脂肪组织及椎内静脉丛的弹性垫作用，使脊髓不易受到外界震荡的损伤。齿状韧带还可作为椎管内手术的标志。

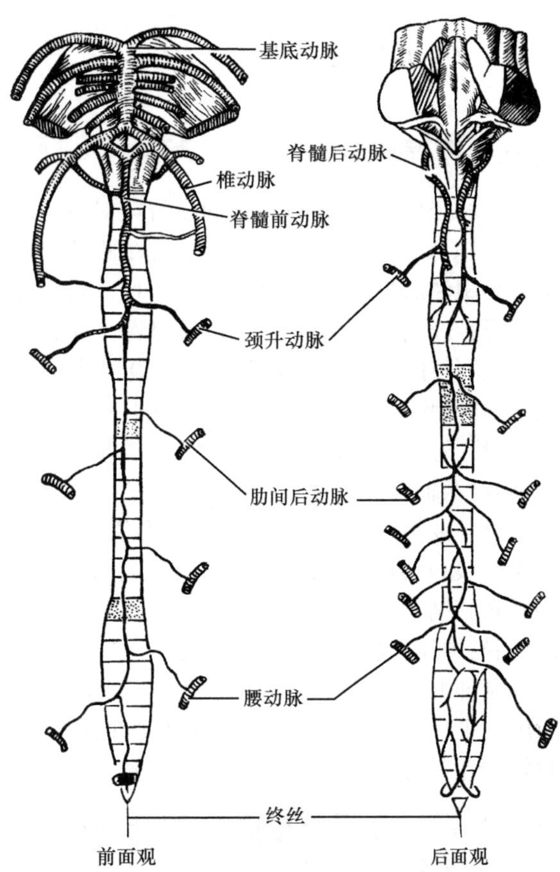

图2-21　脊髓的动脉

三、脊髓的血管

（一）脊髓的动脉

脊髓的动脉有两个来源：①**椎动脉**发出的**脊髓前动脉**（anterior spinal artery）和**脊髓后动脉**（posterior spinal artery）。②一些**节段性根动脉**，如肋间后动脉、腰动脉、骶外侧动脉等的脊髓支（图2-21）。脊髓前、后动脉在下行过程中，不断得到节段性根动脉的增补，以营养脊髓。

脊髓前动脉自椎动脉发出后，沿延髓腹侧下降，并向中线靠拢，在枕骨大孔上方汇成一干，沿前正中裂下行至脊髓末端。

脊髓后动脉自椎动脉发出后，两条动脉向后行走，沿脊神经后根内侧平行下降，直至脊髓末端。

脊髓前、后动脉之间借横行的吻合支互相交通，形成动脉冠，由动脉冠再分支进入脊髓内部。脊髓前动脉的分支主要分布于脊髓前角、侧角、灰质连合、后角基部、前索和侧索。脊髓后动脉的分支则分布于脊髓后角的其余部分和后索。

临床应用

脊髓的动脉一是来自椎动脉的脊髓前、后动脉，二是来自节段性动脉的根动脉。根动脉分为前、后根动脉，沿脊神经前、后根至脊髓。在两个来源不同的血管分布区的移行带部分，称为危险区。例如颈髓主要由椎动脉的分支供应，只有一小部分由颈升动脉的脊髓支供应。而胸髓上段，是靠肋间动脉的根动脉供应。假若一条或数条相关肋间动脉受伤或结扎后，脊髓前动脉就不能供给第1～4胸节足够的血液。因此，第1～4胸节（特别是第4胸节）就是危险区；第1～4胸节的背侧面同样也是危险区；第1腰节的腹侧面也是危险区。这些血管受损伤可引起该节段脊髓缺血坏死。

（二）脊髓的静脉

脊髓的静脉较动脉多而粗，收集脊髓内的小静脉，最后汇合成**脊髓前、后静脉**，通过前、后根静脉注入硬膜外隙的椎内静脉丛。

四、脊神经根

（一）行程和分段

脊神经根丝离开脊髓后，即横行或斜行于蛛网膜下隙，到达其相应的椎骨平面，在此处根丝汇成**前根**和**后根**，二者在椎间孔处合成一条脊神经。脊神经在出椎间孔前穿蛛网膜囊和硬脊膜囊，然后行于硬膜外隙中。硬脊膜囊以内的一段，为蛛网膜下隙段，穿出硬脊膜囊的一段，为硬膜外段。脊神经前根属运动性的，后根属感觉性的，因此两根合成的脊神经是混合性的。

脊神经根离开脊髓时即包以软脊膜，当穿脊髓蛛网膜和硬脊膜时，带出此二膜形成蛛网膜鞘和硬脊膜鞘。三层被膜向外达椎间孔处与脊神经外膜、神经束膜和神经内膜相延续。在神经根周围延伸的蛛网膜下隙至脊神经节近端附近即封闭消失。有时可伸展至脊神经近侧部，因而在脊柱旁注射时，药液有可能进入蛛网膜下隙内。

（二）脊神经根与椎间孔和椎间盘的关系

脊神经根的硬膜外段较短，借硬脊膜鞘紧密连于椎间孔周围，以固定硬脊膜囊和保护鞘内的神经根不受牵拉。此段在椎间孔处最易受压。椎间孔的上、下壁为椎弓根上、下切迹，前壁为椎间盘和椎体，后壁为关节突关节。

临床应用

椎间盘突出可压迫脊神经根。由于颈神经自相应椎骨上方穿出，当椎间盘突出压迫颈神经时，受压的颈神经序数应为突出的椎间盘序数加1。而胸、腰神经根丝在椎管内下行一段至相应椎骨下方汇成胸、腰神经穿出，故当腰椎间盘突出时，压迫的神经根为突出椎间盘序数下1～2位的胸、腰神经根。如第4、5腰椎间盘突出，被压迫的多是第5腰神经。

第4节　脊柱的正常影像学

背部主要是包括脊柱及其后方、两侧的软组织部分，影像检查方法手段有很多。

一、X线检查

骨骼含有大量钙盐，密度高，同其周围的软组织有鲜明的对比。而在骨骼本身的结构中，周围的骨皮质密度高，内部的松质骨和骨髓比皮质骨密度低，也有鲜明的对比。由于骨与软组织具备良好的自然对比，因此，一般摄影即可使骨、关节清楚显影。而骨关节疾病也易于在X线片上显示出来，经观察、分析可做出诊断。

脊柱X线平片摄影要注意：脊柱摄影至少要用正侧两个位置，如怀疑椎弓病变还要加用双斜位；应当包括周围的软组织，在行脊柱摄影时要包括相邻部位，例如摄照腰椎应包括下部胸椎，以便计数。

影像表现：脊柱由椎骨和其间的椎间盘组成。除第1颈椎外，每个椎骨均分椎体及椎弓两部分。椎弓由椎弓根、椎弓板、棘突、横突和关节突组成。同侧上、下两个关节突组成关节突关节，有关节软骨和关节囊。在正位片上，椎体呈长方形，从上向下依次增大，主要由松质骨构成，纵行骨小梁比横行骨小梁明显，周围为一层致密的骨皮质，密度均匀，轮廓光滑。椎体两侧有横突影。在横突内侧可见椭圆形环状致密影，为椎弓根横断面影像，称椎弓环。在椎弓根的上、下方为上、下关节突的影像。椎弓板由椎弓根向后内延续，在中线联合成棘突，投影于椎体中央的偏下方，呈尖向上类三角形的线状致密影，大小与形状可有不同。

在侧位片上，椎体也呈长方形，其上下缘与前后缘成直角，椎弓居其后方。在椎体后方的椎管显示为纵行的半透明区。椎弓板位于椎弓根与棘突之间。棘突在上胸段斜向后下方，不易观察，在腰段则向后突，易于显示。上、下关节突分别起于椎弓根与椎弓板连接处之上、下方，下关节突在下个脊椎上关节突的后方，以保持脊椎的稳定，不向前滑。脊椎小关节间隙为匀称的半透明影。颈、胸椎小关节侧位显示清楚，腰椎则正位清楚。椎间盘的纤维软骨板、髓核及周围的纤维环系软组织密度，故呈宽度匀称的横行半透明影，称之为椎间隙（inter-vertebral space）。椎间孔居相邻椎弓、椎体、关节突及椎间盘之间，呈半透明影，颈椎斜位显示清楚，胸、腰椎侧位清楚，呈类圆形（图2-22）。

二、CT检查

骨与软组织疾病一般先用X线检查以发现病变，估计病变性质与范围。当临床和X线诊断有疑难时可选用CT作进一步检查。对软组织病变和骨骼解剖较复杂的部位如骨盆和脊柱，

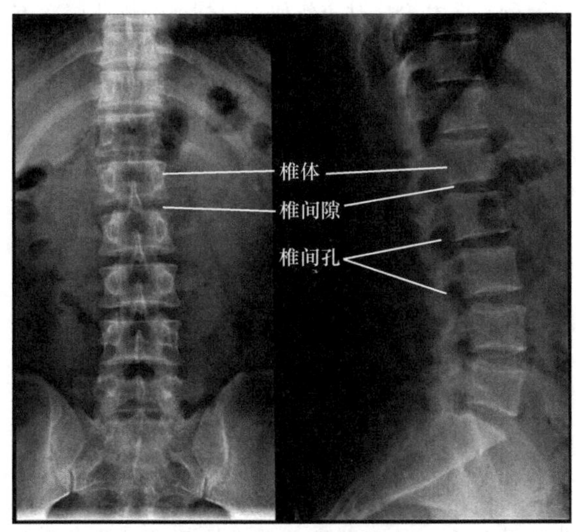

图 2-22　腰椎正、侧位

也可首选 CT。

1. 平扫检查　由于骨和软组织的 CT 值相差很大，一般对同一层图像需用软组织窗和骨窗来观察软组织和骨组织病变。

2. 增强检查　对于软组织病变和骨病变的软组织肿块常须进行增强扫描以进一步了解病变是否强化，强化的程度和有无坏死等。增强扫描常对确定病变的范围和性质有较大的帮助。

3. 造影检查　疑有椎管受累时，可向硬膜囊内注射专用的非离子型有机碘对比剂，再作 CT 扫描，即脊髓造影 CT(CTM)。

影像表现：在脊柱 CT 的横断像上，椎体在骨窗下显示为由薄层骨皮质包绕的海绵状松质骨结构。在椎体中部层面上有时可见松质骨中的"Y"形低密度线条影，为椎体静脉管。由椎体、椎弓根和椎弓板构成椎管骨环，硬膜囊居椎管中央，呈低密度影，与周围结构有较好的对比。黄韧带为软组织密度，附着在椎弓板和关节突的内侧，正常厚 2～4mm。腰段神经根位于硬膜囊前外侧，呈圆形中等密度影，两侧对称。侧隐窝(lateral recess)呈漏斗状，其前方是椎体后外面，后方为关节突，侧方为椎弓根内壁，其前后径不小于 3mm，窝内有穿出的神经根。椎间盘由髓核与纤维环组成，其密度低于椎体，CT 值为50～110HU，表现为均匀的软组织密度影，但由于层厚和扫描位置的原因常见椎体终板影混入其中(图 2-23)。

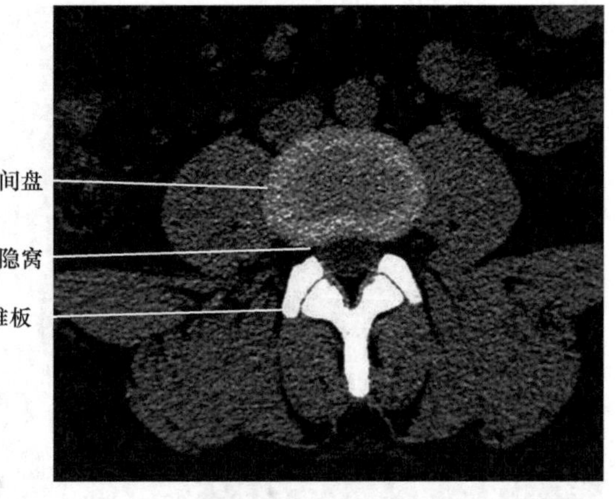

图 2-23　腰椎 CT

三、MR 检 查

在 MRI T_1WI 和 T_2WI 上脊椎各骨性结构的皮质呈低信号，而骨髓呈高或等-高信号。椎间盘在 T_1WI 上信号较低且不能区分纤维环和髓核，在 T_2WI 上纤维环为低信号、髓核为高信号。脊髓在 T_1WI 上呈中等信号，信号高于脑脊液；在 T_2WI 上则脑脊液信号高于脊髓。在分辨力高的 MRI T_2WI 上可见神经根穿行于高信号的脑脊液中。位于椎体前、后缘的前纵和后纵韧带在 T_1WI 和 T_2WI 上均为低信号，一般不能与骨皮质区别。

MRI 也是检查骨和软组织疾病的重要手段，对各种正常软组织如脂肪、肌肉、韧带、肌腱、软骨、骨髓等，病变如肿块、坏死、出血、水肿等都能很好显示。但是 MRI 对钙化和细小骨化的显示不如 X 线和 CT。因此，对多数骨和软组织病变的 MR 检查应在平片的基础上进行。

1. 平扫检查　MRI 检查需要根据受检部位选择不同的体线圈或表面线圈，目的是提高信噪比(signal-noise ratio, SNR)，使图像更清晰。自旋回波和快速自旋回波的 T_1WI 和 T_2WI 是基本的扫描序列(图 2-24)。脂肪抑制 T_1WI 和 T_2WI 也是常用的序列，由于脂肪组织的高信号受到压抑，病变组织与正常组织的信号差别可更加明显，也可用于检测组织和病变中的脂肪成分。层面方向可根据部位和病变选用横断、冠状、矢状或各种方向的斜切面。一般而言，对一个部位至少应有包括了 T_1WI 和 T_2WI 在内的两个不同方向的切面检查。

2. 增强检查　骨和软组织 MRI 增强扫描的目的和意义与 CT 增强扫描相同。MRI 动态增强扫描，可以显示不同的组织以及病变内不同成分的信号强度随时间的变化情况，据此可以了解它们的血液灌注，有助于对病变性质的判定。

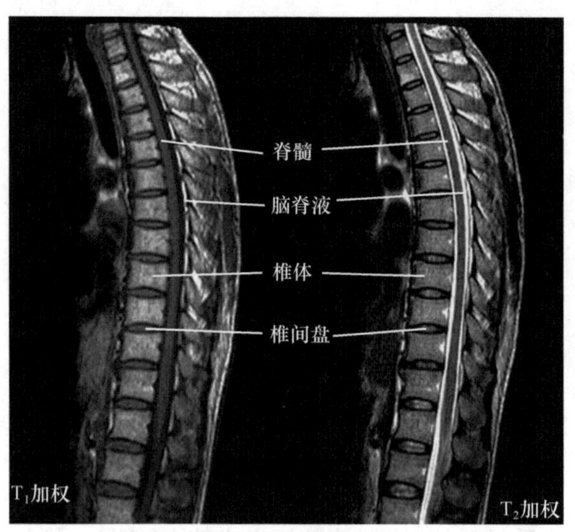

图 2-24　胸椎 MR T_1 加权、T_2 加权

复习思考题

1. 一中年男性患者,因搬运重物时突然感觉腰部剧烈疼痛,活动受限而急诊入院。患者自诉近几年来曾多次发生腰部僵直性疼痛、弯腰或举重物后加重。这次疼痛异常剧烈,当时自觉脊柱下部出现“弹响”,而后疼痛向右侧大腿和小腿后侧放散;右侧小腿外侧部、足和小趾麻木。检查见患者腰部活动受限,腰$_5$~骶$_1$之间有明显压痛;右下肢伸直后抬高时疼痛明显,右大腿后面有压痛。CT 检查显示腰$_5$~骶$_1$椎间盘突出。请分析:

(1) 椎间盘是怎样构成的? 有何功能?

(2) 椎间盘突出通常向何方突出? 为什么?

(3) 腰椎间盘突出为什么引起下肢疼痛? 下肢伸直后抬高时为何疼痛加重?

(4) 手术治疗时应作何切口? 须经哪些层次方可显露椎间盘?

2. 男性患儿,因发热、咳嗽伴头痛、呕吐一天而急诊入院。检查见患儿精神委靡,昏睡状态,不断呕吐,呈喷射状;体温 39.5℃,皮肤可见点状出血点,颈部肌肉强直。初步诊断为流行性脑脊髓膜炎,需作腰椎穿刺进一步明确诊断。请回答:

(1) 什么是腰椎穿刺? 给患儿作腰椎穿刺的目的是什么?

(2) 腰椎穿刺应选择在什么部位? 为什么?

(3) 腰椎穿刺针头要穿经哪些层次结构方可到达蛛网膜下腔?

(4) 进行腰椎穿刺应注意哪些事项?

3. 汶川大地震中,有一个被救援部队从瓦砾下救出的男患者,经检查为第 10 胸椎骨折,造成脊髓的左侧半横断。请分析:

(1) 第 10 胸椎大致相当于脊髓的哪个节段?

(2) 损伤的运动传导束是什么束? 造成的瘫痪在哪一侧?

(3) 损伤的深感觉传导束是什么束? 其深感觉障碍表现在哪一侧(是上肢还是下肢)?

(4) 损伤的浅感觉传导束是什么束? 其浅感觉障碍表现在哪一侧?

4. 某肝癌患者经 CT、MRI 检查发现第 7 胸椎椎板有转移性骨肿瘤,请问:该患者会出现何临床表现? 是先压迫脊髓还是脊神经根?

(赖　红　张　伟)

第3章 头 部

头部由颅与面两部分组成。颅内有脑及其被膜,面部有视器、前庭蜗器、口、鼻等器官。鼻腔与口腔分别是呼吸和消化道的门户。视器、位听器以及口、鼻黏膜中的味器和嗅器属特殊感觉器。

第1节 颅 部

颅部由颅顶和颅底两部分组成。颅顶又分为额顶枕区和颞区,并包括其深面的颅顶诸骨。颅底有许多重要的孔道,是神经、血管等出入颅的部位。颅底有内、外面之分。

一、颅 骨

颅(skull)位于脊柱上方,由23块扁骨和不规则骨组成(中耳的3对听小骨未计入)。除下颌骨和舌骨,彼此均借缝或软骨牢固连结。颅分为上部的脑颅和下部的面颅,二者以眶上缘和外耳门上缘的连线为分界线(图3-1、图3-2)。

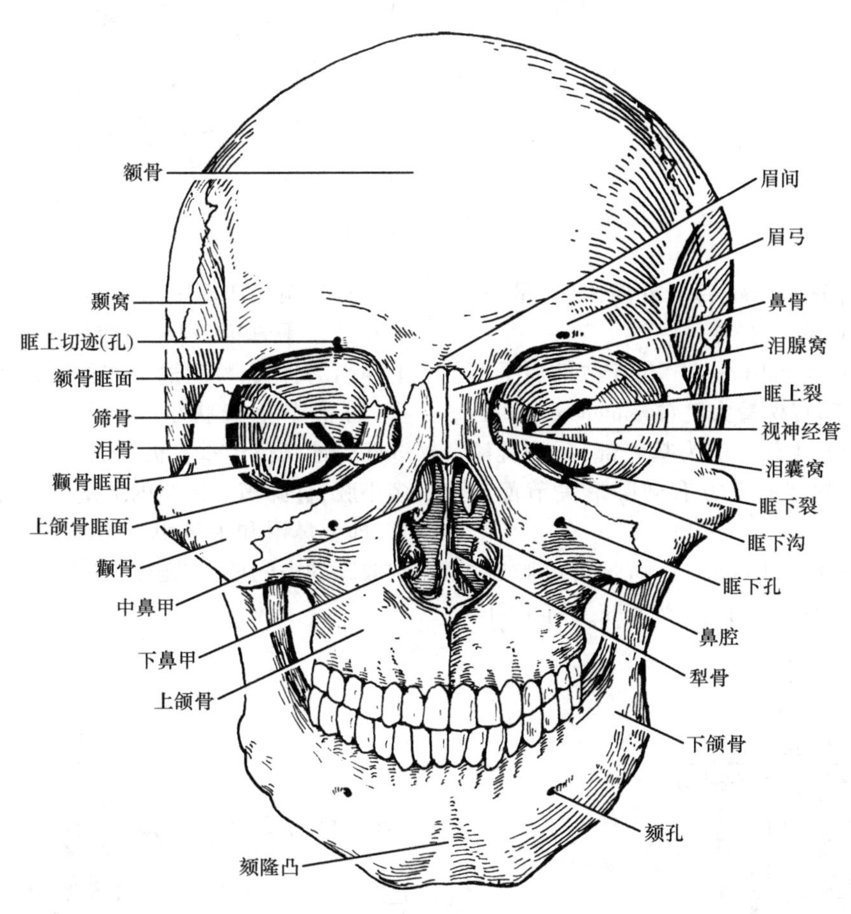

图3-1 颅前面观

(一) 脑颅骨

脑颅由8块脑颅骨组成。其中不成对的有额骨、筛骨、蝶骨和枕骨。成对的有颞骨和顶骨。8块脑颅骨构成颅腔。颅腔的顶是穹隆形的**颅盖**(calvaria),由额骨、枕骨和顶骨构成。颅腔的底由中部的蝶骨、后方的枕骨、两侧的颞骨、前方的额骨和筛骨构成。筛骨只有一小部分参与构成脑颅,其余部分参与构成面颅。

1. 额骨(frontal bone) 位于颅的前上方,分

三部：①额鳞是瓢形或贝壳形的扁骨，前部内含空腔称额窦。②眶部为后伸的平位薄骨板，构成眶上壁。③鼻部位于两侧眶部之间，呈马蹄铁形。

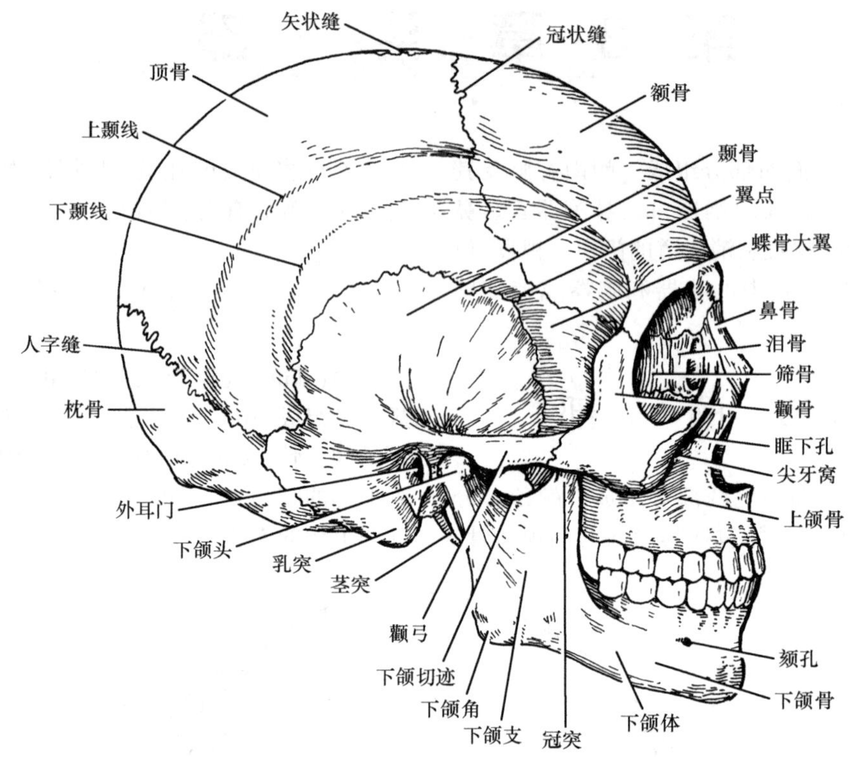

图 3-2　颅侧面观

2. 顶骨（parietal bone）　外隆内凹，呈四边形，位于颅顶中部，左右各一。

3. 枕骨（occipital bone）　位于颅的后下部，呈勺状。前下部有**枕骨大孔**（foramen magnum）。枕骨借此孔分为4部。前为基底部，后为枕鳞，两侧为侧部。侧部的下方有椭圆形关节面，称**枕髁**。

4. 筛骨（ethmoid bone）　筛骨为最脆弱的含气骨。位于两眶之间，构成鼻腔上部和外侧壁。筛骨额状切面呈巾字形，分三部：①**筛板**是多孔的水平骨板，构成鼻腔的顶，板的前份有向上伸出的骨突，称**鸡冠**。②**垂直板**自筛板中线下垂，居正中呈矢状位，构成骨性鼻中隔上部。③**筛骨迷路**位于垂直板两侧，由菲薄骨片围成许多小腔，称**筛窦**。迷路内侧壁具有两个卷曲小骨片，即上鼻甲和中鼻甲。迷路外侧壁骨质极薄，构成眶的内侧壁，称**眶板**（图 3-3）。

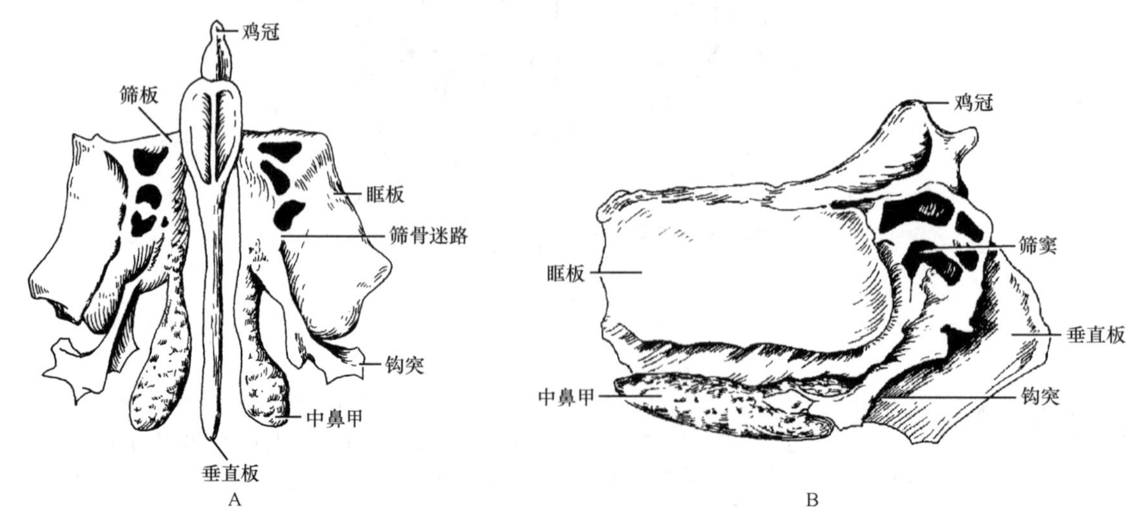

图 3-3　筛骨

A. 前面；B. 侧面

笔记栏

5. 蝶骨(sphenoid bone)　形似蝴蝶,居颅底中央,分蝶骨体、大翼、小翼和翼突4部(图3-4、图3-5)。

(1) **蝶骨体**:为中间部的立方形骨块,内含蝶窦,窦分隔为左右两半,分别向前开口于鼻腔。体上面呈马鞍状,称**蝶鞍**,中央凹陷为**垂体窝**。

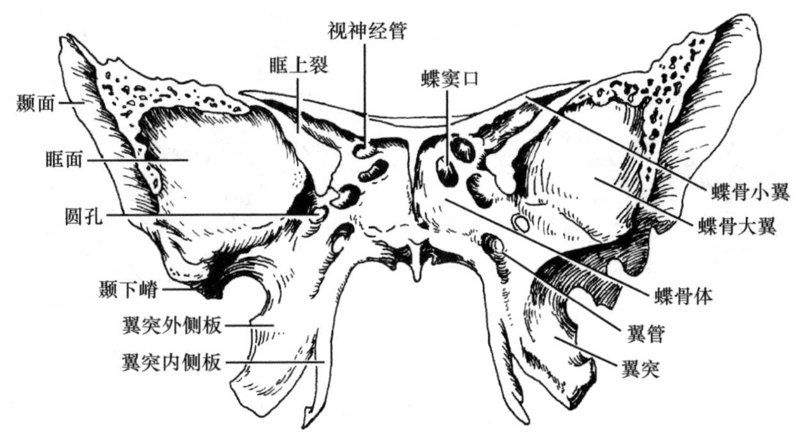

图3-4　蝶骨(前面)

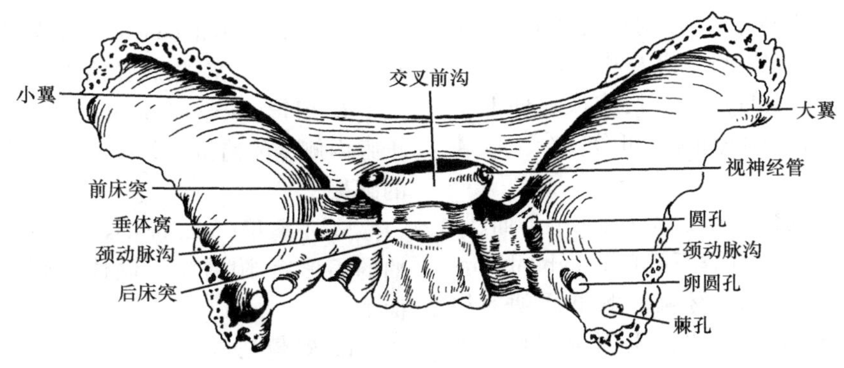

图3-5　蝶骨(上面)

(2) **大翼**(greater wing):由体向两侧发出,向外上方扩展,分为凹陷的大脑面、前内的眶面和外下方的颞面。颞面借颞下嵴,分上下二部:上部是颞窝的一部分,下部构成颞下窝的顶。大翼根部由前向后外有**圆孔**、**卵圆孔**和**棘孔**,分别有重要的神经和血管通过。

(3) **小翼**(lesser wing):为三角形薄板,从体的前上份发出。上面是颅前窝的后部,下面构成眶上壁的后部。小翼与体的交界处有**视神经管**(optic canal),小翼与大翼间的裂隙为**眶上裂**(superior orbital fissure)。

(4) **翼突**(pterygoid process):从体与大翼连接处下垂,向后敞开成为内侧板和外侧板,根部贯通一矢状方向的细管,称**翼管**(pterygoid canal),向前通入翼腭窝。

6. 颞骨(temporal bone)　参与构成颅底和颅腔侧壁,形状不规则,左右各一。以外耳门为中心分三部(图3-6、图3-7)。

(1) **鳞部**(squamous part):位于外耳门前上方,呈鳞片状。内面有脑回的压迹和脑膜中动脉沟;外面光滑,前下部有伸向前的颧突,与颧骨的颞突构成颧弓,颧突根部下面的深窝即**下颌窝**(mandibular fossa),窝前缘特别突起,称**关节结节**(articular tubercle)。

(2) **鼓部**(tympanic part):位下颌窝后方,为弯曲的骨片。从前、下、后三面围绕外耳道。

(3) **岩部**(petrous part,pyramid,锥体):呈三棱锥形,尖指向前内对着蝶骨体,底与颞鳞、乳突部相接。前面朝向颅中窝,中央有**弓状隆起**,隆起外侧较薄的部分,称**鼓室盖**,近尖端处有光滑的三叉神经压迹。后面中央部有一大孔,即**内耳门**(internal acoustic pore),通入内耳道。下面凹凸不平,中央有颈动脉管外口,向前内通入**颈动脉管**(carotid canal)。此管先垂直上行,继而折向前内,开口于岩部尖,称颈动脉管内口。颈动脉管外口后方的深窝是**颈静脉窝**,后外侧的细长骨突,为**茎突**(styloid)。岩部后份肥厚的突起,位于外耳门后方,称**乳突**(mastoid process),内有许多腔隙称乳突小房,茎突根部后方的孔为**茎乳孔**(stylomastoid foramen)。

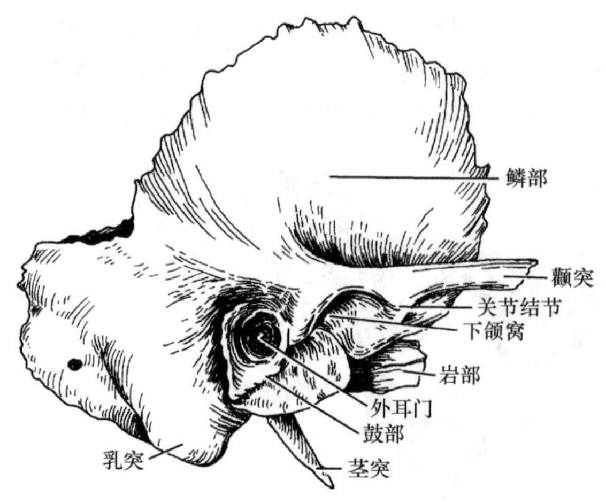

图 3-6 颞骨(外面)

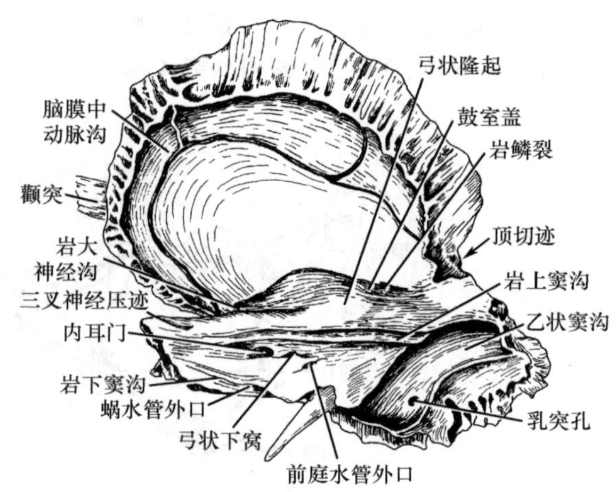

图 3-7 颞骨(内面)

(二)面颅骨

面颅有 15 块骨。成对的有上颌骨、腭骨、颧骨、鼻骨、泪骨及下鼻甲,不成对的有犁骨、下颌骨和舌骨,面颅骨围成眶腔、鼻腔和口腔。

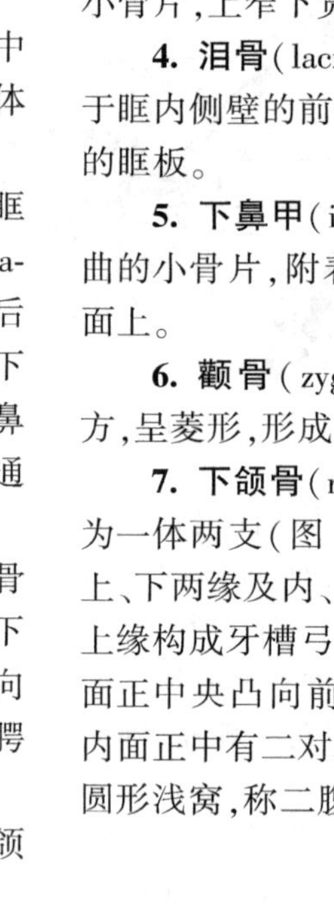

1. 上颌骨(maxilla)　成对,构成颜面的中央部,几乎与全部面颅骨相接,可分 1 个上颌体和 4 个突。

(1) **上颌体**内含上颌窦,分前面、颞下面、眶面及鼻面。前面上份有**眶下孔**(infraorbital foramen),孔下方凹陷,称尖牙窝。颞下面朝向后外,中部有几个小的牙槽孔。眶面构成眶的下壁,有矢状位的眶下沟,向前下连于眶下管。鼻面构成鼻腔外侧壁,后份有大的上颌窦裂孔,通入上颌窦,前份有纵行的泪沟。

(2) **四个突**是:**额突**突向上方,接额骨、鼻骨和泪骨;**颧突**伸向外侧,接颧骨;**牙槽突**由体向下伸出,其下缘有牙槽,容纳上颌牙根;**腭突**由体向内水平伸出,于中线与对侧腭突结合,组成骨腭的前份。

2. 腭骨(palatine bone)　呈 L 形,位于上颌骨腭突与蝶骨翼突之间,分水平板和垂直板两部,水平板组成骨腭的后份,垂直板构成鼻腔外侧壁的后份。

3. 鼻骨(nasal bone)　为成对的长条形的小骨片,上窄下宽,构成骨性的鼻背。

4. 泪骨(lacrimal bone)　为方形小骨片,位于眶内侧壁的前份。前接上颌骨,后连筛骨迷路的眶板。

5. 下鼻甲(inferior nasal concha)　为薄而卷曲的小骨片,附着于上颌体和腭骨垂直板的鼻面上。

6. 颧骨(zygomatic bone)　位于眶的外下方,呈菱形,形成面颊的骨性突起。

7. 下颌骨(mandible)　为面颅骨最大者,分为一体两支(图 3-8)。①**下颌体**:为弓状板,有上、下两缘及内、外两面。下缘圆钝,为下颌底;上缘构成牙槽弓。有容纳下牙根的牙槽。体外面正中央凸向前为颏隆凸。前外侧面有**颏孔**。内面正中有二对小棘,称颏棘。其下外方有一椭圆形浅窝,称二腹肌窝。②**下颌支**:由体向后方

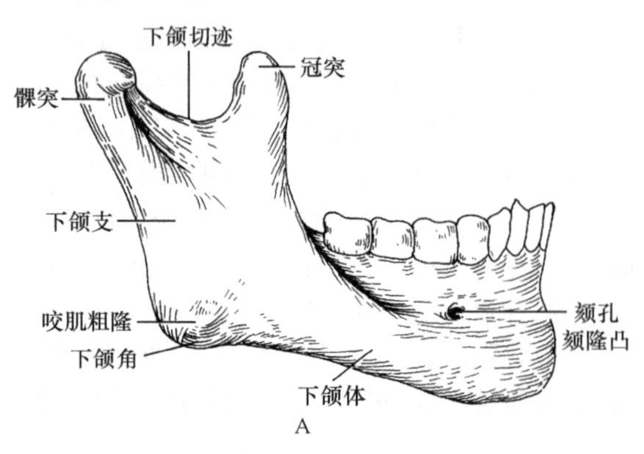

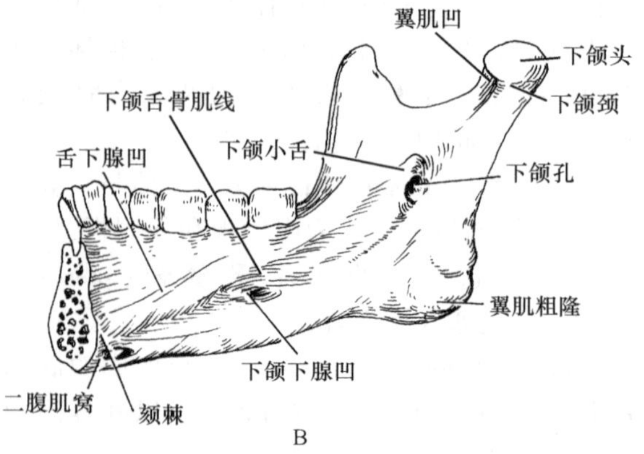

图 3-8 下颌骨

A. 外面;B. 内面

上耸的方形骨板，末端有两个突起，前方的称**冠突**，后方的称**髁突**，两突之间的凹陷为下颌切迹。髁突上端的膨大为**下颌头**，与下颌窝相关节，头下方较细处是**下颌颈**。下颌支后缘与下颌底相交处，称**下颌角**。下颌支内面中央有**下颌孔**。孔的前缘有伸向上后的骨突，称下颌小舌。

8. 舌骨(hyoid bone)　居下颌骨下后方，呈马蹄铁形。中间部称体，向后外延伸的长突为大角，向上的短突为小角。大角和体都可在体表扪到。

9. 犁骨(vomer)　为斜方形小骨片，组成鼻中隔后下份。

(三) 颅的整体观

除下颌骨和舌骨外，颅骨借膜性结构、软骨和骨牢固结合成一整体，不活动。颅的整体形态特征，对临床应用极为重要。

1. 颅顶面观　呈卵圆形，前窄后宽，光滑隆凸，顶骨中央最隆凸处，称顶结节。额骨与两侧顶骨相连接构成**冠状缝**(coronal suture)。两侧顶骨连接处为**矢状缝**(sagittal suture)，两侧顶骨与枕骨连接成**人字缝**(lambdoid suture)。矢状缝后份两侧常有一小孔，称顶孔。

颅顶骨在胚胎发育时期是膜内化骨，出生时尚未完全骨化。因此，在某些部位仍保留膜性结构，如前囟等处。颅顶各骨均属扁骨。前方为额骨，后方为枕骨。在额、枕骨之间是左、右顶骨。两侧前方小部分为蝶骨大翼；后方大部分为颞骨鳞部。颅骨各骨之间以缝相接合，发生颅内压增高时，在小儿骨缝可稍分离。

成人颅顶骨的厚度约为 0. 5cm，最厚的部位可达 1cm，最薄的为颞区仅有 0. 2cm。由于颅顶骨各部的厚度不一，故开颅钻孔时应予注意。颅顶骨呈圆顶状，并有一定的弹性。受外力打击时常集中于一点，成人骨折线多以受力点为中心向四周放射，而小儿颅顶骨弹性较大，故外伤后常发生凹陷性骨折。

颅顶骨分为外板、板障和内板三层。外板较厚致密，对张力的耐受性较大，而弧度较内板为小。内板较薄，质地亦较脆弱，又称玻璃样板。因此，外伤时外板可保持完整，内板却发生骨折，同时，骨折片可刺伤局部的血管、脑膜和脑组织等。

板障是内、外板之间的骨松质，含有骨髓，并有板障静脉位于板障管内。板障管在 X 线片上呈裂纹状，有时可被误认为骨折线，应注意鉴别。由于板障静脉位于骨内，手术时无法结扎易出血，常用骨蜡止血。板障静脉通常可分为额板障静脉、颞前板障静脉、颞后板障静脉和枕板障静脉四组(图 3-9)。

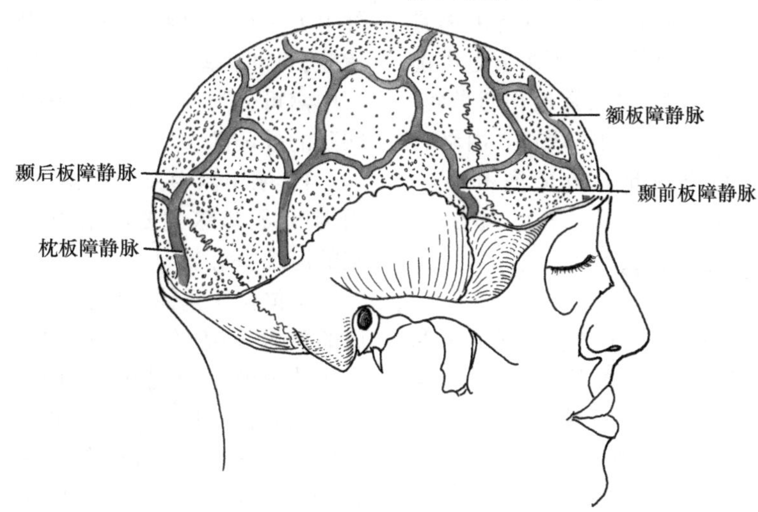

图 3-9　板障静脉

2. 颅后面观　可见人字缝和枕鳞。枕鳞中央最突出部是为**枕外隆凸**(external occipital protuberance)。隆凸向两侧的弓形骨嵴称上项线，其下方有与上项线平行的下项线。

3. 颅内面观　颅盖内面凹陷，有许多与脑沟回对应的压迹与骨嵴。两侧有树枝状动脉沟，是脑膜中动脉及其分支的压迹。正中线上有一条浅沟为上矢状窦沟，沟两侧有许多颗粒小凹。

颅底内面高低不平。呈阶梯状的窝，分别称颅前、中、后窝(图 3-10)。窝中有很多孔、裂，大都与颅底外面相通。

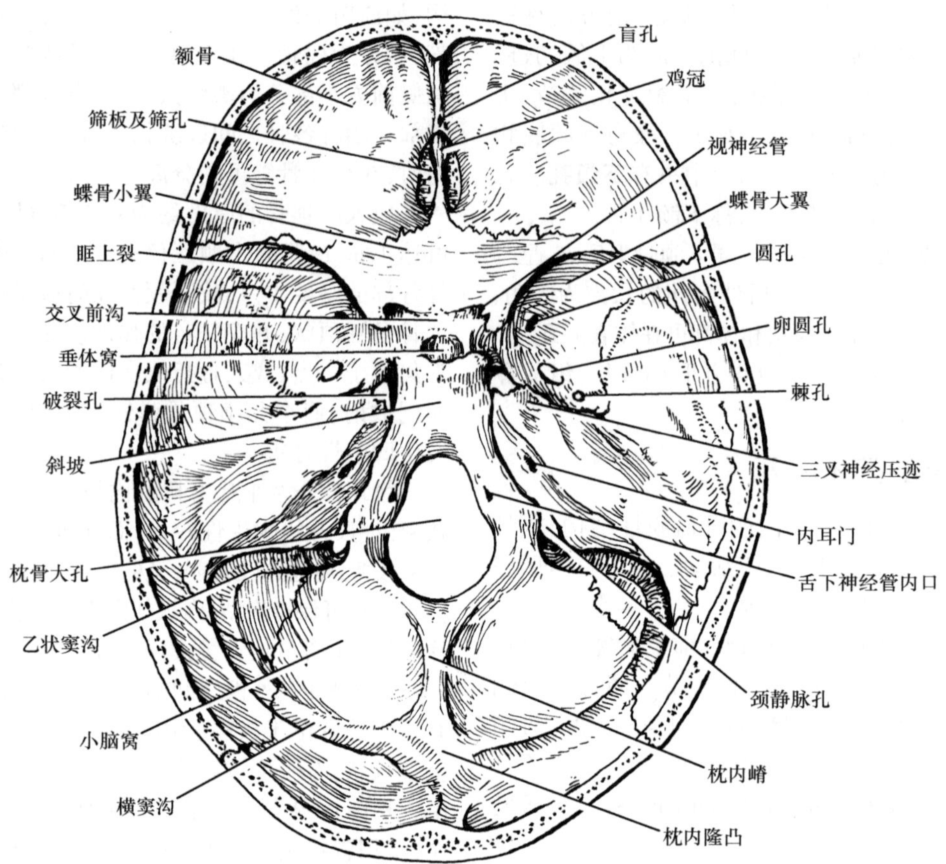

图 3-10　颅底内面观

（1）**颅前窝**（anterior cranial fossa）：由额骨眶部、筛骨筛板和蝶骨小翼构成。正中线上由前至后，有额嵴、盲孔、鸡冠等结构，筛板孔通鼻腔。颅前窝容纳大脑半球额叶，正中部凹陷，由筛骨筛板构成鼻腔顶，前外侧部形成额窦和眶的顶部。

临 床 应 用

颅前窝骨折涉及筛板时，常伴有脑膜和鼻腔顶部黏膜撕裂，引起鼻衄和脑脊液外漏，并伤及嗅神经导致嗅觉丧失。骨折线经过额骨眶板时，可出现结膜下出血的典型症状，此外，额窦亦常受累。

（2）**颅中窝**（middle cranial fossa）：由蝶骨体及大翼、颞骨岩部等构成。中间狭窄，两侧宽广。中央是蝶骨体，上面有**垂体窝**，窝前外侧有**视神经管**，通入眶腔，管口外侧有突向后方的**前床突**。垂体窝后方横位的骨隆起是**鞍背**。鞍背两侧角向上突起为**后床突**。垂体窝和鞍背统称**蝶鞍**，其两侧浅沟为**颈动脉沟**，沟向前外侧通入**眶上裂**，沟后端有孔称**破裂孔**（foramen lacerum），孔续于颈动脉管内口。蝶鞍两侧，由前内向后外，依次有**圆孔**、**卵圆孔**和**棘孔**。**脑膜中动脉沟**自棘孔向外上方走行。弓状隆起与颞鳞之间的骨板为**鼓室盖**，岩部尖端有一浅窝，称为**三叉神经压迹**。颅中窝可分为一个较小的中央部和两个较大而凹陷的外侧部。

1）**颅中窝中央部**：又称**蝶鞍区**，指蝶鞍及其周围区域，该区主要的结构有垂体、垂体窝和两侧的海绵窦等。

垂体位于垂体窝内，垂体窝的顶为硬脑膜形成的鞍隔，鞍隔的前上方有视交叉和经视神经管入颅的视神经，垂体前叶的肿瘤可将鞍隔的前部推向上方，压迫视交叉，出现视野缺损。垂体窝的底，仅隔一薄层骨壁与蝶窦相邻。垂体病变时，可使垂体窝的深度增加，甚至侵及蝶窦。垂体窝的前方为鞍结节，后方为鞍背，垂体肿瘤时，两处的骨质可因受压而变薄，甚至出现骨质破坏现象。垂体肿瘤向两侧扩展时，可压迫两侧的海绵窦。

海绵窦（cavernous sinus）为一对重要的硬脑膜静脉窦，位于蝶鞍的两侧，由硬脑膜两层间的空隙构成。窦内有许多结缔组织小梁，将窦腔分隔成许多小的腔隙，窦中血流缓慢，感染时易形成栓塞。两侧海绵窦经鞍隔前、后的海绵间窦相交通，故一侧海绵窦的感染可蔓延到对侧。窦的外侧壁内，自上而下排列有动眼神经、滑车神经、眼神经和上颌神经；窦的内侧壁，有颈内动脉及其外侧的展神经通过，两者借结缔组织小梁固定于窦壁（图 3-11）。海绵窦发生病变，可出现海绵窦综合征，表现为上述的神经麻痹与神经痛，结膜充血以及水肿等症状（见第 10 章）。

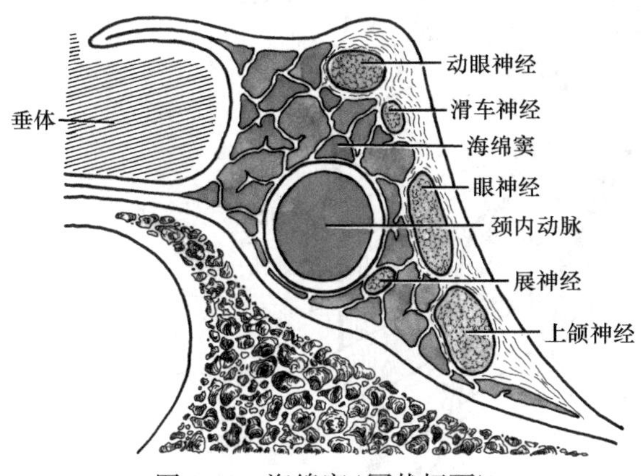

图 3-11　海绵窦（冠状切面）

2）**颅中窝外侧部**：容纳大脑半球的颞叶。眶上裂内有动眼神经、滑车神经、展神经、眼神经及眼上静脉穿行。颈动脉沟外侧，由前内向后外，有圆孔、卵圆孔和棘孔，各孔内分别有上颌神经、下颌神经及脑膜中动脉通过。在弓状隆起的外侧有鼓室盖，后者由薄层骨质构成，分隔鼓室与颞叶及脑膜。在颞骨岩部尖端处有三叉神经压迹，三叉神经节在此处位于硬脑膜形成的间隙内。

临床应用

颅中窝由于有多数孔、裂和脑的存在，为颅底骨折的好发部位，多发生于蝶骨中部和颞骨岩部。蝶骨中部骨折时，常同时伤及脑膜和蝶窦黏膜而使蝶窦与蛛网膜下腔相通，血性脑脊液经鼻腔流出；如伤及颈内静脉和海绵窦，可形成动静脉瘘，而引起眼静脉淤血，并伴有搏动性突眼症状；如累及穿过窦内和窦壁的神经，则出现眼球运动障碍和三叉神经刺激症状。岩部骨折侵及鼓室盖且伴有鼓膜撕裂时，血性脑脊液则经外耳道溢出，穿经岩部的面神经和前庭蜗神经亦可能受累。

（3）**颅后窝**（posterior cranial fossa）：主要由枕骨和颞骨岩部后面构成。窝中央有枕骨大孔，孔前上方的平坦斜面称**斜坡**。孔前外缘上有**舌下神经管内口**，孔后上方有一十字形隆起，其交会处称**枕内隆凸**。由此向上延续为上矢状窦沟，向下续于枕内嵴，向两侧续于**横窦沟**，继转向前下内改称**乙状窦沟**，末端终于**颈静脉孔**（jugular foramen）。颞骨岩部后面中央有向前内的开口，即**内耳门**，通入内耳道。

4. 颅底外面观　颅底外面高低不平，神经血管通过孔裂甚多（图 3-12），由前向后可见：由两侧牙槽突组成的牙槽弓和由上颌骨腭突与腭骨水平板构成的**骨腭**。骨腭正中有腭中缝，其前端有**切牙孔**，通入**切牙管**。近后缘两侧有**腭大孔**。骨腭以上，被鼻中隔后缘（犁骨）分成左右两半的是**鼻后孔**。鼻后孔两侧的垂直骨板，即翼突内侧板和翼突外侧板，两板之间为翼突窝。翼突外侧板根部后外方，可见较大的卵圆孔和较小的棘孔。鼻后孔后方中央可见枕骨大孔，孔前方为枕骨基底部，与蝶骨体直接结合（25 岁以前借软骨结合）；孔两侧有椭圆形关节面，称**枕髁**。髁前外侧稍上有**舌下神经管外口**，髁后方有不恒定的髁管开口。枕髁外侧，枕骨与颞骨岩部交界处有一不规则的孔，称**颈静脉孔**，其前方的圆形孔，为**颈动脉管外口**。颈静脉孔的后外侧，有细长的茎突，茎突根部后方有**茎乳孔**。颧弓根部后方有下颌窝，与下颌头相关节。窝前缘的隆起，称关节结节。蝶骨、枕骨基底部和颞骨岩部会合处，围成不规则的**破裂孔**，活体时为软骨所封闭。

5. 颅侧面观　由额骨、蝶骨、顶骨、颞骨及枕骨构成，还可见到面颅的颧骨和上、下颌骨。侧面中部有**外耳门**、门后方为**乳突**，前方是**颧弓**，二者在体表可摸到。颧弓将颅侧面分为上方的**颞窝**和下方的**颞下窝**。颞窝的上界为颞线，起自额骨与颧骨相接外，弯向上后，经额骨、顶骨、再转向下前达乳突根部。颞窝前下部较薄，在额、顶、颞、蝶骨会合处最为薄弱，此处常构成 H 形的缝，称**翼点**（pterion）。其内面有脑膜中动脉前支通过（常有血管沟），临床 X 线检查及手术中宜注意（图 3-2）。翼点受外力打击骨折时易造成脑膜中动脉前支破裂，形成硬膜外血肿。

颞下窝（infratemporal fossa）：是上颌骨体和颧骨后方的不规则间隙。容纳有咀嚼肌和血管神经等，向上与颞窝通连。窝前壁为上颌骨体和颧骨，内壁为翼突外侧板，外壁为下颌支，下壁与后壁空缺。此窝向上借卵圆孔和棘孔与颅中窝相通，向前借眶下裂通眶，向内借上颌骨与蝶骨翼突之间的**翼上颌裂**通翼腭窝。

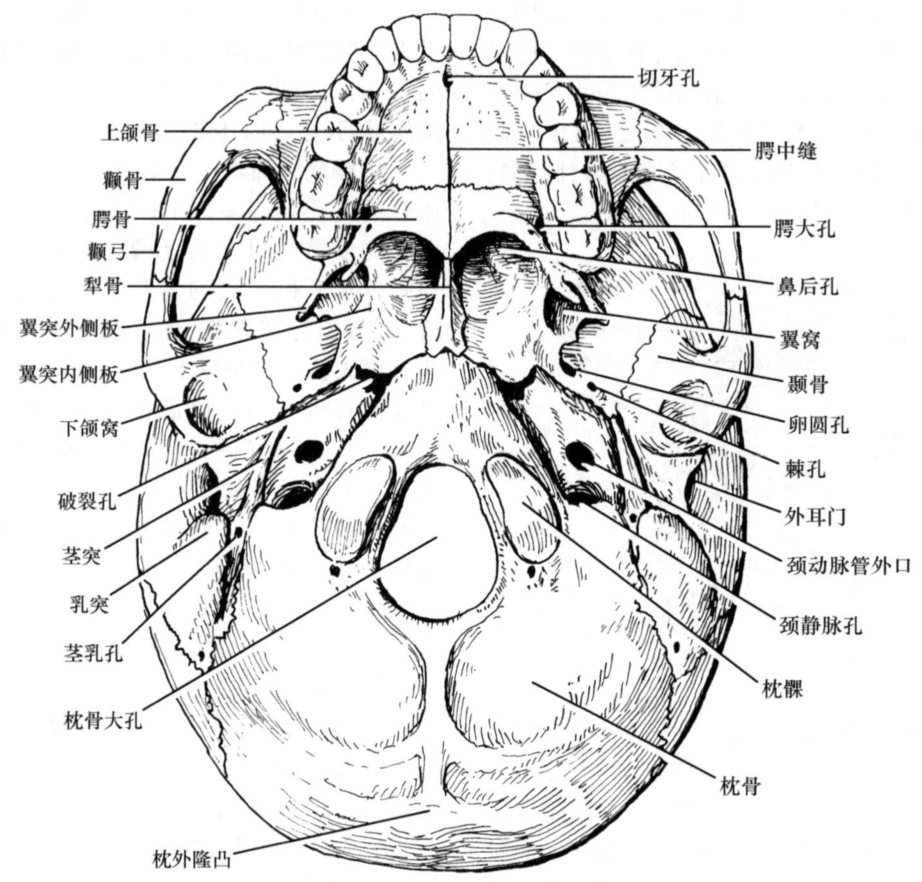

图 3-12 颅底外面观

翼腭窝(pterygopalatine fossa):为上颌骨体、蝶骨翼突和腭骨之间的窄间隙,深藏于颞下窝内侧,有神经血管经过。此窝向外通颞下窝,向前借眶下裂通眶,向内借腭骨与蝶骨围成的**蝶腭孔**通鼻腔,向后借圆孔通颅中窝,借翼管通颅底外面,向下移行于腭大管,继经腭大孔通口腔(图 3-13)。

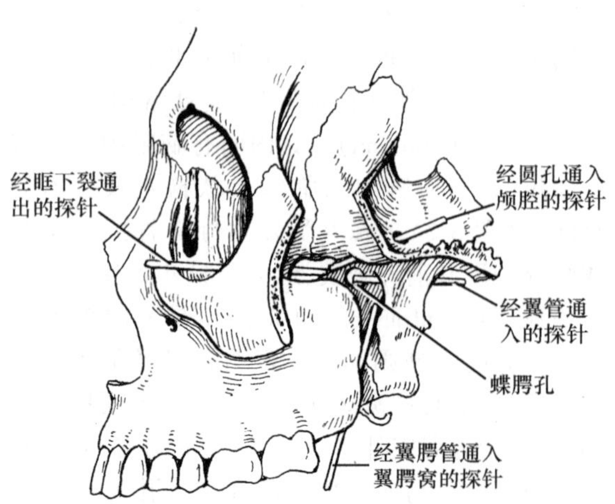

图 3-13 翼腭窝

6. 颅前面观 分为额区、眶、骨性鼻腔和骨性口腔(图 3-1)。

(1) **额区**:为眶以上的部分,由额鳞组成。两侧可见隆起的额结节,结节下方有与眶上缘平行的弓形隆起,称**眉弓**。左右眉弓间的区域平坦称**眉间**。眉弓与眉间都是重要的体表标志。

(2) **眶**(orbit):为一对四面锥体形深腔,底朝前外,尖向后内,容纳眼球及附属结构,为一底一尖及上、下、内侧、外侧四壁。

1) **底**:即眶口,略呈四边形,向前下外倾斜。眶上缘中内 1/3 交界处有**眶上孔**或**眶上切迹**,眶下缘中份下方有**眶下孔**。

2) **尖**:指向后内,尖端有一圆形孔,即**视神经管**,通入颅中窝。

3) **上壁**:由额骨眶部及蝶骨小翼构成,与颅前窝相邻,前外侧份有一深窝,称**泪腺窝**,容纳泪腺。

4) **下壁**:主要由上颌骨构成,壁下方为上颌窦。下壁和外侧壁交界外后份,有**眶下裂**(inferior orbital fissure)向后通入颞下窝和翼腭窝,裂中部有前行的**眶下沟**,沟向前导入**眶下管**,管开口于**眶下孔**。

5) **内侧壁**:最薄,由前向后为上颌骨额突、泪骨、筛骨眶板和蝶骨体,与筛窦和鼻腔相邻。

前下份有一个长圆形窝，容纳泪囊，称**泪囊窝**，此窝向下经**鼻泪管**(nasolacrimal canal)通鼻腔。

6) **外侧壁**:较厚，由颧骨和蝶骨构成。外侧壁与上壁交界处的后份，有眶上裂向后通入颅中窝。

(3) **骨性鼻腔**(bony nasal cavity):位于面颅中央，介于两眶和上颌骨之间，由犁骨和筛骨垂直板构成的骨性鼻中隔，将其分为左右两半(图3-14)。

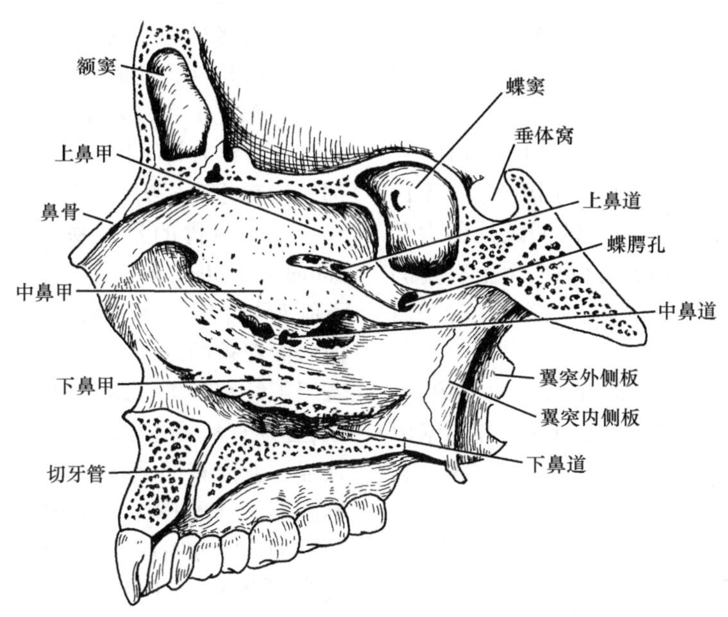

图 3-14 骨性鼻腔外侧壁

鼻腔顶主要由筛骨板构成，有筛孔通颅前窝。底由骨腭构成。前端有切牙管通口腔。外侧壁由上而下有三个向下弯曲的骨片，称**上**、**中**、**下鼻甲**，每个鼻甲下方为相应的鼻道分别称**上**、**中**、**下鼻道**。上鼻甲后上方与蝶骨之间的间隙，称**蝶筛隐窝**。中鼻甲后方有**蝶腭孔**，通向翼腭窝。鼻腔前方开口称**梨状孔**，后方开口称**鼻后孔**，通咽腔。

(4) **鼻旁窦**(paranasal sinuses):是上颌骨、额骨、蝶骨及筛骨内的骨腔，位于鼻腔周围并开口于鼻腔(图3-15)。

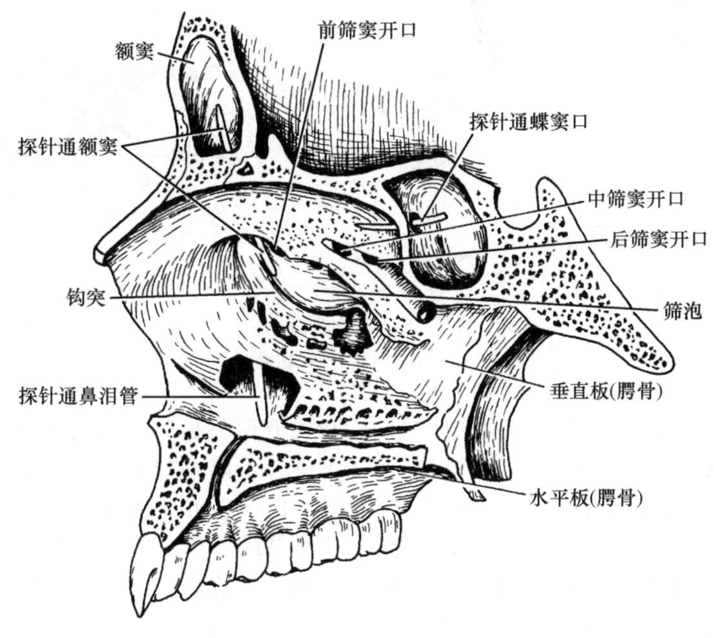

图 3-15 鼻旁窦(切除部分鼻甲)

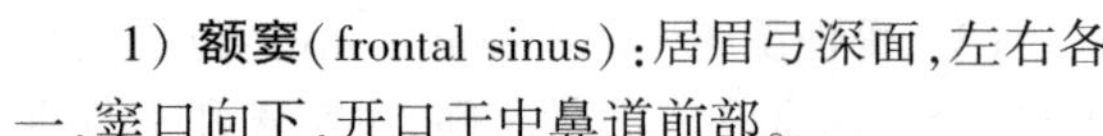

1）**额窦**（frontal sinus）：居眉弓深面，左右各一，窦口向下，开口于中鼻道前部。

2）**筛窦**（小房）（ethmoidal sinuses，ethmoidal cellules）：又称筛骨迷路，呈蜂窝状，分前、中、后三群，前、中群开口于中鼻道，后群开口于上鼻道。

3）**蝶窦**（sphenoidal sinus）：居蝶骨体内，被内板隔成左右两腔，多不对称，向前开口于蝶筛隐窝。

4）**上颌窦**（maxillary sinus）：位上颌骨体内，最大。顶为眶下壁；底为上颌骨牙槽突，与第1、2磨牙及第2前磨牙紧邻；前壁的凹陷处称尖牙窝，骨质最薄；内侧壁为鼻腔外侧壁，壁上有窦的开口通中鼻道。窦口比窦底高，头部直立时窦内积液不易引流。

（5）**骨性口腔**（bony oral cavity）：由上颌骨、腭骨及下颌骨围成。顶为骨腭，前壁及外侧壁由上、下颌骨牙槽部及牙围成。向后通咽，底由软组织封闭。

（四）颅骨的连结

颅骨的连结可分为纤维连结、软骨连结和滑膜关节三种。

（1）**颅骨的纤维连结和软骨连结**：各颅骨之间，多借缝、软骨和骨相连结，彼此之间结合较为牢固。颅盖诸骨是在膜的基础上骨化的，骨与骨之间留有薄层结缔组织膜、构成缝。有冠状缝、矢状缝、人字缝和蝶顶缝等。随着年龄的增长，有的缝可发生骨化而成为骨性结合。

颅底诸骨是在软骨基础上骨化的，骨与骨之间的连结是软骨性的，如成年前蝶骨体后面与枕骨基底部之间的蝶枕软骨结合，此外尚有蝶岩、岩枕软骨结合等。随着年龄的增长，趋于成年时都先后骨化而成为骨性结合。

（2）**颅骨的滑膜关节：颞下颌关节**（temporomandibular joint）又称**下颌关节**，由下颌骨的下颌头与颞骨的下颌窝和关节结节构成，其关节面表面覆盖的是纤维软骨。关节囊松弛，上方附着于下颌窝和关节结节的周围，下方附着于下颌颈，囊外有从颧弓根部至下颌颈的外侧韧带予以加强。囊内有纤维软骨构成的关节盘，关节盘呈椭圆形，上面如鞍状，前凹后凸，与关节结节和下颌窝的形状相对应。盘的周缘与关节囊相接，将关节腔分成上、下两部。关节囊的前部较薄弱，因此，下颌关节易向前脱位（图3-16）。

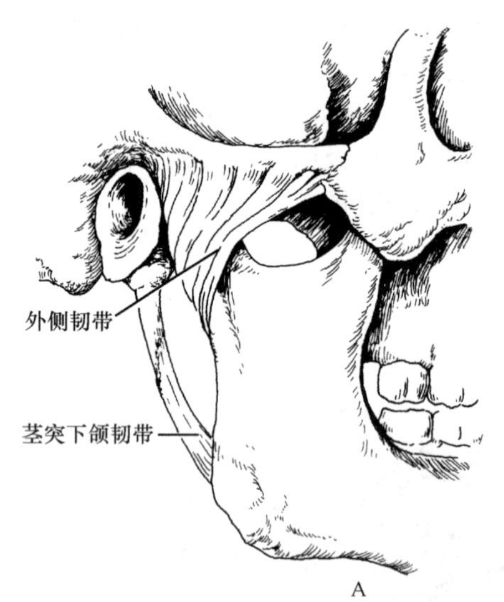

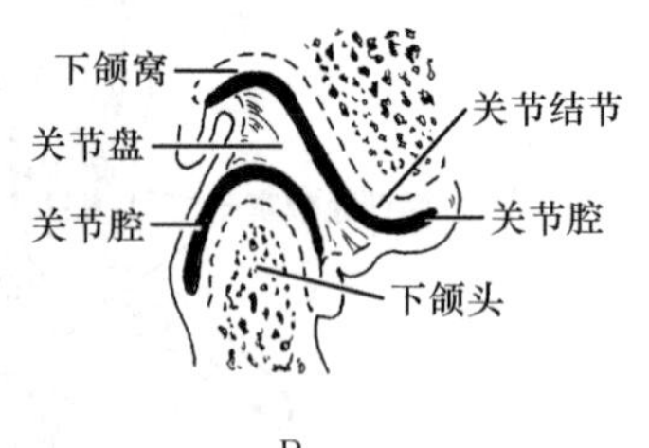

图3-16　颞下颌关节

A. 外侧面；B. 矢状切面

关节的运动：两侧颞下颌关节必须同时运动，所以属于联合关节。下颌骨可作上提和下降、前进和后退以及向两侧方的运动。其中，下颌骨上提和下降的运动发生在下关节腔，前进和后退的运动发生在上关节腔。侧方运动是一侧的下颌头对关节盘作旋转运动，而对侧的下颌头和关节盘一起对关节窝作前进的运动。张口是下颌骨下降并伴向前的运动，故大张口时，下颌骨体向下后方下降，而下颌头随同关节盘滑至关节结节的下方。闭口则是下颌骨上提并伴有下颌头和关节盘一起滑回关节窝的运动。

笔记栏

临床应用

由于下颌关节囊前方的关节结节突起浅，关节囊前部较薄弱，如张口过大时，下颌头可滑至关节结节的前方，而不能退回关节窝，造成下颌关节前脱位；下颌受到撞击时下颌头被撞向后上方，从而发生后脱位。复位时，必须先将下颌骨拉向下，超过关节结节，再将下颌骨向后推，才能将下颌头还回下颌窝内。

（五）新生儿颅的特征及生后的变化

胎儿时期由于脑及感觉器官发育早，而咀嚼和呼吸器官，尤其是鼻旁窦尚不发达，所以，脑颅比面颅大得多。新生儿面颅占全颅的1/8，而成人为1/4。额结节、顶结节和枕鳞都是骨化中心部位，发育明显，从颅顶观察，新生儿颅呈五角形。额骨正中缝尚未愈合，额窦尚未发育，眉弓及眉间不明显（图3-17）。

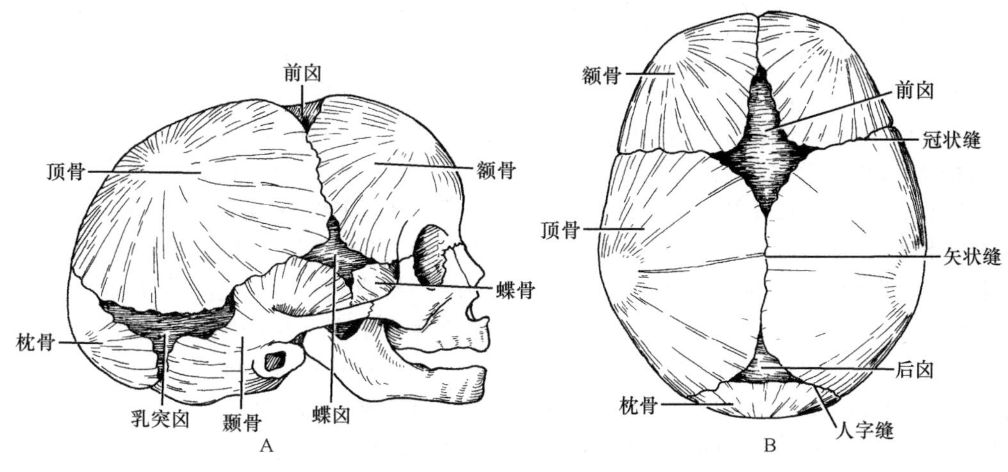

图3-17 新生儿颅

A. 侧面；B. 上面

颅顶各骨尚未发育，骨缝间充满纤维组织膜，在多骨交接处，间隙的膜较大，称**颅囟**（cranial fontanelles）。**前囟**（anterior fontanelle，**额囟**）最大，呈菱形，位于矢状缝与冠状缝相接处。**后囟**（posterior fontanelle，**枕囟**）位于矢状缝与人字缝会合处，呈三角形。另外，还有顶骨前下角的蝶囟和顶骨后下角的乳突囟。前囟在生后1～2岁时闭合，其余各囟都在生后不久闭合。

从出生到7岁是颅的生长期，此期颅生长最快，因出牙和鼻旁窦相继出现，使面颅迅速扩大。从7岁到性成熟期是相对静止期，颅生长缓慢，但逐渐出现性别差异。到25岁性成熟期，性别差异更加明显，额部向前突出，眉弓、乳突和鼻旁窦发育迅速，下颌角显著，骨面的肌肉和筋膜附着痕迹明显。颅底诸骨为软骨化骨，成年后蝶枕软骨结合变为骨性结合。老年则因骨质被吸收颅骨变薄。随着牙的脱落，牙槽被吸收变平，面部又显得短小。

（六）颅部的体表标志

颅部可以扪及下述体表及骨性标志，这些标志均具有临床意义（图3-1，图3-2）。

眉弓：为位于眶上缘上方，额结节下方的弓状隆起，男性隆起较女性显著。眉弓恰对大脑额叶的下缘，其内侧份的深面有额窦。

眶上切迹：有时成孔，位于眶上缘的内、中1/3相交处，距正中线约2.5cm，眶上血管和神经经此通过，用力按压时可引起明显压痛。据统计两侧均呈切迹者占59.2%，两侧成孔者占36.1%，一侧成孔而另一侧为切迹者占4.7%。

颏孔：通常位于下颏第二前磨牙根下方，下颌体上、下缘连线的中点，距正中线约2.5cm处。此孔呈卵圆形，开口多向后上方，有颏血管和神经通过，为颏神经麻醉的穿刺部位。

翼点：位于颧弓中点上方约二横指处，额、顶、颞、蝶四骨在此相接，多呈"H"形。翼点是颅骨的薄弱部分，内面有脑膜中动脉前支通过，此处受外力打击时，易发生骨折，并常伴有上述动脉的撕裂出血，形成硬膜外血肿。

颧弓：由颞骨的颧突和颧骨的颞突共同组成，全长均可触及。颧弓上缘相当于大脑半球颞叶前端的下缘。颧弓下缘与下颌切迹间的半月形中点，为咬肌神经封闭及上、下颌神经阻滞麻醉的进针点。

髁突：位于颧弓下方，耳屏的前方。在张、闭口运动时，可触及髁突向前、后滑动，若髁突滑动受限，将导致张口困难。

下颌角：位于下颌体下缘与下颌支后缘相交处。下颌角位置突出，骨质较为薄弱，为下颌骨骨折的部位。

乳突：位于耳垂后方，其根部的前内方有茎乳孔，面神经由此孔出颅。在乳突后部的内面有乙状窦沟，内容乙状窦。乳突根治术时，应注意勿伤及面神经和乙状窦。

前囟点：为冠状缝与矢状缝的相交点，故又名冠矢点。在新生儿，此处的颅骨因骨化尚未完成，仍为结缔组织膜性连接，呈菱形，称为前囟(anterior fontanelle)，在1~2岁时闭合。临床上借前囟的膨出或内陷，判断颅内压的高低。

人字点：为矢状缝的后端与人字缝的相交点。有的人此处呈一线凹，可以触及。新生儿的后囟即位于此处。后囟较前囟小，呈三角形，生后不久即闭合。患佝偻病和脑积水时，前、后囟均闭合较晚。

枕外隆凸：是位于枕骨外面正中的隆起，极易触及，与枕骨内面的窦汇相对应。枕外隆凸的下方有枕骨导血管，颅内压增高时此导血管常扩张，施行颅后窝开颅术若沿枕外隆凸做正中切口时，注意勿伤及导血管和窦汇，以免导致大出血。

二、颅　　顶

(一) 额顶枕区

额顶枕区境界前为眶上缘，后为枕外隆凸和上项线，两侧借颞上线与颞区分界。

覆盖于此区的软组织由浅入深依次为：**皮肤、浅筋膜(皮下组织)、帽状腱膜及枕额肌、腱膜下疏松结缔组织和颅骨外膜**(图3-18)，其中，浅部三层紧密连接，难以将其各自分开，因此常将此三层合称“头皮”。

1. 皮肤　此区皮肤厚而致密，并有两个显著特点：一是含有大量毛囊、汗腺和皮脂腺，为疖肿或皮脂腺囊肿的好发部位；二是具有丰富的血管，外伤时易致出血，但创口愈合较快。

2. 浅筋膜　由致密的结缔组织和脂肪组织构成，并有许多结缔组织小梁，使皮肤和帽状腱膜紧密相连，将脂肪分隔成无数小格，内有血管和神经穿行。感染时渗出物不易扩散，早期可压迫神经末梢引起剧痛。此外，小格内的血管，多被周围结缔组织固定，创伤时血管断端不易自行收缩闭合，故出血较多，常需压迫或缝合止血。浅筋膜内的血管和神经，可分为前、后两组(图3-19)。

(1) **前组**：距正中线约2cm处，有滑车上动、静脉和滑车上神经。距正中线约2.5cm处，尚有眶上动、静脉和眶上神经。两动脉均为眼动脉的终支，伴行静脉末端汇合成为内眦静脉，同名神经为三叉神经第一支眼神经的分支，经上斜肌滑车的上方，穿眶隔弯曲上升，分布于额部中线附近。

(2) **后组**：有枕动、静脉和枕大神经等，分布于枕区。枕动脉为颈外动脉的分支，枕静脉汇入颈外静脉，枕大神经来自第2颈神经的后支。

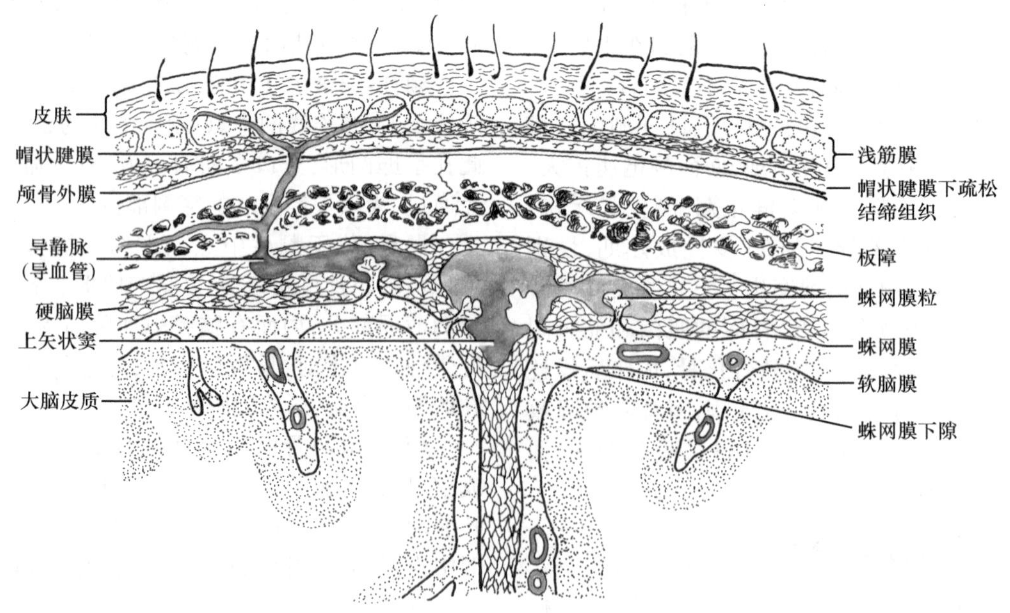

图3-18　颅顶层次(额状断面)

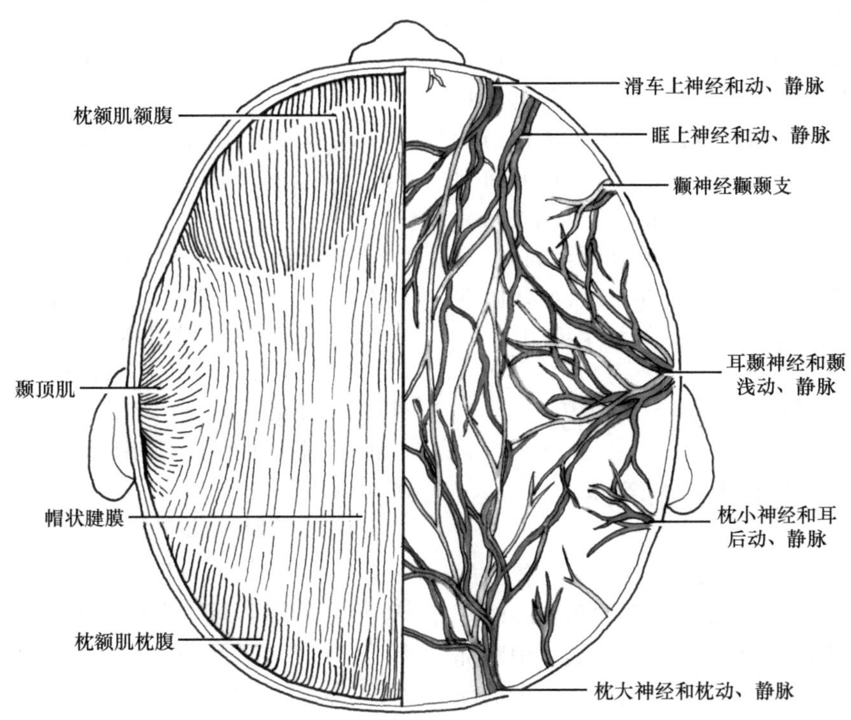

图 3-19 枕额肌和颅顶部的血管神经

由于颅顶的神经分布互相重叠，故在局部麻醉时，如仅阻滞一支神经，常得不到满意效果，而需扩大神经阻滞的范围。

3. 帽状腱膜（epicranial aponeurosis） 前连枕额肌的额腹，后连枕腹，两侧逐渐变薄，续于颞筋膜。头皮裂伤，伴有帽状腱膜横向断裂时，因枕额肌的收缩，创口裂开较大，缝合头皮时，应将腱膜仔细缝合，以减少皮肤张力，有利于创口的愈合。

4. 腱膜下疏松结缔组织 此层又称**腱膜下间隙**，是位于帽状腱膜与骨膜之间的薄层疏松结缔组织。此隙范围较广，前至眶上缘，后达上项线。头皮借此层与颅骨外膜疏松连接，故移动性大，开颅时可经此间隙将皮瓣游离后翻起，头皮撕脱伤也多沿此层分离。腱膜下间隙出血，广泛漫延，形成较大的血肿，瘀斑可出现于鼻根及上眼睑皮下。此间隙内的静脉，经导静脉与颅骨的板障静脉及颅内的硬脑膜静脉窦相通，若发生感染，可经上述途径继发颅骨骨髓炎或向颅内扩散，因此腱膜下间隙被认为是颅顶部的“危险区”。

5. 颅骨外膜 由致密结缔组织构成，借少量结缔组织与颅骨表面相连，二者易于剥离。严重的头皮撕脱伤，可将头皮连同部分骨膜一并撕脱。骨膜与颅缝紧密愈着，骨膜下血肿，常局限于一块颅骨的范围内。

（二）颞区

该区位于颅顶的两侧，介于颞上线与颧弓上缘之间。此区软组织的层次，由浅入深依次为：皮肤、浅筋膜、颞筋膜、颞肌和颅骨外膜。

1. 皮肤 颞区的皮肤移动性较大，手术时无论选择纵行或横行切口，均易缝合，愈合后的瘢痕亦不明显。

2. 浅筋膜 所含脂肪组织较少。血管和神经可分为耳前和耳后两组。

（1）**耳前组**：有颞浅动、静脉和耳颞神经，三者伴行，出腮腺上缘，越颧弓到达颞区。颞浅动脉为颈外动脉的两终支之一，其搏动可在耳屏前方触及；颞浅静脉汇入下颌后静脉；耳颞神经是三叉神经第三支下颌神经分支。

（2）**耳后组**：有耳后动、静脉和枕小神经，分布于颞区后部。耳后动脉起自颈外动脉，耳后静脉汇入颈外静脉，枕小神经来自第2、3颈神经，属颈丛的分支。

3. 颞肌及颞筋膜 颞肌呈扇形，起自颞窝和颞筋膜深面，前部肌纤维向下，后部肌纤维向前，逐渐集中，经颧弓深面，止于下颌骨的冠突。颞筋膜上方附着于颞上线，向下分为浅、深两层，浅层附着于颧弓的外面，深层附着于颧弓的内面。颞肌和颞筋膜有保护脑膜和脑组织的作用，故开颅减压术常采用颞区入路。颞肌深部有颞深血管和神经，颞深动脉来自上颌动脉，颞深神经来自下颌神经，支配颞肌。

4. 骨膜(periosteum) 较薄，紧贴于颞骨表面，因而此区很少发生骨膜下血肿。骨膜与颞肌之间，含有大量脂肪组织，称颞筋膜下疏松结缔组织，并经颧弓深面与颞下间隙相通，再向前则与面的颊脂体相连接。因此，颞筋膜下疏松结缔组织中有出血或炎症时，可向下蔓延至面部，形成面深部的血肿或脓肿，而面部炎症，如牙源性感染也可蔓延到颞筋膜下疏松结缔组织中。

第2节 面 部

一、皮肤与浅筋膜

面部皮肤薄而柔软，富于弹性，含有较多的皮脂腺、汗腺和毛囊，是皮脂腺囊肿和疖肿的好发部位。浅筋膜由疏松结缔组织构成，其中颊部脂肪聚成团块，称**颊脂体**。睑部皮下组织少而疏松，水肿在此部显现最早。浅筋膜内有神经、血管和腮腺管穿行。由于血供丰富，故面部创口愈合快，抗感染能力较强，但创伤时出血亦较多。面静脉与颅内的海绵窦借多条途径相交通，因此面部感染有向颅内扩散的可能。当情绪激动或患某些疾病时，面部的色泽也随之变化。

二、面部的肌肉

面部的肌肉包括面肌和咀嚼肌。

(一) 面肌

面肌属于皮肌，薄而纤细，起自面颅诸骨或筋膜，止于面部皮肤，主要集中在眼裂、口裂和鼻孔的周围。有闭合或开大上述孔裂的作用，使面部呈现各种表情，故面肌又称**表情肌**。面肌由面神经支配，受损时可引起面瘫。主要的面肌有：颅顶肌、眼轮匝肌、口周围肌和鼻肌等(图 3-20、图 3-21，表 3-1)。

1. 颅顶肌 阔而薄，由两个肌腹和中间的帽状腱膜组成，前方的肌腹位于额部皮下称**额腹**，后方的肌腹位于枕部皮下称**枕腹**，枕腹起自枕骨，额腹止于眉部皮肤，枕腹可向后牵拉帽状腱膜，额腹收缩时可提眉并使额部皮肤出现皱纹。

2. 眼轮匝肌 位于眼裂周围，呈扁卵圆形，分眶部、睑部、泪囊部。睑部纤维可眨眼，与眶部纤维共同收缩使眼睑闭合。泪囊部纤维可扩大泪囊，使囊内产生负压，以利泪液的引流。

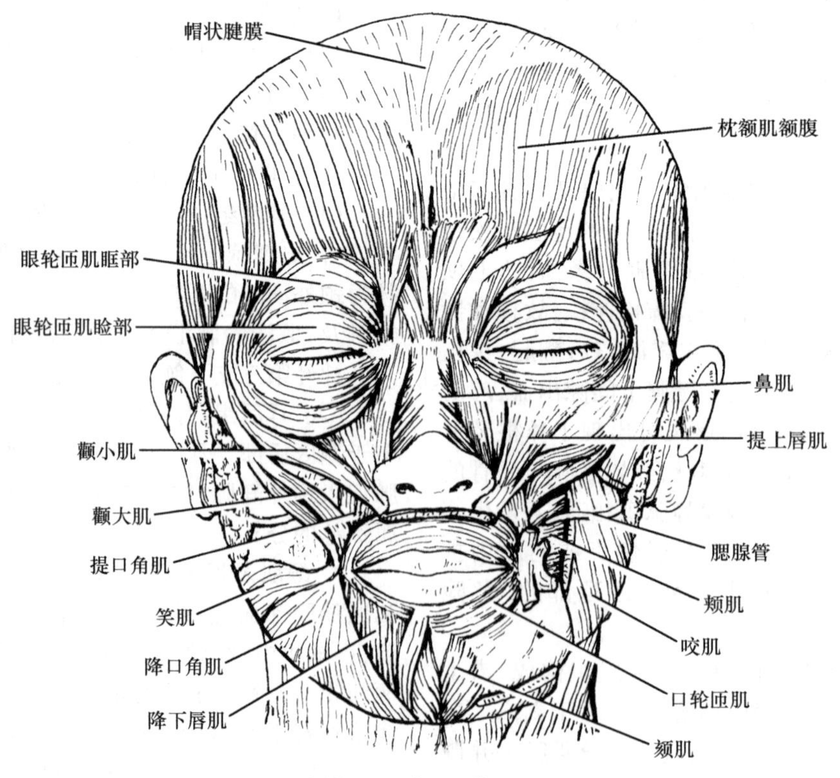

图 3-20 头肌(前面)

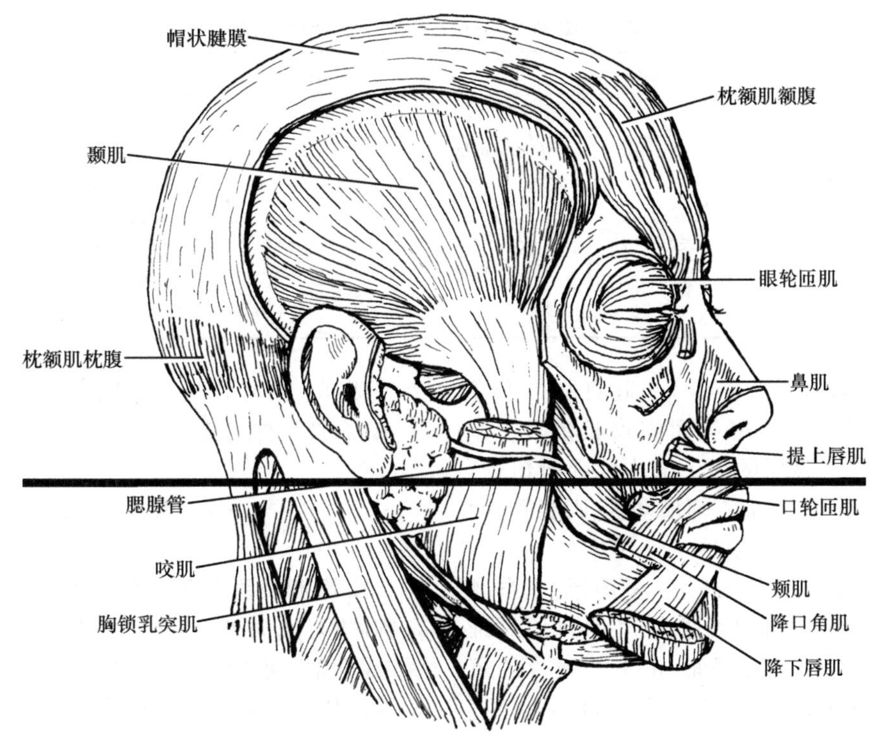

图 3-21　头肌(侧面)

表 3-1　面肌的起止点、作用和神经支配

<table>
<tr><th>肌名</th><th>起点</th><th>止点</th><th>主要作用</th><th>神经支配</th></tr>
<tr><td>额肌</td><td>帽状腱膜</td><td>眉部皮肤</td><td>提眉、下牵皮肤</td><td rowspan="10">面神经</td></tr>
<tr><td>枕肌</td><td>上项线</td><td>帽状腱膜</td><td>后牵头皮</td></tr>
<tr><td>眼轮匝肌</td><td colspan="2">环绕眼裂周围</td><td>闭合眼裂</td></tr>
<tr><td>口轮匝肌</td><td colspan="2">环绕口裂周围</td><td>闭合口裂</td></tr>
<tr><td>提上唇肌</td><td rowspan="3">上唇上方的骨面</td><td rowspan="6">口角或唇的皮肤等</td><td rowspan="3">提口角与上唇</td></tr>
<tr><td>提口角肌</td></tr>
<tr><td>颧肌</td></tr>
<tr><td>降口角肌</td><td rowspan="2">下唇下方下颌骨前面</td><td rowspan="2">降口角与下唇</td></tr>
<tr><td>降下唇肌</td></tr>
<tr><td>颊肌</td><td>面颊深层</td><td>使唇颊贴紧牙齿，帮助咀嚼和吸吮，牵口角向外</td></tr>
</table>

3. 口周围肌　包括辐射状肌和环形肌，辐射状肌分别位于口唇的上、下方，能上提上唇、降下唇或拉口角向上、向下或向外。在面颊深部有一对**颊肌**，紧贴口腔侧壁，可外拉口角，并使唇、颊紧贴牙齿，帮助咀嚼和吹奏。环形肌称**口轮匝肌**，收缩时闭口，并使上、下唇与牙贴紧。

(二) 咀嚼肌

咀嚼肌包括咬肌、颞肌、翼内肌和翼外肌。配布于下颌关节周围，参加咀嚼运动(图 3-21、图 3-22，表 3-2)。

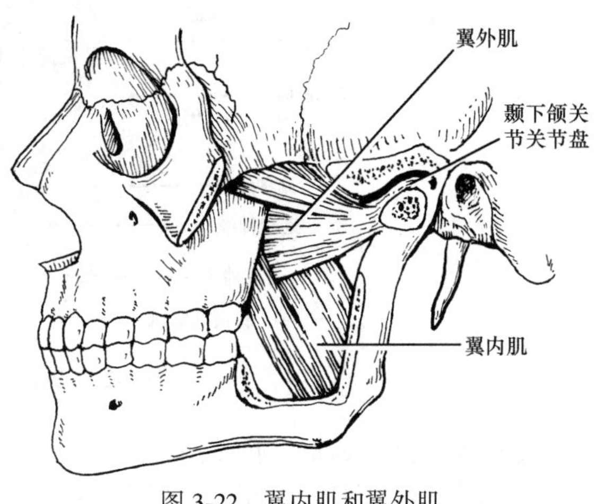

图 3-22　翼内肌和翼外肌

表 3-2 咀嚼肌的起止点、作用和神经支配

肌名	起点	止点	主要作用	神经支配
咬肌	颧弓	下颌骨的咬肌粗隆	上提下颌(闭口)	三叉神经
颞肌	颞窝	下颌骨冠突		
翼内肌	翼窝	下颌骨内面的翼肌粗隆		
翼外肌	翼突外侧面	下颌颈颞下颌关节的关节盘等处	两侧收缩拉下颌向前(张口),单侧收缩拉下颌向对侧	

1. 咬肌(masseter muscle) 起自颧弓下缘及其深面,止于下颌支外侧面和咬肌粗隆。作用:上提下颌骨。该肌的后上部为腮腺所覆盖,表面覆以咬肌筋膜,浅面有面横动脉、腮腺管、面神经的颊支和下颌缘支横过。

2. 颞肌(temporal muscle) 呈扇形,起自颞窝和颞筋膜深面,前部肌纤维向下,后部肌纤维向前,逐渐集中,经颧弓深面,止于下颌骨的冠突。作用:上提下颌骨,也可使下颌骨向后。

3. 翼内肌(medial pterygoid muscle) 起自翼窝,肌纤维斜向外下,止于下颌支内侧面的翼肌粗隆。作用:上提下颌骨,并使其向前运动。

4. 翼外肌(lateral pterygoid muscle) 有两头,上头起自蝶骨大翼的颞下面,下头起自翼突外侧板的外面。两束肌纤维均斜向外后方,止于下颌颈前面的翼肌凹。作用:单侧收缩使下颌骨向对侧方向移动,双侧收缩使下颌骨前移。

翼内肌位于颞下窝的下内侧部,翼外肌位于上外侧部。两肌腹间及其周围的疏松结缔组织中,有血管与神经交错穿行。

三、腮　　腺

1. 腮腺及腮腺管 腮腺是最大口腔腺,略呈锥体形,底向外侧,尖向内侧突向咽旁,分为深、浅两部,通常以下颌骨后缘或以穿过腮腺的面神经丛作为两者的分界(图 3-23)。

腮腺位于面侧区,上缘邻接颧弓、外耳道和颞下颌关节;下平下颌角;前邻咬肌、下颌支和翼内肌的后缘,浅部向前延伸,覆盖于咬肌后份的浅面;后缘邻接乳突前缘及胸锁乳突肌前缘的上份,深部位于下颌后窝内及下颌支的深面。腮腺的深面与茎突诸肌及深部血管神经相邻,包括颈内动、静脉,舌咽、迷走、副及舌下神经,它们共同形成"腮腺床",紧贴腮腺的深面,并借茎突与位于其浅面的颈外动脉分开(图 3-23)。

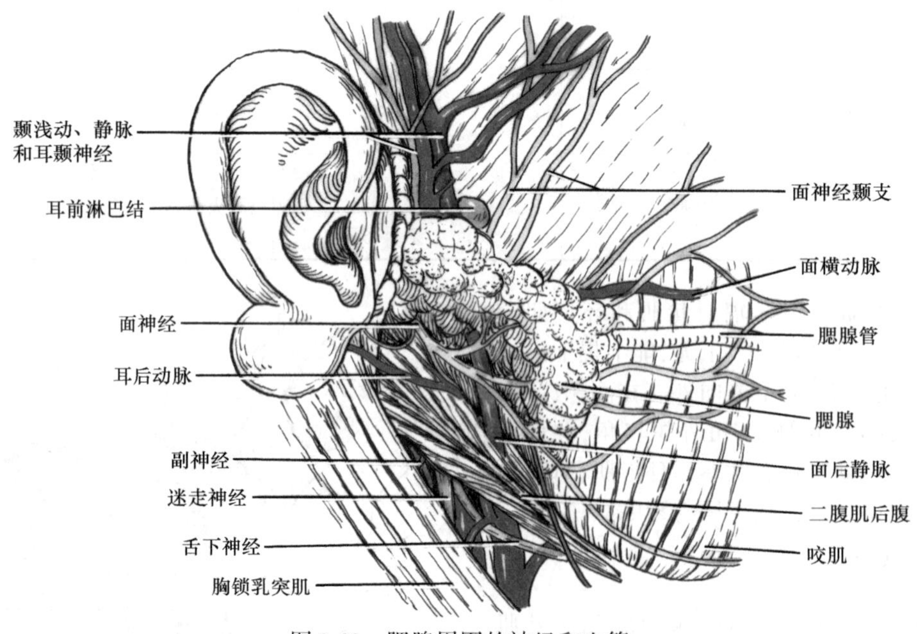

图 3-23 腮腺周围的神经和血管

腮腺管由腮腺浅部的前缘发出,在颧弓下一横指处向前横行越过咬肌表面,至咬肌前缘急转向内侧,穿颊肌并在颊黏膜下潜行一段距离,然后开口于与上颌第二磨牙相对应的颊黏膜上,开

口处黏膜隆起称**腮腺管乳头**。经此乳头插管，可进行腮腺管造影。用力咬合时，在咬肌前缘处可以触摸到腮腺管，腮腺腮腺管的体表投影相当于自鼻翼与口角间的中点至耳屏间切迹连线的中1/3段。

临床应用

对慢性腮腺炎、腮腺肿瘤的诊断和鉴别诊断，常需进行腮腺造影。因此，腮腺管的定位在临床上具有重要意义。严重腮腺炎时压迫腮腺常可在腮腺乳头处有脓液流出。

2. 腮腺咬肌筋膜 是覆盖于腮腺和咬肌表面的筋膜，为颈深筋膜浅层向上的延续，在腮腺后缘分为深、浅两层，包绕腮腺形成腮腺鞘，两层在腮腺前缘处融合，覆盖于咬肌表面，称为咬肌筋膜。腮腺鞘与腮腺接合紧密，并发出间隔深入到腺实质内，将腮腺分隔为许多小叶。由于腮腺有致密的筋膜鞘包裹，炎症时常引起剧痛。腮腺鞘的浅层特别致密，而深层薄弱且不完整，腮腺化脓时，脓肿不易从浅层穿透，而穿入深部，形成咽旁脓肿或穿向颈部。因化脓性腮腺炎为多数小叶性脓肿，故在切开排脓时，应注意引流每一脓腔(图 3-24)。

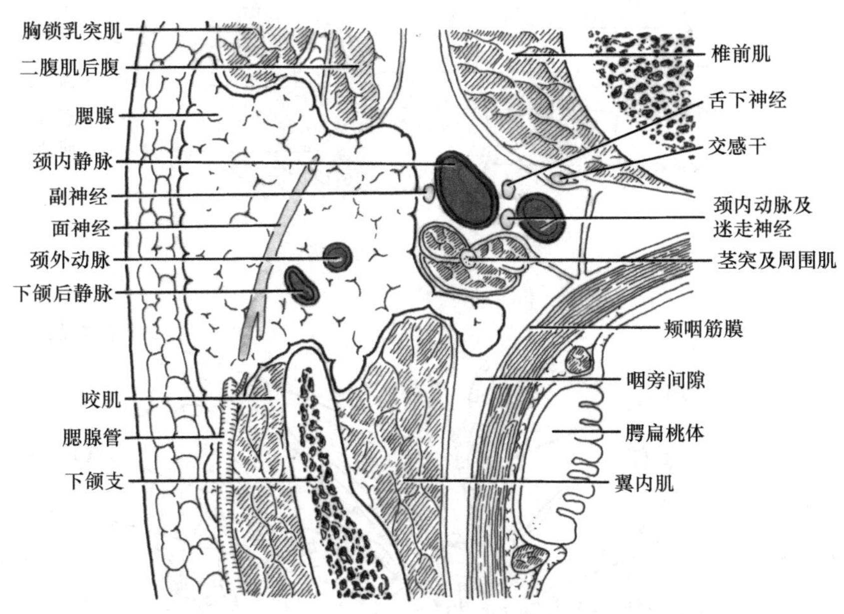

图 3-24 腮腺和面侧区的水平断面

四、面部的血管、淋巴及神经

(一) 面部的血管

1. 面部的动脉 分布于面部的动脉主要为颈外动脉及其分支(图 3-25)。

(1) **面动脉**(facial artery)：于颈动脉三角内起自颈外动脉，穿经下颌下三角，在咬肌止点前缘处出现于面部。面动脉行程迂曲，斜向前上行，经口角和鼻翼外侧至内眦，改称**内眦动脉**。面动脉的搏动在下颌骨下缘与咬肌前缘相交处可以触及，面动脉供血区出血时，压迫此点可有一定的止血作用。面动脉的后方有同名静脉伴行，浅面有部分面肌覆盖，并有面神经的下颌缘支和颈支越过。面动脉的分支有下唇动脉、上唇动脉和鼻外侧动脉。

(2) **上颌动脉**(maxillary artery)：平下颌颈高度起自颈外动脉，经下颌颈的深面入颞下窝，行经翼外肌的浅面或深面，经翼突上颌裂入翼腭窝。上颌动脉以翼外肌为标志可分为三段(图 3-26、图 3-27)。

第一段位于下颌颈深面，自起点至翼外肌下缘。其主要分支有：①**下牙槽动脉**(inferior alveolar artery)经下颌孔入下颌管，分支至下颌骨、下颌牙及牙龈，终支出颏孔，分布于颏区。②**脑膜中动脉**(middle meningeal artery)行经翼外肌深面，穿耳颞神经两根之间垂直上行，经棘孔入颅，分布于颞顶区内面的硬脑膜，其中，前支通过翼点的内面。

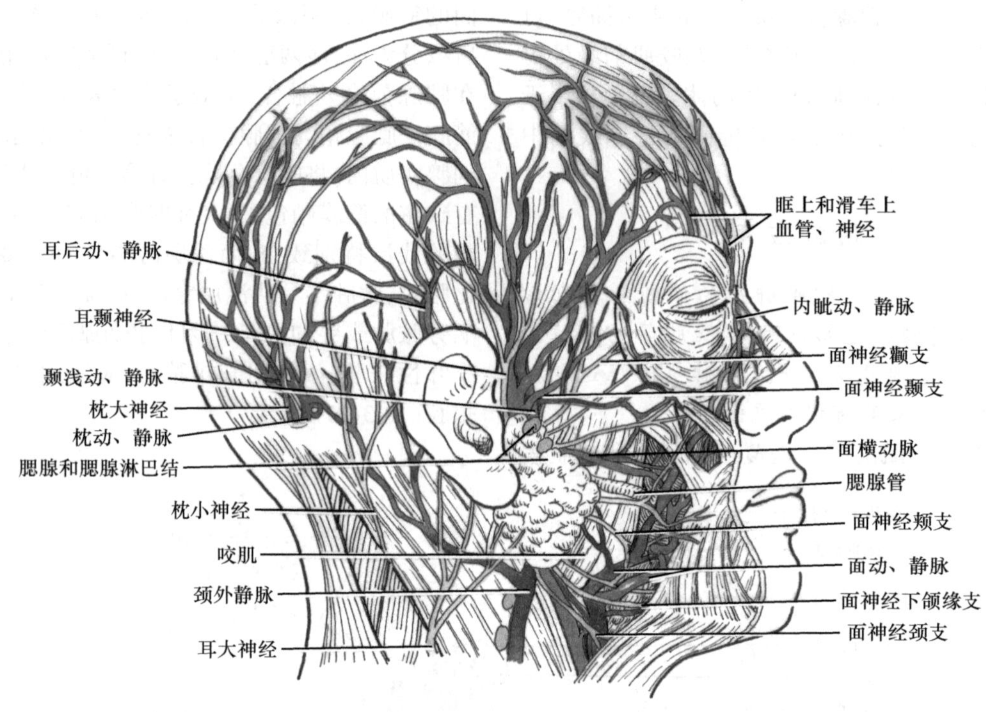

图 3-25　面部浅层结构

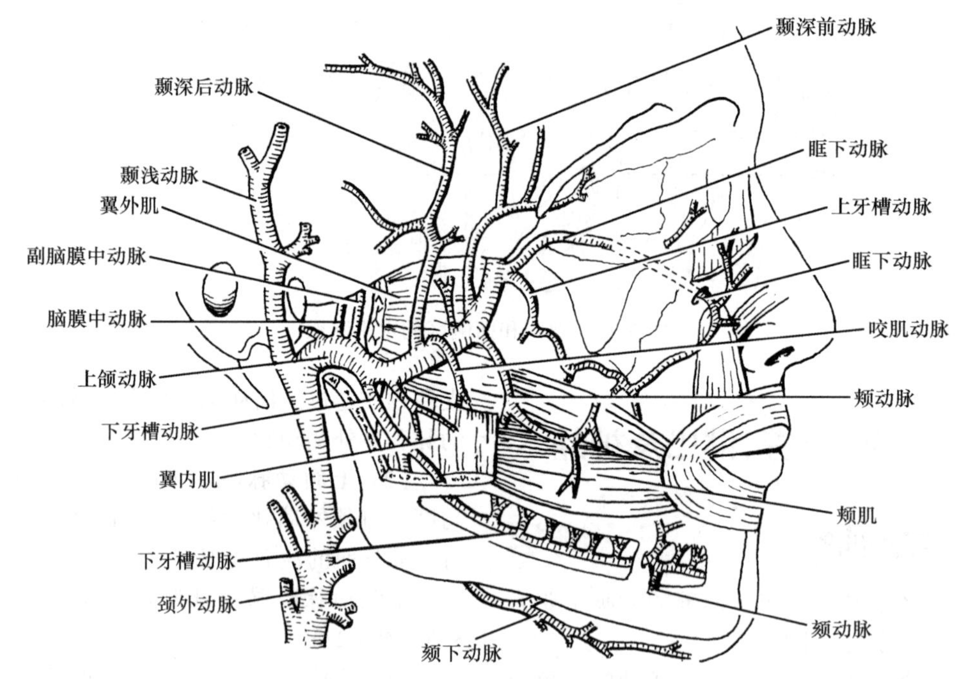

图 3-26　上颌动脉的行程及其分支

第二段位于翼外肌的浅面或深面，分支至翼内、外肌，咬肌和颞肌，另发出**颊动脉**（buccal artery）与颊神经伴行，分布于颊肌及颊黏膜。

第三段位于翼腭窝内，主要分支有：①**上牙槽后动脉**（posterior superior alveolar artery）向前下穿入上颌骨后面的牙槽孔，分布于上颌窦、上颌后份的牙槽突、牙、牙龈等。②**眶下动脉**（infraorbital artery）经眶下裂、眶下沟、眶下管，出眶下孔后沿途发出分支，分布于上颌前份的牙槽突、牙、牙龈，最后分布于下睑及眶下方的皮肤。

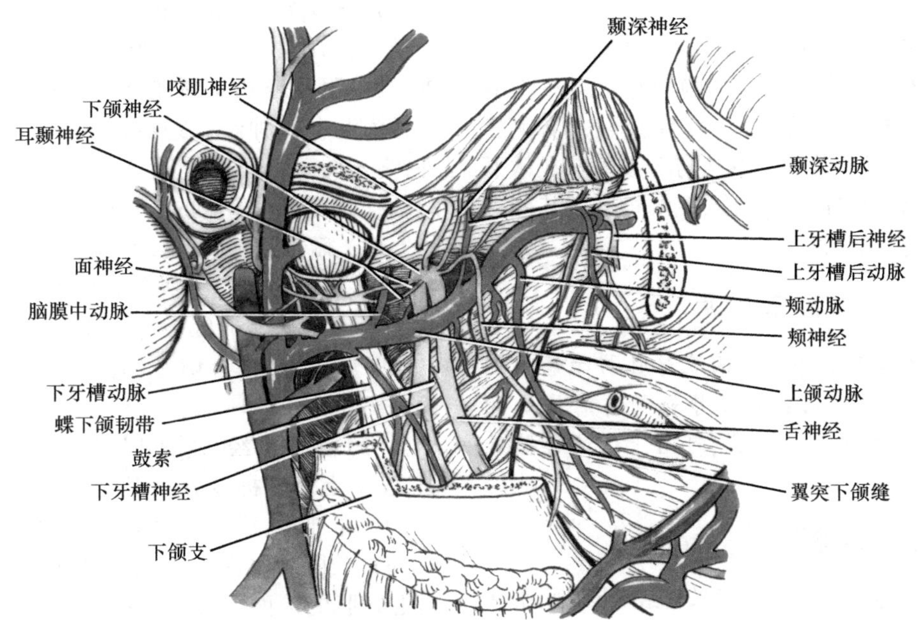

图 3-27 面侧深区深部的神经和血管

(3) **颞浅动脉**(superfacial temporal artery):在外耳门前方上行,越颧弓根至颞部皮下,分支分布于腮腺、颞、顶部软组织。在活体外耳门前上方颧弓根部可摸到颞浅动脉搏动,可在此处进行压迫止血。

2. 面部的静脉

(1) **面静脉**(facial vein):起自内眦静脉,伴行于面动脉的后方,位置较浅,迂曲不太明显,至下颌角下方,与下颌后静脉的前支汇合,穿深筋膜,注入颈内静脉。面静脉经眼静脉与海绵窦交通(图 3-28)。

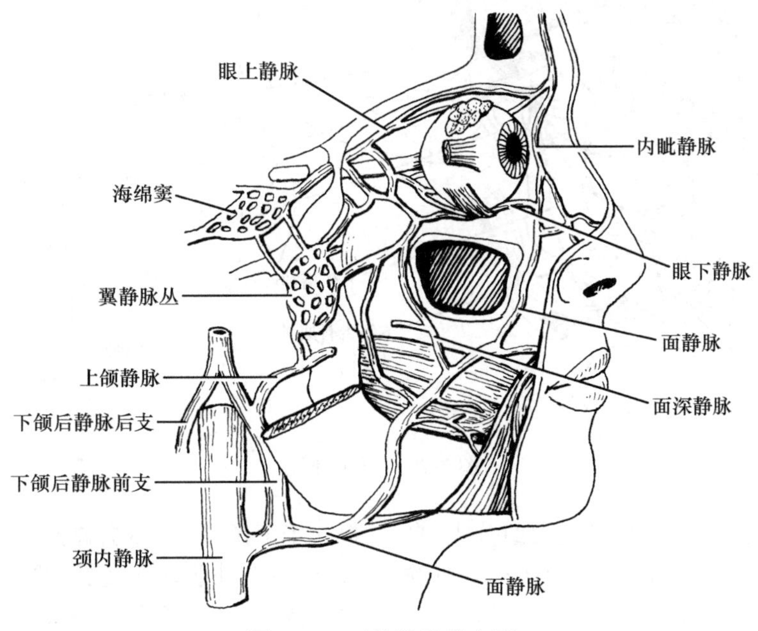

图 3-28 面静脉及其交通

临床应用

临床上通常将两侧口角至鼻根部的三角区称为"危险三角"。因为面静脉在口角以上部分无瓣膜,当口角以上面部感染处理不当,如挤压化脓处时,可导致细菌栓子沿上述交通途径至海绵窦,造成颅内的继发感染。

(2) **下颌后静脉**(retromandibular vein):颞浅静脉和上颌静脉与同名动脉伴行,穿入腮腺,汇合形成下颌后静脉,在颈外动脉的浅面下行,分为前、后二支,穿入腮腺。前支与面静脉汇合,注入颈内静脉,后支与耳后静脉合成颈外静脉

(图 3-32)。

(3) **翼丛**(pterygoid plexus):是位于颞下窝内,翼内、外肌与颞肌之间的静脉丛。翼丛收纳上颌动脉分支伴行的静脉,最后汇合成上颌静脉,回流到下颌后静脉。翼丛与上颌动脉在颞下窝的浅部,翼内、外肌的肌腹,下颌神经及其分支则在该肌的深部(图 3-28)。

临床应用

翼丛通过眼下静脉和面深静脉与面静脉相通,并经卵圆孔网及破裂孔导血管与海绵窦相通,故口、鼻、咽等部的感染,可沿上述途径蔓延至颅内。

(二)面部的神经

面部的感觉神经来自三叉神经,支配面肌活动的是面神经。

1. 三叉神经(trigeminal nerve) 为混合性神经,发出眼神经、上颌神经和下颌神经三大分支,其中眼神经和上颌神经为感觉性神经,下颌神经为混合性神经,感觉纤维除分布于面深部外,终末支穿面颅各孔,分布于相应区域的皮肤;运动纤维支配咀嚼肌的运动(图 3-29)。

(1) **眼神经**:经眶上裂入眶后发出分支分布于眶内、眼球、泪器、结膜等,其最大分支**额神经**的终末支称**眶上神经**(supraorbital nerve),与同名血管伴行,经眶上切迹(孔)穿出分布于眼裂以上额部皮肤。

(2) **上颌神经**:经圆孔出颅后又经眶下裂入眶,发出**上牙槽神经**分布于上颌牙齿、上颌窦黏膜,上颌神经延续为**眶下神经**(infraorbital nerve),与同名血管伴行,穿出眶下切迹(孔),在提上唇肌的深面下行分为数支,分布于下睑、鼻翼及上唇的皮肤。

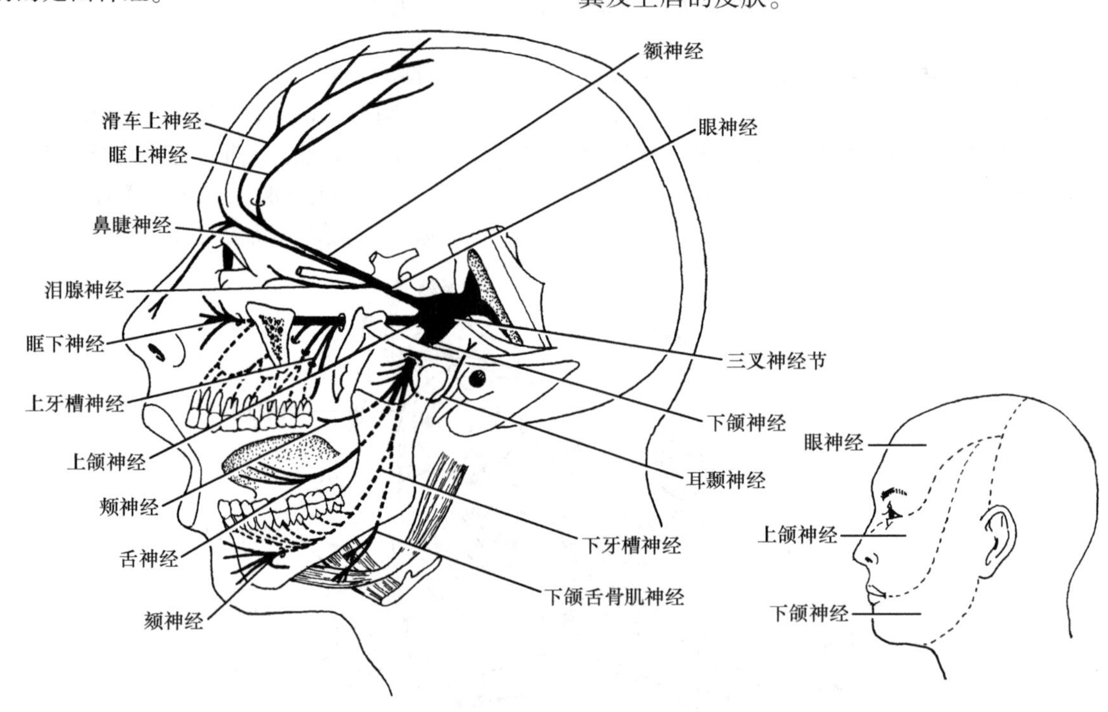

图 3-29 三叉神经

(3) **下颌神经**:为三叉神经最大的分支,自卵圆孔出颅进入颞下窝,主干短,位于翼外肌的深面。下颌神经发出的运动支支配咀嚼肌,包括翼内肌神经、翼外肌神经、颞深前、后神经和咬肌神经。下颌神经还发出下述四个感觉支。

1) **颊神经**(buccal nerve):于翼外肌两头之间穿出,沿下颌支前缘的内侧下行至咬肌前缘,穿颊肌分布于颊黏膜、颊侧牙龈,另有分支穿颊脂体分布于颊区和口角的皮肤。

2) **耳颞神经**(auriculotemporal nerve):以两根起于下颌神经,环绕脑膜中动脉,然后又合成一干,沿翼外肌深面,绕下颌骨髁突的内侧至其后方转向上行,穿经腮腺鞘,于腮腺上缘处浅出,分布于外耳道、耳廓及颞区的皮肤。

3) **舌神经**(lingual nerve):经翼外肌深面下行,途中接受鼓索的味觉纤维和副交感纤维,继续向前下行,于下颌支与翼内肌之间,达下颌下腺的上方,再沿舌骨肌的浅面前行至口底,分布于下颌舌侧牙龈、下颌下腺、舌下腺、舌前 2/3 及口底的黏膜。

4）**下牙槽神经**（inferior alveolar nerve）：位于舌神经的后方，与同名动、静脉伴行，经下颌孔入下颌管，发支分布于下颌骨及下颌诸牙，终末支出颏孔后称**颏神经**（mental nerve），与同名血管伴行，在降口角肌深面分为数支，分布于下唇及颏区的皮肤。

临床应用

三叉神经损伤时出现的感觉障碍主要为同侧面部皮肤及口、鼻腔黏膜感觉丧失，角膜反射可因角膜感觉丧失而消失。临床上常见的三叉神经痛能波及三叉神经某一分支或全部分支，此时不仅疼痛的部位与三叉神经三大分支在面部的分布区相一致，而且压迫眶上孔、眶下孔或颏孔时，可诱发患支分布皮区的疼痛。

2. 面神经（facial nerve） 由茎乳孔出颅，向前穿入腮腺，先分为上、下两干，再各分为数支并相互交织成丛，面神经在颅外因穿经腮腺而分为三段。

第一段是面神经干从茎乳孔穿出至进入腮腺以前的一段，恰位于乳突与外耳道之间的切迹内。此段长1～1.5cm，向前经过茎突根部的浅面，该段虽被腮腺所遮盖，但尚未进入腮腺实质内，故可在此处显露面神经主干。

第二段为腮腺内段。面神经主干于腮腺后内侧面进入腮腺，在腮腺内通常分为上、下两干，再发出分支彼此交织成丛，最后形成颞、颧、颊、下颌缘、颈五组分支。面神经位于颈外动脉和下颌后静脉的浅面。正常情况下，面神经外膜与腮腺组织容易分离，但有病变时二者常紧密黏连，术后分离较为困难。腮腺肿瘤可压迫面神经，引起面瘫。

第三段为面神经穿出腮腺以后的部分。面神经的五组分支，分别由腮腺浅部的上缘、前缘和下端穿出，最后呈扇形分为五组分支，支配面肌（图3-23、图3-25）。

（1）**颞支**（temporal branches）：离腮腺上缘，斜越颧弓，支配额肌和眼轮匝肌上部。

（2）**颧支**（zygomatic branches）：由腮腺前端穿出，支配眼轮匝肌下部及上唇诸肌。

（3）**颊支**（buccal branches）：出腮腺前缘，支配颊肌和口裂周围诸肌。

（4）**下颌缘支**（marginal mandibular branches）：从腮腺下端穿出后，行于颈阔肌深面，越过面动、静脉的浅面，沿下颌骨下缘前行，支配下唇诸肌及颏肌。

（5）**颈支**（cervical branches）：由腮腺下端穿出，在下颌角附近至颈部，行于颈阔肌深面，并支配该肌。

临床应用

面神经在颅外损伤后主要表现为面肌瘫痪，患侧额纹消失、闭眼困难、鼻唇沟变平坦；笑时口角偏向健侧、不能鼓腮、口角流口水；角膜反射消失等。

（三）面部的淋巴

1. 下颌下淋巴结 面部浅层的淋巴管非常丰富，吻合成网。这些淋巴管通道注入下颌下淋巴结和颏下淋巴结。此外，面部还有一些不恒定的淋巴结。如位于眶下孔附近的颧淋巴结，颊肌表面的颊淋巴结和位于咬肌前缘处的下颌淋巴结。以上三群淋巴结输出管，均注入下颌下淋巴结。

2. 腮腺淋巴结 位于腮腺表面和腺实质内，浅淋巴结引流耳郭、颅顶前部和面上部的淋巴。深淋巴结收集外耳道、中耳、鼻、腭和颊深部的淋巴，然后均注入颈外侧淋巴结。

第3节 口 腔

口腔（oral cavity）是消化系统的起始部，前为上、下唇，二侧为颊，上为腭，下为口底。向前经口唇围成的口裂通向外界，向后经咽峡与咽相通。口腔可分为**口腔前庭**和**固有口腔**，前者是上、下唇和颊与上、下牙弓和牙龈之间的狭窄空隙。后者位于上、下牙弓和牙龈所围成的空间，其顶为腭，口底由黏膜、肌和皮肤组成。

一、口 唇

口唇（oral lips）可分为上、下唇，外面为皮肤，中间为口轮匝肌，内面为黏膜。外表看到呈红色的部分为皮肤与黏膜的移行部，其内无黏液腺，但含有皮脂腺。在上唇外面中线处有一纵形浅沟，称**人中**，为人类所特有。上唇两侧以弧形的**鼻唇沟**与颊部分界。口裂两侧，上、下唇结合处为口角，口角约平对第1磨牙。

上唇和下唇以及颊部的口腔黏膜移行于上、下颌骨牙槽突，并附于牙颈，称**牙龈**。牙龈厚而致密，与牙槽突骨膜紧密相连。上、下唇内面正中线处，与牙龈基部之间各有一小黏膜皱襞相连，称上唇系带和下唇系带。

二、颊

颊（cheek）位于口腔两侧，由黏膜、颊肌和皮肤构成，在上颌第二磨牙牙冠相对的颊黏膜上有腮腺管乳头，是腮腺管的开口。

三、腭

腭(palate)是口腔的顶，分隔鼻腔与口腔。腭分硬腭和软腭两部。

1. 硬腭(hard palate)　位于腭的前2/3，其骨性基础是上颌骨的腭突及腭骨的水平板，表面覆盖黏膜。黏膜厚而致密，与骨膜紧密相贴。

2. 软腭(soft palate)　位于腭的后1/3，其基础是横纹肌，表面也为黏膜覆盖。软腭后部向后下方下垂的部分称腭帆，其后缘游离，后缘的正中部有垂向下方的突起，称**腭垂**(悬雍垂)。软腭于两侧各向下方分出两个黏膜皱襞，前方一对为**腭舌弓**，延续于舌根的外侧；后方的一对为**腭咽弓**，向下延至咽侧壁、腭垂、腭帆游离缘。两侧的腭舌弓、腭咽弓及舌根共同围成**咽峡**(isthmus of fauces)，它是口腔通向咽的分界，也是口腔和咽之间的狭窄部(图3-30)。

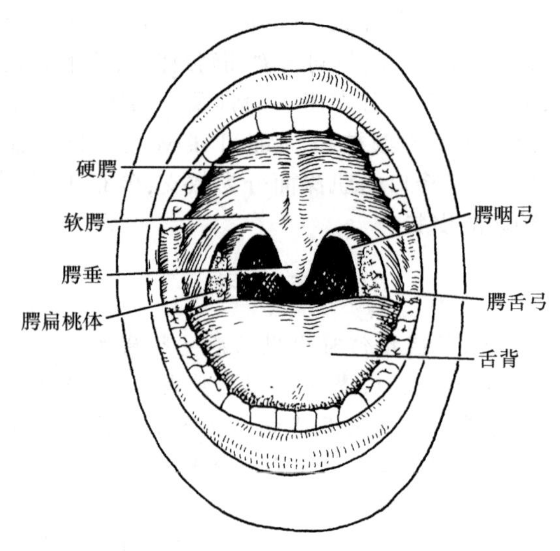

图3-30　口腔与咽峡

软腭在静止状态垂向下方，当吞咽或说话时，软腭上提并与咽后壁相贴，这样，将鼻咽与口咽隔开。软腭的上提运动主要由腭帆提肌的收缩来完成的。关于软腭肌的名称和作用，参考表3-3及图3-31。

表3-3　软腭肌的起止点及作用

名称	起点	止点	主要作用
腭帆张肌	咽鼓管软骨部、颅底	腭腱膜	张开咽鼓管、紧张腭帆
腭帆提肌	咽鼓管软骨部、颅底	腭腱膜	上提腭帆
腭垂肌	硬腭后缘中点、腭腱膜	腭垂黏膜	上提腭垂
腭舌肌	腭腱膜	舌的侧缘	下降腭帆、缩窄咽峡
腭咽肌	腭腱膜	甲状软骨板及咽后壁	助两侧腭咽弓靠近，咽喉上提

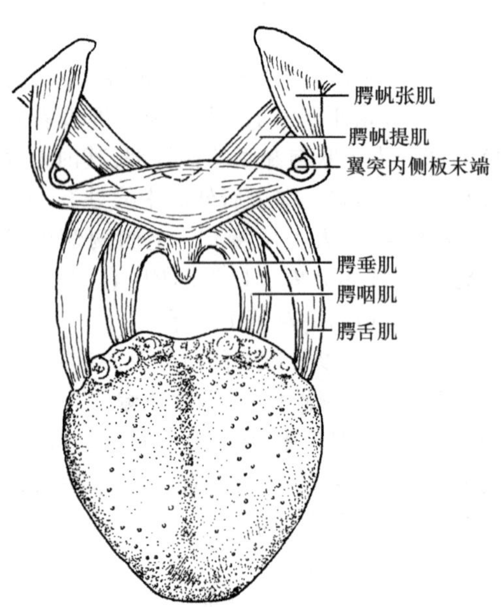

图3-31　腭肌模式图

四、牙

(一) 牙的形态

牙(tooth, dens)嵌于上、下颌骨的牙槽内。在外形上每个牙分**牙冠**、牙颈和牙根三部。暴露在口腔内的部分为**牙冠**，嵌入上、下颌骨牙槽内的部分为**牙根**，介于牙根和牙冠交界部分为**牙颈**。切牙的牙冠扁平，尖牙的牙冠呈锥形，均只有1个牙根。磨牙的牙冠最大，呈方形，有2~3个牙根。每个牙根有根尖孔通牙根管，进而进入牙冠内较大的牙冠腔。牙根管与牙冠腔合称**牙腔**(dental cavity)或**髓腔**(pulp cavity，图3-32)。

(二) 牙的种类和排列

根据牙的形态和功能，可分为**切牙**、**尖牙**、**前磨牙**和**磨牙**。

牙釉质
牙冠
牙质
牙颈
牙髓
牙槽骨
牙周膜
牙龈
牙根管
牙骨质
牙根尖孔

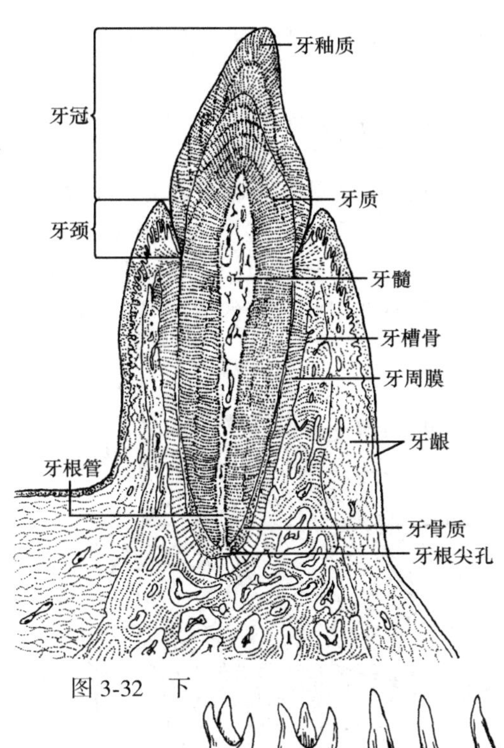

图 3-32　下

人一生中换牙一次。第一套牙称**乳牙**(deciduous teeth),从出生后6~7个月开始陆续生长,到3岁左右出齐,共20个。第二套牙为**恒牙**(permanent teeth)。6~7岁时,乳牙开始脱落,恒牙中的第1磨牙首先长出,除第3磨牙外,其他各牙约在14岁左右出齐。第3磨牙萌出最迟,称迟牙或**智牙**,到成年后才长出,有的甚至终生不出。全部出齐共32个(表3-4)。

乳牙与恒牙的名称及排列顺序如图3-33、图3-34所示。乳牙在上、下颌的左半与右半各5个,总数20。恒牙在上、下颌的左半与右半各8个,全部出齐总数为32。临床上,为了记录牙的位置,常以被检查者的方位为准,以"十"记号划分上、下颌及左、右两半,共4区,并以罗马数字Ⅰ~Ⅴ标示乳牙,用阿拉伯数字1~8标示恒牙,如"⌊6"表示左上颌第1恒磨牙。

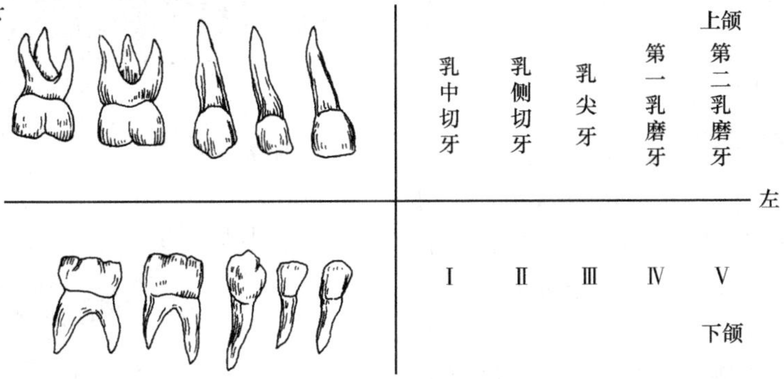

上颌
乳中切牙
乳侧切牙
乳尖牙
第一乳磨牙
第二乳磨牙
左
Ⅰ
Ⅱ
Ⅲ
Ⅳ
Ⅴ
下颌

图 3-33　乳牙的名称及符号

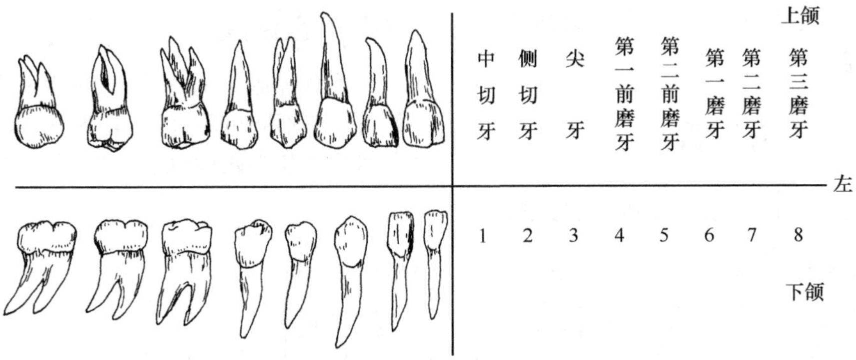

上颌
中切牙
侧切牙
尖牙
第一前磨牙
第二前磨牙
第一磨牙
第二磨牙
第三磨牙
左
1
2
3
4
5
6
7
8
下颌

图 3-34　恒牙的名称及符号

(三)牙组织

牙由**牙本质**(dentine)、**釉质**(enamel)、**牙骨质**(cement)和**牙髓**(dental pulp)组成。牙本质构成牙的大部分,牙冠部的牙本质外面覆有釉质,釉质为全身最坚硬的组织。在牙根部的牙本质外面包有牙骨质。牙腔内为牙髓,由结缔组织、神经和血管共同组成。

表 3-4　牙的萌出和脱落时间表

牙		萌出时间	脱落时间
乳牙	乳牙切牙	6~8个月	7岁
	乳侧切牙	6~10个月	8岁
	乳尖牙	16~20个月	12岁
	第1乳磨牙	12~16个月	10岁
	第2乳磨牙	20~30个月	11~12岁

续表

	牙	萌出时间	脱落时间
恒牙	中切牙	6~8岁	
	侧切牙	7~9岁	
	尖牙	9~12岁	
	第1前磨牙	10~12岁	
	第2前磨牙	10~12岁	
	第1磨牙	6~7岁	
	第2磨牙	11~13岁	
	第3磨牙	17~25岁或更迟	

(四) 牙周组织

牙周组织包括**牙周膜**(periodotal membrane)、**牙槽骨**(alveolar bone)和**牙龈**(gingiva)三部分，对牙起保护、固定和支持作用。牙周膜是介于牙根和牙槽骨之间的致密结缔组织，固定牙根，并可缓冲咀嚼时的压力。牙龈是口腔黏膜的一部分，血管丰富，包被牙颈，与牙槽骨的骨膜紧密相连(图3-32)。

(五) 牙的血管和神经

上颌牙的动脉来自上颌动脉的分支上牙槽后动脉和眶下动脉，前者分布于上颌窦黏膜、上颌后份的牙槽突、牙及牙龈，后者分布于上颌前份的牙槽突、牙及牙龈。上牙齿的神经来自上颌神经的上牙槽神经；下颌牙的动脉来自上颌动脉的分支下牙槽动脉，经下颌孔入下颌管，分布至下颌骨、下颌牙及牙龈，神经来自下颌神经的分支下牙槽神经。

五、舌

舌(tongue)以横纹肌为基础，被覆黏膜，有协助咀嚼、搅拌、吞咽食物、感受味觉和辅助发音的功能。

(一) 舌的形态

舌分**舌尖**、**舌体**和**舌根**三部分。舌体占舌的前2/3，舌根占舌的后1/3，两者在舌背以"∧"形的**界沟**为界。界沟尖端有一小凹，称**舌盲孔**，是胚胎时期甲状舌管的遗迹(图3-35)。

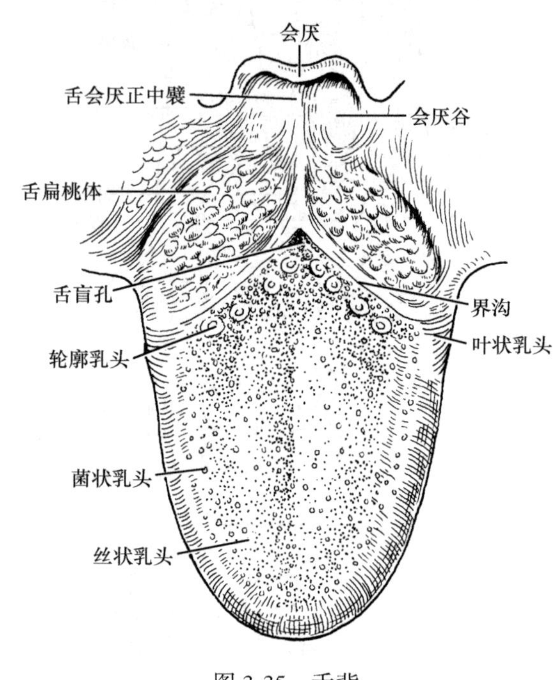

图3-35　舌背

(二) 舌黏膜

舌背黏膜上有许多小突起，称**舌乳头**，根据乳头形态不同可分：丝状乳头、菌状乳头、轮廓乳头和叶状乳头四种(图3-35、图3-36)。

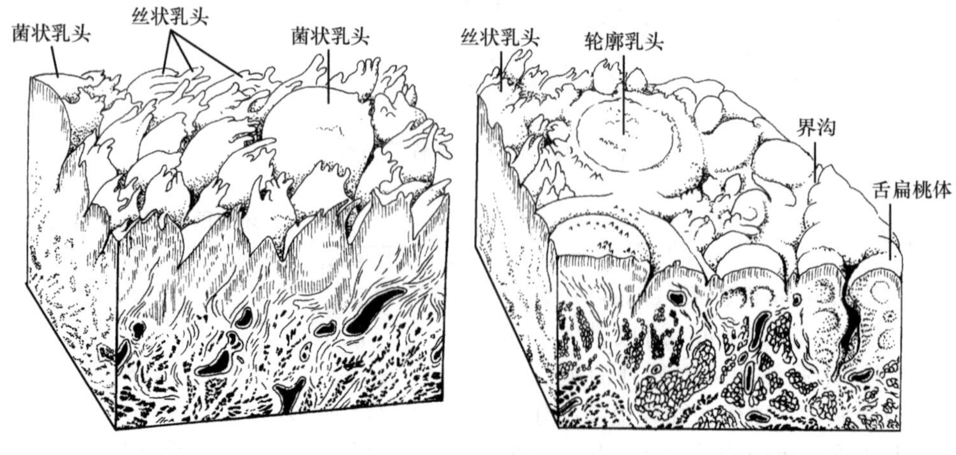

图3-36　舌乳头

1. 丝状乳头　数量最多，呈圆锥形分支突起，浅层复层扁平上皮角化，肉眼呈白色，常有脱

落上皮，唾液与食物残渣形成舌苔，几乎布满舌背前2/3，舌尖及舌体两侧缘。

2. 菌状乳头 数量较少，散于丝状乳头间。在舌尖处较多，形似蘑菇，上皮不角化，上皮内常含有味蕾。固有膜内毛细血管丰富，生活状态时，肉眼观察显红色。

3. 轮廓乳头 为数不多，仅7～12个，位于舌界沟的前方、呈"V"字形排列。乳头平坦，周围深陷成一沟，称为轮廓沟，环绕乳头。沟周围的上皮内含有较多味蕾，沟底有味腺开口。味腺为浆液腺，不断分泌浆液来冲洗掉沟内食物残渣，以利味蕾感受新的刺激。

4. 叶状乳头 位于舌后部侧缘，形似叶片，故得此名。在兔等动物发达，人已近退化。乳头间沟的两侧上皮内有丰富的味蕾，沟底也有味腺开口。

味蕾(taste bud)为卵圆形小体，主要分布于菌状乳头和轮廓乳头的上皮内，少数于软腭、会厌和咽的上皮内。味蕾顶端有小孔，称味孔。味蕾有三种细胞即味细胞、支持细胞和基细胞。HE染色的**味细胞**数少，梭形，核椭圆形，细胞顶部有味毛，伸入味孔。**支持细胞**数多，也为梭形，较味细胞肥大。电镜下，可见Ⅰ型和Ⅱ型细胞，两者均有大量微绒毛伸入味孔，并于细胞基部与味觉神经末梢形成突触。这两种细胞都为感觉上皮。**基细胞**位于基底部，较小，呈矮锥体形(图3-36)。在舌根背部黏膜内，有许多由淋巴组织组成的小结节，称**舌扁桃体**。

舌下面的黏膜在舌的中线上，形成一黏膜皱襞，向下连于口底前部，称**舌系带**。在舌系带根部的两侧有1对小圆形隆起，称**舌下阜**，下颌下腺管及舌下腺大管开口于此。由舌下阜向口底外侧延续为**舌下襞**。其深面藏有舌下腺，舌下腺小管开口于舌下襞表面(图3-37)。

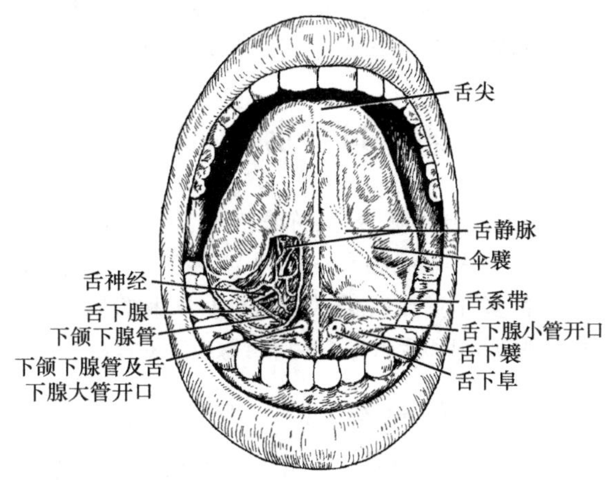

图3-37 口腔底和舌下面

(三) 舌肌

舌肌为横纹肌，可分为舌固有肌和舌外肌两种。**舌固有肌**指舌本身的肌，起止均在舌内，其肌纤维分纵行、横形和垂直三种；收缩时分别可使舌缩短、变窄或变薄。**舌外肌**起自舌外，止于舌内，有颏舌肌、舌骨舌肌和茎突舌肌等(图3-38)，其中以**颏舌肌**(genioglossus)在临床上较为重要。这是一对强有力的肌，起自下颌骨体后面的颏棘，肌纤维呈扇形向后上方分散，止于舌中线两侧。两侧颏舌肌同时收缩，拉舌向前下方，即伸舌。单侧收缩，使舌伸向对侧。舌肌受舌下神经支配，一侧舌下神经受损时，舌伸向患侧。

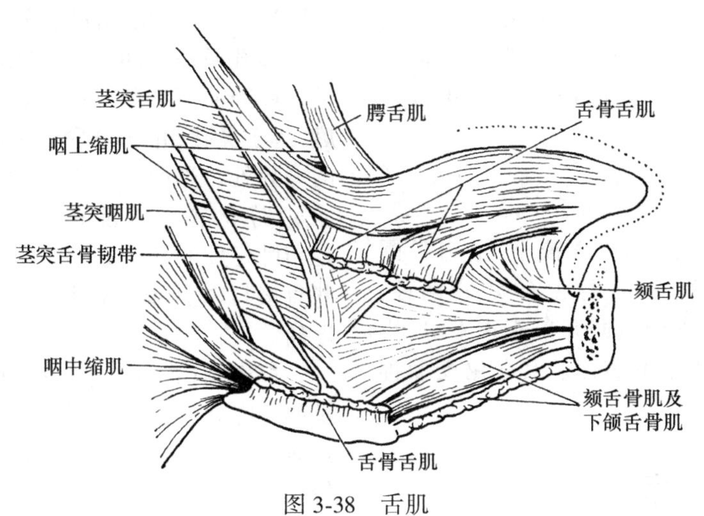

图3-38 舌肌

（四）舌的神经支配

舌的一般感觉受下颌神经的舌神经和舌咽神经支配，舌的味觉受面神经的鼓索神经和舌咽神经支配，舌肌的运动受舌下神经支配。

六、口　腔　腺

口腔腺分泌唾液，又称**唾液腺**，根据腺的大小和位置，分大唾液腺和小唾液腺两类。后者体积小，数目多，位于口腔各部黏膜内，属黏膜腺，如唇腺、颊腺、腭腺和舌腺等。大唾液腺有3对（图3-39）。

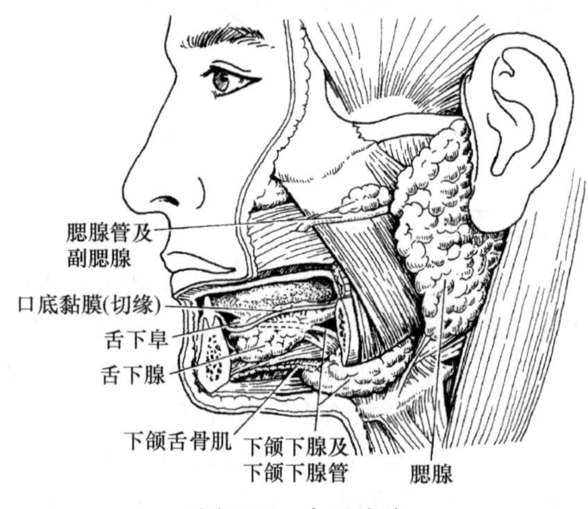

图3-39　大唾液腺

（一）腮腺

腮腺（parotid gland）　详见面部一节。

（二）下颌下腺

下颌下腺（submandibular gland）位于下颌骨下缘及二腹肌前、后腹所围成的下颌下三角内，其导管自腺内侧面发出，沿口底黏膜深面前行，开口于舌下阜。其分泌受面神经的鼓索神经支配。

（三）舌下腺

舌下腺（sublingual gland）较小，呈扁长圆形，位于口底舌下襞的深面，导管有大、小两种，大管1条，与下颌下腺管共同开口于舌下阜，小管约10条，开口于舌下襞表面。其分泌受面神经的鼓索神经支配。

第4节　鼻

鼻（nose）由外鼻、鼻腔和鼻旁窦三部分组成，是呼吸道的起始部，也是嗅觉器官。

笔记栏

一、外　　鼻

外鼻（external nose）由鼻骨和软骨作支架，被覆皮肤和少量皮下组织。骨部表面的皮肤薄而松弛，软骨部表面的皮肤较厚，富含皮脂腺和汗腺，痤疮和酒糟鼻可发生于软骨部的皮肤。外鼻上部较窄与额部相连的部分称鼻根，向下延为鼻背，末端为鼻尖。鼻尖两侧呈弧状隆突的部分称鼻翼。呼吸困难时，可见鼻翼扇动，小儿呼吸困难时更明显。从鼻翼向外下方到口角的浅沟称**鼻唇沟**。正常人两侧鼻唇沟的深度对称，面神经瘫痪时，瘫痪侧的鼻唇沟变浅或消失（图3-40）。

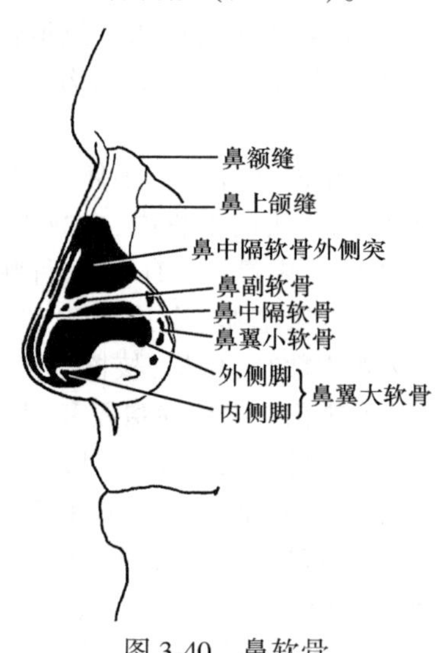

图3-40　鼻软骨

二、鼻　　腔

鼻腔（nasal cavity）以骨和软骨为基础，内面覆以黏膜。鼻中隔将鼻腔分成左右二腔，各腔向前以**鼻孔**通外界，向后经**鼻后孔**通鼻咽。

鼻腔前下方鼻翼内面较宽大的部分称**鼻前庭**，起于鼻孔，止于鼻阈。鼻阈是皮肤与鼻黏膜的分界处。鼻前庭由皮肤覆盖，生有鼻毛，借以滤过、净化空气，鼻前庭皮肤富于皮脂腺和汗腺，是疖肿好发的部位之一。由于缺少皮下组织，皮肤直接与软骨膜紧密相连，故发生疖肿时甚为疼痛。

鼻中隔（nasal septum）由筛骨垂直板、犁骨及鼻中隔软骨构成，被覆黏膜。鼻中隔一般不完全居正中矢状位，往往是偏向一侧。鼻中隔前下份有一易出血区，即Little区或Kiesselbach区，此区血管丰富而位置表浅，受外伤或干燥空气刺激，血管易破裂而出血。90%左右的鼻衄均发生于此区（图3-41）。

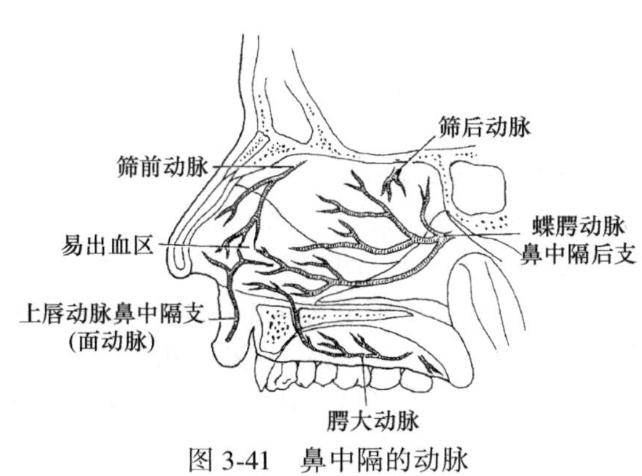

图 3-41 鼻中隔的动脉

鼻腔外侧壁的形态最为复杂,自上而下有三个鼻甲突向鼻腔,分别称**上鼻甲**、**中鼻甲**和**下鼻甲**。三个鼻甲的下方各有一裂隙空间,分别称**上鼻道**、**中鼻道**和**下鼻道**。在上鼻甲之后上方有时可有**最上鼻甲**,上鼻甲或最上鼻甲后上方与鼻腔顶之间的凹陷部分称**蝶筛隐窝**。由于鼻甲及鼻道的形成,大大扩展了鼻黏膜的面积,有利于对吸入空气的加温与湿润。

将中鼻甲切除,在中鼻道中部可见一凹向上的弧形裂隙,称半月裂孔,裂孔的前端有通向前上方的漏斗形管道名筛漏斗。半月裂孔上方的圆形隆起为筛泡。中鼻道为众多鼻旁窦开口之处。下鼻甲的前端距鼻孔约 2cm,后端距咽鼓管咽口约 1cm。在下鼻道内,鼻泪管开口于其前上方,距鼻孔约 3cm(图 3-42)。

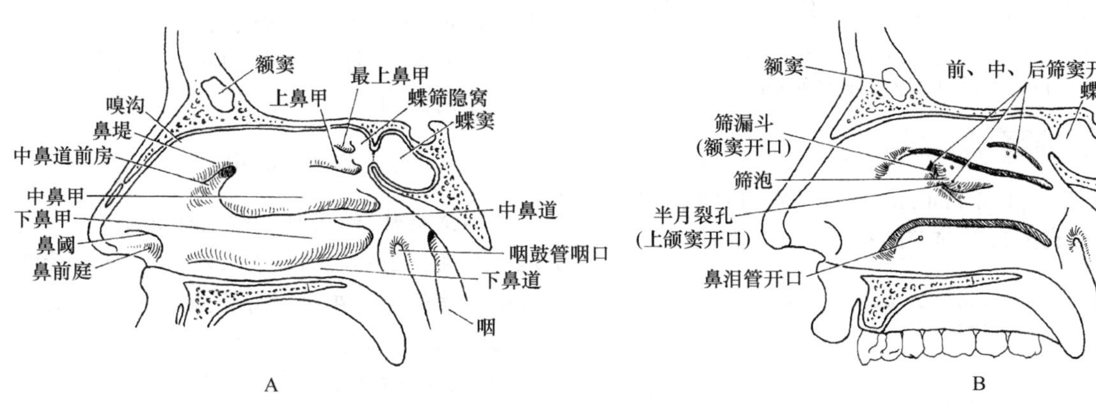

图 3-42 鼻腔外侧壁

A. 右侧;B. 鼻甲切除

鼻黏膜按其生理功能分为嗅区与呼吸区。上鼻甲与其相对应的鼻中隔的黏膜区为**嗅区**,其余部分的黏膜区为**呼吸区**。黏膜在正常情况下呈红色,表面光滑湿润,以具有丰富的静脉海绵丛为其特征。在鼻甲,尤其是下鼻甲,鼻甲海绵丛有丰富的血管腔隙,这些血管腔隙周围有平滑肌纤维分布,以调节鼻甲海绵丛的充血程度。鼻黏膜内有丰富的鼻腺(黏液腺、浆液腺、混合腺)及环状细胞,能产生大量分泌物。嗅区黏膜仅占上鼻甲内侧面以及与其相对的鼻中隔部分,活体呈苍白或淡黄色,面积约 $5cm^2$。嗅区黏膜内有感受嗅觉刺激的嗅细胞分布。

三、鼻 旁 窦

鼻旁窦(paranasal sinuses)是鼻腔周围颅骨内一些开口于鼻腔的含气空腔,共 4 对,即上颌窦、额窦、筛窦和蝶窦(图 3-14、图 3-15)。

(一) 上颌窦

上颌窦(maxillary sinus)是鼻旁窦中最大的一个,几乎占整个上颌骨的体部,其形状与上颌体部外形相符,容积平均为 14ml。上颌窦一般可分为前、后、内侧、上、底 5 个壁。**前壁**向内略凹陷,即上颌骨体前面的尖牙窝。**后壁**较厚,与翼腭窝毗邻。**内侧壁**即鼻腔之外侧壁,相当于中鼻道和下鼻道的大部分,此壁有**上颌窦口**,开口于中鼻道。上颌窦口的形状与大小不一,多呈椭圆形缝,少数为圆形或肾形,其直径约 3mm。**上壁**为眶的下壁。上颌窦的**底**即上颌骨的牙槽突,常低于鼻腔的底部。

临床应用

上颌窦前壁骨质较薄,上颌窦手术常经此处凿入;内侧壁的上颌窦口高于窦底,发炎后引流不畅,易造成窦内积液,因此上颌窦是鼻旁窦中最不易引流的。内侧壁在下鼻甲附着处下方的骨质最薄,是上颌窦穿刺的进针部位。上颌窦的底与上颌第 2 前磨牙及第 1、第 2 磨牙的根部邻近,仅有一层菲薄的骨质相隔,甚至牙根直接埋藏于上颌窦黏膜的深面,故磨牙根部的感染极易侵入窦内引起上颌窦炎。

(二) 额窦

额窦(frontal sinus)位于筛窦前上方,额骨内外板之间,左右各一。窦的大小及形状极不一致,但基本上为一三角锥体形。眶的内上角为额窦底部,骨质最薄,急性额窦炎,此处压痛明显。额窦向下开口于中鼻道的筛漏斗。

(三) 筛窦

筛窦(ethmoidal sinus)由大小不一、排列不规则的小气房系统组成,绝大部分小气房位于鼻腔外侧壁上方的筛骨之中,共约 3~18 个,可分前、中、后 3 群。前筛窦的气房较小,约 5~6 个。中筛窦即筛泡内的气房,平均约 3 个。前筛窦、中筛窦开口于中鼻道,后筛窦开口于上鼻道,偶有后筛窦的个别气房开口于蝶筛隐窝。

(四) 蝶窦

蝶窦(sphenoidal sinus)位于蝶骨体内,左右各一,各自通过其前壁的孔开口于蝶筛隐窝。

第5节　咽

咽(pharynx)是漏斗形肌性管道,位于第1~6 节颈椎前方,鼻腔、口腔和喉的后方,上方固着于颅底,向下于第 6 颈椎下缘续于食管。咽的后壁及侧壁完整,其前壁几乎不存在,因咽的前方分别通鼻腔、口腔及喉腔。咽腔分别以软腭与会厌上缘为界,分为鼻咽、口咽和喉咽三部分(图 3-43)。

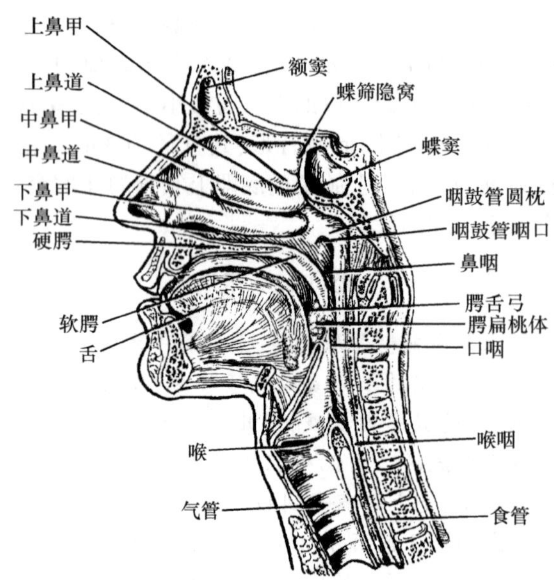

图 3-43　鼻、口、咽和喉的正中矢状切面

一、鼻　咽

鼻咽(nasopharynx)是咽腔的上部,介于颅底与软腭之间,经鼻后孔与鼻腔相通。鼻咽的顶和后壁互相移行相连,呈倾斜的圆拱形,常合称为顶后壁。此壁的黏膜下有丰富的淋巴组织称**咽扁桃体**(pharyngeal tonsil),在婴幼儿较为发达。有的儿童咽扁桃体可出现异常的增大,以致使鼻咽腔变窄,影响呼吸,熟睡时张口呼吸。6~7 岁后开始萎缩,至 10 岁后完全退化。

在鼻咽的两侧壁距下鼻甲后端之后约 1cm 处,有**咽鼓管咽口**,此口呈镰状或三角形,鼻咽腔经此口通向中耳鼓室。咽鼓管开放时(如吞咽或打呵欠),空气通过咽鼓管咽口进入鼓室,以维持鼓膜两侧的气压平衡。

临床应用

咽部感染时,细菌可经咽鼓管传播到中耳,引起中耳炎。小儿的咽鼓管较短而宽,咽鼓管咽口与咽鼓管鼓室口在同一高度,故儿童患咽炎时常伴发急性中耳炎,较成人为多。

咽鼓管的后外 1/3 为咽鼓管骨部,前内 2/3 为咽鼓管软骨部,软骨部的内侧端环绕咽口的前、上、后方形成明显隆起,称**咽鼓管圆枕**(tubal torus),它是寻找咽鼓管咽口的标志。咽鼓管咽口附近黏膜内的淋巴组织称**咽鼓管扁桃体**(tubal tonsil)。咽鼓管圆枕后方与咽后壁之间有一凹陷,称**咽隐窝**(pharyngeal recess),是鼻咽癌的好发部位(图 3-43)。

二、口　咽

口咽(oropharynx)是咽腔的中部,介于软腭至会厌上缘平面之间,向上通鼻咽,向下通喉咽,向前经咽峡与口腔相通。口咽的前壁主要为舌根后部,由此有一黏膜皱襞与会厌相连,称**舌会厌正中襞**,襞两侧的凹陷称**会厌谷**,异物也可停留此处。口咽的侧壁有腭扁桃体,口咽的后壁正对第 2~3 颈椎体。

腭扁桃体(palatine tonsil)是淋巴组织与上皮紧密联结构成的淋巴上皮器官。6 岁以前发育快,青春期后开始萎缩,到老年仅留少量淋巴组织。腭扁桃体呈扁卵圆形,位于腭舌弓与腭咽弓间的扁桃体窝内,此窝上份未被扁桃体充满的空间称扁桃体上窝,异物常停留于此,腭扁桃体的内侧面有两黏膜皱襞。腭扁桃体除内侧面外,其余部分由结缔组织的扁桃体囊包绕。扁桃体的功能主要是产生淋巴细胞,发生免疫应答(图 3-44)。

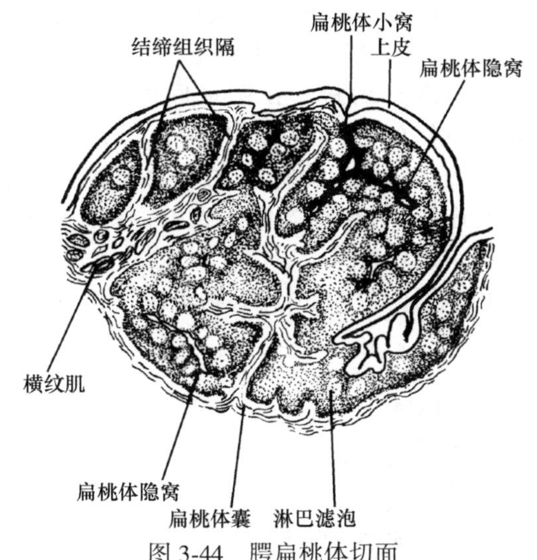

图 3-44 腭扁桃体切面

咽淋巴环由咽后上方的咽扁桃体、两侧的咽鼓管扁桃体、腭扁桃体以及前下方的舌扁桃体所组成。五官科书刊中常有“咽侧索”一词,认为咽淋巴环的组成,在两侧除咽鼓管扁桃体和腭扁桃体外,还有咽侧索。所谓的咽侧索,是指沿腭咽弓向上,从软腭后方到达咽隐窝的纵行条索状淋巴组织。咽淋巴环位于咽的上端,对消化道呼吸道有防御和保护作用。

三、喉　　咽

喉咽(laryngopharynx)为咽下部最狭窄的部分,位于会厌上缘至环状软骨下缘平面之间,向下与食管相续,向前经喉口与咽腔相通。在喉的两侧和甲状软骨内面之间,黏膜下陷形成**梨状隐窝**(piriform recess)。当咽食物时,喉口关闭,位于喉口两侧的梨状隐窝呈漏斗状张开,引导食物经此进入食管,梨状隐窝是异物常易嵌顿停留的部位(图 3-45)。

四、咽　　肌

咽壁的肌层由咽缩肌和咽提肌两组横纹肌组成。咽缩肌为环形肌,包括上、中、下三部,呈叠瓦状排列,即**咽下缩肌**覆盖于咽中缩肌下部,**咽中缩肌**覆盖于**咽上缩肌**下部。当吞咽时,各咽缩肌自上而下依次收缩,即将食团推向食管。咽提肌位于咽缩肌深部,肌纤维纵行,起自茎突(茎突咽肌)、咽鼓管软骨(咽鼓管咽肌)及腭骨(腭咽肌),止于咽壁及甲状软骨上缘。咽提肌收缩时,上提咽及喉,舌根

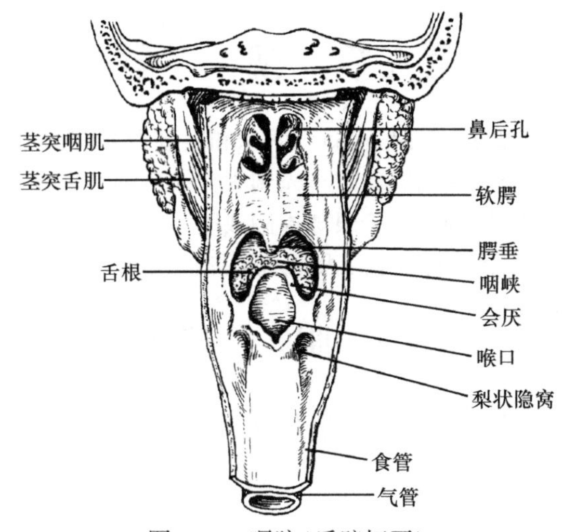

图 3-45 咽腔(后壁切开)

后压,会厌封闭喉口,梨状隐窝开放,食团越过会厌,经喉咽进入食管(图 3-46、图 3-47)。

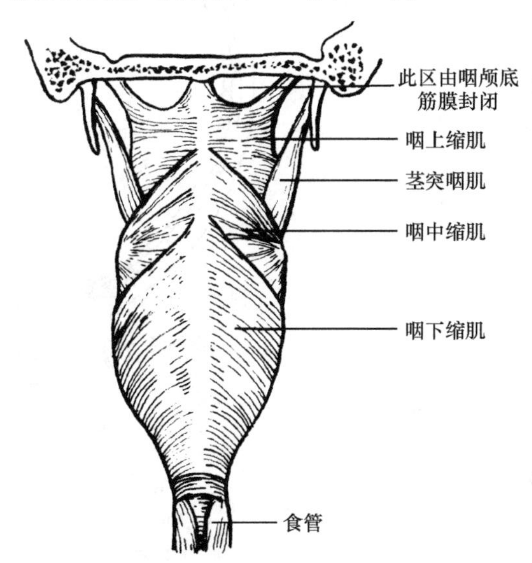

图 3-46 咽肌(后面)

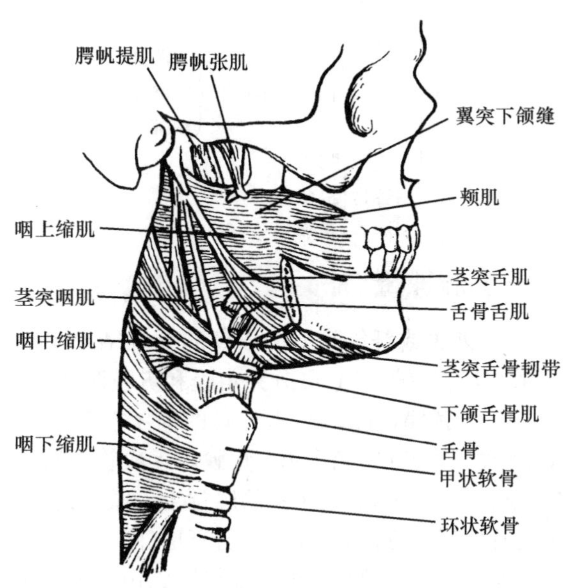

图 3-47 咽肌(侧面)

第6节 视　器

视器(visualorgan)由眼球和眼副器共同组成。眼球具有屈光成象和将光刺激转换成神经冲动的作用。眼副器位于眼球周围或附近,包括眼睑、结膜、泪器、眼球外肌以及眶筋膜和眶脂体等。

一、眼　球

眼球(eyeball)是视器的主要部分,居眶内,借筋膜与眶壁相连。眼球前面有眼睑保护,后面由视神经连于脑,周围附有泪腺和眼球外肌等眼副器,并有眶脂体衬垫。眼球大致为球形(图3-53),前面的正中点称**前极**,后面的正中点称**后极**。在两极间的中点,沿眼球表面所作的环行线称中纬线。通过前、后极的连线称**眼轴**。由瞳孔的中央至视网膜中央凹的连线,与视线方向一致,称**视轴**。眼轴与视轴作锐角交叉。

眼球由眼球壁及其内容物组成(图3-48)。

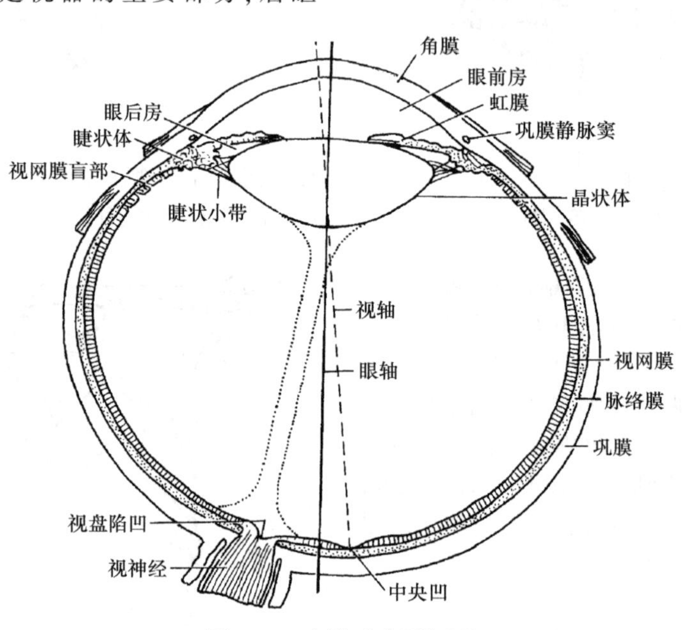

图3-48　右眼球水平切面

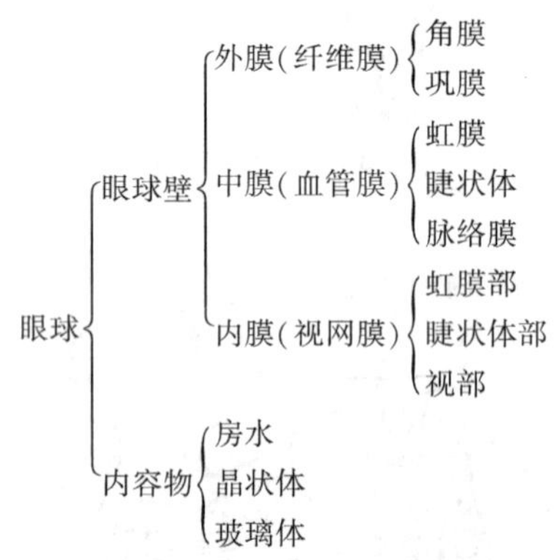

(一) 眼球壁

1. 外膜或纤维膜　由强韧的纤维结缔组织组成,具有保护作用,可分为角膜和巩膜两部分。

(1) **角膜**(cornea):占外膜的前1/6,致密透明,曲度较大,有屈光作用。角膜内无血管但有丰富的感觉神经末梢,故角膜的感觉十分敏锐,发炎时疼痛剧烈。角膜由前向后可分五层(图3-49)。

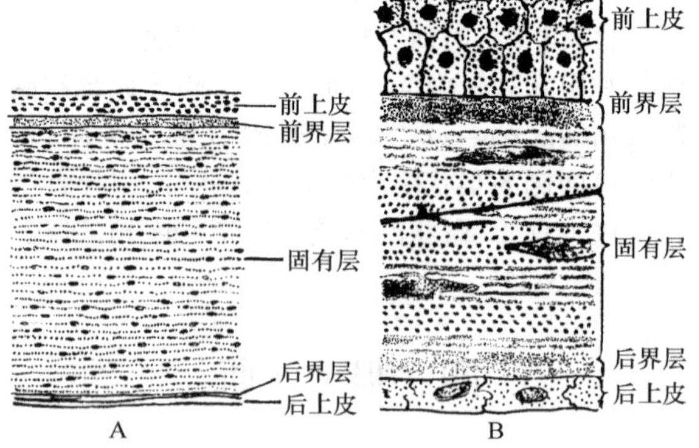

图3-49　角膜

A. 低倍;B. 高倍

前上皮是未角化的复层扁平上皮,由5~6层细胞组成。上皮基部平坦,表面光滑,细胞内无黑色素颗粒,上皮内感觉神经末梢丰富。上皮基部细胞可不断分裂,故再生力强。电镜下,表层细胞有许多短小的微绒毛,浸泡在薄层的泪液中。

前界层为一层均质的膜且透明,由较细的胶原纤维和基质构成。厚约10~16μm。

固有层是构成角膜的主要成分，为角膜最厚一层，又称角膜基质。由平行排列，很规律，粗细一致的（直径约 35nm）胶原原纤维以及成层的胶原纤维之间的少量扁平的成纤维细胞（又称角膜细胞 corneal cell）和基质构成的。此层不含血管，完全透明。

后界层也为一层均质膜，较前界层薄，折光性强，韧性强，由细密的胶原纤维和基质构成。

后上皮又称角膜内皮，由单层扁平或立方上皮组成。

当角膜损伤达到固有层时，再生后形成不透明的瘢痕，轻者影响视力，重者可完全失明。故保护眼球角膜特别重要。

（2）**巩膜**（sclera）：占外膜的后 5/6，不透明，呈乳白色。由致密结缔组织构成，粗细不等的胶原纤维束交织排列，束间有少量成纤维细胞、色素细胞、血管和神经等。眼球的后方的巩膜，在视神经纤维穿过处变薄且多孔，称为筛板。角膜与巩膜交界处称角膜缘，此处血管丰富，角膜营养也由此处血管和房水供应。在此交界处内侧，巩膜稍向内侧突起，形成一个环形隆起的嵴，称**巩膜距**。巩膜距的前外侧有一环形管，称为**巩膜静脉窦**（sinus venous sclerae），又称 Schlemm 管。窦的内侧为小梁网，由角膜基质纤维，后界膜和角膜内皮向后扩展疏散而成，是由小染和小染间隙组成，间隙互相通连，表面衬有内皮（图 3-50）。

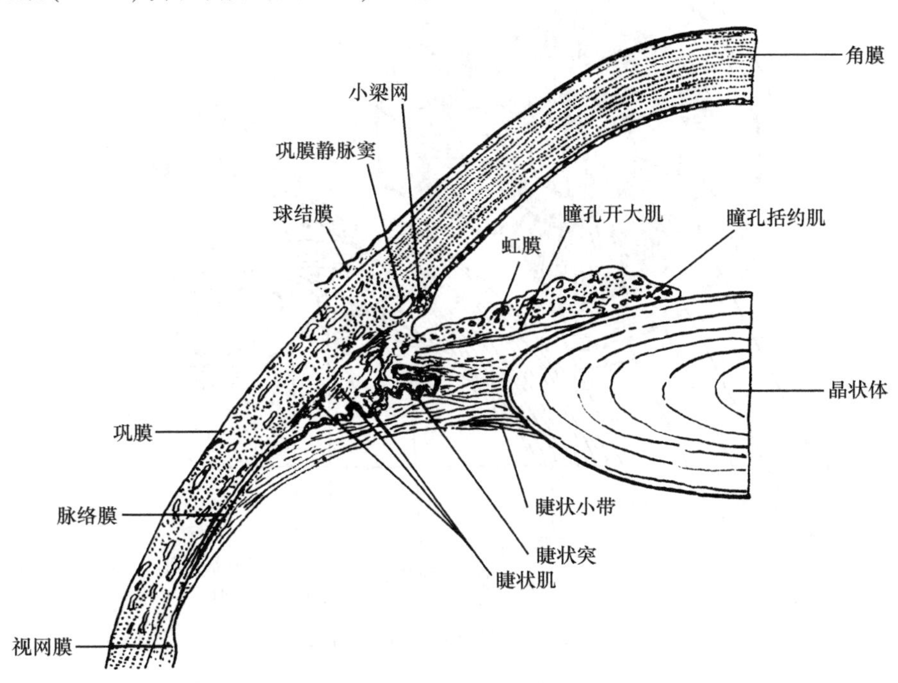

图 3-50　眼球前部

2. 中膜或血管膜　在外膜的内面，含丰富的血管、神经和色素，呈棕黑色，故又称色素膜。中膜可分为脉络膜、睫状体和虹膜三部分。

（1）**脉络膜**（choroid）：占中膜的后 2/3。为柔软的薄膜，后方有视神经穿过，外与巩膜疏松结合，其间有淋巴间隙；内面紧贴视网膜的色素层。其功能是输送营养物质，并吸收眼内分散的光线以免扰乱视觉。

（2）**睫状体**（ciliary body）：是脉络膜向前的延伸，位于巩膜与角膜移行处的内面，在眼球的矢状面上呈三角形，是中膜的最肥厚部分，其后部较平坦，称睫状环；前部有许多向内突出的皱襞，称**睫状突**（ciliary processes）。由睫状体发出**睫状小带**与晶状体相连，睫状体内有平滑肌称**睫状肌**，该肌的收缩与舒张，可使睫状小带松弛与紧张；从而调节晶状体的曲度。睫状体由外向内可分为三层：睫状肌层，睫状体内含许多平滑肌，由外向内依次为纵走、放射和环行三种，均受副交感神经支配。近视物时，睫状肌收缩，睫状体被拉向前内侧，睫状小带松弛，晶状体变厚；视远物时，睫状肌舒张，睫状体后移，睫状小带被拉紧，晶状体变薄；血管层，由含有丰富血管的疏松结缔组织构成；上皮层亦分二层，均为立方上皮，深层上皮细胞内含有粗大的色素颗粒，表层靠近玻璃体，不含色素颗粒，此层上皮有分泌房水，形成玻璃体和睫状小带的功能。

（3）**虹膜**（iris）：是中膜的最前部，在冠状位呈圆盘形的薄膜，中央有圆形的瞳孔（pupil）。

虹膜把角膜和玻璃体之间的腔隙分成较大的**眼前房**和较小的**眼后房**,二者借瞳孔相通。在前房内,虹膜和角膜交界处构成**虹膜角膜角**,又称**前房角**。在活体,透过角膜可见虹膜和瞳孔(图3-51、图3-52)。

虹膜的颜色有人种差异,可有黑、棕、蓝和灰色等数种。颜色的深浅个体之间也有区别,通常是由所含色素的量而定。虹膜从前向后可分:前缘层,表面不平,由一层不连续的扁平的成纤维细胞质覆盖;虹膜基质,是含有丰富的血管和色素细胞的疏松结缔组织。其中色素的多少决定虹膜的颜色;上皮层在虹膜后面,有二层上皮细胞,表层为立方形色素上皮,深层分化为肌上皮细胞,胞质内含有肌丝和色素颗粒。近瞳孔缘的肌上皮细胞为环形,称为**瞳孔括约肌**(sphincter pupillae),另一部分则由内向外呈放射状排列,称为**瞳孔开大肌**(dilator pupillae)。前者为副交感神经支配,后者为交感神经支配,分别缩小和开大瞳孔。在弱光下或看远方时,瞳孔开大,在强光下或看近距离物体时瞳孔缩小。

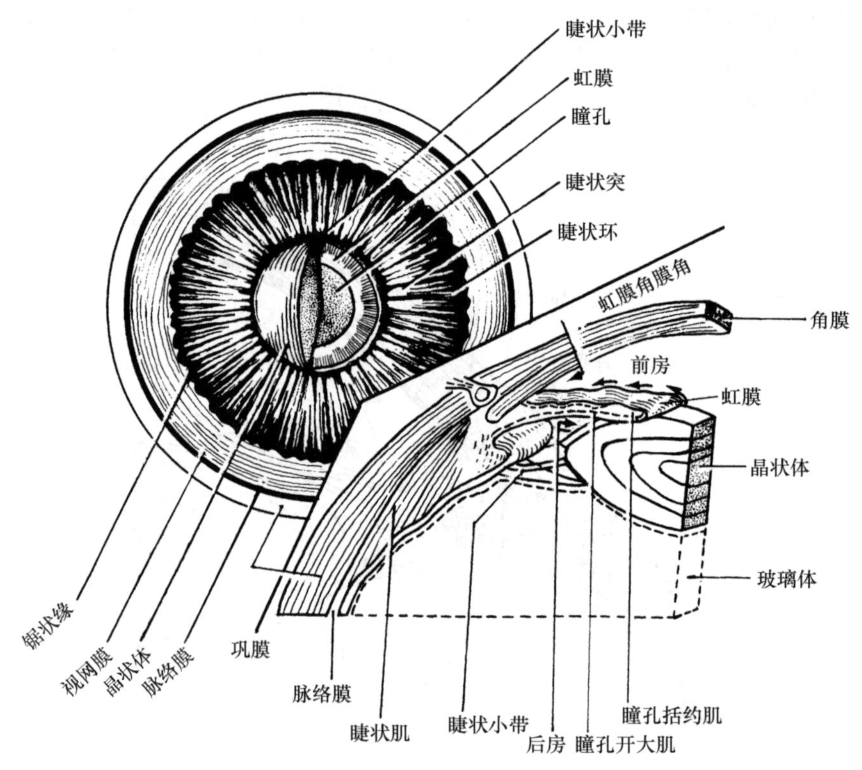

图3-51 眼球前半部后面观

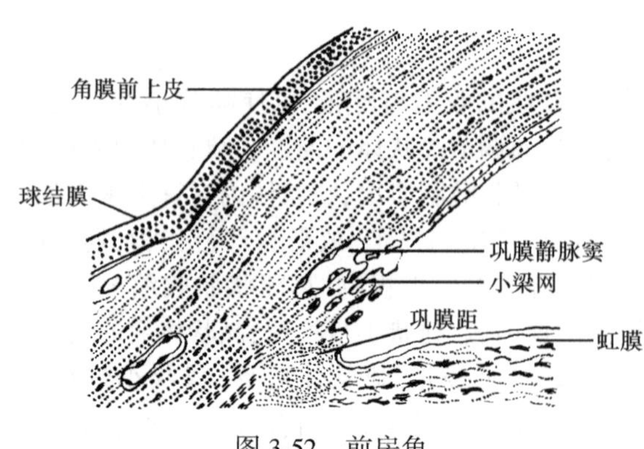

图3-52 前房角

3. 内膜或视网膜(retina) 中膜的内面分两层(图3-53),外层为**色素上皮层**,由含大量色素的单层细胞组成;内层为**神经层**,含有感光细胞等多种神经细胞。视网膜自后向前可分为三部分,即视部、睫状体部和虹膜部。后二者贴附睫状体和虹膜的内面,无感光作用,又称盲部。视部最大,附着在脉络膜的内面,以锯状缘与盲部为界,为视器的感光部分。视网膜的内、外两层容易分离,在固定标本上揭取视网膜时,常见色素上皮层保留在脉络膜上。某些病理情况导致的视网膜剥离症即此二层的分离。

笔记栏

视部的后部最厚,愈向前愈薄。在内面,于视神经的起始处有白色圆形隆起,称**视神经盘**(optic disc,**视神经乳头**)。此处无感光细胞,故称盲点。视网膜中央动、静脉即由此穿行。在视神经盘的颞侧稍下方(约3.5mm或两个盘直径距离)有一黄色区域称**黄斑**(macula lutea),其中央有一凹陷称**中央凹**(fovea centralis),是感光最敏锐的部位。这些结构在活体用眼底镜检查可见到。

视网膜的视部由三层神经细胞组成(图3-54)。最外层是紧邻色素上皮的感光细胞——

视锥和视杆细胞。中层为双极细胞,将来自感光细胞的神经冲动传至最内层的神经节细胞。节细胞的轴突向视神经盘处集中,穿过脉络膜和巩膜后构成视神经。视神经自眼球后极穿出,向后经视神经管入颅腔连于脑。

视网膜由与脑相连的视泡上皮分化而来,光镜下可分十层,这十层主要由四层细胞组成(图3-55)。

1)**色素上皮细胞**(pigment epithelial cell):为单层矮柱状上皮(图3-55),基部有基膜与脉络膜相贴,并有发达的质膜内褶。细胞间有紧密连接、中间连接和缝隙连接等。细胞顶部有许多细长的小突起,平行地插入视杆和视锥之间。胞体及突起内有许多椭圆形的色素颗粒(图3-55)。当强光进入时,色素颗粒能移入突起内,可防止强光对视细胞的损害。其次胞质尚含有溶酶体,吞饮小泡和板层样小体等。故此细胞除能保护和营养视细胞外,还吞噬视细胞衰老的膜盘,储存维生素A,参与视紫红质的形成。

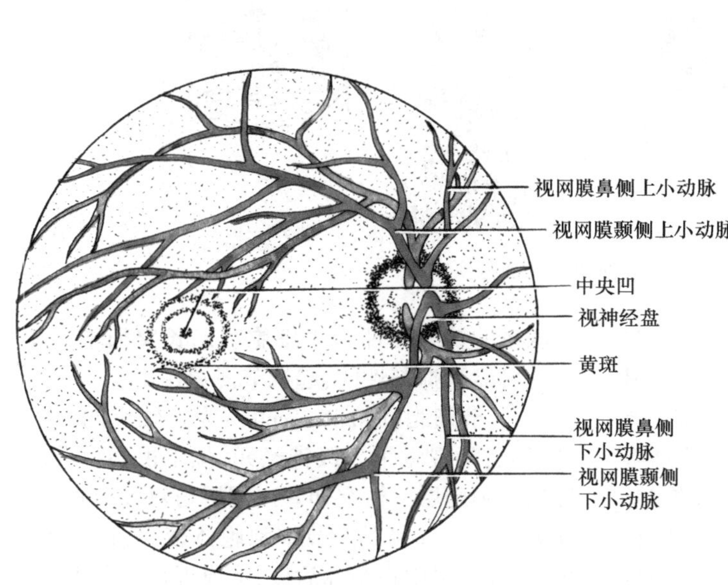

图3-53 眼底(右侧)

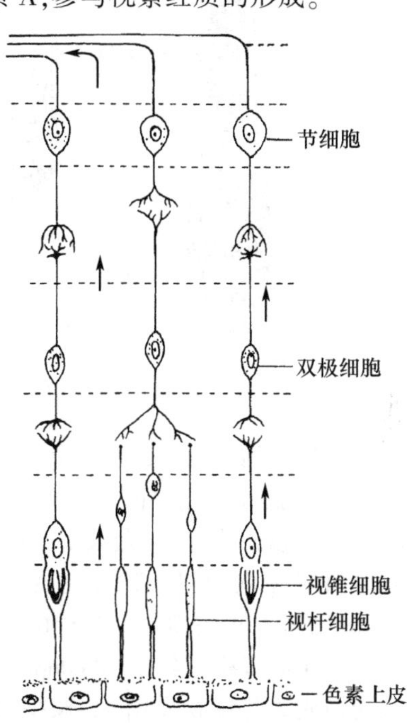

图3-54 视网膜神经细胞示意图

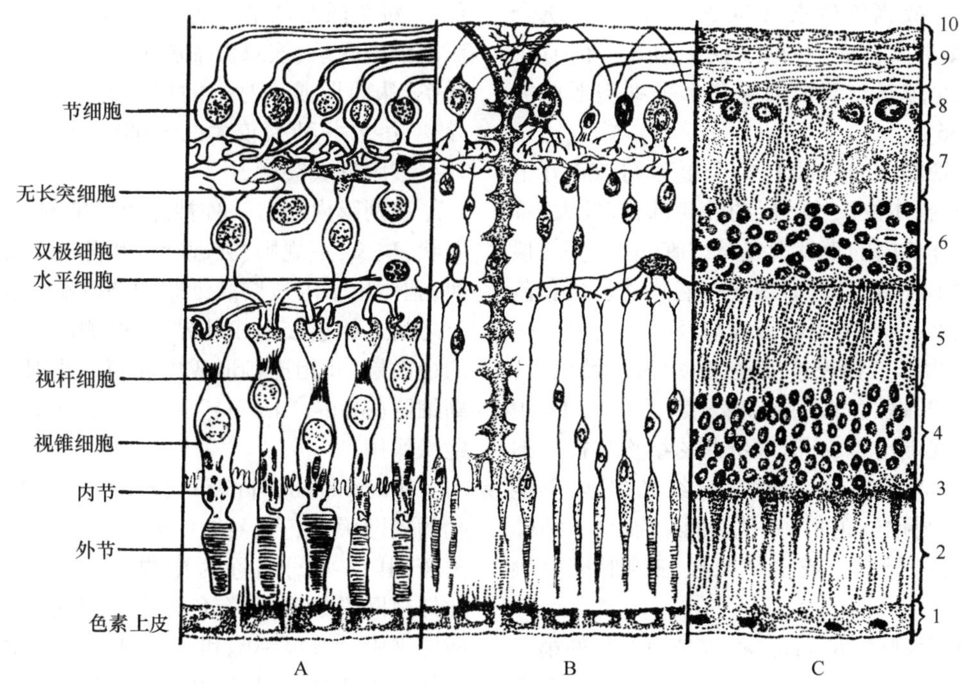

图3-55 视网膜结构图

A. 超微结构模式图;B. 光镜结构模式图;C. 光镜切片

1. 色素上皮层;2. 视杆视锥层;3. 外界膜;4. 外核层;5. 外网层;6. 内核层;7. 内网层;8. 节细胞层;9. 神经纤维层;10. 内界膜

2）**视细胞**（visual）：又称**感光细胞**（photoreceptor cell），可分视杆细胞和视锥细胞两种。两者胞体构成外核层，由胞体向内、外两侧分别伸出内突与外突。前者外突呈杆状，后者外突呈锥状（图 3-56），故得视杆细胞和视锥细胞之名。每一细胞又可分为树突（外突）、胞体和轴突（内突）三部分。树突又可分较细的外节和稍大的内节组成。外节为感光部，电镜下，有许多平行排列的**膜盘**（membranous disk），是由外节一侧细胞膜内凹折叠形成；内节含有大量线粒体和粗面内质网、核糖体和高尔基复合体等，是供能和合成感光物质的部分。内外节之间以细茎相连。

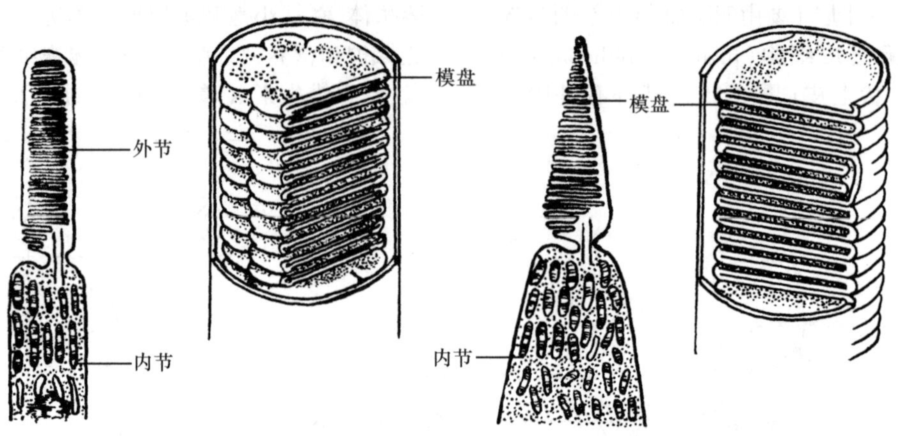

图 3-56　视杆细胞和视锥细胞模式图

视杆细胞（rod cell）：每个眼球约 1 亿~2 亿个视杆细胞，此细胞外节膜盘，除少数膜盘在基部分细胞膜相连外，其余大部分在边缘与细胞膜分离而成独立膜盘。顶端随时间推移，不断衰老，被色素上皮吞噬，又不断由外节基部增生。膜盘上镶嵌有**视紫红质**（rhodopsin）感光物质，能感受弱光。此种物质由**11-顺视黄醛**（11-cisretinae）和**视蛋白**（opsin）所组成，前者是维生素 A 的衍生物。故当维生素 A 缺乏时，视紫红质合成不足，则患夜盲症。内突（轴突）伸入外网层，末端膨大呈球状与双极细胞和水平细胞形成突触（图 3-56）。

视锥细胞（cone cell）：每个眼球约 700 万个视锥细胞，胞体位于外核层的外侧部，核较大，着色较浅。外节内的膜盘大多与细胞膜不分离，顶部膜盘也不脱落，膜盘上镶嵌有能感受强光和色觉的视色素，由内节不断合成与补充。人和大多数哺乳动物有三种视锥细胞，分别为红敏色素，兰敏色素和绿敏色素细胞，感光物质也由 11-顺视黄醛和视蛋白组成，但视蛋白的结构与视杆细胞的不同。色盲患者，是缺少感红光细胞，不能分辨红色，则称红色盲，其他类推。轴突末梢膨大呈足状，可与一个或多个双极细胞形成突触（图 3-56）。

3）**双极细胞**（bipolar cell）：是视网膜的第二级神经元，是双极的联合神经元。有的是一个双极细胞仅与一个视锥细胞相突触，但有的可与数个或十数个视杆细胞相突触。此外，还有两种横向联系的神经元即**水平细胞**和**无长突细胞**。其功能可能为抑制性的，起调节视觉作用。

4）**节细胞**（ganglion cell）：为长轴突的多极神经元，是视觉第三级神经元，位于视网膜最内层的节细胞层。树突伸入内网层与双极细胞、无长突细胞形成突触。节细胞胞体较大，核大，着色浅，轴突集中在眼球后极，形成视神经乳头，穿过巩膜筛板，出眼而形成视神经。节细胞有两种：一种为较小的节细胞，位于黄斑处，只与一个双极细胞联系，该双极细胞也仅与一个视锥细胞联系，从而形成一对一的视觉通路，能精确地传导视觉；另一种为较大的节细胞，其树突与多个双极细胞形成突触。

视网膜内还有一种神经胶质细胞，细胞呈放射状，狭长，不规则，突起叶片状分布于神经元之间，胞体位于内核层。细胞的外侧端在视细胞内节之间互相连接形成外界膜；内侧端伸至视网膜的最内层，互相连接形成内界膜。此细胞又称**苗勒细胞**（Müller's cell），具有支持、营养、保护和绝缘作用。

黄斑（macula lutea）：位于眼球后极正对瞳孔的视网膜部，直径约 3~4mm 的浅黄色区称为黄斑，其中央凹陷称为**中央凹**（central fovea）。此处视网膜最薄，只有色素上皮细胞和视锥细胞两层细胞。双极细胞和节细胞均斜向周围排列。此处视锥细胞与双极细胞为一对一联系，故视觉最为敏锐而精确，称为**中心视觉**（图 3-57）。

视神经乳头（papilla of optic nerve）：位于黄

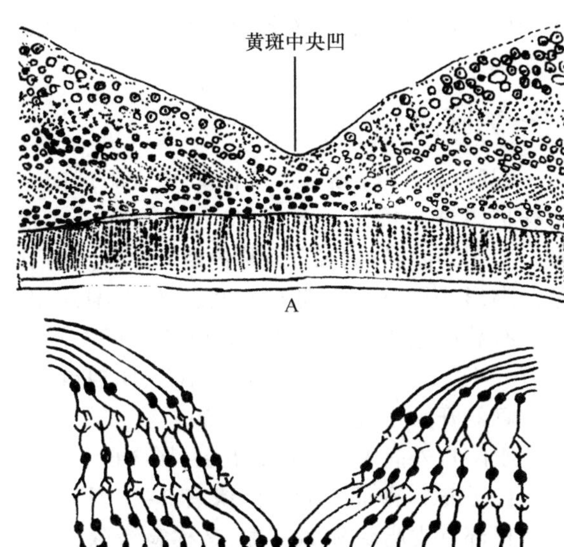

图 3-57　黄斑结构
A. HE 切片；B. 三级神经元示意图

斑鼻侧约 3mm 处，直径约 1.5mm，眼底检查显白色圆形区，称为视盘或视神经乳头，为视神经纤维集聚形成，中央稍凹陷。视盘没有视细胞，无感光作用，故称盲点。视网膜十层结构，在光镜下，一般切片标本可区分十层，依次排列如下(图 3-55)：①**色素上皮层**：为一层低立方的色素上皮。②**视杆视锥层**：由平行排列的视杆和视锥组成，是感光的部分。③**外界膜**：由苗勒氏细胞的外侧游离缘与视细胞之间连接组成。④**外核层**：由两种视细胞的胞体组成。⑤**外网层**：由视细胞的轴突与双极细胞的树突及水平细胞的突起组成。⑥**内核层**：由双极细胞、水平细胞、无长突细胞及 Müller's 细胞的胞体组成。⑦**内网层**：由双极细胞的轴突、节细胞的树突及无长突细胞的突起组成。⑧**节细胞层**：由节细胞的胞体组成。⑨**神经纤维层**：由节细胞的轴突组成。⑩**内界膜**：由 Muller's 细胞的内侧缘互相连接而成。

临 床 应 用

眼底检查是临床常用的检查方法，眼底通常是指全部可见到眼球赤道部的结构。由于许多全身性疾病，如动脉硬化、高血压、妊娠毒血症以及颅内压增高等循环系统有关疾患，都会出现眼底的改变。正常眼底的结构特点是：视网膜中央动脉色鲜红，血管细而较直，其中央部有明显的反光带，分支之间不互相吻合，动脉之间不交叉；视网膜静脉的特点是：色紫红，血管较粗且较弯曲，反光带较暗；视网膜动脉与静脉较粗细比例为 2∶3，动、静脉间可以交叉，但不会有中断压迫现象。所以，从解剖学角度来看，做眼底检查应注意：①屈光物质是否正常，有无混浊。②视神经乳头的大小、形状、边缘、颜色和有无隆起和凹陷等。③应注意视网膜中央动脉、静脉血管粗细的比例、弯曲度和管壁情况及动脉、静脉有无交叉压迫现象。④黄斑有无水肿、渗出物、出血或色素等。⑤注意视网膜有无局部炎症病灶或肿瘤、渗出物、出血等。

(二) 眼球的内容物

眼球的内容物包括房水、晶状体和玻璃体。这些结构和角膜一样透明而无血管分布，具有屈光作用，称为眼的屈光系统。

1. 房水(aqueous humor)　是澄清的液体，充满眼房内。由睫状体产生后自眼后房经瞳孔进入眼前房，然后由虹膜角膜角入巩膜静脉窦，再经睫前静脉汇入眼静脉(图 3-51)。房水除有屈光作用外，还具有营养角膜和晶状体以及维持眼内压的作用。房水经常循环更新，如循环障碍时，则充滞眼房中，引起眼内压升高，可致视力受损，临床上称之为继发性青光眼。

2. 晶状体(lens)　紧靠虹膜后方，以睫状小带与睫状体相连，呈双凸透镜状，后面较前面凸隆，无色透明具有弹性，不含血管和神经(图 3-48、图 3-51)。晶状体组成：①**晶状体囊**：是晶状体周围富有弹性和韧性增厚了的一层基膜。②**晶状体上皮**：在晶体前面，晶状体囊下方的单层立方上皮，在近赤道部移行为晶状体纤维。③**晶状体纤维**：构成晶状体实质，纤维长柱状与表面平行，成环层排列。表层纤维形成晶状体皮质，中央部纤维形成晶状体核。晶状体内无血管及神经。老年或晶状体损伤可引起晶状体混浊而形成白内障。

晶状体是眼球屈光系统的主要装置。当视近物时，睫状肌收缩，向前牵引睫状突，使睫状小带放松，晶状体则由于本身的弹性变凸，特别是前面的曲度加大，屈光力加强，使物象能聚焦于视网膜上。视远物时，与此相反。随着年龄的增长，晶状体逐渐失去弹性，睫状肌也逐渐萎缩，调节功能减退，从而出现老视。

3. 玻璃体(vitreous body)　是无色透明的胶状物质，表面覆有玻璃体囊，从视神经乳头到晶状体有一透明小管，为玻璃体动脉的残迹。它充满于晶状体和视网膜之间，除有屈光作用外，尚有支撑视网膜的作用。若玻璃体发生混浊，可影响视力。若支撑作用减弱，可导致视网膜

笔记栏

剥离。

临床应用

眼的屈光和调节是由眼的屈光系统，即角膜、房水、晶状体和玻璃体完成的。其中以角膜和晶状体的屈光作用最大。外界物体发射或反射出来的光线，经过眼的屈光系统后，在视网膜上形成清晰的物象，这称为正视。若眼轴较长或屈光系统的屈光率过大，则物象落在视膜前称为近视。反之，眼轴较短或屈光系统的屈光率过小，物象落在视网膜后则称为远视。而角膜表面曲度的改变造成的屈光障碍，临床上称为散光。

二、眼 副 器

眼副器包括眼睑、结膜、泪器、眼球外肌以及眶内的筋膜和脂肪等，对眼球起保护、运动和支持作用。

（一）眼睑

眼睑(eyelids)分上睑和下睑，位于眼球前方为保护眼球的屏障。上、下睑之间的裂隙称**睑裂**。睑裂的内、外侧端分别称**内眦**和**外眦**。内眦呈钝圆形，附近有一微陷的空间，叫做泪湖，泪湖底上有蔷薇色的隆起称**泪阜**。上、下睑的内侧端各有一小突起，突起的顶部有一小孔，叫**泪点**，是泪小管的开始处(图3-58、图3-59)。

眼睑自外向内依次可分五层(图3-60)：

1. 皮肤 薄而柔软。睑缘有2～3列睫毛，睫状根部有皮脂腺称Zeis腺，又称睑缘腺，感染时形成麦粒肿。睑缘处还有一种腺腔较大的汗腺称为Moll腺，开口于睫毛囊或睑缘。

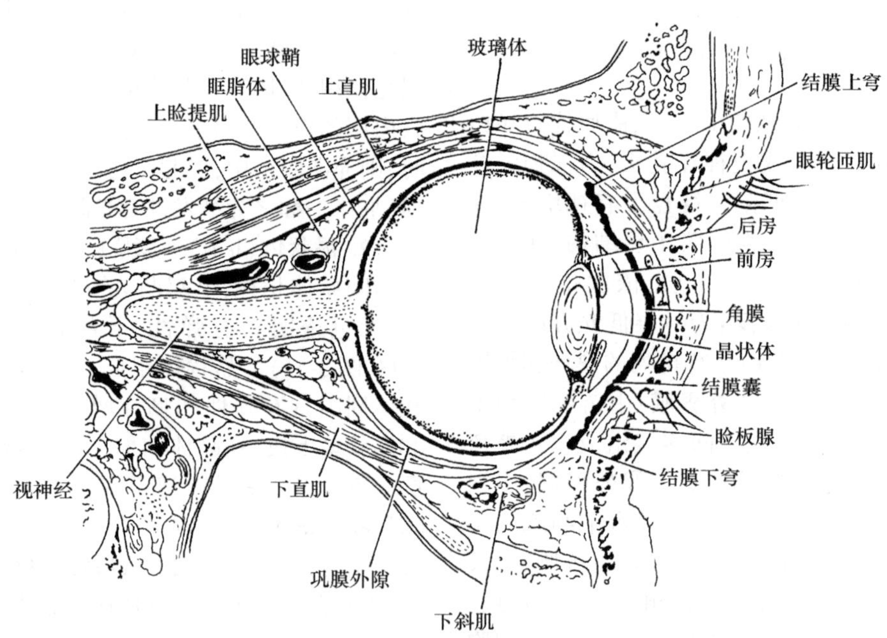

图3-58 眼眶(矢状切面)

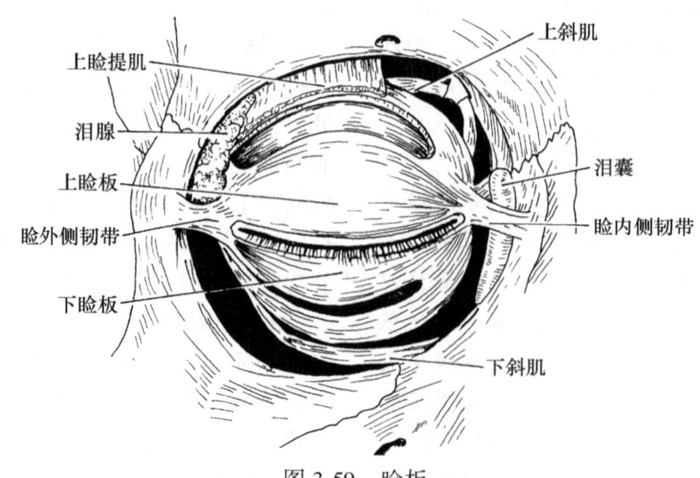

图3-59 睑板

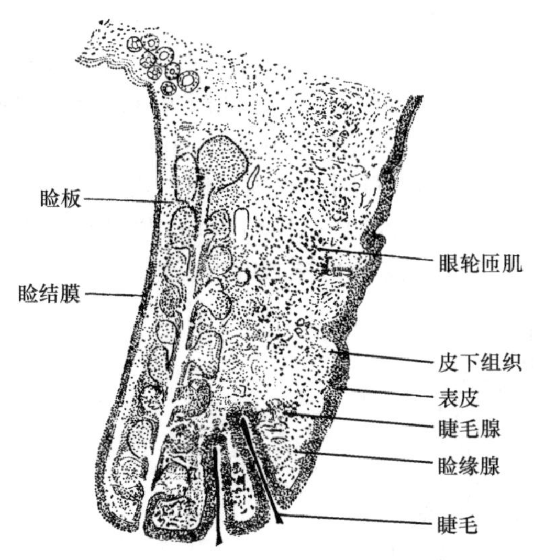

图 3-60　眼睑（纵切面）

2. 皮下组织　为薄层的疏松结缔组织。

3. 肌层　由眼轮匝肌和提上睑肌组成的骨骼肌以及上睑板部的平滑肌构成。

4. 睑板　由致密结缔组织构成，坚硬似软骨，是眼睑的支架。睑板内有许多平行排列的分支管泡状皮脂腺，称为**睑板腺**（tarsal gland），导管开口于睑缘，分泌脂类具有滑润作用。当分泌物排出受阻和感染时可患霰粒肿。

5. 睑结膜（conjunctiva）　由复层柱状上皮和固有层组成，上皮中夹有少量杯状细胞，固有膜为薄层结缔组织。

（二）结膜

结膜（conjunctiva）是一层薄而透明的黏膜，覆盖在眼睑的后面和眼球的前面，富有血管。按其所在部位可分为三部：①**睑结膜**：紧贴于眼睑后面，与睑板紧密相连，透明而光滑，其深面的血管与睑板腺清晰可见。②**球结膜**：覆盖于眼球的前面，于角膜缘处移行为角膜上皮，除在角膜缘处与巩膜紧密相连外，其他部分连接疏松易于推动。③**穹隆结膜**：位于睑结膜与球结膜的移行处，形成结膜上穹和结膜下穹，多皱襞，便于眼球移动。结膜围成的囊状腔隙称**结膜囊**，通过睑裂与外界相通，闭眼时，结膜囊封闭。

（三）泪器

泪器由泪腺和泪道组成。泪道包括泪点、泪小管、泪囊和鼻泪管（图 3-61）。

1. 泪腺（lacrimal gland）　位于眶上壁外侧部泪腺窝内，为浆液性复管状腺，被结缔组织分隔成腺小叶。腺上皮为单层立方或柱状，胞质内有分泌颗粒。腺细胞基部有基膜，其外方有肌上

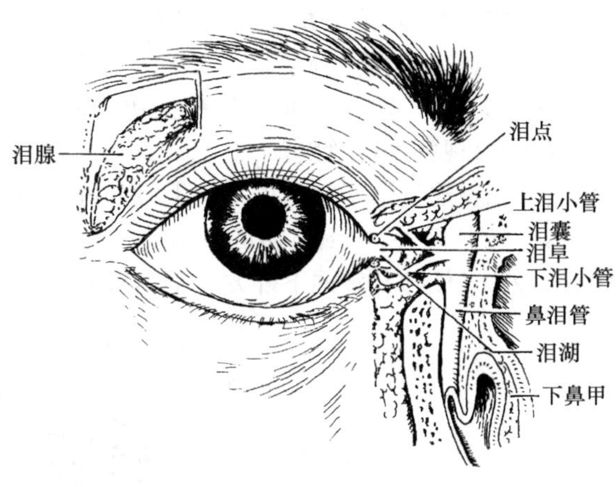

图 3-61　泪器

皮细胞。腺细胞分泌的泪液经 10～20 条导管排至结膜上穹的外侧部，泪液借眨眼活动涂抹于眼球的表面，起滑润和清洁角膜作用。多余的流向内眦处的泪湖，经泪点入泪小管。

2. 泪小管（lacrimal ductile）　在眼睑的皮下，起自泪点，分为上、下泪小管；最初均垂直行走，以后呈水平方向进入泪囊。

3. 泪囊（lacrimal sac）　位于眼眶内侧壁的泪囊窝内，为一膜性囊。上部为盲端，下部移行于鼻泪管。泪囊前面有睑内侧韧带和眼轮匝肌的肌纤维，眼轮匝肌还有少量肌束跨过泪囊的深面。该肌收缩闭眼时，可同时牵拉扩大泪囊，囊内产生负压，促使泪液流入。泪液湿润眼球表面，防止角膜干燥，冲洗微尘。此外，泪液含溶菌酶，有杀菌作用。

4. 鼻泪管（nasolacrimal duct）　为膜性管道。鼻泪管上部包埋于骨性鼻泪管中，与骨膜紧密结合；下部在鼻腔外侧壁黏膜深面，末端开口于下鼻道的外侧壁。

（四）眼球外肌

眼球外肌（extraocular muscles）包括六条运动眼球的肌和一条提上睑的肌，均为骨骼肌，统称为视器的运动装置（图 3-62）。

上睑提肌起自视神经管的上方，向前以宽阔的腱膜止于上睑。上睑提肌的功能为提上睑，由动眼神经支配，出现障碍时可致上睑下垂。上睑提肌腱膜的后份由平滑肌组成，附着于上睑板的上缘，称**上睑板肌**或称 Müller 肌，由交感神经支配。运动眼球的肌包括四条直肌和两条斜肌。各直肌共同起自视神经管周围的总腱环，各肌向前，在眼球中纬线的前方，分别止于巩膜的上、下、内侧和外侧。**上直肌**在上睑提肌的下面，眼球的上方，使瞳孔转向上内方。**下直肌**在眼球的

下面，使瞳孔转向下内方。**内直肌**在眼球的内侧，使瞳孔转向内侧。**外直肌**在眼球的外侧，使瞳孔转向外侧。两条斜肌为上斜肌和下斜肌。**上斜肌**起自视神经的总腱环，于上直肌和内直肌之间，经细腱通过附于眶内侧壁前上方的纤维滑车，然后转向后外，在上直肌的下方止于眼球中纬线后外方，使瞳孔转向下外方。**下斜肌**起自眶下壁的内侧近前缘处，斜向后外行于下直肌与眶下壁之间，止于眼球下面中纬线之后，使瞳孔转向上外方。眼球的正常运动即由这六条肌协同完成。如仰视时，必须两侧上直肌（向上内）和下斜肌（向上外）同时收缩。侧视是一侧的外直肌和另一侧的内直肌同时收缩，两眼聚视中线（聚合）时，则必须由两眼的内直肌同时收缩。

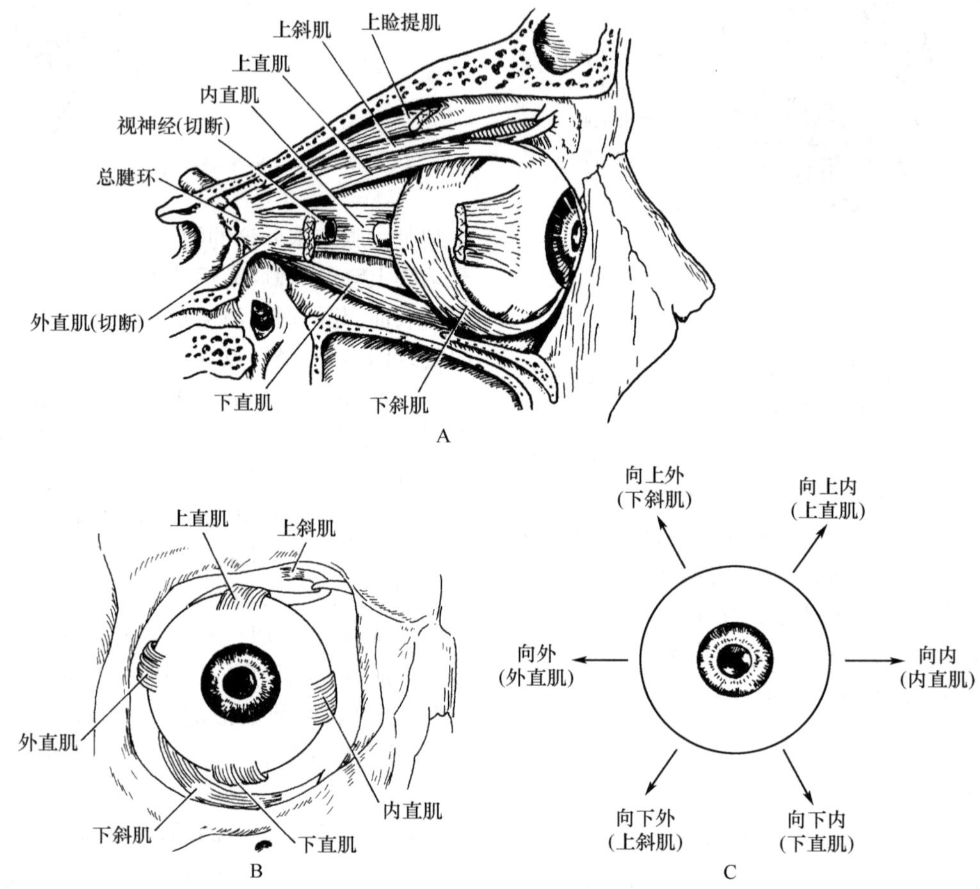

图 3-62　眼球外肌

A. 外侧面；B. 前面；C. 眼球的运动

三、眼的血管及神经

（一）动脉

眼球及眼副器的血液供应，除眼睑浅层组织和泪囊的一部分来自颈外动脉的分支面动脉外，几乎完全是由颈内动脉的分支眼动脉供应（图 33-53、图 3-63）。

眼动脉（ophthalmic artery）起自颈内动脉，与视神经一起经视神经管入眶，先在视神经的外侧，然后在上直肌的下方越至眼眶的内侧前行，终于滑车上动脉。眼动脉在行程中发出分支供应眼球、眼球外肌、泪腺和眼睑等。其最重要的分支为视网膜中央动脉。

视网膜中央动脉（central artery of retina）是眼动脉的一小分支，在眼球后方穿入视神经，行于视神经中央，从视神经盘穿入，再分为四支，即视网膜鼻侧上、下和颞侧上、下小动脉，营养视网膜内层，但黄斑的中央凹无血管分布。临床常用眼底镜观察此动脉以帮助诊断某些疾病。

（二）静脉

眶内血液通过眼静脉回流。主要有**眼上静脉**和**眼下静脉**。前者起自眶的前内侧，向后经眶上裂注入海绵窦。后者起自眶下壁和内侧壁的静脉网，向后分为两支，一支经眶上裂注入眼上静脉，另一支经眶下裂注入翼丛。

笔记栏

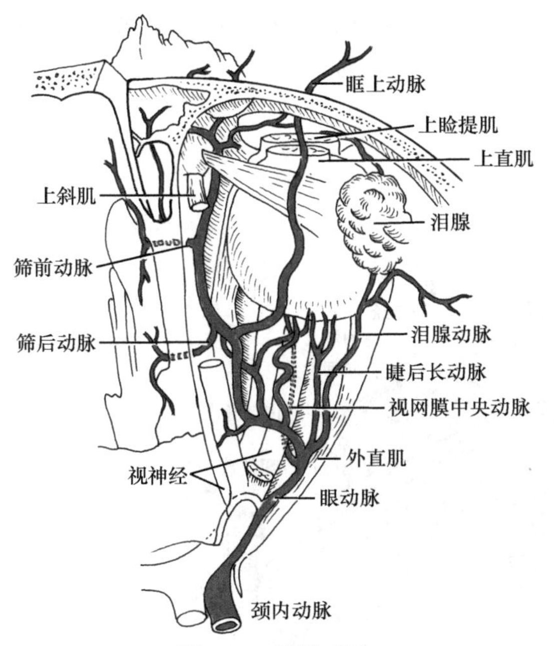

图 3-63　眼的动脉

眼球内的静脉包括：①**视网膜中央静脉**：与同名动脉伴行，收集视网膜的血液回流。②**涡静脉**：位于眼球壁血管膜的外层，有 4～6 条，收集虹膜、睫状体和全部脉络膜的血液回流。③**睫前静脉**：收集眼球前部虹膜等处的血液回流。这些静脉都汇入眼上、下静脉。眼静脉无瓣膜，向前与面静脉吻合，向后注入海绵窦，因此，面部感染可经此途径侵入颅内（图 3-64）。

（三）神经

视器的神经支配来源较多。除视神经连于眼球外，其感觉神经来自三叉神经，上斜肌受滑车神经、外直肌受展神经支配，其他眼球外肌和上睑提肌由动眼神经支配，睫状肌和瞳孔括约肌受副交感神经支配，瞳孔开大肌受交感神经支配。

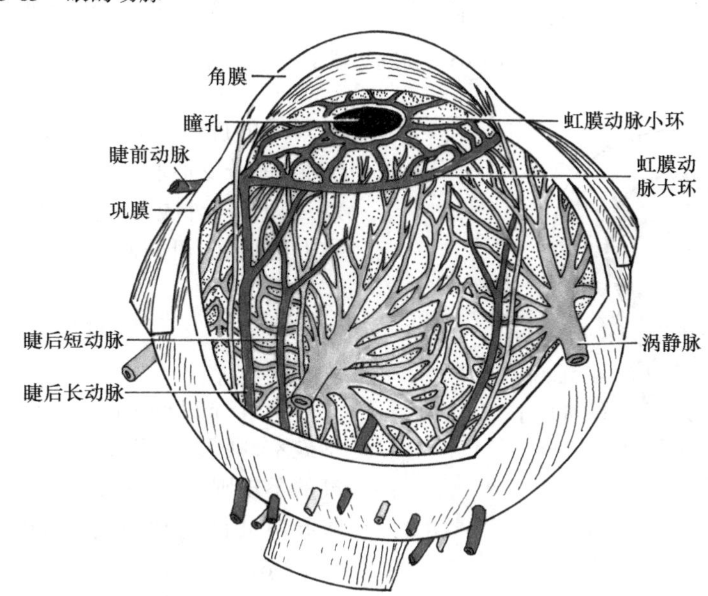

图 3-64　虹膜的动脉和涡静脉

第 7 节　前 庭 蜗 器

前庭蜗器（vestibulocochlear organ）又称耳（ear），包括**前庭器**（vestibular apparatus）和**听器**（auditory apparatus）两部分，二者虽然功能不同，但结构上关系密切。按部位可分为外耳、中耳和内耳 3 部分（图 3-65）。外耳和中耳是声波的收集和传导装置，听感受器和位觉感受器位于内耳。

一、外　　耳

外耳（external ear）包括耳郭和外耳道。

耳郭（auricle）位于头部两侧，凸面向后，凹面朝向前外。耳郭的上方大部为弹性软骨支架，外覆盖皮肤，皮下组织很少，但血管神经丰富；下方的小部内无软骨，仅含结缔组织和脂肪，名为**耳垂**，是临床常用的采血部位（图 3-66）。

耳郭的前外面高低不平，卷曲的游离缘称**耳轮**，以耳轮脚起于外耳门的上方。耳轮前方有一与其平行的弓状隆起称**对耳轮**。对耳轮的上端分叉正对耳轮脚，分叉之间的凹陷称三角窝。耳轮与对耳轮之间的凹陷称耳舟。对耳轮前方的深窝为**耳甲**，它被耳轮脚分为上下两部。上部称**耳甲艇**，下部叫耳甲腔，通入外耳门。对耳门前方有一突起称**耳屏**，形成外耳门前方的屏障。在耳屏的对侧,对耳轮下端有一小隆起,称**对耳屏**。耳屏与对耳屏间有耳屏间切迹。耳屏的下方为耳垂。耳郭的外部形态是耳针取穴的标志。

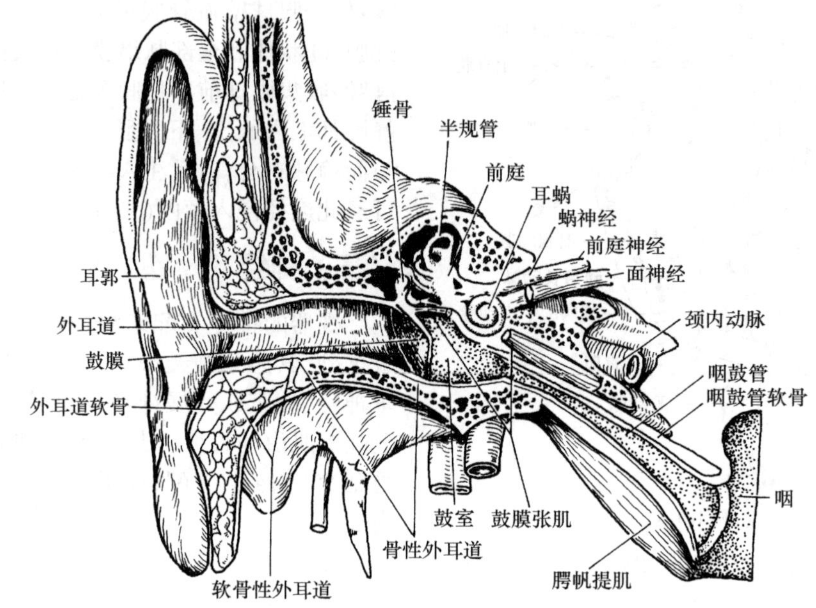

图 3-65　前庭蜗器全貌模式图

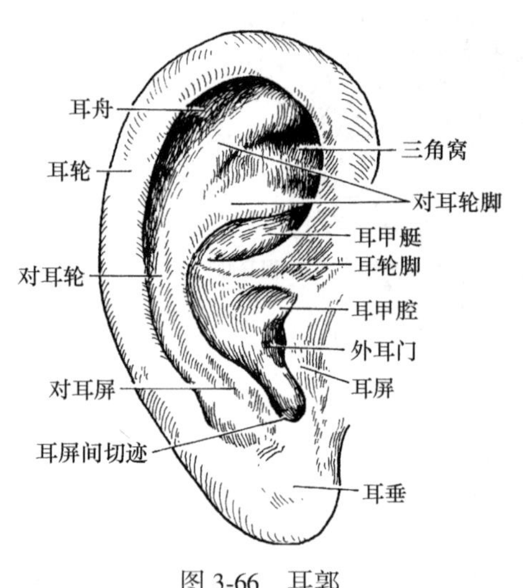

图 3-66　耳郭

外耳道(external acoustic meatus)是自外耳门至鼓膜的管道,成人长 2.0~2.5cm,其外 1/3 为软骨部,是耳郭软骨的延续;内 2/3 为骨部,由颞骨所成。两部交界处较狭窄。外耳道是一弯曲的管道,从外向内,其方向是先向前上,次稍向后,然后复向前下,外耳道软骨部有可动性,作外耳道检查时,向后上方牵拉耳郭,即可拉直外耳道,观察鼓膜。婴儿外耳道骨部和软骨部发育未完全,故外耳道短而狭窄,其鼓膜的位置较近水平,检查鼓膜时,须将耳郭向后下方牵拉。

外耳道的皮肤较薄,皮下组织稀少,与软骨膜和骨膜附着甚紧,故炎性肿胀时常疼痛剧烈。外耳道的皮肤除含有毛囊、皮脂腺外,还含有耵聍腺,能分泌耵聍,干燥后成痂块,可因下颌关节的运动而向外脱落。如凝结成块阻塞外耳道,则称耵聍栓塞,可妨碍听力。

二、中　　耳

中耳(middle ear)位于外耳和内耳之间。包括鼓室、咽鼓管、乳突窦和乳突小房四部,为一含气的不规则小腔,大部分在颞骨岩部内。中耳是传导声波的主要部分,结构虽小,但极为重要(图 3-67、图 3-68)。

(一) 鼓室

鼓室(tympanic cavity)是颞骨岩部内含气的不规则小腔,内有听小骨、韧带、肌、血管和神经。鼓室内面及上述结构皆覆有黏膜,此黏膜与咽鼓管和乳突小房内的黏膜相延续。

1. 鼓室的六个壁。

(1) 上壁:为**盖壁**,为一分隔鼓室与颅中窝的薄骨板。因此鼓室炎症可经此侵入颅内。

(2) 下壁:为**颈静脉壁**,是分隔鼓室和颈静脉窝的薄层骨板,鼓室手术时易伤及颈静脉而发生严重出血。

(3) 前壁:为**颈动脉壁**,即颈动脉管的后壁。此壁的上方有鼓膜张肌半管口和咽鼓管鼓室口。

笔记栏

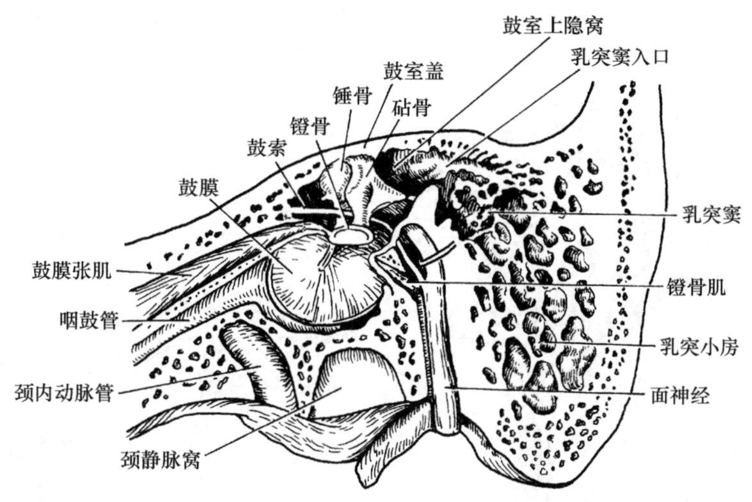

图 3-67　鼓室外侧壁

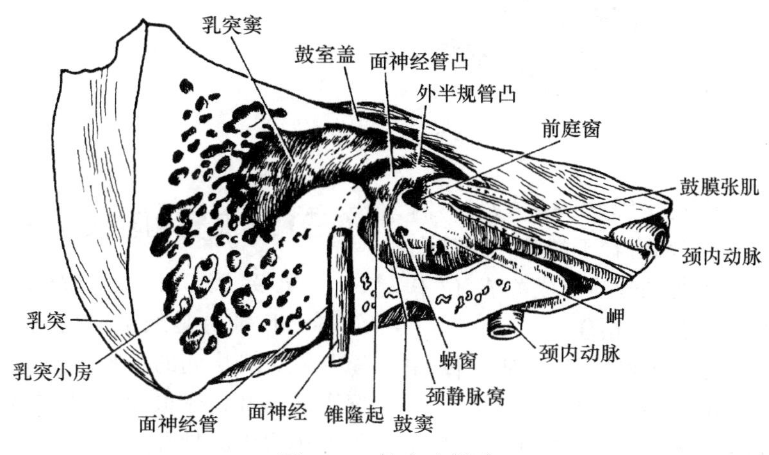

图 3-68　鼓室内侧壁

(4) 后壁:为**乳突壁**,上部有乳突窦的开口,由此向后连于乳突小房。开口稍下方有一锥形突起,称**锥隆起**,内藏镫骨肌。

(5) 外侧壁:为**鼓膜壁**,鼓膜上方是颞骨鳞部骨质围成的鼓室上隐窝。

鼓膜(tympanic membrane)位于鼓室和外耳道之间,为椭圆形半透明薄膜,在外耳道底呈倾斜位。其外侧面向前、向下、向外倾斜。所以外耳道的前壁及下壁较长。鼓膜的边缘附着于颞骨上,其中心向内凹陷,为锤骨柄末端附着处,称**鼓膜脐**。由鼓膜脐沿锤骨柄向上可见有**锤骨前襞**和**锤骨后襞**。在两个皱襞之间,鼓膜上 1/4 的三角形区为**松弛部**,薄而松弛,在活体呈淡红色。鼓膜的下 3/4,称为**紧张部**,坚实紧张,在活体呈灰白色,其前下方有一三角形反光区称**光锥**,是辨认鼓膜的标志(图 3-69)。

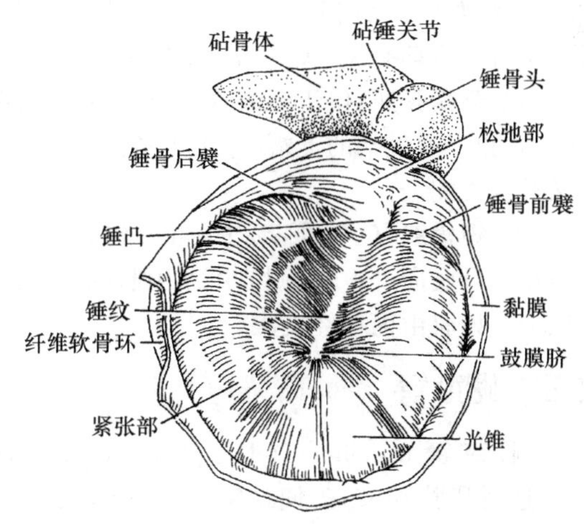

图 3-69　鼓膜(右侧)

(6) 内侧壁:为**迷路壁**,是内耳的外壁,此壁的中部隆凸,称**岬**。岬的后上方有卵圆形的孔洞,称**前庭窗**(卵圆窗),为镫骨底封闭。岬的后下方有圆形的孔洞,称**蜗窗**(圆窗),在活体有膜封闭,称第二鼓膜。在前庭窗的后上方有弓形隆起,称**面神经管凸**。管内有面神经通过。面神经管凸的骨壁甚薄,甚或缺如,在中耳炎症或施行中耳内手术时易侵及面神经。

2. 听小骨　位于鼓室内,有三块,即锤骨、砧骨和镫骨。三骨相互连接,连于鼓膜和前庭窗之间(图 3-70)。三个听小骨似一曲折的杠杆系统,当声波振动鼓膜时,三个听小骨的连续运动使镫骨底在前庭窗上来回摇动,将声波的振动传入内耳。

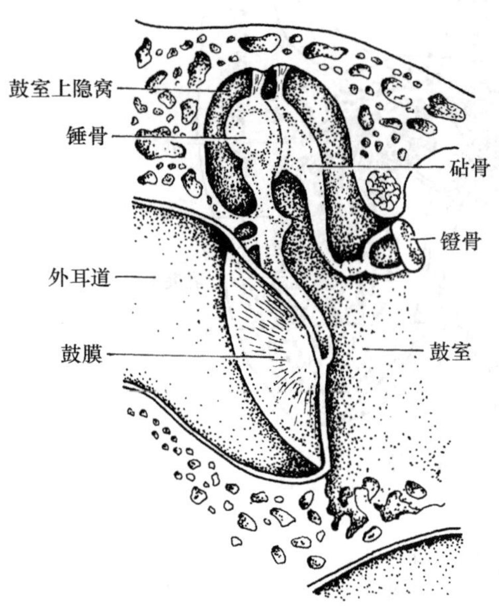

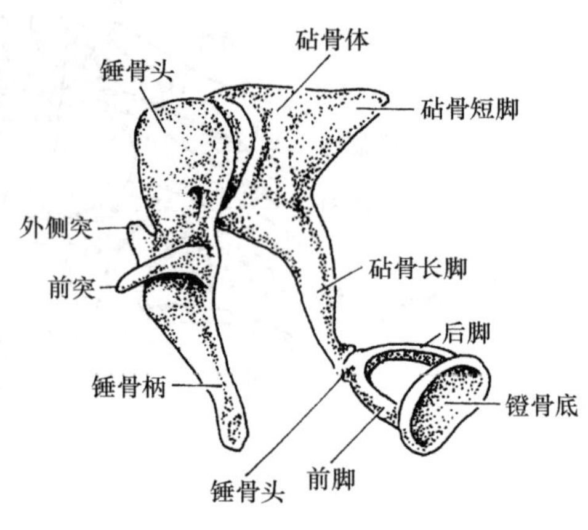

图 3-70　听小骨

(1) **锤骨**(malleus):呈锤状,有一头、一柄和两个突起。柄细长,末端附着于鼓脐。鼓膜张肌附着于柄的上端。头与砧骨体形成关节,位于鼓室上隐窝,并以韧带与上壁相连。

(2) **砧骨**(incus):分体和长、短二脚。体与锤骨头形成关节,长脚与镫骨头形成关节。

(3) **镫骨**(stapes):分头、二脚和底四部。头与砧骨长脚相连。镫骨底借韧带连于前庭窗边缘。

3. 运动听小骨的肌　鼓室内有两块小肌肉与听小骨的活动有关(图 3-67、图 3-68)。

(1) **鼓膜张肌**:位于咽鼓管上方的鼓膜张肌半管内,止于锤骨柄的上端,作用为紧张鼓膜,由三叉神经支配。

(2) **镫骨肌**:位于锥隆起内,止于镫骨,作用是牵拉镫骨底向外方,以调节声波引起的对内耳的压力。该肌由面神经支配。

(二) 咽鼓管

咽鼓管(auditory tube, pharyngotympanic tube)连通咽腔和鼓室,使鼓室与外界的大气压相等,调节鼓膜振动。咽鼓管分骨部和软骨部。骨部即颞骨岩部的咽鼓管半管,以其鼓室口开口于鼓室的前壁。软骨部紧连骨部,其内侧端开口于鼻咽部的侧壁,平对下鼻甲的后方,即咽鼓管咽口。幼儿的咽鼓管较成人短而平,腔径也较大,故咽部感染易沿咽鼓管侵入鼓室。咽鼓管咽口平时封闭,当吞咽或尽力张口时,咽口张开,空气经此沿咽鼓管进入鼓室。

(三) 乳突窦和乳突小房

乳突窦(mastoid antrum)及**乳突小房**(mastoid cells)是鼓室向后的延伸,乳突窦是鼓室与乳突小房间的小腔,初生儿已发育完成。乳突窦向前开口于鼓室,向后与乳突小房相通连。乳突小房为颞骨乳突内的许多含气小腔,这些小房互相通连,其大小可因年龄和发育状况而不同。乳突窦和乳突小房内面衬以黏膜,与鼓室的黏膜相连续,故可因中耳炎而感染。

临床应用

中耳虽分为 3 部分,但应视为一个整体。因为彼此位置紧邻,黏膜互连,故一旦感染,容易造成 3 部分间的互相影响。如急性化脓性中耳炎时,治疗不及时或处理不当,都有可能导致乳突炎等并发症。尤其是小儿,由于鼓室上壁的岩鳞缝尚未闭合,中耳炎有可能发生颅内并发症。由于鼓室前壁有咽鼓管的开口,也可造成咽部的感染;鼓室内侧壁有面神经管凸。管内有面神经通过,感染也可造成面神经瘫等。

三、内　　耳

内耳(internal ear)是前庭蜗器的主要部分,由骨迷路和膜迷路组成,全部在颞骨岩部的骨质内,位于鼓室和内耳道底之间。骨迷路由致密骨质围成,是颞骨岩部骨质中的曲折隧道。膜迷路套在骨迷路内，二者之间的间隙充满外淋巴。膜迷路为一封闭的管道系统，管内充满内淋巴。内、外淋巴互不相通。位、听觉感受器即位于膜迷路内（图 3-71、图 3-72）。

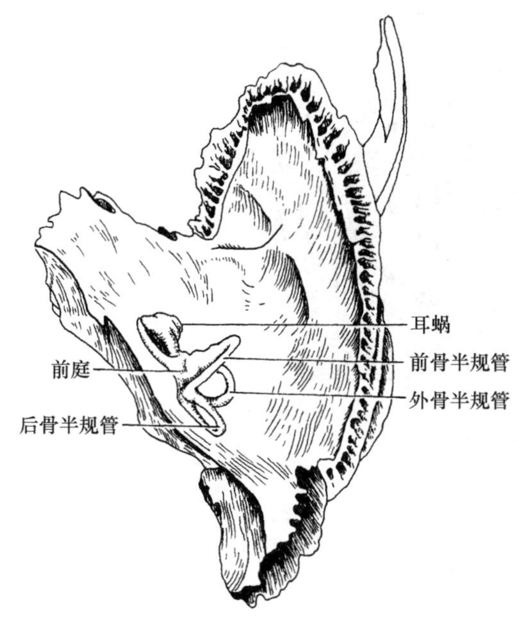

图 3-71　内耳在颞骨岩部上的投影

（一）骨迷路

骨迷路（bony labyrinth）包括三部分：耳蜗、前庭和骨半规管，从前向后沿颞骨岩部的长轴排列（图 3-71、图 3-72）。

1. 前庭（vestibule）　是位居骨迷路中部的空腔，内藏膜迷路的椭圆囊和球囊。前庭的后部有五个小孔通三个半规管，前部有一大孔，通连耳蜗。前庭的外侧壁即鼓室的内侧壁，有前庭窗。内侧壁是内耳道的底，有神经穿行。

2. 骨半规管（bony semicircular canals）　为三个 C 形的互成直角排列的小管，分别称为前、后和外骨半规管。**外骨半规管**凸向外方，呈水平位，故又称**水平半规管**。**前骨半规管**凸向上方，与颞骨岩部的长轴垂直；**后骨半规管**凸向后外，与颞骨岩部的长轴平行。每个半规管都有两骨脚，一为单骨脚，一为壶腹骨脚。壶腹骨肢上有大的骨壶腹，前、后骨半规管的单骨脚合成一个总骨脚，因此三个半规管只有五个孔开口于前庭。

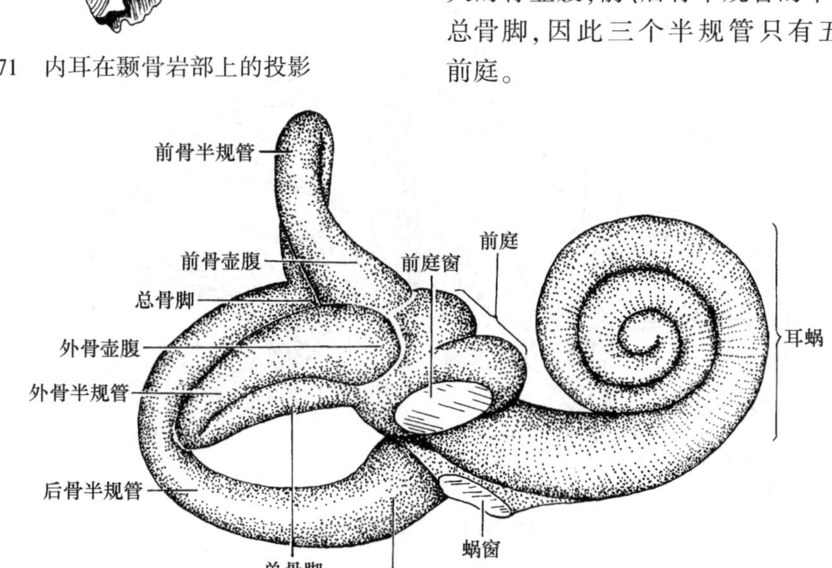

图 3-72　骨迷路

3. 耳蜗（cochlea）　位于前庭的前方，形如蜗牛壳。蜗底朝向后内（即内耳道底）；尖端朝向前外，称做蜗顶。耳蜗的中央是骨松质组成的蜗轴，呈水平位圆锥形（图 3-73、图 3-74）。耳蜗实为**蜗螺旋管**（骨蜗管）环绕蜗轴约两圈半形成。蜗螺旋管起于前庭，以盲端终于蜗顶。其底圈相当于鼓室内侧壁的岬的后部。自蜗轴发出的骨螺旋板突入蜗螺旋管，此板未达蜗螺旋管的对侧壁，其缺空处由膜迷路（蜗管）填补封闭。故耳蜗内共有三条管道，即上方的**前庭阶**，起自前庭，于前庭窗处为中耳的镫骨所封闭，中间是膜蜗管，其尖端为盲端终于蜗顶处；下方是**鼓阶**，终于蜗窗上的第二鼓膜。前庭阶和鼓阶在蜗顶处借蜗孔彼此相通。

（二）膜迷路

膜迷路（membranous labyrinth）位于骨迷路内的封闭膜性管道，管径较小，借纤维束固定于骨迷路。膜迷路可分为三部（图 3-73、图 3-74）：

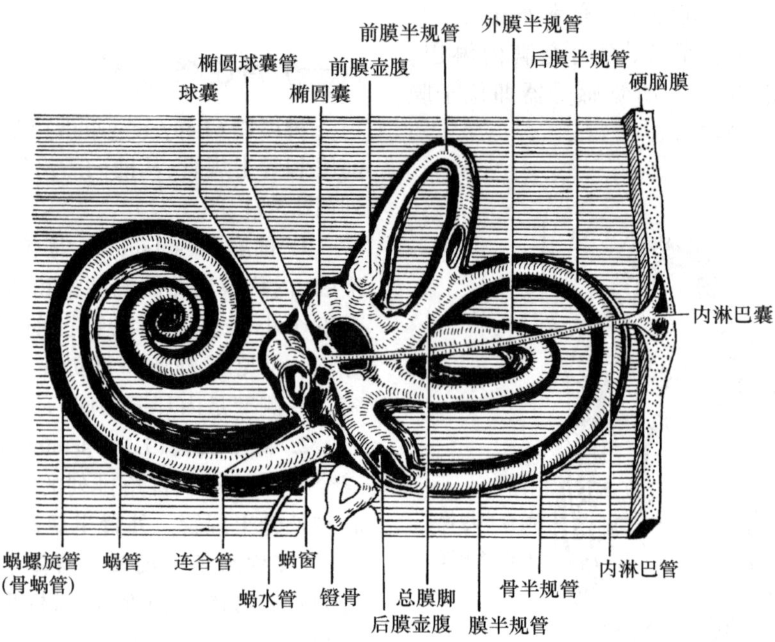

图 3-73　内耳模式图

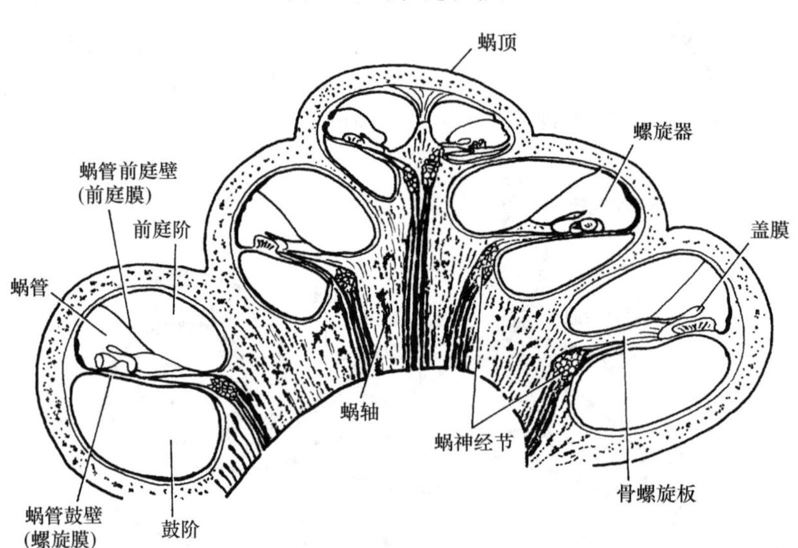

图 3-74　耳蜗轴切面

1. 椭圆囊(utricle)**和球囊**(saccule)　占据前庭部。椭圆囊在后上方,后壁有五个开口,连通三个膜半规管。自前壁发出椭圆球囊管与球囊相连,并由此管发出内淋巴管,穿经前庭内侧壁,至颞骨岩部后面,在硬脑膜下扩大为内淋巴囊。内淋巴可经此囊渗到周围血管丛。球囊较小,靠前下方,下端借连合管连于蜗管。在椭圆囊内的底和前壁上有**椭圆囊斑**,在球囊内的前壁上有**球囊斑**,它们是位觉感受器,能感受直线加速或减速运动的刺激。

2. 膜半规管(membranous semicircular ducts)　位于骨半规管内。在骨壶腹内的部分膨大为膜壶腹,壁上有隆起的壶腹嵴,也是位觉感受器,能感受旋转运动的刺激。

3. 蜗管(cochlear duct)　套在蜗螺旋管内,尖端为盲端。起端以连合管连于球囊。蜗管的横切面呈三角形,有上、外和下三个壁。其上壁为**蜗管前庭壁**(前庭膜),将前庭阶和蜗管隔开;外壁较厚,富有血管,与骨蜗管的骨膜相结合;下壁由骨螺旋板和蜗管鼓壁(螺旋膜)组成,并与鼓阶相隔。螺旋膜又称基膜,其上有**螺旋器**又称**Corti 器**,是听觉感受器(图 3-74)。

4. 膜迷路的微细结构

(1) **壶腹嵴**(crista ampullaris):由特化的上皮和固有层构成。

1) **上皮**:由两种细胞组成。

A. **支持细胞**(supporting cell)呈高柱状,基部宽,位于基膜上,细胞游离面有微绒毛,顶部胞质内有分泌颗粒,分泌糖蛋白,为胶质,覆盖于壶腹表面,叫**壶腹帽**(cupula,图3-75)。

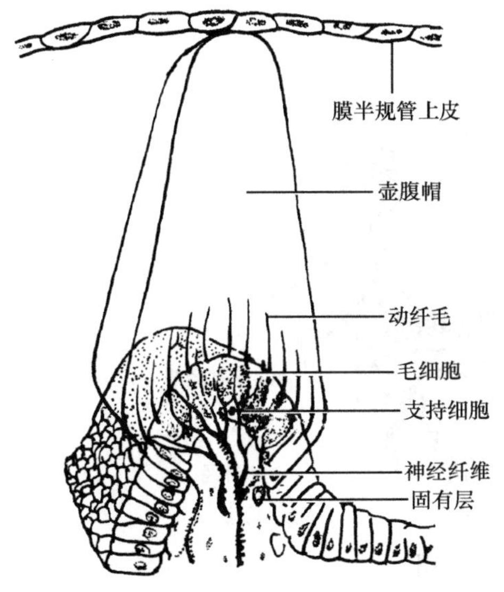

图3-75 壶腹嵴结构模式图

B. **毛细胞**(hair cell)为感觉细胞,位于支持细胞之间,基部不达基膜,可分两种,一种为Ⅰ型毛细胞,呈烧瓶状,位于嵴顶部的支持细胞之间,细胞顶部有许多静纤毛和一根动纤毛;另一种为Ⅱ型毛细胞,呈柱状,位于嵴的周边部,细胞顶部也有许多静纤毛和一根动纤毛。毛细胞末端均与前庭神经的传入纤维形成突触。(图3-76)。

2) **固有膜**:结缔组织增厚形成嵴状隆起。当头部旋转时,壶腹嵴毛细胞感受运动开始、变速和终止时而发生的变化。

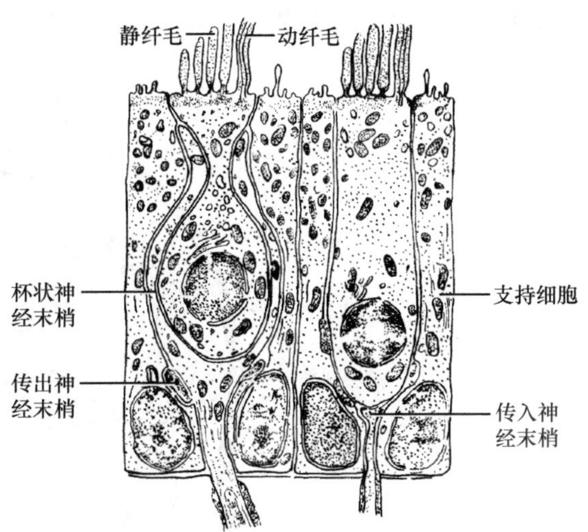

图3-76 嵴和斑的上皮超微结构模式图

(2) **椭圆囊斑**(macula utriculi)和**球囊斑**(macula sacculi):较壶腹嵴平坦,结构与其相似。上皮也由支持细胞和两种毛细胞组成。但毛细胞的静纤毛少而短。在椭圆囊斑内,毛细胞上的动纤毛均朝向斑的中心排列,而球囊斑上的则相反,动纤毛远离中心排列。斑的表面有**耳石膜**,其浅层含有极小的碳酸钙结晶,称为**耳石**。毛细胞的静纤毛也伸入耳石膜中,当体位处于静止状态时,或作直线运动的开始和终止时,由于重力的关系,耳石膜刺激毛细胞产生兴奋,经前庭神经纤维传入中枢,而感受变化(图3-77)。

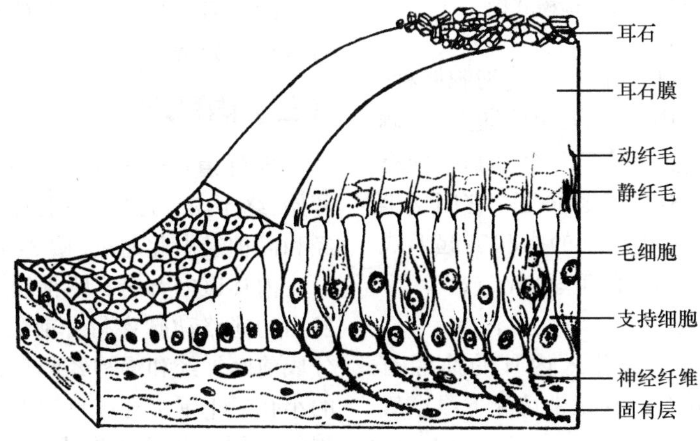

图3-77 椭圆囊斑和球囊斑结构模式图

(3) **螺旋器**(spiral organ)又称**柯蒂器**(Cortis organ):是听觉感受器。上皮也是由支持细胞和毛细胞组成(图3-78)。

1) **支持细胞**:主要有两种:**柱细胞**(pillar cell)位于螺旋器的中央,排成两行,内侧为内柱细胞,外侧为外柱细胞。柱细胞基底较宽,呈三角形,位于基膜上,含圆形核,细胞中段较细,互相分开,构成一个内隧道。内柱细胞头部增宽,形成方形的头板,与外柱细胞的头部紧密连接。胞质内含许多张力丝,起支持作用。**指细胞**分内、外两种指细胞。内指细胞位于内柱细胞的内侧,为一列;外指细胞位于外柱细胞的外侧,为3~4列。指细胞呈高柱状,底部位于基膜上,圆核位于此部,顶部伸出一细长的指状突起,突起顶部相互连接形成一网状膜。细胞内也含有许多张力丝,有支持毛细胞的作用(图 3-79)。

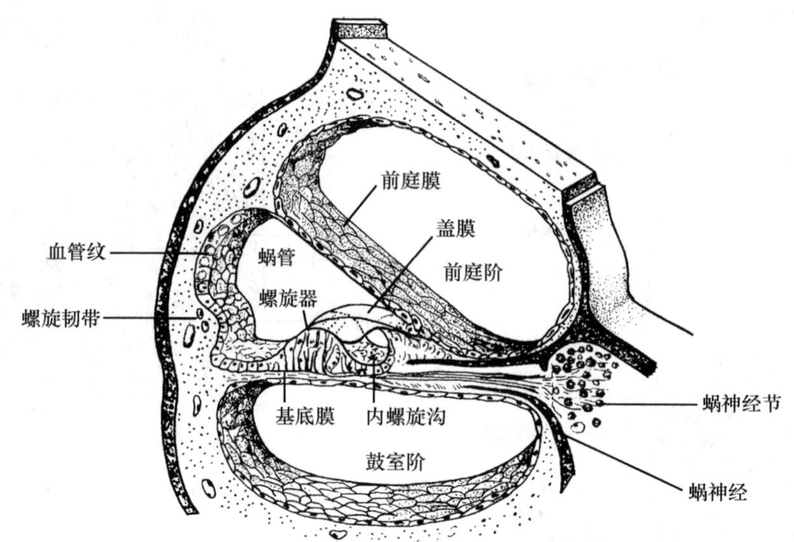

图 3-78　耳蜗横切面模式图

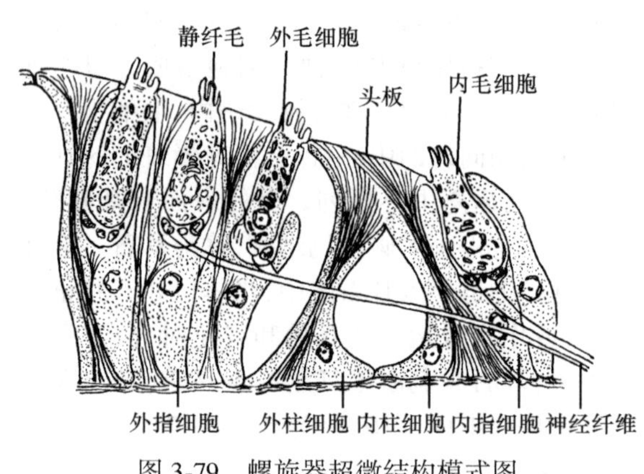

图 3-79　螺旋器超微结构模式图

2) **毛细胞**(hair cell):分内、外毛细胞两种,在内隧道内侧一排,为内毛细胞,呈烧瓶形,外侧为 3~4 排,为外毛细胞,呈柱形。全耳蜗中约有 3500 个内毛细胞,20000 个外毛细胞。它们均坐落在指细胞上。顶端从指细胞的指状突起形成的网孔中伸出,游离面有静纤毛呈“W”或“V”字形排列。

5. 声音的传导　声波传入内耳的途径有二,即空气传导和骨传导。在正常情况下以空气传导为主。

(1) **空气传导**:声波经外耳道传至鼓膜,中耳的听骨链将鼓膜振动传至前庭窗,引起前庭阶外淋巴的波动。该部外淋巴的波动经前庭膜传到内淋巴,内淋巴的波动影响螺旋膜(基膜),刺激螺旋器,自此发出冲动经蜗神经传入脑,产生听觉。由于前庭阶外淋巴的波动,鼓阶外淋巴也产生波动,传至封闭蜗窗的第二鼓膜亦随之振动。假若第二鼓膜固定不动,镫骨运动时,内、外淋巴只能有压力的改变而不产生波动,此时螺旋器将不产生正常的听觉冲动。在鼓膜和听小骨缺损时,声波可经第二鼓膜传入,产生部分听觉。

(2) **骨传导**:声波经颅骨传入内耳的途径称骨传导,主要是指声波引起的振动经颅骨(包括骨迷路)传入,使耳蜗内的淋巴液产生波动,刺激基膜上的螺旋器产生神经冲动。临床工作中,可将击响的音叉的柄底直接压置于颅面(如将音叉柄底放在耳后乳突部)以检查骨传导的情况。骨传导的效能与正常空气传导相比是微不足道的。但是当空气传导被严重破坏时,骨传导对保存部分听力有一定意义。

(三) 内耳道

内耳道(internal acoustic meatus)从内耳门开始,终于内耳道底,底上有很多小孔,前庭蜗神经和面神经由此通过(图 3-80)。

内耳道内有前庭蜗神经,面神经和基底动脉发出的迷路动脉穿行。前庭蜗神经在内耳道内分成前庭神经和蜗神经两支,分别穿行内耳道底的小孔。①蜗神经起自轴内的螺旋神经节,节细胞的周围突进入螺旋器,中枢突合成蜗神经。②前庭神经起自内耳道底的前庭神经节,节细胞的周围突入球囊斑、椭圆囊斑和壶腹嵴,中枢突合成前庭神经。它们分别将听觉和位觉感受器产生的冲动传导入脑。

内耳的动脉主要来自基底动脉分出的迷路动脉,经内耳门沿前庭蜗神经入内耳,分支供应迷路。静脉归入横窦或岩下窦。

图 3-80　内耳道底(右侧)

临 床 应 用

内耳的神经是前庭蜗神经,即前庭神经和蜗神经,两者的功能完全不同,前庭神经司平衡觉,而蜗神经司听觉。因此,内耳的疾患可能有两种完全不同的症状。听力减退或全聋是由于蜗神经损害的结果;平衡失调、眩晕、呕吐及眼球震颤等是半规管、球囊或椭圆囊的病变或前庭神经损伤所致。

复习思考题

1. 脑颅和面颅各有哪些骨构成?它们的位置关系如何?
2. 颅底内面观可见到哪些沟、管、孔和裂?各通行什么结构?
3. 何谓翼点?有何临床意义?
4. 海绵窦位于何处?窦内及外侧壁上有哪些结构通过?
5. 请总结眶的毗邻和交通。
6. 鼻旁窦有哪些?各与何处相通?
7. 请说明颞下颌关节的组成及结构特点。
8. 请考虑为什么头皮疖肿疼痛剧烈?头皮外伤常出血不止?
9. 试述面动脉的走行和分布。
10. 试述面静脉的走行和结构特点。
11. 面部皮肤的感觉神经支配如何?
12. 面神经的颅外分支有哪些?支配哪些肌肉?
13. 腮腺的位置、腮腺导管走行及开口如何?
14. 咀嚼肌有哪些?
15. 试述翼丛的位置及交通。
16. 何谓咽峡、咽淋巴环?
17. 说明各乳牙和恒牙的名称、牙式及牙根数。牙的构造及牙周组织的概念。
18. 请说明舌乳头的种类及含有味蕾的情况。
19. 请说明颏舌肌的位置、作用及神经支配。
20. 请说明口腔腺的位置及开口。
21. 鼻咽部有哪些重要结构?
22. 腭扁桃体的位置及组织结构如何?
23. 角膜的结构有何特点?
24. 简述睫状体的形态特点?
25. 虹膜内的肌肉及神经支配如何?
26. 何谓视神经盘、黄斑?
27. 简述视网膜的微细结构。
28. 眼的屈光装置包括哪些结构?
29. 简述泪器的组成。
30. 简述运动眼球的肌肉及其作用和神经支配。
31. 试述中耳的组成及鼓室的六个壁。
32. 听觉和位置觉感受器各位于何处?
33. 试述声波的传导途径。
34. 病例 1,患者,男性,22 岁,学生。足球比赛时不慎被对手撞击左侧颞部,倒地不省人事,1min 后意识恢复。左侧颧弓上方约 3cm 处有一从耳前至眼眉的伤口在流血。伤者被抬入更衣室,自感极度虚弱,要求平躺。考虑到可能有颅骨骨折急送医院求治。检查发现:伤者左侧颞部肿胀、淤血,左侧瞳孔散大,对光反射迟缓。经 CT 扫描检查发现,左侧颞骨鳞部骨折和颅内血肿,在转科过程中伤者昏迷,瞳孔极度散大,对光反射消失。诊断为颅骨骨折并发硬膜外血肿。请考虑:

(1) 翼点位于何处?为什么翼点在临床上特别重要?

(2) 该病例中什么动脉最有可能被撕裂导致出血?有何危害?

35. 病例 2,患者左侧中耳炎,最近发现左侧额纹消失、不能闭眼、鼻唇沟消失、口角偏向右侧、流涎、角膜反射消失、角膜干燥,请分析损伤了什么神经?损伤的部位在何处?为什么出现上述症状?

(佟晓杰　吕永利　翟效月)

第4章 颈 部

第1节 概 述

颈部位于头部与胸部之间,有骨骼、肌肉、神经、血管等结构。颈部活动灵活,并参与呼吸、吞咽和发音等重要生理功能。

一、境界与分区

(一)境界

颈部的上界为下颌骨下缘、下颌支后缘、乳突和枕外隆凸的连线;下界为胸骨的颈静脉切迹、胸锁关节、锁骨上缘和肩峰至第7颈椎棘突的连线。

(二)分区

颈部一般分为**固有颈部**和**项部**两大部分。固有颈部是两侧斜方肌前缘之间和脊柱颈部前方的部分,即通常所指的颈部。项部是斜方肌覆盖的深部与脊柱颈部之间的部分。

固有颈部以胸锁乳突肌前、后缘为界,分为**颈前区**、**胸锁乳突肌区**和**颈外侧区**(图4-1)。颈前区又以舌骨为标志分为**舌骨上区**和**舌骨下区**。前者包括**颏下三角**和**左、右下颌下三角**;后者包括**颈动脉三角**和**肌三角**。颈外侧区由肩胛舌骨肌将其分为后上部较大的**枕三角**和前下部较小的**锁骨上三角**。

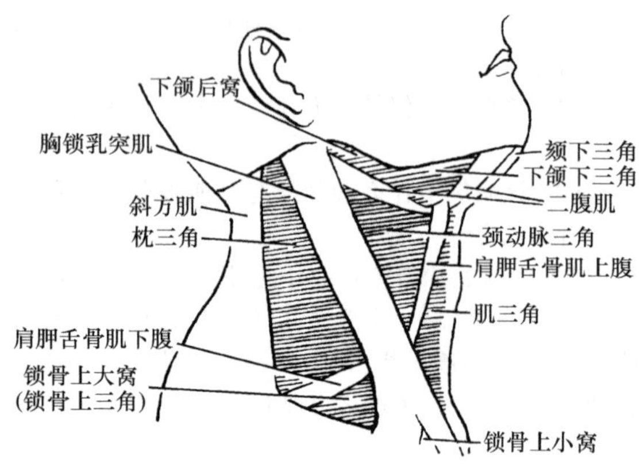

图4-1 颈部分区

二、体表标志

舌骨:位于下颌骨的下后方,适对第3、4颈椎间盘平面。舌骨体两侧可扪到舌骨大角,是寻找舌动脉的标志。

甲状软骨:位于舌骨下方,上缘平对第4颈椎上缘,即颈总动脉分叉处;前正中线上的突起为喉结。

环状软骨:位于甲状软骨下方。环状软骨弓两侧平对第6颈椎横突,是喉与气管、咽与食管的分界标志;又可作为计数气管环和甲状腺触诊的标志。

颈动脉结节:即第6颈椎横突前结节。颈总动脉行经其前方。在胸锁乳突肌前中点、平环状软骨弓向后压迫,可阻断颈总动脉血流。

胸锁乳突肌:是颈部分区的重要标志。其起端两头之间称为锁骨上小窝,位于胸锁关节上方。

锁骨上大窝:是锁骨中1/3上方的凹陷,窝底可扪到锁骨下动脉、臂丛和第1肋。

胸骨上窝:位于颈静脉切迹上方的凹陷处,是触诊气管的部位。

第2节 颈部的筋膜与肌肉

一、颈部的筋膜

(一)浅筋膜

颈部皮肤较薄,移动度较大,皮纹横向,皮肤深面的浅筋膜含有脂肪。在颈前外侧部脂肪层的深面,有一菲薄的皮肌,称**颈阔肌**。颈阔肌深面有浅静脉、颈横神经和面神经颈支等。

(二)深筋膜

颈部的深筋膜又称**颈筋膜**,位于浅筋膜和颈阔肌的深面,围绕颈、项部诸肌和器官,并在血管、神经周围形成**筋膜鞘**及**筋膜间隙**。颈筋膜可分为浅、中、深三层(图4-2)。

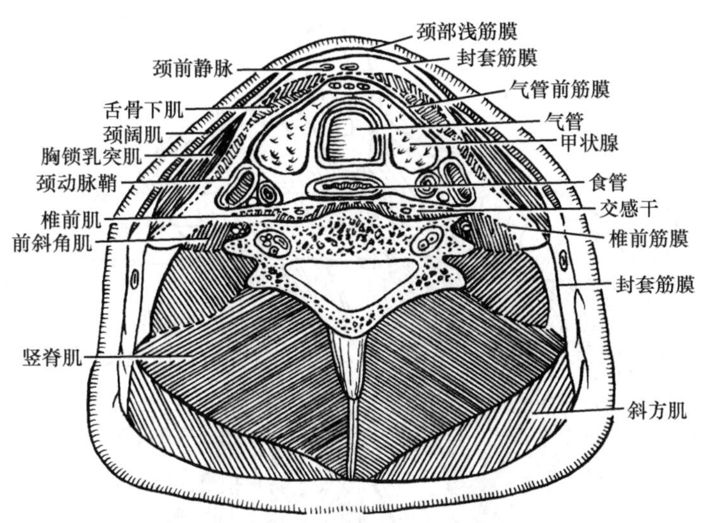

图 4-2　颈部横断面(示颈筋膜)

1. 浅层　又称**封套筋膜**,围绕整个颈部,包绕斜方肌和胸锁乳突肌,形成两肌的鞘;向后附着于项韧带,向前在中线两侧彼此延续;向上、下分别附于颈部上界和下界的骨面。颈筋膜浅层在下颌下三角和腮腺区分为两层,分别包绕下颌下腺和腮腺,形成两腺的筋膜鞘。

2. 中层　又称**气管前筋膜**或**内脏筋膜**。紧贴在舌骨下肌群的后面,经甲状腺及其血管、气管颈部及颈动脉鞘的前方;两侧经胸锁乳突肌深面与颈筋膜浅层相连;上方附于舌骨,下方续于纤维心包。此筋膜于甲状腺左、右或侧叶的后外方分为前、后两层,包绕甲状腺,形成甲状腺鞘。在甲状腺与气管、食管上端邻接处,腺鞘后层增厚形成甲状腺悬韧带。

3. 深层　又称**椎前筋膜**,此层位于椎前肌及斜角肌前面,上起自颅底,下续前纵韧带及胸内筋膜。颈交感神经干、膈神经、臂丛及锁骨下动脉等行经其后方。该筋膜向下外方包绕腋血管及臂丛,形成腋鞘,又名**颈腋管**。

4. 颈动脉鞘　是颈筋膜在颈部大血管和迷走神经周围形成的筋膜鞘。上起自颅底,下续连纵隔。内有颈总动脉、颈内动脉、颈内静脉及迷走神经等,其中颈总动脉和颈内动脉位于内侧,颈内静脉位于外侧,而迷走神经位于上述动、静脉的后方。

二、颈部的肌肉

颈肌可依其所在的位置分为颈浅肌群及舌骨上、下肌群和颈深肌群三组。

(一) 颈浅肌群

1. 颈阔肌(platysma)　位于颈部浅筋膜中,为一皮肌,薄而宽阔。起自胸大肌和三角肌表面的筋膜,向上止于口角。作用是拉口角向下,并使颈部皮肤出现皱褶(图 4-3)。

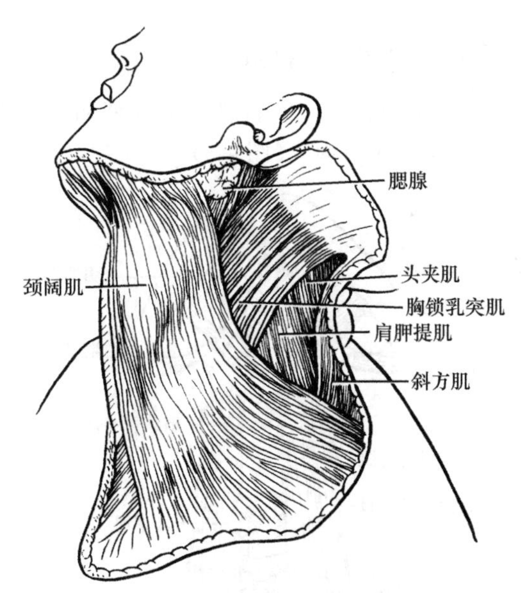

图 4-3　颈阔肌(侧面)

2. 胸锁乳突肌(sternocleidomastoid)　斜列于颈部两侧,大部分为颈阔肌所覆盖,是一对强有力的肌。起自胸骨柄前面和锁骨的胸骨端,二头会合斜向后上方,止于颞骨的乳突(图 4-4)。作用:一侧肌收缩使头向同侧倾斜,脸转向对侧;两侧收缩可使头后仰。

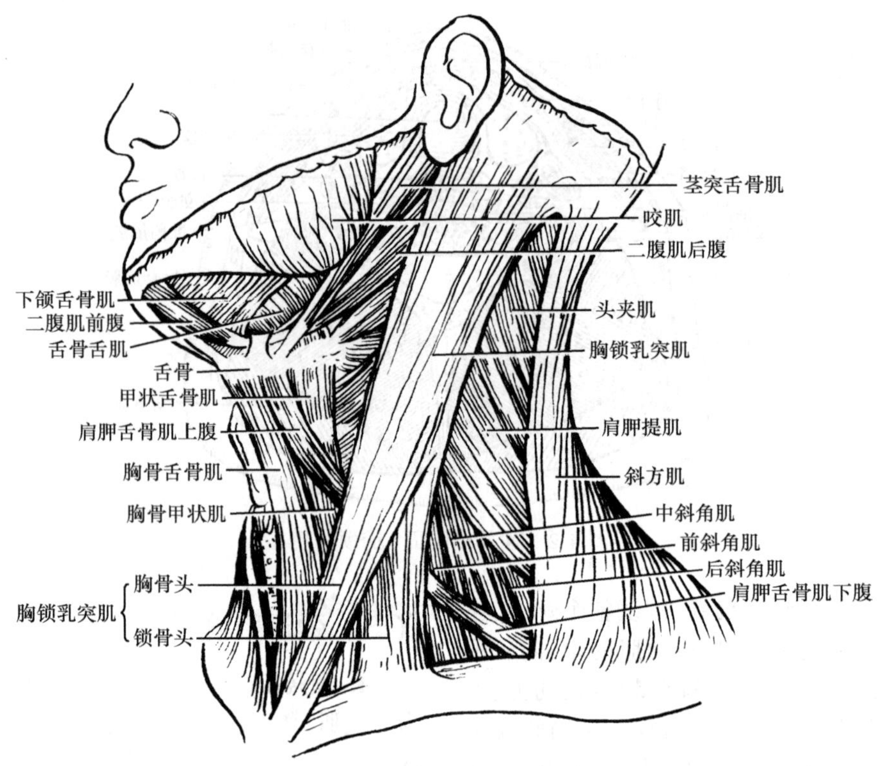

图 4-4 颈肌(侧面)

(二) 舌骨上、下肌群

1. 舌骨上肌群 在舌骨与下颌骨和颅底之间,每侧由 4 块肌构成(图 4-5)。

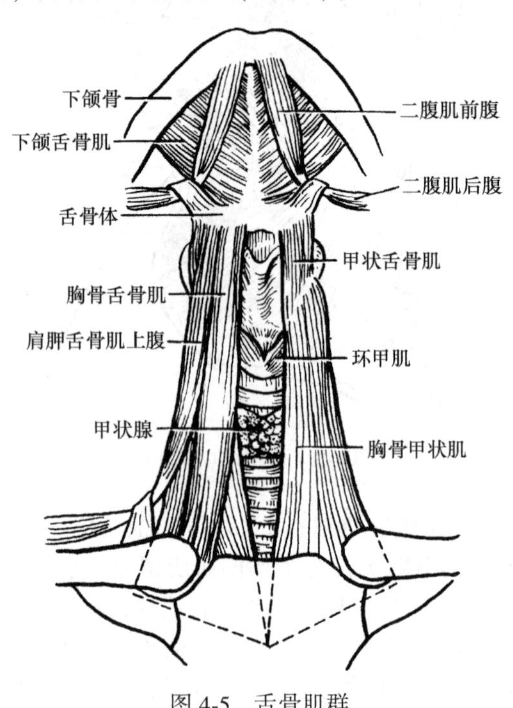

图 4-5 舌骨肌群

(1) **二腹肌**(digastric):在下颌骨的下方,有前、后二腹。前腹起自下颌骨二腹肌窝,斜向后下方;后腹起自乳突内侧,斜向前下;两个肌腹以中间腱相连,中间腱借筋膜形成滑车系于舌骨。

(2) **下颌舌骨肌**(mylohyoid):宽而薄,在二腹肌前腹的深部,起自下颌骨,止于舌骨,并与对侧肌会于正中线,组成口腔底。

(3) **茎突舌骨肌**(stylohyoid):居二腹肌后腹之上,并与之伴行,起自茎突,止于舌骨。

(4) **颏舌骨肌**(geniohyoid):在下颌舌骨肌深面,起自颏棘,止于舌骨。

舌骨上肌群的作用:上提舌骨,并可使舌升高,因而能协助推进食团入咽。当舌骨固定时,下颌舌骨肌、颏舌骨肌和二腹肌前腹均能拉下颌骨向下而张口。

2. 舌骨下肌群 位于颈前部,在舌骨下方正中线的两旁,居喉、气管、甲状腺的前方。每侧也有 4 块肌,分浅深两层排列,各肌均依起止点命名。

(1) **胸骨舌骨肌**(sternohyoid):为薄片带状肌,在颈部正中线的两侧。

(2) **肩胛舌骨肌**(omohyoid):在胸骨舌骨肌的外侧,为细长带状肌,分为上腹、下腹和中间腱。

(3) **胸骨甲状肌**(sternothyroid):在胸骨舌骨肌深面。

(4) **甲状舌骨肌**(thyrohyoid):为一块短小的肌,在胸骨甲状肌的上方,被胸骨舌骨肌遮盖。

舌骨下肌群的作用:下降舌骨和喉。甲状舌骨肌在吞咽时可提喉使靠近舌骨。

(三)颈深肌群

颈深肌可分成内、外侧两群肌。

1. 外侧群 位于脊柱颈段两侧,有**前斜角肌**、**中斜角肌**和**后斜角肌**。各肌均起自颈椎横突,其中前、中斜角肌止于第1肋,后斜角肌止于第2肋,前、中斜角肌与第1肋之间的空隙为**斜角肌间隙**(scalene fissure),有锁骨下动脉和臂丛通过(图4-6)。

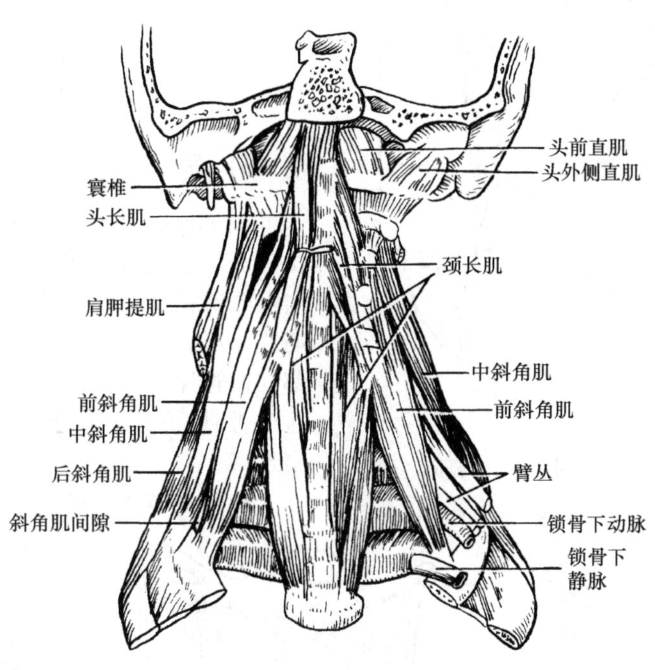

图4-6 颈深肌群

临床应用

临床上常以前斜角肌为重要标志,辨认颈根部主要结构的关系。有时前、中斜角肌表面腱性组织增厚变硬、异常纤维束带状结构或前斜角肌痉挛,均可使斜角肌间隙变小,压迫或激惹神经血管而出现神经血管受压综合征。

2. 内侧群 在脊柱颈段的前方,有**头长肌**和**颈长肌**等,合称椎前肌。作用:能使头前俯、颈前屈。

第3节 颈部的器官

一、咽

咽(pharynx)是漏斗形肌性管道,位于第1~6颈椎前方,上方固着于颅底,向下续于食管。因咽的前方分别通鼻腔、口腔及喉腔,咽腔分别以软腭与会厌上缘为界,分为鼻咽、口咽和喉咽三部(见第3章)。

二、食　管

食管(esophagus)为肌性管道,上端起自咽下缘(相当于环状软骨或第6颈椎下缘高度),下端终于胃贲门(相当于第11胸椎水平),长约25cm。

食管经颈部和胸部,穿膈的食管裂孔进入腹腔,故可分为**颈部**、**胸部**和**腹部**三部。颈部上起环状软骨下缘,下至胸骨颈静脉切迹水平,长约5cm。胸部上起胸骨颈静脉切迹,下至膈食管裂孔,长约18cm。腹部由食管裂孔至胃贲门,此段最短,长1~2cm。食管的管径并非上下均匀一致,由于食管本身的结构特点以及邻近器官的影响,食管呈现3个狭窄部。第一狭窄部位于咽与食管交接处,距中切牙15cm;第二狭窄部位于气管杈水平,左主支气管跨越其前方,相当于胸骨角或第4与第5胸椎体之间水平,距中切牙25cm;第三狭窄部为食管通过膈食管裂孔处,相当于第10胸椎水平,距中切牙约40cm。食管的两端,即第一和第三狭窄部经常处于闭合状态,前者阻止在吸气时空气从咽进入食管,后者可防止胃内容物逆流入食管。第二狭窄部由邻近的主动脉弓和左主支气管挤压所致,此狭窄部并不影响食物的通过,无生理功能上的意义。上述狭窄部常是异物嵌顿滞留及食管癌的好发部位(图4-7)。

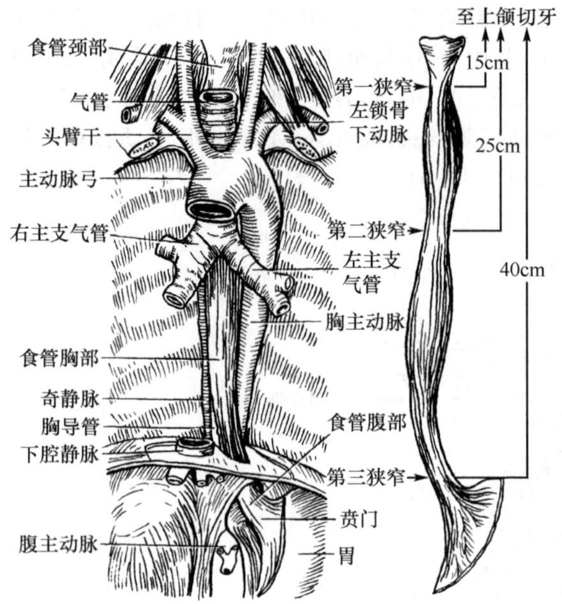

图 4-7　食管位置及三个狭窄

食管颈部前方与气管相邻，且稍偏向左侧。食管后外侧隔椎前筋膜与颈交感干相邻，后方与颈长肌和脊柱相邻。食管颈部两侧为甲状腺侧叶、颈动脉鞘及其内容。食管颈部的动脉来自甲状腺下动脉的分支，静脉汇入甲状腺下静脉。迷走神经与交感神经的食管支构成食管丛分布于食管。其淋巴注入气管旁淋巴结（食管胸部及微细结构见第 5 章）。

三、喉与气管

（一）喉

喉 **larynx** 不仅是呼吸的管道，也是发音的器官。位于颈前部、咽腔喉部前方，向上借喉口与喉咽部相通，向下与气管相续，前方被皮肤、浅筋膜、颈筋膜和舌骨下肌群所覆盖，两侧则有颈部的血管神经及甲状腺侧叶，喉上方借韧带和肌连于舌骨，下方借肌连于胸骨，喉的后方与咽紧密连接。

1. 喉的软骨　喉软骨构成喉的支架(图 4-8)。

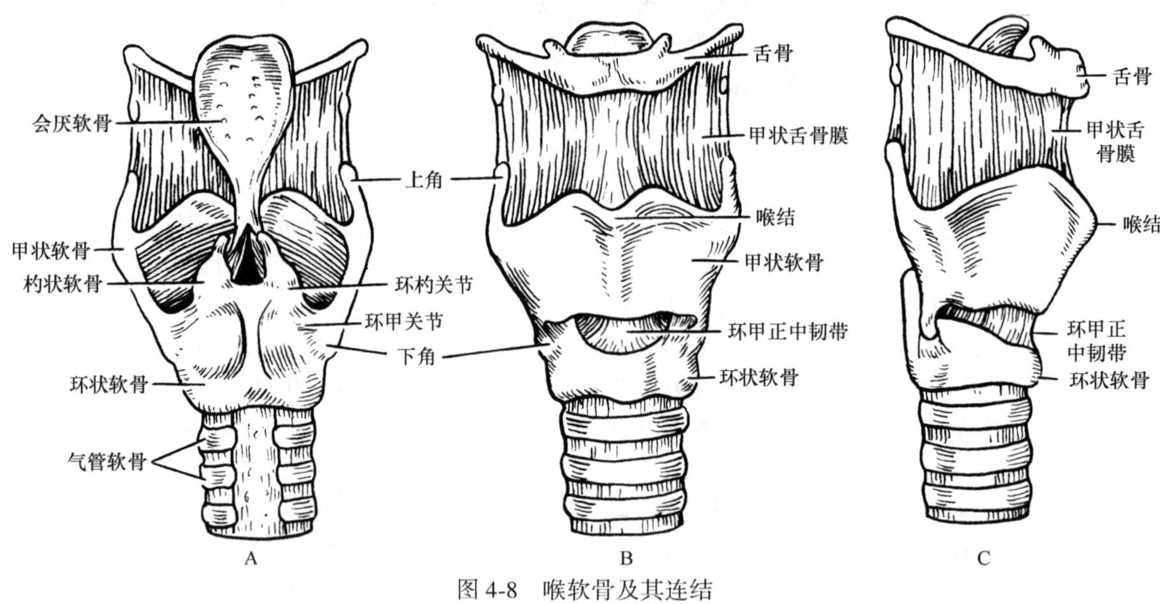

图 4-8　喉软骨及其连结

A. 后面；B. 前面；C. 右侧面

（1）**甲状软骨**（thyroid cartilage）：构成喉的前外侧壁，由两块近似四边形的**左板**和**右板**合成。两板的前缘彼此融合成直角（男性）或约 120°。左右板融合处称**前角**，其上端向前突出，在成年男子特别显著，称**喉结**，喉结上方呈“V”形的切迹称**上切迹**。两板的后缘均向上、下发出突起，称**上角**和**下角**。上角借韧带与舌骨大角相连，下角的内侧面有关节面，与环状软骨形成环甲关节。

（2）**环状软骨**（cricoid cartilage）：位于甲状软骨下方，为喉软骨中唯一呈环形的软骨，对于保持呼吸道通畅有极为重要的作用，损伤后易引起喉狭窄。它由**环状软骨板**和**环状软骨弓**两部分构成，板位于后方，构成喉后壁的大部分。板上缘两侧各有一长圆形的关节面与杓状软骨构成环杓关节。环状软骨弓构成喉下份的前外侧壁。环状软骨弓平对第 6 颈椎，是颈部的重要标志之一。环状软骨弓与板交界处，两侧各有一与甲状软骨下角相关连的关节面，构成环甲关节。

（3）**会厌软骨**（epiglottic cartilage）：形似叶状，上宽下窄。下端借韧带连于甲状软骨上切迹的后下方。会厌软骨的前、后面均由黏膜被覆则

称之为**会厌**。会厌位于喉入口的前方，当吞咽时，喉上提，会厌关闭喉口，防止食物误入喉腔。

（4）**杓状软骨**（arytenoid cartilage）：近似三面锥体形，可分为尖、底和二突。底朝下与环状软骨板上缘的关节面构成环杓关节。由底向前伸出的突起，有声韧带附着，称**声带突**。由底向外侧伸出的突起，有喉肌附着，称**肌突**。

2. 喉的连结 包括喉软骨之间以及喉与舌骨和气管间连结（图 4-8、图 4-9）。

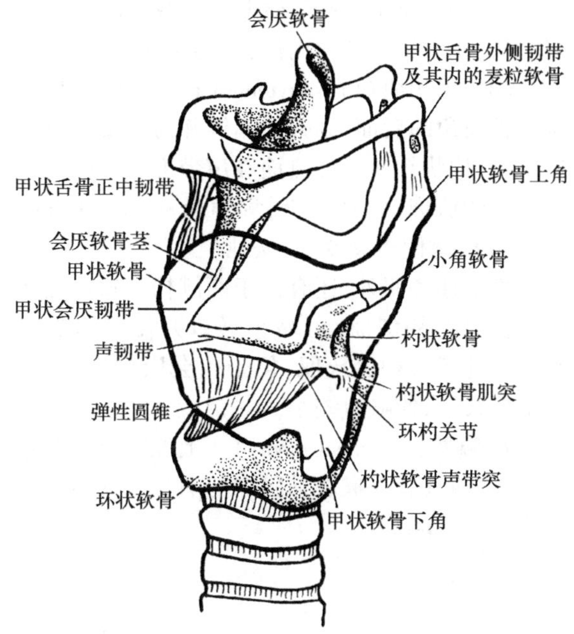

图 4-9 喉软骨的连结透视（甲状软骨右板深面的结构）

（1）**环杓关节**（cricoarytenoid joint）：由杓状软骨底与环状软骨板上缘的关节面构成。杓状软骨可沿关节垂直轴作旋转运动，使声带突向内、外侧移动，从而缩小、开大声门。杓状软骨也可作左右滑行。

（2）**环甲关节**（cricothyroid joint）：由甲状软骨下角与环状软骨板侧部的关节面构成。甲状软骨在额状轴上作前倾和复位运动。前倾时，加大甲状软骨前角与杓状软骨间的距离，使声带紧张；复位时，两者间的距离缩小，声带松弛。

（3）**弹性圆锥**（conus elasticus）：为弹性纤维组成的膜状结构，自甲状软骨前角的后面，向下向后附着于环状软骨上缘和杓状软骨声带突。此膜的上缘游离，紧张于甲状软骨前角与杓状软骨声带突之间，称**声韧带**（vocal ligament），是声带的基础。弹性圆锥前份较厚，张于甲状软骨下缘与环状软骨弓上缘之间，称**环甲正中韧带**。当急性喉阻塞来不及进行气管切开术时，可切开此韧带或在此作穿刺，建立暂时的通气道，抢救患者生命。

（4）**方形膜**（quadrangular membrane）：呈斜方形，由会厌软骨的两侧缘和甲状软骨前角的后面向后附着于杓状软骨的前内侧缘。方形膜的下缘游离，称**前庭韧带**（vestibular ligament）。

（5）**甲状舌骨膜**（thyrohyoid membrane）：连于甲状软骨上缘与舌骨之间。

（6）**环状软骨气管韧带**（cricotracheal ligament）：连于环状软骨下缘与第 1 气管软骨环之间。

3. 喉肌 喉肌属横纹肌，其作用是紧张或松弛声带，开大或缩小声门裂，并可缩小喉口（图 4-10、图 4-11）。

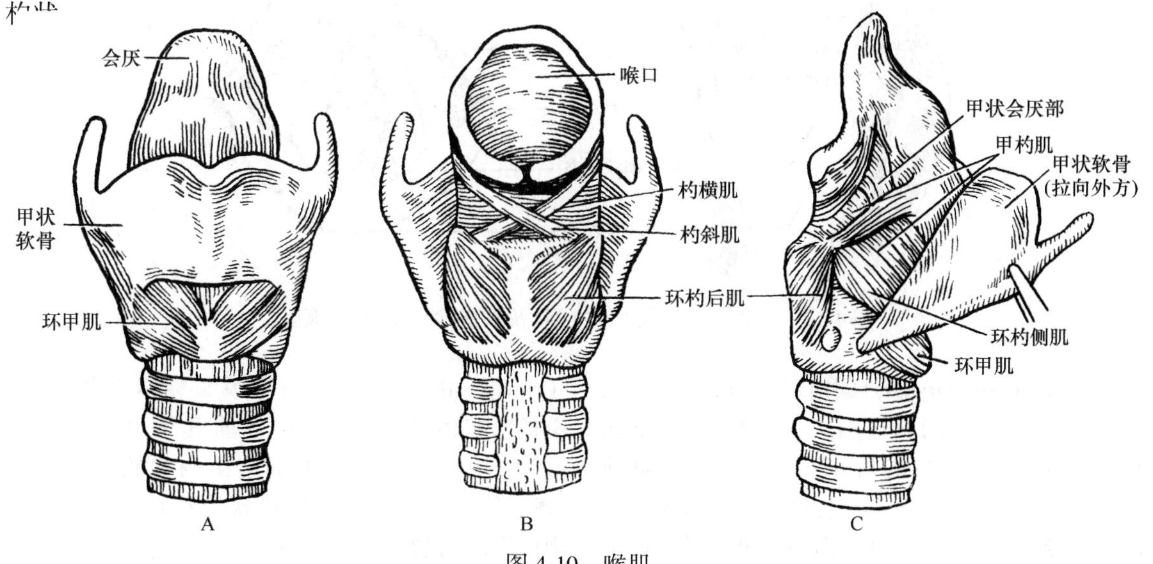

图 4-10 喉肌

A. 前面；B. 后面；C. 侧面

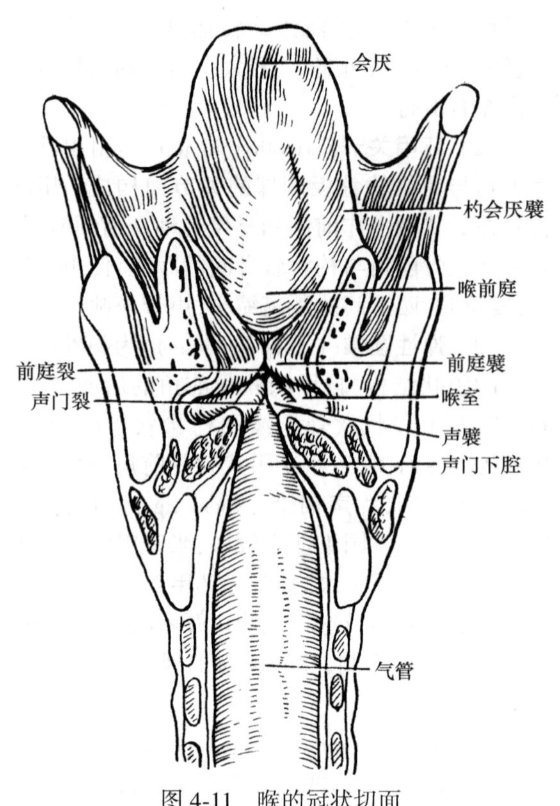

图 4-11 喉的冠状切面

（1）**环甲肌**（cricothyroid muscle）：起自环状软骨弓的前外侧面，向后上止于甲状软骨下缘和下角。收缩时，使甲状软骨前倾，从而拉长并紧张声带。

（2）**环杓后肌**（posterior cricoarytenoid muscle）：起自环状软骨板后面，纤维行向外上方，止于杓状软骨肌突，收缩时，牵引杓状软骨肌突向后下，使杓状软骨在垂直轴上旋转，声带突外展，声门裂开大，声带紧张。

（3）**环杓侧肌**（lateral cricoarytenoid muscle）：起自环状软骨弓的上缘和外侧面，纤维斜向后上方，止于杓状软骨肌突。收缩时牵引肌突向前，使声带突转向内侧，声门裂变窄。

（4）**甲杓肌**（thyroarytenoid muscle）：起自甲状软骨前角的后面，循弹性圆锥并与声带平行向后，止于杓状软骨的外侧面和声带突。其中止于声带突的肌肉，紧贴声带，称**声带肌**（vocal muscle），收缩时使声襞变短、松弛。

除上述各肌外，还有位于两侧杓状软骨之间的**杓横肌**与**杓斜肌**，可缩小喉口并使声门裂变窄。此外还有**杓会厌肌**，位于杓会厌襞内，收缩时牵拉会厌，使喉口缩小。

4. 喉腔（laryngeal cavity） 上经喉口与喉咽相通，下通气管。喉腔黏膜亦与咽和气管的黏膜相连续（图 4-12）。

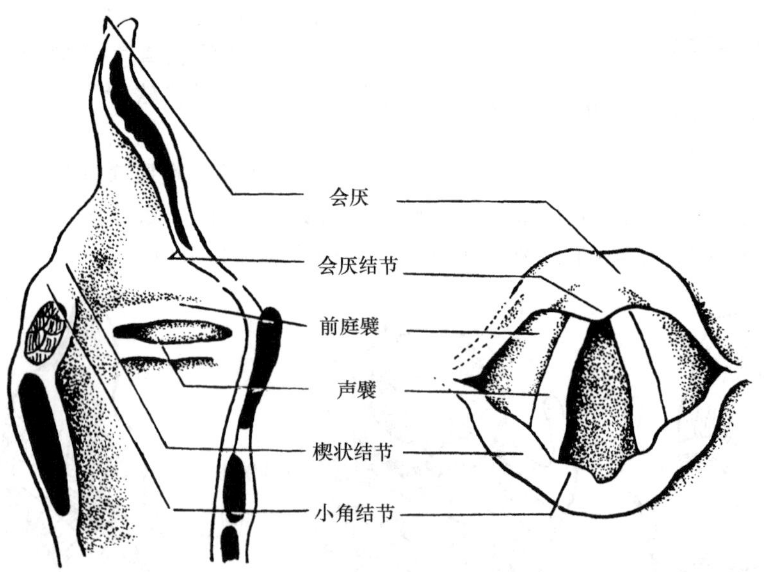

图 4-12 喉正中矢状切面（左侧）及喉镜检查所见（右侧）

喉口（aditus laryngis）朝向后上方，由会厌上缘、杓会厌襞和杓间切迹围成。喉腔被上、下两对由喉侧壁突入腔内的黏膜皱襞分为三部：喉前庭、喉中间腔和声门下腔。上方的一对黏膜皱襞称**前庭襞**（vestibular fold），活体呈粉红色，自甲状软骨前角中部连至杓状软骨声带突上方。两侧前庭襞间的裂隙前窄后宽，此裂隙称**前庭裂**（rima vestbuli）。下一对黏膜皱襞称**声襞**（vocal fold），在活体颜色较白，较前庭襞更为突向喉腔，自甲状软骨前角中部连至杓状软骨的声带突。位于两侧声襞及杓状软骨基底部之间的裂隙，称**声门裂**（rima glottidis）。声门裂是喉腔最狭窄的部位。声门裂的前 3/5 位于两侧声襞游离缘之间，称**膜间部**；后 2/5 在杓状软骨之间，称软骨间部。通常所称的**声带**(vocal cord)指声襞以及由其覆盖的声韧带和声带肌三者组成的结构而言。喉腔在喉口至前庭裂平面间的部分,称**喉前庭**(laryngeal vestibule),上宽下窄,前壁主要由会厌的喉面构成。前壁中央部相当于会厌软骨柄附着之处的上方,呈结节状隆起,称**会厌结节**。喉腔在前庭裂平面至声门裂平面之间的部分,称**喉中间腔**(intermediate laryngeal cavity),是喉腔三部中容积最小的。喉中间腔向两侧延伸至前庭襞与声襞间的梭形隐窝,称**喉室**。喉腔自声门裂平面至环状软骨下缘的部分,称**声门下腔**(infraglottic cavity)。此区黏膜下组织比较疏松,炎症时易引起喉水肿。婴幼儿喉腔较窄小,喉水肿易引起喉阻塞,导致呼吸困难。

(二)气管

气管(trachea)位于食管前方,上接环状软骨,经颈部正中,下行入胸腔。根据气管的行程与位置,可分为颈、胸二部,气管颈部平第6颈椎下缘接环状软骨,下方前平胸骨颈静脉切迹,后平第7颈椎下缘移行为气管胸部。当仰头或低头时,气管可上、下移动1.5cm。其上段位置较浅,下段位置较深。气管前面由浅入深依次为皮肤、浅筋膜、颈筋膜浅层、胸骨上间隙及颈静脉弓、舌骨下肌群及气管前筋膜。第2~4气管软骨前方有甲状腺峡,峡的下方有甲状腺下静脉、甲状腺奇静脉丛和可能存在的甲状腺最下动脉。气管颈部的两侧为甲状腺侧叶,后方为食管,二者之间的气管食管旁沟内有喉返神经,其后外侧为颈动脉鞘和颈交感干等。气管颈部由甲状腺下动脉的分支分布,静脉汇入甲状腺下静脉。神经是喉返神经的分支。淋巴汇入气管旁淋巴结。

临床应用

气管切开术是临床上常见手术,手术时患者仰卧,头应严格保持正中位置,并尽量后仰,使气管接近体表,以利于手术的进行。于颈前部环状软骨下方沿正中线纵行切开第1~2或2~3气管软骨与软骨环韧带的前壁。成人颈段有7~11个气管软骨环,甲状腺峡部多位于1~5气管软骨环前面,甲状腺峡可作为气管切开的参考定位标志。气管切开时准确定位是十分重要的。低位切开可在第4~5环或5~6环之间进行,切开部位不宜低于第7环,由于气管下段伸入胸腔,与众多大血管干相邻,故低位切开发生出血并发症的可能性较大。

四、甲状腺与甲状旁腺

(一)甲状腺

1. 甲状腺的位置 甲状腺(thyroid gland)是人体内最大的内分泌腺,两侧叶位于喉下部和气管上部的前外侧,上极平甲状软骨中点,下极至第6气管软骨,甲状腺峡位于第2~4气管软骨的前方。

2. 甲状腺的形态与被膜 甲状腺呈"H"形,有一峡部和两侧叶。气管前筋膜包绕甲状腺形成腺鞘,又称**甲状腺假被膜**。甲状腺的外膜称真被膜,即**纤维囊**。表面结缔组织深入到腺实质,将实质分为许多不明显小叶,小叶内有很多甲状腺滤泡和滤泡旁细胞。真假被膜之间为**囊鞘间隙**,内有疏松结缔组织、血管、神经及甲状旁腺。假被膜在侧叶内侧和峡部后面与甲状软骨、环状软骨以及气管软骨环的软骨膜愈着并增厚,形成**甲状腺悬韧带**,将甲状腺固定于喉及气管壁上,因此,吞咽时甲状腺可随喉上、下移动,为判断是否甲状腺肿大的依据之一(图4-13)。

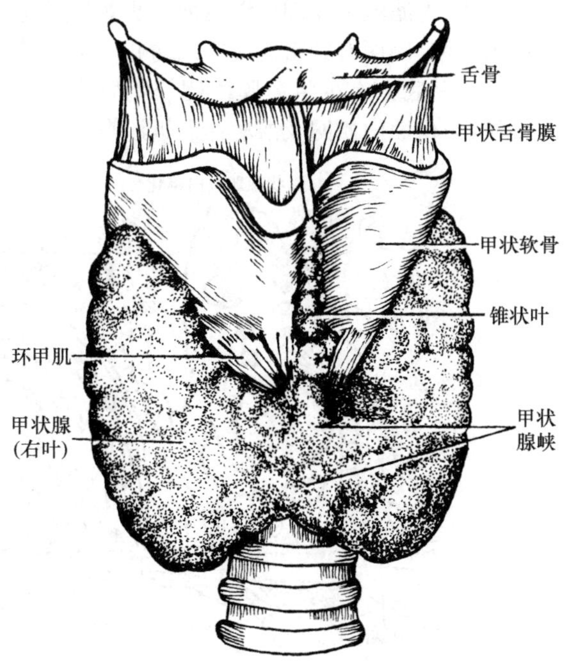

图4-13 甲状腺(前面)

3. 甲状腺的微细结构

(1) **滤泡**(follicle):是由单层排列的甲状腺滤泡上皮细胞围成,其内充满胶状液体的泡状结构。滤泡直径为0.02~0.90mm,呈圆形、椭圆形或不规则形。滤泡上皮细胞的形态和滤泡内胶状液体的量与其功能状态密切相关。一般情况下,滤泡上皮细胞呈立方形。当甲状腺功能旺盛时,细胞变高呈柱状,可见细胞分裂相,滤泡内胶状液体变少。当甲状腺功能低下时,滤泡上皮细胞变矮呈扁平状,而胶状液体增加。滤泡内胶状液体是甲状腺球蛋白,由滤泡上皮细胞分泌,呈嗜酸性均质状着色,PAS反应呈阳性,说明其是一种糖蛋白(图4-14)。

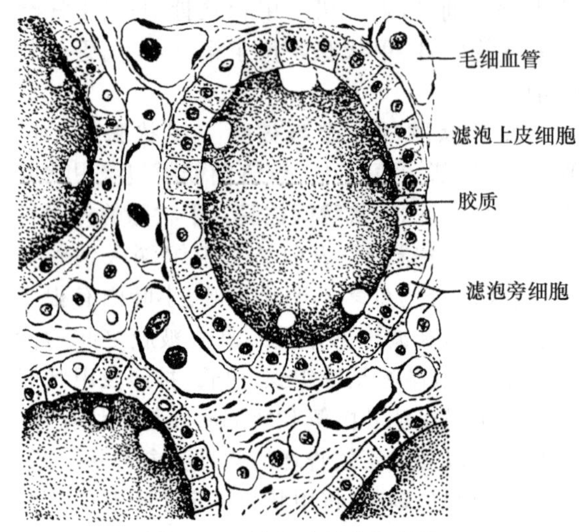

图4-14 甲状腺的微细结构

电镜下,滤泡上皮细胞游离面有少量微绒毛和质膜凹陷,侧面有紧密连接等以防止滤泡内液体漏出。基底部有少量质膜内褶。胞质内见散在线粒体、粗面内质网及溶酶体。近游离面的胞质内有高尔基复合体、中等电子密度的分泌颗粒和含有胶状液体的低电子密度的膜包吞饮泡,即胶质小泡(图4-15)。

滤泡上皮细胞能合成和分泌甲状腺激素,其合成和分泌过程比较复杂。滤泡上皮细胞首先在基底面从血中摄取氨基酸,在粗面内质网合成蛋白质,在高尔基复合体内加糖形成甲状腺球蛋白,通过分泌小泡分泌到滤泡腔储存。与此同时,基底面细胞膜上的碘ATP酶,可从血中摄取碘离子,在细胞内过氧化物酶的作用下碘被活化,由细胞游离面进入滤泡腔与甲状腺球蛋白的酪氨酸残基结合形成碘化的甲状腺球蛋白。在垂体前叶分泌的促甲状腺激素的作用下,滤泡上皮以胞饮的方式将碘化的甲状腺球蛋白重新吸收入胞质内,吞饮小泡互相融合形成较大的吞饮泡,再与溶酶体融合,在溶酶体内蛋白水解酶作用下,甲状腺球蛋白中碘化的酪氨酸残基被水解,形成大量的**四碘甲状腺原氨酸**(tetraiodothyronine, T_4),即甲状腺素和少量的**三碘甲状腺原氨酸**(triiodothyronine, T_3),经细胞基底部释放入毛细血管(图4-15)。甲状腺素和T_3的主要作用是增强机体产热代谢,促进小肠对糖的吸收,参与脂肪代谢的调节。此外,还可以促进组织器官,特别是脑、骨的发育成熟。所以在幼年期,甲状腺功能低下可引起呆小症。

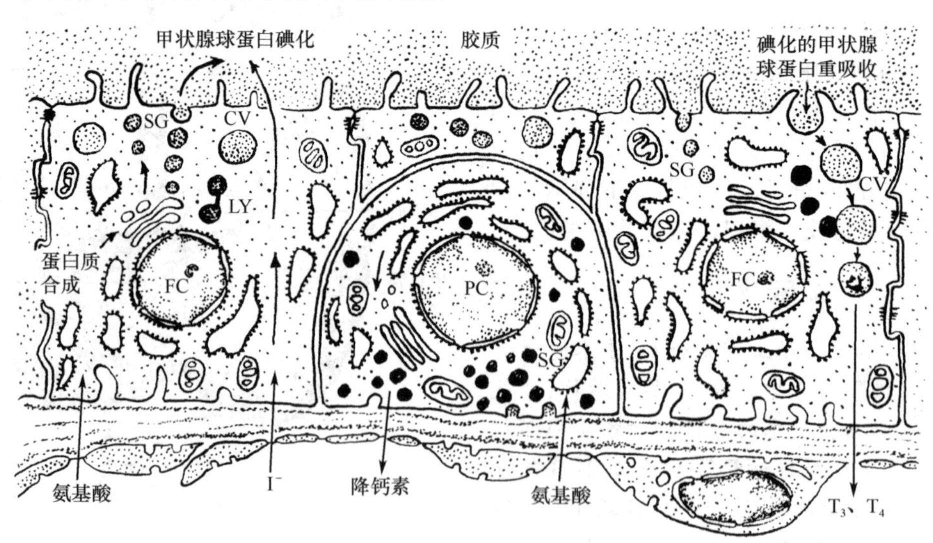

图4-15 甲状腺激素和降钙素的合成分泌示意图

(2)**滤泡旁细胞**(parafollicular cell):又称C细胞,成团积聚在滤泡之间,少量镶嵌在滤泡上皮细胞之间,其腔面被滤泡上皮覆盖。该细胞体积较大,在HE染色标本,胞质稍淡。用镀银法可见基底部胞质内有嗜银颗粒,颗粒内含有**降钙素**(calcitonin),以胞吐的方式分泌。降钙素是一种多肽,通过促进成骨细胞分泌类骨质、钙盐沉着和抑制骨质内钙的溶解使血钙降低。有报道,哺乳类滤泡旁细胞内还含有生长抑素、去甲肾上腺素、P 物质和**血管活性肠肽**(vasoactive intestinal peptide, VIP)等。

滤泡旁细胞的形态、大小、数量和分布随动物种属的不同有差别，人、猴、鼠等的滤泡旁细胞为卵圆形，以小的细胞群分布于滤泡间。而猫犬等动物的滤泡旁细胞则呈圆形或卵圆形，在滤泡之间聚集形成大的细胞团。人的滤泡旁细胞多分布于甲状旁腺周围的甲状腺内，而在鼠类则多分布于甲状腺中央部。

4. 甲状腺与喉的血管和神经

(1) **甲状腺上动脉与喉上神经**：甲状腺上动脉起自颈外动脉起始部的前面，伴喉上神经外支行向前下方，至侧叶上极附近分为前、后两支。该动脉沿途的分支有胸锁乳突肌支、**喉上动脉**及**环甲肌支**等。喉上动脉与喉上神经内支伴行，穿甲状舌骨膜，分布于喉内(图 4-16)。**喉上神经**是迷走神经的分支，在舌骨大角处分为两支：**内支**伴喉上动脉穿甲状舌骨膜入喉，分布于声门裂以上的喉黏膜；**外支**伴甲状腺上动脉向前下方，在距侧叶上极约 1cm 处，与动脉分开，弯向内侧，发支支配环甲肌及咽下缩肌。

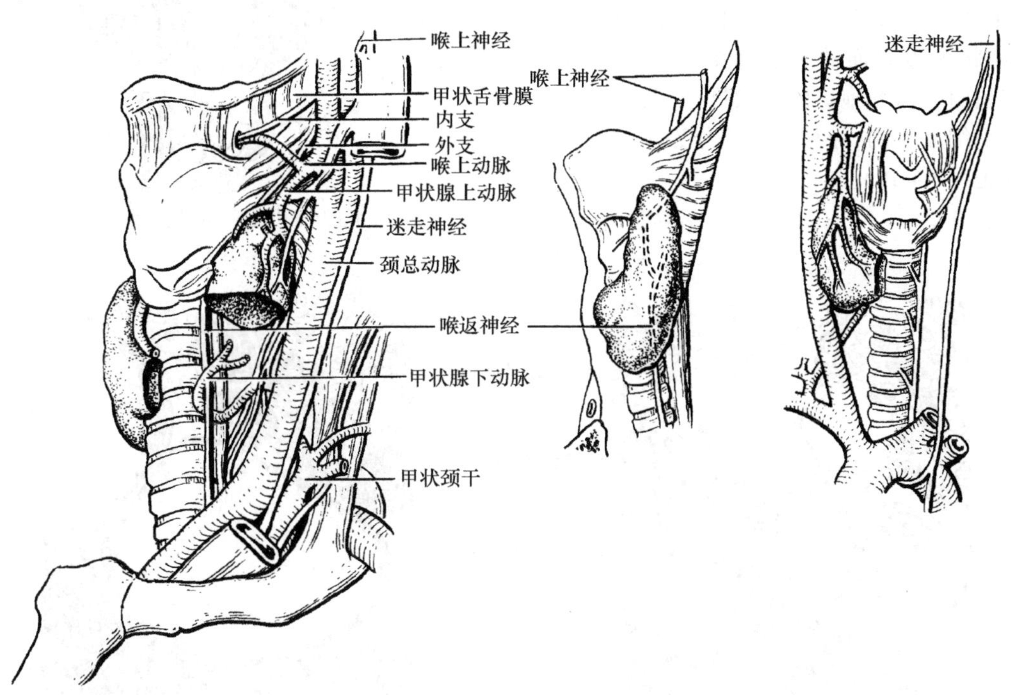

图 4-16 甲状腺的动脉及喉的神经

(2) **甲状腺下动脉与喉返神经**：**甲状腺下动脉**是甲状颈干的分支。沿前斜角肌内侧缘上行，在颈动脉鞘与椎血管之间弯向内下，近甲状腺侧叶下极再弯向上内，至侧叶后面分为上、下两支，分布于甲状腺、甲状旁腺、气管及食管等。**喉返神经**(recurrent laryngeal nerve)是迷走神经的分支。左喉返神经勾绕主动脉弓，右喉返神经勾绕锁骨下动脉，两者均上行于气管与食管之间的沟内，至咽下缩肌下缘、环甲关节后方进入喉内，称为**喉下神经**(inferior laryngeal nerve)，其运动支支配除环甲肌以外的所有喉肌，感觉支分布于声门裂以下的喉黏膜。左喉返神经行程较长，位置较深，多行于甲状腺下动脉的后方；右喉返神经行程较短，位置较浅，多行于甲状腺下动脉前方。二者入喉前都经过环甲关节后方，故甲状软骨下角可作为寻找喉返神经的标志。喉返神经通常行经腺鞘之外，多在甲状腺侧叶下极的后方与甲状腺下动脉有复杂的交叉关系(图 4-16)。

临床应用

在施行甲状腺次全切除术时，根据局部血管和神经的走行特点，应紧贴甲状腺上极结扎甲状腺上动脉，以免伤及喉上神经外支而致声音低钝呛咳；应远离甲状腺下极结扎甲状腺下动脉，以免伤及喉返神经，引起声音嘶哑。

(3) **甲状腺最下动脉**：此动脉出现率约为10%，可起自头臂干、主动脉弓、右颈总动脉或胸廓内动脉等。沿气管前方上升，达甲状腺峡。

(4) **甲状腺的静脉**：分为上、中、下三对静脉。**甲状腺上静脉**与同名动脉伴行，汇入颈内静脉。**甲状腺中静脉**自甲状腺侧叶外缘穿出，多为 1 支，有的人可见 2、3 支或缺如。该静脉管径较粗，管壁较薄，横过颈总动脉前方，汇入颈内静脉。**甲状腺下静脉**自甲状腺侧叶下极穿出，经气管前面下行，汇入头臂静脉。两侧甲状腺下静脉在气管前与峡部的属支吻合成甲状腺奇静脉丛。

（二）甲状旁腺

甲状旁腺（parathyroid gland）是两对扁圆形小体，表面光滑，呈棕黄或淡黄色，位于甲状腺侧叶后面，真、假被膜之间，有的位于甲状腺实质内或假被膜之外、气管周围的结缔组织中。上甲状旁腺多位于甲状腺侧叶上、中交界处的后方；下甲状旁腺多位于侧叶下1/3的后方（图4-17）。甲状旁腺表面的薄层结缔组织被膜深入到腺实质内。腺细胞呈团索状排列，其间有丰富的有孔毛细血管网，腺细胞主要分为主细胞和嗜酸性细胞（图4-18）。

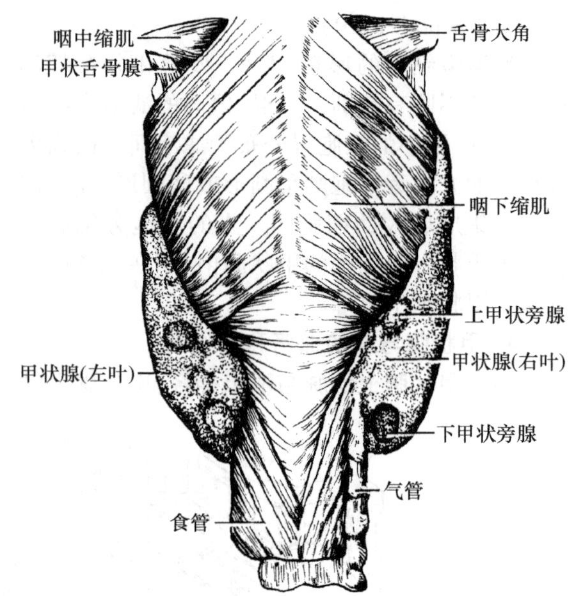

图4-17 甲状腺和甲状旁腺（后面）

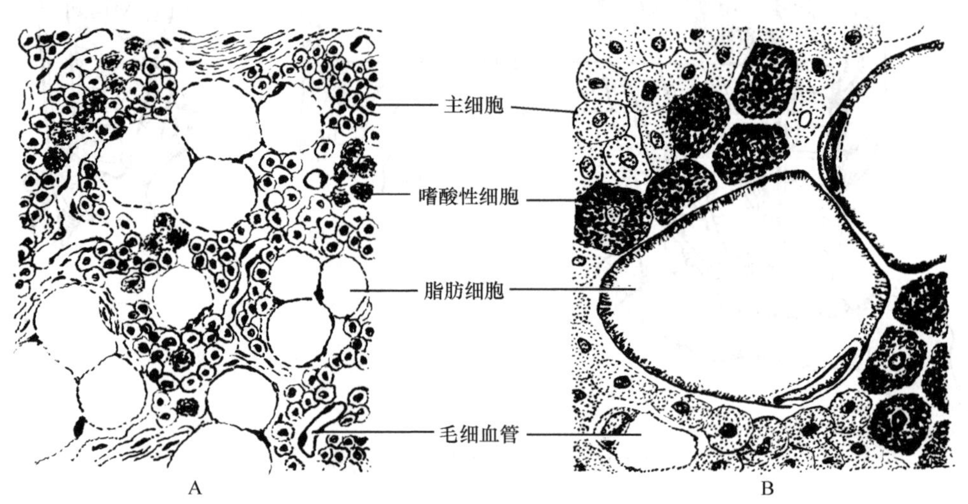

图4-18 甲状旁腺的微细结构

A. 低倍；B. 高倍

1. 主细胞（chief cell） 为圆形或多边形，体积小，为4～8μm，细胞核位于中央。根据细胞质的着色深浅可分为亮细胞和暗细胞。亮细胞胞质着色浅，在电镜下见细胞质内粗面内质网、高尔基复合体和分泌颗粒均较少，但糖原颗粒、脂滴、溶酶体和脂褐素较多，该结构特点提示此种细胞合成和分泌激素功能活跃（图4-19A）。

主细胞主要分泌甲状旁腺素。甲状旁腺素是一种多肽类激素，其主要作用是增强破骨细胞破骨功能，溶解骨组织，使骨内钙盐溶解形成可溶性钙释放入血。另外，甲状旁腺素还能促进小肠和肾小管对钙的吸收，使血钙增高。在甲状旁腺素和降钙素的协同作用下，体内血钙维持稳定。

2. 嗜酸性细胞（acidophilic cell） 体积稍大于主细胞，平均直径6～10μm，可单个和成群存在，细胞核小而圆，染色深，胞质内充满嗜酸性颗粒，即电镜下的线粒体。胞质内其他细胞器不发达。人甲状旁腺内的嗜酸性细胞随年龄而增加，其生理意义及与主细胞的关系尚不清楚，有学者认为该细胞与主细胞是同一种细胞的不同功能状态（图4-19B）。

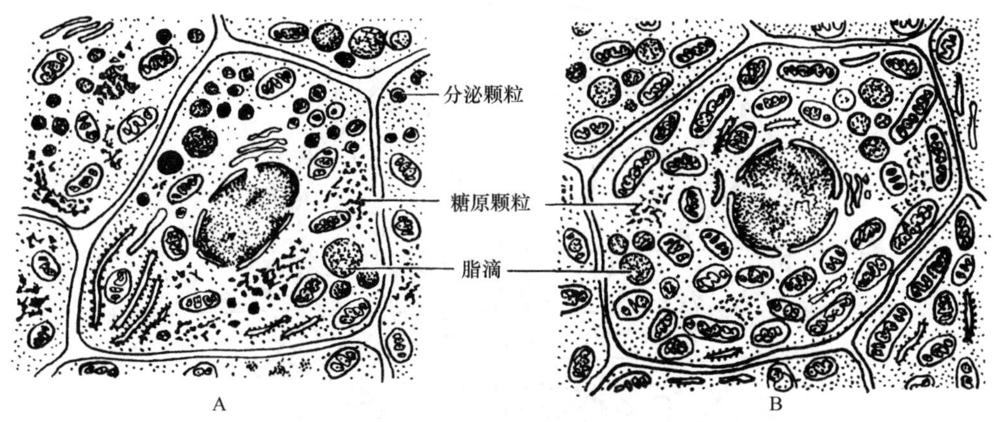

图 4-19 主细胞及嗜酸性细胞超微结构模式图

A. 主细胞;B. 嗜酸性细胞

第 4 节 颈部的血管、神经和淋巴

一、颈部的血管

(一)颈部的动脉

1. 颈总动脉(common carotid artery) 是头颈部的主要动脉干,右侧的发自头臂干,左侧的直接起自主动脉弓。两侧颈总动脉均经胸锁关节后方,沿气管、食管和喉的外侧上升,至平对甲状软骨上缘处分为颈内动脉和颈外动脉(图 4-20)。颈总动脉的外侧有颈内静脉,二者的后方有迷走神经,三者皆被包于颈动脉鞘内。在颈总动脉分为颈内、颈外动脉处有两个重要结构,即颈动脉窦和颈动脉小球。**颈动脉窦**(carotid sinus)为颈总动脉末端和颈内动脉起始部的膨大部分,壁内有特殊的感觉神经末梢,为压力感受器。当动脉血压升高时,即引起主动脉弓和颈动脉窦扩张,刺激压力感受器,向中枢发放神经冲动,通过中枢反射性地引起心跳减慢,末梢血管扩张,以降低血压。**颈动脉小球**(carotid glomus)是一个扁椭圆形小体,位于颈内、颈外动脉分叉处的后方,借结缔组织连于动脉壁上,它同主动脉小球一样,均属化学感受器,感受血液中二氧化碳浓度的变化。当二氧化碳浓度升高时,反射性地促使呼吸加深、加快。

2. 颈外动脉(external carotid artery) 初居颈内动脉前内侧,然后跨过其前方绕至前外侧,经二腹肌后腹和茎突舌骨肌深面上行,穿腮腺实质,达下颌颈高度分为颞浅动脉和上颌动脉两个终支(图 4-20)。颈外动脉的分支有:

(1) **甲状腺上动脉**(superior thyroid artery):向前下方行于颈总动脉与喉之间,到达甲状腺侧叶上端,分支分布于甲状腺上部和喉。

(2) **舌动脉**(lingual artery):平对舌骨大角处起自颈外动脉,向前内行走,经舌骨舌肌深面进入舌内,分支营养舌、腭扁桃体及舌下腺等。

(3) **面动脉**:详见“头部”。

(4) **颞浅动脉**:详见“头部”。

(5) **上颌动脉**:详见“头部”。

颈外动脉尚发出:**枕动脉**和**耳后动脉**,向后上行走,分布到枕顶部和耳后部;**咽升动脉**,沿咽侧壁上升至颅底,分布至咽、颅底等处。

3. 颈内动脉(internal carotid artery) 自颈外动脉的后外方行至其后方,经二腹肌后腹深面至下颌后窝,再经颈动脉管入颅腔。该动脉在颈部没有分支。

4. 锁骨下动脉(subclavian artery) 左侧起自主动脉弓,右侧是头臂干的分支。左、右二动脉分别沿两肺尖内侧,出胸廓上口到颈根部,斜越胸膜顶的前面,经第 1 肋上面穿过斜角肌间隙,至第 1 肋外缘,移行为腋动脉(图 4-21)。主要分支有:

(1) **椎动脉**(vertebral artery):在前斜角肌内侧起自锁骨下动脉,向上穿第 6~1 颈椎横突孔,经枕骨大孔入颅腔,左右会合成一条基底动脉。

(2) **胸廓内动脉**(internal thoracic artery):在胸膜顶前方,正对椎动脉起始部起自锁骨下动脉,经锁骨下静脉之后入胸腔。

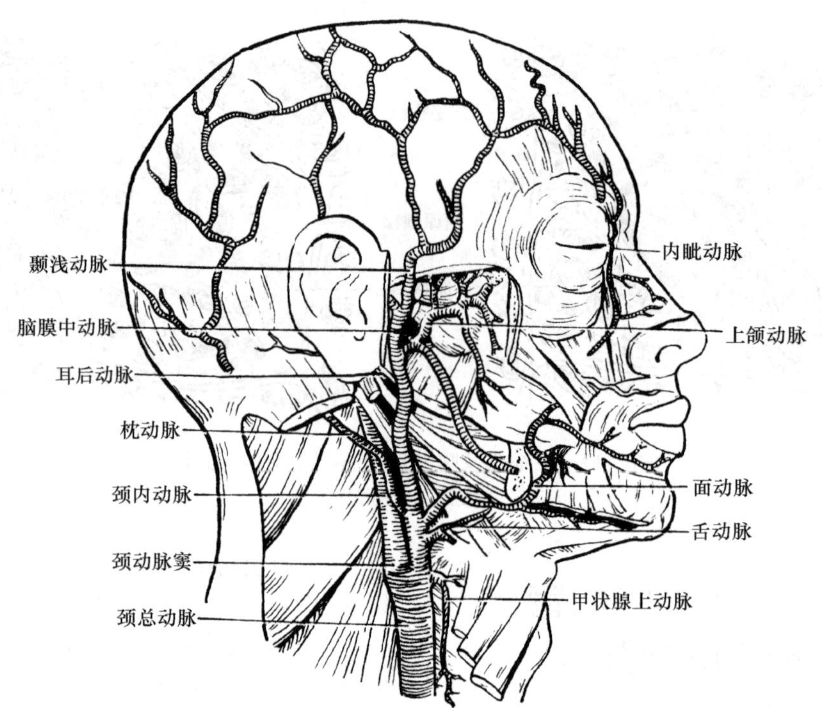

图 4-20　颈外动脉及其分支

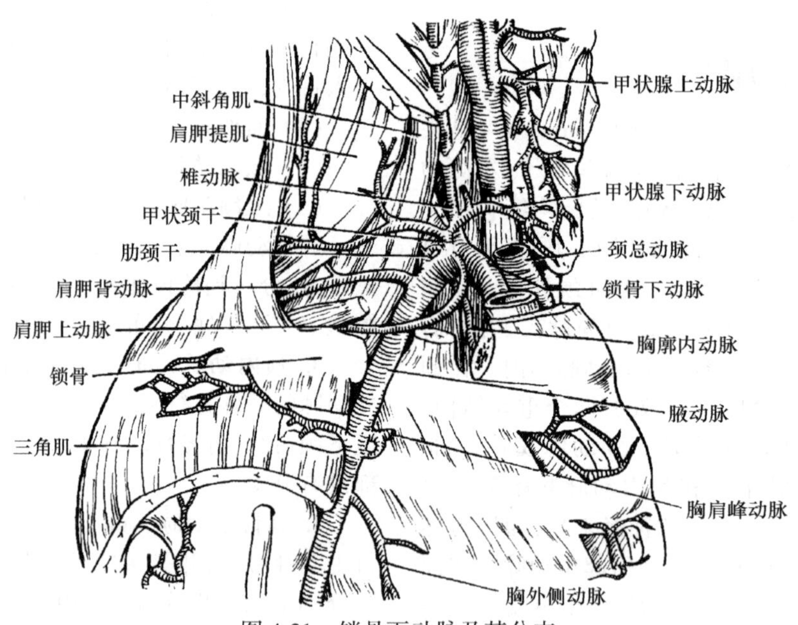

图 4-21　锁骨下动脉及其分支

（3）**甲状颈干**（thyrocervical trunk）：为一短干，在椎动脉外侧、前斜角肌内侧缘附近起始，迅即分为数支，分布于颈部的一些器官、颈和肩部肌、脊髓及其被膜等处。其中主要分支为：**甲状腺下动脉**，向内上行走，横过颈动脉鞘后方，至甲状腺侧叶下端，分支营养甲状腺、咽和食管、喉和气管；**肩胛上动脉**，向后外走行，经冈上窝至冈下窝，分支营养冈上、下肌。

此外，锁骨下动脉还发出**肋颈干**至颈深肌和第 1、2 肋间隙后部；**肩胛背动脉**（有时起自甲状颈干）向外行走至肩胛提肌深面，分支营养附近的背、项和肩带肌。

笔记栏

（二）颈部的静脉

1. 颈内静脉（internal jugular vein）　在颈静脉孔处续于乙状窦，初伴颈内动脉，继沿颈总动脉外侧下行，大部为胸锁乳突肌掩盖，至胸锁关节后方与锁骨下静脉汇合成头臂静脉（图4-22），由于颈内静脉壁附着于颈动脉鞘，并通过此鞘与颈深筋膜中层和肩胛舌骨肌中间腱相连，故其管腔经常处于开放状态，有利于头颈部静脉血的回流，但是当颈内静脉破裂时，由于管腔不能闭锁，加之胸腔负压对静脉血的吸引,就有导致空气栓塞的可能。其属支主要有**面静脉**和**下颌后静脉**,详见“头部”。此外,舌静脉、咽静脉和甲状腺上、中静脉等多注入颈内静脉本干。

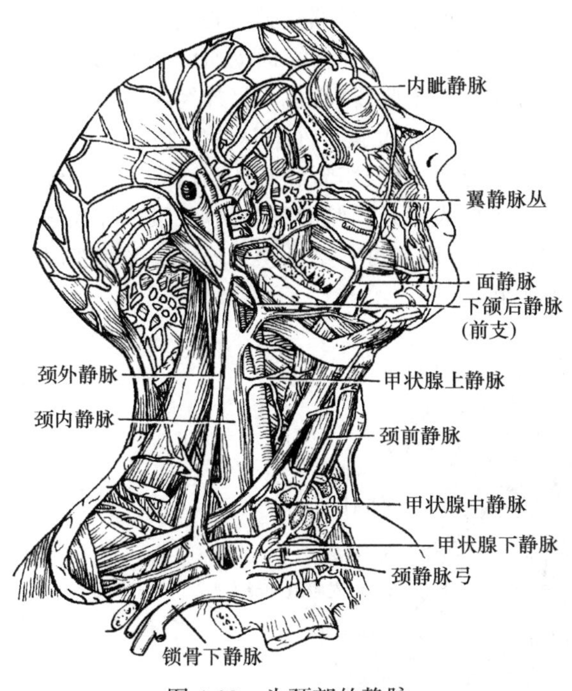

图 4-22 头颈部的静脉

2. 锁骨下静脉(subclavian vein) 是位于颈根部的短静脉干,自第 1 肋骨外缘由腋静脉延续而成,向内行于胸锁关节后方与颈内静脉汇合成头臂静脉。两静脉汇合部称**静脉角** venous angle,右静脉角是右淋巴导管的注入部位,左静脉角是胸导管的注入部位。锁骨下静脉壁与第 1 肋、锁骨下肌、前斜角肌的筋膜结合紧密,位置较固定,管腔较大,可作为静脉穿刺或长期导管输液的部位。

3. 颈外静脉(external jugular vein) 是颈部最大的浅静脉,在耳下方由下颌后静脉的后支和耳后静脉、枕静脉等汇合而成,沿胸锁乳突肌浅面斜向下后行,在锁骨上方穿深筋膜注入锁骨下静脉。注入前尚接纳颈前静脉和肩胛上静脉等属支。颈外静脉主要收集耳廓、枕部及颈前区浅层的静脉血。颈前静脉,沿颈前中线两侧下行,至胸锁乳突肌下份前缘处,穿入胸骨上间隙,经该肌深面汇入颈外静脉。左、右颈前静脉在胸骨上间隙内吻合支称为颈静脉弓,横行于颈静脉切迹上方的胸骨上间隙内,颈前静脉有时仅有一条位居中线,称颈前正中静脉。

临床应用

颈外静脉位置表浅而恒定,是临床静脉穿刺抽血做化验检查,静脉插管或穿刺抢救病人的常用血管。

二、颈部的神经

(一) 颈丛

颈丛(cervical plexus)由第 1~4 颈神经的前支构成,位于胸锁乳突肌上部的深方,中斜角肌和肩胛提肌起端的前方。颈丛的分支有浅支和深支(图 4-23)。

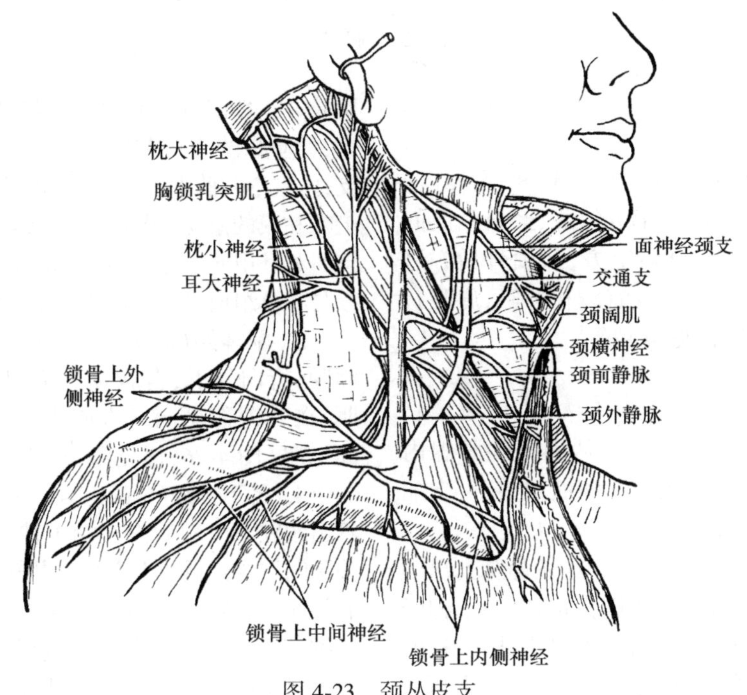

图 4-23 颈丛皮支

1. 颈丛浅支 由胸锁乳突肌后缘中点附近穿出，位置表浅，散开行向各方，其穿出部位，是颈部皮肤浸润麻醉的一个阻滞点。主要浅支有：

（1）**枕小神经**（C_2）：沿胸锁乳突肌后缘上升，分布于枕部及耳廓背面上部的皮肤。

（2）**耳大神经**（$C_{2,3}$）：沿胸锁乳突肌表面行向前上，至耳廓及其附近的皮肤。

（3）**颈横神经**（$C_{2,3}$）：横过胸锁乳突肌浅面向前，分布于颈部皮肤。

（4）**锁骨上神经**（$C_{3,4}$）：有2～4支向外下方，分布于颈侧部、胸壁上部和肩部的皮肤。

2. 颈丛深支 主要支配颈部深肌、肩胛提肌、舌骨下肌群和膈。其重要分支有**膈神经**（phrenic nerve，$C_{3\text{-}5}$）是颈丛最重要的分支。先在前斜角肌上端的外侧，继沿该肌前面下降至其内侧，在锁骨下动、静脉之间经胸廓上口进入胸腔，经过肺根前方，在纵隔胸膜与心包之间下行达膈肌（图4-24）。膈神经的运动纤维支配膈肌，感觉纤维分布于胸膜、心包。膈神经还发出分支至膈下面的部分腹膜。一般认为右膈神经的感觉纤维尚分布到肝、胆囊和肝外胆道等。膈神经损伤的主要表现是同侧的膈肌瘫痪，腹式呼吸减弱或消失，严重者可有窒息感。膈神经受刺激时可发生呃逆。

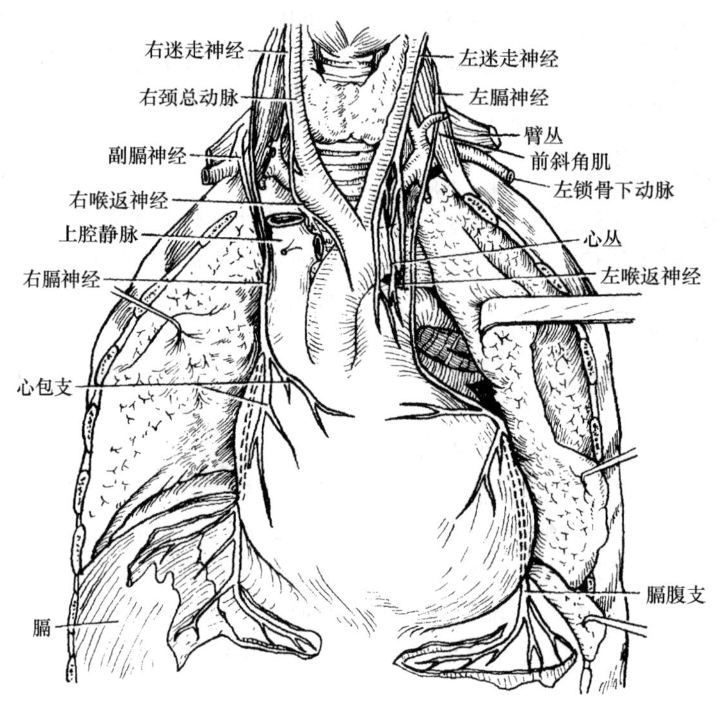

图4-24 膈神经

（二）臂丛

臂丛（brachial plexus）是由第5～8颈神经前支和第1胸神经前支的大部分组成，经斜角肌间隙走出，行于锁骨下动脉后上方，经锁骨后方进入腋窝。在颈部的主要分支有胸长神经、肩胛背神经和肩胛上神经（详见第8章）。

（三）脑神经

1. 面神经（facial nerve） 从面神经腮腺内丛发出的面神经颈支在颈阔肌深面向前下，支配该肌（图4-25，详见第10章）。

2. 迷走神经（vagus nerve） 经颈静脉孔出颅腔，在孔内及其稍下方神经干膨大形成上、下神经节后进入颈部，行于颈动脉鞘内，位于颈内动脉、颈总动脉与颈内静脉之间的后方下行，经胸廓上口入胸腔。在颈部分支有**喉上神经**和**心支**。前者在颈内、外动脉的内侧与咽中缩肌之间，分为内、外两支；内支弯向前下，穿甲状舌骨膜入喉，司声门裂以上喉黏膜的感觉；外支沿咽下缩肌表面下降，支配该肌和环甲肌。心支沿颈总动脉表面下降入胸腔，参与心丛组成（图4-26，详见第10章）。

3. 副神经（accessory nerve） 自颈静脉孔出颅腔，行向外下，自胸锁乳突肌上1/3部穿入该肌，在其深面循同一方向进入斜方肌深面，支配此二肌（图4-26，详见第10章）。

4. 舌下神经（hypoglossal nerve） 经舌下神经管出颅腔。出颅后先在迷走神经外侧，在颈内动、静脉间下降到舌骨上方呈弓状转向前内，沿舌骨舌肌外侧，以多支分布于舌。第1颈神经前支的部分纤维随舌下神经走行，在颈动脉三角内离开此神经，与起自第2、3颈神经的部分纤维组成的颈神经

笔记栏

降支在环状软骨水平合成颈袢，由其发出分支支配舌骨下肌群（图4-26，详见第10章）。

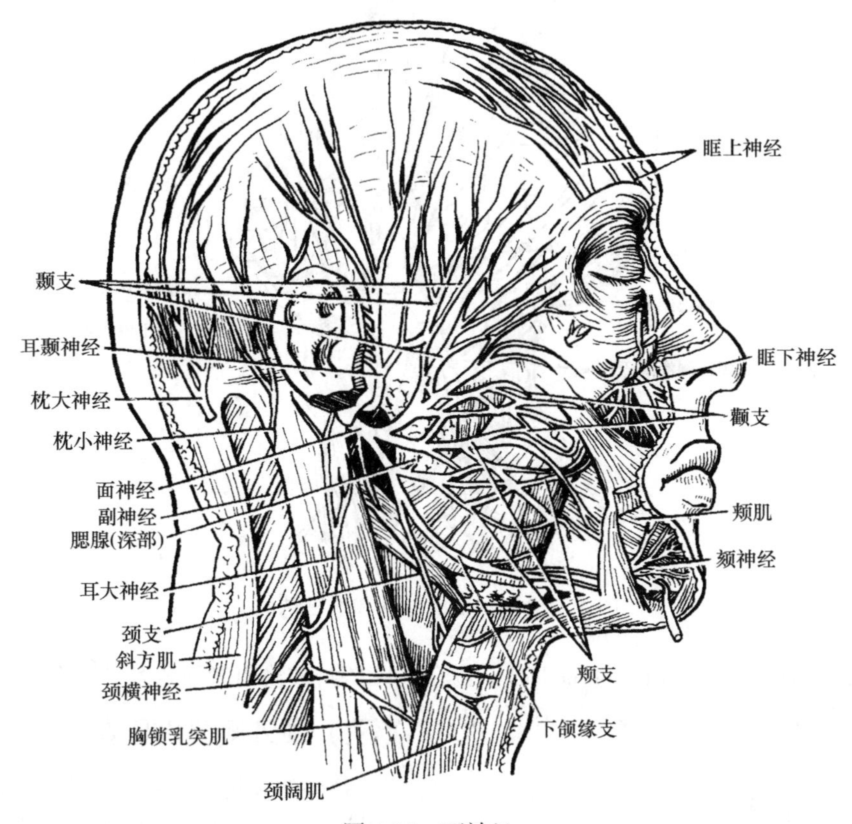

图4-25 面神经

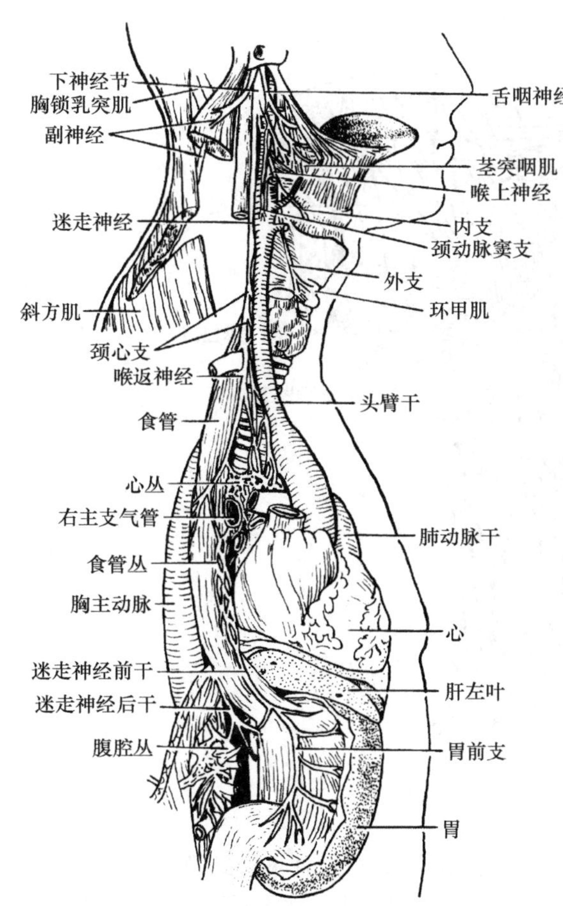

图4-26 舌咽神经、迷走神经、副神经

三、颈部的淋巴

颈部淋巴结数目较多，除收纳头、颈部淋巴之外，还收集胸部及上肢的部分淋巴。可分为颈上、颈前和颈外侧淋巴结（图4-27）。

（一）颈上部淋巴结

颈上部淋巴结多为头部淋巴管的局部淋巴结，沿头、颈交界处排列，位置表浅，亦称**头部淋巴结**。分为5组，收纳头面部浅层的淋巴，直接或间接汇入颈外侧深淋巴结。

1. 枕淋巴结（occipital lymph nodes） 位于枕部皮下、斜方肌起点的表面，收纳枕部、项部的淋巴管。

2. 乳突淋巴结（mastoid lymph nodes） 位于耳后、胸锁乳突肌上端表面，也称耳后淋巴结，收纳颅顶及耳廓后面的浅淋巴管。

3. 腮腺淋巴结（parotid lymph nodes） 分浅、深两组，分别位于腮腺表面和腮腺实质内，收纳额、颞区，耳廓和外耳道、颊部及腮腺等处的淋巴管。

4. 下颌下淋巴结（submandibular lymph nodes） 位于下颌下腺附近，收纳面部、鼻和口腔器官的淋巴管。

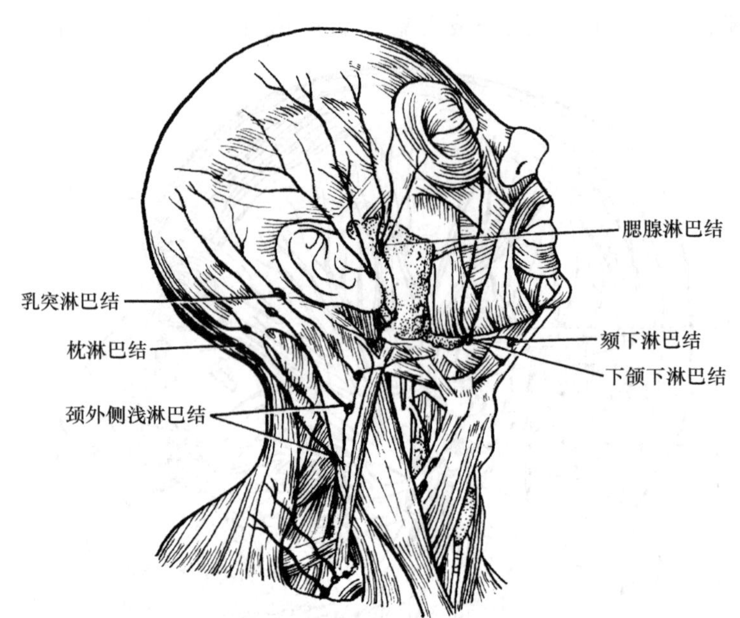

图 4-27 头颈部淋巴管和淋巴结(1)

5. 颏下淋巴结(submental lymph nodes) 位于颏下部,收纳颏部、下唇内侧部和舌尖部的淋巴管。

(二)颈前区淋巴结

颈前淋巴结分浅、深两群,位于舌骨下方及喉、甲状腺、气管等器官的前方,收纳上述器官的淋巴管,其输出管注入颈外侧深淋巴结。

(三)颈外侧区淋巴结

颈外侧淋巴结包括沿浅静脉排列的颈外侧浅淋巴结及沿深静脉排列的颈外侧深淋巴结(图 4-28)。

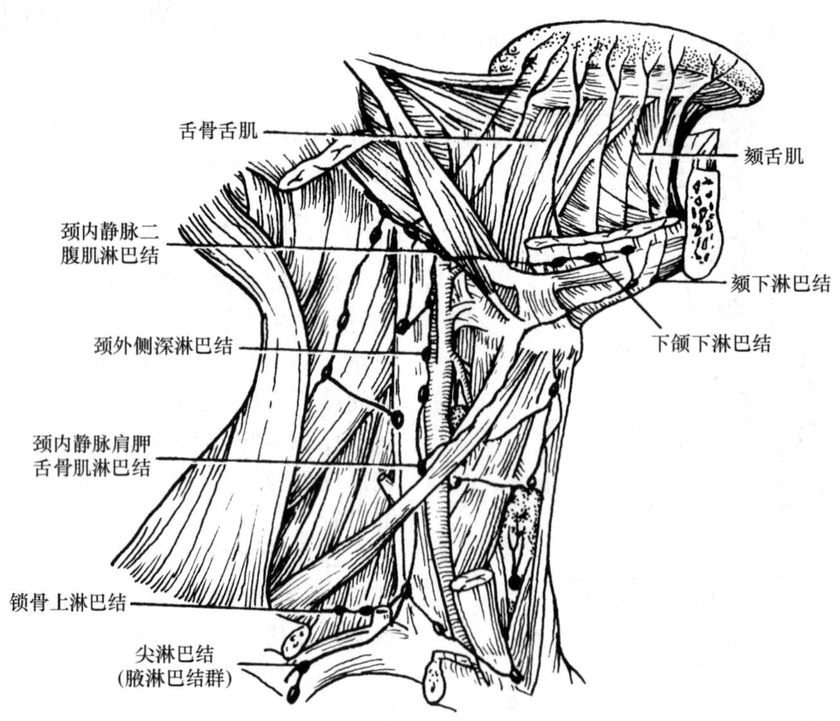

图 4-28 头颈部淋巴管和淋巴结(2)

1. 颈外侧浅淋巴结 位于胸锁乳突肌表面及其后缘处,沿颈外静脉排列,收纳颈部浅层的淋巴管,并汇集乳突淋巴结、枕淋巴结及部分下颌下淋巴结的输出管,其输出管注入颈外侧深淋巴结。

2. 颈外侧深淋巴结 数目多达10~15个，沿颈内静脉周围排列，上始于颅底，下至颈根部，少数淋巴结位于副神经周围，在颈根部的淋巴结常沿锁骨下动脉及臂丛排列。颈外侧深淋巴结直接或通过头颈部浅淋巴结收纳头颈部、胸壁上部、乳房上部和舌、咽、腭扁桃体、喉、气管、甲状腺等器官的淋巴管，其输出管汇合成颈干。左颈干注入胸导管，右颈干注入右淋巴导管。在汇入部位常缺少瓣膜。颈外侧深淋巴结群中较重要的淋巴结有：

咽后淋巴结位于鼻咽部后方，收纳鼻、鼻旁窦、鼻咽部等处的淋巴，鼻咽癌时先转移至此群。

颈内静脉二腹肌淋巴结又称**角淋巴结**，位于二腹肌后腹与颈内静脉交角处，收纳舌后及腭扁桃体的淋巴管。

颈内静脉肩胛舌骨肌淋巴结位于肩胛舌骨肌中间腱与颈内静脉交叉处附近，收纳颏下和舌尖部的淋巴管，舌癌时首先转移至此群。

锁骨上淋巴结位于锁骨下动脉和臂丛附近，食管癌和胃癌后期，癌细胞可沿胸导管或颈干逆流转移至左锁骨上淋巴结。

复习思考题

1. 试述颈动脉鞘内有哪些结构？位置关系如何？
2. 试述颈动脉窦和颈动脉小球的位置和功能。
3. 何谓斜角肌间隙？间隙内有何重要结构？
4. 何谓静脉角？左右静脉角都有何结构注入？
5. 颈部都有哪些重要器官？它们的位置、毗邻如何？
6. 何谓弹性圆锥？何谓声带？
7. 试述甲状腺的血供和神经支配。临床上甲状腺次全切除术时，需经哪些解剖层次结构？手术应注意什么？
8. 某患者因颈部肿胀伴性情急躁、失眠、容易激动、消瘦而就诊。经临床检查诊断为甲状腺功能亢进。请考虑：

(1) 肿大的甲状腺随吞咽上、下移动的解剖学基础是什么？

(2) 肿大的甲状腺可能压迫哪些器官，并引起什么症状？

(3) 若行手术治疗应作何切口？须经哪些层次方可显露甲状腺？

(4) 手术中应避免损伤哪些结构？

(5) 有时术后声音嘶哑的可能原因是什么？

9. 某患儿因发热、咳嗽、呼吸困难急诊入院。经检查诊断为急性感染性喉炎伴喉梗阻。立即给予吸氧、静脉滴注抗生素和肾上腺皮质激素等治疗，但上述症状仍未得到缓解，决定实施气管切开术，请考虑：

(1) 为什么婴幼儿喉炎易发生喉梗阻？

(2) 为何要为患儿实行气管切开术？

(3) 气管切开时患儿应取什么体位？为什么？

(4) 气管切开时应作什么切口？需经哪些层次方可显露气管？在什么部位切开气管？

(5) 气管切开时应注意避免损伤哪些结构？

(王　军　翟效月)

第5章 胸 部

第1节 胸 壁

胸部位于颈部与腹部之间，以胸廓为支架，被覆皮肤、筋膜和肌肉等组织。胸腔由胸壁和膈共同围成，其中间为纵隔，容纳心及出入心的大血管、食管和气管等器官，两侧容纳肺和胸膜囊。经胸廓上口借纵隔与颈部相通。胸廓下口借助膈肌将胸腔与腹腔相分隔。

一、胸 廓

胸廓（thoracic cage）由12块胸椎、12对肋、1块胸骨及其间的骨连结共同组成。

（一）胸骨

胸骨（sternum）位于胸前壁正中，前凸后凹，自上而下由三部分构成。**胸骨柄**（manubrium sterni）上宽下窄，上缘中部凹陷为**颈静脉切迹**（jugular notch），平对第2、3胸椎之间，其两侧有锁切迹。柄的外侧缘上份接第1肋，胸骨柄与胸骨体连接处微向前突，称为**胸骨角**（sternal angle），两侧接第2肋软骨，向后平对第4胸椎体下缘。胸骨角平面平对主动脉起始端、气管杈、左主支气管和食管交叉处以及胸导管由右向左行的部位。**胸骨体**（body of sternum）为长方形，其侧缘接第2~7肋软骨。**剑突**（xiphoid process）细长，下端游离，接胸骨体处称剑胸结合，平第9胸椎。剑突尖约平第10胸椎下缘（图5-1）。

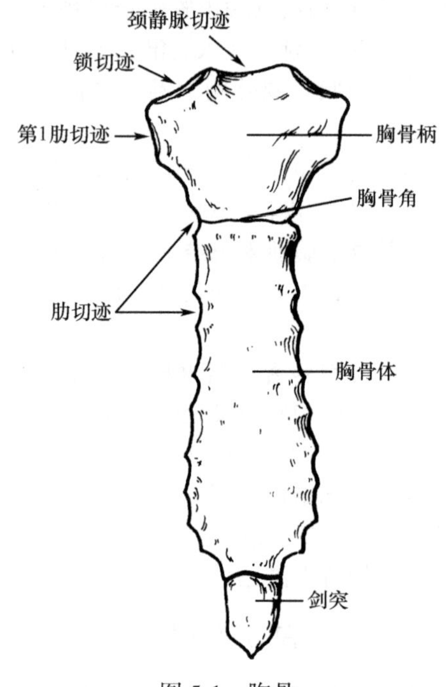

图5-1 胸骨

（二）肋

肋（ribs），共12对，第1~7对肋因其前端与胸骨相连称**真肋**。第8~12对肋不直接与胸骨相连称**假肋**，其中第8~10对肋前端借助软骨与上位的肋软骨相连，形成肋弓（costal arch），第11~12对肋因前端游离在腹壁肌层中，为**浮肋**。肋弓最低点平第2、3腰椎之间。**胸骨下角**（infrasternal angle）由两侧肋弓与剑胸结合共同围成。剑肋角是剑突与肋弓的交角，其左侧是心包穿刺常用进针部位之一。

肋骨系扁骨，后端膨大称**肋头**（costal head），与胸椎椎体肋凹形成肋头关节。外侧稍细为**肋颈**（costal neck）。肋颈外侧粗糙突起称**肋结节**（costal tubercle）。与胸椎横突形成肋横突关节。肋体分内、外面和上、下缘，内面近下缘处有**肋沟**，沟内有肋间血管和神经通过。体的后份急转弯处称肋角。前端稍宽接肋软骨（图5-2）。

第1肋扁宽短，其内缘前份有前斜角肌结节，结节的前、后方分别有锁骨下静脉和锁骨下动脉通过，形成压迹。

（三）胸椎

胸椎（thoracic vertebrae），共12块，由**椎体**和**椎弓**构成，由椎弓上发出7个突起。**棘突**1个，伸向后方；**横突**1对，伸向两侧；**关节突**2对，分别突向上、下方，称为**上关节突**和**下关节突**。胸椎的椎体自上而下逐渐增大，横断面呈心形，关节突的关节面几乎呈冠状位，棘突较长呈叠瓦状排列（图5-3）。

（四）构成胸廓的关节

1. 肋椎关节（costovertebral joint） 由**肋头关节**和**肋横突关节**构成。前者由肋头关节面与

笔记栏

胸椎体肋凹构成，属于微动平面关节；后者由肋结节关节面与横突肋凹构成。该两个关节功能上是联合关节，运动时肋骨沿肋头至肋结节轴线旋转，使肋的前部上升或下降以增大或缩小胸廓前后径和横径，从而改变胸腔的容积。

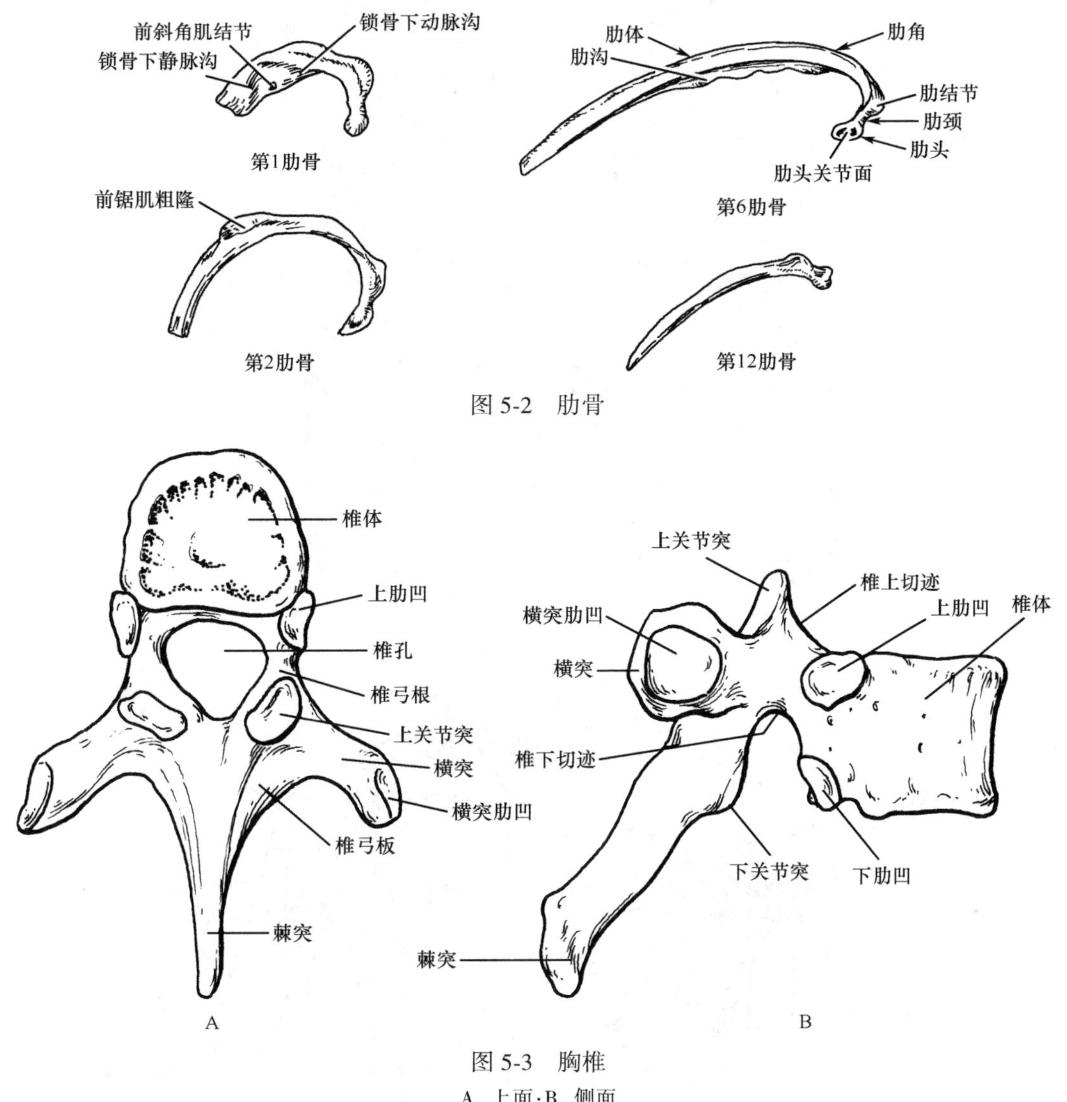

图 5-2　肋骨

图 5-3　胸椎

A. 上面；B. 侧面

2. 胸肋关节（sternocostal joint）　由第 2～7 肋软骨与胸骨相应的肋切迹构成，属微动关节。第 1 肋与胸骨柄之间为软骨结合。**胸廓上口**由胸骨柄上缘，第 1 肋和第 1 胸椎体围成。**胸廓下口**宽而不整，由第 12 胸椎、第 12、11 对肋前端、肋弓和剑突围成（图 5-4）。

胸廓的功能：除保护、支持功能外，主要参与呼吸运动，吸气时肋前部抬高，伴以胸骨上升，使胸廓前后径加大；肋上升时，肋体向外扩展，加大胸廓横径，使胸腔容积增大。呼气时，胸腔容积缩小。胸腔容积的改变，促成了肺呼吸。

临床应用

胸廓的形状和大小，有明显的个体差异，与性别、年龄、健康状况和职业等因素有关。新生儿胸廓呈桶状，横径与前后径大致相等。成年女性的胸廓较男性略短而圆，各径均较男性小。老年人胸廓因弹性减弱，运动减少，致使胸廓下塌，变得长而扁。佝偻病儿童，因缺乏钙盐而骨质疏松，易变形，胸廓前后径增大，胸骨明显突出，形成“鸡胸”。患慢性支气管炎，肺气肿的老年人，因长期咳喘，使胸廓各径增大而成“桶状胸”。

二、胸壁的肌肉

胸壁的肌肉分为胸上肢肌、胸固有肌和膈肌。

（一）胸上肢肌

胸上肢肌包括：胸大肌、胸小肌和前锯肌（图 5-5）。

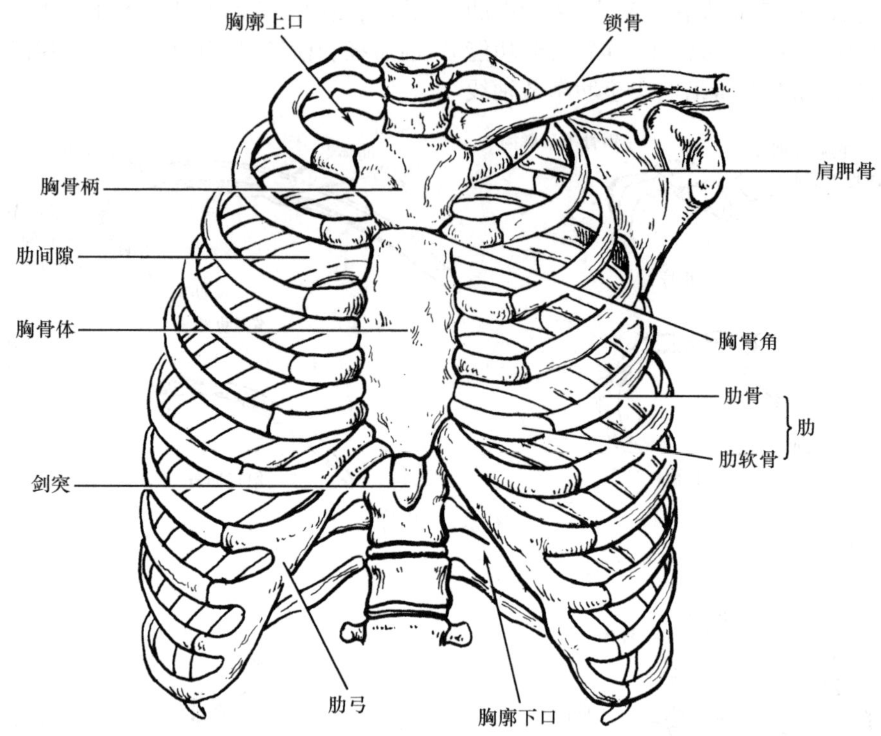

图 5-4 胸廓(前面)

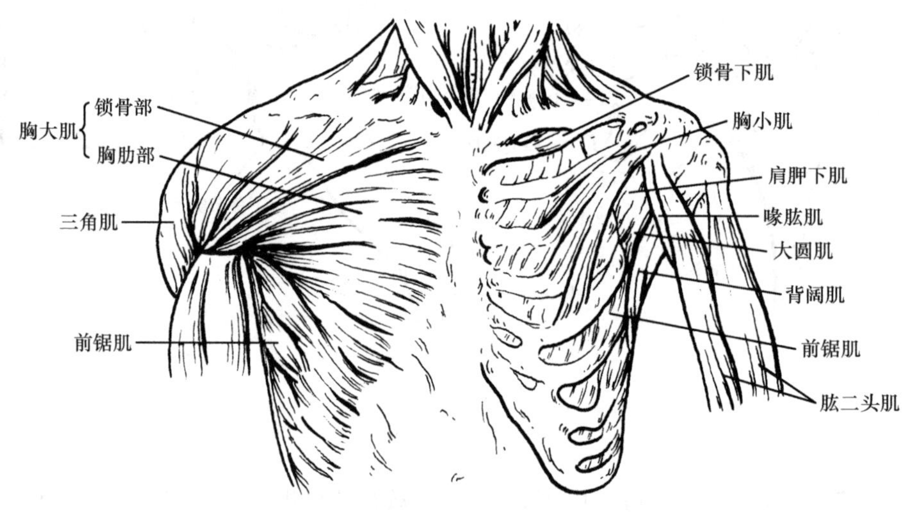

图 5-5 胸肌

1. 胸大肌(pectoralis major) 位于胸前区,起自锁骨内侧半、胸骨和第 1~6 肋软骨,止于肱骨大结节嵴,可分为锁骨部、胸肋部和腹部,由胸内、外侧神经支配。其血供主要来自与胸外侧神经伴行的胸肩峰动脉的胸肌支和胸廓内动脉的穿支。其功能是使肱骨内收,旋内和前屈。上肢固定时可上提躯干,并提肋助吸气。

2. 胸小肌(pectoralis minor) 位于胸大肌的深面,起自第 3~5 肋骨,止于肩胛骨的喙突,呈三角形,其功能是将肩胛骨拉向前下方。当肩胛骨固定时能提肋助吸气。

3. 前锯肌(serratus anterior) 位于胸外侧部,起自上 8 或 9 个肋骨,肌束斜向后上经肩胛骨前方止于肩胛骨内侧缘和下角。受胸长神经支配。其功能是拉肩胛骨向前并紧贴胸廓,下部肌束使肩胛骨下角旋外,助臂上举。当肩胛骨固定时,可提肋助吸气。支配前锯肌的胸长神经受损伤时,可出现“翼状肩”。

(二)胸固有肌

胸固有肌参与构成胸壁,为重要的呼吸肌,包括肋间内肌、肋间外肌和肋间最内肌(图 5-6)。

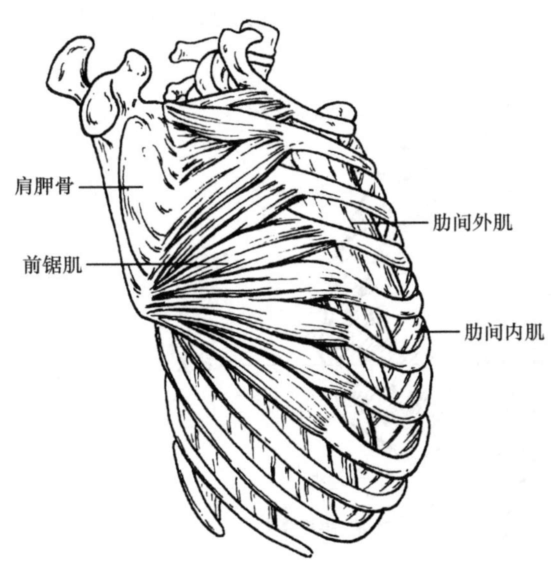

图 5-6 前锯肌与肋间肌

1. 肋间外肌(intercostales externi) 位于肋间隙浅层,肌束起自上一肋骨下缘,斜向前下止于下一肋骨的上缘,从肋结节至肋骨前端在肋骨与肋软骨交界处移行为肋间外膜。作用:提肋,使胸廓扩大,以助吸气。

2. 肋间内肌(intercostales interni) 位于肋间外肌的深面,肌纤维斜向前上,自胸骨外侧缘向后至肋角处移行为肋间内膜,连于脊柱。作用:降肋助呼气。

3. 肋间最内肌(intercostales intimi) 位于肋间内肌的深面,二者之间有肋间血管神经束通过。仅存在于肋间隙的中 1/3 部。肌束方向和作用与肋间内肌相同。

4. 胸横肌(transverses thoracis) 贴于胸骨体和肋软骨后面,常有 4 个肌束起于胸骨体下部,呈扇形向上止于第 3~6 肋软骨内面,作用:拉肋骨向下,助呼气(图 5-7)。

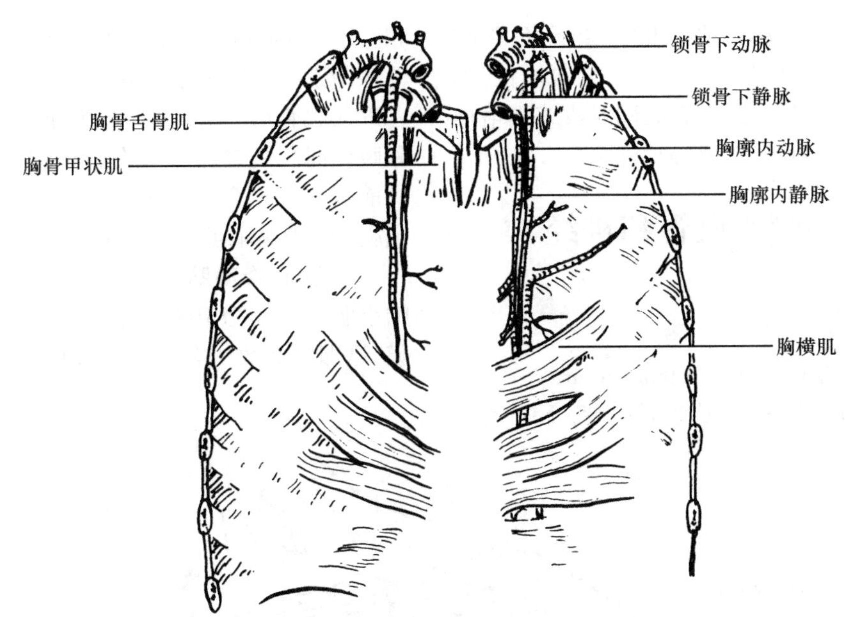

图 5-7 胸廓内血管与胸横肌

(三) 膈肌

膈(diaphragm)为穹隆形向上隆凸的扁薄阔肌,分隔胸腔与腹腔。膈的肌束起自胸廓下口的周缘和腰椎前面。分三部,胸骨部起自剑突后面,肋部起自下 6 对肋骨与肋软骨,腰部以左右两个膈脚起自上 2~3 个腰椎。膈的中央部为**中心腱**(central tendon),是各部肌束的终止部位(图 5-8)。

膈的薄弱区包括腰肋三角和胸肋三角。**腰肋三角**位于膈的腰部与肋部起点之间,呈三角形、尖向上、底为第 12 肋。三角前方与肾后面相邻,后方有肋膈隐窝,是膈疝的好发部位。**胸肋三角**位于膈的胸骨部与肋部起点之间,有腹壁上血管和来自腹壁与肝上面的淋巴管通过。

主动脉、食管和下腔静脉穿过膈形成三个裂孔。**主动脉裂孔**(aortic hiatus)在膈左、右脚与脊柱之间,平第 12 胸椎水平,有降主动脉和胸导管通过;**食管裂孔**(esophageal hiatus)在主动脉裂孔左前方,平第 10 胸椎水平,有食管、迷走神经前、后干通过;**腔静脉孔**(vena caval foramen)在食管裂孔右前方,平第 8 胸椎水平,有下腔静脉通过。

膈的腰部中间份膈脚纤维处有内脏大、小神经、交感干和腰升静脉穿过,而腰部外侧份有肋下血管和神经穿过。膈神经穿过膈肌的中心腱或腔静脉孔。

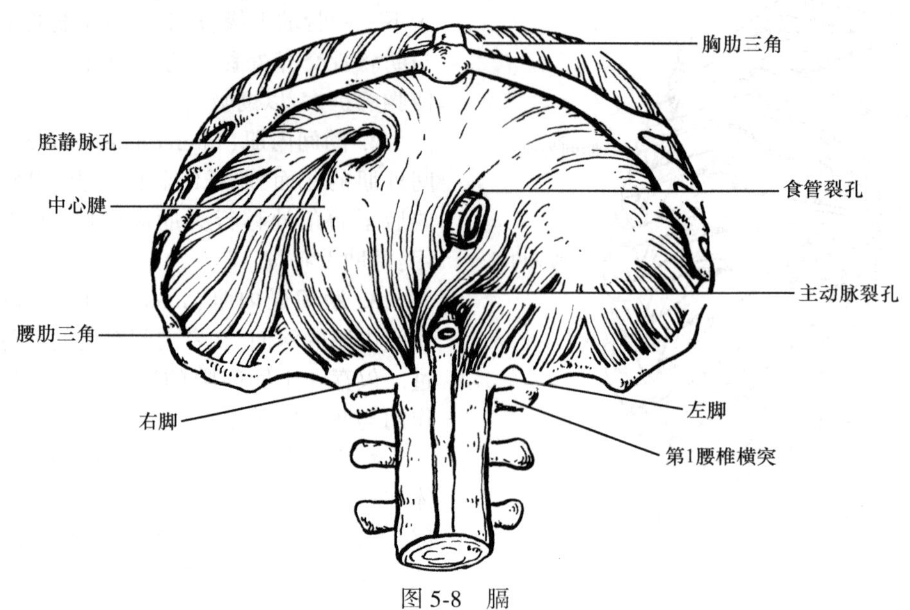

图 5-8 膈

膈是主要的呼吸肌,收缩时穹隆下降,胸腔容积扩大,助吸气;松弛时穹隆上升恢复原位,胸腔容积减小,助呼气。膈与腹肌同时收缩则增加腹压,协助分娩、呕吐、排便等功能。

三、胸壁的血管和神经

(一)动脉

1. 胸廓内动脉(internal thoracic artery) 于椎动脉起始的对侧发自锁骨下动脉,下降入胸腔。沿第1~6肋软骨后面下降,在第6肋软骨下缘附近分为**腹壁上动脉**和**肌膈动脉**二终支,前者进入腹直肌鞘,后者分支至下5个肋间隙、膈和腹壁肌。胸廓内动脉在行程中还发出6条肋间前支至上6个肋间隙和乳房。而其发出的心包膈动脉伴膈神经走行,分支至心包和膈等处。

2. 胸肩峰动脉(thoracoacromial artery) 于胸小肌上缘处起于腋动脉(图 5-9),穿出锁胸筋膜,迅即分为数支至三角肌、胸大肌和肩关节。

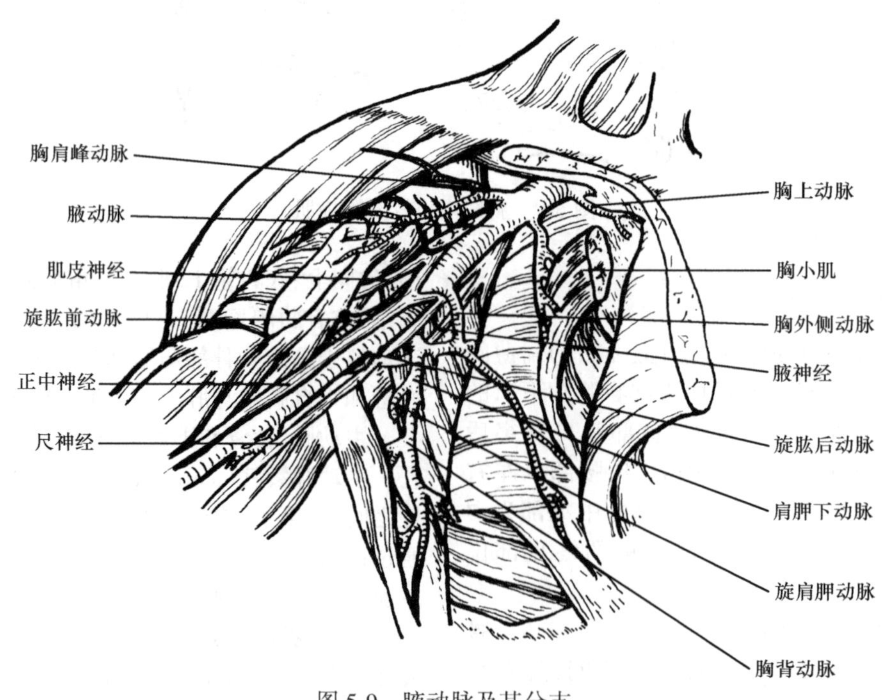

图 5-9 腋动脉及其分支

3. **胸外侧动脉**(lateral thoracic artery) 起于腋动脉,沿胸小肌下缘走行,分布至前锯肌、胸大肌、胸小肌和乳房。

4. **肩胛下动脉**(subscapular artery) 起于腋动脉,从肩胛下肌下缘附近发出,向后下行,分为**胸背动脉**和**旋肩胛动脉**。胸背动脉供应背阔肌,旋肩胛动脉穿三边孔至冈下窝,参与形成肩胛动脉网。

5. **肋间后动脉**(posterior intercostal arteries) 第1~2肋间后动脉来自锁骨下动脉的肋颈干,第3~11肋间后动脉和肋下动脉起自胸主动脉,与同名静脉和神经伴行。三者走行于肋沟,在肋角前方三者排列顺序自上而下为静脉、动脉、神经。在脊椎两侧肋间后动脉分出前支和后支,后支较小,分布于脊髓及其被膜等结构;前支在肋角附近,经常分一较小的下支,本干即为上支,于肋间隙前部与胸廓内动脉的肋间前支吻合,下三对肋间后动脉在肋角处不分支。

(二)静脉

1. **肋间后静脉** 前端与胸廓内静脉交通,后端注入奇静脉、半奇静脉或副半奇静脉。

2. **胸腹壁静脉**(thoracoepigastric veins) 起自脐周静脉网,沿胸前区外侧部斜向外上行,汇入胸外侧静脉进而汇入腋静脉。

(三)神经

1. **胸长神经**(long thoracic nerve, C_{5-7}) 发自臂丛,从臂丛后方进入腋窝,沿前锯肌表面伴随胸外侧动脉下降,支配前锯肌,胸长神经受损伤时,可出现"翼状肩"。

2. **胸内侧神经**(C_5-T_1) 起自臂丛内侧束,支配胸大、小肌。

3. **胸外侧神经**(C_5-T_1) 起自臂丛外侧束,支配胸大、小肌。

4. **锁骨上神经**(supraclavicular nerve) 发自颈丛,向下跨越锁骨前面,分布于胸前区上部和肩部皮肤。

5. **肋间神经**(intercostal nerves) 即12对胸神经的前支,肋间神经在肋角前附近发出外侧皮支,分布于胸侧壁和肩胛区皮肤。肋间神经在胸骨两侧发出前皮支,分布于胸前区内侧部皮肤。肋间神经皮支分布呈节段性。自上而下按神经顺序形成环形条带。第2肋间神经分布于胸骨角平面,第4肋间神经分布于乳头平面,第6肋间神经分布至剑胸结合平面,第8肋间神经分布至肋弓中点平面,第10肋间神经分布至脐平面等等。据此,可根据皮肤感觉障碍的发生区域来推断受损的胸神经,也可以根据受损的胸神经来推断皮肤感觉障碍的分布区。

四、乳　　房

(一)乳房的形态结构

乳房(mamma, breast)由皮肤、纤维组织、脂肪组织和乳腺构成(图5-10)。人的乳房在儿童和男性不发达,女性于青春期后开始发育呈半球形。乳房位于第2~6肋前面的胸大肌和胸筋膜表面,内侧至胸骨旁线,外侧可达腋中线。胸大肌前面的深筋膜与乳腺体后面的包膜之间为乳腺后间隙,内有一层疏松结缔组织,但无血管,有利于隆乳术时将假体植入。

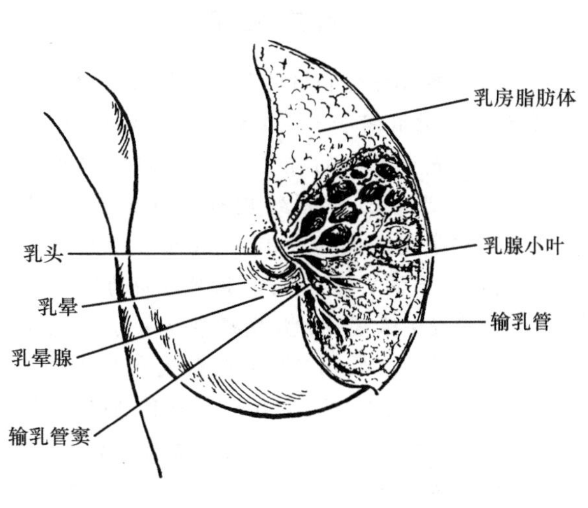

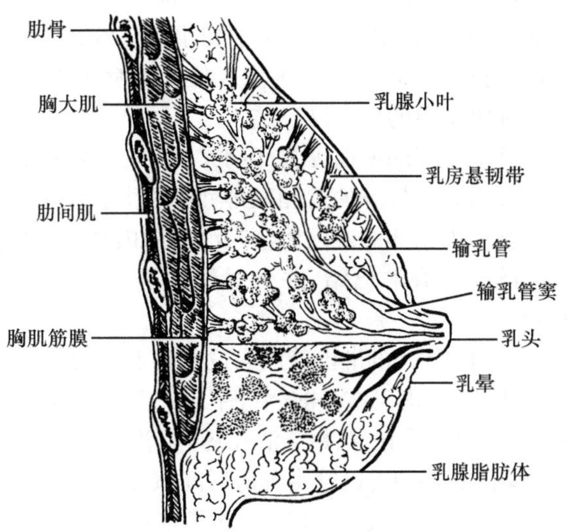

图5-10　女性乳房

乳头(mammary papilla)位于乳房中央,平第4肋间隙或第5肋。其顶端有输乳管开口。乳头周围色素较多称乳晕,表面有许多小隆起,深面为乳晕腺,分泌脂性物滑润乳头。

乳房的纤维组织包绕乳腺,并有纤维组织隔嵌入腺叶之间,将腺体分隔成15~20个**乳腺叶**(lobes of mammary gland)。每一腺叶都有一个排泄管称**输乳管**(lactiferous ducts),末端纤细开口于乳头,在近乳头处膨大成**输乳管窦**(lactiferous sinuses)。输乳管和乳腺叶以乳头为中心呈放射状排列,故乳腺脓肿切开引流时应选放射状切口,以免切断输乳管。乳腺周围纤维组织有许多与皮肤垂直的纤维束,一端连皮肤,另一端连胸筋膜,称**乳房悬韧带**或Cooper韧带,对乳腺起固定作用。乳腺癌时若侵犯Cooper韧带,韧带缩短,牵引皮肤凹陷,致使乳房表面皮肤出现许多小凹。

(二)乳房的淋巴回流

女性乳房淋巴管丰富,分为浅、深二组。浅组位于皮内和皮下,深组位于乳腺小叶周围和输乳管壁内,浅深二组之间有广泛的吻合,乳房的淋巴注入腋淋巴结、胸骨旁淋巴结、胸肌间淋巴结和膈上淋巴结等(图5-11)。

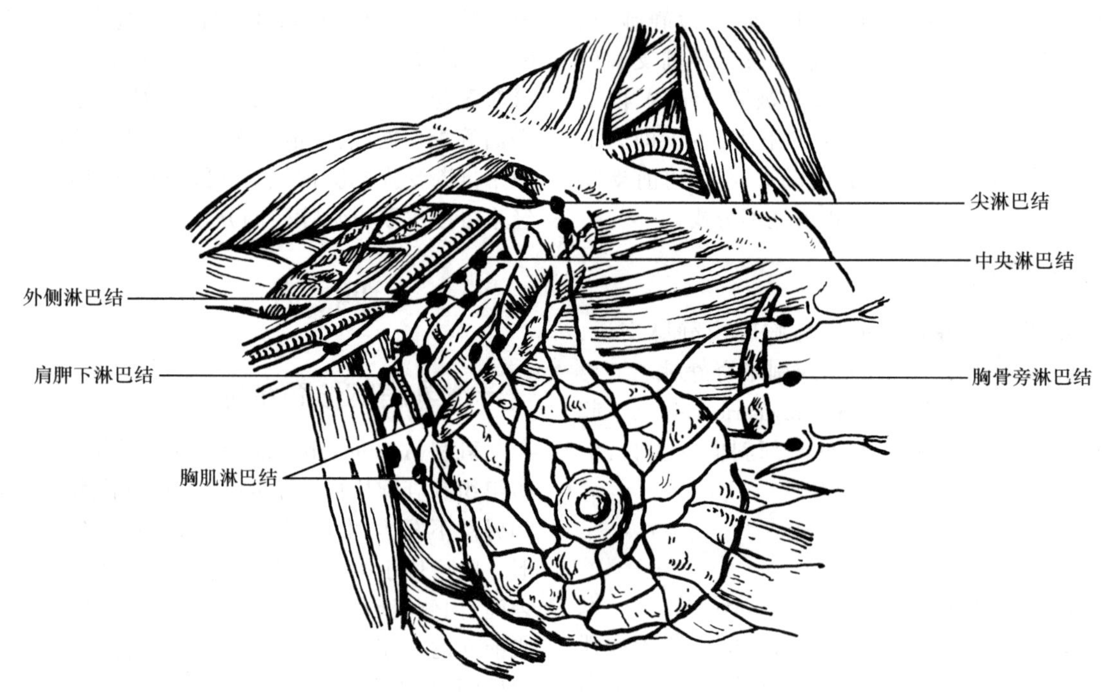

图5-11　腋淋巴结和乳房淋巴结

乳房外侧部的淋巴管注入腋淋巴结群中的胸肌淋巴结,该群淋巴结位于胸小肌下缘,胸外侧动、静脉周围,其输出管注入位于腋窝中央疏松结缔组织中的中央淋巴结。

乳房上部的淋巴管穿经胸大肌,向上注入腋窝尖部沿腋动静脉的近侧段排列的尖淋巴结。

乳房内侧部的淋巴管注入沿胸廓内动、静脉排列的胸骨旁淋巴结,并与对侧乳房淋巴管相吻合。

乳房内下部的淋巴管注入位于膈上面的膈上淋巴结。膈上淋巴结分前、中、后3组,其输出淋巴管汇入胸骨旁淋巴结,最终汇入纵隔后淋巴结。

乳房深部的淋巴管由乳房后间隙穿胸大肌注入胸肌间淋巴结或尖淋巴结。乳腺癌时累及浅淋巴管,可导致其收集范围内的淋巴回流受阻。

临床应用

由于各乳腺叶和输乳管均以乳头为中心呈放射状排列,故乳房手术应尽量作放射状切口,以减少对输乳管和乳腺的损伤。乳腺癌时,由于乳腺真皮内淋巴管阻塞导致皮肤发生淋巴水肿和Cooper韧带受浸润而皱缩,使乳房表面呈现许多小凹,皮肤呈橘皮样变,是乳腺癌诊断的体征。

乳癌是妇女恶性肿瘤发病率较高的一种,主要通过淋巴转移。故乳房的淋巴引流有相当重要的临床意义。癌细胞可沿以上途径转移到腋窝、锁骨上、胸骨旁等淋巴结,而且还可通过膈转移至腹腔,甚至进入盆腔;女性乳房的淋巴管十分丰富,与对侧的淋巴管有交通,癌细胞可转移到对侧;浅、深淋巴管之间也有丰富的交通吻合支。

(三)乳腺的微细结构

乳腺内的结缔组织将腺体分隔为15~25个腺叶,每个腺叶又分为若干小叶,每个小叶为一个复管泡状腺。乳腺的腺泡上皮为单层立方或柱状,腺腔很小,腺上皮与基膜之间有肌上皮细胞。导管包括小叶内导管、小叶间导管和总导管(输乳管),开口于乳头。导管由单层立方或柱状上皮组成,逐渐变成复层扁平,并与乳头表皮相连续。小叶间结缔组织内含有大量的脂肪细胞。由于乳腺的结构随着年龄和生殖生理状态的变化而不同,故可将乳腺分为以下几个期。

1. 静止期乳腺 指未孕女性的乳腺。腺体和导管均不发达,腺泡小而少,脂肪组织和结缔组织极为丰富。静止期乳腺随月经周期有些变化,月经来潮前腺泡与导管增生和充血,因而乳腺可略增大,月经停止后这一现象消失(图5-12)。

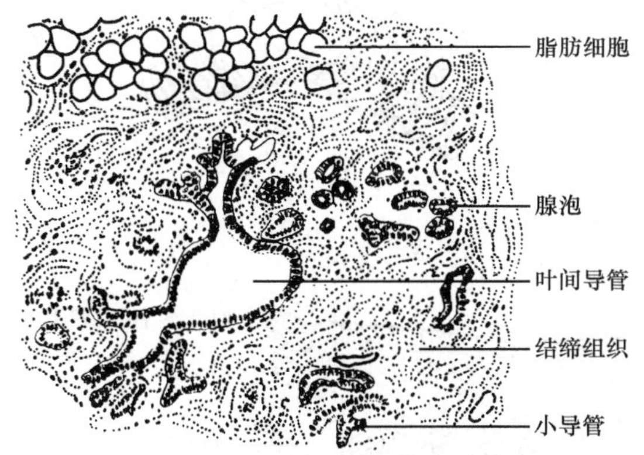

图5-12 静止期乳腺的微细结构

2. 活动期乳腺 妊娠期和授乳期的乳腺分泌乳汁,称活动期乳腺。妊娠期,在雌激素和孕激素的作用下,乳腺的小导管和腺泡迅速增生,腺泡增大,同时结缔组织和脂肪组织减少(图5-13)。在妊娠后期,由于垂体分泌的催乳激素的作用,腺泡开始分泌。乳腺为顶浆分泌腺,分泌物中含有脂滴、乳蛋白、乳糖和抗体等,称为初乳。初乳中还常含有吞噬脂滴的巨噬细胞,称初乳小体(图5-14)。

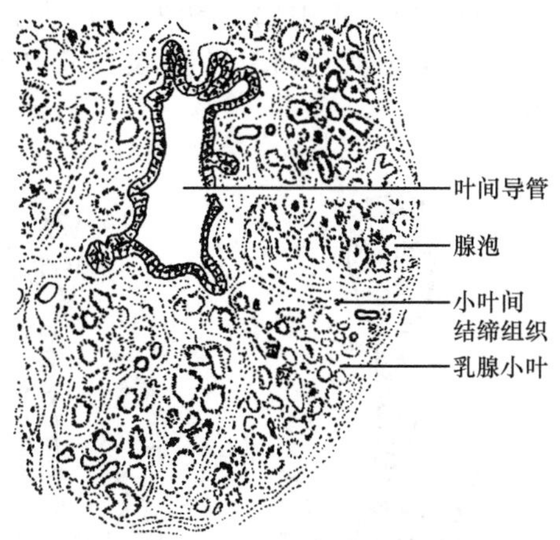

图5-13 妊娠期乳腺的微细结构

授乳期乳腺结构与妊娠期乳腺相似,但结缔组织更少,腺体发育更好,腺泡腔增大,腺泡处于不同的分泌时期。分泌前期的腺泡腺细胞呈高柱状,分泌后期的腺泡腺细胞呈立方形或扁平形,腺腔内充满乳汁(图5-14)。电镜下,腺细胞内粗面内质网和线粒体丰富,并可见分泌颗粒和脂滴。断乳后,由于催乳激素水平下降,乳腺分泌停止,腺组织逐渐萎缩,结缔组织和脂肪组织增多,乳腺又转入静止期。绝经后,体内雌激素和孕激素水平下降,乳腺萎缩,体积减小。

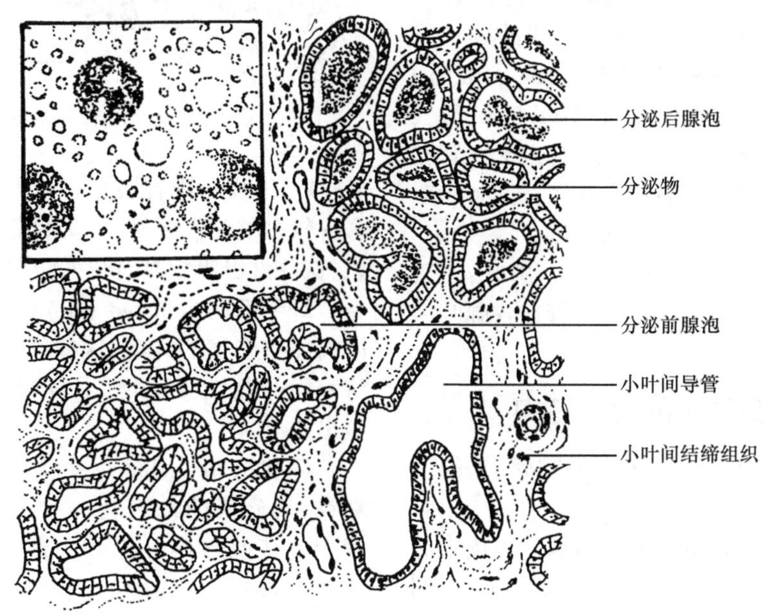

图5-14 授乳期乳腺的微细结构(左上角为初乳涂片)

第2节 胸腔器官

胸腔(thoracic cavity)为一底凸向上,前后略扁的锥形腔。外围以胸壁、内衬以胸内筋膜,上借胸廓上口通颈部,下借膈与腹腔分隔。以纵隔为界胸腔被分为三部,即左侧和右侧部的胸膜囊,内容肺脏;位于正中偏左的纵隔,内容心、心包、出入心的大血管、食管、气管、支气管和胸导管等器官。

一、气管和支气管

(一)气管和支气管的形态

1. 气管(trachea) 位于食管前方,上接环状软骨,由颈部正中下行入胸腔。在胸骨角平面即平第4胸椎体下缘处气管分杈,称为**气管杈**(bifurcation of trachea),其内面有一向上凸且偏向左侧的纵嵴,呈半月形称为**气管隆嵴**(carina of trachea),是气管镜检查的标志(图5-15)。

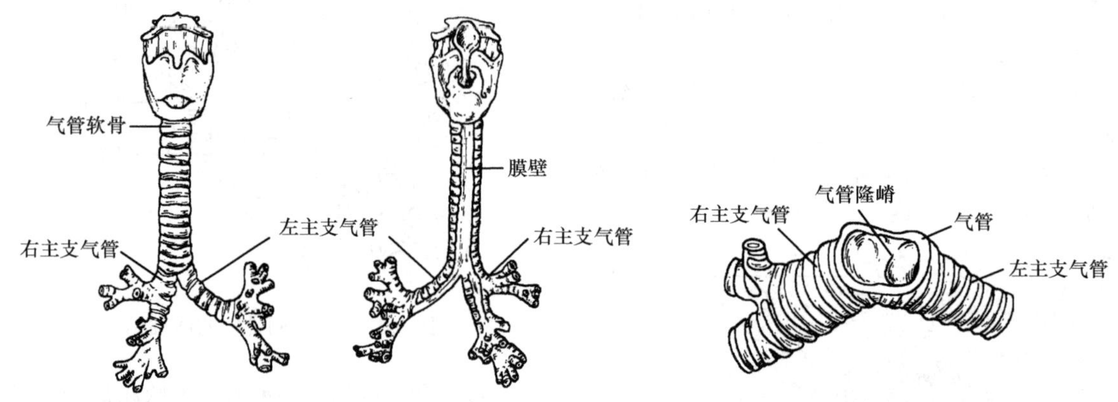

图5-15 气管、支气管和气管隆嵴

气管通常由16~20个呈"C"型的软骨环以及连接各环间的结缔组织和平滑肌构成,其后壁缺少软骨,由纤维组织膜封闭,称膜壁。气管内面衬以黏膜。气管切开术通常在第3~5气管软骨环处进行。

2. 支气管(bronchi) 是由气管分出的各级分支,其一级分支为左、右主支气管(图5-15)。**左主支气管**(left principal bronchus)长4.5~5.2cm,外径0.9~1.4cm,与气管中线的延长线形成35°~36°角。**右主支气管**(right principal bronchus)长1.9~2.6cm,外径1.2~1.5cm,与气管中间延长线呈22°~25°角。左、右主支气管相比较,前者细长,走向倾斜;后者粗短,走向略直。因此,经气管落入的异物多坠入右侧。

二级支气管为**肺叶支气管**,进入肺叶;三级支气管为**肺段支气管**,是二级支气管在各肺叶内的再分支。

(二)气管与支气管的组织结构

1. 气管 由内向外依次分为黏膜、黏膜下层和外膜三层结构(图5-16)。

(1)**黏膜**:由上皮和固有层组成。上皮为假复层纤毛柱状上皮。由纤毛细胞、杯状细胞、刷细胞、基细胞和弥散的内分泌细胞组成(图5-17)。上皮与固有层之间有明显的基膜。固有层含较多的弹性纤维、丰富的毛细血管和淋巴组织,这些淋巴组织具有免疫防御功能。

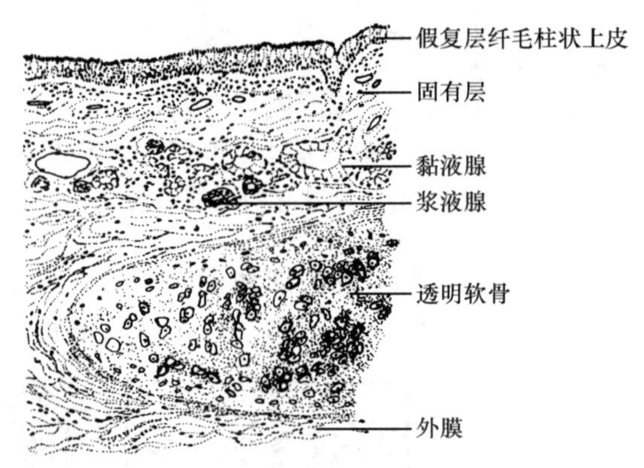

图5-16 气管的微细结构

纤毛细胞(ciliated cell)数量最多,呈柱状,游离面有密集的纤毛,这些纤毛能向咽部摆动,将腔面的黏性分泌物、尘粒和细菌等推向咽部咳出。

杯状细胞(goblet cell)胞质内含大量黏原颗粒,其分泌的黏液为一种大分子糖蛋白,与管壁的其他腺体分泌物一起形成一层黏液性屏障,能黏附空气中的尘粒、异物和溶解某些有害气体。

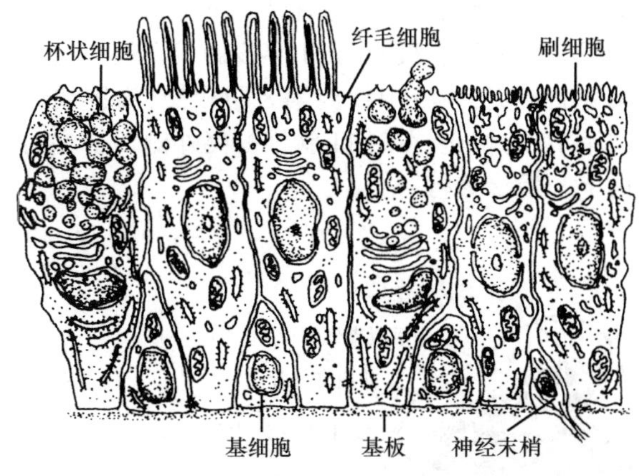

图 5-17　气管上皮超微结构模式图

刷细胞(brush cell)呈柱状,游离面有排列整齐的微绒毛,形如刷状。刷细胞的功能尚无定论。有人认为是一种未成熟的纤毛细胞;也有人认为刷细胞有感受某些刺激的功能。

基细胞(basal cell)位于上皮的深层,呈锥体形,胞体较小,细胞器少,是一种未分化细胞,可增殖分化成纤毛细胞和杯状细胞。

弥散的内分泌细胞(diffused endocrine cell)数量少,呈锥体形,胞质内有许多小的致密芯颗粒,故又称小颗粒细胞。颗粒内含有多种肽类或胺类激素,如5-羟色胺、脑啡肽和降钙素等。

(2) **黏膜下层**:为疏松结缔组织,与固有层和外膜无明显界限。此层内含血管、神经及淋巴管外,还有混合性气管腺。

(3) **外膜**:较厚,由疏松结缔组织构成。内含由16~20个"C"字形的透明软骨环,环间以弹性纤维为主的膜状韧带相连。气管的膜性部内有环行平滑肌束和较多的气管腺。

2. 支气管　其结构与气管相似,但随着支气管的不断分支,管径变细,管壁变薄,三层结构分界不明显。软骨环逐渐减少,形态也渐呈不规则,甚至变成小软骨片;平滑肌则逐渐增多,螺旋状走行,其收缩有利于分泌物的排出;管壁内的气管腺也逐渐减少。

二、肺

(一) 肺的外形

肺(lungs)位于胸腔的纵隔两侧,右肺较宽短、左肺较狭长,两肺借肺根和肺韧带与纵隔相连。肺表面覆盖着脏胸膜,光滑润泽,可见肺小叶的多边形轮廓。胎儿的肺未经呼吸入水则下沉,出生后肺内含有空气而能浮于水中。幼儿肺呈淡红色,随着年龄的增长,空气中的尘埃、炭末等颗粒物质吸入肺内,肺的颜色逐步变为暗红或深灰色,长期吸烟者的肺呈棕黑色(图 5-18)。

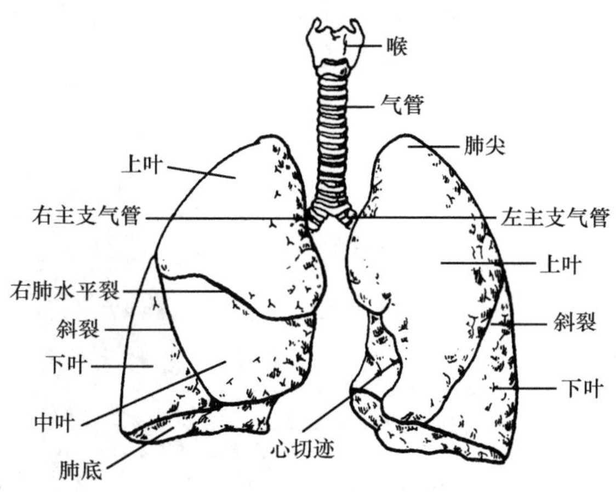

图 5-18　肺的形态

肺呈圆锥形,分一尖一底三缘三面。**肺尖**圆钝,由胸廓上口突至颈部,超出锁骨内侧1/3段上方2.5cm;**肺底**即膈面;肺分**前缘**、**后缘**和**下缘**三个缘;**肋面**、**膈面**、**纵隔面**三个面。肋面面积较大,邻接肋及肋间肌。纵隔面中部有长圆形的凹陷即**肺门**或**第一肺门**。肺门是支气管,肺动、静脉,支气管动、静脉,淋巴管和神经的进出部位。而各肺叶的肺叶支气管和肺叶血管的分支或属支等结构出入肺叶处称**第二肺门**。进出第一肺门的结构被结缔组织所包绕,构成**肺根**。肺根内结构的排列规律是:自前向后依次为**肺静脉**、**肺动脉**和**支气管**。左肺根内各结构自上而下的排列规律是肺动脉、左主支气管、肺下静脉;右肺根自上而下为上叶支气管、肺动脉、肺静脉。肺门附近有支气管肺门淋巴结即肺门淋巴结。两肺根前方有膈神经和心包膈血管,后方有迷走神经,下方有肺韧带。右肺根前方尚有上腔静脉、部分心包和右心房。后上方有奇静脉勾绕;左肺根上方尚有主动脉弓跨过,后方有胸主动脉。

左肺由**斜裂**(oblique fissure)分为上、下二叶。右肺除斜裂外还有一**水平裂**(horizontal fissure of right lung),此裂自斜裂后部起始,水平向前达右肺的内侧面,右肺由斜裂和水平裂分为上、中、下叶。

(二) 肺段

每一肺段支气管及其所属的肺组织称为**支气管肺段**(bronchopulmonary segments),也称**肺段**。肺段(图 5-19)呈锥形,尖朝向肺门,底向肺表面,肺段内有肺段支气管、肺段动脉和支气管动脉伴行。肺段间有少量结缔组织和段间静脉通行,收集相邻肺段的血液,是肺段切除的标志。右肺有 10 个肺段,左肺有 8~10 个肺段。左肺上叶的尖段支气管与后段支气管,下叶的内侧底段支气管与前底段支气管常共干,故肺段合并为尖后段或内前底段,在这种情况下左肺只有 8 个肺段。肺的体表投影:肺下界投影线在锁中线与第 6 肋相交,在腋中线与第 8 肋相交,肩胛线处与第 10 肋相交,在第 11 胸椎棘突外侧 2cm 左右向上与后缘移行。

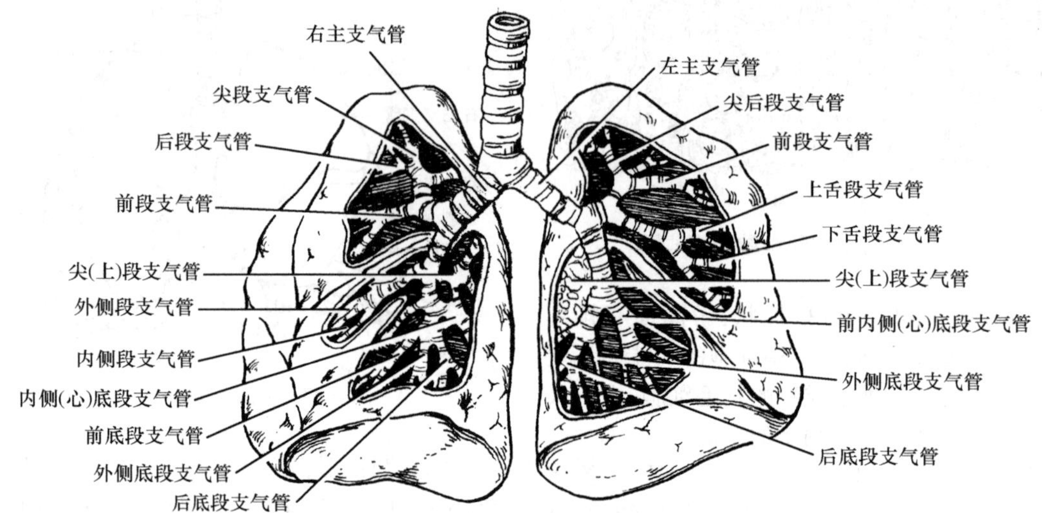

图 5-19　肺段支气管与支气管肺段

支气管肺段简表

右肺支气管肺段		左肺支气管肺段		
上叶	尖段(SⅠ)	上叶	尖段(SⅠ)	尖后段(SⅠ+SⅡ)
	后段(SⅡ)		后段(SⅡ)	
	前段(SⅢ)		前段(SⅢ)	
中叶	外侧段(SⅣ)		上舌段(SⅣ)	
	内侧段(SⅤ)		下舌段(SⅤ)	
下叶	上段(SⅥ)	下叶	上段(SⅥ)	
	内侧底段(SⅦ)		内侧底段(SⅦ)	内前底段(SⅦ+SⅧ)
	前底段(SⅧ)		前底段(SⅧ)	
	外侧底段(SⅨ)		外侧底段(SⅨ)	
	后底段(SⅩ)		后底段(SⅩ)	

(三)肺的组织结构

肺的表面覆以浆膜(胸膜脏层),浆膜深部的结缔组织伸入肺内,将肺分隔成许多小叶。

肺组织分为实质和间质两部分,肺内结缔组织及其所含的血管、神经及淋巴管构成肺间质。由肺内支气管树及其末端的肺泡构成肺实质。支气管树为左、右支气管分别入肺后分支形成叶支气管(第 2 级),右肺为 3 支,左肺为 2 支。叶支气管再分支成段支气管(第 3~4 级)。段支气管再反复分支成小支气管(第 5~10 级)、细支气管(第 11~13 级)以及终末细支气管(第 14~16 级);终末细支气管继续分支成呼吸性细支气管(第 17~19 级)、肺泡管(第 20~22 级)、肺泡囊(第 23 级)至肺泡(第 24 级)。从肺叶支气管到终末细支气管,称肺的**导气部**;从呼吸性细支气管到肺泡的各级分支称肺的**呼吸部**。每个细支气管连同它的各级分支及肺泡构成一个**肺小叶**。肺小叶呈锥体形,其尖端朝向肺门,底部面向肺表面,每叶肺约有 50~80 个肺小叶,是肺的结构单位。

1. 肺导气部

(1)**叶支气管至小支气管**:管径逐渐变小,管壁变薄,黏膜、黏膜下层和外膜三层分界不明显。上皮为假复层纤毛柱状上皮,但逐渐变薄,杯状细胞、气管腺和软骨片逐渐减少,平滑肌纤维逐渐增多(图 5-20)。

(2)**细支气管**:上皮为单层纤毛柱状上皮,杯状细胞很少或消失,环行平滑肌更为明显,黏膜常形成皱襞(图 5-20)。

(3)**终末细支气管**:上皮为单层柱状上皮,杯状细胞、腺体和软骨片均消失,环行平滑肌增多并形成完整的环行层,环行平滑肌受自主神经支配，其收缩或舒张可调节进出肺泡的气体流量。上皮内除了纤毛细胞外，还有一种无纤毛的柱状细胞称**克拉拉细胞**(Clara cell)，细胞顶部胞质中含有发达的滑面内质网和分泌颗粒，可分泌糖蛋白，参与上皮表面黏液层的形成。

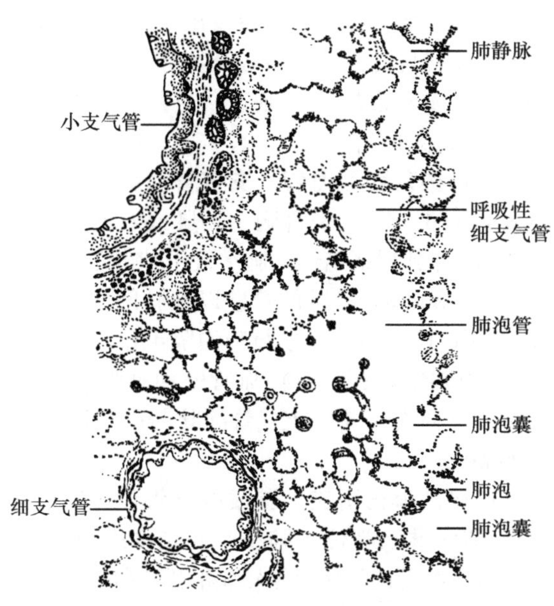

图 5-20 肺的微细结构(低倍)

2. 肺呼吸部

(1) **呼吸性细支气管**：为终末细支气管的分支，管壁上常有肺泡开口，因而具有气体交换功能。管壁比终末细支气管更薄，上皮为单层立方上皮，由纤毛细胞和 Clara 细胞组成，上皮下方有少量平滑肌纤维(图 5-20)。

(2) **肺泡管**：管壁上有许多肺泡开口，因而自身的管壁结构很少，在相邻两个肺泡开口处之间形成结节状膨大，膨大表面覆有少量上皮，内部为环行平滑肌束(图 5-20)。

(3) **肺泡囊**：为若干个肺泡的共同开口处。相邻肺泡开口之间无环行平滑肌，因而无结节状膨大(图 5-20)。

(4) **肺泡**(pulmonary alveoli)：为半球形囊泡状，最大直径约 300μm。肺泡壁极薄，由单层的肺泡上皮和极薄的基膜组成。相邻肺泡之间有少量结缔组织和丰富的血管以及弹性纤维(图 5-20)。

1) **肺泡上皮**：由Ⅰ型肺泡细胞和Ⅱ型肺泡细胞组成(图 5-21)。

Ⅰ型肺泡细胞(type Ⅰ alveolar cell)数量较少，胞质除含核部略厚外，其余部分扁平菲薄，覆盖肺泡壁的大部分表面，是气体交换的部位。电镜下，细胞器很少，吞饮小泡较多，相邻的肺泡细胞之间有紧密连接。Ⅰ型肺泡细胞已无增殖能力，损伤后由Ⅱ型肺泡细胞分化补充。

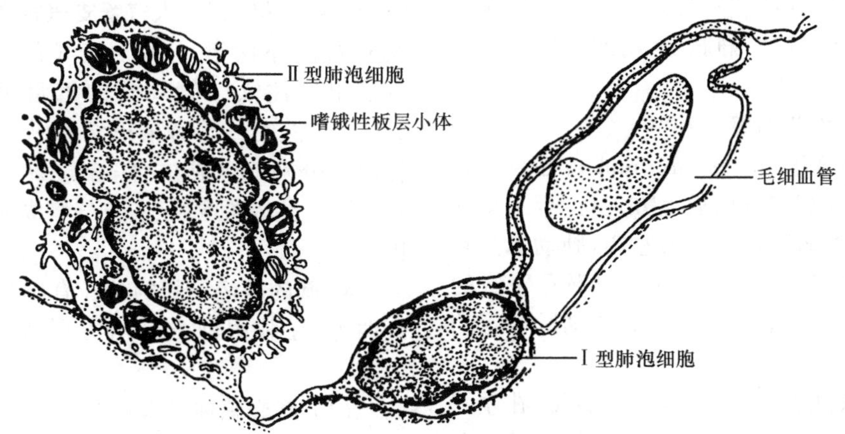

图 5-21 Ⅰ、Ⅱ型肺泡上皮细胞超微结构模式图

Ⅱ型肺泡细胞(type Ⅱ alveolar cell)数量较多，分布在Ⅰ型肺泡细胞之间，细胞呈圆形或立方形，突向肺泡腔；核圆形，胞质着色浅，常呈泡沫状。电镜下，细胞的游离面有短小的微绒毛，胞质中有较多的线粒体、溶酶体，较发达的粗面内质网和高尔基复合体；核上部有许多电子密度较高的分泌颗粒，内含有同心圆形或平行排列的板层结构，呈嗜锇性，故称**嗜锇性板层小体**。小体内的主要成分为以棕榈酰卵磷脂为主的磷脂，以及一些蛋白质和糖胺多糖。板层小体内容物释放后，在肺泡表面形成表面液体层，称**表面活性物质**，具有降低肺泡表面张力，保持和稳定肺泡大小的作用。使肺泡吸气时不致过度扩张，呼气时不致过度塌陷。Ⅱ型肺泡细胞发育不良可导致新生儿肺透明膜病。

2) **肺泡隔**：相邻两个肺泡间的薄层结缔组织构成肺泡隔，内含密集的连续毛细血管和丰富的弹性纤维，弹性纤维有维持肺泡形态的作用。

气血屏障(blood-air barrier)为肺泡内的气体与血液内的气体进行交换所通过的结构,包括肺泡表面的液体层、I 型肺泡细胞及其基膜、薄层结缔组织、毛细血管的基膜与内皮,又称呼吸膜。有的部位无薄层结缔组织,两层基膜融合在一起。气血屏障很薄,厚约 0.5μm,有利于气体迅速交换。

3) **肺泡孔**:相邻肺泡间以 10~15μm 的小孔相通,称肺泡孔,是相邻肺泡间的气体通道,可均衡各肺泡间的气体量。当一些细小导管阻塞时,肺泡孔可起到侧支通道的作用。但在某些病菌感染时,肺泡孔亦成为蔓延扩散的通道。

3. 肺间质和肺巨噬细胞

肺间质由疏松结缔组织组成,主要分布于肺内支气管树周围及肺泡隔内,内含丰富的血管、淋巴管和神经,以及较多的弹性纤维和巨噬细胞等。**肺巨噬细胞**属于单核-吞噬细胞系统,在细支气管以下的气道周围间质内较多,有的进入肺泡腔内。它们能吞噬吸入空气中的尘粒、病菌、异物等有害物质,已吞噬大量尘埃微粒的巨噬细胞称尘细胞。

(四) 肺的血管、淋巴和神经

肺的血管包括功能性血管和营养性血管两个系统。前者即肺动、静脉,其功能是司气体交换。后者即支气管动、静脉,其功能是供给氧气和营养物质。

1. 肺的功能性血管

(1) **肺动脉干**(pulmonary trunk):起自右心室,在左主支气管前方向后上方走行,至主动脉弓下方,平第 4 胸椎高度分为左、右肺动脉。肺动脉干分叉处稍左侧有一连于主动脉弓下缘的**动脉韧带**(arterial ligament),是胚胎动脉导管的遗迹。

左肺动脉(left pulmonry artery)较短,在左主支气管前上方向左上入左肺门。分两支进入左肺上、下叶,然后伴随支气管树反复分支,最后形成毛细血管配布于肺泡周围。

右肺动脉(right pulmonary artery)较长而粗,经升主动脉和上腔静脉后方、奇静脉弓下方入右肺门,在右肺门处分 3 支进入右肺的上、中、下叶,然后伴随支气管树反复分支,直至形成配布于肺泡周围的毛细血管。

(2) **肺静脉**(pulmonary vein):肺泡周围的毛细血管逐级汇合成肺上、下静脉。肺上静脉在主支气管和肺动脉下方行向内下,平第 3 肋软骨高度穿心包注入左心房后部;肺下静脉水平向前,平第 4 肋软骨注入左心房。右肺上静脉收纳右肺上、中叶的含氧血,右肺下静脉收纳右肺下叶的含氧血;左肺上、下静脉分别收纳左肺上、下叶的经气体交换的含氧血。肺循环是肺的功能性血循环。肺动脉从右心室发出后经肺门入肺,且不断分支与支气管的各级分支伴行,最终在肺泡隔内形成密集的毛细血管网,再汇集成静脉,由肺静脉流回心脏。

2. 肺的营养性血管　支气管动脉(bronchial arteries)有 1~3 支,来自胸主动脉或右肋间后动脉,细小,伴肺根诸结构入肺。行于肺内各级支气管的管壁和肺动、静脉的管壁以及肺间质形成毛细血管网,其一部分也参与肺泡隔毛细血管网的形成,供应各级支气管壁、血管壁和脏胸膜等处。然后,其一部分汇集成支气管静脉,另一部分汇入肺静脉内。

3. 肺的淋巴引流　肺浅淋巴管位于肺胸膜深面,肺深淋巴管位于肺小叶间结缔组织内、支气管和肺血管的周围,注入肺淋巴结和支气管肺门淋巴结。浅、深淋巴管之间存在交通。

肺淋巴结位于肺内,沿支气管和肺动脉的分支排列,其输出淋巴管注入支气管肺门淋巴结。**支气管肺门淋巴结**位于肺门处,也称肺门淋巴结,其输出淋巴管注入**气管支气管淋巴结**。后者又分成上、下两组,分别居于气管杈的上、下方,其输出管注入气管周围的**气管旁淋巴结**(图 5-22)。左、右气管旁淋巴结和纵隔前淋巴结的输出管分别汇合成左、右支气管纵隔干,左支气管纵隔干注入胸导管,右支气管纵隔干注入右淋巴导管。

4. 肺的神经　肺的神经有副交感和交感神经两种,在肺根前方和后方形成肺丛,沿肺根入肺。

(1) 副交感神经来自迷走神经,属胆碱能神经,分布于支气管树的平滑肌、腺体和血管上。兴奋时,支气管平滑肌收缩,血管平滑肌舒张,腺体分泌增加。

(2) 交感神经属肾上腺素能纤维,也分布至支气管树的平滑肌、腺体和血管上。兴奋时支气管平滑肌松弛,血管平滑肌收缩、腺体分泌受到抑制。

肺的内脏感觉纤维行走于迷走神经内,分布于支气管、肺泡隔、肺泡、各级支气管黏膜和脏胸膜,传递内脏感觉冲动。

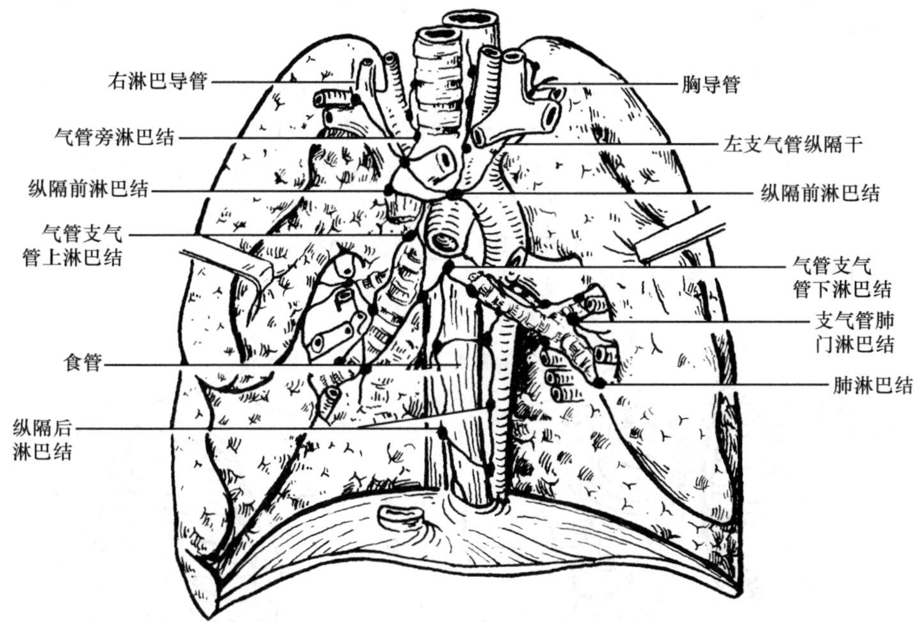

图 5-22 胸腔脏器的淋巴结

(五)肺的其他功能

肺除呼吸功能外,还参与许多物质代谢及转化功能。如肺血管的内皮细胞的游离面上有血管紧张素转换酶,使血液中的血管紧张素Ⅰ转化为血管紧张素Ⅱ,使血压升高。肺血管内皮细胞还含有缓激肽酶,可分解灭活血液中的缓激肽,从而增加血管紧张,升高血压。内皮细胞还含单胺氧化酶,能分解灭活血液中的5-羟色胺、去甲肾上腺素等。内皮细胞能灭活前列腺素,还能释放前列腺素等。

三、胸　　膜

胸膜(pleura)是一薄层浆膜,分为脏胸膜与壁胸膜。覆盖于肺表面的胸膜称**脏胸膜**(visceral pleura)。贴附于胸壁内面、膈上面和纵隔侧面,并突至颈根部的胸膜称**壁胸膜**(parietal pleura)。脏胸膜与壁胸膜在肺根处相互移行,二者之间是一密封的浆膜囊腔隙,称为**胸膜腔**(pleural cavity)。左、右两侧胸膜腔是独立的浆膜囊,互不相通。胸膜腔内仅有少量浆液,可减少呼吸时的摩擦,呈负压,实际上脏胸膜与壁胸膜相互贴附在一起,形成两个潜在性的腔隙。

(一)脏胸膜

脏胸膜也称肺胸膜,被覆于肺的表面,与肺紧密结合并伸入叶间裂内。

(二)壁胸膜

壁胸膜可分为互相移行转折的4部分。

1. 肋胸膜(costal pleura) 贴附于肋间肌和肋骨等结构的内面。

2. 膈胸膜(diaphragmatic pleura) 覆盖于膈的上面,与膈紧密相贴,不易剥离。

3. 纵隔胸膜(mediastinal pleura) 贴附在纵隔的两侧面,纵隔胸膜的中部包绕肺根移行于脏胸膜。此移行部在肺根下方,前后两层重叠,连于纵隔外侧面与肺内侧面之间,称**肺韧带**。

4. 胸膜顶(cupula of pleura) 肋胸膜与纵隔胸膜上延至胸廓上口平面以上,形成穹隆状的胸膜顶,覆盖于肺尖上方。胸膜顶突出胸廓上口,伸向颈根部,高出锁骨内侧1/3段上方2~3cm。

(三)胸膜隐窝

壁胸膜各部相互转折处的胸膜腔,即使在深吸气时,肺缘也不能伸入其内,称**胸膜隐窝**(pleural recesses)。主要有肋膈隐窝和肋纵隔隐窝。**肋膈隐窝**(costodiaphragmatic recess)是肋胸膜与膈胸膜相互转折处的胸膜隐窝,是胸膜腔的最低部位。深吸气时肺缘不能充满其内,胸膜腔积液首先聚于此处,胸膜腔穿刺时,穿刺针进入此隐窝内。**肋纵隔隐窝**(costomediastinal recess)位于覆盖心包表面的纵隔胸膜与肋胸膜转折处,肺前缘未能伸入,以左侧更为明显,在胸骨左侧第4~5肋间隙后方,心包前方和肺的心切迹内侧。

（四）胸膜返折线的体表投影

壁胸膜各部互相返折部位在体表的投影标志着胸膜腔的范围。

胸膜前界为肋胸膜前缘与纵隔胸膜前缘的返折线。两侧起自锁骨内侧 1/3 上方 2～3cm 处，向内下在第 2 胸肋关节水平，两侧互相靠拢，在正中线附近垂直下行。右侧于第 6 胸肋关节处移行为下界。左侧至第 4 胸肋关节高度略转向外下，在胸骨侧缘外侧 2～2.5cm 处下行，达第 6 肋软骨中点处移行下界。两侧胸膜前界在第 2～4 胸肋关节高度靠拢，向上、下分开，形成两个三角形无胸膜区，上方者称胸腺区，内有胸腺。下方者称心包区，内有心和心包（图 5-23）。

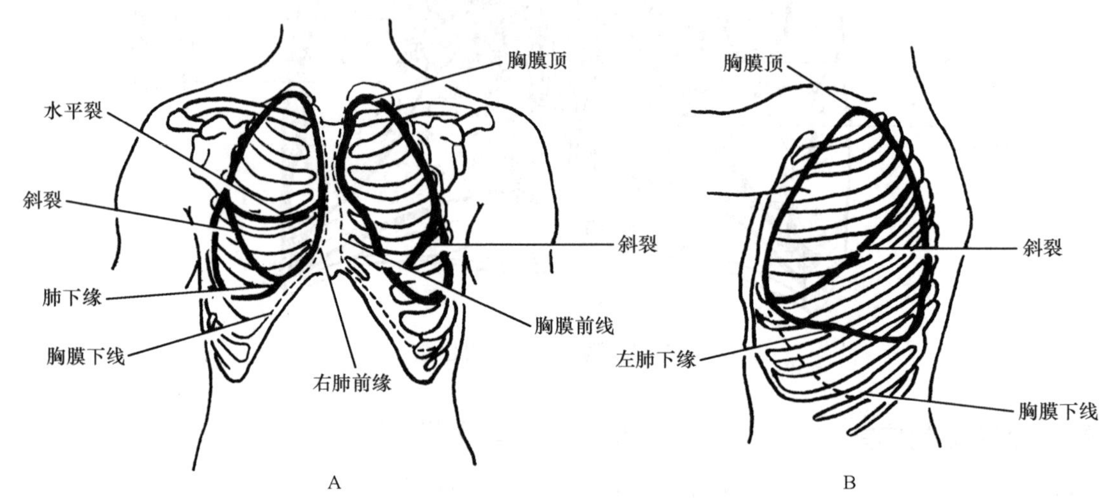

图 5-23 肺与胸膜体表投影（前面、左侧面）

A. 前面；B. 左侧面

胸膜下界为肋胸膜下缘与膈胸膜的返折线。右侧起自第 6 胸肋关节后方，左侧起自第 6 肋软骨中点处，两侧均向外下行，在锁骨中线与第 8 肋相交，在腋中线与第 10 肋相交，近后正中线处平第 12 胸椎棘突。右侧胸膜下界略高于左侧（图 5-24）。

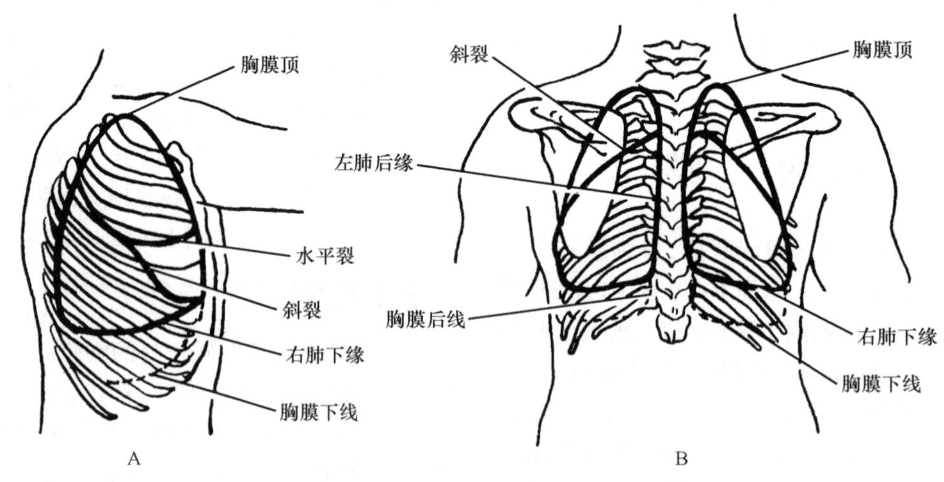

图 5-24 肺与胸膜体表投影（后面、右侧面）

A. 右侧面；B. 后面

（五）胸膜的血管、淋巴和神经

壁胸膜的血液供应来自肋间后动脉、胸廓内动脉和心包膈动脉的分支，脏胸膜的血供来自支气管动脉和肺动脉的分支。胸膜的静脉与同名动脉伴行，最终注入上腔静脉和肺静脉。

胸膜的淋巴管位于间皮深面的结缔组织中。脏胸膜的淋巴管和肺的淋巴管吻合，注入支气管肺淋巴结。壁胸膜各部的淋巴管回流不同，分别注入胸骨旁淋巴结、肋间淋巴结、膈淋巴结、纵隔前后淋巴结和腋淋巴结。

笔记栏

脏胸膜由肺丛的内脏感觉神经支配，肺丛位于肺根前、后方。脏胸膜对触压、温度等刺激不敏感，定位不准确，但对牵拉敏感，因此肺手术可经肺根进行局部麻醉，以阻滞肺丛的传入冲动。壁胸膜由脊神经的躯体感觉神经支配，肋间神经分布到肋胸膜和膈胸膜周围部。膈神经分支分布至膈胸膜中央部、纵隔胸膜和胸膜顶。壁胸膜对机械性刺激敏感，痛阈低、定位准确，故胸膜发炎可出现牵涉痛，出现胸腹部和颈肩部痛等症状。

临床应用

胸膜腔内疾患的诊断或治疗常须行胸膜腔穿刺。胸膜腔内有积液时，如果无粘连，液体多聚集于后外侧。穿刺前应叩诊或行X线、B超检查，以确定积液的最高平面及合适的穿刺部位。抽吸积液的穿刺部位，以选择后外侧第8或第9肋间隙较为安全。穿刺部位过低时，易于穿过胸膜隐窝及膈肌，伤到腹腔内脏器，特别是右侧易于伤及肝脏。穿刺时病人最好取坐位，两手抱对侧肩部。穿刺针应沿下一肋的上缘进入，以免伤及肋间血管神经。穿刺时应注意，病变时间长久者，胸膜可能增厚。

胸膜返折线前界以第2、4胸肋关节平面为界，可分为上、中、下3段。两侧中段在胸骨后相互靠拢，有时甚至重叠，因此，在开胸手术时，应注意有这种情况存在的可能，以防发生双侧气胸。

四、纵　　隔

(一) 纵隔的定义和分区

纵隔(mediastinum)是左、右纵隔胸膜之间的器官、结构及其间的结缔组织的总称，位于胸腔正中偏左，呈矢状位。纵隔分隔左、右胸膜囊和肺，其前界是胸骨和肋软骨内侧部，后界是脊柱胸段，两侧为纵隔胸膜，上界以胸廓上口与颈部交通，下界以膈与腹部相隔。一侧发生气胸可引起纵隔摆动和移位。

1. 纵隔分区　以胸骨角和第4胸椎下缘平面为界，将纵隔分为**上、下纵隔**。下纵隔则以心包为界分为前、中、后纵隔。**前纵隔**位于胸骨后面与心包前壁之间，**后纵隔**位于心包后壁与脊柱之间，**中纵隔**是心、心包和出入心的大血管根部所占据的区域(图5-25)。

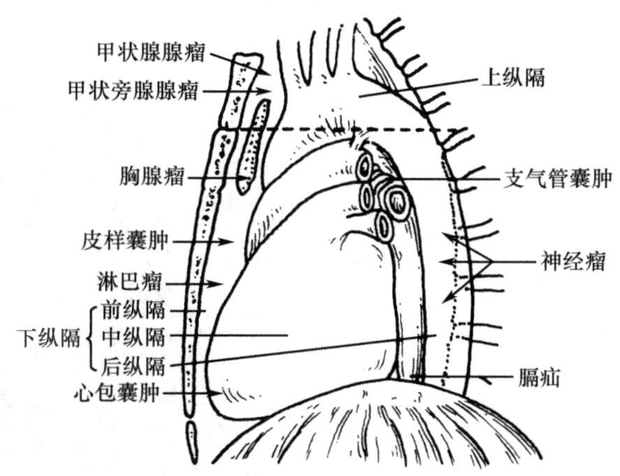

图5-25　纵隔分区及某些病变的部位

2. 纵隔左侧面　中部为左肺根。其前下方为心包形成的隆凸，肺根上方有主动脉弓、左颈总动脉和左锁骨下动脉。肺根后方为胸主动脉、左交感干及内脏大神经。胸导管和食管上份在左锁骨下动脉后方，即该动脉、主动脉弓与脊柱围成的食管上三角。食管下份在心包下半部与胸主动脉间，即位于胸主动脉、心包和膈围成的食管下三角。左膈神经和心包膈血管在主动脉弓前方，经肺根前方沿心包下行至膈(图5-26)。

3. 纵隔右侧面　中部为右肺根，其前下方有心包形成的隆凸。肺根后方有食管、奇静脉和右交感干。上方有右头臂静脉、奇静脉弓、上腔静脉、气管和食管。下方有下腔静脉。右膈神经和心包膈血管经上腔静脉右侧，肺根前方，紧贴心包右侧壁下行至膈。右迷走神经在气管右侧下行，经肺根后方至食管后面，此神经在右锁骨下动脉高度发出右喉返神经(图5-27)。

(二) 上纵隔

上纵隔(superior mediastinum)器官较多，由前后方大致可分为三层：前层内有胸腺，左、右头臂静脉和上腔静脉；中层有主动脉弓及其三大分支、膈神经和迷走神经；后层有气管、食管、左喉返神经和胸导管等(图5-28)。**胸腺**(thymus)位于上纵隔前层，胸腺三角内，上达胸廓上口，甚至伸入颈部，下端至前纵隔，前方为胸骨，后面附于心包和大血管前面。胸腺肿大可压迫气管、大血管甚至食管而出现呼吸困难、发绀和吞咽困难。

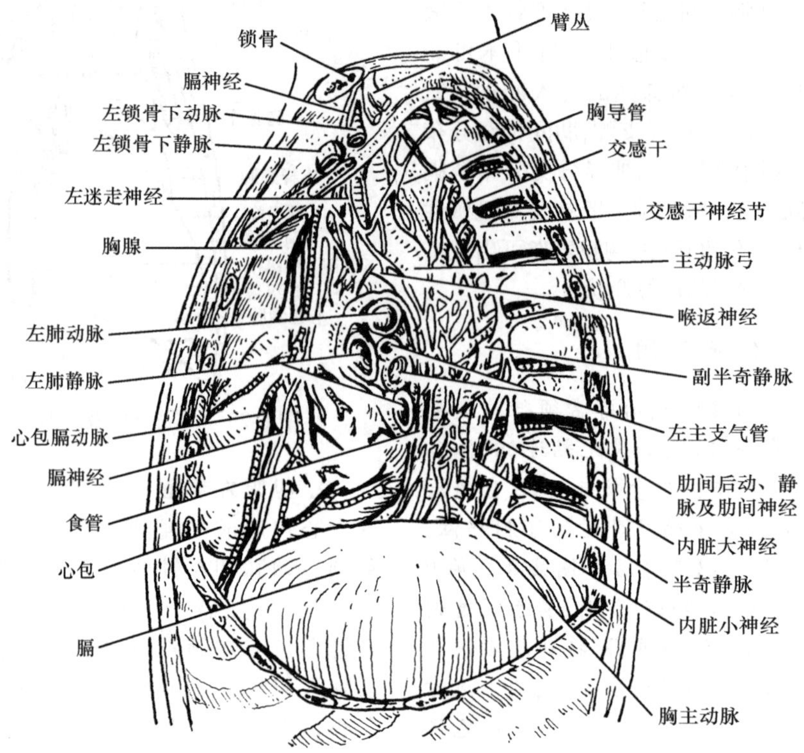

图 5-26　纵隔左侧面观

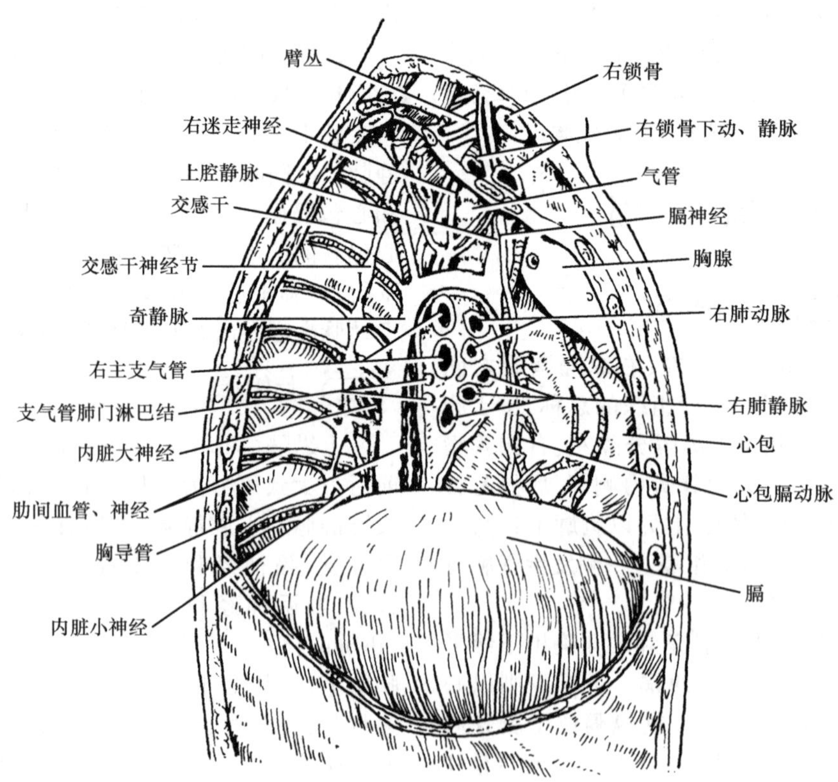

图 5-27　纵隔右侧面观

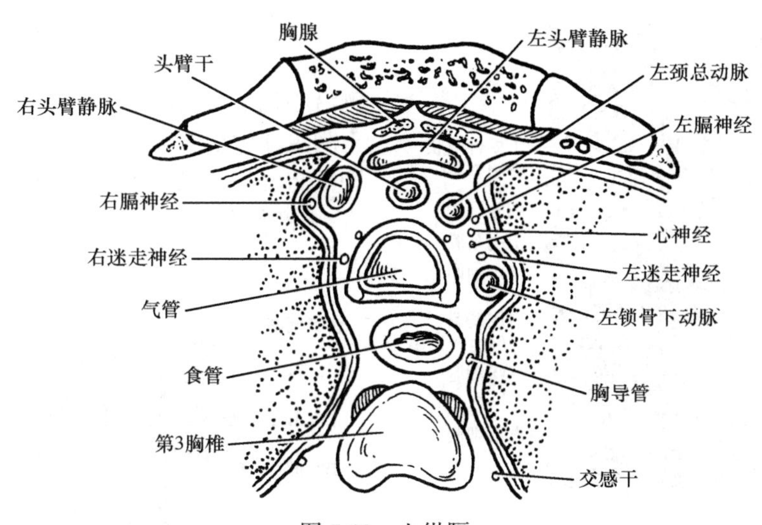

图 5-28　上纵隔

1. 胸腺的组织结构　胸腺的大小和结构有明显的年龄性变化,从胚胎时期至青春期,胸腺逐年发育增大成熟,青春期后逐渐出现退化、萎缩、脂肪性变性等。

胸腺为实质性器官,表面有结缔组织的被膜,被膜结缔组织伸入实质内形成小叶间隔,将胸腺分成许多不完全分割的小叶,小叶的周边部有密集的淋巴细胞,故着色较深,称皮质;小叶的中央部着色较浅,称髓质(图 5-29)。胸腺内的淋巴细胞称**胸腺细胞**,胸腺内还含有胸腺上皮细胞和巨噬细胞等。

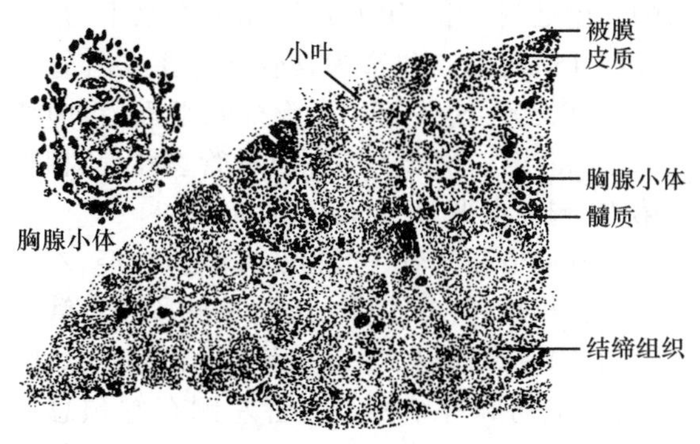

图 5-29　胸腺的微细结构(低倍)

(1) **皮质**:以胸腺上皮细胞为支架,间隙内含大量的胸腺细胞和一些巨噬细胞。分布于被膜下方和小叶间隔表面的胸腺上皮细胞称被膜下上皮细胞。这种细胞呈扁平状,其朝向结缔组织面平滑,但另一侧面有一些突起伸出。被膜下上皮细胞能分泌胸腺素和胸腺生成素。分布于其余部分的上皮细胞,一般呈星形,称星形上皮细胞,又称上皮性网状细胞。细胞核较大,圆形,着色浅,胞质中含大量张力丝。星形上皮细胞的突起间有桥粒相连。星形上皮细胞虽不分泌激素,但有诱导胸腺细胞发育分化的功能。此外还有一种大型圆形或椭圆形的细胞,胞质丰富,内含数个内吞的胸腺细胞,称胸腺哺育细胞。

胸腺细胞由进入胸腺的淋巴干细胞分化而来。干细胞进入胸腺后,在皮质内增殖分化,其中的大部分在分化中途凋亡,被巨噬细胞吞噬,只有很小部分分化成熟变为初始 T 细胞,并穿入皮质与髓质交界处的毛细血管后微静脉,到周围淋巴器官或组织内。

(2) **髓质**:由大量的胸腺上皮细胞、少量初始 T 细胞及巨噬细胞组成。髓质中常有一种椭圆形或不规则形的小体,直径约 30~150μm,由数层扁平的胸腺小体上皮细胞同心圆形排列包绕而成,称**胸腺小体**(图 5-29),又称**哈氏小体**。胸腺小体的外层细胞较幼稚,核清楚,胞质嗜酸性;近小体中心的细胞为成熟细胞,核出现退化;小体中心部的细胞,变性解体或角化,呈均质状,嗜酸性着色。小体内还常有一些巨噬细胞和嗜酸粒细胞。胸腺小体的功能尚无定论。

(3) **血-胸腺屏障**(blood-thymus barrier):研究证实血液中的大分子物质很难进入胸腺皮质内,使皮质内的淋巴细胞不受外来抗原的影响,在一个比较稳定的内环境中发育分化。这是因为毛细血管及其周围的结构具有屏障作用。血-胸腺屏障由下列几层构成:①连续性毛细血管内皮;②完整的内皮基膜;③血管周隙,其中含有巨噬细胞;④上皮性网状细胞的基膜;⑤连续的上皮性网状细胞(图 5-30)。

2. 胸腺的功能　胸腺是形成初始 T 细胞的场所。胸腺上皮细胞分泌的胸腺素和胸腺生成素,能促进胸腺细胞的分化。在胸腺内培育出的初始 T 细胞经血循环送至周围淋巴器官和淋巴组织。

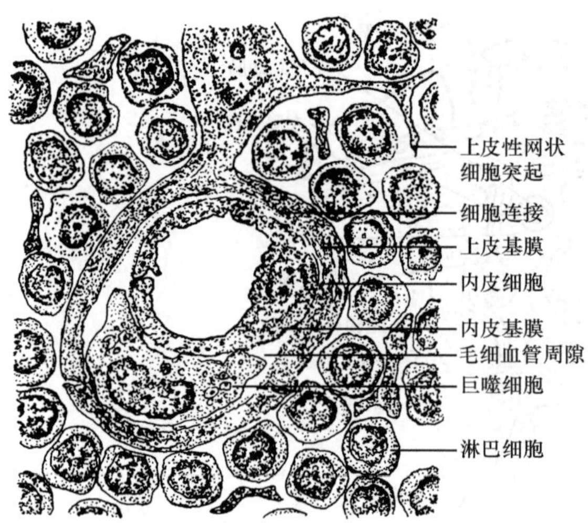

图 5-30 血-胸腺屏障模式图

(三)下纵隔

下纵隔分为前纵隔、中纵隔和后纵隔。

1. 前纵隔(anterior mediastinum) 是胸骨体与心包前壁之间的窄隙,内有胸膜囊前部、部分纵隔前淋巴结和疏松结缔组织。

2. 中纵隔(middle midiastinum) 平第 5~8 胸椎之间,内有心、心包、出入心的大血管根部和膈神经等。

3. 后纵隔(posterior mediastinum) 在心包后壁与下部胸椎之间,上平胸骨角、下达膈。内有食管、胸主动脉、奇静脉、半奇静脉、副半奇静脉、胸导管、迷走神经、胸交感干和内脏大、小神经等。

(四)纵隔间隙

纵隔间隙为纵隔器官间的窄隙,其内填充疏松结缔组织,适应器官运动和胸腔容积变化。胸部创伤空气可向上扩散至颈部,炎症积液则可向下漫延至腹膜后隙。

1. 胸骨后间隙 在胸骨后方,胸内筋膜前方,向下至膈。该间隙的感染可向膈蔓延,甚而穿破膈扩散至腹膜外脂肪层。

2. 气管前间隙 在上纵隔内,气管胸部、气管杈与主动脉弓之间,向上通颈部同名间隙。

3. 食管后间隙 在上纵隔内的食管与胸内筋膜之间,内有奇静脉、胸导管和副半奇静脉等器官。上通咽后间隙,下与心包食管间的疏松结缔组织相连,并通过膈的裂隙与腹膜后隙相通。

五、食管胸段

笔记栏

食管(图 5-31)胸段长约 18cm,自胸廓上口入上纵隔后部,位于气管与脊柱之间稍偏左侧下行,经气管杈后方逐渐靠近中线,在胸主动脉右侧沿心包下行,在第 7 胸椎高度又向左偏移,绕至胸主动脉前方至左前方下行,最后经平第 10 胸椎高度穿膈肌食管裂孔至腹部,总之食管并不直,上部偏左、中部偏右、下部偏左。

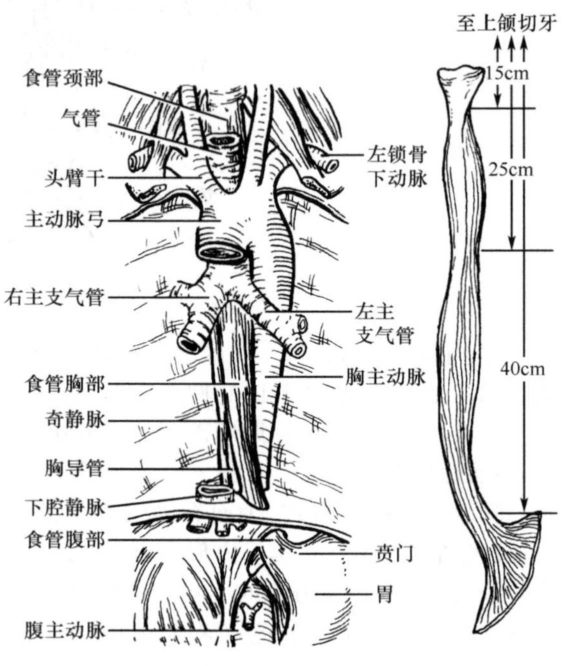

图 5-31 食管位置及狭窄

食管全程有 3 处生理性狭窄,第一狭窄为食管的起始处,相当于第 6 颈椎体下缘水平,距中切牙约 15cm;第二狭窄为食管在左主支气管的后方与其交叉处,平第 4、5 胸椎间平面,距中切牙约 25cm;第三狭窄为穿膈肌食管裂孔处,相当于第 10 胸椎水平,距中切牙约 40cm。

食管前方与气管、气管杈、左喉返神经、左心房等器官相毗邻,食管后方有脊柱胸段及食管后间隙,其内有奇静脉、半奇静脉、副半奇静脉、胸导管、胸主动脉等结构。食管左侧有左颈总动脉、左锁骨下动脉、主动脉弓末段等结构,食管右侧有奇静脉弓和右纵隔胸膜。迷走神经先行于食管两侧,在肺根后下方左侧至食管前面,右侧至其后面,形成食管前、后丛,并发支至气管。

食管胸上段的动脉来自上部肋间后动脉和支气管支,以 5 支为多见。食管胸下段动脉来自食管动脉,以 1~2 支多见。食管壁内静脉丰富互相吻合形成食管静脉丛。并汇合成数支食管静脉注入奇静脉,半奇静脉或副半奇静脉。食管静脉丛与胃左静脉有吻合,故门静脉高压时可经此途径建立侧支循环,导致食管静脉曲张。

食管胸上段的淋巴管注入气管旁淋巴结和

气管支气管淋巴结，胸下段淋巴管注入纵隔后淋巴结和胃左淋巴结。食管胸部尚有一些淋巴管不穿越局部的淋巴结直接注入胸导管。

食管的神经来自交感神经、迷走神经和内脏感觉神经。食管壁横纹肌由喉返神经支配，平滑肌和腺体由交感和副交感神经支配，食管黏膜的感觉神经随交感和副交感神经一起传入脊髓和脑干。

食管壁由黏膜、黏膜下层、肌层和外膜四层构成：

1. 黏膜 上皮为未角化的复层扁平上皮，下端与胃贲门部相接处突然变为单层柱状上皮。固有层形成乳头突向上皮，为致密结缔组织构成。食管上端和下端的固有膜中可见黏液性食管贲门腺。黏膜肌发达，主要为纵行平滑肌组成。

2. 黏膜下层 为疏松结缔组织，含有黏液性和混合性食管腺，有导管穿过黏膜开口于食管腔。腺体周围带有密集的淋巴细胞，甚而形成淋巴小结。

3. 肌层 分内环行和外纵行两层，食管上1/3段为骨骼肌，下1/3段为平滑肌，中1/3段二者均有。食管两端内环肌增厚，分别形成上、下括约肌。

4. 外膜 外膜为结缔组织构成的纤维膜，含有神经、血管和淋巴管。

临 床 应 用

食管的3个狭窄具有一定的临床意义。第1狭窄部是食管内异物易于滞留处，而第2、3狭窄部是食管癌好发部位，临床上，位于第2狭窄部的食管癌较为多见。

食管各段都可发生肿瘤，肿瘤可沿淋巴管转移至局部或远处淋巴结。食管胸上段和中段的少数淋巴管，可直接注入胸导管。这样肿瘤细胞可不经过局部淋巴结直接至胸导管，从胸导管进入血液，是形成血源转移较迅速并累及其他器官的原因之一。

六、心

（一）心的位置和形态

心（heart）位于中纵隔内，约1/3位于人体正中面右侧，2/3位于左侧。前方与胸骨体和第2~6肋软骨相邻，后方平对第5~8胸椎，两侧与肺相邻，上连出入心的大血管，下方坐落在膈肌上（图5-32）。

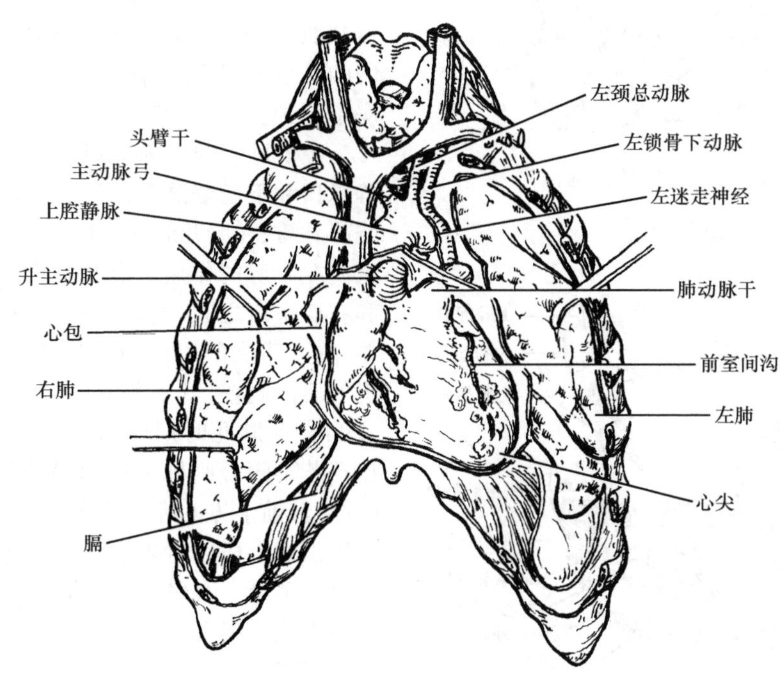

图5-32 心的位置

心分为一底、一尖、二面、三缘、表面还有四条沟（图5-33、图5-34）。**心尖**圆钝，朝向左前下方与左胸前壁接近。在左第5肋间隙锁骨中线内侧1~2cm处可扪及心尖搏动。**心底**朝向右后上方，由左心房大部和右心房一部分及出入心脏的大血管组成。心有胸肋面和膈面两个面，**胸肋面**对向胸前壁，主要由右心室和右心房构成。**膈面**坐落在膈肌上，大部分由左心室，小部分由右心室构成。**心左缘**对向左肺，主要由左心室构成。**心右缘**垂直向下，由右心房构成。**心下缘**呈水平位，由右心室和心尖构成。心长轴与正中矢状面约成45°，右半心大部分位于右前方，左半心则大部分位于左后方。心的表面有4条沟，**冠状沟**(coronary sulcus)几乎呈额状位，近似环形，前方被肺动脉干隔开，是心房与心室在心表面的分界标志；**前室间沟**为左、右心室在胸肋面的分界；**后室间沟**是左、右心室在心脏膈面的分界标志；**后房间沟**是左、右心房在心表面的分界，是心底的右上、下肺静脉与右心房交界处的浅沟，与房间隔后缘一致。前、后室间沟在心尖右侧的会合称**心尖切迹**，而后房间沟、后室间沟和冠状沟的相交处称为**房室交点**。

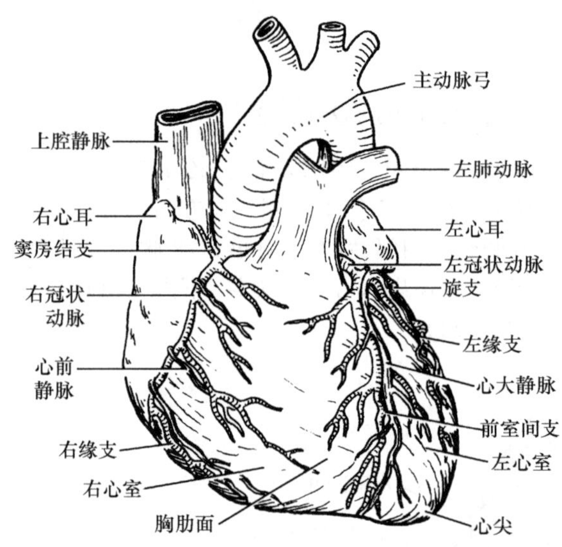

图5-33　心的外形和血管(前面)

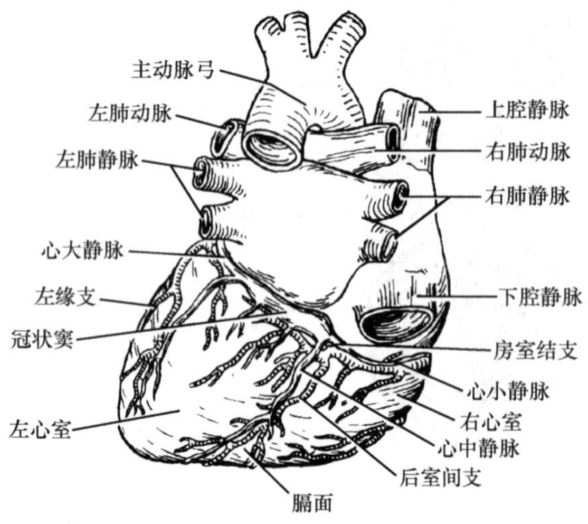

图5-34　心的外形和血管(后下面)

(二)心腔

心脏有4个腔，即左心房、左心室和右心房与右心室。左心房是位置最靠后的心腔，左心室构成心左缘是最靠左侧的心腔；右心房构成心右缘，是最靠右侧的心腔，右心室是最前方的心腔。

右心房(right atrium)以心表面的**界沟**和心腔面与界沟对应的**界嵴**为界，右心房可分前、后两部分，前部称**固有心房**，其前上部的锥体形盲囊突部称**右心耳**(right auricle)；后部称**腔静脉窦**(图5-35)。

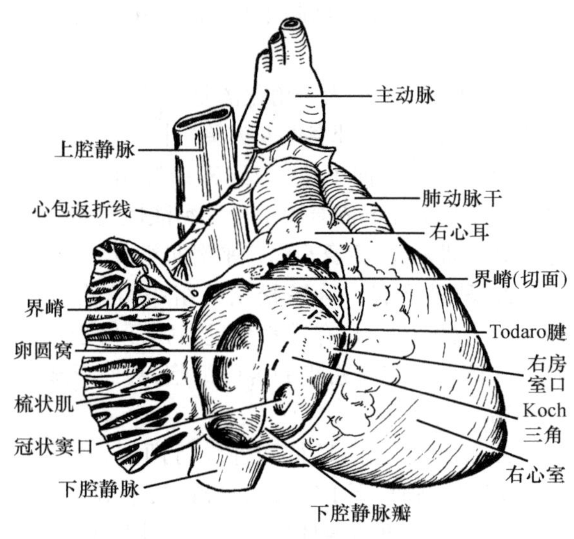

图5-35　右心房

固有心房腔面凹凸不平，有许多平行排列的**梳状肌**，它发自界嵴，向前与右心耳腔内交织成网的肌小梁相延续，在固有心房的左前下方有右房室口，通向右心室。

腔静脉窦的腔面光滑，上、下方分别有**上腔静脉口**和**下腔静脉口**。下腔静脉口的前缘有下腔静脉瓣，在胎儿时期该瓣有引导血液经卵圆孔流向左心房的作用。**冠状窦口**位于下腔静脉口和右房室口之间，冠状窦口的下缘有冠状窦瓣。左、右心房之间以房间隔分开，房间隔位于右心房的后内侧壁，其下部有一浅凹称**卵圆窝**(fossa ovalis)，是胎儿时期卵圆孔闭合后的遗迹，生后该孔若不闭合则称为房间隔缺损。卵圆窝边缘隆起，其前上方的隆起称主动脉隆凸。由主动脉窦推顶右心房后内侧壁所形成，故主动脉窦动脉瘤可穿破至右心房。通常将冠状窦口前内缘、三尖瓣隔侧尖附着缘和Todaro腱之间的三角区称**Koch三角**。

右心室(right ventricle)呈尖向下的锥体形，锥底被位于后上方的**右房室口**(right atrioventricular orifice)和左上方的肺动脉口所占据。右心室腔被呈弓形的肌性隆起**室上嵴**分为窦部和漏斗部(图5-36)。

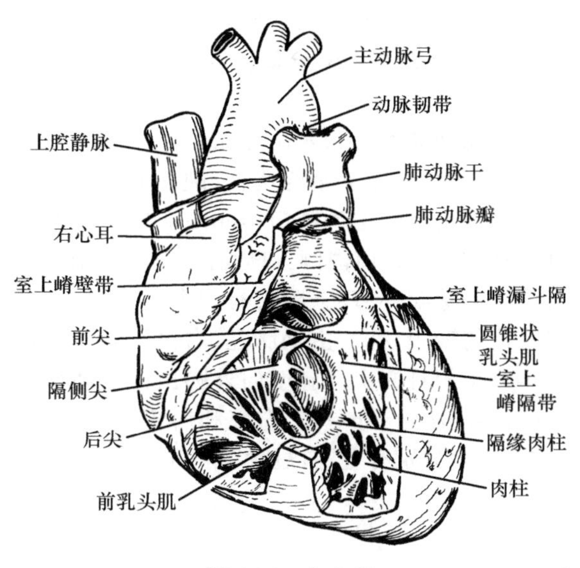

图 5-36　右心室

窦部由右房室口至右心室尖,室壁腔面凸凹不平,有许多交错排列的肌隆起,称为**肉柱**。并可见从室壁突入室腔的锥体状的**乳头肌**。根据乳头肌的位置分为位于前壁下部的前乳头肌,约1~2个,较大,其根部有一条肌束横过室腔至室间隔下部,称**节制索**(moderator band,**隔缘肉柱**),内有心传导系右束支纤维通过;右心室后乳头肌位于隔壁,由数个小的乳头肌组成;隔侧乳头肌位于室间隔比较细小。

右房室口呈卵圆形,为三尖瓣环所围绕,其上有**三尖瓣**(tricaspid valve)附着,三尖瓣被三个深陷的切迹分为三个近似三角形的瓣叶即前尖,后尖和隔侧尖。瓣膜游离缘垂入室腔。每个乳头肌尖端发出的**腱索**与两个尖瓣相连。三尖瓣环、三尖瓣、腱索和乳头肌在结构和功能上密切关连,故称为**三尖瓣复合体**(图 5-37)。

漏斗部即**动脉圆锥**(conus arteriosus),在腔静脉窦的左上方,腔面光滑无肉柱,上端经肺动脉口与肺动脉干相通。肺动脉口有三个呈半月形,袋口向上附着于肺动脉瓣环上的**肺动脉瓣**。每个瓣的游离缘中央都有一个半月瓣小结。心室收缩时只允许血液由右心室进入肺动脉,在心室舒张时半月瓣互相紧密相接,关闭肺动脉口,从而防止血液的倒流。

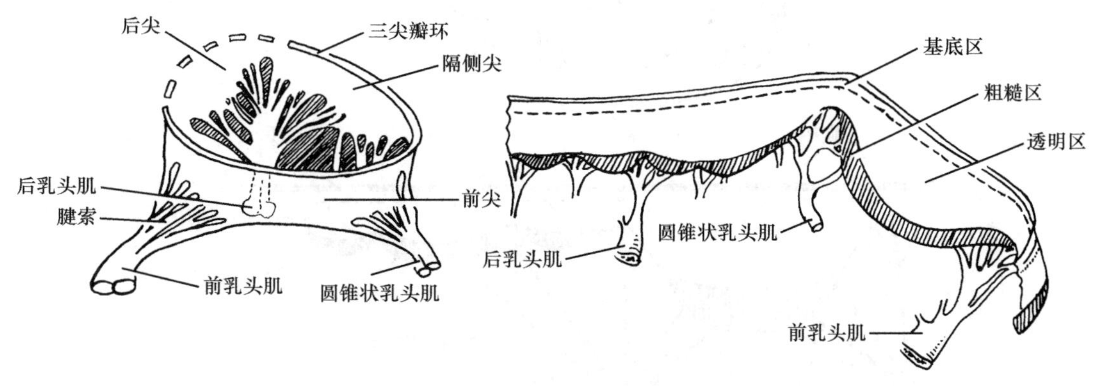

图 5-37　三尖瓣复合体示意图

左心房(left artium)分前、后两部分,前部为**左心耳**(left auricle),凸向左前方,掩盖肺动脉干根部左侧及冠状沟前部,心外科依据左心房与二尖瓣邻近的特点常选其为手术入路之一。与右心耳相比左心耳狭长,壁厚,边缘有深陷的切迹,其腔面的肌小梁常交织成小梁网。心功能障碍时,心内血流缓慢易导致血栓产生。后部较大,腔面较光滑,腔内共有 5 个开口即其后方两侧分别有左肺上、下静脉和右肺上、下静脉的开口,开口处无瓣膜,但由于心房肌围绕肺静脉口并向其内延伸 1~2cm,也起括约肌的作用。左心房前下方有**左房室口**(left atrioventricular orifice),通向左心室(图 5-38)。

左心室(left ventricle)为细长的圆锥体,心尖于左侧第 5 肋间隙锁中线内侧 1~2cm 处。

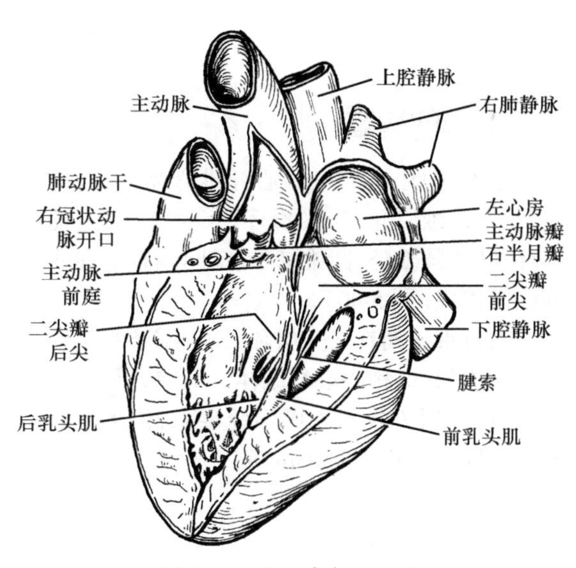

图 5-38　左心房与左心室

左心壁厚约 9~12mm，约为右心室壁厚的 3 倍，以二尖瓣前尖为界，将左心室分为窦部和主动脉前庭（图 5-38）。

窦部的入口为左房室口，为**二尖瓣环**（mitral annulus）所环绕，**二尖瓣**（mitral valve）的基底部附着在瓣环上，其游离缘垂入室腔，二尖瓣被两个深陷的切迹分为前尖和后尖。前尖呈半卵圆形，位于前内侧，介于左房室口与主动脉口之间，而后尖则呈长条形，位于后外侧。左心室前乳头肌为锥体形肌，起于左心室前壁中部，指向二尖瓣的前外侧连合；后乳头肌起自后壁靠近室间隔处，对向后内侧连合。每一乳头肌尖部通常有数个肌头，发出腱索至两个相邻瓣膜。由于二尖瓣环、二尖瓣、腱索和乳头肌在功能和结构上密切相关，合称为**二尖瓣复合体**（mitral complex，图 5-39）。

主动脉前庭（aortic vestibule）位于左心室前内侧部，该处腔壁光滑无肉柱，缺乏伸展性和收缩性。其出口称**主动脉口**（aortic orifice）。主动脉口在左房室口前内侧，口周有三个由纤维束构成的主动脉瓣环，环上附着有 3 个袋口向上，呈半月形的瓣膜，称为**主动脉左、右、后半月瓣**；每个半月瓣相对的主动脉壁向外膨出称**主动脉窦**（aortic sinuses），分左窦、右窦和后窦，其中主动脉左、右窦分别有左、右冠状动脉开口。

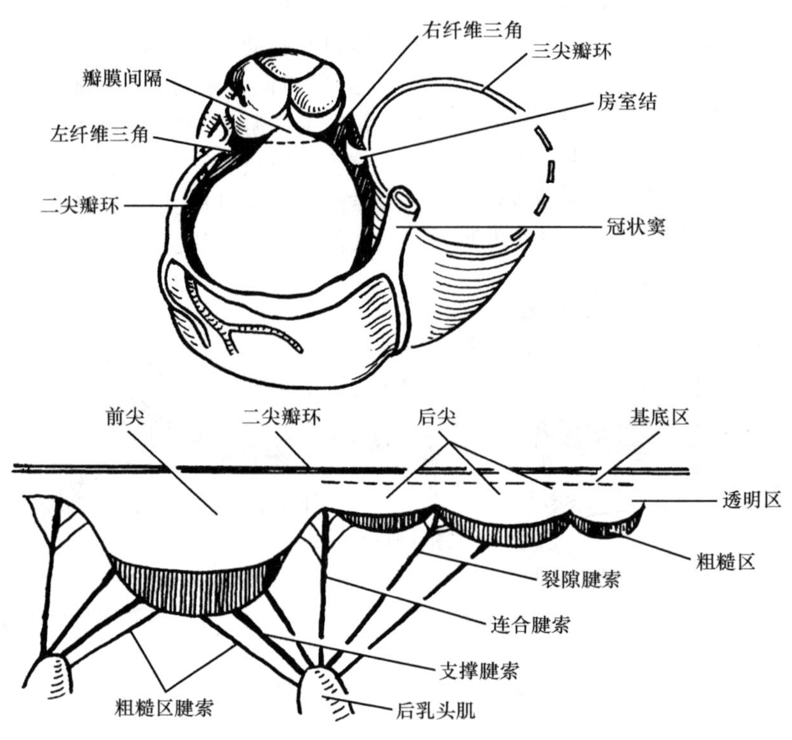

图 5-39　二尖瓣复合体示意图

（三）心的构造

心纤维性支架，又称心纤维骨骼，由右纤维三角、左纤维三角、二尖瓣环、三尖瓣环、主动脉瓣环、肺动脉瓣环、圆锥韧带、室间隔膜部和瓣膜间隔等组成（图 5-40）。

右纤维三角在二尖瓣环、三尖瓣环和主动脉后瓣环之间，又称中心纤维体。其前方与室间隔膜部延续，后方发出一圆形纤维束，位于右心房的心内膜深面称为 Todaro 腱。

左纤维三角位于主动脉左瓣环与二尖瓣环之间，呈三角形，左纤维三角外侧与左冠状动脉旋支相邻近，是二尖瓣手术时的重要标志，也是易于损伤冠状动脉的部位。

房间隔（interatrial septum）由左、右心房的内膜及夹在其间的结缔组织和少量心肌组成。房间隔前缘与升主动脉中央相对，其后缘与后房间沟相对应。房间隔较薄，卵圆窝部分最薄（图 5-41）。

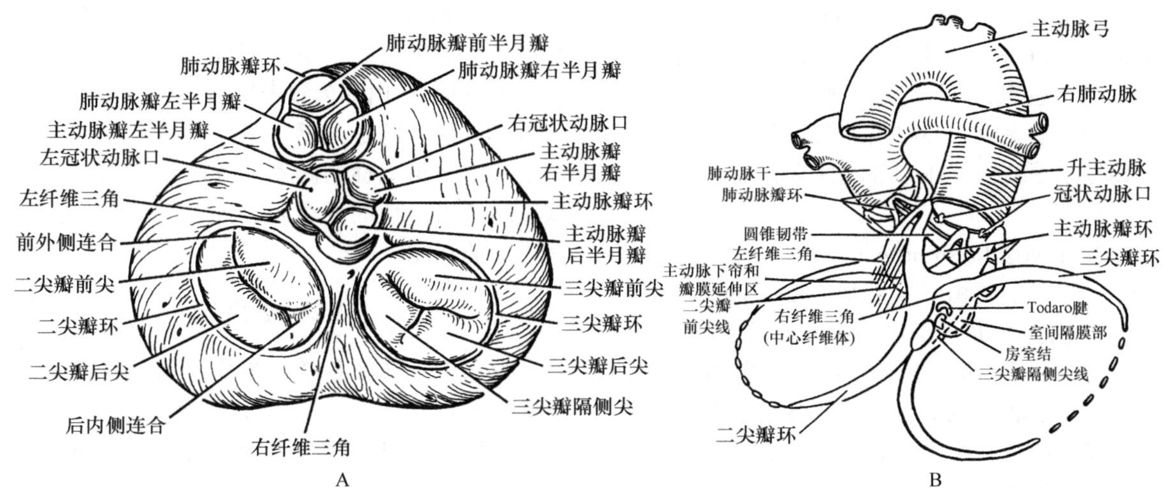

图 5-40　心纤维骨骼

A. 心瓣膜和纤维环上面观；B. 心纤维骨骼

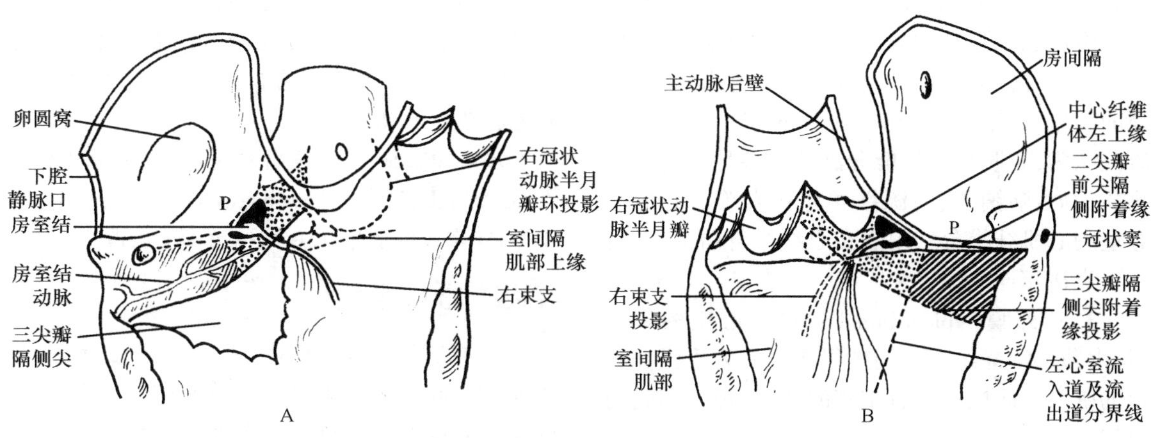

图 5-41　房室隔示意图

A. 右侧面；B. 左侧面

P. 转折点；黑区．中心纤维体（表面有房室结）；点区．房室隔前部；斜线区．房室隔后部

室间隔（interventricular septum）分为膜部和肌部两部分。上方中部的不规则形的膜性结构称**室间隔膜部**，面积约 0.8cm^2，其后上方介于右心房与左心室之间称房室部；前下部介于左、右心室之间，称室间部，该处是室间隔缺损的常见部位。室间隔膜部上方为主动脉右瓣和后瓣下缘，后缘为右心房壁，右侧面被三尖瓣的附着缘横过，前缘和下缘为**室间隔肌部**。室间隔肌部较大较厚。前、后室间沟与室间隔的前、后缘相对应（图 5-41）。

心脏的组织结构　心脏为肌性中空性器官，心壁较厚，由心内膜、心肌膜和心外膜三层结构组成（图 5-42）。

1. 心内膜（endocardium）　覆盖于心壁的内腔面表层、平坦而光滑、很薄。由内皮、内皮下层和心内膜下层三部分组成。内皮为一层单层扁平上皮，与出入心脏的血管内皮相连续。内皮下

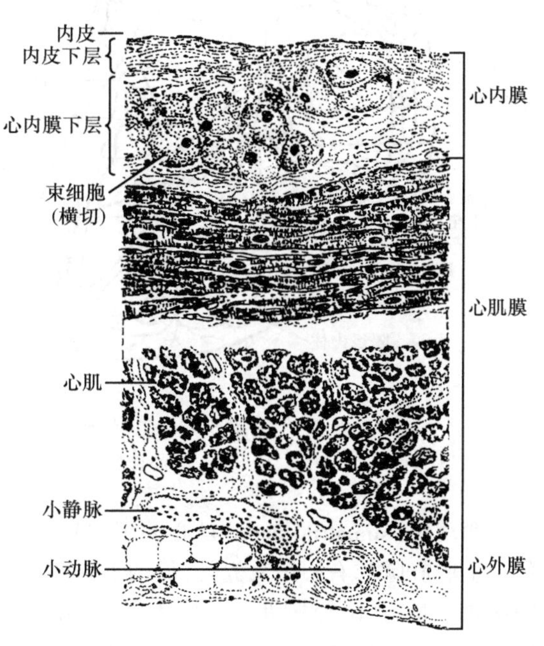

图 5-42　心壁的组织结构

层为内皮下面的薄层结缔组织。此层结缔组织结构细密,有时含少量的平滑肌。心内膜下层为疏松结缔组织,位于心内膜的深层,与内皮下层之间无明显界限。心内膜下层含有血管、神经及心传导系等结构。在心脏的腱索和乳头肌处,此层缺如。

2. 心肌膜(myocardium) 是心壁各层中最厚的一层。主要由心肌组成。心室的心肌膜较厚,尤以左心室最厚。心肌膜的心肌纤维大多成束或分层排列,大体上将其分为内纵、中环和外斜三层。心肌纤维间有丰富的毛细血管和富含网状纤维的结缔组织。心房和心室的心肌纤维,在结构和功能上有一定差异。心室的心肌纤维粗而长;心房的心肌纤维较短而细。电镜下,心房肌纤维的横小管不发达,胞质内常含有直径0.3~0.4μm的电子密度较高的膜包颗粒,称心房特殊颗粒。颗粒内含有一种肽类物质称心房尿钠多肽,简称心钠素(ANP)。心钠素具有很强的利尿、排钠、降压和扩血管的作用。最近的研究认为,心肌纤维还能分泌其他多种生物活性物质。如:脑钠素、内源性洋地黄素等。心房和心室的心肌纤维分别附着在心纤维骨骼上,二者并不直接相连。

3. 心外膜(epicardium) 位于心壁的最外层,由薄层结缔组织和间皮组成。实为浆膜性心包的脏层。此层中含有丰富的血管、神经和脂肪组织。

4. 心瓣膜(cardiac valve) 心脏的所有瓣膜都是由心内膜向腔内折叠而成。其两侧的表面均有内皮覆盖,内部为致密结缔组织。结缔组织基质中有较多的硫酸软骨素。在房室瓣的心室面附有结缔组织性的腱索。各瓣膜的基部均与致密结缔组织性的纤维环相连。瓣膜有防止血液逆流的功能。

临床应用

临床上除动脉导管未闭外常见的先天性心脏病还有:

房间隔缺损:最常见类型为卵圆孔未闭。如缺损较大,由于左房压力高于右房,导致血流由左向右分流。右心负荷增加,引起肺动脉高压和肺淤血。

室间隔缺损:常见于室间隔膜部缺损。由于室间隔膜部与房室结、房室束、左、右束支和三尖瓣、主动脉瓣位置关系密切,手术修补时应注意避免损伤这些结构。

法洛四联征:其主要特征是:①主动脉骑跨于左、右心室上;②室间隔缺损;③右心室流出道(漏斗部)狭窄或肺动脉口狭窄;④右心室肥厚。

(四) 心传导系

心传导系包括窦房结、结间束、房室结区、房室束、左、右束支和浦肯野纤维网(图5-43)。任何传导途径上的受损都可导致心律异常。

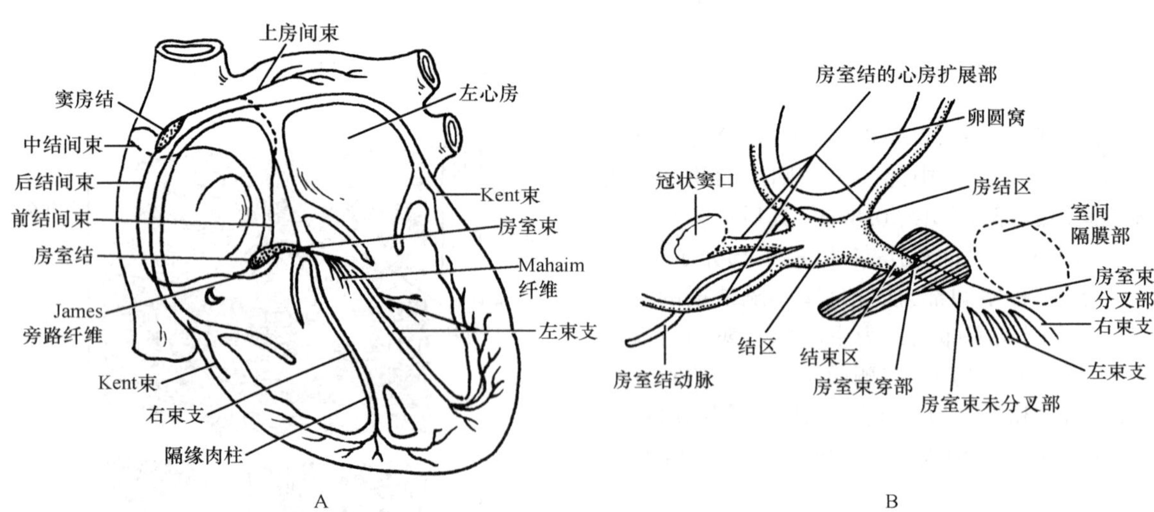

图5-43 心传导系与房室交界区的位置和分部模式图

A. 心传导系;B. 房室交界区的位置和分部示意图

窦房结(sinuatrial node)是心的正常起搏点,位于上腔静脉与右心房交界处,界沟上部的心外膜深面。略呈长椭圆形,体积大约为15mm×5mm×1.5mm,窦房结动脉沿该结的长轴走行。窦房结内的细胞主要有起搏细胞(P细胞)和过渡细胞(T细胞)。

房室结区(atrioventricular nodal region)又称房室交界区,是房室连接部的特化心肌结构,位于房室隔内 Koch 三角的心内膜深面，体积约为 6mm×3mm×1mm，呈扁椭圆形。房室结区由**房室结**、房室结的心房扩展部和房室束的近侧部 3 部分组成。其功能是窦房结传来的兴奋在此发生短暂延搁再传向心室，从而保证心房收缩后心室才开始收缩。

窦房结与房室结之间有前、中、后三条结间束相连，前结间束起自窦房结的前缘，而中结间束和后结间束均发自窦房结的后缘。但关于结间束的走行尚无充分的形态学证据。

房室束(atrioventricular bundle)又称 His **束**，从房室结前端前行，穿过右纤维三角，沿室间隔膜部后下缘前行，在室间隔肌部上缘分为左、右束支。

右束支(right bundle branch)为单一的索状纤维束，沿室间隔右侧下行，走行于心内膜下，经隔缘肉柱至右室前乳头肌根部，发分支至右心室壁。右束支为单一细支，行程较长，小的局灶性损伤也容易受损。

左束支(left bundle branches)呈扁带状，沿室间隔的左侧心内膜下走行，在室间隔中上 1/3 处分为左前上支和左后下支。前者分支呈放射状，走向左心室的前上部即前乳头肌、室间隔前部、左心室前壁和侧壁。后者分布于左心室的膈壁、室间隔中部和后乳头肌处。左前上支和左后下支的分支相互交织，有时，左前上支与左后下支之间有一间隔支，直接分布至室间隔中下部的心肌上。

Purkinje 纤维网由左、右束支的分支在心内膜下互相交织而成，再由该网发出的纤维进入心肌，形成心肌内的 Purkinje 纤维网。房室束、左右束支和 Purkinje 纤维网的功能是将由心房传出的信息迅速而准确的传播到全部心室肌。

组成传导系统的特殊心肌纤维有三种类型(图 5-44)：

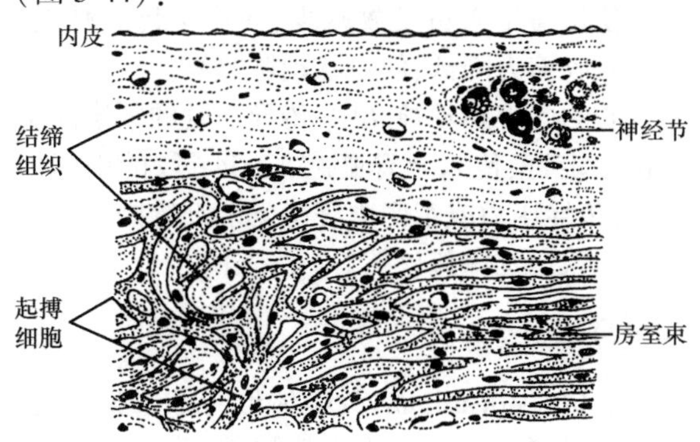

图 5-44　房室结区的结构模式图

1. 起搏细胞(pacemaker cell)　简称 **P 细胞**。此种细胞分布于窦房结和房室结。胞体呈梭形或多边形，胞质内细胞器不发达，肌原纤维少，只有少量吞饮小泡和较多的糖原颗粒。起搏细胞是心搏兴奋发生的起始细胞。

2. 移行细胞(transitional cell)　主要存在于房室结与窦房结的周边和房室束内。细胞呈细长形，比普通心肌纤维细而短，肌原纤维比 P 细胞略多。窦房结的移行细胞与周边的心房肌细胞相连，起着传导冲动的作用。但窦房结的冲动是如何传到房室结的，形态学上尚不清楚。

3. 浦肯野纤维(Purkinje fiber)　又称**束细胞**。它是心脏传导系统的终末分支，主要分布在心内膜下层和乳头肌表面，呈网格状分布。束细胞比一般心肌纤维粗而短，闰盘明显，光镜下肌浆丰富，肌原纤维少，分布于周边，且着色浅，核 1~2 个位于中央；电镜下，胞质中的肌丝束不规则，有较多的线粒体和糖原颗粒。房室束末端的束细胞与心室肌相连，将心脏冲动快速传至心室肌层。束细胞和一般心肌纤维之间无明显的分界。

(五) 心的血管

心的动脉来自左、右冠状动脉(图 5-45)：

左冠状动脉(left coronary artery)起自主动脉左窦，在肺动脉干和左心耳之间向左走行，分成前室间支和旋支。**前室间支**(anterior interventricular branch)沿前室间沟走行到心尖切迹处转向后室间沟与右冠状动脉的后室间支吻合。前室间支及其分支分布于左心室前壁、心尖、右心室前壁一小部分、室间隔前 2/3 以及右束支和左束支的前半。前室间支闭塞表现为左室前壁和室间隔前部心肌梗死，并可发生束支传导阻滞。**旋支**(circumflex branch)，沿冠状沟左行，经心左缘到达左室膈面，终于心左缘与后室间沟间的中点附近并分支。旋支主要供应左心房、左心室左侧面和膈面。旋支闭塞常引起左室侧壁或膈壁的心肌梗死。

右冠状动脉(right coronary artery)起自主动脉右窦，在右心耳与肺动脉根部之间进入冠状沟，至房室交点处，主干延续为**后室间支**(posterior interventricular branch)，沿后室间沟走行，发支分布于后室间沟两侧的心室壁和室间隔后 1/3 部。右冠状动脉一般分布于右心房、右心室前壁大部分、右心室侧壁和膈壁、左心室膈壁的一部分和室间隔后 1/3，包括左束支的后半以及房室结和窦房结。

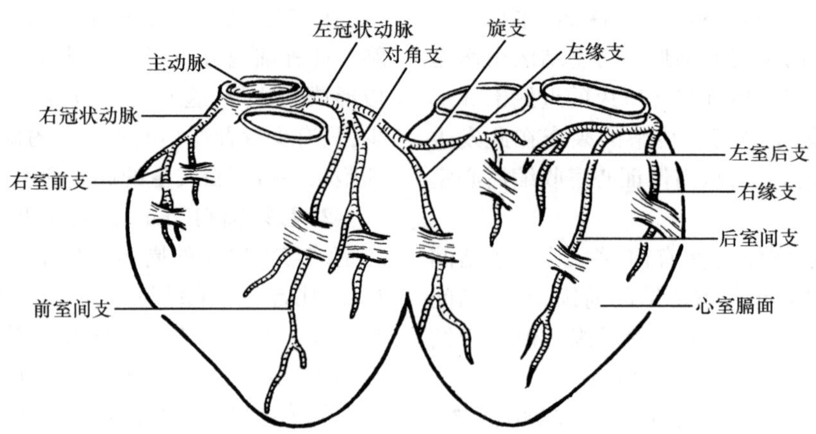

图 5-45 冠状动脉和心肌桥

左、右冠状动脉的重要分支:

窦房结支 约 60%起自右冠状动脉,约 40%起自左冠状动脉旋支,供应窦房结。

动脉圆锥支 共两支,分别从左冠状动脉前室间支和右冠状动脉近端发出,在动脉圆锥前上部互相吻合。

左、右缘支 左缘支发自左冠状动脉旋支,沿心左缘走行;右缘支发自右冠状动脉,沿心下缘走向心尖,与前、后室间支吻合。由于左、右缘支较大而恒定,常被作为冠状动脉造影时的血管标志。

房室结支 约 90%起自右冠状动脉,少数起自左冠状动脉。因此,急性心肌梗死若伴有房室传导阻滞,多数是由于右冠状动脉闭塞引起。

冠状动脉的分布类型:①右优势型:右冠状动脉不但供应全部右心室,还供应左心室膈面的一部分,此型占 65.7%。②均衡型:左冠状动脉旋支和右冠状动脉分别分布于左、右心室膈面,互不超过后室间沟,此型占 28.7%。③左优势型:为左冠状动脉旋支分布于左心室膈面和右心室膈面的一部分,占 5.6%(以上为国人统计数据)。

壁冠状动脉 有时冠状动脉的主干或分支中的一段,被部分前层心肌形成的结构所掩盖,该结构称心肌桥,该段动脉称为壁冠状动脉。壁冠状动脉好发于前、后室间支(图 5-45)。一般认为,壁冠状动脉处较少发生动脉硬化。

临床应用

临床上可通过冠状动脉造影来诊断冠状动脉病变部位和狭窄的程度。通常冠状动脉导管插管是经过股动脉或桡动脉到主动脉,然后进入升主动脉找到左、右冠状动脉开口。当冠状动脉狭窄时,可通过导管插管行球囊血管成形术或放入支架以扩张血管来保证冠状动脉的畅通。在严重狭窄时,可通过冠状动脉搭桥手术,用替代血管在阻塞血管的远端和近端形成侧支通路,保证心肌的营养供应。

心的静脉血除少数直接进入心腔外,主要经冠状窦注入右心房。冠状窦位于心膈面,左心房与左心室之间的冠状沟内。心大静脉与前室间支伴行,回流入冠状窦左端;心中静脉与后室间支伴行,心小静脉在冠状沟中与右冠状动脉伴行,二者回流入冠状窦的右端。

(六) 心的神经

心受交感神经、副交感神经和内脏感觉神经支配。

心交感神经纤维来源于交感干的颈上、颈中、颈下节,分布于窦房结、房室结、冠状动脉和心肌。交感神经兴奋时,窦房结发放兴奋加速,房室传导加快,心肌收缩力加强,使冠状动脉扩张。

心副交感神经纤维来自迷走神经背核,这些神经纤维在窦房结区、房室结区、心房后壁和房间隔等处的副交感神经节换神经元,节后纤维分布到窦房结、房室结、心肌和冠状动脉。副交感神经使窦房结兴奋发放减少,使房室传导减慢,使心肌收缩力降低,使冠状动脉收缩。

心的内脏感觉神经中,传导痛觉的纤维随交感神经走行、传入至脊髓胸 1~5 节段的中间内侧核;传导压力或牵张力等感觉的纤维则随迷走神经传入至延髓孤束核。

(七) 心包

心包(pericardium)为锥体形纤维浆膜囊,包囊在心脏和出入心的大血管根部,分内、外两层(图 5-46)。外层由坚韧的结缔组织囊构成,称为**纤维心包**(fibrous pericardium),其上方与大血管的外膜相延续,其下方与膈肌中心腱愈着。

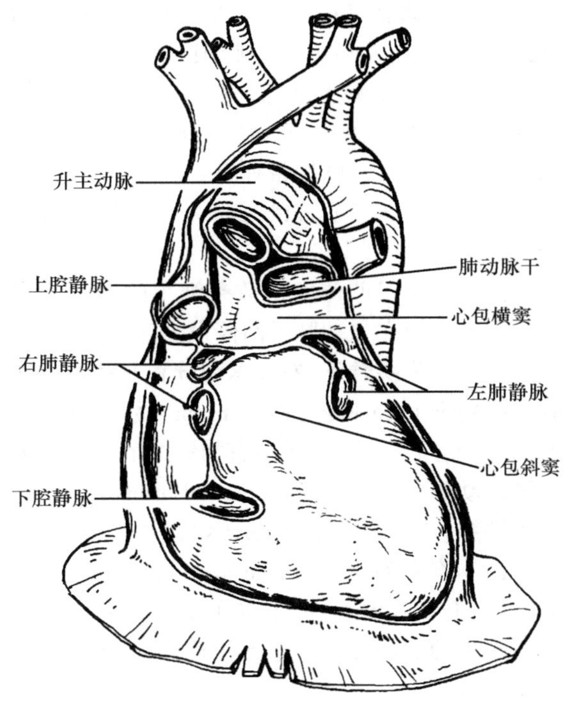

图 5-46　心包

内层为**浆膜心包**(serous pericardium),由脏、壁二层构成。壁层贴附于纤维心包的内面,脏层构成心外膜。脏、壁两层在出入心的大血管根部移行,两层之间的腔隙称**心包腔**(pricardial cavity),内含少量浆液起润滑作用。脏壁两层折转处间隙称心包窦。**心包横窦**(transverse sinus of pericardium)位于升主动脉、肺动脉后方与上腔静脉、左心房前壁之间的间隙。**心包斜窦**(oblique sinus of pericardium)位于左心房后壁,左右肺静脉,下腔静脉与心包后壁之间的间隙。**心包前下窦**位于心包前壁与膈之间的转折处。

临 床 应 用

胸膜返折线前界两下段之间,有一个尖向上的三角形未覆胸膜的部分称心包区,为心包和心所在区域。心包前方无胸膜覆盖,直接与胸骨和肋软骨后面接触,故此区又称心包裸区。一般来说,心内注射的进针部位最好选择在心包裸区,这样,既不伤及肺,也不会损伤胸膜,而且直接到达心脏,一般选择左剑肋角处呈 45°向上进针,较为安全。

心包积液的穿刺,也常在左剑肋角处进针。除了此区是心包裸区外,还因为它正对心包前下窦。深度约 1~2cm,无论心脏处于收缩期还是舒张期,它都不被心脏占据。心包前下窦是心包腔的最低点,在此处穿刺抽取积液比较彻底。

(八)心的体表投影

心的体表投影位置可用四点连线表示:左上点在左第 2 肋软骨下缘距胸骨左侧 1.2cm 处,右上点在右第 3 肋软骨上缘胸骨右侧 1cm 处。左下点在左第 5 肋间隙距前正中线 7~9cm,右下点在右第 7 胸肋关节处。左、右上点连线为心上界;左、右下点连线为心下界;右上、下点连线为心右界;左上、下点连线是心左界,稍向左凸。二尖瓣在左第 4 胸肋关节平面、脊柱左侧;三尖瓣在前正中线与第 4 肋间隙交点处,二尖瓣的右下方,脊柱的正前方。主动脉瓣在胸骨左缘第 3 肋间隙,对向脊柱的左缘;肺动脉瓣在左第 3 胸肋关节脊柱偏左侧(图 5-47)。了解心在胸前壁的投影,对临床诊断有实际意义。

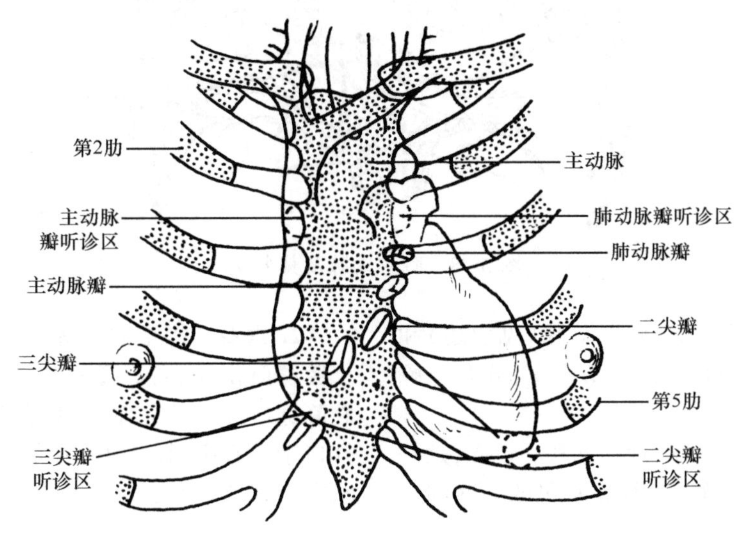

图 5-47　心的体表投影

七、出入心的血管

(一)肺循环的血管

肺动脉干从右心室发出后分为**左、右肺动脉**,经肺门入肺,且不断分支,最终在肺泡隔内形成密集的毛细血管网,再汇集成静脉,由**左、右肺静脉**流回左心房(详见肺的血管)。

(二)体循环的血管

1. 动脉 即**主动脉**(aorta)是体循环的动脉主干。由左心室发出,先斜向右上,再弯向左后,沿脊柱左前方下行,穿膈主动脉裂孔入腹腔,在第4腰椎下缘处分成左、右髂总动脉。依其行程分为**升主动脉、主动脉弓**和**降主动脉**。降主动脉又分为位于膈的主动脉裂孔以上的**胸主动脉**和位于膈的主动脉裂孔以下的**腹主动脉**两部分。

(1)**升主动脉**(ascending aorta):起自左心室,在上腔静脉左侧向右前上方斜行,至右第2胸肋关节高度移行为主动脉弓。左、右冠状动脉由升主动脉起始部的主动脉左、右窦发出。

(2)**主动脉弓**(aortic arch):为升主动脉的延续,弓形弯向左后方跨左肺根,于第4胸椎体下缘左侧移行为胸主动脉。在主动脉弓壁的外膜内有丰富的游离神经末梢,为压力感受器;主动脉弓下方靠近动脉韧带处有2~3个粟粒样小体称**主动脉小球**(aortic glomera),为化学感受器。

由主动脉弓凹侧发出数条细小的支气管支和气管支。而在主动脉弓凸侧发出三大分支,从右向左分别为**头臂干、左颈总动脉**和**左锁骨下动脉**。**头臂干**(brachiocephalic trunk)为一粗而短的动脉干,向右上方斜行至右胸锁关节后方分为**右颈总动脉**(right common carotid artery)和**右锁骨下动脉**(right subclavian artery)。

(3)**胸主动脉**(thoracic aorta):是主动脉弓的延续,开始在脊柱左侧,向下逐渐转到脊柱前方。胸主动脉的分支有壁支和脏支(图5-48)。

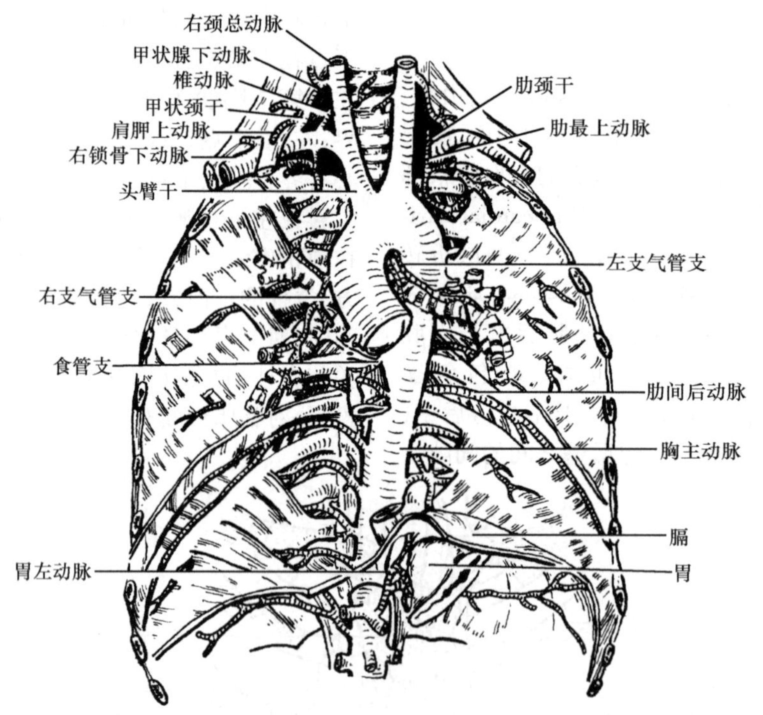

图5-48 胸主动脉及其分支

壁支:有肋间后动脉、肋下动脉(见前述)和膈上动脉。膈上动脉为2~3条小支,分布于膈上面后部。

脏支:包括支气管支、食管支和心包支,是一些分布于气管、支气管、食管和心包的一些细小分支。

2. 静脉 即上腔静脉、下腔静脉和冠状窦,**上腔静脉**由左、右头臂静脉和奇静脉合成,经上腔静脉口开口于右心房;**下腔静脉**经下腔静脉口开口于右心房;心大、中、小静脉合成**冠状窦**经冠状窦口开口于右心房。

第3节　胸部的断面解剖和正常影像学

一、胸部的断面解剖

胸部横断面显示胸腔内结构主要包括纵隔和肺。纵隔位于胸腔中部两肺之间,前为胸骨,后为胸椎。在胸骨角以上的横断面,纵隔结构由浅入深主要有胸腺、两侧头臂静脉、头臂干、左颈总动脉、左锁骨下动脉、主动脉弓、上腔静脉、气管、食管、两侧迷走神经、胸导管及交感干等。头臂干、左颈总动脉、左锁骨下动脉见于上纵隔高位层面,主动脉弓则接续出现于上纵隔低位层面。在胸骨角以下的横断面,在偏上份的断层,纵隔结构主要包括胸腺、出入心脏的大血管——上腔静脉、升主动脉、肺动脉及分支,主支气管、食管、奇静脉、胸导管及交感干等,诸结构由浅入深排列;在偏下份的横断面,纵隔结构前有心脏,后部为后纵隔器官包括食管、奇静脉、半奇静脉、胸导管及交感干等。此外,纵隔内尚有复杂的淋巴结分布。胸腔内肺的断面解剖包括肺段的划分及肺内支气管、肺动脉和肺静脉分支和尾支。肺内段支气管、肺段动脉、肺段静脉是划分肺段的标志。肺内管道以段支气管相对恒定,变异较少,动脉次之,静脉变异最大。肺段是段支气管分支分布区所属的肺组织,故在影像上以段支气管中心,段支气管作为肺段的示标;肺段静脉的段间支因行于肺段之间,故可作为肺段划分的界标。

(一)颈静脉切迹切面

本切面前方经颈静脉切迹,后方经第2~3胸椎间盘或第3胸椎。断面显示纵隔居胸腔中央,椎体前方,肺位居胸腔两侧。纵隔呈倒三角状,两前外侧角处有左、右头臂静脉,静脉间有头臂干。上述血管的浅层为血管前间隙,内有脂肪组织或和胸腺充填,血管的深层为气管,呈马蹄状。气管的后方偏左侧有食管,左颈总动脉和左锁骨下动脉分别位居气管和食管的左侧。左颈总动脉的内、外侧与气管和左头臂静脉间分别有左喉返神经和左迷走神经,右迷走神经则位于右头臂静脉后内侧。左、右肺位于胸腔纵隔两侧,左肺为尖后段;右肺为尖段。该层面大血管断面解剖标本显示常与CT、MRI检查所见6血管,即两侧的颈总动脉、头臂静脉和锁骨下动脉同时显示,或8血管即两侧的颈总动脉、头臂静脉、锁骨下动脉及左侧的椎动脉和右侧的肋间最上静脉同时显示不同。可能与活体检查时胸部处于呼吸状态有关(图5-49)。

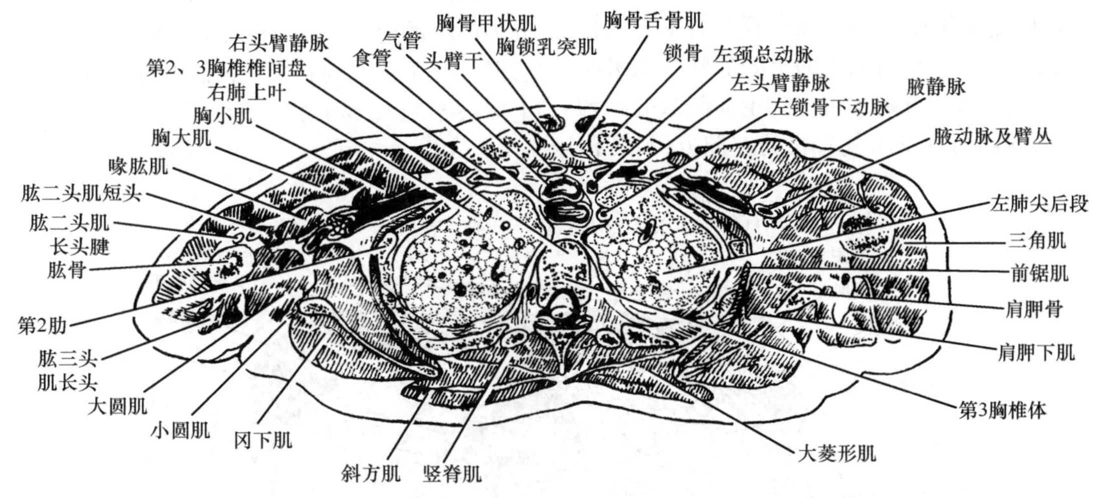

图5-49　颈静脉切迹切面

(二)主动脉弓切面

本切面前方经胸骨柄中部,后方平第4胸椎。层面中份显示上纵隔结构,胸骨后方左头臂静脉横向右侧,在稍低平面则左、右头臂静脉会合成上腔静脉,主动脉弓呈腊肠状位于右头臂静脉或上腔静脉的左侧。主动脉弓和上腔静脉或右头臂静脉呈八字形分别位于气管左前方和右前方。血管前方的三角形区域为血管前间隙,内有胸腺和脂肪组织。血管后方与气管间为气管前间隙,由疏松结缔组织和淋巴结所充填。气管的后方为椎前间隙,内有食管、胸导管等结构。两肺所见为上叶各段。右肺断面前外侧部为前段(SⅢ),后外侧部为后段(SⅡ),前、后段之间的内侧部,即中部的内侧份为尖段(SⅠ)。左肺断面前份较小的三角形区为前段(SⅢ),后份大部为尖后段(SⅠ+Ⅱ)(图5-50)。

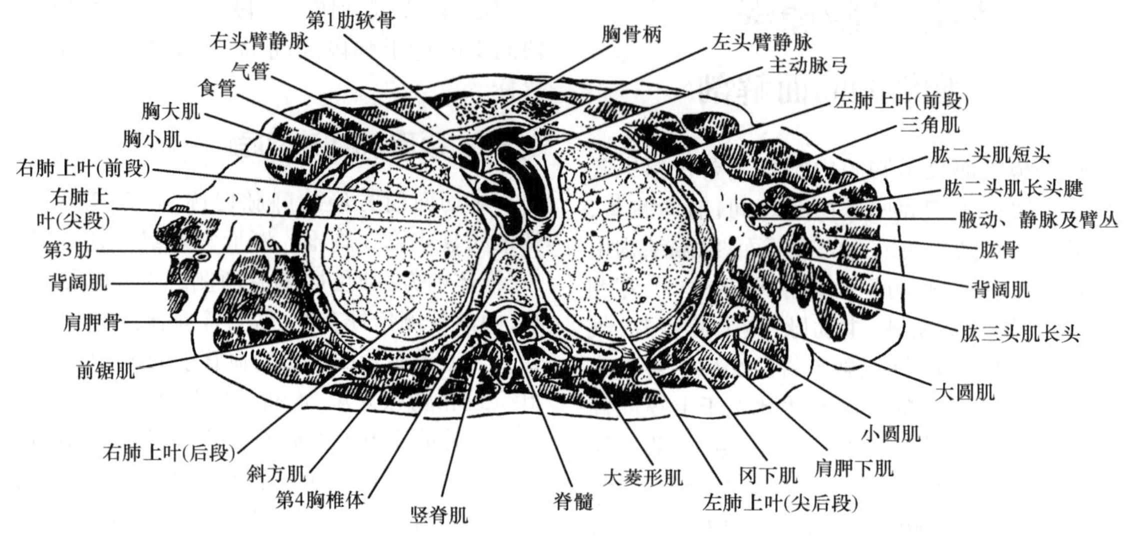

图5-50 主动脉弓切面

(三)主肺动脉窗、气管杈切面

本切面前方经胸骨角,后方经第5胸椎。该平面为上、下纵隔的分界面,纵隔因两肺前缘靠拢使纵隔前份狭窄。纵隔的结构变化表现气管分杈,奇静脉弓、主肺动脉窗出现,气管杈、奇静脉弓为此层的标志。气管杈位于纵隔中央偏右,食管位于其后方,食管的右后有奇静脉,该静脉向前延伸成奇静脉弓,后者经食管和右主支气管的右侧,汇入气管杈右前方的上腔静脉。该层面主动脉弓前、后端分别移行为升主动脉末端和胸主动脉始端,前者位于气管杈的左前方,后者位于气管杈的左后方、食管的左侧。升主动脉、胸主动脉、气管杈左侧和左肺纵隔面之间的区域为主肺动脉窗,内有动脉韧带、左喉返神经和淋巴结。肺断面结构显示肺门出现,后部的斜裂将肺上、下叶分开。右肺上叶中部近纵隔面的肺门处可见圆形的尖段支气管,上缘或肺门上,可见上叶的动、静脉及向前后的分支、属支和肺段支气管,动脉和支气管伴行,左、右肺上叶以此为标志分为前半的前段(SⅢ)和后半的后段(SⅡ)或尖后段(SⅠ+Ⅱ)。斜裂位于上叶的后方,为下叶上段(SⅥ)(图5-51)。

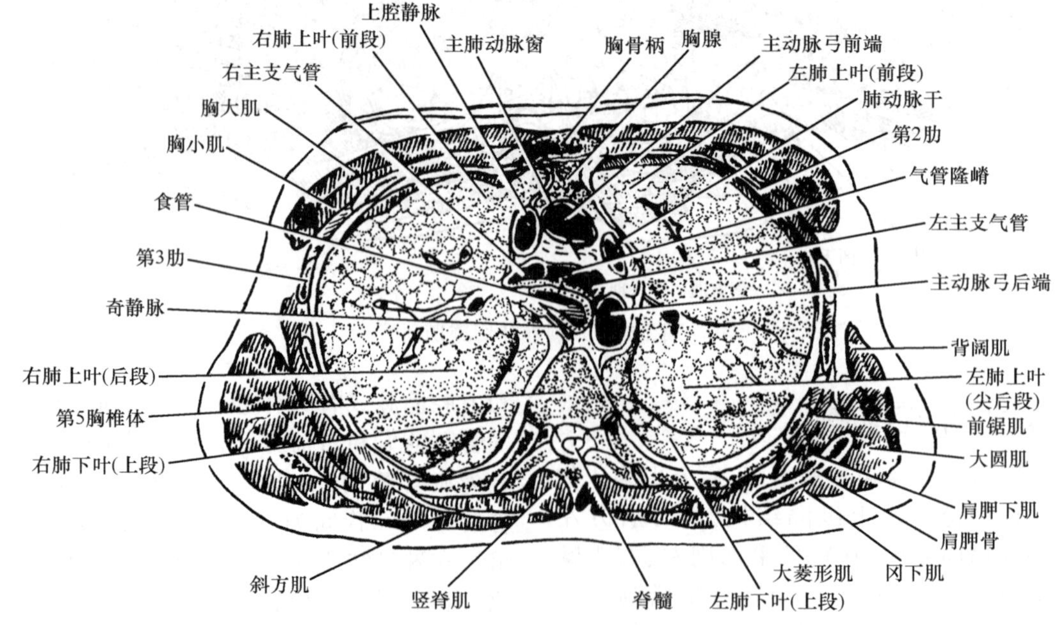

图5-51 主肺动脉窗、气管杈切面

（四）肺动脉干分叉切面

本切面主要显示纵隔的大血管、左、右主支气管、食管及两肺。层面中央为大血管，上腔静脉、升主动脉和肺动脉干依次由右向左排列，血管的周围大部分被心包隐窝包绕。肺动脉干在此层面向右后方分出右肺动脉，经升主动脉和上腔静脉的后方入右肺门，向后分出左肺动脉入左肺门，左肺动脉的分支高于右肺动脉，故左肺动脉先于右肺动脉较高层面出现，此层面肺动脉及左、右分支呈“人字形”。血管的前方为前纵隔，其内主要为胸腺。大血管的后方为后纵隔，左、右主支气管位于右肺动脉的后方，三者与后方食管之间的区域为隆嵴下间隙，内充填以结缔组织和淋巴结；再后方自左向右依次为胸主动脉、食管和奇静脉。肺切面：右肺显示内侧缘中央肺门处可见中间支气管起始处和上叶支气管起始处断面、右肺上叶前部的前段（SⅢ）和后部的后段（SⅡ）和斜裂后方的下叶上段（SⅥ）。左肺显示进入肺门的左肺动脉将左主支气管与肺门分开，左肺动脉前方有左上肺静脉，两者间的外侧为尖后段支气管，肺段包括上叶前部的前段（SⅢ）、尖后段（SⅠ+Ⅱ）和下叶的上段（SⅥ）（图5-52）。

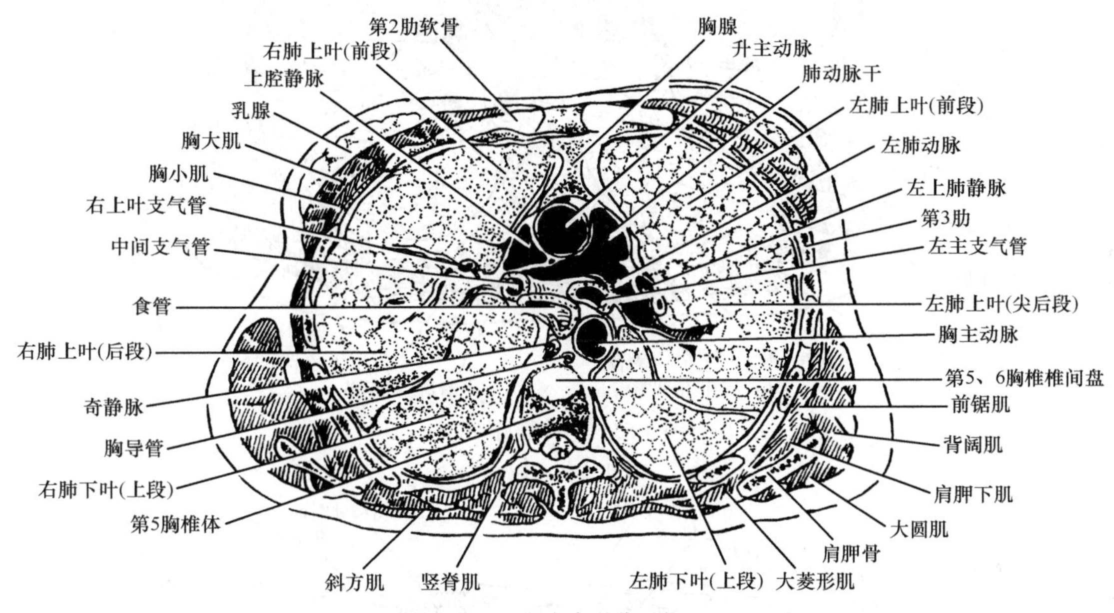

图5-52 肺动脉干分叉切面

（五）上肺静脉切面

本切面主要显示连于心底的大血管及两侧的肺。纵隔内可见肺动脉、升主动脉和上腔静脉位居中纵隔的前部自左向右排列，肺动脉向右后延续为右肺动脉，横过升主动脉和上腔静脉后方，继而入右肺门。血管前方的血管前间隙内仅存较小的胸腺。后纵隔位于右肺动脉的后方，中间支气管和左主支气管紧邻其后方两侧，食管位于两支气管之间，左主支气管与食管之间的后方有胸主动脉，食管和胸主动脉与椎体间有奇静脉和胸导管。右纵隔胸膜于食管和奇静脉之间向左凹陷形成奇食隐窝，通常有肺嵴突入。肺切面显示：右肺分为上叶前段（SⅢ）、中叶外侧段（SⅣ）、下叶上段（SⅥ），斜裂前方的上叶和中叶借乏血管区分界。肺门处右肺动脉外侧和后内侧分别有右上肺静脉、中间支气管。中间支气管的后外侧壁直接与肺相邻，在CT影像上，2者间若出现高密度影，可能为病变。左肺分为上、下叶，上叶前部为前段（SⅢ），后部为尖后段（SⅠ+Ⅱ），内侧缘中部的肺门处可见左主支气管向前、后分成上叶支气管、下叶支气管，分杈前方有左肺上静脉（图5-53）。

（六）中叶支气管切面

本切面显示心脏上部，中央为主动脉根，可见主动脉窦和腔内的主动脉瓣。主动脉根的前方、右侧和后方分别为肺动脉圆锥、右心耳和左心房中部。左心房隔心包与后纵隔内的食管、胸主动脉毗邻。在食管与左心房之间为心包斜窦。与上一层面比较奇静脉左移，奇食隐窝更加明显。肺断面显示：右肺借前部的水平裂和后部的斜裂分为上叶的前段（SⅢ）、中叶、下叶上段（SⅥ）。水平裂和斜裂之间为中叶，分为内侧段（SⅤ）和外侧段（SⅣ），在门区可见外侧段支气管（B_4）和静脉（V_4）及内侧段支气管（B_5）和静脉(V_5)依次由后外侧向前内侧排列;斜裂后方为下叶,其内侧份可见相互伴行的下叶支气管、动脉。左肺借斜裂分隔上叶和下叶的上段(SⅥ)。上叶的前端狭长区为前段(SⅢ);后部为舌叶的上段(SⅣ)、下段(SⅤ),上叶的门区可见左上叶支气管下支和舌静脉干;下叶主要显示上段(SⅥ),在下叶的门区有相互伴行的下叶支气管、动脉分居前内侧、后外侧,二者的后内侧有左下肺静脉入左肺门(图5-54)。

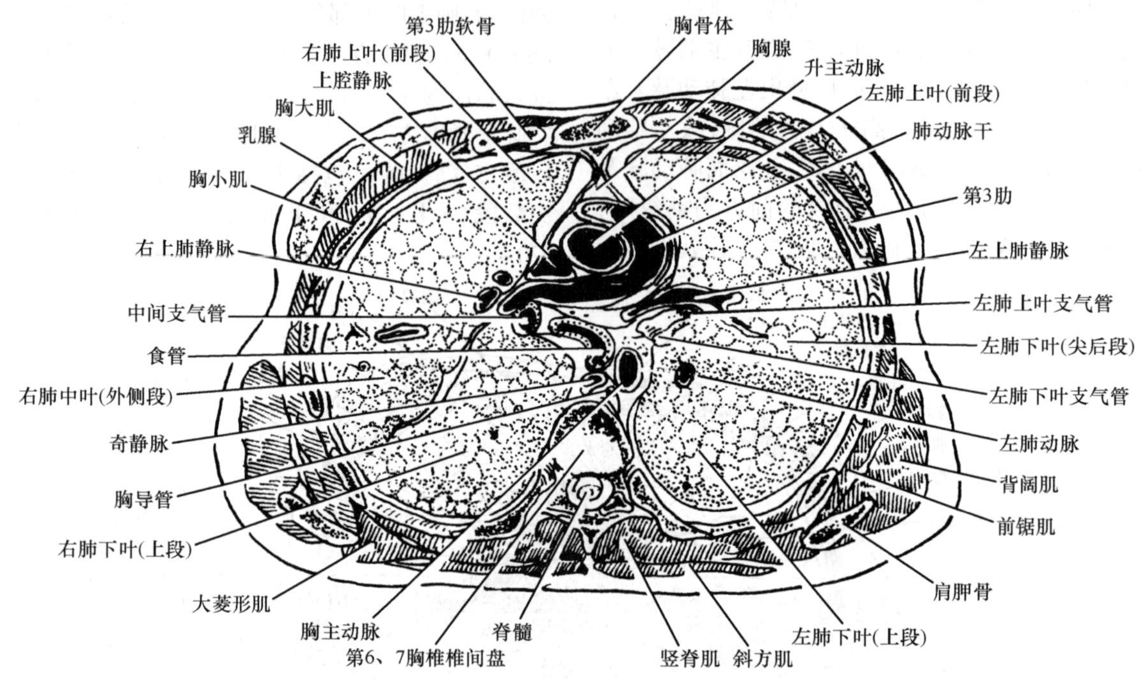

图 5-53 上肺静脉切面

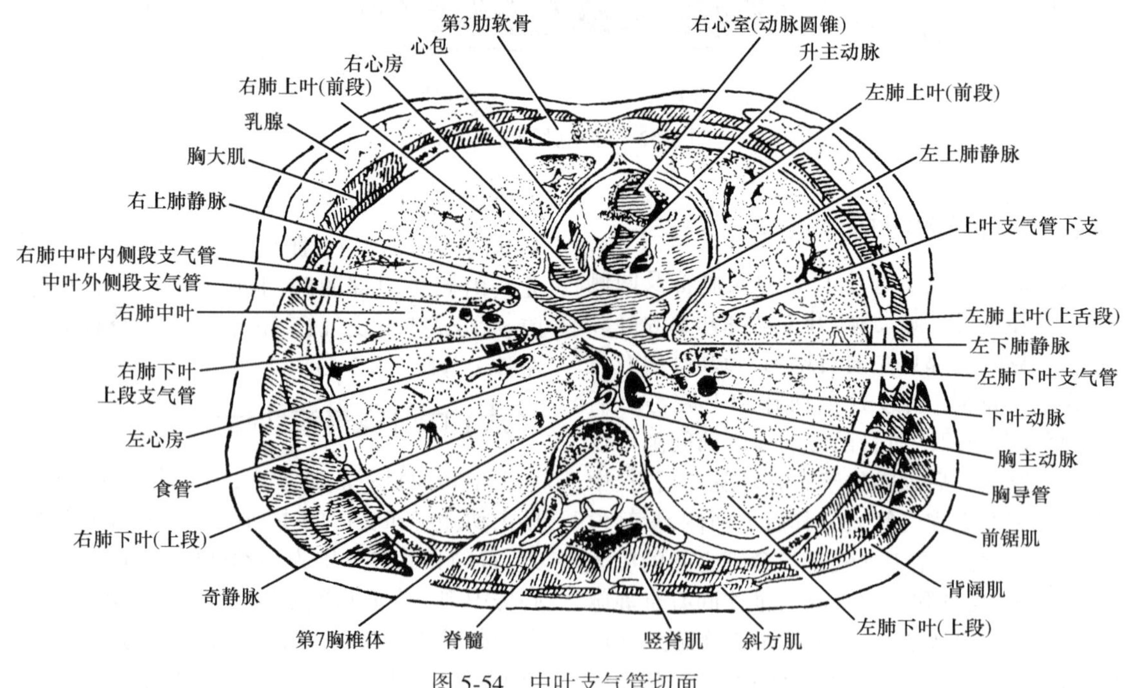

图 5-54 中叶支气管切面

(七)四腔心切面

本切面显示纵隔内四腔心脏,左、右半心借自左前斜向右后的心间隔分界,分居左后和右前。心脏各腔中右心室位于最前方;右心房位于心脏的最右侧,右心室的右后方;左心室位于心脏的最左侧,右心室的左后方;左心房位于心脏的最后方。房与室之间借房室口相通,房室口周围可见

突向心室的房室瓣。左心房后方为后纵隔，其内的主动脉胸部、食管、奇静脉等结构同上一层面。在肺下叶与食管、主动脉间可见肺韧带，为双层胸膜及其间的结缔组织、淋巴结和下肺静脉构成。肺野显示：右侧可见下肺静脉及下叶支气管基底段支和伴行的动脉。右肺中叶分前外的外侧（SⅣ）段和后内的内侧（SⅤ）；下叶显示前基底段（SⅧ）、外侧基底段（SⅨ）、后基底段（SⅩ）和内侧基底段（SⅦ），各段内可见相应的段支气管和伴行的动脉。左肺上叶上舌段（SⅣ）居前内侧小区，下舌段（SⅤ）居后内侧大部；左肺可见下叶支气管基底段支和伴行动脉，下叶以各段支气管的分布为标志分内前基底段（SⅦ+Ⅷ）、外侧基底段（SⅨ）和后基底段（SⅩ）（图5-55）。

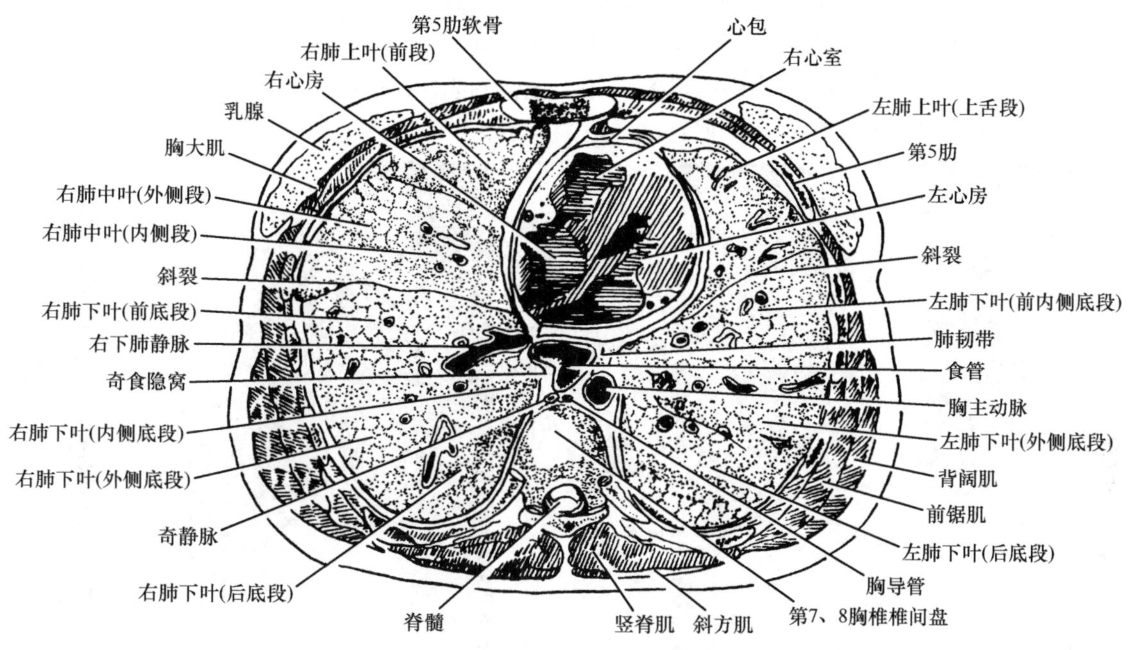

图5-55　四腔心切面

二、胸部的影像学检查方法

胸部具有良好的自然对比，胸部疾病临床比较常见，因此X线和CT检查在胸部的应用很普遍。MRI有助于了解纵隔肿瘤与心脏大血管的关系，常用于纵隔肿瘤的定位和定性诊断。

（一）普通X线检查

1. 摄影　是临床最常用的检查方法，为二维成像，空间分辨率较透视高，尤其数字化摄影资料可永久保存，无限量输出，资源共享。但摄影是瞬间纪录，缺乏动态及多体位观察特点。常用摄影体位包括胸部后前位（正位）、侧位、前后位。

2. 透视　方法简单、应用广泛，适合动态或多体位观察，如对膈肌的活动度及心脏的搏动状态等。但透视不易发现细微病变，不能留下永久纪录，而且医生技术依赖性较强，因此仅作为胸部摄片的补充检查。

3. 特殊检查　包括支气管造影和血管造影等，对于因肿瘤或支气管扩张咯血的诊断非常有意义。

（二）CT检查

1. 普通扫描（平扫）　是不使用对比剂的常规扫描，扫描范围通常从肺尖至肺底，也可根据定位片所见，进行局部选层扫描。对多数胸部病变，平扫能满足诊断要求。通常使用肺窗、纵隔窗和骨窗分别对肺、纵隔以及骨性胸廓进行观察、诊断。

2. 增强扫描　通常在平扫基础上进行，主要用于鉴别病变为血管性或非血管性、明确病变与心脏大血管的关系、了解病变的血供，帮助鉴别良、恶性等。

3. 高分辨力扫描　为薄层（1～2mm）扫描及高分辨力算法重建图像的检查技术。主要用于观察病灶的微细结构，对弥漫性肺间质病变及支气管扩张的诊断具有突出效果，常多用肺窗观察，是常规扫描的补充。

4.动态扫描或CT灌注成像　在静脉快速团注对比剂时，对感兴趣区层面进行动态CT扫描，从而获得感兴趣区时间-密度曲线，有效地反映局部肺组织血流灌注量的改变。

(三) MRI检查

1. 检查方式 自旋回波(SE)、反转恢复序列,有减少呼吸运动伪影的呼吸触发相位编码技术、心电门控技术、流动补偿技术、快速自旋回波(FSE)及平面回波(EPI)等技术。常规应用SE-T_1WI及FSE-T_2WI。

2. 扫描断面 常规先行横断面成像,必要时行冠状面或矢状面成像。肺组织内氢质子较少,因此肺部MR图像明显不如CT。对纵隔病变及肺门区肿块与心脏大血管病变显示与CT相似。

三、胸部的正常影像学表现

(一) 胸部X表现

正常胸部X线影像是胸腔内、外各种组织、器官包括胸壁软组织、骨骼、心脏大血管、肺、胸膜和膈肌等相互重叠的综合投影。某些胸壁软组织和骨结构可以投影于肺野而形成能与病变混淆的阴影(图5-56)。

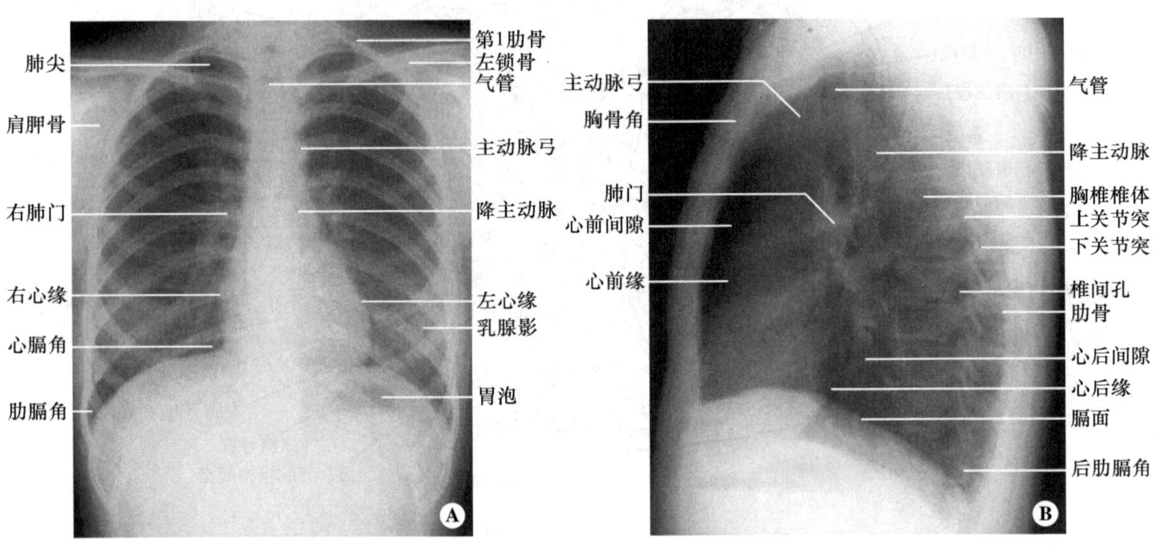

图5-56 胸部正、侧位像

A. 胸部正位像;B. 胸部侧位像

1. 胸廓

(1) **软组织**:胸锁乳突肌及锁骨上皮肤皱褶:胸锁乳突肌在两肺尖内侧形成外缘锐利、均匀致密的影像。当颈部偏斜时,两侧胸锁乳突肌影可不对称,勿误认为肺尖部病变。锁骨上皮肤皱褶:为锁骨上缘平行的3~5mm宽的薄层软组织影,其内侧与胸锁乳突肌影相连。系锁骨上皮肤及皮下组织的投影。胸大肌:在肌肉发达的男性,于两侧肺叶中外带可形成扇形均匀致密影,下缘锐利,呈一斜线与腋前皮肤连续,一般右侧明显,不可误为病变。

(2) **女性乳头及乳房**:女性乳房可在两肺下野形成下缘清楚、上缘不清且密度逐渐变淡的半圆形致密影,其下缘向外与腋部皮肤连续,勿误认为肺炎。乳头在两肺下野形成小圆形致密影,勿误认为结节病灶。

(3) **骨骼**:骨性胸廓由胸椎、肋骨、胸骨、锁骨和肩胛骨组成。胸椎在正位像上横突可突出于纵隔影之外,与肺门重叠时不要误为肿大淋巴结。肋骨后段呈水平向外走行,前段自外上向内下斜行。肋骨前后端不在同一水平,一般第6肋骨前端相当于第10肋骨后端的高度。前段肋骨扁薄,不如后段肋骨的影像清晰。第1~10肋骨前端有肋软骨与胸骨相连,软骨不显影,肋骨前端呈游离状。成人肋软骨常见钙化,表现为不规则的斑片致密影,不要误认为肺内病变。肋骨及肋间隙常被用作胸部病变的定位标志。肋骨有多种先天性变异,如颈肋、杈状肋及肋骨融合。胸骨在正位胸片上几乎完全与纵隔影重叠,仅胸骨柄两侧外上角可突出于纵隔影。侧位及斜位片上胸骨可以全貌显示。两侧锁骨内端与胸骨柄形成胸锁关节,两侧胸锁关节应对称,否则为投照位置不正。锁骨内端下缘有半月形凹陷,为菱形韧带附着处。边缘不规则时,勿误为骨质破坏。肩胛骨内缘可与肺野外带重叠,勿误为胸膜肥厚。青春期肩胛骨下角可出现二次骨化中心。勿误为骨折。

2. 纵隔 位于胸骨之后,胸椎之前,介于两肺之间,上为胸廓上口,下为膈。两侧为纵隔胸膜和肺门。其中包含心脏、大血管、气管、食管、主支气管、淋巴组织、胸腺、神经及脂肪等。胸片

笔记栏

上除气管及主支气管可分辨外，其余结构缺乏对比。只能观察其与肺部邻接的轮廓。纵隔的分区在判断纵隔病变的来源和性质上有重要意义。纵隔的分区方法有多种，有较为常用的九分区法：在胸部侧位片上将纵隔分为前、中、后及上、中、下九个区（图5-57），前纵隔系胸骨之后，心脏、升主动脉和气管之前的狭长三角区。中纵隔相当于心脏、主动脉弓、气管及肺门所占据的区域。食管前壁为中、后纵隔的分界线。食管以后和胸椎旁区为后纵隔。自胸骨柄、体交界处至第4胸椎下缘连一水平线，其上为上纵隔，其下至肺门下缘（第8胸椎下缘）的水平线为中纵隔，肺门下缘以下至膈为下纵隔。

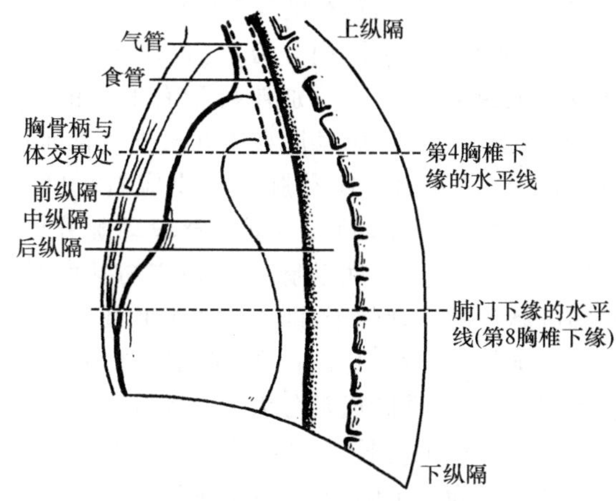

图5-57　纵隔分区示意图

3. 膈　膈的左、右均呈圆顶状，一般右膈顶在第5肋前端至第6前肋间水平，通常右膈比左膈高1~2cm。膈的圆顶偏内侧及前方，所以呈内高外低，前高后低。正位胸片上，膈内侧与心脏形成心膈角，外侧逐渐向下倾斜，与胸壁间形成尖锐的肋膈角。侧位片上，膈前端与前胸壁形成前肋膈角；圆顶后部明显向后、下倾斜，与后胸壁形成后肋膈角，位置低而深。平静呼吸状态下，横膈运动幅度约为1~2.5cm，深呼吸时可达3~6cm，膈的运动两侧大致对称。膈的局部发育较薄弱或张力不均时，向上呈一半圆形凸起，称为局限性膈膨出，多发生于前内侧，右侧较常见，深吸气时明显，为正常变异。有时在深吸气状态下，膈可呈波浪状，称为"波浪膈"，系因膈肌附着于不同的肋骨前端，在深吸气时受肋骨的牵引所致。

4. 胸膜　脏壁层胸膜正常时不显影，胸膜反褶与X线平行时，才在X线片上显示为薄层状或线状致密影，如右侧水平叶间裂隙表现为毛发线影，以及肺尖胸膜反褶及叶间裂反褶。

5. 气管、支气管　气管和肺门区的主支气管、叶支气管可以显示。气管在第5~6胸椎平面分为左、右主支气管。气管分叉部下壁形成隆突，分叉角为60°~85°。两侧主支气管逐级分出叶、肺段、亚肺段等。双侧各叶段支气管分支见肺的"肺段"部分。

6. 肺　充满气体的两肺在胸片上表现为均匀一致较为透明的区域称**肺野**。两侧肺野透过度基本相同，其透过度与肺内所含气体量成正比。为便于指明病变部位，通常人为地将两侧肺野分别划分为上、中、下野及内、中、外带。横划分：分别在第2、4肋骨前端下缘引一水平线，即将肺分为上、中、下三野。纵划分：分别将两侧肺纵行分为三等分．即将肺部分为内、中、外三带。此外第一肋圈外缘以内的部分称为肺尖区，锁骨以下至第2肋圈外缘以内的部分称为锁骨下区。**肺门**主要由肺动脉、肺叶动脉伴行支气管及肺静脉构成，正位胸片上，肺门位于两肺中野内带第2~5前肋间处，左侧比右侧高1~2cm，两侧肺门可分上、下两部。上、下部相交形成一钝的夹角，称肺门角，而相交点称肺门点，右侧显示较清楚。左下肺动脉由于心脏影的遮盖不能见其全貌。侧位胸片上两侧肺门大部重叠，右肺门略偏前。肺门表现似一尾巴拖长的"逗号"，其前缘为上肺静脉干，后上缘为左肺动脉弓，拖长的逗号尾巴由两下肺动脉干构成。在充满气体的肺野，可见自肺门向外呈放射分布的树枝状影，称为**肺纹理**（lung's markings）。肺纹理由肺动脉、肺静脉组成，其中主要是肺动脉分支，支气管、淋巴管及少量间质组织也参与肺纹理的形成。在正位胸片上，肺纹理自肺门向肺野中、外带延伸，逐渐变细，至肺野外围几乎不能辨认。下肺野肺纹理比上肺野多而粗，右下肺野肺纹理比左下肺野多而粗。

肺叶、肺段、肺小叶　肺叶由叶间胸膜分隔而成，右肺分为上、中、下三个肺叶，左肺上、下两个肺叶。肺叶与肺野的概念不同，肺叶前后重叠。肺叶由2~5个肺段组成，每个肺段有单独的段支气管。肺段常呈圆锥形，尖端指向肺门，底部朝向肺的外围，肺段间没有明确边界。各肺段的名称与其相应的支气管一致。肺段由多数的肺小叶组成。胸片上，借显影的叶间胸膜可分辨肺叶，多不能完整地显示肺叶的界限，但结合正侧位胸片常可推断各肺叶的大致位置。

7. 心脏　正常心脏X线表现（后前位）：

（1）心右缘：上段为升主动脉与上腔静脉的总合影，幼儿、青年主要为上腔静脉，老年主要为升主动脉；下段为右心房。

（2）心左缘：上段为主动脉球，由主动脉弓组成。中段为肺动脉主干，称为心腰，又称肺动脉段；下段由左心室构成，透视下可见跷跷板样运动。

（二）胸部CT表现

胸部的组织复杂，有气的肺组织、脂肪组织、肌肉组织及骨组织。因为这些组织的密度差异很大，其CT值的范围宽广，所以在观察胸部CT时，至少需采用两种不同的窗宽和窗位，分别观察肺野与纵隔，有时还需采用骨窗，以观察胸部骨骼的改变。胸部CT图像是胸部不同层面的断层图像，普通CT只能进行胸部横断面成像，多层螺旋CT除横断面成像外，可行冠状面及矢状面的成像。

1. 胸壁 纵隔窗观察可分辨胸大肌、胸小肌。胸大肌前方为乳腺。胸小肌较薄，位于胸大肌上方之后。后胸壁肌肉较复杂。腋窝的前壁为胸大肌和胸小肌，后壁是背阔肌、大圆肌及肩胛下肌。腋窝内充满大量脂肪，检查时如上肢不上举可见腋窝走行的血管影，勿误为淋巴结。胸骨柄呈前凸后凹的梯形，两侧后方的凹陷为锁骨切迹，与锁骨头形成胸锁关节。胸骨体呈长方形，成人剑突多呈小三角形高密度影。胸椎位于后胸廓中央。肋骨断面呈弧形排列，第1肋软骨钙化突向肺野内，不要误为肺内病灶。肩胛骨于胸廓背侧呈长形斜条状结构，前方可见喙突，后方可见肩峰及肩关节盂的一部分。螺旋CT三维重建可立体显示胸部骨骼。

2. 纵隔 前纵隔位于胸骨后方，心脏大血管之前。前纵隔内有胸腺组织、淋巴组织、脂肪组织和结缔组织。胸腺位于上纵隔血管前间隙内，分左右两叶，形状似箭头，尖端指向胸骨，胸腺边缘光滑或呈波浪状。儿童胸腺外缘常隆起，成年人胸腺外缘平直或凹陷。胸腺的密度取决于其内的脂肪含量，老年人胸腺几乎全部为脂肪组织代替，仅见一些细纤维索条状结构。前纵隔淋巴结包括前胸壁淋巴结和血管前淋巴结，前者CT上难以显示。血管前淋巴结位于两侧大血管前方，沿上腔静脉、无名静脉及颈总动脉前方排列。中纵隔为心脏、主动脉及气管所占据的部位。中纵隔结构多，包括气管与支气管、大血管及其分支、膈神经及喉返神经、迷走神经、淋巴结及心脏等。心脏各房室之间有少量脂肪组织，所以CT上可大致区分各房室。左、右心膈角区可见三角形脂肪密度影，常对称性出现，右侧多大于左侧，为心包外脂肪垫，注意不要误为病变。中纵隔淋巴结多数沿气管、支气管分布，主要有气管旁淋巴结、气管支气管淋巴结、奇静脉淋巴结、支气管肺淋巴结（肺门淋巴结）、隆突下淋巴结。CT不能显示走行于纵隔内的神经。后纵隔为食管前缘之后，胸椎前及椎旁沟的范围。后纵隔内有食管、降主动脉、胸导管、奇静脉、半奇静脉及淋巴结。

笔记栏

3. 肺 常规CT只能从某横断面上观察某一个断面的肺野或肺门。两肺野可见由中心向外围走行的肺血管分支，由粗渐细，上下走行或斜行的血管则表现为圆形或椭圆形的断面影。有时中老年人两肺下叶后部近胸膜下区血管纹理较粗，系仰卧位扫描时肺血的坠积效应所致，勿误为异常。肺叶及肺段支气管与肺动脉分支血管的相对位置、伴行关系及管径的大小较为恒定，肺动脉的管径与伴行的支气管管径相近。右肺门：右肺动脉在纵隔内分为上、下肺动脉，上肺动脉常很快分为分支分别伴行于右上叶的尖、后、前段支气管。下肺动脉在中间段支气管前外侧下行中，先分出回归动脉参与供应右上叶后段。然后有右中叶动脉、右下叶背段动脉分出，最后分出2~4支基底动脉供应相应的基底段。右肺静脉为两支静脉干，即引流右上叶及右中叶的右上肺静脉干和引流右下叶的右下肺静脉干。左肺门：左上肺动脉通常分为尖后动脉和前动脉分别供应相应的肺段。左肺动脉跨过左主支气管后即延续为左下肺动脉，左下肺动脉先分出左下叶背段动脉和舌叶动脉，然后分出多支基底动脉供应相应的基底段。左肺静脉也为两支静脉干，即引流左上叶的静脉进入纵隔后与左中肺静脉汇合形成左上肺静脉干，引流左下叶的左下肺静脉干。

叶间裂：由于叶间裂处实际是其两侧相邻肺叶的边缘部分，普通CT图像上其边缘部分的微细血管、支气管等结构已不能显示，所以在肺窗上表现为透明带。当叶间裂走行与扫描平面接近垂直或略倾斜时，则可显示为细线状影。高分辨力CT图像上，叶间裂可清楚显示为线状影。横断面上斜裂可见于第4胸椎平面以下的层面，表现为从纵隔至侧胸壁的横行透明带影；水平叶间裂因其与扫描平面平行，可表现为三角形或椭圆形无血管透明区。多层螺旋CT冠状面或矢状面成像易于显示叶间胸膜。叶间裂是识别、判断肺叶的主要标志，左侧以斜裂前方为上叶，后方为下叶。右侧在中间段支气管以上层面，斜裂前方为上叶，后方为下叶；在中间段支气管以下层面，斜裂前方为中叶，后方为下叶。

肺段：肺段的基本形态为尖端指向肺门的锥体状。CT图像上不能显示肺段间的界限，只能根据肺段支气管及血管的走行定位。发生肺段范围内的病变时,则可显示肺段的形态。

肺小叶:普通 CT 难以显示肺小叶结构。高分辨力 CT 可显示肺小叶呈不规则的多边形或截头锥体形。底朝向胸膜．尖指向肺门,其直径约 10~25mm。CT 显示构成小叶核心的小叶肺动脉和细支气管,其管径约 1mm。小叶实质为小叶核心的外围结构,主要为肺腺泡结构,其内可见高密度的斑点状微小血管断面影。小叶间隔构成肺小叶的边缘,主要由来自胸膜基质的结缔组织构成,表现长 10~25mm 的均匀线状致密影,易见于胸膜下,且与胸膜垂直。小叶间隔内的小静脉多可显示,表现为点状或伸向胸膜的线状影。

4. 膈 膈为圆顶状的肌性结构,大部分紧贴于相邻脏器如心脏、肝脾等,且密度与相邻器官相似,CT 常难以显示这些部位的横膈影。膈肌前方附着于剑突与两侧肋软骨上,多呈光滑的或轻微波浪状线形影,少数呈不规则或边缘不清的宽肌肉带影。横膈后下部形成两侧膈肌脚,为膈肌与脊柱前纵韧带相连续而形成,简称膈脚。

临床 CT 读片时,需要连续层面观察。纵隔结构主要选用纵隔窗观察,肺结构选用肺窗观察,以下介绍基本层面:

纵隔窗:选择 6 个基本的纵隔层面(图 5-58A~F)。

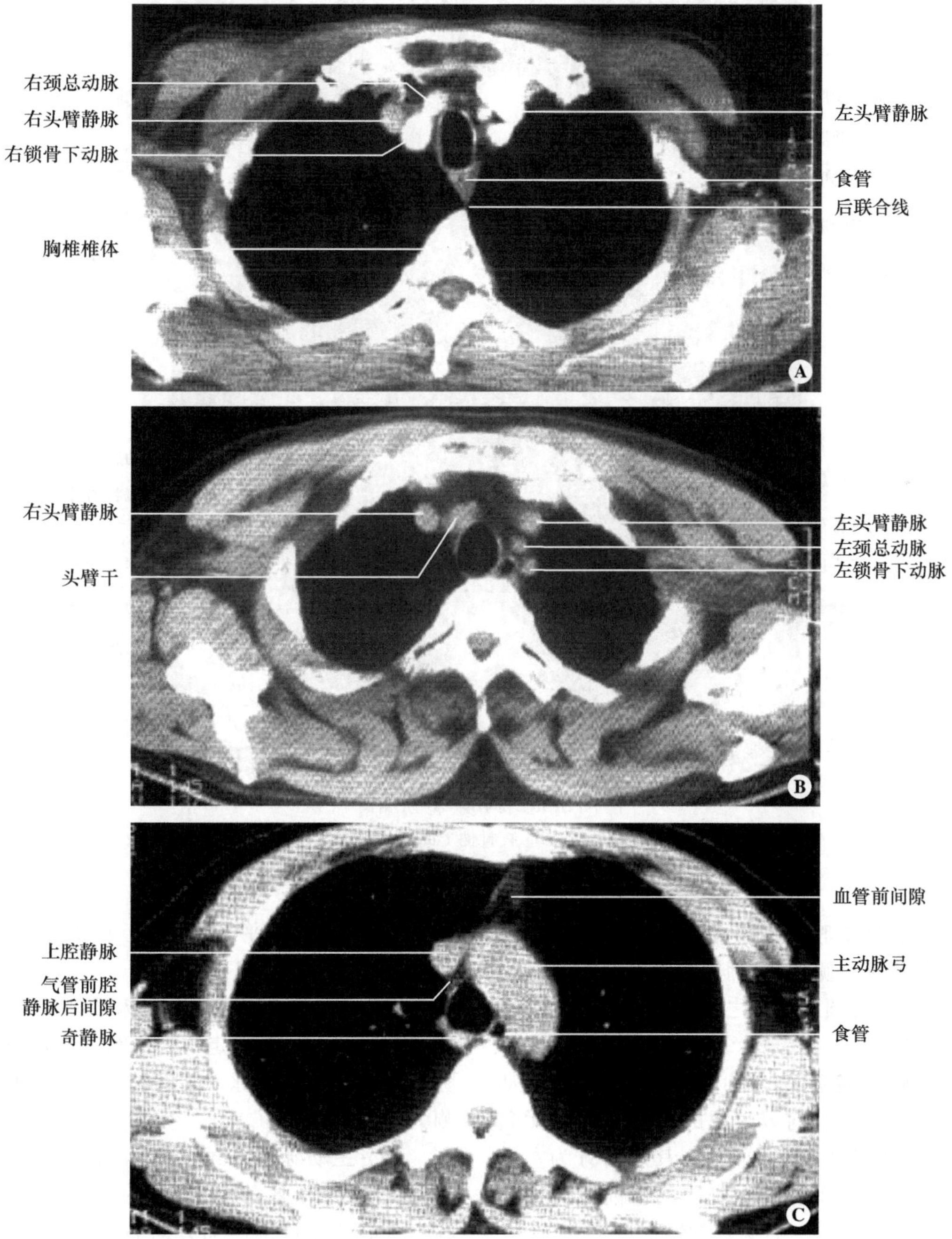

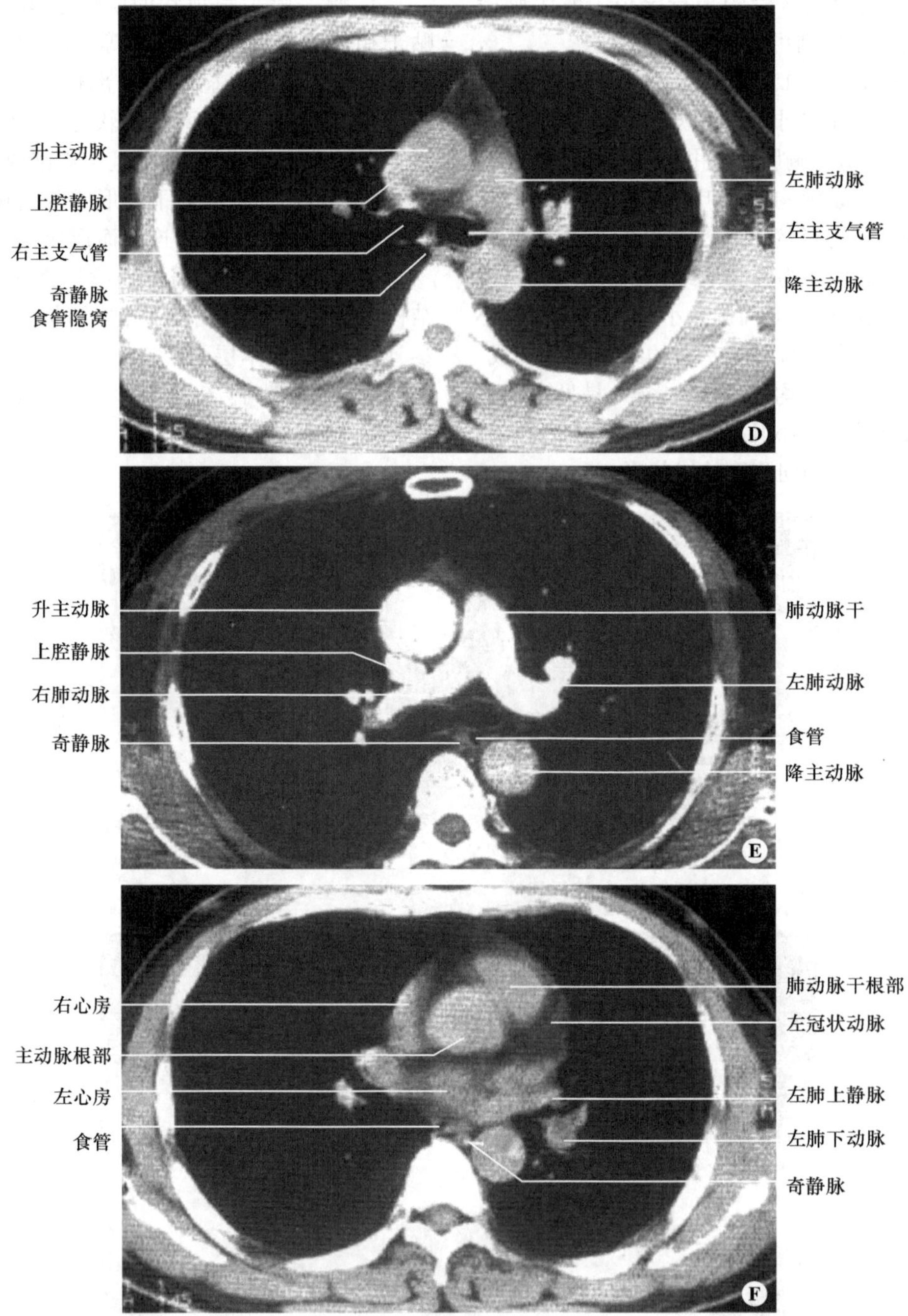

图 5-58　胸部 CT 纵隔窗

A. 胸腔入口平面（六血管平面）；B. 胸骨柄平面（五血管平面）；C. 主动脉弓平面；D. 主动脉窗平面；E. 气管分杈平面；F. 左心房平面

（1）**纵隔胸腔入口平面**：六血管平面，气管两旁偏前可见双侧颈总动脉，颈总动脉外前方为两侧头臂静脉，颈总动脉之外后方为两侧锁骨下动脉（图 5-58A）。

（2）**胸骨柄平面**：五血管平面，相当于主动脉弓上水平。气管前方较粗的血管断面为无名动脉，气管左侧为左颈总动脉，其外后方为左锁骨下动脉。无名动脉与左颈总动脉前方分别为右及左侧头臂静脉。右头臂静脉呈圆形断面，左头臂静脉可呈水平走行于无名动脉前方（图 5-58B）。

（3）**主动脉弓平面**：主动脉弓自气管前方沿气管左壁斜向左后方走行。气管之右前方，主动脉之右侧为上腔静脉。气管左后方，主动脉弓右侧为食管（图 5-58C）。

（4）**主动脉窗平面**：升主动脉在气管的右前方，其右侧为上腔静脉，气管的左后方为降主动脉。奇静脉弓自椎体前方向右绕气管右侧壁向

笔记栏

前走行汇入上腔静脉。气管左侧为主动脉窗内的脂肪组织(图 5-58D)。

(5) **气管分杈平面**:可见气管隆突与左、右主支气管。肺动脉干位于左主气管的左前方,两侧肺动脉呈人字形分叉,左肺动脉向左后方斜行位于左主支气管的前外侧。右侧肺动脉向右后方走行,介于升主动脉与右主支气管之间,右主支气管后方为奇静脉食管隐窝(图 5-58E)。

(6) **左心房平面**:脊柱左前方为降主动脉,降主动脉前方为左心房。左心房前部为主动脉根部,其右侧为右心房,其左前方为右心室及流出道(图 5-58F)。

肺窗:选用 5 个基本的肺窗(图 5-59A~E)

(1) **气管分杈平面**:气管分为两侧主支气管,右侧主支气管外侧可见右上叶尖段支气管(图 5-59A)。

(2) **右上叶支气管平面**:肺门可见右主支气管、右上叶支气管及其分出的前、后段支气管(图 5-59B)。

(3) **中间支气管平面**:肺门可见较粗的中间支气管,左肺门可见左主支气管及左上叶支气管(图 5-59C)。

(4) **中叶支气管口平面**:右侧同时可见右中叶支气管及右下叶支气管,并可见向后走行的下叶背段支气管,左侧可见向前走行的舌叶支气管、下叶支气管起始部、向后走行的下叶背段支气管(图 5-59D)。

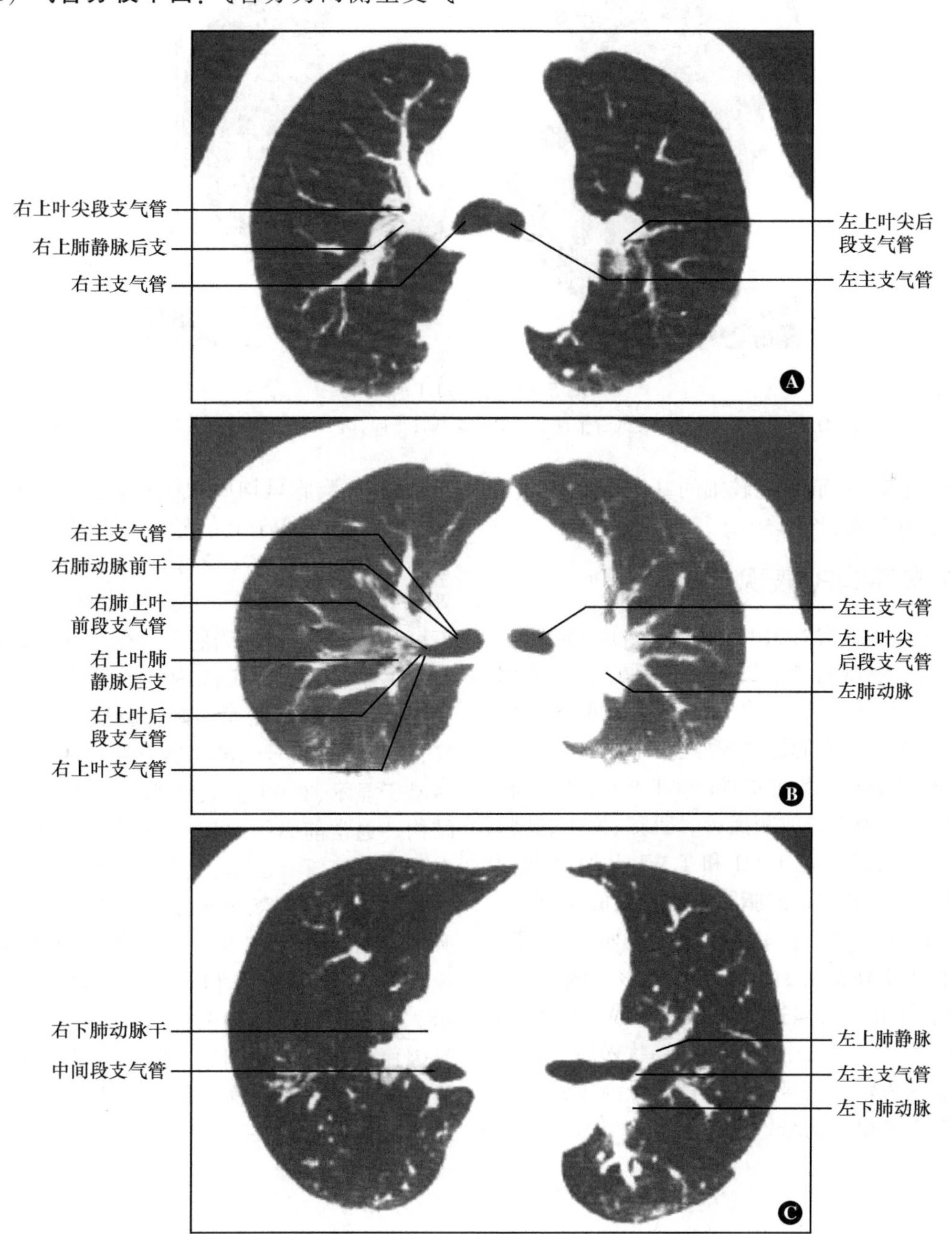

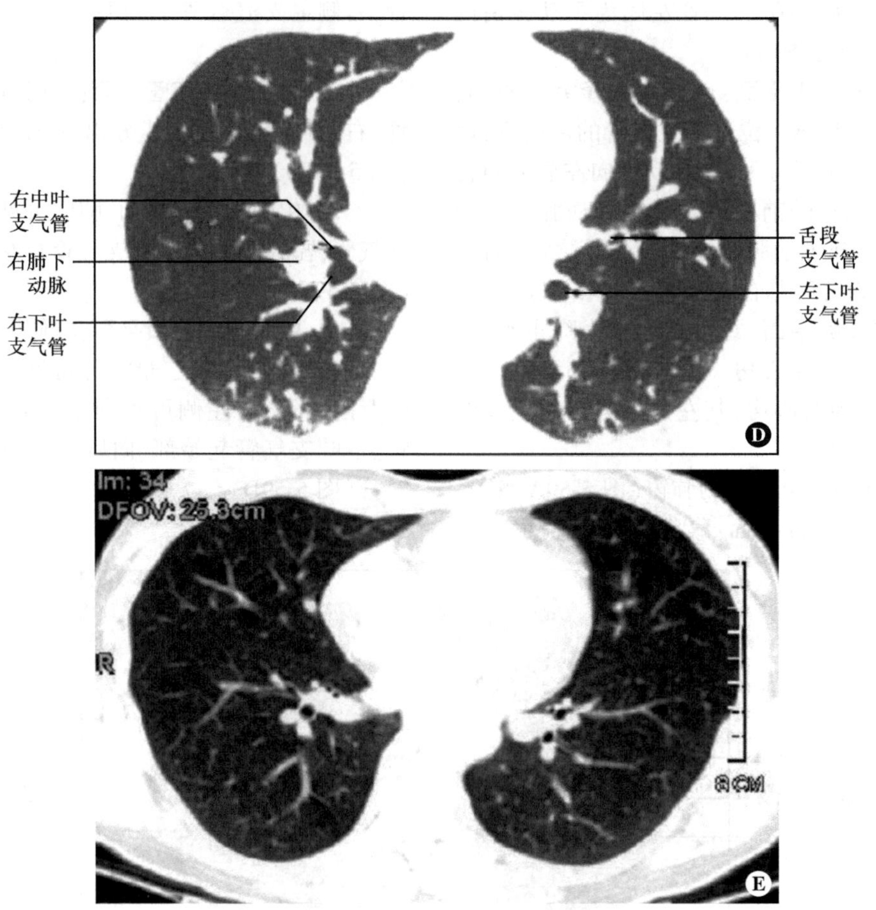

图 5-59　胸部 CT 肺窗

A. 气管分杈平面；B. 右上叶支气管平面；C. 中间支气管平面；D. 中叶支气管口平面；E. 心室平面

（5）**心室平面**：可见较细的基底段支气管分支及下肺静脉影（图 5-59E）。

（三）胸部 MRI 表现

正常胸部结构的 MRI 表现取决于不同组织的 MR 信号强度特点。肺组织、脂肪组织、肌肉组织、骨组织具有不同的 MR 信号强度，在 MR 图像上表现为不同的黑、白亮度（图 5-60）。

胸壁：胸壁肌肉在 T_1WI 和 T_2WI 上均呈较低信号，显示为黑影或灰黑影。肌腱、韧带、筋膜氢质子含量很低，在 T_1WI 和 T_2WI 上均呈低信号。肌肉间可见线状的脂肪影及流空的血管影。脂肪组织在 T_1WI 上呈高信号，显示为白影，T_2WI 上呈较高信号，显示为灰白影。胸骨、胸椎、锁骨和肋骨的周边骨皮质在 T_1WI 和 T_2WI 上均显示为低信号，中心部的海绵状松质骨含有脂肪，显示为较高信号。肋软骨信号高于骨皮质信号，低于骨松质信号。

纵隔：胸腺呈均质的信号影，T_1WI 上信号强度低于脂肪，T_2WI 上信号强度与脂肪相似。气管与主支气管腔内无信号，气管和支气管壁由软骨、平滑肌纤维和结缔组织构成且较薄，通常也不可见，管腔由周围脂肪的高信号所衬托而勾画出其大小和走行。纵隔内的血管也是由周围脂肪的高信号所衬托而勾画。胸段食管多显示较好，食管壁的信号强度与胸壁肌肉相似。淋巴结多易于显示，T_1WI 上表现为均质圆形或椭圆形结构。通常前纵隔淋巴结、右侧气管旁淋巴结、右气管支气管淋巴结、左上气管旁淋巴结、主、肺动脉淋巴结及隆突下淋巴结较易显示，左下气管旁淋巴结及左主支气管周围淋巴结不易显示。迷走神经、交感神经和左喉返神经通常不能显示。胸导管有时在横断面可显示。心脏与大血管因血管流空效应，使心脏大血管显示清晰，三维扫描使心脏大血管显示更完整。

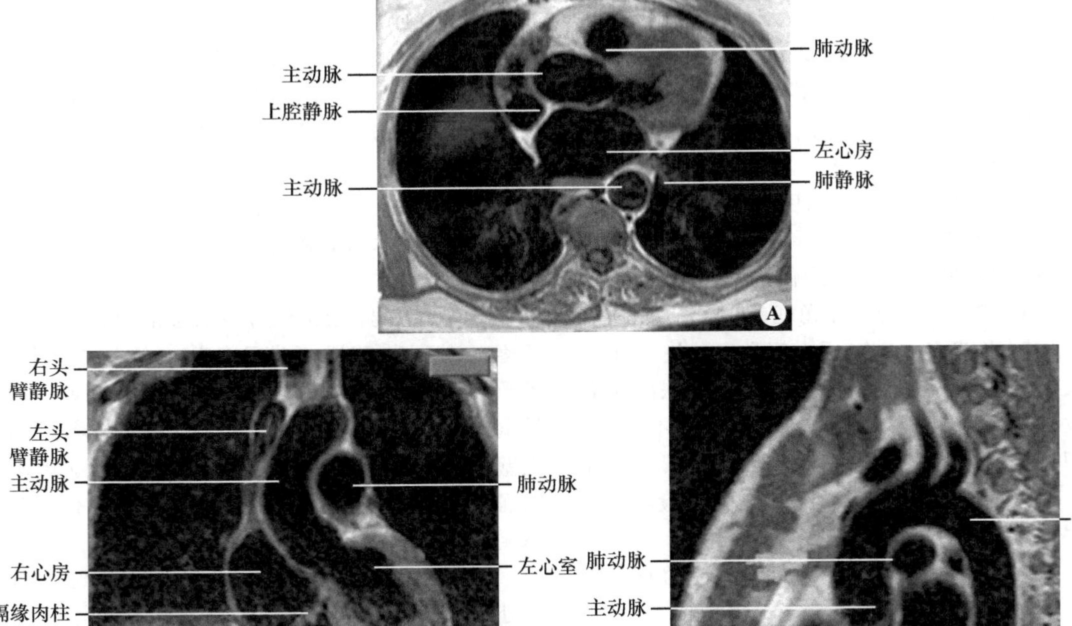

图 5-60 胸部 MRI

肺：正常肺野基本呈黑影。肺纹理显示不及 CT，不呈树枝状，而呈稍高信号的横带状影，近肺门处可见少数由较大血管壁及支气管壁形成的支状结构。由于肺血管的流空效应，肺动、静脉均呈管状的无信号影，而肺门部的支气管也呈无信号影，所以两者只能根据其解剖学关系进行分辨，但应用快速梯度回波序列，肺动、静脉均呈高信号，则可鉴别。在肺血管与支气管之间，由脂肪、结缔组织及淋巴组织融合而成的小结节状或条片状高信号影，其直径一般不超过 5mm。

膈：膈脚在横断面显示清楚，呈一较纤细、向后凹陷的曲线状软组织信号影，前方绕过主动脉，止于第 1 腰椎椎体的外侧缘。冠状面及矢状面能较好显示横膈的高度和形态，横膈的信号强度低于肝脾的信号强度，表现为弧形线状影。

复习思考题

1. 哪些胸腔器官和结构在胸骨角平面上？
2. 在锁骨上部针刺应注意什么？
3. 对心跳骤停的患者进行心内注射应在何处进针？为什么？
4. 膈有哪些裂孔？各位于何高度？各通行哪些结构？
5. 何为房室结区？都有哪几类细胞？
6. 喉返神经和喉上神经在器官支配上有何不同？左、右喉返神经走行有何不同？损伤时出现哪些症状？
7. 某学生因剧烈运动出现口唇发绀，来院就诊，诊断为先天性动脉导管未闭，试问何为动脉导管？
8. 根据纵隔的组织结构，考虑各个纵隔部位都可发生哪些疾病？
9. 何为心包？心包炎时渗出液集聚，在 X 线片上会出现什么特征？
10. 何为支气管肺段？
11. 肺的功能血管和营养血管分别是什么血管？
12. 对照一张胸部正位片，说明心的位置和各心腔的所在部位。
13. 试述左、右冠状动脉的起始、走行、分支和分布范围。
14. 何为心肌桥？
15. 心传导系是由哪些结构构成的？
16. 肺泡的组织结构及功能是什么？
17. 何谓气血屏障？
18. 血-胸腺屏障的组成及功能是什么？
19. 胸部最常见的影像学检查方法是什么？用于呼吸系统的影像学检查方法有哪些？
20. CT、磁共振在胸部检查中的适应证有哪些？
21. 某老年男性患者，因近来咳嗽、咳痰带血就诊，检查诊断为右肺中叶占位性病变晚期，合并胸水。用你所学的解剖学知识说明对坐位的患者行穿刺抽胸水应在何处进行？为什么？穿刺应避免损伤哪些结构？

22. 某男性患者，因心慌、胸闷、头晕就医。检查所见：脉搏 50 次/分，心电图显示为心脏兴奋起搏点病变引起的心动过缓。请问生理状态下心脏起搏点是由位于何处的何结构发起？其起搏点的兴奋又是经哪些解剖结构到达心肌细胞？组织学上构成传导系的特殊心肌细胞有哪几种？

23. 某 2 岁幼儿，吃花生米后剧烈呛咳、有喘憋感。口周发紫来诊，请初步诊断患儿可能发生的疾病？应选用何种快速、简捷的影像检查方法来诊断？重点观察哪一部位？从解剖学角度考虑这是为什么？

24. 某女性患者，50 岁，因右侧乳房肿块 2 月不断增大就诊。检查见患者右侧乳房肿胀，皮肤出现橘皮样改变，触诊可触到一肿块，质地硬，表面不光滑，与周围组织分界不清楚，活动度差，无压痛。右腋窝可触到 1~2 个较硬的淋巴结，无触痛。取活检病理检查报告为乳腺癌。请问：

（1）患者乳房皮肤出现“橘皮样”改变的原因是什么？

（2）乳腺癌可经哪些淋巴途径转移？

（3）若行乳腺癌手术根治术时应注意避免损伤哪些结构？

25. 某男性患者，70 岁，有长期吸烟史，因持续性咳嗽、咯血痰伴左侧胸痛 4 个月而入院。检查发现患者明显消瘦，体质虚弱，呼吸急促，左肺后下部叩诊浊音，听诊该处呼吸音消失；胸部 X 线摄片示左肺下叶有一块状阴影；支气管镜检查见左肺下叶支气管内有一肿块，阻塞管腔，取活检病理诊断为鳞状上皮癌。局麻后取双侧锁骨上淋巴结活检显示，癌细胞已转移至双侧锁骨上淋巴结。诊断为左肺下叶肺癌合并左肺下叶支气管阻塞，左肺下叶萎陷。请问：

（1）根据所学知识解释患者的症状和体征。

（2）解释癌细胞经何途径转移至双侧锁骨上淋巴结？

（3）肺癌还可经何途径转移至哪些器官？

（4）若手术切除肿瘤应作何切口？需经哪些层次进入胸腔？

26. 患者，男性，55 岁，于 3 天前活动后出现胸骨后疼痛，伴咽痛、出汗，后背及左肩痛，休息或含服“速效救心丸”后可缓解。检查发现心电图 ST 段下降，T 波倒置；冠脉 CT 检查显示心冠状动脉左前降支中段附壁斑块，管腔重度狭窄。诊断为冠心病，稳定型心绞痛。择期行冠脉造影及 PCI（支架植入）术。术后恢复良好。请考虑：

（1）左前降支附壁斑块，管腔重度狭窄，可导致何处心肌缺血？

（2）欲从股动脉（或桡动脉）插管进行左前降支球囊扩张术（支架术），该导管经过哪些途径到达左前降支？

（3）前室间支堵塞除可引起心肌缺血外，还会造成心传导系的哪一部分传导障碍？

（4）若狭窄在右冠状动脉除可引起心肌缺血外，还可引起何种心律失常？

（王　军　王占友　王振宇　张　伟）

第6章 腹 部

腹部是躯干的一部分,居于胸部和盆部之间,由腹壁、腹腔及腹腔内容物等组成。腹壁所围成的内腔即腹腔,其上方与膈穹隆一致,下方经小骨盆上口通盆腔,腹腔内有脏器、血管、神经、淋巴结、淋巴管及腹膜等结构。

第1节 腹前外侧壁

一、皮 肤

腹前外侧壁的皮肤薄而富有弹性,腹股沟附近的皮肤移动性较小,其他部位移动性较大。

二、浅 筋 膜

浅筋膜由脂肪及疏松结缔组织构成。在腹壁下份(约在脐平面以下)的浅筋膜分为两层:浅层即**Camper 筋膜**,含有脂肪组织又称脂肪层,向下与股部的浅筋膜相连续;深层即**Scarpa 筋膜**,为富有弹性纤维的膜样层,于中线处附着于白线,向下于腹股沟韧带下方约一横指处,附着于股部深筋膜;但在左、右耻骨结节间越过耻骨联合继续向下至阴囊,与会阴浅筋膜(Colles 筋膜)相连。

三、腹 肌

腹肌向上附着于胸廓,下附着于骨盆。腹前壁有一对纵行的腹直肌,两侧是三层宽阔的扁肌,自浅至深为腹外斜肌、腹内斜肌、腹横肌,这三层肌的肌束方向彼此交叉,并在腹前壁处形成广阔的腱膜(图6-1)。

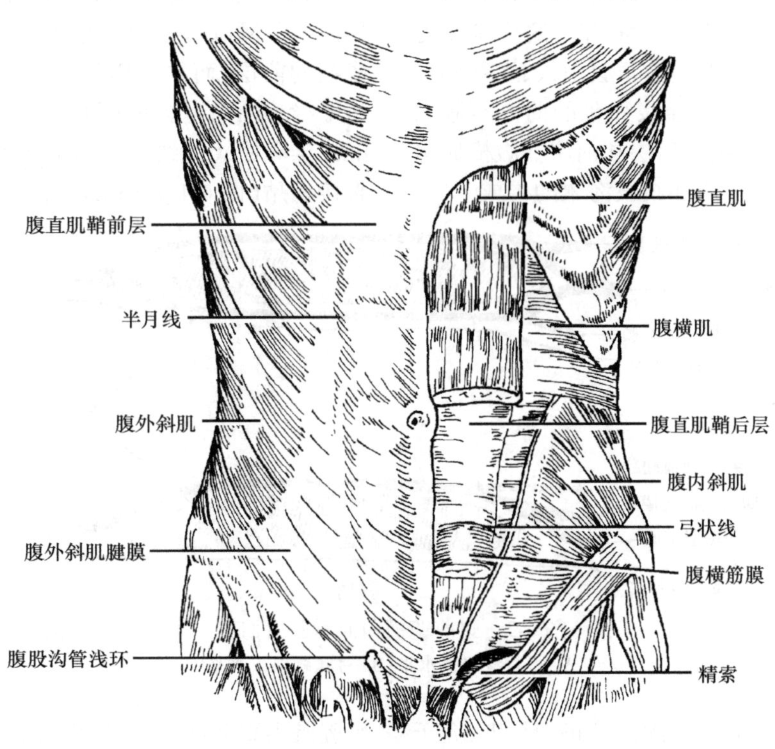

图6-1 腹前外侧壁的肌肉(浅层)

1. 腹外斜肌(obliquus externus abdominis)为宽阔扁肌,位于腹前外侧壁浅层,起始于下位8个肋骨的表面呈锯齿状,肌束由外上斜向前下方,后部肌束向下止于髂嵴前部,上中部肌束向内移行于腱膜,经腹直肌的前面,并参与构成腹直肌鞘的前层,至腹正中线终于白线。腹外斜肌腱膜的下缘卷曲增厚连于髂前上棘与耻骨结节之间,称为**腹股沟韧带**(inguinal lig.)。腹股沟韧

带的内侧端有一小束腱纤维向下后方止于耻骨梳，为**腔隙韧带**(lacunar lig,**陷窝韧带**)。在耻骨结节外上方，腱膜形成近乎三角形的裂孔，为**腹股沟管浅环**(superficial inguinal ring,**皮下环**)。

2. 腹内斜肌(obliquus internus abdominis) 在腹外斜肌深面。起始于胸腰筋膜、髂嵴和腹股沟韧带的外侧1/2或1/3，肌束呈扇形，其后部肌束几乎垂直上升止于下位3个肋骨，大部分肌束向前上方以不同斜度放散而变成腱膜，在腹直肌外侧缘分为前、后两层包裹腹直肌，参与构成腹直肌鞘的前、后两层，在腹正中线终于白线。腹内斜肌的下部肌束行向前下方，为凸向上的弓形，跨过精索延为腱膜，再向内侧与腹横肌腱膜汇合形成**腹股沟镰**(inguinal falx)或称**联合腱**(conjoint tendon)，止于耻骨梳的内侧端(有一部分人的腹股沟镰，仅是由两肌的一些肌束互相融合而成，未成为腱性结构)。腹内斜肌的最下部发出一些细散的肌束，向下包绕精索和睾丸，称为**提睾肌**(cremaster)，收缩时可上提睾丸(图6-1)。

3. 腹横肌(transversus abdominis)在腹内斜肌深面，较薄弱。起自下位6个肋软骨的内面、胸腰筋膜、髂嵴和腹股沟韧带的外侧1/3，肌束横行向前，延为腱膜，腱膜的上部与腹内斜肌腱膜后层愈合并经腹直肌后方至腹白线，下部则和腹内斜肌腱膜后层一起经腹直肌的前方至腹白线，分别构成腹直肌鞘的后层和前层。腹横肌最下部分分别参与提睾肌和腹股沟镰的构成。

4. 腹直肌(rectus abdominis) 位于腹前壁正中线的两旁，居腹直肌鞘中，为上宽下窄的带形多腹肌，起自耻骨联合和耻骨嵴，肌束向上止于胸骨剑突和第5~7肋软骨的前面。肌的全长被3~4条横行的**腱划**(tendinous intersection)分成多个肌腹，腱划由结缔组织构成，与腹直肌鞘的前层紧密结合，为原始肌节愈合的痕迹。在腹直肌的后面，腱划不明显，未与腹直肌鞘的后层愈合，所以腹直肌的后面是完全游离的。

腹前外侧壁肌肉的作用：共同保护腹腔脏器及维持腹内压，保持腹腔脏器位置的固定。当腹肌收缩时，可增加腹压以协助排便、分娩、呕吐和咳嗽等功能，还可降肋助呼气并能使脊柱前屈、侧屈与旋转。

腹前外侧壁除肌肉外还有一些腱膜性或腱性结构，如腹直肌鞘和白线。

腹直肌鞘(sheath of rectus abdominis)包绕腹直肌，由腹外侧壁三层阔肌的腱膜构成。鞘分前、后两层，**前层**由腹外斜肌腱膜与腹内斜肌腱膜的前层愈合而成；**后层**由腹内斜肌腱膜的后层与腹横肌腱膜愈合而成。在脐以下4~5cm以下，鞘的后层完全转至腹直肌的前面参与构成鞘的前层。所以自此以下是由三个阔肌腱膜愈合成鞘的前层，而缺乏鞘的后层，但可见后层的游离下缘呈凸向上方的弧形线，称**弓状线**(arcuate line,**半环线**)，此线以下腹直肌后面与腹横筋膜直接相贴(图6-1、图6-2)。

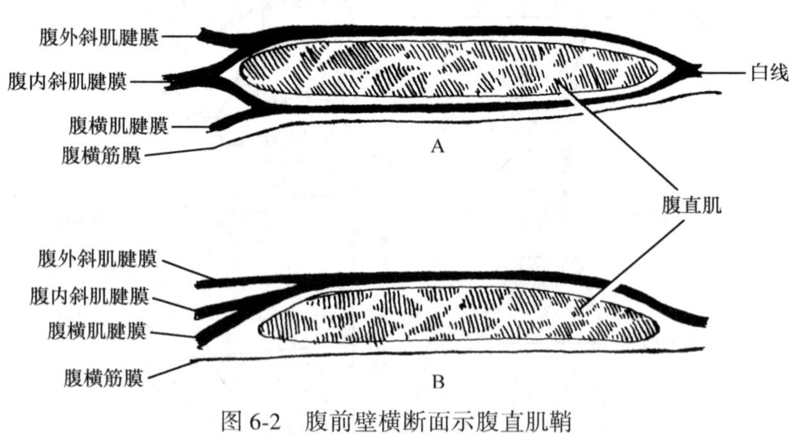

图6-2 腹前壁横断面示腹直肌鞘

A. 弓状线以上水平；B. 弓状线以下水平

白线(linea alba)位于腹前壁正中线上，介于左右腹直肌鞘之间，由两侧的腹直肌鞘纤维彼此交织而成，上方起自剑突，下方止于耻骨联合。白线坚韧而少血管，脐以上部分较宽，约1cm，脐以下部分，因两侧腹直肌鞘紧靠，白线变窄成线状。在白线的中部有圆形的腱性脐环，在胎儿时期，有脐血管通过，此处为腹壁的一个薄弱点，如腹腔脏器由此膨出，可发生脐疝。

四、筋　膜

腹前外侧壁的筋膜包括浅筋膜(前述)、腹内筋膜和腹膜下筋膜。

腹内筋膜贴附在腹腔各壁的内面。各部筋膜的名称与所覆盖的肌相同，如膈下筋膜、腰方筋膜、髂腰筋膜、盆筋膜和腹横筋膜等。其中**腹横筋膜**范围较大，贴在腹横肌、腹直肌鞘及弓状线以下的腹直肌内面。

腹膜下筋膜（腹膜外脂肪）位于腹横筋膜与壁腹膜之间，在腹下部特别是腹股沟区脂肪组织较多；向后与腹膜后间隙的疏松结缔组织相连续。由于有腹膜外脂肪组织，壁腹膜容易剥离，故膀胱、剖腹产等手术，一般不需进入腹膜腔，经腹膜外入路即可施行。

五、壁　腹　膜

具体内容见第4节。

六、腹前外侧壁的血管

腹前外侧壁浅筋膜内有腹壁浅动、静脉。腹前壁上半部的浅动脉细小，是肋间后动脉的分支；腹前壁下半部有两条较大的浅动脉：**腹壁浅动脉**（superficial epigastric artery）起自股动脉，越过腹股沟韧带中、内1/3交界处走向脐部，浅动脉的外侧，尚有起自股动脉走向髂前上棘的**旋髂浅动脉**（superficial iliac circumflex artery，图6-3）。

由于腹前壁的浅动脉行于浅筋膜的浅、深两层之间，并与同名静脉伴行，故常在腹下部切取带蒂或游离皮瓣。

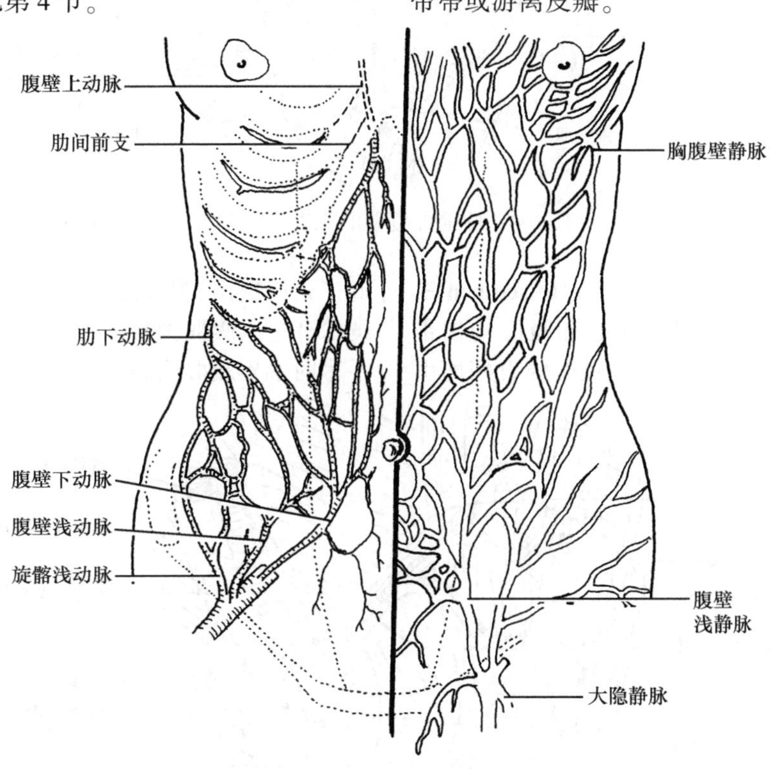

图6-3　腹前外侧壁的血管

腹前外侧壁的浅静脉较为丰富，彼此吻合成网，尤其在脐区更为丰富。脐以上的浅静脉经胸腹壁静脉汇入腋静脉；脐以下的浅静脉经腹壁浅静脉汇入大隐静脉，从而构成了上、下腔静脉系统之间的联系（图6-3）。当上腔静脉或下腔静脉阻塞时，借此途径沟通部分血流。在脐区，浅静脉还和**附脐静脉**（paraumbilical vein）相吻合，汇入肝门静脉。

临床应用

由于附脐静脉汇入肝门静脉，故在门静脉高压症时，血流可经脐周静脉网与体循环的静脉相交通，形成脐周静脉曲张，又称“海蛇头”。

腹壁深层的动脉有穿行于腹内斜肌和腹横肌之间的下五对肋间后动脉、肋下动脉及四对腰动脉。腹上部还有**腹壁上动脉**，系胸廓内动脉的终支之一，位于腹直肌及腹直肌鞘后层之间。腹下部有**腹壁下动脉**及**旋髂深动脉**，两者在邻近腹股沟韧带处起自髂外动脉。腹壁下动脉行于腹横筋膜与壁腹膜之间，经深环的内侧斜向上内穿腹横筋膜，上行于腹直肌与腹直肌鞘后层之间，在脐附近与腹壁上动脉相吻合，并与肋间后动脉的终末支在腹直肌的外侧缘相吻合。腹壁下动脉的体表投影为腹股沟韧带中、内1/3交界处与脐的连线（图6-4）。腹腔穿刺宜在此线的外上方，可避免损伤此动脉。

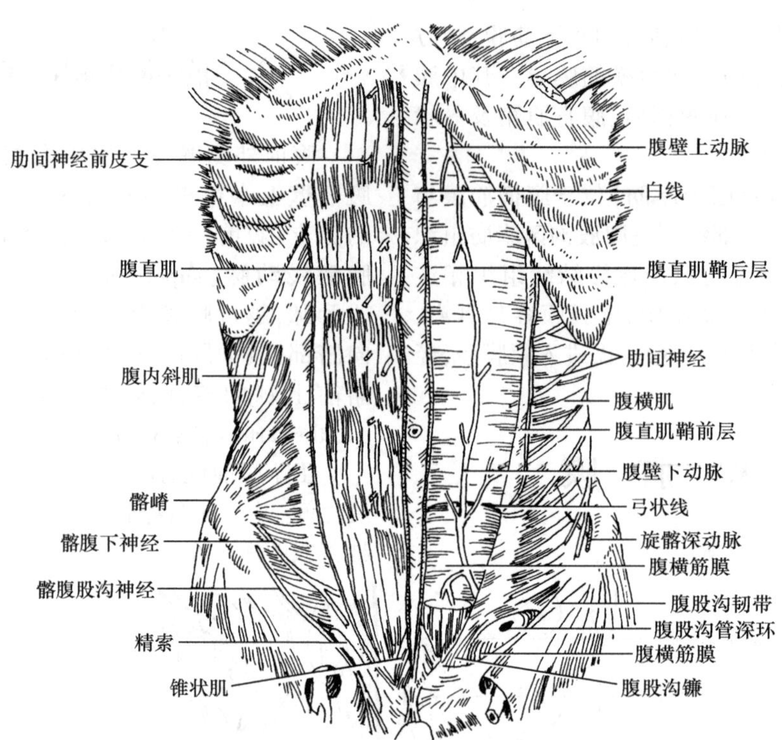

图 6-4 腹前外侧壁的肌肉(深层)

腹股沟三角(inguinal triangle,**Hesselbach 三角**):腹壁下动脉、腹直肌外侧缘和腹股沟韧带内侧半所围成的三角形区域。腹股沟直疝即由此三角区突出,腹股沟斜疝则从腹壁下动脉外侧的深环进入腹股沟管。因此,腹壁下动脉可作为手术时鉴别腹股沟斜疝与直疝的标志(图 6-5)。

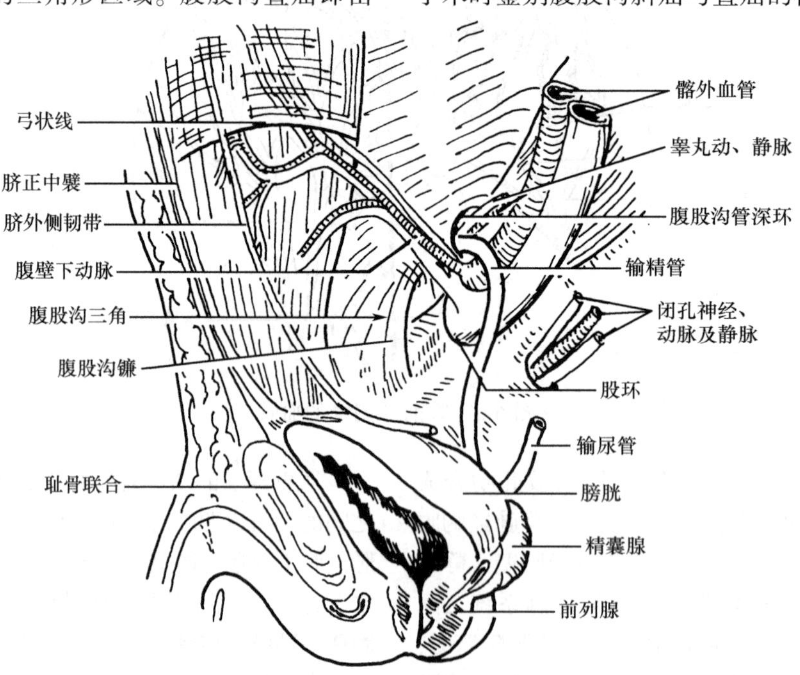

图 6-5 腹股沟三角(内面观)

旋髂深动脉与腹壁下动脉约在同一水平发自髂外动脉,向外上方斜行,达髂前上棘,穿腹横肌分布于腹部三扁肌、腰大肌、髂肌等。在行阑尾切除术时,如需向外侧延伸切口,需注意勿伤此动脉。腹壁的深静脉与同名动脉伴行。

七、腹前外侧壁的神经

腹前外侧壁神经来自第 7~12 胸神经及第 1 腰神经前支,皮肤的感觉神经分布有明显的节段性;第6肋间神经分布于剑突平面;第10肋间神经分布于脐平面;第1腰神经分布于腹股沟韧带的上方。上述各神经中的一些肋间神经的皮肤分布可依次推算。胸椎或脊髓胸段发生病变时,可根据腹壁感觉障碍的平面来判定病变的部位。第7~12胸神经前支斜向前行于腹内斜肌与腹横肌之间,至腹直肌外侧处进入腹直肌鞘,沿途发出肌支,支配腹前外侧壁诸肌,其**前皮支**向前穿过腹直肌、腹直肌鞘层,分布于皮肤。上述神经的**外侧皮支**分布于外侧壁的皮肤(图6-6)。

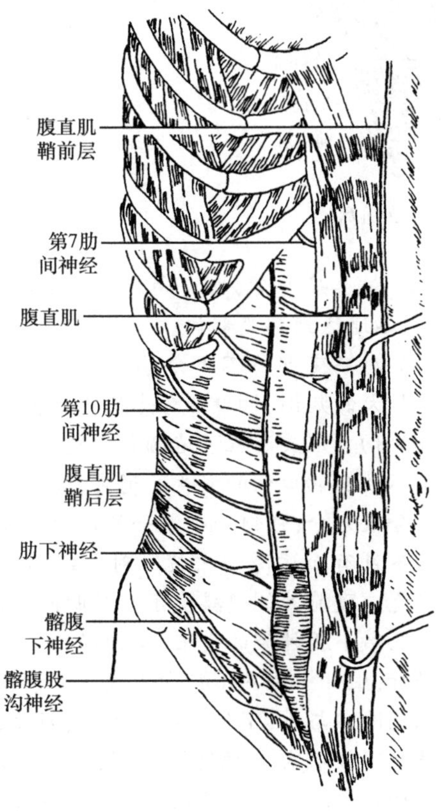

图6-6　腹前外侧壁的神经

髂腹下神经(iliohypogastric nerve)起自第12胸神经及第1腰神经前支,在腹内斜肌和腹横肌之间,行于髂前上棘内上方约2.5cm处通过腹内斜肌,向内下方达腹外斜肌腱膜的深面,在浅环上方约2.5cm处穿过腹外斜肌腱膜,前皮支常经浅环的内侧脚上方穿出分布到耻骨上方的皮肤(图6-7)。

髂腹股沟神经(ilioinguinal nerve)在髂腹下神经下方,相距约一横指并与其平行,经腹股沟管,位于精索的外侧,出浅环后分布于阴囊(或大阴唇)前部的皮肤(图6-7)。

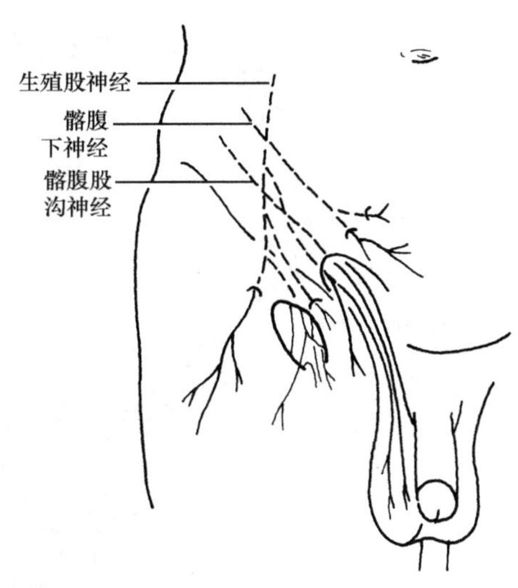

图6-7　腹前壁下部的神经

生殖股神经(genitofemoral nerve)生殖支沿精索内侧下行,出浅环分布于提睾肌及阴囊肉膜,股支分布于股三角部的皮肤(图6-7)。

八、腹前外侧壁内面观

腹前外侧壁内面衬以壁腹膜,向上移行于膈下腹膜,向下延续于盆腔的腹膜。在脐以下前外侧壁的腹膜形成五条皱襞(图6-8):位于正中线者(由脐至膀胱尖)为**脐正中襞**其中有脐正中韧带,是胚胎期脐尿管的遗迹;位于脐正中外侧者为**脐内侧襞,**内有脐动脉索,是胚胎期脐动脉闭锁后的遗迹;最外侧者为**脐外侧襞(腹壁下动脉襞)**,其中有腹壁下血管。在腹股沟韧带上方,脐外侧襞的内、外侧,分别为**腹股沟内、外侧窝**,是腹前壁的薄弱部位,腹腔的内容物,可由此突出形成腹股沟疝。

九、腹股沟管

腹股沟管(inguinal canal)为男性精索或女性子宫圆韧带所通过的一条肌和腱之间的裂隙,位于腹前外侧壁的下部。由外上斜贯向内下方,在腹股沟韧带内侧半的上方,长约4.5cm。管的内口称**腹股沟管深环**(deep inguinal ring,腹环)在腹股韧带中点上方约1.5cm处,为腹横筋膜向外的突口。管的外口即**腹股沟管浅环(皮下环)**。管有四个壁,前壁是腹外斜肌腱膜和腹内斜肌;后壁是腹横筋膜和腹股沟镰;上壁为腹内斜肌和腹横肌的弓状下缘;下壁为腹股沟韧带(图6-9)。

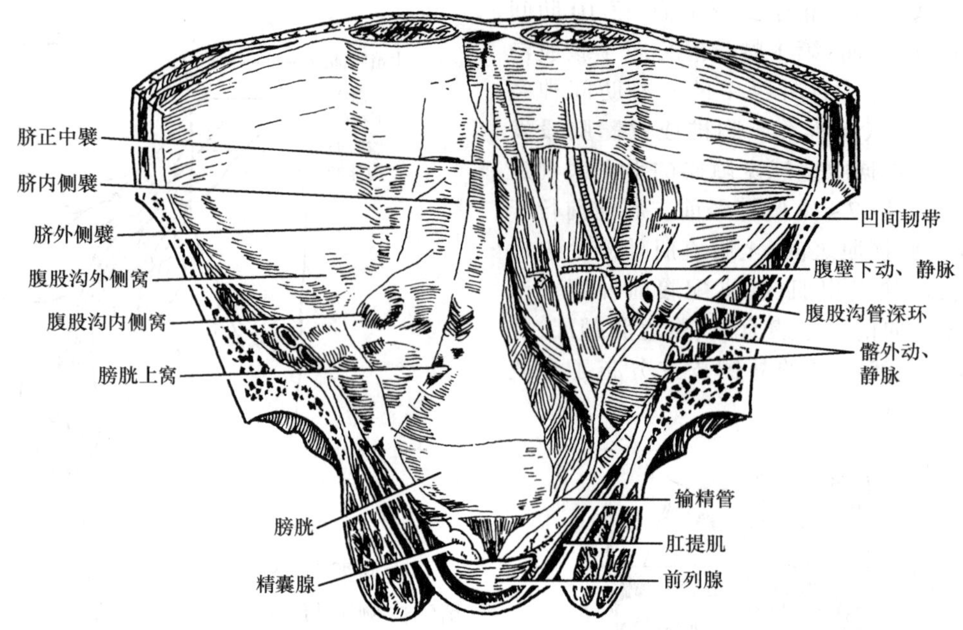

图 6-8 腹前壁内面的皱襞及凹窝

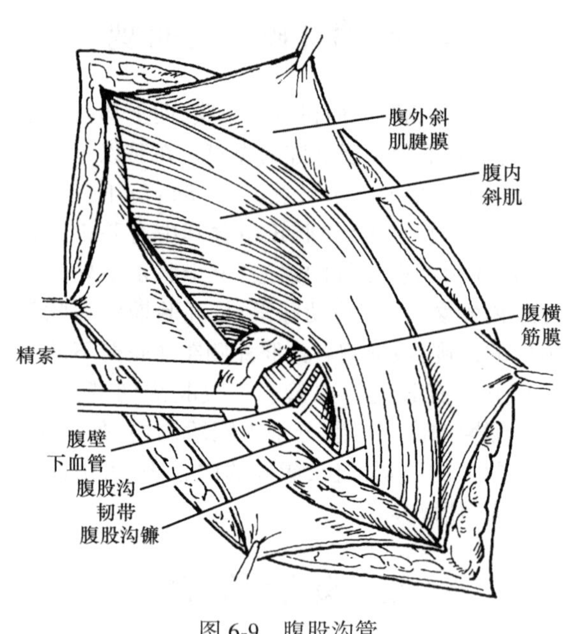

图 6-9 腹股沟管

临床应用

1. 临床上腹部手术切口的选择 腹部手术多于腹前外侧壁行手术入路，腹部手术切口的选择对手术的成败和预后关系密切，理想的切口应符合下列要求：

(1) 切口应最大限度地接近病灶或拟处理的部位，长度要适宜。一般切口宁可稍大而勿小。过小的切口既不便于显露有关的脏器，又不利于操作，且有可能因此造成误伤和延长手术时间，此外，还可能使切缘组织严重挫伤而影响愈合。因此，一味地追求“小切口”是不足取的。

(2) 对急症患者，切口尚应考虑层次少，操作简便，迅速达到病变部位。

(3) 对病变部位不十分肯定或手术范围有可能需扩大的病例，切口应考虑便于延长。

(4) 切口应最小程度地损伤腹壁，使之愈合牢固而不致有切口疝的发生。通常，腹前外侧壁血管吻合较充分，任何一个单一的切口所致的血管切断不致有血运障碍之忧。对神经的损伤应尽量避免。腹前外侧壁接受下5对肋间神经、肋下神经及第1腰神经的支配，各神经的走行方向略呈斜行，由外上至内下行向中线。由于各神经的支配范围常与上、下位神经有重叠，因此，切断一根神经不致有大的危害，但如切断两根以上，则可使切口远端组织的神经支配丧失，引起受累肌肉的运动减弱、抵抗力减弱。在此基础上可引起切口疝。

切口对肌肉腱膜的损害程度亦应考虑。一般说来，经过肌肉的切口较经过腱膜的切口更好些；沿肌纤维的方向分开肌肉的切口较切断肌肉的切口更好些。但是对于腹直肌来说，切断处愈合后形成的瘢痕很似增加了新的腱划，至少不至于影响腹壁的坚固性。

(5) 在一个切口中，对腹壁的不同层次，尽可能不在一个水平切开(或分开)，即不同层次的切口应相互遮掩，如此可增强腹壁的抵抗力。

2. 腹部疝

(1) 腹股沟斜疝：腹腔脏器通过腹股沟管腹环，沿腹股沟管斜行而至皮下环脱出的疝称腹股沟斜疝。一般认为大部分斜疝均为先天性的，其基本原因是睾丸下降时所引起的腹膜鞘突未闭，在腹股沟管中遗留一个先天性的腹膜囊袋所致。

(2) 腹股沟直疝：腹腔内脏器自腹股沟三角(Hesselbach 三角)脱出的疝，称为腹股沟直疝。该三角内的结构由浅入深依次为皮肤、皮下组织、腹外斜肌腱膜、腹横筋膜(包括部分腹横肌腱膜弓)、腹膜外脂肪和腹膜。很明显，该区缺乏肌肉覆盖，因而是薄弱区。在腹内压增加的情况下，容易发生直疝。

(3) 股疝：多发生在中老年妇女，较男性高4~6倍。多数学者认为股疝发生的原因在于腹内压的增加和股环的松弛。在女性，股环的前后径(腹股沟韧带至耻骨梳韧带的距离)较男性略宽，而且女性的髂腰肌薄弱，血管腔隙除容纳股动、静脉以外，余下的空隙(及股环)较大。在这个基础上，一旦有腹内压增加的因素(如多次妊娠、分娩、经久站立等)时，股疝则可能发生。

复习思考题

1. 经腹直肌切口、阑尾交错切口进入腹膜腔，各需经过哪些结构层次？

2. 腹前外侧壁的浅血管、浅淋巴管及皮神经分布有何特点？

3. 腹前外侧壁深层血管和神经有哪些？其行程、分布各有何异同？

4. 试以解剖特点说明腹股沟区易发生疝的原因？

5. 试述腹股沟管的位置及该管四壁、两口的形成。

6. 沿精索走行的神经有哪些？各位于精索何处？该神经损伤后果如何？

7. 根据解剖知识，如何鉴别腹股沟斜疝与直疝？

8. 根据解剖知识，如何鉴别腹股沟疝与股疝？

9. 依腹股沟管局部位置关系，试述腹股沟疝修补术中应注意防止哪些血管、神经的损伤？它们的局部位置如何？

10. 病例1. 孕妇，33岁，怀孕40周，难产。产科医生认为自然分娩有危险，需立即实施剖宫产。术中采用约与耻毛齐平的一弧形横切口，请问：

(1) 经此切口须经哪些腹壁结构？

(2) 为何采用弧形切口？

(3) 此切口可能损伤哪些血管？

(4) 如采用纵形切口，在腹部何处副损伤最小？

11. 病例2. 患者，女性，27岁，以“转移性右下腹痛一天”为主诉就诊。患者食欲减退，恶心、呕吐，呕吐物为胃内容物。查体：腹部无膨隆，右下腹麦氏点压痛、反跳痛及肌紧张，叩无移动性浊音，肠鸣音活跃。患者低热，实验室检查血白细胞明显增高。初步诊断为急性阑尾炎，准备行阑尾切除术。请问：

(1) 什么是麦氏点？

(2) 腹壁切口有哪些？

(3) 阑尾切口开腹时需注意哪些神经？这些神经损伤有何表现？

(4) 在阑尾切除术中，如果术者无法在已有小切口基础上找到阑尾，需要向上扩大切口，可能会造成什么损伤？

(5) 为何前腹壁肌肉发生强直？

12. 病例3. 患者，男性，30岁，用力搬运一重物时，突觉右腹股沟区剧痛，并发现腹股沟区出现一椭圆形包块。经医生查体后发现此包块位于右腹股沟区，并降入阴囊，平卧后包块可逐渐消失。根据病史和查体结果，诊断为腹股沟斜疝，欲行手术治疗。请问：

(1) 如何区分腹股沟直疝和斜疝？试述二者的特点。

(2) 哪些原因导致包块出现？包块降入阴囊后被哪些结构包绕？这些结构源自哪些腹壁结构？

(3) 为何此患者需尽早手术？

(4) 男性、女性的腹股沟管是如何形成的？与哪些结构有关？

(5) 如何定义腹股沟疝？男、女直疝发生率之比如何？直疝的常见诱因有哪些？

(6) 什么是海氏三角(腹股沟三角)？

第2节　腹　后　壁

一、腹后壁的肌肉

腹后壁的肌肉主要有腰大肌和腰方肌，腰大肌将在下肢中介绍。

腰方肌(quadratus lumborum)位于腹后壁，在脊柱两侧，其后方有竖脊肌，两者之间隔有胸腰筋膜的中层，起自髂嵴的后部，向上止于第十二肋和第1~4腰椎横突(图6-10)。

二、腹后壁的筋膜

由内向外依次为壁腹膜、腹膜下筋膜、腹内筋膜。

三、腹后壁的血管

(一) 腹主动脉

腹主动脉(abdominal aorta)又称**主动脉腹部**，为胸主动脉的延续，在第12胸椎下缘前方略偏左侧，经膈的主动脉裂孔进入腹膜后隙，沿脊柱的左前方下行，至第4腰椎下缘水平分为左、右髂总动脉。腹主动脉的全长为14~15cm，周径

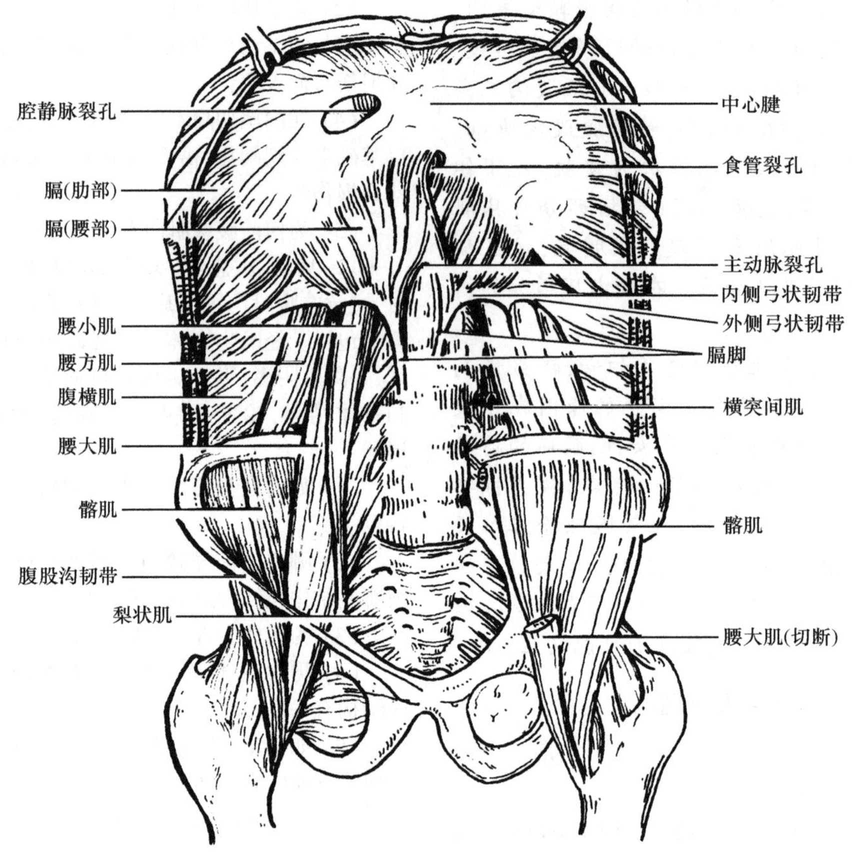

图 6-10 膈和腹后壁肌

2.9～3cm。其在腹前壁的体表投影：从胸骨颈静脉切迹至耻骨联合上缘连线的中点以上 2.5cm 处开始，向下至脐左下方 2cm 处，划一条宽约 2cm 的带状区，即为腹主动脉的投影。两髂嵴顶点连线的中点，为腹主动脉下端在腹前壁的体表投影。

腹主动脉的前方有胰、十二指肠升部及小肠系膜根等；后方有第 1～4 腰椎及椎间盘；右侧为下腔静脉；左侧为左交感干腰部。腹主动脉周围还有腰淋巴结、腹腔淋巴结和神经丛等。

按分布区域，腹主动脉的分支可分为脏支和壁支两类，脏支又可分为不成对的和成对的两种（图 6-11）。

1. 不成对的脏支

（1）**腹腔干**（celiac trunk）：为一短干，在腹主动脉裂孔的稍下方，起自腹主动脉前壁，其起点平面以第 1 腰椎水平居多，少数平第 12 胸椎或第 12 胸椎至第 1 腰椎之间的高度。平均长度为 2.45cm。腹腔干根部下缘至肠系膜上动脉根部上缘的距离为 0.1～0.6cm。腹腔干的分支可有变异，但以分出肝总动脉、脾动脉和胃左动脉，即肝脾胃动脉干者为多。

（2）**肠系膜上动脉**（superior mesenteric artery）：在腹腔干的稍下方，起自腹主动脉前壁，起点高度多在第 1 腰椎水平。经胰与十二指肠水平部之间进入小肠系膜根，呈弓状行至右髂窝。当肠系膜上动脉与腹主动脉之间的夹角过小，或肠系膜上动脉起点过低，可压迫十二指肠引起梗阻。

（3）**肠系膜下动脉**（inferior mesenteric artery）：起自腹主动脉下部的前壁，相当于第 3 腰椎水平，距腹主动脉分叉处约 3～4cm。沿腹后壁腹膜深面行向左下方，经乙状结肠系膜进盆腔，移行为直肠上动脉。

2. 成对的脏支

（1）**肾上腺中动脉**（middle suprarenal artery）：左、右各 1 支，在肾动脉上方相当于第 1 腰椎高度起自腹主动脉侧壁，向外经膈的内侧脚至肾上腺中部。

（2）**肾动脉**（renal artery）：多在第 2 腰椎平面、肠系膜上动脉起点平面的稍下方，由腹主动脉的两侧壁发出。左肾动脉较短，平均长 2.62cm；右肾动脉较长，平均长 3.49cm。两肾动脉的外径平均为 0.77cm。

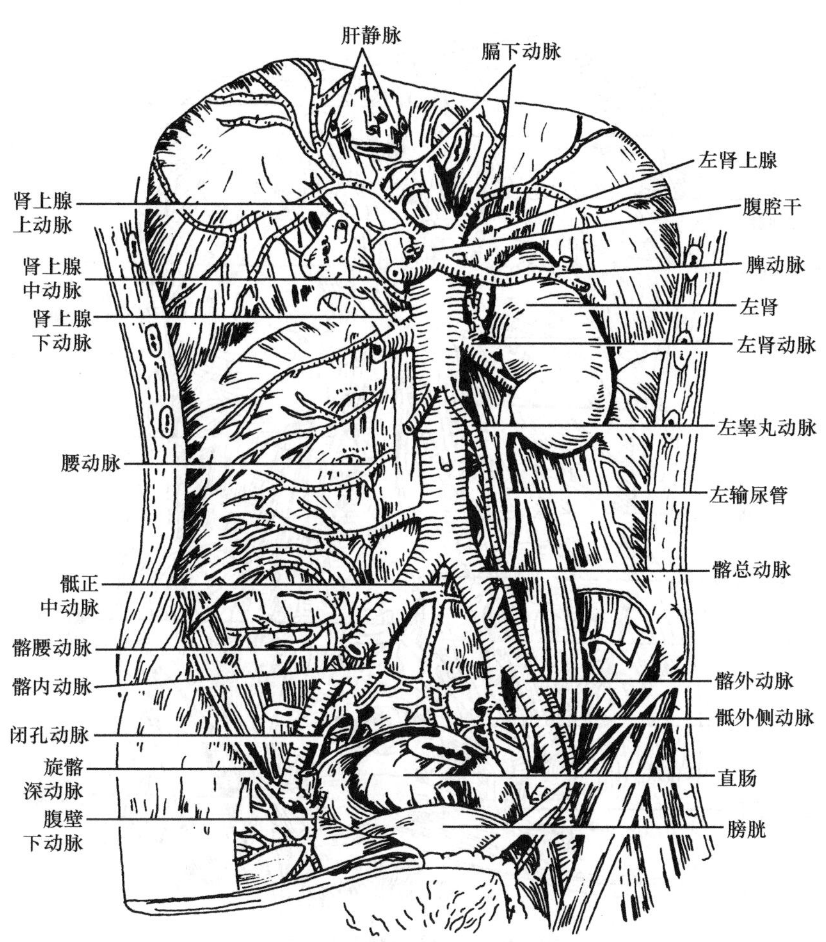

图 6-11 腹主动脉及其分支

(3) **睾丸(卵巢)动脉**[testicular (ovarian) artery]:在肾动脉起点平面稍下方,起自腹主动脉的前外侧壁,下行一段距离后与同名静脉伴行,在腹膜后隙斜向外下方越过输尿管。睾丸动脉经腹股沟管深环穿行于腹股沟管,分布至睾丸;卵巢动脉在小骨盆上缘处进入卵巢悬韧带,分布于卵巢。

3. 壁支

(1) **膈下动脉**(inferior phrenic artery):在腹主动脉裂孔处,由腹主动脉的起始处发出,向上分布于膈的腰部。膈下动脉的起点、支数可有变异,偶见共同起始的双膈下动脉。

(2) **腰动脉**(lumbar artery):通常有 4 对,呈直角由腹主动脉后壁的两侧发出,横行向外,分别经第 1~4 腰椎体中部的前面或侧面(有腰静脉伴行),在腰大肌的内侧缘分出背侧支和腹侧支。背侧支供血到背部诸肌、皮肤和脊柱;腹侧支供血到腹壁,并与其他腹前外侧壁的血管有吻合。由于腰动脉紧贴腰椎体横行,腰椎结核病灶清除术时,需注意结扎,以免损伤出血。

(3) **骶正中动脉**(middle sacral artery):仅有 1 支,多起自腹主动脉分叉处的后上方,经第 4~5 腰椎、骶骨、尾骨的前面下行,向两侧发出腰最下动脉(又称第 5 腰动脉),贴第 5 腰椎体走向外侧,供血到邻近组织。在腰骶部结核病灶清除术时,有损伤骶正中动脉的可能,出血不易控制,必要时术中可先行结扎此动脉,然后再行清除术。

(二) 下腔静脉

下腔静脉(inferior vena cava)是人体最大的静脉,收集下肢、盆部和腹部的静脉血。下腔静脉由左、右髂总静脉汇合而成,汇合部位多在第 5 腰椎水平。下腔静脉位于脊柱的右前方,沿腹主动脉的右侧上行,经肝的腔静脉沟、穿膈的腔静脉裂孔,开口于右心房。下腔静脉的前面有肝、胰头、十二指肠水平部、右侧睾丸(卵巢)动脉及小肠系膜根越过。后面为右膈脚、第 1~4 腰椎、右腰交感干和腹主动脉的壁支。右侧与腰大肌、右肾、右肾上腺相邻,左侧为腹主动脉。下腔静脉的属支有髂总静脉、右睾丸(卵巢)静脉、肾静脉、右肾上腺静脉、肝静脉、膈下静脉和腰静脉,其中大部分属支与同名动脉伴行(图 6-12)。

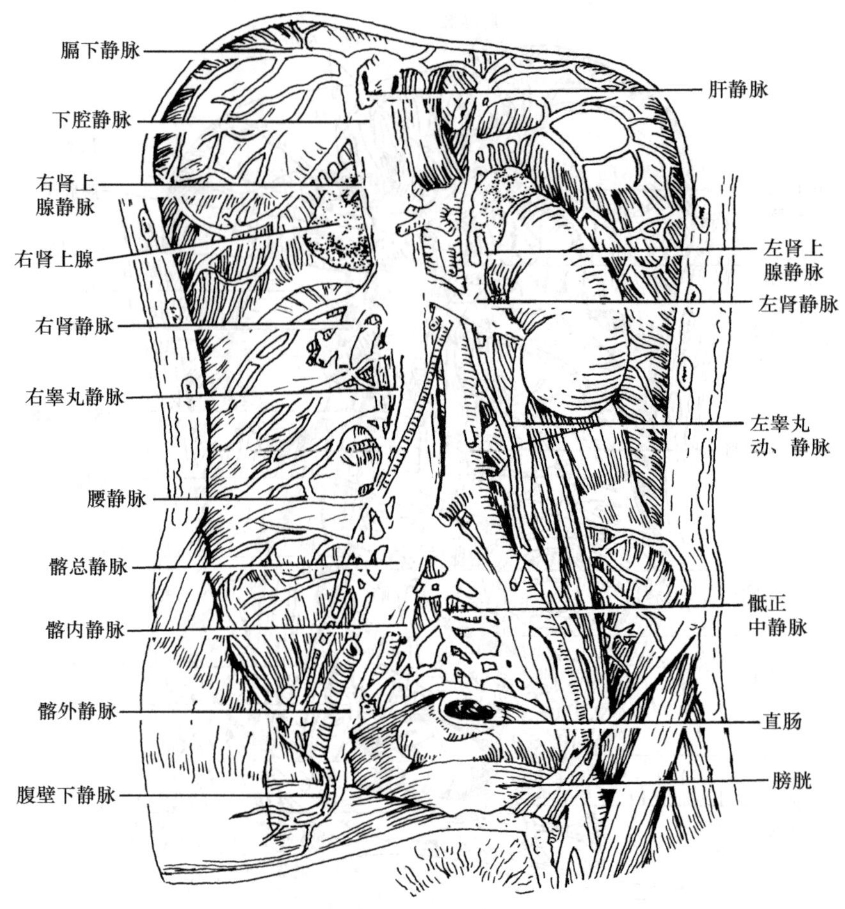

图 6-12　下腔静脉及其属支

1. 膈下静脉(inferior phrenic vein)　与同名动脉伴行,收集肾上腺的小静脉。

2. 睾丸(卵巢)静脉[testicular(ovarian)vein]　多为2支,起自蔓状静脉丛,穿过腹股沟管深环,进入后腹壁腹膜后方,并与同名动脉伴行,经腰大肌和输尿管的腹侧上行,逐渐成为1支,右侧者斜行汇入下腔静脉,左侧者几乎垂直上升汇入左肾静脉。两侧卵巢静脉自盆侧壁上行,越过髂外血管后的行程及汇入部位,与睾丸静脉相同。

临床应用

男性左侧精索静脉曲张较为常见,其原因为:左侧睾丸静脉的血流经左肾静脉注入下腔静脉,流程较长;左侧睾丸静脉垂直上升,以直角汇入左肾静脉,回流阻力较大;上行过程中有乙状结肠跨过,易受其压迫;左肾静脉在肠系膜上动脉根部与腹主动脉所形成的夹角中经过汇入下腔静脉,左肾静脉回流受阻亦可累及左睾丸静脉。此外如有肾癌的癌栓经左肾静脉时,阻塞左睾丸静脉的入口处,亦可引起继发性精索静脉曲张。

3. 腰静脉(lumbar vein)　共有4对,与腰动脉伴行,收集腰部组织的静脉血,直接汇入下腔静脉。其中左侧腰静脉走行于腹主动脉的后方。腰静脉与椎外静脉丛吻合,进而与椎内静脉丛相通,可间接收纳椎内和脊髓的一部分血液。各腰静脉之间有纵行的交通支相连,称**腰升静脉**。腰升静脉下与髂腰静脉、髂总静脉及髂内静脉相连;上与肾静脉、肋下静脉相通,经膈脚入后纵隔。左侧移行于半奇静脉,右侧移行于奇静脉,最后汇入上腔静脉。腰升静脉是沟通上、下腔静脉系统间侧支循环的途径之一。

下腔静脉的变异:包括双下腔静脉(图6-13)、左下腔静脉、下腔静脉肝后段缺如。由于变异下腔静脉的起点、行径、汇入部位以及与周围器官的毗邻关系等均发生改变,故行腹膜后隙各器官手术时,应引起注意。肾切除术处理肾蒂时,应注意有下腔静脉变异的可能,尤其左肾切除时,切勿损伤下腔静脉。

笔记栏

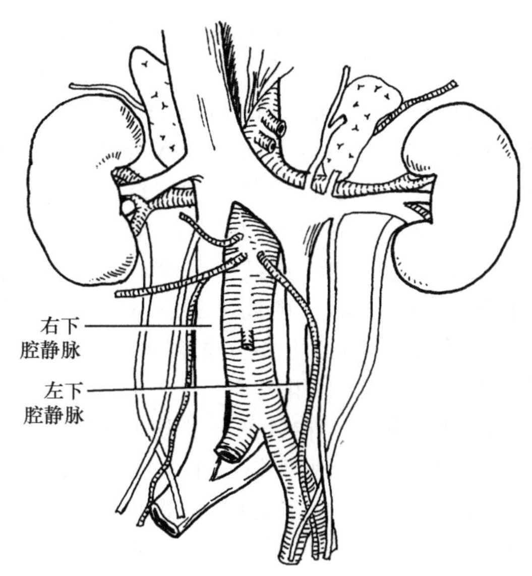

图 6-13　双下腔静脉

四、腹后壁的神经

腰交感干(lumbar sympathetic trunk)由 3 个或 4 个神经节和节间支构成,位于脊柱与腰大肌之间,并被椎前筋膜所覆盖,上方连于胸交感干,下方延续为骶交感干。左、右交感干之间有交通支(图 6-14)。行腰交感神经节切除术时,不可单纯切除交感神经节,须同时切除交感干间的交通支,否则不能达到治疗效果。

左腰交感干与腹主动脉左缘相邻,二者相距 0.5~2cm,干的下端位于左髂总静脉的后方。右腰交感干的前面除有下腔静脉覆盖外,有时还有 1 或 2 支腰静脉越过,干的下段位于右髂总静脉的后方。左、右交感干腰部的外侧有生殖股神经伴行,行腰交感神经节切除术时应注意鉴别。

腰神经节(lumbar ganglion)位于第 12 胸椎体下半至腰骶椎间盘的范围内,数目上常有变异,主要是由于节的融合或缺如。第 1、2、5 腰神经节位于相对应椎体的平面,而第 3、4 腰神经节的位置多高于相对应的椎体。行腰交感神经节切除术时,可参考此标志寻找神经节。在腰交感干附近还有小的淋巴结,易与腰神经节混淆,手术时应注意鉴别。

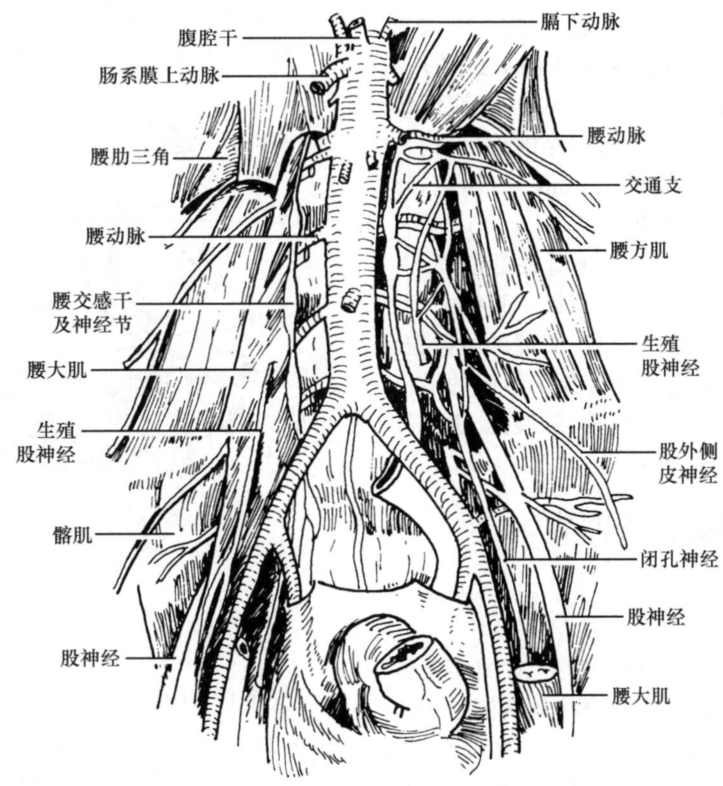

图 6-14　腹膜后隙的神经与血管

五、腹腔神经丛

腹腔神经丛(celiac plexus)又称**太阳丛**(solar plexus)。位于膈肌内侧脚及主动脉裂孔的前方,围绕腹腔动脉和肠系膜上动脉的周围,两侧肾上腺之间,由许多大小不等、形状不同的交感神经节所组成,并在节与节之间以小的神经支相连,其中常有一对最大的节,为**半月神经节**;另有一个较小的节,为**肠系膜上神经节**。

内脏大、小神经，腰交感干上位神经节，两侧迷走神经，两侧膈神经的各分支，均参与组成腹腔神经丛，并由该丛发出许多分支，参加组成膈丛，肝丛，胃丛，脾丛，肾丛，肠系膜上、下丛，肾上腺丛和精索丛等。这些神经丛和精索丛均伴随同名动脉，走向并分布周围各个器官。

六、腹壁的淋巴

脐平面以上腹前壁的淋巴管一般注入腋淋巴结，脐平面以下腹前壁的淋巴管一般注入腹股沟浅淋巴结。

在腹膜后间隙内大血管周围，聚集着许多的淋巴结和淋巴管，主要收纳来自下肢、盆腔、腹腔、腹膜后器官的淋巴。这些淋巴结，可分为三群。

髂淋巴结（iliac lymph node）位于髂总动、静脉的周围，主要收纳髂内淋巴结、髂外淋巴结的输出管，髂淋巴结的输出管、向上注入腰淋巴结。

腰淋巴结（lumbar lymph node）位于腹主动脉和下腔静脉的两侧，其间有少数淋巴结于主动脉的后方，主要收集髂淋巴结的输出管、男性睾丸、女性卵巢、输卵管、子宫体以及肾与肾上腺等淋巴管。腰淋巴结的输出管，集合成为**左、右腰干**（lumbar trunk）。

腹腔淋巴结（celiac lymph node）位于腹腔动脉的周围，并与肠系膜上、下淋巴结的输出管，共同组成1～4条肠干（intestinal trunk）。左、右腰干和肠干，向上注入乳糜池。

乳糜池（chyle cistern），位于脊柱的前面，并稍偏于右侧，相当于第11胸椎至第1腰椎之间。其前面被右侧膈肌脚的左缘与下腔静脉所覆盖。约有25%的人无乳糜池而由吻合支形成的淋巴丛所代替。乳糜池向上经过主动脉裂孔，进入胸腔，续于**胸导管**（thoracic duct）。

七、腹后壁器官

（一）肾

1. 肾的形态 肾（kidney）是成对的实质性器官，形似蚕豆，左右各一，在脊柱的两侧贴于腹后壁。新鲜肾呈红褐色，肾的大小因人而异。正常成年男性的肾平均约长10cm，宽5cm，厚4cm，平均重量为134～148g。一般女性肾略小于男性。肾可分上、下端，内、外侧缘和前、后面。肾上端宽而薄，下端窄而厚。前面较凸，朝向前外侧；后面较平，贴靠腹后壁。外侧缘凸隆；内侧缘中部凹陷，是肾的血管、淋巴管、神经和肾盂出入的部位，称为**肾门**（renal hilum）。肾门长约2～3cm，宽1.4～2.5cm。出入肾门的结构合称**肾蒂**（renal pedicle）。肾蒂主要结构的排列关系：由前向后依次为肾静脉、肾动脉和肾盂；从上向下依次为肾动脉、肾静脉和肾盂。因下腔静脉位于中线右侧，致使右侧肾蒂较左侧的为短，在肾手术时可造成一定的困难。肾门向肾内续于一个较大的腔，称为**肾窦**（renal sinus），由周围的肾实质围成，内含肾动脉、肾静脉的主要分支和属支、肾小盏、肾大盏、肾盂和脂肪组织等。

2. 肾的构造 在肾的额状切面上，肾实质分为皮质和髓质两部分（图6-15）。**肾皮质**（renal cortex）主要位于浅层，富含血管，新鲜标本为红褐色，肉眼可见密布的细小颗粒（相当肾小体）。**肾髓质**（renal medulla）位于肾实质的深部，色淡，由许多小的管道组成，它们形成15～20个锥形的**肾锥体**（renal pyramids），锥体的基底朝向皮质；尖端圆钝，朝向肾窦；称为**肾乳头**（renal papillae）。有时2～3个肾锥体合成一个肾乳头。乳头的顶端有许多小孔，称为**乳头孔**。肾形成的尿液由乳头孔流入肾小盏内。浅层的肾皮质伸入肾锥体之间的部分称为**肾柱**（renal columns）。

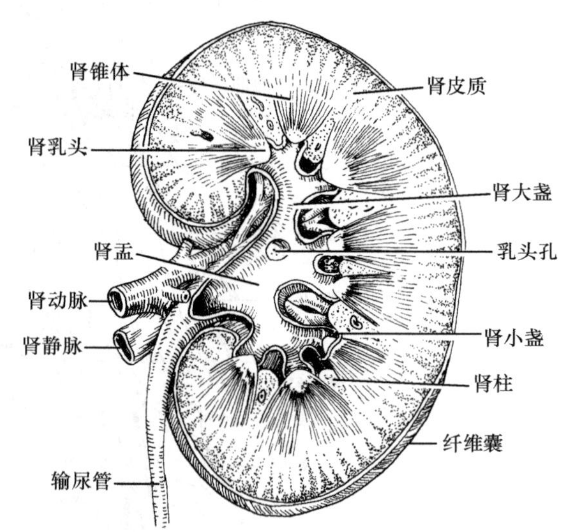

图6-15 右肾冠状切面（后面观）

肾窦内约有7～8个呈漏斗状的**肾小盏**（minor renal calices），小盏的边缘附着于肾乳头基部，包绕肾乳头，以承接排出的尿液。2～3个肾小盏合成一个**肾大盏**（major renal calices），肾大盏约2～3个，再集合成一个前后扁平、约呈漏斗状的**肾盂**（renal pelvis）。肾盂出肾门后，向下弯行，逐渐变细移行为输尿管。肾盂的形态有变异，以二支型最多，次为三支型。

3. 肾的位置、毗邻和被膜

(1) **肾的位置**：正常成年人的肾位于腹膜后间隙内，脊柱的两侧(图 6-16)，贴靠腹后壁的上部。

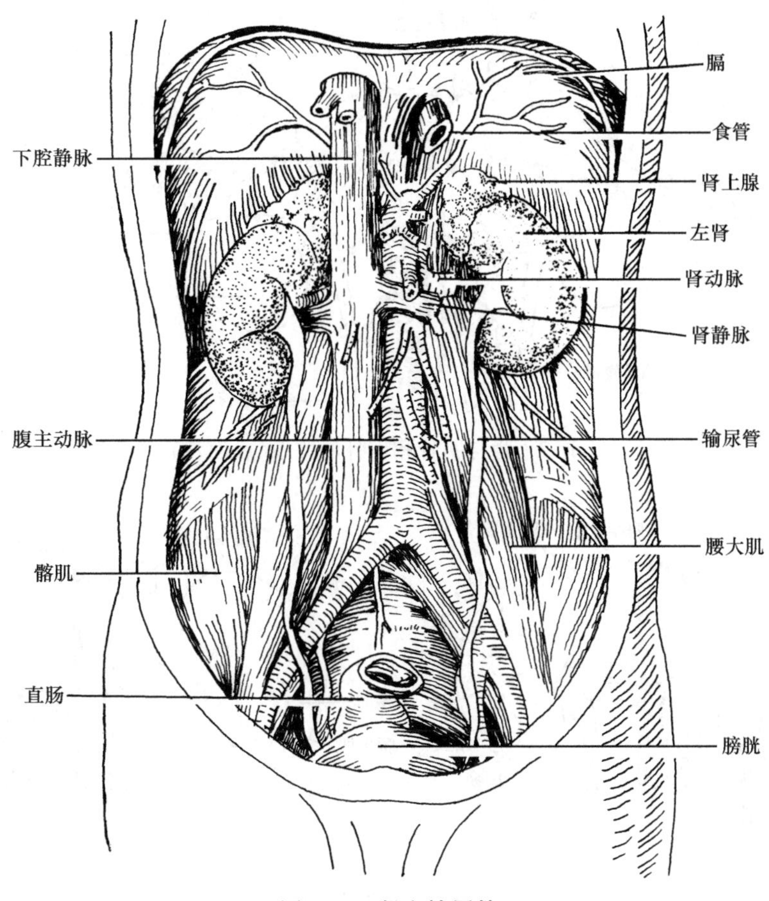

图 6-16 肾和输尿管

肾的长轴向外下倾斜，男性肾的上端距正中线的距离：左侧为 4.2cm，右侧为 4.0cm；下端距正中线的距离：左侧为 5.5cm，右侧为 5.7cm。肾的高度，左肾上端平第 12 胸椎上缘，下端平第 3 腰椎上缘；右肾上端平第 12 胸椎下缘，下端平第 3 腰椎下缘，即右肾低于左肾。第 12 肋斜过左肾后面的中部，右肾后面的上部。肾门约平第 1 腰椎平面，距正中线约 5cm(图 6-17)。在竖脊肌的外侧线与第 12 肋之间的部位称为**肾区**(脊肋角)。在某些肾疾病患者，叩击或触压此区可引起疼痛。正常时肾的位置可随呼吸和体位而上下移动。肾的位置一般女性低于男性，儿童低于成人，新生儿的则更低，其至可达髂嵴附近。

(2) **肾的毗邻**：肾的上方借疏松结缔组织与肾上腺相邻，两者共同由肾筋膜所包绕。两肾的内下方以肾盂续输尿管。左肾的内侧有腹主动脉，右肾的内侧有下腔静脉，两肾的内后方分别有左、右腰交感干。由于右肾邻近下腔静脉，右肾肿瘤或炎症常侵及下腔静脉(图 6-18)，因此在右肾切除术时，需注意保护下腔静脉，以免损伤造成难以控制的大出血。

肾前方的毗邻，左、右侧有所不同。左肾的上部有胃后壁，中部有胰横过，下部有空肠袢及结肠左曲；右肾的上部为肝右叶，下部为结肠右曲，内侧为十二指肠降部。左肾切除术时应注意勿伤及胰体和胰尾；右肾手术时要注意保护十二指肠降部。

(3) **肾的被膜**：肾的表面自内向外有三层被膜包绕(图 6-19)。

1) **纤维囊**(fibrous capsule)：为贴附于肾实质表面的薄层致密坚韧的结缔组织膜，内含少量弹力纤维。正常情况下，易与肾实质分离，在病理情况下，则与肾实质发生黏连，不易剥离。肾破裂或肾部分切除时，需缝合此膜。

2) **脂肪囊**(adipose capsule)：为纤维囊外周的脂肪组织，在肾的边缘处脂肪较多，并通过肾门与肾窦内的脂肪组织相连续。脂肪囊对肾起弹性垫的保护作用。

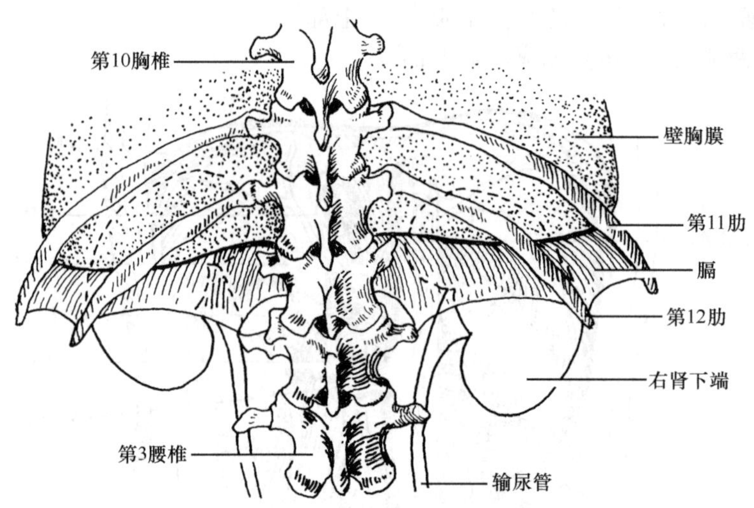

图 6-17　肾与肋骨和椎骨的关系(后面观)

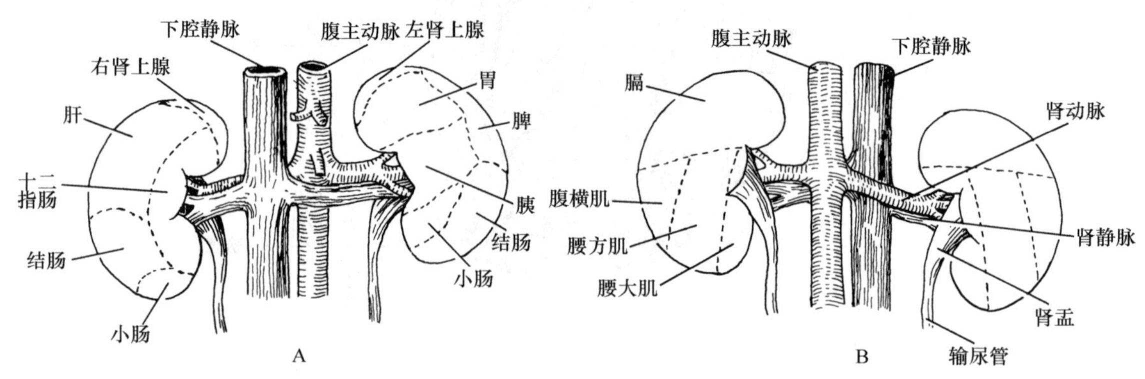

图 6-18　肾的毗邻

A. 前面;B. 后面

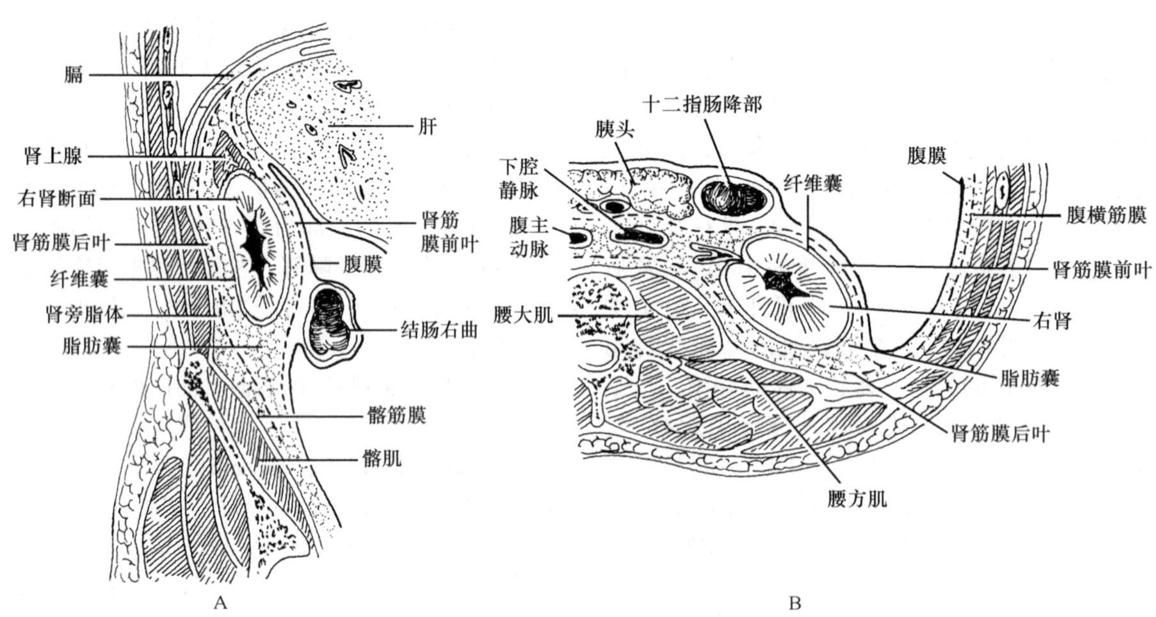

图 6-19　肾的被膜

A. 矢状断面(经右肾和肾上腺,右面观);B. 横断面(平第 1 腰椎,上面观)

3) **肾筋膜**(renal fascia):位于脂肪囊的外周,由腹膜外组织发育而来。肾筋膜分前、后两层,包绕肾和肾上腺。在肾的上方和外侧,两层互相融合。在肾的下方两层分离,其间有输尿管通过。

在肾的内侧，前层延至腹主动脉与下腔静脉的前面与对侧肾筋膜前层相续连，后层与腰大肌筋膜融合。肾筋膜向深面发出许多结缔组织小束，穿过脂肪囊连于纤维囊，对肾起固定作用。

肾的正常位置靠多种因素来维持，肾被膜、肾血管、肾的毗邻器官、腹内压以及腹膜等对肾均起固定作用。肾的固定装置不健全时，可形成肾下垂或游走肾。

4. 肾血管与肾段

（1）**肾动脉**（renal artery）：多平第1~2腰椎间盘高度起自腹主动脉，于肾静脉的后上方横行向外，经肾门入肾。由于腹主动脉位置偏左，故右肾动脉较长，并经下腔静脉的后面右行入肾。肾动脉起始部的外径平均为0.77cm，肾动脉的支数多为1支或2支，3~5支者少见。

肾动脉（一级支）进入肾门之前，多分为前、后两干（二级支），由前、后干分出段动脉（三级支）。在肾窦内，前干走行在肾盂的前方，分出上段动脉、上前段动脉、下前段动脉和下段动脉。后干走行在肾盂的后方，入肾后延续为后段动脉。每条段动脉均有相应供血区域，上段动脉分布于肾上端；上前段动脉至肾前面中上部及肾后面外缘；下前段动脉至肾前面中下部及肾后面外缘；下段动脉至肾下端；后段动脉至肾后面的中间部分。每一段动脉分布的肾实质区域，称为**肾段**（renal segment）。肾段共有五个：上段、上前段、下前段、下段和后段（图6-20）。

临床应用

肾各段动脉之间彼此没有吻合，若某一段动脉血流受阻时，其相应供血区的肾实质即可发生坏死。肾段的划分，为肾限局性病变的定位及肾段或肾部分切除术提供了解剖学基础。

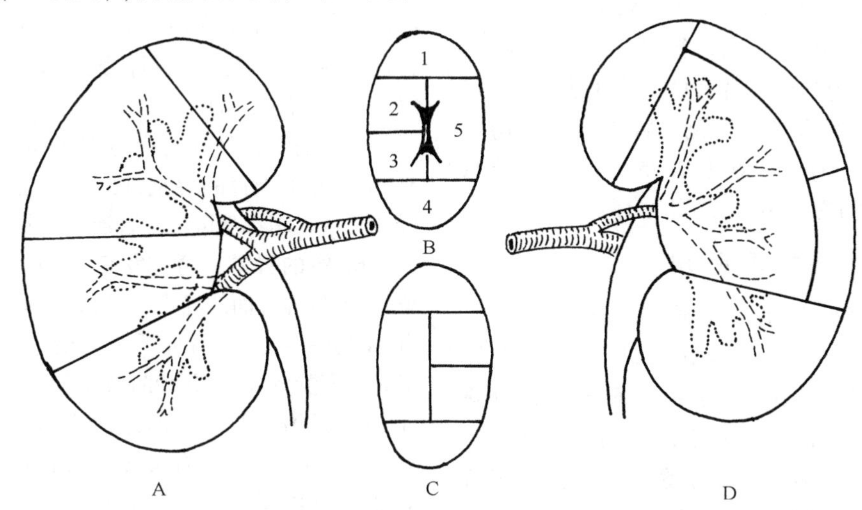

图6-20 肾段动脉（右肾）

A. 前面；B. 内缘；C. 外缘；D. 后面

1. 上段动脉；2. 上前段动脉；3. 下前段动脉；4. 下段动脉；5. 后段动脉

肾动脉的变异比较常见。将不经肾门而在肾上端或下端入肾的动脉，分别称为**上极动脉**和**下极动脉**。据统计出现率约为28.7%，上极动脉比下极动脉多见。上、下极动脉可直接起自肾动脉（63%）、腹主动脉（30.6%）或腹主动脉与肾动脉起始部的交角处（图6-21、图6-22）。上、下极动脉与上、下段动脉相比较，二者在肾内的供血区域一致，只是起点、行程和入肾的部位不同。手术时对上、下极动脉应引起足够重视，否则易被损伤，不仅可致出血，而且可遭致肾上端或下端的缺血坏死。

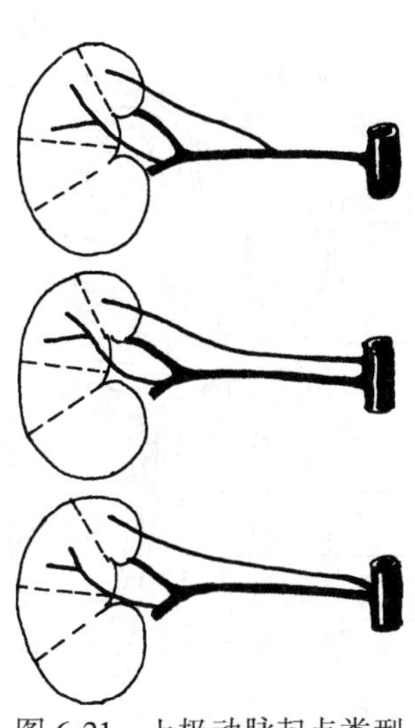

图6-21 上极动脉起点类型

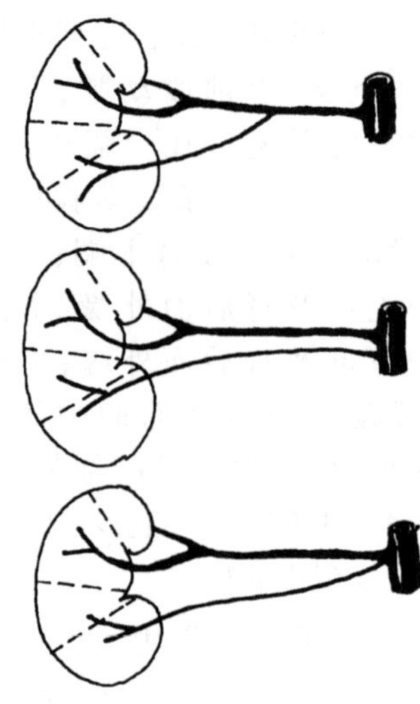
图 6-22　下极动脉起点类型

（2）**肾静脉**（renal vein）：肾内的静脉与肾内动脉不同，无节段性，但有广泛吻合，结扎单支不影响血液回流。肾内静脉在肾窦内汇成 2 或 3 支，出肾门后则合为一干，走行于肾动脉的前方，以直角汇入下腔静脉。肾静脉多为 1 支，少数有 2 支或 3 支者，且多见于右侧。肾静脉的平均长度，左侧为 6.47cm；右侧为 2.75cm。其外径两侧亦不同，左侧为 1.4cm；右侧为 1.1cm。

临床应用

两侧肾静脉的属支不同。右肾静脉通常无肾外属支汇入；左肾静脉收纳左肾上腺静脉，左睾丸（卵巢）静脉，其属支还与周围的静脉有吻合（图 6-23）。肝门静脉高压症时，利用此点行大网膜包肾术，可建立门、腔静脉间的侧支循环，从而降低肝门静脉压力。左肾静脉约有半数以上与左侧腰升静脉相连，经腰静脉与椎内静脉丛、颅内静脉窦相通，左侧肾和睾丸的恶性肿瘤可经此途径向颅内转移。

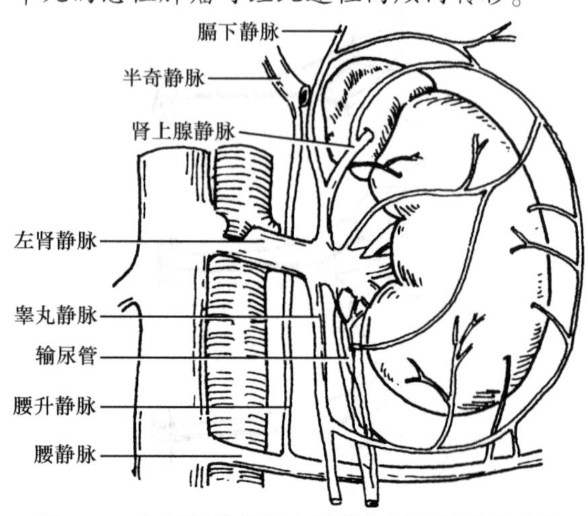

图 6-23　左肾静脉的属支及其与周围静脉的吻合

5. 肾的淋巴及神经

（1）**淋巴**：肾内淋巴管分浅、深两组。浅组位于肾纤维膜深面，引流肾被膜及其附近淋巴。深组位于肾内血管周围，引流肾实质的淋巴。两组淋巴管相互吻合，在肾蒂处汇合成较粗的淋巴管，汇入各群腰淋巴结。其中右肾前部的集合淋巴管沿右肾静脉横行，或斜向内下方，注入腔静脉前淋巴结、主动脉腔静脉间淋巴结及主动脉前淋巴结。右肾后部的集合淋巴管沿右肾动脉注入腔静脉后淋巴结。在肾前部的集合淋巴管沿左肾静脉注入主动脉前淋巴结及主动脉外侧淋巴结。左肾后部的集合淋巴管沿左肾动脉注入该动脉起始处的主动脉外侧淋巴结。肾癌时上述淋巴结可被累及。

（2）**神经**：肾接受交感神经和副交感神经双重支配，同时有内脏感觉神经。

肾的交感神经和副交感神经皆来源于肾丛（位于肾动脉上方及其周围）。一般认为分布于肾内的神经主要是交感神经，副交感神经可能只终止于肾盂平滑肌。

肾的感觉神经来自交感神经和迷走神经的分支，由于分布于肾的感觉神经纤维皆经过肾丛，所以切除或封闭肾丛可消除肾疾患引起的疼痛。

6. 肾的异常　肾在发育过程中，可出现形态、位置、数目等方面的异常或畸形（图 6-24）。常见的有：①马蹄肾：左右两肾下端互相连接形成马蹄铁形。②多囊肾：由于胚胎时肾小管与集合管不相通连，液体贮留于肾小管内，致使膨大成囊状。③双肾盂及双输尿管：如输尿管芽末端分二支，则形成双肾盂。④单肾：一侧肾缺如或发育不全称为单肾。⑤低位肾：于胚胎早期，肾芽位于盆部，随着胎儿的发育逐渐上升至腰部，若发育停滞，即可成低位肾，可位于髂窝或小骨盆腔内。

7. 肾的组织结构　肾的表面包有致密结缔组织被膜。肾实质分为皮质和髓质。肾实质由大量泌尿小管组成，其间有少量结缔组织、血管和神经等构成肾间质。泌尿小管包括肾小管和集合小管两部分。肾小管是长而不分支的弯曲小管，每条肾小管起始膨大内陷成双层的囊，称为**肾小囊**，并与血管球共同构成肾小体。肾小管末端与集合小管相接。每一肾小体和它所连接的一条肾小管称为一个**肾单位**（nephron），是形成尿液的结构和功能单位，与集合小管共同完成泌尿功能。

（1）**肾单位的结构和功能**：肾单位及集合小管的组成和分布

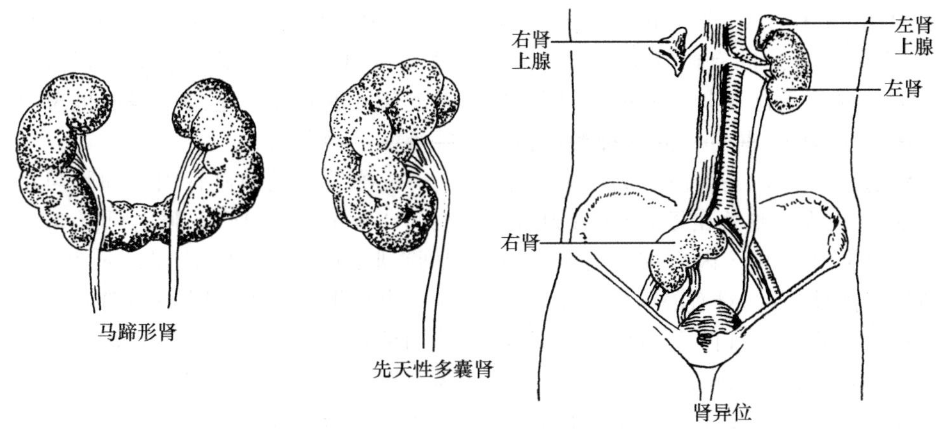

图 6-24　肾的畸形

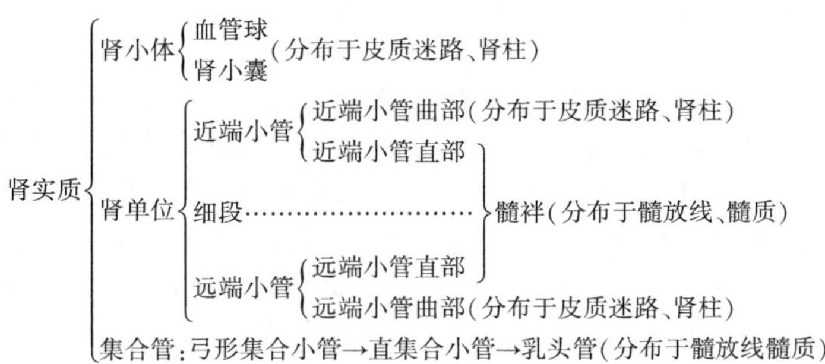

根据肾小体在皮质中的位置可将肾单位分为**髓旁肾单位**和浅表肾单位即**皮质肾单位**。髓旁肾单位的肾小体位于皮质深部,肾小体较大,髓袢和细段较长,数量较少,约占肾单位总数的15%。皮质肾单位的肾小体位于皮质浅层,体积较小,髓袢和细段较短,数量多,约占肾单位总数的 85%(图 6-25)。

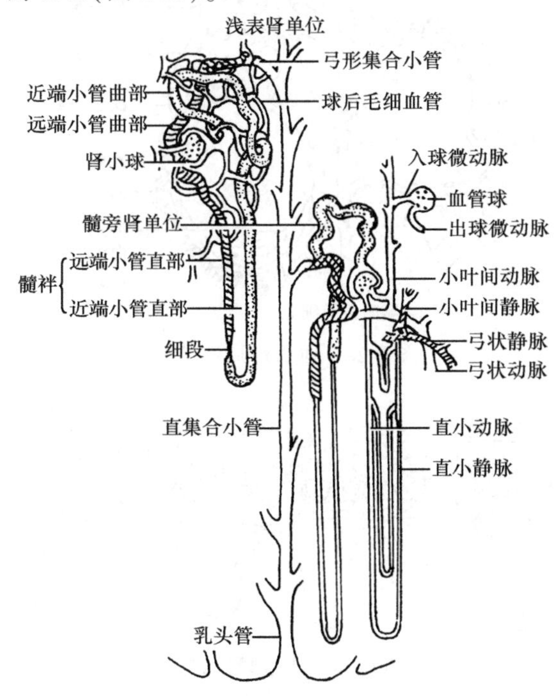

图 6-25　肾单位及集合管模式图

1) **肾小体**(renal corpuscle):又称**肾小球**,球形,直径约 200μm,由血管球和肾小囊组成。肾小体有两个相对称的极,微动脉出入处称血管极,肾小囊与近端小管相连处称尿极(图6-26)。

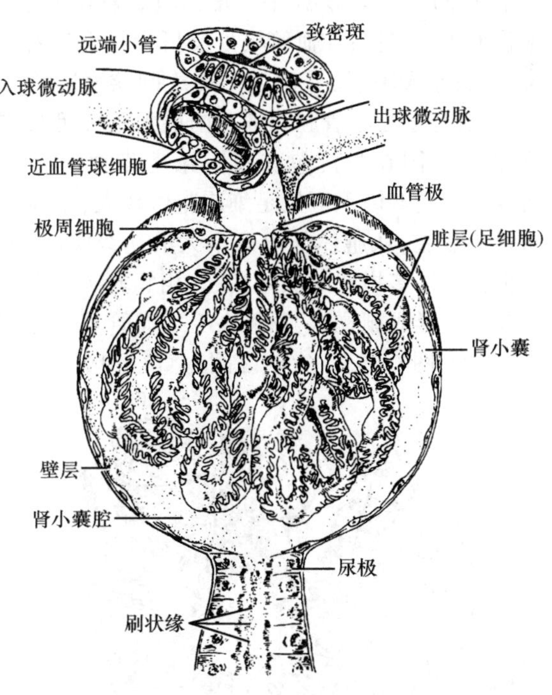

图 6-26　肾小体、近血管球复合体模式图

血管球(renal glomerulus)为包在肾小囊中的一团卷曲的毛细血管。一条微动脉在血管极

伸入肾小囊内,分成4~5支,每支再分支成几条袢状毛细血管,每个袢之间有血管系膜支持,最后毛细血管汇合成一条比入肾小囊的微动脉要细的出肾小囊的微动脉,前者称**入球微动脉**,后者称**出球微动脉**。血管球毛细血管为有孔型毛细血管(图6-26),内皮细胞的孔径为50~100nm,有利于血液中的物质滤出。内皮细胞表面覆有一层含有唾液酸的糖蛋白,对血液中的物质有选择性通透作用。内皮基底面除了与血管系膜相接触的部位外均有明显的基膜。

血管系膜又称球内系膜,连接于血管球毛细血管之间,由球内系膜细胞和系膜基质组成。球内系膜细胞略呈星形,核圆而小,着色深,细胞突起伸入内皮与基膜之间或经内皮细胞之间伸入毛细血管腔内。胞质内有发达的粗面内质网、高尔基复合体、溶酶体和吞噬体等,胞体和突起内有微丝、微管和中间丝。目前认为系膜细胞为特化的平滑肌细胞。系膜细胞能合成基膜和系膜基质成分,还可吞噬和降解沉积在基膜上的免疫复合物,以维持基膜的通透性和参与基膜的更新与修复。系膜基质填充在系膜细胞之间,在血管球内起支持和通透作用。

肾小囊(renal capsule)又称**鲍曼囊**(Bowman capsul),是肾小管起始部膨大凹陷而成的双层囊,囊内有血管球(图6-27)。肾小囊外层(又称肾小囊壁层)为单层扁平上皮,在尿极处与近曲小管上皮相连接;在血管极处反折为肾小囊内层(又称肾小囊脏层)。两层上皮之间狭窄腔称肾小囊腔,与近曲小管腔相通。内层细胞称**足细胞**(podocyte,图6-27),包在每一条毛细血管袢表面。在扫描电镜下可见足细胞胞体较大,胞体凸向肾小囊腔,从胞体伸出几个大的初级突起,继而再分成许多指状的次级突起,相邻的次级突起相互穿插形成栅栏状,紧贴在毛细血管基膜外面(图6-27、图6-29)。突起之间有直径约25nm的裂隙,称为裂孔,孔上覆盖一层厚4~6nm的**裂孔膜**(图6-33)。突起内有许多微丝,微丝收缩,可改变裂孔的宽度。足细胞表面也覆有一层富含唾液酸的糖蛋白。

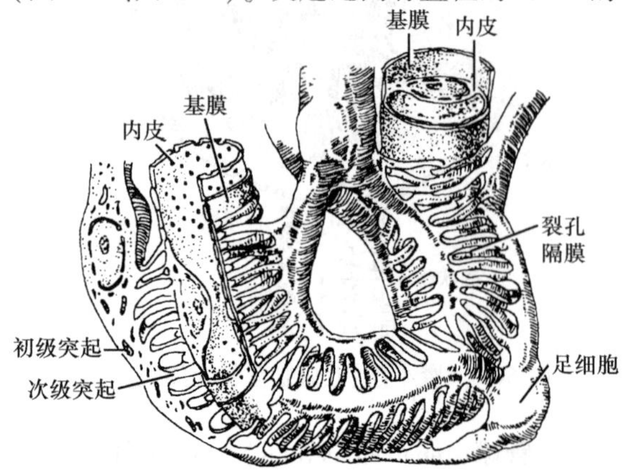

图6-27 足细胞及毛细血管超微结构模式图

在血管球毛细血管内皮细胞与足细胞突起之间或足细胞与血管系膜之间,有较厚而完整的基膜,厚约100~200nm,呈均质状,PAS反应阳性。电镜下可分为三层,中层厚而致密,内、外层薄而稀疏。基膜主要含有Ⅳ型胶原蛋白、蛋白多糖和层黏连蛋白,形成以Ⅳ型胶原蛋白为骨干的分子筛,骨架上附有硫酸肝素为主的糖胺多糖,故基膜对滤过液中的大分子物质有选择性通透作用(图6-33)。

肾小体犹如滤过器,当血液流过血管球毛细血管时,管内血压较高,血浆内的某些物质经有孔毛细血管内皮、基膜和足细胞裂孔膜滤入肾小囊腔,这三层结构称为**滤过膜**,或称为**滤过屏障**(filtration barrier,图6-28)。一般情况下,此滤过膜只能通过分子量7万以下的物质,如葡萄糖、多肽、尿素、电解质和水等,而大分子物质不能通过或被选择性通透。滤入肾小囊腔的滤液称原尿,原尿除不含大分子蛋白质以外,其他成分与血浆相似。成年人24小时两肾可以形成原尿180L。若滤过膜受损害,则血浆大分子蛋白质甚至血细胞均可通过滤过膜,而出现蛋白尿或血尿。

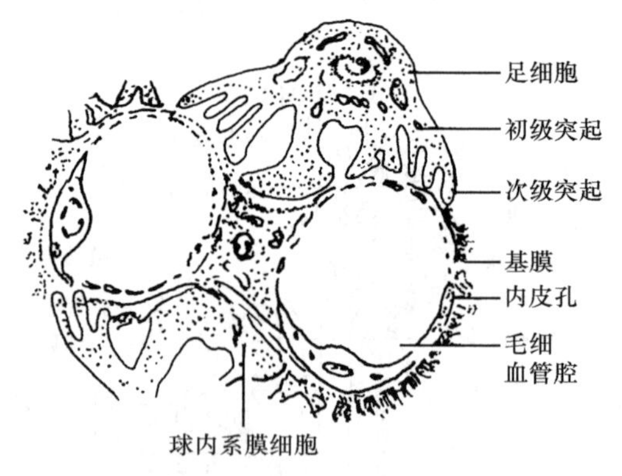

图6-28 血管球局部放大

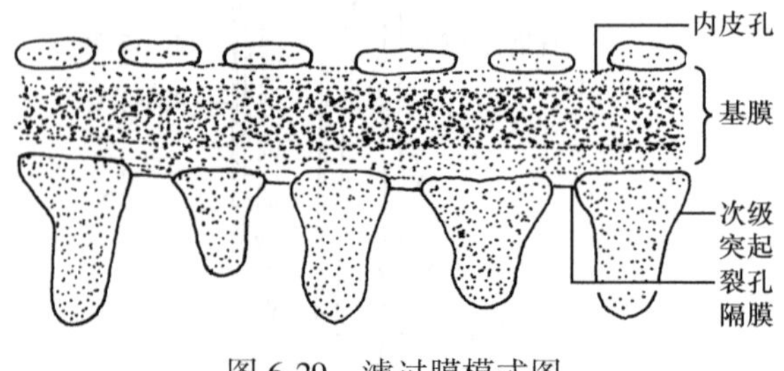

图6-29 滤过膜模式图

2)**肾小管**(renal tubule):是由单层上皮围

成的小管,包括近端小管、细段和远端小管。近端小管又分为近端小管曲部和近端小管直部。近端小管曲部或称**近曲小管**,与肾小囊尿极相通,并盘曲走行于肾小体周围,然后离开迷路沿髓放线经髓质直行向下,此段为近端小管直部。直部末端与细段相连,并弯曲成袢状向皮质方向返回,在髓质或髓放线内与远端小管直部相连,最后离开髓放线,卷曲走行于肾小体周围称为远曲小管曲部,又称**远曲小管**,末端与集合管相连。

近端小管(proximal tube)是肾小管中最长最粗的一段,管径 50~60μm,长约 14mm,约占肾小管总长一半,它可分曲部和直部。近端小管曲部(proximal convoluted tubule)壁较厚,由单层立方或锥体形细胞围成。细胞界限不清,胞质嗜酸性,游离面有刷状缘,基底有纵纹,核圆近基底部(图 6-30)。电镜下可见刷状缘由许多密集整齐排列的微绒毛构成,每平方微米约 150 根。微绒毛根部的细胞膜内陷形成小管和小泡,为近曲小管以胞饮方式重吸蛋白质的一种形式。内陷小管具有细胞膜的结构,称顶端致密小管,它是重吸收过程中细胞膜循环再利用的结构。上皮细胞的侧面伸出许多侧突(图 6-32),相邻细胞的侧突互相嵌合。侧突间隙形成弯曲复杂的管道系统,从而扩大细胞侧面的表面积,有利于物质转运。侧突膜上有钠泵,可将细胞内钠离子泵入细胞间。上皮细胞基部的细胞膜内陷成发达的质膜内褶,褶间有大量纵行排列的杆状线粒体,构成光镜下的基底纵纹。近端小管直部的结构与曲部类似,但微绒毛、质膜内褶和线粒体等结构不如曲部发达(图 6-31)。

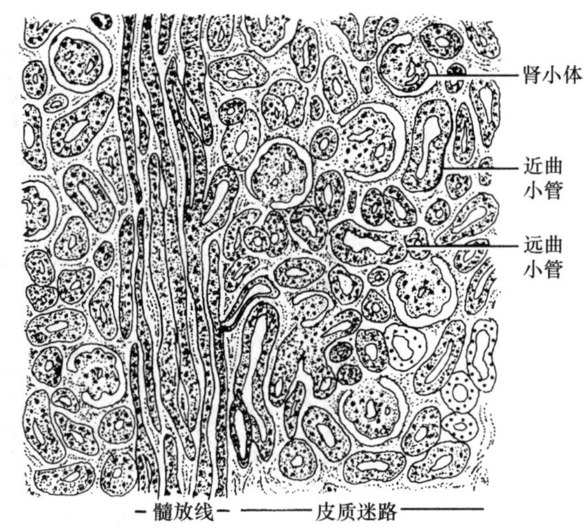

图 6-30　肾皮质纵切面

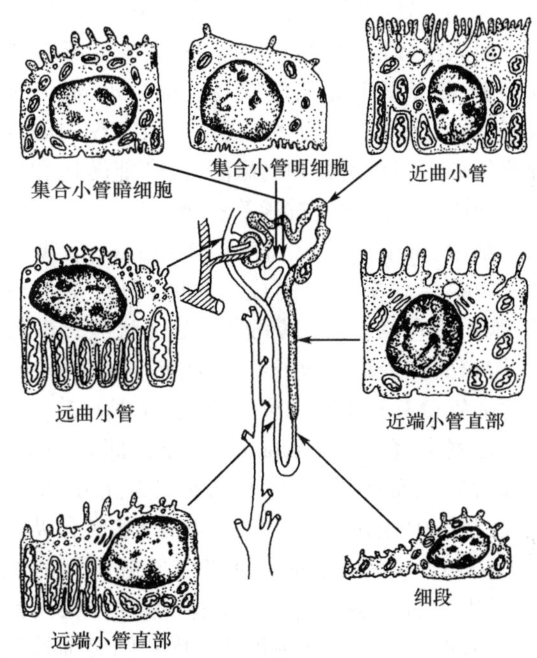

图 6-31　肾小管和集合小管上皮细胞超微结构模式图

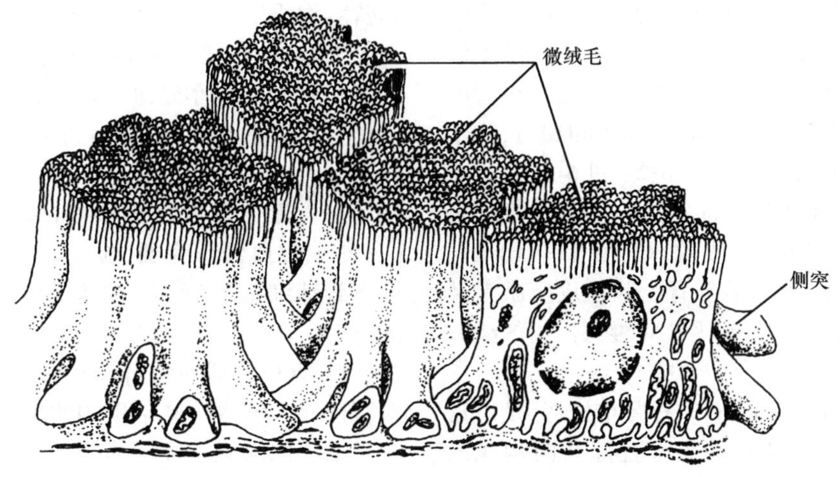

图 6-32　近曲小管上皮细胞超微结构模式图

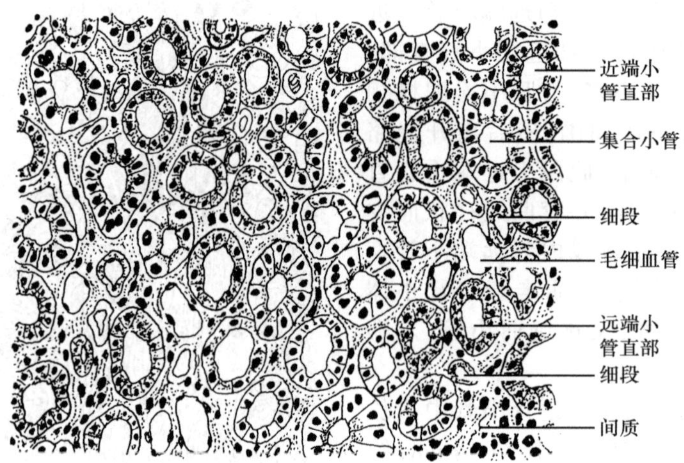

图 6-33　肾髓质(切面图)

近端小管有较强的重吸收作用和分泌功能，它是原尿重吸收的主要场所。原尿中几乎全部葡萄糖、氨基酸和蛋白质以及大部分水、离子和尿素均在此重吸收。此外，近端小管不仅向腔内分泌氢离子、氨、肌酐和马尿酸等，还能转运和排出血液中的酚红和青霉素等药物。

细段(thin segment)直径 10～15μm，管壁极薄。由单层扁平上皮围成。核卵圆形，突向管腔，胞质着色淡，呈弱嗜酸性，无刷状缘。电镜下，游离面有少量短微绒毛，基底面质膜内褶少。极薄的管壁有利于水和离子的透过(图 6-31)。

远端小管(distal tubule)可分直部和曲部。直部管腔大而规则，管壁上皮细胞为立方形，着色浅，核居中，细胞游离面无刷状缘，基底有纵纹(图 6-31)。电镜下，细胞顶部有少量而短的绒毛，绒毛下有许多小泡和溶酶体，基部质膜内褶发达，有的可深入至细胞顶部。内褶间有细长的线粒体，数量多。质膜内褶上有钠泵，能主动泵出纳离子，细胞膜上还可能有一种呈凝胶状不通透水的酸性糖蛋白，致使水不能通过，所以造成从肾锥体底至肾乳头的间质内的渗透压逐步增高，有利于集合管系对水的重吸收。远端小管曲部，也称**远曲小管**(distal convoluted tubule)，位于皮质内，其基本结构与直部相似(图 6-31)，但质膜内褶和线粒体不如直部发达。远曲小管是离子交换的重要部位，有吸收水、Na^+和排出 K^+、H^+、NH_3等功能。此过程受肾上腺盐皮质激素及脑垂体后叶激素的调节，因此对维持体内的酸碱平衡有重要意义。

髓袢(medullary loop)又称肾单位袢，是由近端小管直部、细段和远端小管直部共同构成的“U”字形袢。袢的长短不一，长的可达乳头部、短的只存在髓放线中。髓袢有吸收水分和离子的功能。

笔记栏

(2) **集合管**：可分为集合小管和乳头管两部分。

1) 集合小管由弓形集合小管和直集合小管组成，弓形集合小管很短，位于皮质迷路内，一端连接远曲小管，呈弧形弯入髓放线内，与直集合小管相连。集合小管上皮细胞为立方形，胞质色浅而亮，细胞界线清楚，核圆、色深。根据细胞显示亮度又可分为明细胞和暗细胞两种。电镜下，明细胞游离面有微绒毛，基部有质膜内褶；暗细胞游离面有短小的微皱褶，胞质中有许多吞饮小泡。线粒体和溶酶体发达，质膜内褶明显。集合小管也受垂体抗利尿激素的调节，有重吸收的功能(图 6-31、图 6-33)。

2) 乳头管位于肾锥体头部。细胞高柱状，排列整齐，胞质着色浅，细胞界限清楚，核圆居中。

综上所述，由血管球滤过的原尿，经过肾小管各段和集合小管以后，原尿中绝大部分的水分和营养物质以及无机盐等被重新吸收入血，小管上皮细胞分泌的部分代谢产物至小管腔内，后经远曲小管和集合小管进一步浓缩，形成终尿，其量仅为原尿的 1%，即每 24 小时排出的尿液为 1～2L。

(3) **近血管球复合体**(juxtaglomerular complex)：或称**血管球旁器**，位于肾小体血管极，由近血管球细胞、致密斑、极垫细胞和极周细胞组成(图 6-26)。

1) **近血管球细胞**(juxtaglomerular cell)为近血管极处入球微动脉管壁中膜的平滑肌细胞演变呈上皮样细胞。细胞体积大，核圆，胞质嗜碱性，着色浅，含丰富的 PAS 反应阳性分泌颗粒，内含肾素。肾素为一种蛋白水解酶，入血后，它使血浆中血管紧张素原变成血管紧张素Ⅰ。血管紧张素Ⅰ在血管内皮细胞分泌的转换酶作用下转变成血管紧张素Ⅱ。血管紧张素Ⅰ、Ⅱ均可使血管平滑肌收缩,血压升高,增强肾小体滤过作用,血管紧张素Ⅱ比血管紧张素Ⅰ作用更强。

2）**致密斑**(macula densa)为远端小管直部在靠近肾小体血管极侧的上皮细胞变高、变窄,密集排列形成的一个椭圆形斑。致密斑是离子感受器,感受远端小管内钠离子浓度的变化,并向近血管球细胞发放信号,以调节肾素的分泌。

3）**极垫细胞**(polar cushion cell)又称**球外系膜细胞**,是位于血管极入、出球微动脉与致密斑之间三角区的一群细胞。细胞小、有短小突起,着色浅,胞质内有分泌颗粒。极垫细胞与球内系膜细胞、近血管球细胞之间有缝隙连接,在近血管球复合体功能活动中,可能与信息传递有关。

4）**极周细胞**(peripolar cell)位于肾小囊内层与外层上皮移行处,包着血管极。极周细胞体积大,凸向囊腔,其确切的功能尚不清楚。

(4) **肾间质**:分布于肾小体、泌尿小管之间的结缔组织称为肾间质。间质分布不均,皮质内结缔组织少,愈接近肾乳头结缔组织愈多。间质中除一般结缔组织成分外,还有一种特殊细胞,称为**间质细胞**。该细胞呈星形,有较长突起。电镜下,胞质中有丰富的内质网、高尔基复合体和大量脂滴。此细胞除了形成纤维和基质外,还可分泌前列腺素 E_2,有降低血压作用。

(5) **肾内血管**:肾动脉直接由腹主动脉分出,经肾门入肾后分为数支**叶间动脉**,走行于肾柱内,向上行至皮髓交界处,横行分支成**弓形动脉**。弓形动脉再分支进入皮质迷路,称**小叶间动脉**。小叶间动脉末端直达肾被膜形成毛细血管。但小叶间动脉在皮质迷路内走行时,分出许多小动脉,进入肾小体,称为**入球微动脉**。入球微动脉分支成**血管球**,又汇合成**出球微动脉**。浅表肾单位的出球微动脉形成**球后毛细血管网**,分布于皮质肾小管周围。被膜下毛细血管汇合成星形静脉,下行形成小叶间静脉。沿途收集皮质的静脉血,注入弓形静脉以及叶间静脉,它们与相应动脉伴行,最后形成肾静脉出肾。髓质的静脉血汇入直小静脉再注入弓形静脉。直小动脉可来自弓形动脉或小叶间动脉,与直小静脉构成"U"形直血管袢并与肾单位袢伴行,直接注入弓形静脉或小叶间静脉(图 6-34)。

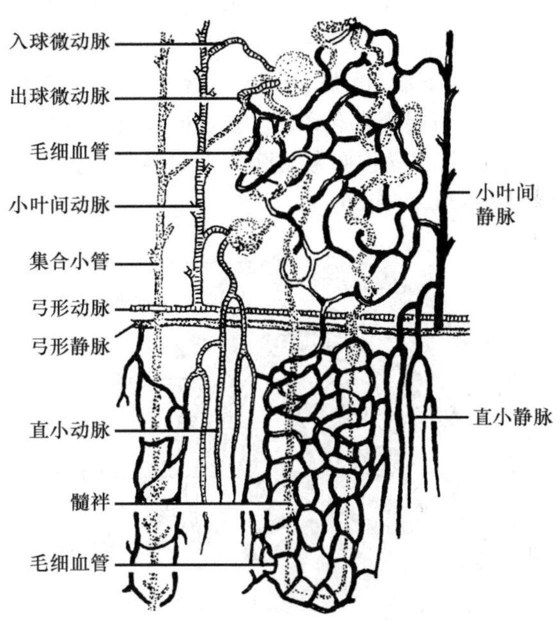

图 6-34 肾血管示意图

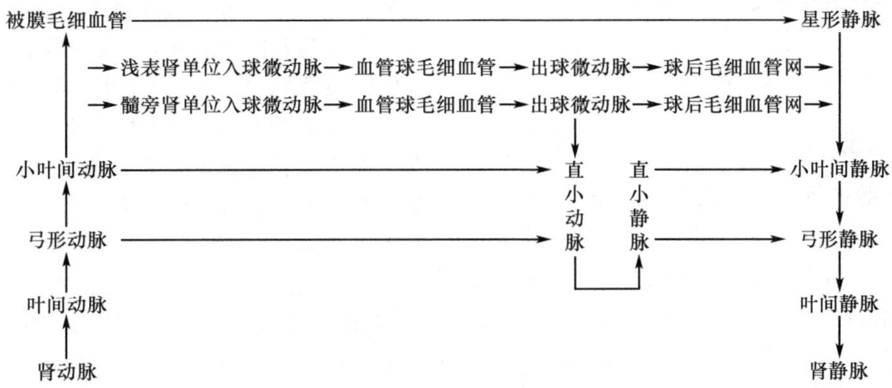

肾的血循环与肾的泌尿功能密切相关,其特点:①肾动脉粗而短,直接起于腹主动脉,血流量大,每 4~5 分钟人体内全部血液均流经肾而被过滤。②肾小体血管球的毛细血管两端皆为微动脉,入球微动脉比出球微动脉粗,使血管球内血流量大,血压高,有利于滤过。出球微动脉的平滑肌收缩可主动调节血管球内的血压。③流过肾的绝大部分血液,先通过血管球,球后毛细血管中血液因滤出大量水分,导致胶体渗透压增高,有利于水的重吸收。④髓质的直小动脉和直小静脉形成袢状，与肾单位的髓袢相伴行，有利于肾小管和集合小管重吸收和尿液的浓缩作用。

8. 排尿器官的组织结构 排尿器官是暂时储存和输送尿的管道，包括肾盏、肾盂、输尿管、膀胱和尿道等。各部分的结构类似，管壁逐渐增厚。黏膜上皮是变移上皮，在肾盂部，仅2~3层细胞，膀胱处最厚，收缩时有8~10层细胞，变移上皮在尿道中部才转变成为复层柱状，到尿道口变成复层扁平上皮。变移上皮为排尿管道的特征。上皮表层细胞大，呈长方形，细胞膜特殊，可保障渗透压，防止组织内水分丢失，细胞膜可形成手风琴样皱褶，可储存大量表面细胞膜。故可以适应很快地扩张与收缩。固有膜为细结缔组织，与黏膜下层分界不清。肌层为平滑肌，在肾盏只有一薄层作螺旋状走行，以后逐渐增多，到输尿管处，可分内纵外环两层，输尿管下端到膀胱，环行外又增加一纵行层，但不如肠道肌层规则和致密。尿道部环行肌可组成括约肌。除膀胱顶部为浆膜外，其余各部均为纤维膜（图6-35、图6-36）。

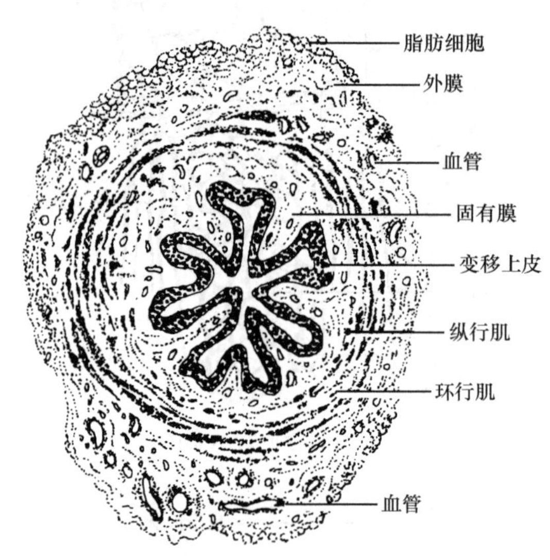

图6-35 输尿管（横切面）

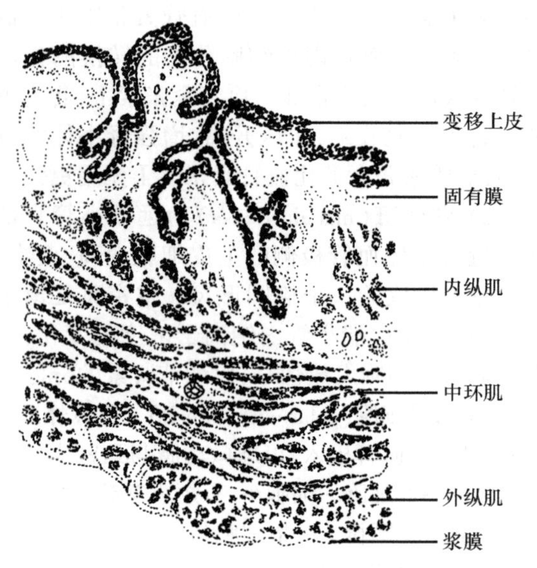

图6-36 膀胱

（二）肾上腺

1. 肾上腺的解剖 **肾上腺**（suprarenal gland，图1-102）是人体的重要内分泌腺之一，位于腹膜之后，肾的上内方，位于脊柱的两侧，平第11胸椎高度，与肾共同包在肾筋膜内。肾上腺左、右各一；左侧者近似半月形，右侧者呈三角形。肾上腺外包被膜，其实质可分为皮质和髓质两部分。皮质在外，呈浅黄色，由中胚层演化而成。髓质在内，呈棕色，与交感神经节细胞一样，由外胚层演化而成。

肾上腺高约5cm，宽约3cm，厚0.5~1cm，重5~7g。肾上腺与肾共同包在肾筋膜内，通过腹膜后注气造影，可显示肾上腺的轮廓，对诊断肾上腺病变有一定意义。

肾上腺的毗邻左、右侧不同，左肾上腺前面的上部借网膜囊与胃后壁相隔，下部与胰尾、脾血管相邻，内侧缘接近腹主动脉。右肾上腺的前面为肝，前面的外上部没有腹膜，直接与肝的裸区相邻，内侧缘紧邻下腔静脉。左、右肾上腺的后面均为膈。两肾上腺之间有腹腔丛。

肾上腺的体积虽然较小，但血液供应却十分丰富，每分钟流经肾上腺的血量，相当于其本身重量的7倍。

肾上腺的动脉有上、中、下三支，分布于肾上腺的上、中、下三部。**肾上腺上动脉**起自膈下动脉；**肾上腺中动脉**起自腹主动脉；**肾上腺下动脉**起自肾动脉。这些动脉进入肾上腺后，于肾上腺被膜内形成丰富的吻合，并分出细小分支进入皮质和髓质。一部分在皮质和髓质内形成血窦，一部分在细胞索间吻合成网，皮质和髓质的血窦集合成中央静脉，再穿出肾上腺，即肾上腺静脉。

左肾上腺静脉通常为1支，仅有少数为2支。右肾上腺静脉的支数比较恒定，通常只有1支。左肾上腺静脉汇入左肾静脉；右肾上腺静脉汇入下腔静脉，少数汇入右膈下静脉、右肾静脉，个别可汇入副肝右静脉。由于右肾上腺静脉很短，多汇入下腔静脉的右后壁，故在右肾上腺切除术结扎肾上腺静脉时，应注意保护下腔静脉。

肾上腺的集合淋巴管多斜向内下方，注入主动脉外侧淋巴结、腔静脉外侧淋巴结及中间腰淋巴结。肾上腺上部的部分集合淋巴管沿肾上腺上动脉走行，注入膈下淋巴结。

2. 肾上腺的组织结构 肾上腺表面被有结缔组织被膜。肾上腺实质由周围的皮质和中央部分的髓质构成。肾上腺皮质约为肾上腺体积的 90%，髓质约为肾上腺体积的 10%，皮质和髓质在结构、功能和胚胎发育上均为独立存在的两个内分泌腺，皮质来源于中胚层，髓质来源于外胚层。

（1）**皮质**：根据皮质内分泌细胞形状、排列和功能的不同，由外向内可将皮质分为三个带，即球状带、束状带和网状带，分别占皮质体积的 15%、80%和 5%（图 6-37）。肾上腺皮质细胞都具有类固醇激素分泌细胞的超微结构特点，分泌的激素均为类固醇。

球状带（zone glomerulosa）位于被膜下方，肾上腺皮质的外层。此带较薄，染色较暗。细胞呈团状排列，胞体较小，呈多边形，核小染色较深（图 6-37）。电镜下，胞质内可见到滑面内质网、管状嵴的线粒体和脂滴（图 6-38）。球状带细胞分泌**盐皮质激素**，其主要成分为醛固酮，能促进肾远曲小管和集合管重吸收 Na^+ 和排出 K^+，从而使血中 Na^+ 浓度升高，K^+ 浓度下降。

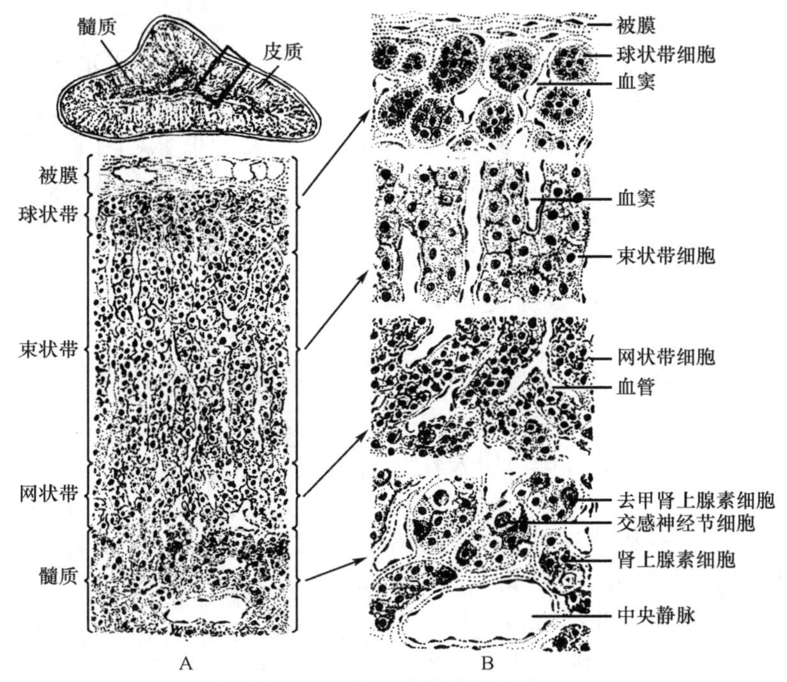

图 6-37　肾上腺的微细结构

A. 低倍；B. 高倍

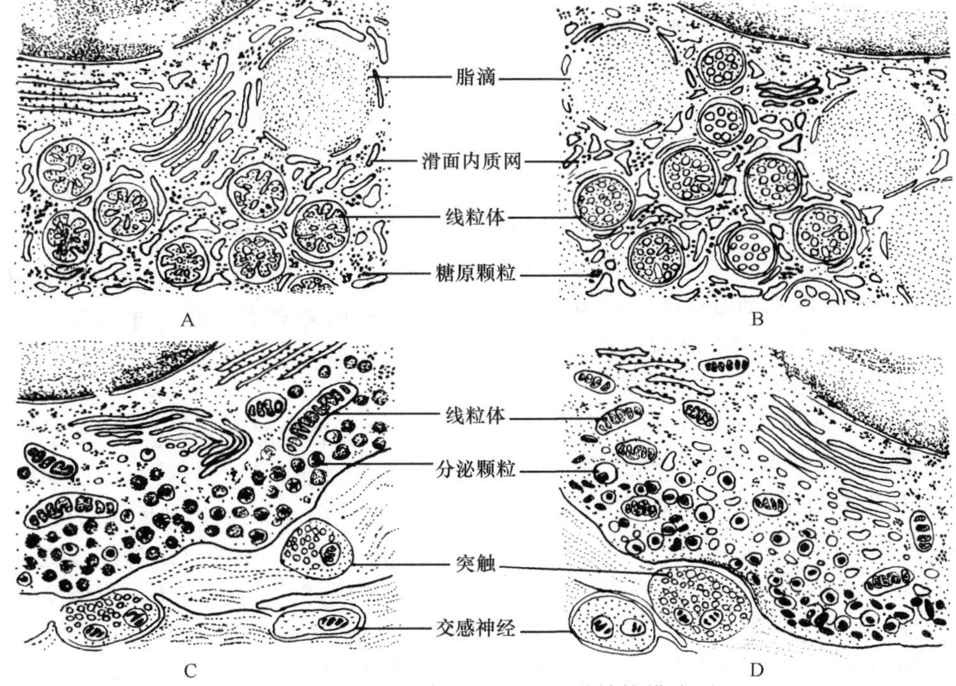

图 6-38　肾上腺各部细胞的超微结构模式图

A. 球状带细胞；B. 束状带细胞；C. 肾上腺素细胞；D. 去甲肾上腺素细胞

束状带(zone fasiculata)位于球状带的深层，此层最厚。细胞排列呈单排或2~3个细胞并排的细胞索，由深部向浅部呈放射状排列。细胞索之间有丰富的窦状毛细血管和少量结缔组织。细胞较大，呈多边形。由于细胞内有大量脂滴，脂滴在制片过程中被有机溶剂溶掉，故胞质染色浅形似海绵(图6-37)。电镜下可见胞质内充满了大的脂滴、管泡状嵴线粒体和滑面内质网(图6-38)。束状带细胞产生**糖皮质激素**，主要为皮质醇和皮质酮。糖皮质激素可促进蛋白质和脂肪分解并转变成糖，还有抑制免应答和抗炎等作用。

网状带(zone reticularis)位于皮质的最深层，细胞排列成细胞索，细胞索互相连接成网。细胞较小，胞质内脂滴小，数量少，有较多的脂褐素颗粒(图6-37)。网状带细胞主要产生雄激素，也可以产生少量糖皮质激素和雌激素。

(2) **髓质**：主要由排列成索团状的髓质细胞组成。细胞索之间有丰富的血窦、成束的无髓神经纤维和散在的交感神经节细胞。髓质中央有中央静脉(图6-37)。

髓质细胞呈多边形，胞质嗜碱性，用铬盐处理后胞质内可见棕黄色颗粒，呈嗜铬反应，故髓质细胞又称**嗜铬细胞**(chromaffin cell)。髓质细胞又分为肾上腺素细胞和去甲肾上腺素细胞。肾上腺素细胞占多数，胞质内分泌颗粒电子密度较低，内含肾上腺素；去甲肾上腺素细胞数量较少，胞质内分泌颗粒电子密度较高，内含去甲肾上腺素。髓质细胞表面常与交感神经末梢形成突触，交感神经兴奋可通过突触传导到髓质细胞，引起肾上腺素和去甲肾上腺素的分泌(图6-38)。

(3) **肾上腺的血管**：肾上腺上、中、下动脉分支进入被膜下形成血管丛。其中大部分分支进入皮质内各带形成窦状毛细血管网，继而进入髓质；还有一部分为髓质小动脉，在皮质内分支直接进入髓质，与髓质窦状毛细血管相连。在髓质中央汇合成一条中央静脉出肾上腺(图6-39)。中央静脉管腔大而不规则，管壁厚薄不一，环形肌少，但有很厚的纵行平滑肌束。此结构特点可能具有防止高浓度的肾上腺激素对血管缩窄的作用，以利于激素的运送。从上述血管的走行可以看出，肾上腺大部分血液均经皮质再到髓质，因此进入髓质的血液中含有丰富的皮质激素，其中糖皮质激素有激活肾上腺素细胞内N-甲基转移酶的作用，使去甲肾上腺素甲基化成为肾上腺素。由此可见，肾上腺皮质与髓质在功能上密切相关。

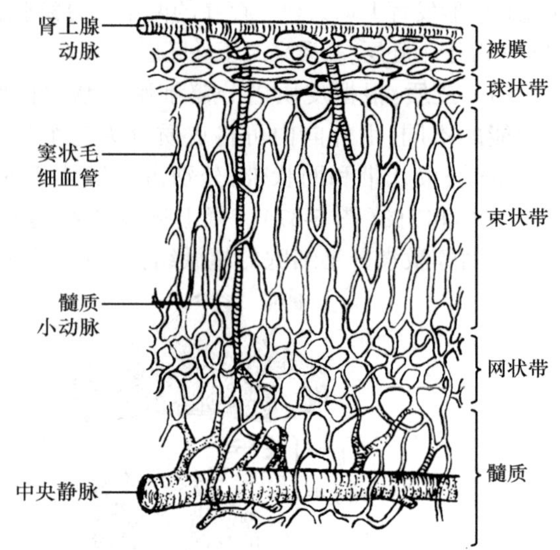

图6-39 肾上腺的血管分布

(三)输尿管腹部

输尿管(ureters)是位于腹膜后隙的细长管状器官，位于脊柱两侧，左、右各一。上端起自肾盂，下端终于膀胱，在成人长约25~30cm。通常将输尿管分为三部：①腹部，自肾盂与输尿管交界处至跨越髂血管处。②盆部，从跨越髂血管处至膀胱壁。③壁内部，斜行穿膀胱壁，终于膀胱黏膜的输尿管口。

输尿管腹部长约13~14cm，紧贴腰大肌前面向下内侧斜行，在腰大肌中点的稍下方有睾丸(卵巢)血管斜过其前方。输尿管腹部的体表投影：在腹前壁与半月线相当；在腹后壁约与腰椎横突尖端所作的连线一致。

输尿管腹部的上、下端分别是解剖上的第1、2狭窄部。肾盂输尿管连接处的直径约0.2cm；跨越髂血管处直径约0.3cm；其中间部分较粗，直径约0.6cm。输尿管的狭窄部常是结石的阻塞部位，尤其肾盂输尿管连接处的狭窄性病变，是导致肾盂积水的重要病因之一。

右输尿管腹部的前方有十二指肠降部、升结肠血管、回结肠血管、精索内血管、回肠末段，右侧与盲肠及阑尾邻近，因此回肠后位阑尾炎常可引起右输尿管炎，尿中可出现红细胞及脓细胞。左输尿管腹部的前方，有十二指肠空肠曲、降结肠血管，精索内血管也斜越输尿管腹部的前方。抵达骨盆上口时，两侧输尿管跨越髂血管的起始部进入盆腔。由于输尿管腹部的大部分与升、降

笔记栏

结肠血管相邻，故行左或右半结肠切除术时，应注意保护输尿管腹部。

输尿管变异比较少见。下腔静脉后输尿管容易发生输尿管梗阻，有时需要手术将其移至正常位置。双肾盂、双输尿管的行程及开口也有变异，如双输尿管开口于膀胱，可不引起生理功能障碍，但若其中一条输尿管开口于膀胱之外，特别在女性可开口于尿道外口附近或阴道内，因无括约肌控制，可致持续性尿漏(图6-40)。

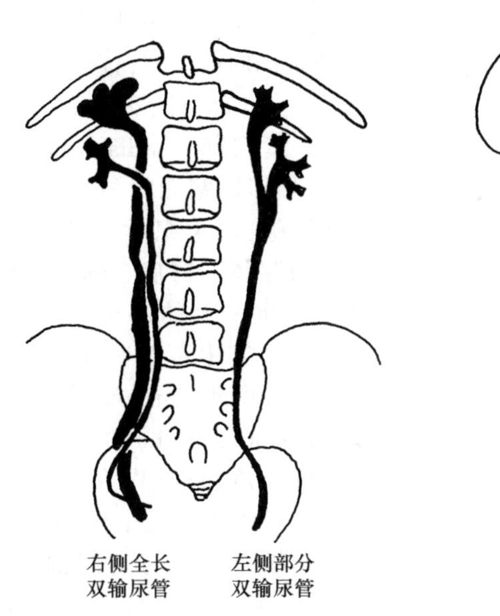

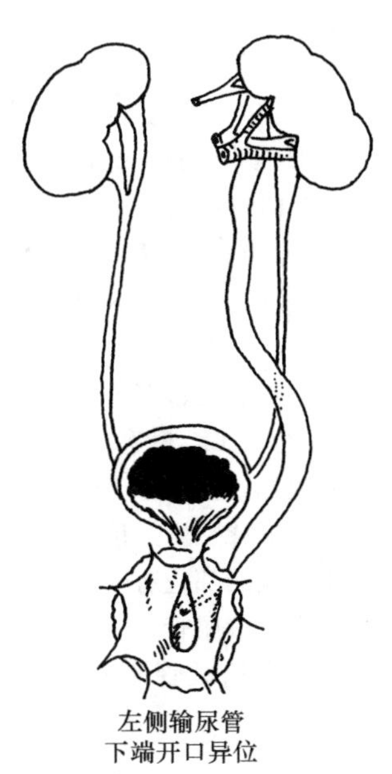

图6-40　两侧重肾、双输尿管

输尿管腹部的血液供应是多源性的，其上部由肾动脉、肾下极动脉的分支供应；下部由腹主动脉、睾丸(卵巢)动脉、第1腰动脉、髂总动脉、髂内动脉等分支供应。各条输尿管动脉到达输尿管边缘0.2～0.3cm处，分为升支和降支进入管壁，上下相邻的分支相互吻合，在输尿管的外膜层形成动脉网，并有小分支穿过肌层，在输尿管黏膜层形成毛细血管丛。输尿管腹部的不同部位有不同的血液来源，由于血液来源不恒定，且少数输尿管动脉的吻合支细小，故输尿管手术时若游离范围过大，可影响输尿管的血运，有发生局部缺血、坏死的危险。供血到输尿管腹部的动脉多来自内侧，手术时在输尿管的外侧游离，可减少血供的破坏。

输尿管腹部的静脉与动脉伴行，分别经肾静脉、睾丸(卵巢)静脉、髂静脉等回流。

复习思考题

1. 从肾的位置与毗邻来考虑，施行肾切除术应注意哪些问题？

2. 肾蒂主要结构的排列关系如何？肾血管有何特点？常见的变异及其临床意义如何？

3. 左、右肾静脉有何不同？

4. 划分肾段的依据是什么？怎样划分的？有何临床意义？

5. 肾的被膜有哪些特点？有何临床意义？

6. 从肾的毗邻考虑患肾周围脓肿时，疼痛为何向腹股沟部扩散？

7. 一般多在左侧发生精索静脉曲张，从解剖学观点怎样解释？

8. 何谓肾单位？试述其光、电镜下结构特点与功能。

9. 简述肾小体的结构与原尿形成的关系。

10. 简述近血管球复合体的组成、结构特征及其功能。

11. 病例1. 患者，男性，28岁，诉车祸后右肋腹部疼痛2小时来诊。查体：腹部平软，无压痛反跳痛及肌紧张。实验室检查：胸片未见骨折。腹部超声示：右腰大肌外缘影模糊，余未见异常。尿常规见镜下血尿。IVP(静脉肾盂造影)见造影剂迅速渗入肾周组织。诊断：肾挫裂伤。暂保守治疗。请问：

(1) 请以脊柱、肋骨及腰大肌为参考描述右肾的位置。

(2) 什么是肋腹痛？为什么发生肋腹痛？

(3) 为什么腰大肌外缘影变得模糊？

(4) 血液是怎样进入尿中的？

(5) 什么结构使得出血局限在肾脏周围？

(6) 若需手术，如何设计切口能够显露肾脏而又不需要进入腹膜腔？

12. 病例2. 患者，男性，62岁。主诉：腹部包块

3个月。查体:脐旁偏下有压痛,脐旁偏左可触及包块,约6cm×7cm大小,质软,有压痛,活动度差,边界不清,可触及搏动感。动脉造影示腹主动脉瘤。请问:

(1) 为何包块有搏动感?

(2) 腹主动脉瘤可能发生哪些并发症?

(3) 腹主动脉的分支有哪些?

13. 病例3. 患者,男性,44岁。主诉:左输尿管结石体外震波碎石后左腰痛伴高热6天。查体:T 39.3℃,P 115次/分,BP 135/85mmHg。心肺听诊未见异常,肝胆脾未触及,左肾区饱满,左上腹压痛阳性,左肾区叩痛阳性。血常规:WBC $17×10^9$/L,尿常规:WBC 1/3视野。B超检查示:左肾增大,左肾盂积液,其内有强光点回声,左输尿管上段扩张。腹平片:左肾影模糊增大,输尿管走行区 $L_{4\sim5}$ 横突左侧见一个1.6cm×0.9cm大小的高密度影,无碎裂。考虑为左输尿管结石,左肾结石,左肾积液并感染。请问:

(1) 输尿管结石发生嵌顿的部位有哪些?

(2) 在腹平片中如何定位输尿管?

(3) 如需切开取石,游离输尿管时有哪些注意事项?

第3节 腹腔器官

腹腔器官以横结肠及其系膜为界,分为结肠上区和结肠下区。结肠上区介于膈与横结肠及其系膜之间,主要有食管腹段、胃、肝、胆囊、肝外胆道和脾等器官,十二指肠和胰虽大部分位于腹膜后隙,也可并入结肠上区;结肠下区位于横结肠及其系膜与小骨盆上口之间,主要有空肠、回肠、盲肠、阑尾及结肠等器官。

一、胃

胃(stomach)是消化管最膨大的部分,上连食管,下续十二指肠。其大小和形态因胃充盈程度、体位及体型等状况而不同。成年人胃在中度充盈时、平均长度(胃底至胃大弯下端)为25~30cm,胃容量约1500ml。

(一) 形态与分部

胃分上口、下口,大弯、小弯,前壁和后壁。

胃的上口称**贲门**(cardia),接食管。下口称**幽门**(pylorus),续十二指肠。**胃小弯**(lesser curvature of stomach),相当于胃的右上缘,自贲门延伸到幽门。钡餐造影时,在胃小弯的最低处,可明显见到一切迹,称**角切迹**(angular incisure),它是胃体与幽门部在胃小弯的分界。**胃大弯**(greater curvature of stomach)起始于**贲门切迹**(cardiac incisure),此切迹为食管左缘与胃大弯起始处所构成的锐角。胃大弯从起始处呈弧形凸向左上方,形成胃底的上界,此后胃大弯弧形凸向左,继而凸向前下方,直至第10肋软骨平面。

胃分4部,即:贲门部、胃底部、胃体部与幽门部。**贲门部**(cardiac part)指贲门周围的部分,与相邻胃壁无明显界限。贲门部胃黏膜含有贲门腺,用组织学方法可确定,有别于胃其他部的腺体。**胃底**(fundus of stomach)指贲门切迹平面以上的部分,亦称**胃穹隆**(fornix of stomach),其中含有咽下的空气(约50ml),X线片上可见此气泡,放射学中称之为胃泡。**胃体**(body of stomach)的上方与胃底相续,下界在胃小弯为角切迹,胃大弯无明显界标,一般以胃大弯开始转为近于横向处为界,此处与角切迹之连线为胃体与幽门部的分界线。**幽门部**(pyloric part)是胃体下界与幽门之间的部分。幽门部左侧份较为扩大,称**幽门窦**(pyloric antrum);右侧份呈长管状,管腔变窄,称**幽门管**(pyloric canal)。幽门窦通常居胃的最低部,幽门管长约2~3cm。胃溃疡和胃癌多发生于胃的幽门窦近胃小弯处,临床上所称的"胃窦"即幽门窦,或是整个幽门部(图6-41)。

(二) 位置与毗邻

胃中度充盈时,大部分位于左季肋区,小部分位于腹上区。贲门在第11胸椎左侧,幽门在第1腰椎右侧。胃的位置常因体位、呼吸及胃内容物多少而变化。直立、吸气或胃内充盈时,胃向下移位,胃大弯可降至脐下,幽门有时可降至第3腰椎水平。

胃前壁右侧份邻接左半肝,左侧份上部邻接膈,下部接触腹前壁,此部移动性大,通常称为胃前壁的游离区。胃后壁隔网膜囊与胰、左肾上腺、左肾、脾、横结肠及其系膜相毗邻,这些器官共同围成胃床(图6-42)。

(三) 韧带与网膜

胃属腹膜内位器官,胃前面、后面的腹膜从胃大、小弯移行于邻近器官时,形成一些韧带和网膜。

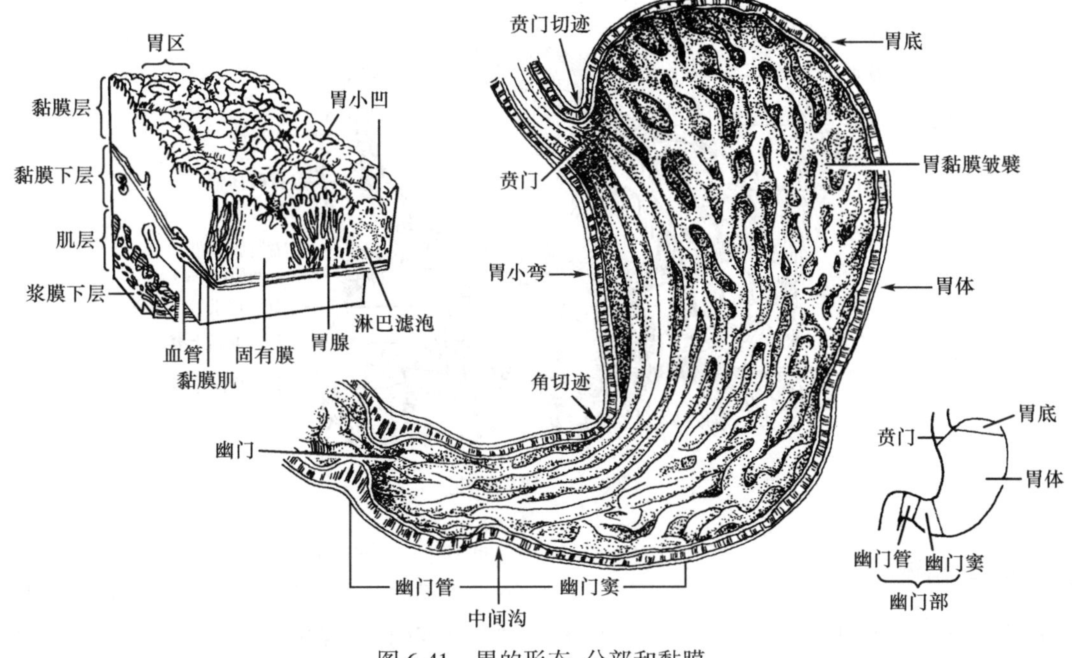

图 6-41　胃的形态、分部和黏膜

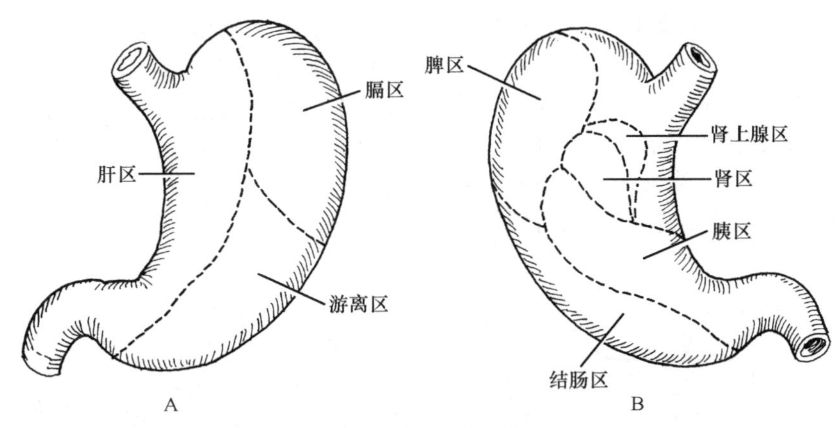

图 6-42　胃的毗邻

A. 胃前壁;B. 胃后壁

大网膜(greater omentum)由胃大弯下垂,再反折向上附于横结肠,因此有前、后两叶,共四层腹膜。成人前、后叶多愈合,使前叶上部直接由胃大弯连至横结肠,形成**胃结肠韧带**(gastrocolic ligament)。此韧带后方靠近横结肠系膜,在幽门附近两者常贴连,故切开胃结肠韧带时,勿损伤横结肠系膜中的中结肠动脉。

1. 胃脾韧带(gastrosplenic ligament)　由胃大弯左侧部连于脾门,是双层腹膜结构,内有胃短血管(图 6-43、图 6-87)。

2. 胃膈韧带(gastrophrenic ligament)　由胃大弯上部胃底后面连至膈下。全胃切除术时,切断此韧带方可游离胃贲门部和食管。

3. 肝胃韧带(hepatogastric ligament)　连接肝门和胃小弯,也是双层腹膜结构。它向右续于肝十二指肠韧带,共同构成小网膜。

4. 胃胰襞(gastropancreatic folds)　是由胃小弯靠近贲门侧向胰腺呈弓形弯曲的腹后壁腹膜皱襞,内有胃左静脉(见肝门静脉)。

5. 胃胰韧带(gastropancreatic ligament)　是由胃幽门窦后壁至胰头、颈及颈与体的移行部的腹膜皱襞。施行胃切除术时,需将此韧带切开并进行钝性剥离,才能游离出幽门与十二指肠上部的近侧份。

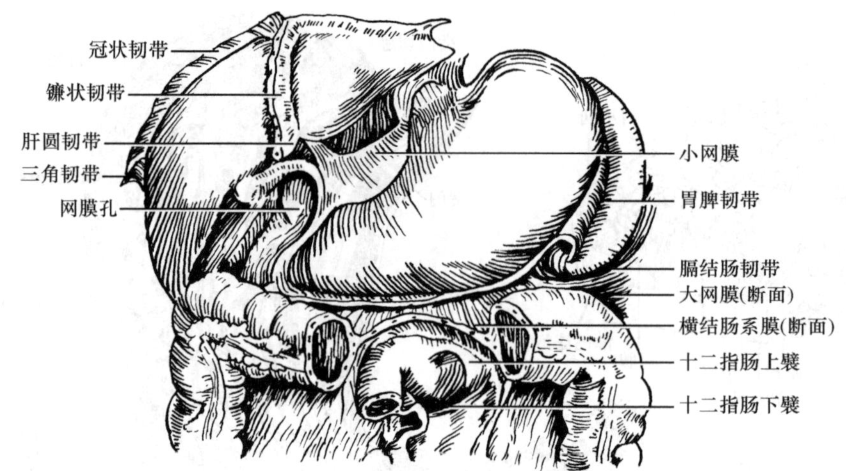

图 6-43　胃的韧带

(四) 血管与淋巴

1. 胃的动脉　来自腹腔干及其分支，先沿胃大、小弯形成两个动脉弓，再由弓上发出许多小支至胃前、后壁（图 6-44、图 6-45），在胃壁内进一步分支，吻合成网。

（1）**胃左动脉**（left gastric artery）：起于腹腔干，向左上方经胃胰襞至贲门附近，转向前下，在肝胃韧带内循胃小弯右行，终支多与胃右动脉吻合。胃左动脉在贲门处分支营养食管；行经胃小弯时发 5~6 支至胃前、后壁，胃大部切除术常在第 1、2 胃壁分支间切断胃小弯。偶有肝固有动脉左支或副肝左动脉起于胃左动脉，胃手术时不可盲目结扎。

（2）**胃右动脉**（right gastric artery）：起于肝固有动脉，也可起于肝固有动脉左支、肝总动脉或胃十二指肠动脉，下行至幽门上缘，转向左，在肝胃韧带内沿胃小弯走行，终支多与胃左动脉吻合，形成胃小弯动脉弓，沿途分支胃前、后壁。

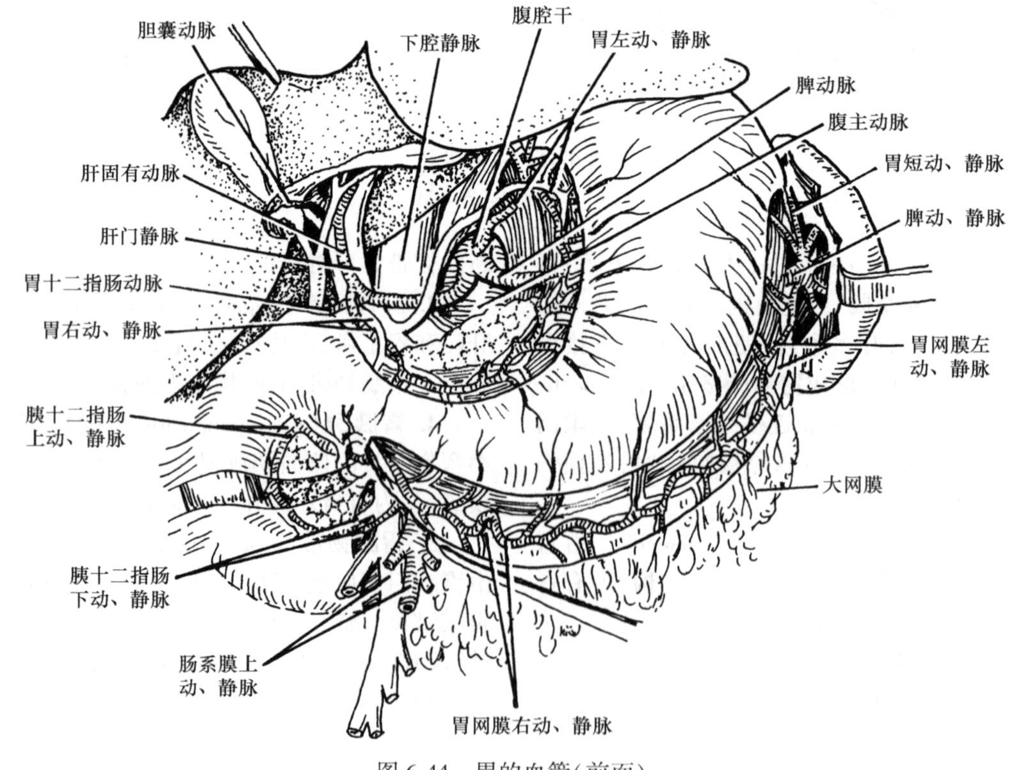

图 6-44　胃的血管（前面）

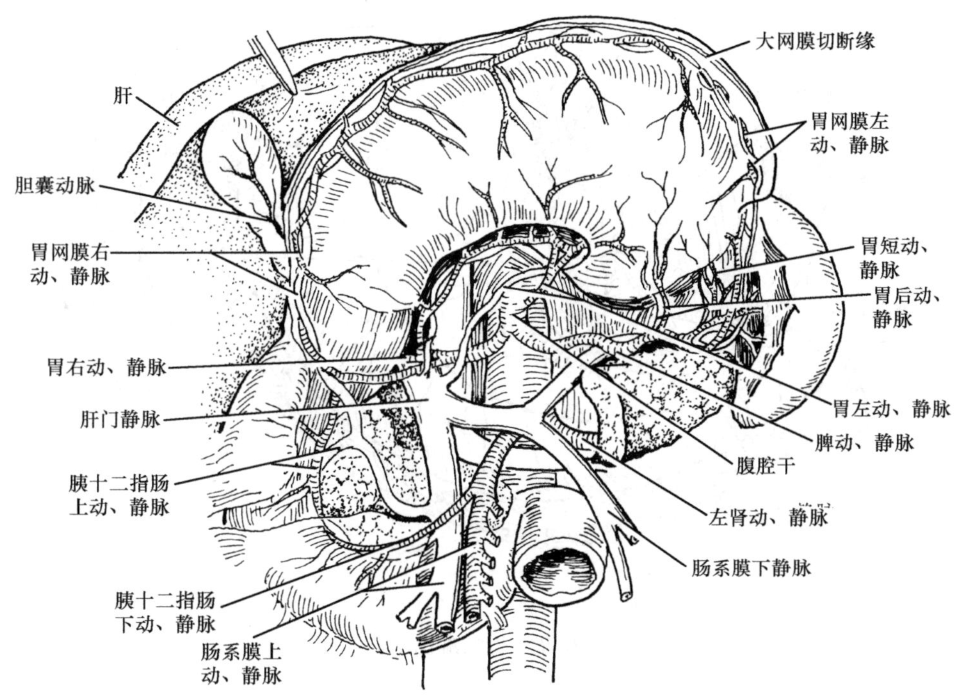

图 6-45　胃的血管(后面)

(3) **胃网膜右动脉**(right gastroepiploic artery):发自胃十二指肠动脉,在大网膜前叶两层腹膜间沿胃大弯左行,终支与胃网膜左动脉吻合,沿途分支营养胃前、后壁和大网膜。

(4) **胃网膜左动脉**(left gastroepiploic artery):起于脾动脉末端或脾支,经胃脾韧带入大网膜前叶两层腹膜间,沿胃大弯右行,终支多与胃网膜右动脉吻合,形成胃大弯动脉弓,行程中分支至胃前、后壁和大网膜。胃大部切除术常从其第1胃壁支与胃短动脉间在大弯侧切断胃壁。

(5) **胃短动脉**(short gastric arteries):起于脾动脉末端或其分支,一般3~5支,经胃脾韧带至胃底前、后壁。

(6) **胃后动脉**(posterior gastric artery):出现率约72%,大多1~2支,起于脾动脉或其上极支,上行于网膜囊后壁腹膜后方,经胃膈韧带至胃底后壁。

此外,左膈下动脉也可发1~2小支分布于胃底上部和贲门。这些小支对胃大部切除术后保证残胃的血供有一定意义。

2. 胃的静脉　胃的静脉与同名动脉伴行,均汇入门静脉系统(图6-45、图6-46)。其中,胃右静脉沿胃小弯右行,注入肝门静脉,途中收纳幽门前静脉,后者在幽门与十二指肠交界处前面上行,是辨认幽门的标志。胃左静脉又称胃冠状静脉,沿胃小弯左行,至贲门处转向右下,汇入肝门静脉或脾静脉(详见肝门静脉)。胃网膜右静脉沿胃大弯右行,注入肠系膜上静脉。胃网膜左静脉沿胃大弯左行,注入脾静脉。胃短静脉来自胃底,经胃脾韧带注入脾静脉。此外,多数人还出现胃后静脉,由胃底后壁经胃膈韧带和网膜囊后壁腹膜后方,注入脾静脉(详见肝门静脉)。

3. 胃的淋巴　胃的淋巴管分区回流至胃大、小弯血管周围的淋巴结群,最后汇入腹腔淋巴结(图6-46)。

(1) **胃左、右淋巴结**:各沿同名血管排列,分别收纳小弯侧胃壁相应区的淋巴,输出管注入腹腔淋巴结。

(2) **胃网膜左、右淋巴结**:沿同名血管排列,收纳大弯侧相应区的淋巴。胃网膜左淋巴结输出管注入脾淋巴结,胃网膜右淋巴结回流至幽门下淋巴结。

(3) **贲门淋巴结**:常归入胃左淋巴结内,位于贲门周围,收集贲门附近的淋巴,注入腹腔淋巴结。

(4) **幽门上、下淋巴结**:在幽门上、下,收集胃幽门部的淋巴,幽门下淋巴结还收集胃网膜右淋巴结以及十二指肠上部和胰头的淋巴。幽门上、下淋巴结的输出管汇入腹腔淋巴结。

(5) **脾淋巴结**:在脾门附近,收纳胃底部和胃网膜左淋巴结的淋巴,通过沿胰上缘脾动脉分布的胰上淋巴结汇入腹腔淋巴结。

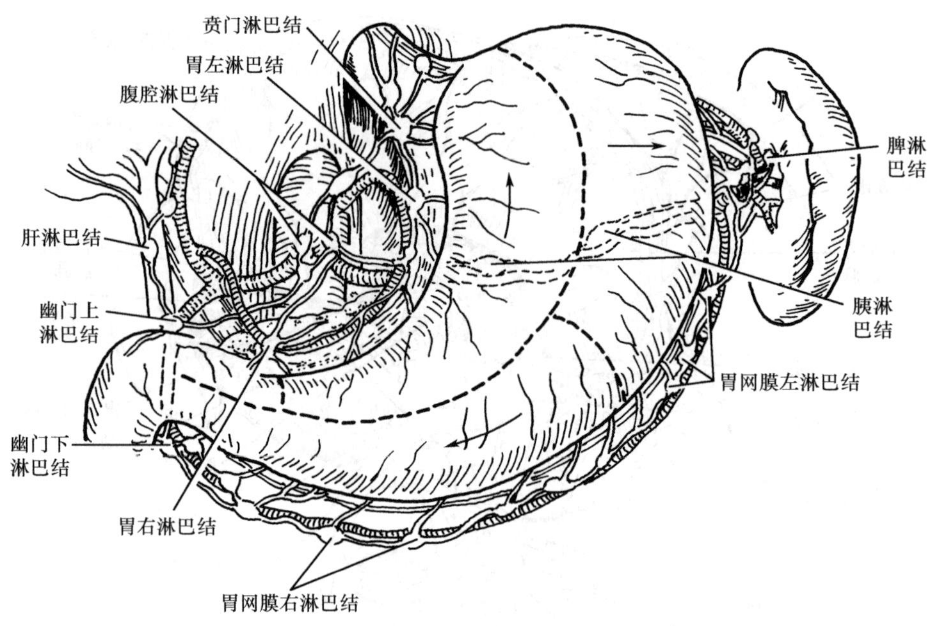

图 6-46　胃的淋巴引流

临床应用

关于胃手术时腹腔各脏器的检查：经上腹部切口开腹后，见大网膜附于胃大弯，向下反折并附于横结肠或黏连于病灶处。在检查胃以前，应按顺时针方向依次检查肝、膈、食管裂孔、脾、左肾、降结肠、乙状结肠、盆腔结构、盲肠、右肾和胆囊区。检查胰时需将大网膜和横结肠提向上方，沿横结肠系膜根部进行扪诊。然后，仔细检查十二指肠、幽门及胃的全部。正常胃壁是坚实的；胃壁变厚时常有幽门梗阻；胃变松软扩张，是无张力的表现。胃癌已侵及胃浆膜的表面，不应直接去触动它，以免有癌细胞被转移种植。幽门静脉横过幽门前面，示胃与十二指肠连接部，要扪测该处肠腔的通过情况。贲门和胃底比较固定，经纵切口常不易扪到全部，大的横切口或胸腹联合切口或切除剑突的纵切口可提供较好的显露途径。探查任何胃的病变，必须全面检查胃的前、上面及十二指肠，胃的后、下面。后者可将胃结肠韧带做一横切口（常在胃网膜血管的下方）去检查，同时也可检查胰。贲门的一部分，可经切开小网膜最薄弱处的裂隙去检查。

（五）胃壁结构

胃壁由四层组成，由外向内依次为浆膜（即脏腹膜）、肌层、黏膜下层和黏膜。肌层包括三层平滑肌，外层纵行，中层环行，内层为斜纤维。环行肌在幽门处增厚形成**幽门括约肌**（pyloric sphincter，图 6-47），它与幽门管纵行肌协同收缩、舒张，排放胃内食糜进入十二指肠。婴儿先天性幽门肥大患者括约肌肥厚，导致幽门梗阻，需手术解除梗阻，但应注意不可切开十二指肠。胃黏膜下层为疏松结缔组织，富含血管，胃切除时应仔细结扎这些血管。胃充盈时大部展平消失，但在胃小弯处有 2～4 条恒定存在的纵行皱襞，与小弯平行，襞间沟槽称为胃路，食物入胃，沿此路下行。吞入腐蚀性物质时，此处黏膜最易受损。另外，在幽门处，黏膜内褶，形成**幽门瓣**。

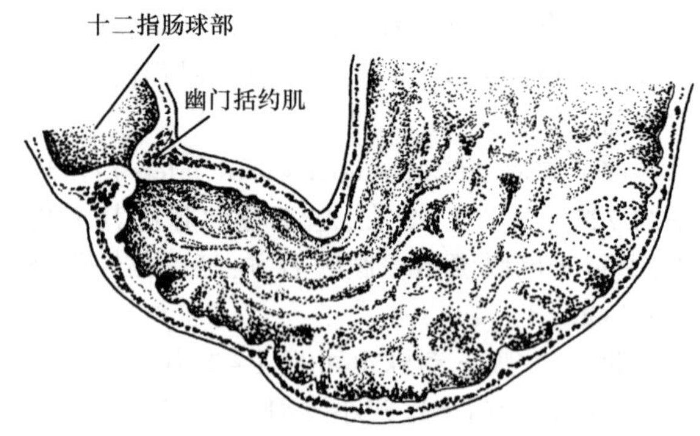

图 6-47　幽门括约肌

胃壁各部按其功能与结构特征可分为两个部分，胃底、胃体及幽门窦近侧部等处肌层较薄，泌酶、泌酸细胞丰富，消化功能强，称为胃的消化部分；幽门窦远侧部、幽门管和幽门等处泌酶、泌酸细胞稀少而肌层发达，主要与胃内容物排出有关，称为胃的排空部分。

(六) 胃的神经

胃的神经有交感神经和副交感神经,还有内脏传入神经。

1. 交感神经 胃的交感神经节前纤维起于脊髓6~10胸节,经交感干、内脏神经至腹腔神经丛内的腹腔神经节,在节内交换神经元,发出节后纤维,随腹腔干的分支至胃壁。它们抑制胃的分泌和蠕动,增强幽门括约肌的张力,并使胃的血管收缩。

2. 副交感神经 胃的副交感神经的节前纤维来自迷走神经。迷走神经前干下行于食管腹部前面,约在食管中线附近浆膜的深面。手术寻找前干时,需切开此处浆膜,方可显露。前干在胃贲门处分为肝支与胃前支。肝支在小网膜内右行入肝丛。胃前支伴胃左动脉在小网膜内距胃小弯约1cm处右行,发出若干分支(通常4~6条)至胃前壁,其中在角切迹附近的终末分支呈鸦爪形,分布于幽门窦及幽门管的前壁。迷走神经后干贴食管腹部右后方下行,至贲门处分为腹腔支和胃后支。腹腔支循胃左动脉始段入腹腔丛。胃后支沿胃小弯深面右行,分支分布于胃后壁,最后也以鸦爪形分支分布于幽门窦及幽门管的后壁(图6-48)。迷走神经各胃支在胃壁神经丛内换发节后纤维,支配胃腺与肌层,通常可促进胃酸和胃蛋白酶的分泌,并增强胃的运动(图6-48)。

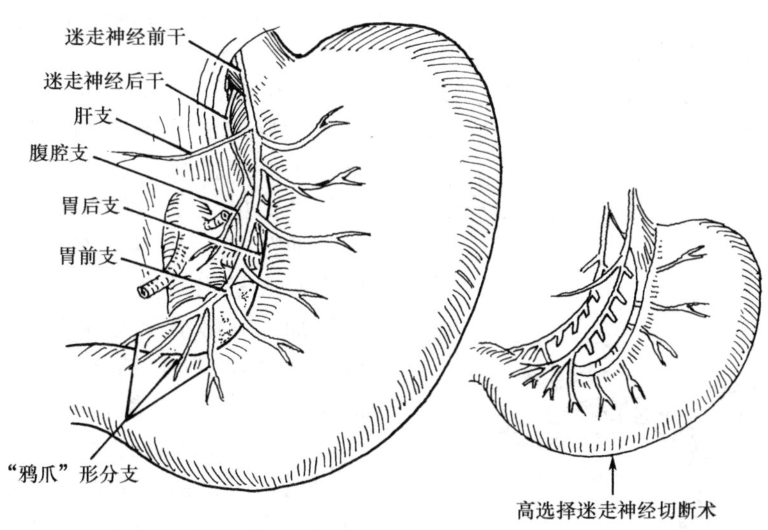

图6-48 胃的迷走神经

3. 感觉神经 胃感觉纤维分别随交感、副交感神经进入脊髓和延髓。胃的痛觉冲动主要随交感神经通过腹腔丛、交感干传入脊髓第6~10胸节;胃手术时,封闭腹腔丛可阻滞痛觉的传入。胃的牵拉感和饥饿感冲动则经由迷走神经传入延髓;胃手术时过度牵拉,强烈刺激迷走神经、偶可引起心跳骤停,虽属罕见,后果严重,值得重视。

临床应用

关于迷走神经切断术,1934年,Berger发现胃体胃底黏膜大部分由分泌盐酸的壁细胞所构成。迷走神经的胃壁支支配胃的蠕动,增加壁细胞分泌胃酸,从而易致消化性溃疡。根据这个理论,开始应用切断迷走神经治疗十二指肠溃疡,至今已确定的有三种术式:即迷走神经干切断术(TV),选择性迷走神经切断术(SV)及高选择性迷走神经切断术(HSV)。效果良好,复发率低,并发症少。

(七) 胃的组织结构

胃壁分四层,即黏膜层、黏膜下层、肌层和外膜。

1. 黏膜 胃黏膜有许多不规则纵行皱襞,当胃内充满食物时,皱襞不明显或消失。黏膜表面有浅沟,将黏膜分成许多小区,称**胃小区**,小区表面有许多不规则小孔称**胃小凹**,每个小凹底部为3~5条胃腺开口。

(1) **上皮**:单层柱状上皮,主要由表面黏液细胞组成,细胞核位于基部,顶部胞质内充满黏原颗粒,HE染色时着色浅以至透明。细胞分泌物为含高浓度碳酸氢根的黏液,覆盖上皮细胞表面,有保护功能。表面黏液细胞不断脱落,3~5天更新一次,新的细胞由胃小凹底部的细胞增补(图6-49)。

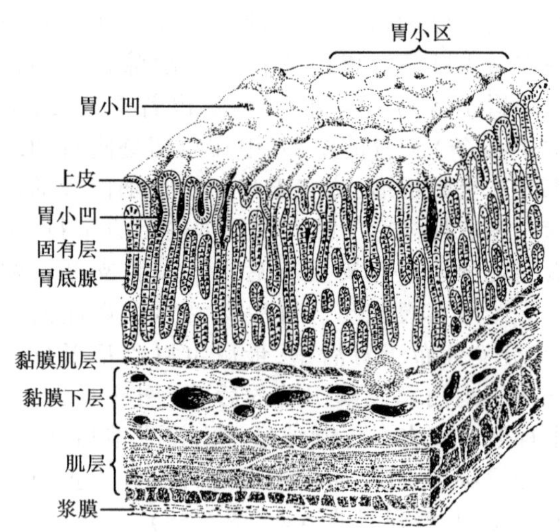

图 6-49　胃底部结构模式图

（2）**固有层**：由少量的结缔组织和大量的胃腺组成。根据胃腺的部位不同，可分为胃贲门腺、胃底腺及胃幽门腺。胃底腺位于胃底和胃体部，占比例最大，为单管或分支管状腺，由主细胞、壁细胞、颈黏液细胞、内分泌细胞和干细胞组成（图 6-50）。

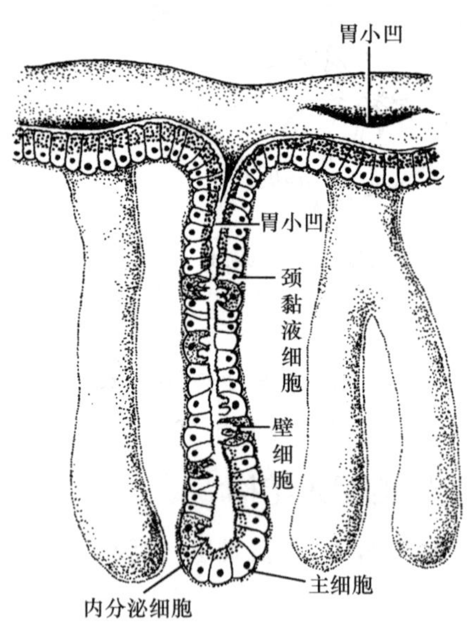

图 6-50　胃底腺模式图

主细胞（chief cell）又称**胃酶细胞**，数量最多，主要分布于腺的下半部。细胞呈柱形，核圆位于基部。胞质呈强嗜碱性，顶部胞质含酶原颗粒。HE 染色标本，颗粒常脱失，显空泡状。此细胞具有典型的蛋白质分泌细胞的超微结构特点。主细胞分泌**胃蛋白酶原**，在胃酸作用下，转变成有活性的胃蛋白酶（图 6-51）。婴儿的主细胞还能分泌**凝乳酶**，促使乳汁凝固。

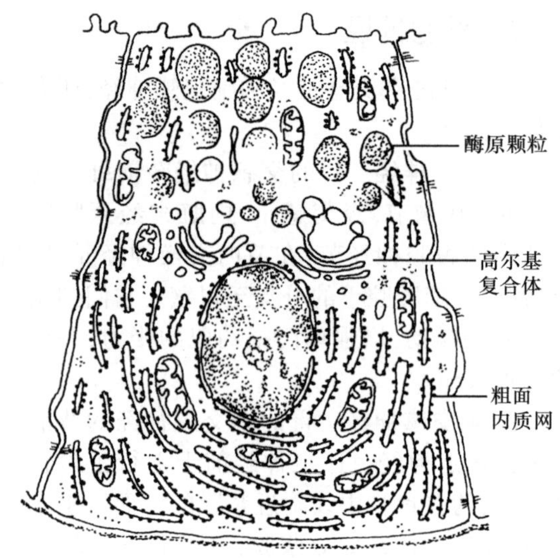

图 6-51　主细胞超微结构模式图

壁细胞（parietal cell）又称**泌酸细胞**，主要分布于腺的上半部。细胞较大，呈三角形或锥体形。核圆居中，可有双核，深染，胞质强嗜酸性。电镜下，细胞游离面细胞膜内陷形成迂曲分支小管，称为**细胞内分泌小管**，小管腔面有大量指状突起的微绒毛，使细胞表面积增加。分泌小管周围有许小管和小泡称为**微管泡系统**，其膜结构与分泌小管相同。在静止期，分泌小管多不与胃底腺腔相通，微绒毛短而稀疏，微管泡系统却极发达；在分泌期，小管开放，微绒毛增多增长填充于小管腔内，微管泡数量显著减少，表明微管泡系统实为分泌小管膜的储备形式。此外，壁细胞内还有大量的线粒体（图 6-52）。

壁细胞能分泌盐酸。其过程为：壁细胞从血液摄取 CO_2 或细胞代谢产生的 CO_2，在碳酸酐酶的作用下与 H_2O 结合形成 H_2CO_3；H_2CO_3 解离为 H^+ 和 HCO_3^-，H^+ 被运送到细胞内分泌小管，HCO_3^- 进入血液与血液的 Cl^- 交换后，Cl^- 被输入分泌小管与其内的 H^+ 结合成 HCl（图 6-53）。盐酸能激活胃蛋白酶原转变成胃蛋白酶，分解蛋白质，并能刺激胃肠内分泌细胞和胰腺的分泌，还有杀菌作用。人的壁细胞还能产生一种糖蛋白，称为**内因子**。内因子在胃内与维生素 B_{12} 结合，使维生素 B_{12} 运送至回肠中而不被水解酶破坏。维生素 B_{12} 入血到骨髓后，以备生成红细胞所需。如内因子缺乏，则维生素 B_{12} 吸收障碍，将引起恶性贫血。

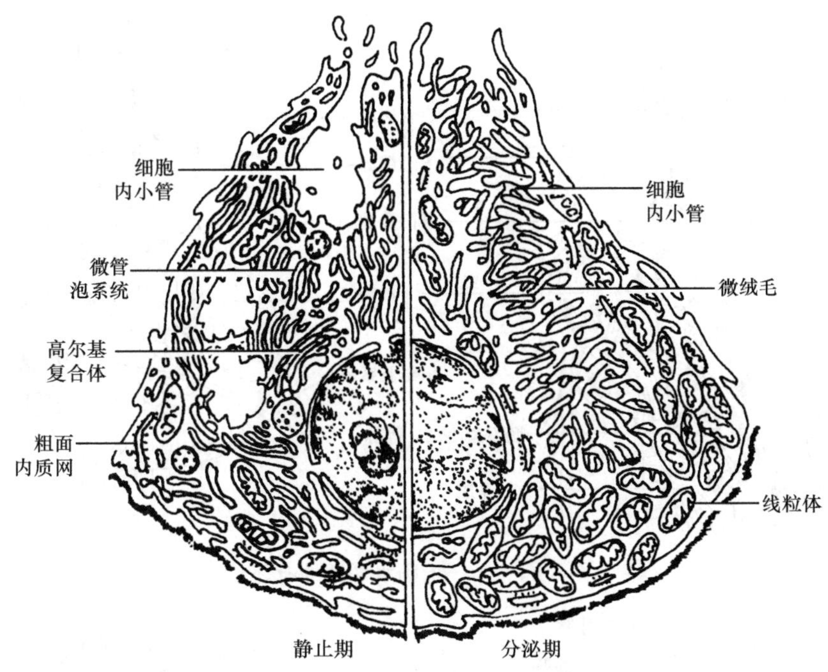

图 6-52　壁细胞超微结构模式图

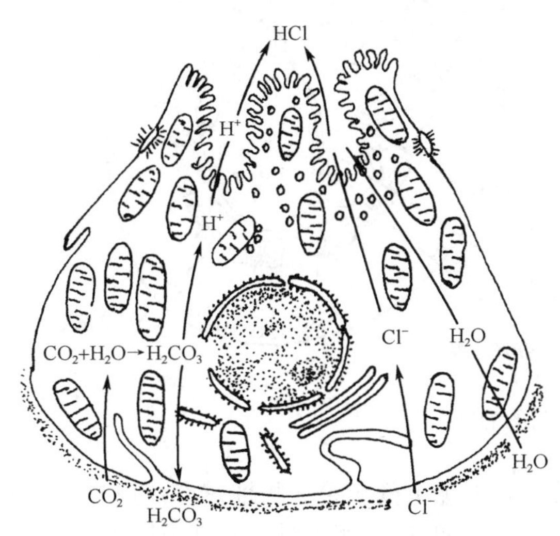

图 6-53　壁细胞合成盐酸示意图

颈黏液细胞(mucous neck cell)数量少,位于腺顶部,多呈楔形夹于壁细胞之间。核扁平,染色深,位于细胞基部。核上方胞质有许多小的黏原颗粒,其分泌物为可溶性的酸性黏液。

内分泌细胞大多单个夹在其他上皮细胞之间,呈不规则的锥体形。胞质基底部含有大量分泌颗粒,故该细胞又称为基底颗粒细胞。分泌的激素主要作用于邻近的壁细胞,调节其泌酸功能。

干细胞主要位于胃小凹深部和胃底腺顶部,可增殖分化为表面黏液细胞和胃底腺的其他细胞。

(3) **黏膜肌层**:分内环、外纵两层平滑肌。黏膜肌收缩与弛缓有助于胃腺分泌物的排出。

2. 黏膜下层　为疏松结缔组织,内含较粗大的血管、淋巴管和神经。

3. 肌层　较厚,由内斜、中环、外纵三层平滑肌构成。环行肌在幽门和贲门处增厚,形成括约肌。

4. 外膜　为浆膜,由薄层结缔组织和间皮组成。

二、十二指肠

十二指肠(duodenum)是小肠上段的一部分,长约20~25cm,管径4~5cm,是小肠中长度最短、管径最大、位置最深且最为固定的小肠段。其上端始于幽门,下端至十二指肠空肠曲接续空肠。胰管与胆总管均开口于十二指肠,它既接受胃液,又接收胰液和胆汁的注入,所以,十二指肠的消化功能十分重要。十二指肠的整体形状呈"C"形弯曲,包绕胰头。除始、末两端外,均在腹膜后方(腹膜外位),紧贴腹后壁第1~3腰椎的右前方。十二指肠按走向分为上部、降部、水平部与升部四部(图6-54、图6-55)。

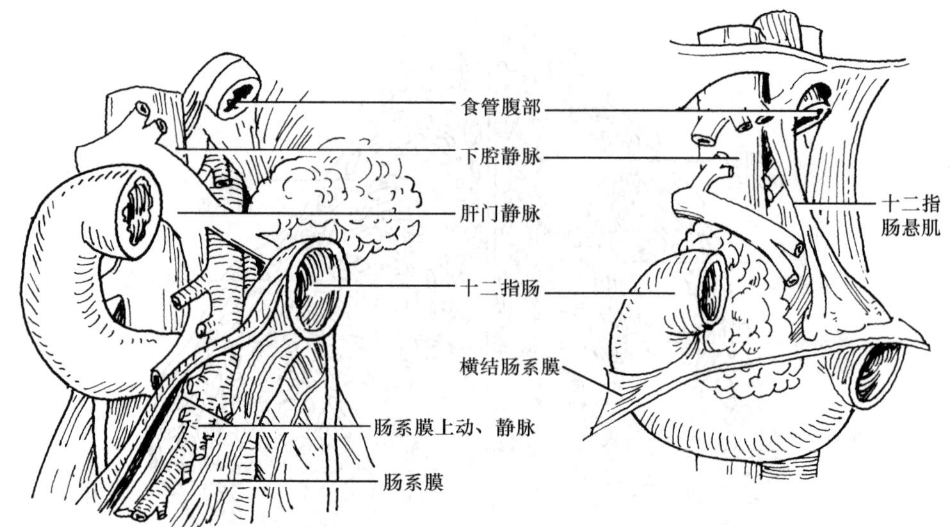

图 6-54　十二指肠水平部的毗邻

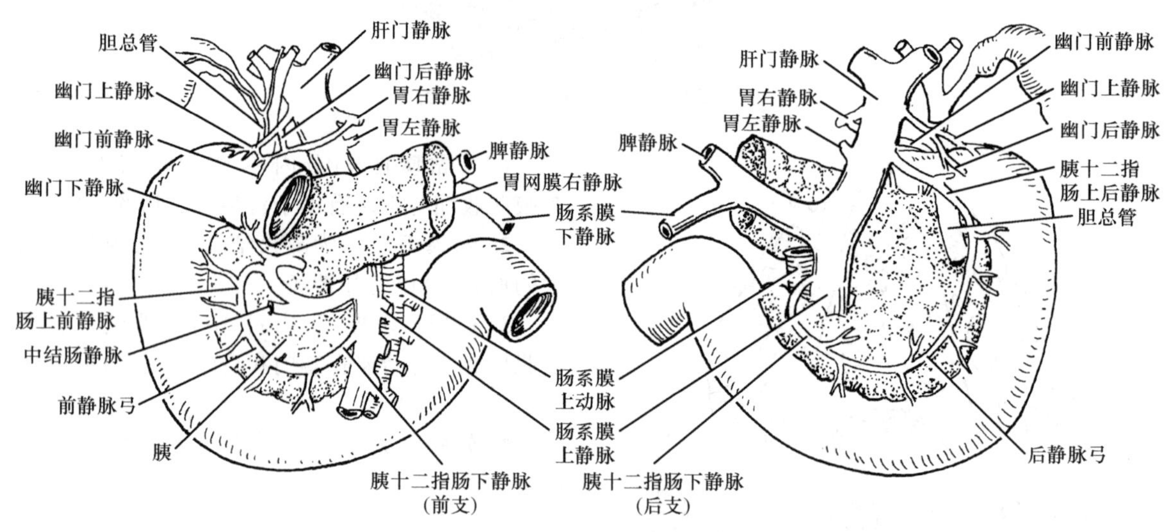

图 6-55　十二指肠的静脉

（一）分部与毗邻

1. 上部　长约 4～5cm，自幽门向右并稍向后上，至肝门下方转而向下，形成十二指肠上曲，接续降部。上部起始处有大、小网膜附着，属于腹膜内位，活动度较大；余部在腹膜外，较固定。上部通常平对第 1 腰椎，直立时可稍下降。上部前上方与肝方叶、胆囊相邻。近幽门处小网膜右缘深侧为网膜孔，上部下方与胰头相邻，后方有胆总管（十二指肠后段）、胃十二指肠动脉、门静脉及下腔静脉通行。

上部近侧段黏膜面平坦无皱壁，钡餐 X 线下呈三角形影像，称十二指肠球或十二指肠冠或十二指肠壶腹。此部前壁好发溃疡，穿孔时累及结肠上区。后壁溃疡穿孔则累及网膜囊，或溃入腹膜后隙。

笔记栏

2. 降部　长约 7～8cm，始于十二指肠上曲，沿脊柱右侧下降至第 3 腰椎，折转向左，形成十二指肠下曲，续于水平部。降部为腹膜外位，前方有横结肠及其系膜跨过，将此部分为上、下两段，分别与肝右前叶及小肠袢相邻。降部后方与右肾门及右输尿管始部相邻。内侧邻胰头及胆总管（胰腺段），外侧邻结肠右曲。

降部黏膜多为环状皱壁，降部后内侧壁有一处**十二指肠纵襞**（longitudinal fold of duodenum），在纵壁上端约相当于降部中、下 1/3 交界处有一**十二指肠大乳头**，为肝胰壶腹开口处（图 6-56、图 6-57），一般距幽门 8～9cm 左右。在其左上方（约 1cm），常可觅见一处**十二指肠小乳头**，为副胰管开口处。

3. 水平部　长 10～12cm，自十二指肠下曲水平向左，横过第 3 腰椎前方至其左侧，移行于升部。此部也是腹膜外位，上方邻胰头；前方右侧份覆有腹膜，与小肠袢相邻，左侧份为小肠系

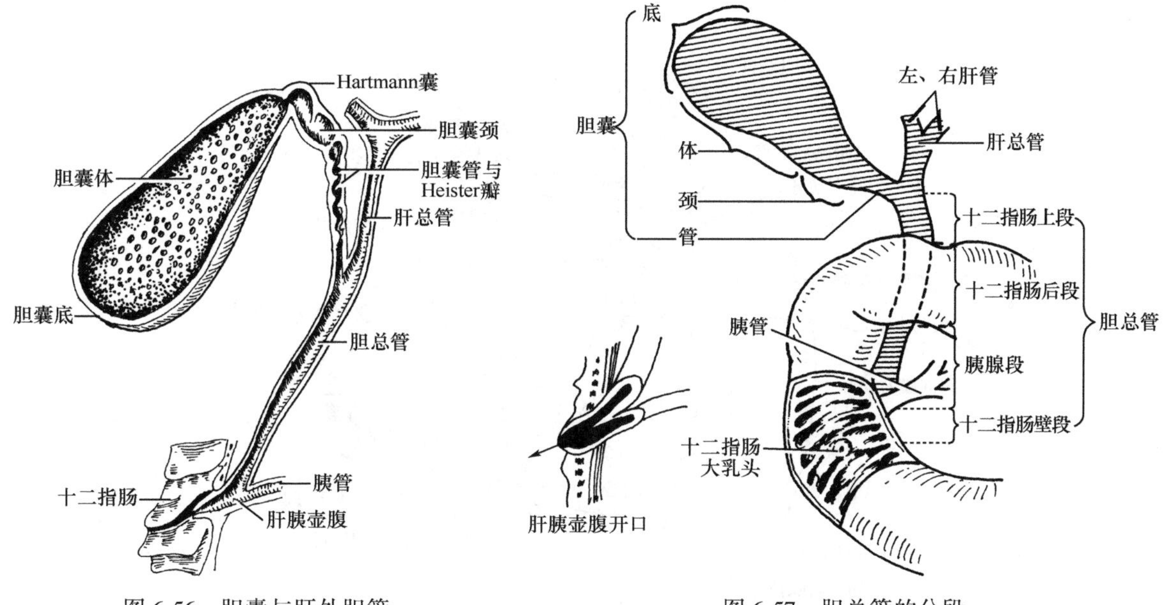

图 6-56 胆囊与肝外胆管

图 6-57 胆总管的分段

膜根和其中的肠系膜上血管跨过；后方邻右输尿管、下腔静脉、腹主动脉和脊柱。由于此部介于肠系膜上动脉与腹主动脉的夹角中，肠系膜上动脉起点过低时，可能引起肠系膜上动脉压迫综合征。

4. 升部 长 2~3cm，由水平部向左上斜升，至第 2 腰椎左侧折向前下，形成**十二指肠空肠曲**(duodenojejunal flexure)，续于空肠。升部前面及左侧覆有腹膜；左侧与后腹壁移行处常形成 1~3 条腹膜皱襞与相应的隐窝(图 6-58)。其中的一条皱襞位于十二指肠空肠曲左侧、横结肠系膜根下方，称为十二指肠上襞或**十二指肠空肠襞**，手术时常以此确认空肠起始部。升部右侧毗邻胰头与腹主动脉。

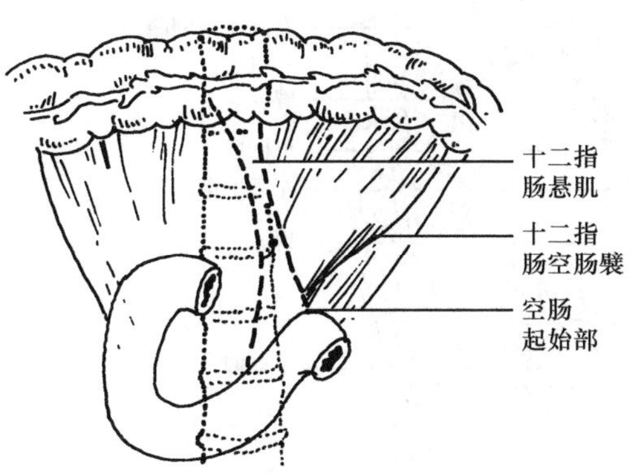

图 6-58 十二指肠空肠襞及十二指肠悬肌(Treitz 韧带)

临床应用

十二指肠球是十二指肠溃疡的好发部位。在十二指肠上部，十二指肠球的远端，临床上称之为十二指肠球后部。该部的癌肿可浸润或压迫其后方的胆总管，患者可出现阻塞性黄疸。

(二) 十二指肠悬肌

十二指肠悬肌亦称**十二指肠悬韧带**或 **Treitz韧带**，位于十二指肠右上方深部，由纤维组织和肌组织构成，从十二指肠空肠曲上面向上连至膈右脚(图 6-54)，有上提和固定十二指肠空肠曲的作用。

(三) 十二指肠血管

1. 动脉 主要来自胰十二指肠上前、上后动脉及胰十二指肠下动脉。**胰十二指肠上前、后动脉**均起于胃十二指肠动脉，分别沿胰头前、后靠近十二指肠下行。**胰十二指肠下动脉**起于肠系膜上动脉，分为前、后两支，分别上行与相应的胰十二指肠上前、后动脉吻合，形成前、后两弓，弓上发出分支营养十二指肠与胰头。此外，十二指肠上部还有胃十二指肠动脉分出的十二指肠上动脉、十二指肠后动脉以及胃网膜右动脉的上行返支和胃右动脉的小支供应(图 6-59)。

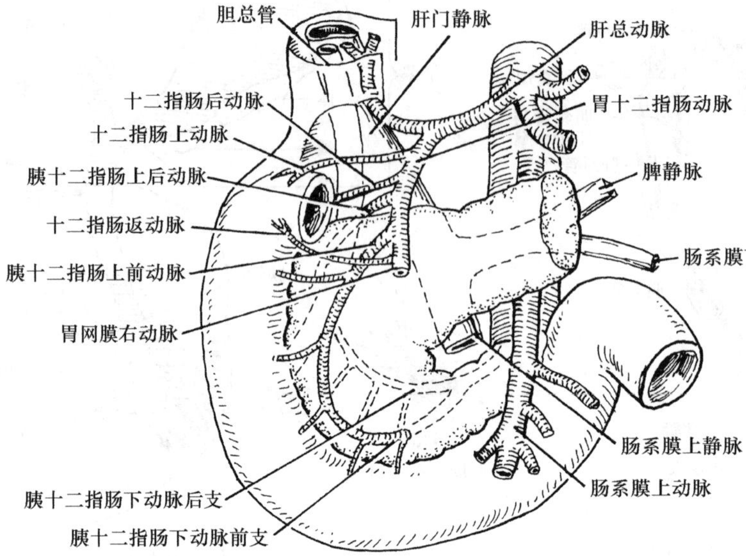

(1)

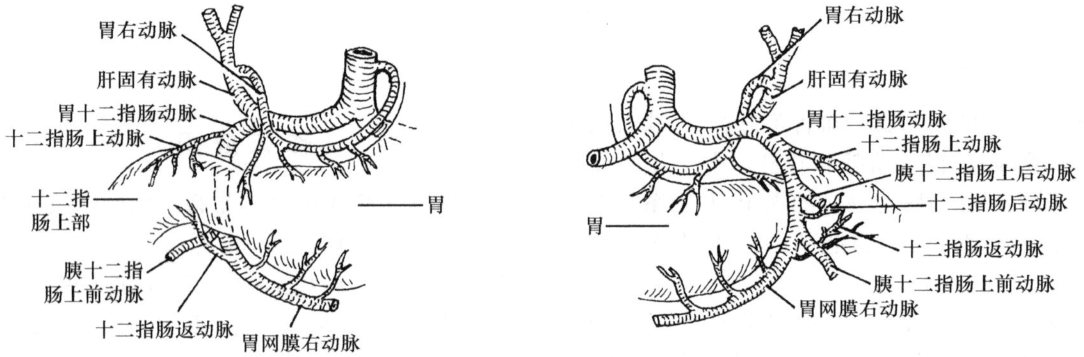

A

B

(2)

图 6-59 十二指肠的动脉

A. 前面;B. 后面

2. 静脉 多与相应动脉伴行,除胰十二指肠上后静脉直接汇入门静脉外,其他静脉均汇入肠系膜上静脉(图 6-60)。

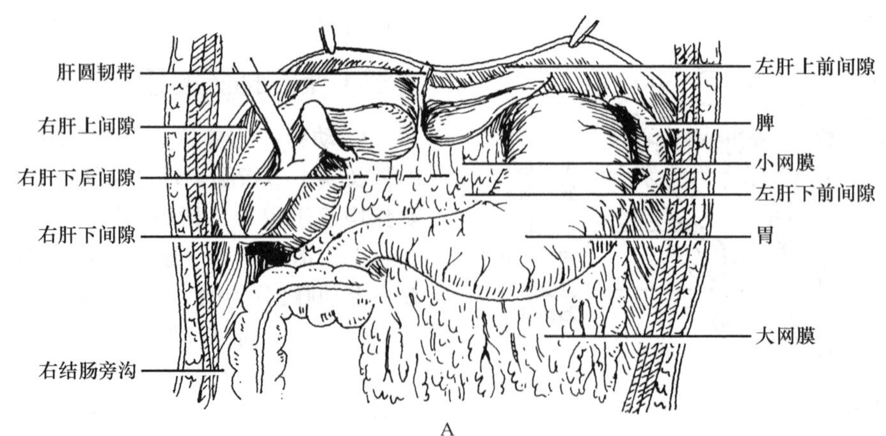

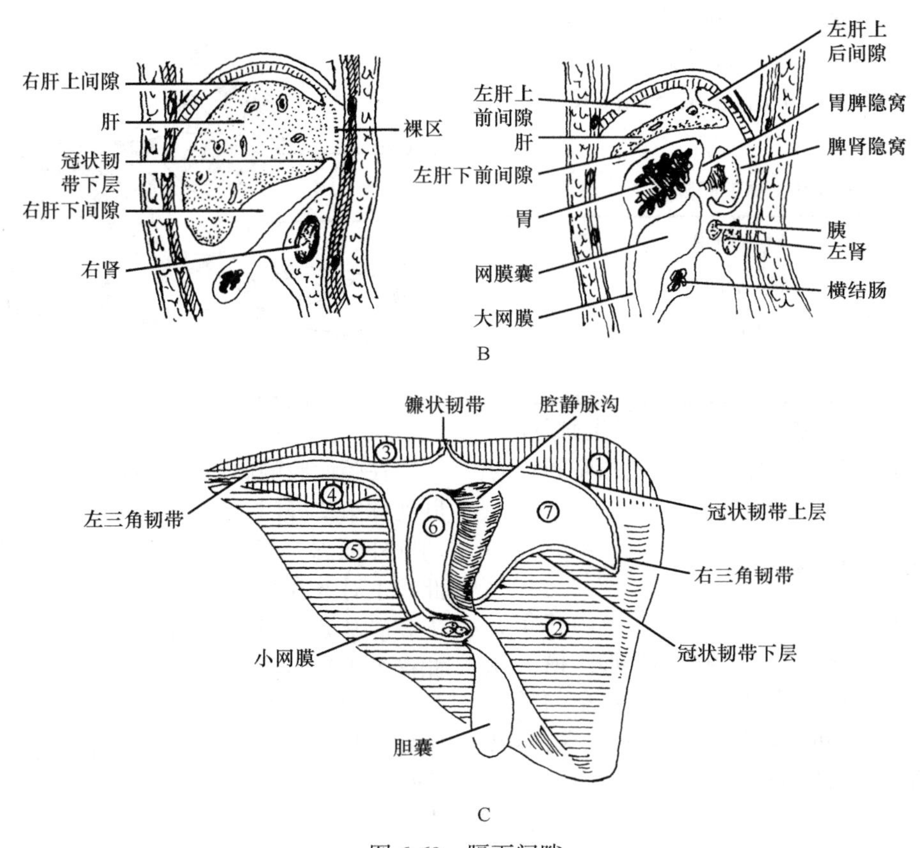

图 6-60 膈下间隙

A. 前面;B. 矢状面;C. 后面

①右肝上间隙;②右肝下间隙;③左肝上前间隙;④左肝上后间隙;⑤左肝下前间隙;⑥左肝下后间隙;⑦腹膜外间隙(裸区)

三、肝

(一) 位置与投影

肝(liver)大部分位于右季肋区，小部分位于左季肋区,左、右肋弓间的部分与腹前壁相贴。肝上面为膈面借膈与右肋膈隐窝和右肺底相邻。脏面与右肾上腺、右肾、十二指肠上部及结肠右曲相邻。肝左半部的膈面借膈与心的下面相邻,后缘近左纵沟处与食管相接触,脏面与胃前面小弯侧相邻。

肝的体表投影:可用三点作标志,第一点为右锁骨中线与第 5 肋相交处;第二点为右腋中线与第 10 肋下 1.5cm 的相交处;第三点为左第 6 肋软骨距前正中线左侧 5cm 处。第一点与第三点的连线即为肝上界。第一点与第二点的连线为肝右缘。第二点与第三点的连线相当于肝下缘,该线的右份相当于右肋弓下缘,中份相当于右第 9 肋与左第 8 肋前端的连线,此线为临床触诊肝下缘的部位,约在剑突下 2~3cm。

(二) 肝的韧带与膈下间隙

除了**肝裸区**(bare area of liver)有疏松结缔组织与膈相连外,其余均被腹膜所覆盖。脏、壁腹膜移行处形成韧带、使肝连于膈和腹前壁。肝的膈面有横向右侧的冠状韧带和横向左侧的左三角韧带。左三角韧带有前、后两层。冠状韧带有上、下两层,此两层向右侧延伸成为右三角韧带。肝的上前方有纵向的镰状韧带,其游离缘内有肝圆韧带。在肝的脏面与胃及十二指肠之间有肝胃韧带及肝十二指肠韧带。

膈下间隙位于横结肠及其系膜与膈之间(图 6-60)。此间隙被肝分为肝上、下间隙。肝上间隙借镰状韧带和左三角韧带分为右肝上间隙、左肝上前间隙和左肝上后间隙。由于冠状韧带的上、下两层主要位于右肝的后方,且韧带的下层距肝后缘很近,故不能单独划分右肝上后间隙,而只有右肝上间隙。冠状韧带两层间的裸区与膈之间称膈下腹膜外间隙,此隙主要位于右肝的后方。肝下间隙被肝圆韧带及与其相连的部分镰状韧带，分为左、右肝下间隙。左肝下间隙又被小网膜和胃分为左肝下前间隙和左肝下后间隙。综上所述，膈下间隙共有七个（表 6-1）。

表 6-1　膈下间隙

右肝上间隙	左肝上前间隙
膈下腹膜外间隙	左肝上后间隙
右肝下间隙	左肝下前间隙
	左肝下后间隙

上述的七个间隙中，任何一个发生脓肿时，均称膈下脓肿。其中以右肝上、下间隙脓肿较为多见。

（三）肝门与肝带

肝的脏面较凹陷，有左、右两条纵沟和介于二者之间的一条横沟，三条沟呈“H”形。横沟称**肝门**（porta hepatis）或第一肝门，有肝左、右管，肝门静脉左、右支和肝固有动脉的左、右支，淋巴管及神经等出入（图 6-61）。

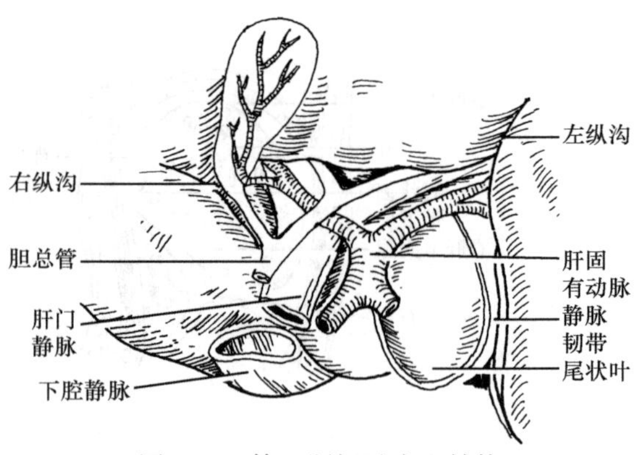

图 6-61　第一肝门及出入结构

在膈面腔静脉沟的上部，肝左、中、右静脉出肝处称**第二肝门**，被冠状韧带的上层所遮盖。它的肝外标志是沿镰状韧带向上后方的延长线。此线正对着肝左静脉或肝左、中静脉合干后进入下腔静脉处。因此，手术显露第二肝门时，可按此标志进行寻找（图 6-62）。

在腔静脉沟下部，有右半肝脏面的副肝右静脉及尾状叶的一些肝小静脉出肝处称**第三肝门**（图 6-63）。

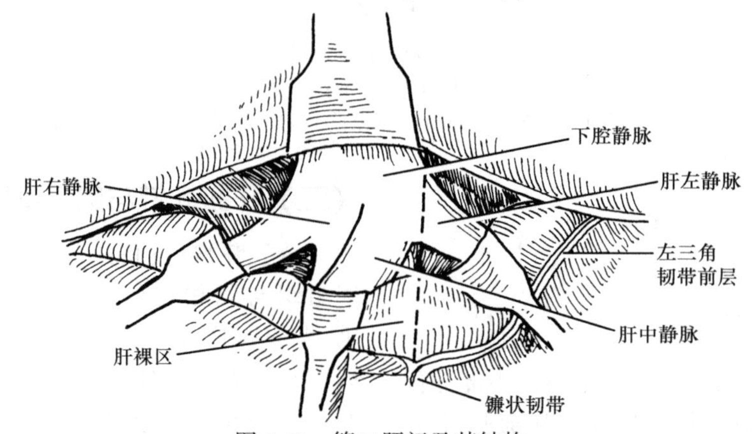

图 6-62　第二肝门及其结构

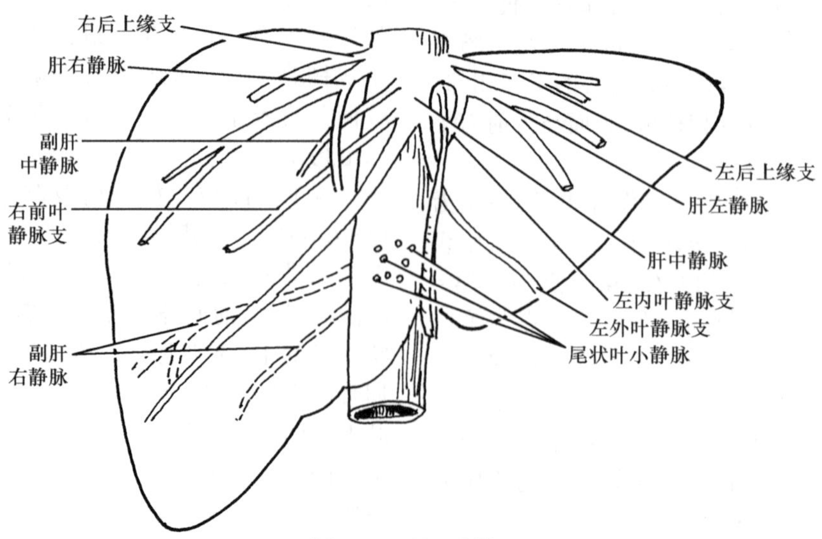

图 6-63　第三肝门

注：虚线示镰状韧带的延长线

肝蒂（hepatic pedicle）为出入肝门的肝管、肝固有动脉、肝门静脉、淋巴管和神经等的总称（图 6-64），走行于肝十二指肠韧带内。在肝门处，肝管、肝门静脉及肝固有动脉的位置关系，一般是肝左、右管在前，肝固有动脉左、右支居中，肝门静脉左、右支在后。此外，肝左、右管的汇合点最高，紧贴肝门横沟，肝门静脉的分叉点稍低，距肝门横沟稍远，而肝固有动脉的分叉点最低，一般约相当于胆囊管与肝总管汇合部的水平。

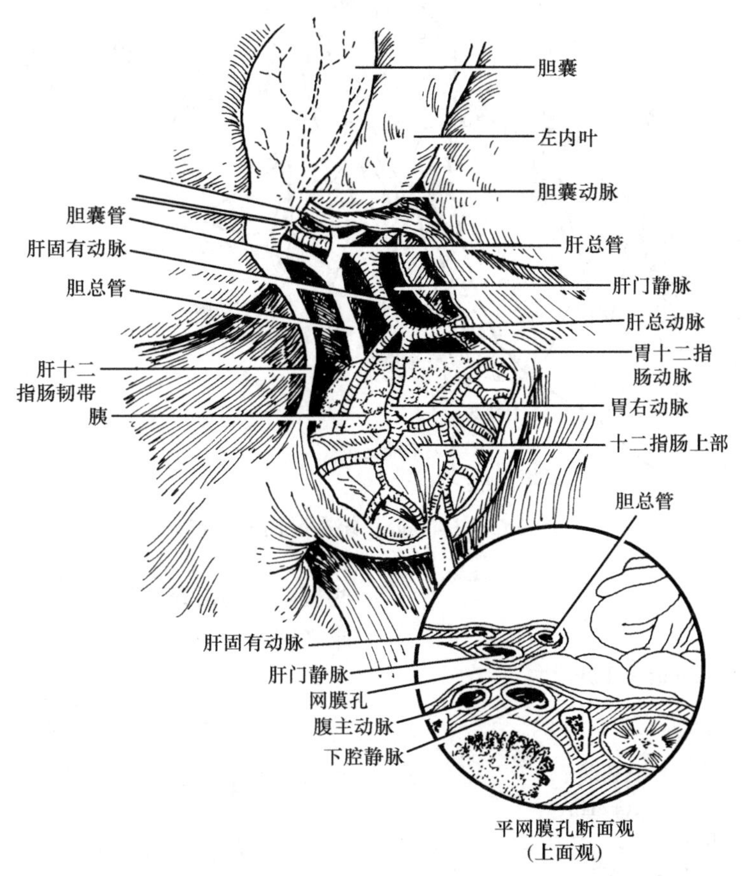

图 6-64 肝蒂的组成

胆总管在肝十二指肠韧带的右缘内，位于肝固有动脉的右侧，肝门静脉的右前方。显露胆总管时，注意勿伤及肝门静脉及肝固有动脉。

肝固有动脉是肝总动脉的延续，在肝十二指肠韧带内分为左、右支入肝。约有半数以上由右支或左支或左、右支分叉处发出肝中动脉，以供给肝相应区域的血液。

（四）分叶与分段

1. 肝段的概念 依肝外形简单分为左、右、方、尾状 4 个叶，远不能满足肝内占位性病变定位诊断和手术治疗的需要，也不完全符合肝内管道的配布情况。肝内管道可分为**肝静脉系统**（肝左、中、右静脉，肝右后静脉和尾状叶静脉）和 **Glisson 系统**两部分，后者由血管周围纤维囊（**Glisson 囊**）包绕肝门静脉、肝动脉和肝管形成，三者在肝内的分支与分布基本一致（图 6-65）。肝段就是依 Glisson 系统的分支与分布和肝静脉的走行划分的。Glisson 系统分布于肝段内，肝静脉走行于肝段间。关于肝段的划分法，不同的研究结果和认识尚有差异，至今尚未统一，但目前国际上多采用 **Couinaud 肝段**划分法，并认为它是最完整和具有实用价值的。1954 年，Couinaud 根据 Glisson 系统的分支与分布和肝静脉的走行，分肝为左、右半肝、5 叶和 8 段（表 6-2，图 6-66）。肝外科依据这种分叶与分段的方式，施行半肝、肝叶或肝段切除术。如仅切除其中的一段，称肝段切除；同时切除 2 个或 2 个以上的肝段，称联合肝段切除；只切除一段肝的1/2～2/3，则称次全或亚肝段切除。

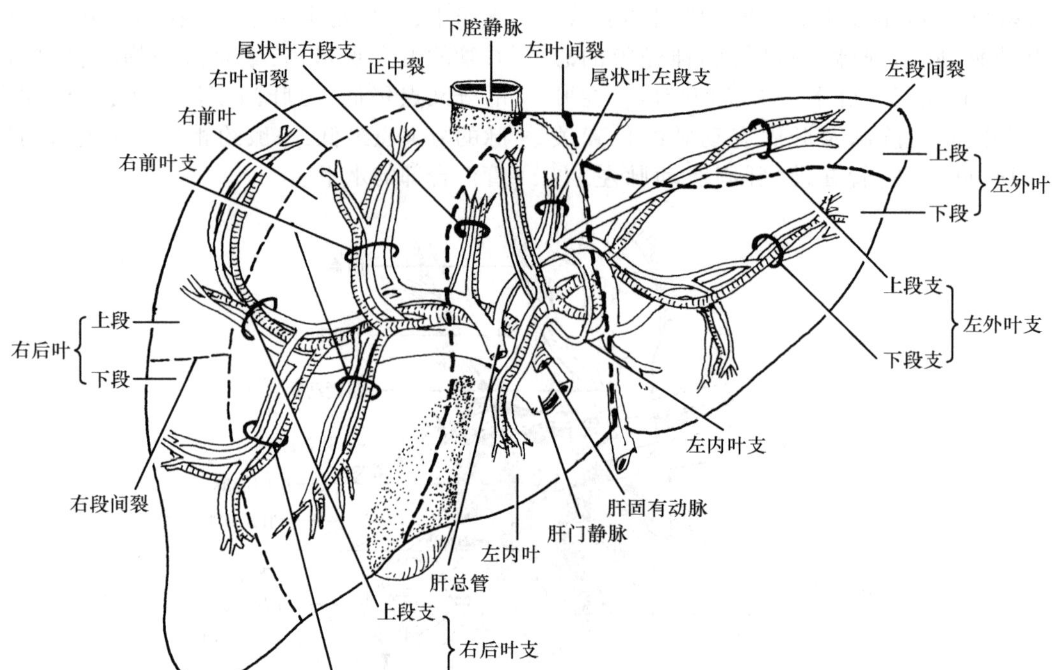

图 6-65　Glisson 系统在肝内的分布

表 6-2　Couinaud 肝段

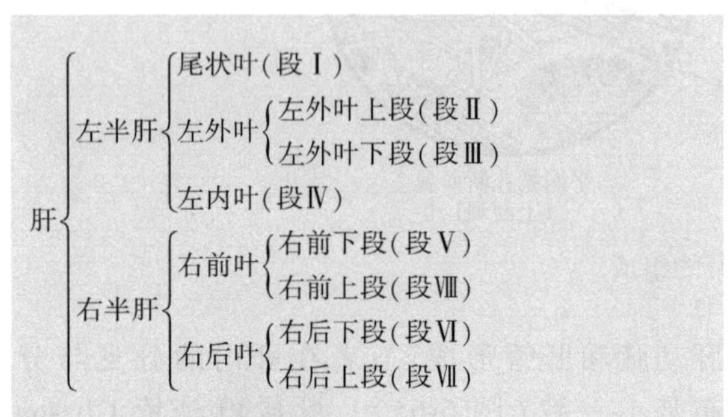

肝	左半肝	尾状叶(段Ⅰ)	
		左外叶	左外叶上段(段Ⅱ)
			左外叶下段(段Ⅲ)
		左内叶(段Ⅳ)	
	右半肝	右前叶	右前下段(段Ⅴ)
			右前上段(段Ⅷ)
		右后叶	右后下段(段Ⅵ)
			右后上段(段Ⅶ)

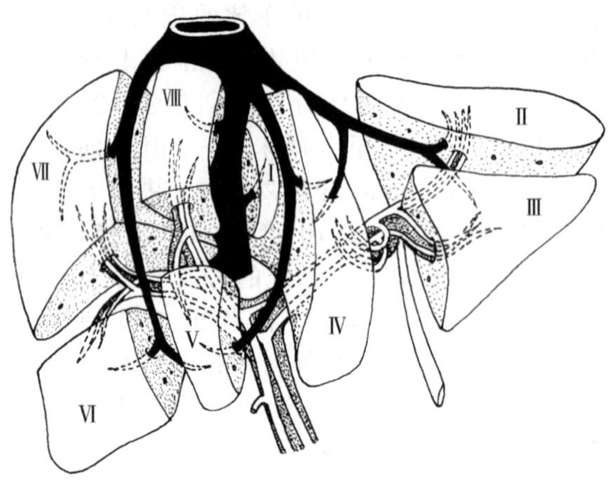

图 6-66　Couinaud 肝段

2. 肝叶、肝段划分法　在 Glisson 系统或肝门静脉系统腐蚀铸型标本中，可以看到在肝的叶间和段间存有缺少 Glisson 系统分布的裂隙，这些裂隙称为**肝裂**，是肝叶与肝叶之间和肝段与肝段之间的分界线(图 6-66、图 6-67)。

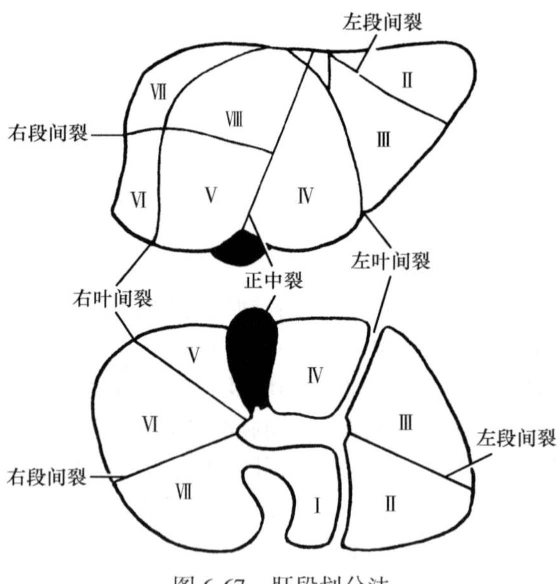

图 6-67　肝段划分法

（1）**正中裂**(median fissure)：又称主门裂或 Cantlie 线，内有肝中静脉走行(图 6-68)，分肝为左、右半肝，直接分开相邻的左内叶与右前叶。正中裂在肝膈面为下腔静脉左壁至胆囊切迹中点的连线；在肝脏面，经胆囊窝中份，越横沟入腔静脉沟。

（2）**背裂**(dorsal fissure)：位于尾状叶前方，将尾状叶与左内叶和右前叶分开。它上起肝左、中、右静脉出肝处，下至第一肝门，在肝上极形成

一弧形线。

(3) **左叶间裂**(left interlobar fissure):又称**脐裂**,内有左叶间静脉和肝门静脉左支矢状部走行,分开左内叶和左外叶。左叶间裂在肝膈面为肝镰状韧带附着线左侧1cm范围内与下腔静脉左壁的连线;于脏面,为肝圆韧带裂和静脉韧带裂。

(4) **左段间裂**(left intersegmental fissure):又称**左门裂**,内有肝左静脉走行,分左外叶为左外上段(段Ⅱ)和左外下段(段Ⅲ)。左段间裂在肝膈面为下腔静脉左壁至肝左缘上、中1/3交点的连线,转至脏面止于左纵沟中点稍后上方处。

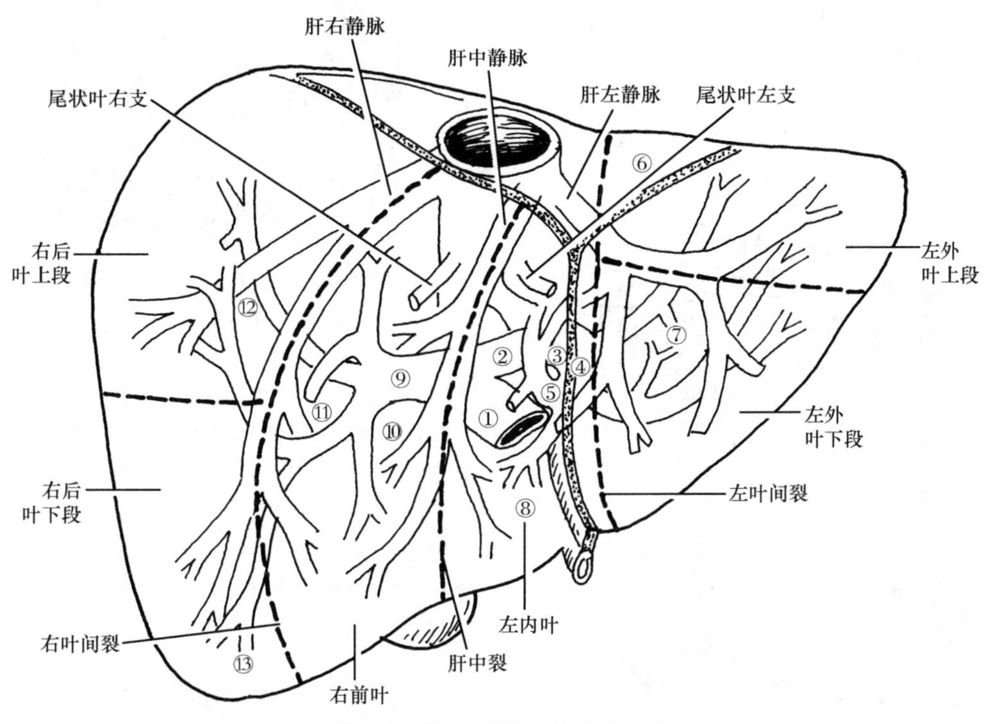

图6-68 肝内管道与肝裂的关系

①肝门静脉;②左支横部;③角部;④矢状部;⑤囊部;⑥左外叶上段支;⑦左外叶下段支;⑧左内叶支;⑨左支;⑩左前叶支;⑪右后叶支;⑫右后叶上段支;⑬右后叶下段支

(5) **右叶间裂**(right interlobar fissure):又称**右门裂**,内有肝右静脉走行,分开右前叶与右后叶。右叶间裂在肝膈面为下肢静脉右壁至胆囊切迹中点右侧的肝下缘外、中1/3交点的连线,转至脏面,连于肝门右端。

(6) **右段间裂**(right intersegmental fissure):又称**横裂**,在脏面为肝门右端至肝右缘中点的连线,转至膈面,连于正中裂。此裂相当于肝门静脉右支主干平面,既分开右前上段(段Ⅷ)和右前下段(段Ⅴ),又分开右后上段(段Ⅶ)和右后下段(段Ⅵ)。

(五) 淋巴

肝的淋巴分为浅、深两组。

1. 浅组 位于肝实质表面的浆膜下,形成淋巴管网。可分为隔面与脏面两部分。

肝膈面的淋巴管分为左、右、后三组。后组的淋巴管经膈的腔静脉孔进入胸腔,注入膈上淋巴结及纵隔后淋巴结。左组淋巴管注入胃右淋巴结。右组淋巴管注入主动脉前淋巴结。

肝脏面的淋巴管多走向肝门注入肝淋巴结,仅右半肝的后部及尾状叶的淋巴管与下腔静脉并行,经膈注入纵隔后淋巴结。

2. 深组 在肝内形成升、降两干,升干随肝静脉出第二肝门,沿下腔静脉经膈注入纵隔后淋巴结。降干伴肝门静脉分支由肝门穿出,注入肝淋巴结。

(六) 肝的组织结构

肝表面大部分被有浆膜,肝动脉、门静脉和肝管被结缔组织包裹在一起从肝门进出。肝实质被结缔组织分成许多小叶即肝小叶。肝动脉、门静脉和肝管在结缔组织中走行并反复分支,它们在肝小叶之间的结缔组织内汇集,此外称为门管区。

1. 肝小叶(hepatic lobule) 为不规则棱柱体,高约0.5~2mm,宽约1mm。成人肝约有50万~100万个(图6-69)。小叶中央有纵行的血管,称为**中央静脉**。肝小叶内,肝细胞互相连接形成单个细胞厚的细胞索或细胞板,称为**肝板**。肝板以中央静脉为中心向周围呈放射状排列。在小叶边缘,肝细胞排列成环行板状,称界板。肝板凸凹不平,相邻肝板互相吻合形成立体网络。肝板之间为**肝血窦**,并经肝板上的孔互相连通(图 6-69、图 6-70)。肝板内相邻肝细胞膜局部凹陷形成**胆小管**(图 6-71)。

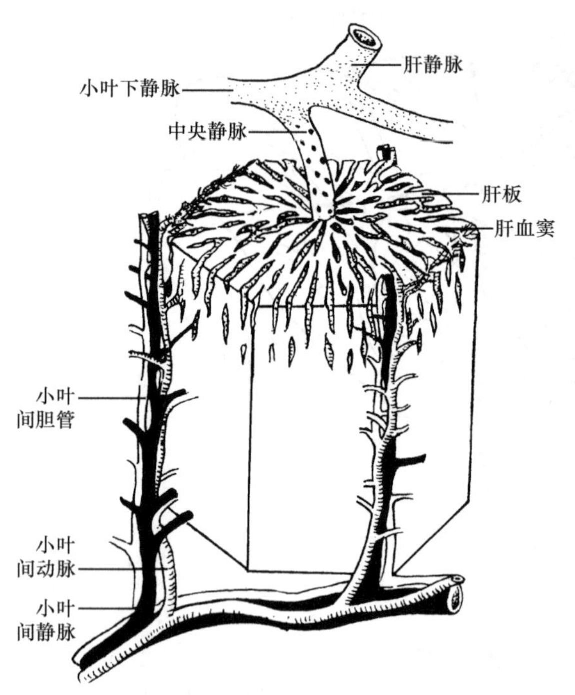

图 6-69　肝小叶模式图

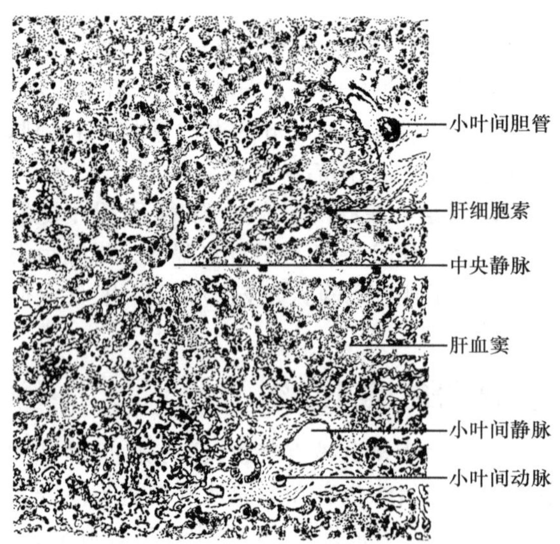

图 6-70　肝的微细结构

(1) **肝细胞**(hepatocyte):直径为 20~30μm,胞体大,多面体状。每个肝细胞有三个不同的功能面:即血窦面、胆小管面及肝细胞之间的连接面。核大而圆,一般一个,但有 25%细胞为双核,

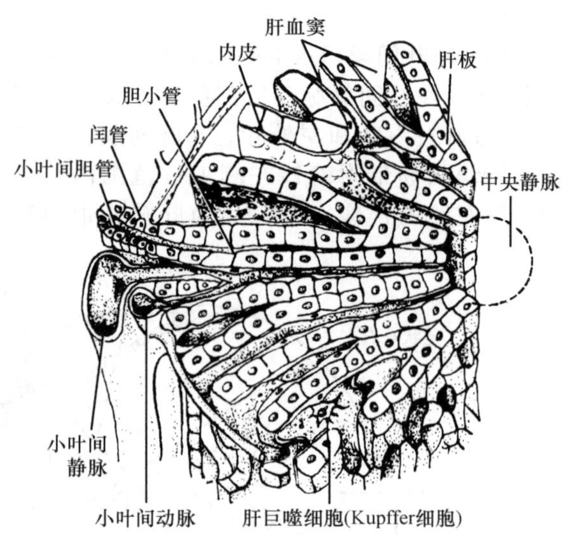

图 6-71　肝板与肝血窦关系模式图

四倍体核约占 70%~80%,也有少量八倍体核。一般认为双核和多倍体核细胞功能较活跃。肝细胞核着色浅,可见 1~2 个核仁。胞质丰富,多呈嗜酸性,胞质内有散在的嗜碱性质块,此为粗面内质网所在区(图 6-72)。电镜下,肝细胞内含有丰富的细胞器及内涵物,这些与其复杂功能密切相关。

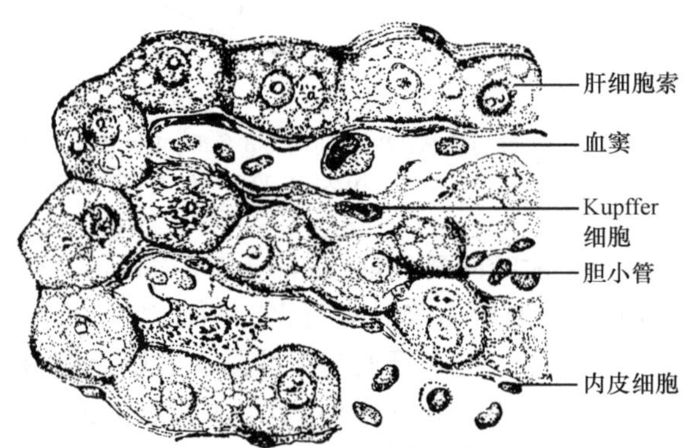

图 6-72　肝细胞及肝血窦(高倍)

粗面内质网　成群分布于细胞质内,是合成多种蛋白质的中心,合成速度也较快。它可合成血浆白蛋白,凝血酶原和载体蛋白(铁、激素和无机阴离子的载体蛋白)等。

滑面内质网　广泛分布于胞质内。膜上有氧化还原酶、水解酶、转移酶和合成的酶等多种酶系。滑面内质网功能:①合成**胆汁**,胆汁是由胆酸和胆红素经转移酶的作用下而成。②参与脂肪代谢,肝细胞摄取的脂肪酸经氧化还原酶的作用产生能量,或再度脂化成三酰甘油与蛋白质结合为脂蛋白。③参与激素代谢,各种类固醇激素的灭活也是在滑面内质网上进行的。④具有解毒作用,机体代谢有毒产物或从肠道吸收的药物,腐败

笔记栏

产物，通过氧化、还原、分解、结合等过程，使其毒性减弱或变成水溶性物质而易于排泄。

高尔基复合体 较发达，存在于核周围，参与肝细胞的分泌活动，即粗面内质网合成蛋白质转移到高尔基复合体加工或贮存，然后经运输小泡经血窦面排出；其次高尔基复合体还与胆小管质膜的更新与胆汁分泌排出有关。

溶酶体 对外源性物质、衰老的细胞和包涵物等进行消化和分解，部分产物可被肝细胞利用，作为能源或修复时的原料，还参与胆色素代谢、转运和铁的贮存过程。

线粒体 每个肝细胞约有2000个，约占20%的细胞体积，为肝细胞提供充分的能量。

微体 为均质状的圆形小体，内含有过氧化氢酶、过氧化物酶及其他氧化酶，可将细胞代谢产生的过氧化氢还原成水，解除过氧化氢对细胞的毒性作用。

内涵物 指肝细胞内的糖原、脂滴和色素等。

（2）**肝血窦**（hepatic sinusoid）：位于肝板之间，互相吻合成网。它接纳小叶间动脉和小叶间静脉来的血液，然后由小叶周边流向中心入小叶中央静脉。血窦壁内皮细胞之间有间隙，内皮细胞上有许多大小不等的窗孔。肝血窦内的血浆成分可自由通过内皮细胞，有利于肝细胞从血液中摄取物质和排出其分泌物。

肝血窦内有**肝巨噬细胞**（也称**库普弗细胞** Kupffer cell），细胞呈星形，其突起附于内皮细胞表面或伸入内皮细胞之间，胞质内含有大量溶酶体、线粒体、粗面内质网、吞噬体等。肝巨噬细胞来自单核细胞，具有变形运动和活跃的吞噬能力，能吞噬清除从胃肠经门静脉入肝内的细菌、病毒和异物；监视和抑制体内的肿瘤细胞；清除衰老的红细胞、色素颗粒和含铁颗粒等；处理和传递抗原、诱导T淋巴细胞增殖及参与调节机体免疫应答功能。

肝血窦内还有NK细胞，称**肝内大颗粒淋巴细胞**（hepatic large granular lymphocyte），附着在内皮细胞或库普弗细胞表面，细胞圆形，表面有短小突起，核较大，一侧有齿状凹陷，偏属于细胞一侧，核下染色质致密，胞质内有较多的溶酶体，对肿瘤细胞和病毒感染的肝细胞有直接杀伤作用。

（3）**窦周隙**（perisinusoidal space）：为肝细胞表面与血窦内皮细胞之间的狭窄间隙，充满由血窦来的血浆成分，肝细胞的微绒毛伸入其中并与血浆广泛接触。窦周隙与相邻窦周隙互相吻合通连，为肝细胞与血液间进行物质交换场所（图6-73）。窦周隙内有网状纤维和一种贮存脂肪的细胞，称为**贮脂细胞**，细胞形态不规则，扁平而有突起。脂滴内含有维生素A。此外，贮脂细胞还可产生细胞外基质和网状纤维，在病理情况下，贮脂细胞异常增殖，肝内纤维增多，可导致肝硬化。

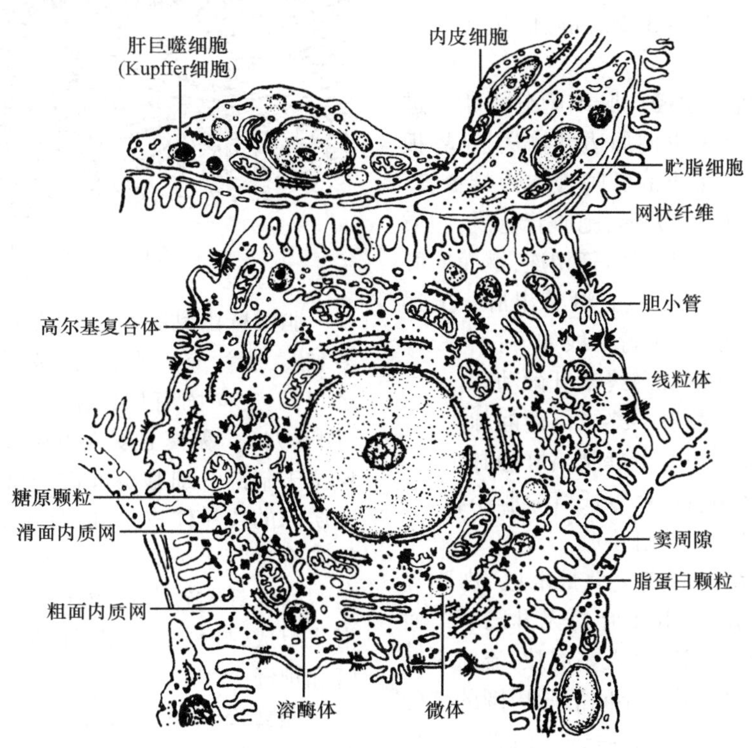

图6-73 肝细胞、肝血窦、窦周隙和胆小管超微结构模式图

（4）**胆小管**（bile canaliculi）：由相邻的肝细胞局部细胞膜凹陷而成。胆小管腔狭小，有肝细胞伸进的微绒毛。HE染色切片难以见到，用银染法或ATP酶组化染色法可清楚显示（图6-72）。小管周围相邻肝细胞膜形成紧密连接、桥粒等复合连接体封闭胆小管，防止胆汁外溢。当肝细胞坏死或胆道堵塞时，胆小管内压增高，胆小管正常结构破坏，胆汁溢入窦周隙，进而入血窦，而出现黄疸。

2. 门管区 相邻肝小叶之间呈三角形或椭圆形的结缔组织区域，称**门管区**（portal area）。门管区内有小叶间静脉、小叶间动脉和小叶间胆管（图5-79）。**小叶间静脉**是门静脉的分支，管腔大，壁薄，内皮外仅有少量散在的平滑肌；**小叶间动脉**是肝动脉的分支，管腔细、管壁相对厚、内皮外有环形平滑肌；**小叶间胆管**是肝管的分支，管壁由单层立方或低柱状上皮细胞构成。

3. 肝血循环 进入肝的血管有两条，均从肝门进入。一条为肝动脉，为营养血管，入肝后分支成小叶间动脉走行于肝小叶之间，进一步分支成终末肝微动脉，从小叶周边入肝血窦；另一条为肝门静脉，为功能血管，入肝后分支成小叶间静脉走行于肝小叶之间，与小叶间动脉伴行，进一步分支成终末门微静脉，最后也从小叶周边入肝血窦。

血窦汇合两条血管的血液进入中央静脉，汇合后成小叶下静脉、走行于小叶间结缔组织中。小叶下静脉再汇合成2～3支肝静脉，出肝后入下腔静脉。

4. 肝内胆汁排出途径 肝细胞分泌胆汁进入胆小管后，从小叶中央向周边部输送，至界板附近，汇集成若干个短小的肝闰管称为**赫令管**。闰管较细，上皮细胞为立方形，胞质着色浅，胞质内细胞器少。闰管与小叶间胆管相连，继而向肝门方向走行，最后汇集成左、右肝管出肝。上述肝动脉、肝门静脉和胆管走行路线如下：

肝动脉→小叶间动脉→终末肝微动脉 }
门静脉→小叶间静脉→终末门微静脉 }
肝血窦→中央静脉→小叶下静脉→肝静脉
胆管←小叶间胆管←赫令氏管←胆小管
肝门　　汇管区　　肝小叶

5. 肝的淋巴管 肝产生大量淋巴，占胸导管内淋巴的1/4～1/2。肝小叶内无淋巴管。血浆从血窦内皮的孔和间隙进入窦周隙，流向小叶周边，并渗入小叶间胆管和小间静脉周围的细胞外间隙，成为门管组织液，然后进入门管区以盲端起始的毛细淋巴管中，经肝门淋巴管最后导入胸导管。

四、胆囊及肝外胆道

肝外胆道由肝左、右管，肝总管，胆囊和胆总管组成。

（一）胆囊

胆囊（gallbladder）呈梨形的囊状器官，长10～15cm，容量为40～60ml，可储存和浓缩胆汁，借疏松结缔组织附着于肝脏面的胆囊窝内，其下面有腹膜覆盖。胆囊有时为腹膜内位器官，有系膜，移动性较大，特别是在活体上，可随体位的变化而有较大幅度的移动。胆囊上方为肝，下后为十二指肠及横结肠，左为幽门，右为结肠右曲，前为腹前壁。

胆囊分**底、体、颈、管**四部（图6-74）。底稍突出于肝下缘，其体表投影相当于右锁骨中线或右腹直肌外线与右肋弓的交点处。体部位于底与颈之间，伸缩性较大。颈部弯曲且细，位置较深，其起始部膨大，形成**Hartmann囊**，胆囊结石多停留于此囊中。

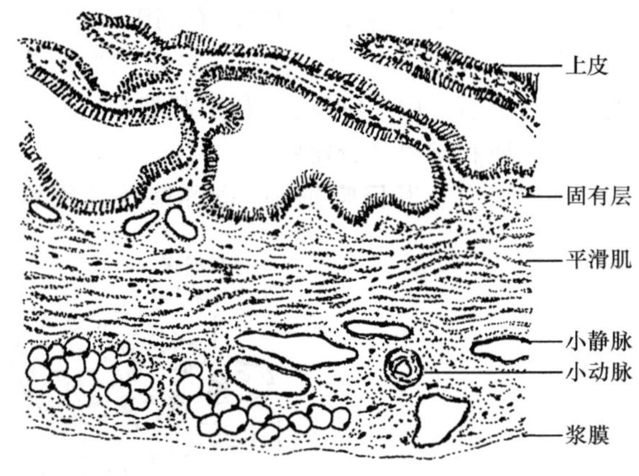

图6-74　胆囊切面

胆囊壁由黏膜，肌层和外膜组成。黏膜有很多皱襞，胆汁充满胆囊时，皱襞大部消失。皱襞之间，上皮向固有层凹陷而成的隐窝叫黏膜窦（图6-74）。黏膜上皮为单层柱状，胞质嗜酸性，核位于基部。细胞游离面，有许多短的微绒毛，胞质内的线粒体较多，顶端有黏原颗粒。此上皮细胞有吸收水分和电解质功能。固有层的结缔组织弹性纤维较多，有淋巴管和血管。肌层为平滑肌组成，排列不规则，外膜较厚，含血管、淋巴管和神经。

胆囊管（cystic duct）长2.5～4cm，一端连于胆囊颈，另一端多呈锐角与肝总管汇合为胆总管。胆囊管近胆囊的一端,有螺旋状黏膜皱襞称**Heister 瓣**,近胆总管的一段则内壁光滑。胆囊的变异不多见,偶有双胆囊、系膜胆囊、中隔胆囊、憩室胆囊及肝内胆囊等。胆囊管与肝总管的汇合形式也有变异。

胆囊的动脉称**胆囊动脉**(cystic artery),常于胆囊三角内起自肝右动脉。**胆囊三角(Calot 三角)**由胆囊管、肝总管和肝下面三者所组成(图 6-75)。胆囊动脉常有变异,如起自肝固有动脉、肝固有动脉左支、胃十二指肠动脉或具有双胆囊动脉等。变异的动脉常行经肝总管或胆总管的前方,胆囊或胆总管手术时应予以注意。

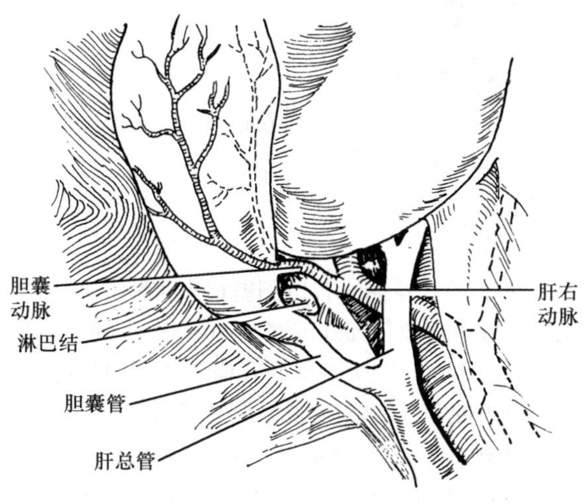

图 6-75　胆囊三角

胆囊的静脉比较分散,胆囊与肝之间有数条小静脉相通。胆囊下面的小静脉汇成 1~2 条静脉经胆囊颈部汇入肝内门静脉小支。有的胆囊静脉注入肝门静脉主干或肝门静脉右支。也有的形成一条较大的静脉与胆总管平行,汇入肠系膜上静脉。在胆总管手术时,应注意此静脉。

(二)肝外胆道

肝外胆道包括肝管、肝总管及胆总管。

1. 肝管(hepatic duct)　肝左、右管在肝门处汇合成肝总管。肝右管起自肝门的后上方,较为短粗,长约 0.8~1cm。肝右管与肝总管之间的角度较大。肝左管横部位置较浅,横行于肝门左半,长 2.5~4cm,与肝总管之间的角度较小。

2. 肝总管(common hepatic duct)　长约 3cm,直径 0.4~0.6cm。其上端由肝左、右管合成,下端与胆囊管汇合后称胆总管。肝总管前方有时有肝右动脉或胆囊动脉越过,在肝和胆道手术中,应予以注意。

3. 胆总管(common bile duct)　长 7~8cm,直径 0.6~0.8cm。其长度可因胆囊管与肝总管汇合部位的高低而有变化。其直径超过 1cm 时,应视为病理状态(胆总管下端梗阻等)。胆总管的分段与毗邻关系如下(图 6-75):

(1) **十二指肠上段**(第一段):在肝十二指肠韧带内,自胆总管起始部至十二指肠上部上缘为止。此段沿肝十二指肠韧带右缘内走行。胆总管切开探查引流术即在此段进行。

(2) **十二指肠后段**(第二段):位于十二指肠上部的后面,向下内方行于下腔静脉的前方,门静脉的右方。

(3) **胰腺段**(第三段):弯向下外方,此段上部多由胰头后方经过;下部多被一薄层胰腺组织所覆盖,位于胆总管沟中。胰头癌或慢性胰腺炎时,此段胆总管常受累而出现梗阻性黄疸。

(4) **十二指肠壁段**(第四段):斜穿十二指肠降部中份的后内侧壁,与胰管汇合后略呈膨大,形成**肝胰壶腹**,又称 **Vater 壶腹**。壶腹周围及其附近有括约肌并向肠腔突出,使十二指肠黏膜隆起形成十二指肠大乳头。肝胰壶腹借乳头孔开口于十二指肠腔。此处的括约肌由三部分组成:①胆总管括约肌:为一环行肌,位于胆总管末端,是胆总管最强的肌纤维,它收缩可关闭胆总管下端。②胰管括约肌:位于胰管末端,常不完全,有时缺如。③肝胰壶腹括约肌:由十二指肠的环行肌纤维组成。以上三部分括约肌统称 **Oddi 括约肌**(图 6-76)。

据统计,胆总管和胰管两者汇合后进入十二指肠者占 81% 以上,其余少数未与胰管汇合而单独开口于十二指肠腔。

临床应用

肝胰壶腹的开口部位绝大多数在十二指肠降部的中、下 1/3 段交界处附近的后内侧壁,且在该处一条十二指肠纵壁上。依此标志,可在逆行性胰胆管造影术及壶腹切开成形术时,寻找乳头。

五、胰

(一)位置与毗邻

胰(Pancreas)位于腹上区和左季肋区,横过第 1、2 腰椎前方,在网膜囊后面,形成胃床之大部,除胰尾外均属腹膜外位。其右侧端较低,被十二指肠环绕,左侧端较高,靠近脾门。

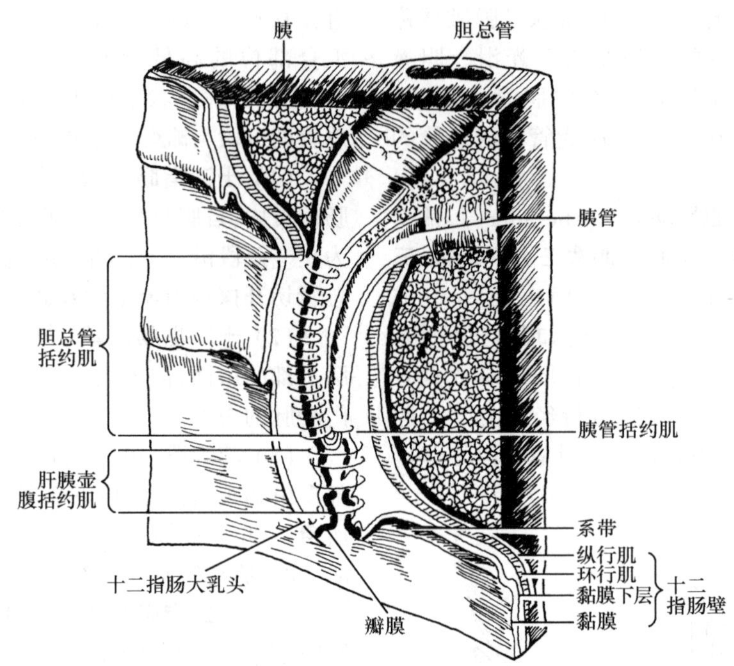

图 6-76 胆总管、胰管及肝胰壶腹括约肌

(二) 胰的形态

通常将胰分为头、颈、体、尾四部(图 6-77)。

胰头(head of pancreas)位于第 2 腰椎的右侧,是胰最宽大的部分,被十二指肠形成的"C"形凹所环绕,紧贴十二指肠壁,因此胰头部肿瘤可压迫十二指肠而引起梗阻。

胰头下部有向左突出的钩突,绕经肠系膜上动、静脉的后方。此处有 2~5 支胰头、钩突小静脉汇入肠系膜上静脉的右后侧壁(图 6-78)。胰十二指肠切除术时要仔细处理这些小静脉,否则易致难以控制的出血。胰头的前面有横结肠系膜根越过,后面有下腔静脉、右肾静脉及胆总管等。

胰颈(neck of pancreas)是胰头与胰体之间较狭窄的部分,宽约 2~2.5cm。位于胃幽门部的后下方,其后面有肠系膜上静脉通过,并与脾静脉在胰颈后面汇合成肝门静脉(图 6-79)。

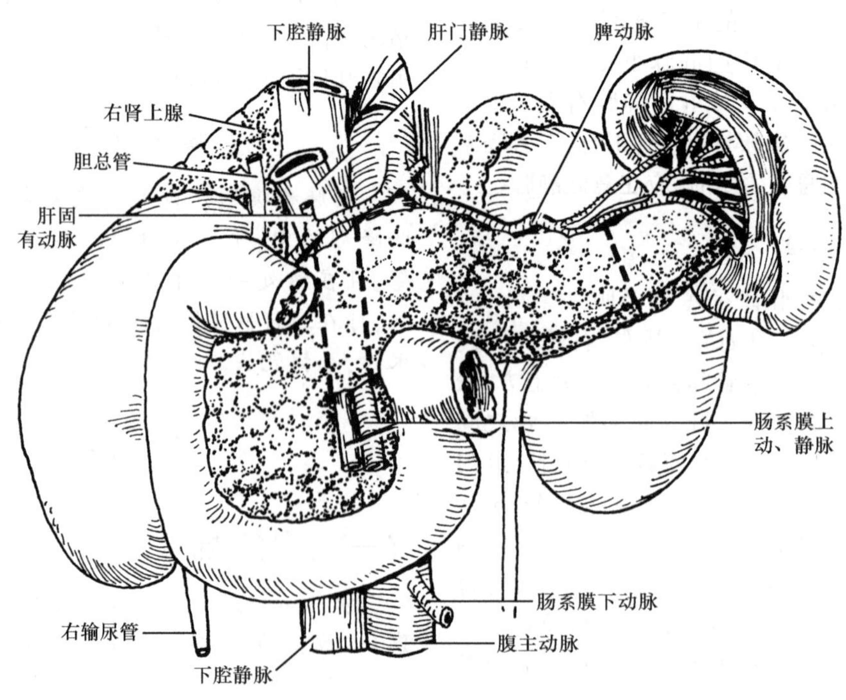

图 6-77 胰的分部和毗邻

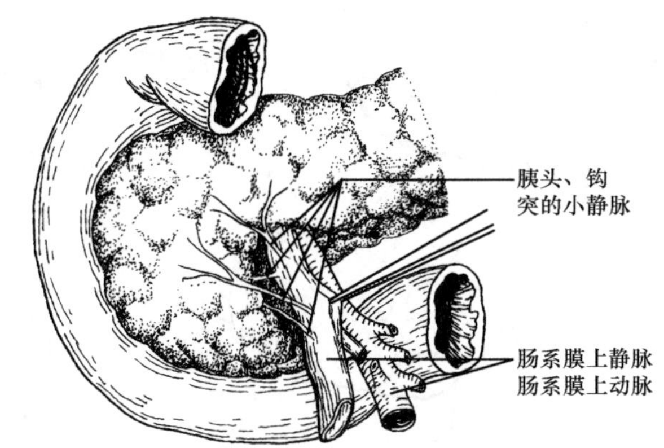

图 6-78　胰头、钩突的小静脉

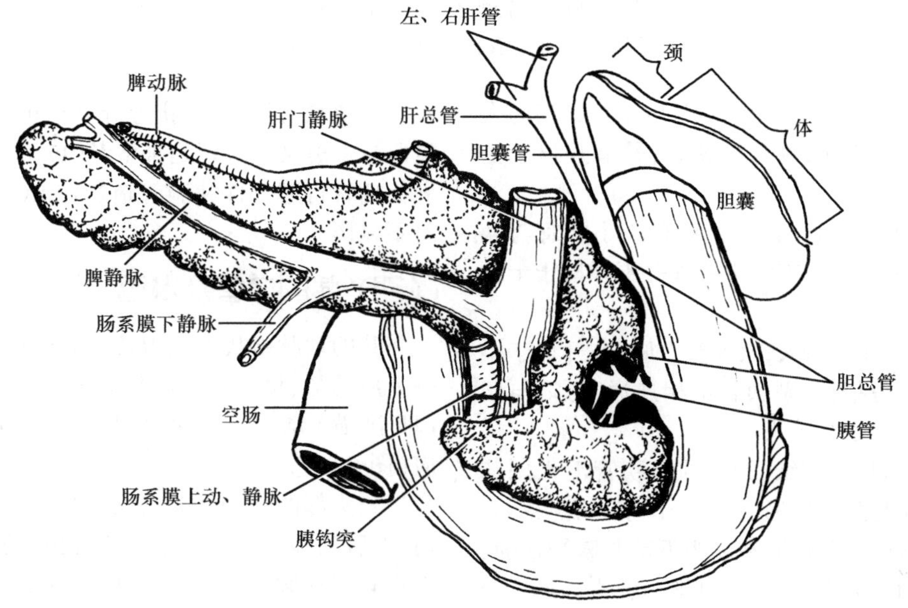

图 6-79　胰的后面观

胰体(body of pancreas)位于第 1 腰椎平面，其前面隔网膜囊与胃后壁为邻，后面有腹主动脉、左肾上腺、左肾及脾静脉。胰体后面借疏松结缔组织和脂肪附着于腹后壁。胰体上缘与腹腔干、腹腔丛相邻。

胰尾(tail of pancreas)是胰左端的狭细部分，末端达脾门，行经脾肾韧带的两层腹膜之间。脾切除术游离脾蒂时，需注意防止胰尾的损伤。

临床应用

胰腺癌多发生于胰头部，其次是体尾部，全胰癌较少。胆总管经胰后方的沟内或在十二指肠降部和胰头之间，胰头癌可浸润或压迫胆总管，患者可出现阻塞性黄疸。胰头癌还可直接浸润到邻近的肝门静脉、肠系膜上动、静脉。肝门静脉直接受压，可影响其血液回流，并可引起肝门静脉血栓形成。

(三) 胰管与副胰管

胰管(pancreatic duct)位于胰实质内，起自胰尾，横贯胰腺全长，并收纳各小叶导管，到达胰头右缘时，通常与胆总管汇合形成肝胰壶腹，经十二指肠大乳头开口于十二指肠腔，偶尔单独开口于十二指肠腔。

副胰管(accessory pancreatic duct)位于胰头上部，胰管的上方，主要引流胰头前上部的胰液，开口于十二指肠。小乳头，通常与胰管相连，胰管末端发生梗阻时，胰液可经副胰管进入十二指肠腔。

胰管和副胰管可有多种类型，据国人 100 例解剖统计，共有 6 种类型(图 6-80)。

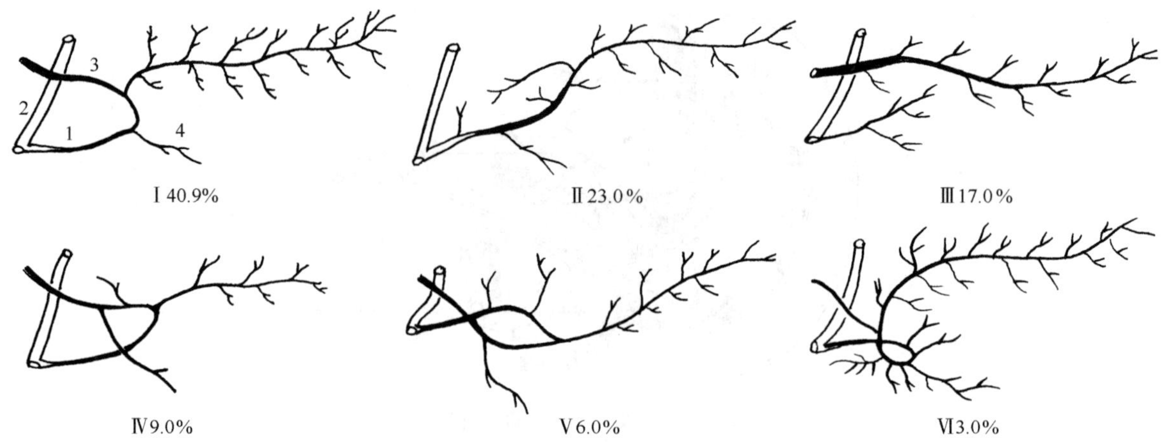

图 6-80　胰管的类型(100 例分析)

1. 主胰管;2. 胆总管;3. 副胰管;4. 钩突小胰管

Ⅰ型:胰管与胆总管汇合开口于十二指肠大乳头。副胰管较细,并连通胰管,另端开口于小乳头。

Ⅱ型:无副胰管,胰头上部有一小胰管与胰管相连通,另端为多支细小胰管并不开口于十二指肠。

Ⅲ型:副胰管粗大,贯通整个胰腺,开口于小乳头。胰管短细,与副胰管不相连通,另端与胆总管共同开口于大乳头。

Ⅳ型:副胰管较细,钩突的小胰管汇入副胰管。副胰管与胰管连通,另端开口于小乳头。

Ⅴ型:副胰管较细,在胰头下部与胰管连通,经胰管浅面斜向右上方,开口子小乳头。

Ⅵ型:胰管在胰头部呈圆圈形,副胰管连于圆圈形上方尾侧的胰管。

了解胰管类型,对胰管造影诊断胰的病变有重要参考意义。特别是Ⅲ型者(17.0%),如经大乳头插管行逆行性胰胆管造影(ERCP),副胰管将不显影。

(四)胰的血管及淋巴

胰的动脉由胰十二指肠上前动脉、胰十二指肠上后动脉、胰十二指肠下动脉、胰背动脉、胰下(即胰横)动脉、脾动脉胰支及胰尾动脉供应(图 6-81)。

胰头部的血液供应丰富,有胰十二指肠上前、上后动脉(均起自胃十二指肠动脉)及胰十二指肠下动脉(起自肠系膜上动脉)分出的前、后支,在胰头前、后面相互吻合,形成动脉弓,由动脉弓发出分支供应胰头前、后部及十二指肠。

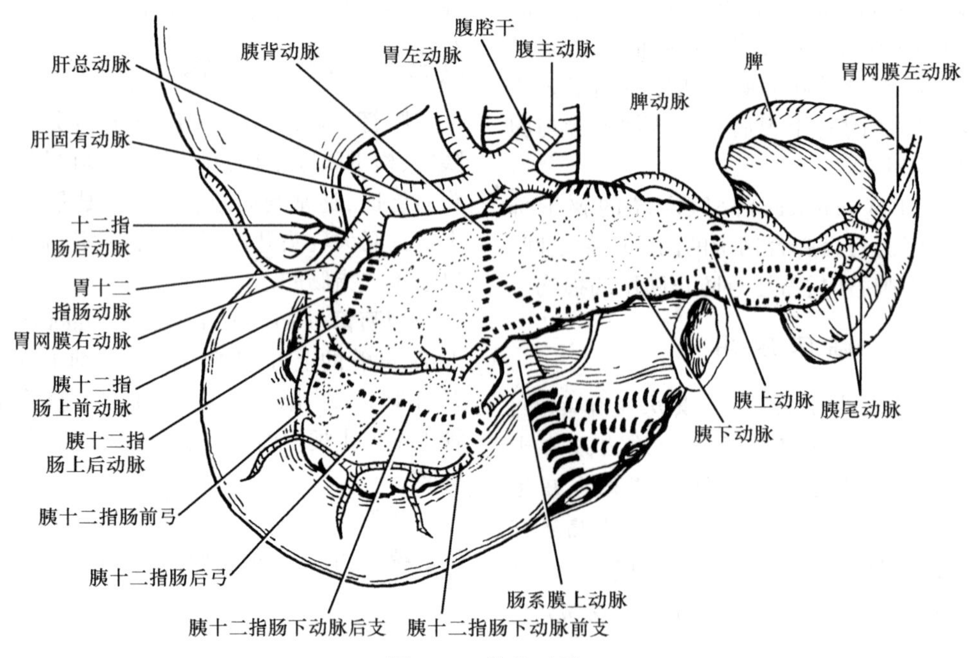

图 6-81　胰的动脉

胰背动脉多由脾动脉根部发出，向下达胰颈或胰体背面分为左、右 2 支，左支沿胰下缘背面左行，称胰下动脉。胰体部的血供还来自脾动脉胰支，一般为 4~6 支，其中最大的一支为胰大动脉。分布到胰尾部的动脉称胰尾动脉。

胰的静脉多与同名动脉伴行，汇入门静脉系统。胰头及胰颈的静脉汇入胰十二指肠上、下静脉及肠系膜上静脉，胰体及胰尾的静脉以多个小支在胰后上部汇入脾静脉（图 6-82）。

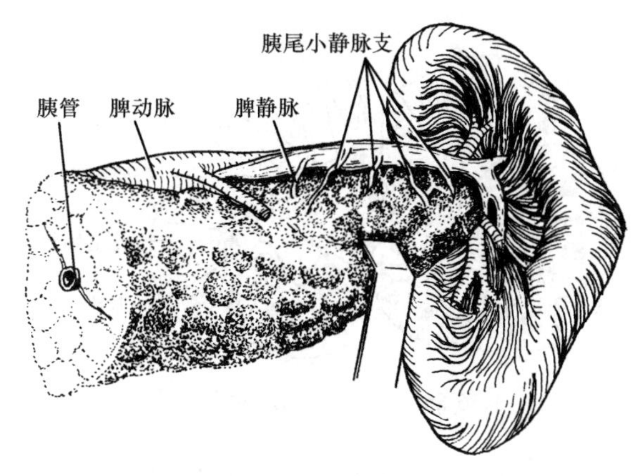

图 6-82　胰尾的静脉

胰的淋巴起自腺泡周围的毛细淋巴管，在小叶间形成较大的淋巴管，沿血管达胰表面，注入胰上、下淋巴结及脾淋巴结，然后注入腹腔淋巴结（图 6-83）。

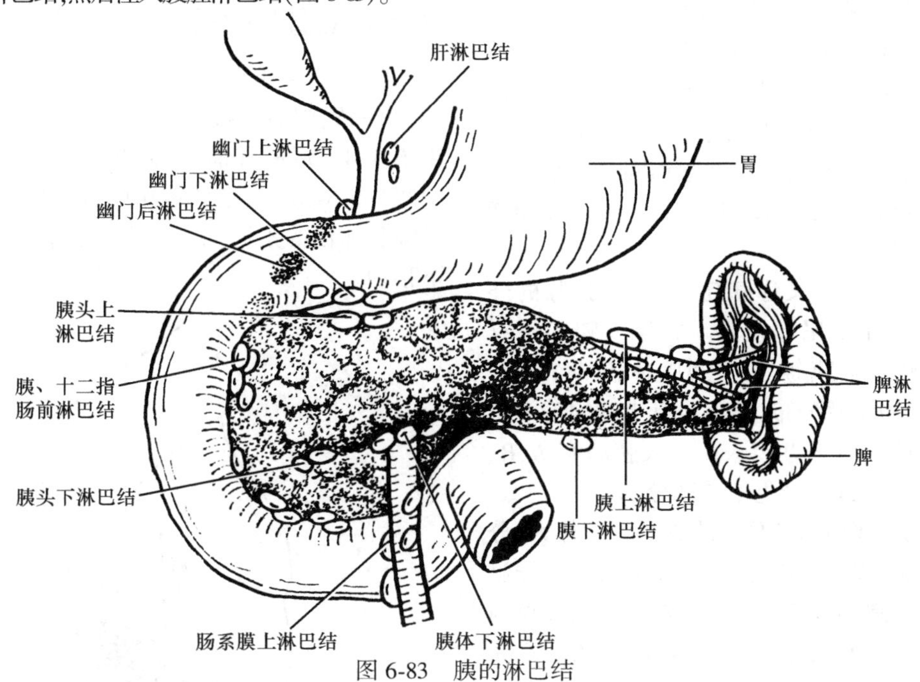

图 6-83　胰的淋巴结

（五）胰的组织结构

胰腺表面覆以薄层结缔组织被膜，结缔组织伸入腺内，将腺实质分成许多界限不明显的小叶。腺实质由内分泌部和外分泌部组成（图 6-84）。外分泌部占主要部分，分泌胰液，内含许多消化酶。内分泌部（胰岛）较少，散于外分泌部之间，分泌激素入血循环参与糖代谢调节。

1. 外分泌部

（1）**腺泡**：外分泌部为复管泡状腺。腺泡呈圆形或椭圆形，由浆液性腺泡围成（图 6-85），细胞锥体状，嗜碱性，具有典型的蛋白质分泌细胞特征，细胞基部有丰富的粗面内质网、游离核糖体和酶原颗粒。颗粒内含有胰蛋白酶、胰脂肪酶、胰淀粉酶及核糖核酸酶等。腺泡内，可见一些小而扁平或立方形的细胞称为**泡心细胞**，胞质着色浅，核圆形或卵圆形。泡心细胞为延伸入腺泡腔内的闰管上皮细胞（图 6-85）。

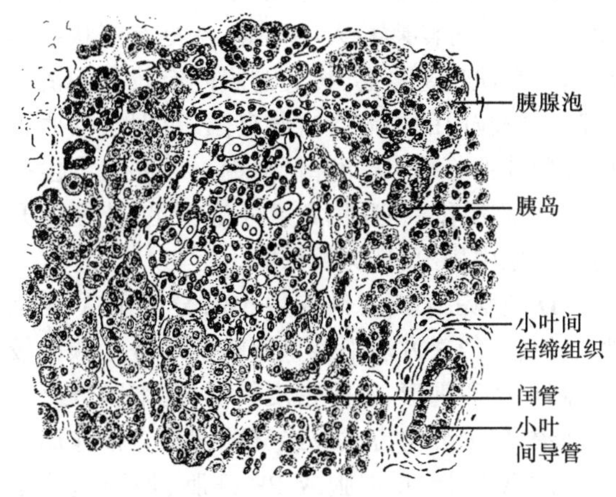

图 6-84　胰腺的微细结构

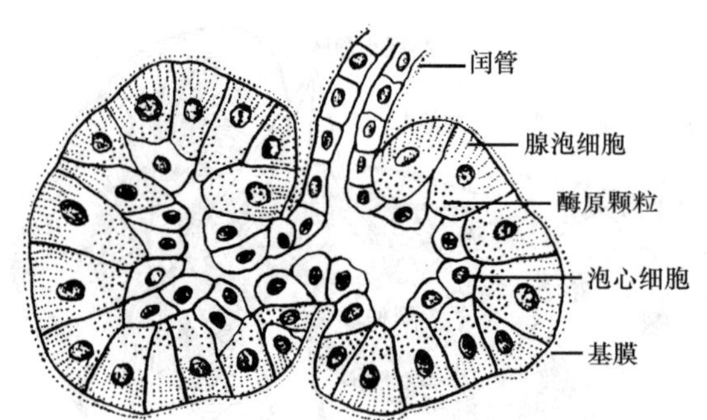

图 6-85 胰腺外分泌部模式图

（2）**导管**：始于泡心细胞，连接闰管，汇合后入小叶内导管，在小叶间结缔组织中，多个小叶内导管又汇合成小叶间导管，最后合成一条主导管贯穿胰腺全长，在胰头部与胆总管汇合，开口于十二指肠乳头。闰管腔小，管壁为单层扁平上皮或立方上皮组成，与泡心细胞相同。从小叶内导管至主导管，管腔增大，上皮由单层立方逐渐变为单层柱状上皮。

2. 内分泌部 又称**胰岛**，分散于胰腺的外分泌部之间，在胰尾部较多。成年人胰腺约有100万～200万个胰岛，约占胰腺体积的1.5%。胰岛细胞呈团索状分布，细胞间有丰富的毛细血管，细胞释放的激素直接入血。人胰岛有A、B、D、PP四种细胞，HE染色不易区分。

A细胞占胰岛细胞总数的20%。胞体大，分布在胰岛的周边部。电镜下可见A细胞内分泌颗粒较大，呈圆形或卵圆形，有被膜包裹，颗粒内有致密的核芯，核芯常偏于一侧，膜与核芯之间有一新月形的低电子密度物质的狭窄区。芯中含有**高血糖素**，能使肝糖原分解成葡萄糖，并抑制糖原合成，使血糖升高。

B细胞占胰岛细胞总数60%～70%，常位于胰岛中央。分泌颗粒大小不等，常见有杆状或不规则形晶状致密核芯，核芯与膜间有较宽的清亮间隙。颗粒内的核芯含有**胰岛素**，可促进糖原合成及葡萄糖分解，从而降低血糖。若胰岛发生病变，B细胞退化，导致胰岛素分泌不足，使血糖升高并从尿中排出，即为糖尿病。

D细胞占胰岛总细胞数5%，分散于A、B细胞之间，用特殊方法染色呈紫红色。分泌颗粒较大，圆形或卵圆形，电子密度较低，此细胞分泌**生长抑素**，以旁分泌方式或经缝隙连接直接作用于邻近的A细胞、B细胞或PP细胞，抑制这些细胞的功能。

PP细胞数量少或散于胰腺的外分泌部导管上皮内及腺泡细胞之间，胞质内也有分泌颗粒，产生的激素为**胰多肽**，可抑制胃肠运动、胰液分泌以及胆囊收缩作用。

六、脾

脾(spleen)是人体最大的淋巴器官，颜色暗红，质地柔软，外有纤维性结缔组织被膜包裹。脾的膈面隆凸，脏面凹陷，有脾血管、淋巴管、神经等出入处，称**脾门**，出入脾门的结构总称为**脾蒂**。脾的前上缘一般有1～3个**切迹**，脾肿大时可作为脾触诊的标志。

（一）位置与毗邻

脾位于左季肋区的肋弓深处，其长轴与第10肋一致，脾后上端(极)平第9肋的上缘，距后正中线4～5cm，脾前下端(极)平第10肋，达腋中线(图6-86)。脾与膈相贴，故脾的位置可随呼吸和体位的不同而有变化，可有2～3cm的上下移动。

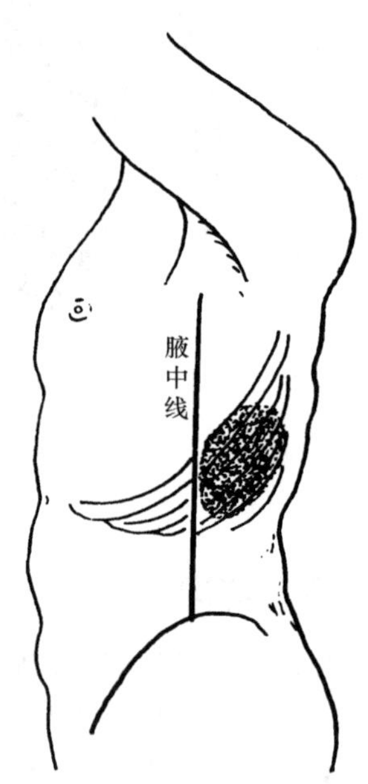

图 6-86 脾的位置

脾的膈面与膈、膈结肠韧带接触；脏面前上份与胃底相邻，后下份与左肾、肾上腺相邻；脾门邻近胰尾。

（二）脾的韧带

1. 胃脾韧带(gastrolienal ligament) 由两层腹膜形成，位于脾门和胃大弯之间(图6-87)，上份内有胃短动、静脉，下份有胃网膜左动、静脉。此韧带上份较短，胃大弯紧邻脾门，巨脾切除术切断胃脾韧带时，慎勿伤及胃。

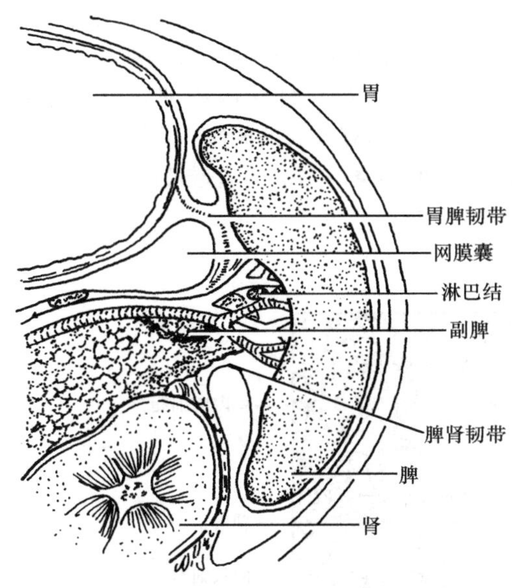

图 6-87 脾的韧带(经脾门横切面)

2. 脾肾韧带(lienorenal ligament) 脾肾韧带的深层腹膜由脾门向后方移至左肾前,与脾外后面移行至脾门后方并转到左肾前面的腹膜一起构成脾肾韧带。韧带内有脾血管、淋巴管、神经和胰尾等。脾切除术时,需剪开此韧带的后层方可使脾游离而提出腹腔。

3. 膈脾韧带(phrenicosplenic ligament) 由脾肾韧带向上延伸至膈,此韧带很短,有的不甚明显。

4. 脾结肠韧带(lienocolic ligament) 位于脾前端与结肠左曲之间,此韧带也较短,脾切除术切断此韧带时,需注意勿损伤结肠。

(三)脾的血管

1. 脾动脉(lineal artery) 多起自腹腔干,沿胰上缘走向左侧,分支后进入脾脏。据统计,脾动脉起于腹腔干者占 98.98%,腹主动脉者占 0.28%,肠系膜上动脉者占 0.65%。脾动脉起始部外径约为 0.5cm,在行程中发出胃后动脉及数条胰支,一般距脾门 1～2cm 分为上、下动脉支(脾叶动脉),进而又分成 4 条终末动脉(脾段动脉),依次将脾分为上、下 2 叶、4 段,即上极段、上中段、下中段和下极段。脾叶、段动脉以 2 叶段支者为多见,占 84.5%。

2. 脾静脉(lienal vein) 由脾门处的 2～6 条(常见 3 条)属支组成脾静脉,其管径比脾动脉大一倍。脾静脉的行程较恒定,多在脾动脉的后下方,走在胰后面横沟中。脾静脉沿途收纳胃短静脉、胃网膜左静脉、胃后静脉、肠系膜下静脉及来自胰腺的一些小静脉。向右达胰颈处与肠系膜上静脉汇合成肝门静脉。脾静脉也呈节段性,脾叶、段静脉相互之间也构成相对“少血管区”,其平面与脾纵轴近似垂直。

(四)脾的组织结构

1. 被膜与小梁 脾的被膜较厚,由间皮、致密结缔组织和平滑肌纤维组成。被膜结缔组织伸入脾实质并分支形成许多**小梁**(图 6-88),与脾门处的结缔组织连接形成网状支架。被膜与小梁内含较多弹性纤维。

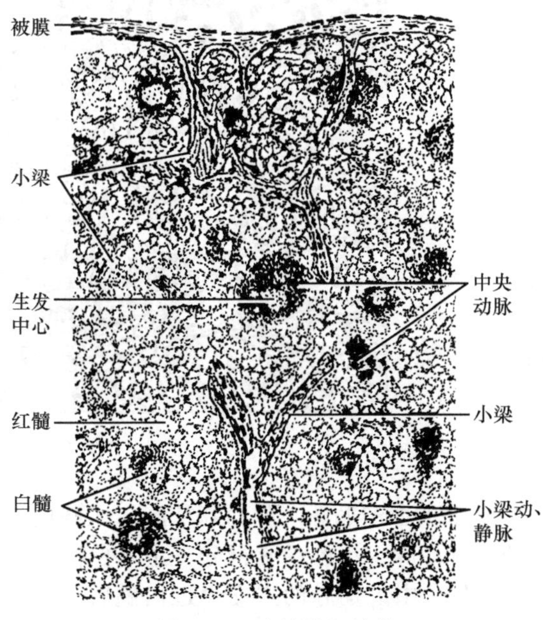

图 6-88 脾的微细结构

2. 白髓 在新鲜标本切面上呈散在的白色点状,故称白髓。白髓由密集的淋巴组织组成,可分为**动脉周围淋巴鞘**和**淋巴小结**两部分。动脉周围淋巴鞘是包绕在中央动脉周围的鞘状淋巴组织,内含大量的 T 淋巴细胞和少量巨噬细胞,为脾的胸腺依赖区,当机体产生细胞免疫应答时,此区显著扩大。淋巴小结又称**脾小体**,主要由 B 淋巴细胞组成,是脾的骨髓依赖区,当受到抗原刺激引起体液免疫应答时,脾小体显著地增大增多,出现较多的有生发中心的脾小体。脾小体一般位于动脉淋巴鞘的一侧。

3. 边缘区 为位于白髓与红髓交接处的狭窄区域,该区内的淋巴细胞比白髓稀疏,但比脾索密集,含有 T 淋巴细胞、B 淋巴细胞和巨噬细胞等。从骨髓或胸腺迁入脾的淋巴细胞,先聚在此区内继续分化成熟,然后进入其他区域。中央动脉的分支进入边缘区分支成许多毛细血管,其末端膨大形成小血窦,称**边缘窦**,它是淋巴细胞从血液进入淋巴组织的通道,是脾最先接触抗原而引起免疫应答的场所。

4. 红髓 位于白髓之间，含有较多的红细胞而呈红色，故称红髓。红髓由脾索和脾血窦两部分组成(图 6-89)。**脾索**由富含血细胞的淋巴组织构成，呈不规则的条索状。脾索内含有较多的 B 淋巴细胞、浆细胞、巨噬细胞及各种血细胞。巨噬细胞可吞噬异物抗原、衰老的红细胞和血小板，在滤过血液和产生抗体中起着重要作用。**脾血窦**是位于脾索之间的静脉性窦状毛细血管。其形态不规则，相互吻合呈网状。窦壁形似栅栏状，由一层长杆状内皮细胞纵形排列而成，内皮细胞间有较大的间隙，基膜不完整，有少量网状纤维环绕。窦壁的通透性较强，有利于血细胞的穿过。

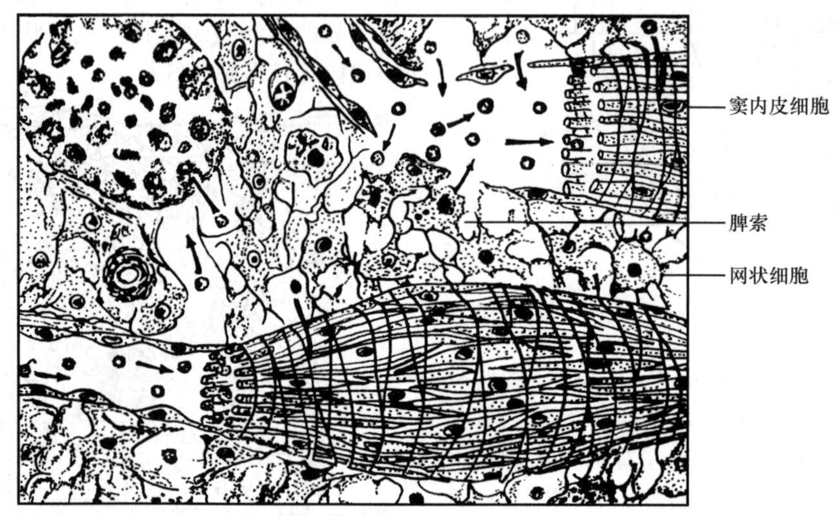

图 6-89 脾红髓模式图

5. 脾的血液循环 脾动脉从脾门入脾内分支成小梁动脉。小梁动脉再分支进入白髓形成中央动脉。中央动脉的主支穿过白髓后分支成许多直行分支，但互不吻合，形似笔毛，故称笔毛动脉。笔毛动脉可分为髓动脉、鞘动脉及动脉毛细血管三段。动脉毛细血管的末端开口于脾索或者直接与脾窦相连。而后脾窦汇合成髓静脉，入小梁内成为小梁静脉，最后汇成脾静脉从脾静脉从脾门出脾。

6. 脾的功能

(1) **造血功能**：胚胎时期的脾能造各种血细胞，但出生后只能产生淋巴细胞。

(2) **贮血功能**：成人的脾内可贮存 40ml 左右的血液。机体需要时，被膜和小梁的平滑肌收缩，将血液排入循环血内。

(3) **滤血功能**：脾内所含的大量巨噬细胞，能及时吞噬异物、衰老红细胞及血小板等抗原，净化血液。当脾功能亢进时，由于过度破坏红细胞而致贫血。

(4) **免疫功能**：脾能产生各种淋巴细胞，抗原刺激后，能引起相应的免疫应答。

七、空肠与回肠

(一) 位置与形态

空肠(jejunum)与**回肠**(ileum)占据结肠下区的大部，上段是空肠，始于十二指肠空肠曲，下段是回肠，末端接续盲肠。空、回肠均属腹膜内位器官，借系膜悬附腹后壁，因此总称系膜小肠。据统计，空、回肠平均全长为410. 5cm。迂曲多袢，两部间无明显分界，大约空肠占近侧的 2/5，主要盘曲于结肠下区的左上部；回肠占远侧的 3/5，盘踞结肠下区的右下部，并垂入盆腔。

X 线检查时，通常将小肠袢按部位分为六组。第一组为十二指肠，位于腹上区；第二组为空肠上段肠袢，位于左腹外侧区；第三组为空肠下段，在左髂区；第四组为回肠上段，位于脐区；第五组为回肠中段，在右腹外侧区；第六组为回肠下段，位于右髂区、腹下区和盆腔(图 6-90)。

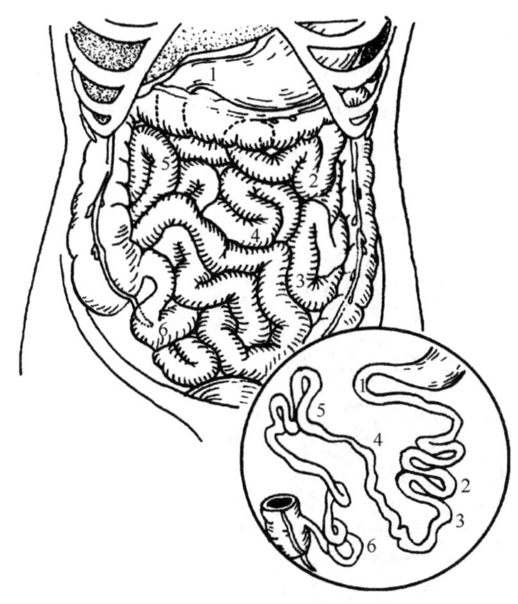

图 6-90 小肠的 X 线分区(数字示小肠的分组)

空肠一般比较粗,壁较厚,色较红,富血管,黏膜环状皱壁多而高,黏膜内散在孤立淋巴滤泡,系膜内血管弓和脂肪均较少。而回肠则管径较细,壁较薄,颜色稍白,血管比较少,环状皱襞疏而低,黏膜内除有孤立淋巴滤泡外,尚有集合淋巴滤泡,系膜血管弓较多,脂肪亦较丰富。

(二)肠系膜

肠系膜(mesentery)将空、回肠悬附于腹后壁,其在腹后壁附着处称小肠系膜根,从第 2 腰椎左侧斜向右下。到达右骶髂关节前方,长约 15cm。系膜的肠缘连于空、回肠的系膜缘,肠系膜由于根短而肠缘长,因此整体呈扇状,并随肠袢形成许多褶叠。肠系膜系双层腹膜结构,两层间含血管、淋巴管、淋巴结、神经和脂肪组织。血管、淋巴管和神经在肠的系膜缘处进出肠壁。系膜缘处肠壁与两层腹膜围成系膜三角。因三角处肠壁无浆膜,不易愈合,故行小肠切除吻合术时,应妥善缝合,以免形成肠瘘和感染扩散。小肠系膜根将横结肠及其系膜与升、降结肠之间的区域分为**左、右肠系膜窦**(图 6-91)。

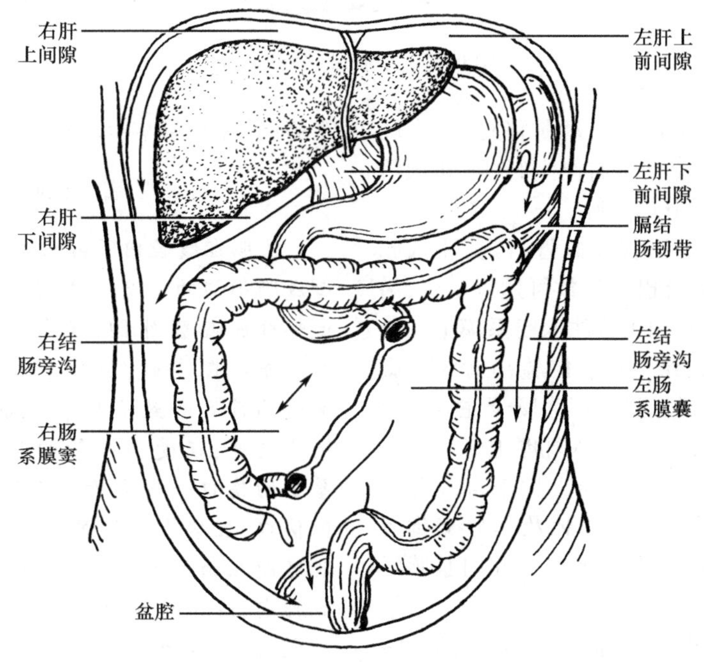

图 6-91 腹膜腔的沟通

右肠系膜窦介于小肠系膜根、升结肠、横结肠及其系膜的右 2/3 部之间,后界为腹后壁腹膜。窦呈三角形,周围近乎封闭,窦内感染积脓时不易扩散。左肠系膜窦介于小肠系膜根、横结肠及其系膜的左 1/3 部、降结肠、乙状结肠及其系膜之间,后界腹后壁腹膜。左窦略呈斜方形,下方开放通盆腔,窦内感染时脓液易漫延入盆腔。

(三)血管、淋巴及神经

1. 动脉 **空、回肠动脉**来源于肠系膜上动脉(图 6-92)。肠系膜上动脉平第 1 腰椎起于腹主动脉,向前下穿出胰颈下缘,跨十二指肠水平部前方,入肠系膜走向右下。此动脉向右分出胰十二指肠下动脉、中结肠动脉、右结肠动脉与回结肠动脉,向左分出约 12～18 条空、回肠动脉,在肠系膜内放射状走向肠壁,途中分支吻合,形成动脉弓。小肠近侧段只有1~2级动脉弓,远侧段弓数增多,可达3~4级,回肠最末段弓数复减又成单弓。末级弓发出**直动脉**分布于肠壁,直动脉间缺少吻合。肠切除吻合术时应作扇形切除,并将对系膜缘侧的肠壁稍多切除一些,以保证吻合口对系膜缘侧有充分血供,避免术后缺血坏死或愈合不良形成肠瘘。

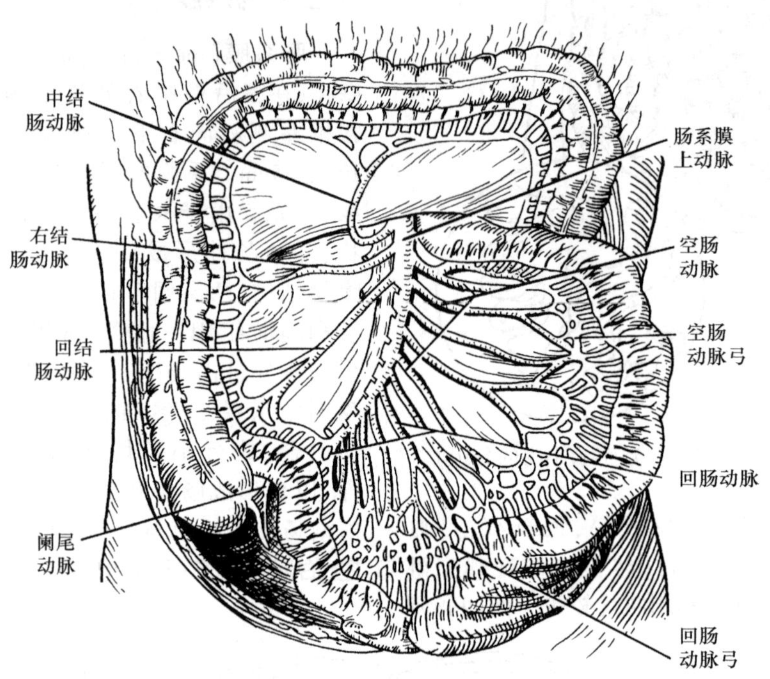

图6-92　空肠、回肠的动脉

2. 静脉　空、回肠**静脉**与动脉伴行,汇入肠系膜上静脉,继沿相应动脉右侧上行,至胰颈后方,会合脾静脉,形成肝门静脉。

3. 淋巴　小肠淋巴管伴血管行走,注入肠系膜淋巴结。肠系膜淋巴结为数可达百余个,沿肠血管及血管弓分布,输出管注入肠系膜上动脉根部的肠系膜上淋巴结。后者的输出管注入腹腔干周围的腹腔淋巴结,最后汇为肠干注入乳糜池;部分输出管直接汇入肠干入乳糜池。

4. 神经　空、回肠的神经支配来自腹腔丛和肠系膜上丛,沿肠系膜上动脉及其分支到肠壁,其中包括交感神经、副交感神经和内脏感觉神经三种纤维。

小肠的交感神经,其节前纤维起于脊髓9~11胸节,经交感干、内脏神经入腹腔丛和肠系膜上丛,在腹腔神经节和肠系膜上神经节内换发节后纤维,分布到肠壁。它们抑制肠的蠕动和分泌,使肠的血管收缩。

小肠的副交感神经节前纤维来自迷走神经,至肠壁内神经丛换发节后纤维,支配肌层和肠腺,促进肠的蠕动和分泌。

小肠的感觉纤维随交感和副交感神经分别传入脊髓9~11胸节和延髓。痛觉冲动主要经交感神经传入脊髓,故小肠病变时牵涉性痛出现于脐的周围(第9~11胸神经分布区)。

临床应用

小肠在腹腔内所占面积最大,由于各种原因造成肠损伤的机会也最多。一旦小肠破裂,致使部分肠黏膜外翻,肠内容物外溢,则必须手术。手术探查时,应注意以下几点:①腹部的穿透伤常可导致小肠多处损伤。由于肠襻的迂曲重叠,在受伤肠管的局部除切线伤外,肠壁上的伤口一般是两个(进、出口),若只见单数伤口,应尽力寻找另一个隐蔽的伤口。②穿孔可能在肠系膜三角内,或隐蔽于靠近肠壁的血肿内,成为隐蔽性穿孔。③肠壁挫伤或浆肌层裂伤,有成为延期性穿孔的可能。④应同时注意检查肠系膜有无损伤和肠管的血液循环情况。肠系膜的损伤尤其是根部的损伤,常可导致肠壁的严重血运障碍。

(四) Meckel 憩室

Meckel憩室是胚胎卵黄管近侧端残留未闭所形成,出现率约2%左右,一般位于回肠末段距回盲瓣50~100cm处,呈盲囊状,结构与回肠相同,有时黏膜内含有胃泌酸细胞或胰腺组织,可发生溃疡和炎症,症状与阑尾炎相似。

笔记栏

（五）小肠的微细结构

小肠壁分为黏膜、黏膜下层、肌层和外膜四层。

1. 黏膜 小肠黏膜由上皮、固有层和黏膜肌层组成。小肠黏膜和黏膜下层向肠腔内伸出突起形成**环形皱襞**(图 6-93),皱襞在距幽门约 2~5cm 处开始出现,在十二指肠末段和空肠首段最发达,以下逐渐减少和变短,到回肠中段消失。小肠黏膜表面有许多细小的指状突起,称**小肠绒毛**,由上皮及其下方的固有层向肠腔内突出形成(图 6-94),小肠绒毛长约 0.5~1.5mm,形状不一,十二指肠绒毛为叶状,空肠绒毛呈指状,回肠绒毛则细短。环行皱襞和小肠绒毛使小肠黏膜表面面积扩大 20~30 倍。绒毛根部的上皮和固有层中的小肠腺上皮相连续。**小肠腺**是小肠上皮在绒毛根部下陷致固有层而形成的单管状腺(图 6-94),开口于肠腔。

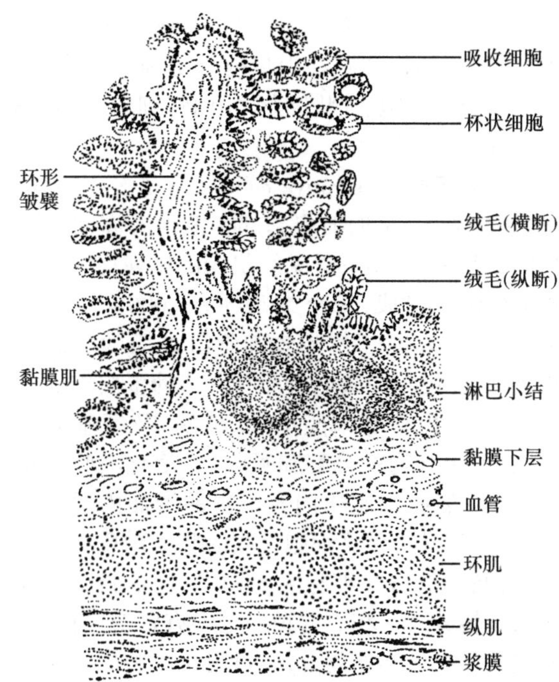

图 6-93 回肠的微细结构

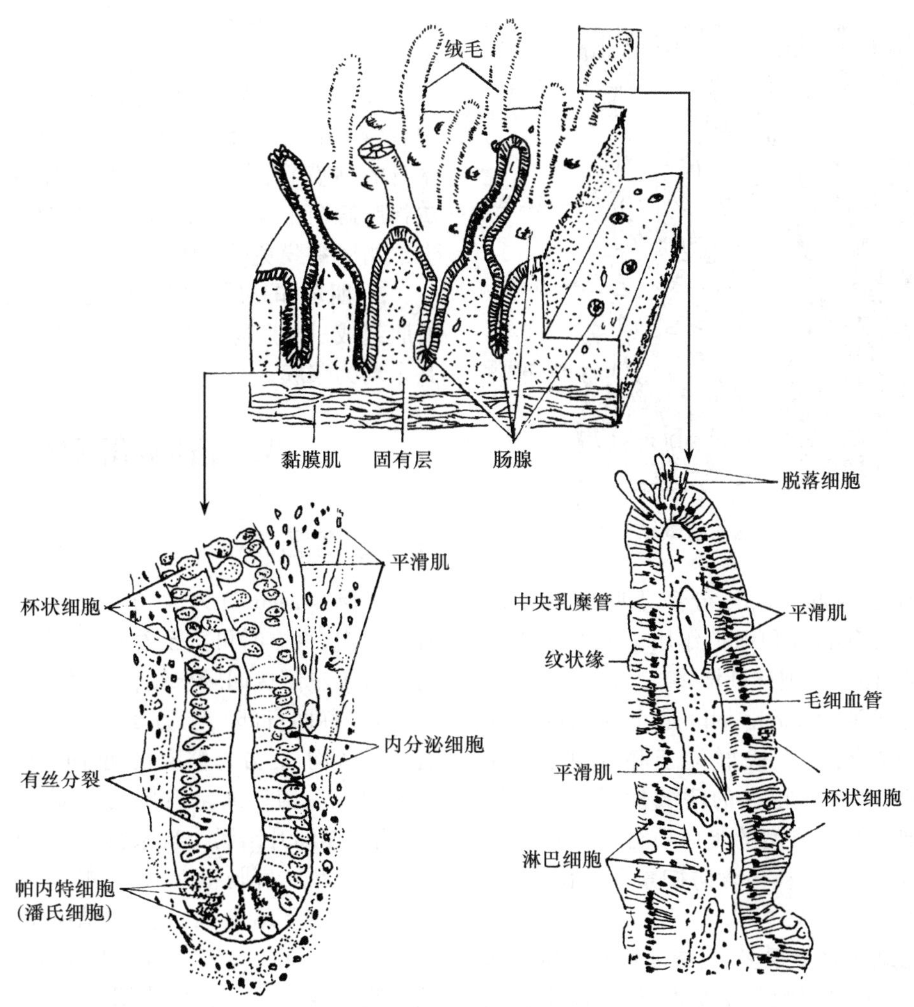

图 6-94 小肠绒毛与肠腺

（1）**上皮**：为单层柱状上皮，绒毛部上皮由吸收细胞、杯状细胞和少量内分泌细胞组成；小肠腺由吸收细胞、杯状细胞、帕内特细胞、内分泌细胞和干细胞组成。

吸收细胞（absorptive cell）数量最多，呈高柱状，核椭圆形，靠近细胞基部。细胞游离面有明显的**纹状缘**，电镜下看见纹状缘由排列规则而密集的微绒毛组成，每个细胞约有1000～3000根微绒毛（图6-95），使吸收细胞游离面的表面积扩大约20倍。微绒毛表面有一层糖蛋白组成的细胞衣，其内含有磷脂酶、双糖酶、及氨基肽酶等，有助于食物的分解和吸收，为消化吸收的重要部位。吸收细胞质内有丰富的滑面内质网和高尔基复合体，可将细胞吸收的脂类物质结合成**乳糜微粒**，然后在细胞侧面释出，这是脂肪的吸收与运转方式。相邻的顶部之间有紧密连接，中间连接等构成连接复合体，可阻止肠腔内物质由细胞间隙进入组织内，从而保证选择性吸收的进行（图6-95）。

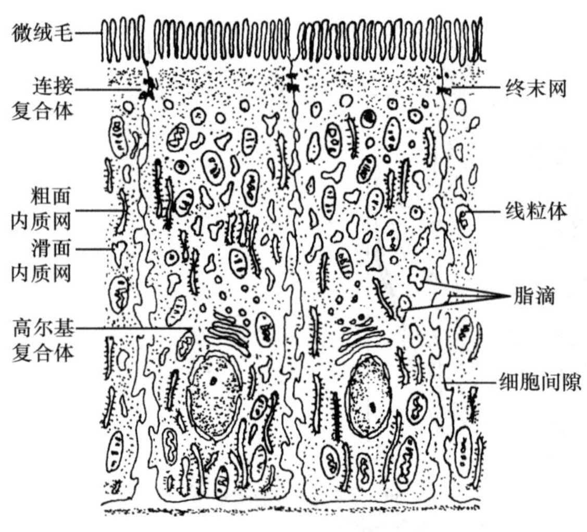

图6-95　小肠吸收细胞的超微结构模式图

杯状细胞（goblet cell）分散于吸收细胞之间，分泌黏液，有润滑和保护作用。从十二指肠至回肠末端，杯状细胞逐渐增多。

帕内特细胞（Paneth cell）是小肠腺的特征性细胞，锥体形，三五成群位于腺底部（图6-94）。胞质顶部含有粗大的嗜酸性颗粒。电镜下帕内特细胞具有典型的蛋白质分泌细胞的超微结构特征，分泌颗粒内含防御素和溶菌酶等，对肠道微生物有杀灭作用。

内分泌细胞种类很多，当酸性食糜从胃排入肠时，刺激内分泌细胞分泌激素，这些激素能促进碱性的胆汁和胰液的分泌并中和胃酸，同时为胰液的消化作用提供碱性环境。

干细胞位于小肠腺下半部，散于其他细胞之间。细胞体小，柱状。细胞不断增殖、分化、向上迁移，补充绒毛顶端不断脱落的吸收细胞和杯状细胞，也可分化为内分泌细胞和潘氏细胞。

（2）**固有层**：细密的结缔组织中除有大量小肠腺外，还有丰富的淋巴细胞、浆细胞、巨噬细胞和嗜酸粒细胞等细胞成分。绒毛中轴的成分。绒毛中轴内，有1～2条起始为盲端的纵行的毛细淋巴管，称**中央乳糜管**，收集运送上皮吸收细胞进来的乳糜微粒，从乳糜管输出。绒毛中轴内还有丰富的有孔毛细血管，以利于氨基酸和葡萄糖的吸收。绒毛中轴有少量纵行平滑肌细胞，其收缩可使绒毛变短，利于淋巴和血液的运行（图6-96）。固有层中除含有淋巴细胞外，还有淋巴小结分布，十二指肠及空肠多为**孤立淋巴小结**，在回肠多为若干淋巴小结聚集而成的**集合淋巴小结**。小的淋巴小结仅位于固有层内，大的淋巴小结可以突向表面并穿过黏膜肌层达黏膜下层。

（3）**黏膜肌层**：由内环和外纵两层平滑肌组成。

2. 黏膜下层　为较厚的疏松结缔组织，其中有较大的血管、淋巴管和黏膜下神经丛。十二指肠的黏膜下层有分支管泡状的黏液性腺，称**十二指肠腺**（图6-97），其分泌的碱性黏液可保护十二指肠黏膜免受胃酸侵蚀。

3. 肌层和外膜　肌层由内环和外纵两层平滑肌组成。外膜除部分十二指肠壁为纤维膜外，其余均为浆膜。

八、盲肠和阑尾

（一）盲肠

盲肠（caecum）为大肠的起始部，通常位于右髂窝内，直立时可垂至盆腔。小儿盲肠位置较高。盲肠左侧接回肠末端，后内侧壁有阑尾附着（三者合称回盲部），上方延续于升结肠，右侧为右结肠旁沟，后方邻髂腰肌，前面邻腹前壁，并常为大网膜覆盖。通常盲肠为腹膜内位，没有系膜，偶或连同升结肠出现系膜，活动度增大，形成移动性盲肠。盲肠粗而短，一般长6～7cm，肠壁三条结肠带下端会聚，续于阑尾根部，是手术时寻找阑尾根部的标志。回肠末端通入盲肠，开口处黏膜形成上、下两襞，称**回盲瓣**。由于回肠管径小于盲肠，衔接处又接近直角，因此回盲部肠套叠比较多见。

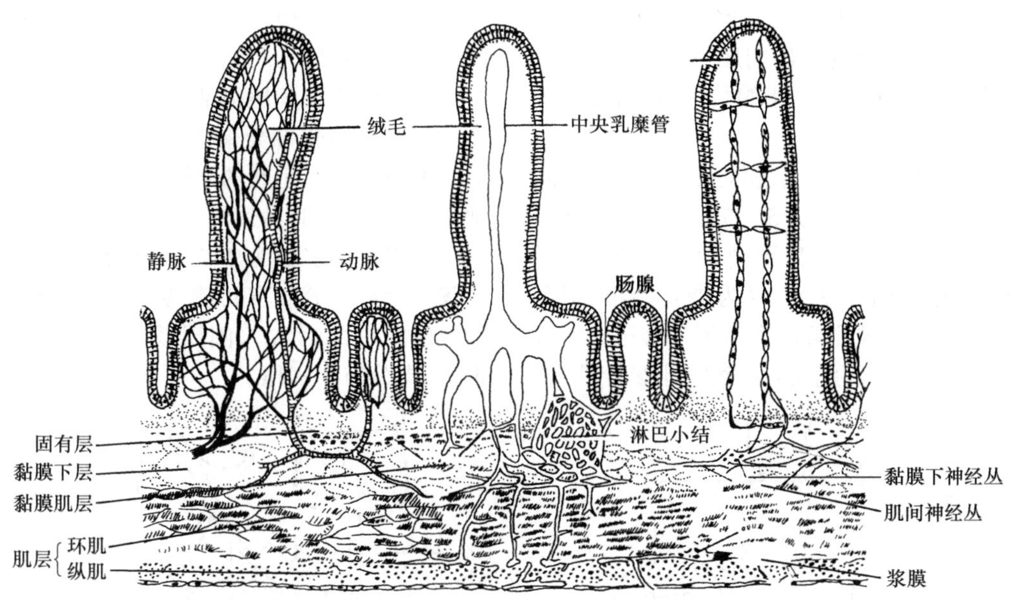

图 6-96　小肠的血管、淋巴管和神经模式图

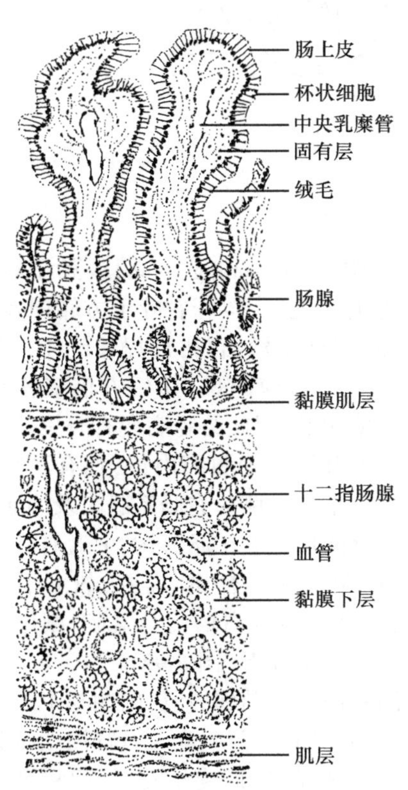

图 6-97　十二指肠的微细结构

(二) 阑尾

阑尾(vermiform appendix)一般位于右髂窝内。阑尾根部附于盲肠后内侧壁三条结肠带的会合点,其体表投影约在脐与右髂前上棘连线的中 1/3 和外 1/3 交界处,称 McBurney **点**,也可用左、右髂前上棘连线的右 1/3 和中 1/3 交界处 **Lanz 点**作为投影点,阑尾炎时局部常有明显压痛。阑尾属腹膜内位,有三角形的阑尾系膜悬附于肠系膜末部,因此阑尾活动多变,位置不恒定,炎症时产生的症状、体征也不相同。据统计,国人阑尾常见的位置顺序如下(图 6-98):①回肠前位约占 28%,阑尾浅在回肠末部前方,尖向左上,炎症对右下腹压痛显著。②盆位约占 26%,阑尾跨腰大肌前面入盆腔,尖端可触及闭孔内肌或盆腔脏器,炎症时可刺激腰大肌(伸腿时受牵疼痛)或闭孔内肌(屈髋内旋时疼痛),也可出现膀胱、直肠等症状。③盲肠后位约占 24%,阑尾深在盲肠后方,髂肌前面,尖端向上,一般仍有系膜为腹膜内位,少数在壁腹膜外贴连髂肌。盲肠后位阑尾发炎时腹壁体征不明显,但常刺激髂肌,影响伸腿,有时形成腹膜后脓肿。④回肠后位约占 8%,阑尾在回肠末部后方,尖向左上,炎症时腹壁体征出现较晚,容易引起弥漫性腹膜

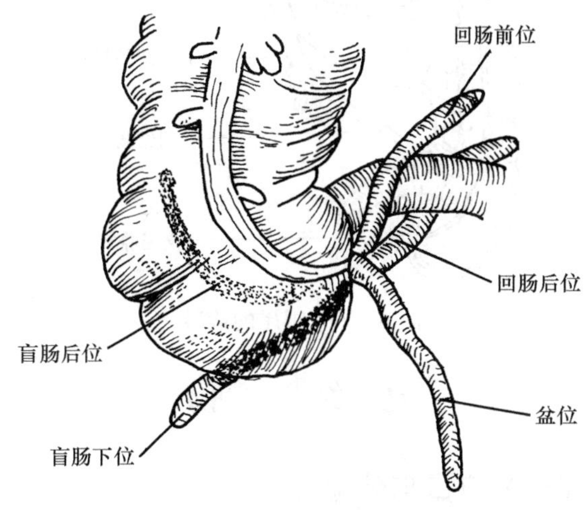

图 6-98　阑尾的常见位置

炎。⑤盲肠下位:约占6%,阑尾在盲肠后下,尖向右下。此外,尚可有高位阑尾(在右肝下方)、盲肠壁浆膜下阑尾以及左下腹位等特殊位置,均较少见。

阑尾为一蚓状盲突,系膜短小者往往蜷曲,其长短差异较大,一般5~7cm,直径0.5~0.6cm。阑尾腔开口于盲肠内面回盲瓣下2~3cm处。成年后内腔变窄,易为粪石梗阻,引起炎症;中年后阑尾腔往往闭合消失。阑尾壁富含淋巴组织,肌层薄,因此,容易发炎,也易穿孔。

阑尾壁与其他部肠管相似,有浆膜、肌肉、黏膜下层和黏膜层。肌层由内环、外纵两层平滑肌组成。环形肌在阑尾根部增厚,有类似括约肌的作用。三条结肠带会聚于阑尾根部后又与阑尾的纵形肌相续。小儿的阑尾壁肌层较成人薄,且常不完整,生炎时易致早期穿孔,应充分注意。

阑尾动脉多数为1支,少数有2支,起于回结肠动脉或其分支盲肠前、后动脉(图6-99),下行经回肠末部后方入阑尾系膜,沿其游离缘行走,分支分布于阑尾。

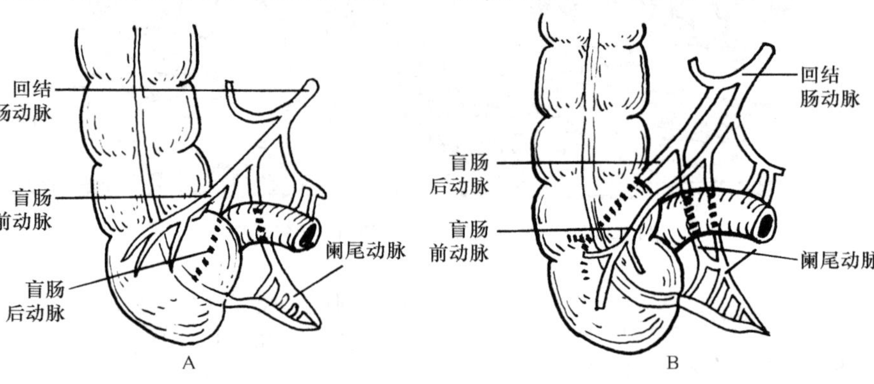

图6-99　阑尾的动脉

A. 1支型;B. 2支型

阑尾静脉与动脉伴行,经回结肠静脉、肠系膜上静脉,最后汇入门静脉(图6-100)。阑尾炎时细菌可随静脉血流入肝,引起肝脓肿。

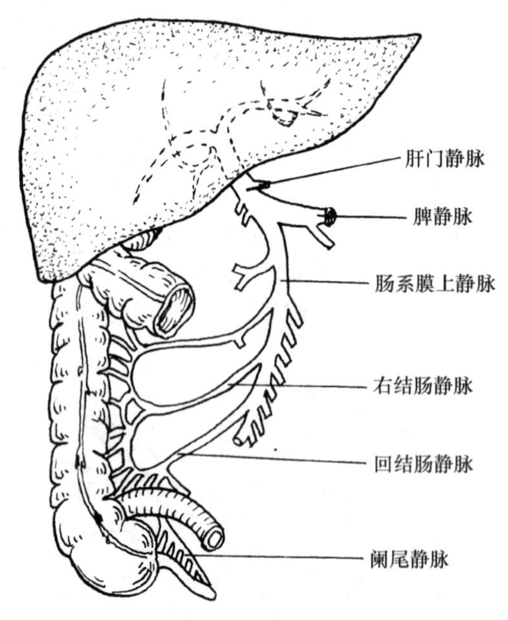

图6-100　阑尾的静脉

九、结　　肠

(一) 位置与分部

结肠按其行程分为升结肠、横结肠、降结肠和乙状结肠。

1. 升结肠(ascending colon)　始于盲肠,沿腹腔右外侧区上行,至肝右叶下方转向左,形成结肠右曲,移行于横结肠,行程长约12~20cm。升结肠一般为腹膜间位,其后方借疏松结缔组织与腹后壁相贴,因此结肠病变有时累及腹膜后隙。少数人升结肠为腹膜内位,具有系膜,活动性增大。升结肠内侧为右肠系膜窦及回肠肠伴;外侧与腹壁间形成右结肠旁沟,上通右肝下间隙(即肝肾隐窝),下通髂窝、盆腔,故肝下间隙积脓时,可沿此处流入右髂窝与盆腔,阑尾化脓时也可向上漫延至肝下(图6-99)。

结肠右曲后面贴邻右肾,内侧与十二指肠相邻,前上方有肝右叶与胆囊。右肾周围脓肿或肝脓肿偶可溃入结肠;胆囊结石时,胆囊可与肠壁粘连,形成瘘管,结石可进入结肠。

2. 横结肠(transverse colon)　始于结肠右曲,向左呈下垂的弓形横过腹腔中部,至脾前端折转下行,形成结肠脾曲,续于降结肠,一般长约40~50cm。横结肠为腹膜内位器官,有系膜、大网膜与其相连。横结肠系膜根附着于十二指肠降部、胰与左肾的前面;横结肠始末两部系膜短,较固定,中间部系膜长,活动度大。大网膜自胃大弯下垂,向后上反折附于横结肠,其前叶上部构成胃结肠韧带(见胃的韧带和网膜)。横结肠上方与肝、胃相邻,下方与空、回肠相邻,因此,常随肠、胃的充盈变化而升降,胃充盈或直立时,横结肠中部大多降至脐下,甚至垂至盆腔。

结肠左曲位置高于右曲,相当于第 10~11 肋水平,借膈结肠韧带附于膈下,后方贴靠胰尾与左肾,前方邻胃大弯并被肋弓掩盖,因此,结肠左曲肿瘤触诊往往不易发现,应予以注意。

3. 降结肠(descending colon) 始于结肠左曲,沿腹腔左外侧区腹后壁下降,至左髂嵴水平续于乙状结肠,长约 25~30cm。降结肠属腹膜间位。内侧为左肠系膜窦及空肠肠袢,外侧为左结肠旁沟,此沟上端为膈结肠韧带所阻隔,下方与盆腔相通,因此,沟内的积液只能向下流入盆腔。

4. 乙状结肠(sigmoid colon) 平左髂嵴续自降结肠,呈乙状弯曲跨过左侧髂腰肌、髂外血管、精索内血管及输尿管前方降入盆腔,平第 3 腰椎续于直肠,长约 40cm。乙状结肠属腹膜内位,有较长的乙状结肠系膜,活动性较大,可降入盆腔,也可移至右下腹遮盖回盲部,增加阑尾切除术的复杂性,有时也可发生乙状结肠扭转。

(二)血管

1. 动脉 结肠的动脉包括发自肠系膜上动脉的回结肠动脉、右结肠动脉和中结肠动脉,以及发自肠系膜下动脉的左结肠动脉和乙状结肠动脉(图 6-101)。

(1) **回结肠动脉**(ileocolic artery):为肠系膜上动脉右侧发出的最下一条分支,在肠膜根内走向右下,接近回盲部时分为盲肠前、后动脉、阑尾动脉、回肠支与升结肠支,分别供应盲肠、阑尾、回肠之末与升结肠的下 1/3(图 6-102)。

(2) **右结肠动脉**(right colic artery):在回结肠动脉上方起于肠系膜上动脉,在壁腹膜后方右行,至升结肠内侧分为升、降两支,分别与中结肠动脉及回结肠动脉的分支吻合。升、降支再分支供应升结肠上 2/3 与结肠右曲。

(3) **中结肠动脉**(middle colic artery):恰在胰下缘附近起于肠系膜上动脉,向前并稍偏右侧进入横结肠系膜,分为左、右两支,分别与左、右结肠动脉吻合,分支营养横结肠。胰腺手术时或在胃手术结扎大弯血管或切开横结肠系膜时,应注意不可伤及。

(4) **左结肠动脉**(left colic artery):起于肠系膜下动脉距根部 2~3cm 处,在壁腹膜后走向左上,分为升、降两支,营养结肠左曲及降结肠,并分别与中结肠动脉和乙状结肠动脉的分支吻合。升、降结肠的动脉均从内侧走向肠管,故升、降结肠手术均从肠管外侧切开腹膜,游离肠管,可避免误损血管。

(5) **乙状结肠动脉**(sigmoid arteries):有 1~4 支,大多为 2 支(53%)。起于肠系膜下动脉,在乙状结肠系膜内呈扇形分布,供应乙状结肠,各分支间以及与左结肠动脉的降支互相吻合。

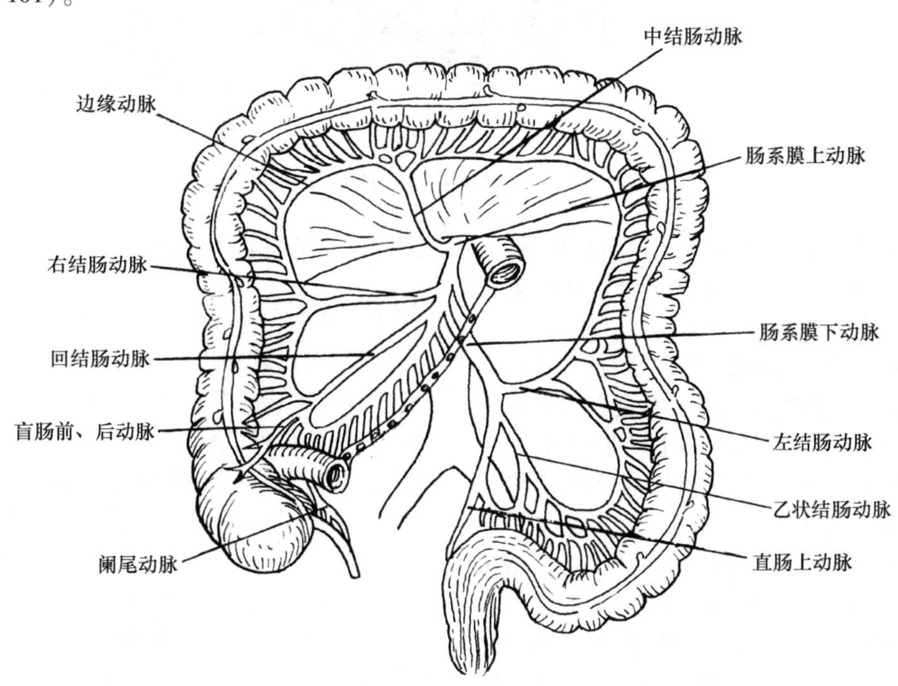

图 6-101 结肠的动脉

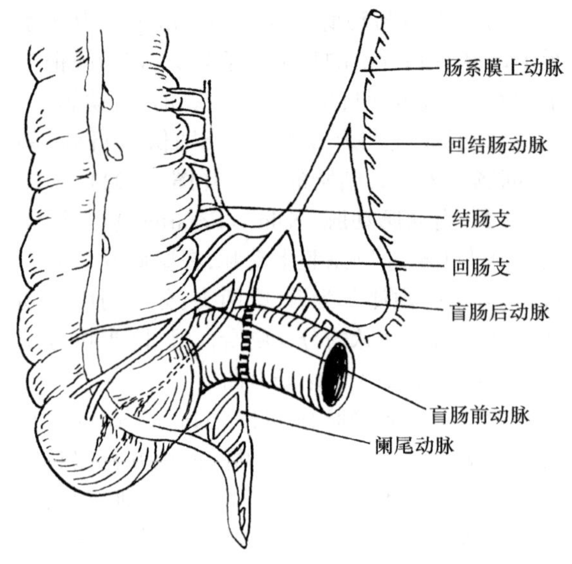

图 6-102 回盲部的动脉

如上所述，各结肠动脉分支间依次吻合，于是在近结肠处形成一个连续的动脉弓，从回盲部至乙状结肠与直肠移行处，称为**边缘动脉**。边缘动脉发出许多终末支——**直动脉**，后者又分长、短支，短支在系膜带处穿入肠壁，长支在浆膜下环绕肠管，至另外两条结肠带附近分支入肠脂垂后，穿入肠壁。结肠动脉的长、短支在穿入肠壁前很少吻合，因此，结肠手术分离切除肠脂垂时，不可牵拉，以免将长支拉起切断，影响肠壁供血（图 6-103）。

边缘动脉在中结肠动脉左支与左结肠动脉升支之间往往吻合较差，甚至中断，如中结肠动脉左支受损，可能引起横结肠左侧部坏死。另外，在最下一条乙状结肠动脉与直肠上动脉分支间也往往缺少吻合，如最下乙状结肠动脉受损，

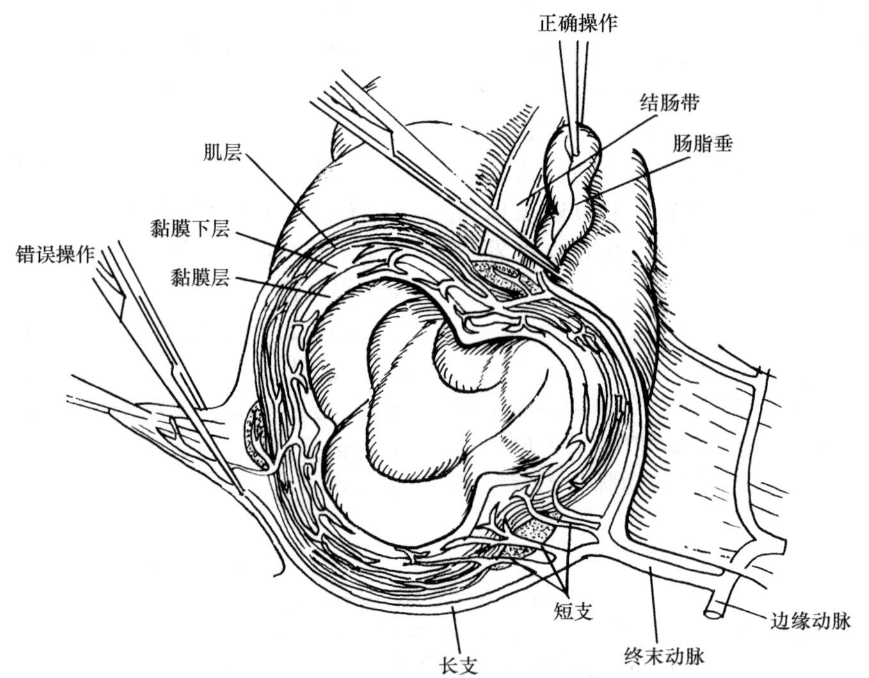

图 6-103 结肠边缘动脉的分支、分布

可能引起乙状结肠下部血流障碍，导致肠壁缺血坏死。但近年有人证明上述部位仍存在恒定吻合，可保证侧支循环血流通畅。

还应指出，结肠的动脉，特别是右、中结肠动脉，无论是支数、起点、经过和分布范围均可出现变异。有时相邻的结肠动脉共干发起；有时一条结肠动脉细小或缺如，则其相邻的动脉增粗代偿；有时某一结肠动脉出现副支。

2. 静脉 结肠静脉基本与动脉伴行。结肠左曲以上的静脉血分别经回结肠静脉、右结肠静脉和中结肠静脉汇入肠系膜上静脉，左曲以下的静脉则经左结肠静脉、乙状结肠静脉汇入肠系膜下静脉，最后均汇入门静脉。

（三）淋巴

肠的淋巴管穿出肠壁后沿血管行走，行程中有四组淋巴结群（图 6-104）。①结肠壁上淋巴结：分布于肠壁及肠脂垂内；②结肠旁淋巴结：位于边缘动脉和肠壁之间；③中间淋巴结：沿各结肠动、静脉分布；④肠系膜上、下淋巴结：分别位于肠系膜上、下动脉的根部。右半结肠的淋巴大部汇入肠系膜上淋巴结，左半结肠的淋巴大部汇入肠系膜下淋巴结、肠系膜上、下淋巴结的输出管直接或经腹腔干根部的腹腔淋巴结汇入肠干。

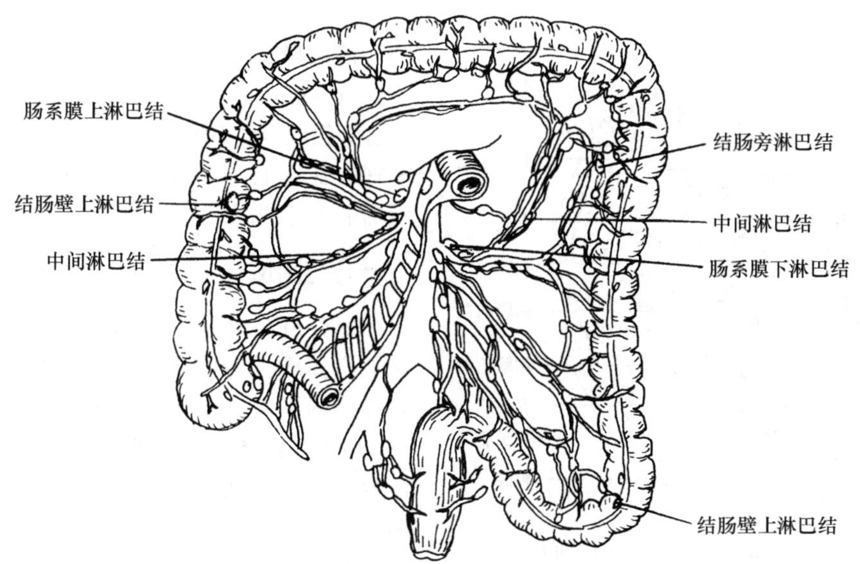

图 6-104　结肠的淋巴引流

(四)大肠的微细结构

大肠无环状皱襞及绒毛,也分为四层。

1. 黏膜　上皮为单层柱状上皮,由大量杯状细胞和少量的柱状细胞组成。在直肠与肛门移行处由单层柱状上皮变为未角化的复层扁平上皮,痔环以下变为角化复层扁平上皮。固有层为细密的结缔组织,其中含大量的单管状大肠腺,由柱状细胞、杯状细胞、少量未分化细胞和内分泌细胞组成,无帕内特细胞。固有膜中尚有较多的淋巴细胞及散在的孤立淋巴小结。在阑尾的固有膜中,有丰富的淋巴组织,形成许多淋巴小结,但大肠腺少且短,亦不规则。

2. 黏膜下层　由疏松结缔组织组成,有较大的血管、淋巴管和成群的脂肪细胞,直肠的黏膜下层有许多静脉丛,如淤血扩张则形成痔。

3. 肌层　由内环、外纵两层平滑肌构成。外纵肌局部增厚为三条结肠带。在肛管处内环肌增厚形成肛门内括约肌,近肛门处,外纵行肌周围的骨骼肌形成肛门外括约肌。

4. 外膜　盲肠、横结肠和乙状结肠为浆膜;升结肠和降结肠前壁为浆膜,后壁为纤维膜。外膜的结缔组织中常有脂肪细胞聚集成脂肪垂(图 6-105、图 6-106)。

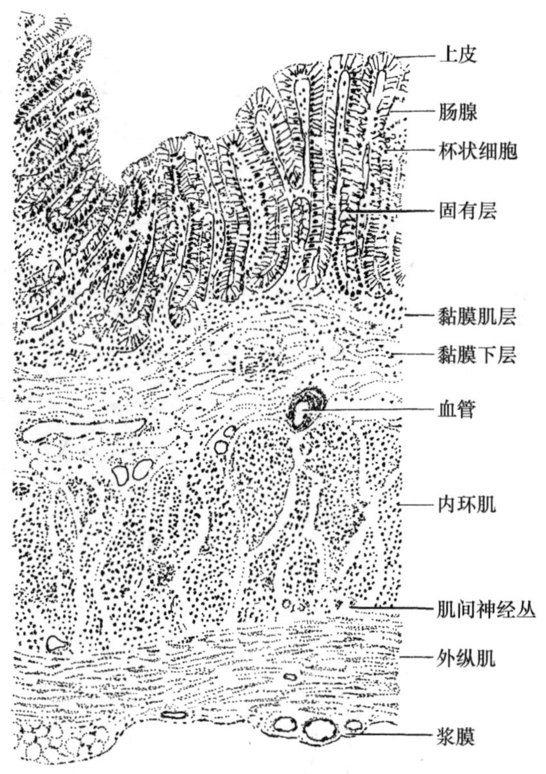

图 6-105　结肠的微细结构(纵切面)

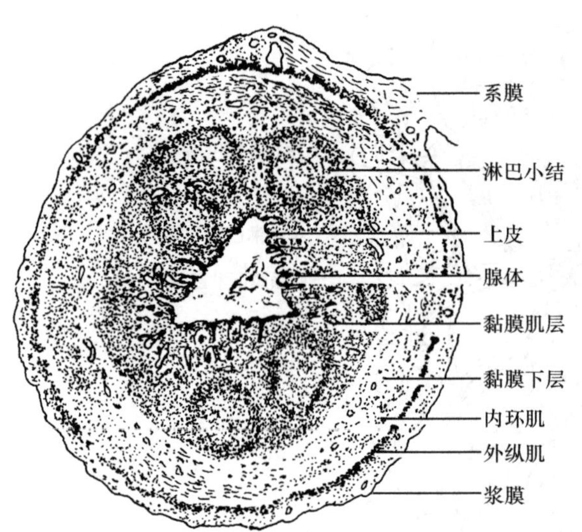

图 6-106 阑尾的微细结构(横切面)

十、肝门静脉

肝门静脉(portal vein)为腹腔中较大的静脉干,长 6~8cm,口径 1.0~1.2cm。肝门静脉系统收集食管腹段、胃、小肠、大肠(至直肠上部)、胰、胆囊和脾的血液(图 6-107),在正常情况下,肝门静脉血液均汇入肝,占入肝血液总量的 70%。

(一) 组成

通常肝门静脉主要由肠系膜上静脉与脾静脉汇合而成,但由于肠系膜下静脉及胃左静脉汇入部位的不同,故肝门静脉的组成又有各种类型(图 6-108、图 6-109)。肠系膜上静脉与脾静脉汇合的部位,一般在胰颈的后方,但有的在胰颈、胰体交界处或胰头的后方,因此,肝门静脉与胰的关系密切,胰的病变常可累及肝门静脉。

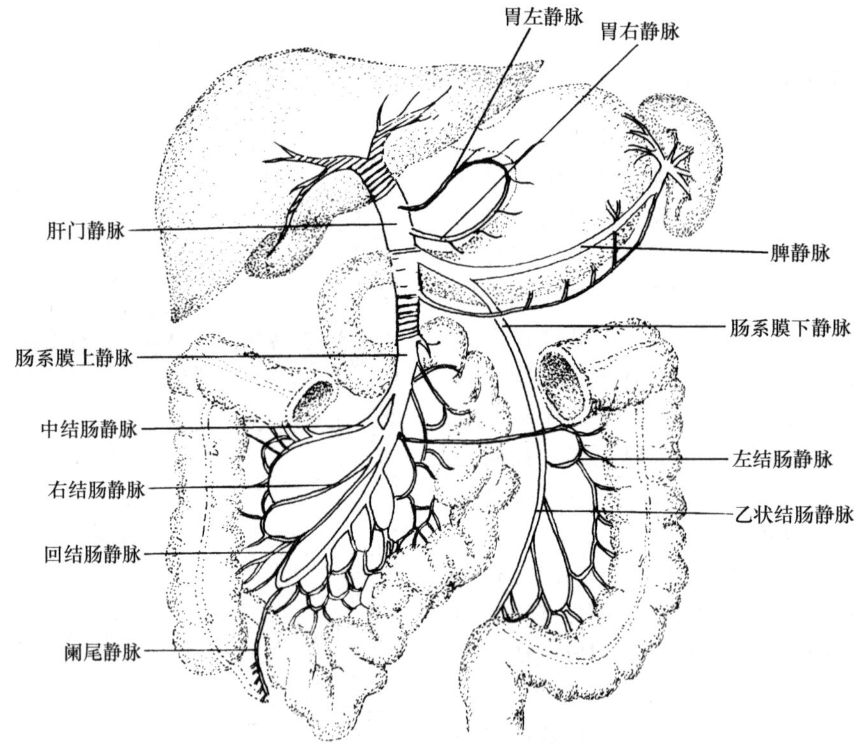

图 6-107 肝门静脉系

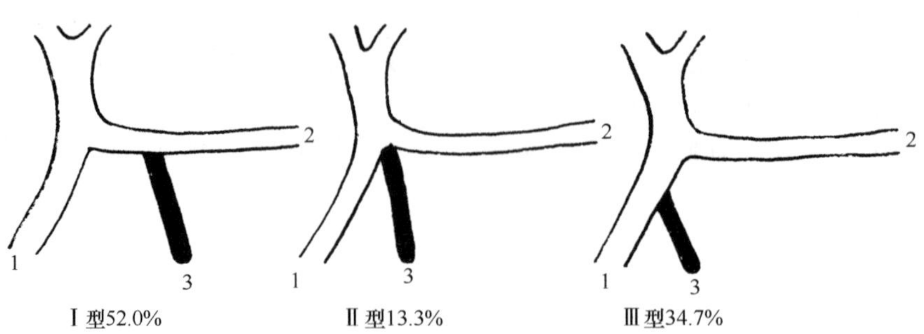

图 6-108 肠系膜下静脉汇入部位类型(519 例分析)

1. 肠系膜上静脉;2. 脾静脉;3. 肠系膜下静脉

笔记栏

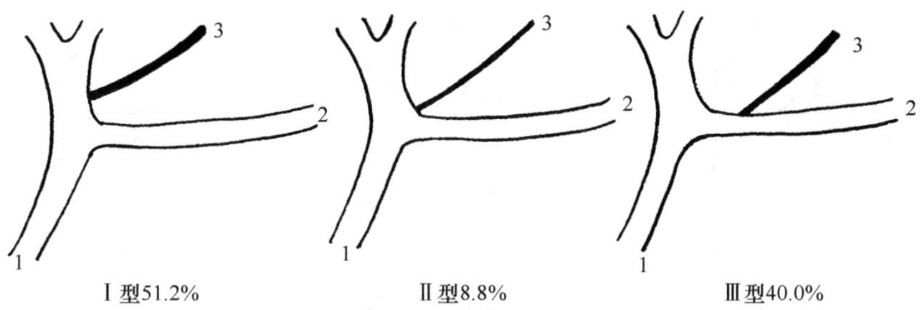

图 6-109 胃左静脉汇入部位类型(479 例分析)

1. 肠系膜上静脉;2. 脾静脉;3. 胃左静脉

(二)毗邻

肝门静脉自胰腺的后方上行,经十二指肠上部的深面进入肝十二指肠韧带,然后继续上行达第一肝门,分为左、右两支,分别进入左、右半肝。肝门静脉行于肝十二指肠韧带内,其右前方为胆总管,左前方为肝固有动脉,后方隔**网膜孔(Winslow 孔)**与下腔静脉相对,肝门静脉的方向多与下腔静脉交叉成角,少数为二者前后平行。

(三)属支

肝门静脉的属支主要有肠系膜上静脉、脾静脉、胃左静脉和肠系膜下静脉。此外还有胃右静脉、胆囊静脉和附脐静脉。上述属支,除胆囊静脉、附脐静脉为数条细小静脉外,主要属支基本与各自的同名动脉伴行。

肠系膜上静脉(superior mesenteric vein)伴行于同名动脉的右侧,沿肠系膜根上行,经十二指肠水平部的前面,至胰颈的后方与脾静脉汇合,形成肝门静脉。外科剖露肠系膜上静脉时,需将横结肠及其系膜提起,在十二指肠水平部的前面,触及肠系膜上动脉的搏动,即可确定该静脉的位置,切开小肠系膜根即可找到肠系膜上静脉。

肠系膜上静脉外科干是回结肠静脉与**Henle 干**(右结肠静脉与胃网膜右静脉的汇合支)之间的一段肠系膜上静脉。肝门静脉高压症有时用此段行肠系膜上静脉与下腔静脉分流术。

据统计,外科干有 8 种类型。其中属常见型者占 44.4%(图 6-110),此型的外科干有足够的长度(2cm 以上)及管径,可顺利地进行分流术。其余各类型均有不同程度的变异,对手术有一定的影响,其中仅有少数(7.8%)因外科干短(不足 1cm)或因无外科干及动、静脉完全重叠等(图 6-110),不能施行此种分流术。

脾静脉(splenic vein,详见脾的血管)除收集肠系膜下静脉和胰腺的多数小静脉支外,还常有胃后静脉汇入其中。

据统计,胃后静脉的出现为 60%~80%。其引流区为胃后壁的上部(稍偏小弯侧)。胃后静脉离开胃后壁,经胃膈韧带在网膜囊后壁的腹膜后面伴同名动脉下行,其汇入部位有 3 种类型(图 6-111):汇入脾静脉者占 46%;汇入脾静脉上极支者占 48%;胃后静脉有 2 支,分别汇入脾静脉及脾静脉上极支者占 6%。当肝门静脉高压症时,胃后静脉是造成食管胃底静脉曲张及出血的血管之一。因此,对本症施行断流术时,应注意结扎胃后静脉。

胃左静脉与胃左动脉伴行,收集胃小弯侧胃前、后壁的静脉支,离开胃壁进入胃胰襞内并转弯向右下。于转弯处的凸侧收集食管静脉支。胃左静脉多直接汇入肝门静脉,其余汇入脾静脉或肝门静脉、脾静脉的上交角处(门脾角,图 6-112)。

当肝门静脉高压症施行断流等手术显露胃左静脉时,必须首先切开肝胃韧带,才能找到胃胰襞(图 6-113),再切开胃胰襞后,即可见到胃左静脉及食管静脉支汇入胃左静脉的部位,给以相应处理。胃左静脉有少数变异(图 6-112);胃左静脉缺如,代之以粗大的胃右静脉;胃底食管支型;肝内型,即胃左静脉汇入肝门静脉左支。

肠系膜下静脉(inferior mesenteric vein)与同名动脉伴行,至胰腺的后方汇入脾静脉。但有的汇入肠系膜上静脉,或汇入肠系膜上静脉与脾静脉交角处(图 6-111)。

(四)肝门静脉与腔静脉间的吻合

肝门静脉与腔静脉系统之间,存在广泛的侧支吻合,这些吻合支,在正常情况下不开放,但在肝门静脉高压症时,则开放形成侧支循环,使肝门静脉系统部分血液导入腔静脉,从而降低肝门静脉的压力。门腔静脉间的侧支循环有四个途径(图 6-114)。

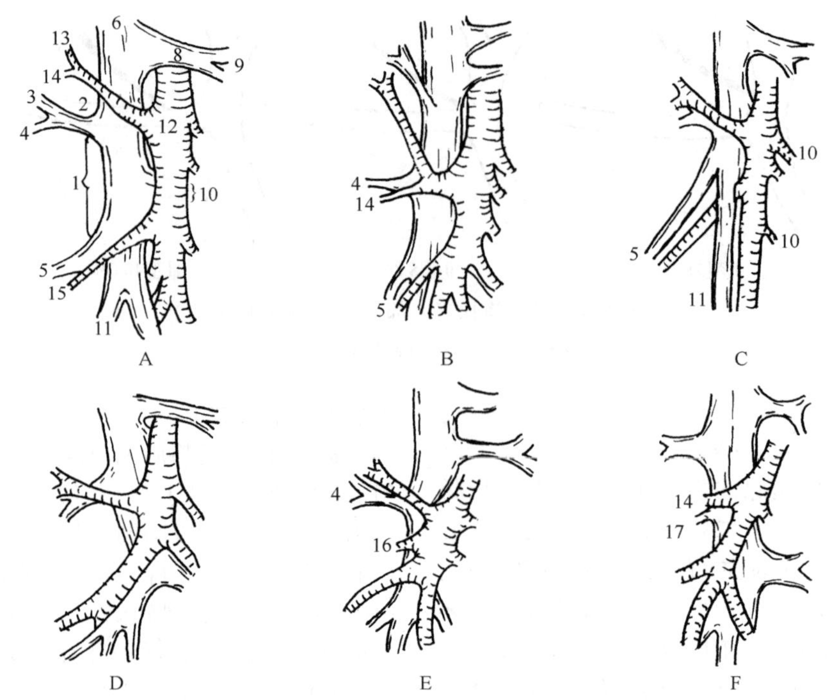

图 6-110　外科干及其变异

A. 常见的外科干；B. 外科干短且分叉；C. 无外科干；D. 肠系膜上动脉位于外科干前方并绕至其右侧；E、F. 肠系膜上动脉位于外科干前方并有动脉分支横过外科干；D～F. 动、静脉重叠

1. 外科干；2. Henle 干；3. 胃网膜右静脉；4. 右结肠静脉；5. 回结肠静脉；6. 肝门静脉；7. 肠系膜上静脉；8. 脾静脉；9. 肠系膜下静脉；10. 空肠静脉；11. 回肠静脉；12. 肠系膜上动脉；13. 中结肠动脉；14. 右结肠动脉；15. 回结肠动脉；16. 右结肠中动脉；17. 右结肠中静脉

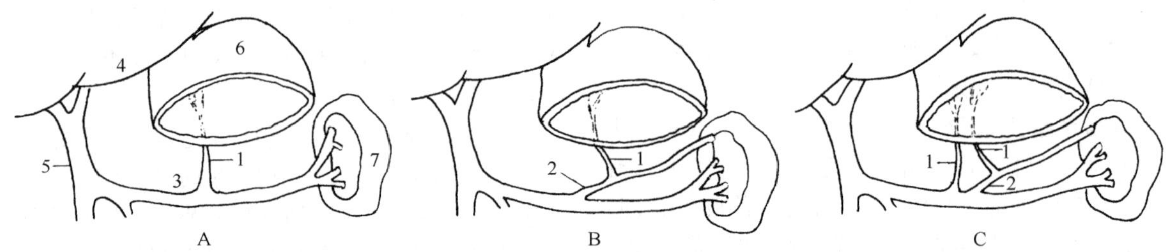

图 6-111　胃后静脉汇入类型

A. 胃后静脉汇入脾静脉；B. 胃后静脉汇入脾静脉上极支；C. 2 支胃后静脉分别汇入脾静脉及脾静脉上极支

1. 胃后静脉；2. 脾静脉上极支；3. 脾静脉；4. 肝；5. 肝门静脉；6. 胃；7. 脾

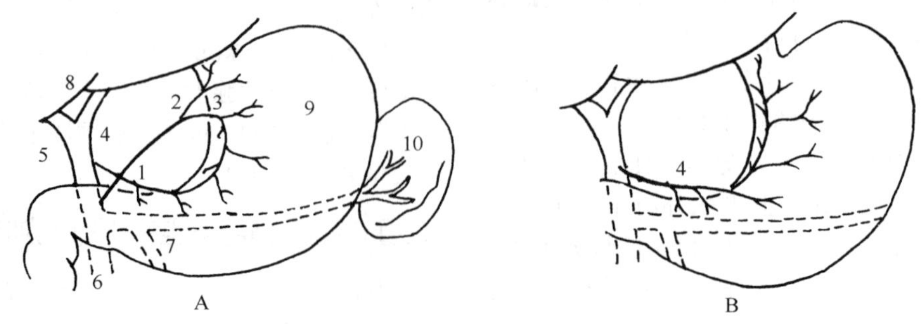

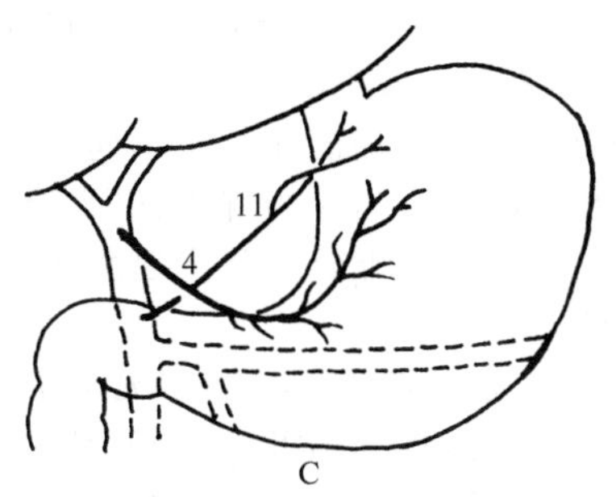

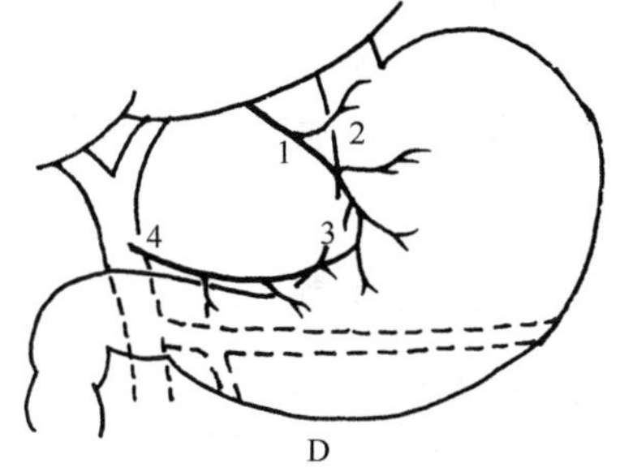

图 6-112　胃左静脉及其变异类型

A. 胃左静脉直接汇入门静脉；B. 胃左静脉缺如型；C. 胃底食管支型；D. 肝内型

1. 胃左静脉；2. 食管支；3. 胃壁支；4. 胃右静脉；5. 肝门静脉；6. 肠系膜上静脉；7. 肠系膜下静脉；8. 肝；9. 胃；10. 脾；11. 胃底食管支

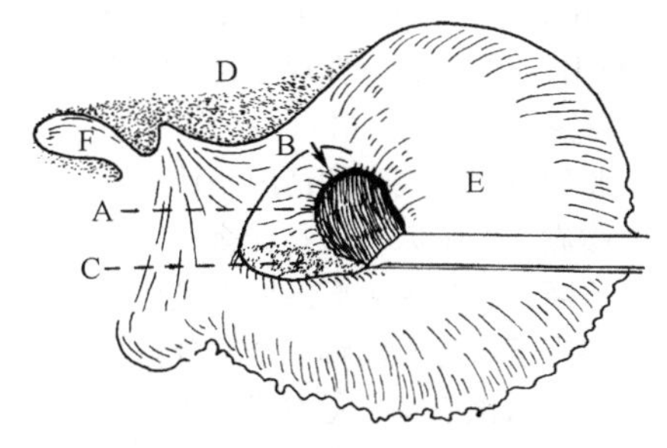

图 6-113　胃左静脉的外科标志——胃胰襞

（小网膜已切开，向下牵拉胃显露胃胰襞）

A. 胃胰襞；B. 小网膜切开缘；C. 胰；D. 肝；E. 胃；F. 胆囊

（1）肝门静脉系统的胃左静脉、胃短静脉和胃后静脉，在食管下段和胃底处，与腔静脉系统奇静脉的食管静脉相吻合。在肝门静脉高压症时，血液可经胃左静脉至食管静脉、奇静脉流入上腔静脉，因此可发生食管、胃底静脉曲张。曲张的静脉易受物理性或化学性损伤和黏膜面溃疡糜烂而破裂，引起急性大出血。曲张的静脉破裂后，常因管壁薄弱缺乏弹性收缩，自动止血的机会较少，故须施行门奇静脉断流等手术，可得到一定的止血效果。

（2）肝门静脉系统的肠系膜下静脉的直肠上静脉，在直肠下段与腔静脉系统的髂内静脉的直肠中、下静脉相吻合，在肝门静脉高压症时，直肠下段静脉可曲张成痔。

（3）肝门静脉系统的附脐静脉，在脐周围与腹壁上静脉及胸腹壁静脉相吻合，与上腔静脉相交通。同时又与腹壁下静脉及腹壁浅静脉相吻合，而与下腔静脉相交通。在肝门静脉高压症时，位于脐周围的腹壁浅表静脉可发生曲张，称为“海蛇头”。

（4）肝门静脉系统的脾静脉，肠系膜上、下静脉以及升、降结肠和十二指肠、胰、肝等脏器的小静脉，在腹膜后与腔静脉系统的腰静脉、低位的肋间后静脉、膈下静脉及睾丸（卵巢）静脉等相吻合，形成 Retzius 静脉。当肝门静脉高压症时，均可曲张和增多，以降低肝门静脉的高压。手术中应尽量保护这些曲张的 Retzius 静脉，如有损伤应彻底止血。

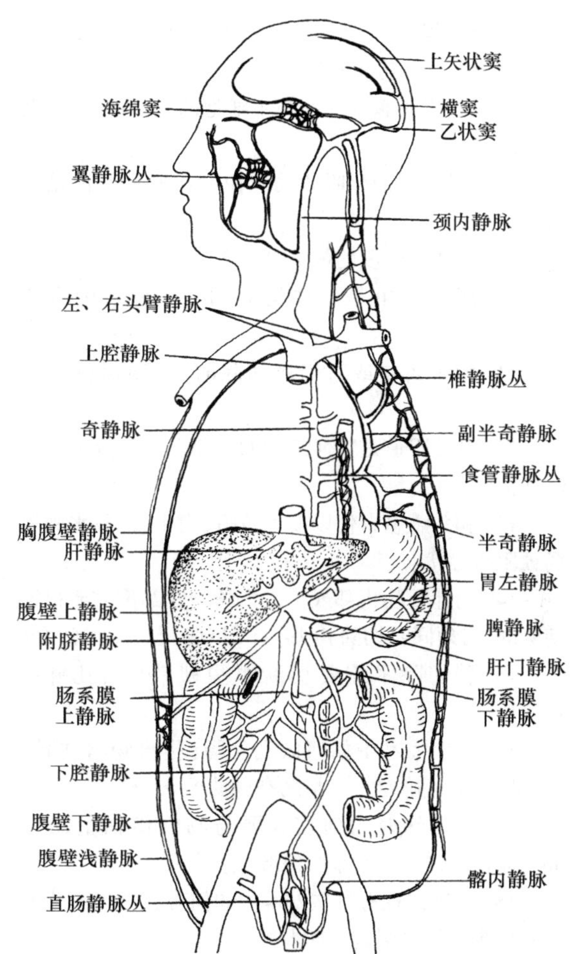

图 6-114　肝门静脉、腔静脉间的侧支循环

（五）肝门静脉特点

肝门静脉与一般静脉不同，它的始末均为毛细血管。一端始于胃、肠、胰、脾的毛细血管网，

另一端终于肝小叶内的血窦，而且肝门静脉及其属支均缺乏瓣膜。由于这些特点，无论肝内或肝外的门静脉阻塞，均可引起血液逆流，导致肝门静脉高压症。

复习思考题

1. 胃后壁与哪些结构相毗邻？

2. 手术时如何判定胃与十二指肠的分界线？

3. 依解剖形态特点回答胃十二指肠溃疡穿孔为什么可引起右下腹疼痛而需与急性阑尾炎相鉴别？

4. 叙述胃的动脉供应、静脉回流以及淋巴引流。

5. 为什么说高选择性迷走神经切断术是治疗十二指肠溃疡较为理想的方法？

6. 从组织学角度比较食管、胃底、小肠、结肠的黏膜结构特点及其功能的相关性。

7. 简述胃底腺壁细胞与主细胞的光、电镜结构及其功能。

8. 试从小肠消化吸收功能说明小肠黏膜的结构特征。

9. 肝分叶、分段的依据是什么？怎样划分？

10. 胆囊三角是怎样构成的？在手术中有何意义？

11. 为什么左或右半肝切除时，均须保留肝中静脉？

12. 肝外胆道是如何组成的？胆总管的分段及毗邻如何？

13. 胰头癌患者何以发生黄疸、腹水、下肢水肿及肠梗阻等症状？

14. 为什么胰头部或十二指肠壶腹部癌需要根治切除时，必须同时切除胰头、十二指肠及一段胆总管？

15. 脾切除术需要切断哪些韧带？结扎哪些血管？

16. 腹腔手术中如何区别大肠（指盲肠与结肠）与小肠？如何确定十二指肠空肠曲？

17. 肠切除时为何切线要与肠管横轴呈20°~30°，即切除较多的对系膜缘肠壁？

18. 阑尾位置有哪些？术中如何寻找阑尾？化脓性阑尾炎为何易引起肝脓肿？

19. 结肠的血液供应如何？有何特点？

20. 肝门静脉高压时，门腔静脉间有哪些侧支循环途径？可能出现哪些症状和体征？

21. 请从肝门静脉的解剖特点，说明右半肝脓肿多于左半肝的原因？

22. 试述肝门静脉的组成、毗邻、主要属支及结构特点。

23. 何谓胰岛？简述胰岛的细胞组成及其功能。

24. 简述肝的微细结构及其功能。

25. 简述肝细胞光、电镜结构及与肝功能的关系。

26. 病例1. 患者，女性，40岁，患有慢性阿米巴病12年。此次急性腹痛5小时，伴频繁血性大便。疼痛以右上腹部显著，同时放散至右侧肩部。查体：T39.0℃。全腹压痛，肝大，达右肋弓下5cm。白细胞计数22×10^9/L。肝右叶穿刺抽出脓液，镜检阿米巴滋养体阳性。诊断为肠阿米巴痢疾，并发肝脓肿。请问：

（1）肠阿米巴感染如何蔓延至肝？

（2）肝脓肿破溃可能累及的器官有哪些？

（3）常见穿刺部位有哪些？

（4）如果需要切除部分肝脏，如何选择切除范围？

27. 病例2. 患者，男性，45岁，肥胖，以“间断右上腹绞痛，发热8小时”为主述就诊。查体：T 39.5℃，P 120次/分，R 21次/分，BP 120/75mmHg。右上腹压痛，Murphy征阳性。超声检查发现胆囊管内结石嵌顿。于腹腔镜下行胆囊摘除术。请问：

（1）此病例中胆囊炎的诱因是什么？

（2）胆囊炎的临床表现是什么？

（3）诊断胆石症最主要的依据是什么？

（4）超声下可见胆囊哪三个部分？

（5）为什么该患者感觉右肩部疼痛？

（6）在腹腔镜胆囊切除术中，外科医生必须清楚胆囊三角（Calot三角）的解剖，请指出胆囊三角的界限。

28. 病例3. 患者，男性，50岁，长期酗酒。以“呕血1小时”为主诉入院。查体：HR122次/分，BP85/55mmHg。面色灰暗，巩膜黄染。颈部、上肢、躯干见蜘蛛痔。腹部膨隆，以脐为中心放射状迂曲扩张静脉，脾大，移动性浊音阳性。诊断：肝硬化，肝门静脉高压。请问：

（1）从肝门静脉的解剖特点出发，解释如下症状：呕血，海蛇头，内痔。

（2）腹水和脾大的原因是什么？

（3）请列出可能降低肝门静脉压的方法？

29. 病例4. 患者，男性，35岁，剧烈上腹痛2小时，并向右肩部放射。既往胃溃疡病史10年，药物治疗。根据病史和体格检查，怀疑胃溃疡穿孔。急诊行剖腹探查。术中见胃后壁近小弯侧穿孔，行穿孔修补，迷走神经切断术。为了显露胃后壁，结扎并切断胃左动脉。请问：

（1）该病例中，胃液最容易损伤哪些组织或器官？

（2）为什么该患者除腹痛外还会感觉右肩部疼痛？

（3）什么是迷走神经切断术？为什么要行该手术？

（4）手术时结扎了胃左动脉，如何保证胃能够得到充足的血运？

（5）腹腔干分支的变异是很常见的，也是外科医生非常重视的结构。假设在这个病例中，肝总动脉起自胃左动脉(这是非常罕见的情况),而医生还必须结扎胃左动脉,这将如何影响胃及其他脏器的血运?

30. 病例5. 患者,男性,40岁。上腹疼痛、反酸8年,呕吐9个月。胃镜诊断:浅表性胃炎伴胃潴留,十二指肠炎。胃肠透视:十二指肠降段起始部狭窄。结合溃疡病史,考虑为十二指肠球后溃疡瘢痕性狭窄梗阻。行狭窄环部分切除、十二指肠成型术。请问:

(1) 该病例需与何疾病鉴别诊断?

(2) 术中需要注意什么?

(3) 如术中需行胃空肠吻合,如何寻找空肠?

31. 病例6. 患者,男性,70岁。平素体健。近一个月黄疸进行性加重,排便次数增加,为灰白色脂肪便,体重减轻,背痛。血生化提示为梗阻性黄疸。腹部超声示胰头部肿物,进一步CT检查证实胰腺癌。经会诊后认为肿瘤无法切除,决定行胆囊空肠吻合术(姑息性手术),解决梗阻及由伴随黄疸而产生的不适及皮肤瘙痒。请问:

(1) 胰头部肿瘤是如何导致黄疸的?

(2) 胰头癌引起背痛的原理是什么?

(3) 胰腺癌经常转移至肝脏,引起显著肝大。为什么肝脏是最常见的转移器官?

(4) 胰腺周围还有什么器官容易被侵犯?

(5) 请叙述胰腺头的血供。

32. 病例7. 患者,男性,50岁,诉腹部疼痛22小时,伴恶心、呕吐。既往阑尾炎手术史。查体:T39℃,BP110/70 mmHg,HR90次/分。腹胀,全腹压痛,无反跳痛肌紧张,听诊肠鸣音活跃。实验室检查示:WBC 14.0×10^9/L,立位腹平片示:小肠梗阻伴肠管扩张,小肠内可见多个液气平面,远端结肠内缺少气体。诊断为肠梗阻,欲手术治疗。请问:

(1) 何为小肠梗阻?小肠梗阻的常见原因是什么?

(2) 哪些临床表现支持小肠梗阻的诊断?

(3) 哪些影像学表现支持该诊断?

(4) 蓄积在肠管内的气体是什么?

(5) 单纯性肠梗阻和绞窄性肠梗阻的区别是什么?

(6) 如需手术,如何切除梗阻肠段?

(7) 术中如何区分空回肠?

33. 病例8. 患者,女性,25岁,以"脐周疼痛加剧6~8小时,现转移至右下腹"为主诉来急诊。患者最初恶心,随疼痛增加出现呕吐、食欲减退。查体:腹部无膨隆,肠鸣音活跃,有压痛,反跳痛,右下腹肌紧张。患者低热,实验室检查血白细胞增高。诊断为急性阑尾炎,准备行阑尾切除术。请问:

(1) 易发生阑尾炎的解剖学因素有哪些?

(2) 阑尾的常见位置有哪些?

(3) 术中如何寻找阑尾?

(4) 阑尾炎为何能引起肝脓肿?

第4节 腹 膜

一、概 述

腹膜(peritoneum)为全身面积最大、配布最复杂的浆膜,由间皮及少量结缔组织构成,薄而光滑,呈半透明状。衬于腹、盆腔壁内表面的腹膜称为**壁腹膜**(parietal peritoneum)或腹膜壁层;覆盖腹、盆腔脏器表面的部分称为**脏腹膜**(visceral peritoneum)或腹膜脏层。脏腹膜与壁腹膜互相延续、移行,共同围成不规则的潜在性腔隙,称为**腹膜腔**(peritoneal cavity)。男性腹膜腔为一封闭的腔隙;女性腹膜腔则通过输卵管腹腔口,经输卵管、子宫、阴道与外界相通。壁腹膜较厚,与腹、盆壁之间还存有一层脂肪组织,称腹膜下筋膜。脏腹膜紧贴覆于脏器表面,从组织结构和功能方面都可视为器官的一部分,如胃、肠壁最外层的浆膜即为脏腹膜。腹腔和腹膜腔在解剖学上是两个不同而又相关的概念。腹腔是指小骨盆上口以上由腹壁围成的腔,而腹膜腔则是脏、壁腹膜之间的潜在性腔隙,内含少量的浆液。腹腔内的脏器实际上均位于腹膜腔之外。临床应用时,对这两个概念的区分常不严格。

正常情况下,腹膜产生少量浆液(100~200ml),起润滑和减少脏器间摩擦的作用。腹膜也有吸收能力,能吸收腹膜腔内的液体和空气等,腹上部腹膜的吸收力较下部强,所以腹部炎症或手术后的病人多取半卧位,使有害液体流至下腹部,以减缓腹膜对有害物质的吸收。腹膜和腹膜腔内浆液中含有大量巨噬细胞,有防御功能。腹膜还具有很强的修复和再生能力,所分泌浆液中纤维素的粘连作用,可促进伤口的愈合和炎症的局限,但若手术操作粗暴,也可因此作用而造成肠袢纤维性粘连等后遗症。腹膜所形成的韧带、系膜等结构还有固定和支持脏器的作用。总之,腹膜具有分泌、吸收、保护、支持、修复等多种功能(图6-115)。

二、腹膜与腹、盆腔脏器的关系

根据脏器被腹膜覆盖范围的大小不同,可将腹、盆腔脏器分为三类,即腹膜内位器官、腹膜间位器官和腹膜外位器官(图6-116)。

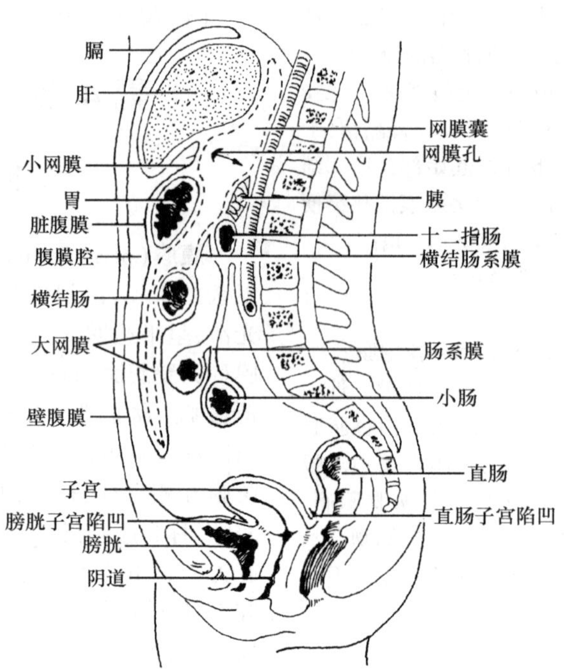

图 6-115 腹膜腔矢状面示意图(女)

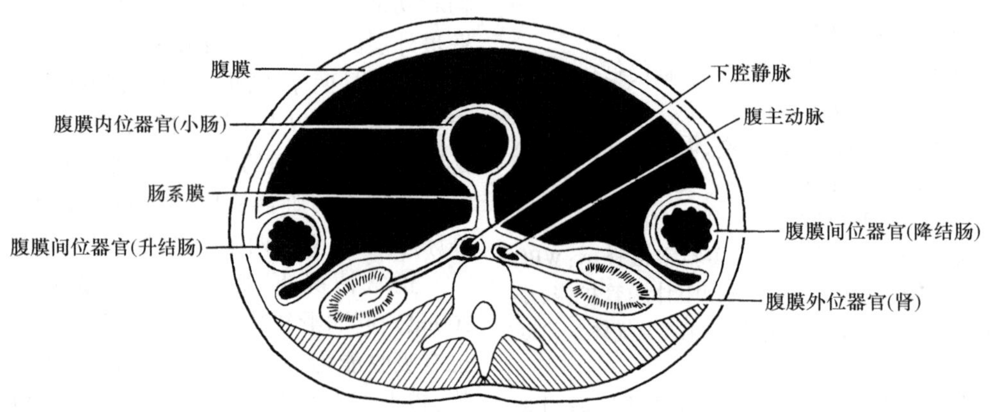

图 6-116 腹膜与脏器的关系示意图(水平切面)

(一)腹膜内位器官

腹膜内位器官是指器官全部突向腹膜腔,各面均被腹膜所覆盖的器官,如胃、十二指肠上部、空肠、回肠、盲肠、阑尾、横结肠、乙状结肠、脾、卵巢、输卵管等。

(二)腹膜间位器官

腹膜间位器官是指大部分被腹膜覆盖,仅少部分未被腹膜覆盖的器官,如肝、胆囊、升结肠、降结肠、直肠上段、子宫、膀胱等。

(三)腹膜外位器官

腹膜外位器官是指仅一面被腹膜覆盖,其余面均不覆盖腹膜的器官,如肾、肾上腺、输尿管、胰、十二指肠降部和下部、直肠中下部等。

笔记栏

了解脏器与腹膜的关系,有重要的临床意义,如腹膜内位器官,若行手术必须通过腹膜腔,而肾、输尿管等腹膜外位器官则不必打开腹膜腔便可进行手术,从而避免腹膜腔的感染或术后黏连。

三、腹膜形成的网膜、系膜和韧带

腹膜由腹、盆壁内面移行于脏器表面或由一个脏器移行至另一个脏器表面的过程中,形成网膜、系膜和韧带。这些结构不仅对器官起着连接和固定的作用,也是血管、神经出入脏器的途径。

(一)网膜

由双层腹膜构成,薄而透明,两层腹膜间夹有血管、神经、淋巴管及结缔组织等。

1. 小网膜(lesser omentum) 是自肝门向下

移行至胃小弯和十二指肠上部的双层腹膜结构。其左侧部从肝门至胃小弯，也称**肝胃韧带**（hepatogastric ligament）其内含有胃左和胃右血管、胃左和胃右淋巴结及至胃的神经等。小网膜的右侧部连接肝门与十二指肠上部，也称**肝十二指肠韧带**（hepatoduodenal ligament）其内有出入肝的重要管道系统，即右前方的胆总管、左前方的肝固有动脉和两者后方的肝门静脉及淋巴和神经组织。小网膜游离缘后方为**网膜孔**（omental foramen），通过网膜孔可进入胃后方的网膜囊，另外，当肝破裂出血时，可压迫小网膜右侧部内的门静脉和肝动脉，暂时减少肝的出血量（图 6-117、图 6-119）。

2. 大网膜（greater omentum） 是连于胃大弯和横结肠之间的双层腹膜结构（图 6-117）。形似围裙覆盖于空、回肠和横结肠前方，其左缘与胃脾韧带相延续。胃前、后壁的脏腹膜自胃大弯和十二指肠上部向下延续构成了大网膜的前叶（双层腹膜），下垂至横结肠时，不完全地贴附于横结肠的表面，这一段大网膜前叶又另称为**胃结肠韧带**（gastrocolic ligament），大网膜前叶继续下垂一段后，向后上返折形成了大网膜的后叶（双层腹膜），向后上连于横结肠并叠合成为横结肠的系膜。大网膜前、后叶间的腔隙是网膜囊的下部，随着年龄的增长，大网膜前后两叶常黏连愈着，致使其间的网膜囊下部消失。大网膜前叶或后叶的两层腹膜间含有许多血管分支，胃大弯下约 1cm 处可见胃网膜左、右血管，它们分别向胃及大网膜发出分支，沿大网膜血管分支附近多有脂肪沉积并含许多巨噬细胞，后者有重要防御功能。活体状态下，大网膜的下垂部分常可移动位置，当腹膜腔内有炎症时，常由于大网膜的黏连、包绕而限制了炎症的扩散。小儿的大网膜较短不易发挥上述作用，故小儿常易患弥漫性腹膜炎。大网膜的血管常用作心冠状动脉桥接术中的供体血管。整形外科常使用带血管蒂的大网膜片铺盖胸、腹壁或颅骨创面作为植皮的基础。

3. 网膜囊（omental bursa） 是位于小网膜和胃后方的扁窄间隙，又称小腹膜腔。网膜囊以外的腹膜腔大部分则称大腹膜腔。网膜囊上壁为肝尾叶及隔下方的腹膜。前壁由上向下依次为小网膜、胃后壁腹膜和大网膜前叶。下壁为大网膜的前、后叶返折部。后壁由下向上依次为大网膜后叶、横结肠及其系膜以及覆盖胰、左肾、左肾上腺等处的腹膜。左侧壁为脾、胃脾韧带和脾肾韧带。网膜囊右侧借网膜孔与腹膜腔其余部分相通，此孔高度约在第 12 胸椎至第 2 腰椎体前方的范围内。网膜孔上界为肝尾叶，下界为十二指肠上部，前界为肝十二指肠韧带，后界为腹膜覆盖的下腔静脉。成人网膜孔可容 1~2 指。网膜囊位置较深，胃后壁穿孔时，胃内容物常局限于此囊内，给早期诊断带来一定困难（图 6-117、图 6-118）。

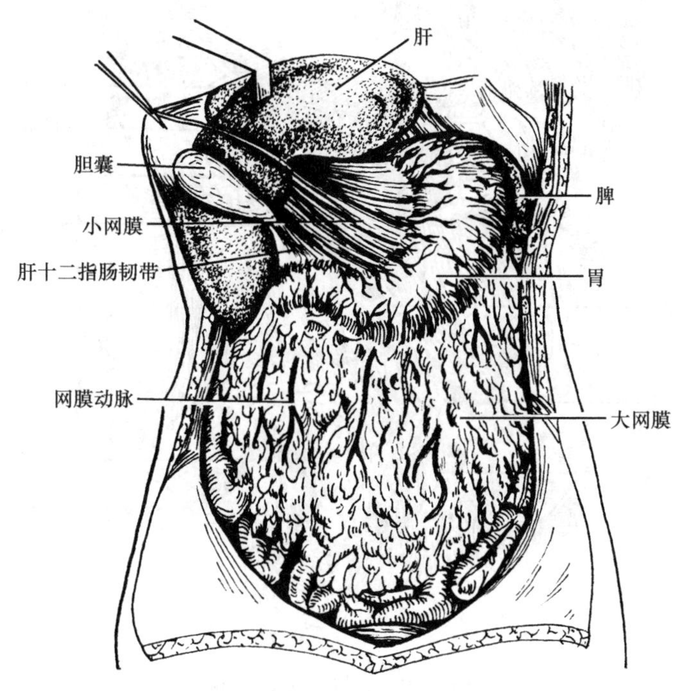

图 6-117 网膜

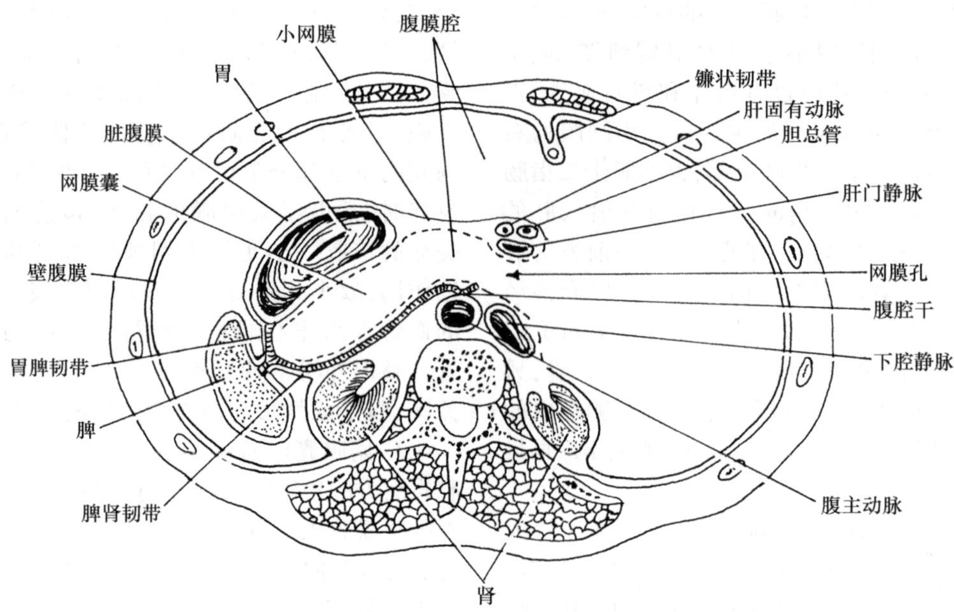

图 6-118 腹膜腔横切面示意图(通过网膜孔)

(二)系膜

由于壁、脏腹膜相互延续移行,形成许多将器官系连固定于腹、盆壁的双层腹膜结构称为系膜,其内含有出入器官的血管、神经及淋巴管和淋巴结等。主要的系膜有肠系膜、阑尾系膜、横结肠系膜和乙状结肠系膜等(图 6-119)。

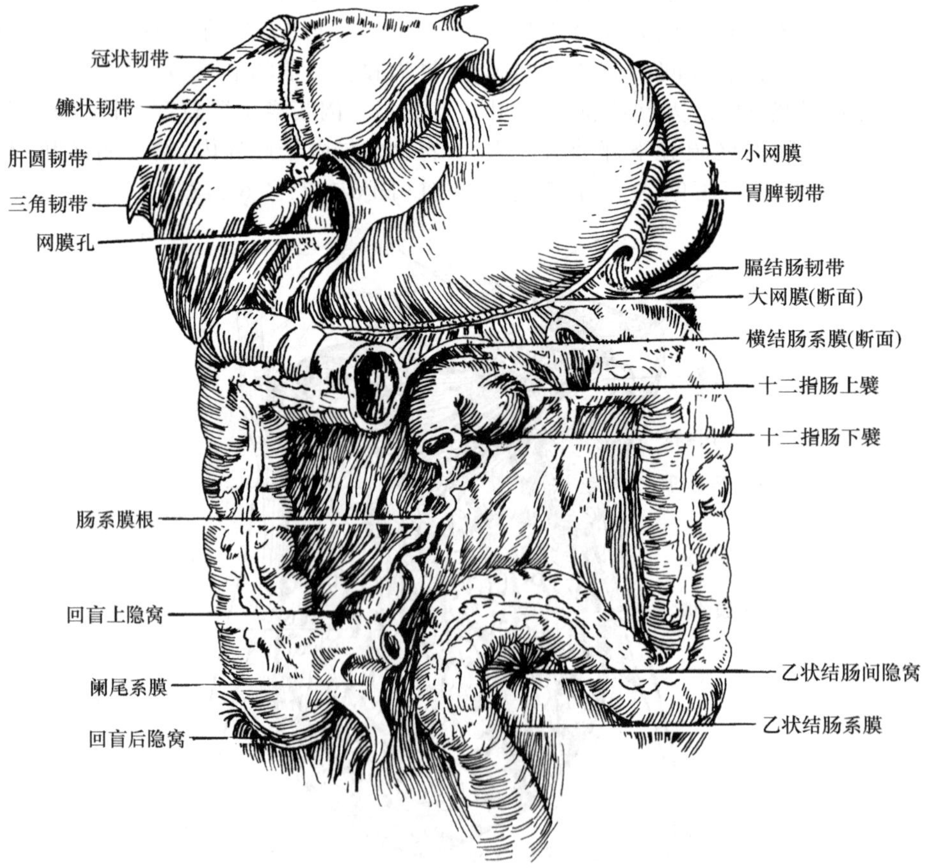

图 6-119 腹膜形成的结构

1. 肠系膜(mesentery) 是将空、回肠系连固定于腹后壁的双层腹膜结构，面积较大，整体呈折扇形，其附着于腹后壁的部分称为**肠系膜根**(radix of mesentery)，长约15cm，自第2腰椎左侧起，斜向右下跨过脊柱及其前方，止于右骶髂关节前方。系膜的肠缘系连空、回肠，长达6～7m，由于肠系膜根与其肠缘长度相差悬殊，故肠系膜形成许多皱褶。肠系膜长而宽阔，使其系连的空、回肠具有较大的活动度，当肠蠕动失调时易造成系膜和肠袢的扭转。系膜的两层腹膜间含有肠系膜上血管的分支和属支、淋巴管、神经丛及脂肪，还有大量的肠系膜淋巴结(图6-119)。

2. 阑尾系膜(mesoappendix) 呈三角形，将阑尾系连于肠系膜下方，阑尾的血管、淋巴管、神经走行于系膜的游离缘内，故阑尾切除时，应从系膜游离缘进行游离、结扎血管(图6-119)。

3. 横结肠系膜(transverse mesocolon) 是将横结肠系连于腹后壁的横位腹膜结构，其根部自结肠右曲起始，向左跨右肾中部、十二指肠降部、胰头等器官前方，沿胰前缘达左肾前方，直至结肠左曲止。通常以横结肠系膜为标志将腹膜腔划分为结肠上区、结肠下区两部分。横结肠系膜内含有中结肠血管、淋巴管、淋巴结和神经丛等(图6-119)。

4. 乙状结肠系膜(sigmoid mesocolon) 是将乙状结肠固定于左下腹部的双层腹膜结构，其根部附着于左髂窝和骨盆左后壁。系膜较长，故乙状结肠活动度较大，是系膜扭转产生肠梗阻的易发部位。系膜内含有乙状结肠和直肠上血管、淋巴管、淋巴结和神经丛(图6-119)。

由于胚胎发生方面的原因，升、降结肠也可能出现系膜，此时的升、降结肠则成为腹膜内位器官，有一定的活动性。

(三) 韧带

腹膜所形成的韧带不同于骨连结中的韧带，它是连接腹、盆壁与脏器之间或连接相邻脏器之间的腹膜结构，多数为双层腹膜，少数为单层腹膜，对脏器有固定作用，有的韧带内含血管和神经。

1. 肝的韧带 位于肝下方的肝胃韧带和肝十二指肠韧带前已述及，肝上方有镰状韧带、冠状韧带和左，右三角韧带。

镰状韧带(falciform ligament of liver)是位于膈穹隆下方与肝上面之间矢状位的双层腹膜结构，位于前正中线右侧，其前部沿腹前壁上份向下连于脐，侧面观呈镰刀状。其游离的下缘肥厚，内含肝圆韧带，后者由胚胎时的脐静脉闭锁后形成。由于该静脉生后常未完全闭塞，临床曾利用此管道作门静脉造影或对肝癌进行化学治疗。由于镰状韧带偏中线右侧，脐上腹壁正中切口需向脐方向延长时，应偏向中线左侧，避免伤及肝圆韧带及其中的血管。

冠状韧带(coronary ligament)呈冠状位，分前、后两层，由膈下及肝上面的腹膜移行而成。前层向前与镰状韧带相延续，前、后两层间的肝表面未被腹膜覆盖称为肝裸区。冠状韧带左、右两端处，前、后两层彼此黏合增厚形成了**左、右三角韧带**(left, right triangular ligament)，左三角韧带中通常含有肝纤维附件，后者是新生儿特有的肝残留物。

2. 脾的韧带 包括胃脾韧带、脾肾韧带和膈脾韧带。**胃脾韧带**(gastrosplenic ligament)是连于胃底和脾门之间的双层腹膜结构，向下与大网膜左侧部延续，韧带内含胃短血管和胃网膜左血管起始段及脾和胰的淋巴管、淋巴结等。**脾肾韧带**(splenorenal ligament)是自脾门至左肾前面的双层腹膜结构，韧带内含胰尾及脾血管、淋巴管、神经丛等。膈脾韧带(phrenicosplenic ligament)是脾肾韧带向上连于膈下面的结构，由膈与脾之间的腹膜构成(图6-119)。

3. 胃的韧带 包括肝胃韧带、胃脾韧带、胃结肠韧带和胃膈韧带等。前三者如前述，**胃膈韧带**(gastrophrenic ligament)是胃贲门左侧、食管腹段连于隔下面的腹膜结构。

另外，还有**膈结肠韧带**(phrenicocolic ligament)为膈与结肠左曲之间的腹膜结构，可固定结肠左曲并从下方承托脾(图6-119)。

四、腹膜皱襞、隐窝和陷凹

腹膜皱襞是脏器之间或脏器与腹壁之间腹膜形成的隆起，其深部常有血管走行。在腹膜皱襞之间或皱襞与腹、盆壁之间的凹陷称隐窝，较大的隐窝则称陷凹。

(一) 腹后壁的皱襞和隐窝

在胃后方、十二指肠、盲肠和乙状结肠系膜附近有较多的皱壁和隐窝(图6-119)，其大小和深浅可随年龄不同或腹膜外脂肪的多少而变化。**十二指肠上襞**位于十二指肠升部左侧，相当第2腰椎平面，呈半月形，下缘游离。皱壁深面为口向下方的**十二指肠上隐窝**(国人出现率50%)，其左侧有肠系膜下静脉通行于壁腹膜深面。此隐窝下方有三角形的**十二指肠下襞**,其上缘游离。此皱襞深面为口向上的十二指肠下隐窝(国人出现率75%)。**盲肠后隐窝**位于盲肠后方,盲肠后位的阑尾常位于其内。**乙状结肠间隐窝**位于乙状结肠左后方,在乙状结肠系膜与腹后壁之间,其后壁内有左输尿管经过。**肝肾隐窝**(hepatorenal recess)位于肝右叶下方与右肾之间,仰卧时为腹膜腔最低处,是液体易于积聚的部位。腹膜皱襞和隐窝较发达处是内疝好发部位。

(二)腹前壁的皱襞和隐窝

腹前壁内面有5条腹膜皱襞,均位于脐以下。正中为**脐正中襞**,位于脐与膀胱尖之间,内含脐尿管闭锁后形成的脐正中韧带。一对**脐内侧襞**位于脐正中襞两侧,内含脐动脉闭锁后形成的脐内侧韧带。**脐外侧襞**一对,分别位于左、右脐内侧襞的外侧,内含腹壁下动脉,故又称**腹壁动脉襞**。在腹股沟韧带上方,上述皱壁之间形成三对浅凹,由中线向外侧依次为**膀胱上窝**、**腹股沟内侧窝**和**腹股沟外侧窝**。后两窝分别与腹股沟管皮下环及腹股沟管腹环位置相对应(图6-120)。

(三)腹膜陷凹

主要的腹腹陷凹位于盆腔内(图6-115),男性在膀胱与直肠之间有**直肠膀胱陷凹**(rectovesical pouch),凹底距肛门约7.5cm。女性在膀胱与子宫之间有**膀胱子宫陷凹**(vesicouterine pouch);直肠与子宫之间为**直肠子宫陷凹**(rectouterine pouch),也称**Douglas腔**,较深与阴道后穹间仅隔以薄的阴道壁,凹底距肛门约3.5cm。站立或半卧位时,男性直肠膀胱陷凹和女性直肠子宫陷凹是腹膜腔最低部位,故积液多存在于这些陷凹内。

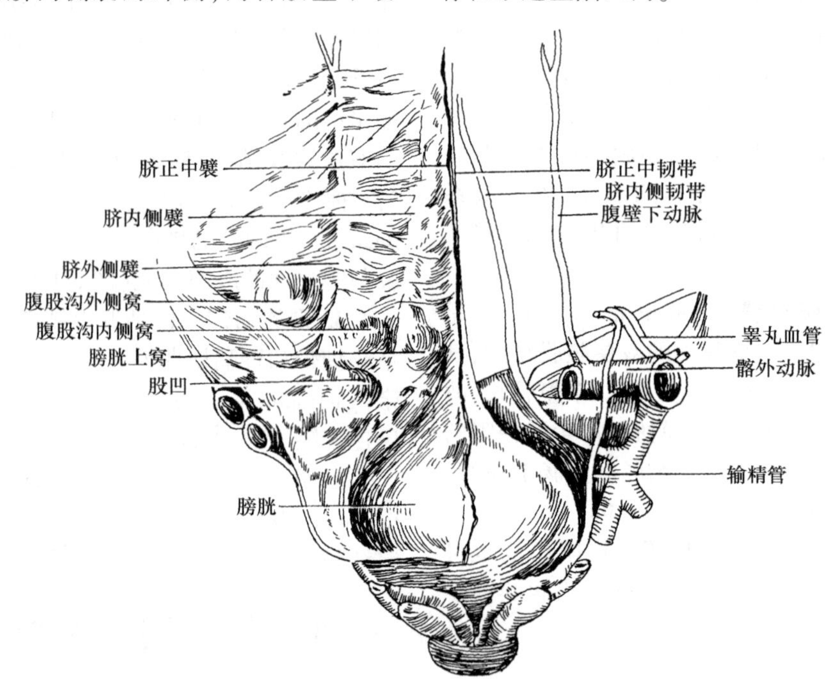

图6-120　腹前壁腹膜皱襞及隐窝

五、腹膜腔的分区和间隙

由于腹膜腔内诸器官和网膜、系膜、韧带诸结构的存在,常将潜在的腹膜腔划分成许多区域和间隙,临床应用中有一定意义。以横结肠及其系膜为界,将腹膜腔分为结肠上区和结肠下区。

(一)结肠上区

含肝、胆囊、胃、脾等器官。结肠上区又以肝为界分为肝上间隙和肝下间隙。

1. 肝上间隙　位于膈下故又称膈下间隙。此间隙借矢状位的镰状韧带分为左肝上间隙和右肝上间隙。后者又以冠状韧带划分成三个间隙:即冠状韧带前方的右肝上前间隙,冠状韧带后方的右肝上后间隙,冠状韧带前、后层之间的肝裸区称腹膜外间隙。当肝裸区延伸达肝后缘时,致使右肝上后间隙几乎不存在。左肝上间隙以冠状韧带分为其前方的左肝上前间隙和后方的左肝上后间隙。

2. 肝下间隙　位于肝下方,借肝圆韧带分右肝下间隙和左肝下间隙,前者又称**肝肾隐窝**

(见前)。左肝下间隙又以小网膜和胃为界分为前方的左肝下前间隙和后方的左肝下后间隙，后者即**网膜囊**。

(二)结肠下区

此区主要有空肠、回肠、盲肠、阑尾、结肠等器官。常以肠系膜根和升、降结肠为标志划分为4个间隙。

1. 升结肠旁沟 位于升结肠外侧，向上可通连肝肾隐窝，向下可通连右髂窝及盆腔。阑尾炎穿孔时，脓液可沿升结肠旁沟流至肝肾隐窝，甚至形成膈下脓肿。

2. 降结肠旁沟 位于降结肠外侧。由于膈结肠韧带的存在，此沟一般不向上通连，向下可连通左髂窝和盆腔。

3. 右肠系膜窦 位于肠系膜根右上方与升结肠之间。由于下方有回肠末端相隔，故间隙内的炎性渗出物常积存于局部。

4. 左肠系膜窦 位于肠系膜根左下方与降结肠之间，间隙向下可通连盆腔。

复习思考题

1. 试述腹部、腹腔和腹膜腔的区别。
2. 试述腹膜与腹、盆腔脏器的关系。
3. 肝十二指肠韧带内有哪些重要结构？位置关系如何？术中怎样确认胆总管？
4. 怀疑胃后壁穿孔，手术时，医生欲探察胃后壁，最简单易行的入路切开什么腹膜结构才能见到胃后壁？胃后壁穿孔时胃内容物可流至何处？
5. 腹膜腔积液时在患者仰卧位和坐位时各自最易停留何处？
6. 依胰的位置毗邻关系，胰手术时切开腹壁进入腹膜腔后，到达胰的途径有哪些？
7. 腹膜炎症或腹部手术后的患者多采取半卧位，为什么？
8. 阑尾穿孔时脓液可流经何处？
9. 腹前壁内面脐以下有哪些皱襞、凹窝？有何临床意义？
10. 腹膜腔穿刺应于何处进行？为什么？

第5节 腹部的断面解剖和正常影像学

一、腹部的断面解剖

(一)第二肝门、胃底切面

本切面通过第十胸椎和第七胸肋关节切面。切面体壁围成体腔，体腔以膈为界分隔胸腔和腹腔，因膈呈向上膨隆，故在水平切面中，腹腔位于膈的内侧，胸腔位于膈的外侧。该层面显示中央的腹腔宽大，周围的胸腔狭小。肝占据腹腔大部，胃底仅占据左侧小部。切面经过第二肝门，第二肝门位于肝后缘中线偏右、肝脏的腔静脉窝处，肝左、中间、右静脉呈放射状分列于下腔静脉左前方、右前方和右后方。肝内的肝裂以下腔静脉左前缘向肝中间静脉方向做连线，代表肝中裂；肝右静脉及延长线，代表右叶间裂；以下腔静脉左缘向前经静脉韧带裂前端至肝镰状韧带附着处引线，代表左叶间裂；静脉韧带裂、肝中间静脉及肝右静脉的起点连线，代表背裂。肝段自背裂与下腔静脉之间的尾状叶(1段)开始，逆时针方向依次为左外叶上段(2段)、左内叶(4段)、右前叶上段(8段)和右后叶上段(7段)。胃底位于肝左叶的左侧，食管位于肝左叶后方的食管裂孔内。胸腔位于外周，环绕腹腔，其内可见两肺的底部；在后部食管后方、脊柱左前方有胸主动脉，胸主动脉的右后方有奇静脉和胸导管，左后方有半奇静脉(图6-121)。

(二)第一肝门切面

本切面通过第十二胸椎切面。切面以肝中部出现第一肝门为标志。切面主要显示肝脏，胃，脾，肾上腺等诸结构。该层面为腹腔脏器结构变化的转换层面，其上方的层面腹腔结构相对简单，主要显示肝、脾、胃等脏器；其下方的层面腹腔结构增多，且配布繁杂，胆囊、肾、胰、肠管等相继出现，肝脏渐小，肝门为肝右叶段间裂的标志，故此层面以下肝右叶由肝右前叶和右后叶的下段构成。该层面显示肝脏占据腹腔的右半，肝脏中央显现近似横位的第一肝门，其内粗大的管道为肝门静脉的末端及右、左支，肝门静脉前方有肝动脉的左、右支，动脉前方有肝左、右管。肝门向左连接静脉韧带裂，向前连接矢状位的肝圆韧带裂，肝圆韧带裂内可见肝门静脉左支矢状部。肝门的右前方有肝中间静脉，右后方有肝右静脉，此二静脉与下腔静脉左、右缘的连线可大致代表肝中裂和右叶间裂。肝圆韧带裂可作为左叶间裂的标志。静脉韧带裂和肝门后缘代表背裂。肝脏以上述各裂为界标自后方的尾状叶起始逆时针方向依次分为1，2(或3)，4，5，6肝段。各肝段内有以肝门静脉的分支为代表的Glissoon氏系统，作为各肝段的示标。胃位于肝左侧，其左侧有结肠左曲，左后方有脾。在肝右后叶内侧与膈之间可见窄条形的右肾上腺，前端达下腔静脉后缘(图 6-122)。

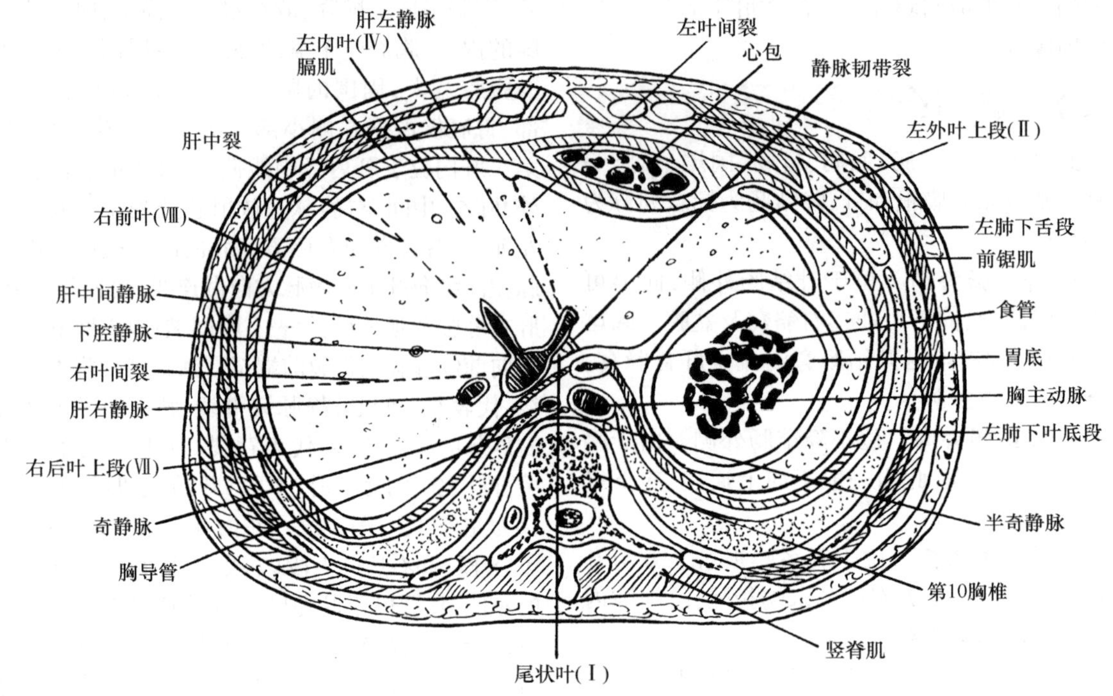

图 6-121　第二肝门、胃底切面

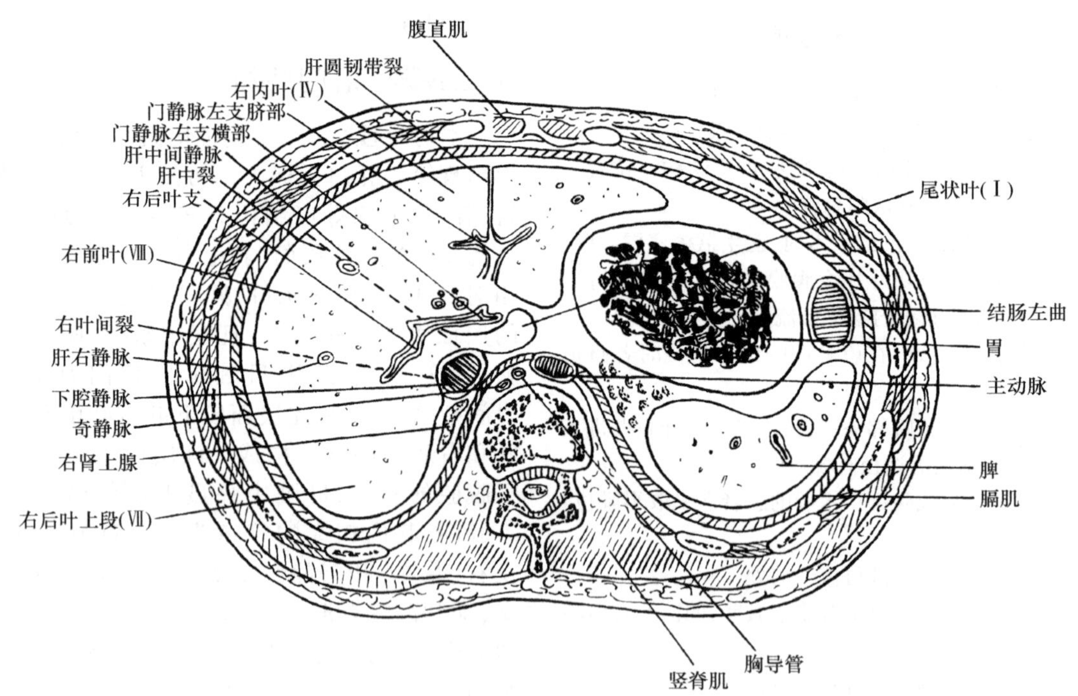

图 6-122　第一肝门切面

(三) 胆囊、胰体切面

本切面平第十二胸椎与第一腰椎间的椎间盘切面。切面显示肝右叶、胆囊、胰体、脾、肾上极、肾上腺、胃及横结肠等。肝断面主要显示右叶，其前部为肝脏的5段，后部为肝脏的6段，肝左叶明显变小，以肝圆韧带裂为界分隔肝脏的3、4段。肝断面内出现梨状的胆囊，胆囊底向前外，胆囊颈向后内，胆囊颈的内侧有进出肝门的管道等结构，其中左、右肝管位于前方，肝门静脉位于后方，两者之间为肝固有动脉。下腔静脉位于肝门静脉的后方，二者间隔以狭小的尾状突。肝脏后方与膈之间可见右肾上腺和右肾上极断面。胰腺自椎体前方横向左后，依次经过腹主动脉、左肾上腺和左肾上极前方最后至脾门,胰腺后方与左肾、左肾上腺之间有脾血管。脾切面呈"心"形,位于左侧膈下。胰腺前方有胃、横结肠、降结肠等(图 6-123)。

(四) 胰头切面

本切面平第一腰椎切面。切面主要显示胰头和左、右肾。肝脏已明显变小,呈楔形,为肝脏的5、6段,紧贴体腔右侧壁。切面后部椎体两侧为左、右肾的断面,肾的周围有肾筋膜和肾脂肪囊。肾剖面可见肾乳头和肾窦。胰头位于椎体前方,其左、右两侧分别为十二指肠空肠曲和十二指肠降部,前方有横结肠、空肠,后方与椎体之间有腹主动脉和下腔静脉分列左、右,胰后缘尚可见肠系膜上血管及胆总管。切面前部的左半为肠管,主要为空肠近侧段和横结肠。空肠肠腔较小,管腔黏膜皱襞丰富。结肠肠腔较大,腔面较光滑,腔内可见间隔排列的半月襞(图 6-124)。

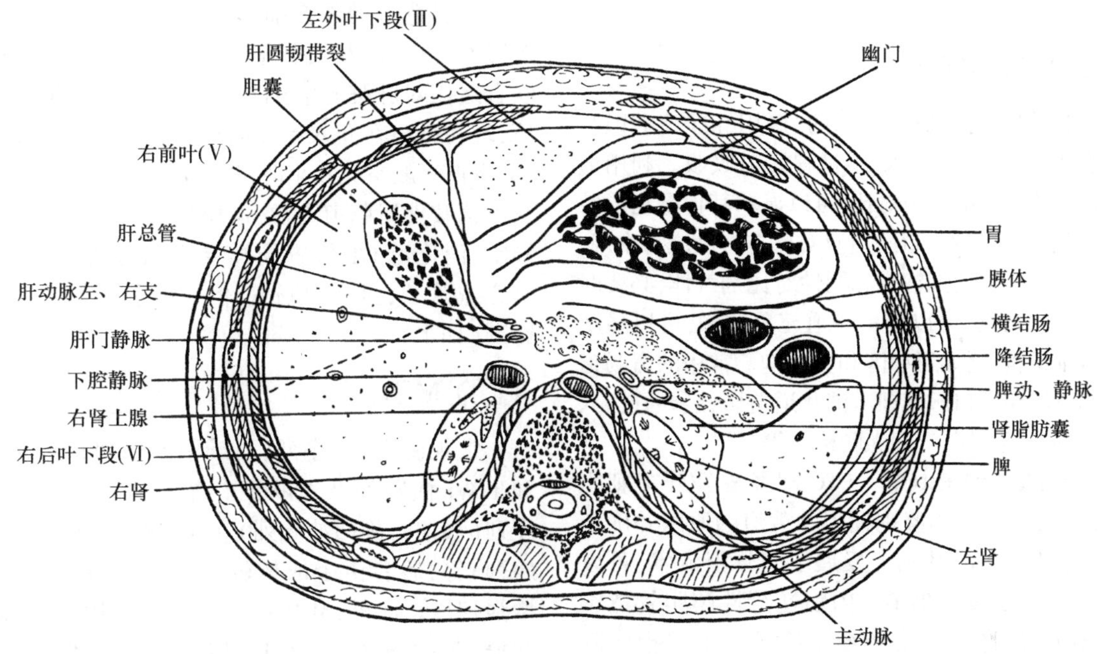

图 6-123　胆囊、胰体切面

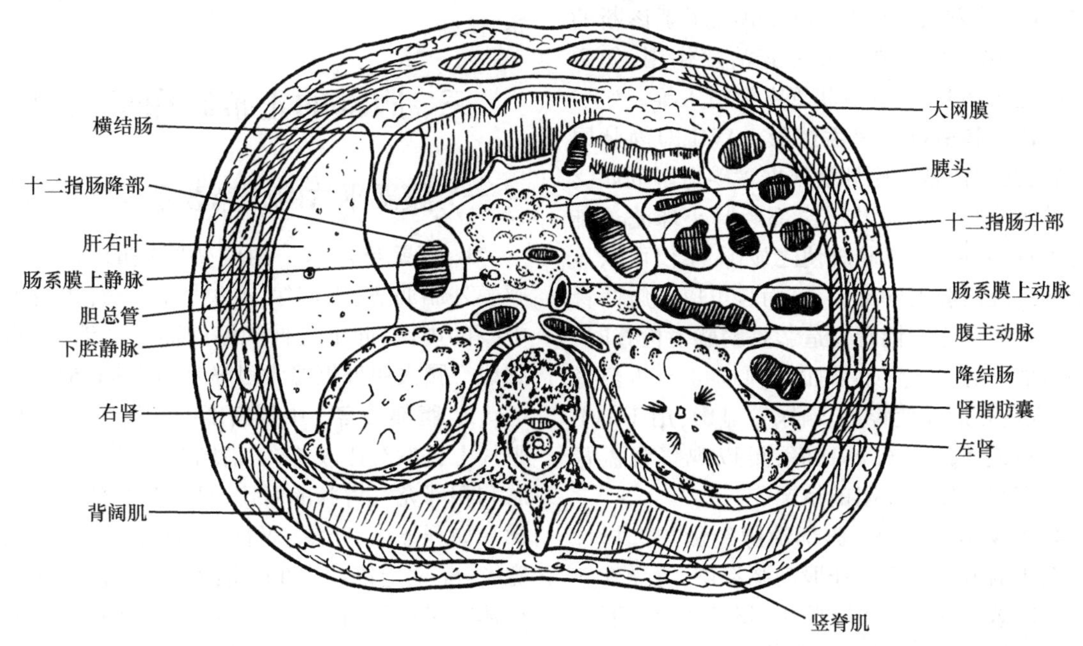

图 6-124　胰头切面

二、腹部的影像学检查方法

(一) 普通检查

腹部平片常用摄影位置:仰卧前后位、仰卧水平侧位、侧卧水平正位、站立正侧位,倒立侧位。仰卧前后位是基本的摄影体位,而临床上更常用站立正位,主要是观察胃肠道穿孔时腹腔的游离气体和肠梗阻时梗阻近侧肠腔的气液平面。

(二) 造影检查

1. 胃肠道造影 所用的“医用纯净硫酸钡”,特点是无毒、不溶于水、不被胃肠道吸收。利用造影剂形成鲜明的人工对比,可以显示其胃肠道内腔和黏膜皱襞,现在,胃肠道双对比造影已成为常规,借助于阳性对比剂钡剂和阴性对比剂气体,必要时运用低张药物,可以使胃肠道充分扩张,可以显示其微细结构,比如胃小区和胃小沟。常用的胃肠道造影方法包括口服气钡上消化道造影、经导管引入造影剂小肠造影、气钡灌肠检查等。

2. PTC 和 ERCP PTC 即经皮经肝穿刺胆管造影,主要用于鉴别梗阻性黄疸的原因并确定梗阻位置,在此基础上发展了胆管引流术,可以减压减黄,此即 PTCD。内镜逆行性胰胆管造影(ERCP)是将十二指肠纤维镜送至十二指肠降段,经过乳头插入导管注入造影剂,以显示胆管及/或胰管的方法。近些年来,单纯用于诊断的 ERCP 日益减少,主要是发挥其治疗作用,如十二指肠乳头切开、胆管或胰管支架植入等。

3. IVU 和逆行性肾盂造影 IVU 即静脉尿路造影,其成像基本原理是根据含碘造影剂如泛影葡胺经静脉注射后几乎全部经肾小球滤过排入肾盂肾盏、输尿管、膀胱使之显影,不仅可以显示泌尿系统内腔的解剖形态,而且可以了解两肾的排泌功能。逆行性肾盂造影是膀胱镜检查时,以导管插入输尿管,如果插管顺畅可上达至肾盂,注入造影剂而使肾盂、输尿管显影,用于 IVU 显影不良或不适于行 IVU 者,可以观察肾盂肾盏的形态和输尿管梗阻的情况。

4. DSA 血管造影 腹部动脉造影与选择性动脉造影的方法为经皮作股动脉穿刺,置导管于腹主动脉或其分支,如腹腔干,肠系膜上、下动脉,肾动脉等。主要用于腹腔肿瘤的诊断和肿瘤放疗、栓塞;也可用于消化道急性大出血时明确出血部位并行滴注加压素或栓塞治疗。

笔记栏

(三) CT

分为平扫和增强扫描,一般二者联合运用,增强扫描可分为快速滴注增强、团注非动态扫描、团注动态扫描及血管造影增强扫描等,临床上一般运用高压注射器进行团注动态多期扫描。团注动态扫描中团注(短时间内注入一定量对比剂)解决了造影剂进入血液循环和脏器内“快”的问题,动态扫描同时解决了短时间内完成扫描的问题,增强效果理想,是一种良好的方法。血管造影增强扫描,以肝脏为例,分为动脉造影 CT(CTA)及门脉造影 CT(CTAP),二者的联合运用对肝脏肿瘤的检出及定性具有很大价值,现在一般在介入治疗前进行该项检查。腹部 CT 检查一般空腹 6 小时,检查前需口服 1%~2% 泛影葡胺使胃肠道充盈,避免将胃或肠管误认为异常;消化道 CT 检查同样要引入造影剂,目的是充盈管腔,显示胃肠壁,但一般引入低密度造影剂(如水)。

(四) MRI

常规使用 SE 序列(自旋回波序列)行 T_1WI 和 T_2WI 横断面及冠状面扫描。也可运用 FSE 序列(快速自旋回波序列)、GRE 序列(梯度回波序列)等,后者由于成像较快,主要运用于多期增强扫描。此外,MRI 还可以进行 MRCP(核磁共振胰胆管成像)、MRU(核磁共振尿路成像)等,均为水成像技术,对胰胆管、集尿系统进行观察、诊断。

三、腹部的正常影像学表现

(一) 腹部平片的正常表现

1. 腹壁与盆壁 两侧胁腹壁的内分,可见腹膜外脂肪影,上起第十肋骨外下缘,相当于腋中线的内侧,向下延伸到髂凹而逐渐消失,称胁腹线。腰大肌外侧缘常可显示(图 6-125)。

2. 腹部器官 中等密度的实质器官在 X 线平片上自然对比较差,需借助其周围或邻近的脂肪和相邻充气胃肠的对比,显示其全部或部分轮廓。如肝下缘、肝角、双肾等;肾影长 12~13cm,宽 5~6cm,上缘约在 T12 椎体上缘,下缘约在 L_3 椎体下缘;一般右肾略低于左肾。肾长轴与脊柱纵轴夹角叫肾脊角,正常为 15°~25°。含气体的胃肠道可显示其内腔,成人的胃、十二指肠球部、结肠可含气体,婴幼儿小肠可以充气。结肠或直

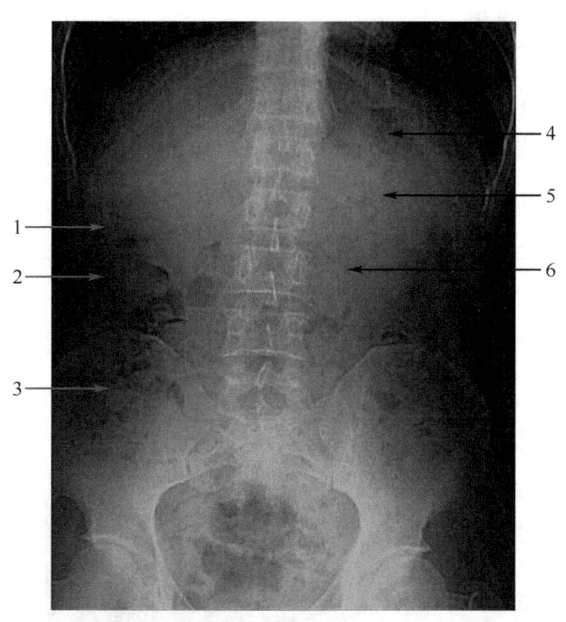

图 6-125　正常腹部平片

1. 肝下缘；2. 胁腹线；3. 结肠；4. 胃泡；5. 左肾；6. 左腰大肌

肠内的粪块，由于其周围气体的衬托或其内含有气体，显示不均匀软组织密度斑块或团块（图 6-125）。

（1）**胃肠道造影的正常表现**

1）**咽部**：吞钡正位观察，上方正中透明区为会厌，两旁为会厌谷；会厌谷外下方充钡空腔为梨状隐窝，左右梨状隐窝之间是喉头（见图 6-126）。

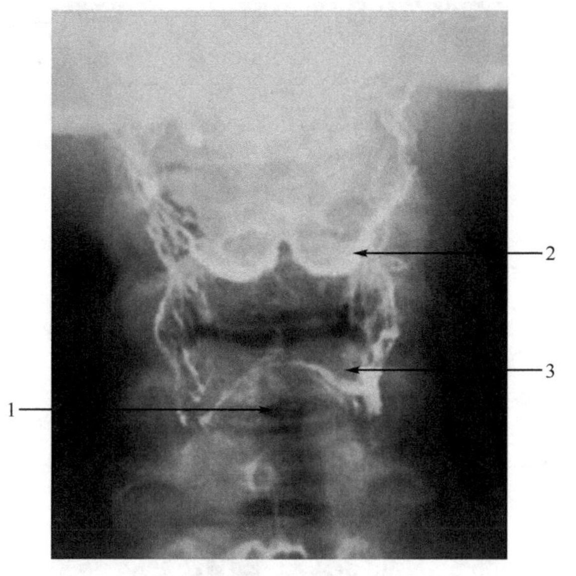

图 6-126　咽部钡餐造影

1. 喉头；2. 会厌谷；3. 梨状隐窝

2）**食管**：右前斜位是观察食管的常用位置，其前缘由上而下可见三个压迹：主动脉弓压迹、左主支气管压迹、左房压迹（图 6-127）。食管黏膜皱襞为数条纤细纵行条纹影，与胃小弯的黏膜皱襞相续。其他结构或影像表现有第三蠕动波（可出现于老年人或继发于贲门失迟缓，为不规则的无生理意义的蠕动波）、膈壶腹（吞咽时在食管下段横膈上方水平出现的暂时膨大）、贲门切迹（食管胃角，His 角）等，正常 His 角为锐角，当胃食管返流时该角增大，可为钝角。

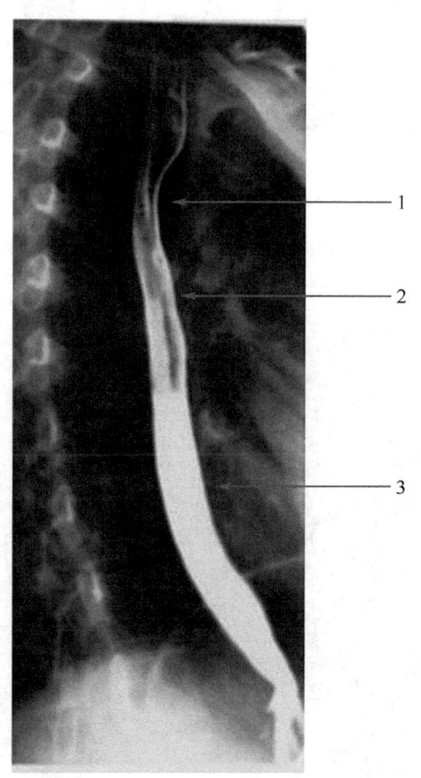

图 6-127　食管钡餐造影

1. 主动脉弓压迹；2. 左主支气管压迹；3. 左房压迹

3）**胃**：正常胃（表 6-3）的形状与体型、张力和神经调节有关（图 6-128）。

胃分胃底、胃体、胃窦三部分及胃大弯和胃小弯（图 6-129）。胃黏膜像见皱襞间沟充钡，呈致密条纹影，皱襞则为透明条纹影。黏膜皱襞宽度及走向因胃黏膜下层厚度、肌层张力及舒缩状态、服钡多少、加压轻重可有变化。一般胃体部黏膜皱襞宽度不超过 5mm。胃体大弯轮廓呈锯齿状，系横、斜走行的黏膜皱襞所致，胃底和胃大弯黏膜皱襞较宽，但一般不超过 10mm。胃双对比像可见微皱襞，即胃小区（直径 1～3mm）和胃小沟（宽度小于 1mm）。

表 6-3 正常胃的外形

胃型	张力	位置(胃下极在髂嵴连线)	形态	体型
钩型	中等	中等(平)	胃角明显	中等体型
牛角型	高	高、横位(上)	上宽下窄,胃角不明显	胖型
瀑布型	高	高(上)	胃底囊袋状后倾,胃泡大,胃体小	不定
无力型	低	低(下)	上窄下宽	瘦长型

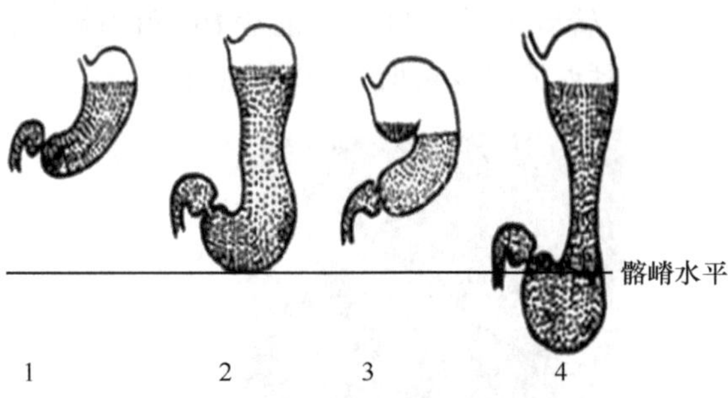

图 6-128 正常胃型线条图

1. 牛角型胃;2. 钩型胃;3. 瀑布型胃;4. 无力型胃

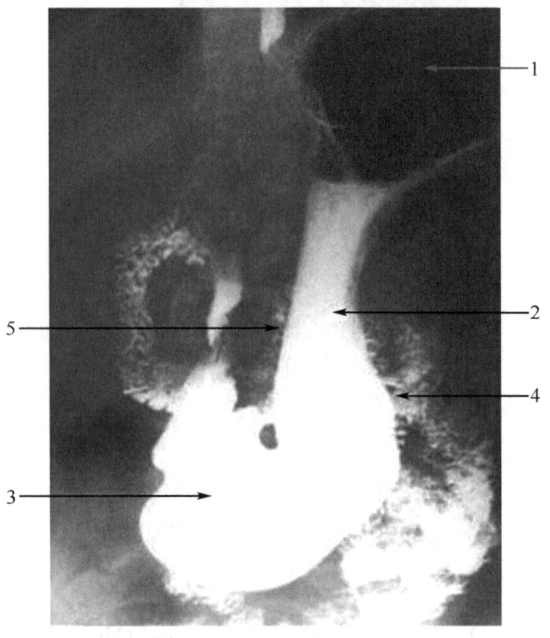

图 6-129 胃钡餐造影充盈像

1. 胃底;2. 胃体;3. 胃窦;4. 胃大弯;5. 胃小弯

4）**十二指肠**:十二指肠曲呈“C”形,包绕胰头,分为球部、降部、水平部和升部,升部和空肠的分界为 Treitz 韧带。球部呈锥形,球底部两侧叫穹隆,幽门开口于底部中央。十二指肠顶部与降部之间的一小段叫球后部,也称为上曲,降部中段内缘可见圆形透明区,即十二指肠乳头,降段和水平段交界部称为下曲(图 6-130)。

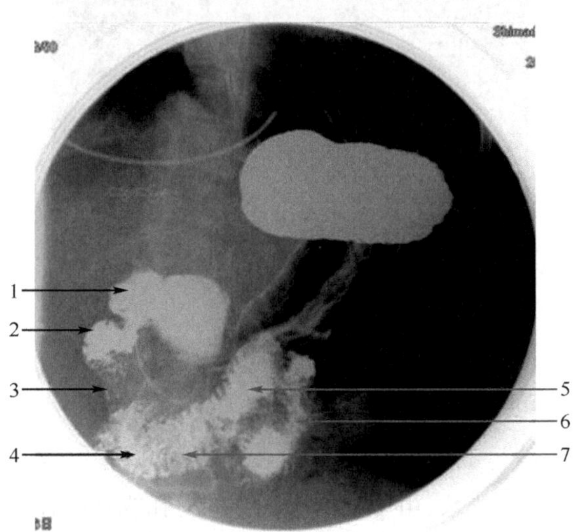

图 6-130 十二指肠框造影片

1. 球部;2. 上曲;3. 降段;4. 下曲;5. 升段;6. 上段空肠;7. 水平段

5）**空肠与回肠**:空肠大部分位于左上中腹,成人富于环形皱襞;双对比造影时可见弹簧状外观,黏膜像呈现为羽毛状或雪花状。回肠皱襞少而浅,常显示充盈像,轮廓光滑,皱襞可呈纵行或斜行。回盲瓣在充钡的盲肠内缘中为唇状透明影(图 6-131)。

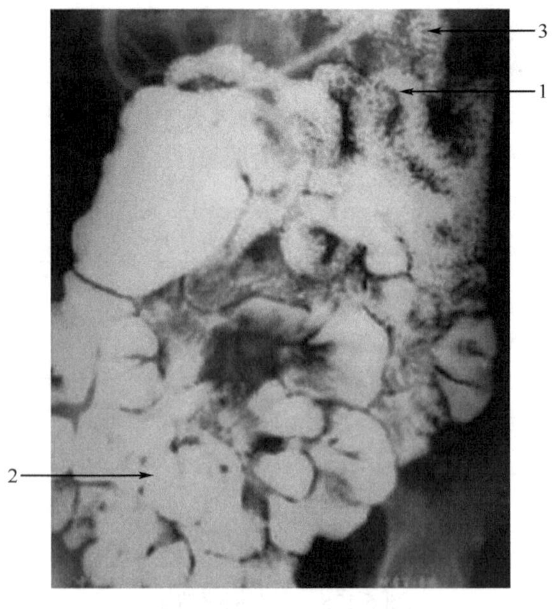

图 6-131 小肠气钡造影

1. 空肠;2. 回肠;3. 环形皱襞

6）**大肠**:大肠绕行于腹腔四周。横结肠与乙状结肠的位置和长度变化较大,其余各段较固定。直肠后壁与骶骨前缘相贴。造影可见结肠

袋,横结肠以上较多。结肠袋之间有半月襞形成的不完全间隔。盲肠与升、横结肠皱襞较密,以横、斜行为主;降结肠以下皱襞渐稀,以纵行为主。阑尾呈蚓状,正常情况下边缘光滑,易于推动,扪压无压痛(图6-132)。

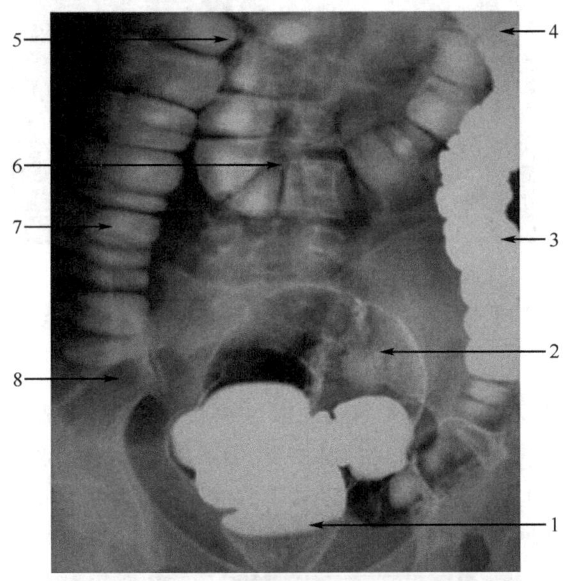

图6-132 气钡灌肠-大肠的结构

1. 直肠;2. 乙状结肠;3. 降结肠;4. 结肠脾曲;5. 结肠肝曲;6. 横结肠;7. 升结肠;8. 盲肠

(2) **胆道系统及胰管造影检查正常表现**:胰胆管的结构如下:

左肝内胆管→左肝管 } 肝总管
右肝内胆管→右肝管 }
肝总管、胆囊→胆囊管 } 胆总管
胆总管、胰管 } Vater壶腹→十二指肠乳头

胆囊位于右第12肋附近,长7~9cm,宽3~4cm;胆囊分为底、体、颈、管4部分。胆囊管长约3mm,宽约2~3mm,呈螺旋状弯曲小管。肝总管长约3~4 cm,宽约4~6mm;胆总管长约6~10 cm,宽约4~8mm。主胰管向左上斜行,最大径不超过3~5mm。下图显示的是经ENBD管造影的正常胆道系统结构(图6-133)。

(3) **泌尿系统造影正常表现**:泌尿系统结构如下:

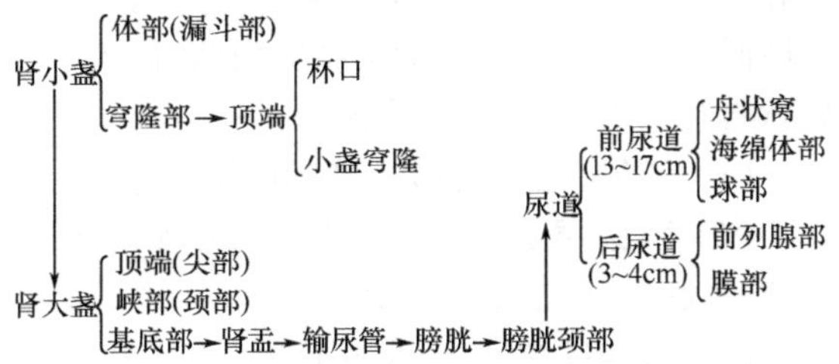

IVP可以显示泌尿系统内腔结构(图6-134)。

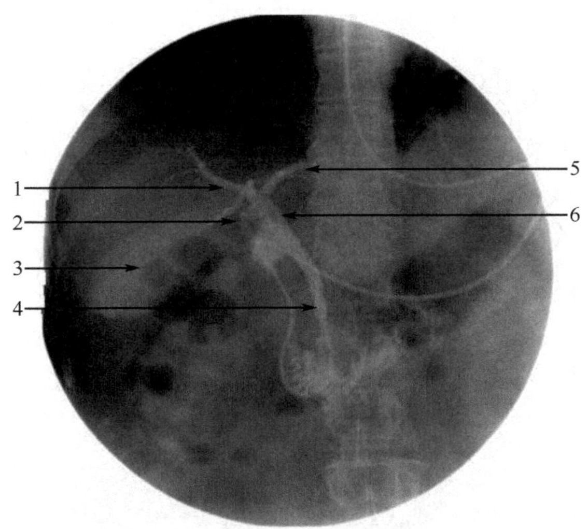

图6-133 ENBD管造影-胆道系统结构

1. 右肝管;2. 胆囊管;3. 胆囊;4. 胆总管;5. 肝总管;6. 胆总管

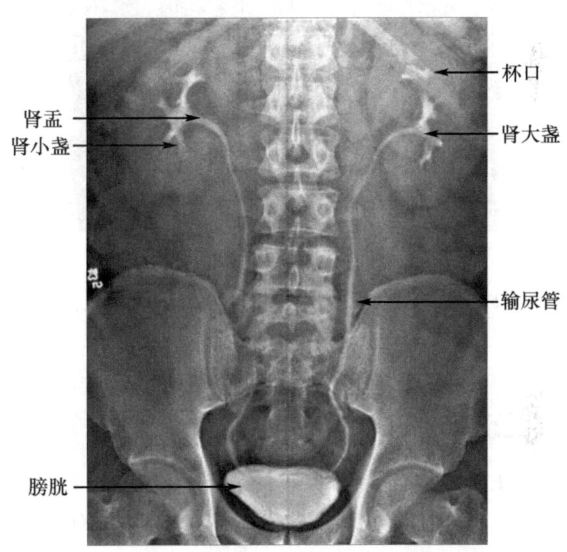

图6-134 IVP-集尿系统结构

肾大盏常为两个或三个,如为三个,肾盏即分为上、中、下三组。

肾盂正常类型:喇叭口型(常见型)、分支型、壶腹型。分支型的肾盂几乎被两个长形肾大盏代替;壶腹型无肾大盏,肾盂较饱满,肾小盏直接汇入肾盂(图6-135)。IVP腹部压迫过重或逆行性肾盂造影注射对比剂压力过高会造成造影剂回流:①肾小管回流;②肾窦回流;③血管周围回流;④淋巴管回流(图6-136)。输尿管长约25cm,有三个生理狭窄区,即肾盂输尿管连接处、输尿管越过盆腔边缘处、输尿管进入膀胱处(输尿管膀胱壁内段)。

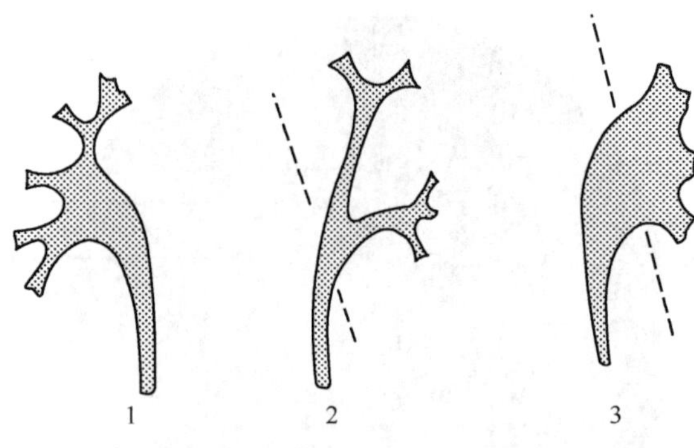

图 6-135 IVP-肾盂正常形态

1. 喇叭口型;2. 分支型;3. 壶腹型

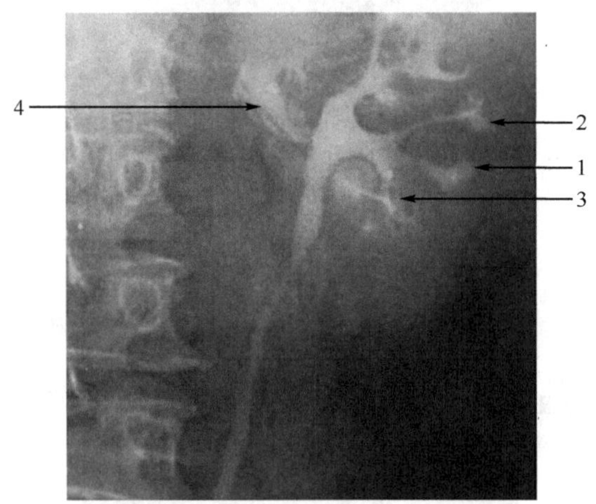

图 6-136 逆行性肾盂造影-造影剂回流

1. 肾小管回流;2. 肾窦回流;3. 血管周围回流;4. 淋巴管回流

(二)腹部 CT 正常表现

1. 肝脏、胆系和脾脏 肝实质密度均匀,CT 值 50~60Hu,高于脾、胰、肾。胆囊一般为低密度卵圆形影,胆汁密度均匀,CT 值略高于水,壁厚 1~2mm(在慢性胰腺炎时其厚度一般超过 3mm)。正常肝内胆管和左、右肝管不显示。正常情况下,胆总管 1/3 人可显示,直径小于 6mm。脾脏一般位于左上腹部,正常脾前后径平均为 10cm,宽为 6cm,上下径为 15cm。平扫近似于新月形或内缘凹陷的半圆形,密度均匀,略低于肝。正常脾内侧缘常有小切迹,脾门处可见大血管出入,增强扫描动脉期脾不均匀强化,门静脉期和实质期脾的密度逐渐变均匀。

(1)**顶部或第二肝门层面**:可见肝右、肝中、肝左静脉汇入下腔静脉。可用肝静脉划分肝叶、肝段:S_7、S_8、S_4、S_2段(图 6-137)。

(2)**第一肝门层面**:显示纵裂(肝圆韧带裂)和横裂(静脉韧带裂);横裂内能见到肝门结构,门脉较大而居后,肝动脉在其前内,肝总管位于其前外。

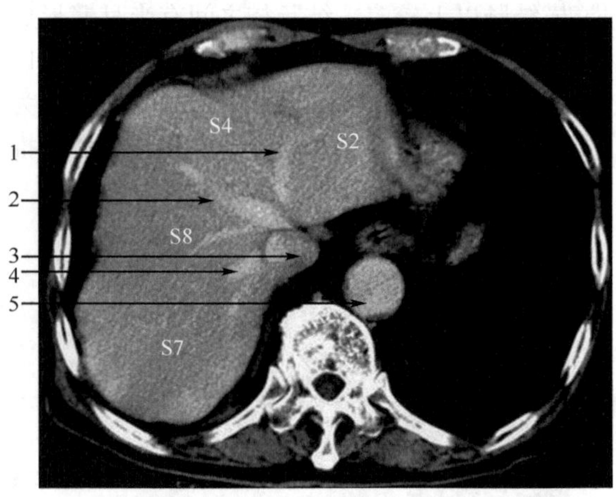

图 6-137 CT-肝顶部或第二肝门层面

1. 肝左静脉;2. 肝中静脉;3. 下腔静脉;4. 肝右静脉;5. 腹主动脉

此层面可见肝 S_1、S_3、S_4、S_5、S_6各段及左、右门脉分支(偏上层面可见门脉左支,偏下层面可见门脉右支)。S_1(尾状叶)后方为下腔静脉和右肾上腺,有时同层可见左肾上腺(图 6-138)。

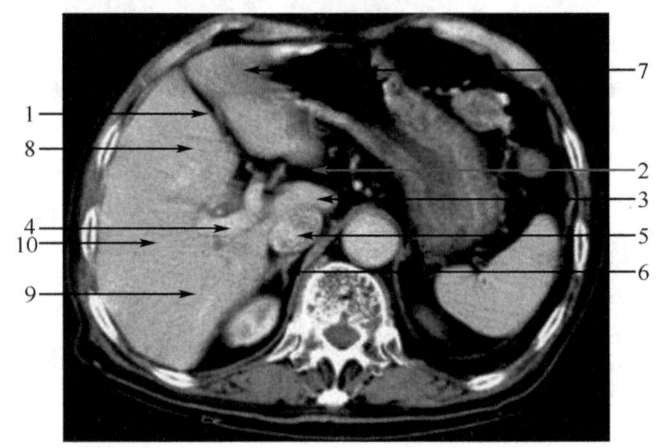

图 6-138 CT-第一肝门层面

1. 纵裂;2. 横裂;3. 门静脉主干;4. 右门脉分支;5. 下腔静脉;6. 右肾上腺;7. S_3段;8. S_4段;9. S_6段;10. S_5段

(3)**胆囊层面**:可见胆囊及胰腺体尾部、肾脏、脾脏、十二指肠降段等。显示肝段为 S_3、S_4、S_5、S_6。有时可见胆总管(见图 6-139)。

2. 胰腺 胰腺位于腹膜后,密度略低于脾脏。随年龄的增长,密度低而不均,呈羽毛状。脾静脉在其后缘走行,汇入下腔静脉。钩突为胰头最低的部位,呈楔形,尖端指向内侧,位于下腔静脉与肠系膜上动、静脉之间。

(1)**胰体、尾层面**:见肝脏胆囊层面。

(2)**胰头层面**:可见胰头部、胰颈部、胆总管、肠系膜上动、静脉等结构。

(3)**胰钩突层面**:可见胰钩突、肠系膜上动、静脉等(图 6-140)。

3. 肾脏及输尿管、膀胱 平扫时不能分辨

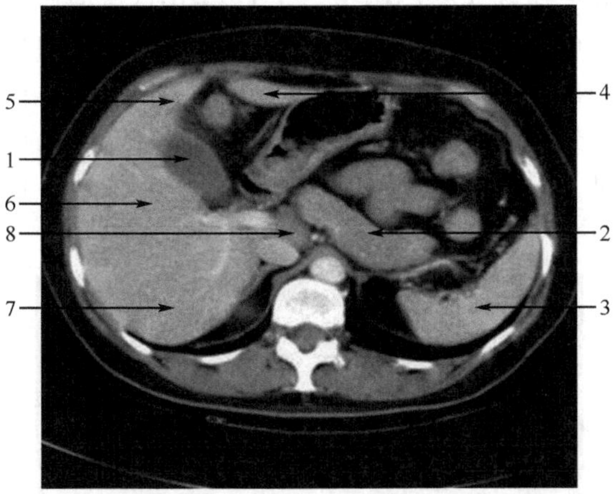

图 6-139　CT-胆囊层面

1. 胆囊；2. 胰腺体尾部；3. 脾脏；4. S_3段；5. S_4段；6. S_5段；7. S_6段；8. S_1段

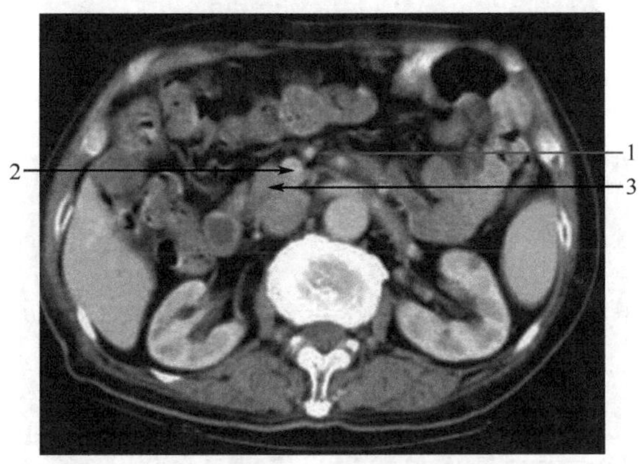

图 6-140　CT-胰钩突层面

1. 肠系膜上动脉；2. 肠系膜上静脉；3. 胰腺钩突部

肾皮质和肾髓质，CT 值 30～50Hu。增强扫描皮质强化期可以区分肾皮质、髓质，肾皮质密度明显增高。肾实质强化期肾皮髓质密度均增高，CT 值达 80～120Hu。肾盂、肾盏平扫呈水样密度，肾盂显影其腔内充盈对比剂使密度明显增高。输尿管增强扫描排泄期由于充盈对比剂，呈点状高密度影，易于识别。

（1）**肾门层面**：肾皮质、肾髓质、肾动脉、肾静脉、肾盂、输尿管上段、腹主动脉、下腔静脉、肾窦、肾周脂肪囊（图 6-141）。

（2）**膀胱层面**：可见膀胱、精囊腺、前列腺、精囊三角等（图 6-142）。

（三）腹部 MRI 正常表现

腹部 MRI 正常解剖与 CT 表现类似，由于 MRI 是与 CT 不同的成像技术，它可以进行冠状面、矢状面成像。由于血液的流空效应，不需增强即可将血管与其他结构区分开来；正常肝结构均匀，信号略低于脾脏而高于背部肌肉（图 6-143）。

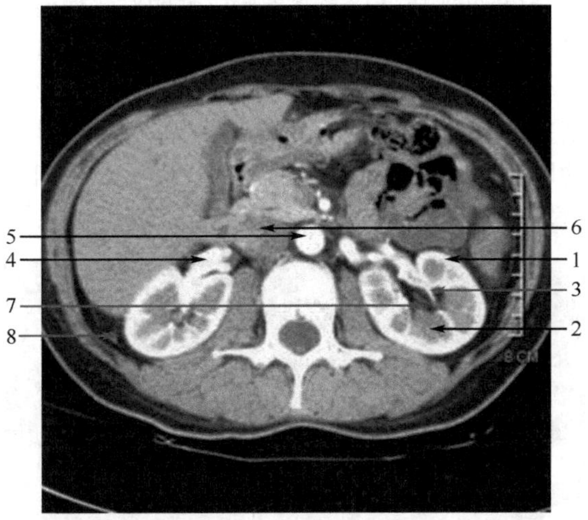

图 6-141　CT-肾门层面

1. 肾皮质；2. 肾髓质；3. 肾动脉；4. 肾静脉；5. 腹主动脉；6. 下腔静脉；7. 肾窦；8. 肾周脂肪囊

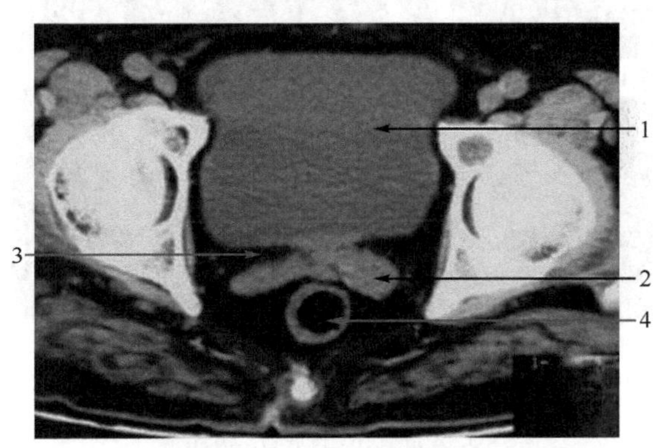

图 6-142　CT-膀胱层面

1. 膀胱；2. 精囊腺；3. 精囊三角；4. 直肠

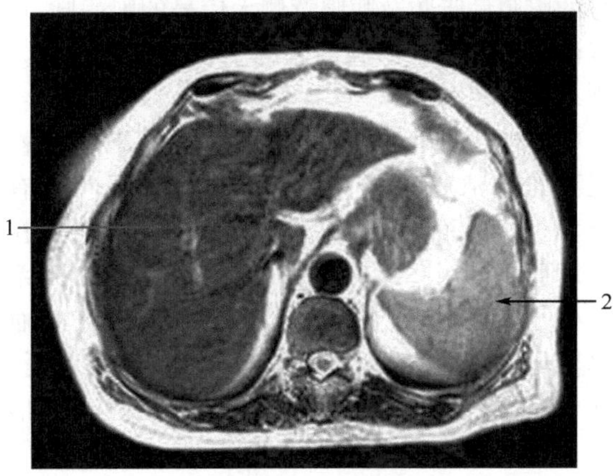

图 6-143　上腹部 MRI（T_1WI）

1. 肝；2. 脾脏

胆囊通常呈长 T_1 长 T_2 信号；T_1WI 肝内、外胆管多不显示；T_2WI 为高信号，比 CT 显示清楚。MR 胆胰管造影（MR cholangiopancreatography，MRCP）技术是通过增加 TE 时间扫描，获得重 T_2WI，突出显示胆胰管内静态水的信号，表现极高信号，与肝实质低信号背景形成鲜明对比而清晰显示胰胆管的MRI图像。MRCP肝内、外胆管显示率高达90%～100%。所见胆系结构影像清晰，表现为边缘光滑整齐，均匀的高信号。显示的胆囊和胆管大小、形态与PTC和ERCP相同（图6-144）。

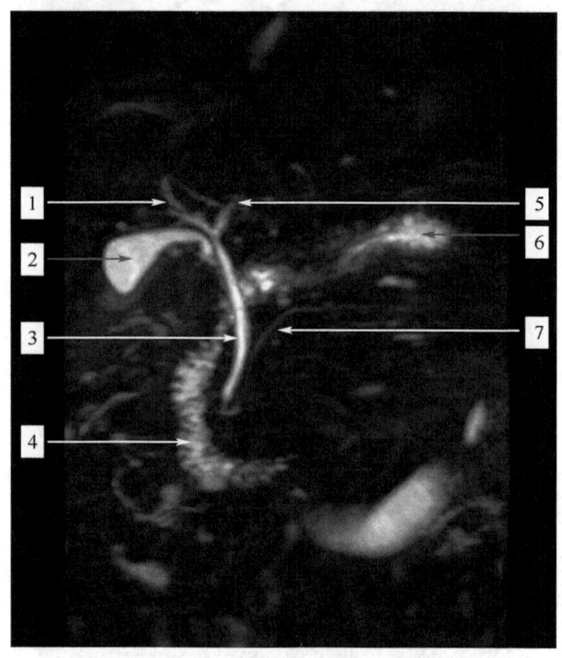

图6-144 MRCP

1. 右肝内胆管；2. 胆囊；3. 胆总管；4. 十二指肠；5. 左肝管；6. 胃底；7. 胰管

胰腺在 T_1WI、T_2WI 均为较低的信号，高信号的腹膜后脂肪及胰腺背侧无信号的脾静脉，可以清楚地描绘出胰腺的轮廓。十二指肠内液体常表现为较高信号。

MRI检查正常时脾脏在腹腔内脂肪的衬托下轮廓清晰可见，其形态因层面不同而有差异。横断面上与CT表现类似，冠状面上在显示脾的大小、形态及其与邻近器官的关系上优于CT。脾脏的信号均匀，由于脾脏的血窦较肝脏更为丰富，故 T_1 及 T_2 弛豫时间比肝、胰长，而与肾相似。脾门血管呈黑色流空信号，易于辨认。

MRI可以清楚显示肾脏，T_1WI 为中等强度信号，肾髓质信号低于肾皮质，而 T_2WI 二者差异不明显，均为高信号，若 T_2WI 检查并用脂肪抑制技术，更有利于肾的皮、髓质分辨。肾盂肾盏内的尿液呈长 T_1 长 T_2 信号；肾周脂肪囊 T_1WI、T_2WI 均为高信号（图6-145）。磁共振尿路造影（MR urography，MRU）成像原理是尿液中游离水的 T_2 值要明显长于其他组织和器官，因此重 T_2WI 检查时仍呈高信号，而背景结构皆为低信号，用MIP行三维重建，即可获得与X线尿路造影相似的图像（图6-146）。

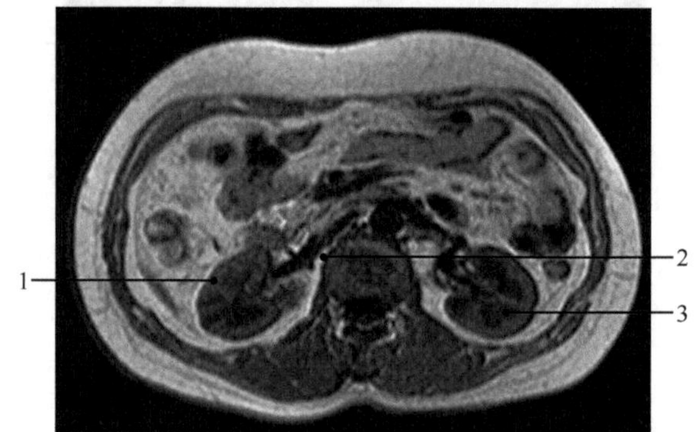

图6-145 肾脏 T_1WI 轴位像

1. 肾皮质；2. 右肾静脉；3. 肾髓质

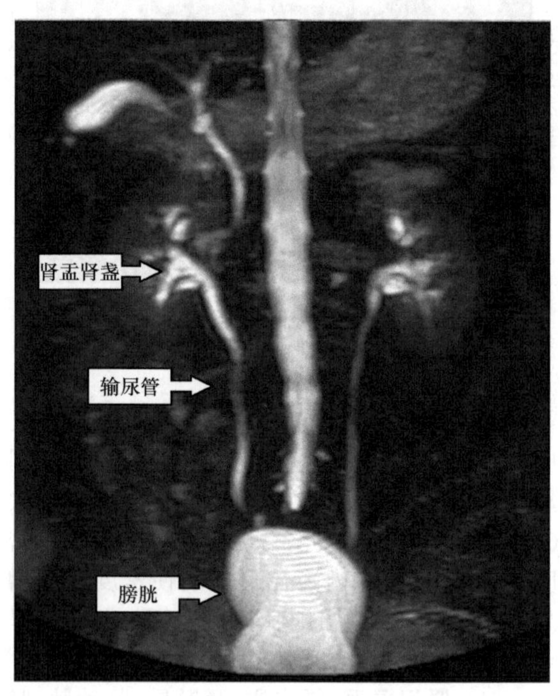

图6-146 MRU

复习思考题

1. 试述正常胃的分型和各型特点。
2. 在CT横断面第二肝门层面上如何进行肝脏分段？

（王　竞　凌光烈　王占友　王振宇　王　玉）

第 7 章　盆部及会阴

盆部及会阴位于躯干的下部。盆部以骨盆作为支架，由覆盖于其内的盆壁肌、盆底肌及其筋膜共同围成盆腔和盆腔内的脏器所组成。会阴是指盆膈以下封闭骨盆下口的全部软组织。

境界与分区：盆部的前面以耻骨联合上缘、耻骨结节、腹股沟和髂嵴前份的连线与腹部分界；后面以髂嵴后份和髂后上棘至尾骨尖的连线与腰区及骶尾区分界。会阴的外侧与股部相连，会阴可分为肛区和尿生殖区。

体表标志：盆部上界的外侧，可触到髂嵴。沿髂嵴向前，可触到髂前上棘。再向前下，可扪及腹股沟深处的腹股沟韧带及其前端附着部的耻骨结节。腹前正中线的下端，可触到耻骨联合上缘。耻骨联合上缘与耻骨结节之间的锐缘为耻骨嵴。沿髂嵴向后，可触到髂后上棘。会阴部可扪及耻骨弓、坐骨结节及尾骨尖，它们是产科常用的骨性标志。

第 1 节　盆　壁

一、盆壁的骨及其连结

（一）盆壁的骨

骨盆由两侧的髋骨及后方的骶骨、尾骨，借关节、韧带和软骨连结构成，具有保护盆内脏器，连结躯干和下肢，支持并传递重力等作用。

1. 髋骨（hip bone）　是不规则骨（图 7-1、图 7-2），上部扁阔，中部窄厚，有朝向下外的深窝，称**髋臼**；下部有一大孔，称**闭孔**。髋骨由髂骨、耻骨和坐骨组成，三骨会合于髋臼，16 岁左右完全融合（图 7-3）。

（1）**髂骨**（ilium）：构成髋骨上部，分为肥厚的髂骨体和扁阔的髂骨翼。体构成髋臼的上 2/5，翼上缘肥厚，形成弓形的**髂嵴**（iliac crest）。髂嵴前端为**髂前上棘**（anterior superior iliac spine），后端为**髂后上棘**（posterior superior iliac spine）。髂前上棘后方 5~7cm 处，髂嵴外唇向外突起，称**髂结节**（tubercle of iliac crest），它们都是重要的体表标志。在髂前、后上棘的下方各有一薄锐突起，分别称髂前下棘和髂后下棘。髂后下

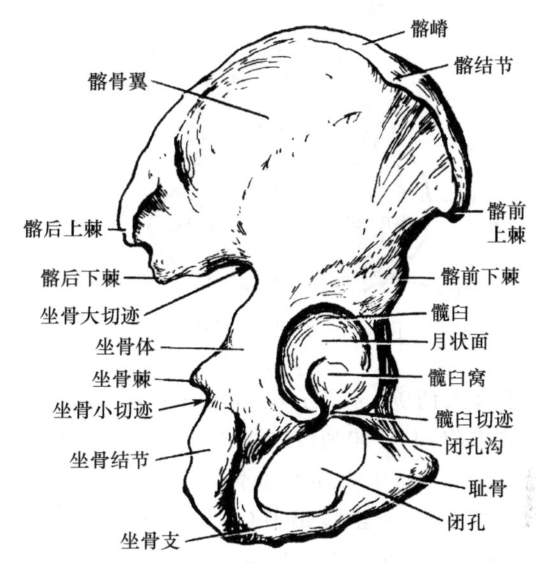

图 7-1　髋骨（外面）

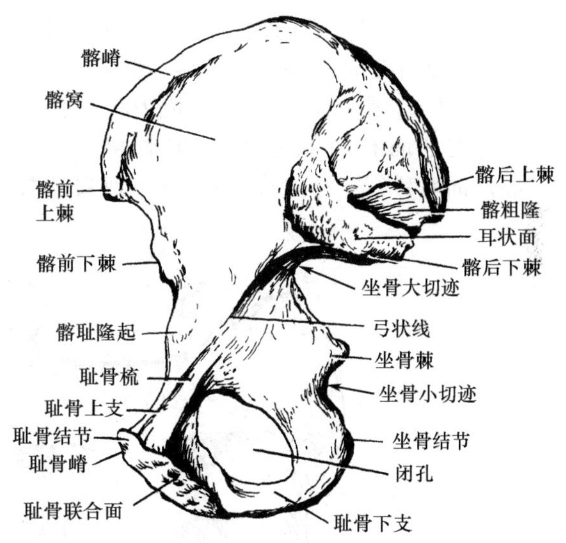

图 7-2　髋骨（内面）

棘下方有深陷的**坐骨大切迹**（greater sciatic notch）。髂骨翼内面的浅窝称**髂窝**（iliac fossa），髂窝下界圆钝的骨嵴称**弓状线**（arcuate line）。髂骨翼后下方粗糙的耳状面与骶骨相关节。耳状面后上方有髂粗隆与骶骨借韧带相连结。髂骨翼外面称为臀面，有臀肌附着。

（2）**坐骨**（ischium）：构成髋骨下部，分坐骨体和坐骨支。体组成髋臼的后下 2/5，后缘有棘形的**坐骨棘**（ischial spine），棘下方有**坐骨小切迹**（lesser sciatic notch），坐骨棘与髂后下棘之间

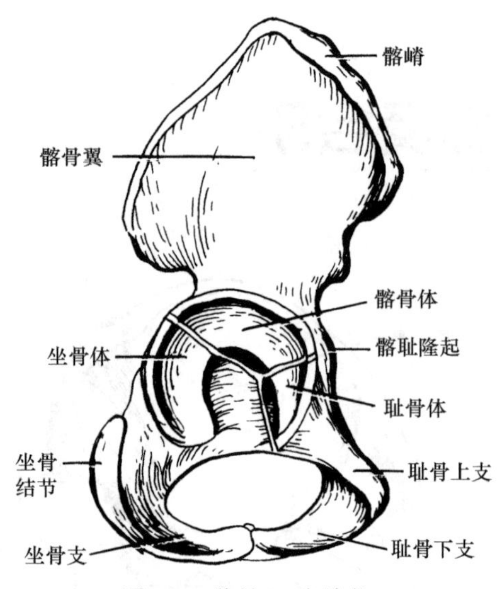

图 7-3 髋骨(6 岁幼儿)

为**坐骨大切迹**(greater sciatic notch)。坐骨体下后部向前、上延伸为较细的坐骨支,其末端与耻骨下支结合。坐骨体与坐骨支移行处的后部是粗糙的隆起,为**坐骨结节**(ischial tuberosity),是坐骨最低部,可在体表扪到。

(3) **耻骨**(pubis):构成髋骨前下部,分体和上、下二支。体组成髋臼前下 1/5,与髂骨体的结合处骨面粗糙隆起,称髂耻隆起,由此向前内伸出耻骨上支,其末端急转向下,成为耻骨下支。耻骨上支上面有一条锐嵴,称**耻骨梳**(pecten pubis),向后移行于弓状线,向前终于**耻骨结节**(pubic tubercle),是重要体表标志。耻骨结节到中线的粗钝上缘为耻骨嵴,也可在体表扪到。耻骨上、下支相互移行处内侧的椭圆形粗糙面,称**耻骨联合面**(symphysial surface),两侧联合面借软骨相接,构成耻骨联合。耻骨下支伸向后下外,与坐骨支结合,因此,耻骨与坐骨共同围成**闭孔**(obturator foramen)。

髋臼(acetabulum)由髂、坐、耻三骨的体合成。窝内半月形的关节面称**月状面**。窝的中央未形成关节面的部分,称髋臼窝。髋臼边缘下部的缺口称髋臼切迹。

2. 骶骨(sacrum, sacral bone) 由 5 块骶椎长合而成,呈扁平的三角形,底向上,尖向下,盆面(前面)凹陷,上缘中份向前隆凸称**岬**(promontory),中部有四条横线,是 5 个骶椎融合的痕迹。横线两端有 4 对**骶前孔**。背面粗糙隆凸,正中线上有骶正中嵴,嵴外侧有 4 对**骶后孔**。骶前,后孔均与骶管相通,有骶神经前后支通过。骶管上通连椎管,下端的裂孔称**骶管裂孔**(sacral hiatus),裂孔两侧有向下突出的**骶角**(sacral cornus),是骶管麻醉的标志。骶骨外侧部上份有耳状面,与髋骨的耳状面构成骶髂关节。耳状面后方骨面凹凸不平,称骶粗隆。

3. 尾骨(coccyx) 由 3~4 块退化的尾椎长合而成。上接骶骨,下端游离为尾骨尖(图 7-4、图 7-5)。

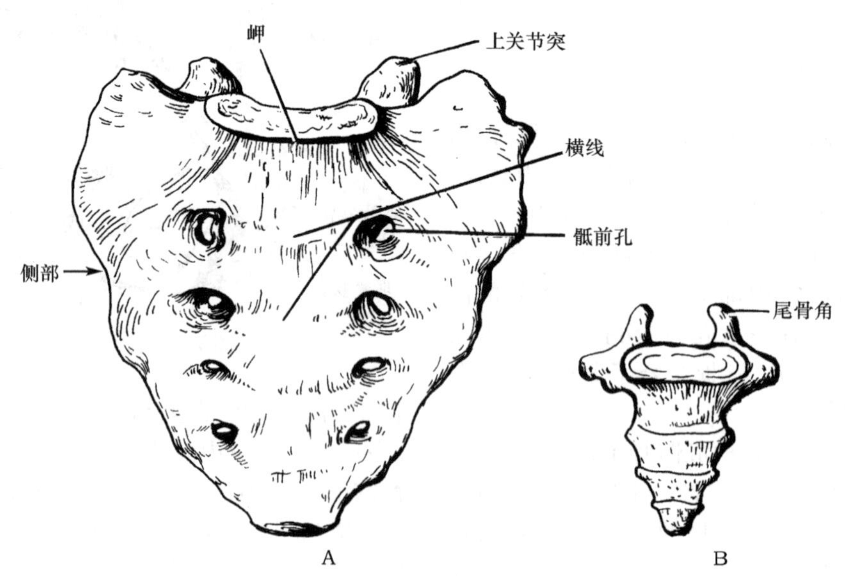

图 7-4 骶骨和尾骨(前面)

A. 骶骨;B. 尾骨

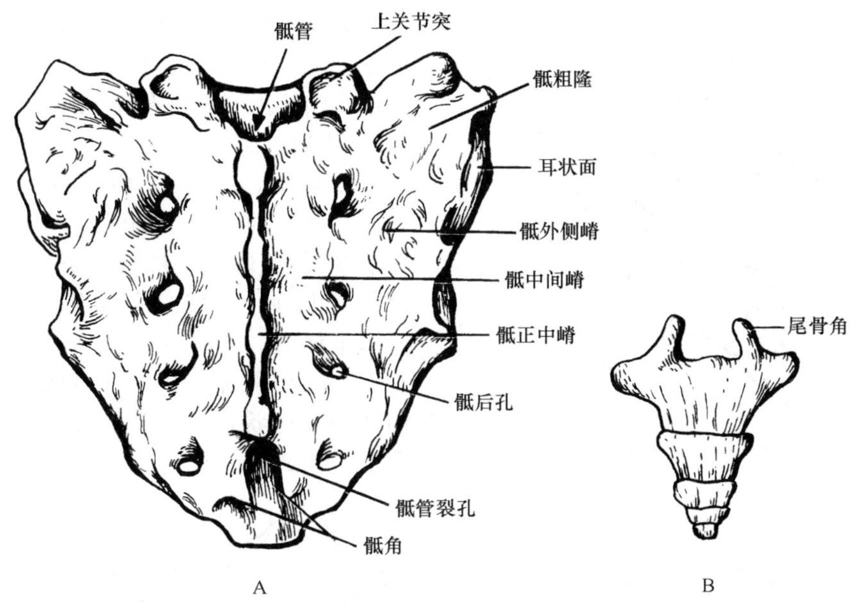

图 7-5　骶骨和尾骨(后面)

A. 骶骨;B. 尾骨

(二) 盆壁的骨连结

1. 骶髂关节　骶骨和髂骨的耳状面构成,关节面凸凹不平,彼此结合很紧密。关节囊紧张,其前、后面有骶髂前、后韧带加强。此外,后方尚有强厚的骶髂骨间韧带连于相对的骶、髂骨粗隆之间(图 7-6)。骶髂关节结构牢固,活动性较小,适应下肢支持体重的功能。在妊娠后期其活动度可稍增大,以适应分娩功能。

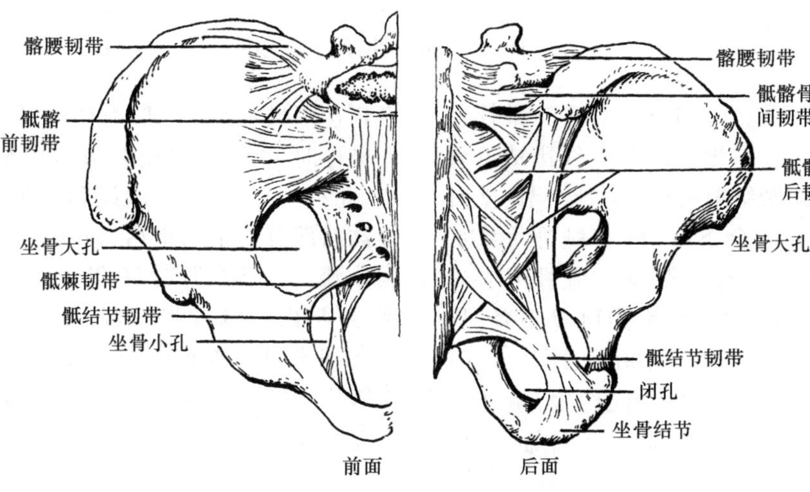

图 7-6　骨盆的韧带

2. 髋骨与脊柱间的韧带连结　髋骨与脊柱之间借下列韧带加固(图 7-6):

(1) **髂腰韧带**:强韧肥厚,由第 5 腰椎横突横行放散至髂嵴的后上部,有防止腰椎向下脱位的作用。

(2) **骶结节韧带**:位于骨盆后方,起自骶、尾骨的侧缘,呈扇形,集中附于坐骨结节内侧缘。

(3) **骶棘韧带**:位于骶结节韧带的前方,起自骶、尾骨侧缘,呈三角形,止于坐骨棘,其起始部被骶结节韧带遮掩。

骶棘韧带与坐骨大切迹围成坐骨大孔,骶棘韧带、骶结节韧带和坐骨小切迹围成坐骨小孔。有肌肉、血管和神经等从盆腔经此二孔达臀部和会阴。

3. 耻骨联合(pubic symphysis)　由两侧耻骨联合面借纤维软骨构成的耻骨间盘连结构成(图 7-7)。耻骨间盘中往往出现一矢状位的裂隙,女性较男性的厚,裂隙也较大,孕妇和经产妇尤为显著。在耻骨联合的上方有连结两侧耻骨的耻骨上韧带,在下方有耻骨弓状韧带。耻骨联合的活动甚微,但在分娩过程中,可有轻度分离,以增大骨盆的径线。

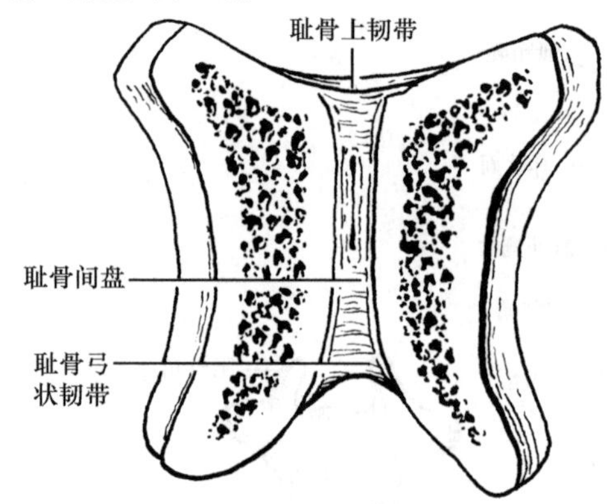
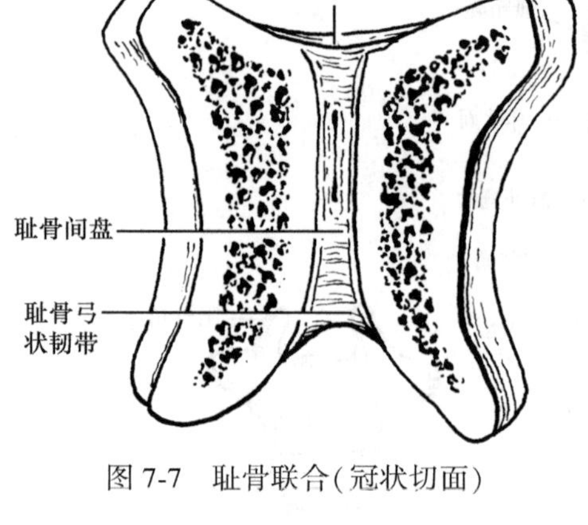

图 7-7　耻骨联合(冠状切面)

4. 髋骨的固有韧带　即**闭孔膜**(obturator membrane),封闭闭孔并供盆内外肌肉附着。膜上部与闭孔沟围成**闭膜管**(obturator canal),有神经、血管通过。

5. 骨盆(pelvis)　由左右髋骨和骶骨、尾骨以及其间的骨连结构成。人体直立时,骨盆向前倾斜,两髂前上棘与两耻骨结节位于同一冠状面内,此时,尾骨尖与耻骨联合上缘居同一水平面上。骨盆由界线分为上方的大骨盆和下方的小骨盆(图 7-8)。**界线**是由骶骨的岬向两侧经弓状线、耻骨梳、耻骨结节至耻骨联合上缘构成的。

90°~100°
女性

70°~75°
男性

图 7-8　男女性骨盆

小骨盆分为骨盆上口、骨盆下口和骨盆腔。**骨盆上口**由大、小骨盆的分界线围成。**骨盆下口**由尾骨尖、骶结节韧带、坐骨结节、坐骨支、耻骨支和耻骨联合下缘(附有耻骨弓状韧带)围成,呈菱形。两侧坐骨支与耻骨下支连成耻骨弓,它们之间的夹角称为**耻骨下角**,男性为70°~75°,女性为 90°~100°。骨盆上、下口之间的腔称**骨盆腔**,它是一前壁短,侧壁及后壁长的弯曲的管道,其中轴为骨盆轴,分娩时,胎儿循此轴娩出。

骨盆的性差是人类的全身骨骼中最显著的部分,约在 10 岁以后,男、女性骨盆出现了明显的性别差异。女性骨盆主要具有如下特征:骨盆外形短而宽,骨盆上口近似圆形,较宽大,骨盆下口和耻骨下角较大,耻骨下角可达 90°~100°。女性骨盆的这些特征主要与妊娠和分娩密切相关。

骨盆在躯干与自由下肢骨之间,起着传导重力和支持、保护盆腔脏器的重要作用。人体直立时,体重自第 5 腰椎、骶骨经两侧的骶髂关节、髋臼传导至两侧的股骨头,再由股骨头往下到达下肢,这种弓形力传递称为**股骶弓**,当人坐位时,重力由骶髂关节传导至两侧坐骨结节,此种弓形的力传递线称**坐骶弓**(图 7-9)。骨盆前部有两条**约束弓**,以防止上述二弓向两侧分开。一条在耻骨联合处连结两侧耻骨上支,可防止股骶弓被压挤;另一条为两侧耻骨下支和坐骨支连成的耻骨弓,可约束坐骶弓不致散开。约束弓不如重力弓坚强有力,外伤时约束弓的耻骨上支较下支更易骨折。

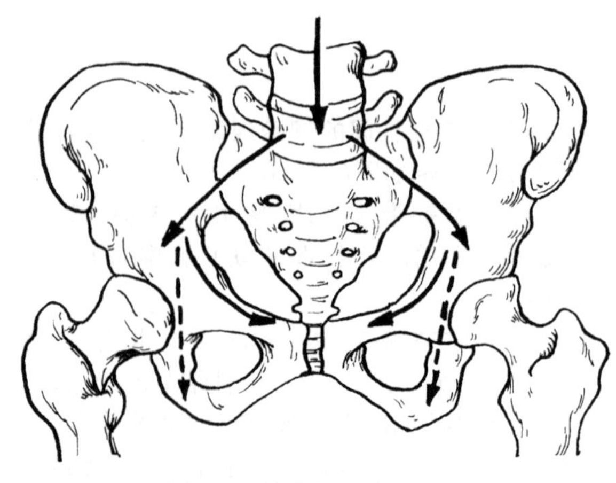

图 7-9　骨盆的力传导方向

骨盆的位置可因人体姿势的不同而变动，人体直立时，骨盆向前倾斜，骨盆上口的平面与水平面构成50~55°的角（女性约为60°），称**骨盆倾斜度**。骨盆倾斜度的增减将影响脊柱的弯曲，例如，倾斜度增大，重心前移，必然导致腰曲前凸增大；反之，倾斜度减小，导致腰曲减小。

二、盆壁的肌肉

（一）盆壁肌

覆盖于盆壁的肌肉有闭孔内肌和梨状肌（图7-10）。闭孔内肌位于盆侧壁的前份，该肌及其筋膜的上缘参与形成闭膜管。梨状肌位于盆侧壁的后份，该肌与坐骨大孔之间分别有梨状肌上孔和梨状肌下孔，有神经血管进出盆腔（盆壁肌的起止、作用及神经支配见下肢臀部）。

（二）盆底肌与盆膈

盆底肌包括**肛提肌**和**尾骨肌**（图7-11）。这两块肌肉及覆盖其上、下面的盆膈上筋膜和盆膈下筋膜构成**盆膈**（pelvic diaphragm）又称**盆底**。盆膈封闭骨盆下口的大部分，仅在其前方两侧肛提肌的前内缘之间留有一狭窄裂隙，称**盆膈裂孔**。其下方由尿生殖膈封闭，男性有尿道通过，女性有尿道和阴道通过。盆膈后部有肛管通过。盆膈封闭骨盆下口，具有支持和固定盆内脏器官的作用，并与排便、分娩等有关。

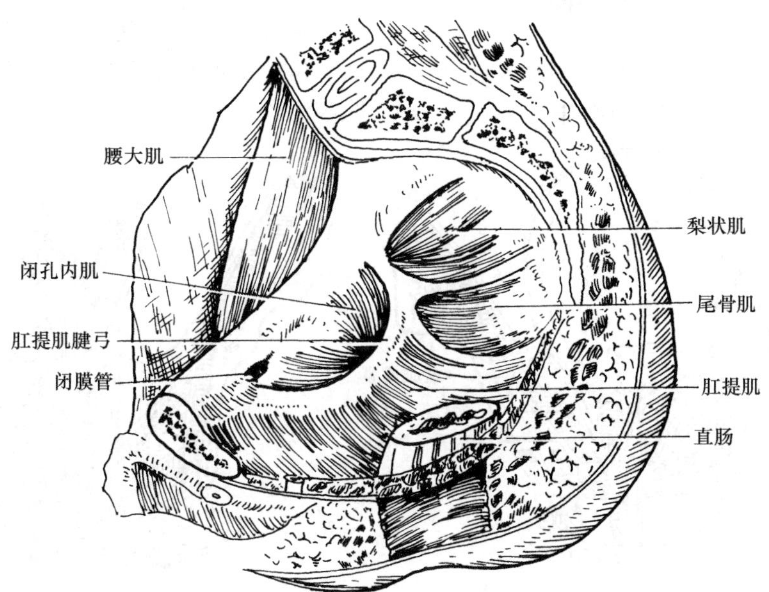

图7-10　盆壁与盆底肌（右侧）

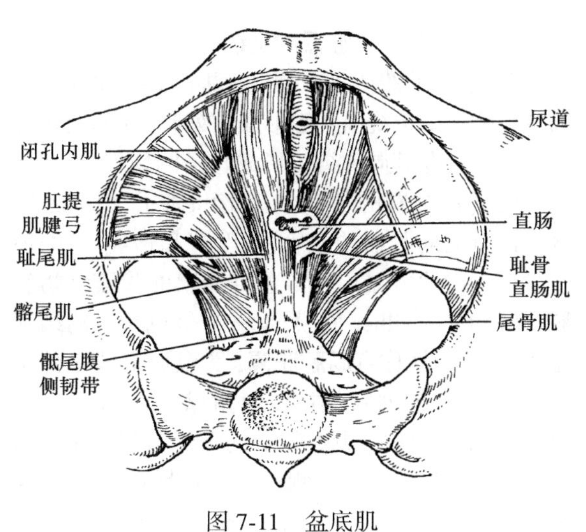

图7-11　盆底肌

1. 肛提肌（levator ani）　为一对四边形薄扁肌，起于耻骨后面与坐骨棘之间的**肛提肌腱弓**，纤维向内下，止于会阴中心腱、直肠壁、尾骨和肛尾韧带，左、右联合成漏斗状。按其纤维起止及排列不同，由前内向后外，依次又可分为**耻骨阴道肌**（男性为**前列腺提肌**）、**耻骨直肠肌**、**耻尾肌**和**髂尾肌**四部分（图7-11和表7-1）。

2. 尾骨肌（coccygeus）　位于肛提肌的后方，紧贴骶棘韧带的上面，起自坐骨棘盆面，止于尾骨及骶骨下部的侧缘（表7-1）。

肛提肌和尾骨肌共同构成盆底，对腹、盆腔脏器具有承托和支持的功能，并参与直肠和阴道的括约作用。在排尿、排便及分娩时，还能协助增加腹内压。

表 7-1　盆底肌的起止点、作用和神经支配

名称		起点	止点	作用	神经支配
肛提肌	耻骨阴道肌（前列腺提肌）	耻骨盆面、肛提肌腱弓前份	女性尿道、阴道及会阴中心腱（前列腺）	组成盆膈增强盆底	肛神经及会阴神经（$S_{2\sim4}$）
	耻骨直肠肌	耻骨盆面、肛提肌腱弓前份	肛管侧壁、后壁及会阴中心腱	承托脏器	
	耻尾肌	耻骨盆面、肛提肌腱弓中份	骶、尾骨侧缘及肛尾韧带	协助排便	
	髂尾肌	肛提肌腱弓后份、坐骨棘盆面	尾骨侧缘及肛尾韧带	缩小阴道	
尾骨肌		坐骨棘盆面	尾骨及骶骨下部的侧缘	组成盆膈承托脏器	骶神经前支（$S_{4,5}$）

三、盆筋膜及间隙

盆筋膜（pelvic fascia）为腹内筋膜的直接延续（图 7-12）。按其部位不同可分为：

（一）盆壁筋膜

盆壁筋膜也称**盆筋膜壁层**，覆盖于盆壁内面。位于骶骨前方的部分，称**骶前筋膜**。骶前筋膜与骶骨之间含有丰富的静脉丛，直肠切除时，勿剥离撕破此筋膜，以免伤及静脉丛，引起难以控制的出血。位于梨状肌与闭孔内肌表面的部分，分别称梨状肌筋膜和闭孔筋膜。盆壁筋膜在耻骨盆面与坐骨棘之间明显增厚，形成**盆筋膜腱弓**（或肛提肌腱弓），为肛提肌起端盆膈上筋膜的附着处（图 7-11）。

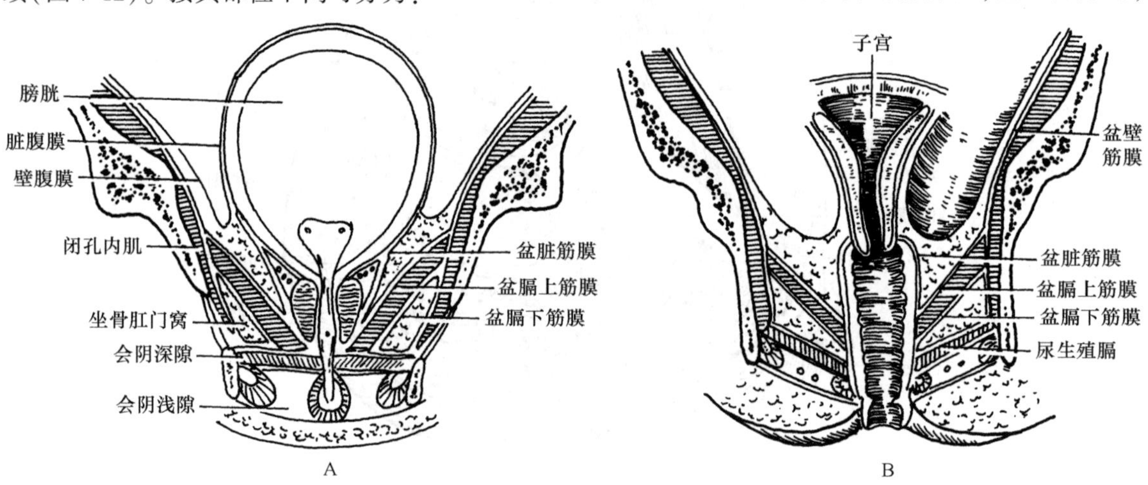

图 7-12　盆筋膜（男、女盆腔冠状切面）

A. 男性；B. 女性

盆膈上筋膜（superior fascia of pelvic diaphragm）覆盖于肛提肌与尾骨肌上表面，是盆壁筋膜的向下延续，并向盆内脏器周围移行为盆脏筋膜。

盆膈下筋膜（inferior fascia of pelvic diaphragm）覆盖于肛提肌与尾骨肌下面，又称**盆膈外筋膜**，是臀筋膜向会阴的直接延续。

（二）盆脏筋膜

盆脏筋膜也称**盆筋膜脏层**，包绕盆内脏器表面，是盆膈上筋膜向脏器的延续。在脏器周围分别形成筋膜鞘、筋膜隔及韧带等，具有支持和固定脏器的作用。如包绕前列腺形成前列腺鞘（囊），包绕直肠下血管及其周围组织形成直肠侧韧带，以及参与固定子宫位置的子宫主韧带和骶子宫韧带等。韧带内有通向脏器的血管、淋巴管和神经，有的还含少许平滑肌纤维。来自盆脏筋膜的**腹膜会阴筋膜**，又称 Denonvillier 筋膜，是一个呈冠状位的结缔组织隔，在男性称**直肠膀胱隔**，为盆脏筋膜延伸至直肠与膀胱、前列腺、精囊之间的部分。此隔上起直肠膀胱陷凹底的腹膜外面，向下经盆膈连于会阴中心腱，两侧附着于盆侧壁。在女性称**直肠阴道隔**，位于直肠与阴道之间。此外，盆脏筋膜还伸入阴道与膀胱、尿道之间，分别形成膀胱阴道隔及尿道阴道隔（图 7-13）。

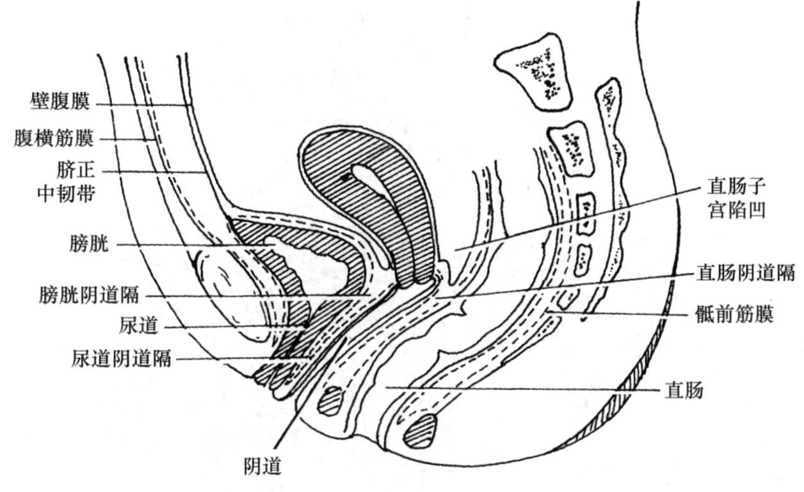

图 7-13　女盆部矢状切面

（三）盆筋膜间隙

盆壁、脏筋膜之间形成许多筋膜间隙，较重要的有：

1. 耻骨后隙　位于耻骨盆面与膀胱之间，又称**膀胱前隙**（图 7-13）。其上界为腹膜返折部，下界为尿生殖膈，两侧为盆脏筋膜形成的耻骨前列腺韧带（女性为耻骨膀胱韧带），内含疏松结缔组织及静脉丛等。耻骨骨折合并膀胱或尿道损伤时，常引起耻骨后隙出血、尿外渗或感染等，可做耻骨上切口，在腹膜外进行处理。腹膜外剖腹产时亦可经此隙进行手术。

2. 骨盆直肠隙　位于盆底腹膜与盆膈之间，在直肠周围，借其侧韧带分为前外侧部与后部。此隙宽大并充满结缔组织。直肠指检扪及直肠壶腹下份的两侧，即相当于此隙(图 7-18)。

3. 直肠后隙　位于直肠筋膜与骶前筋膜之间，又称**骶前间隙**。向上与腹膜后隙相通，两侧借直肠侧韧带与骨盆直肠隙相隔。此隙内有骶丛、奇神经节、直肠上血管、骶淋巴结及疏松结缔组织等。如间隙内发生感染，向上可蔓延至腹膜后隙。经尾骨旁进针至骶骨前方行腹膜后隙的注气造影，气体可沿直肠后隙上升，达肾周围的脂肪囊内。

第 2 节　盆部的血管、淋巴及神经

一、盆部的血管

（一）动脉

腹主动脉平第 4 腰椎体下缘的左前方，分为**左、右髂总动脉**（left，right common iliac artery），沿腰大肌内侧斜向外下，至骶髂关节前方又分成髂内、外动脉。髂总动脉的内后方分别有**左、右髂总静脉**（left，right common iliac vein）伴行，左髂总静脉在第 5 腰椎下缘的右前方与右髂总静脉汇合成下腔静脉。因此，右髂总动脉起始部位则位于左髂总静脉末段的前方。

1. 髂外动脉（external iliac artery）　沿腰大肌内侧缘下行，穿血管腔隙至股部。右髂外动脉起始部的前方有输尿管跨过，其外侧在男性有睾丸动、静脉及生殖股神经与之伴行，至其末段的前方有输精管越过。在女性，髂外动脉起始部的前方有卵巢动、静脉越过，其末段的前上方有子宫圆韧带斜向越过。髂外动脉近腹股沟韧带处发出**腹壁下动脉**和**旋髂深动脉**，后者向外上方贴髂窝走行，分布于髂肌和髂骨等。

髂总动脉及髂外动脉的投影：自脐左下方 2cm 处至髂前上棘与耻骨联合连线的中点间的连线，此线的上 1/3 段为髂总动脉的投影；下2/3 段为髂外动脉的投影。上、中 1/3 交界处即为髂内动脉的起点。

2. 髂内动脉（internal iliac artery）　是长约 4cm 的短干，于骶髂关节前方由髂总动脉分出后，斜向内下进入盆腔。其前外侧有输尿管越过，后方邻近腰骶干，髂内静脉和闭孔神经行于其内侧。主干行至坐骨大孔上缘处一般分为前、后两干，前干分支多至脏器，后干分支多至盆壁。髂内动脉按其分布，又可分为壁支与脏支(图 7-14)。

（1）**壁支**：主要有：

1）**髂腰动脉**：起自后干，向后外斜行，分布于髂骨、髂腰肌、腰方肌和脊髓等。

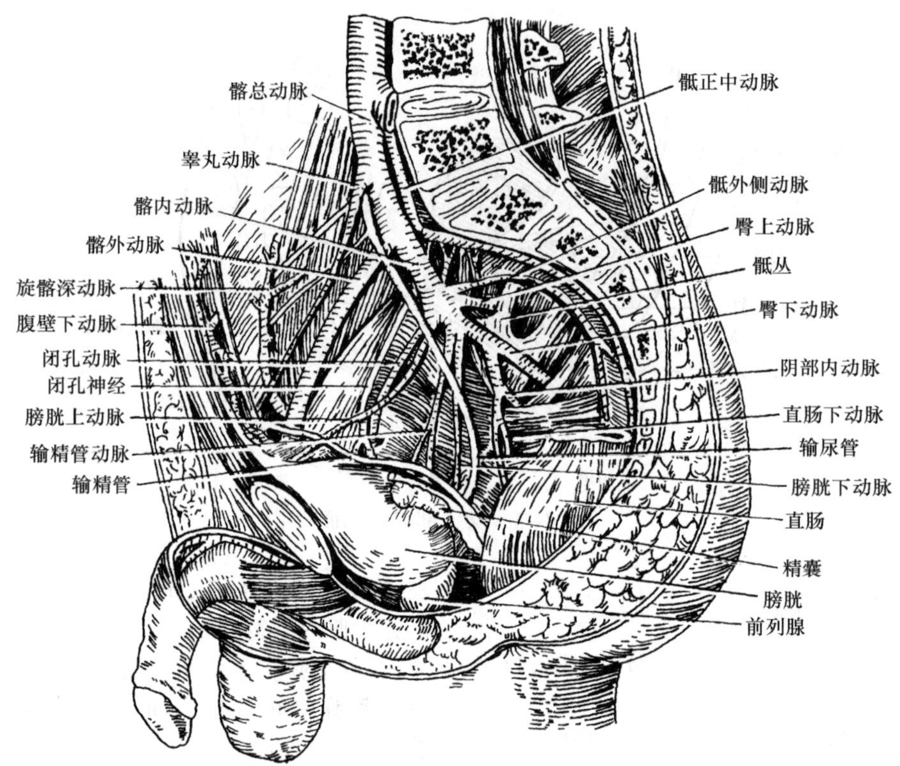

图 7-14 盆部的动脉

2）**骶外侧动脉**：起自后干，沿骶前孔内侧下行，分布于梨状肌、尾骨肌、肛提肌和骶管内诸结构。

3）**臀上动脉**：起自后干，多在腰骶干与第 1 骶神经之间，向下穿梨状肌上孔至臀部，分布于臀肌及髋关节。

4）**臀下动脉**：起自前干，多在第 2、3 骶神经之间，向下穿梨状肌下孔至臀部，分布于邻近结构。

5）**闭孔动脉**：起自前干，与同名静脉和神经伴行，沿盆侧壁经闭膜管至股部，分布于邻近诸肌及髋关节。该动脉穿闭膜管前尚发出一耻骨干，在股环附近，可与腹壁下动脉的耻骨支在耻骨上支后面吻合，有时吻合支粗大，形成异常的闭孔动脉，出现率占 17.95%，行经股环或腔隙韧带的深面，向下进入闭膜管。在施行股疝手术需切开腔隙韧带时，应特别注意有无异常的闭孔动脉，避免伤及，以防出血。

（2）**脏支**：主要有膀胱上动脉、膀胱下动脉、子宫动脉、直肠下动脉以及阴部内动脉等，各动脉的行程与分布在盆内脏器及会阴部叙述。

（二）静脉

髂内静脉（internal iliac vein）位于髂内动脉的后内侧，它的属支一般均与同名动脉伴行。盆部的静脉数目较多，壁薄且吻合丰富。盆内脏器的静脉多环绕各器官形成静脉丛，在男性有膀胱静脉丛、前列腺静脉丛及直肠静脉丛；在女性有膀胱静脉丛、直肠静脉丛、子宫静脉丛、阴道静脉丛及卵巢静脉丛等。绝大多数的静脉均汇入髂内静脉（图 7-15），而直肠下静脉和肛静脉在直肠下部与门静脉系的属支—直肠上静脉吻合，为门静脉高压症时的侧支循环途径之一。

二、盆部的淋巴

盆部的淋巴结一般沿血管排列，淋巴结的数目、大小和位置均不恒定，主要的淋巴结群有（图 7-15）：

髂外淋巴结沿髂外动脉后方及两侧排列，收纳腹股沟浅、深淋巴结的输出管，以及部分盆内脏器和腹前壁下部的淋巴。

髂内淋巴结沿髂内动脉及其分支排列，主要收纳盆内脏器、会阴及臀部等处的淋巴。

骶淋巴结沿骶正中动脉排列，收纳盆后壁及直肠的部分淋巴。

髂总淋巴结上述淋巴结的输出管注入髂总淋巴结。沿髂总动脉周围排列，通过接受髂外、髂内和骶淋巴结的输出管，收纳下肢、盆壁及盆内脏器的淋巴，然后注入左、右腰淋巴结。

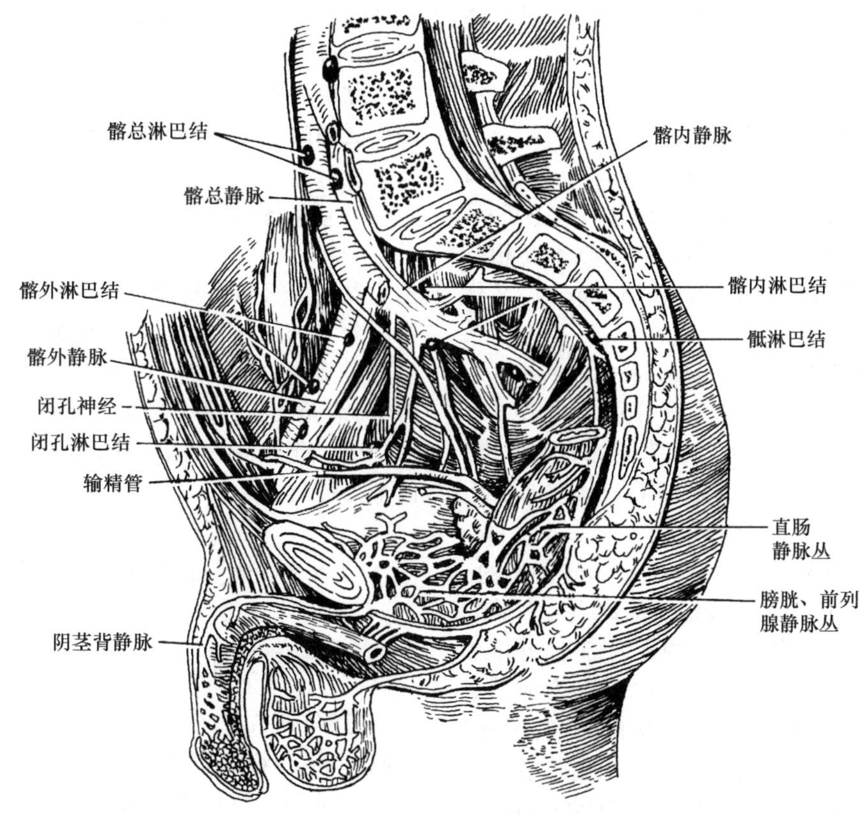

图 7-15　盆部的静脉与淋巴

三、盆部的神经

盆部的神经一部分来自腰、骶神经，另一部分来自内脏神经(图 7-16)。

1. 盆壁的神经　从腰丛发出的**闭孔神经**沿盆侧壁经闭膜管至股部。腰骶干及出骶前孔的骶神经前支组成粗大的**骶丛**(sacral plexus)，该

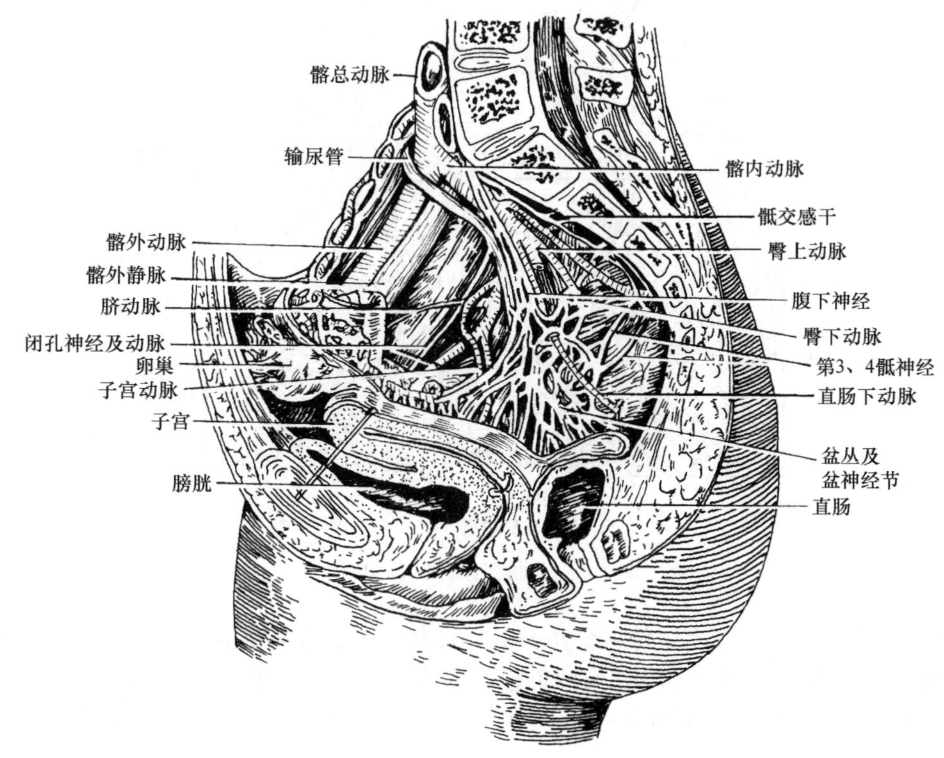

图 7-16　盆部的神经

丛位于盆侧壁后份的梨状肌前面，其分支经梨状肌上、下孔出盆，分布于臀部、会阴及下肢（详见臀部、会阴和下肢）。

2. 盆部的内脏神经

（1）**骶交感干**（sacral sympathetic trunk）：由腰交感干延续而来，沿骶前孔内侧下降，有3～4对骶交感节，至尾骨前方，两侧骶交感干互相联合，形成单一的**奇神经节**（ganglion impar），又称**尾神经节**。

（2）**盆内脏神经**（pelvic splanchnic nerve）：又名**盆神经**，较细小，共3支。分别来自第2～4骶神经的前支，是骶部副交感神经的节前纤维，参加组成盆丛。节后纤维分布于结肠左曲以下的消化管、盆内脏器及外阴等。

（3）**上腹下丛**（superior hypogastric plexus）：又名**骶前神经**，位于第5腰椎体前面，左、右髂总动脉之间，为腹主动脉丛向下的延续部分，并接受两侧腰交感神经节而来的腰内脏神经，形成单一的上腹下丛。此丛发出的左、右腹下神经行至第3骶椎高度，与同侧的盆内脏神经和骶交感节的节后纤维共同组成左、右下腹下丛，又称**盆丛**（pelvic plexus，图7-16）。该丛位于直肠两侧，其纤维随髂内动脉的分支分别形成膀胱丛、前列腺丛、子宫阴道丛和直肠丛等，分布于盆内脏器。

盆腔内肿瘤及妊娠子宫的压迫和子宫颈癌的广泛清除手术时，均可能导致神经的损伤。

第3节　盆腔器官

盆腔器官包括泌尿器、生殖器及消化管的盆内部分，它们的位置关系是：前方为膀胱及尿道，后方是直肠，两者之间为内生殖器，在男性有输精管、精囊及前列腺；女性有卵巢、输卵管、子宫及阴道。此外，还有输尿管盆部沿盆侧壁由后向前下方穿行。

一、直肠与肛管

（一）位置与形态

直肠（rectum）位于盆腔后部，上端平第3骶椎高度接乙状结肠，向下穿盆膈延续为肛管（anal canal）。**肛管**长约4cm，向后下绕尾骨尖终于肛门（图7-17）。

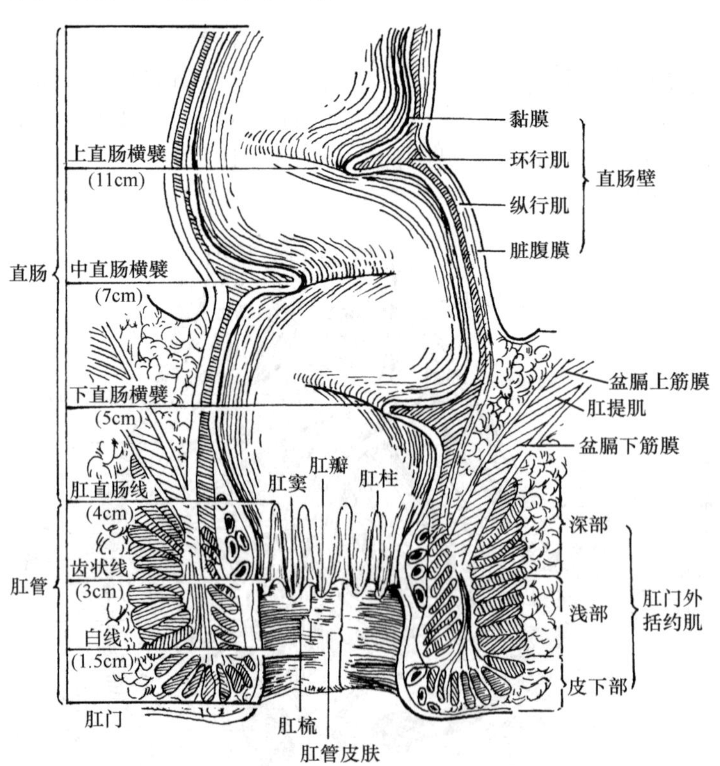

图7-17　直肠与肛管冠状切面

成人的直肠平均长11.7cm，其下份肠腔明显膨大称**直肠壶腹**。直肠并不直，在矢状面上有两个弯曲，上部的弯曲与骶骨曲度一致，称**骶曲**；下部绕尾骨尖的弯曲，称**会阴曲**。在冠状面直肠尚有左、右侧方的弯曲，但不恒定。在作直肠或乙状结肠检查时，应注意这些弯曲，缓慢推进，以免损伤肠壁。

（二）内面观

直肠腔内有三条半月形横向皱襞，称**直肠横襞**（Houston 瓣），由黏膜和环形平滑肌形成，具有阻挡粪便下移的作用。上直肠横襞位于乙状结肠与直肠交界附近的左侧壁，距肛门约 11cm；中直肠横襞最大且恒定，居直肠右前壁，相当于腹膜返折线的高度，距肛门约 7cm，在乙状结肠镜检查中，常以此横襞为标志；下直肠横襞多位于左侧壁，距肛门约 5cm（图 7-17）。

肛管内有 6～10 条纵向的黏膜皱襞，称**肛柱**（anal columns）。平肛柱上端的环形线，即**肛直肠线**，即直肠与肛管的分界线。相邻肛柱下端之间呈半月形的黏膜皱襞，称**肛瓣**（anal valves）。肛瓣与相邻肛柱下端围成的小隐窝，称**肛窦**（anal sinuses）。肛窦开口向上，窦内常有粪屑，感染后易致肛窦炎，严重可形成肛瘘或坐骨肛门窝脓肿等。

通过肛柱下端及肛瓣的边缘连成锯齿状的环形线，称**齿状线**（dentate line，或**肛皮线**）。此线上、下覆盖的上皮、血液供应、淋巴引流以及神经分布完全不同，临床上有实用意义（表 7-2）。

表 7-2　齿状线上、下结构的区别

	齿状线以上	齿状线以下
上皮	单层柱状上皮（黏膜，属内胚层）	复层扁平上皮（皮肤，属外胚层）
动脉	直肠上、下动脉	肛动脉
静脉	肠系膜下静脉（属门静脉系）	阴部内静脉（属下腔静脉系）
淋巴引流	髂内淋巴结、肠系膜下淋巴结	腹股沟浅淋巴结
神经分布	内脏神经（痛觉不敏锐）	躯体神经（痛觉敏锐）

齿状线稍下方有一呈环状隆起的光滑区，称**肛梳**（anal pecten），即痔环，因其上皮深面含有静脉丛，故活体上呈浅蓝色。肛梳的下缘为一条略呈波浪形的线，称**白线**（white line，或 **Hilton 线**），距肛门约 1.5cm。临床检查时可触到的浅沟即白线，亦称括约肌间沟，为肛门内、外括约肌的交界处（图 7-17）。

肛管黏膜及皮下的静脉吻合成丛，可因血流不畅而淤积，以致曲张成痔。位于齿状线以上者为内痔，位于齿状线以下者为外痔，若跨越齿状线上、下者为混合痔。

（三）毗邻

直肠的后面借疏松结缔组织与骶、尾骨和梨状肌邻接，在疏松结缔组织内除骶正中血管、骶外侧血管、骶静脉丛外，还有出骶前孔的骶、尾神经前支，骶交感干及神经节等。

直肠前面的毗邻有明显的性别差异，在男性，直肠上部隔直肠膀胱陷凹与膀胱底上部和精囊相邻，如直肠膀胱陷凹中有炎性液体，常用直肠指检以帮助诊断，有时可穿刺或切开直肠前壁进行引流。直肠下部（即腹膜返折线以下）借直肠膀胱隔与膀胱底下部、前列腺、精囊、输精管壶腹及输尿管盆部相邻。在女性，直肠上部隔直肠子宫陷凹与子宫及阴道穹后部相邻，故借直肠指检可了解分娩过程中子宫颈扩大的程度。直肠下部借直肠阴道隔与阴道后壁相邻。

（四）血管、淋巴及神经

直肠由直肠上动脉、直肠下动脉及骶正中动脉分布，彼此间有吻合，肛管和肛门由肛动脉分布。**直肠上动脉**（superior rectal artery）为肠系膜下动脉的直接延续，行于乙状结肠系膜根内，经骶骨岬左前方下降至第 3 骶椎高度分为左、右两支，由直肠后面绕至两侧下行，分支前与乙状结肠动脉之间有吻合，分布于直肠。**直肠下动脉**（inferior rectal artery）多起自髂内动脉前干，经直肠侧韧带进入直肠下部，主要分布于直肠。**骶正中动脉**的分支经直肠后面分布于直肠后壁（图 7-18）。**肛动脉**起自阴部内动脉，分布于肛管和肛门周围。

上述各动脉皆有同名静脉伴行，在直肠肌层和黏膜下层内，吻合成丰富的直肠静脉丛。

临 床 应 用

直肠静脉丛是门腔静脉之间相互吻合的重要途径之一，直肠静脉丛的血液经下列途径回流：直肠上部的血液经直肠上静脉注入肠系膜下静脉，再回到肝门静脉；直肠中部的血液经直肠下静脉注入髂内静脉，直肠下部的血液经肛静脉注入阴部内静脉，直肠中部与下部的血液最终都流入下腔静脉。

直肠的淋巴多伴随相应的血管回流，直肠上部的淋巴管沿直肠上血管引流，向上注入肠系膜

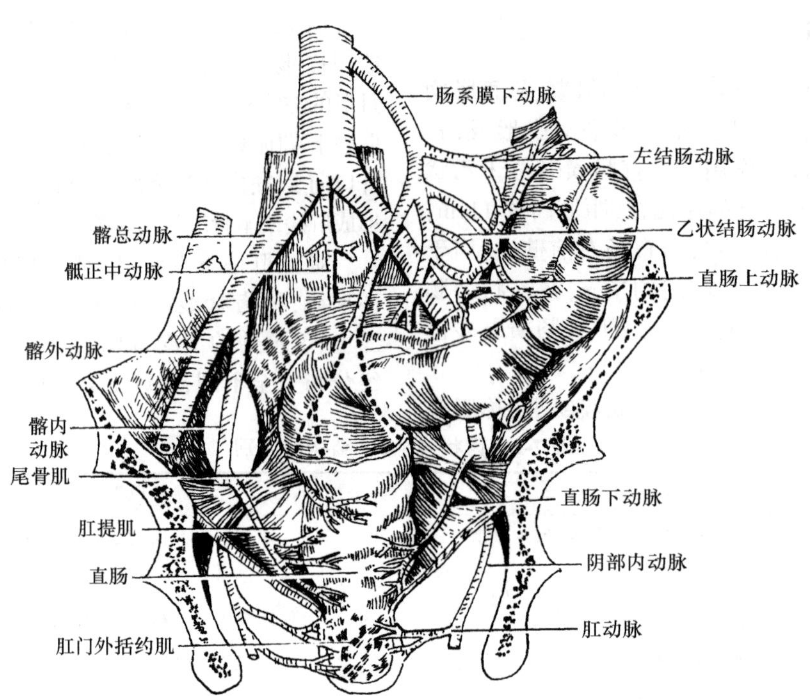

图 7-18　直肠与肛管的动脉

下淋巴结。直肠下部的淋巴管向两侧沿直肠下血管注入髂内淋巴结;部分淋巴管向后注入骶淋巴结;部分淋巴管穿肛提肌至坐骨直肠窝。直肠的淋巴管与乙状结肠、会阴部等处的淋巴管之间存在广泛的交通支,淋巴管转移是直肠癌主要的扩散途径,手术要求彻底清除。

直肠的交感神经发自肠系膜下丛和盆丛;副交感神经发自盆内脏神经,经盆丛、直肠下丛沿直肠侧韧带分布于直肠。与排便反射有关的传入纤维,也由盆内脏神经传入。

二、膀　　胱

(一) 位置与毗邻

膀胱(urinary bladder)位于盆腔前部,空虚时呈锥体状,可分**尖**、**体**、**底**、**颈**四部,各部间无明显界限。充盈时呈球形,可升至耻骨联合上缘以上,此时腹膜返折处亦随之上移,膀胱前外侧壁直接邻贴腹前壁。临床上常利用这种解剖关系,在耻骨联合上缘之上进行膀胱穿刺或做手术切口,可不伤及腹膜。儿童的膀胱位置较高,位于腹腔内,到六岁左右才逐渐降至盆腔。

空虚的膀胱前方与耻骨联合相邻,其间为耻骨后隙;膀胱的下外侧面与肛提肌、闭孔内肌及其筋膜相邻,其间充满疏松结缔组织等,称之为膀胱旁组织,内有输尿管盆部穿行。男性膀胱底上部借直肠膀胱陷凹与直肠相邻,在腹膜返折线以下的膀胱底与输精管壶腹和精囊相邻;在女性与子宫及阴道前壁相邻。膀胱上面与小肠袢相邻,女性还与子宫相邻。膀胱的下部即膀胱颈,下接尿道,男性邻贴前列腺,女性与尿生殖膈相邻。

(二) 内面观

膀胱空虚时,其内黏膜由于膀胱肌层的收缩形成许多皱襞,当膀胱膨胀时,皱襞完全消失,唯其底部有一个三角形的平滑区,由于缺少黏膜下层、黏膜与肌层紧密相贴,无论膀胱在膨胀或收缩时,都保持平滑状态,永不形成皱襞,此区称**膀胱三角**(trigone of bladder),其两侧角为左、右输尿管口,下角为尿道内口。膀胱三角是膀胱镜检时的重要标志,也是肿瘤和结核等的好发部位。两输尿管口之间有呈横向隆起的黏膜皱襞,称**输尿管间襞**,是寻找输尿管口的重要标志。

(三) 血管、淋巴及神经

膀胱上动脉(superior vesical arteries)起自髂内动脉的脐动脉近侧部,向内下方走行,分布于膀胱上、中部。**膀胱下动脉**(inferior vesical artery)起自髂内动脉前干,沿盆侧壁行向内下,分布于膀胱下部、精囊、前列腺及输尿管盆部等。膀胱的静脉在膀胱下面形成膀胱静脉丛,最后汇集成与动脉同名的静脉,再汇入髂内静脉。

膀胱前部的淋巴管注入髂内淋巴结,膀胱后

部及膀胱三角区的淋巴管，多注入髂外淋巴结，亦有少数注入髂内淋巴结、髂总淋巴结或骶淋巴结。

膀胱的交感神经来自第11、12胸节和第1、2腰节，经盆丛随血管分布至膀胱壁，使膀胱平滑肌松弛，尿道内括约肌收缩而储尿。副交感神经为来自脊髓第2～4骶节骶副交感节前神经纤维，经**盆内脏神经**，支配膀胱逼尿肌，抑制尿道括约肌，是与排尿有关的主要神经。膀胱排尿反射的传入纤维，也由盆内脏神经传入。

三、输尿管盆部与壁内部

输尿管为细长的、成对的肌性管道。约平对第2腰椎上缘起自肾盂下端，终于膀胱。长约25～30cm，管径约为0.5～1.0cm，最窄处口径只有0.2～0.3cm。全长分为腹部、盆部和壁内部三部分，这里只叙述盆部和壁内部。

（一）盆部

输尿管盆部于髂血管处续输尿管腹部，在骨盆上口处，左输尿管越过髂总动脉末端的前方入盆腔；右输尿管则越过右髂外动脉的起始部前方入盆腔。

输尿管盆部沿盆腔侧壁经髂内血管、腰骶干及骶髂关节前方，继而在脐动脉起始段和闭孔血管、神经的内侧经过，至坐骨棘附近向前穿入膀胱旁组织中。在男性，输尿管于输精管的后外方，经输精管壶腹与精囊之间达膀胱底；在女性，输尿管由后外向前内，经子宫阔韧带基底部至子宫颈外侧约2cm处（适对阴道穹侧部的上外方），有子宫动脉从前上方跨过，两者距离很近，呈前后交叉关系，恰似“水在桥下流”。在施行子宫切除术结扎子宫动脉时，慎勿损伤输尿管（图7-19）。

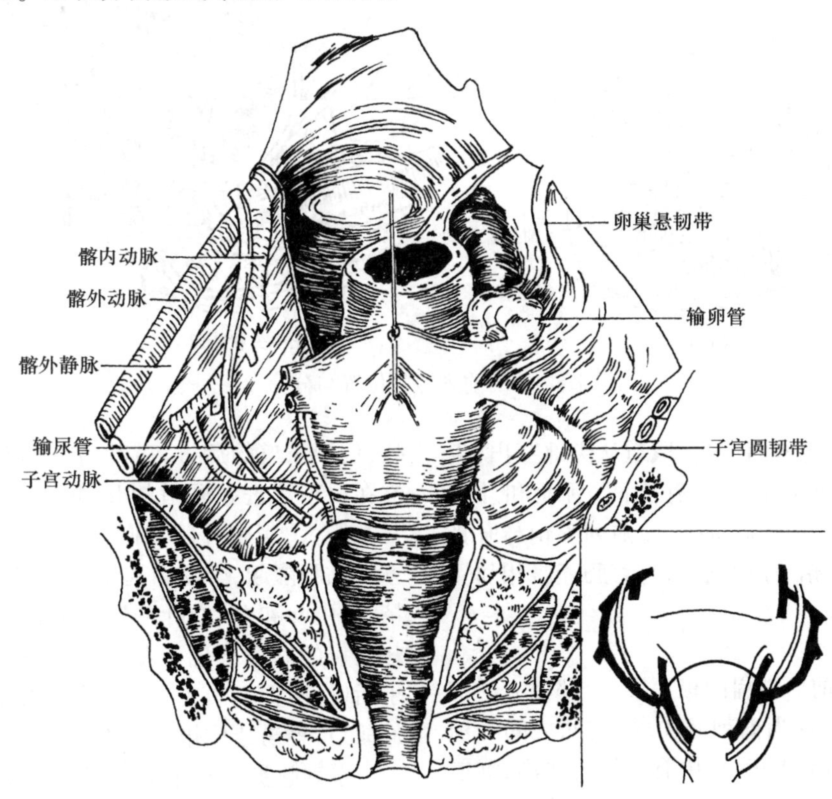

图7-19　子宫动脉与输尿管的关系

（二）壁内部

输尿管盆部至膀胱底后外侧角处，向内下斜穿膀胱壁，开口于膀胱三角的输尿管口。此部长约1.5cm，是输尿管的最狭窄处，也是常见的结石滞留部位。膀胱充盈时，压迫输尿管壁内部，可阻止膀胱内的尿液经输尿管逆流。

输尿管盆部的血液供应有不同来源，接近膀胱处来自膀胱下动脉的分支，在女性也有子宫动脉的分支分布。

临床应用

输尿管结石均来源于肾结石。输尿管有3个狭窄处，第一个狭窄位于肾盂输尿管移行处；第二个狭窄位于输尿管同髂动脉的交叉处，此处输尿管走行在腹膜下，给于刺激后明显蠕动。切开输尿管取石时最好在原位切开，以防折曲。要纵行切开横行缝合，可预防术后狭窄。缝合时用细肠线不通过黏膜，术后充分引流。第三个狭窄是壁内部，管腔最为狭小，所以输尿管结石有2/3停留于下1/3处。这段输尿管深在，解剖关系比较复杂，所以，处理此段输尿管结石难度较大，易发生副损伤，应加以注意。

四、前 列 腺

（一）位置与毗邻

前列腺（prostate）位于膀胱颈和尿生殖膈之间。上部宽大为前列腺底，与膀胱颈、精囊腺和输精管壶腹部相邻，前列腺的前方为耻骨联合，后方为直肠壶腹。直肠指检时，向前可扪及前列腺的大小、形态、硬度及前列腺沟，向上可触及输精管壶腹和精囊（图7-20），向下与尿生殖膈接触，两侧有前列腺提肌绕过，尿道从尖部穿出，尖与底之间为前列腺体。体有前面、后面和外侧面。前面有耻骨前列腺韧带，使前列腺鞘与耻骨盆面相连；后面借直肠膀胱隔与直肠壶腹相邻。

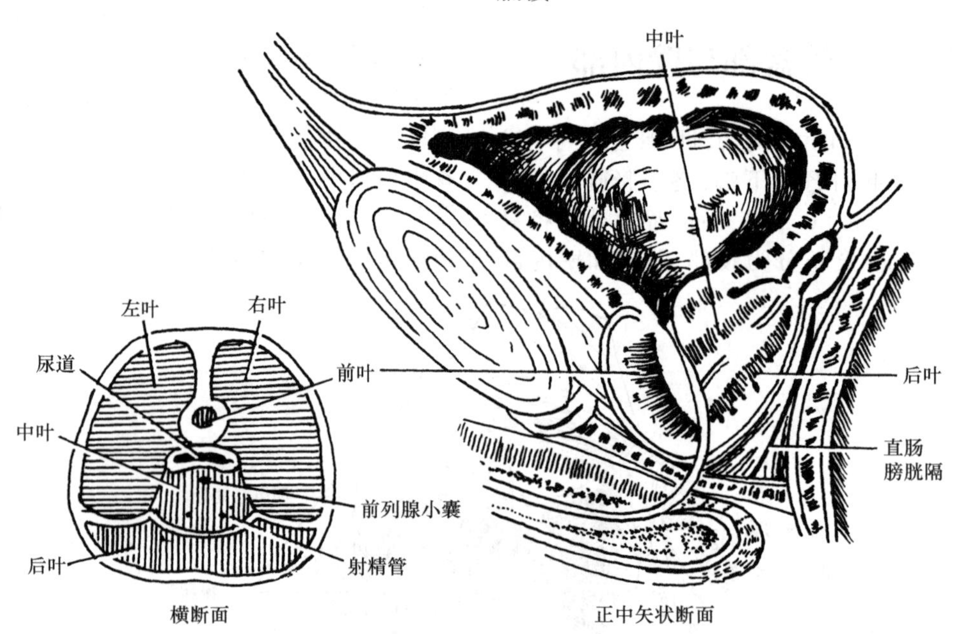

图7-20　前列腺的位置与分叶

（二）形态

前列腺呈前后稍扁的板栗形，上部宽大为**前列腺底**，下端尖细为**前列腺尖**，尖与底之间为**前列腺体**，体的后面平坦，正中有一纵行浅沟，称**前列腺沟**，直肠指检时，向前可扪及前列腺沟，前列腺肥大时，此沟消失。前列腺底的前部有尿道穿入，由前列腺尖穿出。底的后部有左、右射精管向前下穿入，开口于尿道前列腺部后壁的精阜上。前列腺的排泄管开口于尿道前列腺部后壁尿道嵴两侧。

前列腺通常分为五叶：前叶、中叶、后叶和左、右叶（图7-20）。前叶甚小，位于尿道的前方，临床无重要意义。中叶呈楔形，又称前列腺峡，位于尿道的后方，后叶前方和左、右叶之间，恰在射精管进入尿道的开口上方。老年人中叶常常肥大，当中叶肥大向上发展时，尿道内口后方的黏膜隆起，容易引起排尿困难。后叶位于射精管、中叶和左、右叶的后方，很少发生肥大，但却是癌的好发部位。左、右叶紧贴尿道侧壁，位于后叶侧部前方，左、右叶的肥大亦可从两侧压迫尿道，容易造成排尿困难。

前列腺实质表面包裹着薄而坚韧的固有膜，与前列腺鞘之间的有动脉、静脉丛及神经的分支，静脉丛接受阴茎背深静脉，并有交通支与膀胱静脉丛吻合，经膀胱下静脉汇入髂内静脉或其属支。

（三）组织学结构

前列腺由30～50个复管泡状腺组合而成，其导管分别开口于尿道。前列腺被膜由结缔组织和丰富的平滑肌组成，并伸入腺内，分隔和包围腺泡和导管。按腺的分布位置，可分为三组：

黏膜腺最小，位于尿道的黏膜内；黏膜下腺位于黏膜下层；主腺包在尿道的外围，占前列腺的大部分。前列腺的腺泡形态不规则，有较多的皱襞。腺腔面是单层立方、单层柱状或假复层柱状上皮。腔内可见分泌物浓缩形成的嗜酸性板层状小体，称前列腺凝固体，它随年龄的增长而增多，甚至钙化形成前列腺结石（图 7-21）。前列腺的活动亦受雄激素的调节。老年时的前列腺肥大乃是黏膜腺和黏膜下腺增生所致。

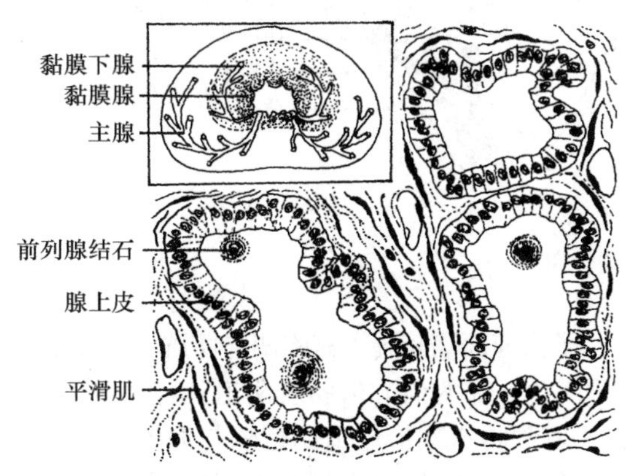

图 7-21　前列腺的微细结构

五、输精管盆段、射精管及精囊

（一）输精管

1. 输精管的分部　**输精管**（ductus deferens）是附睾管的直接延续，长度约 50cm，管径约 3mm，管壁较厚，肌层较发达而管腔细小。活体触摸时，呈坚实的圆索状。

输精管较长，依其行程可分为四部：①**睾丸部**，最短，较迂曲，始于附睾尾，沿睾丸后缘上行至睾丸上端。②**精索部**，介于睾丸上端与腹股沟管皮下环之间的一段，位于精索其他结构的后内侧。此段位于皮下，又称皮下部，易于经皮肤以手触知，为结扎输精管的良好部位。③**腹股沟管部**，位于腹股沟管的精索内。疝修补术时，注意勿伤及输精管。④**盆部**，为最长的一段，由腹环出腹股沟管后，弯向内下，沿盆侧壁行向后下，经输尿管末端前方转至膀胱底的后面，在此两侧输精管逐渐接近，并膨大成**输精管壶腹**。输精管末端变细，与精囊的排泄管汇合成**射精管**（图 7-22）。

2. 输精管的组织学结构　输精管是壁厚腔小的肌性管道。管壁由黏膜、肌层和外膜三层组成。黏膜上皮为较低的假复层柱状上皮，上皮细胞表面有静纤毛，固有层结缔组织中弹性纤维较丰富；肌层发达分三层，即内纵、中环、外纵，在射精时，肌层作强力收缩，将精液快速排出；外膜为疏松结缔组织，富于血管、淋巴管和神经。

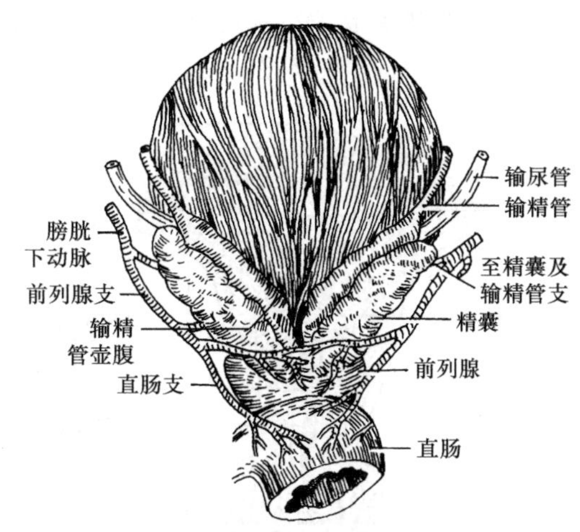

图 7-22　前列腺与精囊

（二）射精管

射精管（ejaculatory duct）由输精管末端变细与精囊的排泄管汇合而成，长约 2cm，向前下穿前列腺底的后部，开口于尿道前列腺部。

（三）精囊

1. 精囊的形态　精囊（seminal vesicle）为一对长椭圆形的囊状腺体，位于前列腺底的后上方，输精管壶腹的后外侧，前贴膀胱，后邻直肠。精囊肿大时，直肠指检可以扪及（图 7-22）。

2. 精囊的组织学结构　精囊腔面有许多皱襞，黏膜上皮为假复层柱状。黏膜外有薄的平滑肌层和结缔组织外膜。在雄激素刺激下，精囊分泌弱碱性的淡黄色液体，内含果糖、前列腺素等，为精液的重要组成部分，对精子的活动和营养均有重要作用。

六、子　　宫

子宫（uterus）是壁厚腔小的肌性器官，是受精卵植入和胎儿发育的场所。

（一）子宫的形态

成人未孕子宫呈前后稍扁，倒置梨形，长约 7～9cm，最宽 4～5cm，厚约 2～3cm。子宫可分为底、体、峡、颈四部（图 7-23），其上端钝圆隆起，位于两侧输卵管子宫口以上的部分为**底**；下段窄细呈圆柱状的部分为**颈**，是炎症和癌肿的多发部位，子宫颈又分为**子宫颈阴道上部**及**子宫颈阴道部**。底与颈之间的部分为**体**；体的下部与颈之间的狭窄部分为**子宫峡**,子宫峡随妊娠期逐渐伸展变长,可达7~11cm,峡壁逐渐变薄,临产时明显形成子宫下段,产科常在此处进行剖腹取胎术。子宫与输卵管相接处,称**子宫角**。

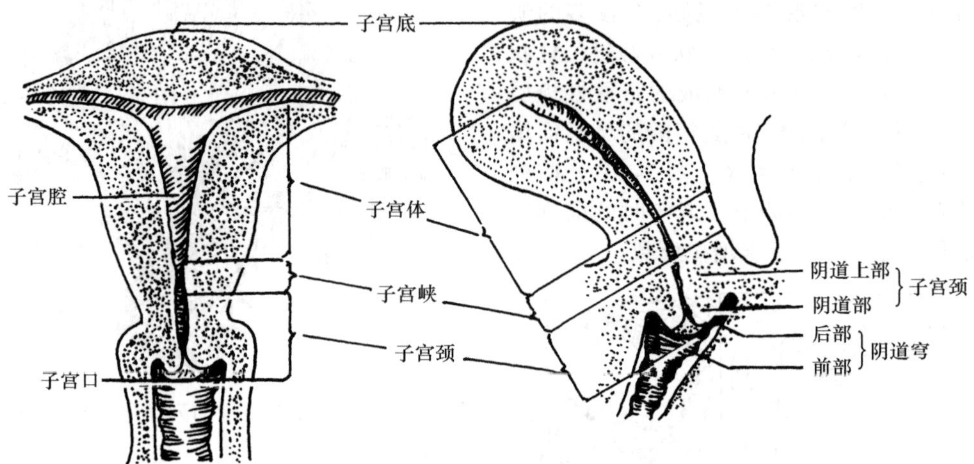

图7-23 子宫的分部

(二)子宫的位置与毗邻

子宫位于盆腔中部,膀胱与直肠之间。其位置可随膀胱与直肠的充盈程度或体位而有变化。直立时,子宫体几乎与水平面平行,子宫底伏于膀胱的后上方,子宫颈保持在坐骨棘平面以上。成人正常的子宫呈轻度前倾、前屈姿势,**前倾**即子宫轴与阴道轴之间呈向前开放的角度(约90°角),**前屈**为子宫体与子宫颈之间的弯曲(约170°角,图7-23)。子宫的正常位置主要依靠子宫诸韧带、盆膈、尿生殖膈及会阴中心腱等结构维持,这些结构受损或松弛时,可以引起子宫脱垂。

子宫前面隔膀胱子宫陷凹与膀胱上面相邻,子宫颈阴道上部的前方借膀胱阴道隔与膀胱底部相邻,子宫颈阴道部借尿道阴道隔与尿道相邻,子宫后面借直肠子宫陷凹及直肠阴道隔与直肠相邻。

(三)子宫的韧带

1. 子宫阔韧带(broad ligament of uterus)位于子宫两侧,呈冠状位的双层腹膜皱襞。上缘游离,包裹输卵管,其外侧端移行于卵巢悬韧带。下缘和外侧缘与盆底和盆侧壁的腹膜移行,内侧缘与子宫前、后面的腹膜相续。子宫阔韧带可分三部分(图7-24)。

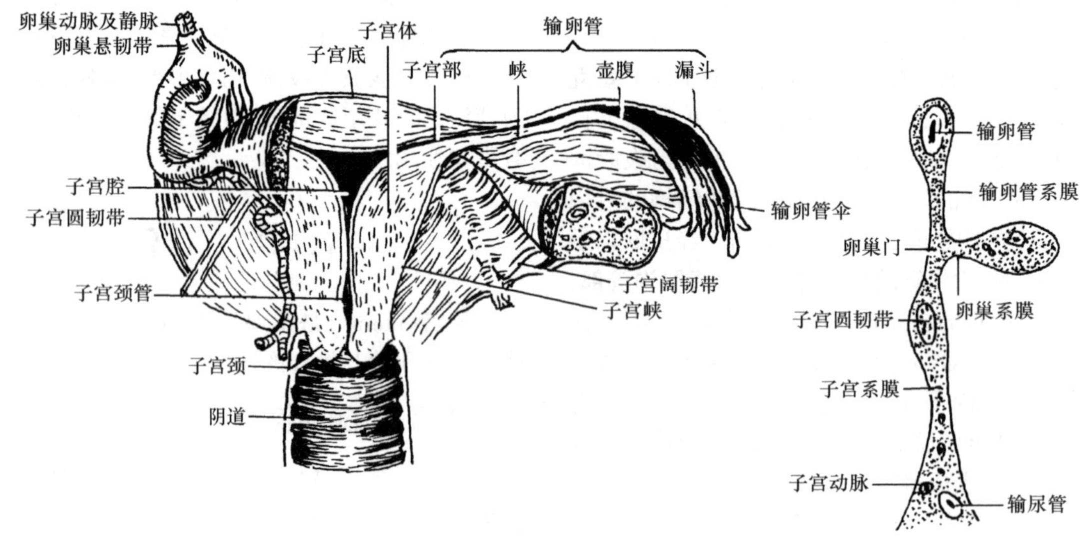

图7-24 子宫阔韧带及输卵管

(1) **卵巢系膜**:为卵巢前缘与子宫阔韧带后叶间的部分,由阔韧带后叶向后包裹卵巢所形成。

(2) **输卵管系膜**:为输卵管与卵巢系膜根之间的部分。

(3) **子宫系膜**:为子宫阔韧带的其余部分,

内含子宫血管、淋巴管、神经及大量疏松结缔组织，称之为子宫旁组织。子宫阔韧带的作用是限制子宫向两侧移动。

2. 子宫主韧带（cardinal ligament of uterus）又称**子宫颈横韧带**，位于子宫阔韧带基底部，连于子宫颈与盆侧壁之间，呈扇形（图 7-25），向下与盆膈上筋膜愈着。由结缔组织和平滑肌纤维构成。子宫主韧带是固定子宫颈，使其维持在坐骨棘平面以上的重要结构，损伤或牵拉造成该韧带松弛后，容易引起子宫脱垂。

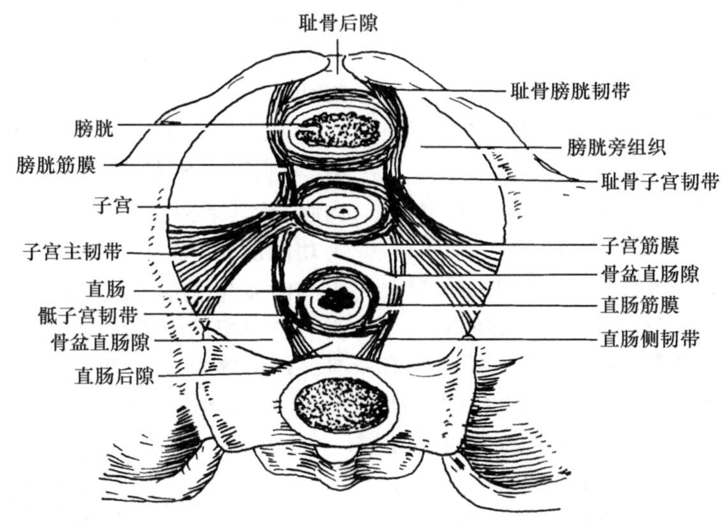

图 7-25　子宫的韧带及盆筋膜间隙

3. 子宫圆韧带（round ligament of uterus）呈圆索状，由结缔组织和平滑肌纤维构成，长约 12～14cm。起自子宫角，输卵管附着部的前下方，在子宫阔韧带前叶覆盖下弯向盆侧壁前行，越过髂外血管至腹壁下动脉外侧，经深环入腹股沟管，出浅环附着于阴阜及大阴唇皮下，是维持子宫前倾的主要结构。

4. 骶子宫韧带（sacrouterine ligament）　由结缔组织和平滑肌纤维构成，起自子宫颈后面，向后呈弓形绕过直肠两侧，附着于骶骨前面。其表面有腹膜覆盖，形成**直肠子宫襞**。该韧带的作用是向后上方牵引子宫颈，防止子宫前移，使子宫维持前屈姿势。

（四）子宫的血管、淋巴及神经

1. 子宫的血管　**子宫动脉**是营养子宫的主要动脉，起自髂内动脉的前干，沿盆侧壁向前内下方走行，进入子宫阔韧带基底部，在距子宫颈外侧约 2cm 处，横向越过输尿管盆部的前上方，至子宫颈侧缘迂曲上行，沿途分支进入子宫壁。主干行至子宫角处即分为输卵管支及卵巢支，后者在子宫阔韧带内与卵巢动脉分支吻合，因此子宫的血液供应也有一部分来自卵巢动脉。子宫动脉与输尿管盆部交叉后，向下发出阴道支，分布于阴道上部。

子宫静脉丛位于子宫两侧，由该丛发出的小静脉常汇合成两条子宫静脉，最后汇入髂内静脉。此丛前接膀胱静脉丛，后连直肠静脉丛，向下与阴道静脉丛相续，合成子宫阴道静脉丛。

临床应用

输尿管盆部在坐骨棘水平向前、下、内走行，经子宫阔韧带基底附近的结缔组织内至子宫和阴道穹的两侧，在距子宫颈 2cm 处，从子宫动脉的后下方绕至子宫颈阴道上部外侧 2cm 处前行，斜向内侧，经阴道前面至膀胱底，斜行进入膀胱。常以“桥下流水”形容子宫动脉与输尿管的位置关系。在子宫切除结扎子宫动脉时应特别注意这种位置关系，以免误扎输尿管。

2. 子宫的淋巴　子宫底和子宫体上部的多数淋巴管，沿卵巢血管上行，注入腰淋巴结和髂总淋巴结。子宫底两侧的一部分淋巴管，沿子宫圆韧带注入腹股沟浅淋巴结。子宫体下部及子宫颈的淋巴管，沿子宫血管注入髂内淋巴结或髂外淋巴结，一部分淋巴管向后沿骶子宫韧带注入骶淋巴结。子宫的淋巴管与膀胱和直肠等盆内脏器的淋巴管之间均有直接或间接的吻合，因此，如患子宫癌时，可累及临近器官，子宫癌切除术时，应较广泛地清除有关的淋巴结。

3. 子宫的神经　子宫的交感神经来自胸 12～腰 2 脊髓侧角，经内脏小神经、腰内脏神经至腹主动脉丛，通过腹下丛到盆丛分出的子宫阴道丛，随血管分布于子宫和阴道上部。副交感神经来自骶部 2～4 节段，经骶神经到盆内脏神经，通过腹下丛到盆丛分出的子宫阴道丛，子宫的痛觉传入通过腰内脏神经和盆内脏神经传入。

(五) 子宫的组织学结构

子宫为肌性器官，腔小壁厚，是受精卵植入和胎儿发育的场所。子宫壁的结构由外向内可分外膜、肌层和内膜三层，其中内膜因年龄和功能状态的不同而有一定差异。

1. 子宫壁的结构 子宫由外向内分为外膜、肌层、内膜三层。

(1) **外膜**：子宫外膜的大部分由间皮和薄层结缔组织组成的浆膜构成，其余部分为纤维膜。

(2) **肌层**：子宫肌层由平滑肌束与束间结缔组织组成，厚约1cm。在其结缔组织中除有血管和一般细胞成分外，未分化间充质细胞尤为丰富。子宫平滑肌纤维长约30~50μm，在妊娠时肌纤维增生肥大，可增长数十倍，长达500~600μm。新增的平滑肌纤维来自未分化间充质细胞或平滑肌自身的分裂。雌激素有促使平滑肌细胞数量增加的作用。子宫肌瘤可能与雌激素有关。孕酮能使平滑肌细胞体积增大，并有抑制平滑肌收缩的作用。使用孕激素保胎的道理可能在于此。分娩后子宫平滑肌纤维可逐渐变小，恢复原状，有部分平滑肌纤维自溶分解而被吸收。肌层大致可分三层，黏膜下和浆膜下肌层主要由纵行的平滑肌束组成；中间层较厚，由环形和斜行肌束组成，并含有丰富的血管。肌层的收缩活动有助于精子向输卵管运行和经血排出以及胎儿娩出(图7-26)。

(3) **内膜**：子宫内膜由单层柱状上皮和固有层组成。上皮与输卵管上皮相似，也由纤毛细胞和分泌细胞构成。固有层较厚，由结缔组织及子宫腺等组成(图7-26、图7-27)。在结缔组织中除含有较多的网状纤维、淋巴细胞、巨噬细胞、肥大细胞、浆细胞、丰富的血管、淋巴管和神经外，还有大量的分化程度较低的梭形或星形细胞，称为**基质细胞**，其核大而圆，胞质较少，可合成和分泌胶原蛋白，并随妊娠及月经周期的变化增生与分化。**子宫腺**(uterine gland)为分支管状腺，末端可达肌层。腺上皮主要是分泌细胞，纤毛细胞较少。子宫动脉通过肌层进入内膜，呈螺旋状走行，称**螺旋动脉**。此动脉至内膜浅部分支吻合形成毛细血管网和扩大的窦状毛细血管，然后汇入小静脉，经肌层汇合为子宫静脉。子宫底部和体部的内膜，按其结构和功能特点，可分深浅两层：浅层为**功能层**，指靠近子宫腔的内膜部分，每次月经来潮时发生脱落，受精卵也在此层内植入；深层为靠近肌层的内膜部分，称为**基底层**。基底层在月经和分娩时均不脱落并有较强的增生和修复能力，可以产生新的功能层(图7-27)。

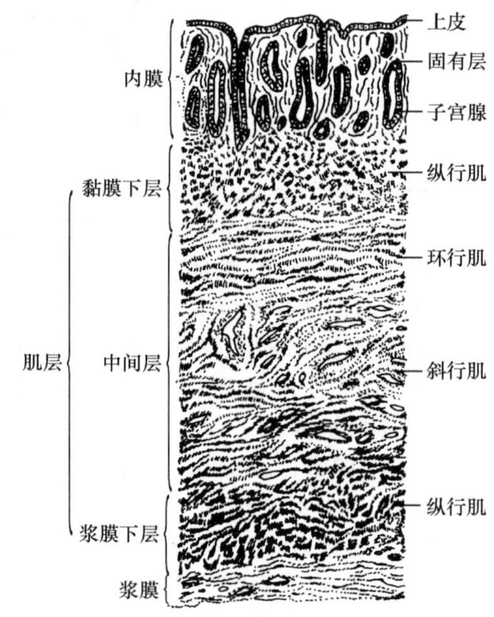

图7-26 子宫的微细结构(低倍)

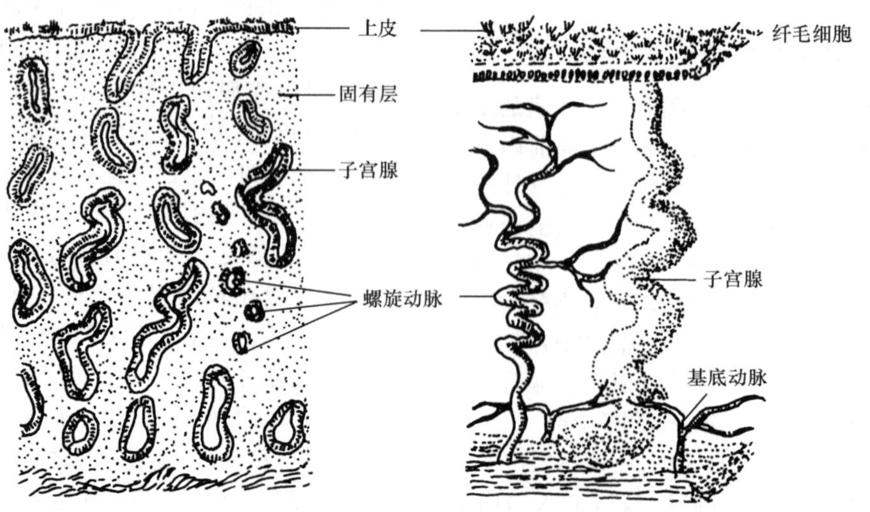

图7-27 子宫内膜的微细结构

2. 子宫内膜的周期性变化 自青春期开始,子宫内膜(宫颈除外)在卵巢分泌的激素作用下,开始出现周期性变化,即每隔28天左右发生一次内膜剥脱出血,称为**月经周期**(menstrual cycle)每个月经周期是从月经第1天起至下次月经来潮前一天止,可分为增生期、分泌期和月经期三个时期(图7-28)。

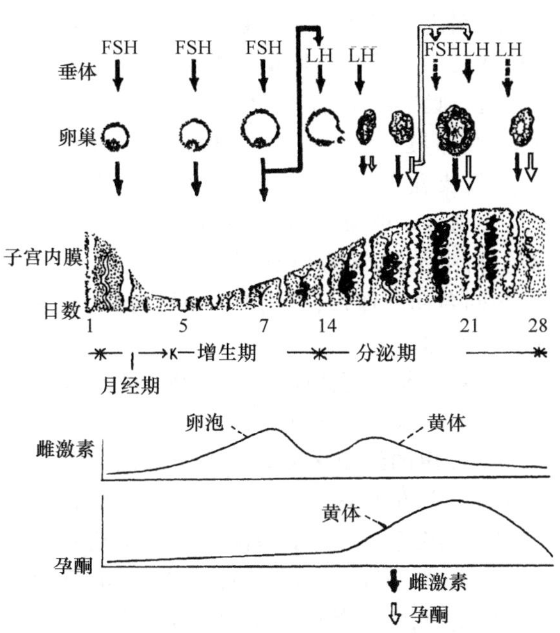

图7-28 卵泡发育和子宫内膜变化与激素的关系

(1) **增生期**(proliferative phase):指周期的第5~14天。此间,在卵巢内有一些卵泡向成熟卵泡发育并分泌雌激素,使子宫内膜由残存的基底层增生修复。表现为内膜梭形基质细胞分裂增殖,产生大量纤维和基质;子宫腺增长弯曲,内膜由1mm左右增厚至2~4mm。增生后期,腺细胞顶部有分泌颗粒,核下区糖原集聚,在染色切片上因糖原被溶解,显示核下空泡特点。增生末期,子宫腺开始分泌,腺腔变宽,螺旋动脉更加伸长和弯曲。至14天时,通常卵巢内有一个卵泡发育成熟并排卵,故此时期又称为**卵泡期**(follicular phase)。

(2) **分泌期**(secretory phase):指周期的第15~28天。此时在卵巢内,排卵后黄体形成,在黄体分泌的孕酮和雌激素作用下,子宫内膜继续增生变厚,可达5~7mm,故此期又称黄体期(luteal phase)。此期子宫腺进一步变长、弯曲、腺腔扩大呈星形,糖原由腺细胞核下区转移到细胞顶部核上区,并以顶浆分泌方式排入腺腔,使腺腔内充满含有糖原等营养物质的黏稠液体。此期腺的分泌达高峰,故有分泌期之名。固有层内组织液增多呈水肿状态。螺旋动脉继续增长变得更弯曲并伸入内膜浅层。梭形细胞继续分裂增殖,到分泌晚期部分细胞增大变圆,胞质内充满糖原和脂滴,称**前蜕膜细胞**。妊娠时此细胞变为**蜕膜细胞**。如未妊娠,内膜的功能层于第28天脱落,转入月经期。

(3) **月经期**(menstrual phase):指周期的第1~4天。此间,由于卵巢黄体退化,雌激素和孕酮含量骤然下降,引起子宫内膜功能层的螺旋动脉收缩,从而使内膜缺血,子宫腺分泌停止,组织液减少,功能层发生萎缩坏死,继而螺旋动脉又突然短暂地扩张,致使功能层的血管破裂,血液流出并积聚在内膜浅部,最后与内膜一起剥落并经阴道排出,此即**月经**(menstruation),故此期称为月经期。因内膜含有激活剂,可使经血中的纤维溶解酶原转变为纤维溶解酶,从而使纤维蛋白裂解,因此月经血是不凝的。在月经期结束之前,内膜基底层残留的子宫腺上皮就迅速增生,并向子宫腔表面推移,使子宫内膜上皮得到修复。待月经期结束,其他组织也开始增生而转入增生期。到45岁左右,子宫内膜的周期性变化停止,进入绝经期。此时子宫内膜失去卵巢激素的作用,逐渐萎缩。上皮细胞变矮,腺体变小变少,分泌物也逐渐减少(图7-28)。

3. 子宫颈的微细结构 子宫颈壁由纤维膜、肌层和黏膜组成。纤维膜成于纤维性结缔组织。肌层平滑肌较少且分散,结缔组织较多。黏膜形成许多高大而分支的皱襞。黏膜上皮为单层柱状,由少量纤毛细胞和较多的分泌细胞以及储备细胞构成。储备细胞较小,散在于柱状细胞和基膜之间,分化较低,有增殖修复功能。此细胞在有慢性炎症时易癌变。上皮纤毛向阴道摆动,可促使相邻分泌细胞的分泌物排出并使分泌物流向阴道。宫颈阴道部的黏膜光滑,上皮为复层扁平,细胞内含有丰富的糖原。宫颈外口处,单层柱状上皮移行为复层扁平上皮,此处是宫颈癌好发部位。

宫颈黏膜无周期性剥落,但其分泌物的性质却随卵巢活动周期发生变化。排卵时,宫颈在雌激素作用下,分泌量增多,分泌物黏稠度降低,有利于精子运动。黄体形成时,孕酮可抑制宫颈上皮细胞分泌,同时,分泌物黏稠度增加,使精子难以通过。妊娠时,其分泌物的黏稠度更高,起到阻止精子和微生物进入子宫的屏障作用(图7-29)。

七、卵巢及输卵管

卵巢及输卵管位于子宫两侧,临床上常称为子宫附件。

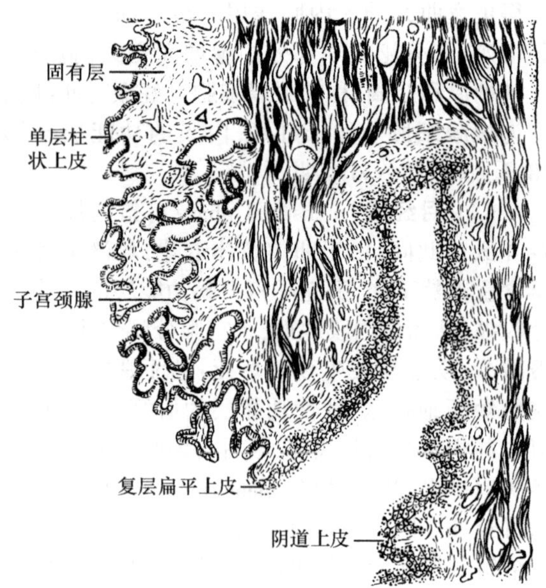

图 7-29 子宫颈及阴道切面的微细结构

(一) 卵巢

卵巢(ovary)为女性生殖腺,是产生女性生殖细胞——卵子和分泌女性激素的器官。卵巢左、右各一,位于盆腔内,贴靠小骨盆侧壁的卵巢窝(相当于髂内、外动脉的夹角处,窝底由腹膜壁层覆盖)。

1. 卵巢的形态 卵巢呈扁卵圆形,略呈灰红色,被子宫阔韧带后层所包绕。可分为内、外侧两面,前、后两缘和上、下两端。外侧面与卵巢窝相依;内侧面朝向盆腔,与小肠相邻。后缘游离,称独立缘;前缘借卵巢系膜连于子宫阔韧带,称系膜缘,其中部有血管、神经等出入,称**卵巢门**(hilum of ovary);上端与输卵管伞相接触,又称输卵管端,并有卵巢悬韧带相连;下端借卵巢固有韧带连于子宫,又称子宫端。成年女子的卵巢约 4cm×3cm×1cm 大小,重 5~6g。卵巢的大小和形状随年龄而有差异:幼女的卵巢较小,表面光滑;性成熟期卵巢最大,以后由于多次排卵,卵巢表面出现瘢痕,显得凹凸不平;35~40 岁卵巢开始缩小,50 岁左右随月经停止逐渐萎缩。

2. 卵巢的固定装置 卵巢在盆腔内的正常位置主要靠韧带维持。**卵巢悬韧带**是由腹膜形成的皱襞,起自小骨盆侧缘,向内下至卵巢的上端。韧带内含有卵巢动、静脉,淋巴管、神经丛、少量结缔组织和平滑肌纤维。它是寻找卵巢动、静脉的标志,临床上又称骨盆漏斗韧带。**卵巢固有韧带**又称卵巢子宫索,由结缔组织和平滑肌纤维构成,表面盖以腹膜,形成腹膜皱襞,自卵巢下端连至输卵管与子宫结合处的后下方。此外。子宫阔韧带的后层覆盖卵巢和卵巢固有韧带,对卵巢也起固定作用。胚胎早期,卵巢沿着体壁背侧向下,最后移至盆腔。异常时,卵巢可降至腹股沟管或大阴唇。

3. 卵巢的血管、淋巴管 卵巢的血液由卵巢动脉及子宫动脉的卵巢支供应,前者在肾动脉下方起自腹主动脉,下行至骨盆上口处跨过髂外血管,经卵巢悬韧带进入卵巢系膜内,分布于卵巢,并发支营养输卵管,主干向内与子宫动脉的卵巢支吻合。卵巢的静脉出卵巢门后先形成静脉丛,再由丛发出的小支逐渐汇成两条卵巢静脉,与同名动脉伴行,右侧汇入下腔静脉,左侧汇入左肾静脉。

卵巢的淋巴管伴卵巢血管,注入主动脉前淋巴结及主动脉外侧淋巴结。

4. 卵巢的组织学结构 卵巢表面被覆有单层扁平或立方上皮,称为表面上皮,它与腹膜脏层的间皮相延续。上皮深面有一薄层致密结缔组织称**白膜**(tunica albuginea)。卵巢实质的周围部称皮质,中央部称髓质,两者间无明显分界。卵巢皮质较厚,由许多不同发育阶段的卵泡和卵泡间结缔组织构成。这些结缔组织内含有较多的梭形基质细胞和网状纤维。髓质由疏松结缔组织构成,其中含较多的弹性纤维和较大的血管。近卵巢门处有少量平滑肌束,卵巢的血管、淋巴管和神经由此出入(图 7-30)。

卵巢有明显的年龄性变化,其中主要是卵泡的变化。新生儿两侧卵巢有 70 万~200 万个原始卵泡,7~9 岁时约 30 万个,青春期约 4 万个,至 40~50 岁时仅剩几百个。从青春期(13~14 岁)至更年期(45~55 岁)约 30~40 年的生育期间,卵巢在垂体周期性分泌的促性腺激素的影响下,每隔 28 天左右有 1 个卵泡发育成熟并排出 1 个卵细胞,左右卵巢交替排卵。正常女性一生中约排卵 400 余个,其余卵泡均在发育的不同阶段退化为闭锁卵泡。绝经期以后,卵巢结缔组织增生,体积变小,不再排卵。

(1) **卵泡的发育与成熟**:卵泡是由一个卵母细胞和包绕在其周围的多个卵泡组成,在生长发育过程中大致经过原始卵泡、生长卵泡和成熟卵泡三个阶段(图 7-30)。

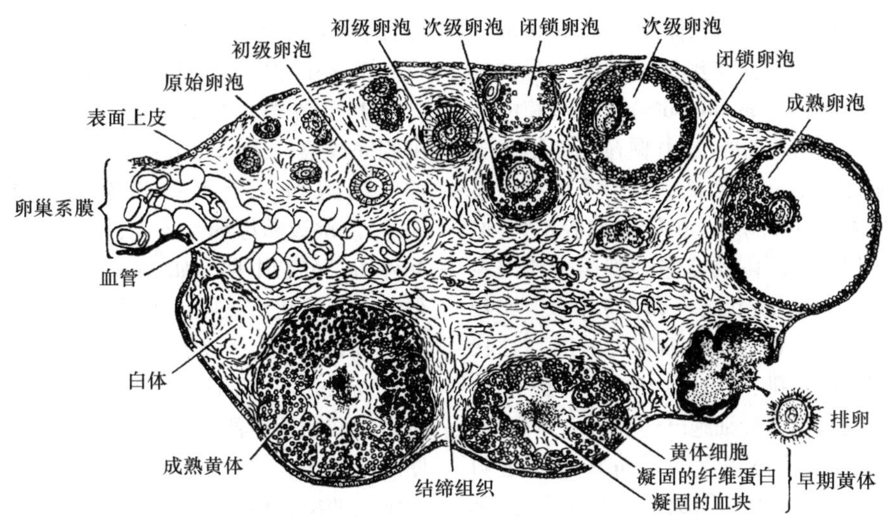

图 7-30　卵巢切面微细结构模式图

1）**原始卵泡**（primordial follicle）：为卵巢内最小而数量又最多的卵泡，位于卵巢皮质的浅层，由一个**初级卵母细胞**（primary oocyte）和周围一层扁平的**卵泡细胞**（follicular cell）组成。初级卵母细胞直径约 30～40μm，核大而圆，略偏位，染色质稀疏，核仁清楚，胞质嗜酸性。在电镜下，除可见一般细胞器外，核周围部尚有层状排列的滑面内质网（称环层板），并可见内质网与核膜相连，该结构可能与核和胞质间的物质传递有关。初级卵母细胞是在胚胎期由卵原细胞分裂分化而来，随即进入第一次成熟分裂，长期停留在分裂前期，直到青春期以后卵泡发育至排卵前才完成这次分裂。卵泡细胞呈扁平形，胞体小，核扁圆，着色深。卵泡细胞与周围结缔组织之间有较薄的基膜。卵泡细胞与卵母细胞之间有较多的缝隙连接。

2）**生长卵泡**：到青春期，原始卵泡开始生长发育变为**生长卵泡**，卵泡逐渐移向皮质深部。此期的主要变化是卵泡细胞增生、卵母细胞长大和卵泡周围结缔组织的变化。生长卵泡可分为初级和次级卵泡两个阶段。

A. 初级卵泡：凡是卵泡细胞间未出现液腔的生长卵泡均称为初级卵泡。由原始卵泡转变为初级卵泡的主要结构变化是：①卵泡细胞由单层扁平变成立方或柱状，进而增殖为多层。电镜下，胞质内粗面内质网、游离核糖体及线粒体均随卵泡发育而增多，高尔基复合体也更加发达。此时，在卵泡细胞间还可以见到**考尔-爱克斯诺小体**（Call-Exner body），其数量随卵泡的生长而增多。小体为圆形囊泡，腔面是一层基膜，周围环绕着紧密排列的卵泡细胞，腔内含有卵泡细胞分泌的物质，参与卵泡液的形成。一般认为，卵巢颗粒细胞肿瘤与考尔-爱克斯诺小体的分化有关。②初级卵母细胞增大，核也变大，呈泡状，核仁深染，胞质内高尔基复合体、粗面内质网、游离核糖体等均增多。③在卵泡细胞由扁平变成立方或柱状的过程中，初级卵母细胞与卵泡细胞间出现卵周间隙，两者均向间隙伸出微绒毛并形成一较厚的富有糖蛋白的嗜酸性膜，即**透明带**（zona pellucida，图 7-31）。目前认为透明带外层是由卵泡细胞分泌的酸性糖胺多糖，内层是由卵母细胞分泌的中性糖胺多糖构成。卵母细胞与卵泡细胞伸入透明带内的微绒毛以桥粒和缝隙连接相连。这些结构有利于卵泡细胞将营养物质输送给卵母细胞以及细胞间离子、激素和小分子物质的交换，从而沟通信息，协调功能。在受精过程中，透明带对精子与卵细胞之间的相互识别和特异性结合具有重要作用。

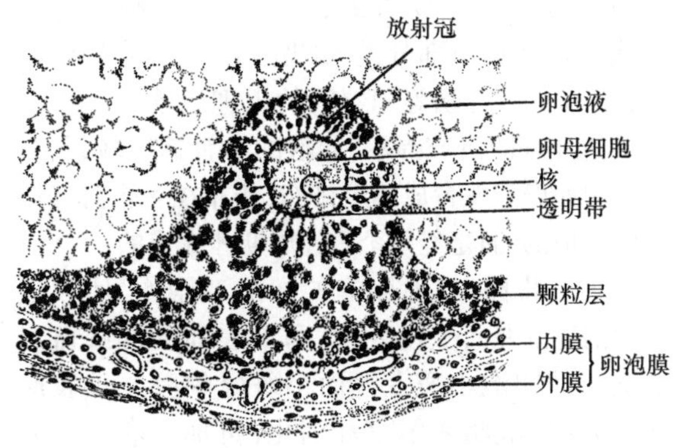

图 7-31　卵泡膜及卵丘切面（高倍）

B. 次级卵泡：当卵泡细胞间出现液腔时，称为次级卵泡。次级卵泡结构的主要变化是：卵泡细胞分裂增殖到 8～12 层时，卵泡细胞间出现大小不等的液腔，继而汇合成一个大的**卵泡腔**（follicular antrum),此时的卵泡又称为**囊状卵泡**(vesicular follicle)。由于组成卵泡壁的卵泡细胞排列密集呈颗粒状,故称**颗粒层**(stratum granulosum)。卵泡腔内液体为**卵泡液**(follicular fluid),是由颗粒层细胞分泌的糖胺多糖和血浆渗入而成,液内含有垂体和卵巢分泌的激素及透明质酸酶等。由于卵泡腔扩大,迫使初级卵母细胞与其周围的卵泡细胞居于卵泡腔的一侧,形成一个圆形隆起突入卵泡腔,称为**卵丘**(cumulus oophorus)。紧贴卵母细胞的一层高柱状卵泡细胞呈放射状排列,似冠状,故名**放射冠**(corona radiata);初级卵母细胞已达到最大体积,直径约125~150μm,其周围包裹一层5μm厚的透明带;卵泡周围结缔组织内的梭形细胞增殖分化,形成**卵泡膜**(follicular theca)。进而卵泡膜分化成内、外两层:**内膜层**含有较多的血管和多边形的膜细胞。膜细胞具有分泌类固醇激素细胞的结构特点,即有丰富的滑面内质网、管状嵴的线粒体以及较多的脂滴,还含有与类固醇激素合成有关的葡萄糖-6-磷酸脱氢酶和3β类固醇脱氢酶等;**外膜层**的纤维多,血管少,还有少量平滑肌(图7-31)。

3)**成熟卵泡**:次级卵泡发育到最后阶段即为成熟卵泡。此时卵泡体积增大,直径可达2cm,占据皮质全层并突向卵巢表面。卵泡腔变得很大,颗粒层的卵泡细胞停止增殖,颗粒层相应变薄,放射冠与周围卵泡细胞出现裂隙,处于排卵前期(图7-30)。

次级卵泡与成熟卵泡具有内分泌功能,主要分泌雌激素。雌激素是膜细胞和颗粒细胞在垂体分泌的FSH和LH的协同作用下合成的。膜细胞合成的雄激素透过基膜进入颗粒细胞,在芳香化酶系的作用下雄激素转变为雌激素。这是雌激素合成的主要方式,称为"两细胞学说"。合成的雌激素小部分进入卵泡腔,大部分释放入血,调节子宫内膜等靶器官的生理活动。

近年来的研究提示,卵泡的发育速度较缓慢,一个原始卵泡发育成熟至排卵,并非在一个月经周期内完成的,而是经几个月经周期才完成的。

(2)**排卵**:成熟卵泡的卵泡液剧增,使卵泡壁、白膜和表面上皮变薄,卵巢表面局部缺血形成透明的**卵泡小斑**。继而小斑处的胶原被胶原酶、透明质酸酶等解聚和消化,再加上卵泡膜外层的平滑肌收缩等因素导致卵泡破裂。从卵泡壁脱落的次级卵母细胞连同透明带、放射冠与卵泡液一起从卵巢排出,经腹腔进入输卵管,这一过程称为**排卵**(ovulation,图7-30)。排卵后的卵巢表面裂口2~4天后即可修复。生殖期妇女,每隔28天左右排一次卵。一般一次只排一个卵,偶见排两个或两个以上者。两侧卵巢交替进行。正常排卵发生在两次月经之间,即月经周期的第14天左右。在排卵前36~48小时,初级卵母细胞完成第一次成熟分裂,形成一个较大的次级卵母细胞和一个很小的**第一极体**(first polar body)。次级卵母细胞迅速进行第二次成熟分裂,并停留在分裂中期。如24小时内未受精,次级卵母细胞则退化被吸收。如受精则继续完成第二次成熟分裂,产生一个成熟的卵细胞和第二极体(secondary polar body)。极体位于卵母细胞和透明带之间的**卵黄周隙**(perivitelline space)内,很快便退化消失。初级卵母细胞经两次成熟分裂后,卵细胞的染色体数目由原来的23对减半为23条(染色体组型为23,X),每条染色体为染色单体。

(3)**黄体的形成与退化**:排卵后,残留于卵巢内的卵泡壁连同血管一起向卵泡腔塌陷,在LH的作用下逐渐发育成一个体积较大又富有血管的内分泌细胞团,新鲜时呈黄色,故称**黄体**(corpus luteum)。其中颗粒层卵泡细胞体积变大,着色浅,占黄体细胞的多数,位于黄体的中央,即**颗粒黄体细胞**,主要分泌孕酮和松弛素。后者有抑制子宫平滑肌收缩的作用。同时,膜细胞也体积变大,但较颗粒黄体细胞为小,染色较深,数量较少,位于黄体的周边,此即**膜黄体细胞**。膜黄体细胞主要分泌雌激素。这两种黄体细胞都具有分泌类固醇激素细胞的结构特征(图7-32)。

黄体的发育取决于排出的卵是否受精。如未受精,仅维持两周即退化,称**月经黄体**,如受精则可维持六个月,甚至更长时间,称**妊娠黄体**。月经黄体在排卵后7~8天达成熟,再维持2~3天开始退化萎缩。两种黄体最终都退化消失。先是细胞变小,空泡增多,继而自溶,细胞残留物被巨噬细胞吞噬,黄体逐渐被增生的结缔组织取代,变成白色瘢痕,即**白体**,白体被吸收消失需数月或数年。

(4)**卵泡的闭锁与间质腺**:退化的卵泡称**闭锁卵泡**。卵泡的闭锁可发生在卵泡发育的任何阶段,故其形态结构颇不一致。原始卵泡和初级卵泡退化时,卵母细胞形态变为不规则,卵泡细胞变小而分散,最后变性消失。次级卵泡和成熟卵泡闭锁时,卵泡不破或破而不排卵又闭合。成熟卵泡退化多发生在初级卵母细胞完成第一次成熟分裂阶段。此时卵母细胞核偏位且固缩解体,细胞膜皱缩,内质网、线粒体等扩张、肿大,胞质溶解,透明带皱缩,颗粒层细胞松散,脱落到卵泡腔内,被中性粒细胞和巨噬细胞清除,基膜增厚成一透明玻璃膜。

笔记栏

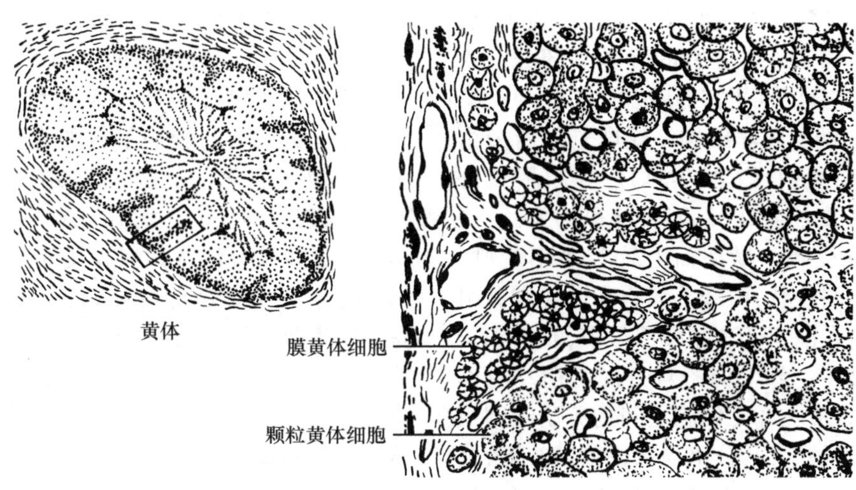

图 7-32　黄体的微细结构

晚期次级卵泡的闭锁变化较特殊。卵泡壁塌陷，卵泡膜的血管和结缔组织伸入颗粒层及卵丘，膜细胞一度增大，形成多边形上皮样细胞，胞质中充满脂滴，形似黄体细胞并被结缔组织和血管分隔成分散的细胞团索，称为**间质腺**。间质腺能分泌雌激素。人的间质腺不发达，存留时间短。兔和猫等动物的卵巢中有较多的间质腺。间质腺最后也退化，由结缔组织所代替（图 7-33）。

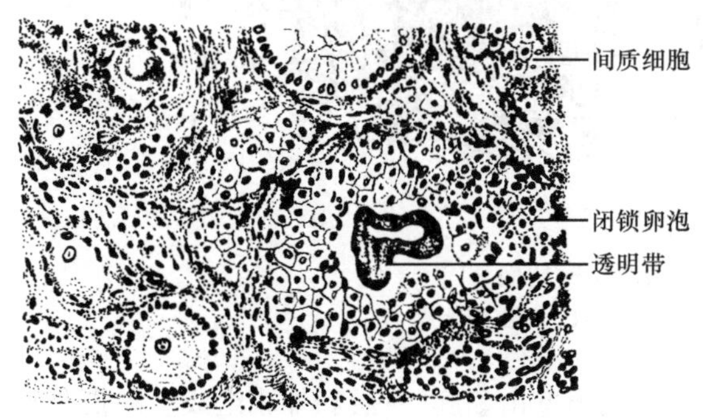

图 7-33　生长卵泡的闭锁

闭锁卵泡的颗粒层细胞内含有正常发育卵泡所没有的碱性磷酸酶、糖原、脂类、维生素 A 及酯酶等物质。在妊娠和哺乳期，卵巢内闭锁卵泡增多，透明带的特异性抗原随之增多，此抗原具有阻止受精的生物活性。闭锁卵泡的形成，可能是卵巢的一种正常功能。

（5）**门细胞**（hilus cell）：位于卵巢门近系膜处，细胞结构与睾丸间质细胞相似，为多边或卵圆形，直径 14～15μm，核圆形，核仁清楚，胞质嗜酸性，含有脂滴、脂色素、结晶体以及碱性磷酸酶、酸性磷酸酶和非特异性酯酶等。在妊娠和绝经期时，门细胞特别显著。一般认为门细胞分泌雄激素，若门细胞增生或发生肿瘤时，患者可出现男性化症状。

（二）输卵管

1. 输卵管的形态　输卵管（uterine tube）是输送卵子的肌性管道，长约 10～14cm，左、右各一，由卵巢上端连于子宫底的两侧（图 7-24）。输卵管位于子宫底的两侧，子宫阔韧带的上缘内，内侧端以**输卵管子宫口**（uterine orifice of uterine tube）与子宫相通，外侧端以**输卵管腹腔口**（abdominal orifice of uterine tube）开口于腹膜腔。

输卵管较为弯曲，由内向外侧分为四部：①**输卵管子宫部**，为输卵管穿过子宫壁的部分，直径最细，约 1mm，以输卵管子宫口通子宫腔。②**输卵管峡**（isthmus of uterine tube），短而直，管腔狭窄，壁较厚，血管较少，水平向外移行为壶腹部。峡部是输卵管结扎术的常选部位。③ **输卵管壶腹部**（ampulla of uterine tube），约占输卵管全长的 2/3，粗而弯曲，血管丰富，卵细胞通常在此部受精，与精子结合后的受精卵，经输卵管子宫口入子宫，植入子宫内膜发育成胎儿。若受精卵未能迁移入子宫而在输卵管或腹膜腔内发育，即成为宫外孕。④**输卵管漏斗**（infundibulum of uterine tube），为输卵管外侧端呈漏斗状膨大的部分，向后下弯曲覆盖在卵巢后缘和内侧面。漏斗末端的中央有输卵管腹腔口开口于腹膜腔，卵巢排出的卵即由此进入输卵管。腹腔口周围，输卵管末端的边缘形成许多细长的指状突起，称为**输卵管伞**（fimbriae of uterine tube），盖于卵巢表面，其中一条较大的突起连于卵巢，称**卵巢伞**（ovarian fimbria），有人认为此伞有引导卵进入输卵管漏斗的作用。输卵管的子宫部和输卵管腔借输卵管子宫、阴道与外界相通，故有感染的可能。

2. 输卵管的血管、淋巴管　输卵管的子宫部和输卵管峡由子宫动脉的输卵管支供应，输卵管壶腹与输卵管漏斗则由卵巢动脉的分支供应，彼此间有广泛吻合。输卵管的静脉一部分汇入卵巢静脉，一部分汇入子宫静脉。

3. 输卵管的组织学结构 输卵管的管壁由黏膜、肌层和浆膜组成(图 7-34)。黏膜形成许多纵行而又分支的皱襞，以壶腹部最为发达，适于卵的停留和受精。横切面上管腔极不规则。黏膜上皮为单层柱状，由纤毛细胞和分泌细胞组成。纤毛细胞在漏斗部和壶腹部最多，峡部和子宫部则逐渐减少。纤毛向子宫方向的摆动有助于卵子的运送；夹在纤毛细胞之间的分泌细胞虽无纤毛，但有微绒毛，其分泌物构成输卵管液，其中含有氨基酸、葡萄糖、果糖及少量乳酸等。该分泌物在纤毛表面形成黏稠的膜，这不但对卵细胞有营养作用，而且还有助于卵子向子宫输送和防止病菌从子宫经输卵管入腹腔。输卵管黏膜上皮在卵巢激素的影响下也随月经周期而有相应的周期性变化。子宫增生期时，上皮细胞变高，分泌细胞胞质内充满分泌颗粒；分泌期时，分泌细胞以顶浆分泌方式释放其分泌物，因而上皮细胞变矮变小。这种变化以漏斗部最为明显。固有层为薄层结缔组织，内含较多的血管和少量平滑肌。肌层为内环、外纵两层平滑肌，峡部最厚，漏斗部最薄。浆膜由间皮和富含血管的疏松结缔组织构成。

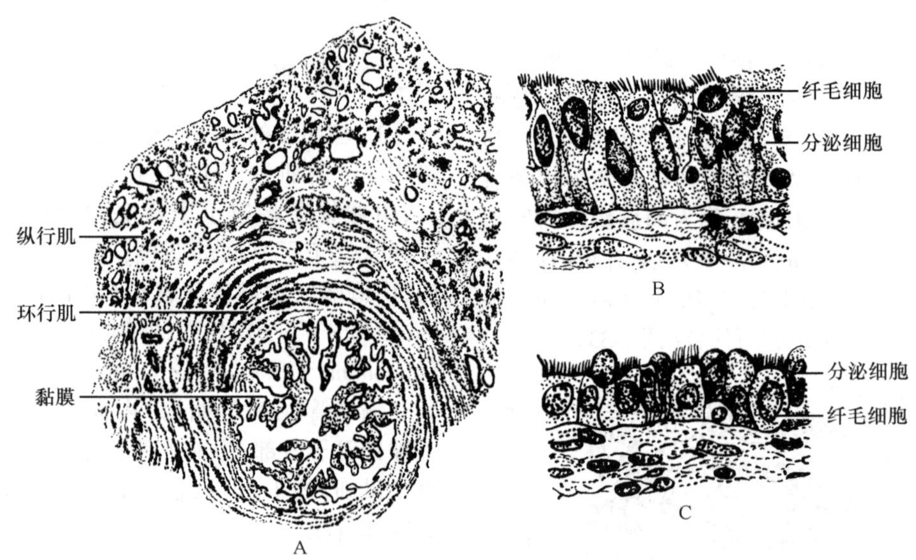

图 7-34 输卵管的微细结构(横切面)

A. 输卵管(横切面)；B. 增生晚期上皮；C. 分泌期上皮

八、阴　　道

阴道(vagina)是由黏膜、肌层及外膜构成的肌性管道，富于伸展性，上端环绕子宫颈，下端开口于阴道前庭，连接子宫及外生殖器。子宫颈与阴道壁之间形成的环形腔隙，称**阴道穹**(fornix of vagina)。阴道穹可分为前、后及左、右侧部，其中阴道穹后部较深，与直肠子宫陷凹紧邻。腹膜腔内有脓液积存时，可经此部进行穿刺或切开引流。

阴道前壁短，长约 6~7cm，上部借膀胱阴道隔与膀胱底、颈部相邻，其中下部借尿道阴道隔与尿道相邻。阴道后壁较长，长约 7.5~9cm，上部与直肠子宫陷凹相邻，中部借直肠阴道隔与直肠壶腹相邻，其下部与肛管之间有会阴中心腱。

阴道壁由黏膜、肌层和外膜组成。黏膜向阴道腔突出形成许多横行皱襞，由上皮和固有层构成。上皮为复层扁平上皮，表层细胞内含有透明角质颗粒，但一般不角化。在卵巢分泌的雌激素作用下，上皮细胞内聚集大量糖原。浅层细胞脱落后，糖原在阴道杆菌作用下转变为乳酸，能防止病菌侵入子宫。老年或其他原因导致雌激素水平下降时，阴道上皮细胞内的糖原减少，阴道液的 pH 上升，使细菌容易生长繁殖，从而发生阴道感染。阴道上皮的脱落和新生，与卵巢活动周期有密切关系。根据阴道脱落上皮细胞类型的不同可推知卵巢的功能状态。固有层含有较丰富弹性纤维和血管，其浅层较致密，深层较疏松。肌层由内环外纵行的平滑肌构成。阴道外口有骨骼肌构成的括约肌。外膜为富于弹性纤维的致密结缔组织。

第4节　会　阴

广义的**会阴**(perineum)指盆膈以下封闭骨盆下口的全部软组织。呈菱形,其境界与骨盆下口一致,前为耻骨联合下缘及耻骨弓状韧带,两侧为耻骨弓、坐骨结节及骶结节韧带,后为尾骨尖。通过两侧坐骨结节的连线,可将会阴分为前方的尿生殖区与后方的肛区(图7-35)。

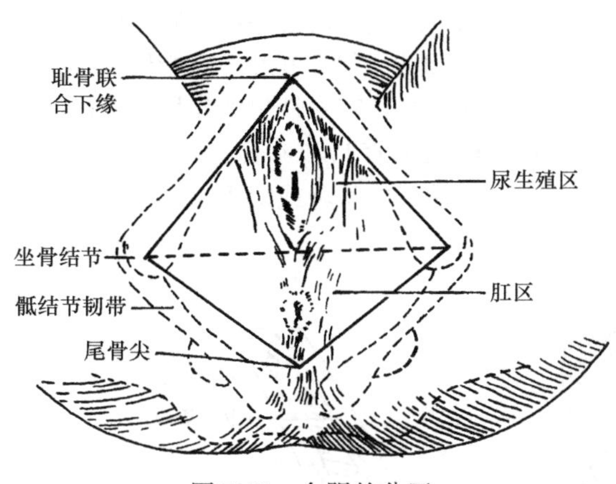

图7-35　会阴的分区

狭义的**会阴**是指男性阴茎根与肛门之间的部分;女性阴道前庭后端与肛门之间的部分,又称产科会阴。

一、肛　区

肛区又称**肛门三角**,该区有肛管及坐骨肛门窝等。

(一)肛管

肛管上续直肠,向后下绕尾骨尖终于肛门(详见直肠与肛管)。**肛门**(anus)为肛管末端的开口,相当于尾骨尖下方4cm处,通常呈矢状位纵裂。由于肛门括约肌的紧缩,肛周的皮肤形成辐射状的皱褶,内含汗腺和皮脂腺。肛管周围有肛门括约肌,包括肛门内括约肌与肛门外括约肌(图7-36)。

(1) **肛门内括约肌**(sphincter ani internus):为直肠壁的环行肌层在肛管处明显增厚形成,属于不随意肌。仅有协助排便的作用,无括约肛门的功能。

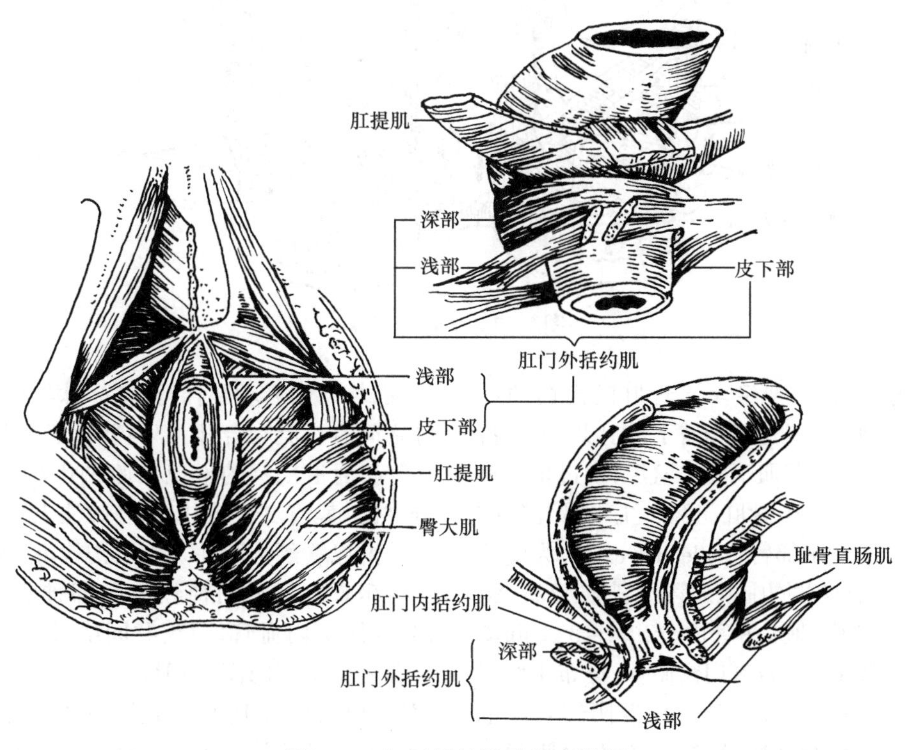

图7-36　肛门括约肌及肛直肠环

(2) **肛门外括约肌**(sphincter ani externus):为环绕肛门内括约肌周围的横纹肌,按其纤维所在位置,又可分为皮下部、浅部及深部。

1) **皮下部**:位于肛管下端皮下,肌束呈环形,前方附着于会阴中心腱,后方附着于肛门下端皮下及肛尾韧带。手术损伤或需要切断此部时,不会产生大便失禁。

2) **浅部**:位于皮下部深面,肌束围成椭圆形,前方附着会阴中心腱,后方附着于尾骨下部及肛尾韧带。

3）**深部**：位于浅部上方，环绕肛门内括约肌与直肠壁纵行肌层的外面。其深部的肌纤维与耻骨直肠肌相融合，形成较厚的环行肌束，前方有许多肌纤维互相交织，并与会阴浅横肌相接，在女性更为显著。后方的肌纤维多附着于肛尾韧带。

由肛门外括约肌的浅、深部，耻骨直肠肌，肛门内括约肌以及直肠壁纵行肌层的下部等在肛管与直肠移行处的外围，共同构成的强大肌环，称**肛直肠环**（anorectal ring）。此环对括约肛门有重要作用，手术时若不慎被切断，可引起大便失禁。

（二）坐骨肛门窝

1. 位置与组成 肛管两侧，略似尖朝上方，底向下的锥形腔隙称**坐骨肛门窝**（ischioanal fossa，图 7-37）。其内侧壁的下部为肛门外括约肌，上部为肛提肌、尾骨肌及覆盖它们的盆膈下筋膜；外侧壁的下部为坐骨结节内侧面，上部为闭孔内肌、闭孔筋膜及深会阴筋膜；前壁为会阴浅横肌及闭孔筋膜汇合而成，窝底为肛门两侧的浅筋膜及皮肤。坐骨直肠窝向前延伸至肛提肌与尿生殖膈之间，形成前隐窝；向后延伸至臀大肌、骶结节韧带与尾骨肌之间，形成后隐窝。坐骨直肠窝内除血管、淋巴管、淋巴结及神经外，尚有大量的脂肪组织，称坐骨肛门窝脂体。排便时利于肛管扩张，并具有弹性垫的作用。窝内脂肪的血供欠佳，又邻直肠和肛管，是污染较多的部位，感染时容易形成脓肿或瘘管。

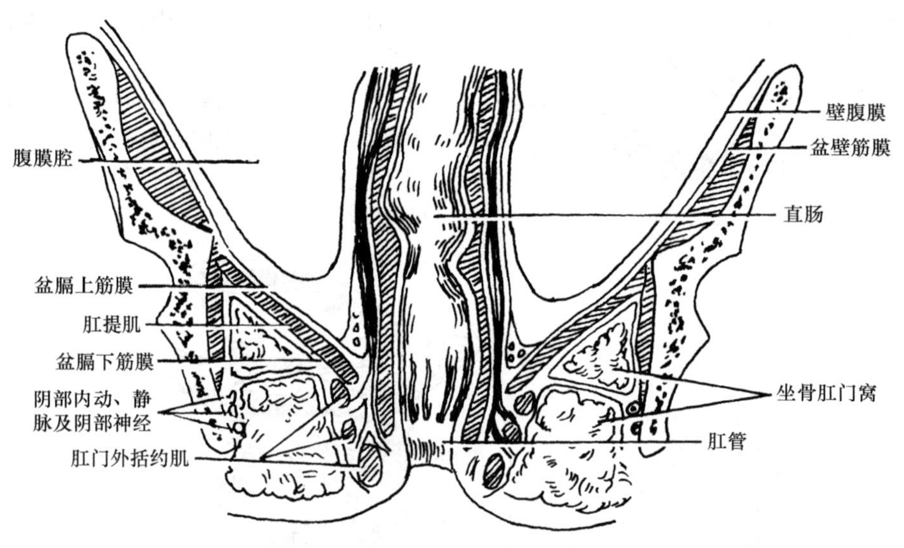

图 7-37 坐骨肛门窝

2. 血管、淋巴及神经 坐骨肛门窝内的动脉即**阴部内动脉**，此动脉常与臀下动脉共干，起自髂内动脉前干，经梨状肌下孔出盆后，绕过坐骨棘后面，穿坐骨小孔至坐骨肛门窝。主干沿此窝的外侧壁前行，进入**阴部管**（pudendal canal，为闭孔筋膜与浅会阴筋膜共同围成的管状裂隙，又称 Alcock 管）。阴部内动脉在管内分出 2～3 支**肛动脉**，穿筋膜向内横过坐骨肛门窝脂体，分布于肛门周围诸肌和皮肤。阴部内动脉行至阴部管前端时，即分为**会阴动脉**和**阴茎动脉**（女性为**阴蒂动脉**）两支进入尿生殖区。会阴动脉分布于会阴肌及阴囊或大阴唇；阴茎（蒂）动脉分布于尿道、尿道球、尿道球腺或前庭球、前庭大腺，其终末支为阴茎（蒂）背动脉和阴茎（蒂）深动脉，分布于阴茎或阴蒂。窝内的静脉即阴部内静脉及其属支，均与同名动脉伴行，肛静脉与直肠上、下静脉之间有广泛吻合，阴部内静脉汇入髂内静脉。

坐骨肛门窝的淋巴结收纳齿状线以上的部分淋巴，其输出管随肛动、静脉注入髂内淋巴结；部分淋巴管经会阴注入腹股沟浅淋巴结。

坐骨肛门窝的神经为**阴部神经**，由骶丛发出，与阴部内血管伴行，共同绕过坐骨棘经坐骨小孔至坐骨肛门窝，向前进入阴部管。在管内发出肛神经，分布于肛提肌、肛门外括约肌、肛管下部及肛周皮肤等。主干行至阴部管前端时，即分为会阴神经及阴茎背神经（女性为阴蒂背神经），向前进入尿生殖区，其分支、分布与动脉相同。由于阴部神经在行程中绕坐骨棘，故会阴手术时，常将麻药由坐骨结节与肛门连线的中点经皮刺向坐骨棘下方，以进行阴部神经阻滞。

二、尿生殖区

尿生殖区又称**尿生殖三角**，该区内的外生殖器有性别差异，但其胚胎发生是同源。男性有尿道通过，女性有尿道及阴道通过。

（一）层次结构

1. 浅层结构　皮肤被以阴毛，富有汗腺及皮脂腺。浅筋膜分为浅、深两层，浅层即脂肪层，但脂肪较少，深层即膜样层，又称**会阴浅筋膜**（**Colles 筋膜**），覆盖于会阴肌浅层及各海绵体表面，向前延续于阴囊肉膜、浅阴茎筋膜以及腹前外侧壁的浅筋膜深层（**Scarpa** 筋膜）；两侧附着于耻骨弓和坐骨结节下缘；向后在会阴浅横肌后缘处与尿生殖隔上、下筋膜相愈着；在正中线上还与会阴中心腱和男性的尿道球中隔相愈合。浅层肌有三对。

（1）**会阴浅横肌**：起自坐骨结节，止于会阴中心腱，有固定会阴中心腱的作用。

（2）**球海绵体肌**：在男性起自会阴中心腱和尿道球下面的中缝，围绕尿道球和尿道海绵体的后部，止于阴茎背面的筋膜。收缩时可使尿道缩短变细，协助排尿和射精，并参与阴茎勃起。在女性，此肌覆盖在前庭球的表面，称为**阴道括约肌**，作用为缩小阴道口（图 7-38）。

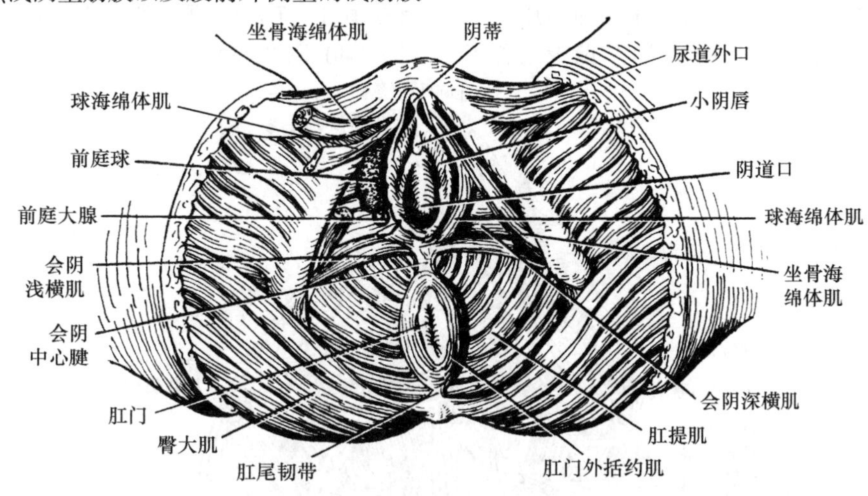

图 7-38　女会阴肌（浅层）

（3）**坐骨海绵体肌**：在男性覆盖在阴茎脚的表面，起自坐骨结节，止于阴茎脚的下面。收缩时压迫阴茎海绵体根部，阻止静脉血回流，参与阴茎勃起，又名**阴茎勃起肌**。在女性此肌较薄弱，覆盖在阴蒂脚的表面，收缩时使阴蒂勃起，又称为**阴蒂勃起肌**。

2. 深层结构　包括深筋膜、会阴肌等。深筋膜又分为浅层的**尿生殖膈下筋膜**及深层的**尿生殖膈上筋膜**。会阴肌亦可分为浅、深两层，浅层包括会阴浅横肌、坐骨海绵体肌和球海绵体肌三对；深层包括会阴深横肌及尿道括约肌（女性为尿道阴道括约肌，图 7-39）。

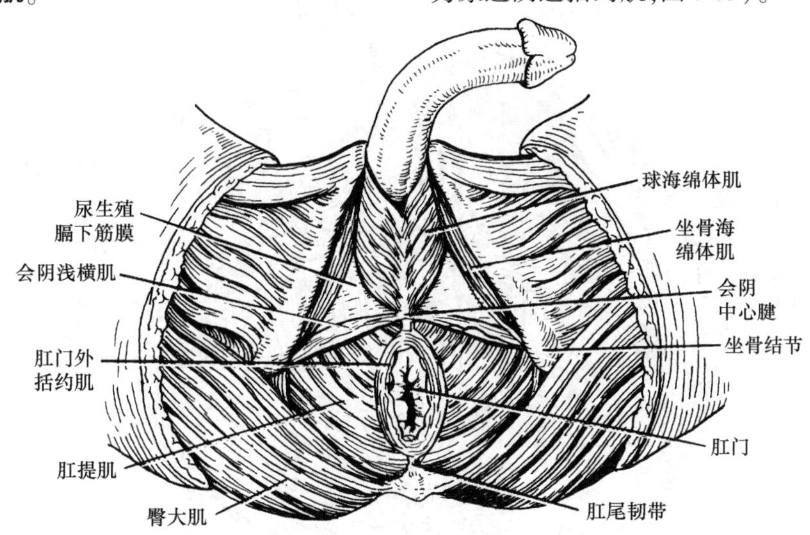

图 7-39　男会阴肌（浅层）

会阴深横肌：位于尿生殖膈上、下筋膜之间，肌束横行，张于两侧坐骨支之间，肌纤维在中线上互相交织，一部分纤维止于会阴中心腱。收缩时可加强会阴中心腱的稳固性。

尿道括约肌：也在尿生殖膈上、下筋膜之间，位于会阴深横肌前方，在男性围绕尿道膜部周围，是尿道的随意括约肌。在女性，围绕尿道和阴道，称为尿道阴道括约肌，可紧缩尿道和阴道。会阴深横肌和尿道括约肌不能截然分开，有人将二者合称尿生殖三角肌。

尿生殖三角肌以及覆盖于它们的尿生殖膈上、下筋膜，共同构成**尿生殖膈**（urogenital diaphragm），有封闭盆膈裂孔、加固盆底的作用。尿生殖膈上、下筋膜的前、后明显增厚，前缘附着于两耻骨下支之间，形成会阴横韧带或骨盆横韧带，它与耻骨弓状韧带之间围成一裂隙，内有阴茎（或阴蒂）背深静脉穿行。尿生殖膈上、下筋膜的两侧均附着于耻骨弓上，其后缘与浅会阴筋膜愈着，并向后移行于盆膈下筋膜。

会阴浅筋膜、尿生殖膈下筋膜及尿生殖膈上筋膜三层之间，形成两个间隙：

（1）**会阴浅隙**（superficial perineal space）：位于会阴浅筋膜与尿生殖膈下筋膜之间，又称**会阴浅袋**。此隙向前开放，其内除会阴肌浅层、阴部神经、阴部内动脉的末支及其伴行的静脉外，男性尚有阴茎脚、尿道球及其内的尿道，女性尚有尿道、阴道下部、阴蒂脚、前庭球以及前庭大腺（图 7-40、图 7-41）。

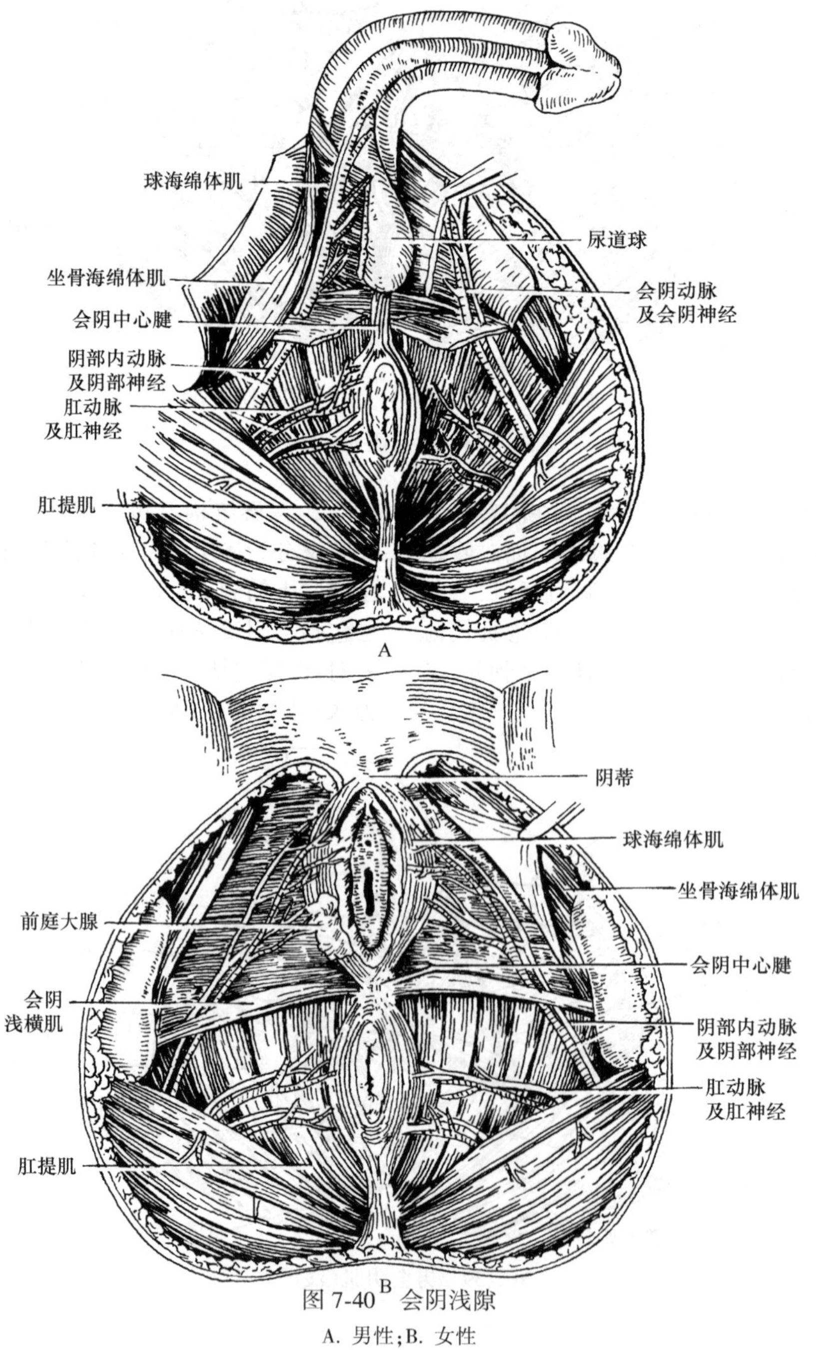

图 7-40 会阴浅隙

A. 男性；B. 女性

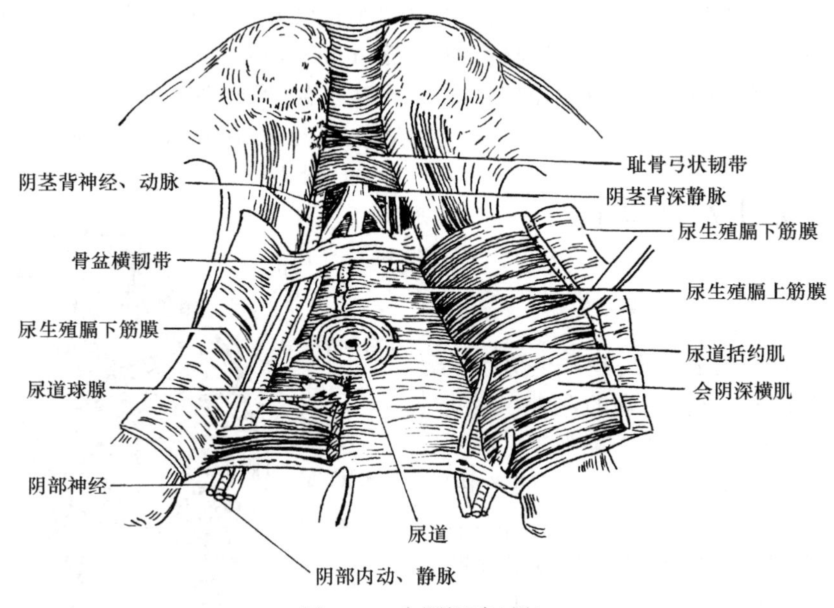

图 7-41 会阴深隙(男)

(2) **会阴深隙**(deep perineal space):位于尿生殖膈上、下筋膜之间,又称**会阴深袋**。此隙封闭,其内除会阴肌深层、阴部神经、阴部内动脉的末支及其伴行的静脉外,男性尚有尿道膜部及尿道球腺;女性尚有尿道及阴道下部(图 7-41)。

(二) 男女性尿生殖区的层次结构的异同

女性尿生殖区的层次结构基本与男性相似,两者衍化的对比关系见表 7-3。男女均有浅、深层会阴肌和三层筋膜,并形成两个间隙。浅、深隙内容纳的结构各具特点。女性尿道短而直,位于耻骨联合下方,女性的浅会阴筋膜及尿生殖膈较男性者薄弱,也参与承托盆内脏器官,女性的尿生殖区除有尿道通过外,还有阴道通过,故其承托能力较男性相对减弱。

表 7-3 男、女生殖器衍化的对比关系

女性	男性
阴蒂	阴茎
大阴唇	阴囊
小阴唇	尿道海绵体
尿道阴道括约肌	尿道括约肌
前庭球	尿道球
前庭大腺	尿道球腺
尿道旁腺	前列腺
阴道、子宫	前列腺小囊
卵巢、卵巢冠	睾丸、附睾

女性尿生殖区的血管、淋巴及神经:动脉来自阴部内动脉,该动脉行至阴部管前端时,即分为阴蒂动脉及会阴动脉二支。会阴动脉在会阴浅隙内,又分出会阴横动脉及阴唇后动脉,前者分布于会阴中心腱,后者一般有内、外两支,分布于大、小阴唇。阴蒂动脉穿入会阴深隙后,分出前庭球动脉,穿尿生殖膈下筋膜分布于前庭球。主干在会阴深隙内,以阴蒂背动脉和阴蒂深动脉二支而终,并穿尿生殖膈下筋膜,由深隙至浅隙,前者分布于阴蒂背面,后者进入阴蒂海绵体。

静脉与同名动脉伴行,多汇入阴部内静脉。但阴蒂背静脉穿耻骨弓状韧带与会阴横韧带之间进入盆腔,汇入髂内静脉。来自阴唇及阴蒂的浅淋巴管,沿阴部外血管走行,注入腹股沟浅淋巴结。阴蒂的深淋巴管注入腹股沟深淋巴结,也有少数淋巴管沿阴蒂背静脉与来自尿道上端和膀胱的淋巴管汇集注入髂内淋巴结。

神经来自阴部神经,在阴部管前端分出的会阴神经,穿入会阴浅隙分成阴唇后神经,分布于大阴唇,肌支分布于会阴肌。主干延续为阴蒂背神经进入会阴深隙,沿耻骨弓向前,经耻骨弓状韧带下方分布于阴蒂背部。

(三) 会阴中心腱

会阴中心腱(perineal central tendon)或称**会阴体**(perineal body),男性位于肛门与阴茎根之间,女性位于肛门与阴道前庭后端之间。在矢状位上,呈楔形,尖向上、底朝下。附着于会阴中心腱上的肌肉有肛门外括约肌、球海绵体肌、会阴浅横肌、会阴深横肌、尿道括约肌(女性为尿道阴道括约肌)及肛提肌等,具有加固盆底、承托盆内脏器的作用。女性的会阴中心腱较男性发达,分娩时伸展扩张较大,应注意保护,避免撕裂,故产科所谓的保护会阴,主要就是保护会阴中心腱以防裂伤。

三、尿生殖区器官

(一)睾丸

睾丸(testis)为男性生殖腺,是产生男性生殖细胞——精子和分泌男性激素的器官。睾丸位于阴囊内,左、右各一,一般左侧略低于右侧。

1. 形态 睾丸是微扁的椭圆体,表面光滑,分前、后缘、上、下端和内、外侧面。前缘游离;后缘有血管、神经和淋巴管出入,并与附睾和输精管睾丸部相接触。上端被附睾头覆盖,下端游离。外侧面较隆凸,与阴囊壁相贴;内侧面较平坦,与阴囊中隔相依(图 7-42)。成人两睾丸约重 20~30g。新生儿的睾丸相对较大,性成熟期以前发育较慢,随着性成熟迅速生长,老人的睾丸随着性功能的衰退而萎缩变小。

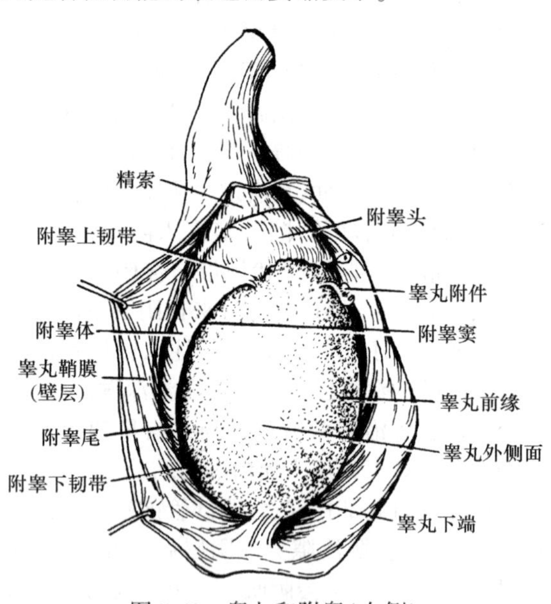

图 7-42 睾丸和附睾(右侧)

2. 睾丸的微细结构 睾丸是实质性器官,具有产生精子和男性激素的功能。睾丸表面被覆以浆膜,即鞘膜脏层,深部为致密结缔组织构成的**白膜**(tunica albuginea),白膜在睾丸后缘增厚形成**睾丸纵隔**(mediastinum testis)。纵隔的结缔组织呈放射状伸入睾丸实质,将其分成 250 个锥形小叶,这些小叶并没有完全分隔,小叶之间相互交通。每个小叶包含 1~4 条细长弯曲的**生精小管**(seminiferous tubule),生精小管接近睾丸纵隔时,变成短而直的**直精小管**(tubulus rectus),直精小管进入睾丸纵隔内,相互吻合,形成**睾丸网**(rete restis)。生精小管之间的疏松结缔组织称**睾丸间质**(interstitial tissue,图 7-43)。

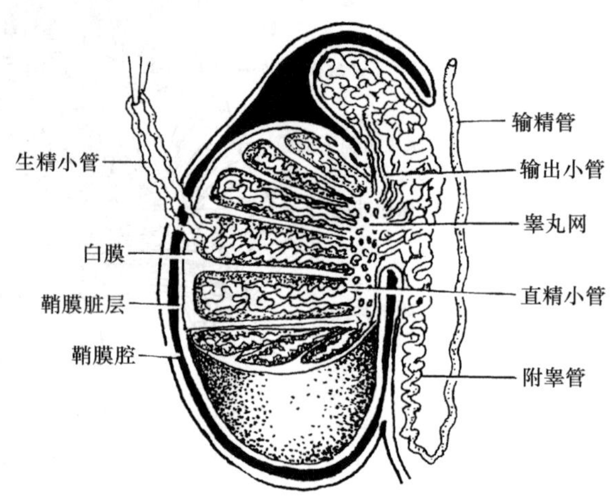

图 7-43 睾丸与附睾模式图

(1)**生精小管**:成人的生精小管每条长 30~40cm,直径 150~250μm,一个睾丸所有的生精小管连起来,大约 250m。管壁主要由**生精上皮**构成,上皮下的基膜明显,基膜外侧有胶原纤维和一些扁平的**类肌细胞**,类肌细胞的结构和功能与平滑肌细胞相似,其收缩有助于精子进入生殖管道。生精上皮主要由生精细胞和支持细胞构成(图 7-44)。

1)**生精细胞与精子的发生**:生精细胞包括精原细胞、初级精母细胞、次级精母细胞、精子细胞和精子。它们在管壁中,从基底到腔面作多层排列,镶嵌在支持细胞之间,代表着男性生殖细胞分化过程的不同发育阶段。从精原细胞发育成为精子的过程称为精子发生。在青春期前,管壁中只有精原细胞和支持细胞。自青春期开始,在垂体促性腺激素的作用下,生精细胞不断增殖分化,形成精子(图 7-45)。

精原细胞(spermatogonium)紧贴生精上皮的基膜,细胞圆形或椭圆形,直径 12μm,胞质内核糖较多,其他细胞器不发达。精原细胞分 A、B 两型。A 型精原细胞是生精细胞的干细胞,其核呈椭圆形,染色质深染,中央常见淡染的小泡;也可染色质细密,由 1~2 个核仁附在核膜上。B 型精原细胞由干细胞分裂、分化而来,并向初级精母细胞转化,其核呈圆形,核膜上附有较粗的染色质颗粒,核仁位于中央。

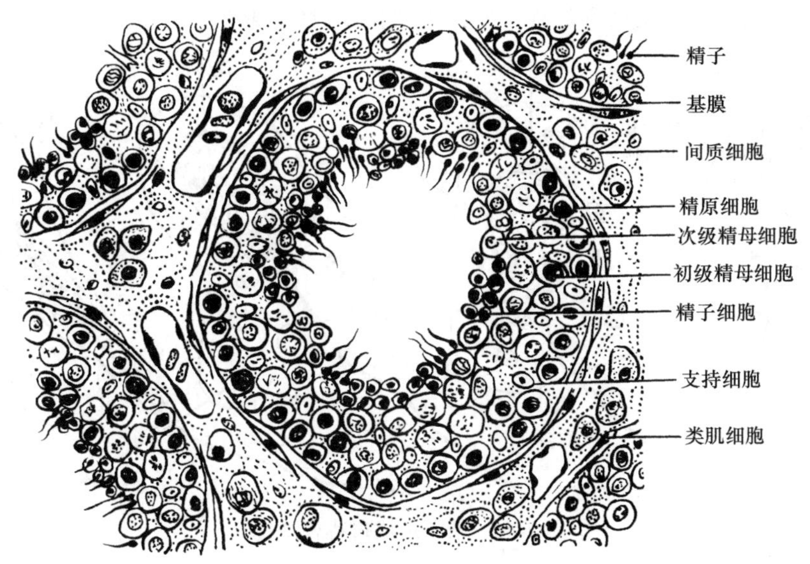

图 7-44 生精小管及睾丸间质模式图

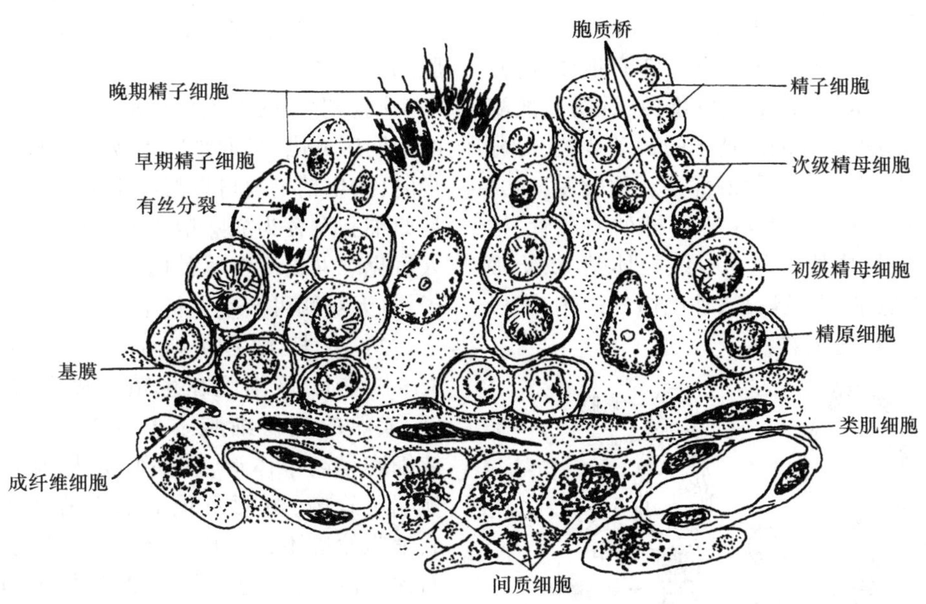

图 7-45 生精小管和间质细胞模式图

初级精母细胞(primary spermatocyte)位于精原细胞的近腔侧,细胞圆形,直径约 18μm,核大而圆,可见核分裂相。初级精母细胞进行第一次成熟分裂,形成两个次级精母细胞,由于分裂前期历时较长(约 22 天),故生精小管切片中较易观察到初级精母细胞。

次级精母细胞(secondary spermatocyte)在初级精母细胞的近腔侧,细胞圆形,直径 12μm,核圆形,染色较深。次级精母细胞不进行 DNA 复制即进入第二次成熟分裂,一个次级精母细胞形成两个精子细胞。由于次级精母细胞存在时间短,故在生精小管切片中不易见到。经过两次成熟分裂后,一个次级精母细胞形成四个精子细胞,同时染色体核型也由 46,XY(4N DNA)变成 23,X 或 23,Y(1N DNA)。

精子细胞(spermatid)靠近管腔,细胞圆形,直径约 8μm,核大而圆,染色质致密。精子细胞不再分裂,经过复杂的形态变化演变为精子,这一过程称**精子形成**(spermiogenesis)。精子形成的主要变化是:细胞核染色质高度浓缩,核变长并移向细胞的一侧,构成精子的头部;高尔基复合体形成许多顶体泡,顶体泡相互融合逐渐增大,凹陷为双层帽状,覆盖在核的头端,形成**顶体**(acrosome);中心粒迁移到顶体的相对侧,发出轴丝形成尾部,或称鞭毛,随着轴丝逐渐增长,精子细胞变长;线粒体从细胞周边汇聚于轴丝近端的周围,盘绕成螺旋形的线粒体鞘;多余的细胞质脱落,形成**残余体**;细胞膜在精子表面,称精子质膜，它在精子运动、获能和受精等过程中发挥重要作用(图 7-46)。

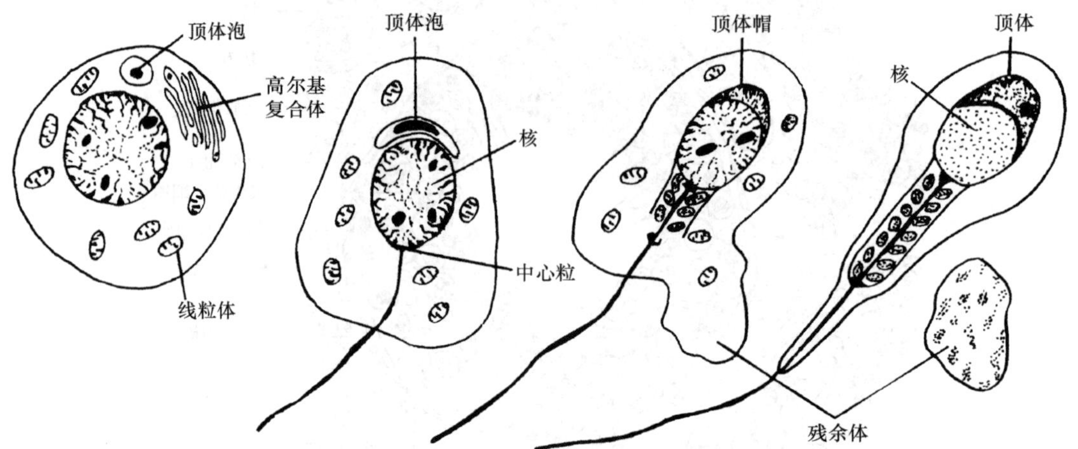

图 7-46　精子形成过程模式图

精子(spermatozoon)形似蝌蚪，长约 60μm，分头、尾两部。头部呈扁卵圆形，大部分为染色深、高度浓缩的细胞核，核的前 2/3 有顶体覆盖。顶体内含多种水解酶，如顶体蛋白、透明质酸酶和酸性磷酸酶等。尾部是精子的运动装置，可分为颈段、中段、主段和末段四部分。颈段短，内含中心粒，由中心粒发出“9+2”组排列的微管，构成鞭毛的轴丝；中段轴丝包有线粒体鞘，供给鞭毛活动所需能量；主段最长，外围微纤维鞘；末段仅有轴丝结构(图 7-47)。

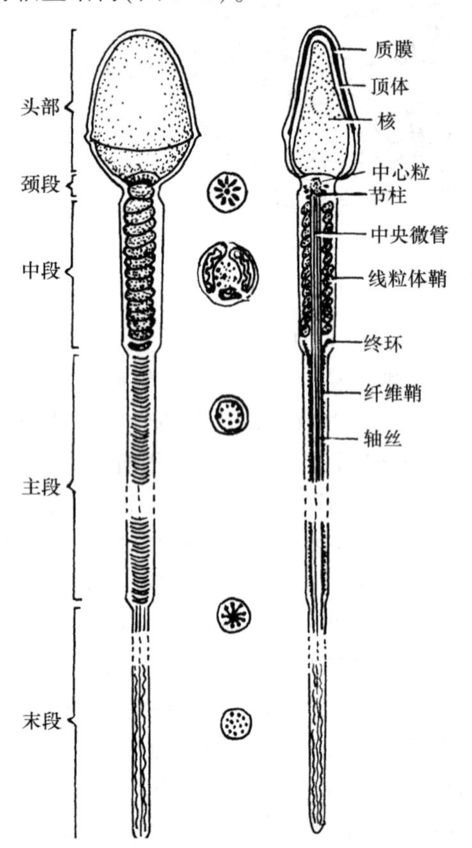

图 7-47　精子超微结构模式图

在生精过程中，由一个精原细胞增殖分化所产生的各级生精细胞，细胞质并未完全分化，细胞间有**细胞质桥**(cytoplasmic bridge)相连，形成一个同步发育的细胞群(图 7-45)。在生精上皮的不同区域内，精原细胞生成精子的过程是不同步的，故生精上皮可以持续不断的产生精子。从精原细胞发育为成熟精子约需 64±4.5 天。成年人每克睾丸组织在每秒内可产生 300～600 个精子，每天双侧可产生上亿个精子。

2) **支持细胞**(sustentacular cell)：又称 Sertoli 细胞，该细胞在生精上皮中占有相当比例，成熟的支持细胞不再分裂，数量恒定。支持细胞呈高锥体形，基底面宽大，附于基膜上，顶端至管腔，侧面及顶面嵌有各级生精细胞，故细胞轮廓不清。电镜下，胞质内有丰富的滑面内质网，发达的高尔基复合体，粗面内质网，有许多线粒体和溶酶体，细胞顶端还有微管和微丝。长三角形的核与细胞纵轴一致，异染色质少，核仁明显，核膜常有许多凹陷。毗邻的支持细胞侧面胞膜形成紧密连接，将生精上皮分成**基底室**和**近腔室**两部分。基底室位于生精上皮基膜和支持细胞紧密连接，内有精原细胞；近腔室位于紧密连接上方，内有精母细胞、精子细胞和精子。

生精小管与血液之间存在着**血-生精小管屏障**，又称**血-睾屏障**(blood-testis barrier)，其组成包括有孔毛细血管的内皮及其基膜、生精小管周围的少许结缔组织、生精上皮的基膜和支持细胞间的紧密连接。其中紧密连接是血-生精小管屏障的主要结构。支持细胞之间也存在着缝隙连接，它在协调生精上皮内精子发生的各个环节方面可能起着重要的作用(图 7-48)。

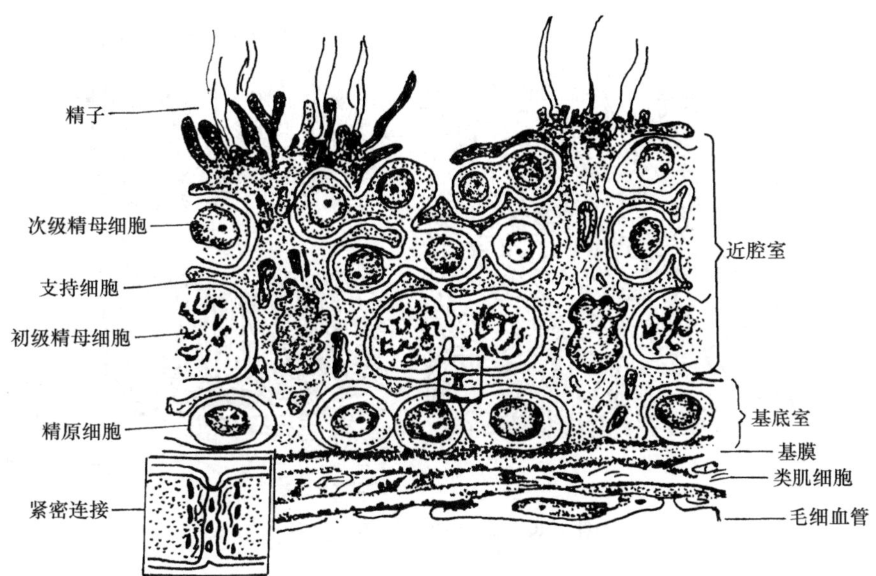

图 7-48　支持细胞微细结构及其与生精细胞的关系

支持细胞有多方面的功能：它对生精细胞起支持、保护和营养作用；精子形成过程中脱落的残余胞质，可被其吞噬和消化；其微丝和微管的收缩可使生精细胞向腔面移动，支持细胞分泌的液体还有助于精子的运动；在垂体前叶分泌的卵泡刺激素（FSH）和雄激素的作用下，支持细胞还能分泌**雄激素结合蛋白**（androgen-binding protein，ABP），以保持生精小管内雄激素的水平，促进精子发生；此外，支持细胞还分泌一种多肽，叫**抑制素**（inhibin），可抑制 FSH 的合成和分泌；支持细胞还能使睾丸酮转化为雌二醇；支持细胞紧密连接参与构成血-生精小管屏障，可阻止某些物质进出生精上皮，形成有利于精子发生的微环境，同时还能防止精子作为抗原物质逸出到生精小管外而发生自体免疫反应。

（2）**睾丸间质**：生精小管之间的疏松结缔组织，称睾丸间质，富含血管和淋巴管。此外，还有一种重要的**间质细胞**（又称 Leydig 细胞）。该细胞常三五成群分布，体积较大，圆形或多边形，胞质嗜酸性，具有分泌类固醇激素细胞的特点，核圆形，核仁明显。间质细胞的主要功能是合成**睾丸酮**（testosterone），它可促进精子的发生，促进男性生殖器的发育与分化及维持第二性征和性功能等（图 7-45）。

（3）**直精小管和睾丸网**：生精小管邻近睾丸纵隔时，上皮内生精细胞逐渐消失，只有支持细胞，随之管径变细、变直，上皮变为单层上皮，称**直精小管**，外周有一层致密的结缔组织。直精小管进入睾丸纵隔内，彼此吻合成网，称**睾丸网**，由单层立方上皮组成，管腔大而不规则。

（二）附睾

1. 附睾的形态和位置　**附睾**（epididymis）呈新月形，紧贴睾丸的上端和后缘而略偏外侧。上端膨大为**附睾头**，中部为**附睾体**，下端为**附睾尾**。睾丸输出小管进入附睾后，弯曲盘绕形成膨大的附睾头，末端汇合成一条附睾管。附睾管迂曲盘回而成附睾体和尾，附睾尾向上弯曲移行为输精管。

附睾为暂时存储精子的器官，并分泌附睾液供精子营养，促进精子进一步成熟。附睾为结核的好发部位。

2. 附睾的微细结构

（1）**睾丸输出小管**：为 10～20 条弯曲的小管，一端连于睾丸网，一端连于附睾管。上皮由一层柱状纤毛细胞和无纤毛细胞组成，两者成群相间排列，形成管腔上皮波浪状的内表面。无纤毛细胞具有吸收生精小管分泌的液体的功能，纤毛细胞的纤毛摆动有助于推动精子向前运动。上皮下的基膜周围有环行平滑肌和少量结缔组织。

（2）**附睾管**：是一条极度盘曲的管道，构成附睾的体和尾。腔面整齐，上皮为假复层柱状上皮，由主细胞和基细胞组成。主细胞呈高柱状，表面有成束的静纤毛，核下区有丰富的粗面内质网，核上区有线粒体、高尔基复合体，顶部胞质有膜被颗粒、多泡体、溶酶体、吞饮小泡等，具有活跃的吸收和分泌功能；基细胞数量较少，呈锥体形，位于主细胞基部之间。细胞质内细胞器很少，但有很多微丝束（图 7-49）。

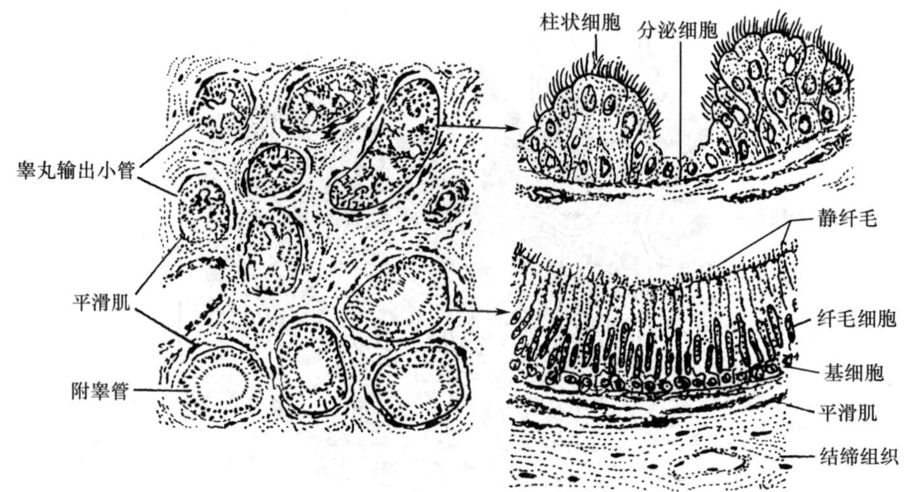

图 7-49　附睾切面的微细结构

附睾具有重吸收、分泌、合成和免疫屏障功能，可将流入的睾丸液进行重吸收，并分泌甘油磷酸胆碱、糖蛋白、类固醇与唾液酸，为精子成熟、储存和处理提供适宜的内环境。精子在附睾中进一步成熟并获得主动运动的能力。

（三）阴囊及精索

1. 阴囊　**阴囊**为一皮肤囊袋，位于阴茎的后下方。阴囊的皮肤薄而柔软，有色素沉着、汗腺及皮脂腺，并含大量的弹性纤维，故富有伸缩性。浅筋膜内缺少脂肪，含有稀疏的平滑肌纤维和致密结缔组织以及弹性纤维，称为肉膜。肉膜在中线向深部延伸成**阴囊中隔**，将阴囊分成左、右两部，各容纳睾丸、附睾及精索下部。

临 床 应 用

睾丸和附睾在胚胎初期位于腹后壁，在睾丸下降中，腹膜先向外突出形成一个囊袋，称为腹膜鞘突。在胚胎3个月时睾丸降至髂窝，第7个月时降至腹股沟管腹环处，第9个月时达腹股沟管皮下环，出生前后降入阴囊，此后，腹膜鞘突上部闭锁，下部不闭锁而围绕睾丸和附睾形成睾丸鞘膜，若出生后3~5个月内睾丸仍未降至阴囊内称隐睾症，故新生男婴均应检查有无隐睾，隐睾多发生于右侧，多停留在腹股沟管内。隐睾因温度较高，不利于精子的生长，而影响生育能力，并可能使睾丸恶变的机会增加，故宜在儿童期即行手术，将睾丸纳入阴囊。

来自壁腹膜的睾丸鞘膜，又分为壁、脏两层，并围成闭锁的鞘膜腔，睾丸鞘膜不完全覆盖睾丸。完全包被睾丸的被膜有三层，由浅入深为**精索外筋膜**、**提睾肌及其筋膜**和**精索内筋膜**，它们分别与腹前外侧壁的诸肌或筋膜相续。

2. 精索　**精索**（spermatic cord）是由输精管、睾丸动脉、蔓状静脉丛、淋巴管、神经及鞘韧带等并包以被膜形成的圆索状结构，始于腹股沟管深环，经腹股沟管及浅环，入阴囊终于睾丸后缘。其中输精管光滑坚韧，在阴囊侧壁近阴茎根部易于触摸，临床上作输精管结扎术，常在此处进行。自浅环以下，精索的表面有三层被膜，从内向外为**精索内筋膜**、**提睾肌**和**精索外筋膜**。

（四）阴茎

阴茎（penis）为男性的性交器官，可分为头、体和根三部分。后端为**阴茎根**，藏于阴囊和会阴部皮肤的深面，固定于耻骨下支和坐骨支，为固定部。中部为**阴茎体**，呈圆柱形，以韧带悬于耻骨联合的前下方，为可动部。阴茎前端膨大，称**阴茎头**，头的尖端有较狭窄的**尿道外口**，呈矢状位。阴茎主要有两条阴茎海绵体和一条尿道海绵体组成。**阴茎海绵体**为两端细的圆柱体，左、右各一，位于阴茎的背侧。左、右二者紧密结合，向前延伸，尖端变细，嵌入阴茎头内面的凹陷内。阴茎海绵体的后端左、右分离，称**阴茎脚**，分别附于两侧的耻骨下支和坐骨支。**尿道海绵体**位于阴茎海绵体的腹侧，尿道贯穿其全长。尿道海绵体中部呈圆柱形，前端膨大为阴茎头，后端膨大为**尿道球**，位于两侧的阴茎脚之间，固定于尿生殖膈的下面。海绵体内部由许多海绵体小梁和腔隙构成，腔隙与血管相通。当腔隙充血时，阴茎即变粗变硬而勃起。阴茎的层次由浅入深为皮肤、浅阴茎筋膜、深阴茎筋膜及白膜，各层间有血管、淋巴管和神经等结构穿行（图7-50）。

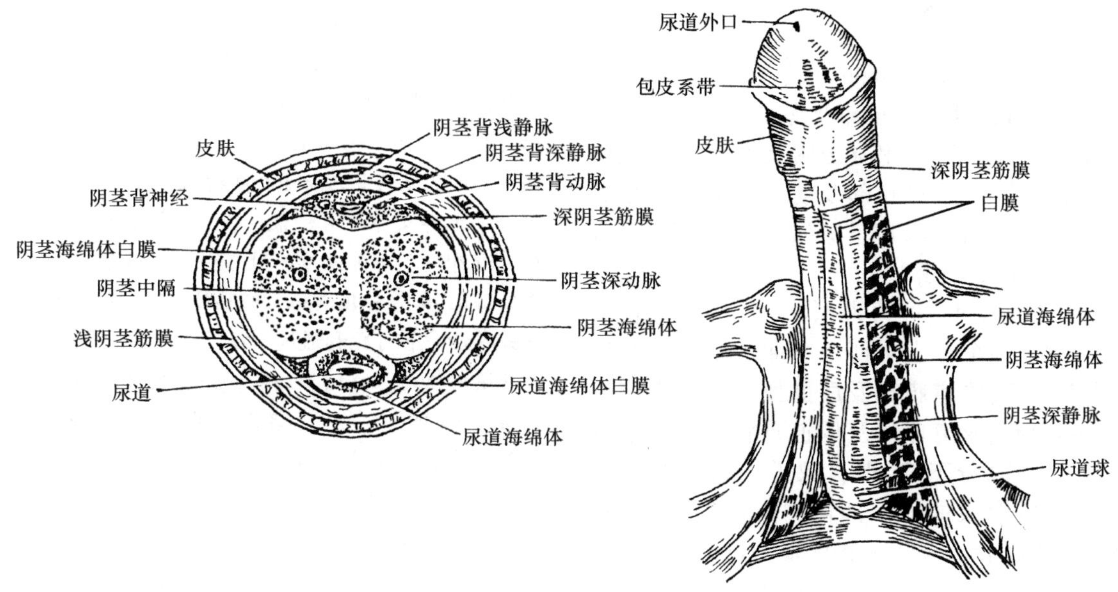

图 7-50 阴茎的被膜、血管及神经

1. 皮肤 薄而柔软,向阴茎头延伸形成双层的皮肤皱襞,即**阴茎包皮**,其内、外层反折处的游离缘围成包皮口,包皮与阴茎头之间为包皮腔。在阴茎头的腹侧中线上,包皮与尿道口相连的皱襞称**包皮系带**。

临床应用

儿童时包皮较长,包绕整个阴茎头。随着年龄的增长,阴茎头发育增大,包皮逐渐后缩,包皮口扩大,阴茎头裸露。如到成年时,阴茎头仍被包皮包绕,但能上翻而露出阴茎头者,称包皮过长;包皮口过小,难以上翻显露出阴茎头者,则称为包茎。包皮过长或包茎常影响排尿,包皮腔内易存流污物,污物的长期刺激可能是发生阴茎癌的诱因之一,应行包皮环切术,以露出阴茎头,手术时注意勿损伤包皮系带,以免阴茎勃起时阴茎头向下屈曲和疼痛。

2. 浅阴茎筋膜(superficial facia of penis) 或称 Colles 筋膜,为阴茎的皮下组织,疏松无脂肪,易使皮肤滑动。该筋膜向周围分别移行于阴囊肉膜、浅会阴筋膜及腹前外侧壁的浅筋膜深层,内有阴茎背浅动、静脉及淋巴管等穿行。

3. 深阴茎筋膜(deep fascia of penis) 或称 Buck 筋膜,共同包裹阴茎的三条海绵体。其前端于阴茎的冠状沟附近逐渐变薄消失,后端至阴茎根部上续腹白线,在耻骨联合前面有弹性纤维参与形成阴茎悬韧带。该筋膜的深面于阴茎背侧中线上,有一条阴茎背深静脉穿行,此静脉的两侧各有一条阴茎背动脉及阴茎背神经伴行。故作包皮环切术或阴茎手术时,可在阴茎根背面两侧深部施行阴茎背神经的阻滞麻醉。

4. 白膜(albuginea) 分别包裹阴茎的三条海绵体,在阴茎海绵体部略厚,而在尿道海绵体部较薄,白膜在左、右阴茎海绵体之间形成阴茎中隔。阴茎海绵体中央各有一条阴茎深动脉穿行。

5. 阴茎的血管、淋巴和神经 阴茎的血供非常丰富,主要来自阴茎背动脉及阴茎深动脉,它们均为阴茎动脉在尿生殖膈内的分支。阴茎背动脉穿行于深阴茎筋膜与白膜之间,阴茎深动脉则由阴茎脚进入阴茎海绵体。作阴茎部分切除术时,分离阴茎背深静脉与阴茎背动脉,应分别将其结扎、切断。阴茎的静脉有阴茎背浅静脉及阴茎背深静脉,前者收集阴茎包皮及皮下的小静脉,经阴部外静脉汇入大隐静脉;后者收集阴茎海绵体及阴茎头部的静脉血,向后穿过耻骨弓状韧带与会阴横韧带之间进入盆腔,分左、右支汇入前列腺静脉丛。

阴茎的淋巴管分浅、深两组。浅组与阴茎背浅静脉伴行,注入两侧的腹股沟浅淋巴结;深组与阴茎背深静脉伴行,注入腹股沟深淋巴结或直接注入髂内淋巴结。

阴茎的感觉神经主要是阴茎背神经,穿会阴横韧带下缘至阴茎背部,在阴茎背动脉外侧行向阴茎头,分布于阴茎的皮肤、包皮、阴茎头及海绵体;阴茎的内脏神经来自盆丛,交感神经包括阴茎海绵体大、小神经,分布于阴茎;副交感神经来自盆内脏神经,随血管分布于各海绵体的勃起组织,为阴茎勃起的主要神经,故名勃起神经。

（五）男性尿道

男性尿道（male urethra）成人尿道长约16～20cm，分为**前列腺部**、**膜部**及**海绵体部**。海绵体部又可分为尿道球部和尿道阴茎体部，临床上将此部称为**前尿道**，将膜部及前列膜部称为**后尿道**。骑跨伤时常累及尿道球部，骨盆骨折亦常合并尿道膜部的损伤。

尿道内径不一，约为0.5～0.7cm，全长有三个狭窄、三个扩大和两个弯曲。狭窄部分别是**尿道内口**、**尿道膜部**及**尿道外口**。扩大部分是前列腺部、尿道球部及尿道舟状窝。两个弯曲，一个是**耻骨下弯**，即自尿道内口至耻骨联合下方，所形成的一个凹面向上的固定弯曲，位于耻骨联合下方；一个是**耻骨前弯**，位于阴茎体（可动部）与阴茎根（固定部）的移行处，呈一凹面向下的可变弯曲，位于耻骨联合前下方。

临床应用

在男性导尿或经尿道将器械插入膀胱时，应将阴茎提起，使之与腹壁间呈60°角，耻骨前弯消失，尿道形成一个凹侧向上的大弯曲，尿管自尿道外口插入20cm，见有尿液流出，再插入2cm即可。膜部与海绵体部交界处管壁最薄，尤其是前壁最易受损，距尿道外口7～8cm处黏膜上有许多尿道腺开口及形成的凹陷，如导管顶端抵至凹陷处，可出现阻力，稍后退并转动导管可顺利通过。导管达膜部时，因刺激可致尿道外括约肌收缩，应稍待片刻，使患者会阴部放松，再缓慢插入。老年患者因前列腺增生可使尿道前列腺部狭窄，造成插管困难，应予注意。

尿道在不同的部位损伤，可在相应部位引起尿外渗。若前尿道破裂、尿液可渗至会阴浅隙，向前漫延至阴茎、阴囊，向上可达腹前侧壁的Scarpa筋膜深面。若尿道膜部破裂，尿液仅渗入会阴深隙中，并不向外漫延（图7-51）。

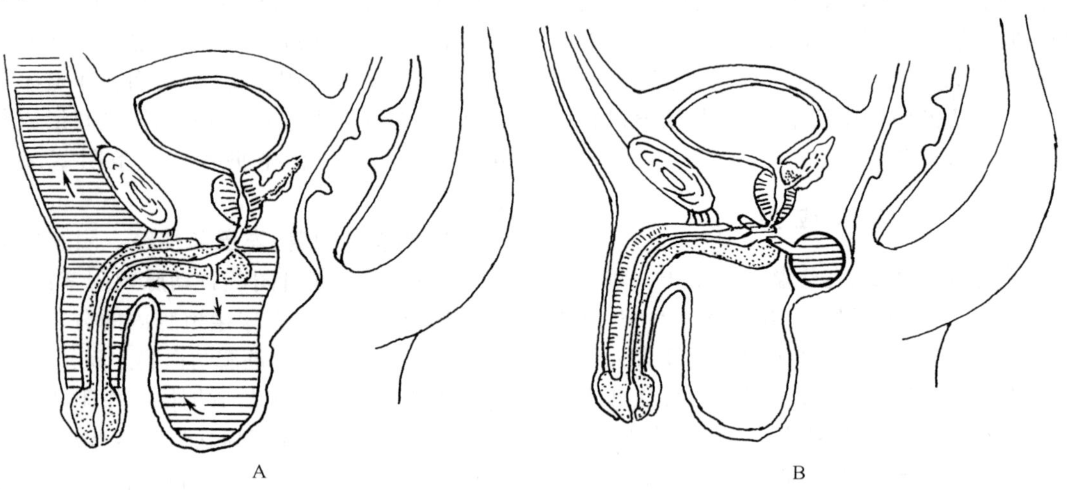

图7-51　尿外渗

A. 尿道球部破裂；B. 尿道膜部破裂

（六）女性尿道及外生殖器

女性尿道（female urethra）短而直，向前下方穿过尿生殖膈，开口于阴道前庭，尿道后面为阴道，两者的壁紧贴在一起。

女性外生殖器又称**女阴**（female pudendum，图7-52）。耻骨联合前面的皮肤隆起为**阴阜**，青春期生出阴毛，皮下富有脂肪，阴阜向两侧后外延伸为**大阴唇**。大阴唇内侧的皮肤皱襞光滑无毛为**小阴唇**。两侧小阴唇后端借阴唇系带连接，前端在阴蒂旁分叉，上层行于阴蒂上方，与对侧相连形成**阴蒂包皮**，下层在阴蒂下方与对侧连接形成阴蒂系带。**阴蒂**由两个阴蒂海绵体组成，后者相当于男性的阴茎海绵体，亦分脚、体、头三部。阴蒂脚埋于会阴浅隙内，附于耻骨下支和坐骨支，向前与对侧结合成阴蒂体。阴蒂头露于表面，为圆形小结节，含有丰富的神经末梢。左、右小阴唇之间为**阴道前庭**，前庭中央有**阴道口**，口周围有处女膜或处女膜痕。**尿道外口**位于阴道口的前方。阴道口后外侧左、右各有一前庭大腺的开口，**前庭大腺**（greater vestibular gland，又称Bartholin腺）形如豌豆，位于前庭球后端的深面，该腺相当于男性的尿道球腺，分泌物有润滑阴道口的作用，如因炎症导致导管阻塞，可形成前庭大腺囊肿。前庭球相当于男性的尿道海绵体，呈蹄铁形，分为较细小的中间部和较大的外侧部。中间部位于尿道外口与阴蒂体之间的皮下，外侧部位于大阴唇的皮下（图7-53）。

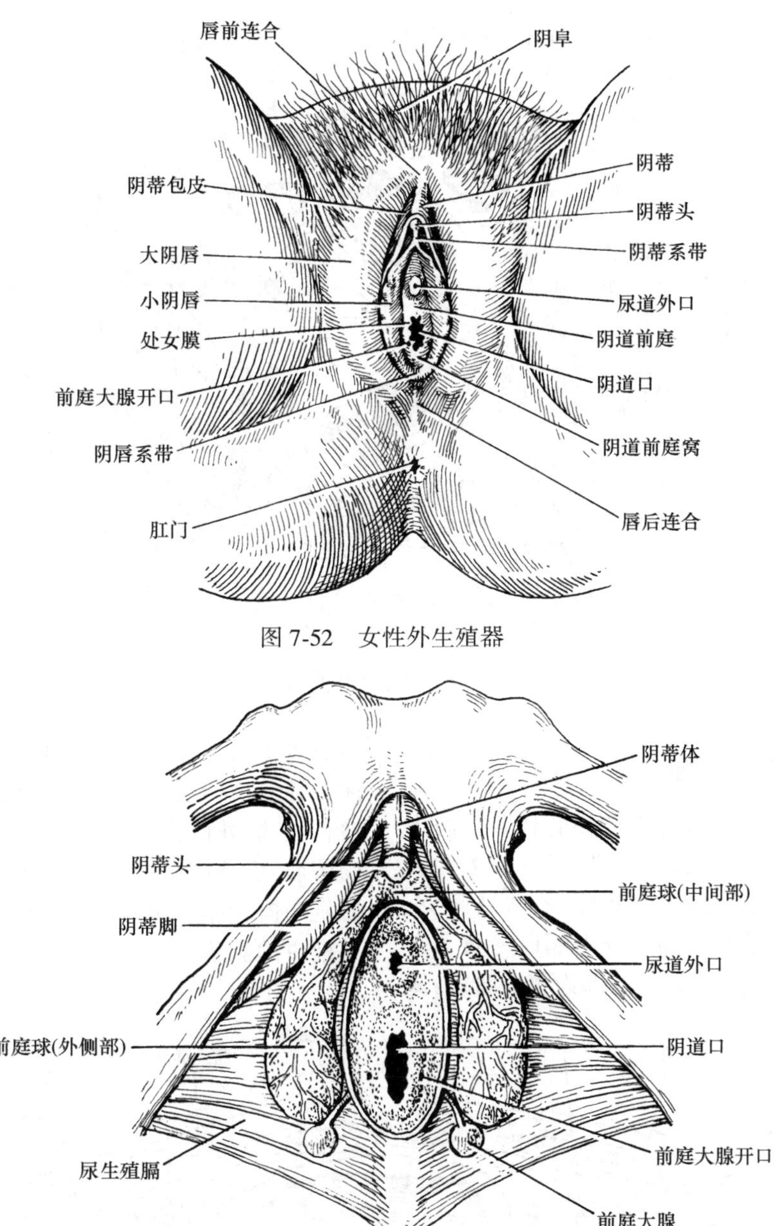

图 7-52　女性外生殖器

图 7-53　阴蒂、前庭球和前庭大腺

第 5 节　盆部的断面解剖和正常影像学

一、女盆断面解剖

(一) 第三骶椎切面

本切面经第三骶椎、骶髂关节下部、髂骨翼。体腔显示子宫底位居中份，子宫两侧有卵巢、输尿管，偶可见输卵管，卵巢位于腰大肌内侧的髂内和髂外血管之间，输尿管位于卵巢后方、髂内血管的内侧。子宫前方有膀胱及乙状结肠、盲肠、回肠等，乙状结肠和盲肠通常分别位于左、右髂窝。子宫后方为直肠的始端和(或)乙状结肠末端。体腔前壁为腹肌，后壁为第三骶椎，两侧壁为髂骨翼的中下部，两骨借骶髂关节连接。骶椎前方与直肠间为直肠后间隙，间隙内有丰富的静脉丛、骶中血管、骶外侧血管和骶神经丛及内脏神经丛等，骶骨的后方有臀大肌。骶髂关节内侧有髂内血管，髂骨的前面内侧有髂肌和腰大肌，腰大肌的内侧有髂外血管。腰大肌与髂肌之间有股神经，髂骨的外侧为臀中、小肌(图 7-54)。

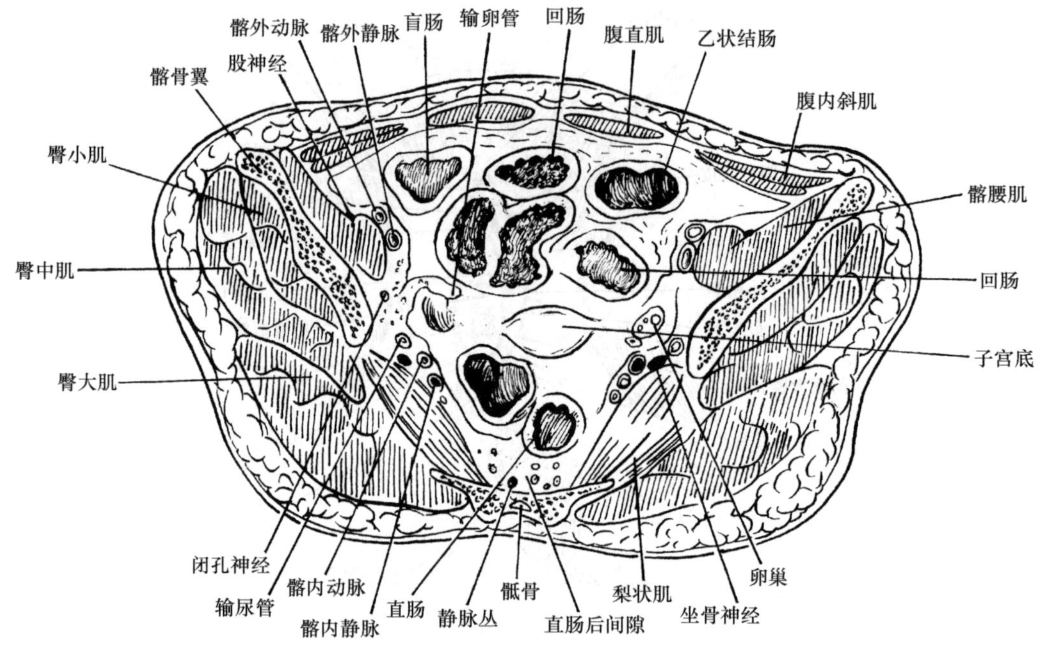

图 7-54　第三骶椎切面

（二）第五骶椎切面

本切面经第五骶椎和两侧髂骨体。体腔内正中为子宫，其两侧连接阔韧带，子宫后方为直肠，后外侧有输尿管，前方有膀胱、乙状结肠、小肠等。子宫与膀胱和直肠间分别隔以膀胱子宫陷凹和直肠子宫陷凹。体壁前部为腹直肌，两侧以髂骨体为中心，髂骨体的内侧面有闭孔内肌和闭孔血管、神经；前方有髂腰肌及该肌肉前方的股神经、髂外血管，髂腰肌的外侧有缝匠肌、阔筋膜张肌；后外侧有臀大、中、小肌。后部为骶椎，骶椎与髂骨体之间为坐骨大孔，孔内有梨状肌和其前方的骶丛（图 7-55）。

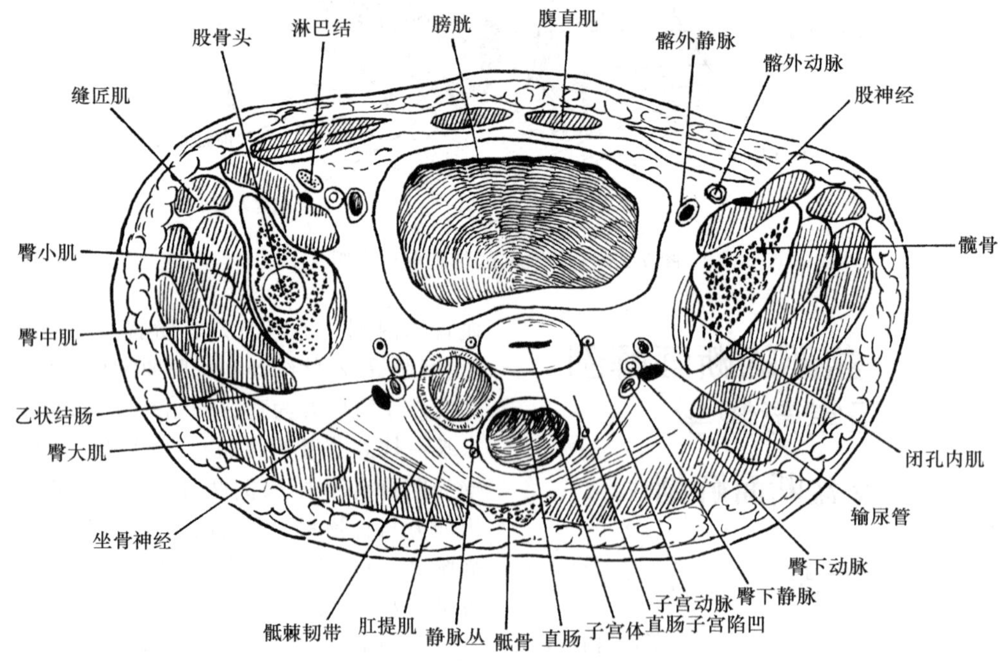

图 7-55　第五骶椎切面

（三）耻骨联合上缘切面

本切面中央为盆部。盆腔的前壁为耻骨联合，两侧壁为连接耻骨与坐骨结节间的的闭孔内肌，后方为弓向前的肛提肌。盆腔内膀胱、阴道和直肠前后排列，膀胱与耻骨联合间为耻骨后隙。闭孔内肌和肛提肌的后方为臀大肌内侧端，三者之间为三角形尖向前的坐骨肛门窝，其内充满脂肪组织，紧贴窝的外侧壁有阴部血管、神经行于阴部管内。切面两侧为髋部，经髋臼下，可见股骨颈和周围的部分髋肌、大腿前群肌、耻骨肌，以及位于耻骨肌前外侧的股血管、神经和臀大肌中点深面的坐骨神经、臀下血管、臀下神经等（图 7-56）。

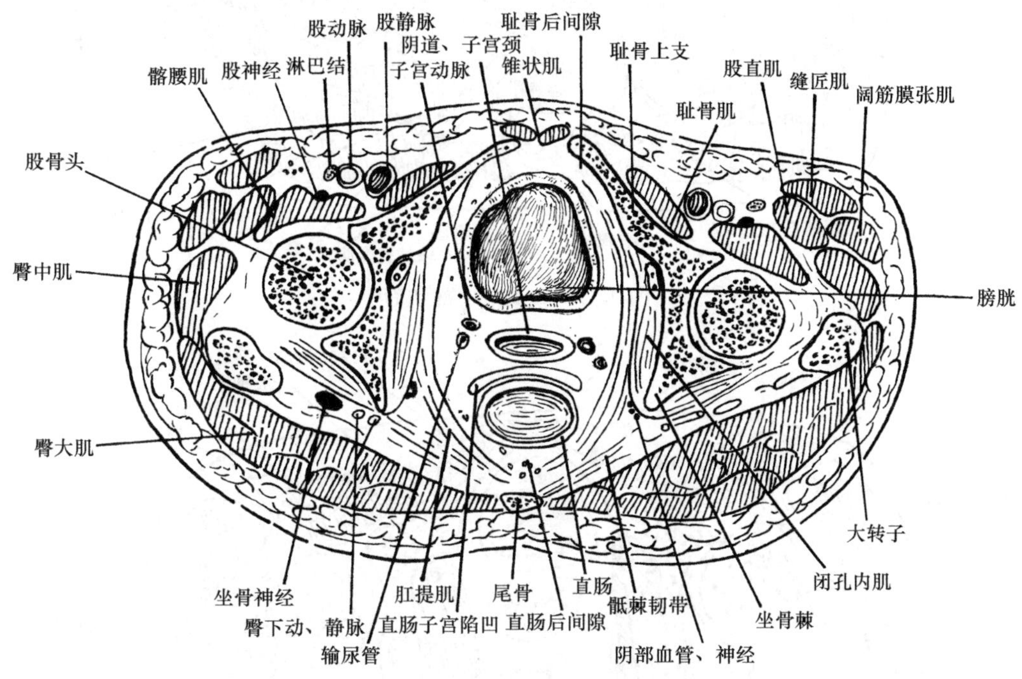

图 7-56　耻骨联合上缘切面

二、男盆断面解剖

（一）髋关节中部切面

本切面经髋关节中部、尾骨、耻骨联合上2～3cm。切面的盆部较女性狭小，膀胱位居前份，占据盆腔大部，直肠位于后部，两者间有囊泡状的精囊。精囊与膀胱间借疏松结缔组织分开，两者间形成向外开放的膀胱精囊角。盆腔前壁为腹直肌，两侧壁为髋臼及内侧的闭孔内肌，该肌前端与髋骨间有闭孔血管、神经。直肠的后方有弓形的肛提肌连于尾骨。髋臼和外侧的股骨头构成髋关节，关节内有股骨头韧带。髋关节周围包以肌，后方有臀大肌，与坐骨间有臀下血管、神经和坐骨神经，前外侧有耻骨肌、髂腰肌、缝匠肌、股直肌、阔筋膜张肌，耻骨肌和髂腰肌之间的前方有股血管和股神经（图 7-57）。

（二）耻骨联合上缘切面

本切面盆内脏器从前向后依次为膀胱、前列腺和直肠，前列腺中部有尿道。切面其他结构与女性同一切面相似（图 7-58）。

（三）耻骨联合中部切面

本切面盆腔前壁为耻骨联合，盆腔窄小，盆内脏器膀胱、前列腺、直肠自前向后排列，膀胱与耻骨间为耻骨后隙。盆侧壁闭孔内肌自耻骨向后连于坐骨结节，肛提肌位其内侧呈“U”字形从两侧和后方包绕上述器官，肛提肌后方的肌为臀大肌内侧部，肛提肌、闭孔内肌和臀大肌间的三角形区为坐骨肛门窝，其外侧壁闭孔内肌的内面可见阴部管及其内的阴部血管、神经（图 7-59）。

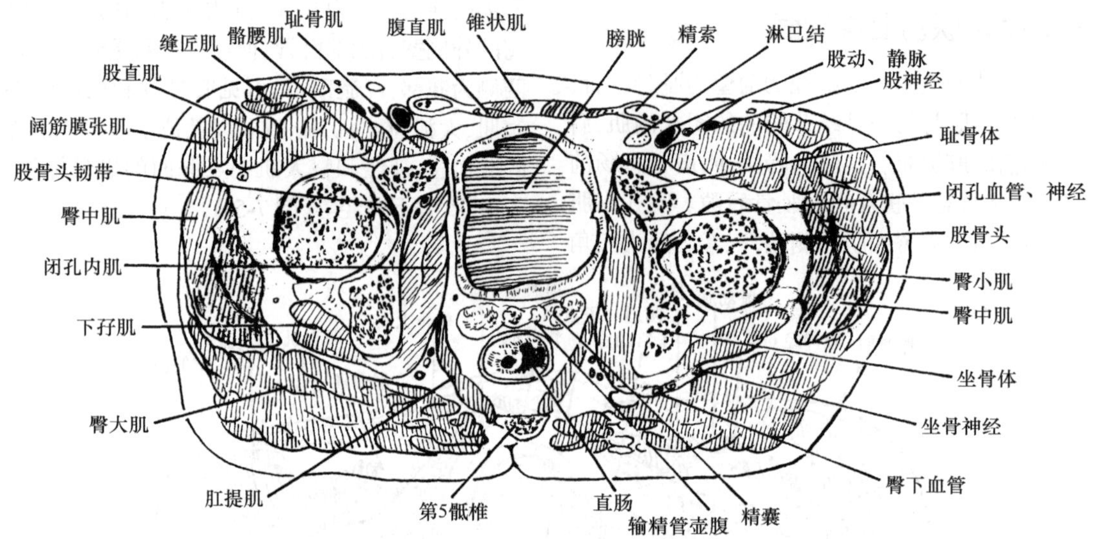

图 7-57 髋关节中部切面

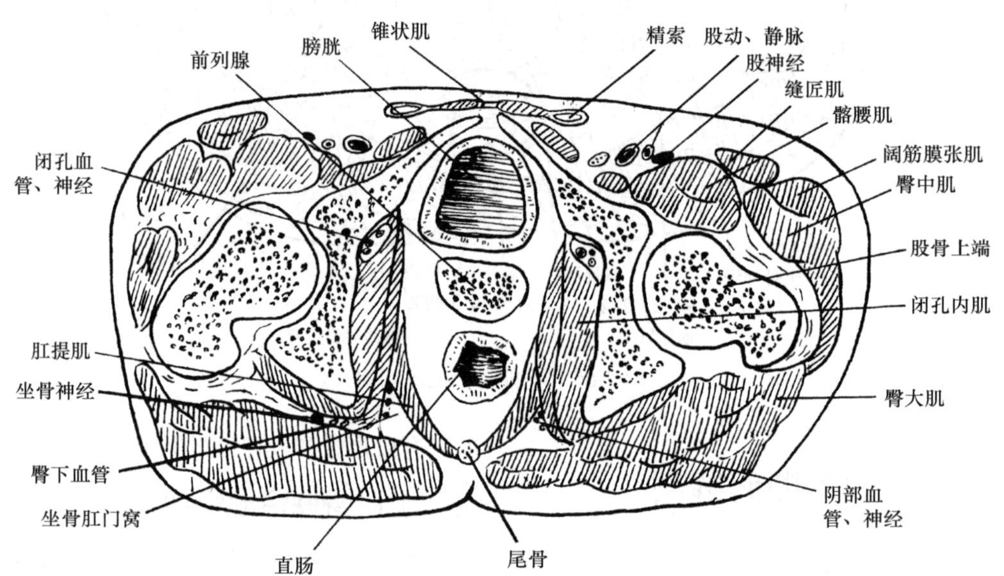

图 7-58 耻骨联合上缘切面

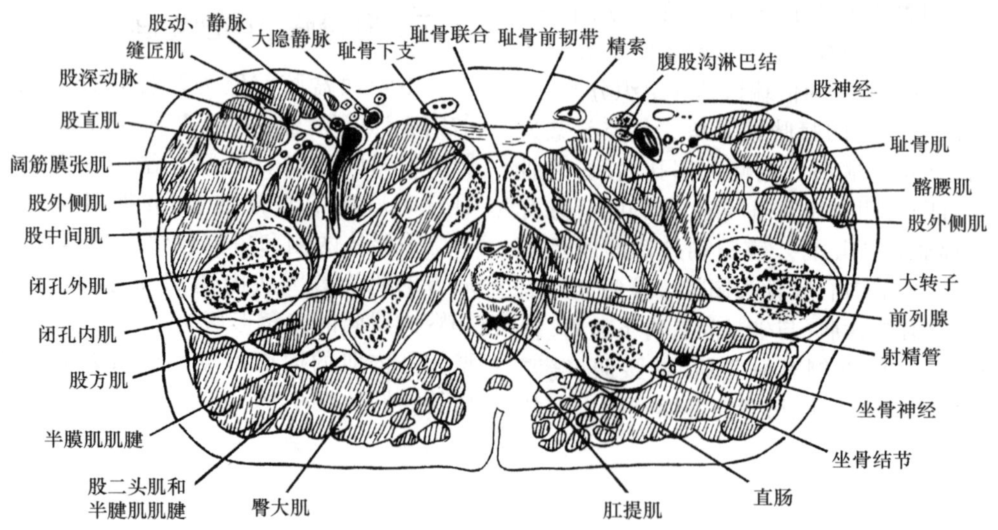

图 7-59 耻骨联合中部切面

三、盆部的影像学检查方法

骨盆两侧的髂骨与后方的骶骨构成骶髂关节，两侧耻骨上下支在骨盆前面形成耻骨联合，骨盆以髂耻线分成两部分；上部为假骨盆，下部为真骨盆。

盆腔脏器一般由软组织构成，缺乏自然对比，X线检查多需要造影形成人工对比才能使之显示。CT、MRI有较高的组织分辨力，且盆腔脏器之间有丰富的脂肪间隔，受呼吸和肠蠕动的影响较小，所以CT、MRI能清晰显示盆腔诸器官的解剖结构。通过CT的横断面图像以及冠状面、矢状面重建图像能较准确地显示盆腔正常和异常解剖，并可以显示肿瘤对邻近器官的侵犯。MRI有优良的组织对比，能多角度、多方位成像，并可以选择不同的序列和参数成像，提高了显示组织异常的灵敏性。由于MRI检查无射线损伤，对盆腔疾患来说它是一种很好的检查手段，对女性生殖系统疾患和男性前列腺疾病的诊断具有优势。

（一）普通检查

平片摄影可以显示盆腔内的钙化、输尿管下段、膀胱内阳性结石（图7-60）以及女性子宫腔内节育环的位置（图7-61），也可以显示靠近盆壁静脉丛中的静脉石等（图7-62）。

（二）造影检查

1. 膀胱造影 有多种造影方法，主要有IVP中的膀胱造影、经尿道插管直接膀胱造影、经膀胱造瘘口插管直接膀胱造影，可以显示膀胱形态边缘和其内的病变，行排尿性膀胱尿道造影上可检查是否有膀胱输尿管返流，同时尚可以检查尿道的情况（图7-63）。

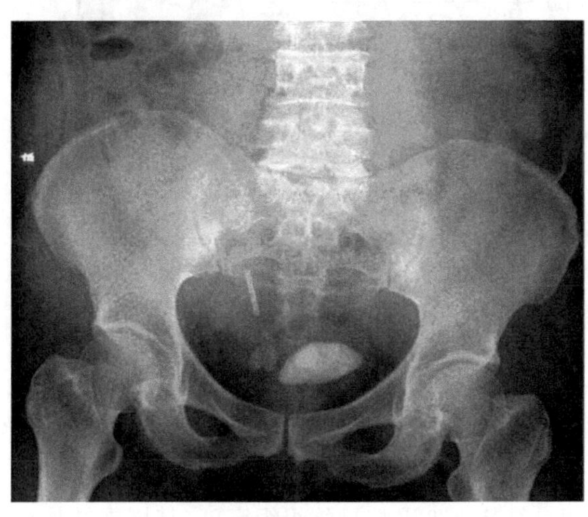

图7-60 膀胱阳性结石

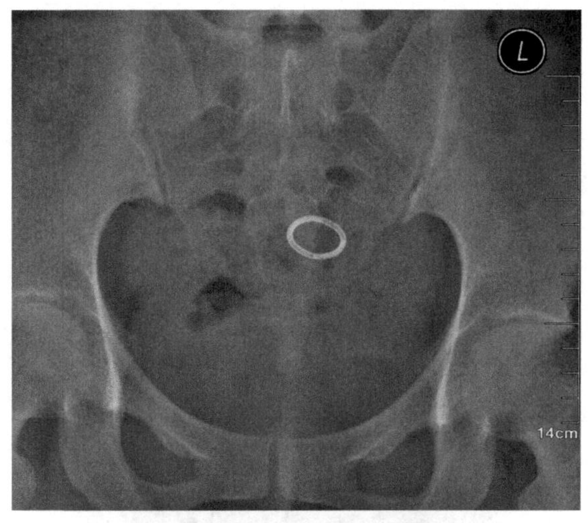

图7-61 宫内节育环

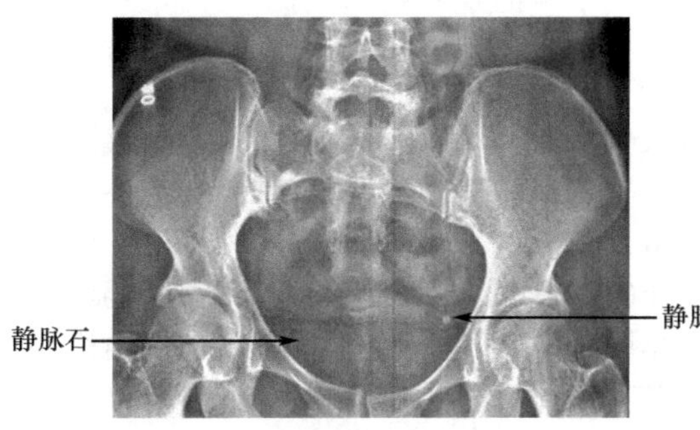

图7-62 盆腔静脉石

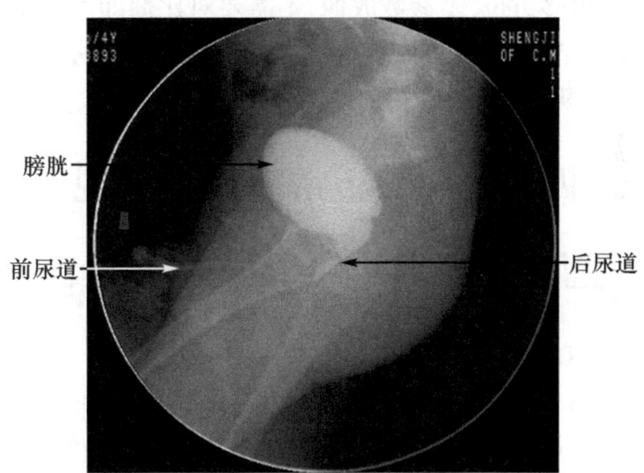

图7-63 膀胱造影

2. 尿道造影 一般用于男性，分为顺行性尿道造影和逆行性尿道造影，均可显示尿道形态，判断尿道是否通畅，前者一般在膀胱造影后进行（图7-63）。

3. 子宫输卵管造影 观察子宫内腔的形态、输卵管是否通畅。对不孕症输卵管是否通畅、子宫腔内病变（息肉、内膜增生、黏膜下肌瘤、隔膜）、子宫畸形有帮助，对子宫外形不能显示（图7-64）。

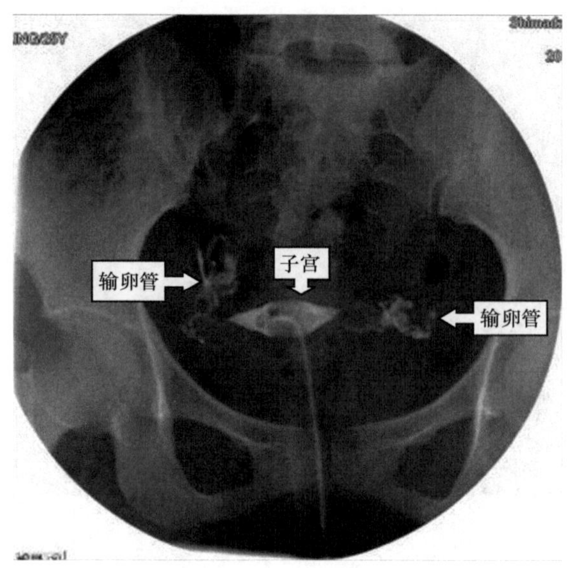

图 7-64 子宫输卵管造影

(三)特殊检查

1. CT 检查 分为平扫和增强扫描。平扫对于子宫各层次分辨不清,但对于钙化的显示有利。增强扫描可以显示盆腔脏器的解剖结构,肿瘤对邻近器官的侵犯等。

2. MRI 检查 同 CT,但 MRI 的组织分辨力高,可多方位、多参数成像,不需要对比剂即可显示血管结构,而且对人体无损伤,MRI 已成为盆腔肿瘤诊断、分期及指导治疗方案设计的重要手段。

四、盆部的正常影像学表现

(一)盆部 CT 正常表现

1. 男性盆腔 CT

(1)**耻骨上缘切面**:盆腔内中线从前往后依次为:膀胱(水样密度)、前列腺(软组织密度)和直肠(依其充盈状态和充盈物不同而不同,肠壁为软组织密度,可见分层;粪块为软组织密度混合极低密度气体;气体则为极低密度)。前列腺中央的后尿道前列腺部插管可以显示(图 7-65)。

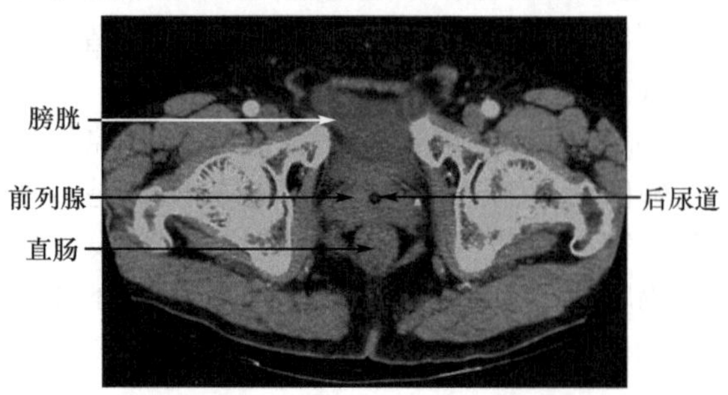

图 7-65 男性耻骨上缘切面

(2)**耻骨联合上 3cm 切面**:膀胱与直肠(其内的气体为极低密度)之间为精囊(软组织密度),膀胱精囊角呈锐角(图 7-66)。

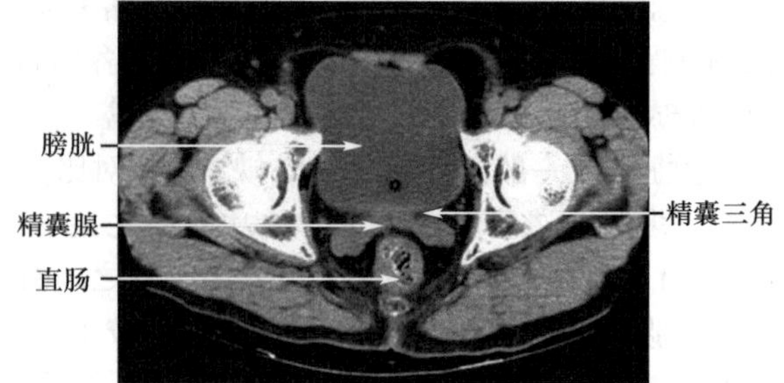

图 7-66 耻骨联合上 3cm 切面

(3)**耻骨联合上 5cm 切面**:依次为膀胱、直肠(图 7-67)。

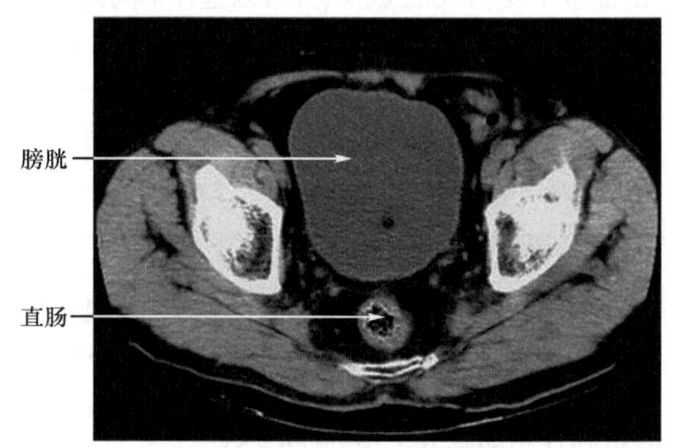

图 7-67 耻骨联合上 5cm 切面

2. 女性盆腔 CT

(1)**耻骨上缘切面**:从前往后依次为膀胱、阴道、肛管(图 7-68)。

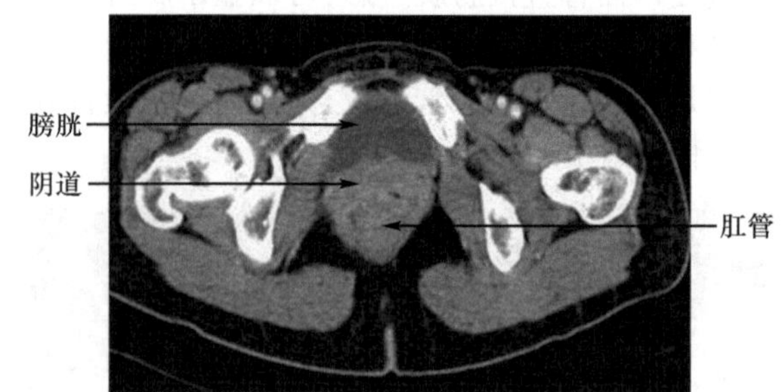

图 7-68 女性耻骨上缘切面

(2)**耻骨联合上 3~5cm 切面**:前方为膀胱、中央为子宫颈(软组织密度),其后为直肠(图 7-69)。

(3)**耻骨联合上 5~7cm 切面**:子宫软组织呈圆形或菱形,轮廓清晰,增强扫描可见子宫壁分层强化,子宫腔内液体不强化。其前后方仍可见膀胱和直肠。子宫两侧可能在不同水平可见卵巢结构,CT 平扫呈软组织密度,与周围结构可能分界不清,增强扫描可见多囊状结构得以分辨

(图 7-70)。

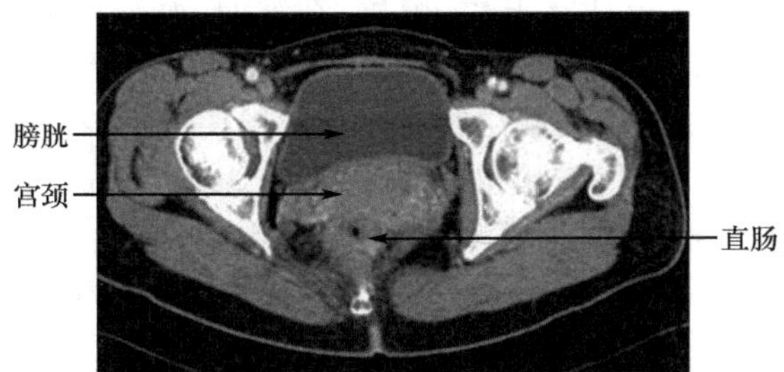

图 7-69　耻骨联合上 3~5cm 切面

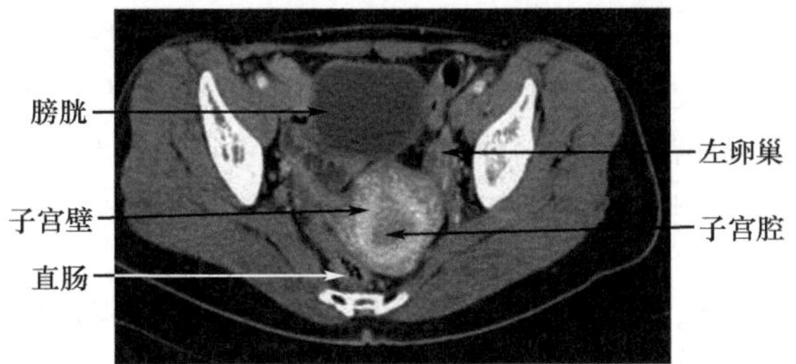

图 7-70　耻骨联合上 7cm 切面

(二)盆部 MRI 正常表现

1. 男性盆腔正常 MR 表现　常规体线圈下扫描,T_1WI 前列腺整体信号均匀,强度近似盆壁横纹肌,各区带分界不清。高场及直肠内线圈成像可区分区带,周边带呈稍低信号,中央带和移行带呈中等信号。在T_2WI上成人前列腺可显示带状解剖,周边带显示为两侧对称的新月形高信号,接近周围脂肪信号,移行带和中央带呈低信号,二者统称中央腺体,在高场 MR,移行带信号更低,中央带呈稍低信号。精囊位于膀胱后方、前列腺的上缘,卵圆形,双侧对称,T_1WI 显示为均匀的低-中等信号,等于或稍高于肌肉;T_2WI 为均匀或蜂窝状高信号,增强扫描腺泡不强化成蜂窝状表现。

(1) **通过膀胱最大径层面的轴位像**:T_1WI:膀胱为低信号,其后方的精囊为中等偏低信号,后方的直肠为低信号(图 7-71)。T_2WI:膀胱为高信号,精囊也呈高信号,而直肠信号增高,可见分层(图 7-72)。

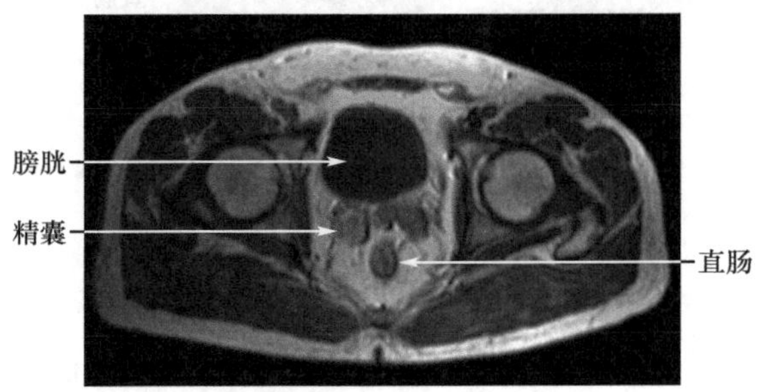

图 7-71　通过膀胱最大径层面的轴位 T_1WI 像

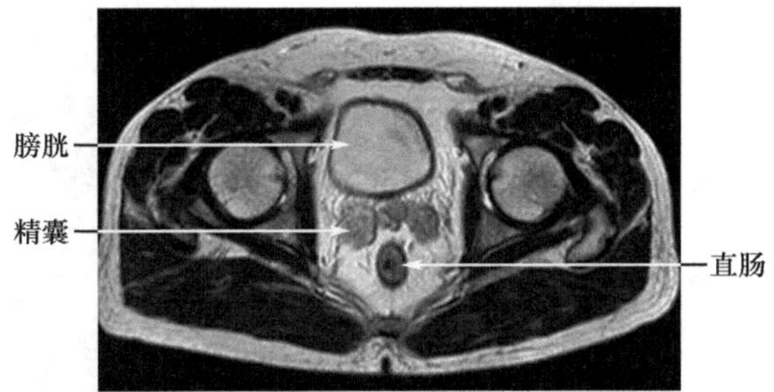

图 7-72　通过膀胱最大径层面的轴位 T_2WI 像

(2) **通过前列腺最大径层面的轴位像**:T_1WI:前列腺为中等低信号,近似横纹肌,后方的直肠为较低信号,分层状(图 7-73)。T_2WI:前列腺信号增高,可以分辨周边带、中央带和结合带,周边带为高信号,移行带为低信号,中央带呈稍低信号。而直肠信号较 T_1WI 升高,仍可见分层(图 7-74)。

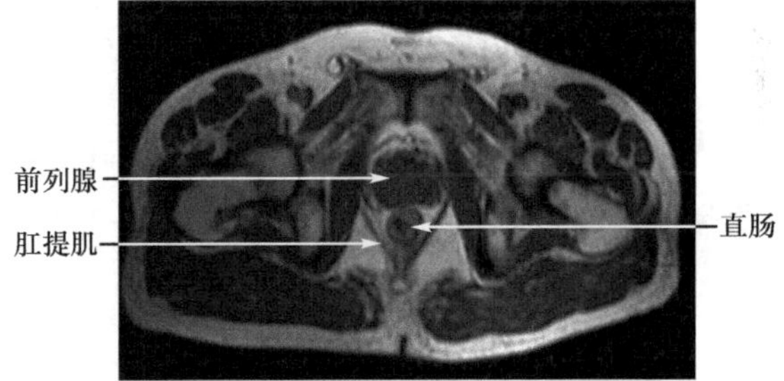

图 7-73　通过前列腺最大径层面的轴位 T_1WI 像

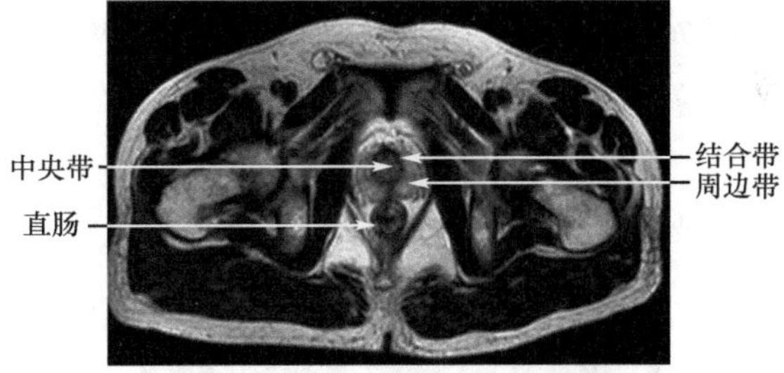

图 7-74　通过前列腺最大径层面的轴位 T_2WI 像

(3) **男性盆腔冠状位**:T_2WI:膀胱为高信号,前列腺信号增高(图 7-75)。

(4) **男性盆腔矢状位**:T_1WI:膀胱为低信号,其下方的前列腺为中等低信号,膀胱后方的精囊为中等偏低信号,后方的直肠为低-稍高信号(图 7-76)。T_2WI:膀胱为高信号,前列腺信号增高,精囊也呈高信号,而直肠信号增高,可见分层(图 7-77)。

2. 女性盆腔正常 MR 扫描　子宫分为体部与颈部,宫颈信号低于宫体。MRI 矢状面上可以清楚显示子宫体、宫颈、阴道的关系。子宫在

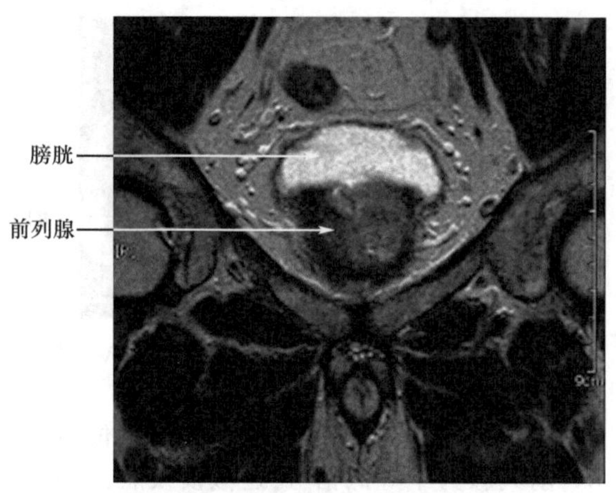

图 7-75　通过膀胱最大径层面的冠状位 T_2WI 像

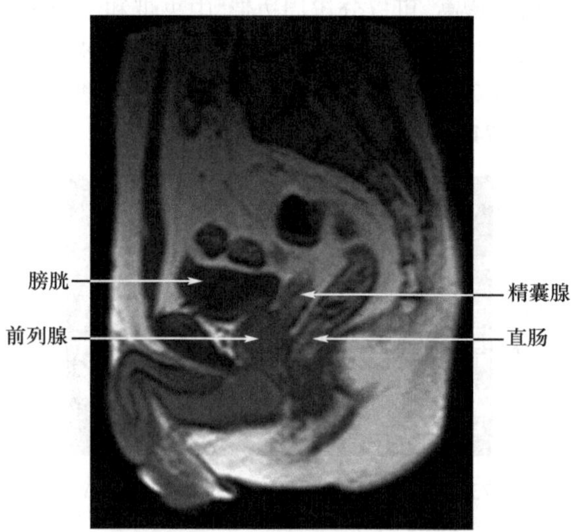

图 7-76　通过前列腺最大径层面的矢状位 T_1WI 像

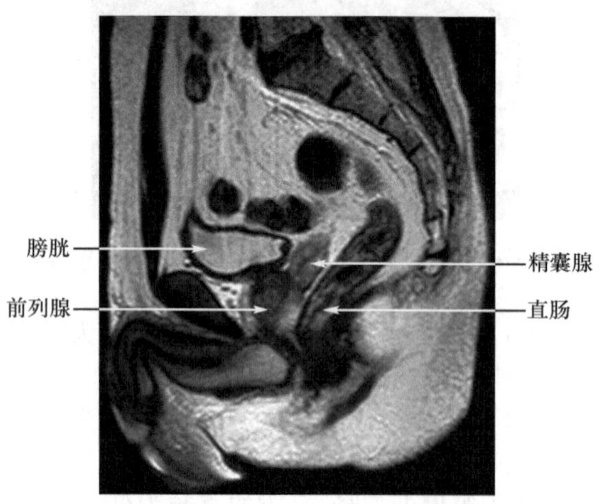

图 7-77　通过前列腺最大径层面的矢状位 T_2WI 像

组织上分为 3 层，在 MRI 的 T_2WI 上显示最好，而 T_1WI 层次分辨不清，仅显示为类似横纹肌的中等信号。浆膜层由间皮细胞组成。肌层分为两层：外层由平滑肌、胶原组织、弹力纤维组织构成，呈中等信号。内层为结合带呈低信号，主要由于该区细胞排列致密，缺乏自由水。内膜层由柱状上皮、腺体、纤维网、血管构成，呈高信号条状影，主要是由于内膜上皮以及分泌物。子宫内膜层厚度与月经周期有关，在 T_2WI 上测量，增殖早期（4～9 天）为 1～2mm，增殖晚期（10～14 天）为 2～3mm，分泌早期（16～20 天）为 3～5mm，分泌晚期（21～25 天）为 5～7mm，月经前期（26～28 天）为 5～7mm，可见在分泌晚期和月经前期最厚。初潮前少女和绝经后妇女子宫壁 T_2WI 仅显示内膜和肌层，结合带不明显。卵巢位于子宫两侧，育龄期妇女卵巢较大，T_1WI 呈低-中等信号，其周围有时可见无信号血管结构，T_2WI 卵巢呈明显高信号，可见卵泡多囊结构。

（1）**女性盆腔矢状位**

1）**正中矢状位**：T_1WI：子宫中低信号，膀胱低信号。T_2WI：膀胱高信号，子宫内膜高信号，子宫结合层中低信号，子宫肌层中高信号（图 7-78、图 7-79，注意图中另见 T_1WT 等信号、T_2WI低信号的子宫肌瘤，并非正常结构）。

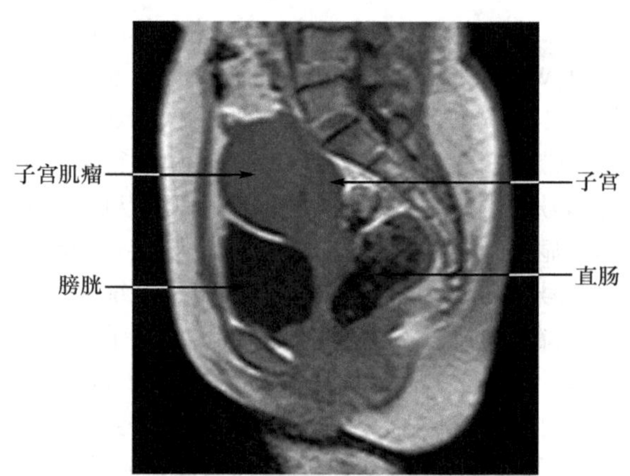

图 7-78　女性盆腔正中矢状位 T_1WI 像

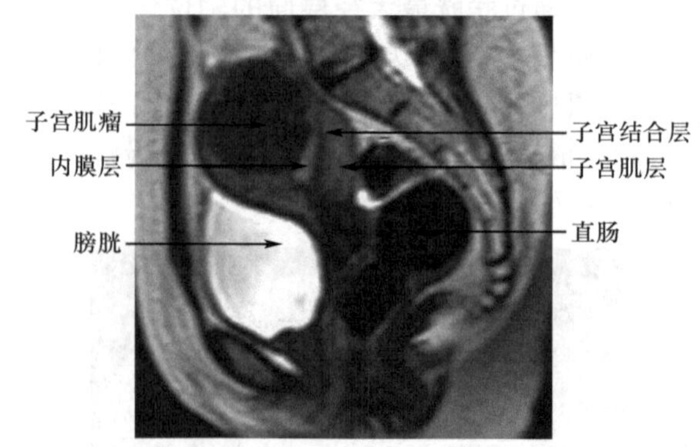

图 7-79　女性盆腔正中矢状位 T_2WI 像

2）**矢状位正中偏左 5cm**：T_1WI：卵巢为低信号（图 7-80）。T_2WI：卵巢间质稍低信号，卵泡为高信号（图 7-81）。

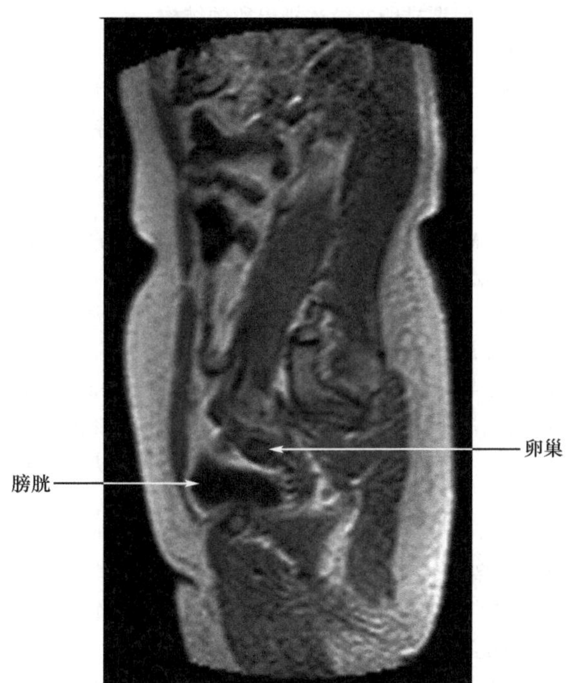

图 7-80 矢状位正中偏左 5cm T_1WI 像

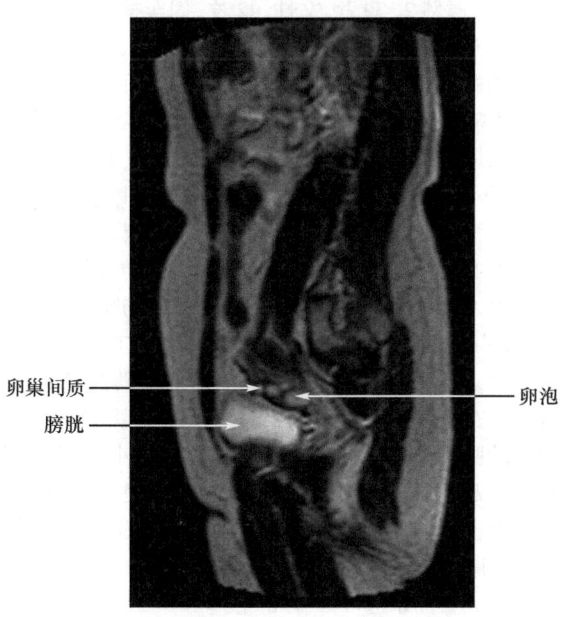

图 7-81 矢状位正中偏左 5cm T_2WI 像

（2）**女性盆腔轴位**

1）**子宫颈水平**：T_1WI：膀胱低信号，子宫颈中低信号，直肠低信号（图 7-82）。T_2WI：膀胱高信号，子宫颈内膜高信号，子宫颈肌层中低信号（图 7-83）。

2）**子宫体水平**：T_1WI：膀胱低信号，子宫体及卵巢中低信号（图 7-84）。T_2WI：膀胱高信号，子宫内膜高信号，子宫结合层低信号，子宫颈肌层中低信号。卵巢中卵泡为高信号，间质信号较低（图 7-85）。前倾位子宫，在一个层面可能见到子宫体和子宫颈部，在此平面，膀胱可能不显示，而位于其下方的层面。

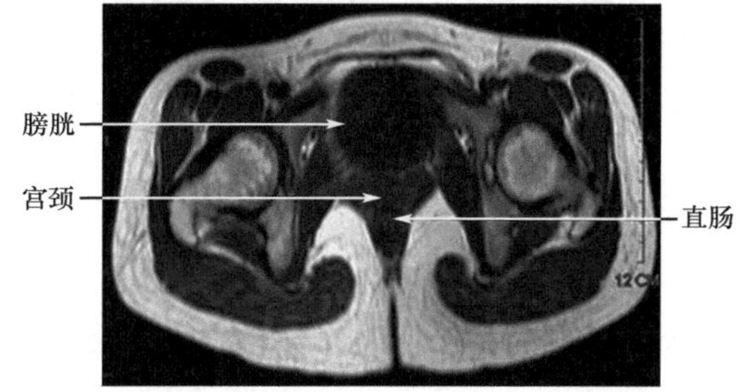

图 7-82 女性盆腔轴位子宫颈水平 T_1WI 像

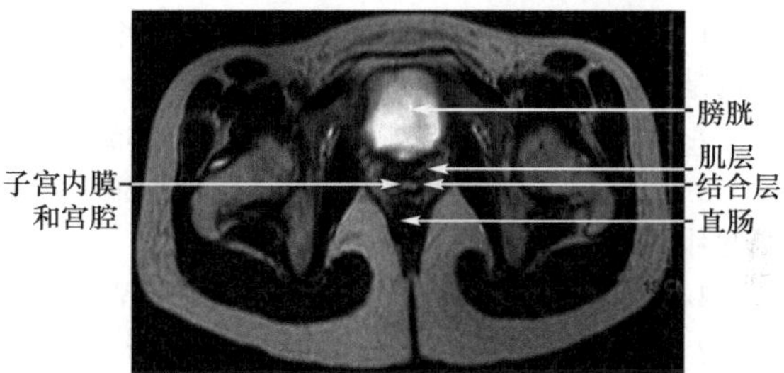

图 7-83 女性盆腔轴位子宫颈水平 T_2WI 像

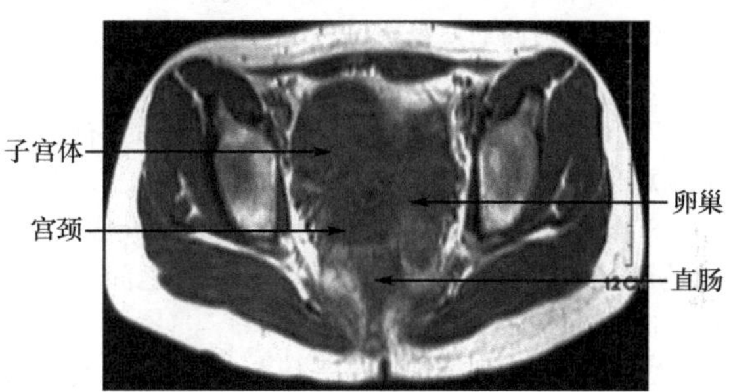

图 7-84 女性盆腔轴位子宫体水平 T_1WI

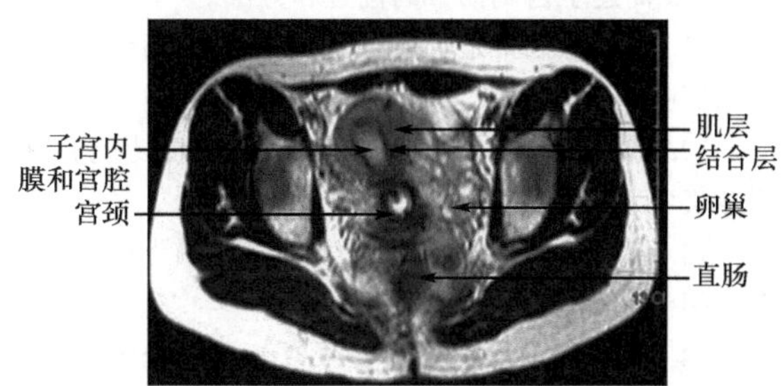

图 7-85 女性盆腔轴位子宫体水平 T_2WI 像

（3）**女性盆腔冠状位**：T_2WI：膀胱高信号，子宫内膜高信号，子宫结合层低信号，子宫颈肌层中低信号。卵巢中卵泡为高信号，间质信号较低（图 7-86）。

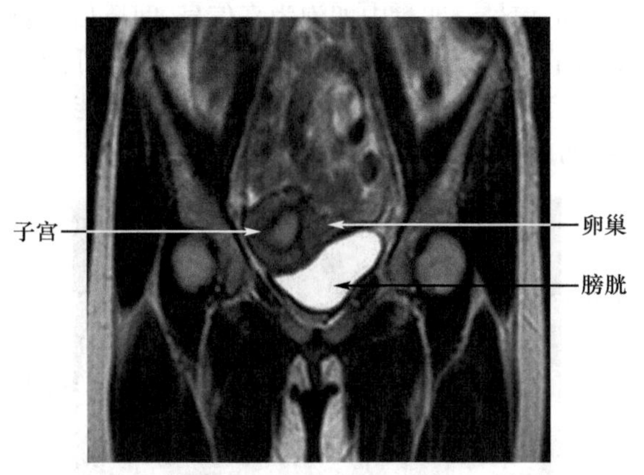

图 7-86 女性盆腔冠状位子宫体水平 T_2WI 像

复习思考题

1. 骨盆是由哪些骨构成的？连接骨盆各骨间的结构是什么？

2. 小骨盆的上口和下口各是由哪些结构组成的？

3. 组成盆膈的耻骨直肠肌的位置、起止部位对直肠起什么作用？有什么临床作用？

4. 闭孔动脉来源哪条动脉干？它的行程和分布范围？异常闭孔动脉是怎样形成的，向什么部位走行，有什么临床意义？

5. 直肠前面的毗邻的性别差异有什么临床意义？

6. 直肠内面的三条横襞各叫什么名称，距肛门的距离？

7. 膀胱三角在什么位置，是怎样组成的，有什么临床意义？

8. 输尿管在行程中，经过什么部位进入盆腔，两侧是否一致？在进入膀胱前，男性和女性之间有什么重要区别，有什么临床意义？

9. 输精管的精索部位位于什么部位，有什么临床意义？

10. 简述子宫阔韧带的位置和分部。

11. 卵巢悬韧带是临床上称谓的哪条韧带，韧带内都有哪些结构？

12. 输卵管分几部分，各部有什么生理功能和临床意义？

13. 齿状线是怎么形成的？齿状线上、下的血供、淋巴引流和神经分布有什么不同？

14. 尿道在什么部位破裂可渗至会阴浅隙，如不及时治疗，尿液可向什么部位漫延？

15. 会阴浅隙的位置、组成，浅隙内都有什么结构（男、女）？

16. 简述子宫壁的组织结构，比较月经周期增生期与分泌期子宫形态结构有何不同，分别受什么激素的影响？

17. 简述卵泡的发育过程。

18. 何谓排卵？简述排出卵的结构。

19. 何谓黄体？简述其构成及其功能。

20. 结合生精小管的结构简述精子的发生过程。

21. 简述睾丸间质细胞的形态结构特征及其功能。

22. 盆腔常用的影像学检查方法有哪些？

23. MRI 检查的 T_2WI 可以显示子宫壁的几个层次？每层信号如何？

24. 病历 1. 患者，男性，70 岁，进行性排尿困难 8 年，急性尿潴留 6 小时急诊入院。检查见腹下部膨胀，给予导尿后直肠指诊可触到增大的前列腺，其表面光滑，质韧，中间沟消失。X 线检查未发现膀胱内有结石。诊断为良性前列腺增生伴急性尿潴留。请问：

（1）前列腺增生为什么易引起进行性排尿困难及尿潴留？

（2）前列腺切除术常采用什么途径？作什么切口？需经哪些层次可暴露前列腺？

（3）前列腺切除术应注意勿损伤哪些结构？

（4）为什么经直肠指诊可触及前列腺？

25. 病例 2. 患者，女性，42 岁，因车祸急诊入院。检查见髋部及会阴部肿胀，皮下出现瘀斑，压痛明显；从双侧髂前上棘处对向挤压或向后分离骨盆均引起剧烈疼痛。患者脉搏快，处于轻度休克状态。插尿管导出大量血尿；X 线检查显示双侧耻骨支骨折；膀胱造影显示造影剂经膀胱上部外渗，但未见因造影剂显示的肠管。诊断为骨盆骨折合并膀胱破裂。请考虑：

手术修补破裂的膀胱应作什么切口？需经过哪些层次方可显露膀胱？术中应注意勿损伤哪些结构？

26. 病例 3. 患者，男性，32 岁，因施工时在钢梁上行走，不慎失足骑跨在钢梁上造成骑跨伤急诊入院。检查见患者面色苍白，出冷汗，脉搏快，细弱；会阴部肿胀，皮下血肿，瘀斑，阴囊，阴茎及小腹部亦出现肿胀及皮下淤血。患者排尿困难，尿道口有血滴，导尿管不能插入，X 线尿道造影显示造影剂自尿道外渗。诊断为尿道球部破裂。请问：

（1）男性尿道可分哪几部分？

（2）为什么骑跨伤会引起尿道球部破裂？

（3）尿道球部破裂尿液会渗到什么部位？为什么？

（4）手术修补破裂的尿道应作何切口？需经哪些层次方可显露尿道？

（5）术中应注意勿损伤哪些结构？

27. 病例 4. 患者，女性，32 岁，已婚 7 年，因下腹部急性腹痛入院。患者曾怀孕流产一次，此后未再孕。平时月经正常，这次已停经 8 周，3 小时前突觉下腹部撕裂样剧痛，呈持续性，伴恶心呕吐，肛门有坠胀感。检查见患者精神委靡，烦躁不安，四肢厥冷，全身出冷汗，脉搏快而细弱；全腹压痛、反跳痛，以下腹部为显著；阴道流血，后穹隆饱满，穿刺抽得血液，放置后不凝固。诊断为输卵管妊娠破裂，合并失血性休克。请问：

（1）试述输卵管妊娠破裂发生的机制。

（2）输卵管的分部及输卵管妊娠的好发部位有哪些？

（3）用所学知识解释该患者的症状与体征。

（4）若手术切除破裂的输卵管应作何切口？需经哪些层次方可显露输卵管？术中如何寻找、辨认输卵管？

（金大成　翟效月　王振宇　王　玉）

第8章 上 肢

由于人体直立，上肢与下肢相比，骨骼纤细轻巧，关节运动灵活，肌肉数量较多，肌形较小。

第1节 上肢骨和骨连结

一、上 肢 骨

上肢骨包括上肢带骨和自由上肢骨。

（一）上肢带骨

1. 锁骨（clavicle） 是呈"～"形弯曲的长骨，位于胸廓前上方皮下（图8-1）。内端粗大，为**胸骨端**，有关节面与胸骨柄相关节；外端扁平，为**肩峰端**，有关节面与肩胛骨肩峰相关节。内侧2/3凸向前，呈三棱棒形；外侧1/3凸向后，呈扁平形。锁骨将肩胛骨支撑于胸廓之外，利于上肢的灵活运动。锁骨骨折多在中、外1/3交界处。

2. 肩胛骨（scapula） 为三角形扁骨，贴于胸廓后外面，介于第2～7肋骨之间，分二面、三缘和三个角（图8-2）。腹侧面或肋面与胸廓相对，为一大浅窝，称**肩胛下窝**（subscapular fossa）。背侧面有一横嵴，称**肩胛冈**（spine of scapula）。冈上、下方的浅窝分别称**冈上窝**和**冈下窝**。肩胛冈向外侧延伸的扁平突起称**肩峰**（acromion），与锁骨外端相接。上缘短而薄，外侧份有肩胛切迹，更外侧有指状突起称**喙突**（coracoid process）。内侧缘薄而锐利，又称脊柱缘。外侧缘肥厚邻近腋窝，又称腋缘。上角为上缘与内侧缘会合处，平对第2肋。下角为内侧缘与外侧缘会合处，平对第7肋，为计数肋的标志。外侧角为上缘与外侧缘会合处，最肥厚，朝外侧方的梨形浅窝称**关节盂**（glenoid cavity），与肱骨头相关节。盂上下方各有一粗糙隆起，分别称**盂上结节**和**盂下结节**。

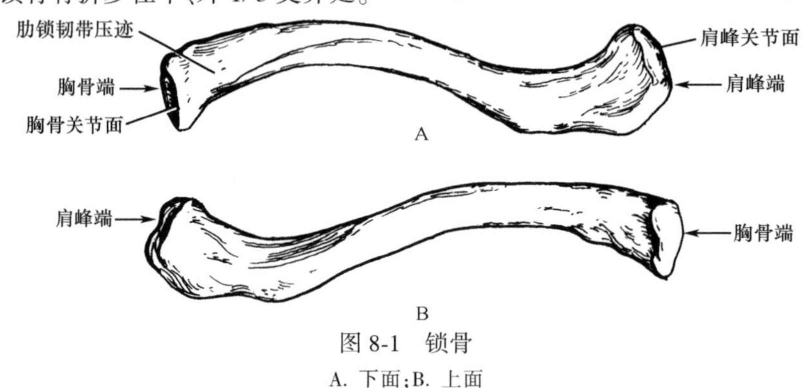

图8-1 锁骨

A. 下面；B. 上面

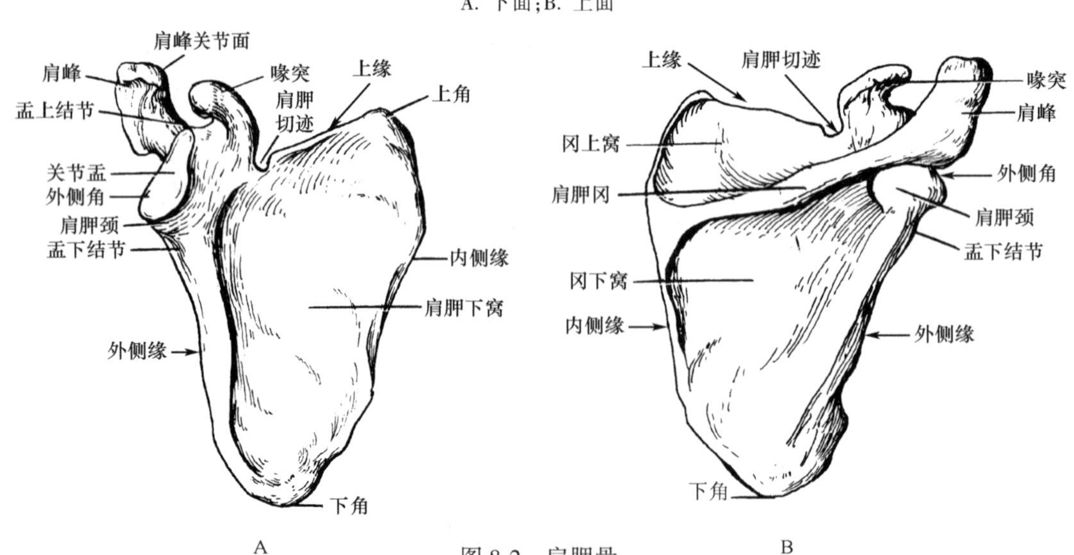

图8-2 肩胛骨

A. 前面；B. 后面

笔记栏

(二)自由上肢骨

1. 肱骨(humerus)　分一体及上、下两端(图 8-3)。

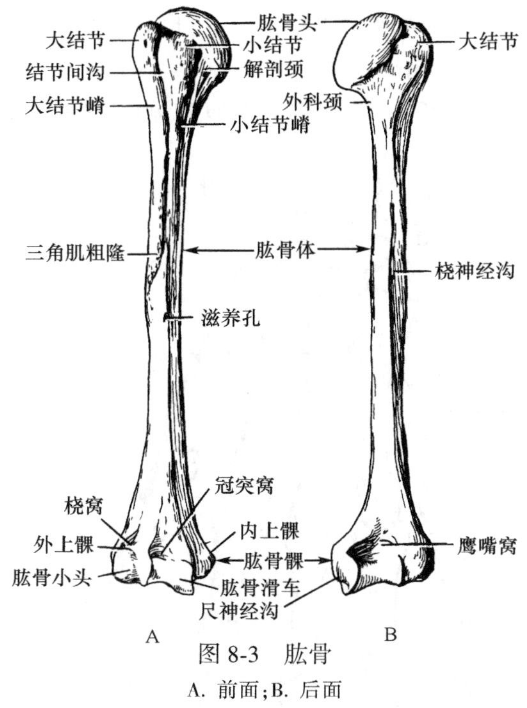

图 8-3　肱骨

A. 前面;B. 后面

上端有朝向上后内方半球形的**肱骨头**(head of humerus),与肩胛骨的关节盂相关节。头周围的环状浅沟称**解剖颈**(anatomical neck)。肱骨头的外侧和前方有隆起的**大结节**和**小结节**,各向下延伸一嵴,称大结节嵴和小结节嵴。两结节间有一纵沟,称**结节间沟**。上端与体交界处稍细,称**外科颈**(surgical neck)。

肱骨体中部外侧面有粗糙的**三角肌粗隆**。后面有一自内上斜向外下的浅沟,称**桡神经沟**(sulcus for radial nerve)。

下端较扁,外侧部前面有半球状的**肱骨小头**(capitulum of humerus),与桡骨相关节;内侧部有滑车状的**肱骨滑车**(trochlea of humerus),与尺骨形成关节。滑车与肱骨小头前面上方各有一窝,分别称**冠突窝**和桡窝;滑车后面上方有一窝,称**鹰嘴窝**,伸肘时容纳尺骨鹰嘴。下端两侧各有一突起,分别称**外上髁**(lateral epicondyle)和**内上髁**(medial epicondyle)。内上髁后方有一浅沟,称**尺神经沟**(sulcus for ulnar nerve),尺神经由此经过。

临床应用

肱骨上端的外科颈稍细,受暴力较易发生骨折。肱骨体中部桡神经沟处有桡神经和肱深动脉沿此沟经过,肱骨中部骨折易伤及桡神经。肱骨内、外上髁稍上方骨质较薄弱,受暴力可发生肱骨髁上骨折。尺神经沟有尺神经经过,内上髁骨折时常伤及尺神经。

2. 桡骨(radius)　位于前臂外侧,分一体两端(图 8-4)。上端膨大称**桡骨头**(head of radius),头上面的关节凹与肱骨小头相关节;内侧的**环状关节面**与尺骨相关节。头下方略细,称**桡骨颈**。颈内下方有突起的**桡骨粗隆**。桡骨体呈三棱柱形,内侧缘为薄锐的骨间缘。下端前凹后凸,外侧向下突出,称**茎突**(styloid process);内侧有关节面称尺切迹,与尺骨头相关节;下面有腕关节面与腕骨相关节。

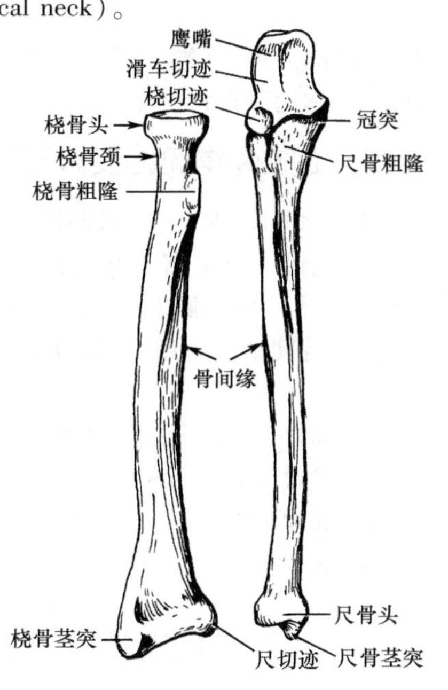

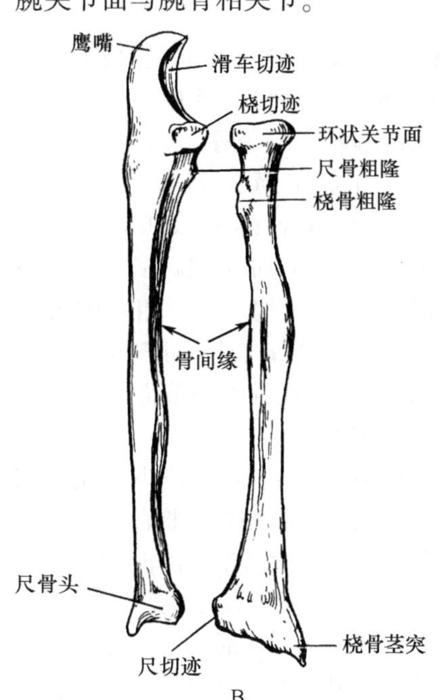

图 8-4　桡骨和尺骨

A. 桡骨、尺骨前面;B. 尺骨外侧面、桡骨后面

3. 尺骨(ulna)　居前臂内侧，分一体两端(图8-4)。上端粗大。前面有一半圆形深凹，称**滑车切迹**(trochlear notch)，与肱骨滑车相关节。切迹后上方的突起称**鹰嘴**(olecranon)，前下方的突起称**冠突**(coronoid process)。冠突外侧面有桡切迹，与桡骨头相关节；冠突下方的粗糙隆起，称**尺骨粗隆**(ulnar tuberosity)。尺骨体上段粗，下段细，外缘为锐利的骨间缘，与桡骨相对。下端为**尺骨头**(head of ulna)，其前、外、后有环状关节面与桡骨的尺切迹相关节，下面光滑，借三角形的关节盘与腕骨隔开。头后内侧的锥状突起，称**尺骨茎突**。正常情况下，尺骨茎突比桡骨茎突高约1cm。

4. 手骨　包括腕骨、掌骨和指骨(图8-5)。

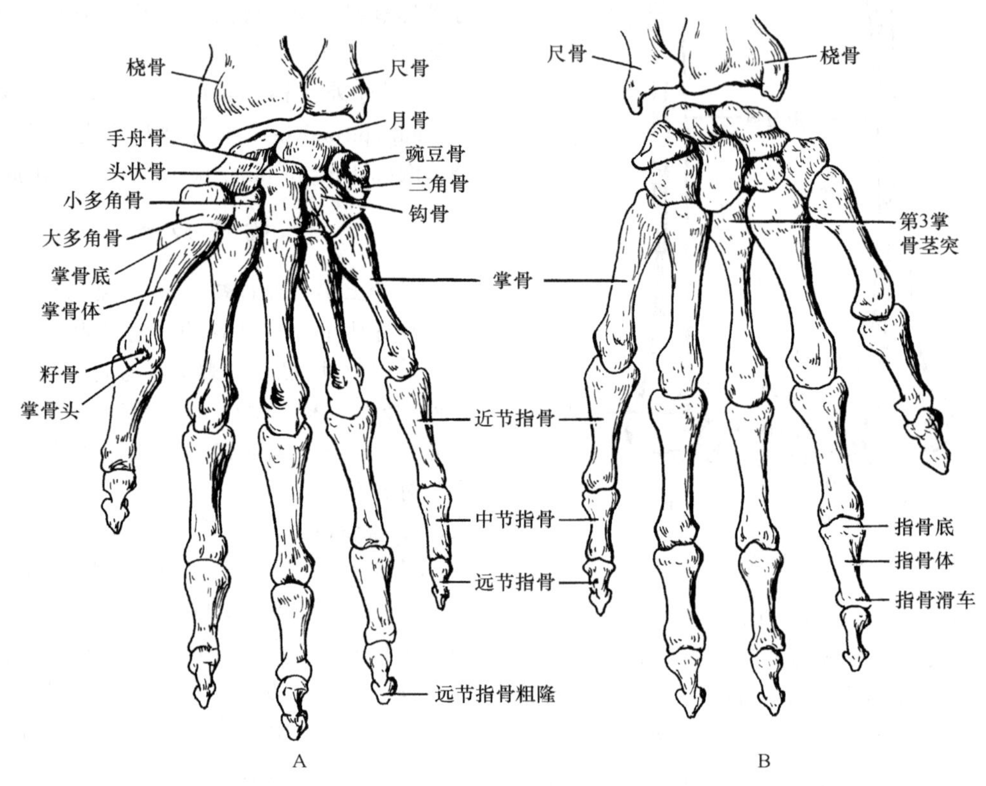

图8-5　手骨

A. 前面；B. 后面

(1) **腕骨**(carpal bones)：共8块，排成近远二列。由桡侧向尺侧，近侧列为：**手舟骨**(scaphoid bone)、**月骨**(lunate bone)、**三角骨**(triquetral bone)和**豌豆骨**(pisiform bone)；远侧列为：**大多角骨**(trapezium bone)、**小多角骨**(trapezoid bone)、**头状骨**(capitate bone)和**钩骨**(hamate bone)。8块腕骨构成一掌面凹陷的腕骨沟。各骨相邻的关节面，形成腕骨间关节。手舟骨、月骨和三角骨近端形成的椭圆形关节面，与桡骨腕关节面及尺骨下端的关节盘构成桡腕关节。

(2) **掌骨**(metacarpal bones)：共5块。由桡侧向尺侧，为第1~5掌骨。近端为底，接腕骨；中间部为体；远端为头，接指骨。第1掌骨最短而粗，其底有鞍状关节面，与大多角骨的鞍状关节面相关节。

(3) **指骨**(phalanges of fingers)：属长骨，共14块。拇指有2节，其余各指为3节，为近节指骨、中节指骨和远节指骨。每节指骨的近端为底，中间部为体，远端为滑车。远节指骨远端掌面粗糙，称远节指骨粗隆。

(三) 上肢骨常见的变异和畸形

1. 锁骨　可见先天性锁骨缺如。

2. 肱骨　冠突窝与鹰嘴窝之间出现穿孔，称滑车上孔。内上髁上方有时出现向下突起，称髁上突，借韧带连于内上髁，韧带若骨化则形成髁上孔。

3. 桡骨　可部分或全部缺如。

4. 尺骨　鹰嘴与尺骨干可不融合。

5. 腕骨　可出现二分舟骨。

6. 掌骨和指骨　可出现多指或并指。

二、上肢骨的连结

上肢骨的连结包括上肢带的连结和自由上

肢骨的连结。

(一)上肢带连结

1. 胸锁关节(sternoclavicular joint)　是上肢骨与躯干骨连结的惟一关节(图 8-6)。由锁骨的胸骨端与胸骨的锁切迹及第 1 肋软骨的上面构成,属于多轴关节。关节囊坚韧、周围被韧带增强。囊内有纤维软骨构成的关节盘,将关节腔分为外上和内下两部分,使关节的头和窝相适应。由于关节盘下缘附着于第 1 肋软骨,所以能阻止锁骨向内上方脱位。胸锁关节允许锁骨外侧端向前、向后运动 20°~30°,向上、向下运动约 60°,并绕冠状轴作微小的旋转和环转运动。胸锁关节的活动度虽小,但以此为支点,扩大了上肢的活动范围。

胸锁关节周围的囊外韧带主要有:①**胸锁前、后韧带**:位于胸锁关节囊的前、后方,从锁骨内侧端斜向内下,达胸骨柄,可防止关节前、后脱位。②**锁间韧带**:横越胸骨柄上缘,连结两侧锁骨,可防止锁骨过度下降。③**肋锁韧带**:起自锁骨胸骨端下面,止于第 1 肋,从下方加固关节囊。

2. 肩锁关节(acromioclavicular joint)　由锁骨的肩峰端与肩峰的关节面构成,属于平面关节,是肩胛骨活动的支点。关节的上方有肩锁韧带增强,关节囊和锁骨下面有坚强的喙锁韧带连于喙突。囊内有时也有关节盘存在,关节活动度小。

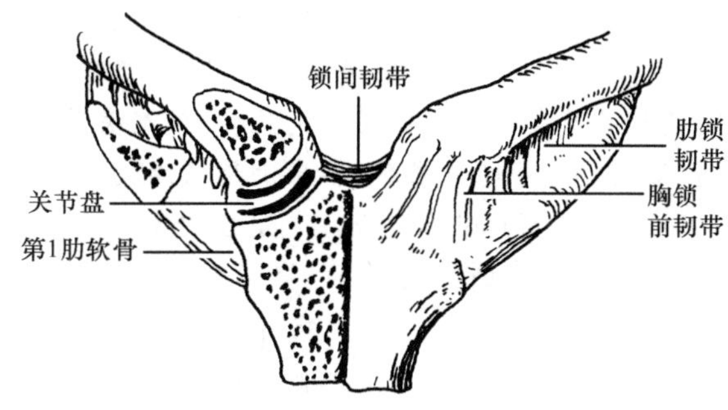

图 8-6　胸锁关节

3. 喙肩韧带(coracoacromial ligament)　为三角形的扁韧带(图 8-7),连于肩胛骨的喙突与肩峰之间,它与喙突、肩峰共同构成**喙肩弓**,架于肩关节上方,有防止肱骨头向上脱位的作用。

(二)自由上肢骨连结

1. 肩关节(shoulder joint)　是典型的球窝关节,由肱骨头与肩胛骨关节盂构成(图 8-7)。关节盂浅而小,虽然关节盂周缘有纤维软骨构成的盂唇,使之略为加深,但它仍仅容纳肱骨头的 1/4~1/3,因此,肩关节的运动幅度较大。

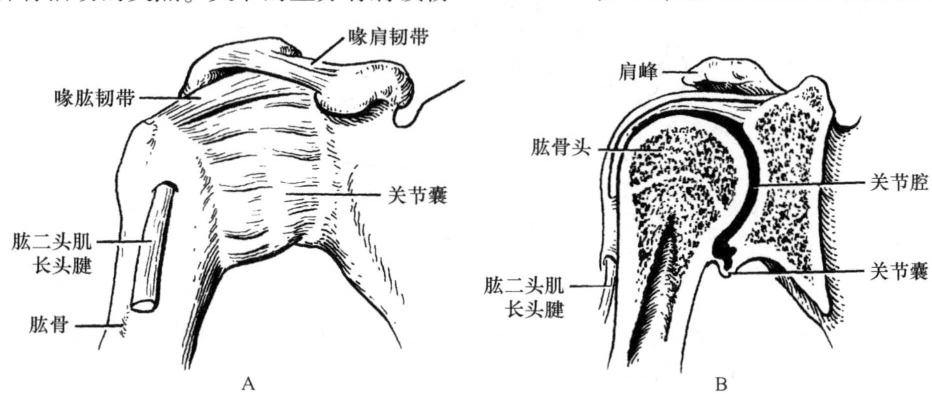

图 8-7　肩关节(右侧)

A. 前面;B. 冠状切面

关节囊薄而松弛,其肩胛骨端附着于关节盂周缘,肱骨端附着于肱骨解剖颈,其内侧可达外科颈。某些部位的滑膜层形成滑液鞘或滑膜囊,利于肌腱的活动。肱二头肌长头腱起于盂上结节,行于关节囊内,在结节间滑液鞘内,经结节间沟出关节囊。

关节囊的韧带少且弱。囊的上壁有**喙肱韧带**,连接喙突至肱骨大结节,部分纤维编织于关节囊的纤维层。囊的前壁和后壁也有数条肌腱的纤维编入,以增加关节的稳固性。

肩关节为全身最灵活的关节,可作三轴运动:即冠状轴上的屈、伸,矢状轴上的收、展,垂直轴上的旋内、旋外及环转运动。臂外展超过 40°~60°时,常伴随胸锁与肩锁关节的运动及肩胛骨的旋转运动,继续抬高至 180°。

临床应用

肩关节运动灵活,范围广,是人体易发生脱位的关节之一,肩关节前部、后部及上部有韧带和肌肉加强,其下部没有肌腱和韧带保护,相对薄弱。当上肢极度外展时，肱骨头易从下壁脱出，发生前下方脱位。肩关节周围的肌、肌腱、滑膜囊和关节囊等软组织发生炎症，导致肩关节疼痛，活动受限等临床表现，临床上称肩周炎。

2. 肘关节（elbow joint） 是由肱骨下端与尺、桡骨上端构成的复关节（图 8-8），包括三个关节：①**肱尺关节**（humeroulnar joint）：由肱骨滑车和尺骨滑车切迹构成。②**肱桡关节**（humeroradial joint）：由肱骨小头和桡骨头的关节凹构成。③**桡尺近侧关节**（proximal radioulnar joint）：由桡骨环状关节面和尺骨桡切迹构成。

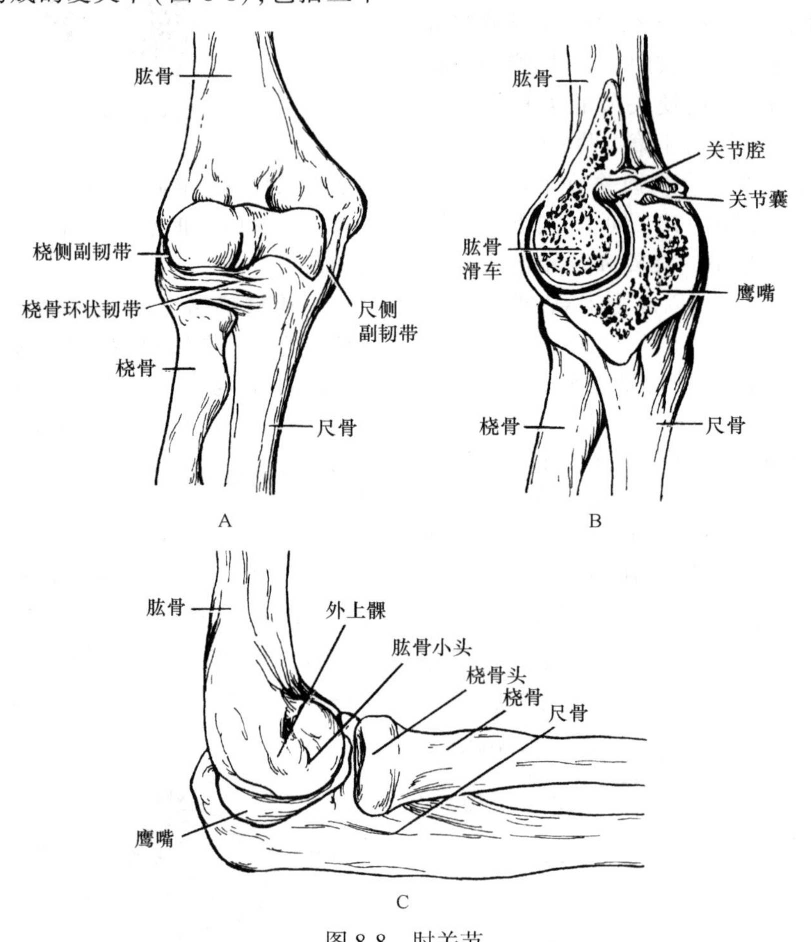

图 8-8 肘关节

A. 前面；B. 矢状切面；C. 外侧面

上述 3 个关节包在一个关节囊内。囊的近侧端分别附着于肱骨冠突窝、桡窝和鹰嘴窝的上缘及肱骨滑车内侧和肱骨小头外侧；囊的远侧端附着于尺骨滑车切迹关节面周缘和桡骨环状韧带。

肘关节的韧带有：①**桡侧副韧带**（radial collateral ligament）：位于囊的桡侧，由肱骨外上髁向下扩展，止于桡骨环状韧带。②**尺侧副韧带**（ulnar collateral ligament）：位于囊的尺侧，由肱骨内上髁向下呈扇形扩展，止于尺骨滑车切迹内侧缘。③**桡骨环状韧带**（annular ligament of radius）：位于桡骨环状关节面的周围，两端附着于尺骨桡切迹的前、后缘，与尺骨桡切迹共同构成一个上口大下口小的骨纤维环，容纳桡骨头，防止桡骨头脱出。

肘关节伸直时，肱骨内、外上髁和尺骨鹰嘴位于一条直线上；肘关节屈曲 90°时，三者形成一等腰三角形。

肱骨滑车的内侧缘向前下突出，超过外侧缘约 6mm，伸前臂时，前臂偏向外侧，与臂形成向外侧开放的 165°～170°角，称提携角，其补角为 10°～15°。

肘关节的运动以肱尺关节为主，肱尺关节属滑车关节，主要作冠状轴上的屈、伸运动，屈伸范围可达 140°。肱桡关节虽属球窝关节，但因受肱尺关节的限制，只能作屈、伸和旋前、旋后运动。桡尺近侧关节属车轴关节，与桡尺远侧关节联合，使前臂旋前和旋后。

临床应用

肘关节囊两侧壁厚而紧张，并有韧带加强。

前、后壁薄而松弛，囊的后壁最薄弱，常见桡、尺二骨向后脱位，移向肱骨的后上方，形成肘关节后脱位。此时，鹰嘴向后上移位，肱骨内、外上髁和尺骨鹰嘴三点位置关系发生改变。

幼儿4岁以前，桡骨头尚在发育之中，环状韧带松弛，因此在肘关节伸直位猛力牵拉前臂时，桡骨头被环状韧带卡住，有时部分环状韧带夹在肱桡关节之间，发生桡骨小头半脱位。

提携角是人类长期进化过程中逐渐形成的，可减小提物时的力臂，减轻疲劳。女性及儿童相对较小。提携角补角大于20°为肘外翻；0°～10°为直肘；小于0°～10°为肘内翻。

肘关节前方和内侧有血管神经经过，临床上肘关节的穿刺和手术入路多在后方进行。

3. 桡尺连结 桡、尺骨借桡尺近侧关节、桡尺远侧关节和前臂骨间膜相连(图8-9)。

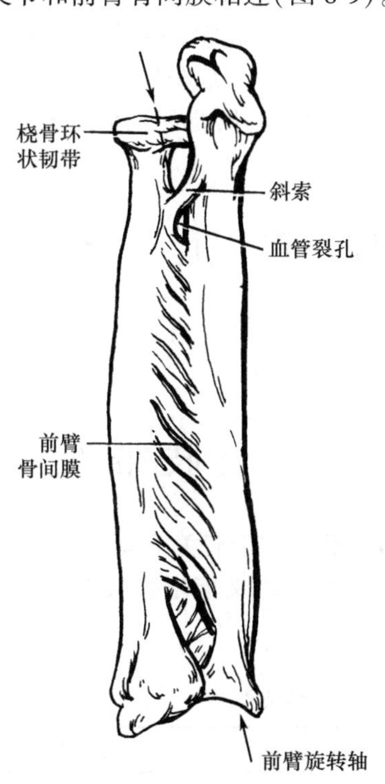

图8-9 前臂骨的连结

(1) **前臂骨间膜**：连结于尺骨和桡骨的骨间缘之间，是一坚韧的纤维膜，纤维的方向从桡骨斜向下内达尺骨。

(2) **桡尺近侧关节**：见肘关节。

(3) **桡尺远侧关节**：由尺骨头环状关节面构成关节头，桡骨的尺切迹及自其下缘至尺骨茎突根部的关节盘共同构成关节窝。关节盘为一三角形纤维软骨板，将尺骨头与腕骨隔开。关节囊松弛，附着于关节面和关节盘周缘。

桡尺近侧和远侧关节是联动关节，前臂可作旋转运动，其旋转轴为通过桡骨头中心至尺骨头中心的连线。运动时，桡骨头在原位自转，而桡骨下端连同关节盘围绕尺骨头旋转，实际上只是桡骨作旋转运动。当桡骨转至尺骨前方并与之相交叉时，手背向前，称为旋前。与此相反，当桡骨转回到尺骨外侧，称为旋后。旋前、旋后运动的总幅度可达180°，臂伸直连同肩关节旋转时，运动范围可达360°。

临床应用

当前臂处于旋前或旋后位时，骨间膜松弛；前臂处于半旋前位时，骨间膜最紧张，骨间膜达到最大宽度。因此，处理前臂骨折时，应将前臂固定于半旋前位，以防骨间膜挛缩，愈后影响前臂的旋转功能。

4. 手关节(joints of hand) 包括桡腕关节、腕骨间关节、腕掌关节、掌骨间关节、掌指关节和手指间关节(图8-10)。

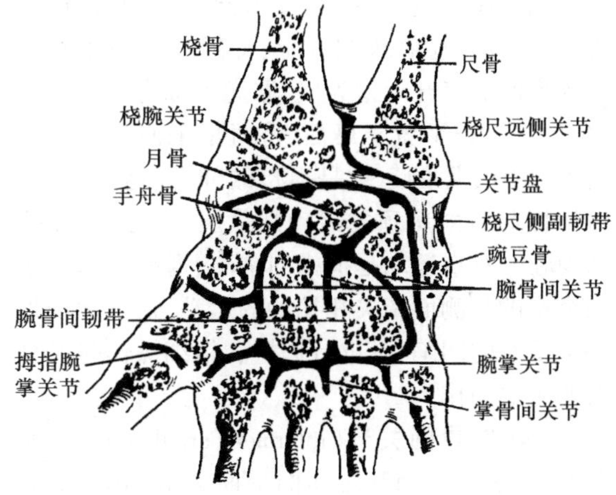

图8-10 手关节(冠状切面)

(1) **桡腕关节**(radiocarpal joint)：又称**腕关节**(wrist joint)，是典型的椭圆关节，由桡骨的腕关节面和尺骨头下方的关节盘构成关节窝，手舟骨、月骨和三角骨的近侧关节面构成关节头。关节囊松弛，关节腔宽广，关节的前、后、两侧均有韧带加强，其中掌侧韧带较坚韧，因而腕后伸运动受限。桡腕关节可作屈、伸、展、收及环转运动。

临床应用

正常腕关节的活动主要通过桡腕关节。舟骨骨折后，腕骨间关节的活动就改为通过舟骨骨折线的活动，舟骨骨折线所受剪力很大，加上舟骨本身血运不佳，是造成舟骨骨折后不易愈合的原因。

（2）**腕骨间关节**（intercarpal joint）：为相邻各腕骨之间构成的关节，可分为**近侧列腕骨间关节**、**远侧列腕骨间关节**和两列腕骨之间的**腕中关节**。各骨间借韧带连结成一整体，各关节腔彼此相通，只能作轻微的滑动和转动，属微动关节。腕骨间关节常和桡腕关节联合运动。

（3）**腕掌关节**（carpometacarpal joints）：由远侧列腕骨与5个掌骨底构成。除拇指和小指的腕掌关节外，其余各指的腕掌关节运动范围极小。

拇指腕掌关节（carpometacarpal joint of thumb）：由大多角骨与第1掌骨底构成，是典型的鞍状关节，为人类及灵长目动物所特有。关节囊松弛，可作屈、伸、收、展、环转和对掌运动。由于第1掌骨的位置向内侧旋转了近90°，故拇指的屈、伸运动发生在冠状面上，即拇指在手掌平面上向示指靠拢为屈，离开示指为伸；而拇指的收、展运动发生在矢状面上，即拇指在与手掌垂直的平面上离开示指为展，靠拢示指为收。换言之，如以手背平置于桌面，将拇指来回沿桌面伸向外侧并复原的运动是拇指的伸、屈运动；如将拇指提起对向房顶的运动则是展，反之，复原位则为收。对掌运动是拇指向掌心，拇指尖与其余四个指的掌侧面指尖相接触的运动，这一运动加深了手掌的凹陷，是进行握持和精细操作时所必需的主要动作。

（4）**掌骨间关节**（intermetacarpal joints）：是第2~5掌骨底相互之间的平面关节，其关节腔与腕掌关节腔交通。

（5）**掌指关节**（metacarpophalangeal joints）：共5个，由掌骨头与近节指骨底构成。关节囊薄而松弛，其前、后有韧带增强，前面有掌侧韧带，较坚韧，并含有纤维软骨板；囊两侧有侧副韧带，从掌骨头两侧延向远侧附于指骨底两侧，此韧带在屈指时紧张，伸指时松弛。当指处于伸位时，掌指关节可作屈、伸、收、展及环转运动，旋转运动因受韧带限制，幅度甚微。当掌指关节处于屈位时，因掌骨头前面的关节面不是球形的，同时侧副韧带特别紧张，仅允许作屈伸运动。手指的收展是以通过中指的正中线为准，向中线靠拢为收，远离中线的运动是展。握拳时，掌指关节显露于手背的凸出处是掌骨头。

（6）**指骨间关节**（interphalangeal joints）：共9个，由各指相邻两节指骨的底与滑车构成，属典型的滑车关节。除拇指外，各指均有近侧和远侧两个手指间关节。关节囊松弛，两侧有韧带加强，只能作屈、伸运动，指屈曲时，指背凸出的部分是指骨滑车。

第2节　上　肢　肌

上肢肌可按部位分为上肢带肌、臂肌、前臂肌和手肌。

一、上肢带肌

上肢带肌配布于肩关节周围，均起自上肢带骨，能运动肩关节，又能增强关节的稳固性（图8-11，表8-1）。

表8-1　上肢带肌的名称、起止点、作用和神经支配

<table>
<tr><th>肌名称</th><th>起点</th><th colspan="2">止点</th><th>作用</th><th>神经支配</th></tr>
<tr><td>三角肌</td><td>锁骨外方，肩峰及肩胛冈</td><td colspan="2">肱骨三角肌粗隆</td><td>上臂外展、前屈、旋内、后伸和旋外</td><td>腋神经</td></tr>
<tr><td>冈上肌</td><td>冈上窝</td><td rowspan="3">肱骨大结节</td><td>上部</td><td>上臂外展</td><td rowspan="2">肩胛上神经</td></tr>
<tr><td>冈下肌</td><td>冈下窝</td><td>中部</td><td>上臂旋外</td></tr>
<tr><td>小圆肌</td><td>冈下窝下部</td><td>下部</td><td>上臂后伸</td><td>腋神经</td></tr>
<tr><td>大圆肌</td><td>肩胛骨下角背面</td><td colspan="2">肱骨小结节嵴</td><td>上臂内收、旋内、后伸</td><td rowspan="2">肩胛下神经</td></tr>
<tr><td>肩胛下肌</td><td>肩胛下窝</td><td colspan="2">肱骨小结节</td><td>上臂内收和旋内</td></tr>
</table>

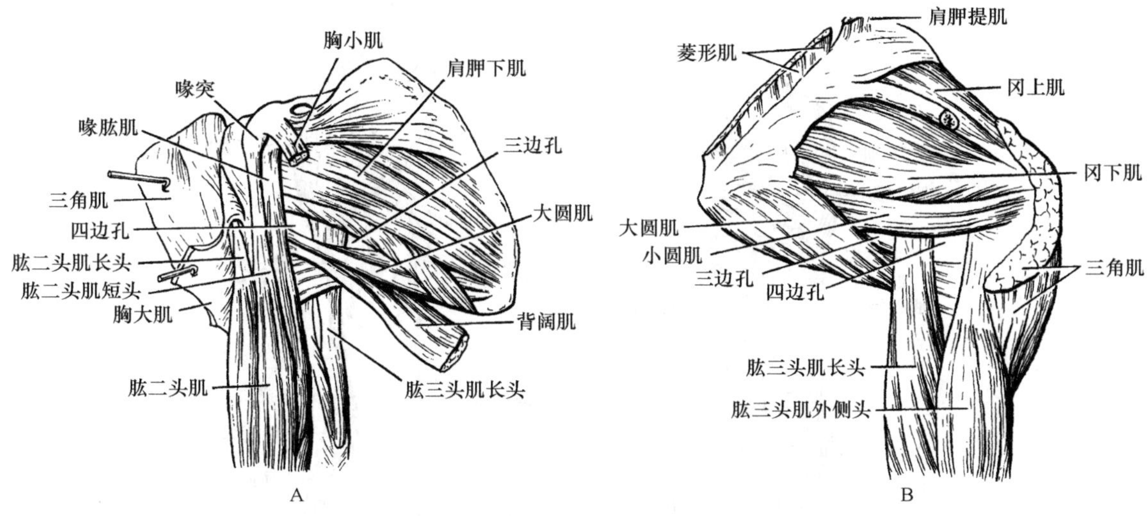

图 8-11　上肢带肌

A. 前面;B. 后面

三角肌(deltoid):位于肩部,呈三角形。起自锁骨的外侧段、肩峰和肩胛冈,肌束从前、外、后包裹肩关节,逐渐向外下方集中,止于肱骨体外侧的三角肌粗隆。肩部由于三角肌的覆盖呈圆隆状,腋神经受损可致该肌瘫痪萎缩,使肩峰突出于皮下。作用:使上臂外展。三角肌的前部肌束可以使上臂屈和旋内,而后部肌束相反,能使上臂伸和旋外。

冈上肌(supraspinatus):位于斜方肌深面,起自肩胛骨的冈上窝,肌束向外经肩峰和喙肩韧带的下方,跨越肩关节,止于肱骨大结节的上部。作用:使上臂外展。

冈下肌(infraspinatus):位于冈下窝内,一部分被三角肌和斜方肌覆盖。起自冈下窝,肌束向外经肩关节后面,止于肱骨大结节的中部。作用:使上臂旋外。

小圆肌(teres minor):位于冈下肌的下方,起自肩胛骨外侧缘上 2/3 的背侧面,止于肱骨大结节的下部。作用:使上臂旋外。

大圆肌(teres major):位于小圆肌的下方,其下缘被背阔肌包绕。起自肩胛骨下角的背侧面,肌束向上外方,经肱三头肌长头前面止于肱骨小结节嵴。作用:使上臂内收和旋内。

肩胛下肌(subscapularis):起自肩胛下窝,扁而广阔,肌束向上外经肩关节的前方,止于肱骨小结节。作用:使上臂内收和旋内。

肩胛下肌、冈上肌、冈下肌和小圆肌在经过肩关节的前方、上方和后方时,与关节囊紧贴,相互交织,形成**肌腱袖**,对维持肩关节稳定和活动起重要作用。

临床应用

肌腱袖常见的损伤为冈上肌腱退行性变或冈上肌腱断裂,往往伴有肱二头肌腱损伤,称为肩袖损伤,引起肩部疼痛及活动受限。

二、臂　　肌

臂肌覆盖肱骨,形成前、后两群(图 8-12,表 8-2),以内侧和外侧两个肌间隔相隔。前群为屈肌,后群为伸肌。

表 8-2　臂肌的位置、名称、起止点、作用和神经支配

位置		肌名称	起点	止点	作用	神经支配
前群	浅层	肱二头肌	长头:肩胛骨盂上结节 短头:肩胛骨喙突	桡骨粗隆	屈肘协助屈臂;当前臂处于旋前位时,能使前臂旋后	肌皮神经
	深层	喙肱肌	肩胛骨喙突	肱骨中部内侧	屈肩及上臂内收	
		肱肌	肱骨下半前面	尺骨粗隆	屈肘	
后群		肱三头肌	长头:肩胛骨盂下结节 外侧头:肱骨后面的桡神经沟的外上方 内侧头:桡神经沟内下方的骨面	尺骨鹰嘴	伸肘 助肩关节后伸及内收(长头)	桡神经

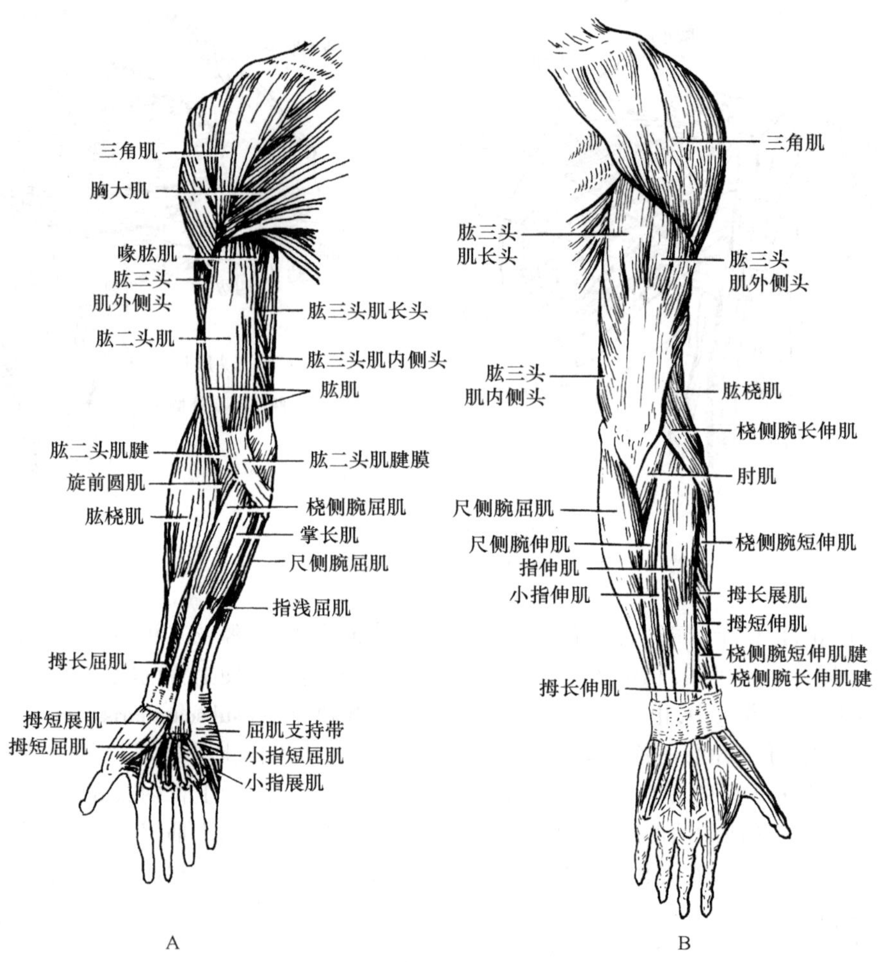

图 8-12　上肢浅层肌

A. 前面；B. 后面

（一）前群

前群包括浅层的肱二头肌和深层的肱肌和喙肱肌。

肱二头肌（biceps brachii）呈梭形，起端有两个头，长头以长腱起自肩胛骨盂上结节，通过肩关节囊，经结节间沟下降；短头在内侧，起自肩胛骨喙突。两头在臂的下部合并成一个肌腹，并以一个腱止于桡骨粗隆。作用：屈肘关节；当前臂处于旋前位时，能使其旋后；还能协助屈上臂。

喙肱肌（coracobrachialis）起自肩胛骨喙突，在肱二头肌短头的后内方，止于肱骨中部的内侧。作用：协助上臂前屈和内收。

肱肌（brachialis）位于肱二头肌下半部深面，起自肱骨下半的前面，止于尺骨粗隆。作用：屈肘关节。

（二）后群

肱三头肌（triceps brachii）起端有三个头，长头以长腱起自肩胛骨盂下结节，向下行经大、小圆肌之间；外侧头起自肱骨后面桡神经沟的外上方的骨面；内侧头起自桡神经沟下方的骨面。三个头向下会合以一个坚韧的腱止于尺骨鹰嘴。作用：伸肘关节。长头还可使上臂后伸和内收。

三、前　臂　肌

前臂肌位于尺、桡骨的周围，分为前、后两群（表 8-3），大多数是长肌，肌腹位于近侧，细长的腱位于远侧，所以前臂的上半部膨隆，而下半部逐渐变细。

表 8-3　前臂肌的位置、名称、起止点、作用和神经支配

位置		肌名称	起点	止点	作用	神经支配
前臂前群	第一层	肱桡肌	肱骨外上髁上方	桡骨茎突	屈肘	桡神经
		旋前圆肌	肱骨内上髁 前臂深筋膜	桡骨外侧面中部	屈肘，前臂旋前	正中神经
		桡侧腕屈肌		第 2 掌骨底	屈肘，屈腕，腕外展	
		掌长肌		掌腱膜	屈腕，紧张掌腱膜	
		尺侧腕屈肌		豌豆骨	屈腕，腕内收	尺神经
	第二层	指浅屈肌	肱骨内上髁，尺桡骨前面	第2～5 指的中节指骨体的两侧	屈肘，屈腕，屈掌指关节和近侧指间关节	正中神经
	第三层	指深屈肌	桡、尺骨上端的前面和骨间膜	第 2～5 指的远节指骨底	屈腕，屈第 2～5 指间关节和掌指关节	正中神经和尺神经
		拇长屈肌		拇指远节指骨底	屈腕，屈拇指的掌指和指间关节	正中神经
	第四层	旋前方肌	尺骨远侧端	桡骨远端	前臂旋前	正中神经
前臂后群	浅层	桡侧腕长伸肌	肱骨外上髁	第 2 掌骨底背面	伸腕腕外展	桡神经
		桡侧腕短伸肌		第 3 掌骨底背面		
		指伸肌		第2～5 指的指背腱膜（中远节指骨底背面）	伸肘、伸腕，伸指	
		小指伸肌		小指指背腱膜	伸小指	
		尺侧腕伸肌		第 5 掌骨底背面	伸腕，腕内收	
	深层	旋后肌	肱骨外上髁和尺骨外侧缘的上部	桡骨前面上部	前臂旋后，伸肘	桡神经
		拇长展肌	桡、尺骨后面及骨间膜的背面	第 1 掌骨底	外展拇指和手	
		拇短伸肌		拇指近节指骨底	伸拇指 助手外展	
		拇长伸肌		拇指远节指骨底		
		示指伸肌		示指的指背腱膜	伸腕，伸示指掌指关节及指间关节	

（一）前群

前群位于前臂的前面和内侧面，包括屈肘、屈腕和收展腕、屈指以及前臂旋前的肌，共 9 块，分四层排列（图 8-12、图 8-13）。

1. 浅层　第一层有 5 块肌，自桡侧向尺侧依次为**肱桡肌**（brachioradialis）、**旋前圆肌**（pronator teres）、**桡侧腕屈肌**（flexor carpi radialis）、**掌长肌**（palmaris longus）和**尺侧腕屈肌**（flexor carpi ulnaris）。肱桡肌起自肱骨外上髁的上方，向下止于桡骨茎突，作用为屈肘关节。其他四肌共同以**屈肌总腱**起自肱骨内上髁和前臂深筋膜。其中旋前圆肌止于桡骨外侧面的中部，作用为屈肘关节和使前臂旋前。桡侧腕屈肌以长腱止于第 2 掌骨底，作用为屈肘、屈腕和使桡腕关节外展。掌长肌的肌腹很小而腱细长，连于掌腱膜，作用为屈腕和紧张掌腱膜。尺侧腕屈肌止于豌豆骨，作用为屈腕和使桡腕关节内收。

临床应用

肱桡肌位置表浅，有较恒定的血供和神经支配，切除后可由其他协同肌代偿而不影响前臂功能，为良好的移植肌瓣供体。

掌长肌腱长，位置表浅，切取后无明显的功能障碍，是临床最常用的肌腱移植供体。

2. 第二层　只有 1 块肌，即**指浅屈肌**（flexor digitorum superficialis）。肌的上端为浅层肌所覆盖。起自肱骨内上髁、尺骨和桡骨前面。肌束往下移行为四条肌腱，通过腕管和手掌，分别进入第 2～5 指的屈肌腱鞘。每一个腱在近节指骨中部分为二脚，止于中节指骨体的两侧。作用：屈近侧指间关节、屈掌指关节、屈腕和屈肘。

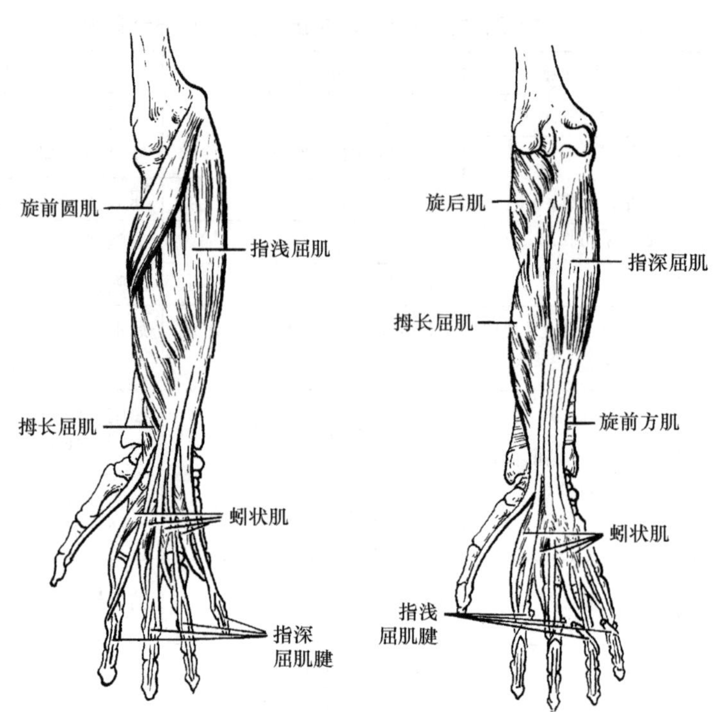

图 8-13　前臂前群深层肌

3. 第三层　有两块肌，位于桡侧的**拇长屈肌**（flexor pollicis longus）和位于尺侧的**指深屈肌**（flexor digitorum profundus）。两肌起自桡、尺骨的上端前面和骨间膜。拇长屈肌止于拇指远节指骨底，作用为屈拇指指间关节和掌指关节。指深屈肌向下分成四个腱，经腕管入手掌，在指浅屈肌腱的深面分别进入第 2～5 指的屈肌腱鞘，在鞘内穿经指浅屈肌腱二脚之间，止于远节指骨底。作用为屈第 2～5 指的远侧指间关节、近侧指间关节、掌指关节和屈腕。

4. 第四层　为**旋前方肌**（pronator quadratus），是扁平的方形小肌，贴在桡、尺骨远端的前面，起自尺骨，止于桡骨，作用为使前臂旋前。

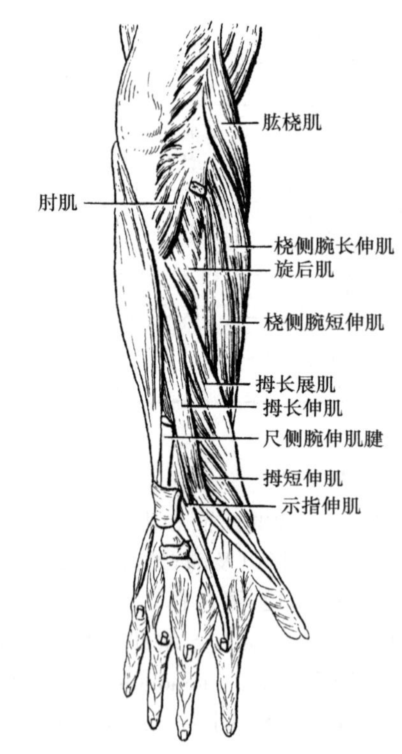

图 8-14　前臂后群深层肌

（二）后群

后群位于前臂后面，为伸腕、伸指、收展腕和前臂旋后的肌，也分为浅、深两层（图 8-12、图 8-14）。

1. 浅层　有 5 块肌，自桡侧向尺侧依次为**桡侧腕长伸肌**（extensor carpi radialis longus）、**桡侧腕短伸肌**（extensor carpi radialis brevis）、**指伸肌**（extensor digitorum）、**小指伸肌**（extensor digiti minimi）和**尺侧腕伸肌**（extensor carpi ulnaris），这 5 块浅层肌以一个共同的伸肌总腱起自肱骨外上髁。桡侧腕长伸肌和腕短伸肌向下移行于长腱，分别止于第 2、第 3 掌骨底，作用主要为伸腕和腕外展。指伸肌向下分为四条肌腱，经手背，分别到第 2～5 指。在手背远侧部，掌骨头附近，四条腱之间有腱间结合相连，各腱越过掌骨头，向两侧扩展为包绕掌骨头和近节指骨背面的腱膜，称**指背腱膜**。它向远侧分为三束，分别止于中节和远节指骨底，作用为伸指和伸腕，还可协助伸肘。小指伸肌是一条细长的肌，长腱经手背

到小指，止于指背腱膜，作用为伸小指。尺侧腕伸肌止于第5掌骨底，作用为伸腕，使腕内收。

临床应用

起自肱骨外上髁伸肌总腱的肌肉反复牵拉，在肌肉附着处导致损伤性肌腱炎及筋膜炎，使附近的小血管、神经受到卡压，产生肘部外髁部至前臂的放射性疼痛，影响前臂功能，称为肱骨外上髁炎，俗称“网球肘”。

2. 深层 也有5块肌，一块位于前臂后面的近侧部，位置较深，称**旋后肌**（supinator），起自肱骨外上髁和尺骨外侧缘上部，肌束向外下，止于桡骨上部前面。另四块肌位于此肌下方，自桡侧向尺侧依次为**拇长展肌**（abductor pollicis longus）、**拇短伸肌**（extensor pollicis brevis）、**拇长伸肌**（extensor pollicis longus）和**示指伸肌**（extensor indicis），它们均起自桡骨、尺骨的后面及骨间膜。拇长展肌止于第一掌骨底，拇短伸肌止于拇指近节指骨底，拇长伸肌止于拇指远节指骨底，示指伸肌止于示指的指背腱膜。以上各肌，可按其命名，知其作用。

临床应用

指伸肌腱断裂，各关节呈屈曲状态，中间束断裂近侧指关节不能伸直，两条侧束断裂，远侧指关节不能伸直。

由于小指有两条伸肌腱，因此小指伸肌腱常被用作肌腱移植的供体。示指伸肌具有独立的伸示指功能，该肌腱转位可用来替代瘫痪或损伤的拇长伸肌。

四、手　肌

活动手指的肌，除来自前臂的长腱以外，还有很多短小的手肌，这些手肌全部集中在手的掌侧，可分为外侧、中间和内侧三群（图8-15，表8-4）。

表8-4　手肌的位置、名称、起止点、作用和神经支配

位置		肌名称	起点	止点	作用	神经支配
外侧群	浅层	拇短展肌	屈肌支持带和舟骨	拇指近节指骨底	外展拇指	正中神经
		拇短屈肌	屈肌支持带和大多角骨		屈拇指近节指骨	
	深层	拇对掌肌		第一掌骨掌侧面外侧部	使拇指对掌	
		拇收肌	屈肌支持带，头状骨，第2、3掌骨	拇指近节指骨底	内收拇指和屈拇指近节指骨	尺神经
中间群		蚓状肌（4块）	各指深屈肌腱桡侧	第2～5指的指背腱膜	屈第2～5指的掌指关节和伸指间关节	正中神经 尺神经
		骨间掌侧肌（3块）	第2掌骨的内侧，第4、5掌骨的外侧面	分别止于第2、4、5指的近节指骨底和指背腱膜	使第2、4、5指内收并屈掌指关节，伸指间关节	尺神经
		骨间背侧肌（4块）	各掌骨间隙，以二头起自掌骨的相对侧	分别止于第2～4指的近节指骨底和指背腱膜	以中指为中轴使第2、4指外展、屈掌指关节和伸指间关节	
内侧群	浅层	小指展肌	豌豆骨和屈肌支持带	小指近节指骨底	外展小指和屈小指近节指骨	
		小指短屈肌	钩骨和屈肌支持带	小指近节指骨底	屈小指近节指南	
	深层	小指对掌肌	钩骨和屈肌支持带	第5掌骨内侧缘	使小指对掌	

（一）外侧群

较为发达，在手掌拇指侧形成一隆起，称**鱼际**（thenar），有4块肌，分浅、深两层排列。

1. 拇短展肌（abductor pollicis brevis）　位于浅层外侧。

2. 拇短屈肌（flexor pollicis brevis）　位于浅层内侧。

3. 拇对掌肌（opponens pollicis）　位于拇短展肌的深面。

4. 拇收肌（adductor pollicis）　位于拇对掌肌的内侧。

上述4肌作用可使拇指作展、屈、对掌和收等动作。

（二）内侧群

在手掌小指侧，形成一隆起，称**小鱼际**（hypothenar），有3块肌，也分浅、深两层排列。

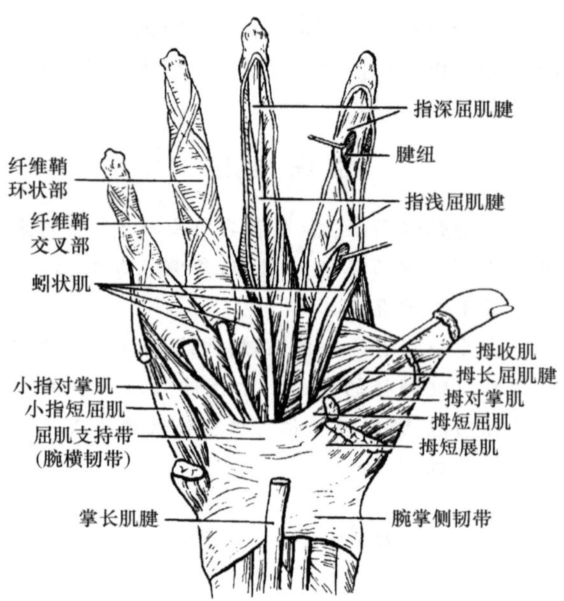

图 8-15 手肌(前面)

1. 小指展肌(abductor digiti minimi) 位于浅层内侧。

2. 小指短屈肌(flexor digiti minimi brevis) 位于浅层外侧。

3. 小指对掌肌(opponens digiti minimi) 位于上述两肌深面。

上述3肌分别使小指作屈、外展和对掌等动作。

(三)中间群

位于掌心,包括4块蚓状肌和7块骨间肌。

1. 蚓状肌(lumbricales) 为4条细束状小肌,各自起自指深屈肌腱桡侧,经掌指关节桡侧至第2~5指的背面,止于指背腱膜,作用为屈掌指关节,伸指间关节(图8-15、图8-16)。

2. 骨间肌 位于掌骨间隙内。**骨间掌侧肌**(palmar interossei)3块,收缩时可使第2、4、5指向中指靠拢(内收);**骨间背侧肌**(dorsal interossei)4块,收缩时以中指的中线为中心,外展第2、4指。由于骨间肌也绕至第2~5指背面,止于指背腱膜,故能协同蚓状肌屈掌指关节、伸指间关节(图8-16、图8-17)。

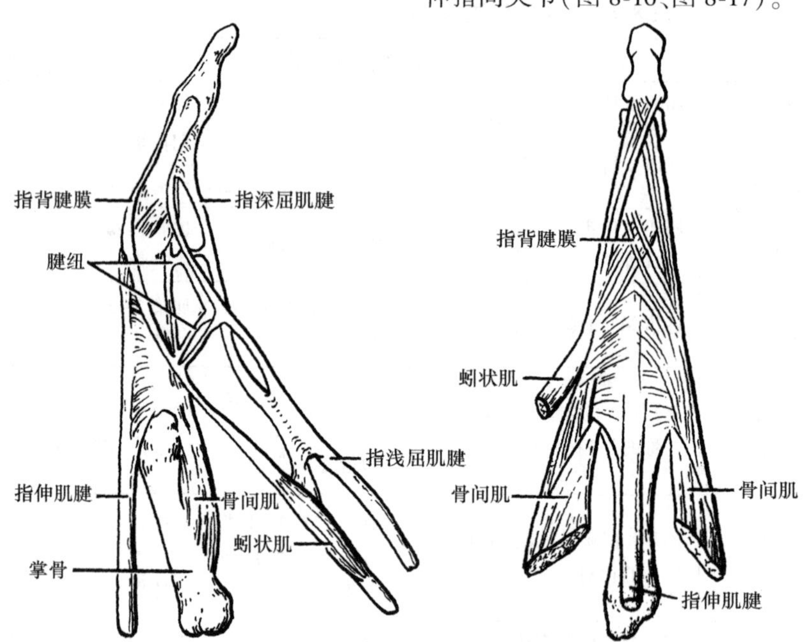

图 8-16 屈肌腱和指背腱膜

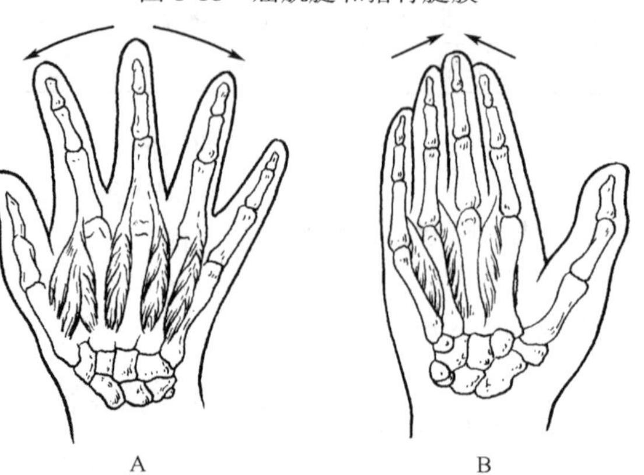

图 8-17 骨间肌

A. 骨间背侧肌作用示意图;B. 骨间掌侧肌作用示意图

手和手指的用力运动主要靠来自前臂的长肌，而手的精细的技巧性动作则主要由手肌来完成。拇指和小指短肌的作用如其命名。屈掌指关节、伸指间关节的动作主要是蚓状肌和骨间肌协同作用的结果。

第3节 上肢的血管、淋巴和神经

一、上肢的血管

(一) 上肢的动脉

1. 锁骨下动脉(subclavian artery) 左侧起于主动脉弓，右侧起自头臂干。锁骨下动脉从胸锁关节后方斜向外至颈根部，呈弓状经胸膜顶前方，穿斜角肌间隙，至第1肋外缘延续为腋动脉(图8-18)。

从胸锁关节至锁骨中点下缘划一弓形线(弓的最高点距锁骨上缘约1.5cm)，该线为锁骨下动脉的体表投影。

临床应用

上肢出血时，可于锁骨中点上方的锁骨上窝处向下方将锁骨下动脉压向第1肋进行止血。

锁骨下动脉分支数目不定，以4~5支比较常见，包括**椎动脉**、**胸廓内动脉**、**甲状颈干**、**肋颈干**和**颈横动脉**等(详见“颈部”和“胸部”)。

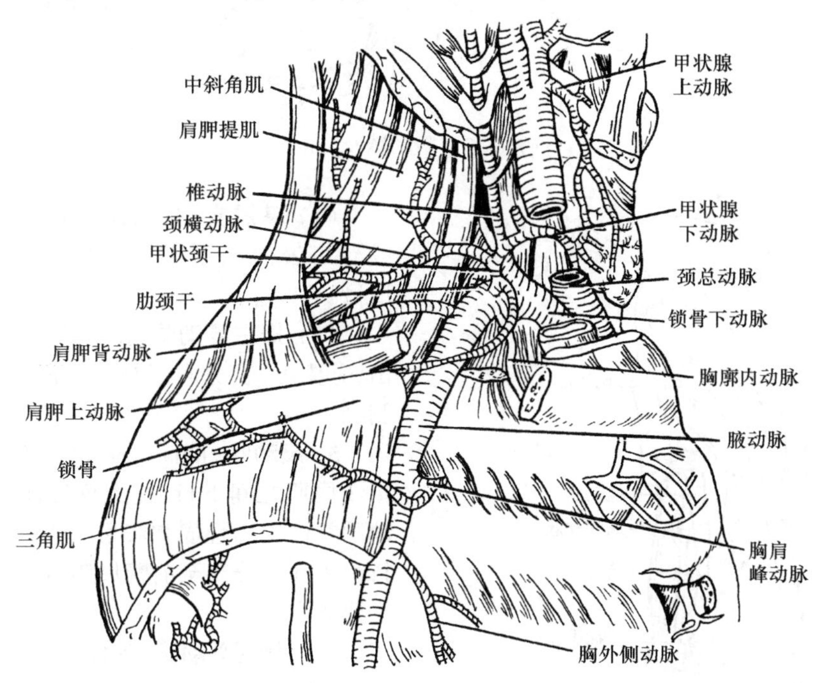

图8-18 锁骨下动脉及分支

2. 腋动脉(axillary artery) 行于腋窝深部，至大圆肌下缘移行为肱动脉(图8-19)。其主要分支有：

(1) **胸肩峰动脉**：起于胸小肌上缘处，穿出锁胸筋膜，迅即分为数支至三角肌、胸大肌、胸小肌和肩关节。

(2) **胸外侧动脉**：沿胸小肌下缘走行，分布到前锯肌、胸大肌、胸小肌和乳房。

(3) **肩胛下动脉**：在肩胛下肌下缘附近发出，向后下行，分为**胸背动脉**和**旋肩胛动脉**。前者至背阔肌和前锯肌；后者穿三边孔至冈下窝，营养附近诸肌，并与肩胛上动脉吻合。

(4) **旋肱后动脉**：伴腋神经穿四边孔，绕肱骨外科颈的后外侧至三角肌和肩关节等处。

3. 肱动脉(brachial artery) 沿肱二头肌内侧下行至肘窝，平桡骨颈高度分为桡动脉和尺动脉。在肘上可触及其波动。**肱深动脉**(deep brachial artery)是肱动脉最主要的分支，其斜向后外方，伴桡神经绕桡神经沟下行，分支营养肱三头肌和肱骨，其终支参与肘关节网(图8-20)。肱动脉还发出**尺侧上副动脉**、**尺侧下副动脉**、肱骨滋养动脉和肌支，营养臂肌和肱骨。

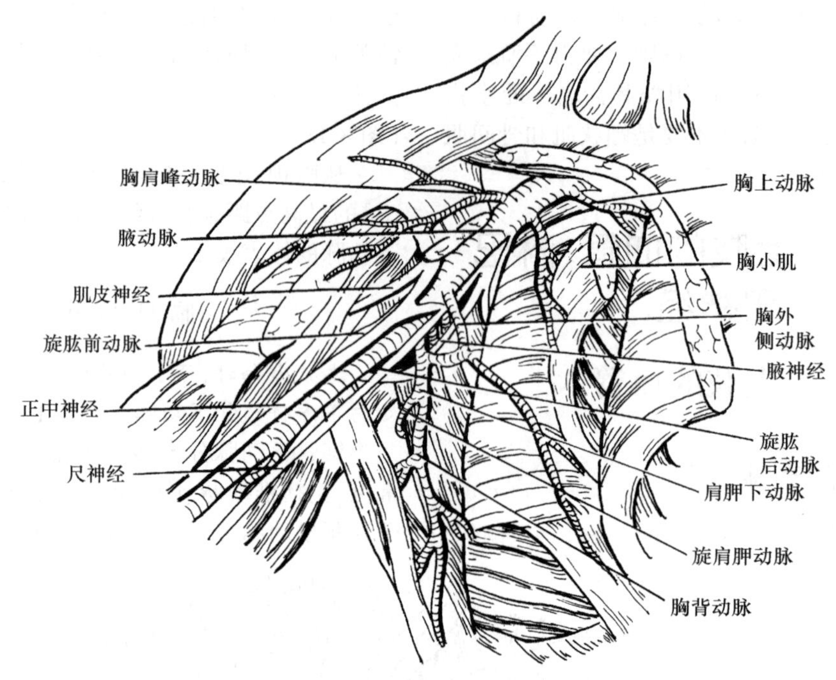

图 8-19 腋动脉及分支

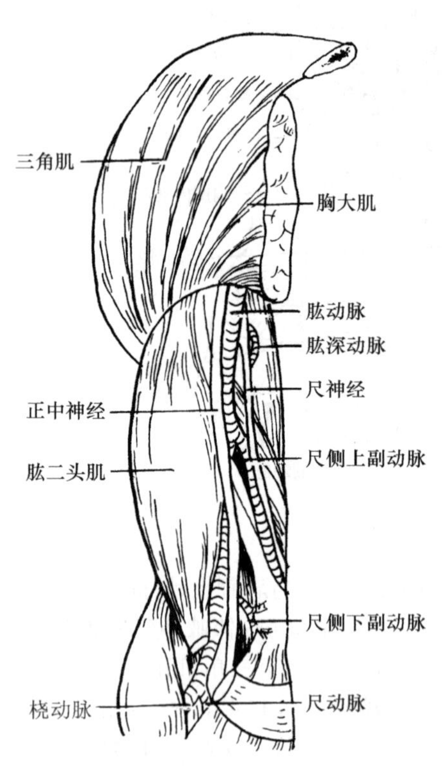

图 8-20 肱动脉及分支

4. 桡动脉(radial artery) 先经肱桡肌与旋前圆肌之间,继而在肱桡肌腱与桡侧腕屈肌腱之间下行,绕桡骨茎突至手背,穿第 1 掌骨间隙到手掌,与尺动脉掌深支吻合构成掌深弓(图 8-21)。桡动脉在行程中除发分支参与肘关节网和营养前臂肌外,主要分支是:

(1) **掌浅支**:在桡腕关节处发出,穿鱼际肌或沿其表面至手掌,与尺动脉末端吻合成掌浅弓。

(2) **拇主要动脉**:在桡动脉于手掌深部处发出,分为三支,分布于拇指掌面两侧缘和示指桡侧缘。

5. 尺动脉(ulnar artery) 在尺侧腕屈肌与指浅屈肌之间下行,经豌豆骨桡侧至手掌,与桡动脉掌浅支吻合成掌浅弓(图 8-21)。尺动脉在行程中除发分支至前臂尺侧诸肌和肘关节网外,主要分支有:

(1) **骨间总动脉**:在肘窝处起自尺动脉,行于指深屈肌与拇长屈肌之间,至前臂骨间膜近侧端分为骨间前动脉和骨间后动脉,分别沿前臂骨间膜前、后面下降,沿途分支至前臂肌和尺、桡骨。

(2) **掌深支**:在豌豆骨远侧起自尺动脉,穿小鱼际至掌深部,与桡动脉末端吻合形成掌深弓。

临 床 应 用

在肘关节周围,桡侧副动脉(肱深动脉终支)、尺侧上副动脉、尺侧下副动脉、桡侧返动脉(来自桡动脉)、尺侧返动脉(尺动脉分支)和骨间返动脉(骨间总动脉分支)相互吻合形成肘关节网。若需结扎肱动脉时,在肱深动脉起点远侧或尺侧上副动脉起点远侧结扎,肘关节网可建立侧支循环。

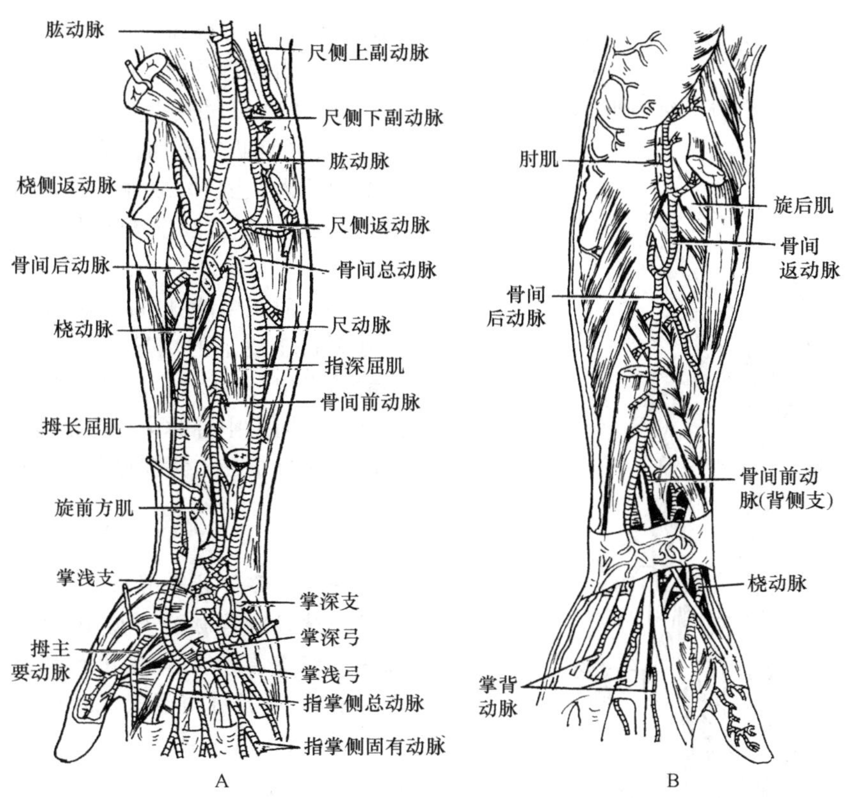

图 8-21 前臂的动脉

A. 掌侧面;B. 背侧面

6. 掌浅弓和掌深弓

(1) **掌浅弓**(superficial palmar arch):由尺动脉末端与桡动脉掌浅支吻合而成。位于掌腱膜深面,弓的凸缘约平掌骨中部。从掌浅弓发出三条指掌侧总动脉和一条小指尺掌侧动脉。三条指掌侧总动脉行至掌指关节附近,每条再分为二支指掌侧固有动脉,分别分布到第 2~5 指相对缘;小指尺掌侧动脉分布于小指掌面尺侧缘(图 8-22)。

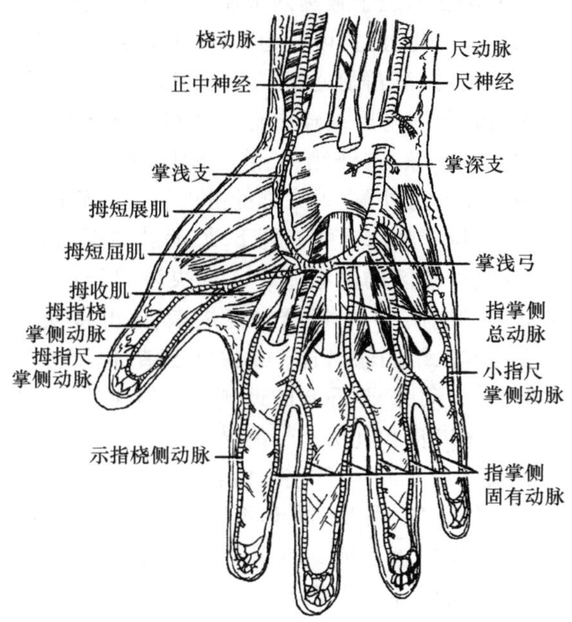

图 8-22 手部的动脉(掌侧面浅层)

(2) **掌深弓**(deep palmar arch):由桡动脉末端和尺动脉的掌深支吻合而成。位于屈指肌腱深面,弓的凸缘在掌浅弓近侧,约平腕掌关节高度。由弓发出三条掌心动脉,行至掌指关节附近,分别注入相应的指掌侧总动脉(图 8-23)。

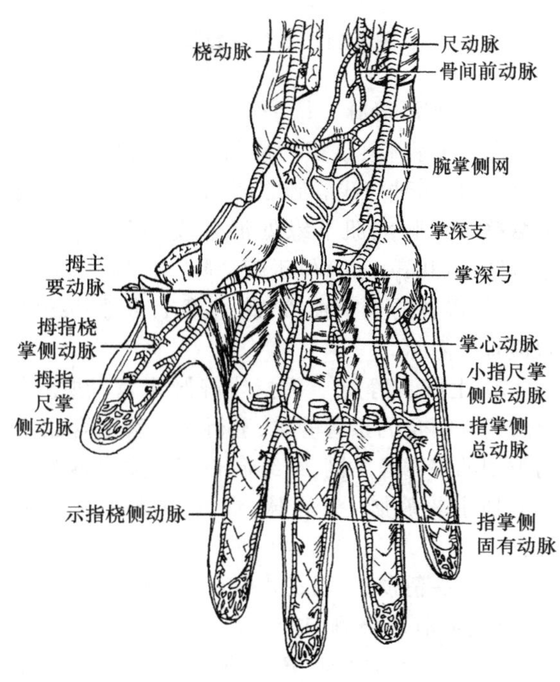

图 8-23 手部的动脉(掌侧面深层)

(二) 上肢的静脉

上肢的静脉分浅静脉和深静脉两种,最终都汇入腋静脉(图 8-24)。

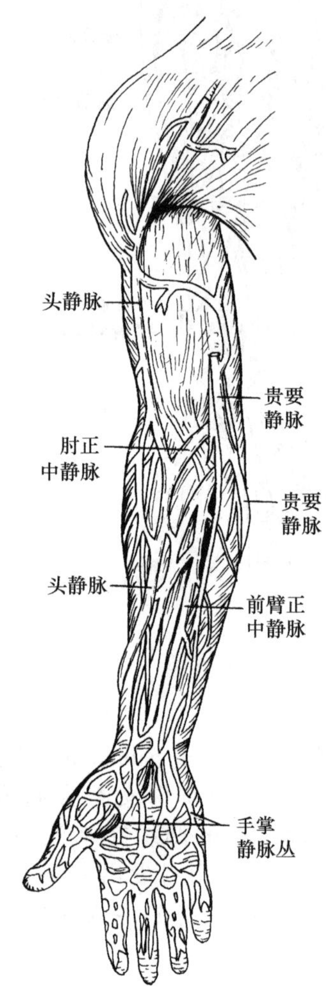

图 8-24 上肢浅静脉

1. 上肢深静脉 从手掌至腋窝的深静脉都与同名动脉伴行,且多为两条,伴行静脉之间有广泛吻合,同时与浅静脉之间也有多处吻合。两条**肱静脉**在胸大肌下缘处汇合成一条腋静脉。**腋静脉**(axillary vein)位于腋动脉前内侧,收集上肢浅、深静脉的全部血液,跨过第 1 肋骨外缘续为锁骨下静脉。

2. 上肢浅静脉 手指浅静脉丰富,在指背形成相互吻合的指背静脉,上行至手背汇合成不同类型的手背静脉网,继续向心回流途中逐渐汇成下列主要静脉:头静脉、贵要静脉和肘正中静脉。

(1) **头静脉**(cephalic vein):起自手背静脉网桡侧,沿前臂桡侧向前上行至肘窝,再沿肱二头肌外侧沟上行,经三角胸肌间沟,穿深筋膜注入腋静脉或锁骨下静脉。头静脉收集手、前臂桡侧浅层结构的静脉血。

(2) **贵要静脉**(basilic vein):起于手背静脉网尺侧,沿前臂尺侧上行,在肘窝前面接受肘正中静脉,再沿肱二头肌内侧上行,至臂中点穿过深筋膜注入肱静脉,或伴随肱静脉注入腋静脉。贵要静脉收集手及前臂尺侧部浅层结构的静脉血。

(3) **肘正中静脉**(median cubital vein):是肘窝处斜行于皮下的短静脉干,变异较多,一般由头静脉发出,经肱二头肌腱膜表面向内侧汇入贵要静脉。肘正中静脉常接受前臂正中静脉,后者有时分叉分别注入贵要静脉和头静脉。

临 床 应 用

由于贵要静脉位置表浅恒定,口径较粗,注入肱静脉或腋静脉处角度小,易于触摸和寻找,临床上经常在贵要静脉穿刺抽血做化验检查。手背静脉、头静脉前臂段及肘正中静脉也是临床取血、输液常用血管。

二、上肢的淋巴

上肢的浅淋巴管较多,伴浅静脉行于皮下组织中。深淋巴管与深血管伴行。浅、深淋巴管都直接或间接注入腋淋巴结。

肘淋巴结位于肘窝和肱骨内上髁附近,分深、浅两群,浅群又称滑车上淋巴结,收纳伴随贵要静脉和尺侧血管上行的手和前臂尺侧半浅、深部的淋巴管,其输出管伴肱静脉上行注入腋淋巴结。

腋淋巴结位于腋窝内腋血管及其分支周围,15~20 个,按其位置可分为 5 群:①**外侧淋巴结**:位于腋动脉、腋静脉远侧段周围,收纳上肢大部分淋巴管及肘淋巴结输出管。②**胸肌淋巴结**:位于胸小肌下缘,胸外侧动、静脉周围,收纳胸、腹外侧壁和乳房外侧、中央部的淋巴管。③**肩胛下淋巴结**:位于腋窝后壁肩胛下动、静脉周围,收纳项背部、肩胛区的淋巴管。④**中央淋巴结**:位于腋窝内的脂肪中,肋间臂神经周围,此群接受上述 3 群淋巴结的输出管。⑤**尖淋巴结**:位于腋窝尖部,沿腋动脉、腋静脉的近侧段排列,收纳中央淋巴结输出管和乳房上部的淋巴管,其输出管大部汇成锁骨下干,少数注入锁骨上淋巴结。腋淋巴结收纳上肢、乳房、胸壁和腹壁上部等处的淋巴管,其输出管汇成锁骨下干后,左侧锁骨下干注入胸导管,右侧锁骨下干注入右淋巴导管(图 8-25)。

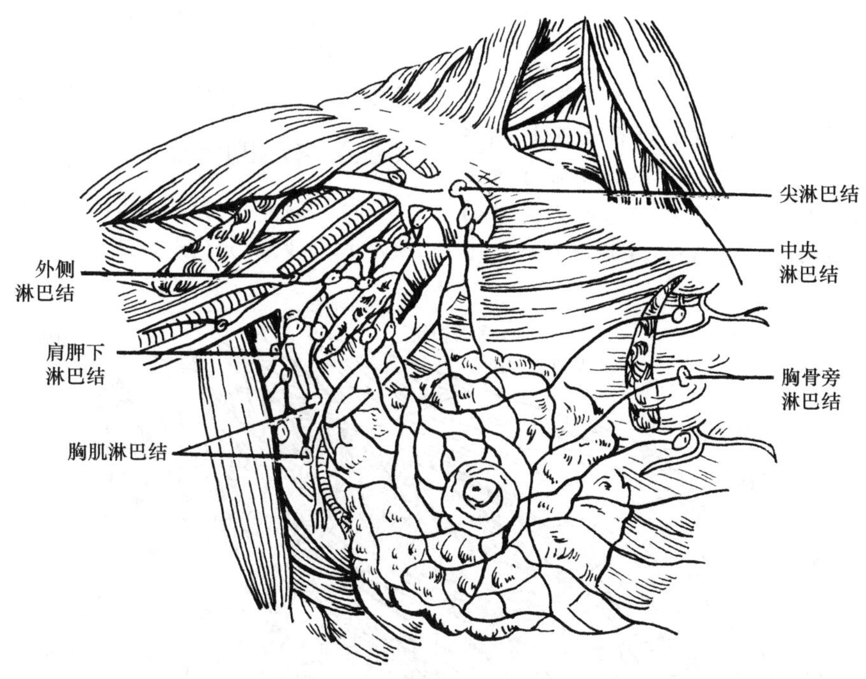

图 8-25 腋淋巴结和乳房淋巴结

三、上肢的神经

(一) 臂丛的组成和位置

臂丛(brachial plexus)由第 5~8 颈神经前支和第 1 胸神经前支大部分组成,经斜角肌间隙穿出,行于锁骨下动脉后上方,经锁骨后方进入腋窝。臂丛的分支分布于胸上肢肌、上肢带肌、背浅部肌(斜方肌除外)以及臂、前臂、手的肌、关节、骨和皮肤(图 8-26、图 8-27)。

组成臂丛的神经根先合成上、中、下三个干,每个干在锁骨上方或后方又分为前、后两股,由上、中干的前股合成外侧束,下干前股自成内侧束,三干后股汇合成后束。三束分别从外、内、后三面包围腋动脉(图 8-26)。

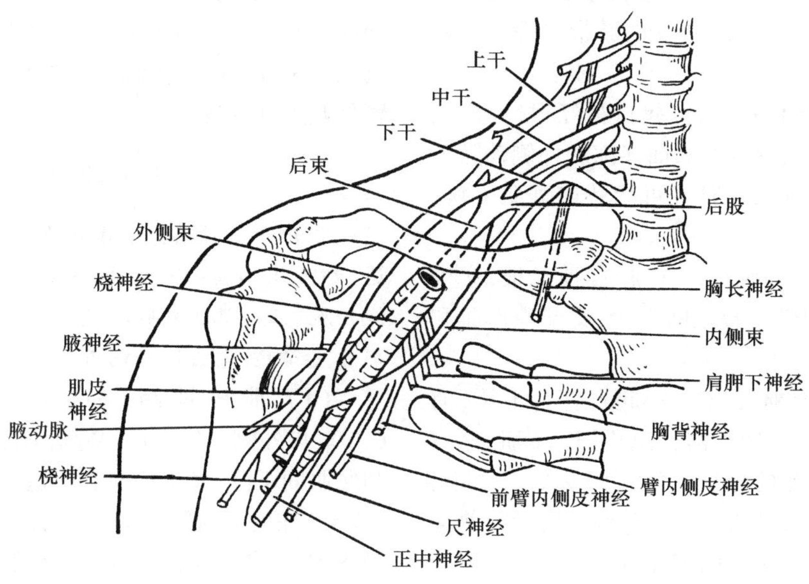

图 8-26 臂丛组成模式图

临床应用

臂丛损伤可以发生在臂丛的不同部位，损伤后的症状取决于损伤部位。臂丛损伤常导致上肢的肌肉运动和皮肤感觉的丧失。肌肉运动的丧失可以造成不同程度的瘫痪；皮肤感觉的丧失可以造成支配皮肤的部分麻木。

臂丛在锁骨中点后方比较集中，位置浅表，容易摸到，常作为臂丛阻滞麻醉的部位。

(二)臂丛的分支

臂丛的分支可依据其发出的局部位置分为锁骨上、下两部分(图 8-27)。

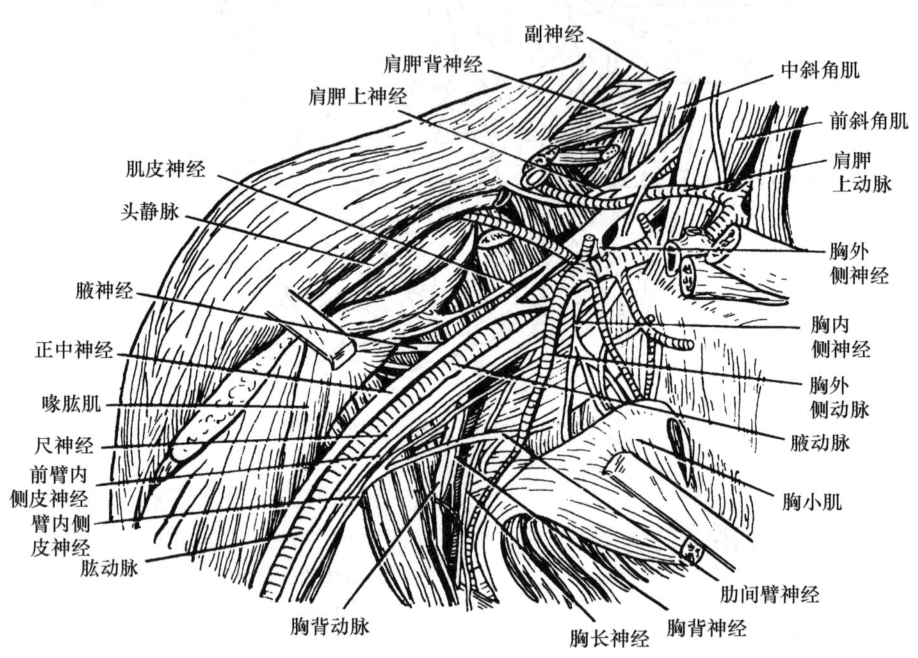

图 8-27 臂丛及分支

1. 锁骨上部的分支 均是一些短的肌支，发自臂丛的根和干，分布于颈深肌，背浅肌(斜方肌除外)，部分胸上肢肌及上肢带肌等。主要的肌支有：

(1) **胸长神经**($C_{5\sim7}$)：起自神经根，经臂丛后方进入腋窝，沿前锯肌表面伴随胸外侧动脉下降，支配此肌。损伤此神经可导致前锯肌瘫痪，出现“翼状肩”。

(2) **肩胛背神经**($C_{4、5}$)：起自神经根，穿中斜角肌，在肩胛骨与脊柱间下行，支配菱形肌和肩胛提肌。

(3) **肩胛上神经**($C_{5、6}$)：起自臂丛上干，向后经肩胛骨上缘入冈上窝，支配冈上、下肌。

2. 锁骨下部的分支 发自臂丛的三个束，多为长支，分肌支和皮支，分布于肩、胸、臂、前臂和手的肌与皮肤，主要的神经有：

(1) **胸内、外侧神经**($C_5\sim T_1$)：起自内侧束和外侧束，穿喙锁胸筋膜，支配胸大肌、胸小肌。

(2) **胸背神经**(thoracodorsal nerve, $C_{6\sim8}$)：起自后束，循肩胛骨外侧缘伴肩胛下血管下降，支配背阔肌。

(3) **腋神经**(axillary nerve, $C_{5、6}$)：在腋窝发自臂丛后束，穿四边孔，绕肱骨外科颈至三角肌深面。肌支支配三角肌和小圆肌。皮支(臂外侧上皮神经)由三角肌后缘穿出，分布于肩部和臂外侧上部的皮肤。

临床应用

肱骨外科颈骨折，肩关节脱位或腋杖的压迫，都可能损伤腋神经而导致三角肌瘫痪，臂不能外展，三角肌区皮肤感觉丧失，三角肌萎缩，肩部骨突耸起，失去圆隆的外形。

(4) **肌皮神经**(musculocutaneous nerve, $C_{5\sim7}$)：自外侧束发出后斜穿喙肱肌，经肱二头肌和肱肌间下降，发出肌支支配这 3 块肌。其终支(皮支)在肘关节附近穿出深筋膜延续为前臂外侧皮神经，分布于前臂外侧的皮肤。

(5) **正中神经**(median nerve, $C_6\sim T_1$)：由内、外侧束夹持着腋动脉(图 8-28～图 8-31)，向下呈锐角汇合成正中神经干。在臂部，正中神经沿肱二头肌内侧沟下行，由外侧向内侧跨过肱动脉下降至肘窝。向下穿旋前圆肌，在前臂正中下

行于指浅、深屈肌之间达腕部。在桡侧腕屈肌腱和掌长肌腱之间进入腕管，在掌腱膜深面到达手掌。正中神经在臂部一般无分支。在肘部、前臂发出许多肌支，支配除肱桡肌、尺侧腕屈肌和指深屈肌尺侧半以外的所有前臂屈肌。在屈肌支持带下缘的桡侧，发出一粗短的返支，行于桡动脉掌浅支的外侧并进入鱼际，支配除拇收肌以外的鱼际肌。在手掌发出数支指掌侧总神经，每一指掌侧总神经下行至掌骨头附近，又分为两支指掌侧固有神经，沿手指的相对缘至指尖，支配第1、2蚓状肌以及掌心、鱼际、桡侧三个半指的掌面及其中节和远节手指背面的皮肤。

正中神经在臂部的体表投影，可自肱动脉始端搏动点至髁间线中点稍内侧两点间的连线表示。由髁间线中点稍内侧，沿前臂正中达腕部桡侧屈肌腱和掌长肌腱之间的连线，即为此神经在前臂的体表投影。

临床应用

正中神经在臂部损伤，运动障碍表现为前臂不能旋前，屈腕能力减弱，拇、示指不能屈曲，拇指不能对掌。由于鱼际肌萎缩，手掌显平坦。也称“猿掌”，拇指、示指和中指的掌面感觉障碍。

（6）**尺神经**（ulnar nerve，C_8～T_1）：发自臂丛内侧束（图8-28～图8-31），沿肱动脉内侧下行，至三角肌止点高度穿过内侧肌间隔至臂后面，再下行至内上髁后方的尺神经沟。再向下穿过尺侧腕屈肌起端转至前臂前内侧，于尺侧腕屈肌和指深屈肌之间、尺动脉的内侧下降，在桡腕关节上方发出手背支，本干下行于豌豆骨的桡侧，经屈肌支持带的浅面分为浅、深两支，经掌腱膜深面进入手掌。

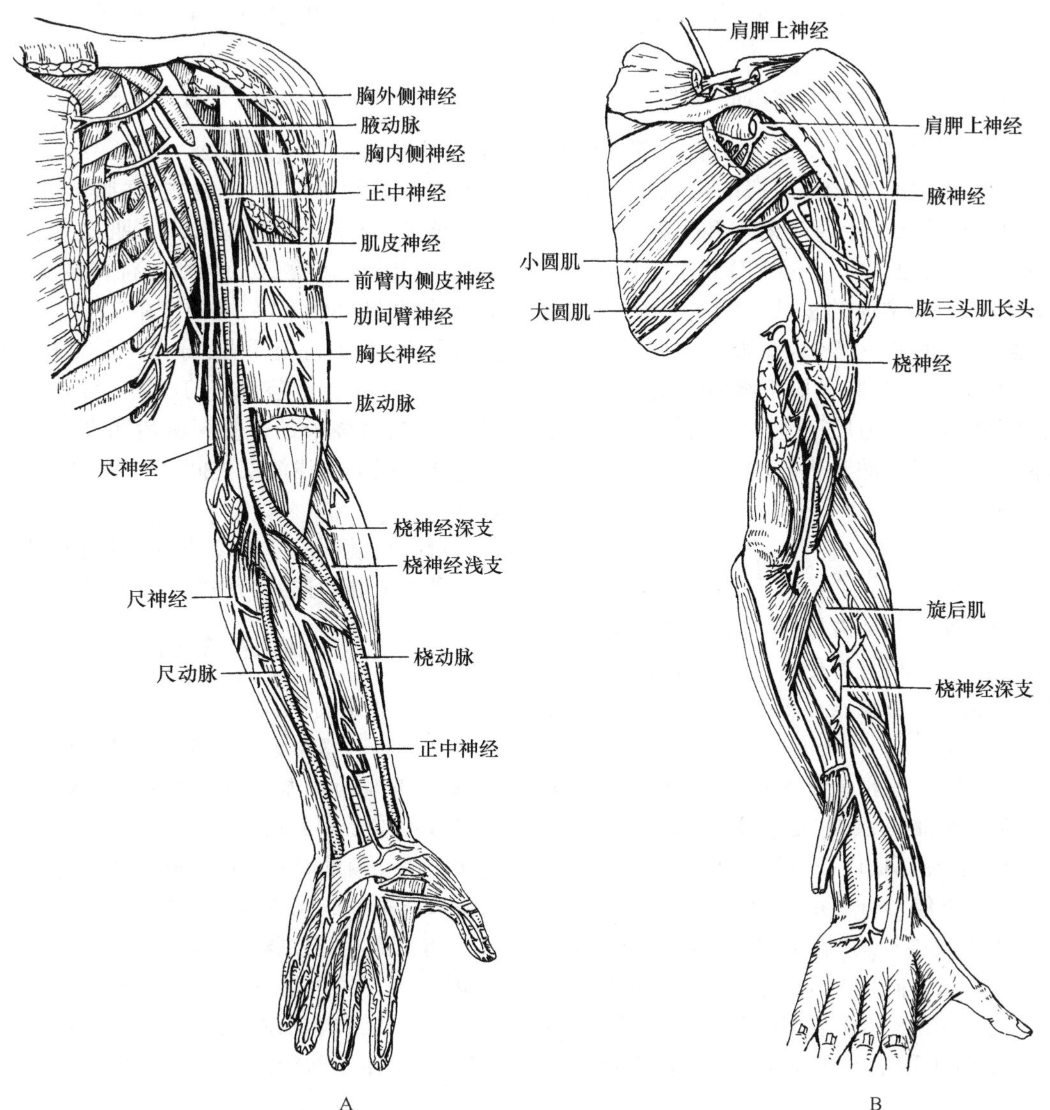

图8-28　上肢的神经

A. 前面；B. 后面

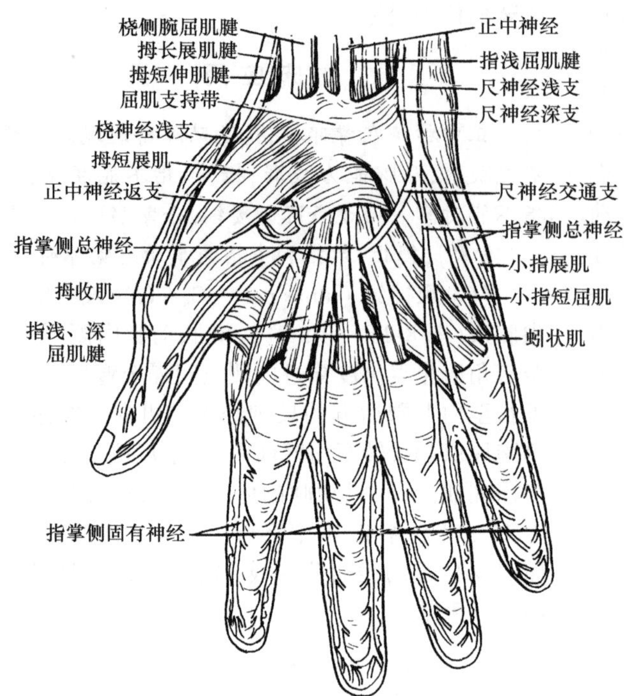

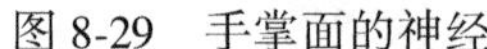
图 8-29 手掌面的神经

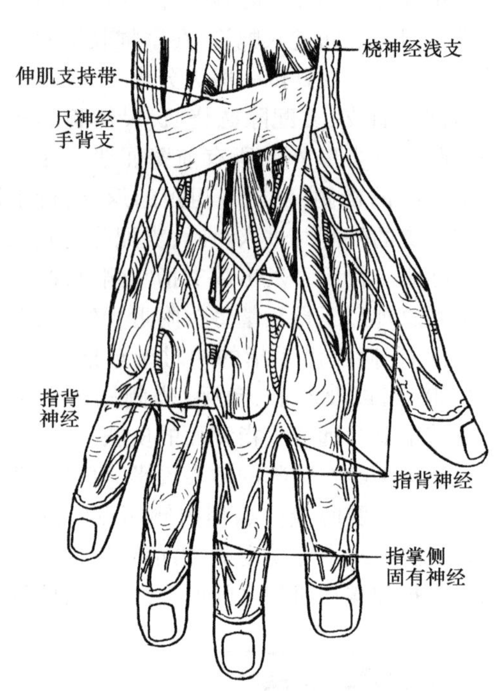

图 8-30 手背面的神经

尺神经在臂部未发分支,在前臂上部发出肌支支配尺侧腕屈肌和指深屈肌的尺侧半。手背支转向背侧,分布于手背尺侧半和小指、环指及中指尺侧半背面的皮肤。浅支分布于小鱼际、小指和环指尺侧半掌面的皮肤。深支支配小鱼际肌、拇收肌、骨间肌及第 3、4 蚓状肌。

自肱动脉始端(胸大肌下缘)搏动点至肱骨内上髁后方的连线为尺神经在臂部的体表投影;其在前臂的投影由肱骨内上髁后方至豌豆骨外侧缘的连线。

临 床 应 用

尺神经在尺神经沟处,其位置表浅又贴近骨面,隔皮肤可触摸到,易受损伤。尺神经受伤时,运动障碍表现为屈腕能力减弱,环指和小指的远节指骨不能屈曲。小鱼际肌萎缩,拇指不能内收,骨间肌萎缩,各指不能互相靠拢,各掌指关节过伸,第 4、5 指的指间关节弯曲,出现“爪形手”。感觉丧失区域以手内侧缘为主。

(7) **桡神经**(radial nerve, $C_5 \sim T_1$):是后束发出的一条粗大神经,在腋窝内位于腋动脉后方,并与肱深动脉一同行向外下,经肱三头肌长头与内侧头之间,沿桡神经沟绕肱骨中段背侧旋向外下,在肱骨外上髁上方穿外侧肌间隔至肱桡肌之间,分为浅,深二支(图 8-28 ~ 图 8-31)。桡神经在臂部发出的分支有:①**皮支**,在腋窝处发出臂后皮神经,分布于臂后皮肤。②**肌支**,支配肱三头肌、肱桡肌和桡侧腕长伸肌。**桡神经浅支**为皮支,沿桡动脉外侧下降,在前臂中、下 1/3 交界处转向背面,并下行至手背,分布于手背桡侧半和桡侧两个半手指近节背面的皮肤。**深支**较粗,主要为肌支,经桡骨颈外侧穿旋后肌至前臂背面,在前臂伸肌群的浅深层之间至腕部,支配前臂伸肌群。

自腋后襞下缘于臂交点处,斜向肱骨后方,至肱骨外上髁的连线为桡神经干投影。

临 床 应 用

肱骨中段或中、下 1/3 处骨折时,容易合并桡神经损伤。损伤后的主要运动障碍是前臂伸肌瘫痪,表现为抬前臂时呈“垂腕”状态。感觉障碍以第 1、2 掌骨间隙背面“虎口区”皮肤最为明显。桡骨颈骨折时,也可损伤桡神经深支,其主要症状是伸腕能力弱和不能伸指。

(8) **臂内侧皮神经** ($C_8 \sim T_1$):发自臂丛内侧束,分布于臂内侧皮肤。

(9) **前臂内侧皮神经** ($C_8 \sim T_1$):发自臂丛内侧束,分布于前臂前内侧面的皮肤。

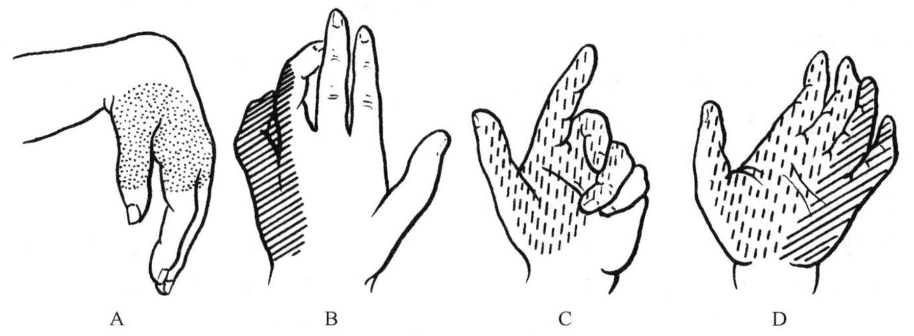

图 8-31 桡、尺、正中神经损伤时的手形及皮肤感觉丧失区

A. 垂腕(桡神经);B. “爪形手”(尺神经);C. 正中神经损伤时的手形;D. “猿手”(正中神经与尺神经的合并损伤)

桡神经损伤时感觉丧失的皮区　尺神经损伤时感觉丧失的皮区　正中神经损伤时感觉丧失的皮区

第4节　上肢的局部解剖

上肢可分为**肩**、**臂**、**肘**、**前臂**、**腕**和**手部**,各部的主要体表标志有:

肩部　皮下可摸到锁骨、肩峰及肩胛冈。在肩部外侧可见肱骨近侧端和三角肌形成的圆形隆起。

臂部　前面有肱二头肌隆起,其两侧的浅沟,分别称肱二头肌内、外侧沟。内侧沟内可摸到肱动脉的搏动,为肱动脉的压迫止血点。外侧沟有头静脉通过。

肘部　可摸到肱骨内、外上髁和尺骨鹰嘴。肘前部可摸到肱二头肌腱,腱的内侧可摸到肱动脉搏动。

腕部　可摸到尺骨茎突和桡骨茎突。握拳并屈腕时,腕掌侧可见数条肌腱隆起,自桡侧向尺侧依次为桡侧腕屈肌、掌长肌、指浅屈肌和尺侧腕屈肌腱。桡侧腕屈肌腱的桡侧可摸到桡动脉的搏动。

手部　手掌外侧隆起为鱼际,内侧隆起为小鱼际,中间为掌心。

上述各部又各分为若干区,除肩部分为**腋区**、**三角肌区**和**肩胛区**;手部分为**手掌**、**手背**和**手指**三区外,其余各部均分为**前**、**后两区**。现将重要的部和区的局部解剖介绍如下:

一、腋　　窝

腋窝(fossa axillaris)位于臂上部和胸侧壁之间,是一由肌肉围成的锥体形腔隙,为颈部与上肢间血管、神经的通路。腋窝皮肤较薄,成人生有腋毛,并有大量皮脂腺及汗腺。

(一)腋窝的构成

腋窝有一顶一底和四壁(图8-32)。

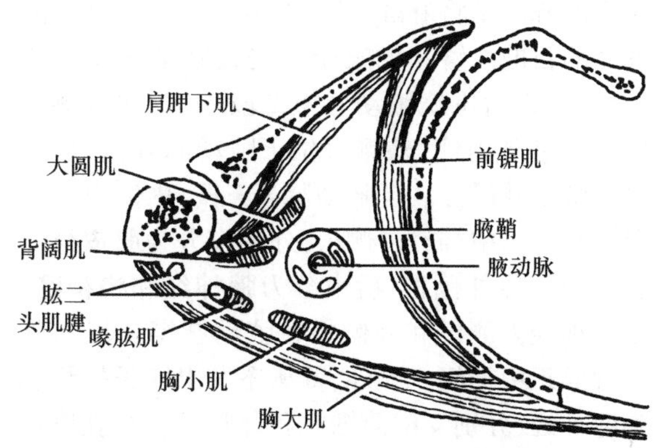

图 8-32　腋窝的四壁模式图(横切面)

顶是腋窝的上口,通向颈根部,由锁骨中1/3段、第1肋外缘和肩胛骨上缘围成,有臂丛和腋血管通过。**底**由皮肤、浅筋膜和腋筋膜构成。**内侧壁**为上五位肋骨、肋间肌和前锯肌;**外侧壁**为肱骨上部的内侧面及喙肱肌、肱二头肌;**前壁**为胸大肌和胸小肌;**后壁**为肩胛下肌、大圆肌和背阔肌。**三边孔**(trilateral foramen)和**四边孔**(quadrilateral foreman),为位于肩胛下肌、大圆肌、肱三头肌长头和肱骨上端之间的两个间隙,肱三头肌长头内侧是三边孔,有旋肩胛动脉通过;外侧是四边孔,有旋肱后动脉和腋神经通过。

临床应用

肩关节过度不当运动引发肌肉病变,四边孔狭窄,产生腋神经受压症状,称为“四边孔综合征”。

(二)腋窝的内容

腋窝内有腋动脉及其分支、腋静脉及其属

支、臂丛及其分支、腋淋巴结等。

1. 腋动脉 沿腋窝外侧壁下行，以胸小肌为标志分为三段（图 8-19）：胸小肌内侧为第一段，主要分支有**胸上动脉**。胸小肌后方为第二段，主要分支有**胸肩峰动脉**和**胸外侧动脉**。胸小肌下缘以下为第三段，主要分支有**肩胛下动脉**和**旋肱后动脉**。肩胛下动脉分出**旋肩胛动脉**和**胸背动脉**。旋肩胛动脉与来自锁骨下动脉的肩胛上动脉、肩胛背动脉相吻合，形成了腋动脉与锁骨下动脉之间的侧支吻合。腋动脉结扎术时，为保证上肢良好的侧支循环，宜在肩胛下动脉起点以上结扎。

2. 腋静脉 位于腋动脉的内侧，与其伴行，由于腋动、静脉共同被包绕在一个腋鞘内，此处血管外伤时易发生腋动静脉瘘。

3. 臂丛 是颈根部臂丛的延续（图 8-26、图 8-27），与血管共同包裹在腋鞘内。临床上臂丛阻滞麻醉是将麻醉药物注入此鞘，以达到麻醉神经的目的。臂丛的三个束先在腋动脉第一段的后外方，后围绕腋动脉第二段周围，即内侧束位于腋动脉内侧，外侧束位于腋动脉外侧，后束位于腋动脉后方。至腋动脉第三段，内侧束分为**尺神经**和正中神经内侧根，外侧束分为**肌皮神经**和正中神经外侧根，后束分为**腋神经**和**桡神经**。正中神经内侧根和外侧根在腋动脉第三段前外方合成**正中神经**。此外，臂丛还发出**胸长神经**和**胸背神经**，分别支配前锯肌和背阔肌。在乳癌根治术清扫腋淋巴结时，应注意保护这些神经，以免损伤影响上肢功能。

4. 腋淋巴结群 见“上肢的淋巴”。

二、肘 前 区

肘前区位于肘关节前方，其上、下界分别为距肱骨内、外上髁连线上、下各两横指的水平线。内、外侧界分别为通过内、外上髁的垂线。

（一）浅层结构

皮肤及浅筋膜 肘前区皮肤薄而柔软，浅筋膜疏松。有浅静脉和皮神经通过。走行于肱二头肌腱外侧的有头静脉和前臂外侧皮神经，走行于肱二头肌腱内侧的有贵要静脉和前臂内侧皮神经。两条浅静脉之间有吻合静脉相连。

（二）深层结构

1. 深筋膜 上续臂筋膜，下连前臂筋膜，并有肱二头肌腱膜参与而增厚。肱二头肌腱膜是从肱二头肌腱内侧向内下散开止于前臂筋膜的部分。腱膜下缘深面，有肱动脉的末端。

临 床 应 用

肱二头肌腱与腱膜交接处是触摸肱动脉搏动和测量血压的听诊部位；此腱膜挛缩可压迫肱动脉，导致前臂和手部的缺血性挛缩。

2. 肘窝 是肘前区深筋膜下呈尖端朝向远侧的三角形浅窝（图 8-33）。上界为肱骨内、外上髁的连线，下外侧界为肱桡肌，下内侧界为旋前圆肌，窝底主要是肱肌。

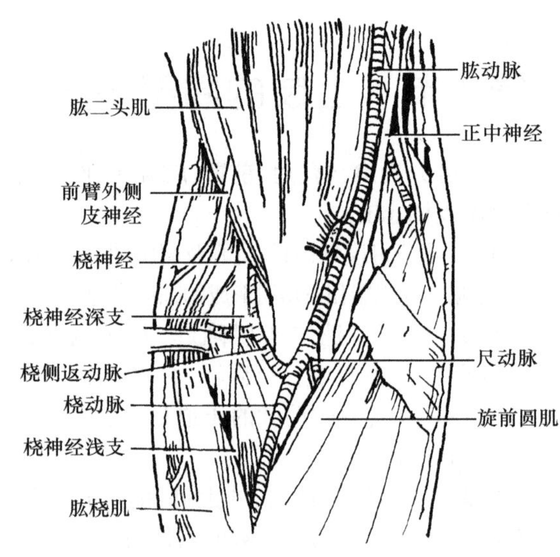

图 8-33 肘窝内容

肘窝内容：以肱二头肌腱为标志，有关的血管神经列于其两侧。在肱二头肌腱外侧主要有前臂外侧皮神经和桡神经。前臂外侧皮神经穿出深筋膜后与头静脉伴行，分布于前臂外侧皮肤；桡神经于肱桡肌与肱肌之间下行，在肘窝分为浅、深两支，浅支属皮神经，深支穿旋后肌支配前臂伸肌。在肱二头肌腱内侧主要有肱动脉和正中神经。肱动脉在肘窝中份以下分为尺动脉和桡动脉。正中神经位于肱动脉内侧，越过尺动脉前方，然后穿旋前圆肌两头之间进入前臂，正中神经在肘窝以上无分支。

临 床 应 用

肱骨髁上骨折时，骨折断端移位，可压迫或损伤肱动脉、肱静脉和正中神经，造成前臂缺血性挛缩或感觉障碍和瘫痪。

当正中神经在前臂行径途中受到局部卡压时，可表现为前臂上1/3或手部的感觉、运动障碍，尤以拇、示指症状明显，临床上称为“旋前圆肌综合征”。

三、腕　　部

腕介于前臂和手之间，上界为尺、桡骨茎突近侧2横指的环线，下界相当于屈肌支持带下缘水平。分为腕前区和腕后区。

（一）腕前区

1. 浅层结构　皮肤和浅筋膜薄而松弛，浅筋膜内有前臂内、外侧皮神经的分支、浅静脉和浅淋巴结分布。

2. 深层结构　（图8-34）

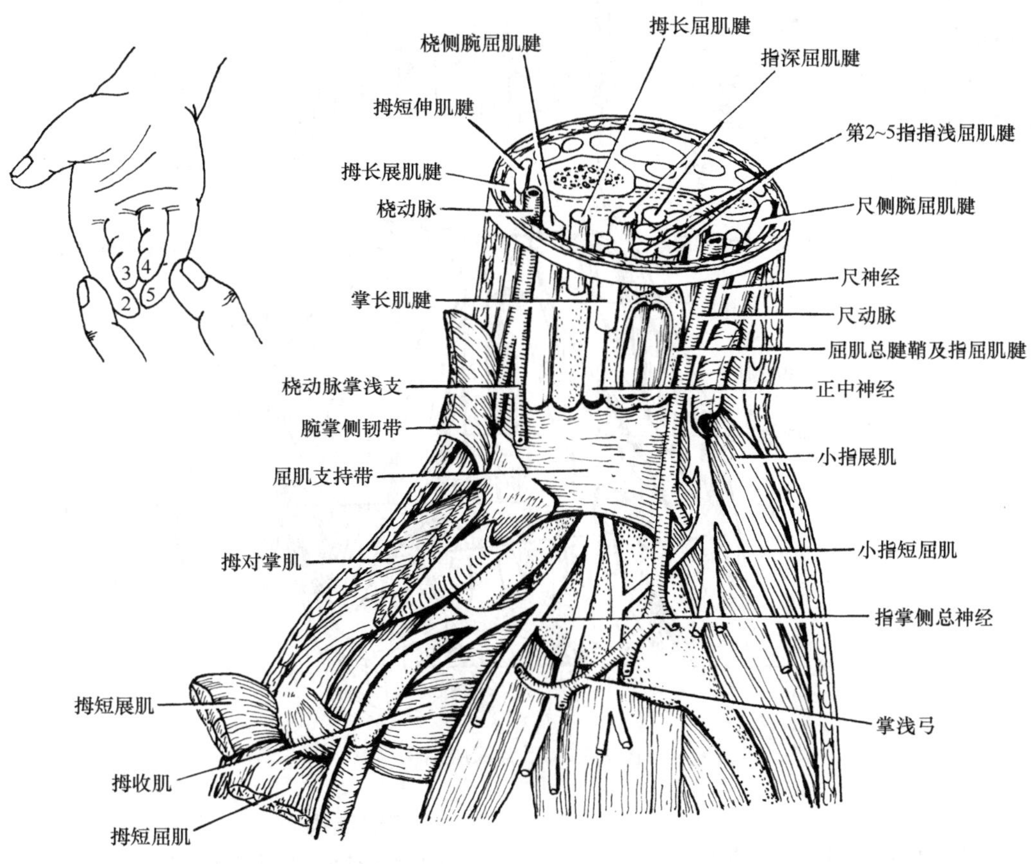

图8-34　腕前区深层结构

（1）**腕掌侧韧带**（volar carpal ligament）：是前臂深筋膜向下延续在腕前区增厚形成，对前臂屈肌腱有固定、保护和支持作用。

（2）**屈肌支持带**（flexor retinaculum）：位于腕掌侧深面的远侧深面，又名**腕横韧带**（transverse carpal ligament），是厚而坚韧的结缔组织扁带，尺侧端附于豌豆骨和钩骨钩，桡侧端附于舟骨和大多角骨结节。掌长肌腱在腕上部贴正中神经表面下行，至屈肌支持带上缘分开行入手掌，续为掌腱膜。桡动脉及静脉在屈肌支持带浅面，肱桡肌与桡侧腕屈肌腱之间向下走行。

（3）**腕管**（carpal canal）：由腕掌侧的屈肌支持带与腕骨沟共同围成，管内有指浅、深屈肌腱、拇长屈肌腱和正中神经通过。各指浅、深屈肌腱被屈肌总腱鞘包裹，拇长屈肌腱被拇长屈肌腱鞘包绕。正中神经在管内变扁平，紧贴屈肌支持带桡侧端深面。

临 床 应 用

腕部任何可能引起腕管空间狭窄的病变都能造成对正中神经的压迫，从而导致“腕管综合征”。主要表现为鱼际肌肌力减弱，拇指、示指和中指疼痛、麻木等。

（二）腕后区

1. 浅层结构　皮肤较腕前区厚，浅筋膜薄。头静脉和贵要静脉分别起于腕后区桡侧和尺侧的浅筋膜内。桡神经浅支与头静脉伴行，越过腕背侧韧带浅面下行分为4~5支指背神经。尺神经手背支经尺侧腕屈肌腱和尺骨之间转入腕背部至手背,发出3支指背神经。

2. 深层结构 伸肌支持带由腕背部深筋膜增厚形成,又名**腕背侧韧带**(图8-35),内侧附于尺骨茎突和三角骨,外侧附于桡骨远端。向深面发出5个纤维隔,附于尺、桡骨背面,形成6个骨纤维性管道,其内有9块前臂后群肌的肌腱及腱鞘通过。从桡侧向尺侧排列分别为:①拇长展肌和拇短伸肌;②桡侧腕长、短伸肌;③拇长伸肌;④指伸肌和示指伸肌;⑤小指伸肌;⑥尺侧腕屈肌。

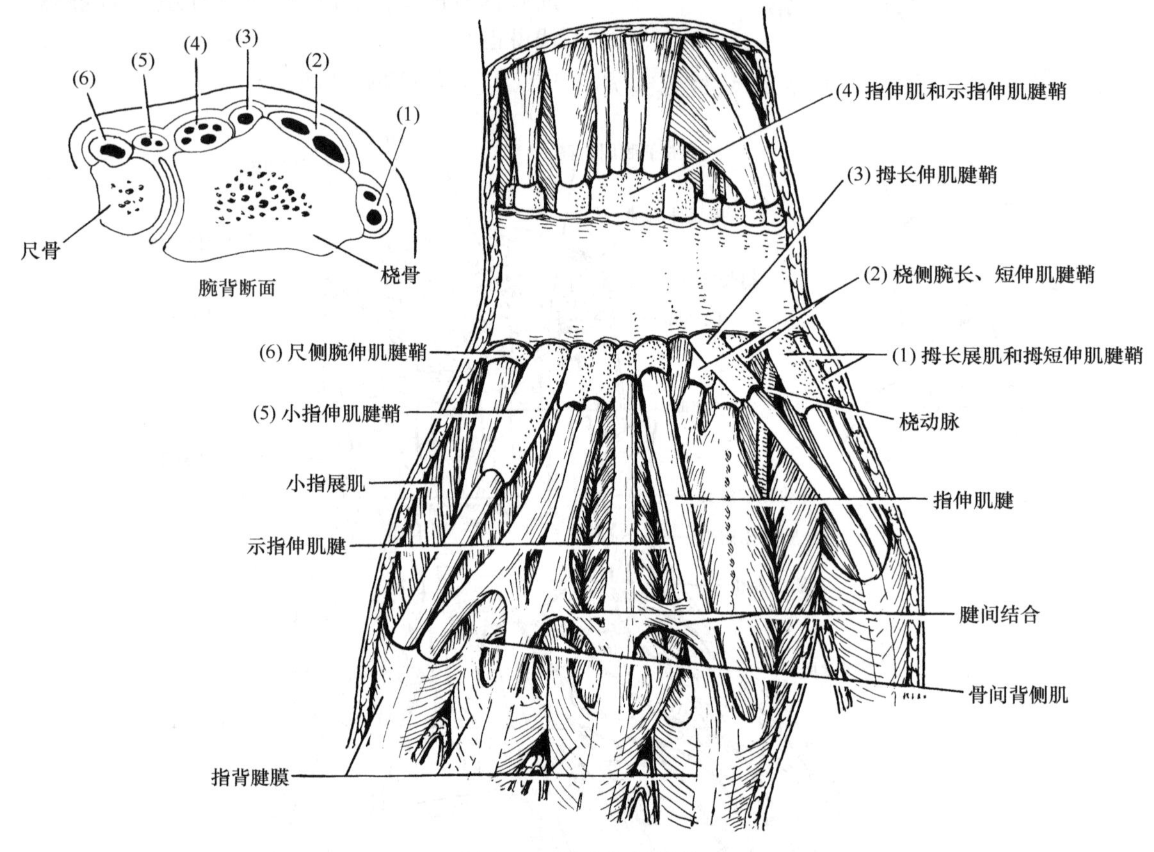

图8-35 手背深层结构

四、手 部

(一)手掌

1. 浅层结构 手掌皮肤厚而致密,具有较厚的角化层,富有汗腺,但没有毛发和皮脂腺。浅筋膜有较厚的脂肪垫,并有很多纤维隔将皮肤与掌腱膜相连,因此不易滑动而有利于手的抓、握、持物等功能。浅筋膜内有浅血管、浅淋巴管和皮神经等走行。

临 床 应 用

手掌的解剖结构特点使手掌在感染时肿胀不甚明显,脓肿不易破溃,却反而向深部扩散。由于皮肤缺乏伸缩性,伤口缝合较困难,且易形成瘢痕,影响手的功能。

2. 深层结构

(1)**深筋膜**:分为浅、深两层。浅层可分为三部分,两侧部较薄弱,分别覆盖鱼际和小鱼际,称**鱼际筋膜**和**小鱼际筋膜**;中间部增厚形成**掌腱膜**。

掌腱膜呈三角形,厚而坚韧,为纵横纤维交织成的腱性结构。其近端与掌长肌腱相连,越过屈肌支持带浅面,远端展开分为四束止于第2~5指近节指骨底两侧。掌腱膜可协助屈指。外伤或炎症时,可发生挛缩,影响手指运动。

深筋膜深层包括**骨间掌侧筋膜**和**拇收肌筋膜**,分别位于骨间肌和拇收肌表面。

(2)**骨筋膜鞘**:手掌骨筋膜鞘由深筋膜浅、深层和内、外侧肌间隔围成。分为外侧鞘、内侧鞘和中间鞘(图8-36)。外侧鞘又称**鱼际鞘**,由鱼际筋膜、外侧肌间隔和第一掌骨围成。内有鱼际肌(拇收肌除外)、拇长屈肌腱及其腱鞘,以及拇指的血管、神经等。

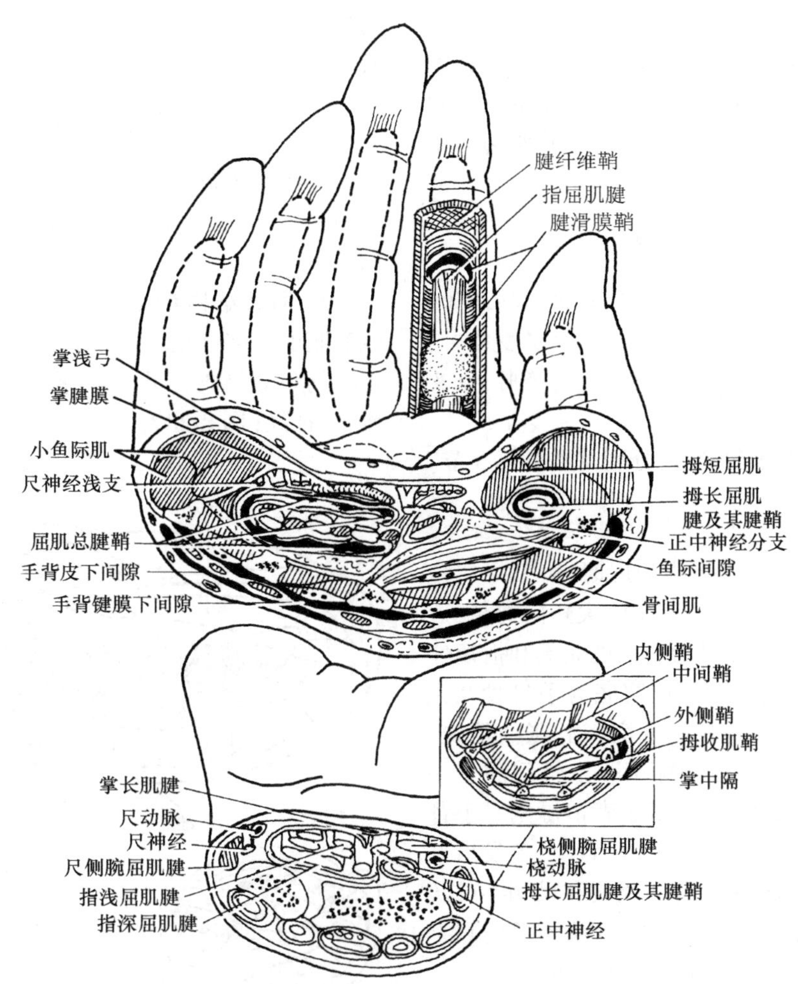

图 8-36　手掌骨筋膜鞘及筋膜间隙

内侧鞘又称**小鱼际鞘**，由小鱼际筋膜、内侧肌间隔和第五掌骨围成。内有小鱼际肌（掌短肌除外），小指屈肌腱及其腱鞘，以及小指的血管、神经等。

中间鞘位于掌腱膜、内侧肌间隔、外侧肌间隔、骨间掌侧筋膜与拇收肌筋膜之间。其内容主要有指浅、深屈肌的八条肌腱，四块蚓状肌和屈肌总腱鞘，以及掌浅弓、指血管和神经等。

通过腕管进入手掌的拇长屈肌腱和指浅、深层肌腱，分别被两个腱鞘包绕（图 8-37），一个是**拇长屈肌腱鞘**，在桡侧包绕拇长屈肌腱；另一个是**屈肌总腱鞘**，在尺侧包绕指浅、深屈肌腱。两鞘近侧在桡骨茎突上方约 2cm 处起始。远侧，拇长屈肌腱鞘与拇指腱鞘相续，屈肌总腱鞘仅与小指腱鞘相续，故拇指、小指发生化脓性腱鞘炎时，可分别波及拇长屈肌腱鞘或屈肌总腱鞘。

(3) **筋膜间隙**：在手掌屈指肌腱及蚓状肌的深面与骨间肌及其筋膜之间，有一被疏松结缔组织充满的潜在间隙称为**手掌筋膜间隙**。由于掌腱膜向第三掌骨发出一纤维隔，因此将上述间隙

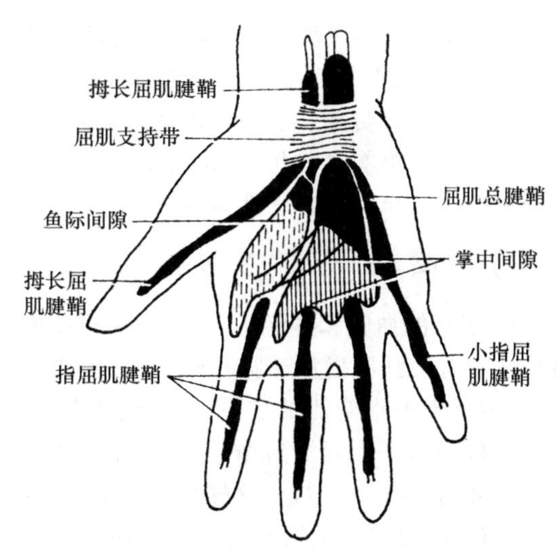

图 8-37　手部腱鞘及筋膜间隙

分为尺侧的掌中间隙和桡侧的鱼际间隙。

掌中间隙 位于第三、四、五指屈肌腱和屈肌总腱鞘等结构与骨间肌及其筋膜之间。内侧界为内侧肌间隔，外侧界为附于第三掌骨的纤维隔。近侧端可经腕管而通向前臂屈肌后间隙，远

侧端沿 2~4 蚓状肌通向 3~5 指背侧。

鱼际间隙 位于示指屈肌腱与拇收肌及其筋膜之间。内侧界为纤维隔,外侧界为外侧肌间隔。近侧端为盲端,远侧端沿第 1 蚓状肌通向第 2 指背侧。

临床应用

上述两间隙,位置较深,充满疏松结缔组织,抵抗力弱。在手掌部外伤和炎症向深层蔓延时,都可引起该间隙的感染。筋膜间隙感染时,应及时切开引流。

(4) **肌肉、血管和神经**:分别见本章第 3 节。

(二) 手背

在手背的桡侧,当拇指伸展时,可见一三角形凹陷称解剖学鼻烟窝。三角的尖指向拇指,近侧界为桡骨茎突,桡侧界为拇长展肌腱和拇短伸肌腱,尺侧界为拇长伸肌腱,窝底为手舟骨及大多角骨。当舟骨骨折时,鼻烟窝因肿胀而消失。桡动脉经此窝底走向远侧穿第一掌骨间隙至手掌。浅静脉非常丰富,吻合成手背静脉网。手背皮神经有桡神经浅支和尺神经手背支,各发出五条指背神经,分别布于手背的桡侧和尺侧半以及各两个半手指背侧皮肤(示、中指及环指桡侧半中远节指背皮肤由正中神经分支分布)。

临床应用

手背皮肤薄而柔软,富有弹性。浅筋膜薄而松弛,移动度较大。当手指和手掌感染时,手背肿胀较手掌更为明显。手背肌腱位置表浅,在伸肌支持带深部都有腱鞘包绕,其中桡骨茎突附近的腱鞘是囊肿和炎症的好发部位。

(三) 手指

1. 手指的血管和神经 每一手指各有两条指掌侧固有动脉和指背动脉,分别与同名神经相伴行,走行于手指两侧的皮下。因此,手指手术常在指根部作环形阻滞麻醉。手指的切口亦应在指侧面的中线上进行。这样可避免损伤手指的血管神经,也可避免切断指横纹,形成瘢痕,影响手指功能。

2. 手指肌腱和腱鞘 除拇指外,每个手指掌侧有指浅屈肌腱和指深屈肌腱,背侧有指伸肌腱、蚓状肌腱、骨间肌腱以及支持韧带所构成的**指背腱膜**。

拇指及小指的腱鞘分别与手掌的**拇长屈肌腱鞘**和**屈肌总腱鞘**相通,其余三指通常均有独立的**指腱鞘**,各腱鞘均从掌指关节起到远节指骨底止。

临床应用

若手指不恰当地作长期、过度活动,可导致腱鞘损伤,产生疼痛并影响肌腱活动,称为"腱鞘炎"。

3. 指端结构特点 手指末节掌侧皮肤,借浅筋膜的许多纤维束连于骨膜上。这些纤维束,将浅筋膜分隔成若干小腔,腔内充满脂肪组织和血管、神经(图 8-38)。

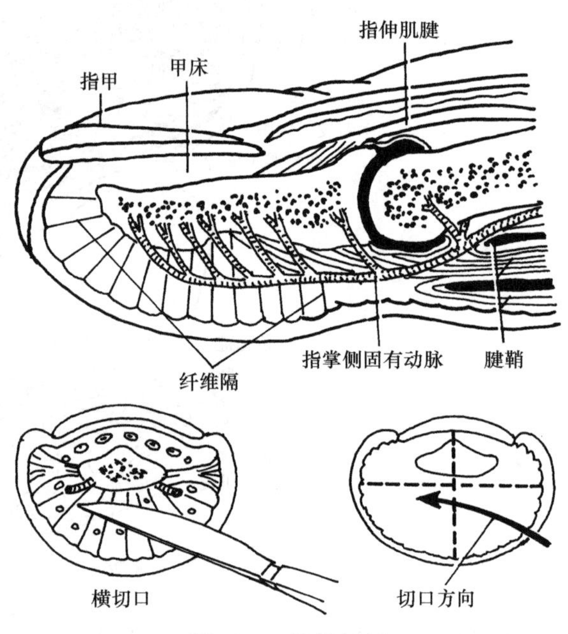

图 8-38 指端解剖

末节指骨背侧有**指甲**(unguis),指甲近侧嵌入皮内的部分称**甲根**。甲根基部的生发层是指甲生长点,手术时应加以保护。围绕甲根及甲侧缘的皮肤称**甲廓**。甲廓与甲之间的沟称**甲沟**。甲下的真皮称**甲床**。

临床应用

当指端发生炎症时,渗出物在各小腔内不易扩散,压力很大,压迫神经、血管引起剧痛,甚至造成末节指骨坏死。应尽早从侧面切开至深层横断纤维隔,达到减压和引流的目的。甲沟处极易因外伤而感染,称甲沟炎,如不及时治疗,脓液可侵入甲床。

复习思考题

1. 上肢可以摸到哪些骨性标志?
2. 何谓喙肩弓?有何作用?
3. 何谓提携角?

4. 总结肩、肘、腕关节的组成和形态结构特征。

5. 上肢可以摸到哪些肌性标志？

6. 三角肌、肱二头肌、肱三头肌、肱桡肌、指浅和指深屈肌、拇长屈肌、指伸肌各肌的起止和作用如何？

7. 手蚓状肌和骨间肌的位置和作用、神经支配怎样？

8. 锁骨下动脉和腋动脉都有哪些分支，各分布于何处？其间有哪些侧支吻合？

9. 掌浅弓、掌深弓各自的组成有哪些？

10. 头静脉、贵要静脉的起始、走行、注入部位如何？

11. 腋淋巴结分哪些群？各收集何处淋巴液？

12. 简述臂丛的组成。

13. 胸长神经、胸背神经、腋神经、肌皮神经、正中神经、尺神经、桡神经的支配及损伤后的表现如何？

14. 何谓三边孔、四边孔？各通行什么结构？

15. 腕管的组成及内容物是什么？

16. 何谓掌中间隙和鱼际间隙？

17. 病例 1. 患者，男性，25 岁，因交通肇事摔倒后出现，右肩和颈部疼痛，右臂不能抬起。检查见患肢下垂无力，前臂呈旋前位；右上肢外侧皮肤痛觉丧失，右肩关节不能做屈、展和旋外运动，肘关节不能屈曲。诊断为右侧臂丛损伤。请问：

(1) 根据患者感觉和运动障碍出现的部位，试分析其可能损伤哪些神经？

(2) 受损伤的运动神经可致使哪些肌肉瘫痪？

18. 病例 2. 患者，男性，60 岁，因右肩部摔伤就诊。检查见右肩部肿胀淤血，不敢活动。X 线片示右肱骨外科颈骨折。处理后病情逐渐稳定。伤后近一个月才发现右肩出现局部皮肤感觉丧失，肌肉萎缩，肩部骨突耸起，臂不能外展。请问：

(1) 此患者肱骨外科颈骨折易伤及什么神经？

(2) 受损伤的神经可致什么肌肉瘫痪？为什么会出现上述症状？

19. 病例 3. 患者，男性，29 岁，2 小时前被汽车撞倒在地，当时觉右上肢疼痛难忍，活动受限，被送往医院后检查发现右肩部、右臂部肿胀明显，皮肤有擦伤，局部压痛明显，活动受限，右臂中部隆起，出现畸形，稍活动可感骨擦音。右腕下垂，各指掌指关节不能伸直，拇指不能伸直，手背桡侧皮肤感觉麻木。经 X 线片检查，诊断为右肱骨中段骨折。请问：

(1) 肱骨中段骨折最易损伤什么结构？为什么？

(2) 为什么右腕下垂以及掌指关节和拇指不能伸？为什么右手背桡侧皮肤感觉麻木？

(3) 若实行手术内固定术治疗骨折应注意避免损伤哪些结构？

20. 病例 4. 患者，女性，65 岁，因走路时不慎摔倒，右肘部、疼痛急诊入院。检查所见：右肘部肿胀明显，大面积瘀斑，压痛，肘关节呈半屈位畸形，活动受限，肘后三角存在，有骨擦音。桡动脉搏动消失，手部皮肤苍白、发凉，右手内侧缘和小指麻木，痛觉消失。X 线片示右肱骨髁上粉碎性骨折。请问：

(1) 患者右手内侧和小指麻木，痛觉丧失的原因是什么？

(2) 患者桡动脉搏动消失，手部皮肤苍白说明是损伤了什么结构？

21. 病例 5. 患者，女性，45 岁，因左手掌外侧及外侧三个手指麻木、疼痛半年入院。患者半年前无明显诱因出现左手掌外侧麻木、疼痛，继而左手拇指、食指、中指掌面及环指外侧出现刺痛和烧灼痛，症状逐渐加重，以夜间疼痛为重，影响睡眠。检查所见：左手鱼际变平，鱼际肌萎缩，拇指对掌功能受限，左手掌外侧、拇指、食指、中指掌面及环指外侧触觉及痛觉减退。轻叩腕掌侧有向手掌的过电感，压迫腕部放电感加重。X 线片未见明显的骨质异常。诊断为左侧腕管综合征。请问：

(1) 腕管是如何构成的？通过哪些结构？

(2) 腕管综合征为什么会引起上述区域的感觉异常？

(3) 腕管综合征为什么会引起鱼际肌萎缩，拇指运动受限？

22. 病例 6. 患者，男性，32 岁，5 天前工作时不慎左手掌被刺伤，3 天前出现左手掌面肿胀，疼痛、中、环、小指不能主动活动，伴头痛、乏力、发热。检查所见：左手掌及手背肿胀，掌心凹陷消失，压痛明显。中、环、小指呈半屈曲状态，主动及被动活动均受限并且引起疼痛。T38.5℃。血常规示白细胞 $21.0\times10^9/L$，中性粒细胞 0.895，X 线片未见明显的手部骨质异常。诊断为左掌中间隙感染。请问：

(1) 掌中间隙感染的诊断依据是什么？

(2) 说明掌中间隙的位置与境界？

(3) 如果掌中间隙感染得不到控制，会蔓延到何处？

（刘　欣）

第 9 章 下 肢

下肢借下肢带与躯干相连，其特征是：骨骼粗大，关节面宽，辅助结构多而坚韧，稳定性大于灵活性，肌肉较发达，具有支持体重及运动的功能。

第 1 节 下肢骨和骨连结

一、下 肢 骨

（一）下肢带骨

见第 7 章。

（二）自由下肢骨

1. 股骨（femur） 是人体最长最结实的长骨，长度约为身高的 1/4，分一体两端（图 9-1）。上端有朝向内上的**股骨头**（femoral head），与髋臼相关节。头中央稍下有小的股骨头凹。头下外侧的狭细部称**股骨颈**（neck of femur）。颈与体连接处上外侧的方形隆起，称**大转子**（greater trochanter）；内下方的隆起，称**小转子**（lesser trochanter），有肌肉附着。大、小转子之间，前面有**转子间线**，后面有**转子间嵴**。股骨体略弓向前，上段呈圆柱形，中段呈三棱柱形，下段前后略扁。体后面有纵行骨嵴为粗线。此线上端分叉，向上外延续于粗糙的**臀肌粗隆**（gluteal tuberosity），向上内侧延续为耻骨肌线。粗线下端也分为内、外两线，二线间的骨面为腘面。

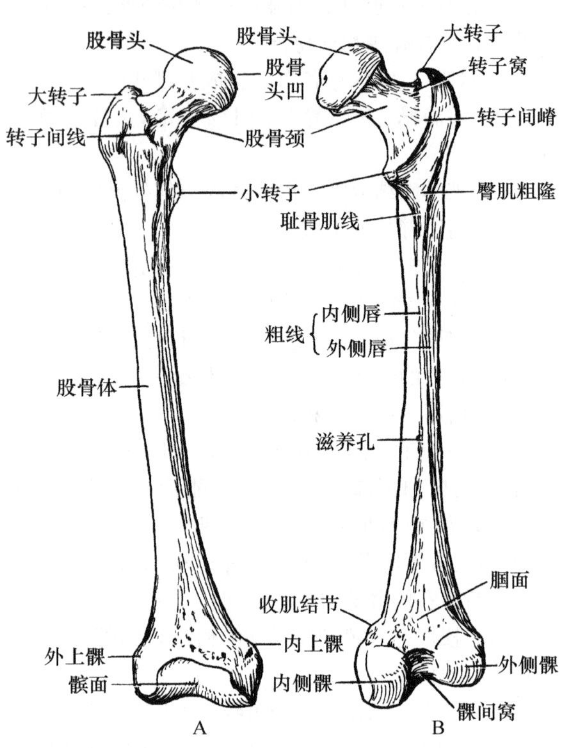

图 9-1 股骨

A. 前面；B. 后面

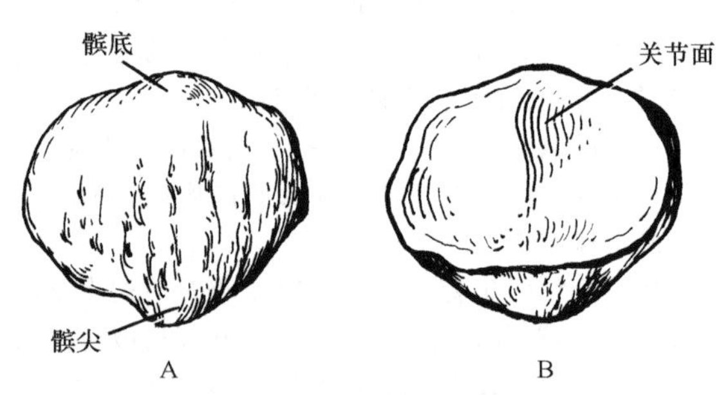

图 9-2 髌骨（右侧）

A. 前面；B. 后面

下端有两个向后突出的膨大，为**内侧髁**（medial condyle）和**外侧髁**（lateral codyle）。内、外侧髁的前面、下面和后面均为光滑的关节面。两髁前方关节面相连，形成髌面，与髌骨相接。两髁后份之间的深窝称**髁间窝**（intercondylar fossa）。两髁侧面最突起处，分别为**内上髁**（medial epicondyle）和**外上髁**（lateral epicondyle）。内上髁上方的小突起，称**收肌结节**（adductor tubercle）。

2. 髌骨（patella） 是人体最大的籽骨（图 9-2），位于股骨下端前面，在股四头肌腱内，上宽下尖，前面粗糙，后面为关节面，与股骨髌面相关节。

3. 胫骨（tibia） 位于小腿内侧，较粗大，分一体两端（图 9-3）。上端膨大，向两侧突出，形成**内侧髁**和**外侧髁**。二髁上面各有关节面，与股骨髁相关节。两关节面之间的粗糙隆起，称**髁间隆起**（intercondylar eminence）。外侧髁后下方有腓关节面与腓骨头相关节。上端前面的隆起称**胫骨粗隆**（tibial tuberosity）。胫骨体呈三棱柱形，较锐的前缘和内侧面直接位于皮下，外侧缘有小腿骨间膜附着，称骨间缘。后面上份有斜向下内的比目鱼肌线。

笔记栏

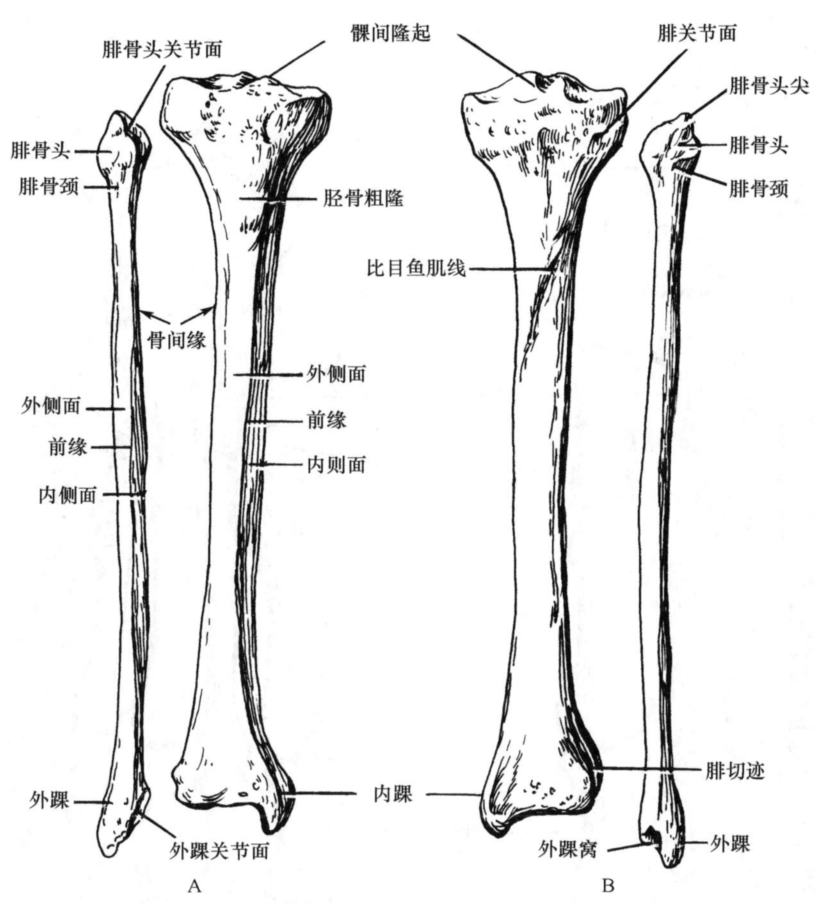

图 9-3　胫骨和腓骨(右侧)

A. 前面;B. 后面

下端稍膨大。其内下有一突起,称**内踝**(medial malleolus)。下端下面和内踝外面有关节面与距骨滑车相关节。下端的外侧面有腓切迹与腓骨相接。

4. 腓骨(fibula)　位于胫骨外后方,分一体两端(图 9-3)细长。上端稍膨大,称**腓骨头**(fibular head),有腓骨头关节面与胫骨相关节。头下方缩窄,称**腓骨颈**(neck of fibula)。体内侧缘锐利,称骨间缘,有小腿骨间膜附着。下端膨大,形成**外踝**(lateral malleolus)。其内侧有外踝关节面,与距骨相关节。

5. 足骨　包括跗骨、跖骨和趾骨(图 9-4)。

(1) **跗骨**(tarsal bones):7 块,属短骨。分前、中、后三列。前列为**内侧、中间、外侧楔骨**(cuneiform bone)及跟骨前方的**骰骨**(cuboid bone);中列为位于距骨前方的**足舟骨**(navicular bone);后列包括上方的**距骨**(talus)和下方的**跟骨**(calcaneus)。

与下肢支持和负重功能相适应,跗骨几乎占据全足的一半,距骨上面有前宽后窄的关节面,称距骨滑车,与内、外踝和胫骨的下关节面相关节。距骨下方与跟骨相关节。跟骨后端隆突,为跟骨结节。距骨前接足舟骨,其内下方隆起为舟骨粗隆。足舟骨前方与三块楔骨相关节,外侧的骰骨与跟骨相接。

(2) **跖骨**(metatarsal bones):5 块,为第 1~5 跖骨,形状和排列大致与掌骨相当,但比掌骨粗大。每一跖骨近端为底,与跗骨相接,中间为体,远端称头,与近节趾骨相接。第 5 跖骨底向后突出,称第 5 跖骨粗隆。

(3) **趾骨**(phalanges of toes):共 14 块。拇趾为 2 节,其余各趾为 3 节。形态和命名与指骨相同。趾骨粗壮,其余趾骨细小,第 5 趾的远节趾骨甚小,往往与中节趾骨长合。

(三)下肢骨常见的变异和畸形

1. 股骨　臀肌粗隆异常粗大,形成第 3 转子。

2. 髌骨　可缺如或为二分髌骨。

3. 距骨　后下部和前上部可出现三角骨和距上骨。

4. 楔骨　内侧和中间楔骨之间可出现楔间骨。

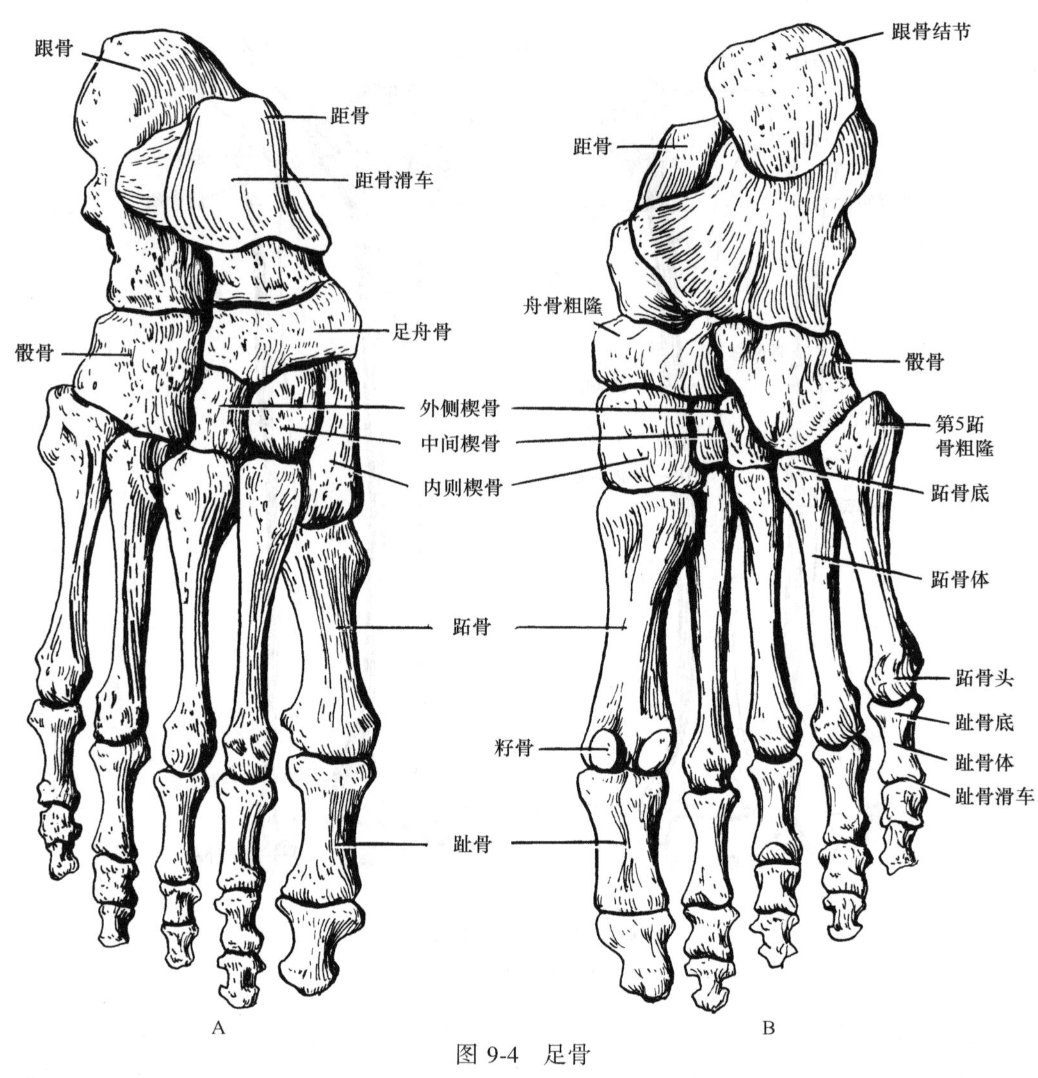

图 9-4　足骨

A. 上面；B. 下面

5. 跖骨　第1与第2跖骨之间可出现跖间骨。

6. 趾骨　多趾。

二、下肢骨的连结

下肢骨的连结包括下肢带的连结和自由下肢骨的连结。

（一）下肢带连结

内容见第7章。

（二）自由下肢骨连结

1. 髋关节(hip joint)　由髋臼与股骨头构成(图9-5、图9-6)，是典型的杵臼关节。髋臼周缘附有纤维软骨构成的**髋臼唇**(acetabular labrum)，以增加髋臼的深度。髋臼切迹被髋臼横韧带封闭，使髋臼内半月形关节面扩大为环形关节面，增大了髋臼与股骨头的接触面。股骨头的关节面约占头的2/3，几乎全部纳入髋臼内，与髋臼的关节面接触，髋臼窝内充填有脂肪组织。

关节囊周围有韧带加强，其中以前方的**髂股韧带**最为强大。髂股韧带起自髂前下棘，向下呈人字形，经关节囊前方止于转子间线。此韧带除增强关节囊外，还可限制大腿过伸，对维护人体直立姿势有很大作用。**耻股韧带**：由耻骨上支向外下融合于关节囊前下壁，限制大腿的外展及旋外运动。坐股韧带：起自坐骨体，斜向上外与关节囊融合，止于大转子根部，限制大腿旋内运动。轮匝带：是关节囊的深层纤维围绕股骨颈的环形增厚，约束股骨头向外脱出。关节囊内有**股骨头韧带**(ligament of head of femur)，连结于股骨头凹和髋臼横韧带之间，为滑膜所包被，内含营养股骨头的血管。

髋关节可作三轴性运动，即在额状轴上的前屈、后伸，矢状轴上的内收、外展，垂直轴上的旋内、旋外以及环转运动。但由于股骨头深藏于髋臼内，关节囊紧张而坚韧，又受各种韧带的限制，故其运动幅度远不及肩关节，而具有较大的稳固性，以适应其支持和下肢行走的功能。

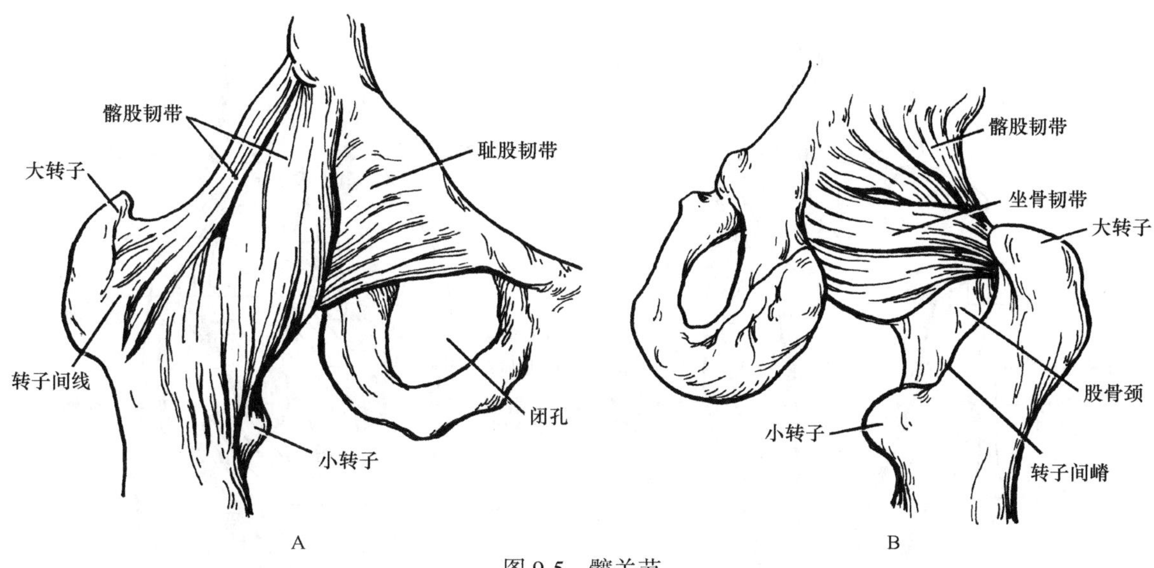

图 9-5 髋关节

A. 前面;B. 后面

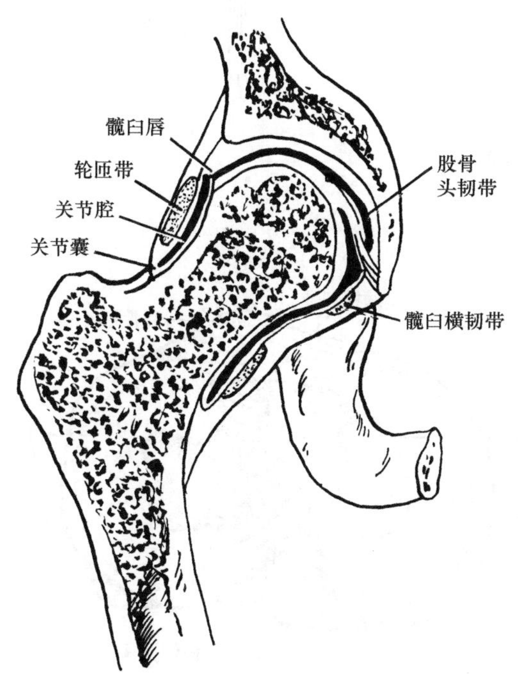

图 9-6 髋关节(冠状切面)

临 床 应 用

人体侧卧时如髋关节屈曲 90°,坐骨结节和髂前上棘间的连线(称 Nelaton 线)恰好通过大转子尖端。当股骨颈骨折或髋关节脱位时,大转子可向上移位越过此线。

髋关节周围有肌肉和韧带加强,稳固性好,但其后下方薄弱,当髋关节内收屈曲时,股骨头位于薄弱的关节囊后部,如受暴力易发生后脱位。关节囊向上附着于髋臼周缘,向下前面附着于转子间线,后面附着于转子间嵴处,股骨颈在后面只有中、内 2/3 为位关节囊内,外 1/3 位于囊外,故股骨颈的骨折,临床上分为囊内和囊外骨折。

2. 膝关节(knee joint) 是人体最大最复杂的关节,由股骨下端、胫骨上端和髌骨构成(图 9-7、图 9-8)。髌骨与股骨的髌面相接,股骨的内、外侧髁分别与胫骨的内、外侧髁相对。

膝关节的关节囊薄而松弛,附于各关节面的周缘,周围有韧带加固,以增加关节的稳定性。囊的前壁有股四头肌腱、髌骨以及起于髌骨下缘,止于胫骨粗隆的**髌韧带**(patellar ligament),它是股四头肌腱的下续部分。囊的内侧有**胫侧副韧带**(tibial collateral ligament),起自股骨内上髁,止于胫骨内侧髁的内侧面,与关节囊和内侧半月板紧密结合。囊的外侧有条索状的**腓侧副韧带**(fibular collateral ligament),上方附于股骨外上髁,下方附于腓骨头,与外侧半月板不直接相连。胫侧副韧带和腓侧副韧带在伸膝时紧张,屈膝时松弛,半屈膝时最松弛,因此,半屈膝时允许膝关节作少许内旋和外旋运动。囊的后壁有**腘斜韧带**(oblique popliteal ligament),起自胫骨内侧髁,斜向上外方,与关节囊融合,止于股骨外上髁,可防止膝关节过度前伸。

此外,关节内还有由滑膜衬覆的**膝交叉韧带**(cruciate ligament of knee),有前、后两条,**前交叉韧带**(anterior cruciate ligament)起自胫骨髁间隆起的前方内侧,斜向后上外方,附于股骨外侧髁的内侧;**后交叉韧带**(posterior cruciate ligament)起自胫骨髁间隆起的后方,斜向前上内方,附于股骨内侧髁的外侧。膝交叉韧带牢固地连结股骨和胫骨,可防止胫骨沿股骨向前、后移位。前交叉韧带在伸膝时最紧张,能防止胫骨前移;后交叉韧带在屈膝时最紧张,可防止胫骨后移。

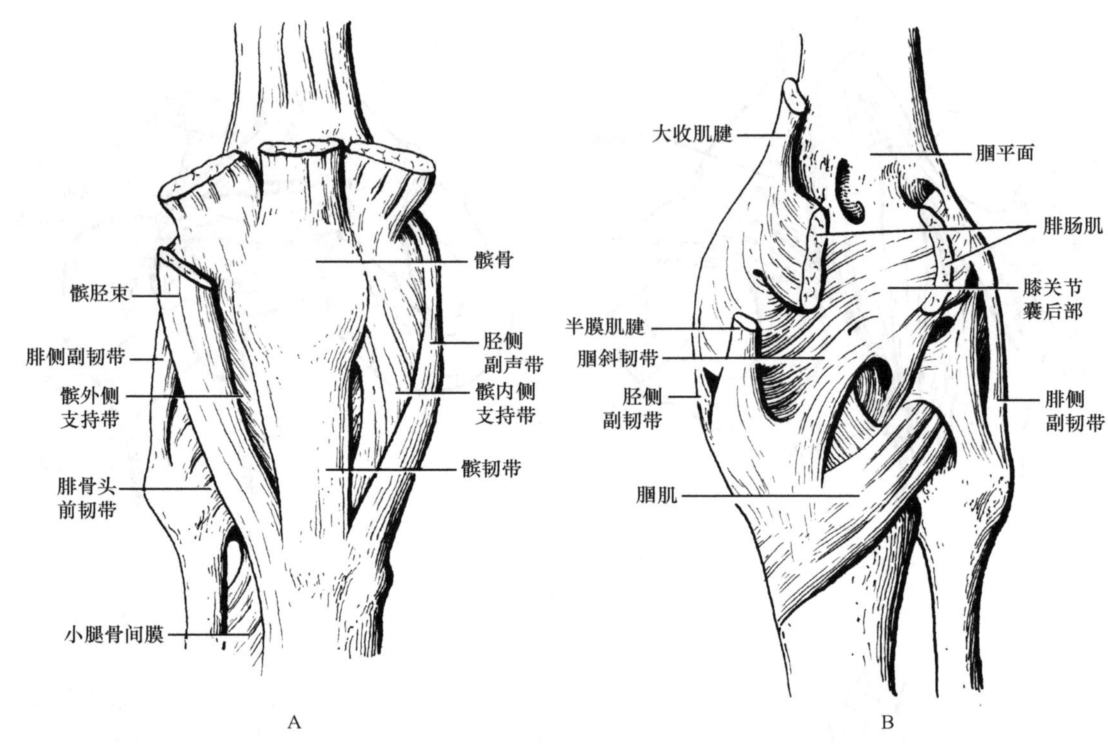

图 9-7　膝关节

A. 前面；B. 后面

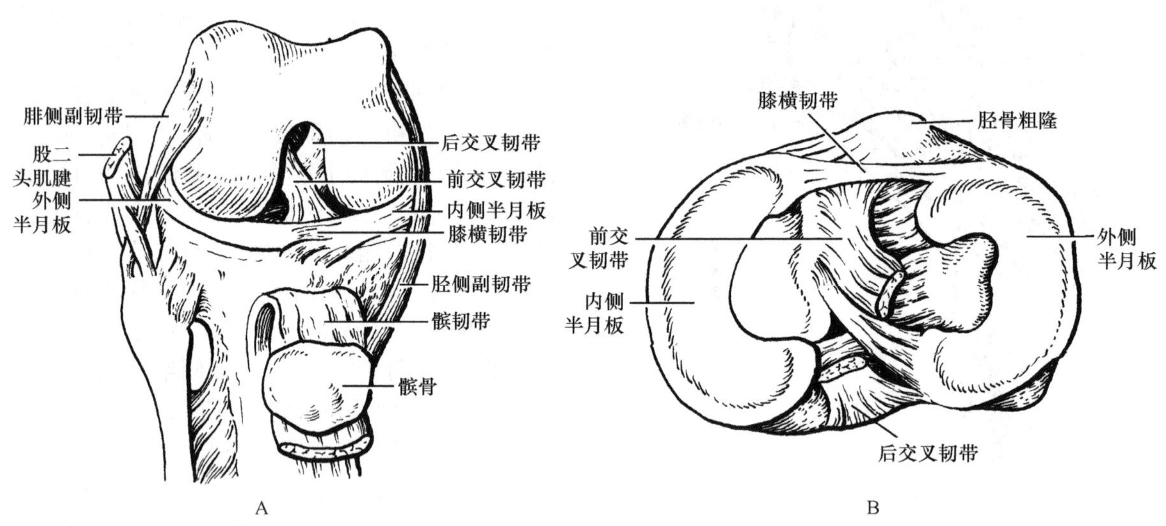

图 9-8　膝关节内部结构

A. 前面；B. 上面

在股骨内、外侧髁与胫骨内、外侧髁的关节面之间，垫有两块半月形纤维软骨板，分别称**内侧半月板**(medial meniscus)和**外侧半月板**(lateral meniscus，图 9-8)。半月板上面凹陷，下面平坦，内缘薄，外缘厚，两端借韧带附着于胫骨髁间隆起。内侧半月板较大，呈“C”形，前端窄后份宽，外缘与关节囊及胫侧副韧带紧密相连。外侧半月板较小，近似“O”形，外缘亦与关节囊相连，但囊和腓侧副韧带之间隔有腘肌腱。半月板的存在可以：①使关节面相适，既增大了关节窝的深度，使膝关节稳固，又可同股骨髁一起对胫骨作旋转运动；②缓冲压力，吸收震荡，起弹性垫作用。

关节囊的滑膜层宽阔，附着于各骨关节面周缘，除关节软骨和半月板以外，覆盖关节内所有结构。滑膜沿股骨下端的前面，向髌骨上缘的上方突入股四头肌腱的深面，形成与关节腔相通的**髌上囊**，长达 5cm 左右。另外，还有不与关节腔相通的滑液囊，如位于髌韧带与胫骨上端之间的髌下深囊。在髌骨下方中线的两侧，滑膜层部分突向关节腔内，形成一对**翼状襞**(alar folds)，襞内含有脂肪组织,充填于关节腔内的空隙。

膝关节属于屈戌关节,主要作屈、伸运动,屈可达130°,伸不超过10°。膝在半屈位时,小腿尚可作旋转运动,可达40°。半月板的位置,随膝关节的运动而改变。屈膝时半月板滑向后方,伸膝时滑向前方,半屈膝旋转时,一个半月板滑向前,另一个滑向后。例如,伸膝时,胫骨两髁连同半月板,沿股骨两髁的关节面,由后向前滑动。由于股骨两髁关节面后部的曲度较下部的大,所以在伸膝过程中,股骨两髁与胫骨两髁的接触面积逐渐增大,与此相应,两半月板也逐渐向前方滑动。

临床应用

膝关节辅助结构多,较稳定,不易发生脱位,但膝关节的交叉韧带和半月板易损伤。当前、后交叉韧带断裂,膝关节半屈位时,胫骨可前、后移位,临床上称"抽屉试验"阳性。由于半月板随膝关节运动而移动,当膝关节作急骤强力动作时,可造成损伤。例如,当急剧伸小腿并作强力旋转(如踢足球)时,原移位的半月板尚未来得及前滑,被膝关节上、下关节面挤住,即可发生半月板挤伤或破裂。由于内侧半月板与关节囊及胫侧副韧带紧密相连,因而内侧半月板损伤机会较多。

3. 胫腓连结 胫、腓二骨的连结紧密,上端由胫骨外侧髁的腓关节面与腓骨头构成微动的胫腓关节,两骨干间有坚韧的**小腿骨间膜**连结;下端借**胫腓前、后韧带**构成坚强的韧带连结;所以小腿两骨间活动度甚小。必要时腓骨可以部分切除,切除后,并不影响下肢的功能。

4. 足关节(joints of foot) 包括距小腿关节、跗骨间关节、跗跖关节、跖骨间关节、跖趾关节和趾骨间关节。

(1) **距小腿关节**(talocrural joint):亦称**踝关节**(ankle joint),由胫、腓骨的下端与距骨滑车构成(图9-9、图9-10),关节囊附着于各关节的周围,其前、后壁薄而松弛,两侧有韧带加强。内侧有**内侧韧带**(medial ligament,又名**三角韧带**),很坚韧,起自内踝尖,向下呈扇形展开,止于足舟骨、距骨和跟骨。外侧有三条独立的韧带,均较薄弱,前为**距腓前韧带**,中为**跟腓韧带**,后为**距腓后韧带**,三条韧带均起自外踝,分别向前、向下、向后内,止于距骨和跟骨。

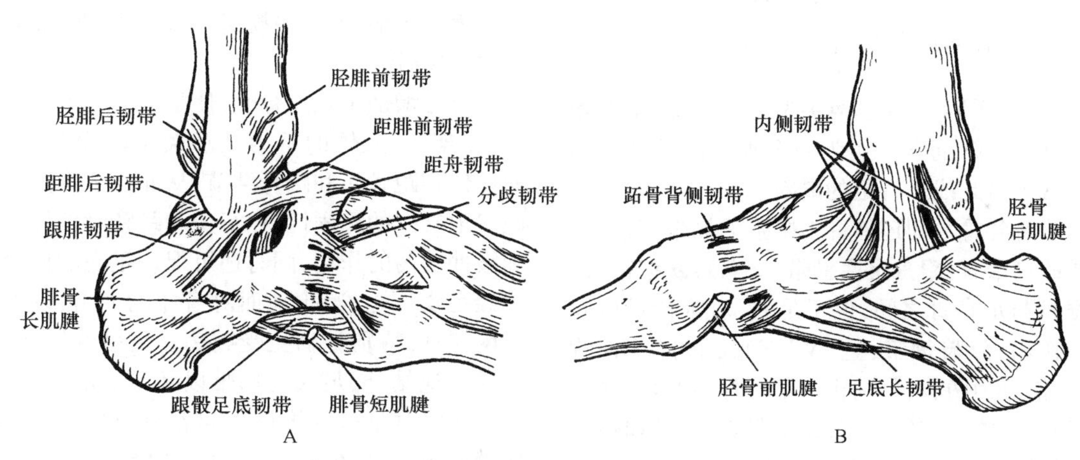

图9-9 踝关节周围韧带

A. 外侧面;B. 内侧面

踝关节属屈戌关节,能作背屈(伸)和跖屈(屈)运动。

临床应用

距骨滑车前宽后窄,当背屈时,较宽的滑车前部嵌入关节窝内,关节较稳定;当跖屈时,较窄的滑车后部进入关节窝内,足能作轻微的侧方运动,但此时关节不够稳定,故踝关节扭伤多发生在跖屈情况下。踝关节在运动中若发生过度内翻和外翻,常易损伤外侧和内侧副韧带,由于外踝比内踝低,且外侧副韧带较薄弱,临床上以外侧副韧带损伤多见。

(2) **跗骨间关节**(intertarsal joint):为跗骨诸骨之间的关节(图9-10),数目较多,以**距跟关节(距下关节)**、**距跟舟关节**和**跟骰关节**较为重要。距跟关节和距跟舟关节在机能上是联合关节,运动时,跟骨与舟骨连同其余的足骨对距骨作内翻或外翻运动。足的内侧缘提起,足底转向内侧称**内翻**。足的外侧缘提起,足底转向外侧称**外翻**。内、外翻常与踝关节协同运动。即内翻常伴以足的跖屈,外翻常伴以足的背屈。跟骰关节和距跟舟关节联合构成**跗横关节**(transverse tarsal joint,又名**Chopart关节**),其关节线横过跗骨中份,呈横位的"S"形,内侧部凸向前,外侧

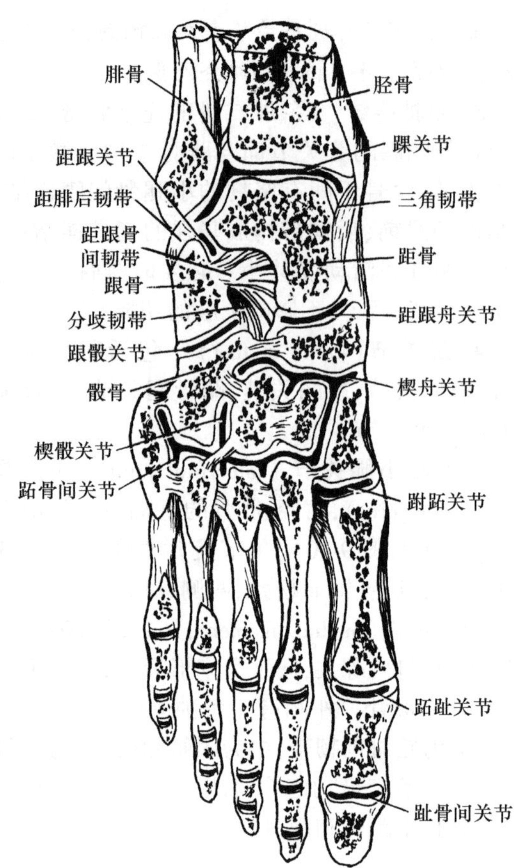

图 9-10 足关节(水平切面)

部凸向后,实际上由于两关节的关节腔互不相通,因此,在解剖学上实为两个独立的关节。临床上常可沿此线进行足的离断。

跗骨各骨之间还借许多坚强的韧带相连结,主要的韧带有:**跟舟足底韧带**,又名**跳跃韧带**,连于跟骨与足舟骨之间,位于足底,对维持足弓起重要作用;**分歧韧带**,呈"V"字形,起自跟骨背面,向前分为两股,分别止于足舟骨和骰骨;在足底,尚有一些强韧的韧带,连结跟骨、骰骨和跖骨底,对维持足的纵弓具有重要意义。

(3) **跗跖关节**(tarsometatarsal joints):又名 Lisfranc 关节,由 3 块楔骨和骰骨的前端与 5 块跖骨的底构成,属平面关节,可作轻微滑动及屈、伸运动。

(4) **跖骨间关节**(intermetatarsal joints):由Ⅱ-Ⅴ跖骨底毗邻面构成,属平面关节,连结紧密,活动甚微。

(5) **跖趾关节**(metatarsophalangeal joints):由跖骨头与近节趾骨底构成,可作轻微的屈、伸和收、展运动。

(6) **趾骨间关节**(interphalangeal joints):由各趾相邻的两节趾骨的底与滑车构成,可作屈、伸运动。

5. 足弓 跗骨和跖骨借其连结而形成的凸向上的弓,称**足弓**(图 9-11)。可分为前后方向的内、外侧纵弓和内外方向的一个横弓。

内侧纵弓由跟骨、距骨、舟骨、3 块楔骨以及内侧 3 个跖骨连结构成,弓的最高点为距骨头。此弓前端的承重点在第 1 跖骨头,后端的承重点是跟骨的跟结节。**外侧纵弓**由跟骨、骰骨和外侧 2 个跖骨构成,弓的最高点在骰骨,其前端的承重点在第 V 跖骨头。内侧纵弓较外侧纵弓为高。**横弓**由骰骨、3 块楔骨和跖骨构成,最高点在中间楔骨。

足弓增加了足的弹性,使足成为具有弹性的"三足架"。人体的重力从踝关节经距骨向前、向后传到距骨头和跟骨结节,从而保证直立时足底着地支撑的稳固性,在行走和跳跃时发挥弹性和缓冲震荡的作用,同时还可保护足底的血管和神经免受压迫,减少地面对身体的冲击,以保护体内器官,特别是脑免受震荡。足弓的维持,除各骨的连结外,足底的韧带以及足底的长、短肌腱的牵引对足弓的维持也起着重要作用。这些韧带虽很坚韧,但缺乏主动收缩能力,一旦被拉长或受到损伤,足弓便有可能塌陷,成为扁平足。

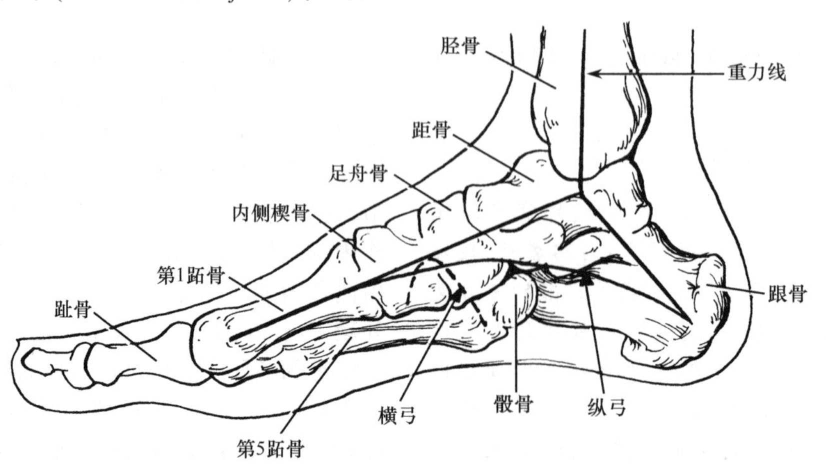

图 9-11 足弓

第2节 下 肢 肌

下肢肌可分为髋肌、大腿肌、小腿肌和足肌。下肢肌比上肢肌粗壮强大，这与维护直立姿势、支持体重和行走有关。

一、髋 肌

髋肌主要起自骨盆的内面和外面，跨过髋关节，止于股骨上部，按其所在部位和作用，可分为前、后两群（表9-1）。

表 9-1 髋肌的位置、名称、起止点、作用和神经支配

<table>
<tr><th colspan="2">位 置</th><th colspan="2">肌名称</th><th>起 点</th><th>止 点</th><th>作 用</th><th>神经支配</th></tr>
<tr><td colspan="2" rowspan="3">前群</td><td rowspan="2">髂腰肌</td><td>髂肌</td><td>髂窝</td><td rowspan="2">股骨小转子</td><td rowspan="2">髋关节前屈和旋外，下肢固定时，使躯干和骨盆前屈</td><td rowspan="2">腰丛分支</td></tr>
<tr><td>腰大肌</td><td>腰椎体侧面和横突</td></tr>
<tr><td colspan="2">阔筋膜张肌</td><td>髂前上棘</td><td>经髂胫束至胫骨外侧髁</td><td>紧张阔筋膜并屈大腿</td><td>臀上神经</td></tr>
<tr><td rowspan="7">后群</td><td>浅层</td><td colspan="2">臀大肌</td><td>髂骨翼外面和骶骨背面</td><td>臀肌粗隆及髂胫束</td><td>大腿后伸和外旋</td><td>臀下神经</td></tr>
<tr><td rowspan="4">中层</td><td colspan="2">臀中肌</td><td>髂骨翼外面</td><td rowspan="2">股骨大转子</td><td>大腿外展、内旋（前部肌束）和外旋（后部肌束）</td><td>臀上神经</td></tr>
<tr><td colspan="2">梨状肌</td><td>骶骨前面骶前孔外侧</td><td>大腿外旋和外展</td><td>骶丛分支</td></tr>
<tr><td colspan="2">闭孔内肌</td><td>闭孔膜内面及其周围骨面</td><td>股骨转子窝</td><td rowspan="2">大腿外旋</td><td rowspan="2">骶丛分支</td></tr>
<tr><td colspan="2">股方肌</td><td>坐骨结节</td><td>转子间嵴</td></tr>
<tr><td rowspan="2">深层</td><td colspan="2">臀小肌</td><td>髂骨翼外面</td><td>股骨大转子前缘</td><td>大腿外展、内旋（前部肌束）和外旋（后部肌束）</td><td>臀上神经</td></tr>
<tr><td colspan="2">闭孔外肌</td><td>闭孔膜外面及其周围骨面</td><td>股骨转子窝</td><td>大腿外旋</td><td>闭孔神经和骶丛分支</td></tr>
</table>

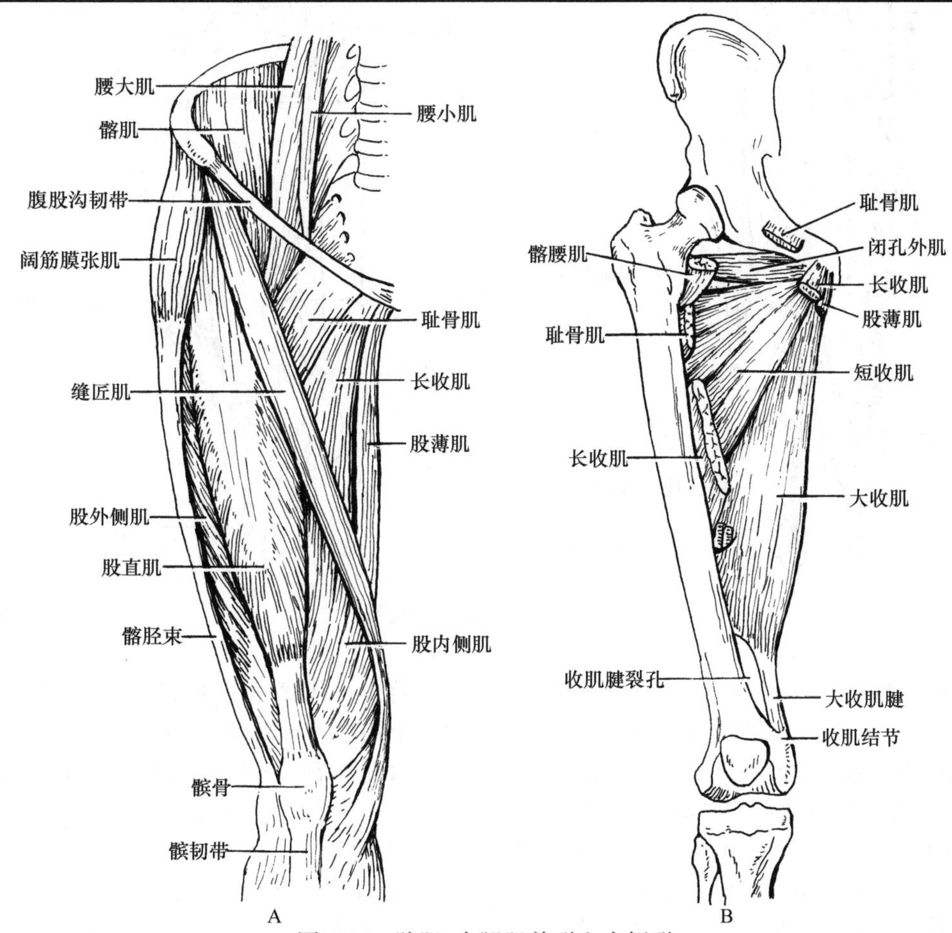

图 9-12 髋肌、大腿肌前群和内侧群

A. 浅层；B. 深层

(一)前群

前群有髂腰肌和阔筋膜张肌(图9-12)。

髂腰肌(iliopsoas)由腰大肌和髂肌组成。**腰大肌**(psoas major)起自腰椎体侧面和横突。**髂肌**(iliacus)呈扇形,位于腰大肌的外侧,起自髂窝。两肌向下相互结合,经腹股沟韧带深面和髋关节的前内侧,止于股骨小转子。作用:使大腿前屈和旋外。下肢固定时,可使躯干和骨盆前屈。

临床应用

髂腰肌被髂腰筋膜覆盖,此筋膜与髂窝和脊柱腰部共同形成一骨性筋膜鞘。当患腰椎结核或腰大肌脓肿时,脓液可沿此鞘流入髂窝和大腿根部,形成流注脓肿。

阔筋膜张肌(tensor fasciae latae)位于大腿上部前外侧,起自髂前上棘,肌腹在阔筋膜两层之间,向下移行于髂胫束,后者止于胫骨外侧髁。作用:使阔筋膜紧张并屈大腿。

(二)后群

后群肌主要位于臀部,又称臀肌,包括臀大、中、小肌和经过髋关节囊后面的其他小肌(图9-13)。

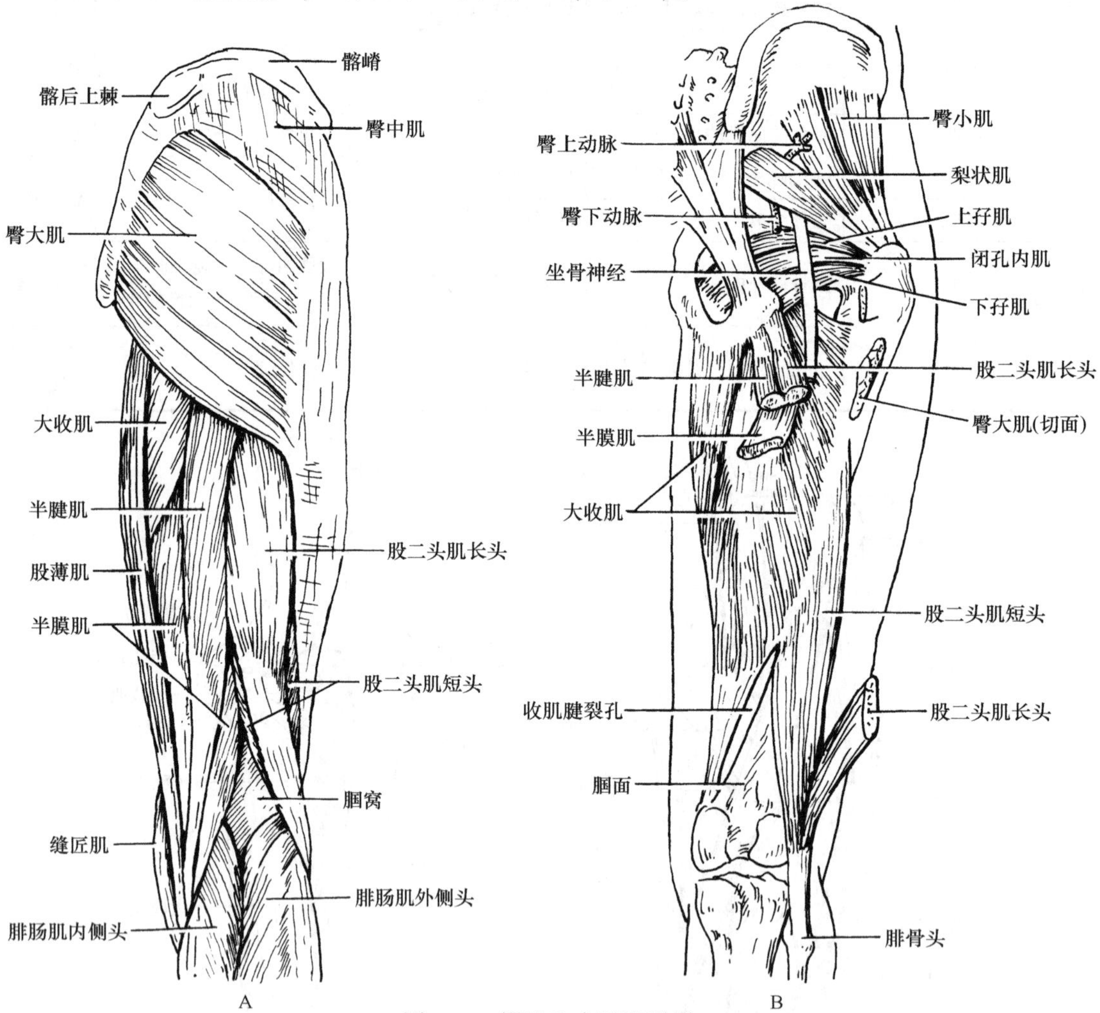

图9-13 臀肌和大腿肌后群

A. 浅层;B. 深层

臀大肌(gluteus maximus)位于臀部浅层、大而肥厚,形成特有的臀部隆起,覆盖臀中肌下半部及其他小肌。起自髂骨翼外面和骶骨背面,肌束斜向下外,止于髂胫束和股骨的臀肌粗隆。作用:使大腿后伸和外旋。下肢固定时,能伸直躯干,防止躯干前倾,以维持身体的平衡。

臀中肌(gluteus medius)位于臀大肌的深面。**臀小肌**(gluteus minimus)位于臀中肌的深面。臀中、小肌都呈扇形,皆起自髂骨翼外面,肌束向下集中形成短腱,止于股骨大转子。两肌共同使大腿外展,两肌的前部肌束能使大腿旋内,而后部肌束则使大腿旋外。

梨状肌(piriformis)起自盆内骶骨前面骶前孔的外侧,外出坐骨大孔达臀部,止于股骨大转子。作用:使伸直的大腿旋外(图9-14)。

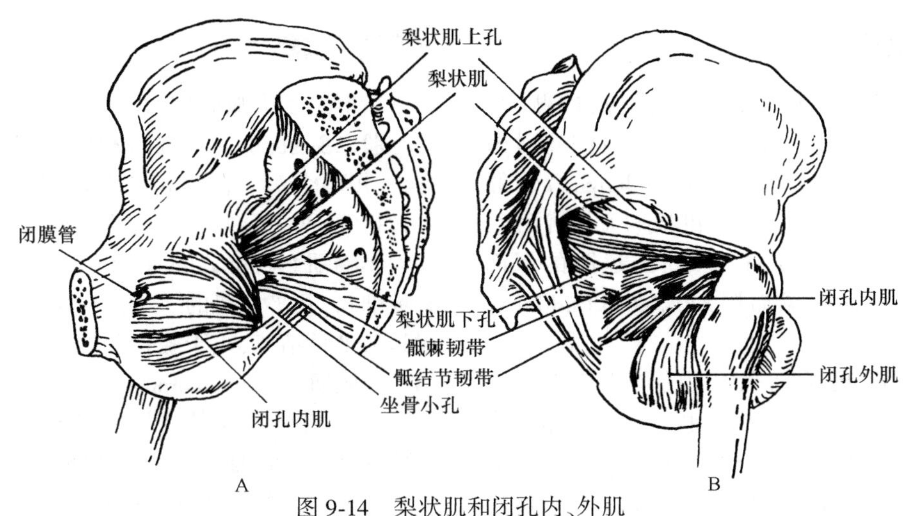

图 9-14　梨状肌和闭孔内、外肌

A. 前面;B. 后面

闭孔内肌(obturator internus)起自闭孔膜内面及其周围骨面,肌束向后集中成为肌腱,由坐骨小孔出骨盆转折向外,止于转子窝。作用:使大腿旋外。

股方肌(quadratus femoris)起自坐骨结节,向外止于转子间嵴。作用:使大腿旋外。

闭孔外肌(obturator externus)起自闭孔膜外面及其周围骨面,经股骨颈的后方,止于转子间窝。作用:使大腿旋外。

二、大　腿　肌

大腿肌位于股骨周围,可分为前群、后群和内侧群(表 9-2)。

表 9-2　大腿肌的位置、名称、起止点、作用和神经支配

位置		肌名称	起点	止点	作用	神经支配
前群		缝匠肌	髂前上棘	胫骨上端的内侧面	屈大腿,屈膝关节,使已屈的膝关节旋内	股神经
		股四头肌	髂前下棘,股骨粗线内外侧唇,股骨体的前面	经髌骨及髌韧带止于胫骨粗隆	伸膝,股直肌有屈大腿作用	
内侧群	浅层	耻骨肌	耻骨支和坐骨支前面	股骨耻骨肌线	主要使大腿内收和外旋	股神经及闭孔神经
		长收肌		股骨粗线		
		股薄肌		胫骨上端内侧面		闭孔神经
	深层	短收肌		股骨粗线		
		大收肌	耻、坐骨支坐骨结节	股骨粗线和内上髁的收肌结节		
后群		股二头肌	长头起自坐骨结节短头起自股骨粗线	腓骨头	在屈膝时,可使小腿旋外,伸大腿	坐骨神经
		半腱肌	坐骨结节	胫骨上端内侧	屈膝,伸大腿,使小腿旋内屈膝	
		半膜肌		胫骨内侧髁的后面		

(一) 前群

前群有缝匠肌和股四头肌(图 9-12)。

缝匠肌(sartorius)是全身最长的肌,呈扁带状,起于髂前上棘,经大腿的前面,斜向下内,止于胫骨上端的内侧面。作用:屈大腿和屈膝关节,并使已屈的膝关节旋内。

股四头肌(quadriceps femoris)是全身体积最大的肌,有四个头,即:股直肌、股内侧肌、股外侧肌和股中间肌。股直肌位于大腿前面,起自髂前下棘;股内侧肌和股外侧肌分别起自股骨粗线内、外侧唇;股中间肌位于股直肌的深面,在股内、外侧肌之间,起自股骨体的前面。四个头向下形成一个腱,包绕髌骨的前面和两侧,继而下延为**髌韧带**,止于胫骨粗隆。作用:是膝关节强有力的伸肌,股直肌还有屈大腿的作用。

（二）内侧群

内侧群共有5块肌，位于大腿的内侧，分层排列（图9-12）。浅层自外侧向内侧有**耻骨肌**（pectineus），**长收肌**（adductor longus）和**股薄肌**（gracilis）。在耻骨肌和长收肌的深面，为**短收肌**（adductor brevis）。在上述肌的深面有一块呈三角形的宽而厚的**大收肌**（adductor magnus）。

内侧群肌均起自闭孔周围的耻骨支、坐骨支和坐骨结节等骨面，除股薄肌止于胫骨上端的内侧以外，其他各肌都止于股骨粗线，大收肌还有一个腱止于股骨内上髁上方的收肌结节，此腱与股骨之间有一裂孔，称为**收肌腱裂孔**，有大血管通过。作用：主要使大腿内收。

临床应用

股薄肌位置表浅，是内收肌群中的非主要作用肌，切除后对功能影响不大，它有其主要的血管神经束，故为临床常用的移植肌瓣的供体。

（三）后群

后群位于大腿后面，共有3块肌（图9-13）。

股二头肌（biceps femoris）位于股后的外侧，有长、短两个头。长头起自坐骨结节，短头起自股骨粗线，两头合并后，以长腱止于腓骨头。

半腱肌（semitendinosus）位于股后的内侧，肌腱细长，几乎占肌的一半。与股二头肌长头一起起自坐骨结节，止于胫骨上端的内侧。

半膜肌（semimembranosus）在半腱肌的深面，以扁薄的腱膜起自坐骨结节，此薄腱膜几乎占肌的一半，肌的下端以腱止于胫骨内侧髁的后面。

作用：后群三块肌可以屈膝关节，伸大腿。屈膝时股二头肌可以使小腿旋外，而半腱肌和半膜肌使小腿旋内。

三、小　腿　肌

小腿肌的分化程度不如前臂，肌数目较少，但一般比较粗大，参与维持人体的直立姿势和行走，小腿肌可分为三群：前群在骨间膜的前面，后群在骨间膜的后面，外侧群在腓骨的外侧面（表9-3）。

表9-3　小腿肌的位置、名称、起止点、作用和神经支配

位置		肌名称	起点	止点	作用	神经支配
前群		胫骨前肌	胫腓骨上端和骨间膜	内侧楔骨和第1跖骨的足底面	背屈、足内翻	腓深神经
		踇长伸肌		踇趾远节跖骨底	背屈，伸踇趾	
		趾长伸肌（第3腓骨肌）		第2～5趾背腱膜第5跖骨底	背屈，伸第2～5趾背屈，足外翻	
外侧群		腓骨长肌	腓骨外侧	内侧楔骨 第1跖骨底	足外翻，跖屈维持足横弓	腓浅神经
		腓骨短肌		第5跖骨粗隆		
后群	浅层	腓肠肌	股骨内、外侧髁后面	会合成跟腱止于跟骨结节	屈膝，足跖屈站立时固定膝踝关节，防止身体前倾	胫神经
		比目鱼肌	胫骨比目鱼肌线和腓骨后面			
	深层	腘肌	股骨外侧髁的外侧份	胫骨比目鱼肌线以上的骨面	屈膝及内旋小腿	
		趾长屈肌	胫腓骨后面及骨间膜	第2～5趾的远节趾骨底	跖屈和屈第2～5趾	
		踇长屈肌		踇趾的远节趾骨底	跖屈和屈踇趾	
		胫骨后肌		舟骨粗隆，三块楔骨	足跖屈及内翻	

（一）前群

前群由内侧向外排列，有三块（图9-15）。

胫骨前肌（tibialis anterior）起自胫骨外侧面，肌腱向下经踝关节前方，至足的内侧缘，止于内侧楔骨和第1跖骨底。

趾长伸肌（extensor digitorum longus）起自胫骨上端和小腿骨间膜，向下至足背分为四条腱，分别到第2～5趾背，移行为趾背腱膜，止于中节和远节趾骨底。由此肌另外分出一个腱，经足背外侧止于第5跖骨底，称为**第3腓骨肌**。

踇长伸肌（extensor hallucis longus）位于前二肌之间，起自腓骨内侧面中份和骨间膜，肌腱经足背，止于踇趾远节趾骨底。

作用：前群各肌都伸踝关节（背屈）。此外，胫骨前肌可使足内翻，踇长伸肌能伸踇趾，趾长

笔记栏

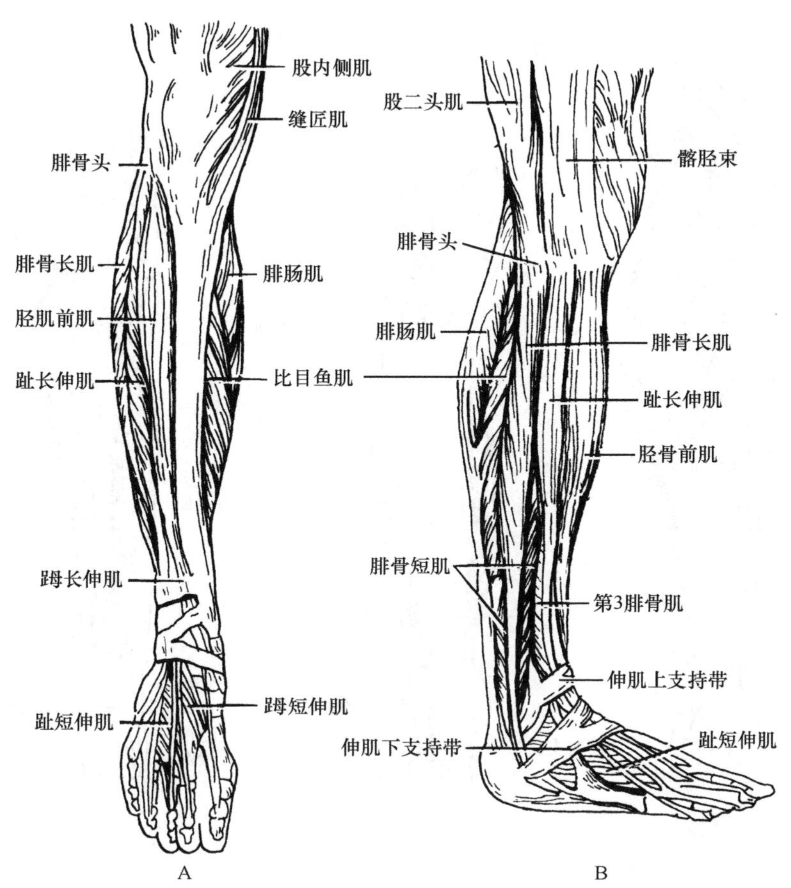

图 9-15　小腿肌前群和外侧群

A. 前群；B. 外侧群

伸肌能伸第 2～5 趾，而第三腓骨肌可使足外翻。

（二）外侧群

外侧群为**腓骨长肌**（peroneus longus）和**腓骨短肌**（peroneus brevis）。短肌在长肌的深面。两肌皆起自腓骨的外侧面，腓骨长肌起点较高，并覆盖腓骨短肌。

两肌的腱经外踝的后面转向前，在跟骨外侧面分开，腓骨短肌腱向前止于第 5 跖骨粗隆，腓骨长肌腱绕至足底，斜行至足内侧，止于内侧楔骨和第 1 跖骨底。

作用：使足外翻和屈踝关节（跖屈）。此外，腓骨长肌腱和胫骨前肌腱共同形成“腱环”，有维持足横弓的作用。

（三）后群

后群分浅、深两层（图 9-16）。

1. 浅层　有强大的**小腿三头肌**（triceps surae），两个头位置浅表称**腓肠肌**（gastrocnemius），起自股骨内、外侧髁的后面，二头相合，约在小腿中点移行为腱。另一个头位置较深的是**比目鱼肌**（soleus），起自腓骨后面的上部和胫骨的比目鱼肌线。三个头会合，在小腿上部形成膨隆的小腿肚，向下续为人体最粗大的**跟腱**（tendo calcaneus），止于跟骨。

作用：屈踝关节（跖屈）和屈膝关节。在站立时，能固定踝关节和膝关节，以防止身体向前倾斜。

2. 深层　有 4 块肌，腘肌在上方，另 3 块在下方。

腘肌（popliteus）斜位于腘窝底，起自股骨外侧髁的外侧部分，止于胫骨的比目鱼肌线以上的骨面。作用：屈膝关节并使小腿旋内。

趾长屈肌（flexor digitorum longus）位于胫侧，起自胫骨后面，它的长腱经内踝后方至足底，在足底分为 4 条肌腱，止于第 2～5 趾的远节趾骨底。作用：屈踝关节（跖屈）和屈第 2～5 趾。

跗长屈肌（flexor hallucis longus）起自腓骨后面，长腱经内踝之后至足底，止于跗趾远节趾骨底。作用：屈踝关节（跖屈）和屈跗趾。

胫骨后肌（tibialis posterior）位于趾长屈肌和跗长屈肌之间，起自胫骨、腓骨和小腿骨间膜的后面，长腱经内踝之后，到足底内侧，止于舟骨粗隆和内侧、中间及外侧楔骨。作用：屈踝关节（跖屈）和使足内翻。

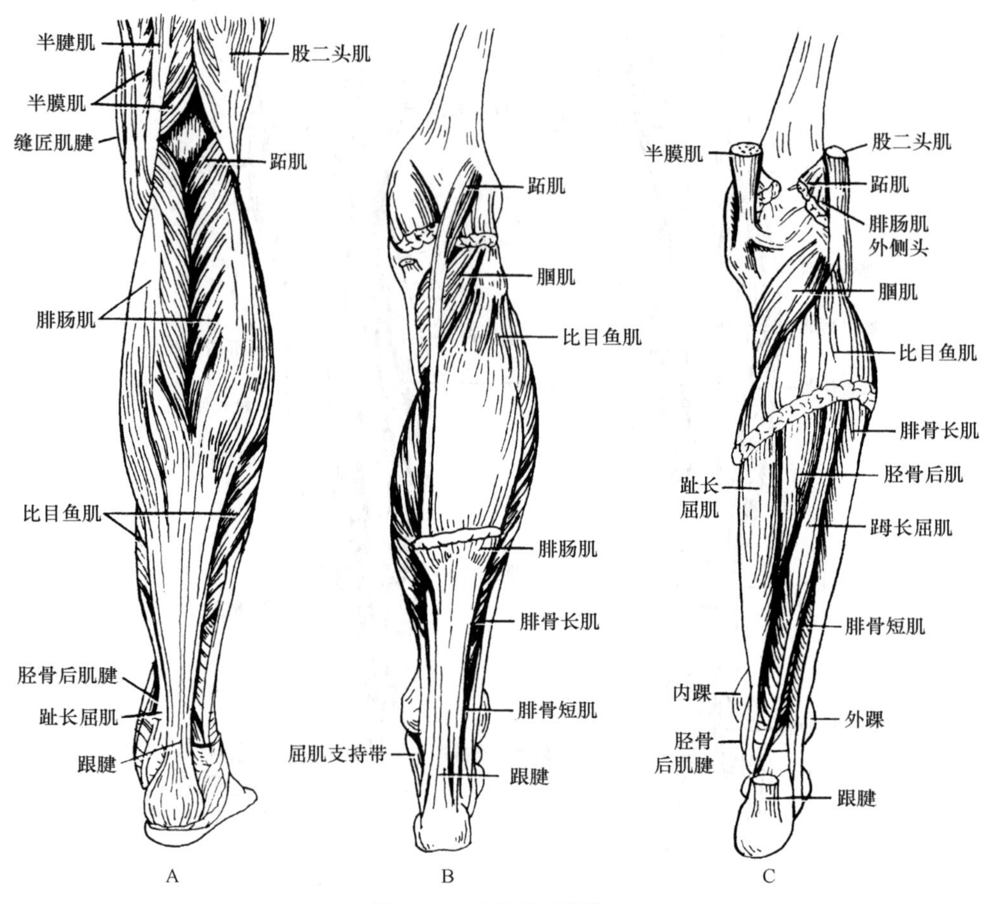

图 9-16 小腿肌(后群)

A. 浅层；B. 中层；C. 深层

四、足 肌

足肌可分为足背肌和足底肌(表 9-4)。足背肌较弱小,为伸踇趾和第 2～4 趾的小肌。足底肌的配布情况和作用与手掌肌相似(图 9-17),也分为内侧群、外侧群和中间群,但没有与拇指和小指相当的对掌肌,中间群有一块足底方肌,它与其他足底肌一起维持足弓。

表 9-4 足肌的位置、名称、起止点、作用和神经支配

位置		肌名称	起点	止点	作用	神经支配
足背肌		踇短伸肌	跟骨前端的上面和外侧面	踇趾近节趾骨底	伸踇趾	腓深神经
		趾短伸肌		第 2～4 趾近节趾骨底	伸第 2～4 趾	
足底肌	内侧群	踇展肌	跟骨、舟骨	踇趾近节趾骨底	外展踇趾	足底内侧神经
		踇短屈肌	内侧楔骨		屈踇趾	
		踇收肌	第 2、3、4 跖骨底等		内收和屈踇趾	
	中间群	趾短屈肌	跟骨	第 2～5 趾的中节趾骨底	屈第 2～5 趾	足底内侧神经
		足底方肌	跟骨	趾长屈肌腱	屈跖趾关节,伸趾关节	足底外侧神经
		蚓状肌	趾长屈肌腱	趾背腱膜		足底内、外侧神经
		骨间足底肌	第 3～5 跖骨内侧半	第 3～5 趾近节趾骨底和趾背腱膜	内收第 3～5 趾	足底外侧神经
		骨间背侧肌	跖骨的相对面	第 2～4 趾近节趾骨底和趾背腱膜	外展第 2～4 趾	
	外侧群	小趾展肌	跟骨	小趾近节趾骨底	屈和外展小趾	足底外侧神经
		小趾短屈肌	第 5 跖骨底		屈小趾	

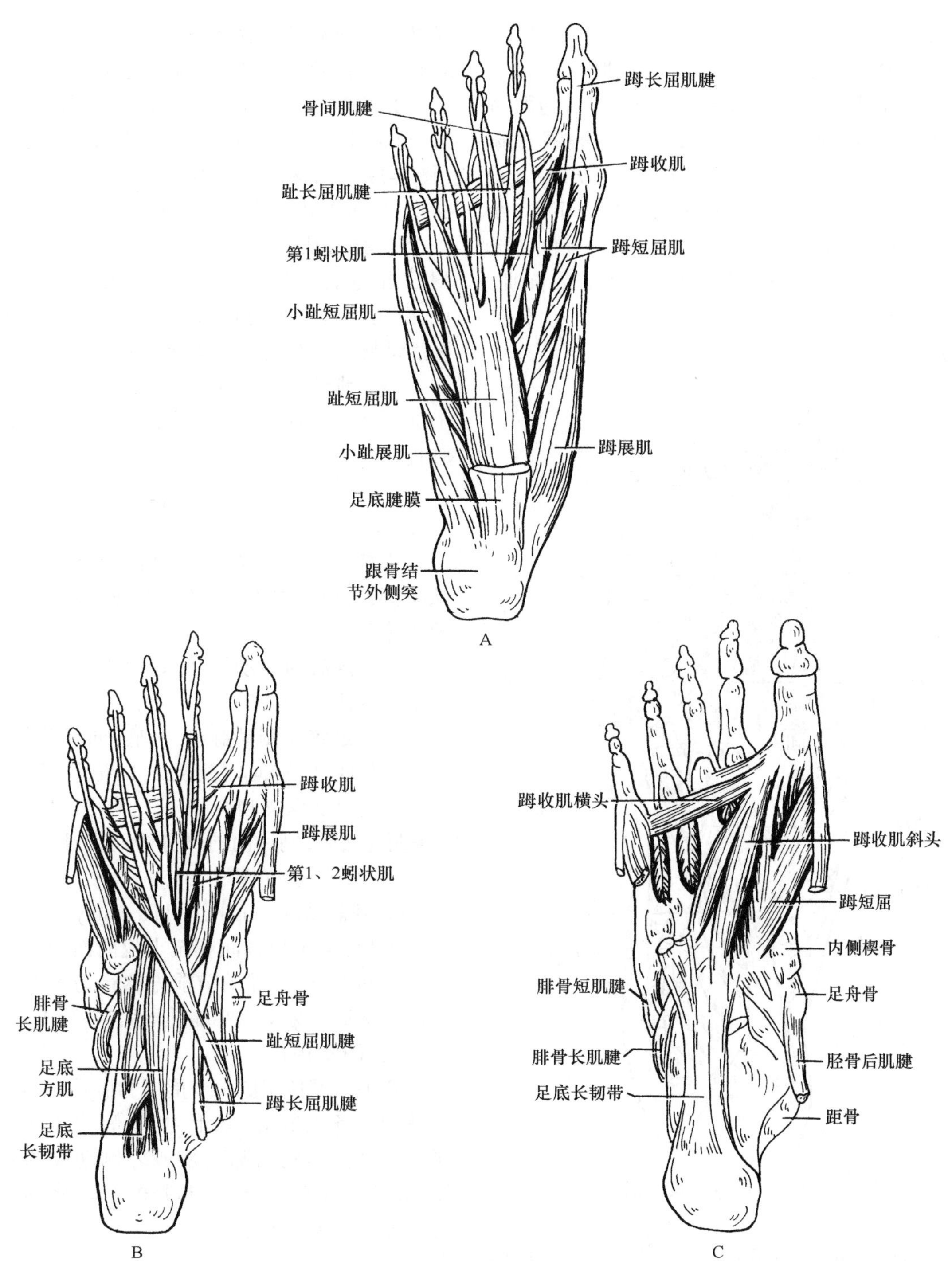

图 9-17　足底肌

A. 浅层；B. 中层；C. 深层

第 3 节　下肢的血管、淋巴和神经

一、下肢的血管

（一）下肢的动脉

髂总动脉（common iliac artery）左、右各一，平第 4 腰椎体下缘由腹主动脉分出，沿腰大肌内侧下行，至骶髂关节处分为髂内动脉和髂外动脉。

1. 髂内动脉　见第 7 章。

2. 髂外动脉（external iliac artery）　沿腰大肌内侧缘下降，经腹股沟韧带中点深面至股前部，移行为股动脉。髂外动脉在腹股沟韧带稍上方发出**腹壁下动脉**，经腹股沟管腹环内侧上行，进入腹直肌鞘，分布到腹直肌并与腹壁上动脉吻合。

3. 股动脉(femoral artery)　在股三角内下行,经收肌管,出收肌腱裂孔至腘窝,移行为腘动脉(图 9-18)。股动脉的主要分支为**股深动脉**(deep femoral artery),在腹股沟韧带下方 2~5cm 处起于股动脉,经股动脉后方行向后内下方,发出旋股内侧动脉至大腿内侧群肌;旋股外侧动脉至大腿前群肌;穿动脉(3~4 条)至大腿后群肌、内侧群肌和股骨。旋股内、外侧动脉还发出分支营养股骨头和股骨颈。

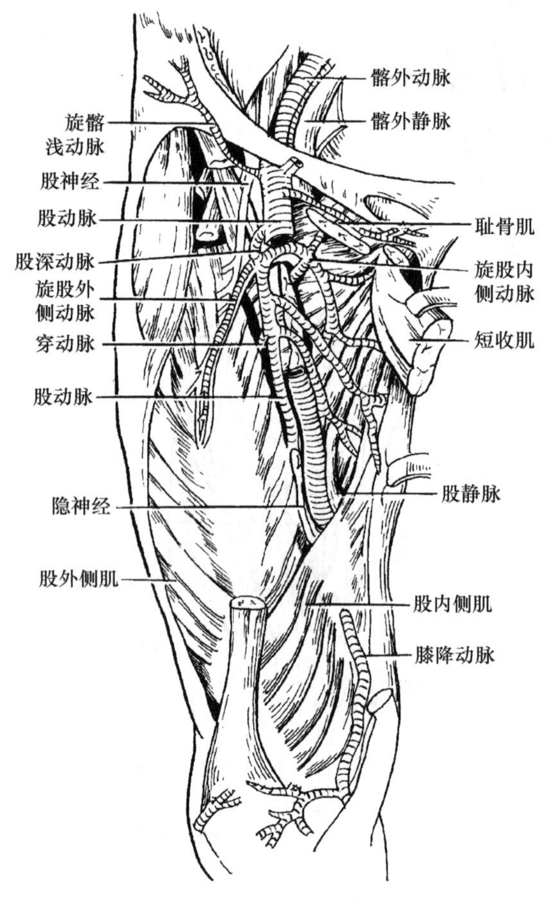

图 9-18　股动脉及分支

此外,由股动脉发出的腹壁浅动脉和旋髂浅动脉,分别至腹前壁下部和髂前上棘附近的皮肤及浅筋膜。

由髂前上棘至耻骨联合连线的中点至收肌结节连线为股动脉的体表投影。

临 床 应 用

旋股内、外侧动脉和股骨头韧带内的股骨头动脉是营养股骨头的主要动脉,它们的损伤均可导致股骨头缺血性坏死。

在腹股沟韧带稍下方,股动脉位置表浅,活体上可触及其搏动,当下肢出血时,可在该处将股动脉压向耻骨下支进行压迫止血。临床上进行介入治疗时常经股动脉插入导管。

4. 腘动脉(popliteal artery)　在腘窝深部下行,至腘肌下缘,可分为胫前动脉和胫后动脉(图 9-19)。腘动脉在腘窝内发出数条关节支和肌支,分布于膝关节及邻近肌,并参与膝关节网。

5. 胫后动脉(posterior tibial artery)　沿小腿后面浅、深屈肌之间下行,经内踝后方转至足底,分为足底内侧动脉和足底外侧动脉二终支。胫后动脉主要分支为腓动脉(图 9-19)。

(1) **腓动脉**(peroneal artery):起于胫后动脉上部,沿腓骨内侧下行,分支营养邻近诸肌和胫、腓骨。

临 床 应 用

临床上常取腓骨中段带腓动脉和腓骨滋养动脉(起自腓骨中上段)作为带血管游离骨移植的供骨。

(2) **足底内侧动脉**:沿足底内侧前行,分布于足底内侧(图 9-20)。

(3) **足底外侧动脉**:在足底,向外侧斜行至第 5 跖骨底处,转向内侧至第 1 跖骨间隙,与足背动脉的足底深支吻合,形成足底弓。由弓发出 4 条跖足底总动脉,向前又分为两支趾足底固有动脉,分布于足趾(图 9-20)。

6. 胫前动脉(anterior tibial artery)　由腘动脉发出后,穿小腿骨间膜至小腿前面,在小腿前群肌之间下行,至踝关节前方移行为足背动脉。胫前动脉沿途分支至小腿前群肌,并分支参与膝关节网(图 9-19)。

膝关节网位于膝关节周围和髌骨前面,由腘动脉的五条关节支(膝上内、外侧动脉,膝中动脉,膝下内、外侧动脉),旋股外侧动脉的降支,膝降动脉(股动脉分支)和胫前返动脉(胫前动脉的分支)吻合而成。

临 床 应 用

膝关节网血管吻合较小,当腘动脉损伤时,不能立即提供有效侧支循环,但在腘动脉渐进性闭塞时,该网有重要代偿功能。

7. 足背动脉(dorsal artery of foot)　是胫前动脉的直接延续,经踇长伸肌腱和趾长伸肌腱之间前行,至第 1 跖骨间隙近侧,分为第 1 跖背动脉和足底深支两终支(图 9-20)。足背动脉的主要分支有:

(1) **足底深支**:穿第 1 跖骨间隙至足底,与足底外侧动脉末端吻合成动脉弓。

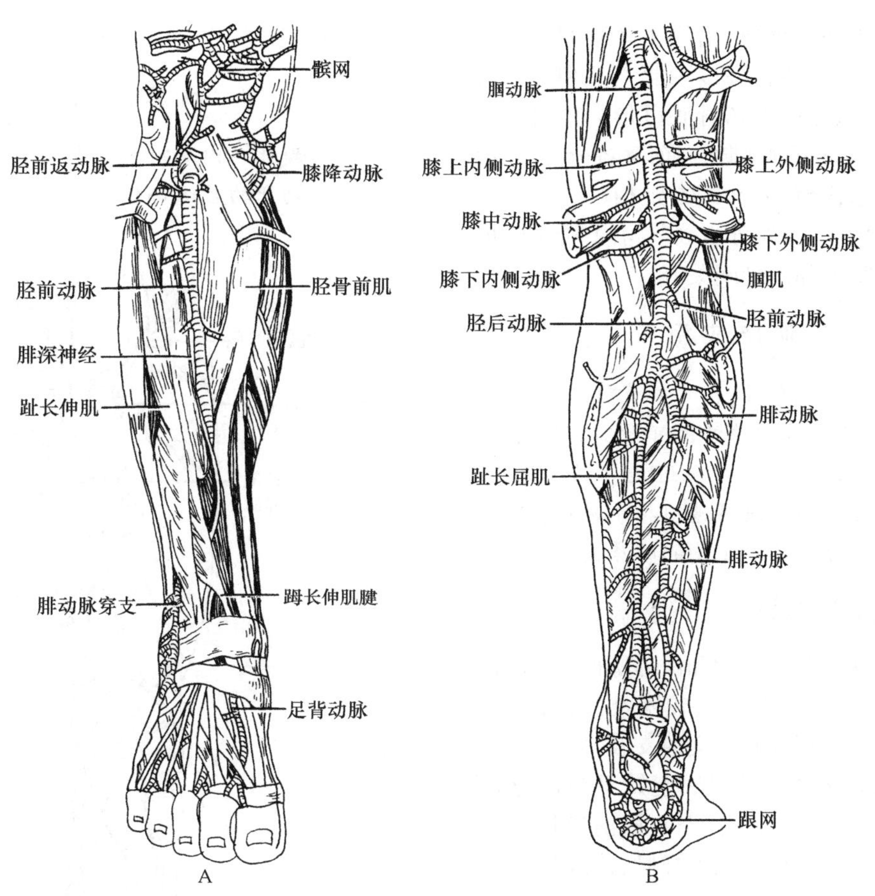

图 9-19 小腿的动脉(右侧)

A. 前面;B. 后面

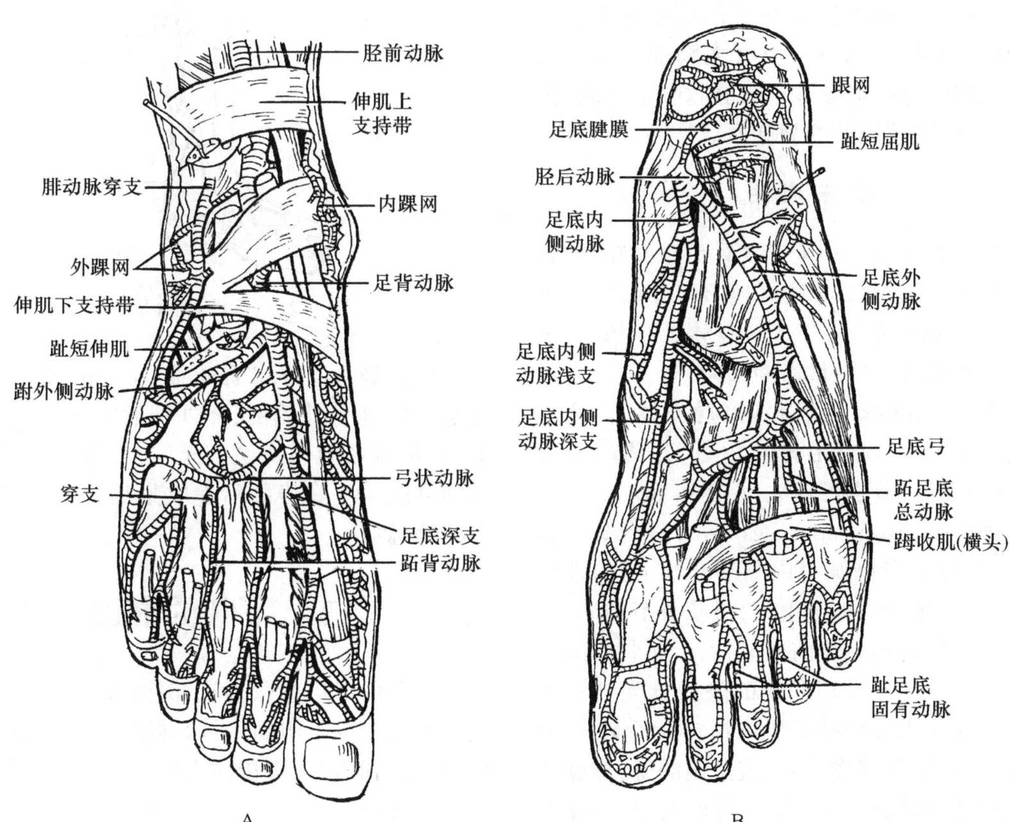

图 9-20 足的动脉

A. 足背;B. 足底

（2）**第 1 跖背动脉**：沿第 1 跖骨间隙前行，分支至踇指背面两侧缘和第 2 趾背内侧缘。

（3）**弓状动脉**：沿跖骨底弓形向外，由弓的凸侧缘发出三条跖背动脉，向前又各分为二支细小的趾背动脉，分布于第 2～5 趾相对缘。

此外，足背动脉尚分出数条跗内侧动脉和跗外侧动脉至跗骨和跗骨间关节。

临 床 应 用

足背动脉位置表浅，在踝关节前方，内、外踝连线中点、踇长伸肌腱的外侧可触知其搏动。足部出血时可在该处向深部压迫足背动脉进行止血。在应用带蒂第二趾再造拇指手术中，足背动脉的行程及其分支具有重要的临床意义。

（二）下肢的静脉

下肢的静脉分浅静脉和深静脉两种，由于受重力的影响，下肢静脉回流较困难，因而下肢静脉瓣膜丰富，浅、深静脉间交通支较多。

1. 下肢深静脉 从足底起始至小腿的深静脉都有两条并与同名动脉伴行，胫前静脉和胫后静脉在腘窝下缘汇成一条腘静脉，该静脉上行穿经收肌腱裂孔移行为股静脉。

股静脉（femoral vein）伴股动脉上行，初行于其外侧，渐转至其内侧，在腹股沟韧带深面续为髂外静脉。股静脉属支主要有大隐静脉及与股动脉分支所伴行的诸静脉。股静脉收集下肢、腹前壁下部、外阴部等处的静脉血。

临 床 应 用

股静脉在腹股沟韧带下方位于股动脉内侧，位置恒定而且可借股动脉搏动而定位，因此，当其他部位采血困难时，可在股静脉进行抽血、穿刺或插管等操作，进行诊断和治疗。

2. 下肢浅静脉 足背浅静脉发达，在跖骨远端皮下相吻合形成足背静脉弓，其两端沿足内、外侧缘上行，分别汇成大、小隐静脉。

大隐静脉（great saphenous vein）是全身最长的浅静脉，自足背静脉弓内侧端起始，经内踝前方，沿小腿内侧伴隐神经上行，过膝关节内后方，再沿大腿内侧转至大腿前面上行，于耻骨结节下外方 3～4cm 处，穿过阔筋膜的隐静脉裂孔注入股静脉。在注入股静脉前还接收 5 条属支，即**股内侧浅静脉、股外侧浅静脉、腹壁浅静脉、旋髂浅静脉和阴部外静脉**。大隐静脉除收集足、小腿内侧、大腿前内侧部浅层结构的静脉血外，还收集大腿外侧、脐下腹前壁浅层及外阴部的静脉血（图 9-21）。

临 床 应 用

大隐静脉在内踝前方位置表浅而恒定，是静脉输液或切开的常选部位。

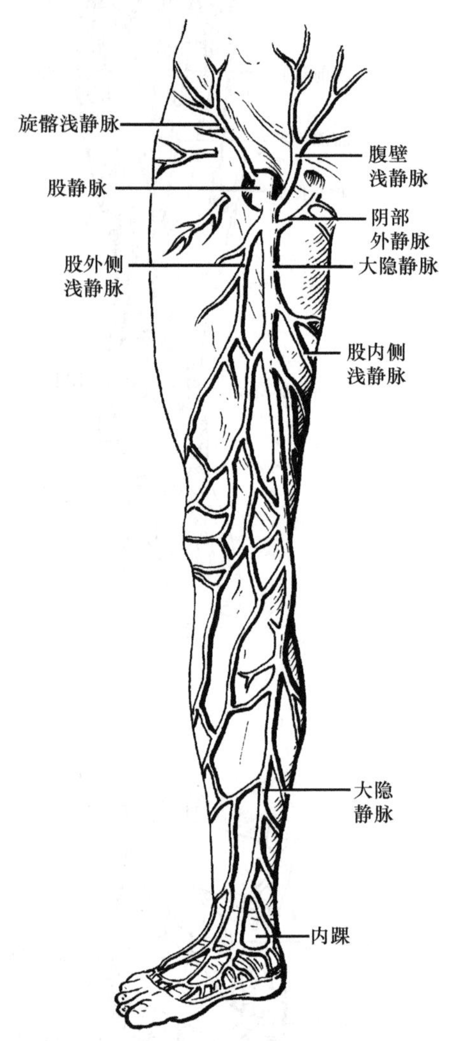

图 9-21 大隐静脉及属支

小隐静脉（small saphenous vein，图 9-22）起自足背静脉弓外侧部，经外踝后方，沿小腿后面上行，经腓肠肌两头之间至腘窝，穿过深筋膜注入腘静脉。小隐静脉沿途收集足外侧部及小腿后的静脉血。

二、下肢的淋巴

下肢的淋巴管分为浅、深两种。浅淋巴管伴浅静脉行于皮下组织中，深淋巴管与深部血管束伴行，最后间接或直接注入腹股沟深淋巴结。下肢的主要淋巴结有：

腘淋巴结（popliteal lymph nodes）位于腘窝，浅组分布于小隐静脉末端附近，深组位于腘血管

笔记栏

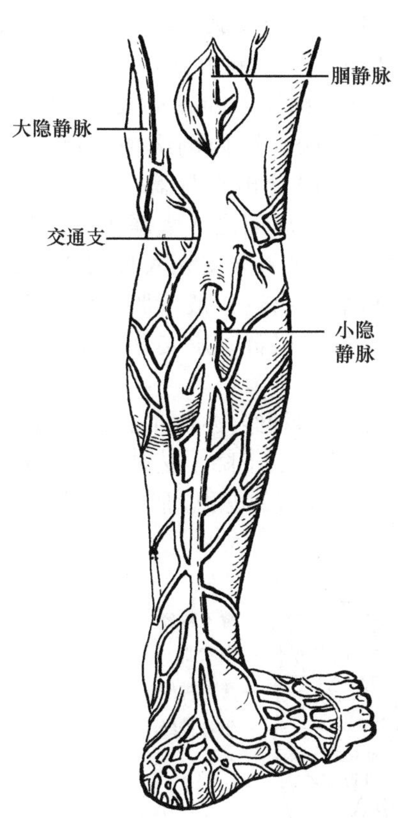

图 9-22　小隐静脉

周围，收纳小腿后外侧部浅淋巴管和足、小腿的深淋巴管，其输出管与股血管伴行，最后注入腹股沟深淋巴结。

腹股沟浅淋巴结（superficial inguinal lymph nodes）有 8~10 个，分上、下两组，上组沿腹股沟韧带排列，下组位于大隐静脉末端周围，收纳腹前壁下部、臀部、会阴、外生殖器、下肢大部分浅淋巴管，其输出管大部分注入腹股沟深淋巴结，少部分注入髂外淋巴结。

临床应用

腹股沟浅淋巴结在体表易触摸到，特别在下肢有感染时，此群淋巴结肿大，更易扪及。临床切取此淋巴结作活检。

腹股沟深淋巴结（deep inguinal lymph nodes）位于股静脉根部周围，收纳腹股沟浅淋巴结的输出管及下肢的深淋巴管，其输出管汇入髂外淋巴结。

三、下肢的神经

（一）腰丛

1. 腰丛的组成和位置　腰丛（lumbar plexus，图 9-23~图 9-25）由第 12 胸神经前支一部分、第 1 至第 3 腰神经前支和第 4 腰神经前支的一部分组成，位于腰大肌深面，除发出肌支支配髂腰肌和腰方肌外，还发出下列分支分布于腹股沟区及大腿的前部和内侧部。

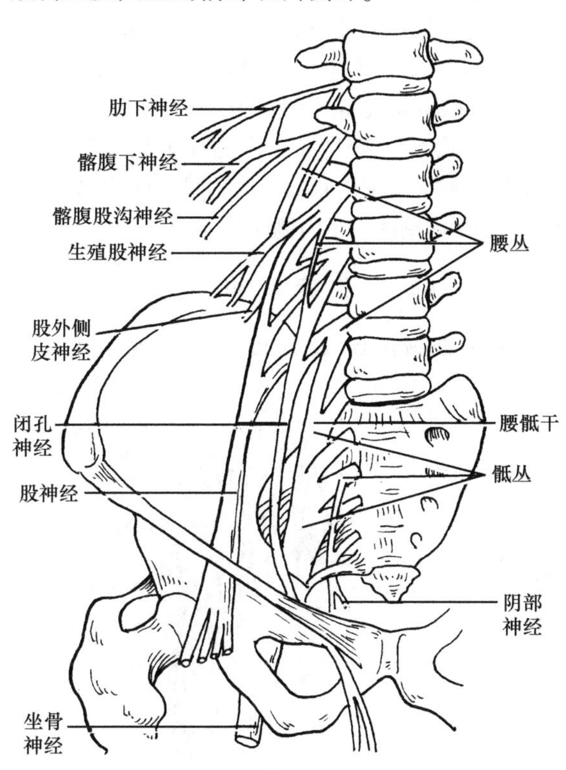

图 9-23　腰骶丛组成模式图

2. 腰丛的分支

（1）**髂腹下神经**：见第 6 章（腹部）。

（2）**髂腹股沟神经**：见第 6 章（腹部）。

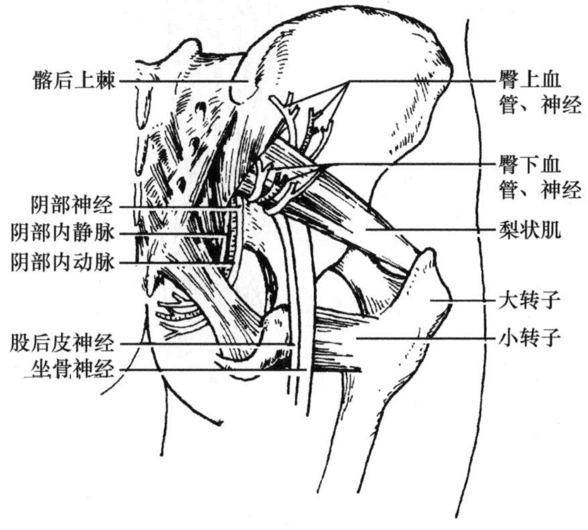

图 9-24　腰骶丛及分支

（3）**股外侧皮神经**（$L_{2\sim3}$）：自腰大肌外缘走出，斜越髂肌表面达髂前上棘内侧，经腹股沟韧带深面，在髂前下棘下方 5~6cm 处穿出深筋膜至大腿前外侧部皮肤。

（4）**股神经**（femoral nerve，$L_{2\sim4}$）：是腰丛最大分支，发出后，先在腰大肌与髂肌之间下行，在腹股沟韧带中点稍外侧，经韧带深面、股动脉外侧到达股三角，随即分为数支：①肌支，支配耻骨肌、股四头肌和缝匠肌。②皮支，有数条较短的前皮支，分布于大腿和膝关节前面的皮肤。最长的皮支称**隐神经**（saphenous nerve）是股神经的终支，伴随股动脉入收肌管下行，至膝关节内侧浅出至皮下后，伴随大隐静脉沿小腿内侧面下降达足内侧缘，分布于髌下、小腿内侧面和足内侧缘的皮肤。

临 床 应 用

股神经损伤后，屈髋无力，坐位时不能伸小腿，行走困难，股四头肌萎缩，髌骨突出，膝反射消失，大腿前面和小腿内侧面皮肤感觉障碍。

（5）**闭孔神经**（obturator nerve，$L_{2\sim4}$）：自腰丛发出后，于腰大肌内侧缘穿出，贴小骨盆侧壁前行，穿闭膜管出小骨盆，分前、后两支，分别经短收肌前、后面进入大腿内收肌群。前支发出支配股薄肌的分支先入长收肌，约在股中部，从长收肌穿出进入股薄肌。肌支支配闭孔外肌、大腿内收肌群。皮支分布于大腿内侧面的皮肤。

（6）**生殖股神经**（genitofemoral nerve，$L_{1,2}$）：自腰大肌前面穿出后下降。皮支分布于阴囊（大阴唇）、股部及其附近的皮肤。肌支支配提睾肌。

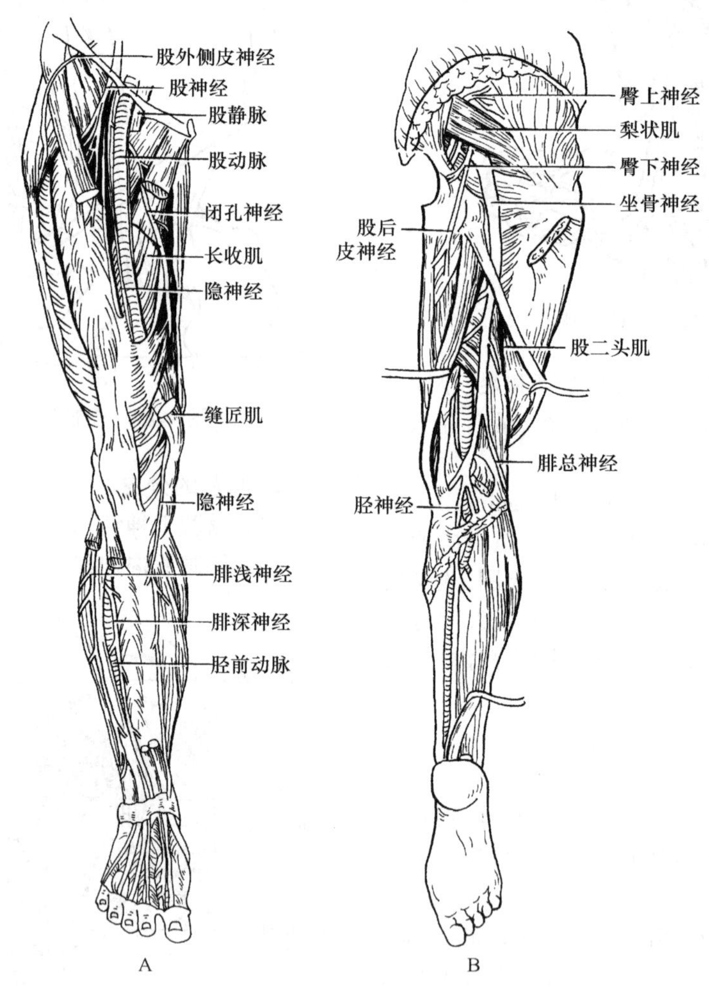

图 9-25　下肢的神经

A. 前面；B. 后面

（二）骶丛

1. 骶丛的组成和位置　**骶丛**（sacral plexus）由第4腰神经前支余部和第5腰神经前支合成的**腰骶干**（lumbosacral trunk）及全部骶神经和尾神经的前支组成（图 9-23～图 9-25）。骶丛位于盆腔内，在骶骨及梨状肌前面，髂内动脉的后方。骶丛分支分布于盆壁、臀部、会阴、股后部、小腿以及足肌和皮肤。骶丛除直接发出许多短小的肌支支配梨状肌、闭孔内肌、股方肌等外，还发出以下分支。

2. 骶丛的分支

（1）**臀上神经**（$L_{4,5}$，S_1）：伴臀上动、静脉经

梨状肌上孔出盆腔，行于臀中、小肌间，支配臀中、小肌和阔筋膜张肌。

(2) **臀下神经**(L_5, $S_{1,2}$)：伴臀下动、静脉经梨状肌下孔出盆腔，达臀大肌深面，支配臀大肌。

(3) **阴部神经**：见第7章。

(4) **股后皮神经**($S_{1\sim3}$)：出梨状肌下孔，至臀大肌下缘浅出，主要分布于股后部和腘窝的皮肤。

(5) **坐骨神经**(sciatic nerve, $L_{4,5}$, $S_{1\sim3}$)：是全身最粗大的神经，经梨状肌下孔出盆腔，在臀大肌深面，经坐骨结节与股骨大转子之间至股后，在股二头肌深面下降，一般在腘窝上方分为胫神经和腓总神经。在股后部发出肌支支配大腿后群肌。

髂后上棘至坐骨结节连线的上、中1/3交界处，股骨大转子与坐骨结节连线的中点稍内侧，股骨两髁之间的中点，此三点的连线为坐骨神经的投影。

临床应用

根据坐骨神经出坐骨大孔后在臀部的走行部位，可将臀部分为内外两个区域，其外上部称为安全区，内下部称为危险区。临床上在臀部安全区内行肌肉注射，此处远离坐骨神经且肌层厚实，既可避开坐骨神经又可有利于药物的吸收。在臀部内下部进行手术，或者是该区的外伤都有可能损伤坐骨神经或该神经至半腱肌的分支。

1) **胫神经**(tibial nerve, $L_{4,5}$, $S_{1\sim3}$)：为坐骨神经本干的直接延续。在腘窝内与腘血管伴行，在小腿经比目鱼肌深面伴胫后动脉下降，过内踝后方，在屈肌支持带深面分为**足底内侧神经**和**足底外侧神经**二终支入足底(图9-25、图9-26)。胫神经在腘窝及小腿发出肌支支配小腿肌后群。足底内侧神经，经踇展肌深面，至趾短屈肌内侧前行，分布于足底肌内侧群及足底内侧和内侧三个半趾跖面皮肤。足底外侧神经，经踇展肌及趾短屈肌深面，至足底外侧向前，分布于足底肌中间群和外侧群及足底外侧和外侧一个半趾跖面皮肤。

胫神经发出**腓肠内侧皮神经**，伴小隐静脉下行，在小腿下部与腓肠外侧皮神经(发自腓总神经)吻合成**腓肠神经**，经外踝后方弓形向前，分布于足背和小趾外侧缘的皮肤。

临床应用

胫神经损伤的主要运动障碍是足不能跖屈，内翻力弱，不能以足尖站立。由于小腿前外侧群肌过度牵拉，致使足呈背屈及外翻位，出现"钩状足"畸形。感觉障碍区主要在足底面(图9-27)。

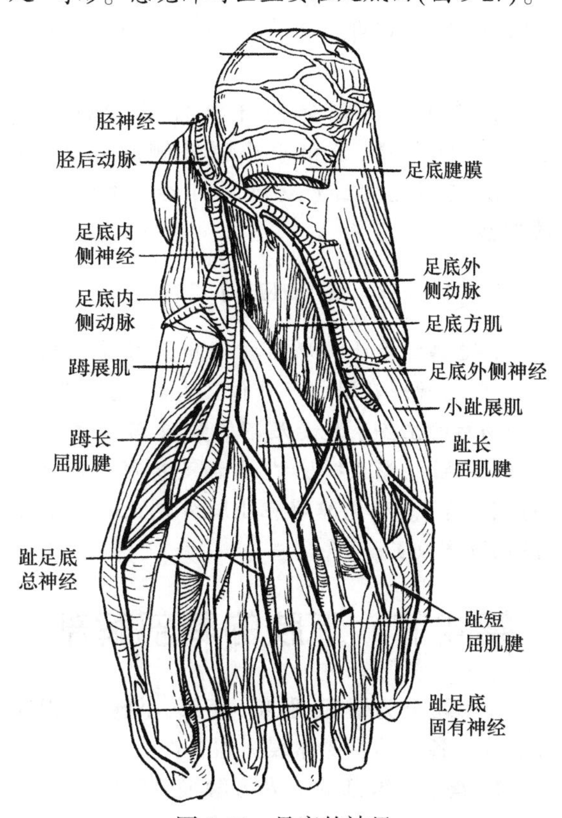

图9-26　足底的神经

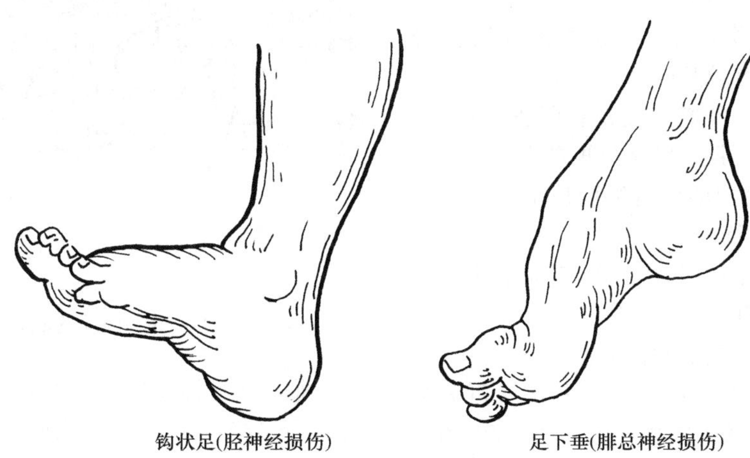

图9-27　足的畸形

2）**腓总神经**（common peroneal nerve）：自坐骨神经发出后沿股二头肌内侧走向外下，绕腓骨颈外侧向前，穿腓骨长肌分为腓浅和腓深神经（$L_{4,5}$，$S_{1,2}$）。腓总神经的分布范围是小腿前、外侧群肌和小腿外侧、足背和趾背的皮肤。

腓浅神经（superficial peroneal nerve）在腓骨长、短肌与趾伸肌之间下行，分出肌支支配腓骨长、短肌，在小腿下 1/3 处浅出为皮支，分布于小腿外侧，足背和第 2~5 趾背侧皮肤。

腓深神经（deep peroneal nerve）与胫前动脉相伴而行，先在胫骨前肌和趾长伸肌间，后在胫骨前肌与䟢长伸肌之间下行至足背。分布于小腿肌前群、足背肌及第 1、2 趾背面的相对缘皮肤。

腓总神经在腘窝处分出**腓肠外侧皮神经**，穿出深筋膜，分布于小腿外侧面皮肤，并与腓肠内侧皮神经（发自胫神经）吻合成**腓肠神经**。

临床应用

腓总神经是小腿所有神经中最容易受损的神经，腓总神经在腓骨颈处位置表浅，易受损伤。受损伤后的主要表现是足不能背屈，下垂并且内翻，趾不能伸，形成“马蹄”内翻足畸形。行走呈“跨阈步态”。感觉障碍在小腿外侧面和足背较为明显（图 9-27）。

第 4 节　下肢的局部解剖

下肢可分为**臀部**、**股部**、**膝部**、**小腿部**、**踝部**和**足部**。各部的主要体表标志有：

1. 臀部　臀部的上界可触摸到髂嵴全长及前端的髂前上棘和后端的髂后上棘。臀下部内侧臀大肌下缘，可摸到坐骨结节。

2. 股部　股部前上方以腹股沟与腹部分界，股部外侧上部可触及股骨大转子。

3. 膝部　膝部可摸到股骨和胫骨的内、外侧髁、髌骨、髌韧带、胫骨粗隆和腓骨头。

4. 小腿部　小腿的前内侧面皮下可摸到胫骨前缘和胫骨内侧面。

5. 踝部　两侧可见明显隆起的外踝及内踝，后方可摸及跟腱。

6. 足部　后端可摸到跟骨结节。

上述各部中，除臀部外，其余各部又可分为若干区。股部可分成**股前内侧区**和**股后区**；膝部可分为**膝前区**和**膝后区**，小腿部可分为**小腿前外侧区**和**小腿后区**，踝部可分为**踝前区**和**踝后区**，足部可分为**足背**和**足底**。现将主要的部和区的局部解剖介绍如下：

一、臀　　部

臀部的上界为髂嵴，下界为臀襞，内侧为骶骨、尾骨，外侧为髂前上棘至大转子间的连线。其层次结构为：

1. 皮肤和浅筋膜　皮肤很厚，浅筋膜中有许多纤维将皮肤连于深筋膜，形成小隔，内容大量脂肪组织。内侧在骶骨后面及髂后上棘附近较薄，长期卧床时，此处易受压形成褥疮。

2. 臀筋膜　上连髂嵴，向下分为两层包被臀大肌，浅层部分坚厚，并以许多纤维隔伸入肌内，使臀大肌分成许多明显的肌束。臀筋膜是手术时识别肌层的标志。臀筋膜损伤是腰腿痛的病因之一。

3. 肌层　由浅入深可分为三层（图 9-28）。第一层为臀大肌和阔筋膜张肌；第二层为臀中肌、梨状肌等；第三层为臀小肌。梨状肌从坐骨大孔穿出，将坐骨大孔分为梨状肌上、下孔。

梨状肌上孔位于梨状肌上缘，经梨状肌上孔穿出的有臀上神经和臀上动、静脉，主要分布于臀中肌、臀小肌和阔筋膜张肌。

梨状肌下孔位于梨状肌下缘，经梨状肌下孔穿出的内容由外侧向内侧依次有：坐骨神经、股后皮神经、臀下神经及臀下动静脉、阴部内动静脉及阴部神经。

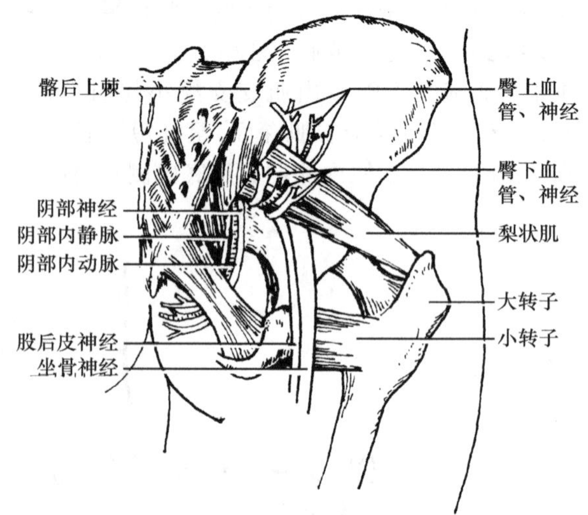

图 9-28　臀部的血管神经

通常坐骨神经从梨状肌下孔穿出后，一般在股中、下 1/3 交界处即分成胫神经和腓总神经。但这种关系常有不少变异，有时坐骨神经从盆腔

内即分成胫神经和腓总神经,其中胫神经从梨状肌下孔穿出,而腓总神经则经梨状肌上缘穿出或贯穿梨状肌而下降。

臀下神经和血管分布于臀大肌。阴部内血管和神经穿过坐骨小孔至坐骨肛门窝,分布于会阴部。

临床应用

臀部的臀上动脉误伤后,该动脉近心端可回缩盆腔内,引起严重出血。

由于经梨状肌上、下孔有诸多血管、神经出骨盆,因此臀部肌肉注射时,应于臀部的外上1/4处进针较为安全。

坐骨神经与梨状肌关系密切,当梨状肌损伤肿胀痉挛时,可压迫坐骨神经而产生腰腿痛,临床上称为"梨状肌综合征"。

二、股前内侧区

股部的前上方借腹股沟韧带与腹部分界,下界为经髌底上方两横指处的环行线。由股骨内、外上髁各作一纵线,此二纵线前方之间的部分为股前内侧区。其层次结构为:

1. 皮肤和浅筋膜 皮肤薄,移动性较大。浅筋膜中有大隐静脉及其属支、腹股沟浅淋巴结、皮神经。临床上有时在此区切取皮片进行植皮。

2. 深筋膜 股部深筋膜又称**阔筋膜**,股前区的深筋膜系阔筋膜的一部分。在腹股沟韧带中、内1/3交界处的下方2.5cm处,阔筋膜有一卵圆形薄弱区,称**隐静脉裂孔**。大隐静脉在此注入股静脉。

3. 肌腔隙和血管腔隙 腹股沟韧带和髋骨前缘之间的间隙,是股部与腹盆部间的通道(图9-29),该间隙被髂耻弓(腹股沟韧带至髂耻隆起间的韧带)分为两部分,内侧部分称**血管腔隙**(lacuna vasorum),有股动脉、股静脉通过,股静脉内侧为股环;外侧部分称**肌腔隙**(lacuna musculorum),有髂腰肌和股神经通过。

4. 股三角(femoral triangle) 位于股前上部,是一个底朝上、尖朝下的三角区(图9-30)。其上界为腹股沟韧带,外下界为缝匠肌内侧缘,内侧界为长收肌内侧缘。股三角的前壁为阔筋膜,股三角后壁凹陷,由肌肉组成,从外侧向内侧为髂腰肌、耻骨肌及长收肌。股三角的内容,由外侧向内侧依次有股神经、股动脉和股静脉以及它们的分支。股动脉和股静脉的上端被由腹横筋膜和耻骨肌筋膜所形成的股鞘所包绕。股鞘的外侧份为股动脉;中份为股静脉;内侧份为股管。

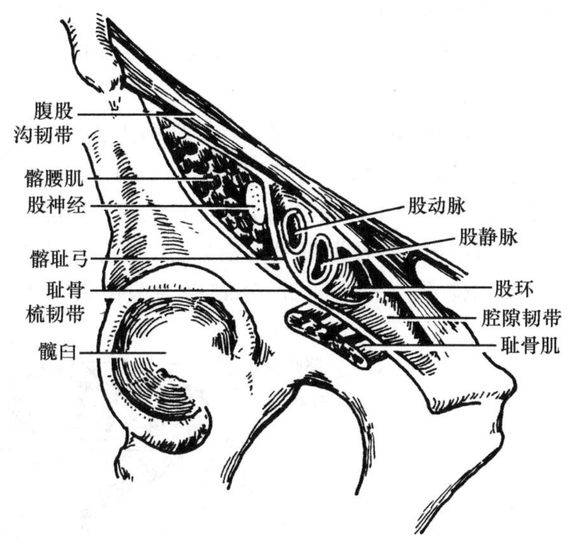

图9-29 肌腔隙和血管腔隙

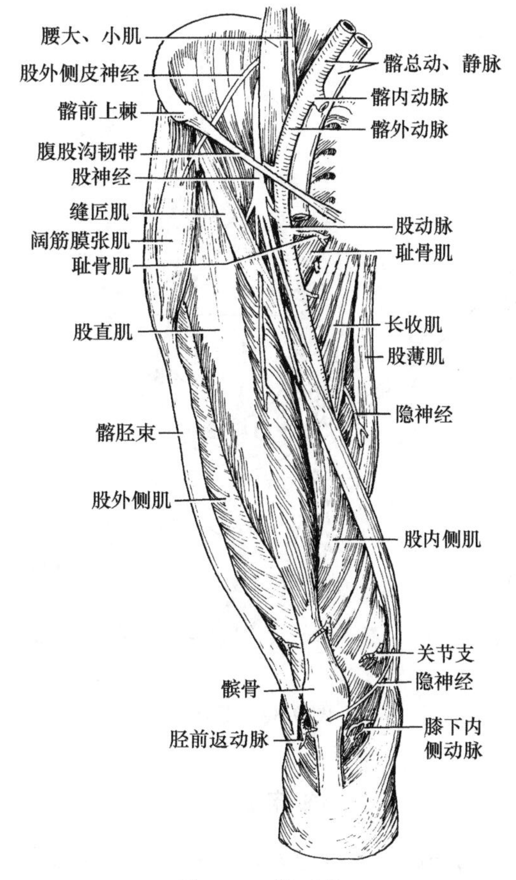

图9-30 股三角

临床应用

股三角内股动脉居中,位于腹股沟韧带中点

深面，外侧为股神经，内侧为股静脉。此种关系便于股动脉压迫止血，股动、静脉穿刺及股神经麻醉时的定位。

5. 股管(femoral canal) 在股鞘内，是股静脉内侧的一个漏斗状腔隙(图 9-31)，长约 1.5cm。股管上口为**股环**(femoral ring)，与腹腔相通。股环的前界为腹股沟韧带，后界为耻骨梳韧带，内侧界为腔隙韧带，外侧界为股静脉。股环处填有脂肪组织及淋巴结。股管下端为盲端，位于隐静脉裂孔的深面。

值得注意的是，股环内侧在腔隙韧带的游离缘有腹壁下动脉和闭孔动脉的吻合支。有时此吻合支异常粗大，称为异常闭孔动脉。手术修补股疝时，特别是切开腔隙韧带时，应特别注意避免损伤此动脉。

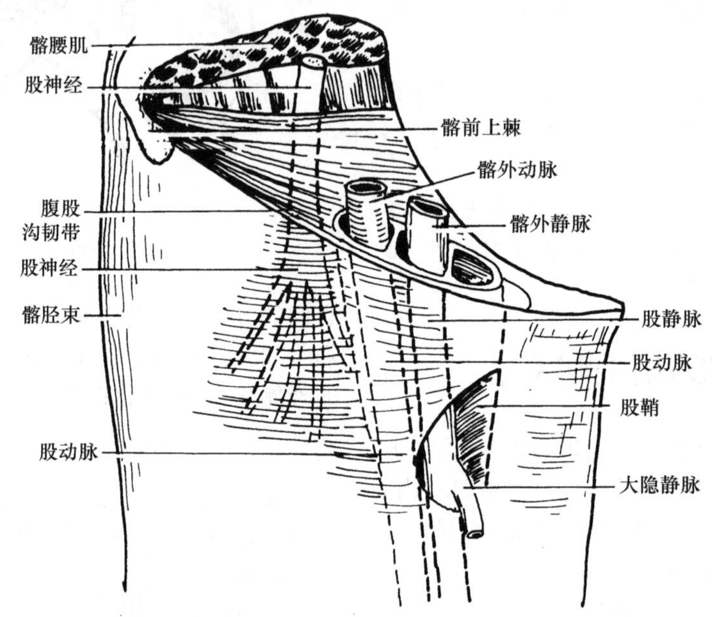

图 9-31 股鞘和股管

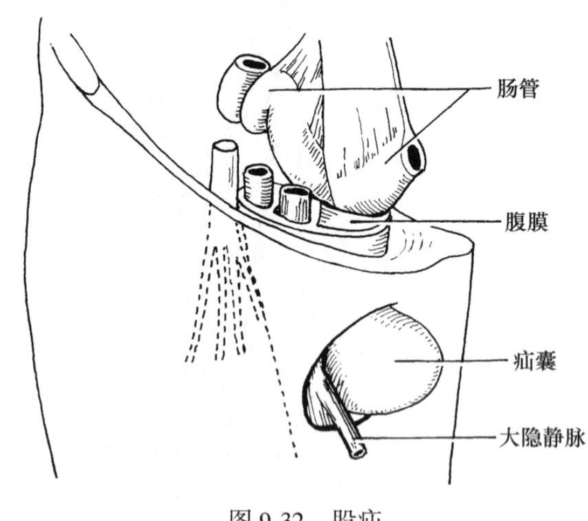

图 9-32 股疝

临床应用

由于股环与腹腔之间只隔着很薄的腹横筋膜和腹膜，如果腹腔内容物经股环、股管突出于隐静脉裂孔，称股疝。由于股环的前、后、内侧三面均为坚强的韧带，因此疝内容突出后不易还纳，从而形成嵌顿性股疝(图 9-32)。

6. 收肌管(adductor canal) 又称 **Hunter 管**，是大腿中 1/3 段内侧面的一个肌筋膜管(图 9-33)，长约 15~17cm。该管位于缝匠肌的深面、大收肌和股内侧肌之间，其前壁为一腱膜称大收肌腱板。收肌管向上通股三角，向下经收肌腱裂孔通腘窝。管内由浅入深依次排列有隐神经、股动脉和股静脉。

三、腘 窝

腘窝(popliteal fossa)位于膝后区，呈菱形(图 9-34)，上外侧界为股二头肌，上内侧界为半腱肌和半膜肌，下外、下内侧界分别为腓肠肌的外侧头和内侧头，窝底主要为膝关节囊的后壁和腘肌。

在腘窝内的脂肪组织中，由浅入深依次排列有胫神经、腘静脉和腘动脉，腘动、静脉包被在一个血管鞘中。其外上界还有腓总神经，血管周围还有腘深淋巴结等。

临床应用

由于腘动脉上段与股骨后面紧邻，当股骨髁

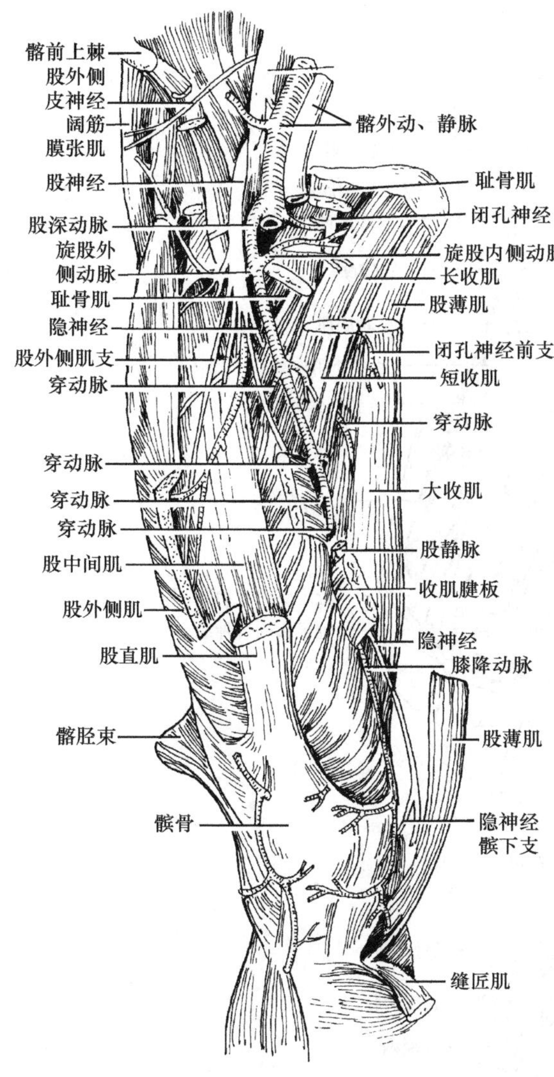

图 9-33　收肌管

上骨折时，远端向后移位，极易损伤腘动脉。腓总神经沿股二头肌腱内侧缘向下外斜行，绕过腓骨颈后下行，此处腓总神经位于皮下，位置表浅较易受损。

四、踝部和足部

(一) 踝管

踝管(malleaolar canal)位于踝后区，内踝后下方，为起于内踝止于跟骨结节的屈肌支持带与深面骨面间形成的管道。其内被三个纤维隔分为四个骨纤维管，由前向后依次通过：①胫骨后肌腱；②趾长屈肌腱；③胫后动、静脉及胫神经；④踇长屈肌腱(图 9-35)。上述各肌腱均被有腱鞘。

临床应用

踝管是小腿后区通向足底的重要路径，小腿和足底的感染，可经踝管相互漫延。由于某种原因踝管变狭窄时，可压迫踝管内容物，引起“踝管综合征”。

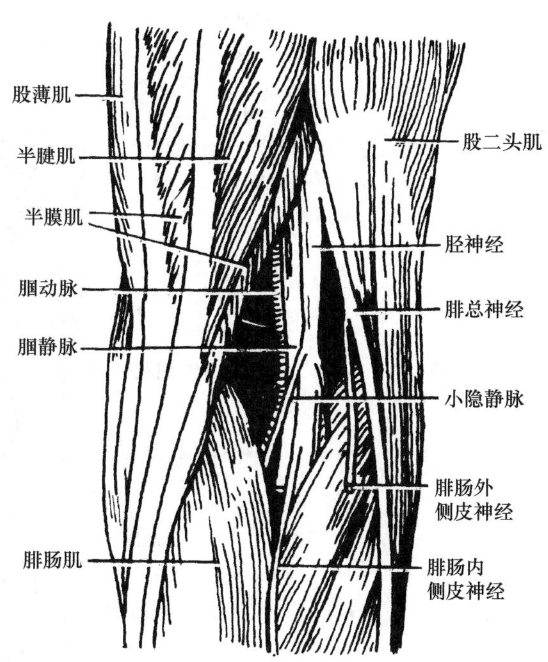

图 9-34　腘窝及内容

(二) 足背

足背皮肤较薄而有移动性，浅筋膜不发达(图 9-36)。足背静脉网清楚可见，大、小隐静脉分别起自其内、外侧。深筋膜下有胫骨前肌腱、踇长伸肌腱和趾长伸肌腱。在踇长伸肌腱和趾长伸肌腱之间可触摸到足背动脉的搏动。

(三) 足底

1. 皮肤和浅筋膜　足底皮肤坚厚而致密，在足跟、踇趾基底及足外侧缘因负重和摩擦而特别增厚，有时过度角化形成胼胝。浅筋膜内有纤维束将皮肤与足底深筋膜紧密相连。

2. 跖腱膜和足底筋膜鞘　跖腱膜是覆盖于足底肌浅面的深筋膜。起于跟骨结节，向前分成五条纤维束止于趾骨基底。跖腱膜具有保护足底血管、神经和增强足底纵弓的作用(图 9-37)。

跖腱膜向足底深部发出两个肌间隔，分别附于第 1 和第 5 跖骨，将足底分为内侧、中间和外侧三个骨筋膜鞘，分别容纳足底三组肌和足底内、外侧神经和血管。中间骨筋膜鞘较重要，足底刺伤感染和蜂窝组织炎常发生于此鞘内。

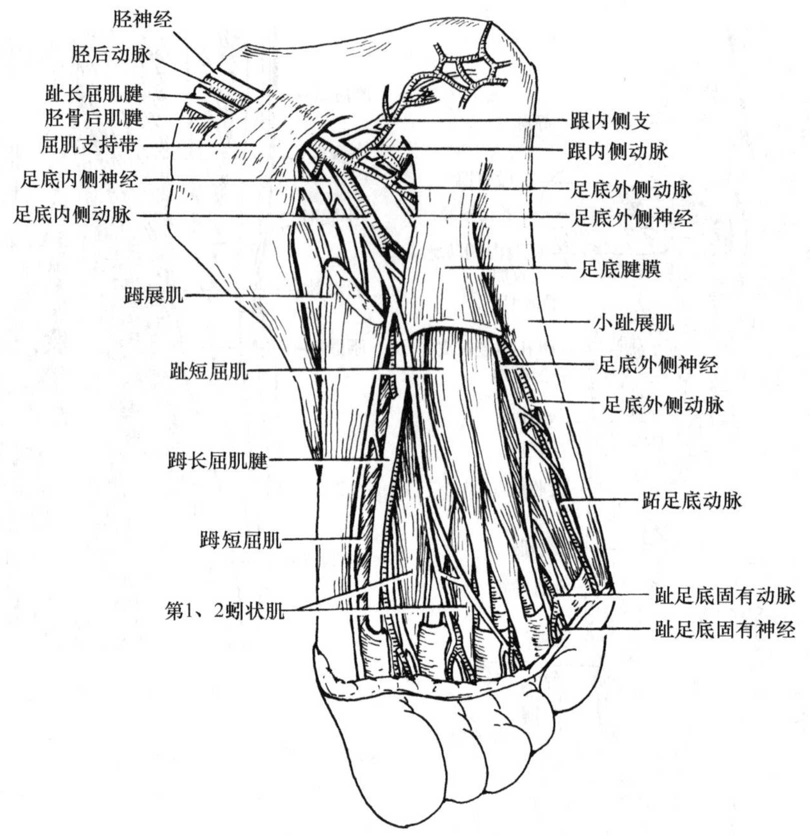

图 9-35　踝后区内侧面与足底

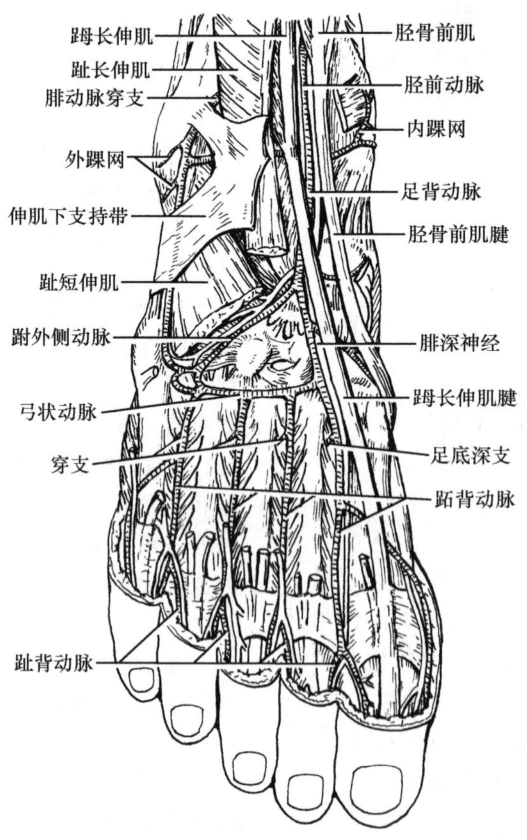

图 9-36　踝前区与足背

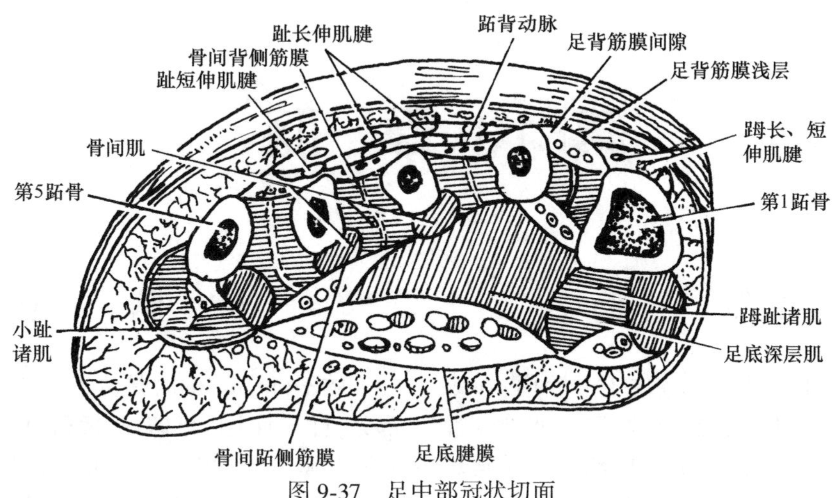

图 9-37　足中部冠状切面

复习思考题

1. 下肢可以摸到哪些骨性标志？

2. 总结髋、踝、膝关节的组成和形态结构上的特征。

3. 膝关节有哪些附属结构？

4. 为什么当足跖屈内翻位时易发生损伤？

5. 何谓跗横关节？

6. 足弓的各弓都是怎样构成的？

7. 试述大腿肌的分群，各群肌的主要作用和神经支配。

8. 试述小腿肌的分群、各群肌的主要作用和神经支配。

9. 试述股动脉、足背动脉走行。

10. 试述大隐静脉的起始、走行、注入部位及属支。

11. 试述股神经、胫神经和腓总神经的支配及损伤后的表现。

12. 何谓梨状肌上、下孔，各通行哪些血管、神经？

13. 试述坐骨神经的走行、分支以及损伤后的表现及体表投影。

14. 何谓肌腔隙、血管腔隙？

15. 何谓股管、股环？

16. 何谓股三角、收肌管？

17. 某患者骨盆骨折出现大腿内收无力，股内侧皮肤感觉丧失，此骨折可能在骨盆何处？

18. 某患者因髌骨骨折而行石膏固定，一个月后拆除石膏发现足不能背屈，足下垂并且内翻，趾不能伸，形成“足下垂”，感觉障碍在小腿外侧和足背较明显，请分析损伤了什么神经或结构？

19. 病例 1. 患者，男性，35 岁，因车祸右髋部疼痛，活动受限，不能站立急诊入院。检查所见：右下肢缩短，右髋部肿胀，有触痛，髋关节处于屈曲、内收、内旋畸形；在臀部可摸到上移的股骨头，大转子上移；X 线片显示为髋关节后脱位合并髋臼后缘骨折。请回答：

(1) 根据所学知识说明髋关节后脱位的机制。

(2) 髋关节后脱位可能损伤什么神经？损伤后可导致什么后果？

20. 病例 2. 患者，女性，72 岁，摔倒后右下肢不能动 2 小时急诊入院。检查所见：右下肢呈外旋畸形，缩短，髋部肿胀明显，压痛，股骨大转子明显突出，在 Nelaton 线之上。X 线片显示股骨颈骨折，骨折线正好位于股骨头下方，股骨颈最高点，且骨盆及股骨有明显骨质疏松。诊断为右股骨颈骨折。请问：

(1) 根据髋关节的结构，说明股骨颈骨折可分为哪几类？

(2) 为什么老年人易发生股骨颈骨折？

21. 病例 3. 患者，男性，50 岁，右小腿被重物砸伤 2 小时急诊入院。患者不能站立，疼痛剧烈。检查所见：右小腿上部皮下淤血，肿胀，压痛，有骨擦音，膝关节活动受限，足不能背屈，小腿外侧和足背感觉丧失，足背动脉搏动消失。X 线片显示胫骨上 1/3 骨折，腓骨颈骨折。请问：

(1) 此患者足背动脉搏动消失的原因是什么？

(2) 腓骨颈骨折易损伤何结构？为何足下垂不能背屈及小腿外侧、足背感觉丧失？

22. 病例 4. 患者，男性，65 岁，因左足踝内侧软组织感染后足踝内侧酸痛，足底麻木一个月入院。患者一个月前骑车时不慎碰伤左足踝内侧，当时疼痛流血，于当地医院诊断“软组织损伤”行清创缝合，术后伤口感染，于术后一周出现足踝内侧的酸痛，足底的麻木感，以屈踝关节时为重，不能行走。检查所见：左足踝内侧可见长约 4cm 的不规则形手术瘢痕，瘢痕处有压痛，并有向足底的放散痛，足趾的活动无明显受限。足踝部 X 线片示：未见明显的骨质异常。诊断为左踝管综合征。请问：

(1) 踝管是怎样构成的？内有哪些结构通过？

(2) 瘢痕处的压痛为什么向足底放散？

(刘　欣)

第10章 脑

第1节 脑

脑(encephalon,或 brain)位于颅腔内,在成人其平均重量约1400g,起源于胚胎时期神经管的前部,分为**端脑**、**间脑**、**小脑**、**中脑**、**脑桥**及**延髓**六个部分(图10-1、图1-98)。人们习惯上把中脑、脑桥和延髓三部分合称为脑干。延髓向下经枕骨大孔连接脊髓。随着脑各部的发育,胚胎时期的神经管在脑的各部内部形成一个连续的脑室系统。

一、脑干

脑干(brain stem)是位于脊髓和间脑之间的部分,自下而上由延髓、脑桥和中脑三部分组成。延髓和脑桥的背面与小脑相连,它们之间的腔为第四脑室,第四脑室向下与延髓和脊髓的中央管相通,向上连通中脑的中脑水管。若将小脑与脑干连接处切断,从背面观察,即见到第四脑室的底,位于延髓上部和脑桥的背面,呈菱形,故称为菱形窝(图1-98)。

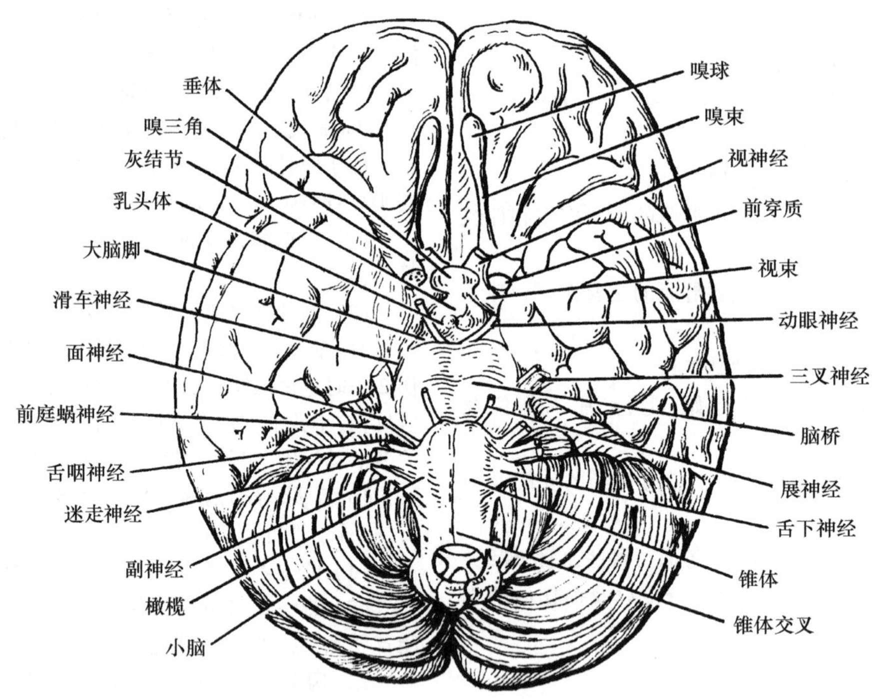

图10-1 脑的底面

(一)脑干的外形

1. 腹侧面

(1)**延髓**(medulla oblongata):脑干的最下段是延髓,形似倒置的锥体,长约3cm,前靠枕骨斜坡,后上方为小脑,前正中裂两侧的隆起称**锥体**(pyramid),主要由皮质脊髓束汇聚而成。在延髓和脊髓交界处,组成锥体的纤维束大部交叉,在外形上可以看到**锥体交叉**(decussation of pyramid)阻塞了前正中裂。锥体的外侧有呈椭圆形隆起的**橄榄**(olive),内含下橄榄核。橄榄和锥体之间的前外侧沟中有舌下神经(Ⅻ)出脑。在橄榄背侧,自上而下有舌咽神经(Ⅸ)、迷走神经(Ⅹ)和副神经(Ⅺ)的根丝入脑或出脑(图10-2)。

(2)**脑桥**(pons):脑干的腹侧面以其宽阔膨隆的基底部为特征,下缘借**延髓脑桥沟**与延髓分界。沟中有三对脑神经出入脑,自内向外分别为展神经(Ⅵ)、面神经(Ⅶ)和前庭蜗神经(Ⅷ)。脑桥上缘与中脑的大脑脚相接,基底部正中有纵

行的**基底沟**(basilar sulcus),容纳基底动脉。基底部向外逐渐变窄,移行为**小脑中脚**(middle cerebellar peduncle,脑桥臂),两者的分界处有三叉神经(Ⅴ)根出入脑。延髓、脑桥和小脑的交角处,称为**脑桥小脑三角**,因前庭蜗神经和面神经恰好位于此处,因此该部位的肿瘤可引起这些脑神经及小脑的损伤症状(图 10-2)。

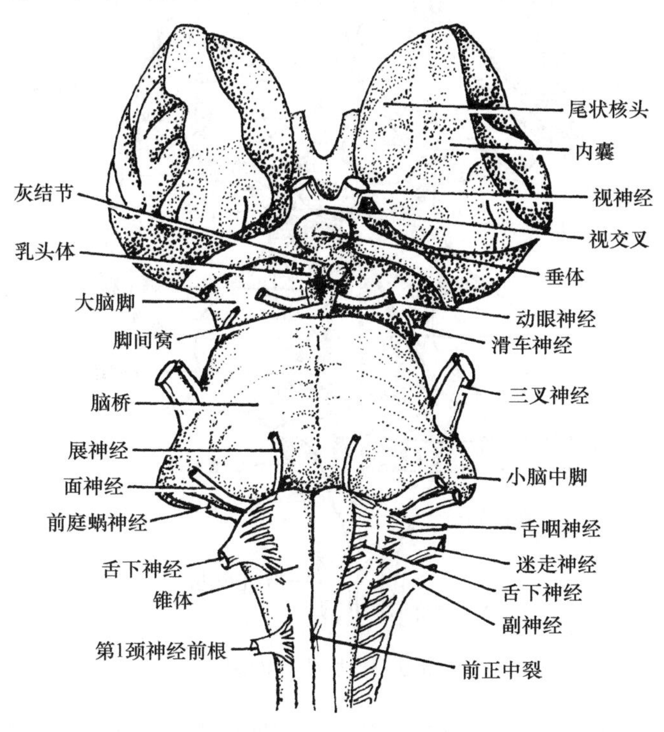

图 10-2 脑干腹侧面

(3) **中脑**(mesencephalon,或 midbrain):长约 1.5cm,腹侧面有一对粗大的隆起,称**大脑脚**,由大量来自大脑皮质的下行纤维所组成。两侧大脑脚之间的凹陷称**脚间窝**(interpeduncular fossa),动眼神经(Ⅲ)由此穿出。脚间窝的窝底因有许多血管穿入的小孔,称**后穿质**(posterior perforated substance)。

2. 背侧面

(1) **延髓**:延髓下部背面形似脊髓,在后正中沟的两侧有隆起的**薄束结节**(gracile tubercle)和**楔束结节**(cuneate tubercle),其深面有薄束核和楔束核,它们分别是薄、楔束的终止核团。在楔束结节的外上方有隆起的**小脑下脚**(inferior cerebellar peduncle),内含进入小脑的纤维束,并作为第四脑室侧界的一部分(图 10-3)。

(2) **脑桥**:脑桥背面和延髓上部背面共同构成菱形窝,其外侧壁分别为左、右**小脑上脚**(superior cerebellar peduncle),两个上脚间夹有薄层白质层,称为**上髓帆**(superior medullary velum),参与构成第四脑室顶(图 10-3)。

(3) **中脑**:中脑背面有两对圆形隆起,靠上的一对称**上丘**(superior colliculus),是脑干的视觉反射中枢;靠下的一对称**下丘**(inferior colliculus),是脑干的听觉反射中枢。下丘下方有滑车神经(Ⅳ)出脑,它是唯一自脑干背面出脑的脑神经。上丘与间脑的外侧膝状体之间的条状隆起称**上丘臂**;下丘与间脑的内侧膝状体之间的条状隆起称**下丘臂**。上、下丘的深面,胚胎时期的神经管腔在中脑形成**中脑水管**(mesencephalic aqueduct),向下与第四脑室相通,向上与第三脑室相通。

(4) **菱形窝**:即第四脑室底,此窝正中有纵形的**正中沟**,将窝分成左右对称的两半。正中沟外侧有纵行的**界沟**(sulcus limitans),进一步将每侧半菱形窝分成内侧区和外侧区。外侧区呈三角形,称为**前庭区**(vestibular area),其深面有前庭神经核。前庭区的外侧角上有一小隆起,为**听结节**(acoustic tubercle),内藏蜗神经背核。界沟与正中沟之间的内侧区称为**内侧隆起**(medial eminence)。菱形窝的中部有横行的髓纹,是延髓和脑桥在背侧的分界标志。髓纹以下的延髓部分可见两个斜形小三角:位于外侧的称**迷走神经三角**(vagal triangle),内含迷走神经背核;位于背内侧的称**舌下神经三角**(hypoglossal triangle),内隐舌下神经核。在迷走神经三角和菱形窝边缘之间有一窄带,称**最后区**(area postrema),此区富含血管和神经胶质。髓纹上方的内侧隆起上有一对圆形隆突,为**面神经丘**(facial colliculus),内含展神经核。在界沟的上端,有一蓝黑色的小区域,称为**蓝斑**(locus ceruleus),深面聚有含黑色素的去甲肾上腺素能神经元(图10-3)。

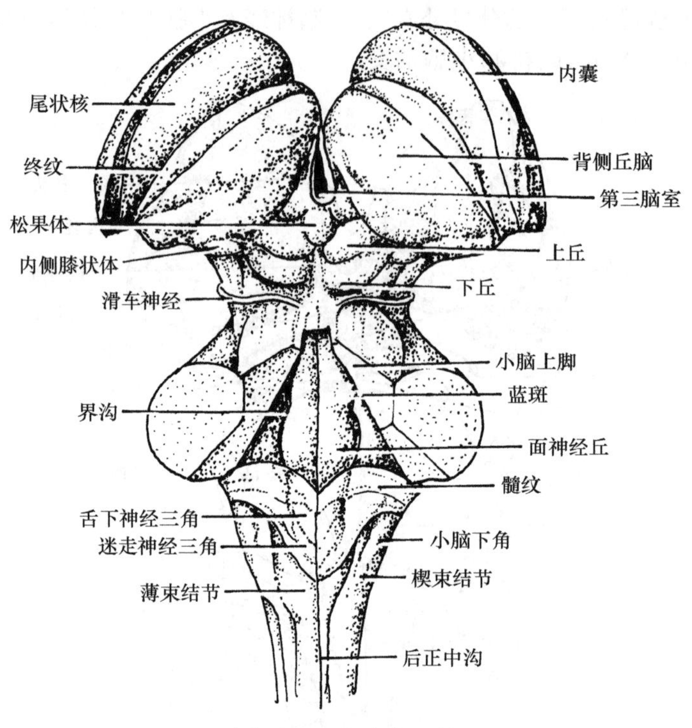

图10-3　脑干背面观

3. 第四脑室　第四脑室(fourth ventricle)位于延髓、脑桥和小脑之间,形似底为菱形的四棱锥形(图1-98)。其顶朝向小脑,前部由小脑上脚及上髓帆组成,后部由下髓帆和第四脑室脉络组织形成。**下髓帆**(inferior medullary velum)是一层白质,它与上髓帆都伸入小脑,以锐角相会合。附于下髓帆和菱形窝下角之间的部分,朝向室腔的是一层上皮性室管膜,其表面有软膜和血管被覆,它们共同形成**第四脑室脉络组织**。脉络组织的一部分血管反复分支缠绕成丛,夹带着软膜和室管膜上皮突入室腔,成为第四脑室脉络丛,是生成脑脊液的地方。

第四脑室借脉络组织上的三个孔与蛛网膜下腔相通。第四脑室正中孔不成对,位于菱形窝下角尖部的正上方;第四脑室外侧孔成对,开口于第四脑室的外侧隐窝尖端。

(二)脑干的内部结构

脑干的内部结构和脊髓相同,即由灰质、白质和灰白相间的网状结构组成。

1. 灰质　脑干的灰质不像脊髓那样纵贯成连续的柱,而是分化断开成机能相似的神经核。这些神经核中,一类是与脑神经相关的**脑神经核**,另一类是与上、下行传导束相关的传导路**中继核**,或称**非脑神经核**。

(1)**脑神经核**:脑神经中除嗅神经和视神经外,Ⅲ至Ⅻ对脑神经均出入脑干。因此,脑神经核就成为脑干诸神经核团中的重要部分。脑神经核可粗分为两大类:接受脑神经中感觉成分传入的核团称为脑神经感觉核,发出传出纤维经脑神经支配效应器活动的称脑神经运动核。

由于脑神经含有七种纤维成分,与此相对应,脑神经感觉核和脑神经运动核可进一步区分出七种核团(图10-4)。它们是:

一般躯体运动核:共4对,自上而下依次为动眼神经核、滑车神经核、展神经核和舌下神经核。相当于脊髓中的前角运动神经元或可看做是前角运动细胞柱向脑干的延续,支配自肌节衍化的骨骼肌,即舌肌和眼球外肌。

特殊内脏运动核:共4对,自上而下依次为三叉神经运动核、面神经核、疑核和副神经核。它们发出特殊内脏运动纤维支配由鳃弓衍化的骨骼肌,即咀嚼肌、面部表情肌、咽喉肌及胸锁乳头肌和斜方肌,把此类骨骼肌视为"内脏",是由于在种系发生过程中,低等脊椎动物特别是鱼类的鳃,是与呼吸功能相关的。

一般内脏运动核:共4对,自上而下依次为动眼神经副核、上泌涎核、下泌涎核和迷走神经背核。相当脊髓的内脏神经节前神经元,亦可看做是脊髓骶副交感核和中间外侧核在脑干内的延伸,支配头、颈、胸、腹部器官的平滑肌、心肌和腺体。

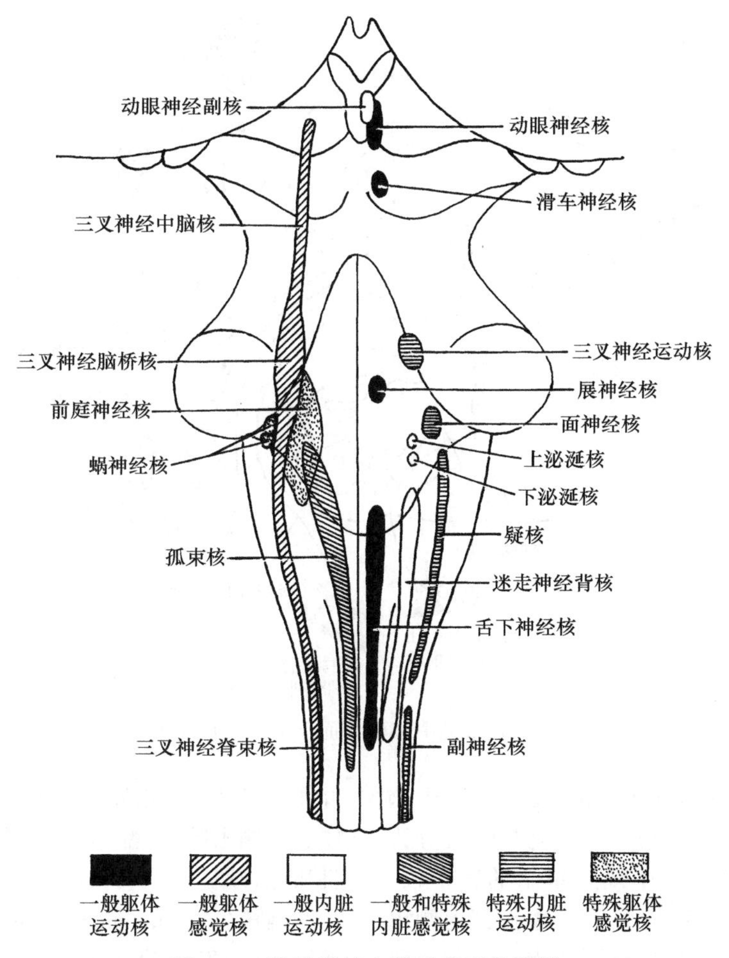

图 10-4　脑神经核在脑干背面的投影

一般内脏感觉核:1 对,即孤束核下部,相当于脊髓的中间内侧核,接受脏器和心血管的初级感觉纤维。

特殊内脏感觉核:即孤束核头部,接受味觉的初级感觉纤维。

一般躯体感觉核:1 对,即三叉神经感觉核,根据位置分为三叉神经中脑核、三叉神经脑桥核和三叉神经脊束核,接受头面部皮肤与口、鼻腔黏膜的初级感觉纤维的传入。相当于脊髓后角的Ⅰ~Ⅳ层灰质,实际上也是与之相延续的。

特殊躯体感觉核:包括蜗腹侧核、蜗背侧核和前庭神经核,接受内耳听和平衡感觉器的初级感觉纤维。之所以把此类机能柱归入"躯体",是由于作为感觉器的膜迷路在发生上是起源于外胚层的。

在这七类核中,所谓的"一般",是指脊髓和脑干中共有的核柱,它们之间实际上互为延续;"特殊"则是指仅见于脑干,与特殊感觉器和鳃弓衍化物有关的核柱,而在脊髓中是没有类似功能的核团存在的。但是必须说明,一般内脏和特殊内脏感觉核实际上是同一核柱,即孤束核。此核的上端接受味觉纤维,其余部分接受一般内脏感觉纤维。因此,实际上脑干内只有六个脑神经核柱。

六种脑神经核柱并非纵贯脑干的全长,它们多数是断开的,其中每个柱可以包含若干功能相同的神经核团。这些代表不同功能的柱在脑干灰质内呈有规律的排列关系。一般说来,运动柱位于界沟的内侧;感觉柱位于界沟的外侧,无论是感觉核柱还是运动核柱,凡是与内脏相关的均靠近界沟;相反,凡是与躯体相关的均远离界沟(图 10-5)。现将脑神经核按功能柱排列说明如下:

1)**一般躯体运动核**:位于第四脑室的最内侧,邻近正中线,由 4 个核团组成。

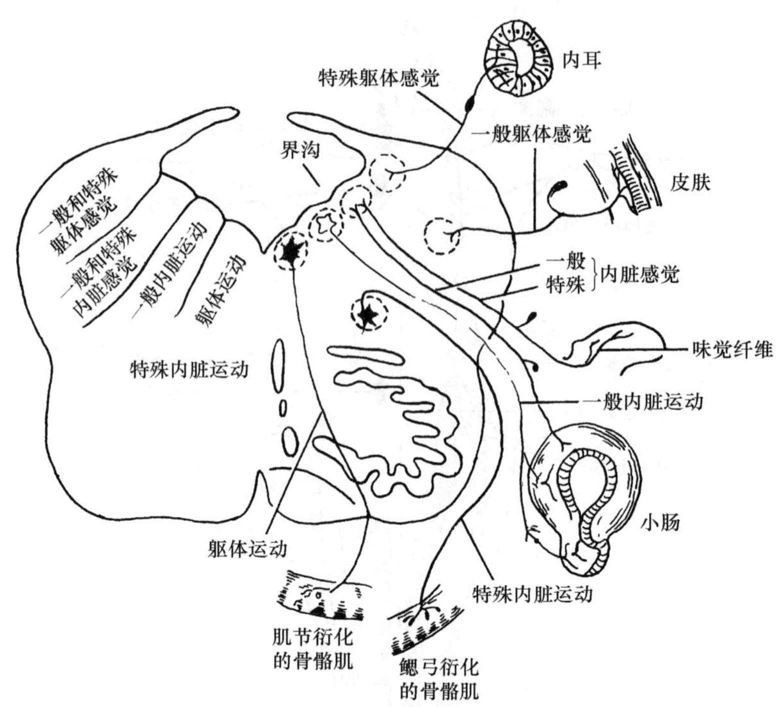

图 10-5　延髓橄榄中部横切面上的六个脑神经核柱

动眼神经核(oculomotor nucleus)位于中脑上部相当于上丘阶段、中脑水管的腹侧,可分为成对的外侧核和位于正中线上单个的正中核。从这些核团上发出纤维向腹侧经大脑脚内侧出脑,组成动眼神经(Ⅲ),支配眼的上、下、内直肌及下斜肌和上睑提肌的运动。

滑车神经核(trochlear nucleus)位于中脑下部相当于下丘阶段,也位于中脑水管腹侧。它发出纤维围绕导水管周围灰质(见后)行向背外侧,再转向背侧于上髓帆中左右两根完全交叉,出脑后支配上斜肌。

展神经核(abducens nucleus)位于脑桥中下部,相当于面神经丘的深方,发出神经根行向腹侧,在脑桥下缘即基底与锥体交界处出脑,支配外直肌。

舌下神经核(hypoglossal nucleus)位于延髓上部,相当于舌下神经三角的深方。由此核发出的纤维组成舌下神经根,在锥体与橄榄之间出脑,支配舌肌的运动。

2) **特殊内脏运动核**:位于躯体运动柱腹外侧,也由4个核团组成。

三叉神经运动核(motor nucleus of trigeminal nerve)位于脑桥中部网状结构(见后)背外侧,发出纤维行向腹外,出脑后加入下颌神经,支配咀嚼肌。

面神经核(facial nucleus)位于脑桥中下部,自核发出纤维组成面神经根,先行向背内方,绕过展神经核(在此处称**面神经膝**),再沿面神经核的外侧出脑,支配面肌、二腹肌后腹、茎突舌骨肌和镫骨肌。

疑核(nucleus ambiguus)位于延髓上部的网状结构中,发出轴突先向背内,然后折向腹外出脑。此核发出的纤维加入舌咽神经(Ⅸ)、迷走神经(Ⅹ)和副神经(Ⅺ)。通过这三对神经支配软腭、咽、喉和食管上部的骨骼肌。

副神经核(accessory nucleus)位于特殊内脏运动柱的最尾端,实际上已伸入上部颈髓,即上5或6节颈髓的前角背外侧。此核发出纤维组成副神经脊髓根,支配胸锁乳突肌和斜方肌。

3) **一般内脏运动核**:位于躯体运动柱的外侧,靠近界沟。此柱由4个主要核团组成。

动眼神经副核(accessory oculomotor nucleus)又称Edinger-Westphal核(简称E-W核),于上丘平面在动眼神经核背内侧,属小型细胞。此核发出纤维也行于动眼神经内,止于睫状神经节。由此节发出副交感节后纤维到达眼球的瞳孔括约肌和睫状肌,控制瞳孔缩小和晶状体的曲度。

上泌涎核(superior salivatory nucleus)位于脑桥下部,发出纤维进入面神经,经副交感神经节换元后支配泪腺、舌下腺和下颌下腺的分泌。

下泌涎核(inferior salivatory nucleus)位于延髓的橄榄上部,发出纤维进入舌咽神经,换元后支配腮腺的分泌活动。

迷走神经背核(dorsal nucleus of vagus nerve)在迷走神经三角深方,位于舌下神经核外侧,几乎与其同长。发出的纤维经迷走神经,在橄榄背侧出脑,换元后支配颈部和胸、腹腔大部分脏器的活动。

4) **一般和特殊内脏感觉核**:位于界沟外侧,内邻一般内脏运动柱。此柱由单一的位于延髓上部的**孤束核**(nucleus of solitary tract)构成。此核的上部接受经面神经和舌咽神经传入的味觉初级纤维,下部则接受经舌咽神经和迷走神经传入的一般内脏感觉纤维。上述纤维在进入核团以前在脑干内形成纵行的**孤束**(solitary tract),孤束核的细胞分布于孤束周围并接受其纤维终止。

5) **一般躯体感觉核**:即三叉神经感觉柱,按功能和位置分为三个亚核(图 10-6)。

三叉神经中脑核(mesencephalic nucleus of trigeminal nerve)主要位于中脑,此核内假单极神经元的周围突进入三叉神经的下颌神经分布至头面部的咀嚼肌,接受该肌的本体感觉。

三叉神经脑桥核(pontine nucleus of trigeminal nerve)在脑桥中部,三叉神经运动核的外侧,主要接受经三叉神经传入的头面部触、压觉初级纤维和三叉神经中脑核的传入纤维。

三叉神经脊束核(nucleus of spinal trigeminal tract)上端与三叉神经脑桥核相续,下端与脊髓后角的Ⅰ~Ⅳ层灰质相续。主要接受来自牙齿、面部皮肤和口、鼻腔黏膜的痛、温觉传入纤维,止于三叉神经脊束核的纤维在脑干内下行,形成**三叉神经脊束**(spinal tract of trigeminal nerve),与脊髓的背外侧束相接。一般躯体感觉核除来自三叉神经的纤维外,还接受少量来自面神经、舌咽神经和迷走神经的传入纤维。

6) **特殊躯体感觉核**:位于内脏感觉柱外侧,相当于延髓上部和脑桥下部水平、菱形窝的外侧,由两个核团组成。

蜗神经核(cochlear nucleus)分为**蜗腹侧核**和**蜗背侧核**,分别位于小脑下脚的腹外侧和背外侧,接受来自蜗神经节并传导听觉的纤维,蜗神经核发出的大部分纤维越过中线交叉到对侧上升,这些横行纤维构成**斜方体**,而小部分纤维不交叉,对侧交叉过来的纤维和同侧不交叉纤维共同组成**外侧丘系**,上升并止于中脑下丘核或内侧膝状体。

前庭神经核(vestibular nuclei)由**前庭上核**、**前庭下核**、**前庭内侧核**和**前庭外侧核**共同构成,接受来自前庭蜗神经中前庭神经节发来、传导平衡觉的纤维,还接受来自小脑的传入纤维;发出纤维组成前庭脊髓束和内侧纵束,调节伸肌张力以及参与完成视、听反射。

以上脑神经核的性质、名称、位置以及功能总结如表 10-1。

表 10-1 各脑神经核在脑干内的位置

<table>
<tr><th colspan="2">脑神经功能核柱横切面</th><th rowspan="10">正中沟</th><th>躯体运动柱</th><th>特殊内脏运动柱</th><th>一般内脏运动柱</th><th rowspan="10">界沟</th><th>内脏感觉柱</th><th>一般躯体感觉柱</th><th colspan="2">特殊躯体感觉柱</th></tr>
<tr><td rowspan="2">中脑</td><td>上丘</td><td>动眼神经核Ⅲ</td><td></td><td>动眼神经副核Ⅲ</td><td></td><td rowspan="3">三叉神经中脑核Ⅴ</td><td colspan="2" rowspan="4"></td></tr>
<tr><td>下丘</td><td>滑车神经核Ⅳ</td><td></td><td></td><td></td></tr>
<tr><td rowspan="3">脑桥</td><td>脑桥上部</td><td></td><td></td><td></td><td></td></tr>
<tr><td>脑桥中部</td><td></td><td>三叉神经运动核Ⅴ</td><td></td><td></td><td>三叉神经脑桥核Ⅴ</td></tr>
<tr><td>脑桥下部</td><td>展神经核Ⅵ</td><td>面神经核Ⅶ</td><td>上泌涎核Ⅶ</td><td rowspan="3">孤束核Ⅶ、Ⅸ、Ⅹ</td><td rowspan="5">三叉神经脊束核Ⅴ、Ⅸ、Ⅹ</td><td rowspan="2">前庭神经核Ⅷ</td><td rowspan="2">蜗神经核Ⅷ</td></tr>
<tr><td rowspan="3">延髓</td><td>橄榄上部</td><td></td><td></td><td>下泌涎核Ⅸ</td></tr>
<tr><td>橄榄中部</td><td>舌下神经核Ⅻ</td><td>疑核Ⅸ、Ⅹ、Ⅺ</td><td>迷走神经背核Ⅹ</td><td colspan="2" rowspan="3"></td></tr>
<tr><td>内侧丘系交叉</td><td rowspan="2"></td><td rowspan="2">副神经核Ⅺ</td><td rowspan="2"></td><td rowspan="2"></td></tr>
<tr><td></td><td>锥体交叉</td></tr>
</table>

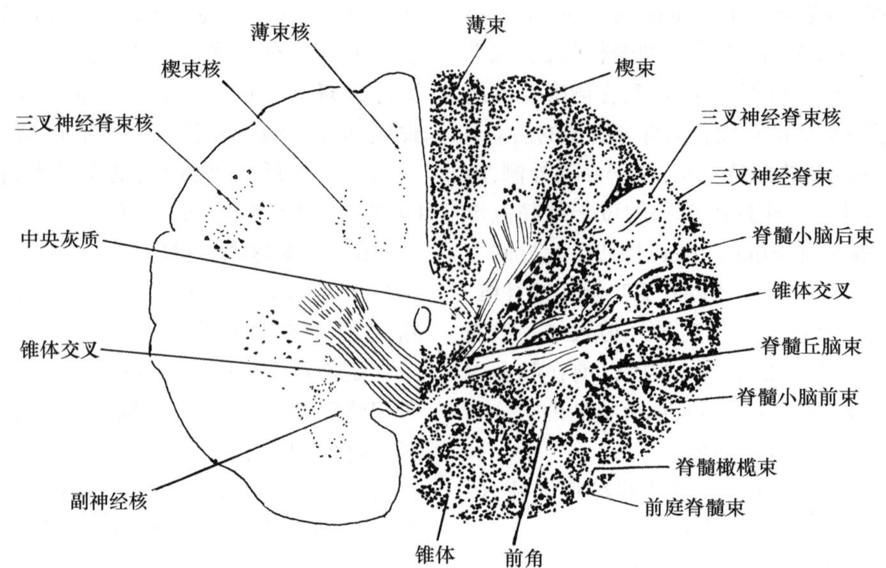

图 10-6 延髓锥体交叉水平平面

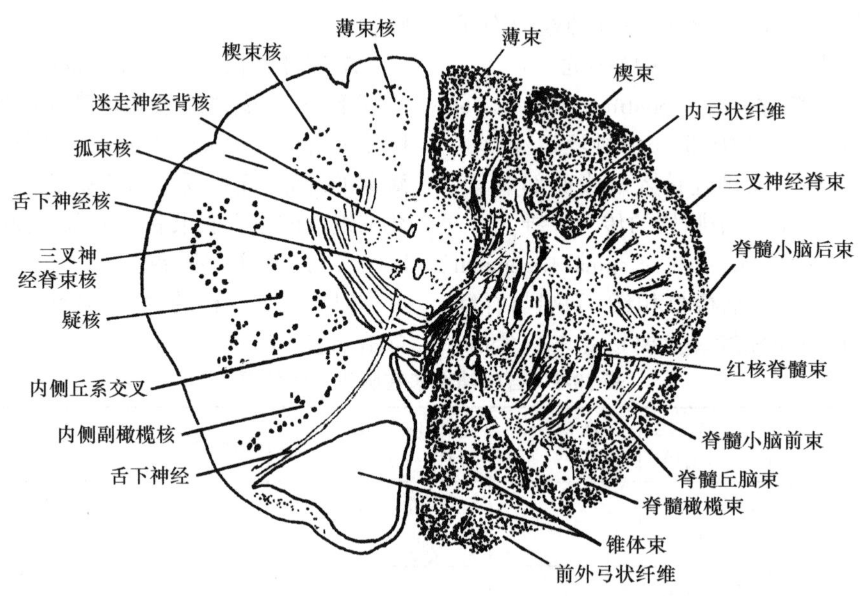

图 10-7 延髓内侧丘系交叉水平平面

(2) **非脑神经核**:除脑神经核以外,脑干的灰质中还有许多功能各异的重要核团。这些核团都有广泛的传入、传出纤维联系,它们之中有的核团可以加工某种特定的感觉信息并将之输送给高级脑部,有的则可向下位脑部或脊髓中的各神经核团发送下行控制指令。同时,脑干内的这些核团又进一步接受来自各级脑部传入纤维的支配和影响。

1) **薄束核**(gracile nucleus)与**楔束核**(cuneate nucleus):此二核分别位于延髓中下部背侧的薄束结节和楔束结节的深方,接受来自薄束和楔束的中止。由此二核发出的纤维呈弓形走向中央管的腹侧,在中线上左右交叉,称为**内侧丘系交叉**(decussation of medial lemniscus),交叉后的纤维在中线两侧折向上行,形成**内侧丘系**。因此,此二核是向高级脑部传递躯干和四肢本体感觉和精细触觉的重要中继核团(图 10-7)。

2) **下橄榄核**(inferior olivary nucleus):位于延髓橄榄的深方,在切面上呈袋口向内的囊形灰质团块。下橄榄核接受大脑皮质、脊髓和中脑红核等处的纤维,它发出纤维越边向对侧,在延髓背外侧聚集上行,与脊髓小脑后束共同组成粗大的小脑下脚,经第四脑室外侧折向背侧进入小脑。下橄榄核在小脑对运动的控制、特别是对运动的学习和记忆起重要作用(图 10-8)。

3) **上橄榄核**(superior olivary nucleus):位于脑桥中下部面神经核的腹侧,主要接受来自双侧蜗神经核的上行纤维,发出的纤维加入上行听觉

通路，即**外侧丘系**。此核的功能是根据双耳传导音响信息的强度和时间差来进行音响来源的定位(图 10-9)。

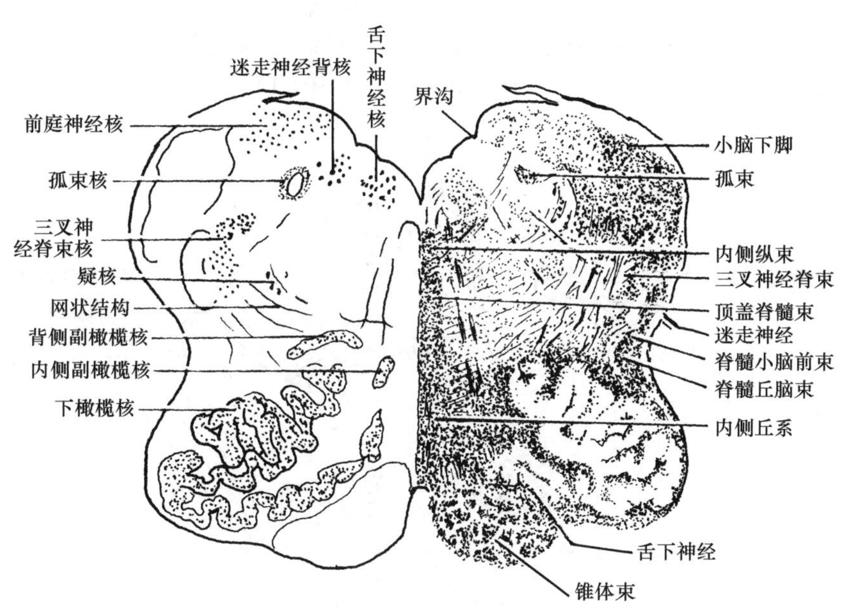

图 10-8　延髓橄榄中部水平切面

4）**脑桥核**(pontine nucleus)：由若干群细胞构成，散在地埋藏于双侧脑桥基底部，细胞数量很多。它们接受来自大脑皮质广泛区域的皮质脑桥纤维(corticopontine fibers)，发出的纤维越过中线，组成大量的横行纤维，即**脑桥小脑纤维**(pontocerebellar fibers)，组成粗大的小脑中脚进入小脑。因此，脑桥核是传递由大脑皮质向小脑发送信息的最重要的中继站(图 10-9)。

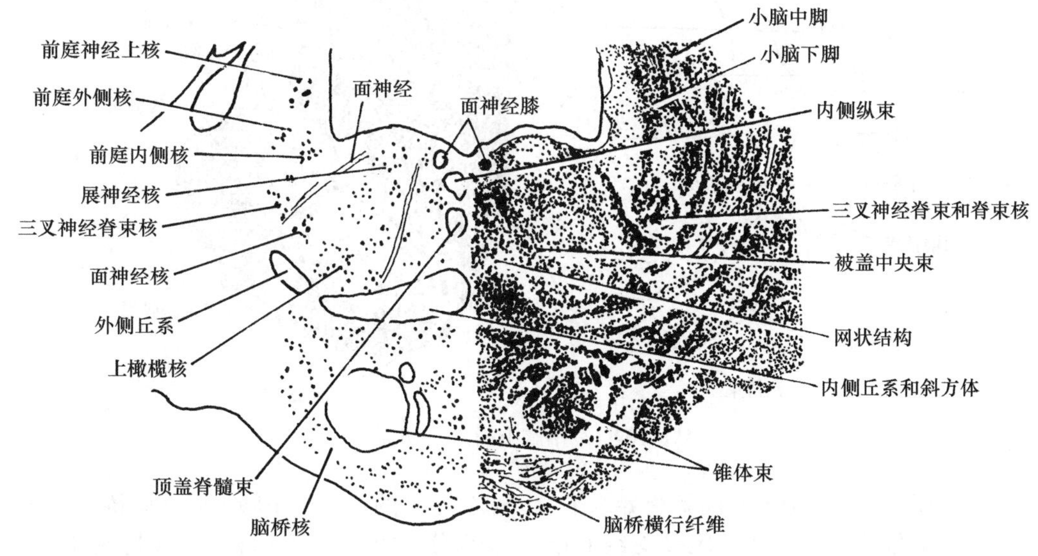

图 10-9　脑桥中下部水平切面

5）**下丘**(inferior colliculus)：由许多中小型细胞排列而成，属于听觉通路上的重要核团。外侧丘系的纤维包绕并进入此核，其传出纤维组成下丘臂到达间脑的内侧膝状体，参与对听觉信息的传递。下丘核也发出纤维到上丘，由上丘再发出下行纤维经若干神经元接替后到达支配眼球外肌的脑神经运动核以及经顶盖脊髓束到达颈髓前角运动神经元，完成由声音引起的转头和眼球运动的反射活动(图 10-10)。

6）**上丘**(superior colliculus)：在种系发生和功能方面均与下丘迥然不同，是与视觉功能密切相关，具有复杂的灰白二质交替排列的分层结构。上丘除接受经上丘臂来自视束即来自视网膜和大脑皮质视区的纤维传入外，还接受来自下

笔记栏

丘、脊髓和一系列不同脑部来的纤维。上丘的传出纤维主要分布到脊髓以及脑干的一些核团。发向脊髓的纤维围绕导水管周围灰质交叉到对侧再沿中线下行，形成**顶盖脊髓束**（**被盖背侧交叉**）。到脑干去的纤维则为双侧下行，止于与眼球活动有关的运动核团。由此可见，上丘的功能一方面可对视觉信息进行分析，另一方面能将传入的视觉信息同其他各种来源的信息进行整合，并引起眼、头和身体对视觉刺激作相应的运动反应（图 10-11）。

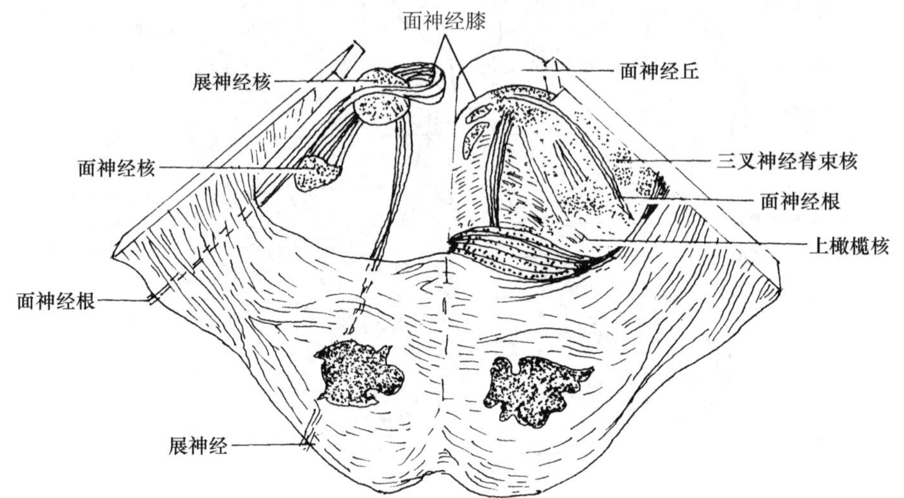

图 10-10　面神经根纤维脑内段行程

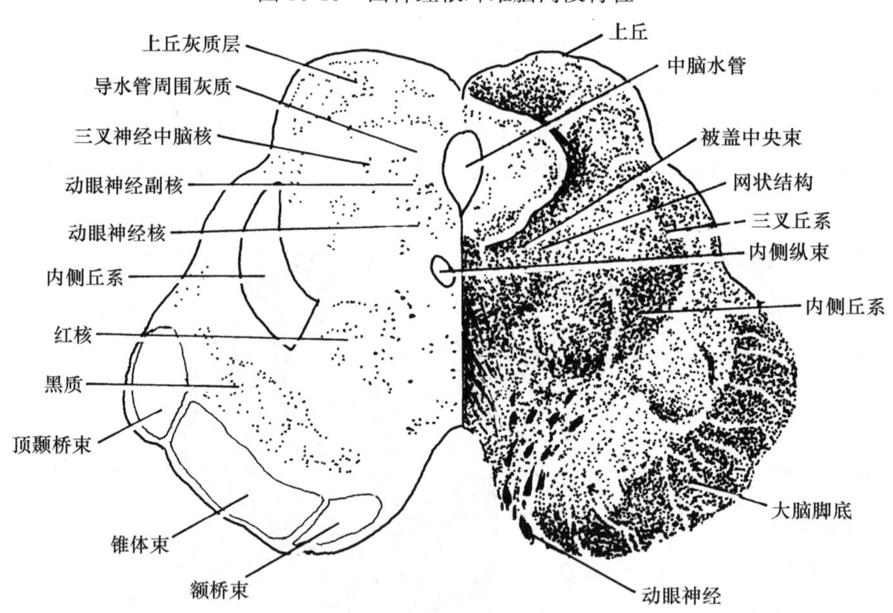

图 10-11　中脑上丘水平切面

7）**顶盖前区**：为位于中脑和间脑交界水平、紧靠上丘头端的细胞群。这些细胞接受经上丘臂由视网膜发来的纤维，发出的纤维围绕导水管周围灰质，止于双侧动眼神经副核，完成瞳孔对光反射，即在光照下瞳孔缩小的反应。

8）**红核**（red nucleus）：位于中脑上丘高度，直径约 5mm，横切面上呈一对边界明显的浑圆核团。红核可分二部分：大细胞部占据核团尾部，在低等动物发达，在人类很不显著；相反，人类红核的小细胞部十分发达，几乎占红核全部。红核主要接受来自小脑和大脑皮质的传入纤维。来自小脑的纤维经小脑上脚在脑桥上部交叉后，少部分止于红核而大部分仅穿越或环绕红核到达背侧丘脑的核团，在红核中继后到达大脑额叶的运动皮质，而大脑皮质投向红核的纤维正是从此发出的。红核的传出纤维主要至脊髓，即**红核脊髓束**，它们在发出后即交叉（**被盖腹侧交叉**）越边到对侧下行。由于红核脊髓束主要起自大细胞部，因此人类的红核脊髓束是很不发达的。起自小细胞部的纤维主要到达同侧下橄榄核，经中继后到达对侧小脑，这在人类较为发展。从红核的纤维联系可以看出，红核的功能与躯体运动的控制密切相关(图 10-11)。

9) **黑质**(substantia nigra):在人类是很大的核团,位于整个中脑的脚底和被盖之间,可分为二部分。其中靠近脚底的部分称为网状部,其细胞形态纤维联系和功能与端脑的苍白球(见后)几乎相同。黑质中靠近被盖的部分称为致密部,主要由多巴胺能神经元组成,胞浆内含有黑色素颗粒。致密部的多巴胺能神经元主要投射到端脑的新纹状体(尾状核和壳核),也可到杏仁核(图 10-11)。

临床应用

在某种原因造成黑质神经元变性时,黑质和新纹状体内的多巴胺水平就会降低,引起震颤麻痹或 Parkinson 病。患者表现为肌肉强直、运动受限、减少并出现震颤。这说明黑质是参与运动调节的重要神经中枢。

2. 白质 由脊髓上行的长上行纤维束和从脑下行的长下行纤维束大多通过脑干。

(1) 长上行纤维束

1) **内侧丘系**(medial lemniscus):来自脊髓的薄束和楔束终止在延髓背侧的薄束核及楔束核,由此二核发出的纤维在中央管腹侧交叉后上行,即称**内侧丘系**。内侧丘系在延髓位于中线和下橄榄核之间,锥体的后方;到脑桥后略转向腹外侧,位于被盖腹侧与基底部相邻;到中脑则渐移向被盖外侧。进入间脑后止于背侧丘脑的腹后外侧核(见后)。内侧丘系传递来自对侧躯干和上、下肢的精细触觉、本体觉和震动觉,其中传递下肢感觉的纤维(经薄束核接替)在延髓行于内侧丘系的腹侧部,在脑桥和中脑则行于内侧丘系的外侧部;而传递上肢感觉的纤维(经楔束核接替)在延髓行于内侧丘系的背侧部,在脑桥以上则行于内侧丘系的内侧部(图 10-7~图 10-9、图 10-11)。

2) **脊髓丘系**(spinal lemniscus):脊髓丘脑束传导对侧躯干及上、下肢的痛、温、触觉(见脊髓一节),此束进入脑干后,与脊髓网状束等上行纤维束(功能与脊髓丘脑束相同)合在一起,称为**脊髓丘系**(spinal lemniscus)。脊髓丘系行于延髓的外侧区,相当于下橄榄核的背外方;在脑桥和中脑此束位于内侧丘系的背外侧。脊髓丘系纤维进入间脑后,也止于背侧丘脑的腹后外侧核(图 10-6~图 10-9、图 10-11)。

3) **脊髓小脑前、后束**:此二束行于延髓外侧周边部,其中脊髓小脑后束经延髓的小脑下脚进入小脑,而脊髓小脑前束则继续上行到脑桥经小脑上脚进入小脑(图 10-7、图 10-8)。

4) **外侧丘系**(lateral lemniscus):起于对侧蜗神经核和双侧上橄榄核的纤维上行组成**外侧丘系**,行于脑桥和中脑被盖的外侧边缘部分。在形成外侧丘系以前,在脑桥被盖腹侧部横行越边的纤维中有一部分穿过上行的内侧丘系,这部分纤维组成**斜方体**(trapezoid body)。外侧丘系在中脑上端背侧止于下丘,转而投射到间脑的内侧膝状体,传导听觉信息(图 10-9)。

5) **内侧纵束**:从前庭神经核发出,一部分纤维交叉越边到对侧,贴第四脑室底沿中线两侧上行,止于双侧动眼神经核、滑车神经核和展神经核,下行纤维构成内侧纵束降部,止于颈髓前角内侧核,调节眼球慢速运动和头部姿势(图 10-8、图 10-9、图 10-11)。

6) **三叉丘系**(trigeminal lemniscus):来自牙齿、面部皮肤和口、鼻腔黏膜,传导痛、温、触(包括精细触觉)觉信息的纤维,止于三叉神经脊束核和三叉神经脑桥核。由此二核发出上行纤维越边至对侧(也有少部分起于三叉神经脑桥核纤维可行于同侧),组成**三叉丘系**。该纤维束行于内侧丘系的外方并与之毗邻,止于背侧丘脑腹后内侧核(图 10-11)。

(2) 长下行纤维束

1) **锥体束**(pyramidal tract):起自大脑皮质中央前回及中央旁小叶前部的巨型锥体细胞(Betz 细胞),该锥体束纤维经端脑内囊(见后)下行到达脑干,先行于中脑的大脑脚底中 3/5,然后穿越脑桥基底部且被横行纤维分隔成若干小束,它们在脑桥下端重新汇合一起,至延髓腹侧聚集为延髓锥体(图 10-6~9、图 10-11)。

锥体束包括皮质核束和皮质脊髓束,皮质核束终止于脑干的一般躯体运动核和特殊内脏运动核,皮质脊髓束终止于脊髓前角运动细胞,内含各种粗细纤维约 1 000 000 条,大约有 85%的纤维经锥体交叉越边到对侧下行,组成**皮质脊髓侧束**;其余 15%的纤维不交叉,为**皮质脊髓前束**。皮质脊髓束的功能主要与运动控制有关,但由于相当数量纤维也终止于脊髓的"感觉性"核团,因此它也能参与对上行感觉信息的调控作用。

2) **起自脑干的下行纤维束**:从中脑发出的有**红核脊髓束**和**顶盖脊髓束**,此二束都在发出后立即交叉到对侧下行,不过前者位于被盖外侧周边下行,后者居于中线两侧、内侧丘系的背方,二者均止于脊髓灰质。起自脑桥和延髓的下行纤维束主要是**前庭脊髓束**和**网状脊髓束**,其中前庭脊髓束在延髓内行于下橄榄核的背侧,网状脊髓束分别发自脑桥和延髓的网状结构。

3. 脑干网状结构 在脑干中,除了脑神经核、非脑神经核和长的上、下行纤维束以外，还能看到有分布相当宽广、胞体和纤维交错排列成"网状"的区域，称为**网状结构**(reticular formation)。网状结构可以接收和加工来自几乎所有感觉系统的信息，传出联系则直接或间接地可达到中枢神经系统各个地方。网状结构内的纤维和细胞排列并不是杂乱无章的，它们也是根据形态、纤维联系和生理功能组合成核团或纤维束的，只不过其境界很不易区分而已。

(1) **网状结构的主要核团**：根据细胞的构筑及所在位置，脑干网状结构核团主要包括中缝核群、内侧核群和外侧核群(图 10-12)。

1) **中缝核群**(raphe nuclei)：位于脑干的中缝，从尾侧向嘴侧可分辨出中缝隐核、中缝苍白核、中缝大核、脑桥中缝核(中央下核)、中央上核、中缝背核等，中缝核群是5-羟色胺能神经元的聚集地。

2) **内侧核群**：紧靠中缝核群，占据脑干内侧2/3区，主要包括位于延髓的腹侧网状核和巨细胞网状核，位于脑桥的脑桥嘴侧、尾侧网状核，位于中脑的楔形核及楔形下核。

3) **外侧核群**：位于脑干的外侧1/3区，主要包括位于延髓和脑桥的小细胞网状核，位于中脑的脚桥被盖网状核及臂旁内、外侧网状核。

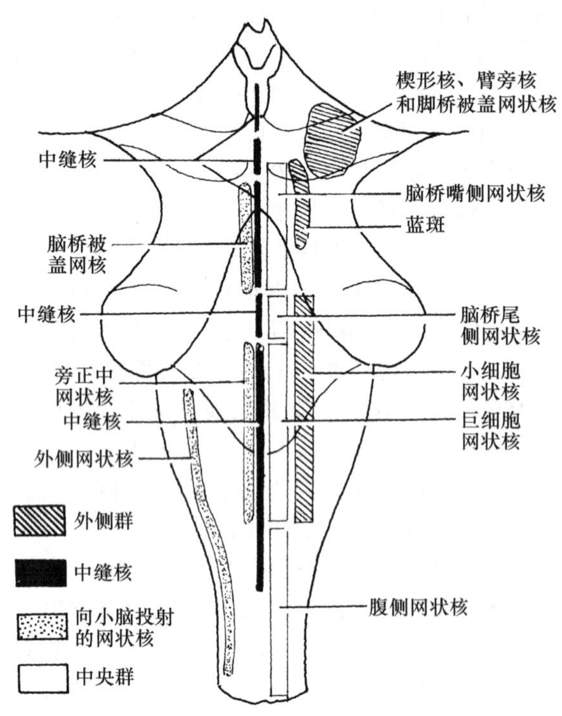

图 10-12 脑干网状结构核团示意图

(2) **脑干网状结构的功能**：脑干网状结构通过广泛的纤维联系，对脑和脊髓的各种机能起着重要的整合作用，主要包括通过网状脊髓束对脊髓牵张反射和肌张力的调节，通过上行激动系统对大脑皮层兴奋性的影响，以及对内脏功能的调节等。

1) **调节躯体运动**：脑干网状结构内侧区发出**网状脊髓束**，与脊髓灰质Ⅶ层神经元发生突触联系，转而影响Ⅸ层前角运动神经元，实现对躯体运动的控制。抑制区网状结构(延髓)发出网状脊髓束可抑制脊髓牵张反射，降低肌张力。易化区(中脑和脑桥)网状结构发出网状脊髓束可易化或加强脊髓牵张反射，提高肌张力，特别是对于伸肌。网状结构抑制区并不能自动地影响脊髓，而是需要依靠来自大脑皮质的始动作用，如果没有这种始动作用，抑制区就难以完成对脊髓牵张反射的抑制作用。但是易化区则不然，它的活动不需要像抑制区那样需要有高级中枢的始动作用。正常情况下，依靠易化和抑制的双重拮抗作用、以维持正常的肌张力和牵张反射。如当上述两个区的相互作用发生失调时，就表现出肌张力的明显改变。在上、下丘之间离断脑干时，抑制区失去高级中枢的始动作用，抑制作用下降，易化作用占据优势，就会导致肌张力明显增强，表现为四肢伸直、角弓反射，这种现象称为去大脑僵直。

2) **影响大脑皮质兴奋性**：这个系统包括向网状结构的感觉传入、自网状结构向间脑某些核团的上行投射以及从这些核团向大脑皮质广泛区域的投射。

网状结构内侧区除接受来自脊髓Ⅴ-Ⅷ层发出的脊髓网状纤维以外，尚接受来自脑神经感觉核发来的纤维、听觉传导路的侧支、上丘发来的视觉传导信息的纤维等。由此区发出的上行投射纤维主要止于背侧丘脑的板内核，自此再发出纤维至大脑皮质的广泛区域，此为**上行网状激动系统**，它传导的冲动是"非特异性"的，其主要作用是保持皮质的意识水平，使皮质对各种传入信息具有良好的感知能力，在维系人的觉醒和睡眠中起重要作用。一些麻醉药物即是通过抑制此系统起作用的，此系统损伤会造成不同程度的意识障碍甚至深度昏迷。

3) **调节内脏活动**：平滑肌、心肌、腺的活动受内脏运动神经节后神经元控制，而这些神经元都直接或间接地接受网状脊髓束和网状延髓纤维的控制。另一方面，控制心血管系和内脏系统的边缘系统，与脑干网状结构之间有着丰富的往返联系。脑干网状结构内这些调节内脏活动的神经元常被称之为中枢。如延髓的呼吸中枢在闩水平的网状结构内。在血压调节上，延髓上端网状结构的背外侧部有加压区，延髓下端的腹内侧部有减压区。此外，网状结构中还有控制泌涎、呕吐等中枢。

4）**参与睡眠发生，抑制痛觉传入**：中缝核神经元是5-羟色胺能神经元，它们发出5-羟色胺纤维止于脊髓后角，可抑制后角对痛觉的向上传导。另一方面，5-羟色胺在端脑的释放可导致睡眠，损毁中缝核时导致高度睡眠。

4. 脑干各代表性横切面 脑干诸结构由后向前可以纵向地分成四个平行的部分，即**顶部**、**室腔部**、**被盖部**和**基底部**。了解这些有助于理解脑干各横切面的形态结构。

顶部位于室腔的后方，其在中脑部称为**顶盖**（tectum），由顶盖前区（位于最上端）、一对上丘和一对下丘组成；脑桥的顶部即连着小脑腹侧的上髓帆和下髓帆；延髓上部（橄榄部）的顶即第四脑室脉络丛和脉络组织，下部（交叉部）的顶为中央管后方的后索及薄、楔束核。

室腔即中脑的中脑水管、脑桥和延髓部的第四脑室以及延髓下部的中央管。

被盖（tegmentum）构成脑干的主体，是位于室腔前方的广大区域，从延髓至中脑，又可分成若干机能单位，包括脑神经及脑神经核、上行的诸丘系、网状结构和各类非脑神经核团、某些下行传导通路以及中缝核团。

基底部包括中脑部的大脑脚底、脑桥部的基底和延髓的锥体。

为了能描述各神经核及灰、白质在脑干内的位置，人们习惯把脑干切成若干代表性横切面。其中重要的横切面由下向上依次有：

（1）**锥体交叉水平切面**（图10-6）：左右锥体束的纤维在中央管前方交叉越边，组成锥体交叉，致使前正中裂方向倾斜，锥体交叉的纤维冲断了前角。在此阶段的前角内，有自颈髓上延的副神经核。在后索中，薄束内出现薄束核，楔束的腹侧出现楔束核。楔束的外侧有三叉神经脊束，此束内侧有半月形的三叉神经脊束核。围绕中央管的灰质，改称中央灰质。在前角的背外方有网状结构。脊髓丘脑束，脊髓小脑前、后束和红核脊髓束仍位于外侧索。

（2）**内侧丘系交叉水平切面**（图10-7）：此切面通过锥体交叉的稍上方，故前正中裂已恢复矢状位。前正中裂两侧，锥体束聚为锥体。后索的薄、楔束纤维已减少，而其深方的薄、楔束核则增大。此二核发出的纤维绕行中央灰质的外缘，在中央管腹侧交叉越边，为内侧丘系交叉，交叉后的纤维在中线两旁上行，为内侧丘系。网状结构位于中央灰质的腹外侧。其他纤维束的位置与前述切面大致相同。

（3）**橄榄中部水平切面**（图10-8）：前正中裂两侧为锥体束聚成的锥体，锥体外侧的橄榄深方隐有下橄榄核。中央管已开敞为第四脑室，脑室和锥体之间统称为被盖部，被盖内的室底灰质在界沟内侧属运动性，外侧属感觉性。在中线两旁是舌下神经核，它发出舌下神经根，经锥体束和下橄榄核之间出脑。此核的背外方是迷走神经背核，在背核的腹外侧有孤束，它的周围有孤束核围绕。在位于室底灰质腹侧的网状结构的中央可见疑核，它发出纤维先向背内，以后折向腹外方加入迷走神经根，在下橄榄的背方出脑。界沟的外侧是前庭区，深方可见前庭神经核。锥体束的背方依次为内侧丘系、顶盖脊髓束和内侧纵束。脊髓小脑后束加入小脑下脚，小脑下脚的腹内侧可见三叉神经脊束，后者的内侧有三叉神经脊束核。前庭脊髓束移至下橄榄核的背方。脊髓小脑前束、红核脊髓束和脊髓丘脑束位于下橄榄核的背外侧、三叉神经脊束的腹侧。上述这些核团和纤维束之间的区域为网状结构。

（4）**脑桥下部水平切面**（通过面神经丘，图10-9）：脑桥基底部位于切面的腹侧，含有纵横两系纤维。脑桥核散在纤维的间隙中，它们发出轴突横行越至对侧，向外聚为小脑中脚，以后折向背侧，进入小脑。纵行纤维有锥体束和皮质脑桥束。锥体束沉入基底部，分为若干小束。皮质脑桥束分散止于脑桥核，不易辨认。切面的背侧为被盖部。被盖外侧可见小脑下脚正进入小脑。室底中线两侧的隆起为面神经丘，内有展神经核，展神经根斜向下方。界沟的外侧可见前庭神经核。斜方体的纤维在被盖和基底之间横行，穿过内侧丘系，在上橄榄核的外缘转折上行，成为外侧丘系。在上橄榄核的背外方有面神经核，它发出纤维绕过展神经核，再折向腹外出脑。在面神经核的背外方可见三叉神经脊束核，核的外侧有三叉神经脊束。在三叉神经脊束与核的腹内方，有红核脊髓束、脊髓小脑前束和脊髓丘脑束。内侧纵束和顶盖脊髓束仍居中线原位。网状结构占据被盖的中央。

（5）**中脑上丘水平切面**（图10-11）：切面的背侧有一对隆起的上丘。导水管周围腹侧有动眼神经核和动眼神经副核。自这些核发出动眼神经根纤维走向腹侧。在中脑被盖有大而圆的红核。左右红核之间，中线上有交叉的纤维，背侧的属顶盖脊髓束交叉，腹侧属红核脊髓束交叉。红核的背外侧是内侧丘系，脊髓丘脑束和三叉丘系在此移向背侧。大脑脚底内的纵行纤维束，自内侧向外侧依次为额桥束、锥体束和顶、枕、颞桥束。

5. 脑干的功能 脑干与脊髓一样，具有反射和传导两种机能。

（1）**反射机能**：以脑干为中枢的反射很多。可以是躯体或内脏传入引起躯体或内脏的反射。例如，中脑内有视觉反射中枢、听觉反射中枢、瞳孔对光反射中枢；脑桥有角膜反射的中枢；即用棉花丝轻触角膜引起眨眼的角膜反射，其神经冲动由三叉神经眼神经传入到三叉神经脑桥核，由该核发出的纤维到达面神经核，传出冲动沿面神经到达眼轮匝肌，使之收缩。临床上常用这个反射来了解患者麻醉或昏迷的深度。深麻醉或深昏迷的患者其脑干的反射机能受到严重抑制，往往表现为角膜反射消失。特别是延髓内有一些重要反射中枢，如吞咽反射中枢、呕吐反射中枢、咳嗽反射中枢、呼吸反射中枢、心血管调节反射中枢等。这些中枢都与人体的生命活动有密切关系，因此，常把延髓的这些中枢统称为**生命中枢**。

（2）**传导功能**：脑干能承上启下地传导各种上、下行神经冲动。这种传导可以是穿行脑干而过，也可以是先在脑干内中继，然后再向上或向下传导。例如，脊髓丘系纵贯脑干上行，皮质脑桥束则在脑桥核中继，然后发出脑桥小脑纤维，经小脑中脚进入小脑。

临床应用

脑干损伤通常由供血区的血管性病变、肿瘤、炎症所引起。病变常可累及供血区的神经核和纤维束等，使脑干的反射功能和传导功能障碍而出现一定的临床表现。主要症状特点是出现交叉性麻痹，即病变同侧的周围性脑神经麻痹和对侧中枢性偏瘫、偏身感觉障碍。典型的脑干损伤及其临床表现如下：

1. 中脑损伤　典型病变是大脑脚底综合征和本尼迪克特综合征（图 10-13）。

（1）大脑脚底综合征（Weber 综合征）病变位于一侧大脑脚底，损坏了该侧的动眼神经根和锥体束。因为阻断了损伤侧动眼神经的传出，所以表现出伤侧眼除外直肌和上斜肌外的所有眼肌麻痹、瞳孔散大、瞳孔对光反射消失。另一方面，由于伤侧锥体束的传导机能发生障碍，致使对侧上、下肢不能进行随意运动而处于痉挛性瘫痪、出现面神经和舌下神经核上瘫等症状。这种一侧动眼神经所支配的肌肉瘫痪加上对侧肢体瘫痪的现象，称为动眼神经交叉性偏瘫。

（2）本尼迪克特综合征（Benedikt syndrome）病变累及中脑一侧被盖腹内侧部，损伤了内侧丘系，出现对侧半身本体感觉和精细触觉障碍；损伤了动眼神经，出现同侧除外直肌和上斜肌外的所有眼肌麻痹、瞳孔散大、瞳孔对光反射消失；损伤了红核和黑质，出现对侧半身锥体外系综合征。

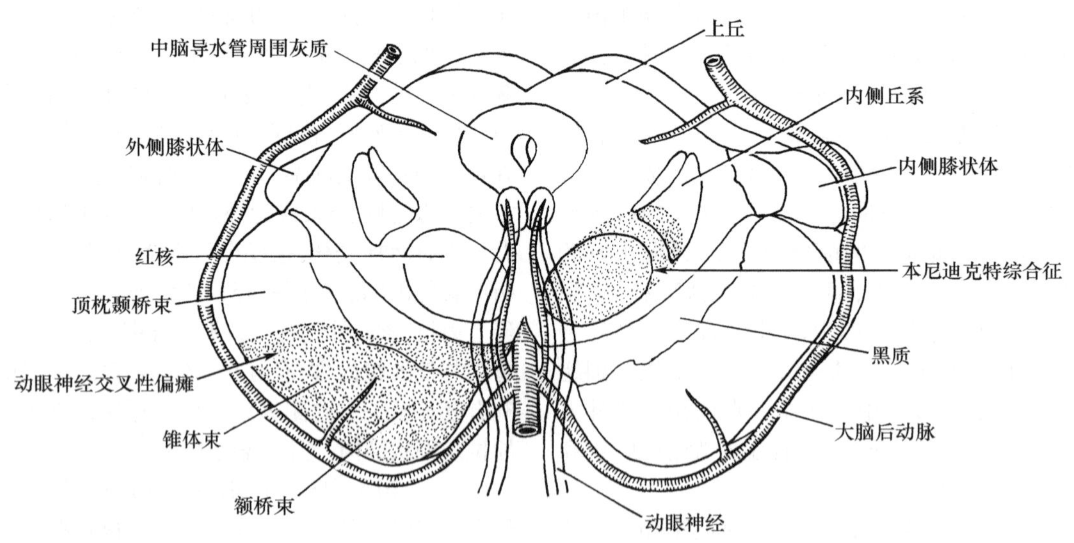

图 10-13　中脑损伤及临床综合征

2. 脑桥损伤　典型病变是脑桥基底部综合征和脑桥背侧综合征（图 10-14）。

脑桥基底部综合征常因小脑下前动脉损伤所致，损伤一侧展神经根，引起伤侧眼球外直肌麻痹眼球不能外展，损伤锥体束，引起对侧上、下肢痉挛性瘫痪、舌下神经核上瘫等症状。此为展神经交叉性偏瘫。

脑桥背侧综合征常因小脑下前动脉或小脑上动脉阻塞所致，损伤脑桥被盖，伤及展神经核引起伤侧眼球外直肌麻痹眼球不能外展；伤及面神经核引起同侧面肌麻痹；伤及脊髓丘系和内侧丘系引起对侧上、下肢及躯干的浅、深感觉和精

细触觉障碍;如前庭神经核受损引起眩晕、眼球震颤;下丘脑至胸髓外侧核的下行通路受损引起同侧 Horner 综合征等。

3. 延髓损伤　典型病变是延髓内侧综合征和延髓外侧综合征(图 10-15)。

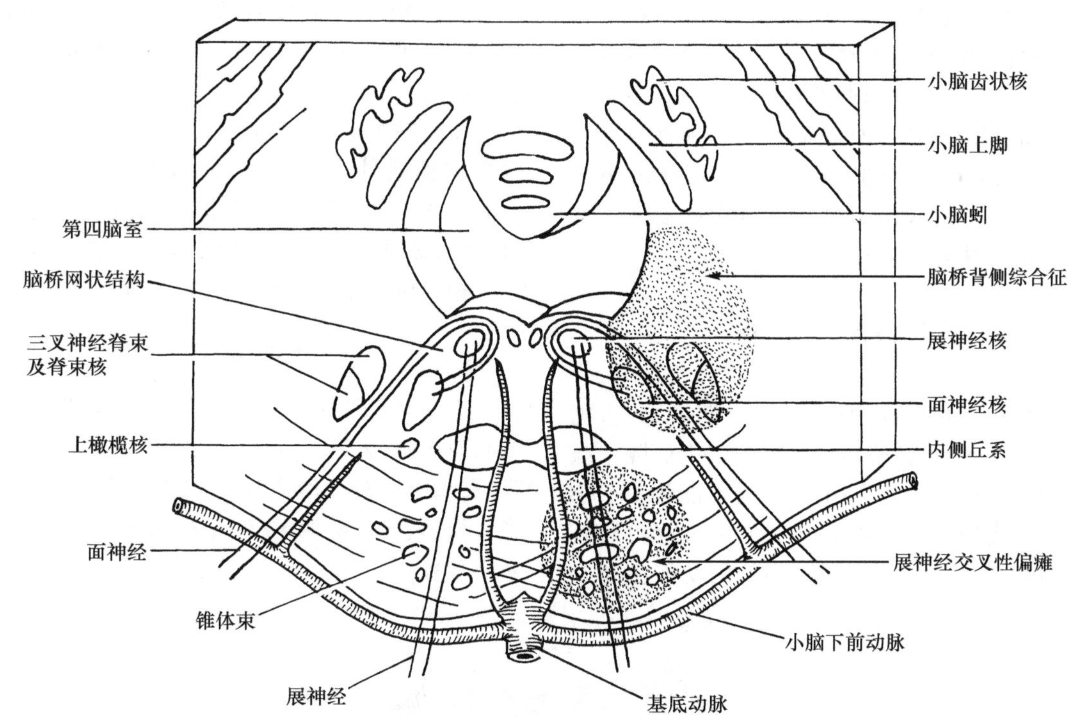

图 10-14　脑桥损伤及临床综合征

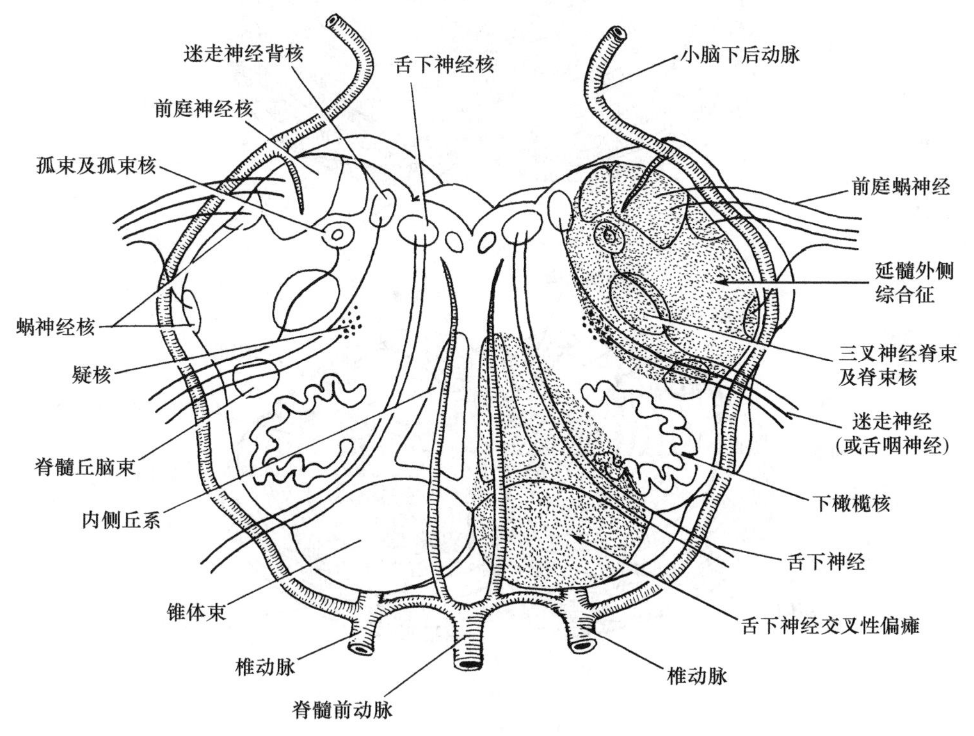

图 10-15　延髓损伤及临床综合征

延髓内侧综合征常因椎动脉供应延髓的分支阻塞所致,损害涉及一侧的锥体和内侧丘系,也可累及与之相邻的舌下神经根。患者可表现为对侧半身上、下肢的瘫痪,该部的位置觉、运动觉和精细触觉也受损害;同时有同侧半舌肌的瘫痪,伸舌时偏向患侧。称为舌下神经交叉性偏瘫。

延髓外侧综合征(Wallenberg 综合征)常因支

配延髓外侧区的小脑下后动脉受阻塞所致，典型的病变部位主要涉及三叉神经脊束及其核、脊髓丘脑束和疑核。这样，病人会表现出损伤同侧的头面部和对侧躯干及上、下肢的痛温觉减退或消失，还伴有同侧软腭、咽喉肌的麻痹。延髓外侧的损伤往往还会涉及投射到脊髓中间外侧细胞柱的下行通路，引起所谓的Horner综合征(同侧上睑轻度下垂、瞳孔缩小和面部皮肤干燥并有潮红现象)。如果病变扩及背侧的小脑下脚或前庭神经核，还会引起眩晕、眼球震颤和小脑性共济失调。

二、小　　脑

小脑(cerebellum)源于胚胎时期后脑，占据颅后窝大部，位于脑桥、延髓背侧，其上面隔小脑幕与大脑半球颞叶后部和枕叶的下面相对。小脑表面为皮质，呈叶片状，中央(深部)为髓质，髓质内藏有一些小脑核团。小脑的功能主要为维持姿势、调节肌紧张及协调随意运动。

(一) 小脑外形及分叶

小脑中间比较狭窄的部位称**小脑蚓**(vermis)，两侧膨大的部分称**小脑半球**(hemispheres)。小脑的上面平坦，下面膨隆而中部凹陷。在小脑半球下面的前内侧，各有一突出部，称**小脑扁桃体**(tonsil of cerebellum，图10-16)。小脑蚓的下面凹陷于两半球之间，从前向后依次为**小结**、**蚓垂**、**蚓锥体**和**蚓结节**。小结向两侧以绒球脚与位于小脑半球前缘的**绒球**相连。

临床应用

小脑扁桃体位于枕骨大孔上后，当某些原因造成颅内压增高时，小脑扁桃体可嵌入枕骨大孔，发生小脑扁桃体疝，压迫延髓生命中枢，进而导致循环、呼吸功能障碍，危及生命，故具有重要临床意义。

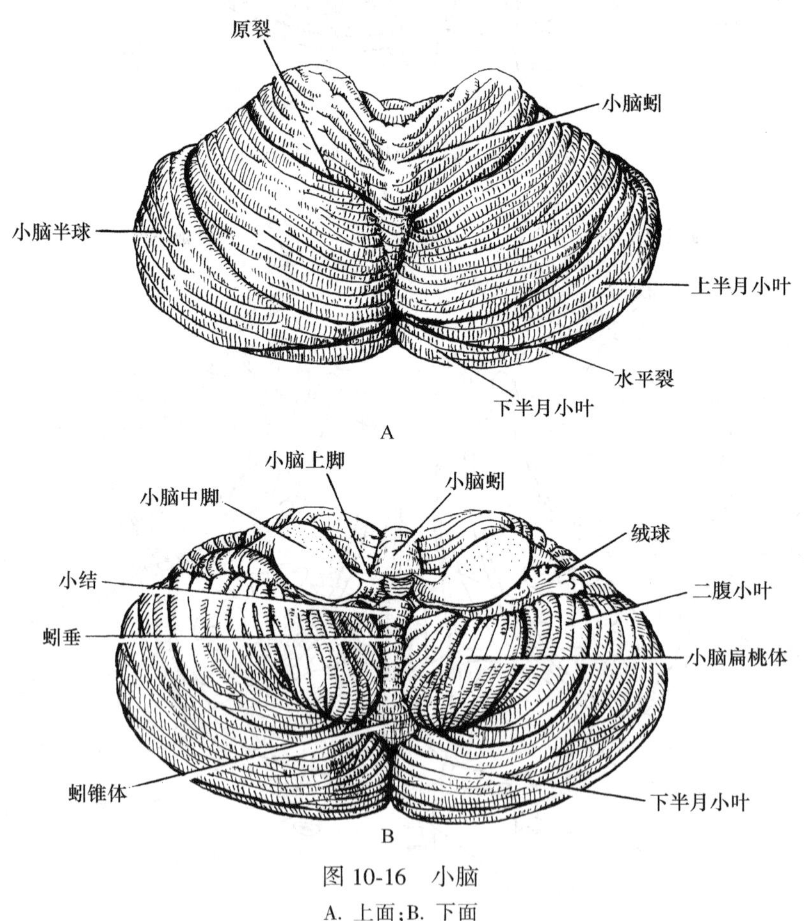

图10-16　小脑

A. 上面；B. 下面

小脑表面由沟、裂和叶片组成，其上、下面前部各有一条较深的裂，小脑上面前、中1/3交界处有一深沟，称为**原裂**；小脑下面绒球和小结的后方有一深沟，为**后外侧裂**，借此两裂将小脑分隔为前叶、后叶和绒球小结叶。各叶又包含若干小叶(图10-16、图10-17)。

1. 绒球小结叶　位于小脑下面前方，由绒球和小脑蚓前端的小结组成，二者之间以绒球脚

相连，在种系发生上出现最早，因此称**原小脑**(archicerebellum)。主要与前庭神经及前庭神经核相互联系，所以又称**前庭小脑**(vestibulocerebellum)。

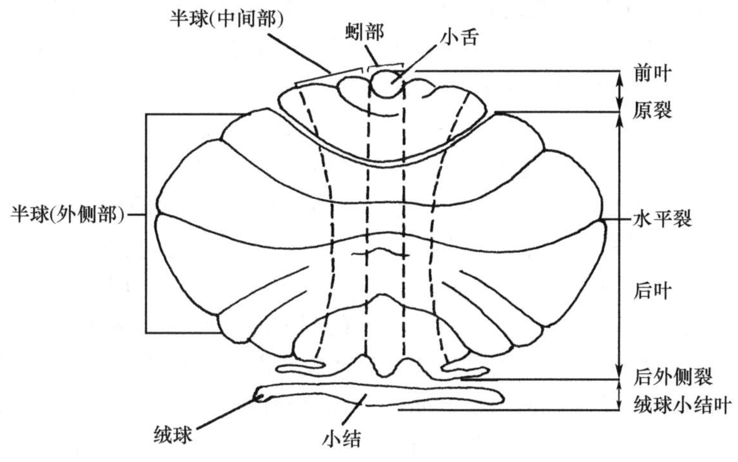

图 10-17　小脑分叶模式图

2. 前叶　小脑上面原裂以前的皮质结构为前叶。前叶和小脑蚓下面的蚓垂、蚓锥体等在发生上出现较晚，因此称**旧小脑**(paleocerebellum)，它们主要接受脊髓小脑前、后束的纤维，因此又称**脊髓小脑**(spinocerebellum)。

3. 后叶　原裂以后的大部分小脑皮质结构为后叶，在种系发生上出现最晚，与大脑皮质的发展密切相关，又称**新小脑**(neocerebellum)。此叶主要和大脑皮质的广泛区域发生联系，故又称**大脑小脑**(cerebrocerebellum)。

(二) 小脑的内部结构

1. 小脑皮质　小脑皮质由浅入深依次为**分子层**、**梨状细胞层**(或称 **Purkinje** 细胞层)及**颗粒层**(图 10-18)。

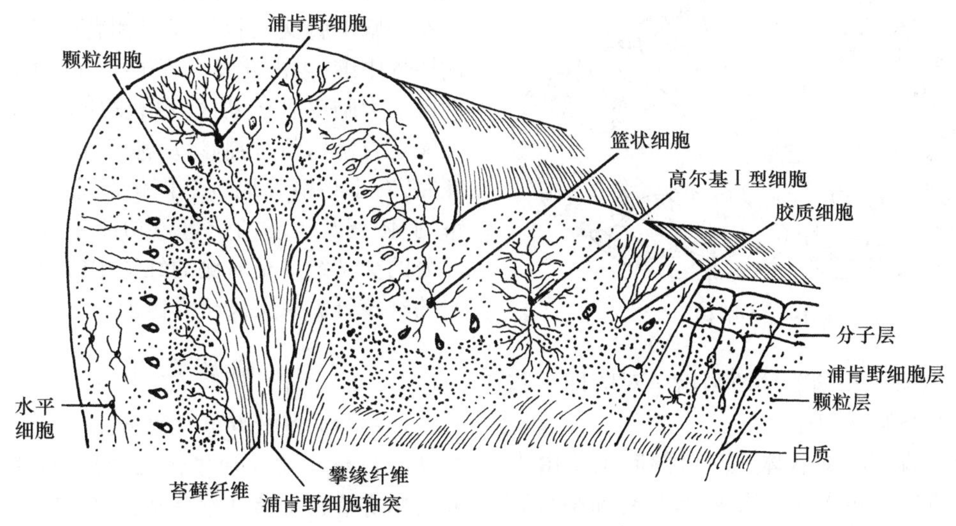

图 10-18　小脑皮质细胞构筑模式图

(1) **分子层**：此层较厚，含两种细胞——星形细胞及蓝状细胞。前者位于分子层的浅部，为多突的小细胞，其轴突与浦肯野细胞的树突形成突触；后者位于此层的深部，胞体较大，轴突较长，平行于小脑表面延伸，并发出侧枝。若干篮状细胞的轴突侧枝形成纤维蓝，包裹浦肯野细胞的胞体并与之形成突触。

(2) **梨状细胞层**：由浦肯野细胞组成，是小脑皮质中最大的神经元，胞体顶端发出 1~2 个树突，反复分支并垂直伸入分子层。胞体底部发出的一条轴突是小脑皮质之中唯一的传出纤维，纤维行向深部止于小脑核，属于抑制性神经元。

(3) **颗粒层**：由大量的颗粒细胞、苔藓纤维终末及少量的 Golgi 细胞构成。粒细胞胞体小、胞质薄且无尼氏小体，所发出的 3~5 个树突末端呈爪形，其轴突无髓鞘，上行入分子层，呈“T”

字型分支，形成平行于表面的**平行纤维**。**苔藓纤维**为来自于脊髓背核、脑桥核和脑干网状结构的纤维，其分支末端膨大，形如苔藓，以此膨大的末端为中心与颗粒细胞树突及Golgi细胞树突、轴突构成复杂的小球形突触群称**小脑小球**。Golgi细胞位于颗粒细胞的浅层，大小、形状不一，尼氏小体较粗大，其树突主要在分子层内分支，而轴突在颗粒层内分支且与颗粒细胞的树突形成突触。苔藓纤维与颗粒细胞的树突及Golgi细胞的树突形成兴奋性突触，Golgi细胞的轴突与颗粒细胞的树突形成抑制性突触。

2. 小脑核 小脑核为髓质内的灰质核团，由**齿状核**(dentate nucleus)、**顶核**(fastigial nucleus)、**球状核**(globose nucleus)和**栓状核**(emboliform nucleus)构成(图10-19)。其中顶核位于第四脑室顶上方，发生上最为古老，接受原、旧小脑皮质的纤维，属于原小脑；球状核和栓状核合称为**中间核**，位于顶核和齿状核之间，它们接受新、旧小脑皮质的纤维，属于旧小脑；齿状核最大，位于第四脑室顶上方的外侧，接受小脑半球皮质的纤维，发出的纤维经小脑上脚至中脑的红核和丘脑的外侧核，属于新小脑。

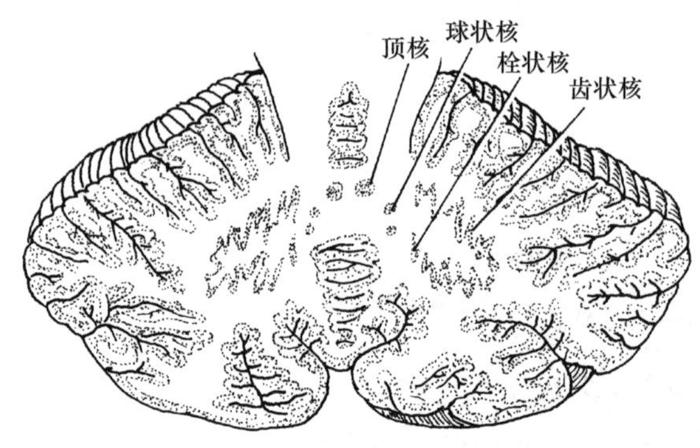

图10-19 小脑核

3. 小脑脚 小脑前部两侧籍三对脚即小脑下、中、上脚与脑干相连。

小脑下脚或称**绳状体**，连接延髓，主要由来自延髓和脊髓的传入纤维构成，包括脊髓小脑后束、楔小脑束、前庭小脑束、橄榄小脑束等。

小脑中脚亦称**桥臂**，与脑桥相连，由来自对侧脑桥核的传入纤维(脑桥小脑束)构成。

小脑上脚又称**结合臂**，连于中脑，是小脑的主要传出路径，伴有少许传入纤维。包括脊髓小脑前束、小脑中央核至红核和背侧丘脑的纤维束等。

(三) 小脑的纤维联系及功能

1. 原小脑(前庭小脑) 原小脑即指绒球小结叶，主要接受同侧前庭神经节和前庭神经核发来的纤维，经小脑下脚进入小脑。其传出纤维主要回到同侧的前庭神经核，再通过此核发出的前庭脊髓束和内侧纵束控制前角运动神经元的活动，从而支配躯干肌及伸肌的紧张性活动，以维持身体的平衡，协调眼球运动。

2. 旧小脑(脊髓小脑) 旧小脑即指小脑蚓(内侧区)和半球中间区，主要接受脊髓小脑前、后束，脊髓小脑吻侧束和楔小脑束纤维，借以获取运动过程中体内、外各种环境变化的信息。传出纤维经顶核、中间核中继后离开小脑，主要投射到前庭神经核和网状结构的核团，再由这些核团发出前庭脊髓束、网状脊髓束及内侧纵束支配同侧脊髓前角 α、γ 运动神经元，调节运动状态下躯干和肢体近端各肌肉的张力和运动的协调。也可经小脑上脚投射至对侧的红核和背侧丘脑的腹外侧核等，后者发出的纤维投射到同侧大脑皮质运动区。由红核和大脑皮质运动区发出的红核脊髓束和皮质脊髓束交叉后控制脊髓前角运动神经元活动，调节运动状态肢体远端各肌肉的张力和运动的协调。

3. 新小脑(大脑小脑) 新小脑即指小脑外侧区和齿状核，主要接受来自对侧大脑皮质，经脑桥核中继，由小脑中脚传入的信息。新小脑皮质的传出纤维在齿状核中继，再由此核发出的纤维经小脑上脚交叉投射至对侧背侧丘脑的腹外侧核等中继，再由此发出纤维投射到大脑皮质运动区。大脑皮质运动区发出皮质脊髓束经锥体交叉至脊髓前角，控制运动神经元的活动。借此环路，新小脑精确地调节同侧随意运动的起始、策划、协调及运动的质量等功能。另外，有一小部分的交叉纤维至对侧的红核中继，再由红核发出的红核脊髓束交叉至脊髓前角。

临床应用

从小脑的纤维联系可以看出，小脑通过传入和传出纤维与前庭神经核及神经、与脊髓、脑干和大脑有着广泛的纤维联系，小脑不同部位损伤会出现不同临床表现，前庭小脑损伤时病人表现为平衡失调，行走时两腿间距离过宽、东西摇晃、步态蹒跚、眼球震颤；当脊髓小脑损伤时，出现共济运动失调，运动时有控制速度、力量和距离上的障碍、眼球震颤、意向性震颤，且运动障碍出现在同侧；当大脑小脑损伤时，患者患侧肢体出现肌张力低下，共济失调，不能准确地用手指指鼻，不能做快速的交替动作，意向性震颤等。

三、间　　脑

间脑(diencephalon)源于胚胎早期的前脑尾侧,位于中脑与端脑之间,其外侧面与大脑半球相融合,由于大脑半球的高度发育,间脑的大部分被大脑半球所掩盖,仅腹侧的视交叉、视束、灰结节、漏斗、垂体和乳头体外露于脑底表面。间脑的体积虽不足中枢神经系统的2 %,但因其在中枢神经系统中的地位决定其结构和功能十分复杂,仅次于大脑皮质,间脑在大脑皮质与中枢神经系统其他各部之间有承上启下之功能。间脑分为背侧丘脑、上丘脑、下丘脑、后丘脑和底丘脑五部分。间脑的中央为一狭隙称**第三脑室**(图10-20、图10-21)。

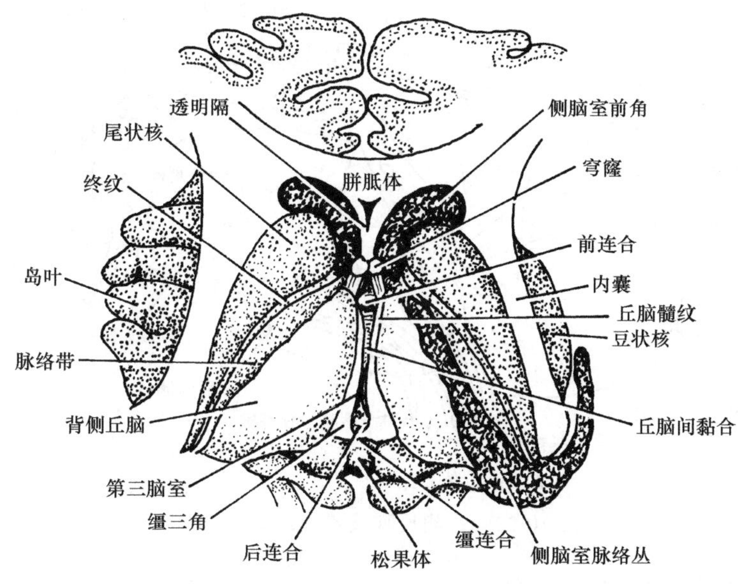

图10-20　间脑背外侧面观

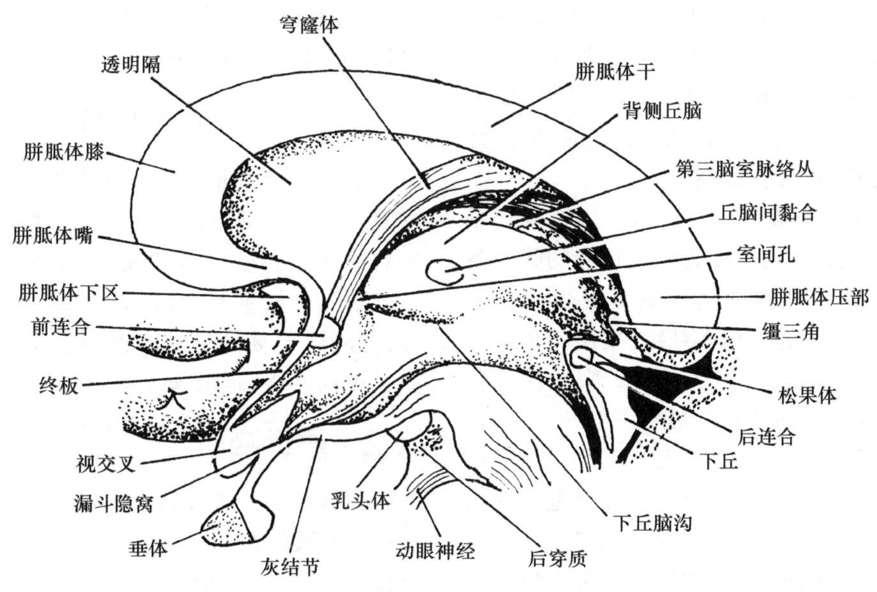

图10-21　间脑内侧面观

(一)背侧丘脑

背侧丘脑(dorsal thalamus)又称**丘脑**,是间脑的主体,为一对卵圆形的灰质团块,借丘脑间黏合相连,其前端较窄,突向前内称**前结节**;后端较大,伸向后外称**丘脑枕**。丘脑上面的外侧缘以终纹与尾状核分界,内侧面构成第三脑室侧壁的大部,内侧面下方借**下丘脑沟**与下丘脑分界,沟的前端起于室间孔,后端止于中脑水管。

背侧丘脑的内部被自外上斜向内下的“Y”

形纤维板**内髓板**(internal medullary lamina)分为**前核群**、**内侧核群**和**外侧核群**三部分,分别位于丘脑的前端和内髓板的内、外侧(图10-22)。各核群分别含有若干个核团。其中外侧核群分为腹、背两层:腹层自前向后分为**腹前核**(ventral anterior nucleus)、**腹中间核**(ventral intermediate nucleus,腹外侧核)和**腹后核**(ventral posterior nucleus),腹后核又分为**腹后内侧核**(ventral posteromedial nucleus)和**腹后外侧核**(ventral posterolateral nucleus)。除上述各核团外,背侧丘脑内侧面第三脑室的室管膜下尚有薄层的**正中核**、外侧面有薄层的**丘脑网状核**,内髓板内有**板内核**等。

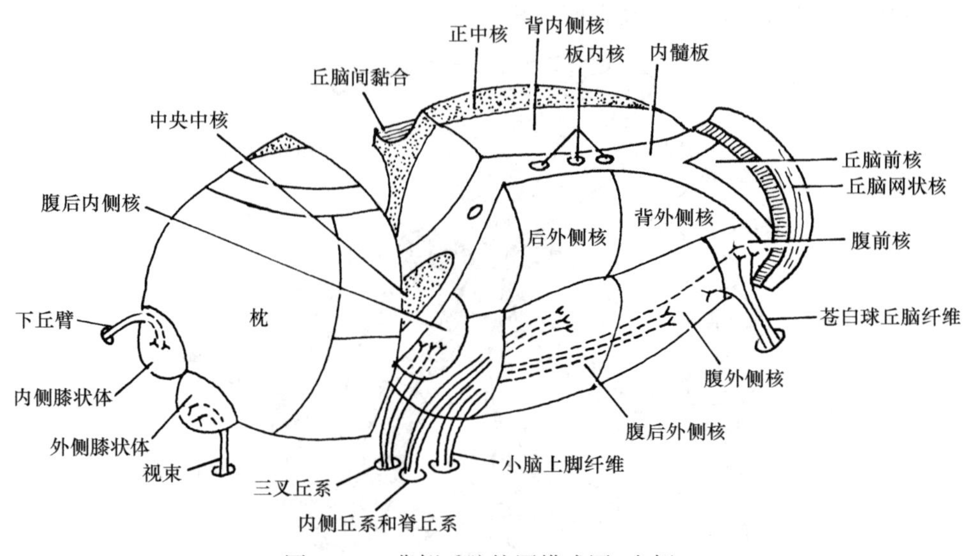

图10-22 背侧丘脑核团模式图(右侧)

背侧丘脑核团按其纤维联系特点可分为三类:

1. 非特异性投射核团(古丘脑) 为背侧丘脑内进化上比较古老的核群,包括正中核、板内核及丘脑网状核等。此类核团接受来自脑干网状结构、丘脑其他核团及纹状体等处的纤维,传出纤维通过皮质下结构,间接地向大脑皮质作弥散性投射,维持机体的清醒状态。

2. 特异性中继核团(旧丘脑) 为背侧丘脑内进化中较新的核群,主要为外侧核群的腹层各核。其中,腹前核和腹中间核主要接受小脑上脚、纹状体、黑质等处的传入纤维,发出的传出纤维投射到大脑皮质的躯体运动区。腹后核为各种意识性躯体感觉和味觉的最后中继站。

(1)**腹后内侧核**:接受三叉丘系和自孤束核颅侧端发出的味觉纤维,传出纤维投射至大脑皮质中央后回下部,即头面部皮质感觉代表区。

(2)**腹后外侧核**:接受内侧丘系和脊髓丘系的纤维,来自上肢、躯干和下肢的感觉信息投射至腹后外侧核的部位,自内向外排列。传出纤维主要投射至中央后回中、上部和中央旁小叶后部,即躯干和四肢的皮质感觉代表区。

3. 联络性核团(新丘脑) 为背侧丘脑内进化上最新的核群,包括前核群、内侧核群、外侧核群的背层核。此类核团不直接接受上行的丘系纤维,但与丘脑其他核团和皮质下中枢之间联系广泛,且与大脑皮质的特定联络区有往返纤维联系,此类核团的传出纤维投射至大脑皮质的特定区域,故也可以归属于特异性投射系统。

临 床 应 用

丘脑作为中枢神经的重要组成部分,其功能并非只起单纯的中继作用,还能对各种传入信息进行修正和整合,且对粗略的痛、温和触觉刺激,已具有粗略的感知。因此,丘脑受损引起的"丘脑综合征"主要是感觉功能的紊乱,常见的症状是感觉的丧失、过敏和失常。

(二)后丘脑

后丘脑(metathalamus)位于丘脑枕的外下方,包括**内侧膝状体**(medial geniculate body)和**外侧膝状体**(lateral geniculate body,图10-20)。其内的核团属特异性中继核。内侧膝状体接受来自下丘的下丘臂听觉纤维,发出纤维组成听辐射,投射至颞叶的听觉中枢。外侧膝状体接受视束的视觉纤维,发出纤维组成视辐射,投射至枕叶视觉中枢。

(三)上丘脑

上丘脑(epithalamus)包括松果体、缰三角、后连合和丘脑髓纹等(图 10-20)。**松果体**(pineal body)位于中脑背侧两上丘间的沟内,借柄连于第三脑室顶的后部,实为内分泌腺,能产生褪黑素,具有抑制性腺调节生物钟的功能。16 岁以后,松果体通常钙化,在成人可作为 X 线诊断颅内占位性病变的定位标志。来自隔核的**丘脑髓纹**位于背侧丘脑背侧面和内侧面交界处,向后移行为**缰三角**,缰三角内有缰核,其传出纤维至脚间核,缰三角的后端两侧连接形成**缰连合**,为丘脑髓纹的交叉纤维和缰核间的联合纤维构成。**后连合**位于松果体柄的下脚和上丘之间,为一较粗的联合纤维,其纤维的构成和功能尚未明确。

(四) 底丘脑

底丘脑(subthalamus)又称腹侧丘脑,为间脑和中脑被盖的过渡区域,内含**丘脑底核**,与黑质、红核、苍白球间有密切纤维联系,属锥体外系的重要结构。

(五) 下丘脑

下丘脑(hypothalamus)位于背侧丘脑下方,借下丘脑沟与背侧丘脑分界,占脑重的 0.3%,下丘脑的下面外露于前穿质与大脑脚之间,前部为**视交叉**(optic chiasma),位于脚间窝前方,向后外侧延续为**视束**(optic tract);后部为一对**乳头体**(mamillary body),位于脚间窝内;中间为**灰结节**(tuber cinereum);视交叉与灰结节之间的正中部位向下突起为**漏斗**(infundibulum),其深部为漏斗隐窝,为第三脑室的延伸,漏斗的尖连接**垂体**(hypophysis)。下丘脑的前界为视交叉上方的薄层灰质,既**终板**(laminae terminalis),上方连于胼胝体嘴(图 10-21)。

下丘脑的核团较为复杂,自前向后分为视前区、视上区、结节区和乳头体区。较为重要的核团有视上区的**视上核**(supraoptic nucleus)、**室旁核**(paraventricular nucleus);结节区的**漏斗核**(infundibular nucleus,相当于哺乳类动物的**弓状核**)以及位于乳头体区内的**乳头体核**(mammillary body nucleus)等(图 10-23)。

下丘脑的纤维联系较为广泛(图 10-24)。

1. 传入纤维 主要有来自端脑的下行纤维前脑内侧束、终纹和穹隆等。

(1) **前脑内侧束**:前脑内侧束主要为隔核至中脑被盖的纤维束,行经下丘脑外侧区,在此与下丘脑间发生往返的纤维联系。

(2) **终纹**:终纹为来自杏仁体到下丘脑的纤维束。

(3) **穹隆**:穹隆主要为海马至乳头体核的纤维束。

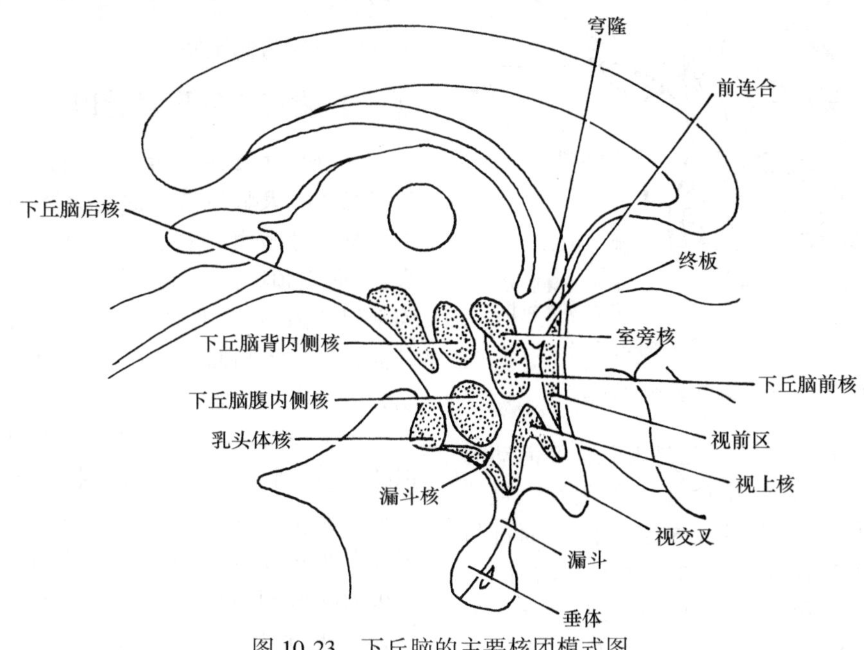

图 10-23 下丘脑的主要核团模式图

2. 传出纤维 主要有:

(1) **乳头丘脑束**:乳头体核发出至丘脑前核的纤维束。

(2) **背侧纵束**:联系下丘脑和脑干及脊髓之间的上、下行纤维束。

(3) **乳头被盖束**:乳头体至中脑灰质和被盖的纤维束。

(4) **下丘脑垂体束**:包括**视上垂体束**、**室旁垂体束**和**结节漏斗束**(又称结节垂体束),此通路为神经内分泌通路,前两束分别起自视上核和室旁核,其纤维至垂体后叶参与构成神经垂体(图 10-25)。同时将上述两核产生的神经内分泌物质——抗利尿激素、催产素运至正中隆起和垂体后叶储存,需要时释放入血液中。而结节漏斗束起自灰结节上方结节区的漏斗核等,终于正中隆起,在此将下丘脑产生的神经内分泌物质释放入毛细血管丛,借助垂体门脉系统的运送控制垂体前叶的内分泌功能。

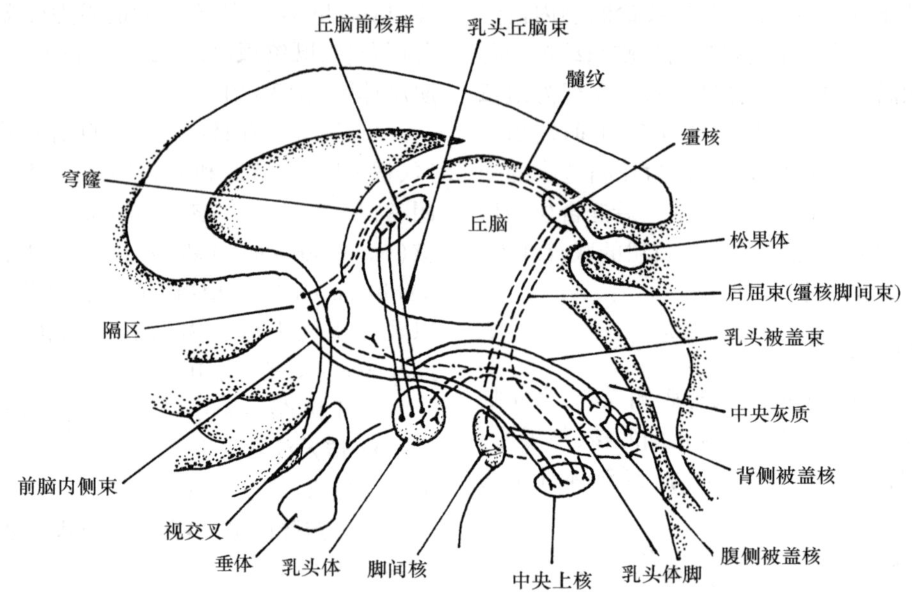

图 10-24　下丘脑的纤维联系

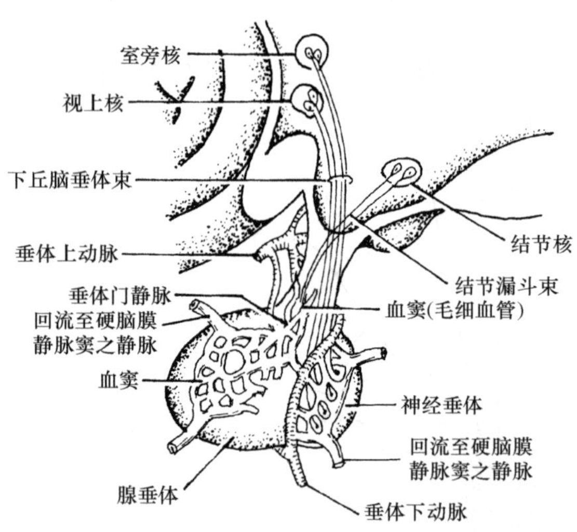

图 10-25　下丘脑与垂体的联系

下丘脑的功能:①下丘脑是内脏神经活动的皮质下中枢,管理体温、摄食、水盐平衡和生殖等内脏活动。②下丘脑是神经内分泌中心,通过与垂体的联系实现神经调节和体液调节的统一。③下丘脑通过与边缘系统的联系,参与情绪行为的调节。④下丘脑与人类昼夜节律有关,有调节昼夜节律的功能。

四、端　　脑

端脑(telencephalon,也称大脑)源于胚胎时期的前脑,由左、右半球借胼胝体、前连合及穹窿相连。大脑的结构与小脑相似,表面为皮质,皮质由脑沟和脑回组成,是神经系统的最高级中枢。大脑的深部为髓质,其基底部的髓质内有一些灰质核团称为**基底核**。此外髓质内尚有一多角的腔隙称为**侧脑室**。

(一)端脑的外形及分叶

大脑借**大脑纵裂**分隔左、右半球,纵裂的底为**胼胝体**。大脑后端下面借**大脑横裂**及其间的小脑幕与小脑相分隔。大脑半球分为三面、两缘:即向颅顶膨隆的上外侧面;大脑纵裂两岸较为平坦的内侧面;坐落于颅底的下面。半球各面又被脑沟分为脑回和脑叶,这些结构可作为脑功能分区的定位标志。

大脑表面以外侧沟、中央沟、顶枕沟和两条虚拟的线段,划分为额、顶、枕、颞和岛叶等五个叶(图 10-26、图 10-27)。**外侧沟**(lateral sulcus)起于半球下面的前部,延伸至上外侧面,行向后上方;**中央沟**(central sulcus)起于半球上缘中点的稍后方,斜向前下方,下端近外侧沟,上端延伸至半球内侧面;**顶枕沟**(parietooccipital sulcus)位于半球内侧面后部,自下而上转至上外侧面。外侧沟上方和中央沟以前的部分为**额叶**;外侧沟上方和中央沟以后的部分为**顶叶**;外侧沟以下的部分为**颞叶**;半球后部,顶枕沟以后的部分为**枕叶**;**岛叶**位于外侧沟的深部,被额、顶、颞叶覆盖(图 10-28)。

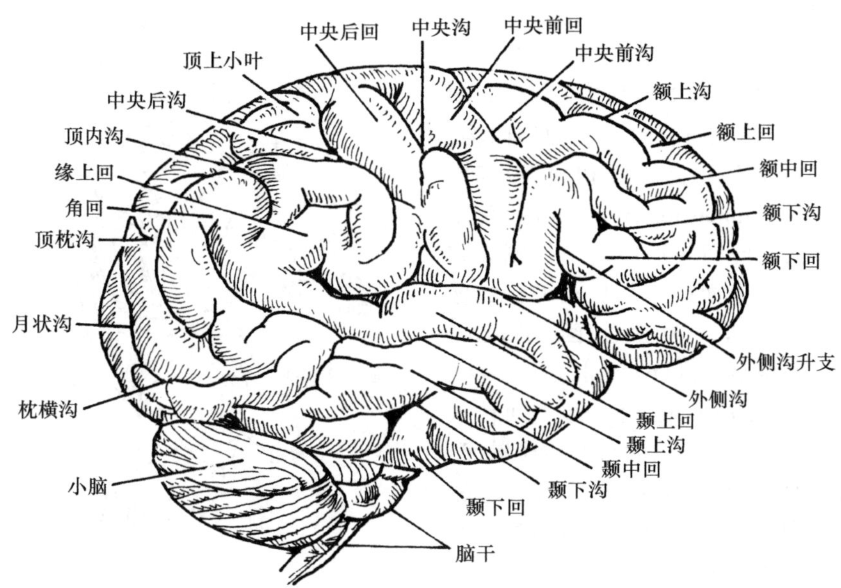

图 10-26　大脑半球背外侧面

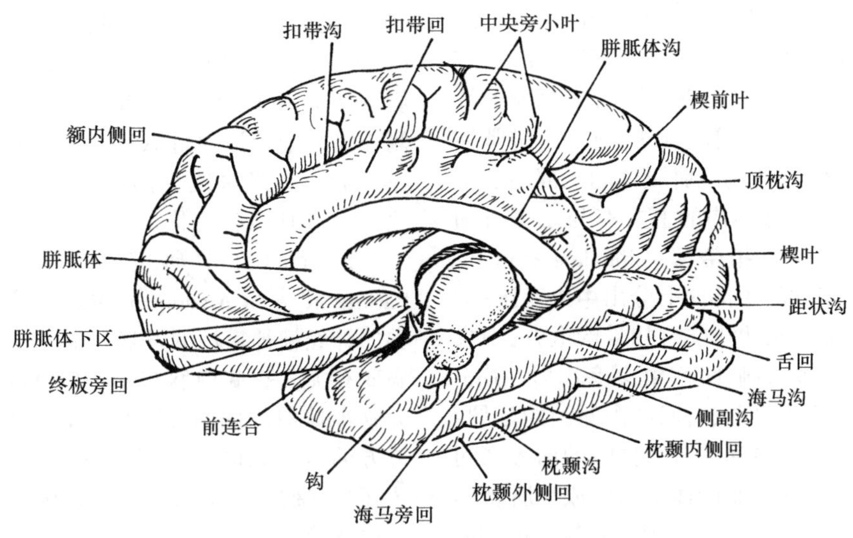

图 10-27　大脑半球内侧面

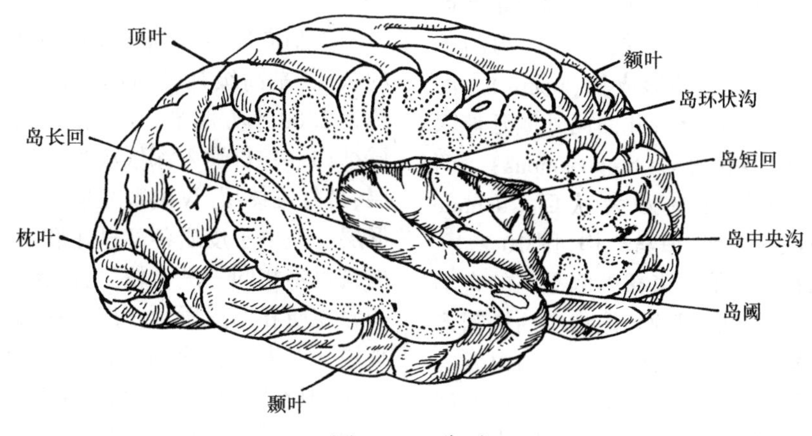

图 10-28　岛叶

半球的背外侧面：中央沟的前方有与之平行的**中央前沟**（precentral sulcus），两者间为**中央前回**（precentral gyrus）。中央前沟向前下发出**额上沟**和**额下沟**，将额叶前部分为**额上回**（superior

frontal gyrus)、**额中回**(middle frontal gyrus)及**额下回**(inferior frontal gyrus)。中央沟后方有与之平行的**中央后沟**,两者间为**中央后回**(postcentral gyrus)。该回后方的顶叶内有向后下的顶内沟,此沟将后部的顶叶分为**顶上小叶**和**顶下小叶**。顶下小叶由**缘上回**(supramarginal gyrus)和**角回**(angular gyrus)构成,他们分别环绕于外侧沟和颞上沟的末端。颞叶表面有与其长轴平行的**颞上沟**和**颞下沟**,将其分为**颞上回**(superior temporal gyrus)、**颞中回**(middle temporal gyrus)和**颞下回**(inferior temporal gyrus)。颞上回转入外侧沟内有几条自上外向下内的小回称**颞横回**。

半球的内侧面:此面较为平坦,中部弓形较厚的纤维板称为**胼胝体**,由连接左、右半球的纤维形成,其前端尖细,后端肥厚,自前向后分为嘴、膝、干、压四部。尖嘴向下连接**终板**,后端压部游离。胼胝体下方的弓形纤维束为**穹隆**,两者间为薄层的**透明隔**。左、右透明隔间的狭隙称透明隔腔,通常不与侧脑室相通,若与脑室相通,腔隙变大常称为第五脑室。胼胝体嘴与穹隆前端之间的卵圆形纤维束为前连合的断端。胼胝体的背侧为胼胝体沟,此沟绕胼胝体的压部向前下移行为海马沟。胼胝体沟的上方有与之平行的**扣带沟**,两沟之间为**扣带回**(cingulate gyrus)。扣带沟大约在半球的中部向上分出**中央旁沟**;沟的后端向后上方分出边缘支。扣带沟上方,中央旁沟与边缘支之间的脑回称**中央旁小叶**(paracentral lobule),为中央前、后回向内侧面的延伸;胼胝体膝的下方、扣带回与胼胝体嘴的前方之间为**隔区**,由终板旁回和胼胝体下回构成。胼胝体压部的后方有顶枕沟和弓形的**距状沟**(calcarine sulcus)。距状沟将枕叶分为上部的**楔叶**和下部的**舌回**。舌回向前移行为颞叶的**海马旁回**(parahippocampal gyrus),该回位于海马沟的下外侧,其前端绕海马沟前端形成**钩**(uncus)。海马旁回形成海马旁沟的底壁,此回向外侧延伸入侧脑室下脚并卷曲形成**海马**(hippocampus)。两者间锯齿形的窄条皮质为**齿状回**(dentate gyrus),海马和齿状回合称**海马结构**(图 10-29)。

半球的下面:额叶下面借靠内侧深陷的直沟分隔内侧的**直回**和外侧的**眶回**,该沟容纳椭圆形的**嗅球**和其后续的条状**嗅束**。嗅束末端向后分别发出**内、外侧嗅纹**,两嗅纹分歧处的三角形区域称**嗅三角**(图 10-1)。颞叶下面借侧副沟与内侧面分界,侧副沟平行于海马沟外侧,其内侧前有**海马旁回**,后为**舌回**。其外侧有与之平行的枕颞沟,后者将颞叶的下面分为**枕颞内、外侧回**。

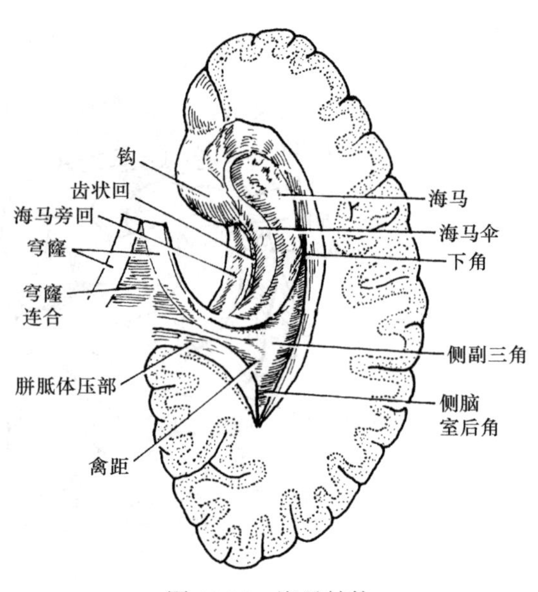

图 10-29 海马结构

此外,还把大脑半球围绕于脑干周围的扣带回、海马旁回、海马结构和隔区等统称为**边缘叶**(limbic lobe)。边缘叶及与其相关的皮质和皮质下结构,如眶回后部、杏仁体、隔核、下丘脑、背侧丘脑和中脑被盖等共同组成**边缘系统**(limbic system)。边缘系统为内脏活动的最高级中枢,故又有“内脏脑”之称。

最近的许多研究表明:精神分裂症、Parkinson 病和 Arzheimer 病这三个长期困扰人类的神经精神疾病的发病机制与“基底前脑”的病变有关。**基底前脑**(basal forebrain)是指位于大脑半球前内侧面和下面,间脑的腹侧,前连合下方的若干脑区和核团,包括下丘脑视前区、隔核、斜角带核、Meynert 基底核、伏隔核、嗅结节和杏仁核等。

(二)大脑皮质的功能定位

大脑皮质(cerebral cortex)为大脑半球表层的灰质,是高级神经活动的物质基础,其总面积约为 2200 平方厘米。皮质的大部分有基本的六层结构——自浅入深依次为Ⅰ分子层、Ⅱ外颗粒层、Ⅲ外锥体层、Ⅳ内颗粒层、Ⅴ内锥体层和Ⅵ多形层。但由于皮质各部进化和功能各异,其皮质构筑也不相同。进化较早,占大脑皮质较少部分的原皮质和旧皮质为三层结构,缺少表面的Ⅰ~Ⅲ层。而进化较晚的新皮质以六层结构为基本形式,但不同的脑回之间存在差异。大脑皮质各部的构筑不同,通常采用 Brodmann 的 52 区分法对大脑皮质分区。皮质各区功能各异,具有特定功能的脑区成为特定功能的重要“中枢”。皮质的各种特定功能中枢不是单一的,常存在类似功能的其他脑区，因此皮质的各种重要中枢的定位是相对的。

1. 第一躯体运动区 位于中央前回和中央旁小叶前部(4、6区)，该区发出锥体束管理骨骼肌运动，有一定的特点：①左右交叉，上下肢肌、下面部肌和舌肌受对侧半球皮质支配，既交叉支配。但上面部肌、眼球外肌、咽喉肌、咀嚼肌、呼吸肌和躯干、会阴肌则受两侧半球的皮质支配。②上下颠倒，但头部是正的，对身体各部骨骼肌的支配宛如头下脚上倒置的人形，但头部本身是正置的。③身体各部代表区域的大小取决于功能的重要性和复杂程度，而与各部形体的大小无关。该区接受中央后回、背侧丘脑发来的纤维(图 10-30)。

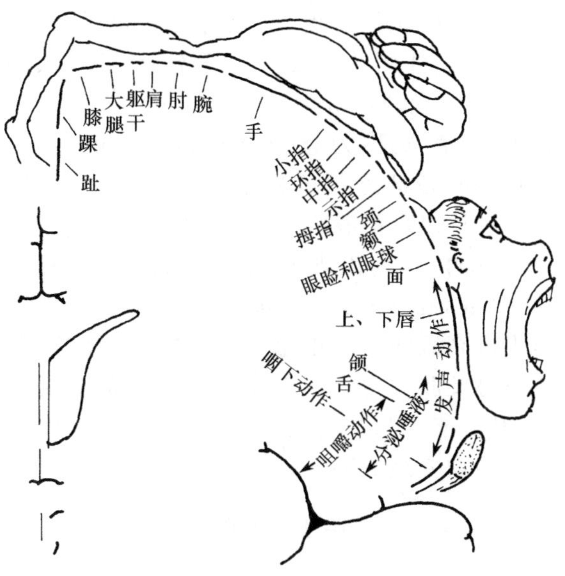

图 10-30 人体各部在第一躯体运动区的定位

2. 第一躯体感觉区 位于中央后回和中央旁小叶后部(3、1、2区)，该区接受背侧丘脑发来的对侧半身浅、深感觉。身体各部的感觉在此区的代表区域有同第一躯体运动区相似的特征：①交叉接受对侧半身的躯体感觉。②身体各部的感觉在代表区内的分布也呈头下脚上倒置的人形，而头部本身是正置的。③身体各部代表区域的大小取决于该部感觉的敏感程度，而与各部形体的大小无关(图 10-31)。

3. 视觉区 位于距状沟两侧的枕叶皮质(17区)，视区皮质接受同侧外侧膝状体的纤维，从而接受两眼对侧视野的信息。来自视网膜上、下象限的信息经视辐射分别投射至距状沟上、下唇的皮质，且来自黄斑区的信息到达距状沟后端的上、下唇皮质，而视网膜周围部的信息到达距状沟前部上、下的皮质。

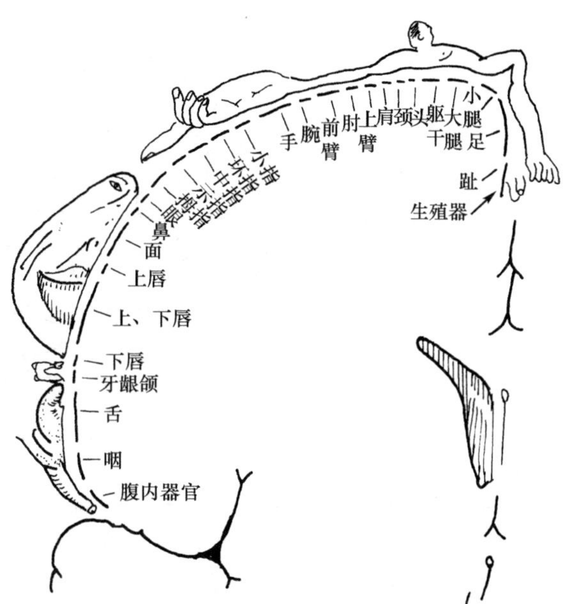

图 10-31 人体各部在第一躯体感觉区的定位

4. 听觉区 位于颞横回(41、42区)，接受同侧内侧膝状体的纤维，从而接受来自两耳的听觉信息，因此，一侧听觉中枢受损不会引起单耳全聋。

5. 语言中枢 由于人类具有抽象的思维活动和语言表达功能，人类的大脑皮质相应的出现了特有的语言中枢，可将抽象的思维活动变为语言信息，并通过相应的器官表达；或把来自视、听感受器的感觉加工为语言信息而接受。90%以上的人语言中枢在左侧半球，故左侧半球有语言的“优势半球”之称。语言中枢包括：说话中枢、听话中枢、书写中枢和阅读中枢(图 10-32)。

(1) **说话中枢**(运动性语言中枢)：位于额下回的后部(44、45区)又称 Broca 区。该中枢可将复杂的阈外刺激整合成语言密码，作用于控制发音器官的皮质运动区，通过发音器官准确的表达。此区受损，出现虽能发音，但不能说话，称运动性失语症。

(2) **听话中枢**(听觉性语言中枢)：位于颞上回后部(22区)。能将来自听觉皮质的语言声音信号转化为可被理解的密码而接受。此区损伤，患者不能理解他人讲话的意思，对他人的问话所答非所问，临床称为感觉性失语症。

(3) **书写中枢**：位于额中回后部(8区)，上肢第一躯体运动区的前方。此区能将抽象的思想活动加工成文字密码，作用于控制手的皮质运动中枢，通过手的运动书写出恰当的文字。此区受损，患者文字表达功能障碍，不能正确书写曾经熟悉的文字，称失写症。

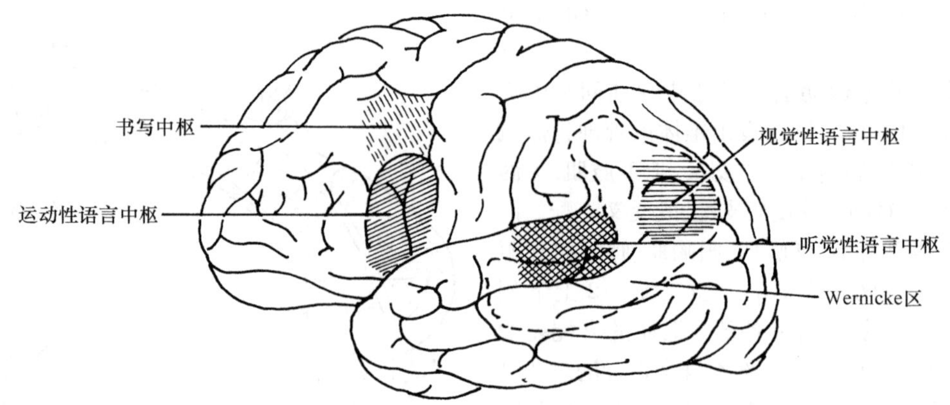

图 10-32 人大脑半球语言区

（4）**阅读中枢**（视觉性语言中枢）：位于角回（39 区）。能将来自视觉中枢的语言文字符号的信息加工成可被理解的神经密码而接受。此区受损，患者不能理解所看到的文字符号的意义，称失读症。

（三）端脑的内部构造

大脑表面为皮质，深部为髓质。髓质中藏有基底核及侧脑室。

1. 基底核（basal nuclei） 为半球基底部髓质内较大的核团，包括纹状体、屏状核及杏仁体（图 10-33）。

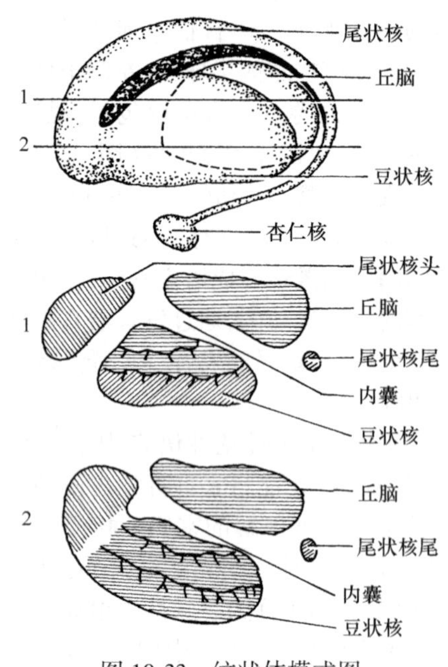

图 10-33 纹状体模式图

（1）**纹状体**（corpus striatum）：由尾状核和豆状核组成。**尾状核**（caudate nucleus）呈蝌蚪状，分为头、体、尾三部分，呈蹄铁形弯曲，环绕豆状核和背侧丘脑背外侧，伸延于侧脑室前角、中央部和下角，于下角尖处连于杏仁体。**豆状核**（lentiform nucleus）深居半球的白质内，被弯曲的尾状核环抱，前端与尾状核头相连，该核借内、外侧的髓板分为三部分，外髓板的外侧较大，色较深称为**壳**（putamen），内侧两部较小，色浅淡称为**苍白球**（globus pallidus）。纹状体的各部进化过程不同，通常把种系发生上较早出现的苍白球称为**旧纹状体**（palaeostriatum），较新出现的尾状核和壳称为**新纹状体**（neostriatum）。纹状体在大脑皮质进化前为最高级的运动中枢，主要功能为维持、调节姿势及肌张力。在人类由于皮质的高度进化，其功能受制于皮质运动区之下，成为锥体外系的重要组成部分。

临床应用

当纹状体的某部分受损时，将出现肌张力的改变和运动的异常，不同部分损伤症状不同。新纹状体受损常出现不规则的、无目的的怪异动作，如舞蹈病、手足徐动症等。旧纹状体受损常表现为静止性震颤、肌张力过高、运动低下等，如 Parkinson 病。

（2）**屏状核**（claustrum）：为岛叶和豆状核之间的薄层灰质，其机能尚不清楚。此核内、外侧的薄层白质分别为外囊和最外囊。

（3）**杏仁体**（amygdaloid body）：位于海马旁回钩的深部，侧脑室下脚尖端的前方，后端与尾状核的尾相连，属边缘系统。其机能与行为、内分泌和内脏活动相关。

2. 侧脑室（lateral ventricle） 是位于大脑半球白质内的腔隙，内含脑脊液。依其位置分为四部：前端以**前角**起于额叶；向后伸入顶叶续于**中央部**；此部前起室间孔，后端止于胼胝体压部，向后伸入枕叶续于**后角**；中央部向外，再向前下内伸入颞叶，续于**下角**。下角最大，其底的内侧部

隆起为**海马**。海马前端宽大称**海马脚**，借浅沟分成数个海马趾，海马的传出纤维在背内侧集成束称**海马伞**，其后端向后移行为**穹隆**。侧脑室经左、右室间孔与第三脑室相通，室腔内有脉络丛（图 10-34）。

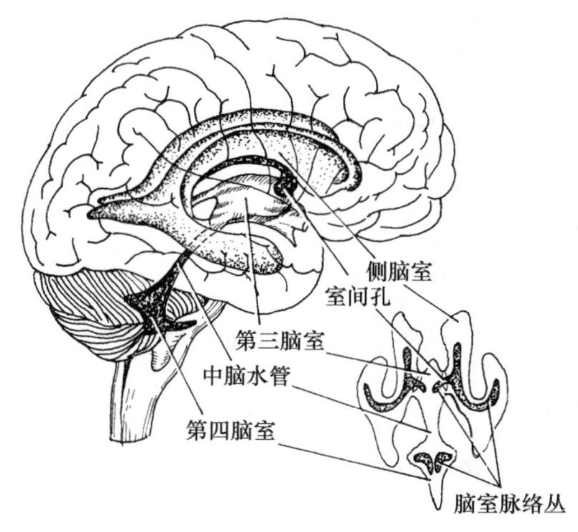

图 10-34　脑室投影图

3. 大脑半球的髓质　位于大脑半球的深部，由联系皮质各部与皮质下结构的神经纤维组成，可分为三类：

（1）**联合纤维**：为连接左、右半球皮质间的纤维，包括胼胝体、前连合及穹隆连合（图 10-35）。

胼胝体（corpus callosum）位于大脑纵裂底，是连接左、右半球新皮质间肥厚的纤维板。胼胝体纤维在半球内向前、后及两侧辐射，联系两侧半球的额、顶、枕、颞叶皮质，由前向后可分为**嘴、膝、干**和**压部**四部分。

前连合（anterior commissure）是在终板上方横过中线的一束联合纤维，一小部分纤维向前连接两侧嗅球，大部分纤维连接两侧颞叶皮质。

穹隆（fornix）和**穹隆连合**　穹隆是由海马投射至下丘脑的弓形纤维束，后端以穹隆脚续于海马伞，两侧穹隆脚向前弯曲并彼此汇合延续为穹隆体，汇合处有大量纤维交叉投射至对侧海马，此交叉纤维形成穹隆连合。

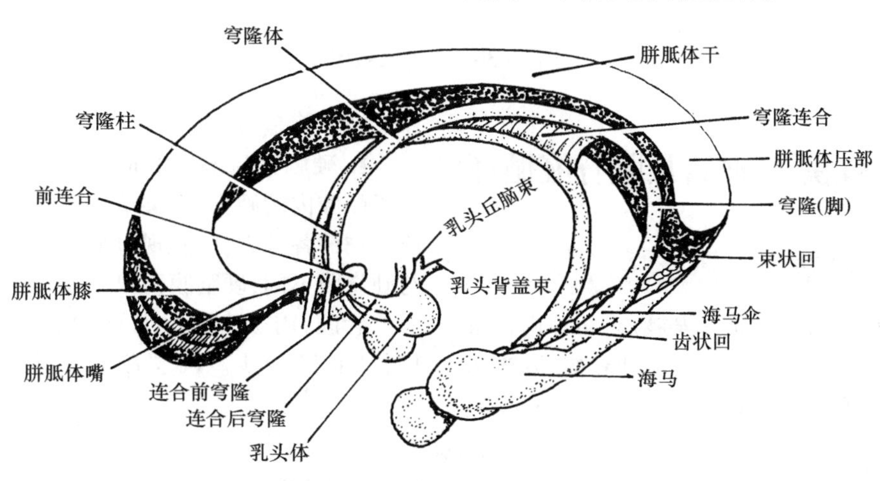

图 10-35　胼胝体、前连合及穹隆连合

（2）**联络纤维**：为连接本侧半球不同部位皮质间的长短不一的纤维束。主要有：①扣带，前端起于嗅三角，后端止于钩，行于扣带回和海马旁回深部，连接边缘叶各部。②上纵束，位于豆状核和岛叶的上方，纤维首尾方向行走，于豆状核后方，部分纤维弯向下。此束连接额、顶、枕、颞叶。③下纵束，位于半球底，行于侧脑室下角和后角的外侧壁连接枕、颞叶。④钩束，为钩绕外侧裂底部、连接额叶和颞叶前部皮质的一束纤维。

（3）**投射纤维**：连接皮质与皮质下结构间的上、下行纤维。这些纤维的绝大部分经过内囊（图 10-36）。

内囊（internal capsule）为尾状核、背侧丘脑和豆状核之间投射系纤维构成的宽厚的白质板。水平切面上左、右内囊呈“>”、“<”形。通常将其分为三部：

（1）**内囊前肢**：位于豆状核与尾状核之间，主要由额桥束和丘脑前辐射构成。

（2）**内囊后肢**：位于豆状核与背侧丘脑之间，主要由自前向后排列的皮质脊髓束、皮质红核束、丘脑中央辐射、顶枕颞桥束、视辐射和听辐射构成。

（3）**内囊膝部**：为前、后肢的汇合处，经过的重要传导束为皮质核束。

临 床 应 用

内囊聚集了许多重要的传导束，故内囊损伤将引起感觉或（和）运动的障碍。临床上内囊损伤多见于脑血管的病变，其表现取决于受累范围,若内囊损伤广泛时,患者会出现偏身感觉丧失(丘脑中央辐射受损);对侧半身的偏瘫(皮质脊髓束、皮质核束受损)和偏盲(视辐射受损),即所谓的“三偏”综合征。

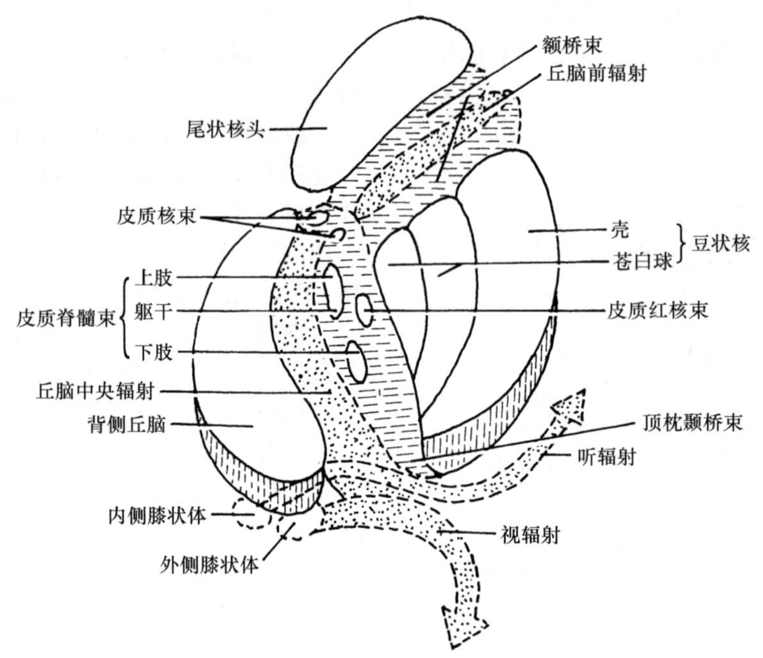

图 10-36 内囊模式图

五、脑的被膜、脑血管及脑脊液循环

(一) 脑的被膜

脑表面与颅骨之间有三层被膜,由外向内依次为硬膜、蛛网膜和软膜,通过这些被膜、被膜间腔隙中的内容物及被膜的血管实现对脑的支持、保护和营养作用。

1. 硬脑膜(cerebral dura mater,图 10-37)是位于颅腔内的硬膜,能够承受和分散外界对颅骨所施加的各种力,以实现对脑的支持、保护作用。与硬脊膜不同,硬脑膜为双层膜。外层为颅骨内面的骨膜;内层为硬脊膜的延续,较外层厚而坚韧,且血管较少。两层膜在成人时已融合为一层。

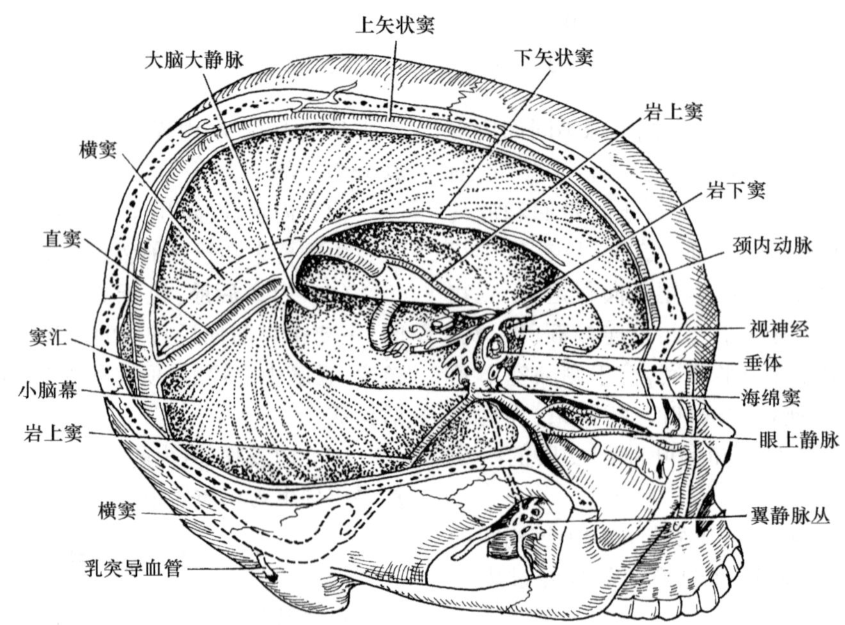

图 10-37 硬脑膜及硬脑膜窦

临床应用

硬脑膜与颅骨各部间结合的紧密程度不同，与颅盖骨间结合较疏松，在颅底处结合牢固，故颅顶部硬脑膜血管损伤出血，常造成硬脑膜与颅骨分离而形成硬膜外血肿，但颅底骨折常造成硬脑膜及蛛网膜撕裂，引起脑脊液外漏。如颅前窝额窦、筛板或颅中窝蝶窦骨折，脑脊液流入鼻腔而形成鼻漏。

硬脑膜在某些部位双层重叠形成一些板状突起伸入至各部脑之间(图 10-37)。他们包括：

大脑镰(cerebral falx)呈镰刀状，伸入大脑纵裂，游离的下缘至胼胝体上方。

小脑幕(tentorium of cerebellum)为嵌入枕叶底面与小脑半球上面之间的大脑横裂内的硬脑膜突起，上面中线处连接大脑镰。其外侧缘附于横窦沟缘、颞骨岩部上缘和前床突。内侧缘游离成弧状，称**幕切迹**，与鞍背共同围成小脑幕裂孔，裂孔内有中脑通过。小脑幕将颅腔分隔成幕上腔和幕下腔两部。

临床应用

当某一病变造成幕上腔颅内压增高时，将引起幕切迹上方的海马旁回和钩下移而嵌入幕切迹，形成小脑幕切迹疝而压迫动眼神经、滑车神经和大脑脚。

小脑镰(cerebellar falx)为硬脑膜在枕骨大孔后方、小脑幕下方，纵行伸入小脑半球内的小隔。

鞍隔(diaphragma sellae)位于蝶鞍上方，张于前床突、鞍结节至鞍背、后床突之间，覆盖垂体窝，中部有一小孔，漏斗经此孔通过连于脑垂体。

硬脑膜在某些部位尚形成**硬脑膜窦**，引流颅内静脉血，此为硬脑膜两层分离、或硬脑膜内层在某些部位折叠并分离、内衬一层内皮细胞形成。其窦壁缺少平滑肌，无收缩性，故静脉窦损伤时出血较多，易形成颅内血肿。主要的硬脑膜窦有：

上矢状窦(superior sagital sinus)位于大脑镰上缘上矢状窦沟处，前起盲孔附近，后连于枕内隆起附近的**窦汇**(confluence of sinuses)。

下矢状窦(inferior sagital sinus)位于大脑镰下缘，向后开口于直窦。

直窦(straight sinus)位于小脑幕与大脑镰相接处，由大脑大静脉和下矢状窦汇合而成，向后通窦汇。

横窦(transverse sinus)成对。自窦汇沿小脑幕后外缘的横窦沟向前行，至颞骨岩部弯向下续于乙状窦。

乙状窦(sigmoid sinus)成对。位于乙状窦沟处，是横窦的延续，末端向前注入颈内静脉。

海绵窦(cavernous sinus)位于蝶鞍两侧，内腔被许多小梁分隔成蜂窝状，形似海绵，故名海绵窦(图 10-38)。两侧海绵窦以鞍隔前、后缘处的海绵间窦相连。其外侧壁有动眼神经、滑车神经、眼神经和上颌神经通行。内侧壁毗邻垂体和蝶窦，蝶窦与海绵窦之间仅隔以薄层骨板，故蝶窦炎可致海绵窦炎或血栓形成。另外，海绵窦的内侧壁有颈内动脉通行，并突入窦腔，其表面覆以窦壁内皮，展神经紧贴其外侧。

临床应用

海绵窦前达眶上裂内侧部，与眼静脉、翼丛、面静脉和鼻腔的静脉相交通，面部的化脓性感染可借上述通道扩散至海绵窦，引起海绵窦炎与血栓形成。

海绵窦后至颞骨岩部的尖端，窦的后端与位于岩部尖处的三叉神经节靠近，在三叉神经节手术中，注意勿伤及海绵窦。海绵窦向后经岩上、下窦通入横窦、乙状窦或颈内静脉。向后还与枕骨斜坡上的基底静脉丛相连，后者向下续于椎内静脉丛。椎内静脉丛又与体壁的静脉相通，故腹膜后隙的感染可经基底静脉丛蔓延至颅内。

海绵窦的内侧壁上部与垂体相邻，垂体肿瘤可压迫窦内的动眼神经和展神经等，以致引起眼球运动障碍、眼睑下垂、瞳孔开大及眼球突出等。窦的内侧壁下部借薄的骨壁与蝶窦相邻，故蝶窦炎亦可引起海绵窦血栓形成。

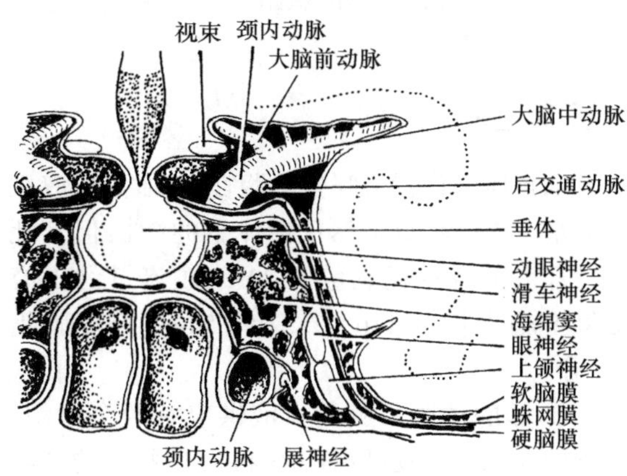

图 10-38 海绵窦

2. 蛛网膜(arachnoid) 是位于硬脑膜与软膜间的半透明膜，此膜与硬膜间为潜在的硬膜下隙，与软膜间为不均匀的**蛛网膜下隙**

(subarachnoid space),内容脑脊液和较大的血管,此间隙在颅腔和椎管内并存,彼此间相互连通。由于蛛网膜随硬膜分布,故蛛网膜除伸入至半球间裂及大脑横裂外,其余部位均跨过沟裂,而其深面的软膜则仅贴于脑、脊髓表面并深陷于沟裂,因此在较宽大的脑沟、脑底部位各部脑的移行处及脊髓下方的蛛网膜下隙较宽大,通常将其称为**蛛网膜下池**(subarachnoid cisterns)。颅腔内的蛛网膜下池也称为脑池,包括**小脑延髓池**(cerebellomedullary cistern,又称枕大池)位于小脑与延髓背侧间,第四脑室的正中孔和外侧孔开口于此,临床常在此池进行蛛网膜下隙穿刺;**桥池**位于脑桥腹侧;环池位于中脑周围,其腹侧部分位于大脑脚间称为**脚间池**,背侧部分位于顶盖背侧称为**四叠体池**;视交叉前方有**交叉池**。另外,蛛网膜在硬脑膜窦附近形成许多结节状突起,突入硬脑膜窦内,称**蛛网膜颗粒**(arachnoid granulations)。脑脊液由此回流入静脉(图 10-39)。

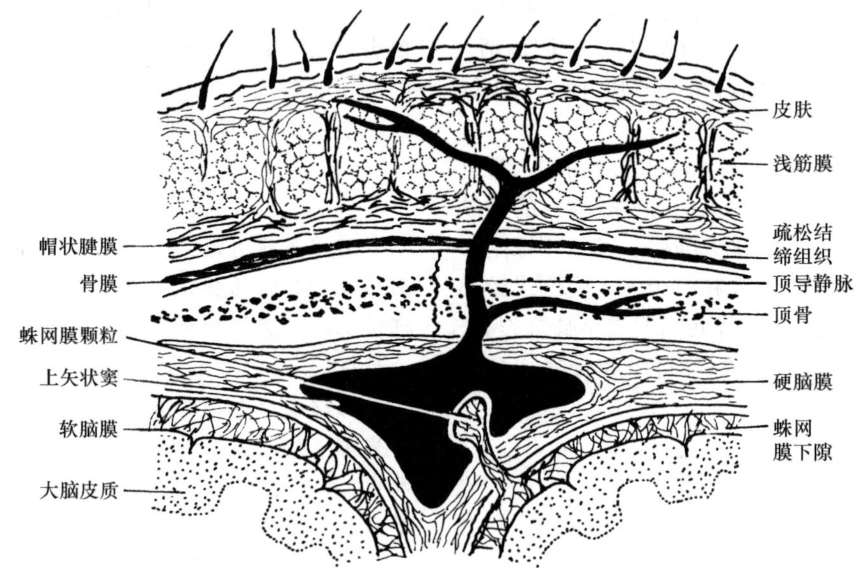

图 10-39　蛛网膜

3. 软脑膜(cerebral pia mater)　位于脑表面,其内的血管主要分布于脑实质。在脑室的一定部位软脑膜与其深面的室管膜共同形成脉络组织,构成室壁的一部分。在某些部位脉络组织上软膜的血管反复分支,导致其软膜和表面的室管膜共同突入脑室,形成脉络丛。此为产生脑脊液的主要结构。

(二)脑的血管

脑是体内代谢最旺盛的器官,其血液供应极其丰富。人的脑重虽然仅占体重的 2%,但其耗氧量却占全身总耗氧量的 20%,血流量约占心脏每搏输出量的 1/6~1/5(约 54ml/100g 脑组织/分)。

1. 脑的动脉　脑的血液供应有两个来源,即颈内动脉和椎动脉(图 10-40),其各自的分布区以顶枕裂为界,前者供应大脑半球的前 2/3 和部分间脑,后者供给大脑半球后 1/3 及部分间脑、脑干和小脑。脑的动脉依此分为颈内动脉系和椎-基底动脉系。此两系动脉的分支可分为两类:皮质支和中央支,前者营养大脑皮质及其深面的髓质,后者供给基底核、内囊及间脑等。

(1)**颈内动脉**(internal carotid artery):起自颈总动脉,沿咽侧壁向上至颅底,行经颈动脉管,于后床突外侧穿硬脑膜外层入海绵窦内侧壁,在此先向上再向前,至前床突内侧弯转向上后,穿过硬脑膜内层和蛛网膜入蛛网膜下隙,由后向前外迂曲至前穿质下方,分出大脑前动脉,本干移行为大脑中动脉。颈内动脉依其行程可为四部:颈部、岩部、海绵窦部和前床突上部。其中海绵窦部和前床突上部合称为**虹吸部**,常呈"U"形或"V"形弯曲,是脑动脉硬化好发部位。颈内动脉穿出海绵窦处发出眼动脉分布于视器,颈内动脉供应脑的主要分支如下(图 10-40):

1)**大脑前动脉**(anterior cerebral artery):行向前内,越视神经上方,进入大脑纵裂,沿胼胝体背侧后行,其皮质支分布于顶枕沟以前的大脑半球内侧面以及额叶底面的内侧部。中央支由近侧段发出,穿经前穿质,而后分布于尾状核前部、豆状核及内囊前肢(图 10-41)。

2)**大脑中动脉**(middle cerebral artery):为颈内动脉的直接延续,行向外侧,进入外侧沟或为

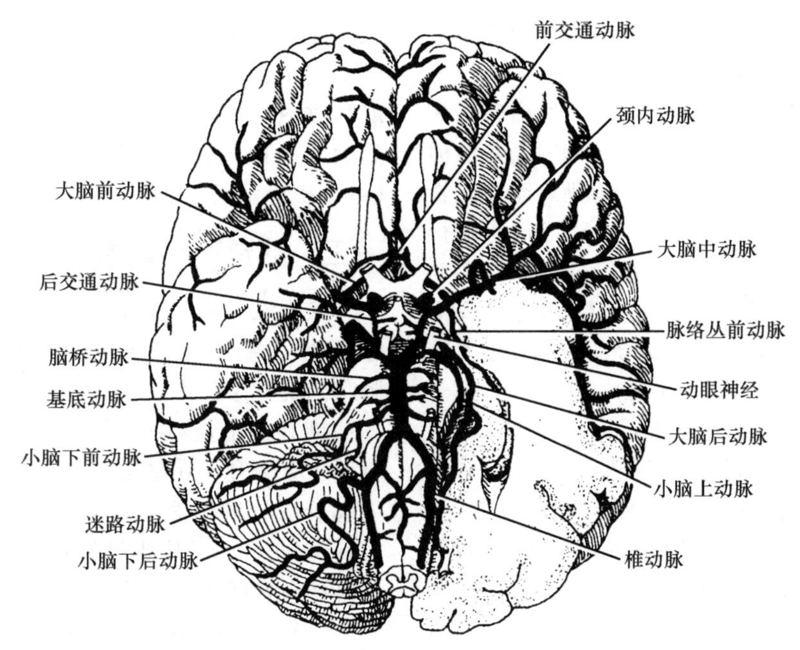

图 10-40 脑底的动脉及分支

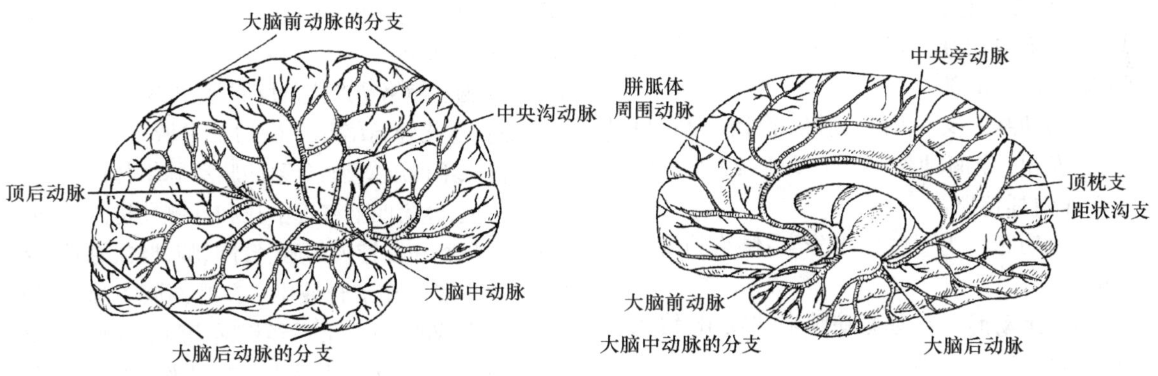

图 10-41 大脑前、中、后动脉在大脑半球的分布

单干，或分为两干，沿脑岛表面向后上行，沿途发出的大多数皮质支从外侧沟浅出，供给半球背外侧面的大部分区域，躯体运动、感觉及语言中枢等位于此区域。大脑中动脉的中央支多由近侧段发出，经前穿质入脑实质，供给尾状核、豆状核及内囊膝和后肢的前上部等(图 10-42)。

临床应用

大脑中动脉中沿豆状核上行至内囊的分支称豆状核纹状体动脉(豆纹动脉)，它垂直向上进入脑实质，营养尾状核、豆状核和内囊，行程呈"S"形弯曲，因血液动力学关系，易破裂而导致脑溢血，内囊受损常引起"三偏"综合征。

3）**脉络丛前动脉**(anterior choroidal artery)：此支向后经视束下方，行于钩和大脑脚之间，在外侧膝状体前部向外进入侧脑室下角，止于脉络丛。其分支主要分布于视束、内囊后肢的后 1/3、大脑脚底的中 1/3、苍白球及海马等结构。该血管细长，故易发生栓塞。

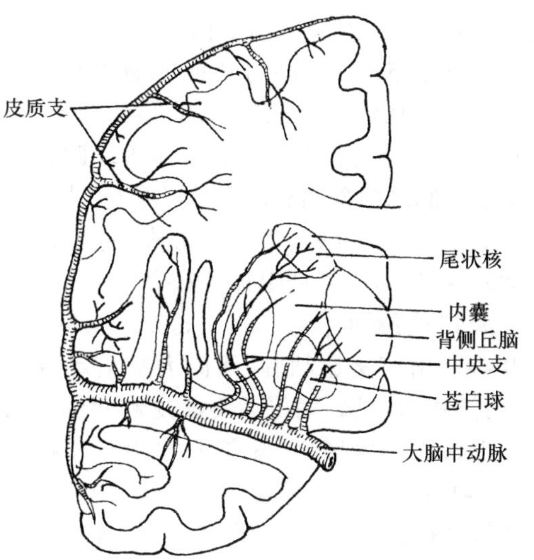

图 10-42 大脑中动脉中央支

4）**后交通动脉**(posterior communicating artery)：在视束下方动眼神经上方行向后，与大脑后动

脉吻合，为颈内动脉系与椎-基底动脉系间吻合支。

（2）**椎动脉**（vertebral artery）：起自锁骨下动脉，是锁骨下动脉的第一个分支。发出后不久既穿经第6~1颈椎横突孔，向上行走，绕寰椎横突后方，向前内穿过寰枕后膜和硬膜，经过枕骨大孔近入颅后窝，然后于延髓腹侧面向前内行走。至脑桥下缘，左右椎动脉汇合成一条**基底动脉**（basilar artery），继续沿脑桥腹侧面的基底沟上行，至脑桥上缘分为两大终支——左、右大脑后动脉。其主要分支（图10-40）如下：

1）**椎动脉的主要分支**：

脊髓动脉见脊髓部分的讲述。

小脑下后动脉为椎动脉颅内段的最大分支，一般在基底动脉起点前发出，主要供给小脑下面后部和延髓后部。此血管走行弯曲，是栓塞或血栓形成的易发处。此动脉的病变可引起上述供应区域受损，患者出现交叉性感觉麻痹和小脑共济失调等。

2）**基底动脉的主要分支**：

小脑下前动脉　起自基底动脉的起始段，供给小脑下面的前部。

迷路动脉　又称内听动脉，管径很细，自基底动脉发出，伴面神经和前庭蜗神经进入内耳门，营养内耳迷路。

脑桥动脉　为一些细小分支，供给脑桥的基底部。

小脑上动脉　在基底动脉末端发出，绕大脑脚向后供给小脑上面。

大脑后动脉　为基底动脉的两个终支，在小脑上动脉的前上方与之平行向外，绕大脑脚后行越至小脑幕上，沿颞叶、枕叶内侧面至距状裂。其皮质支分布于颞叶的内侧面、底面和枕叶。中央支经后穿质等处进入脑实质，供给背侧丘脑、膝状体、底丘脑、下丘脑及乳头体等。此动脉与小脑上动脉的根部间有动眼神经穿行，当颅内压增高造成小脑幕疝时，大脑后动脉移位，牵拉、压迫动眼神经，可引起动眼神经麻痹。

大脑动脉环（cerebral arterial circle）又称**Willis环**，由前交通动脉、两侧大脑前动脉起始段、两侧颈内动脉、两侧后交通支和两侧大脑后动脉起始段于脑底面，蝶鞍上方相互连接而成（图10-40）。此动脉环包绕视交叉、灰结节及乳头体等结构，构成颈内动脉系与椎-基底动脉系的重要吻合。当构成此环的某一动脉血流减少或中断时，通过此动脉环可使血液重新分配，而使堵塞动脉原有分布区的血液供给得以代偿。

2. 脑的静脉　脑的静脉不与动脉伴行，通常将其分为深、浅两部分。浅静脉收纳皮质和皮质下髓质的静脉血，通过大脑上、中、下三组浅静脉直接注入上矢状窦、海绵窦、岩窦、横窦等。深静脉收纳大脑深部、基底核、间脑、脑室脉络丛等处的静脉血，最后形成一条**大脑大静脉**（又称Galen氏静脉）注入直窦。

（三）脑脊液及其循环

脑脊液（cerebral spinal fluid，CSF）是充满脑室系统、脊髓中央管和蛛网膜下隙内的液体，由脑室内的脉络丛产生，无色透明、内含无机离子、葡萄糖和少量蛋白、细胞及微量的有机质等，总量约150毫升。在缺乏淋巴液的脑和脊髓组织中起着部分淋巴液的作用，具有缓冲外力、减少震荡、保护和营养中枢神经系统运输代谢产物以及维持正常颅内压的作用。

脑脊液不断地由脉络丛的血管产生、循环、重吸收回流入血，如此不断地更新、保持动态平衡，以维持脑、脊髓的正常生理环境。脑脊液的循环途径如下：

侧脑室脉络丛产生的脑脊液，经室间孔流入第三脑室，与此处脉络丛产生的脑脊液一起，经中脑水管流入第四脑室，汇合第四脑室脉络丛产生的脑脊液一道，经第四脑室正中孔和外侧孔进入蛛网膜下隙。颅腔和椎管内的脑、脊髓、脑神经、脊神经根和马尾均浸泡在脑脊液中。在蛛网膜下隙内脑脊液流向大脑的背面，最后经蛛网膜颗粒重吸收入硬脑膜窦（主要至上矢状窦）内的血液中（图10-43）。若脑脊液的循环途径发生阻塞，可引起脑积水或颅内压增高，而导致脑组织受压、移位，甚至形成脑疝。

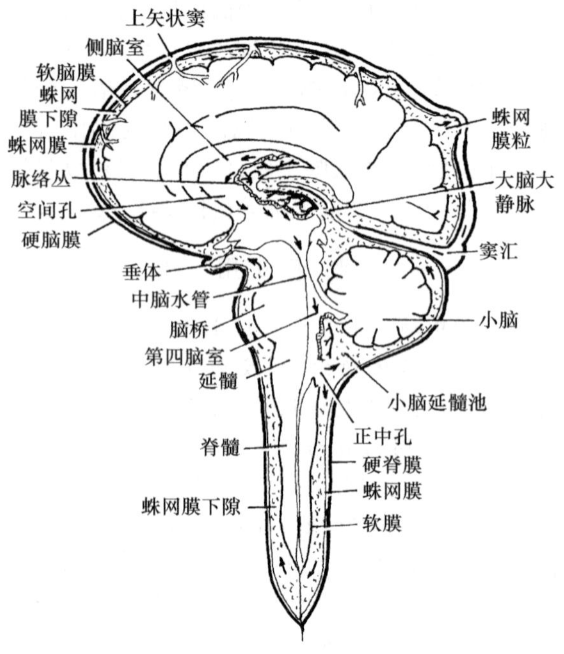

图10-43　脑脊液循环

第2节 脑 神 经

脑神经(cranial nerves)是与脑相连的周围神经,共12对,其排列顺序通常用罗马数字表示。12对脑神经的名称、性质、与脑相连的部位、进出颅腔的部位等已在第1章述及。

脑神经与脊神经在基本方面大致相同,但也有一些具体差别。主要有:①每一对脊神经都是混合性的,但脑神经有感觉性神经(Ⅰ、Ⅱ、Ⅷ)、运动性神经(Ⅲ、Ⅳ、Ⅵ、Ⅺ、Ⅻ)和混合性神经(Ⅴ、Ⅶ、Ⅸ、Ⅹ)三种。②头部分化出特殊的感觉器,随之也出现了与之相联系的Ⅰ、Ⅱ、Ⅷ对脑神经。③脑神经中的一般内脏运动纤维,属于副交感成分,且仅Ⅲ、Ⅶ、Ⅸ、Ⅹ四对脑神经中含有。而脊神经所含有的内脏运动纤维,主要是交感成分,且每对脊神经中都有,仅在第2~4骶神经中含有副交感成分。

脑神经中的躯体感觉和内脏感觉纤维的胞体绝大多数是假单极神经元,在脑外聚集成**感觉性脑神经节**,有Ⅴ的三叉神经节、Ⅶ的膝神经节、Ⅸ和Ⅹ的上神经节及下神经节。其性质与脊神经节相同。由双极神经元胞体聚集成节的有Ⅷ的前庭神经节和蜗神经节,它们是与平衡、听感觉传入相关的神经节。

与Ⅲ、Ⅶ、Ⅸ对脑神经中的一般内脏运动纤维相连属的有四对内脏运动性的**副交感神经节**,即睫状神经节、翼腭神经节、下颌下神经节和耳神经节。内脏运动纤维由中枢发出后,先终止于这些副交感神经节,节内的神经元再发轴突分布于平滑肌和腺体;与第Ⅹ对脑神经内脏运动纤维相连属的副交感神经节多位于所支配器官的壁内或壁旁,称为壁内、壁旁神经节。

(一) 嗅神经

Ⅰ **嗅神经**(olfactory nerves)为特殊内脏感觉性神经,由上鼻甲上部和鼻中隔上部黏膜内的嗅细胞中枢突聚集成20多条嗅丝(即嗅神经),穿筛孔入颅,进入嗅球,传导嗅觉。颅前窝骨折延及筛板时,可撕脱嗅丝和脑膜,造成嗅觉障碍,脑脊液也可流入鼻腔。

(二) 视神经

Ⅱ **视神经**(optic nerve)为特殊躯体感觉性神经,传导视觉冲动。由视网膜节细胞的轴突在视神经盘处会聚,再穿过巩膜而构成视神经。视神经在眶内长2.5~3cm,行向后内,穿视神经管入颅中窝,连于视交叉,再经视束连于间脑。由于视神经是胚胎发生时脑向外突出形成视器过程中的一部分,故视神经外面包有由三层脑膜延续而来的三层被膜,脑蛛网膜下腔也随之延续到视神经周围。所以颅内压增高时,常出现视神经盘水肿。

(三) 动眼神经

Ⅲ **动眼神经**(oculomotor nerve)为运动性神经,含有躯体运动和一般内脏运动两种纤维。躯体运动纤维起于中脑动眼神经核,一般内脏运动纤维起于动眼神经副核。动眼神经自脚间窝出脑,紧贴小脑幕缘及后床突侧方前行,进入海绵窦侧壁上部,再经眶上裂入眶,立即分为上、下两支。**上支**细小,支配上直肌和上睑提肌。**下支**粗大,支配下直、内直和下斜肌。由下斜肌支分出一个小支叫**睫状神经节短根**,它由一般内脏运动纤维(副交感)组成,进入**睫状神经节**交换神经元后,分布于睫状肌和瞳孔括约肌,参与瞳孔对光反射和调节反射(图10-44、图10-45)。

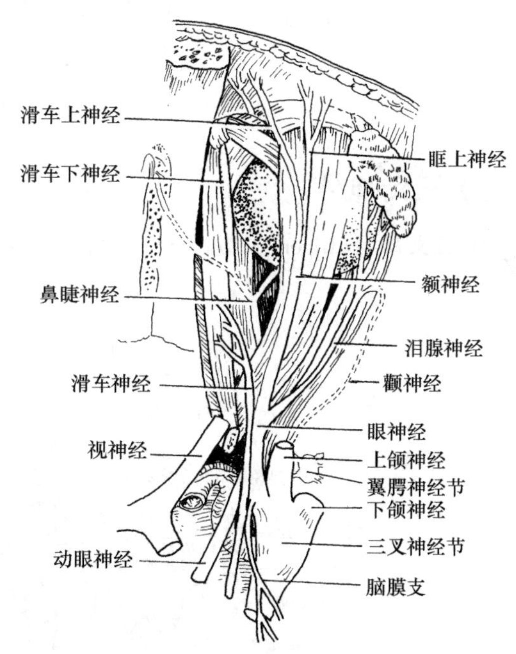

图10-44 眶内神经(上面)

睫状神经节(ciliary ganglion)为副交感神经节,位于视神经与外直肌之间,长约2mm,有感觉、交感、副交感3个根进入此节。①**副交感根**即睫状神经节短根,来自动眼神经,在此节交换神经元。自节内神经细胞发出节后纤维加入睫状短神经,分布于睫状肌和瞳孔括约肌。②**交感根**来自颈内动脉交感丛,穿睫状神经节,进入眼球支配瞳孔开大肌和眼球血管。③**感觉根**来自三叉神经的眼神经的鼻睫神经。由节发出6~10条睫状短神经,向前进入眼球。接受眼球的一般感觉。

临床应用

动眼神经损伤,可致上睑提肌、上直肌、下直肌、内直肌及下斜肌瘫痪;出现上眼睑下垂、瞳孔斜向外下方以及瞳孔对光反射消失,瞳孔散大等症状。

(四)滑车神经

Ⅳ滑车神经(trochlear nerve)为运动性神经。起于滑车神经核,由中脑的下丘下方出脑后,绕大脑脚外侧前行,穿入海绵窦的外侧壁,经眶上裂入眶,越过上直肌和上睑提肌向前内走行,支配上斜肌(图10-44)。滑车神经损伤时,患侧眼不能向外下方斜视,当向外下方注视时,可出现复视。

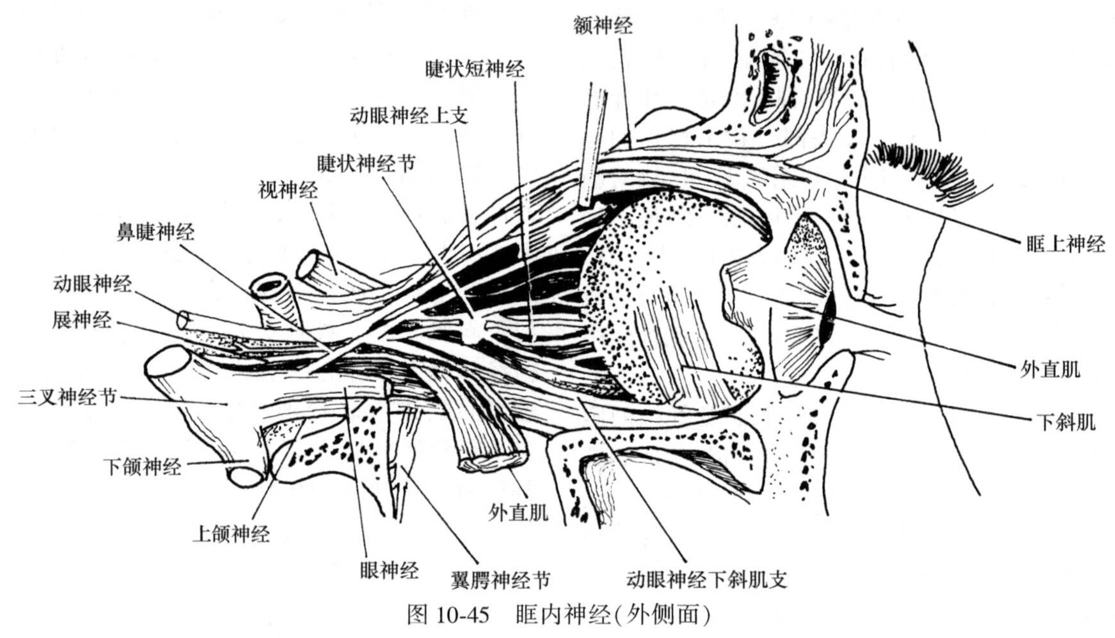

图10-45 眶内神经(外侧面)

(五)三叉神经

Ⅴ三叉神经(trigeminal nerve)为混合性神经(图10-46、图10-47),含有一般躯体感觉和特殊内脏运动两种纤维。

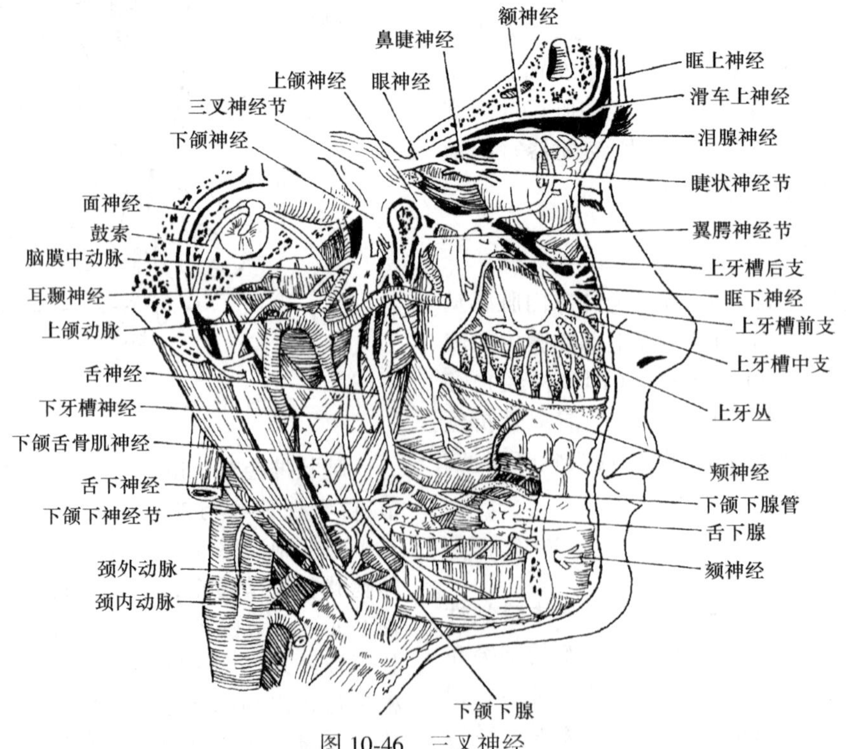

图10-46 三叉神经

特殊内脏运动纤维始于三叉神经运动核，组成三叉神经运动根，由脑桥与脑桥臂交界处出脑，位于感觉根的前内侧，后并入下颌神经，经卵圆孔出颅，分布于咀嚼肌等。运动根内尚含有三叉神经中脑核发出的纤维，传导咀嚼肌和眼外肌的本体感觉。

一般躯体感觉纤维的胞体位于**三叉神经节**（半月神经节，trigeminal ganglion）内。该节位于颞骨岩部尖端的三叉神经节压迹处，为两层硬脑膜所包裹；由假单极神经元组成，其中枢突聚集成粗大的三叉神经感觉根，由脑桥与脑桥臂交界处入脑，止于三叉神经脑桥核和三叉神经脊束核；其周围突组成三叉神经三条大的分支，称为眼神经、上颌神经和下颌神经，分布于面部的皮肤，眼、口腔、鼻腔、鼻旁窦的黏膜、牙齿、脑膜等，传导痛、温、触等多种感觉。

1. 眼神经（ophthalmic nerve） 自三叉神经节发出后，穿入海绵窦外侧壁，在动眼及滑车神经下方经眶上裂入眶，分支分布于硬脑膜、眼眶、眼球、泪腺、结膜和部分鼻腔黏膜以及额顶部，上睑和鼻背的皮肤（图 10-46）。

（1）**泪腺神经**：细小，沿眶外侧壁、外直肌上方行向前外，分布于泪腺和上睑。

（2）**额神经**：较粗大，在上睑提肌上方前行，分 2～3 支，其中**眶上神经**（supraorbital nerve）较大，经眶上切迹分布于额顶部皮肤。

（3）**鼻睫神经**：在上直肌和视神经之间前行达眶内侧壁，发出许多分支分布于鼻腔黏膜、筛窦、泪囊、鼻背皮肤以及眼球、眼睑等。

2. 上颌神经（maxillary nerve） 自三叉神经节发出后，进入海绵窦外侧壁眼神经的下方，经圆孔出颅，进入翼腭窝，再经眶下裂入眶，延续为眶下神经。上颌神经分布于硬脑膜、眼裂和口裂间的皮肤、上颌牙齿以及鼻腔和口腔黏膜（图 10-46、图 10-47）。其主要分支有：

（1）**眶下神经**（infraorbital nerve）：较大，为上颌神经的主支，经眶下裂入眶，再经眶下沟、眶下管出眶下孔分成数支，分布于下睑、鼻翼、上唇的皮肤和黏膜。临床上做上颌部手术时，常在眶下孔进行麻醉。

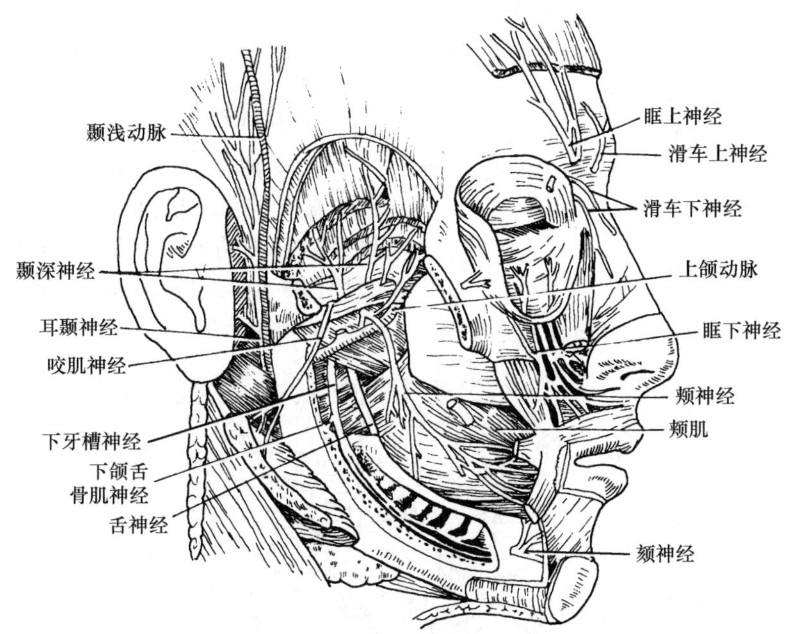

图 10-47 下颌神经

（2）**颧神经**：细小，在翼腭窝处分出，经眶下裂入眶，分两支穿眶外侧壁，分布于颧、颞部皮肤。来自面神经的副交感节前纤维在翼腭神经节内换元后，发出节后纤维经颧神经、交通支和泪腺神经控制泪腺分泌。

（3）**翼腭神经**：为 2～3 支细小的神经，始于翼腭窝内，连于翼腭神经节（副交感神经节），分布于腭和鼻腔的黏膜及腭扁桃体。

（4）**上牙槽神经**（superior alveolar nerves）：分为上牙槽后、中、前三支，其中上牙槽后支，在翼腭窝内自上颌神经本干发出，在上颌骨体后方穿入骨质；上牙槽中、前支分别在眶下沟及眶下管内发自眶下神经，三支互相吻合形成上牙槽丛，分支分布于上颌牙齿及牙龈。

3. 下颌神经（mandibular nerve） 是三支中最粗大的分支，为混合性神经，自卵圆孔出颅后，在翼外肌的深面分为前、后两干。前干细小，除发肌支支配咀嚼肌、鼓膜张肌和腭帆张肌外，还分出一颊神经。后干粗大，除分布于硬脑膜、下颌牙及牙龈、舌前2/3及口腔底黏膜、耳颞区和口裂以下的皮肤外，尚有一支支配下颌舌骨肌和二腹肌前腹（图10-46、图10-47）。

（1）**耳颞神经**（auriculotemporal nerve）：以两根起于后干，其间夹持脑膜中动脉，向后合成一干，经下颌颈内侧，与颞浅动脉伴行，穿腮腺上行，分布于颞部皮肤、并分支至腮腺，此支含有来自舌咽神经副交感性分泌纤维，控制腮腺分泌。

（2）**颊神经**（buccal nerve）：沿颊肌外面前行，分布于颊部皮肤和黏膜。

（3）**舌神经**（lingual nerve）：在下颌支内侧下降，沿舌骨舌肌外侧，呈弓状越过下颌下腺上方向前达口腔底黏膜深面，分布于口腔底及舌前2/3的黏膜。舌神经行程中有来自面神经的鼓索（含有副交感性分泌纤维和味觉纤维）与其结合，后者的味觉纤维，接受舌前2/3的味觉，分泌纤维至下颌下神经节（详见面神经）。

（4）**下牙槽神经**（inferior alveolar nerve）：为混合性，在舌神经后方，沿翼内肌外侧下行，经下颌孔入下颌管，在管内分支组成下牙丛，分支分布于下颌牙龈和牙。其终支自颏孔浅出称**颏神经**，分布于颏部及下唇的皮肤和黏膜。下牙槽神经中的运动纤维支配下颌舌骨肌和二腹肌前腹。

（5）**咀嚼肌神经**：属运动性，分支有咬肌神经，颞深神经等，支配所有咀嚼肌。

临 床 应 用

三叉神经周围性完全损伤时出现的感觉障碍主要为同侧面部皮肤及口、鼻腔黏膜感觉丧失，角膜反射可因角膜感觉丧失而消失；运动障碍为同侧咀嚼肌瘫痪和萎缩，张口时下颌偏向患侧。临床上常见的三叉神经痛能波及三叉神经某一分支或全部分支，此时不仅疼痛的部位与三叉神经三个分支在面部的分布区相一致，而且压迫眶上孔、眶下孔或颏孔时，可诱发患支分布皮区的疼痛。

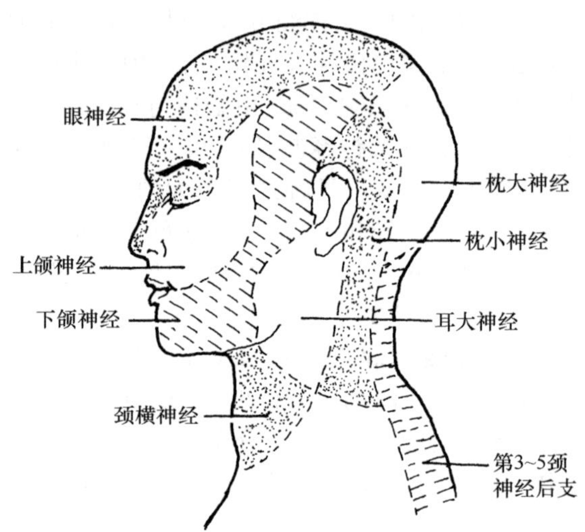

图10-48　三叉神经皮支分布示意图

（六）展神经

Ⅵ**展神经**（abducent nerve）属躯体运动性，起于展神经核，从延髓脑桥沟中部出脑，前行至颞骨岩部尖端入海绵窦，经眶上裂入眶，支配外直肌（图10-45、图10-49）。展神经损伤可引起外直肌瘫痪，产生内斜视。

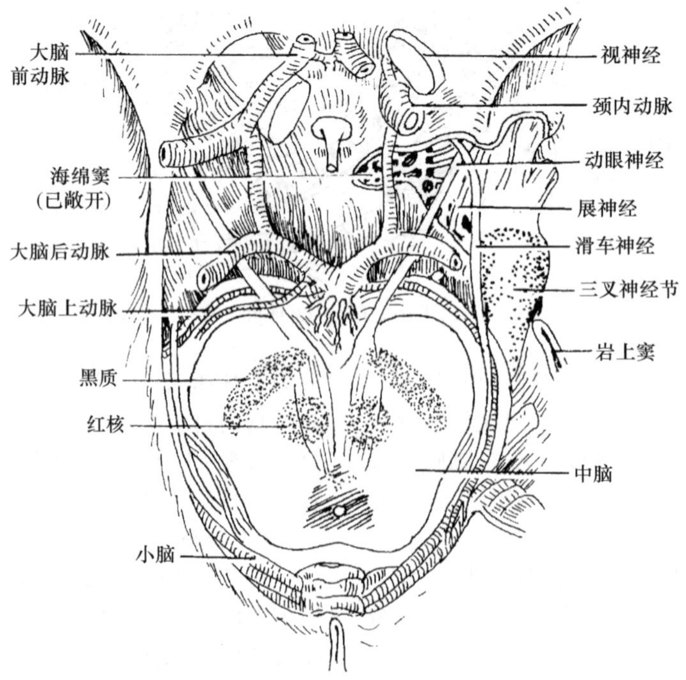

图10-49　支配眼球外肌的神经与海绵窦的关系

（七）面神经

Ⅶ**面神经**（facial nerve）为混合性神经，含有三种主要纤维成分，①特殊内脏运动纤维起于面神经核，主要支配面肌的运动。②一般内脏运动纤维起于上泌涎核，属副交感节前纤维，换神经元后的节后纤维分布于泪腺，舌下腺、下颌下腺及鼻、腭的黏膜腺，是这些腺体的分泌神经。③特殊内脏感觉纤维，即味觉纤维，其胞体位于**膝神经节**（geniculate ganglion），周围突分布于舌前2/3味蕾，中枢突止于孤束核。此外，面神经可能含有少量躯体感觉纤维，传导耳部皮肤的躯体感觉和表情肌的本体感觉。

面神经由两个根组成，一个是较大的运动根，另一个是较小的中间神经（感觉和副交感纤维）根，自延髓脑桥沟外侧部出脑后进入内耳门，两根合成一干，穿过内耳道底进入面神经管，由茎乳孔出颅，向前穿过腮腺到达面部（图10-50、图10-51）。在面神经管始部有膨大的膝神经节，在面神经管内及出颅后都发出分支。

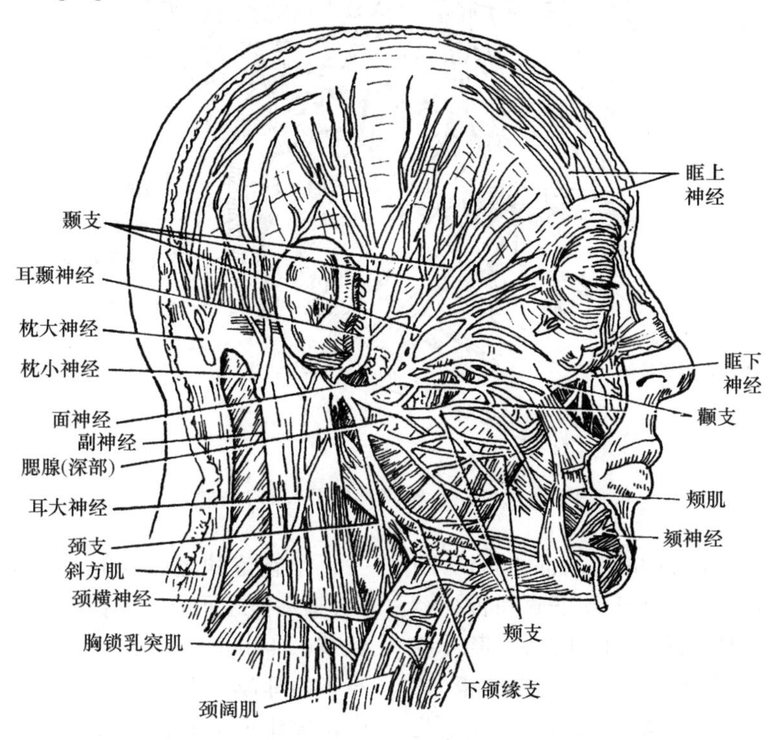

图10-50　面神经

1. 在面神经管内的分支

（1）**鼓索**（chorda tympani）：在面神经出茎乳孔前约6mm处发出，行向前上进入鼓室，然后穿岩鼓裂出鼓室，至颞下窝，行向前下并入舌神经。鼓索内含有两种纤维：味觉纤维随舌神经分布于舌前2/3的味蕾司味觉；副交感纤维进入下颌下神经节，在节内交换神经元后，分布于下颌下腺和舌下腺，支配腺体分泌（图10-51、图10-53）。

（2）**岩大神经**（greater petrosal nerve）：含有副交感性的分泌纤维，自膝神经节处分出，出岩大神经管裂孔前行，与来自颈内动脉交感丛的岩深神经合成翼管神经，穿翼管至翼腭窝，进入翼腭神经节，副交感纤维在节内交换神经元后，支配泪腺、腭及鼻腔黏膜的腺体分泌（图10-51）。

（3）**镫骨肌神经**（stapedial nerve）：支配镫骨肌。

2. 在颅外的分支　面神经出茎乳孔后即发出三个小分支，支配枕肌、耳周围肌、二腹肌后腹和茎突舌骨肌。面神经主干进入腮腺实质，在腺内分支组成腮腺内丛，并发分支从腮腺前缘呈辐射状分布，支配面肌（图10-50）。

（1）**颞支**（temporal branches）：常为三支，支配额肌和眼轮匝肌等。

（2）**颧支**（zygomatic branches）：3～4支，至眼轮匝肌及颧肌。

（3）**颊支**（buccal branches）：3～4支，至颊肌、口轮匝肌及其他口周围肌。

（4）**下颌缘支**（marginal mandibular branches）：沿下颌下缘向前，至下唇诸肌。

（5）**颈支**（cervical branches）：在颈阔肌深面向前下，支配该肌。

与面神经相联系的副交感神经节有两对。

翼腭神经节（pterygopalatine ganglion，蝶腭神经节）为副交感神经节，位于翼腭窝内，上颌神经下方，为一不规则的扁平小结，有三个根：①**副交感根**，来自面神经的岩大神经，在节内交换神经元。②**交感根**，来自颈内动脉交感丛。③**感觉根**，来自上颌神经的翼腭神经。由翼腭神经节发出一些分支，分布于泪腺、腭和鼻甲的黏膜，支配黏膜的一般感觉和腺体的分泌（图10-51、图10-53）。

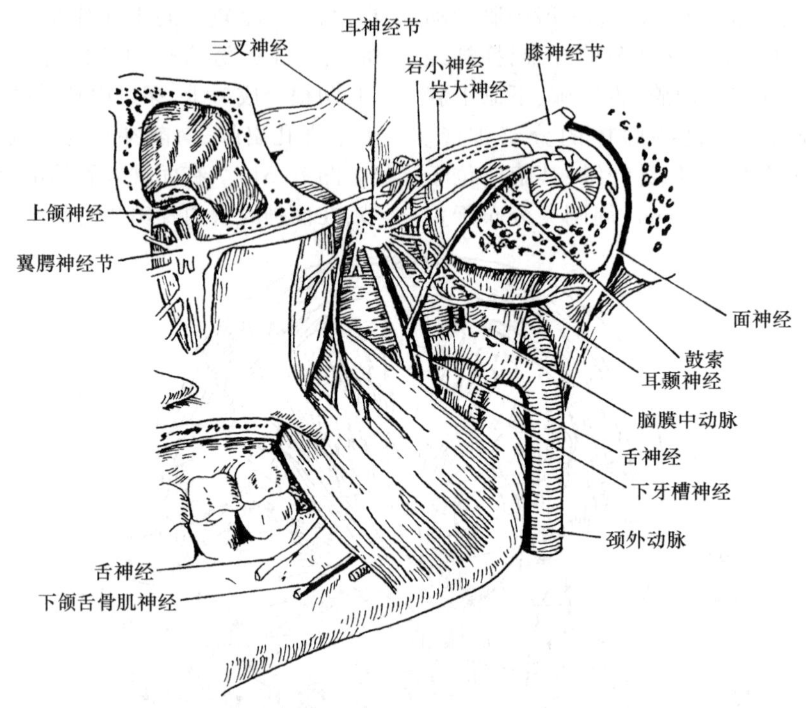

图10-51 鼓索、翼腭神经节与耳神经节

下颌下神经节（submandibular ganglion）为副交感神经节，呈椭圆形，位于下颌下腺和舌神经之间，有三个根：①**副交感根**，来自鼓索，经舌神经到达此节，在节内交换神经元。②**交感根**，来自面动脉的交感丛。③**感觉根**，来自舌神经。此外，自节发出分支，分布于下颌下腺和舌下腺，支配腺体分泌及一般感觉（图10-53）。

临床应用

面神经损伤分为面神经管内损伤和颅外损伤，两者的表现不同，颅外损伤最主要的临床表现是面肌的瘫痪。具体表现有：①伤侧额纹消失，不能闭眼，鼻唇沟变平坦。②发笑时，口角偏向健侧，不能鼓腮，说话时，唾液常从口角流出。③因眼轮匝肌瘫痪不能闭眼，故角膜反射消失；面神经管内损伤时除上述面肌瘫痪症状外，还可出现。④听觉过敏。⑤舌前部味觉丧失。⑥因泌泪障碍而引起角膜干燥。⑦泌涎障碍等症状。

（八）前庭蜗（位听）神经

Ⅷ **前庭蜗神经**（vestibulocochlear nerve）由蜗神经和前庭神经组成，属特殊躯体感觉性神经。

1. 前庭神经（vestibular nerve） 传导平衡觉，感觉神经元的胞体在内耳道底聚集成**前庭神经节**（vestibular ganglion）周围突穿内耳道底，分布于内耳球囊斑、椭圆囊斑和壶腹嵴中的细胞，中枢突组成前庭神经，经内耳门入颅腔，在脑桥小脑三角处，经脑桥延髓沟外侧入脑、终于脑干的前庭核群和小脑。

2. 蜗神经（cochlear nerve） 传导听觉，其双极神经元的胞体在蜗轴内聚集成**蜗神经节**（**蜗螺旋神经节**，cochlear ganglion），其周围突分布至内耳螺旋器上的毛细胞，中枢突组成蜗神经，经内耳门入颅腔，在脑桥小脑三角处，经脑桥延髓沟入脑，终于脑干蜗神经腹、背侧核。

临床应用

前庭蜗神经的损伤表现为伤侧耳聋和前庭的平衡功能障碍；如果仅有部分损伤，前庭神经受到刺激可出现眩晕和眼球震颤，此外还多伴有植物神经功能障碍的症状，如呕吐等。这与前庭-网状结构-植物神经中枢的联系有关。

（九）舌咽神经

Ⅸ **舌咽神经**（glossopharyngeal nerve）为混合

性神经，含五种纤维成分：①特殊内脏运动纤维，起于疑核，支配茎突咽肌。②一般内脏运动纤维（副交感纤维），在耳神经节交换神经元后分布于腮腺，司腺体分泌。③特殊内脏感觉纤维，其胞体位于颈静脉孔处的下神经节，中枢突终于脑干孤束核，周围突分布于舌后 1/3 的味蕾。④一般内脏感觉纤维，其胞体也位于下神经节，中枢突终于孤束核，周围突分布于咽、舌后 1/3、咽鼓管、鼓室等处的黏膜以及颈动脉窦和颈动脉小球。⑤一般躯体感觉纤维，胞体位于上神经节内，中枢突终于三叉神经脊束核，周围突分布于耳后皮肤（图 10-52、图 10-55）。

舌咽神经的根丝自延髓橄榄后沟前部出脑，与迷走神经和副神经同出颈静脉孔。在孔内神经干上有膨大的**上神经节**（superior ganglion），出孔时又形成一稍大的**下神经节**（inferior ganglion）。舌咽神经出颅后先在颈内动、静脉间下降，然后呈弓形向前，经舌骨舌肌内侧达舌根。其分支如下：

1. 鼓室神经 鼓室神经发自下神经节，进入鼓室，在鼓室内侧壁的黏膜内与交感神经纤维共同形成鼓室丛，发出许多小支，分布至鼓室、乳突小房和咽鼓管的黏膜。鼓室神经的终支为**岩小神经**，含副交感纤维，出鼓室入耳神经节，交换神经元后，经耳颞神经分布于腮腺，控制其分泌（图 10-53）。

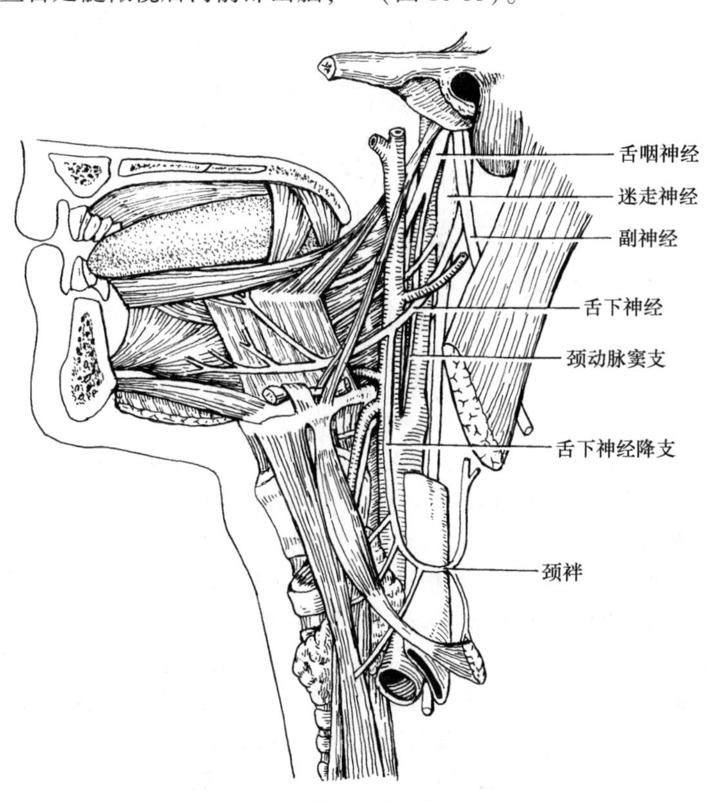

图 10-52 舌咽神经与舌下神经

2. 颈动脉窦支 颈动脉窦支 1～2 支，在颈静脉孔下方发出，沿颈内动脉下降，分布于颈动脉窦和颈动脉小球。颈动脉窦是压力感受器，颈动脉小球是化学感受器，分别感受血压和血液中二氧化碳浓度的变化，反射性地调节血压和呼吸（图 10-55）。

3. 舌支 舌支为舌咽神经的终支，经舌骨舌肌深面，分布于舌后 1/3 的黏膜和味蕾，司黏膜的一般感觉和味觉。

此外，舌咽神经还发出咽支、扁桃体支和茎突咽肌支等。

耳神经节（otic ganglion）为副交感神经节，在卵圆孔的下方，贴附于下颌神经的内侧。有四个根：①**副交感根**，来自岩小神经，在节内交换神经元，由节发出的副交感节后纤维经耳颞神经至腮腺，司腮腺的分泌。②**交感根**，来自脑膜中动脉交感丛。③**运动根**，来自下颌神经，分布于鼓膜张肌和腭帆张肌。④**感觉根**，来自耳颞神经，分布于腮腺（图 10-53）。

（十）迷走神经

Ⅹ**迷走神经**（vagus nerve）为混合性神经，是行程最长、分布范围最广的脑神经（图 10-52、图 10-54、图 10-55），含有四种纤维成分：①副交感纤维，起于迷走神经背核，主要分布到颈、胸和腹部的多种脏器，控制平滑肌、心肌和腺体的活动。②一般内脏感觉纤维，其胞体位于**下神经节**（结状神经节，inferior ganglion）内，中枢突终于孤束核，周围突分布于颈、胸和腹部的脏器。③一般躯体感觉纤维，其胞体位于**上神经节**（superior ganglion）内，其中枢突止于三叉神经脊束核，周围突主要分布于耳廓、外耳道的皮肤和硬脑膜。④特殊内脏运动纤维，起于疑核，支配咽喉肌。

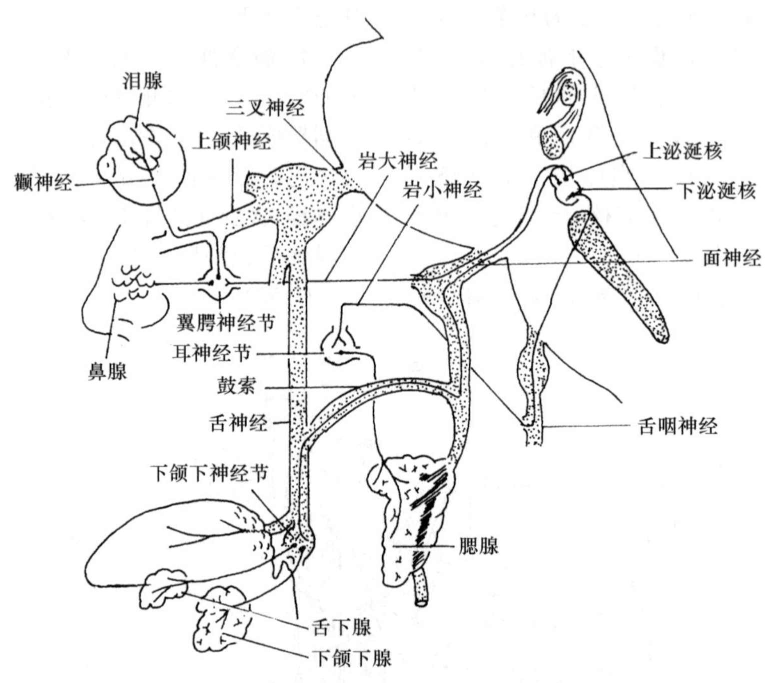

图 10-53　头部腺体的副交感纤维来源

迷走神经以根丝自橄榄后沟后部出脑，经颈静脉孔出颅，在此处有膨大的**上、下神经节**。迷走神经干在颈部位于颈动脉鞘内，在颈内静脉与颈内动脉或颈总动脉之间的后方下行达颈根部，由此向下，左、右迷走神经的行程略有差异。左迷走神经在颈总动脉与左锁骨下动脉间，越过主动脉弓的前方，经左肺根的后方至食管前面分散成若干细支，构成左肺丛和食管前丛，在食管下端延续为**迷走神经前干**。右迷走神经过右锁骨下动脉前方，沿气管右侧下行，经右肺根后方达食管后面，分支构成右肺丛和食管后丛，向下延为**迷走神经后干**。迷走前、后干再向下与食管一起穿膈肌的食管裂孔进入腹腔，分布于胃前、后壁，其终支为腹腔支，参加腹腔丛。迷走神经在颅、胸和腹部发出许多分支，其中较重要的分支有：

1. 颈部的分支

（1）**喉上神经**（superior laryngeal nerve）：起自下神经节，在颈内动脉内侧下行，在舌骨大角处分内、外支。外支支配环甲肌。内支与喉上动脉一同穿甲状舌骨膜入喉，分布于声门裂以上的喉黏膜以及会厌、舌根等（图 10-54、图 10-55）。

（2）**颈心支**：有上、下两支，下行入胸腔与交感神经一起构成心丛。上支中一支称主动脉神经或减压神经，分布至主动脉弓壁内，感受压力和化学刺激。

（3）**耳支**：发自上神经节，向后外分布至耳廓后面及外耳道的皮肤。

（4）**咽支**：起自下神经节，与舌咽神经和交感神经咽支共同构成咽丛，分布于咽缩肌、软腭肌及咽部黏膜。

（5）**脑膜支**：发自上神经节，分布于颅后窝硬脑膜。

2. 胸部的分支

（1）**喉返神经**（recurrent laryngeal nerve）：右喉返神经在右迷走神经经过右锁骨下动脉前方处发出，并勾绕此动脉，返回至颈部。左喉返神经在左迷走神经经过主动脉弓前方处发出，并绕主动脉弓下方，返回至颈部。在颈部，两侧的喉返神经均上行于气管与食管之间的沟内，至甲状腺侧叶深面、环甲关节后方进入喉内称为**喉下神经**（inferior laryngeal nerve），分数支分布于喉。其运动纤维支配除环甲肌以外所有的喉肌，感觉纤维分布至声门裂以下的喉黏膜。喉返神经在行程中发出心支、支气管支和食管支，分别参加心丛、肺丛和食管丛（图 10-54）。

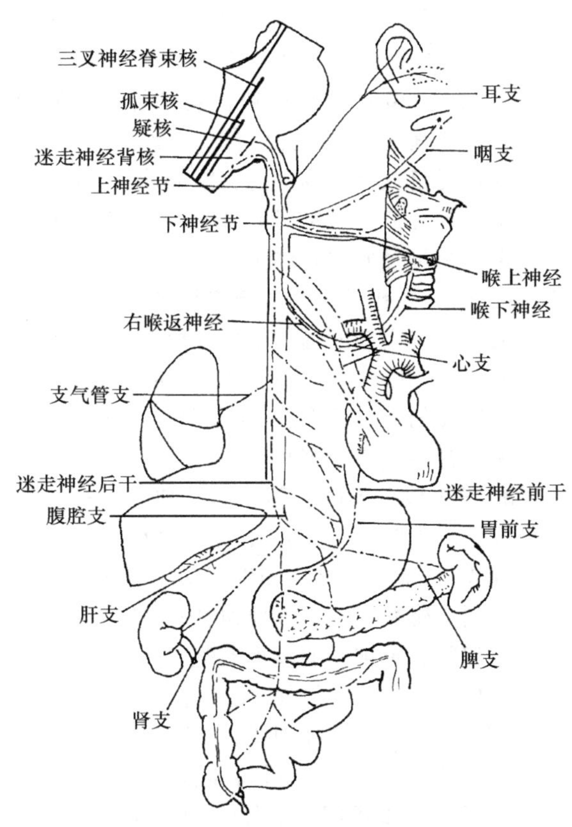

图 10-54　迷走神经纤维成分及分

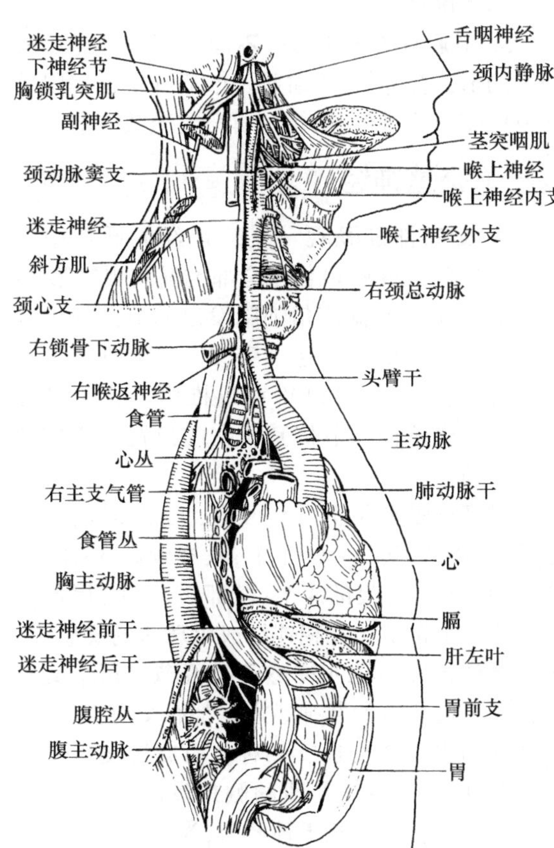

图 10-55　舌咽神经、迷走神经、副神经

临床应用

喉返神经是喉肌的运动神经，在其入喉前与甲状腺下动脉的终支相互交错。根据中国人资料，神经经过动脉分支之间的占多数，经过动脉后方的次之，经过动脉前方的较少。在甲状腺手术结扎或钳夹动脉时，应注意避免损伤此神经，以免导致声音嘶哑。若两侧同时损伤，可引起呼吸困难，甚至窒息。

（2）**支气管支和食管支**：是左、右迷走神经在胸部分出的一些小支，与交感神经的分支共同构成肺丛和食管丛，自丛发细支至气管、肺及食管，除支配平滑肌和腺体外，也传导脏器和胸膜的感觉。

3. 腹部的分支

（1）**胃前支和肝支**：在贲门附近发自迷走神经前干。胃前支沿胃小弯向右，沿途发出 4～6 个小支，分布到胃前壁，其终支以鸦爪形的分支分布于幽门部前壁。肝支有 1～3 条，参加肝丛，随肝固有动脉分支分布于肝、胆囊等处。

（2）**胃后支**：在贲门附近发自迷走神经后干，沿胃小弯深部走行，沿途发支至胃后壁。终支与胃前支同样以“鸦爪”形分支，分布于幽门窦及幽门管的后壁。

（3）**腹腔支**：发自迷走神经后干，向右行，与交感神经一起构成腹腔丛，伴随腹腔干、肠系膜上动脉及肾动脉等分布于脾、小肠、盲肠、结肠、横结肠、肝、胰和肾等大部分腹腔脏器。

临床应用

迷走神经主干损伤所致内脏活动障碍的主要表现为脉速、心悸、恶心、呕吐、呼吸深慢和窒息等。由于咽喉感觉障碍和肌肉瘫痪，可出现声音嘶哑、语言困难，发呛、吞咽障碍、软腭瘫痪及腭垂偏向患侧等。

（十一）副神经

Ⅺ副神经（accessory nerve）由颅根和脊髓根组成。颅根的纤维为特殊内脏运动纤维，起自疑核，自迷走神经根下方出脑后与脊髓根同行，经颈静脉孔出颅，加入迷走神经，支配咽喉肌。脊髓根的纤维也为特殊内脏运动纤维，起自脊髓颈部的副神经核，由脊神经前后根之间出脊髓，在椎管内上行，经枕骨大孔入颅腔，与颅根汇合一起出颅腔。出颅腔后，又与颅根分开，绕颈内静脉行向外下，经胸锁乳突肌深面继续向外下斜行进入斜方肌深面，分支支配此二肌（图 10-54、图 10-55）。

临床应用

一侧副神经损伤时，由于胸锁乳突肌瘫痪，头不能向患侧侧屈，也不能向健侧回旋；由于斜方肌瘫痪，患侧肩胛骨下垂。

（十二）舌下神经

Ⅻ **舌下神经**（hypoglossal nerve）主要由躯体运动纤维组成，由舌下神经核发出，自延髓前外侧沟出脑，经舌下神经管出颅，下行于颈内动、静脉之间，弓形向前达舌骨舌肌的浅面，在舌神经和下颌下腺管的下方穿颏舌肌入舌，支配全部舌内肌和舌外肌（图10-52）。

临床应用

一侧舌下神经完全损伤时，同侧半舌肌瘫痪，伸舌时，由于患侧颏舌肌瘫痪，而健侧颏舌肌牵拉力量强于患侧，故舌尖偏向患侧。舌肌瘫痪时间过长时，则造成舌肌萎缩。

第3节　内脏神经系统

内脏神经系统（visceral nervous system）是整个神经系统的一个组成部分，主要分布于内脏、心血管和腺体。内脏神经和躯体神经一样，也含有感觉和运动两种纤维成分。

内脏运动神经调节内脏、心血管的运动和腺体的分泌，通常不受人的意志控制，是不随意的，故有人将内脏运动神经称为**自主神经系**，又因它主要是控制和调节动、植物共有的物质代谢活动，并不支配动物所特有的骨骼肌的运动，所以也称之为**植物神经系**。

内脏感觉神经如同躯体感觉神经，其初级感觉神经元也位于脑神经和脊神经节内，周围支则分布于内脏和心血管等处的内感受器，把感受到的刺激传递到各级中枢，也可到达大脑皮质，内脏感觉神经传来的信息经中枢整合后，通过内脏运动神经调节这些器官的活动，从而在维持机体内、外环境的动态平衡，保持机体正常生命活动中发挥重要作用。

一、内脏运动神经

内脏运动神经与躯体运动神经在结构和功能上有较大差别，现就其形态结构上的差异简述如下：

1. 支配器官不同　躯体运动神经支配骨骼肌，一般都受意志支配；而内脏运动神经支配平滑肌、心肌和腺体，一定程度上不受意志的控制。

2. 神经元数目不同　躯体运动神经自低级中枢到其支配的骨骼肌，只有一个神经元；而内脏运动神经自低级中枢到达支配的器官，则必须经过植物神经节更换神经元，即需经过两个神经元。第一个神经元的胞体位于脑或脊髓内，称**节前神经元**，它发出的轴突叫**节前纤维**。第二个神经元的胞体位于周围部的植物神经节内，叫**节后神经元**，它发出的轴突到达脏器，叫**节后纤维**。节后神经元的数目较多，一个节前神经元可以和多个节后神经元构成突触。

3. 纤维成分不同　躯体运动神经只有一种纤维成分。内脏运动神经则有交感和副交感两种纤维成分，即形态结构和生理功能不同的交感神经和副交感神经。一般地说，内脏器官都受交感神经和副交感神经的双重支配，二者对脏器的作用是相反相成的。例如，交感神经可使心跳加快、加强，而副交感神经则使心跳减慢、减弱。二者在高级中枢的协调下，维持器官的正常活动。

4. 纤维粗细不同　躯体运动神经一般是比较粗的有髓纤维，而内脏运动神经则是比较细的薄髓和无髓纤维。

5. 节后纤维分布形式不同　躯体神经以神经干的形式分布，而内脏神经节后纤维常攀附脏器或血管形成神经丛，由丛再分支至效应器。

（一）交感神经

1. 交感神经概观　交感神经的低位中枢（节前神经元的胞体）位于全部胸髓和腰髓第1~3节段的侧角，脊髓侧角细胞发出的节前纤维经脊神经前根和前支到达椎旁节。一部分纤维止于椎旁节，另一部分纤维穿过椎旁节止于椎前节。所以交感神经节依其所在的位置分为椎旁节和椎前节。

椎旁神经节位于脊柱两旁，上起颅底，下至尾骨，每侧约有22~24个节，其中颈部3~4个，胸部10~12个，腹部4个，骶部2~3个，尾部两侧合成1个奇节。互相连结成串珠状的交感干，因此椎旁神经节也叫**交感干神经节**。每个交感干神经节与相应的脊神经之间都有交通支相连，分白交通支和灰交通支两种。**白交通支**由全部胸髓和腰髓第1~3节段的侧角发出，经脊神经前支连与相应的交感干神经节，为有髓的节前纤维，共15对；**灰交通支**由交感干神经节细胞发出的纤维连于交感干和31对脊神经前支之间，为无髓的节后纤维，共31对（图10-56）。

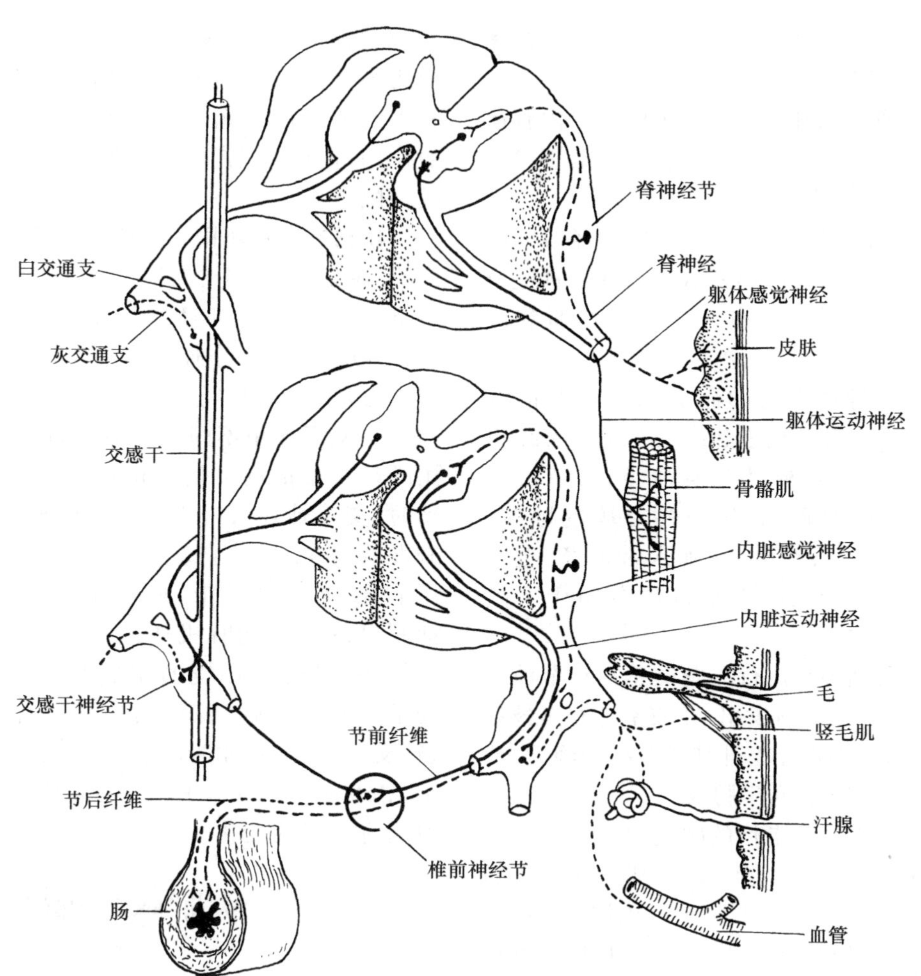

图 10-56 交感神经纤维走行模式图

椎前神经节位于脊柱前方，包括**腹腔神经节**、**主动脉肾神经节**、**肠系膜上神经节**及**肠系膜下神经节**等，分别位于同名动脉根部(图 10-56)。

交感神经节前纤维由侧角发出，经脊神经前根、脊神经、白交通支进入交感干，有 3 种去向：①终于相应的椎旁节，并交换神经元。②在交感干内上行或下行，终于上方或下方的椎旁神经节。③穿过椎旁节后，至椎前神经节换神经元。

交感神经节后纤维也有三种去向：①从椎旁节发出的节后纤维经灰交通支返回脊神经，随脊神经分布至头颈部、躯干和四肢的血管、汗腺和竖毛肌。②攀附动脉走行，与副交感纤维一起缠绕动脉组成神经丛，随动脉分布到所支配的器官。③由交感神经节直接分布到所支配的器官。

2. 交感神经的分布 交感神经节前、节后纤维分布有一定规律性，来自脊髓 $T_{1\sim5}$ 节段侧角中间外侧核细胞发出的交感节前神经纤维，在交感神经节更换神经元后，发出节后纤维至头部、颈部、胸腔脏器和上肢的血管、汗腺和竖毛肌；来自脊髓 $T_{5\sim12}$ 节段侧角中间外侧核细胞的交感节前神经纤维，在交感神经节更换神经元后，发出节后纤维支配肝、脾、肾等实质性器官和结肠左曲以上的消化管。(其中，由 $T_{5\sim9}$ 节段侧角中间外侧核细胞的交感节前神经纤维组成**内脏大神经**，穿过膈脚，终于腹腔节；由 $T_{10\sim12}$ 节段侧角中间外侧核细胞的交感节前神经纤维组成**内脏小神经**，穿过膈脚，终于腹腔节和主动脉肾节，由这些节发出的节后纤维支配肝、脾、肾等实质性器官和结肠左曲以上的消化管。)；来自脊髓上腰段中间带外侧核的节前纤维主要组成**腰内脏神经**，更换神经元后，其节后纤维支配结肠左曲以下的消化管，盆腔脏器和下肢的血管、汗腺和竖毛肌(图 1-101)

主要的交感神经丛有：颈内、外动脉丛，其分支随动脉分支分布到头部，支配汗腺、唾液腺和瞳孔开大肌等；心丛和肺丛，其分支分布到心和肺等器官；腹腔神经丛，其分支分布于胃、肝、脾、肾、胰、小肠和大肠等；盆丛，其分支分布于直肠、膀胱、子宫等器官。

(二) 副交感神经

副交感神经的低位中枢位于在脑干的一般内脏运动核和骶髓 2～4 节的骶副交感核。副交感神经节位于器官的周围或器官的壁内，称**器官旁节**和**器官内节**。

1. 颅部副交感神经 由脑干的一般内脏运动核发出的副交感节前纤维，走行在第Ⅲ、Ⅶ、Ⅸ、Ⅹ对脑神经内（图 10-53、图 1-101）。

（1）随动眼神经走行的副交感神经节前纤维，由中脑的动眼神经副核发出，在睫状神经节换神经元，节后纤维分布于瞳孔括约肌和睫状肌。

（2）随面神经走行的副交感神经节前纤维，由脑桥的上泌涎核发出，一部分节前纤维经岩大神经至翼腭神经节换神经元，节后纤维分布于泪腺、鼻腔、口腔及腭黏膜的腺体。另一部分节前纤维经鼓索，加入舌神经，至下颌下神经节换神经元，节后纤维分布于下颌下腺和舌下腺。

（3）随舌咽神经走行的副交感神经节前纤维，由延髓的下泌涎核发出，经鼓室神经至鼓室丛，由丛发出岩小神经至耳神经节换神经元，节后纤维经耳颞神经分布于腮腺。

（4）随迷走神经走行的副交感神经节前纤维，由延髓的迷走神经背核发出，随迷走神经的分支到达胸、腹腔脏器的壁旁或壁内神经节换神经元，节后纤维分布于肝、脾、肾等实质性器官和结肠左曲以上的消化管。

2. 骶部副交感神经 由骶髓 2~4 节的骶副交感核发出的副交感节前纤维，离开骶神经后称**盆内脏神经**，加入盆神经丛，并在丛内换神经元后支配结肠左曲以下的消化管和盆腔脏器。

（三）交感神经和副交感神经的区别

交感神经和副交感神经都是内脏运动神经，常共同支配一个器官，形成对内脏器官的双重支配。但在神经来源、形态结构、分布范围和功能上，二者又有明显区别。

1. 低级中枢的部位不同 交感神经的低级中枢位于脊髓胸腰部灰质的中间外侧核，而副交感神经的低级中枢位于脑干的一般内脏运动核和骶髓 2~4 节的骶副交感核。

2. 周围神经节的位置不同 交感神经节位于脊柱两旁（椎旁神经节）和脊柱前方（椎前神经节），而副交感神经节位于所支配的器官附近称为器官旁节，或位于器官壁内称为器官内节，因此副交感神经节前纤维比交感神经节前纤维长，而其节后纤维则较短。

3. 节前神经元与节后神经元的比例不同 一个交感神经元的轴突可与许多节后神经元形成突触，而一个副交感神经元的轴突则与较少的节后神经元形成突触。所以交感神经的作用范围较广泛，副交感神经的作用范围较局限。

4. 分布范围不同 交感神经的作用范围较广泛，除支配脏器外，尚遍及全身血管、汗腺、竖毛肌等，而副交感神经的分布不如交感神经广泛，一般认为大部分血管、汗腺、竖毛肌、肾上腺髓质均无副交感神经支配。

5. 支配作用不同 二者对同一器官的作用既是互相拮抗又是互相统一的。当机体运动时，交感神经兴奋性增强，而副交感神经兴奋性减弱、相对抑制。于是出现心跳加快、血压上升、支气管扩张、瞳孔开大、消化活动受抑制等现象。此时机体的代谢加强，能量消耗加快，以适应环境的剧烈变化。而当机体处于安静或睡眠状态时，副交感神经兴奋加强，交感神经相对抑制。可见在二者互相拮抗、相互统一的协调作用下，机体才得以更好地适应环境的变化。

二、内脏感觉神经

内脏感觉神经元的胞体位于**脑神经节**和**脊神经节**内。发自面神经膝节、舌咽神经下节和迷走神经下节的内脏感觉纤维，与该三对脑神经的其他纤维成分一起分布于头颈部和胸腹腔器官。发自脊神经节的内脏感觉纤维伴随交感神经、盆内脏神经分布于内脏和心血管。经脑神经传入的内脏感觉冲动止于延髓的孤束核；经脊神经传入的内脏感觉冲动终于脊髓后角，然后再通过脊髓和脑干，传至大脑皮层，产生感觉。

内脏感觉与躯体感觉不同。内脏感觉的痛阈较高，呈弥散痛。一般强度的刺激不引起主观感觉。内脏对牵拉、膨胀等刺激敏感，而对切割、烧灼等刺激则不敏感。由于内脏感觉的传入途径比较分散，即一个脏器的感觉可经多条脊神经的后根传入脊髓的多个节段；同时一条脊神经又含有来自多个脏器的感觉纤维，所以内脏疼痛往往是弥散的，定位是模糊的。此外，当某些内脏患病时，有时在皮肤的不同部位产生痛觉或感觉过敏，这种现象称为**牵涉性痛**（图 10-57）。例如患心脏病时，可感到胸前区或左上臂内侧皮肤疼痛或皮肤感觉过敏。了解各器官疾患时在体表出现的牵涉痛区，可帮助诊断某些内脏疾病。

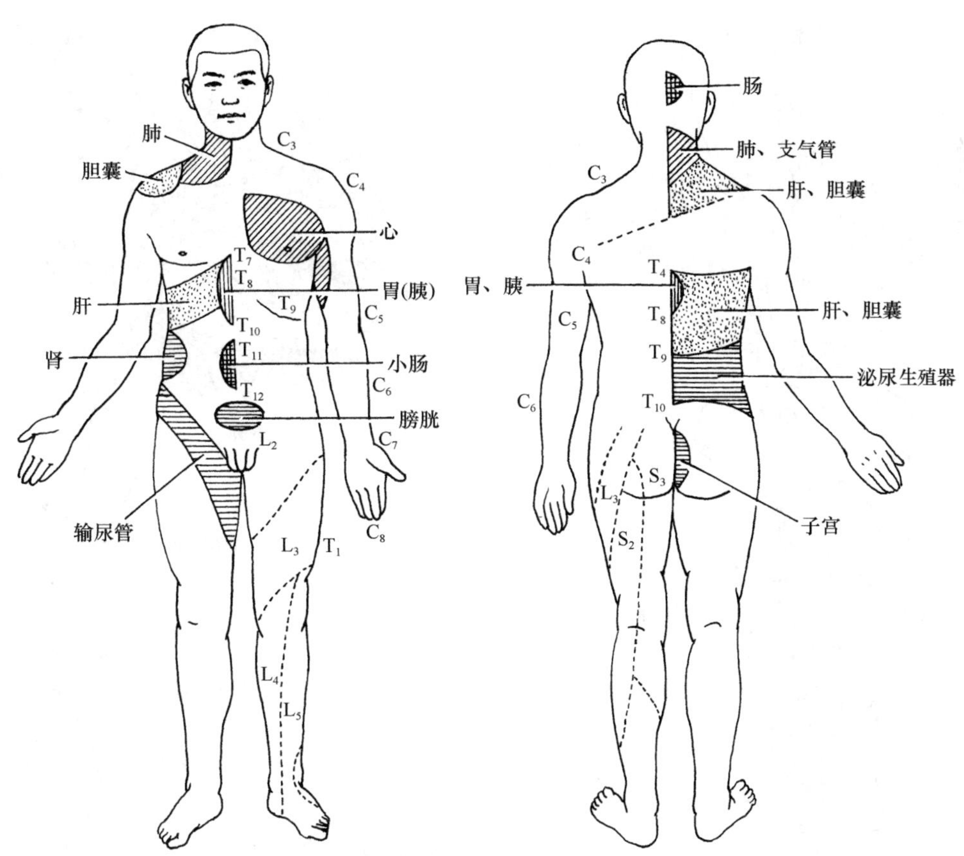

图 10-57　内脏器官疾病时的牵涉性痛区

第 4 节　神经的传导通路

由感受器传入的各种神经冲动，在中枢神经系统内最后传至大脑皮质，产生感觉。另一方面，由大脑皮质发出的传出纤维，经脑干和脊髓的运动神经元支配周围躯体和内脏效应器。因此，在神经系统内存在着两大类传导通路：感觉(上行)传导通路和运动(下行)传导通路。从总体来说，它们则分别是反射弧组成中的传入和传出部。不经过大脑皮质的上、下行传导通路称反射通路。

一、感觉传导通路

(一) 本体感觉传导通路

本体感觉是指肌、腱、关节等运动器官本身在不同状态(运动或静止)时产生的感觉，因位置较深，又称**深部感觉**。包括位置觉、运动觉和震动觉，此外，在本体感觉传导通路中，还传导皮肤的**精细触觉**(如辨别两点距离的两点鉴别觉和感知物体纹理粗细的纹理觉)。

1. 躯干和四肢意识性本体感觉传导通路　该通路由 3 级神经元组成。第 1 级神经元为脊神经节细胞，其周围突分布于肌、腱、关节等处的本体感觉感受器和皮肤的精细触觉感受器。中枢突经脊神经后根的内侧部进入脊髓后索。其中，来自第 4 胸节以下的升支走在后索的内侧部，形成**薄束**；来自第 4 胸节以上的升支行于后索的外侧部，形成**楔束**。两束上行，分别止于延髓的薄束核和楔束核。第 2 级神经元的胞体在薄、楔束核内，由此二核发出的纤维向前绕过中央灰质的腹侧，在中线上与对侧的交叉，称**内侧丘系交叉**，交叉后的纤维呈前后排列于延髓中线两侧、锥体束的背方，再转折向上，称**内侧丘系**。内侧丘系在脑桥居被盖的前缘，在中脑被盖则居红核的外侧，最后止于背侧丘脑的腹后外侧核，第 3 级神经元的胞体在丘脑腹后外侧核，发出纤维称为**丘脑中央辐射**，经内囊后肢，主要投射至中央后回的中、上部和中央旁小叶后部，部分纤维投射至中央前回(图 10-58)。

2. 躯干和四肢非意识性本体感觉传导通路

非意识性本体感觉传导通路为传入至小脑的本体感觉，由两级神经元组成。第 1 级神经元为脊神经节细胞，其周围突分布于肌、腱、关节的本体感觉器，中枢突经脊神经节后根的内侧部进入

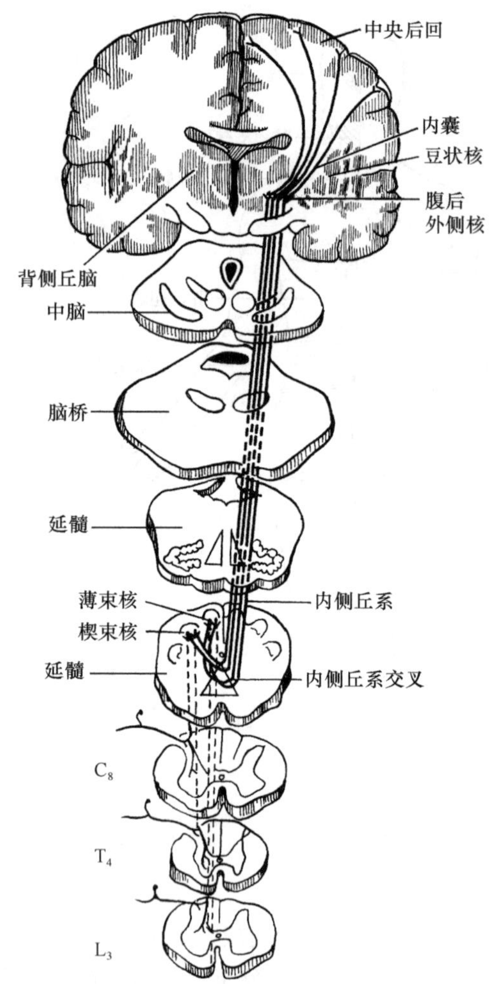

图 10-58　躯干、四肢意识性本体感觉传导通路

脊髓，终止于 C_8 ~ L_2 的胸核和腰骶膨大第Ⅴ～Ⅶ层外侧部。由胸核发出的第 2 级纤维在同侧侧索组成**脊髓小脑后束**，向上经小脑下脚进入旧小脑；由腰骶膨大第Ⅴ～Ⅶ层外侧部发出的第 2 级纤维组成对侧和同侧的**脊髓小脑前束**，经小脑上脚止于旧小脑(图 10-59)。

临 床 应 用

本体感觉传导路分为意识性和非意识性本体感觉传导路两部分。前者较后者更有临床意义。当此通路在内侧丘系交叉的下方或上方的不同部位损伤时，则患者在闭眼时不能确定损伤同侧(交叉下方损伤时)和损伤对侧(交叉上方损伤)各关节的位置和运动方向，即闭目难立，身体倾斜摇晃甚至跌倒，以及无法辨别两点间的距离。

(二) 痛、温觉和粗触觉传导通路

该通路又称**浅感觉传导通路**，由 3 级神经元组成(图 10-60)。

1. 躯干、四肢的痛、温觉和粗触觉传导通路

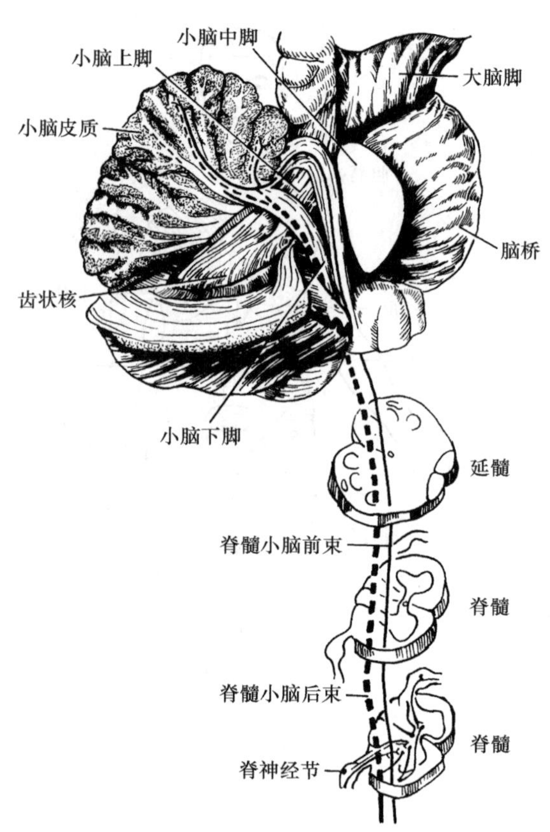

图 10-59　躯干、四肢非意识性本体感觉传导通路

第 1 级神经元为脊神经节细胞，其周围突分布于躯干、四肢皮肤内的感受器；中枢突经后根进入脊髓，再终止于第 2 级神经元。第 2 级神经元胞体主要位于第Ⅰ、Ⅳ到Ⅶ层，它们发出纤维经白质前连合，上升 1～2 个节段到对侧的外侧索和前索内上行，组成**脊髓丘脑束**(传导痛、温觉)和**脊髓丘脑前束**(传导粗触觉、压觉)。脊髓丘脑束上行，经延髓下橄榄核的背外侧，脑桥和中脑内侧丘系的外侧，终止于背侧丘脑的腹后外侧核。第 3 级神经元的胞体在背侧丘脑的腹后外侧核，它们发出纤维称**丘脑中央辐射**，经内囊后肢投射到中央后回中、上部和中央旁小叶后部。

2. 头面部的痛、温觉和触压觉传导通路　第 1 级神经元为三叉神经节细胞，其周围突经三叉神经分布于头面部皮肤及口鼻黏膜的相关感受器；中枢突经三叉神经根入脑桥，传导痛、温觉的纤维再下降为三叉神经脊束，止于三叉神经脊束核；传导触觉的纤维终止于三叉神经脑桥核。第 2 级神经元的胞体在三叉神经脊束核和脑桥核内，它们发出纤维交叉到对侧，组成**三叉丘系**，止于背侧丘脑的腹后内侧核。第 3 级神经元的胞体在背侧丘脑的腹后内侧核，发出纤维经内囊后肢，投射到中央后回下部。

临床应用

脊髓丘脑束纤维在脊髓、脑干和丘脑内都有一定的排列次序：自外向内、由浅入深，依次排列着来自骶、腰、胸、颈部的纤维。脊髓丘脑束传导躯干、四肢的痛、温觉和粗触觉，在脊髓白质前连合交叉，所以损伤时出现损伤平面以下对侧浅感觉消失。脊髓丘脑前束传导的是较粗略的触压觉，与体表触点的定位有关。而精细触压觉纤维(两点辨别觉，实体感觉)则沿后索上升至延髓，在薄束核和楔束核换神经元。故脊髓丘脑前束损伤时，只是触点定位不准确，实体感觉完好。

三叉神经脊束为一级传入纤维，损伤时同侧头面部痛温觉和触压觉障碍，而三叉丘系为二级传入纤维，如三叉丘系及其以上损伤，则会导致对侧头面部痛温觉和触压觉障碍。

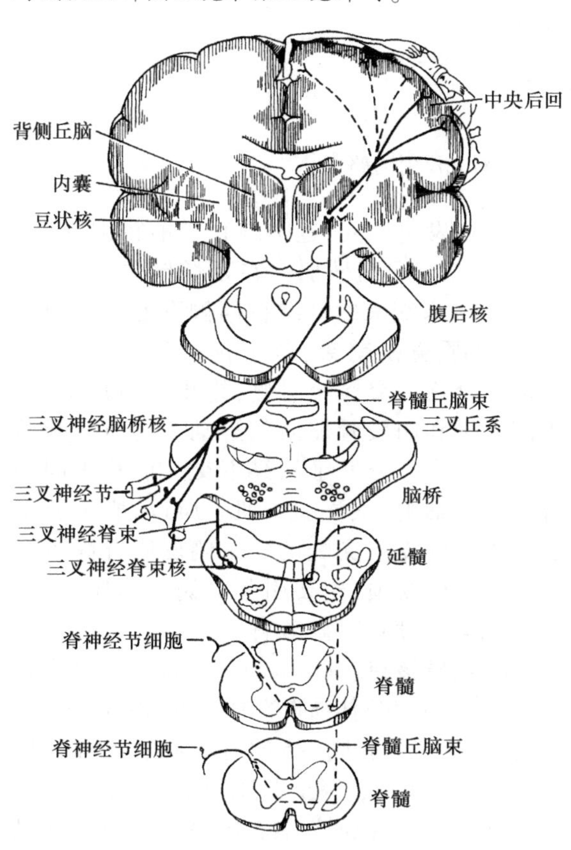

图 10-60 痛温觉和粗触觉、压觉传导通路

(三) 视觉传导通路和瞳孔对光反射通路

1. 视觉传导通路 在眼球视网膜内的视锥细胞和视杆细胞为光感受器细胞。双极细胞为第 1 级神经元。节细胞为第 2 级神经元，其轴突在视神经盘处集合成**视神经**。视神经经视神经管入颅腔，形成**视交叉**后，延续为**视束**。在视交叉中，来自两眼视网膜鼻侧半的纤维交叉，交叉后加入对侧视束；来自视网膜颞侧半的纤维不交叉，进入同侧视束。因此，左侧视束内含有来自两眼视网膜左侧半的纤维，右侧视束内含有来自两眼视网膜右侧半的纤维。视束绕大脑脚向后，主要终止于外侧膝状体。第 3 级神经元胞体在外侧膝状体内，由外侧膝状体核发出纤维组成**视辐射**(optic radiation)，经内囊后肢投射到端脑距状沟两侧的视区，产生视觉(图 10-61)。

在视束中，还有少数纤维经上丘臂终止于上丘和顶盖前区。上丘发出的纤维组成顶盖脊髓束，下行至脊髓，完成视觉反射。顶盖前区与瞳孔对光反射通路有关。

视野是指眼球固定向前平视时所能看到的空间范围。由于眼球屈光装置对光线的折射作用，鼻侧半视野的物象投射到颞侧半视网膜，颞侧半视野的物象投射到鼻侧半视网膜，上半视野的物象投射到下半视网膜，下半视野的物象投射到上半视网膜。

临床应用

当视觉传导通路在不同部位受损时，可引起不同的视野缺损：①一侧视神经损伤可致该侧眼视野全盲。②视交叉中交叉纤维损伤可致双眼视野颞侧半偏盲。③一侧视交叉外侧部的不交叉纤维损伤，则患侧眼视野的鼻侧半偏盲。④一侧视束以后的部位(视辐射、视区皮质)受损，可致双眼对侧视野同向性偏盲(如右侧受损则右眼视野鼻侧半和左眼视野颞侧半偏盲)。

2. 瞳孔对光反射通路 光照一侧瞳孔，引起两眼瞳孔缩小的反应称为**瞳孔对光反射**。光照一侧的反应称**直接对光反射**，未照射侧的反应称**间接对光反射**。瞳孔对光反射的通路如下：视网膜→视神经→视交叉→两侧视束→上丘臂→顶盖前区→两侧动眼神经副核→动眼神经→睫状神经节→节后纤维→瞳孔括约肌→两侧瞳孔缩小(图 10-61)。

临床应用

临床上要注意区别上丘是视觉的反射中枢，而顶盖前区是瞳孔对光反射的中枢。瞳孔对光反射在临床上具有重要意义，反射消失，可能预示病危。但视神经或动眼神经受损，都能引起瞳孔对光反射的变化。了解瞳孔对光反射的通路就很容易解释神经损伤时的表现。例如，一侧视神经受损时，传入信息中断，光照患侧瞳孔，两侧瞳孔均不缩小；但光照健侧瞳孔，则两眼对光反射均存在(此即患侧直接对光反射消失，间接对光反射存在)。又如,一侧动眼神经受损时,由于传出信息中断,无论光照哪一侧瞳孔,患侧对光反射都消失(患侧直接及间接对光反射均消失),但健侧直接、间接对光反射存在。

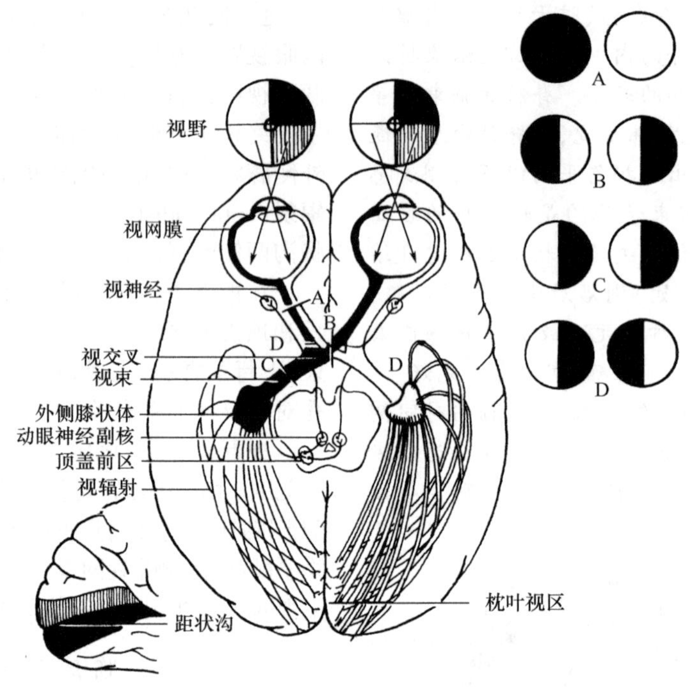

图 10-61　视觉传导通路和瞳孔对光反射通路

二、运动传导通路

运动传导通路系指从大脑皮质至躯体运动效应器的神经联系,它由上运动神经元和下运动神经元所组成。**上运动神经元**为位于大脑皮质的投射至脑神经运动核和脊髓前角的传出神经元。**下运动神经元**为脑神经一般躯体和特殊内脏运动核以及脊髓前角的运动神经细胞。运动传导路包括锥体系和锥体外系。

(一) 锥体系

锥体系(pyramidal system)上神经元由位于中央前回和中央旁小叶前部的巨型锥体细胞(Betz 细胞)和其他类型的锥体细胞以及位于额、顶叶部分区域的锥体细胞组成。上述神经元的轴突共同组成**锥体束**(pyramidal tract)。其中,下行至脊髓的纤维束称**皮质脊髓束**(图 10-62);止于脑干脑神经运动核的纤维束称**皮质核束**(图 10-63)。

1. 皮质脊髓束(corticospinal tract)　由中央前回上、中部和中央旁小叶前半部等处皮质的锥体细胞轴突集中而成,下行经内囊后肢的前部、大脑脚底中 3/5 的外侧部和脑桥基底部至延髓锥体,在锥体下端,约 85% 的纤维交叉至对侧,形成**锥体交叉**,交叉后的纤维继续于对侧脊髓侧索内下行,称**皮质脊髓侧束**,此束沿途发出侧支,逐节终止于前角细胞(可达骶节),支配四肢肌。在延髓锥体,皮质脊髓束 15% 未交叉的纤维在同侧脊髓前索内下行,称**皮质脊髓前束**,该束仅达胸节,并经白质前连合逐节交叉至对侧,终止于前角细胞,支配躯干和四肢骨骼肌的运动。皮质脊髓前束中有一小部分纤维始终不交叉而止于同侧脊髓前角细胞,支配躯干肌。所以,躯干肌是受两侧大脑皮质支配的。一侧皮质脊髓束在锥体交叉前受损,主要引起对侧肢体瘫痪,但躯干肌运动没有明显影响。

2. 皮质核束(corticonuclear tract)　主要由中央前回下部的锥体细胞的轴突集合而成,下行经内囊膝部至大脑脚底 3/5 的内侧部,由此向下,陆续分出纤维,大部分终止于双侧脑神经运动核(动眼神经核、滑车神经核、展神经核、三叉神经运动核、面神经核支配面上部肌的细胞群、疑核和副神经核),支配眼外肌、咀嚼肌、面上部表情肌、咽喉肌、胸锁乳突肌和斜方肌。小部分纤维完全交叉到对侧,终止于面神经核支配面下部肌的细胞群和舌下神经核,支配面下部表情肌和舌肌。因此,除支配面下部肌的面神经核和舌下神经核为单侧(对侧)支配外,其他脑神经运动核均接受双侧皮质核束纤维支配。一侧上运动神经元受损,可产生对侧眼裂以下的面肌和对侧舌肌瘫痪,表现为病灶对侧鼻唇沟消失,口角低垂并向病灶侧偏斜,流涎,不能

笔记栏

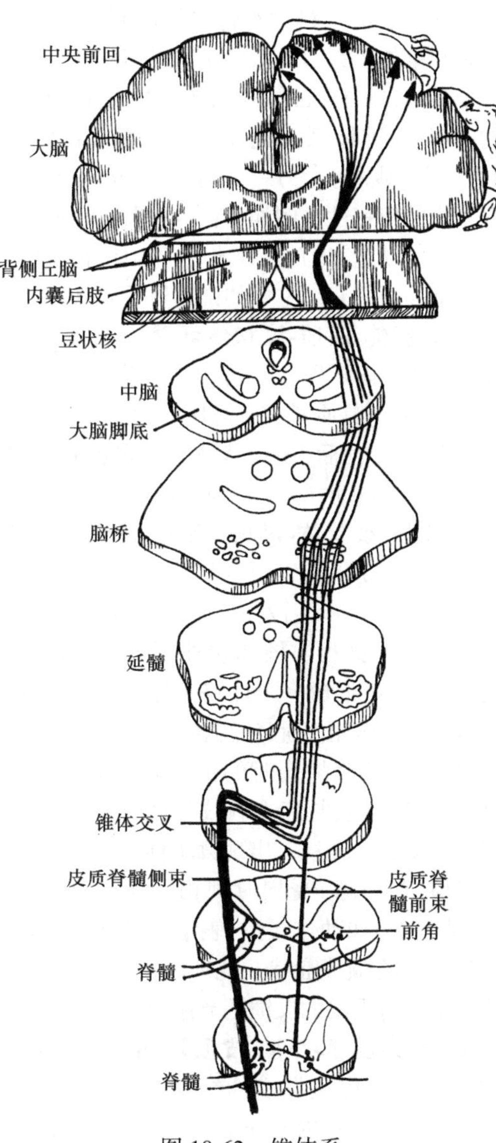

图 10-62　锥体系

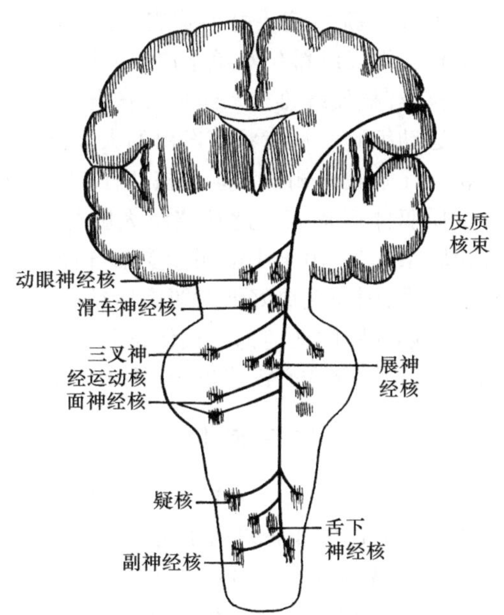

图 10-63　皮质核束与脑神经核的关系

做鼓腮、露齿等动作，伸舌时舌尖偏向病灶对侧（图 10-64），分别称为**面神经核上瘫**和**舌下神经核上瘫**。一侧面神经下运动神经元受损，可致病灶侧所有面肌瘫痪，表现为额纹消失，眼不能闭，口角下垂，鼻唇沟消失等；一侧舌下神经下运动神经元受损，可致病灶侧全部舌肌瘫痪，表现为伸舌时舌尖偏向病灶侧，分别称为**面神经核下瘫**和**舌下神经核下瘫**（图 10-65）。

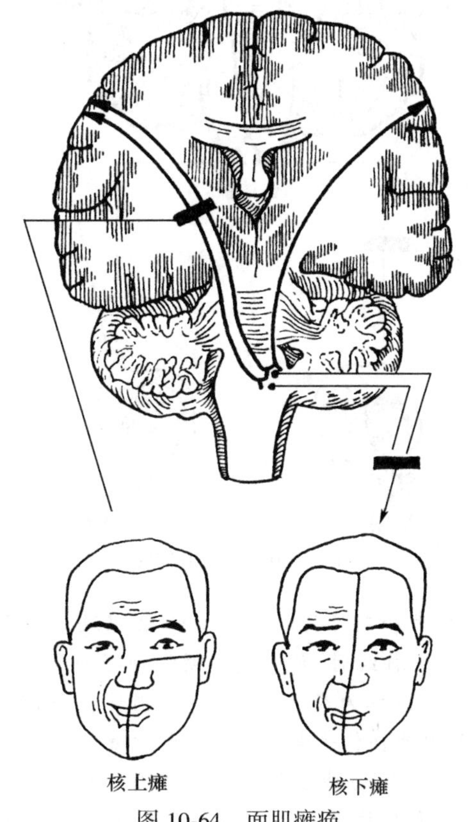

图 10-64　面肌瘫痪

临床应用

锥体系的任何部位损伤都可以引起其支配区的随意运动障碍——瘫痪，可分为两类：

1. 上运动神经元瘫（核上瘫）　系指脊髓前角细胞和脑神经运动核以上的锥体束损伤，表现为随意运动障碍，肌张力增高，故称痉挛性瘫痪（硬瘫），这是由于上运动神经元对下运动神经元的抑制被取消的缘故（脑神经核上瘫时肌张力增高不明显），但肌肉不萎缩（因未失去其直接神经支配）。此外，还有深反射亢进（因失去高级控制），浅反射（如腹壁反射、提睾反射等）减弱或消失（因锥体束的完整性被破坏）和出现因锥体束的功能受到破坏所致的病理反射（如 Babinski 征）等。

上神经元损伤可发生在与下神经元突触之前的任何部位，如大脑皮质、内囊、脑干和脊髓等，当损伤在一侧大脑皮质和内囊时，可出现对侧半身上神经元瘫；当损伤在一侧脑干已交叉的

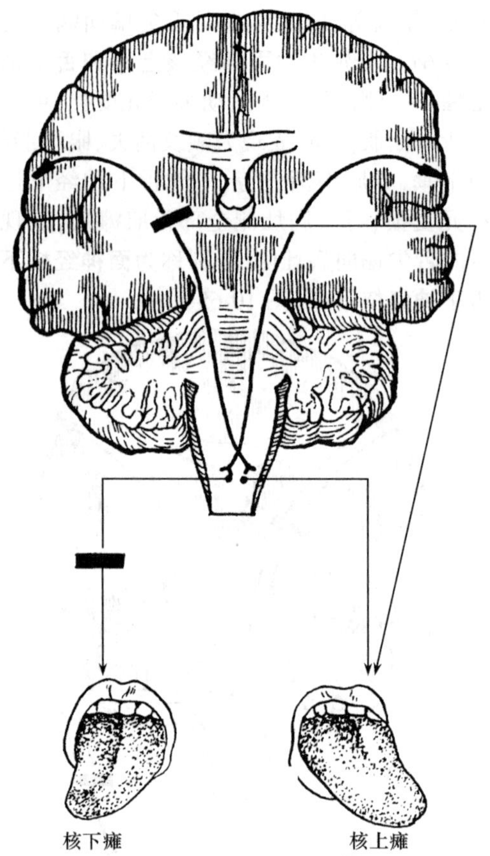

图 10-65　舌肌瘫痪

皮质核束和未交叉的皮质脊髓束以及同侧脑神经核或脑神经时，可引起同侧脑神经瘫和对侧中枢性偏瘫，称为交叉性偏瘫；当损伤在一侧脊髓时，表现为损伤平面以下上神经元瘫。

2. 下运动神经元瘫（核下瘫）　系指脊髓前角细胞和脑神经运动核以下的锥体系损伤，表现为因失去神经直接支配所致的肌张力降低，随意运动障碍，又称迟缓性瘫痪。由于神经营养障碍，还导致肌肉萎缩。因所有反射弧均中断，故浅反射和深反射都消失，也不出现病理反射。

（二）锥体外系

锥体外系（extrapyramidal system）是指锥体系以外影响和控制躯体运动的传导径路，其结构十分复杂，包括大脑皮质、纹状体、背侧丘脑、底丘脑、红核、黑质、脑桥核、前庭神经核、小脑和脑干网状结构等以及它们的纤维联系。锥体外系的纤维最后经红核脊髓束、网状脊髓束等中继，下行终止于脑神经运动核和脊髓前角细胞。在种系发生上，锥体外系是较古老的结构，从鱼类开始出现。在鸟类是控制全身运动的主要系统。但到了哺乳类，尤其是人类，由于大脑皮质和锥体系的高度发展，锥体外系逐渐处于从属地位。人类锥体外系的主要机能是调节肌张力、协调肌肉活动、维持体态姿势和习惯性动作（例如，走路时双臂自然协调地摆动）等。锥体系和锥体外系在运动功能上是互相不可分割的一个整体，只有在锥体外系使肌张力保持稳定协调的前提下，锥体系才能完成一些精确的随意运动，如写字、刺绣等。另一方面，锥体外系对锥体系也有一定的依赖性。例如，有些习惯性动作开始是由锥体系发动起来的，然后才处于锥体外系的管理之下。下面简单介绍主要的锥体外系通路。

1. 纹状体-黑质-纹状体环路　自尾状核和壳发出纤维，止于黑质。再由黑质发出纤维返回尾状核和壳。黑质神经细胞能产生和释放多巴胺。当黑质变性后，使纹状体内的多巴胺含量降低，与 Parkinson 病（震颤麻痹）的发生有关。

2. 皮质-纹状体-背侧丘脑-皮质环路　从大脑皮质（额叶、顶叶）发出的纤维下行经内囊止于新纹状体，换神经元后发出纤维至苍白球，由苍白球发纤维到丘脑腹前核和腹外侧核，再返回到大脑皮质运动区，形成一个环路。另外，由苍白球发出的纤维也分别止于底丘脑核、红核、黑质和脑干网状结构，此环路损伤时的主要表现为肌张力和运动状态的改变，临床上新纹状体受损时，表现为肌张力减低，运动过多，出现舞蹈样不自主动作；而旧纹状体（苍白球）受损时则相反，产生肌张力增强，运动过少（如动作缓慢，表情淡漠，语言单调），出现静止性震颤等症状。此环路对发出锥体束的皮质运动区有重要的反馈调节作用。

3. 皮质-脑桥-小脑-皮质环路　由额叶、顶叶、枕叶、颞叶皮质发出的纤维分别组成额桥束和顶枕颞桥束，经内囊下行，至脑桥止于同侧脑桥核，由脑桥核发出纤维越过中线，组成对侧的小脑中脚进入新小脑。由小脑皮质发出的冲动经齿状核中继发纤维经小脑上脚，小部分终止于对侧红核，红核发纤维交叉组成红核脊髓束至脊髓前角运动细胞。从齿状核发出的大部分纤维，上行止于丘脑腹外侧核和腹前核，由此再返回到额叶皮质躯体运动区。此环路将大脑与小脑往返纤维联系起来，由于小脑还接受来自脊髓的本体感觉纤维，因而能更好地对肌肉运动进行协调共济。上述环路的任何部位损伤，都会导致共济失调，如行走蹒跚和醉汉步态等（图 10-66）。

临 床 应 用

中枢的病变可依据病变部位的不同，损伤传导路的不同判断可能出现的不同临床表现：

1. 大脑皮质病变　可根据大脑皮质功能定位，判断出现的功能损伤，例如病变位于中央旁小叶前部，则出现对侧下肢痉挛性瘫痪，如病变

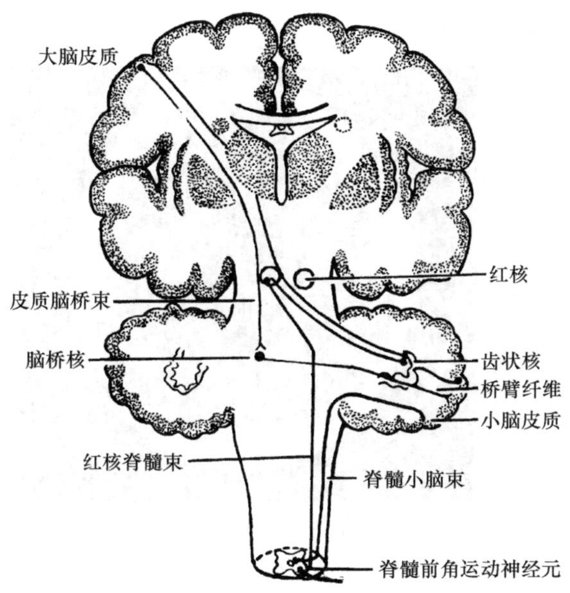

图 10-66 皮质-脑桥-小脑系

位于中央前回中下部和额下回后部，则出现对侧上肢痉挛性瘫痪，运动型失语。

2. 一侧内囊损伤　多出现三偏（见内囊）。

3. 一侧脑干损伤　多出现交叉性偏瘫（见脑干）。

4. 一侧脊髓损伤　多出现损伤平面以下同侧肢体痉挛性瘫痪，同侧本体感觉丧失，对侧浅感觉丧失（见脊髓）。

第5节　脑的正常影像学

一、脑的影像学检查方法

（一）颅骨平片

常用后前位和侧位。方法简单、经济、无创伤。

（二）脑血管造影

脑血管造影（cerebral angiography）是将有机碘对比剂引入脑血管显示脑血管的方法，包括颈动脉造影（carotid arteriography）和椎动脉造影（vertebral arterlography）。常用 DSA 技术，分别摄取脑动脉期、静脉期和静脉窦期图像。

（三）脑 CT

包括平扫、增强扫描和特殊成像。

1. 平扫　横断面扫描为主，头部固定，以眦耳线（眼外眦与外耳孔中心）为基线依次向上扫描 8～10 层，层厚 10mm。检查后颅窝则取与姚耳线成 20°角。有时加扫冠状面。

2. 增强 CT　经静脉注入有机碘对比剂后再行扫描。按公斤体重 60%泛影葡胺 1.5～2ml 计算，静脉内推注或滴注。增强后病灶常显示更清楚，可显示出平扫未显示的病灶。碘过敏者不宜行增强 CT 检查。

3. CTA　静脉团注有机碘对比剂后，当对比剂流经脑血管时进行螺旋 CT 扫描，并三维重建脑血管图像。

4. CT 灌注成像　快速静脉团注有机碘对比剂后，在对比剂首次通过受检脑组织时进行快速动态扫描，并重建脑实质血流灌注图像。它反映脑实质的微循环和血流灌注情况。

（四）脑 MRI

脑 MRI 包括平扫、增强扫描和特殊成像。

1. 平扫 MRI　常规采用横断面扫描，依病变部位再选择冠状面或（和）矢状面扫描。一般层厚 5～10mm，薄层用 2～5mm。常用 SE 序列 T_1WI 和 T_2WI。

2. 增强 MRI　对比剂用 Gd-DTPA，按公斤体重 0.1～0.2mmol 计算。增强扫描病灶显示更清楚，并可显示平扫未能显示的细小和多发病灶，明确病变的部位和范围，鉴别病变与水肿、肿瘤术后复发与术后改变等。

3. MRA　无需注射对比剂即可显示颅内大血管，是唯一成熟的无创性脑血管成像技术。常用 TOF 法和 PC 法。

4. 功能性 MRI　利用 MR 成像技术反映脑的生理过程和物质代谢等功能变化。主要包括：MR 扩散成像，反映水分子的扩散速度，主要用于急性脑缺血性疾病的早期诊断；MR 灌注成像，反映脑组织微循环的分布和血流灌注，主要用于脑血管性疾病及肿瘤良恶性鉴别；MR 波谱分析，主要有 1H、31P 等的波谱分析，用于脑组织代谢产物的定量分析；脑功能成像，用于研究脑皮层活动的功能定位，已初步应用于临床。

二、脑的正常影像学表现

（一）正常脑 CT 表现

1. 颅骨及空腔　颅骨为高密度，颅底层面可见低密度的颈静脉孔、卵圆孔、破裂孔等。鼻窦及乳突内气体呈低密度。

2. 脑实质　分大脑额、颞、顶、枕叶及小脑、脑干。皮质密度略高于髓质，分界清楚。大脑深部的灰质核团密度与皮质相近，在髓质的对比下显示清楚。尾状核头部位于侧脑室前角外侧，体部沿丘脑和侧脑室体部之间向后下走行。丘脑位于第三脑室的两侧。豆状核位于尾状核与丘脑的外侧，呈楔形，自内而外分为苍白球和壳核。苍白球可钙化，呈高密度。豆状核外侧近岛叶皮层下的带状灰质为屏状核。尾状核、丘脑和豆状核之间的带状白质结构为内囊，分为前肢、膝部和后肢。豆状核与屏状核之间的带状白质结构为外囊(图 10-67)。

3. 脑室系统 包括双侧侧脑室、第三脑室和第四脑室，内含脑脊液，为均匀水样低密度。双侧侧脑室对称，分为体部、三角部和前角、后角、下角。

4. 蛛网膜下隙 包括脑沟、脑裂和脑池，充以脑脊液，呈均匀水样低密度。脑池主要有鞍上池、环池、桥小脑角池、枕大池、外侧裂池和大脑纵裂池等。其中鞍上池为蝶鞍上方的星状低密度区，多呈五角或六角形。

5. 增强扫描 正常脑实质仅轻度强化，血管结构直接强化，垂体、松果体及硬膜明显强化(图 10-67)。

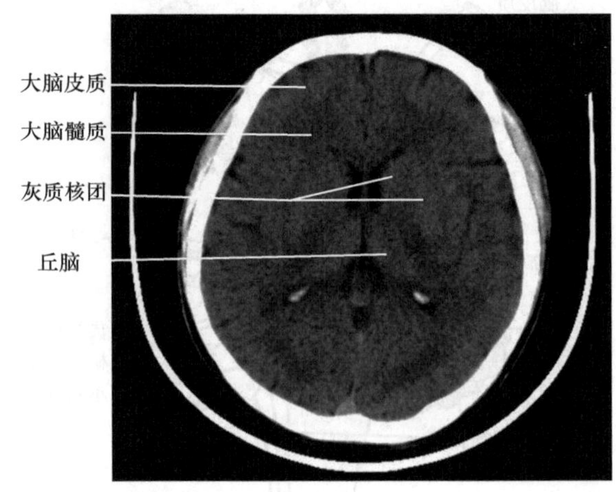

图 10-67 正常脑 CT

(二) 正常脑 MRI 表现

正常脑的水平断面、冠状断面、正中矢状断面以及 MR 图像表现分别见图 10-68～图 10-73。

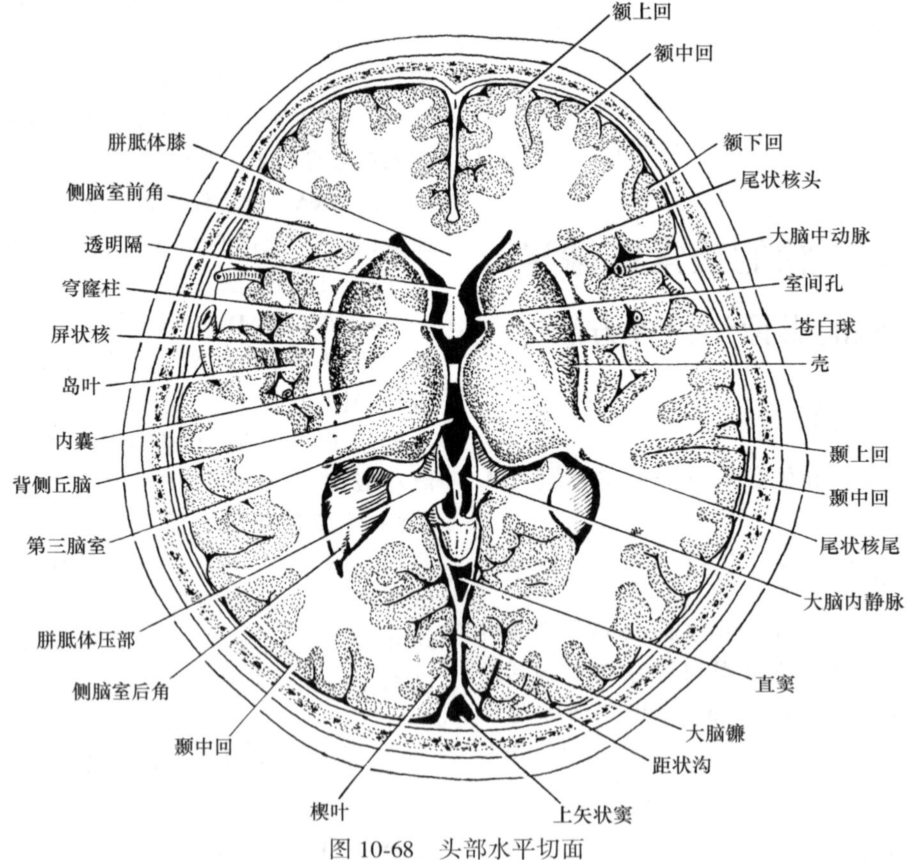

图 10-68 头部水平切面

1. 脑实质 脑髓质比皮质氢质子数目少，其 T_1 和 T_2 值较短，故 T_1WI 脑髓质信号稍高于皮质，T_2WI 则稍低于皮质。脑内灰质核团的信号与皮质相似。

2. 含脑脊液结构 脑室和蛛网膜下腔含脑脊液，信号均匀，T_1WI 为低信号，T_2WI 为高信号，水抑制像呈低信号。

3. 颅骨 颅骨内外板、钙化和脑膜组织的含水量和氢质子很少,T_1WI 和 T_2WI 均呈低信号。颅骨板障和脂肪组织,T_1WI 和 T_2WI 均为高信号。

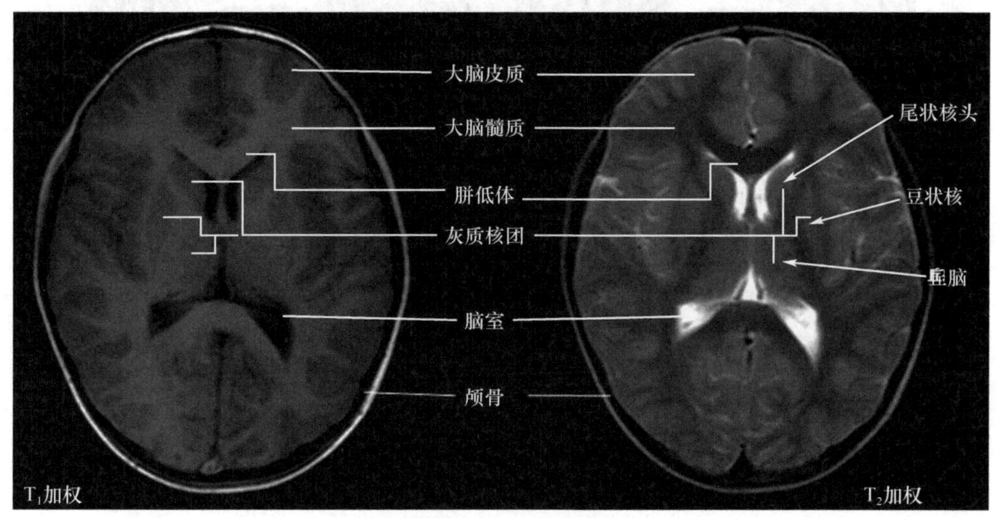

图 10-69 正常脑 MR 横断面图像 T_1 加权、T_2 加权

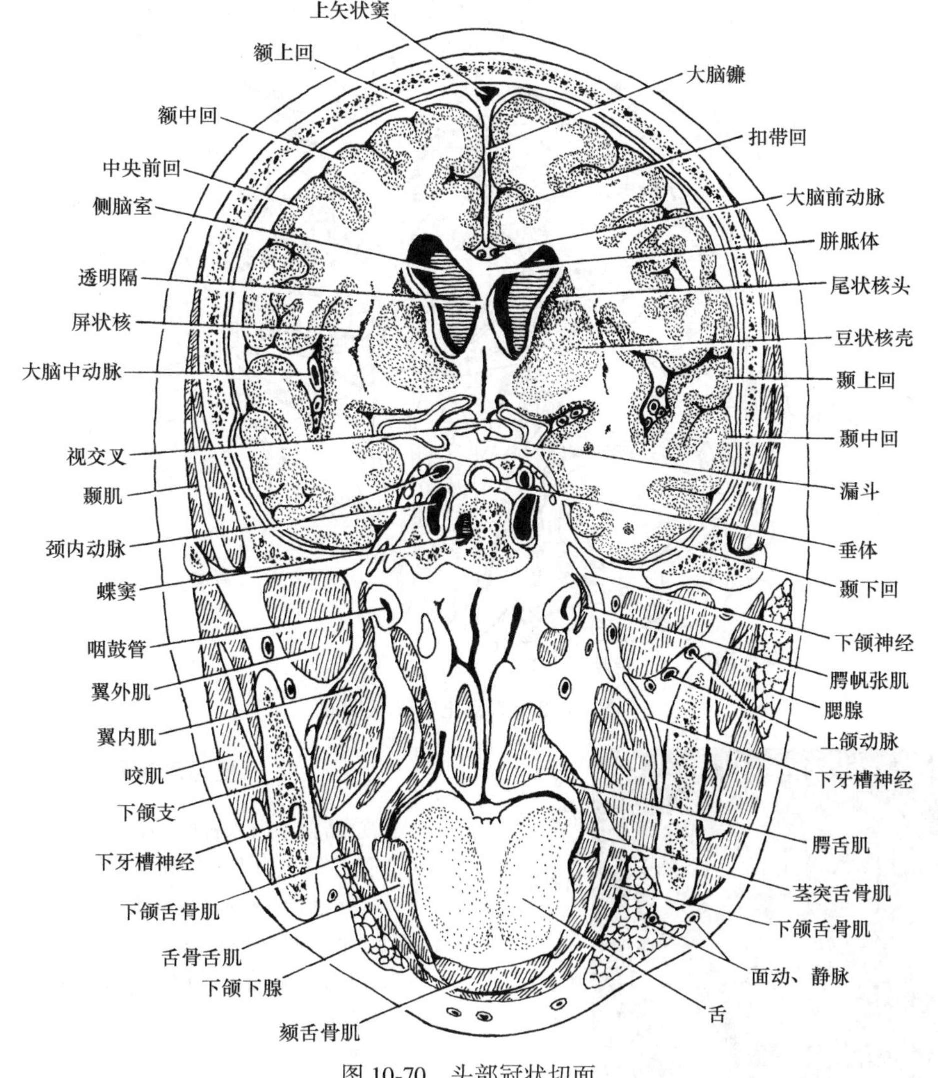

图 10-70 头部冠状切面

4. 血管 血管内流动的血液因"流空效应",T_1WI 和 T_2WI 均呈低信号。当血流缓慢时则呈高信号。

5. 增强扫描 组织的强化情况与 CT 相似。

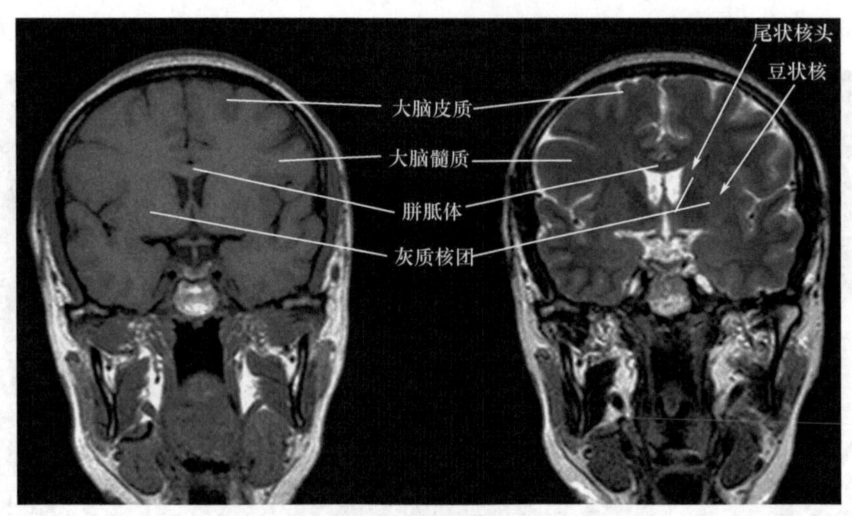

图 10-71　正常脑 MR 冠状面图像 T_1加权、T_2加权

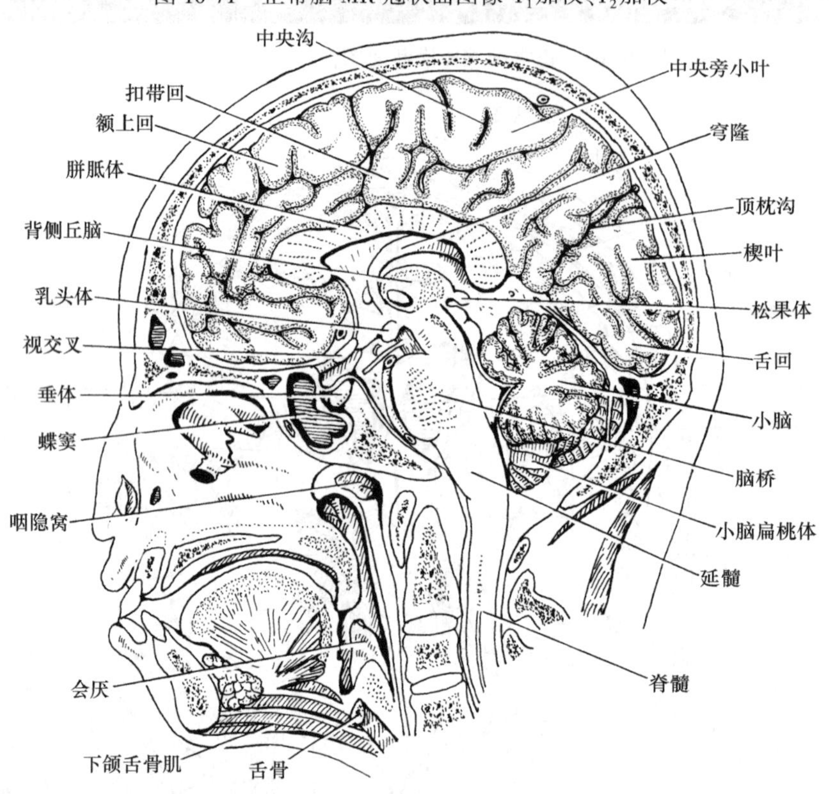

图 10-72　头部正中矢状切面

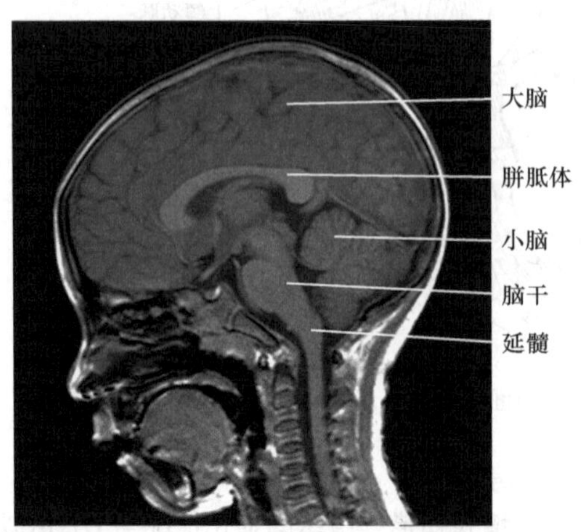

图 10-73　正常脑 MR 矢状面图像 T_1加权

复习思考题

1. 总结脑干内六种脑神经核柱各包括哪些神经核？它们各位于脑干的何高度？

2. 总结脑干内的主要非脑神经核有哪些？各位于何处？各与哪些传导束相关？

3. 何谓内侧丘系、外侧丘系、脊髓丘系、三叉丘系、锥体系？

4. 在平延髓橄榄中部高度横断面，面神经丘断面和上丘断面上各可见哪些主要神经核和纤维束？

5. 简述小脑各部的纤维联系，功能及损伤时的临床表现。

6. 试述背侧丘脑内与特异性感觉相关的核团有

哪些？其传入纤维和传出纤维的来源和去向如何？

7. 简述大脑皮质的功能定位，纹状体及其功能。

8. 简述内囊不同部位损伤对感觉和运动的影响情况如何？

9. 试述动眼神经的走行和分支，该神经损伤将会出现哪些临床症状？为什么？

10. 分布于眼球的神经有哪些？各来源于何处？各司何种功能？

11. 分布于舌的神经有哪些？各来源于何处？各司何种功能？

12. 试述瞳孔对光发射和角膜反射的传导路径。

13. 视神经、视交叉中央部、视交叉外侧部、视束或内囊的损伤各出现什么样的视野障碍？

14. 病例 1. 患者，男性，因高热，伴剧烈头痛，呕吐 2 天急诊入院，患者 4 天前右上唇处有一疖肿，刮脸时不慎刮破，并挤压之；2 天前患者发热并剧烈头痛、呕吐，在家肌内注射抗生素，但病情未见好转，患者出现烦躁不安和谵妄，家人急送医院。

检查见患者神志尚清，但烦躁，T 39.5℃，右侧上唇处有一疖肿，有脓栓，局部红肿，右面颊部肿胀，右侧上、下眼睑和睑结膜及球结膜肿胀，右眼突出。右眼底视网膜静脉淤血、扩张，视乳头水肿，右眼外肌随意运动消失，眼球活动受限，瞳孔扩大，光反射消失，三叉神经、眼神经支分布区感觉障碍，角膜反射消失。白细胞计数 20×10^9/L，中性粒细胞为 0.89，诊断为右侧感染性海绵窦栓塞。请问：

（1）海绵窦的位置、穿经结构及交通关系。

（2）“危险三角”的概念，面部疖肿经过何途径感染海绵窦？用所学知识解释该患者的体征和症状。

15. 病例 2. 患者，女性，右下眼睑、右侧鼻颊部和右上唇剧烈刺痛反复发作一年余。发作初期疼痛并不剧烈，发作次数亦不频繁，疼痛仅限于鼻部。但最近疼痛变为剧烈和频繁，呈刺痛，每次发作持续数秒至 2 分钟，且扩散至右侧眼裂与口裂之间，咀嚼、饮水、洗脸、刷牙等均可引起发作。为此，患者曾拔掉 1 个上颌牙齿，但疼痛仍未缓解。

患者无明显阳性体征，各脑神经功能正常，三叉神经感觉无障碍。患者发作时面部呈抽搐扭曲状，其他无异常。诊断为三叉神经上颌支神经痛。请问：

（1）三叉神经的纤维成分、行径和分布。

（2）为什么患者拔除上颌牙后仍未终止疼痛？

16. 病例 3. 女大学生，早晨醒来后觉右耳内及耳后疼痛，右侧面部麻木，发胀，起床后发现面部歪斜变形，右眼不能闭合，说话、进食均有困难，咀嚼时食物滞留于病灶侧齿颊间隙内，患者虽无吞咽困难，但有唾液自右口角流出。

检查见患者右侧面部表情肌瘫痪，表情动作丧失，右侧额纹消失，右鼻唇沟变浅，口角下垂，右眉下垂，右下眼睑松弛下垂。不能皱额、皱眉，右眼不能闭合，鼓腮时右侧唇闭合不禁，不能吹口哨，露齿时嘴歪向左侧。诊断为右侧面神经麻痹。请问：

（1）患者为可会出现右眼睑不能闭合和下睑松弛下垂？

（2）患者为何咀嚼时食物滞留于齿颊间隙内，且不能吹口哨？为何露齿时嘴歪向左侧？

（3）此患者是面神经核上瘫还是核下瘫？

17. 病例 4. 患者，女性，高血压多年忽然晕倒，意识恢复后，仍神智模糊 5~6 天，不能说话。检查发现：右上肢痉挛性瘫痪，随意运动消失，右眼裂以下面肌麻痹。吐舌时舌尖伸向右侧，右下肢和左上、下肢无改变。无视觉和躯体感觉障碍。唇、舌能够运动，但不能说出规则的言语，问话时，只能回答简单的几个字，如“是”或“不是”。请问：

（1）患者出现右上肢痉挛性瘫痪，随意运动消失，是损伤了什么传导束？而右下肢和左上、下肢无改变说明此束发自何处？

（2）患者出现右眼裂以下面肌麻痹。吐舌时舌尖伸向右侧，是损伤了什么传导束？此束发自何处？

（3）患者不能说出规则的言语，说明什么？综合上述症状说明病灶位于何处？

18. 病例 5. 患者，男性，观看足球赛中突然晕倒，意识丧失 2 天。意识恢复时，右侧上、下肢瘫痪。6 周后检查发现右上、下肢痉挛性瘫痪，腱反射亢进，吐舌时偏向右侧，无萎缩。右侧眼裂以下面瘫。整个右半身的各种感觉缺损程度不一，但位置觉、振动觉和两点辨别性触觉全部丧失。痛温度觉有丧失，瞳孔对光反射正常，但患者两眼视野右侧半缺损。请分析：此患者病灶位于何处？在哪侧？损伤了哪些传导束？为什么临床表现都在右侧？

19. 病例 6. 患者，男性，几个月前额部严重头痛，以后觉得右上肢力弱，右手变得笨拙，右下肢也变得力弱了。随着身体右侧力弱，说话也有困难，视物时出现重影。检查时发现：左侧瞳孔比右侧的大，向前平视时左眼转向外下方。左眼瞳孔直接对光反射和调节反应消失，左上眼睑下垂。右上、下肢无随意运动，跟腱和髌腱反射亢进和 Babinski 征皆见于右侧。右侧眼裂以下面瘫，吐舌时舌尖偏向右侧，但舌肌不萎缩。请分析：此患者病灶位于何处？在哪侧？损伤了什么？为什么面肌、舌肌和肢体瘫痪在右侧，而视器的变化在左侧？

20. 病例 7. 患者，男性，背部刺伤立刻跌倒，两下肢失去运动。数日右腿稍能活动。一周后右下肢几乎恢复运动，但左下肢完全瘫痪。检查发现：左下肢无随意运动，腱反射亢进，Babinski 征阳性。右侧躯干剑突水平以下和右下肢痛觉和温度觉丧失，但左侧痛、温觉完好。左侧躯干剑突以下和左下肢触觉减弱，右侧触觉未受影响。左下肢位置和运动觉丧失，右下肢正常，CT 显示第五胸椎骨折。请问：脊髓损伤部位位于何节段？损伤哪些传导束？为什么？

（吕永利　赖　红　张　伟）

笔记栏

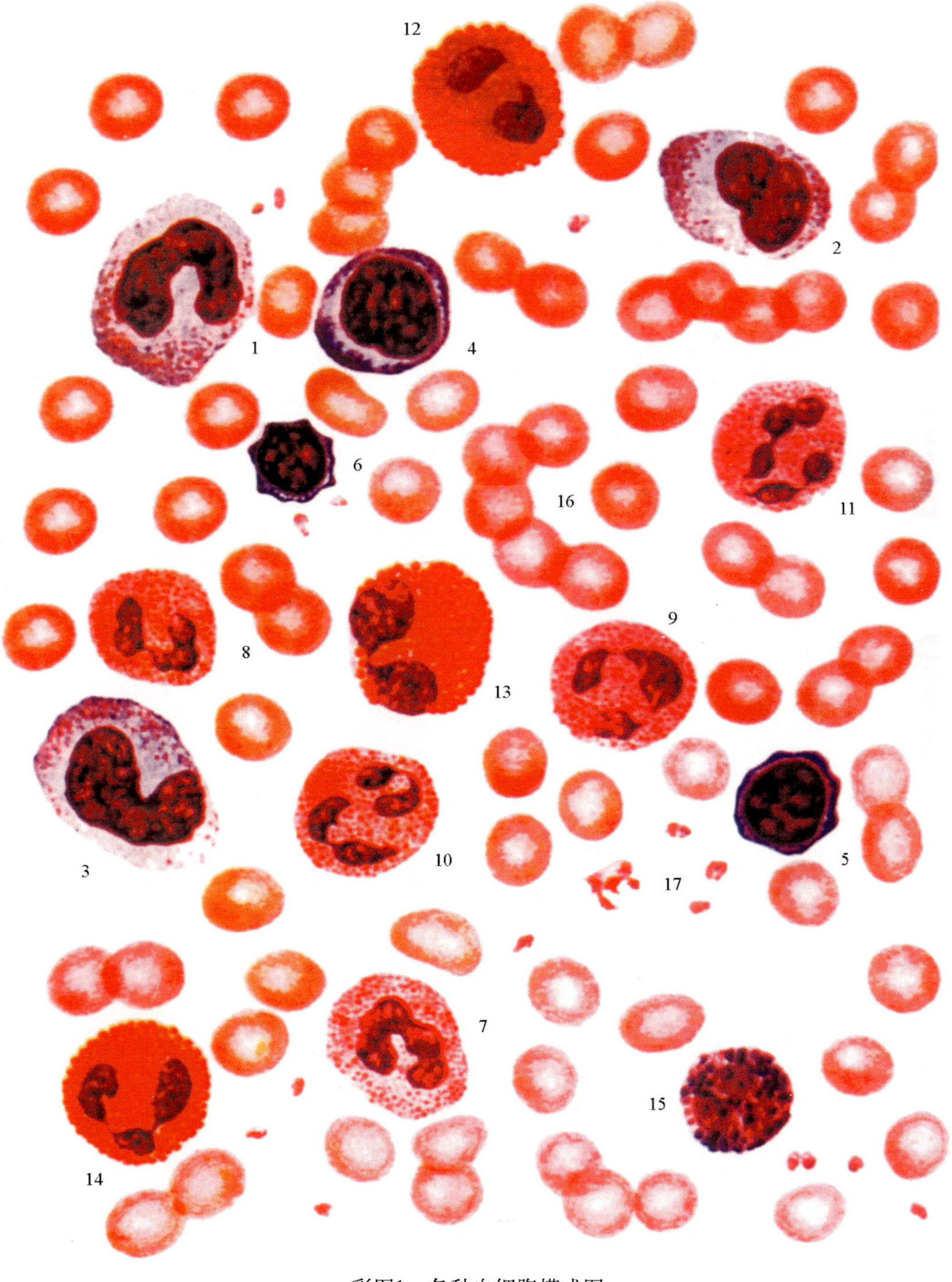

彩图1 各种血细胞模式图

1、2、3. 单核细胞；4、5、6. 淋巴细胞；7、8、9、10、11. 中性粒细胞；12、13、14. 嗜酸粒细胞；15. 嗜碱粒细胞；16. 红细胞；17. 血小板

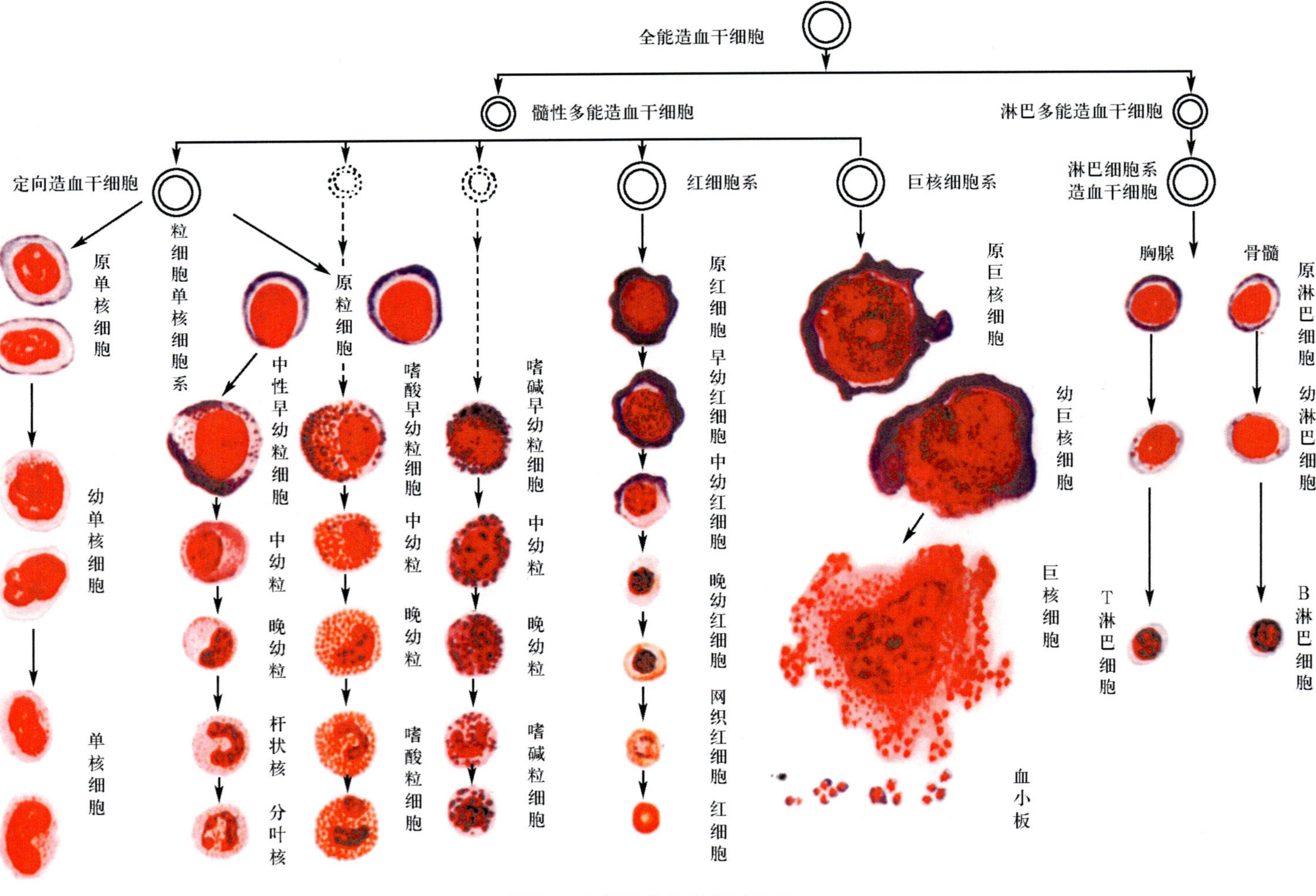

彩图2　血细胞发生过程示意图